中華古籍保護計劃

ZHONG HUA GU JI BAO HU JI HUA CHENG GUO

·成果·

# 稿本宋元學案

（清）黄宗羲 黄百家 撰

1

國家圖書館出版社

圖書在版編目(CIP)數據

稿本宋元學案：全六册/(清)黄宗羲、黄百家撰,(清)全祖望續纂,(清)黄璋等校補.—北京：國家圖書館出版社,2023.4

ISBN 978-7-5013-7787-9

Ⅰ.①稿… Ⅱ.①黄… Ⅲ.①學術思想-思想史-中國-宋元時期 Ⅳ.①B244.05

中國版本圖書館 CIP 數據核字(2023)第 019653 號

書　　名　稿本宋元學案(全六册)
著　　者　(清)黄宗羲　黄百家　撰
　　　　　(清)全祖望　續纂　(清)黄璋等　校補
責任編輯　張慧霞
助理編輯　宋紅垚
封面設計　翁　涌

出版發行　國家圖書館出版社(北京市西城區文津街7號　100034)
　　　　　(原書目文獻出版社　北京圖書館出版社)
　　　　　010-66114536　63802249　nlcpress@nlc.cn(郵購)
網　　址　http://www.nlcpress.com
印　　裝　河北三河弘翰印務有限公司
版次印次　2023年4月第1版　2023年4月第1次印刷

開　　本　787×1092　1/16
印　　張　190.25
書　　號　ISBN 978-7-5013-7787-9
定　　價　2800.00圓

# 前言

《稿本宋元學案》不分卷，清黄宗羲、黄百家撰，清全祖望續纂，清黄璋等校補。二十册，現藏餘姚博物館。每半葉行數、字數不等，小字雙行同。由多種稿紙寫成。各册皆鈐有『邵氏鈞儒珍臧』『□氏藏書』朱文方印。

黄璋，字稺圭，號華陔、大俞居士，餘姚（今屬浙江寧波）人。黄宗羲玄孫。據黄炳垕《黄氏世德傳贊》推斷，生於雍正六年戊申（1728），卒於嘉慶七年壬戌（1802），年七十五。乾隆二十一年丙子（1756）舉人。官沭陽知縣。著有《大俞山房集》。

此稿本原封一般題有册號及當册包含之學案，如『第一本　安定學案、泰山學案、徂徠學案』『第二本　四靈學案、元城學案、濂溪學案』，乃至『第二十本　北方學案、草廬學案、九江學案』等；惟第四册、第六册、第十二册僅題『第四本』『第六本』『第十二本』。册首或册中大題不一，或作『黄梨洲先生宋元儒學案元稿』『梨洲先生宋儒學案』『宋儒學案』『元儒學案』；其下署『遺獻黄梨洲先生稿，男百家纂輯，後學全祖望續修，元孫璋校補，○○○刊行』，其中或云『遺獻黄梨洲先生稿』，或『稿』上有『原』字，或原有『原』字而墨筆圈去，或『遺獻黄梨洲先生稿』數字全闕，『璋』或闕筆避諱，或用『○○』代『刊行』二字，或『○○○刊行』徑闕；特别是第五册中有題『宋儒學案。謝山續修，後學盧鎬校訂』，第十九册卷端題『梨洲先生宋儒學案卷一百。後學全祖望續修，鄭大節、毛德基校』。至於其中在一些學案前往往根據該學案人物，分别題有『宋儒學案』『元儒學案』『宋元儒學案』等字樣而無下署者頗多，或題或不題，前後并不統一。

據稿本原封所載學案名目，有五十餘學案，以其與正文相較，并不完全一致。如第五册原封題『永嘉學案』，正文簽題作『永嘉程門學案』；第九册原封題『南軒學案、紫陽學案』，但正文僅有《紫陽學案》《南軒學案》實脱。此外，各學案内體例尚不統一。

據王梓材、馮雲濠《宋元學案考略》，全祖望亡後，其手稿爲抱經樓所得，盧鎬嘗據全氏手稿謄寫，并寄示底稿即全氏手稿二十册（即『全氏草稿本』）與黄璋，黄璋整理并命黄直垕抄録成八十六卷（即『餘姚黄氏校補本』）。考此稿本，題署標明係黄宗羲原稿，經黃百家纂輯，全祖望續纂，黃璋校補，故在卷中多有此四人之案語。然不僅此，此稿尚有顧諟、楊開沅等人之校語，盧鎬、鄭大節、毛德基校訂等字樣，以及黃徵乂（即稿中稱『平黼』『徵乂』者，乃黃璋次子）校語。故此稿本不僅保存了全祖望稿本的某些狀態，而且也存有月船盧氏本、二老閣本的某些綫索，特別是呈現了餘姚黃氏校補本的底本樣貌。

今日流行之《宋元學案》，有王梓材、馮雲濠所校《宋元學案》百卷本，又有王梓材、馮雲濠所輯《宋元學案補遺》百卷本、四十二卷本。取此稿本與諸本相校，此稿本不同於上述諸本，其對於理解全氏草稿本、月船盧氏本、二老閣本、餘姚黃氏校補本，以及王梓材、馮雲濠校本均極有助益。

《中國古籍善本書目·史部·傳記類一》著录：『宋元學案校補不分卷。清黃璋撰。稿本。』所指即此稿本。

陳開勇

二〇二三年三月

# 總目録

## 第一册

## 第二册

## 第三册



## 第四册

## 第五册

宋儒學案（五）

## 第六册

# 第一册目録

# 稿本宋元學案（一）

（清）黄宗羲 黄百家 撰 （清）全祖望 續纂
（清）黄璋等 校補

稿本

第一冊

安定泰山徂徠學案

黃棃洲宋元學案

元孫稚圭校補稿

第二本

安定學案

泰山學案

徂徠學案

依二格双行

0016

安定泰山徂徠三先生
宋儒學案

璋謹案宋興八十年安定胡先生泰山孫先生
徂徠石先生始以其學教授天下學者知有師繼
而伊洛興焉故朱子有伊川不敢忘三先生之語
則三先生其推輪於世安定徂徠泰山年相若而
謹案是安定以白衣召試泰山以處高薦皆有
名位而安定之徒最盛繼世謂湖學多秀異廣歷
四年詔天下州縣立學取先生入太學學者林林之盛焉

與泰山徂徠一衣信不移從而徂徠年從正於二先生於經復義尤師友早年甲科慨然以斯道為己任故陳之請太學丁與月先生雅及學與石先生亦遂責志以復古於不忘其然自從前三先生其道不肯大而益光矣歟

侍講胡安定先生瑗

胡瑗字翼之其上世為陵州人後為泰州如皋人（少與孫明復石守道同讀書泰山十年不歸）累舉不第以白衣召試采用為天章閣侍講寶元初為蘇湖二州教授置經義治事二齋使之以類居中於居如治兵治民水利算數之類解經至有要義懇懇為

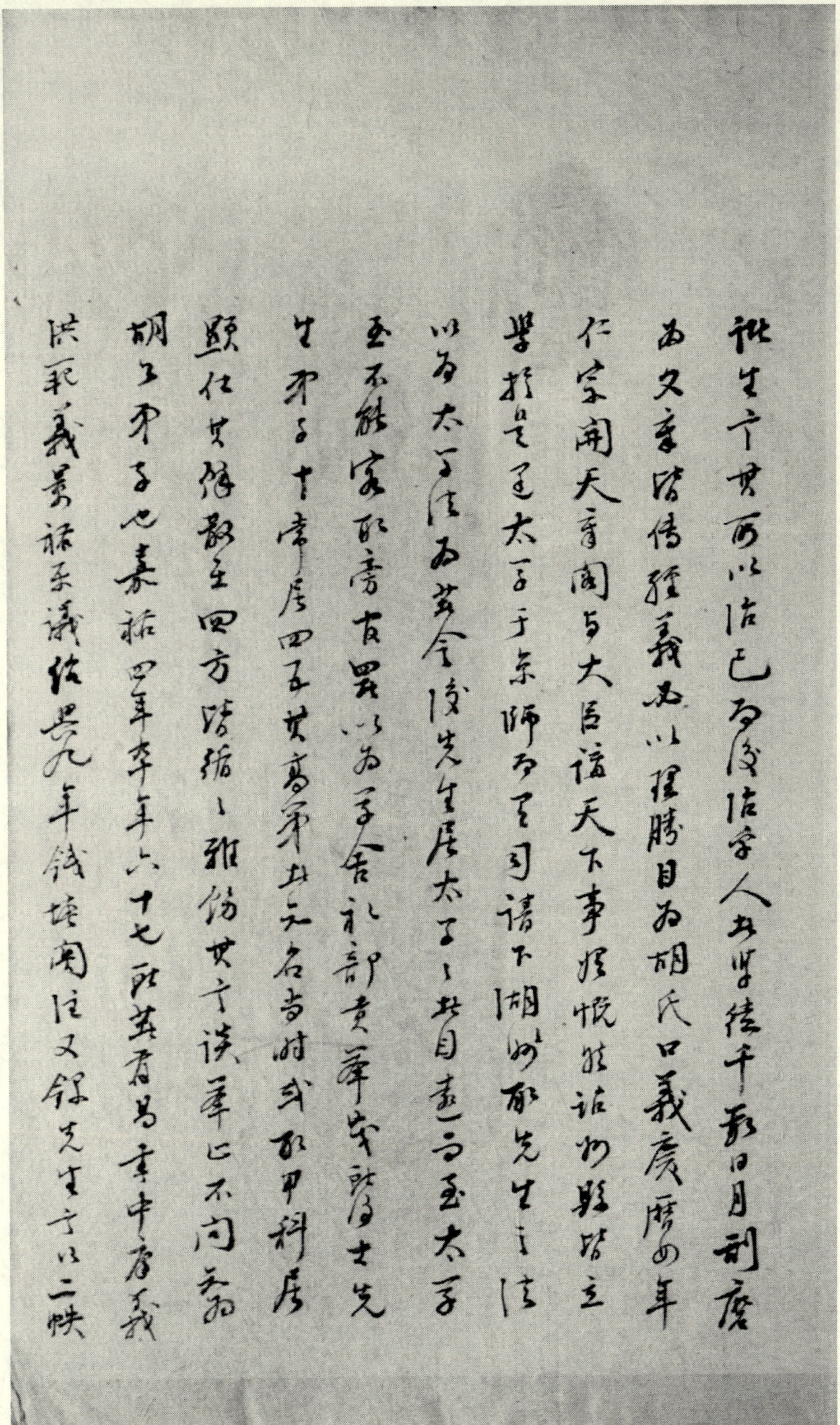

諸生言其所以治己而後治乎人者學徒千數日月刮劘
為文章皆傳經義必以理勝目為胡氏口義慶曆四年
仁宗開天章閣與大臣論天下事慨然詔州縣皆立
學於是建太學于京師而有司請下湖州取先生之法
以為太學法為著令後先生居太學學者自遠而至太學
至不能容取旁官舍以為學舍禮部貢舉所得士先
生弟子十常居四五其高第者知名當時或取甲科居
顯仕其餘散在四方隨循循雅飭其言談舉止不問為
胡公弟子也嘉祐四年卒年六十七所著有易書中庸義
洪範義并系議後其九年錢塘陶任文錄先生之言以二帙

# 論語説

友者輔仁之任不可以非其人故仲尼嘗曰吾死商也日進賜也日退商好與勝己者處賜好與不如己者交也無友不如己者

非止聞夫子之道凡聞人之善亦甚以請益焉子路有聞之閒

命者受之於天性者命之在我在我者得之受于天者順之魯恐弱者皆道其所短而使修之者也恐魯弱者

梓謹案即橫渠氣質之性與夫子兩性之説

公叔文子與大夫僎同升諸公孔子曰可以為文臧文仲知柳下惠之賢而不舉孔子謂之竊位由此觀之君子以薦

賢為己任　臧文仲竊位

璿謹案云云　低二格双行夾寫

甚而亡之也孔子固學于人而後為孔子子貢

亡夫子不可及

慈溪黃氏曰子貢闕毀孔子其故極言之安宇恐後

學待孔子太高而自絕于不可學故又為之說如此

冉求有為政之材故曰可使為宰及于聚斂不合正道

故曰小子鳴鼓而攻之可也如美管仲之功則曰如其仁

如其仁至于鄙管仲之僭則曰管氏而知禮孰不知禮孔

子孔子稱冉求可使為宰又鄙為小子

古之取人以治不取其有亡亡與治者得之今之人專失

之。有德者必有言，有言者不必有德。豈以一時之能為不責以平生之行。孔子與互鄉童子

○附錄

先生為侍講，嘗讀乾元亨利貞，不避諱，上與左右皆失色。侍講講曰：臨文不諱。王孫傑記

侍講當召對，例須先就閤門習儀，侍講曰：吾平生所讀書，即事君之禮也，何以習為。及對，乃大稱旨，上謂左右曰：胡瑗進退周旋，皆合古禮。

皇祐至和間，為國子直講，朝廷命主太學，生千餘人。先生日講易，每講罷，或引當世之事以明之，至小書以註

賢為己任　臧文仲竊位

子貢之言甚而亡之也孔子固學于人而後為孔子子貢

之夫子不可及

慈溪黄氏曰子貢蓋毁孔子者故極言之出字恐後

學待孔子太高而自絶于不可學故又為之説於此

冉求有為政之材故曰可使為宰及于聚斂不合正道

故曰小子鳴鼓而攻之可也如美管仲之功則曰如其仁

如其仁至于鄙管仲之僭則曰管氏而知禮孰不知禮孔

子既嘗称冉求可使為宰又鄙為小子

古之取人以治不取其有亡亡而治者為之今之人者失

之 者信其而有之有之無不必者信

所以一時之能為不責以平生之行孔子又至於童子

○附錄

先生為侍講時讀乾元亨利貞不避諱上與左右皆失

色侍講曰臨文不諱見孫保記

侍講當各對例次先就閤門習儀侍講曰吾平生所讀

書即事君之禮也日以習爲夜登對乃大稱旨上謂左

右曰胡瑗進退周旋舉合古禮

皇祐至和間為國子直講於遂命主太學生千餘人先

生日講易每講罷或引當世之事以明之至小畜以諫

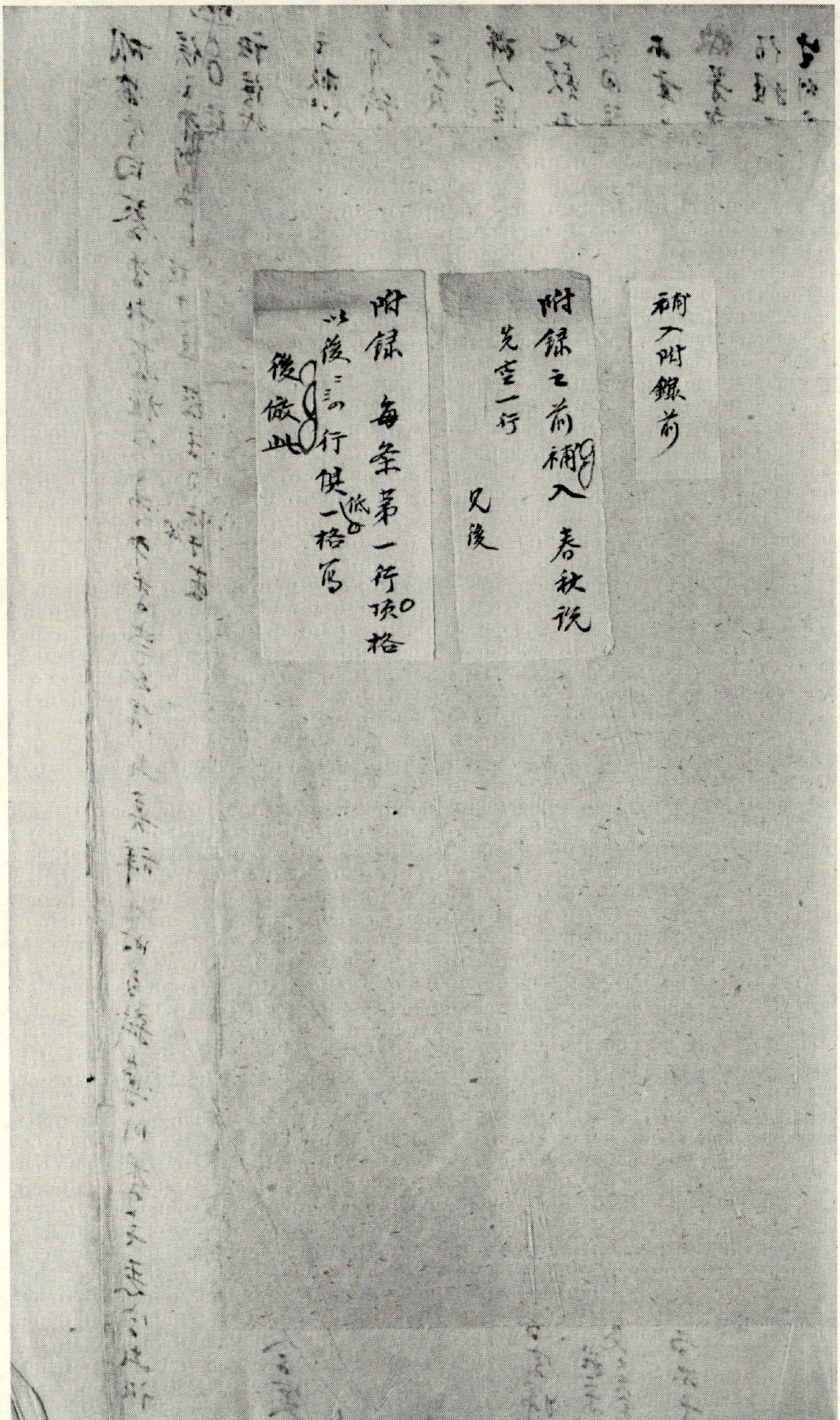

補入附錄前

附錄之前補入　春秋說
先空一行
見後

附錄　每條第一行頂格
以後二三四行低一格寫
後做此

胡安定曰：蔡季者，蔡桓侯之弟。弟季者，之歸其善諱也。時為蔡奪所季之名字出諸
侯之弟例稱字　桓十七年蔡季自陳歸于蔡
〇〇孫諸叢此侯与孤所得稱弟者其時雖同一子而說二稱別也（今是）
諸侯伐衛以納朔天子不克救朔奔而諸侯以納天子威命喪矣先師討從危乎不救者王人子突
之救以王法而行於此之勢既已去焉能救勝哉　莊六年王人子突救衛
八月弑其君十月出奔臣子不討賊可知　莊十二年宋萬出奔陳
也不及此者之人齊大夫威之謀其討都而此同　莊十三年之會齊侯盟于柯
擇人從夫其也之敵於齊夫人不從而為至失擇其也大夫宗擇其同宗大夫之婦既從大夫與宗婦
也歟其見夫人之用幣其如授不至榛栗棗脩之婦人之用男子之摯也非所以訓倫失禮也　莊二十四年大夫宗婦
覿用幣
不書王師敗績於茅戎王者無敵於天下書戰則王者可敵書敗則諸侯得以輕朝廷而不下
徐茅戎出敗其王師而王親與致討所以示之　成元年
伯姬乃歸人中之伯夷也　宋伯姬卒　襄三十年
生例書王此實為嗣君乃稱子也未踰年未成天子之君者書王子猛卒　昭二十二年

此見寫在附錄前

當止也居止其也已乃門友趙中令補碑劉子曰華社
之事磨史
判國子監其教育諸生安定先生語諸生食飽未可據
案或久坐皆于氣血有傷當習射投壺游息焉亦食
不語寢不言之遺意也程伊川曰凡從安定先生學者
其醇厚和易之氣望之可知也
仁宗朝先生上書請興武學撰武學規矩一卷進呂學成記
歐陽詩云吳興先生富道德詵詵子弟皆賢才王荊公
詩云先取先生作梁柱以次搆拾桷與榱
爲國子先生日番禺有大商遣其子來就學其子儇宕

散蕩千金仍病已甚保其父至某據以謁胡先生告其故先生取一帙書曰讀此可以先知養生之術知養生而後可以進學矣其子視之乃黃帝素問也未竟即惴惴然懼伐性命之事已痛悔自責胡召而誨之其人歎服善學二三年登上第而歸

在湖學時福唐劉彝往從之學其後彝爲高弟熙寧時召對上問曰胡瑗文章與王安石孰優彝曰胡瑗以道德仁義教東南諸生時王安石方在場屋中修進士業臣聞聖人之道有體有用有文君臣父子仁義禮樂歷世不可變者其體也詩書史傳子集垂法後世者其文也舉而措

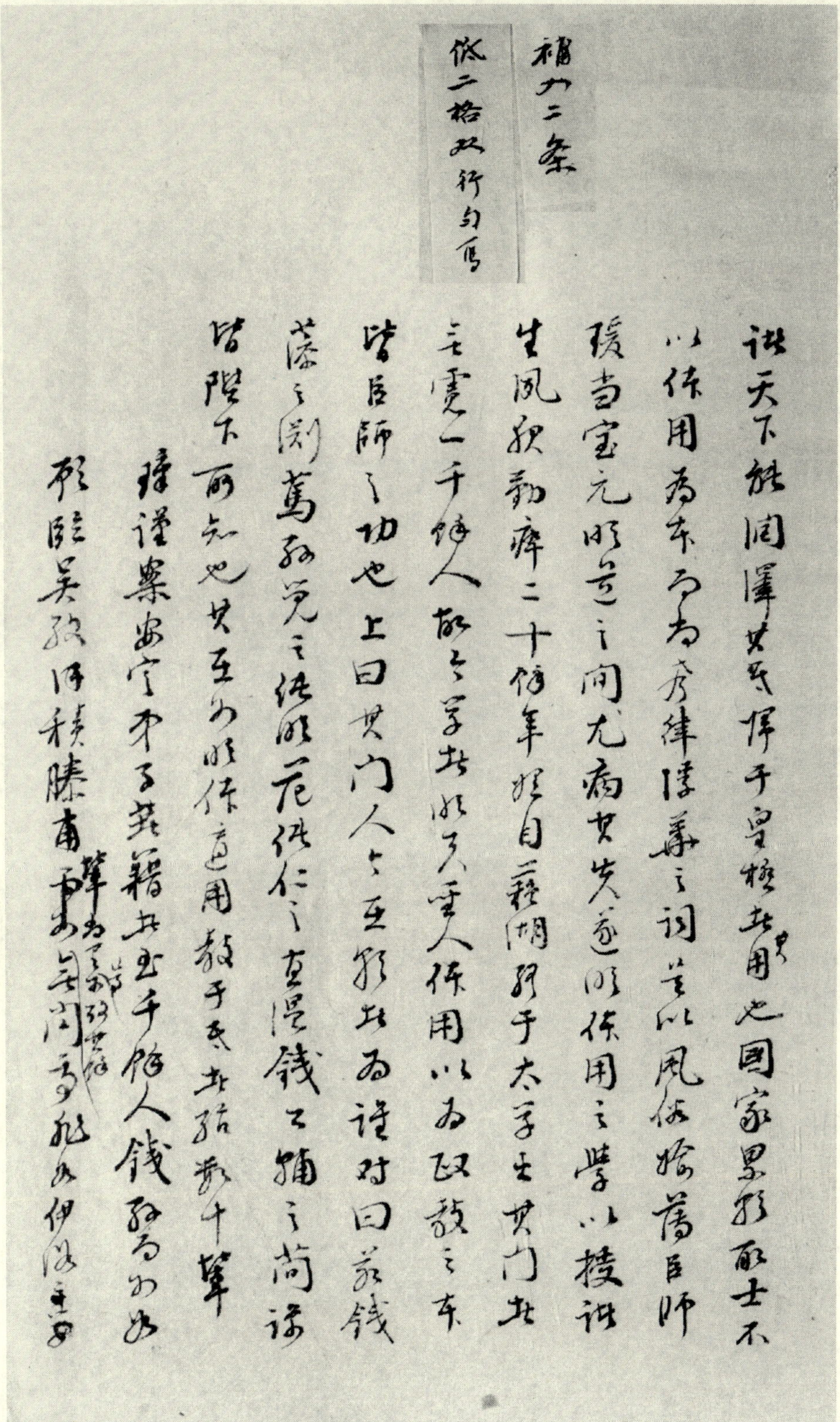
補[illegible]二條
依二格雙行勻寫

措天下能潤澤其民歸于皇極者其用也國家累朝取士不以體用為本而尚聲律浮華之詞是以風俗偷薄臣師當寶元明道之間尤病其失遂明體用之學以授諸生夙夜勤瘁二十餘年始自蘇湖終于太學其門者無慮一千餘人故今學者明夫聖人體用以為政教之本皆臣師之功也上曰其門人今在朝者為誰對曰錢藻之淵篤孫覺之純明范純仁之直溫錢公輔之簡諒皆陛下所知也其在外明體適用教于民者殆數十輩

梓謹案安定弟子著籍者至千餘人錢[illegible]

[illegible]吳孜傅楫滕甫[illegible]

劉源按：劉彝〔塗改〕不哀蓋自蘇湖入太學，諸

生為之師者，固多旅進旅退之徒，而如何氏復北上賓

不少。世所二程者，附之孫先生門，而明道伯淳起

則又安於授受之源矣乎

安定門人

○錢藻　○呂希哲　○程頤

孫覺　范純仁（詳見宋史本傳）　錢公輔　祁明　吳孜

徐積　滕甫　盛僑　劉彝　周穎　倪天隱　黃師雄

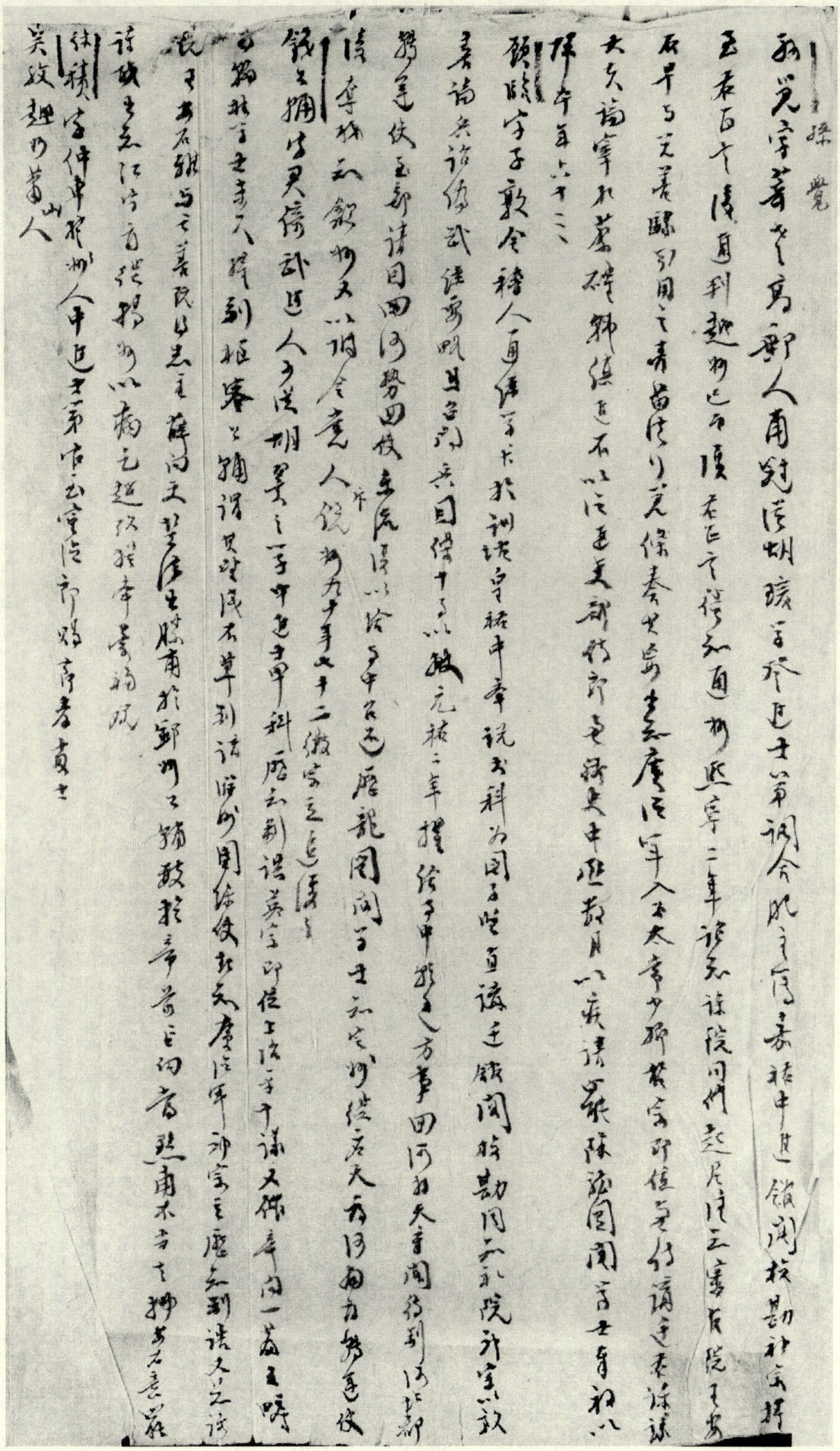

倪天隱有周易口義十二卷述其師胡瑗之說晁曰口義錄于十篇陳氏生

祖無擇字擇之上蔡人進士高第歷知袁州時未奉詔首建學宮累遷龍圖閣學士知鄭杭

二州神宗立知通進銀臺司以忤王安石不謫忠正軍節度副使尋復光祿卿秘書監集賢院學士主管

西京御史臺致仕四年卒無擇為人好學少從孫明復講經學及穆伯長學其文以傳

安定门人

（胡）顺　子渠

吕（希）哲　吕（希）纯　吕（希）绩　楼上照写

（孫）（覺）

孫覺

孫觉字莘

范纯仁　见宋史本传

钱公辅

钱公辅字君倚云云

顾临

顾临字子敦云云

吴孜

吴孜越州萧山人

徐积

徐积字仲车云云

滕甫

钱（？）

周颖

倪天隐

以下皆以弟子
禮傳左右先生
昔人由是稱識
不敢枉橈恒
先生一室獨居
生周祥文字曰
下十十精李氏
而周以嫁山於

衰老蕭索不充之人於國之美古今有之乎不可以不
成於國之美遂賢之慶曆二年樞密副范仲淹富弼言
其道德經術宜在朝廷召拜校書郎國子監直講帝擬將以為侍講
之去言其講說多異先儒遂止孔直溫以狂謀捕治株
累先生坐貶謫翰林學士趙槩等上言孫某行為世法經
為人師不宜棄之遠方乃復原官嘉祐二年以疾卒年
六十有六先生治春秋著有尊王發微歐公謂其不惑
傳注不為曲說以亂經其言簡易明于諸侯大夫功罪
以考時之盛衰而推見王道之治亂得於經之本義為多云

〇〇春秋尊王發微

直講孫泰山先生復

另一頁起

孫復字明復晉州平陽人少舉進士不中退居泰山之陽魯多學者其尤賢而有道者石介自介以下皆以弟子事之孔給事道輔聞先生之風歎之介執杖屨侍左右先生坐則立升降拜則扶之及其往謝也亦然魯人由是始識師弟子之禮莫不嗟歎之先生年逾四十不娶枯槁憔悴鬢髮皓白丞相李文定守兗見之歎曰先生一室獨居誰與左右者吾弟之女賢矣而以奉箕帚先生固辭文定曰吾女不妻先生不過一官人妻先生名高天下子婿李氏榮莫大焉先生曰宰相之女不以妻公侯貴戚而固以嫁山谷

衰老蔡蕭不充之人於國之美古無有也予不可以不知
成於國之美矣遂娶之慶曆二年樞密副使范仲淹富弼言
其道德經術宜在館閣遂召拜校書郎國子監直講（將以為侍講）而嫉
之者言其講說多異先儒遂止孔直溫以狂謀捕治株
累先生坐貶翰林學士趙槩等上言孫某行為世法經
為人師不宜棄之遐方乃復為直講嘉祐二年以疾卒年
六十有六先生治春秋所著有尊王發微歐公謂其不惑
傳注不為曲說以亂經其言簡而明於諸侯大夫功罪
以考時之盛衰而推見王道之治亂得於經之本義為多云

○○春秋尊王發微

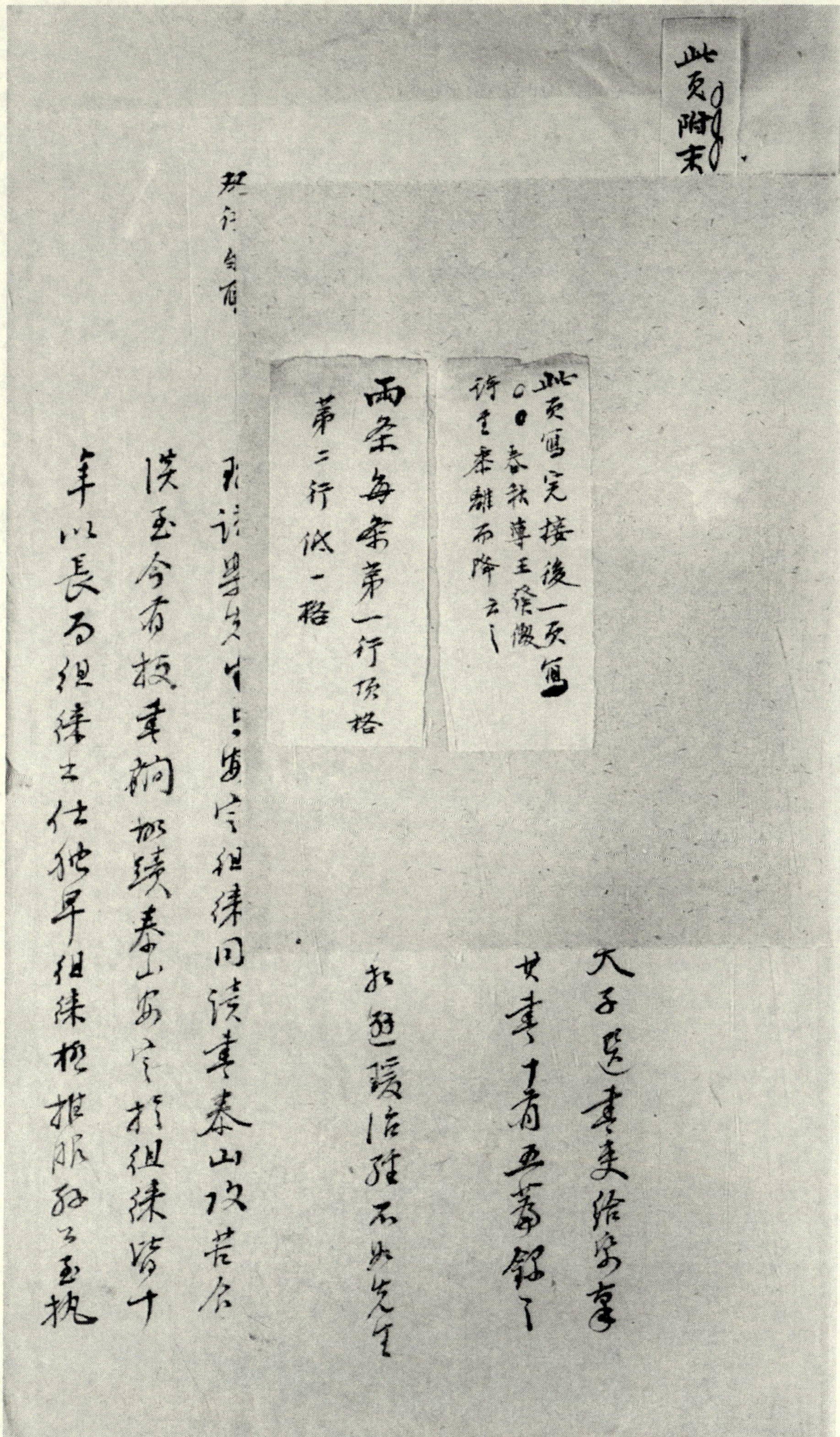

此頁附末

此頁寫完接後一頁寫○○春秋尊王發微許至秦離而降云云

兩條每條第一行頂格
第二行低一格

天子遣書吏給宮享
其書十有五篇錄之
秘閣遷殿中丞不幸先生

孫詩學先生與安定祖徠同讀書泰山攻苦食
淡至今有投書澗挑讀泰山安定於祖徠皆十
年以長爲祖徠之仕獨早祖徠極推服稱之至執

弟子之禮於安定不之及高弟之以慶曆之年

是年薦為直講至七年始歸湖之寶元初而為（孫以慶曆二年又為直講）

蘇湖教授皇祐中辟召至京授[illegible]旋入太學

則先生與安定主太學常相過從皇祐至和間

也

泰山門人

祖無擇

祖無擇　見前

祖無擇字擇之云云

此頁附末後　讀十卷

雙行白頭　卷三十

○○附録

先先生病時樞密使韓琦言之天子選書吏給紙筆命其門人祖無擇就其家得其書十有五萬録了藏于秘閣

先生患胡瑗之為人主太學常相避瑗治經不如先生而教養過之

璋謹案先生與安定徂徠同讀書泰山攻苦食淡至今有投書澗投績泰山安定於徂徠讀十年以長為徂徠之仕然早徂徠極推服稱之至執

弟子之禮於安定不〻及焉孫〻以慶曆之年

范仲淹薦為直講至七年姓羅胡之山寶元初聘為（徐之楚掖京湖又為直講）

蘇湖教授皇祐中辟召至京授古樂旋入太學

也

劉先生與安定至太學常教迎到皇祐至和間

泰山門人

祖無擇

祖無擇 見前

祖無擇字擇之云〻

二字删

祖無擇字擇之

祖無擇　入泰山門人

隱公

詩至黍離而降書至文侯之命而絕春秋乃作自隱公始也

欲治其末者必端其本嚴其終者必正其始元年書王所以端本也正月所以正始也其本既端其始既正然後以大中之法從而誅賞之書王正月

凡書盟者惡之也附庸之君未得列於諸侯故稱字以別之不日及邾儀父盟于蔑

克者力勝之辭鄭伯養成段惡至於用兵兄不兄弟不弟也故曰鄭伯克段于鄢以大譏之

祭伯天子卿，不稱使者，非天子命也。非天子命則奔也。不言奔，非奔也。祭伯私來也。故曰祭伯來，以惡之。諸侯非有天子之事，不得出會諸侯。凡書會者，惡之也。

公會戎于潛

莒小國也。入者，以兵入也。莒小國以兵入向者，位極之陵、征伐用師，周云大小皆書而已矣。陵之甚人如、夫人小君，與君一體，故志之也。宋[illegible][illegible]　夫人李氏

孔子曰：天下有道，則禮樂征伐自天子出。非諸侯所得專也。諸侯專之，猶曰不可，況大夫乎？吾觀隱桓之際，諸侯無王，大小皆專行之。宣成而下，大夫專之，內外皆專行之。世

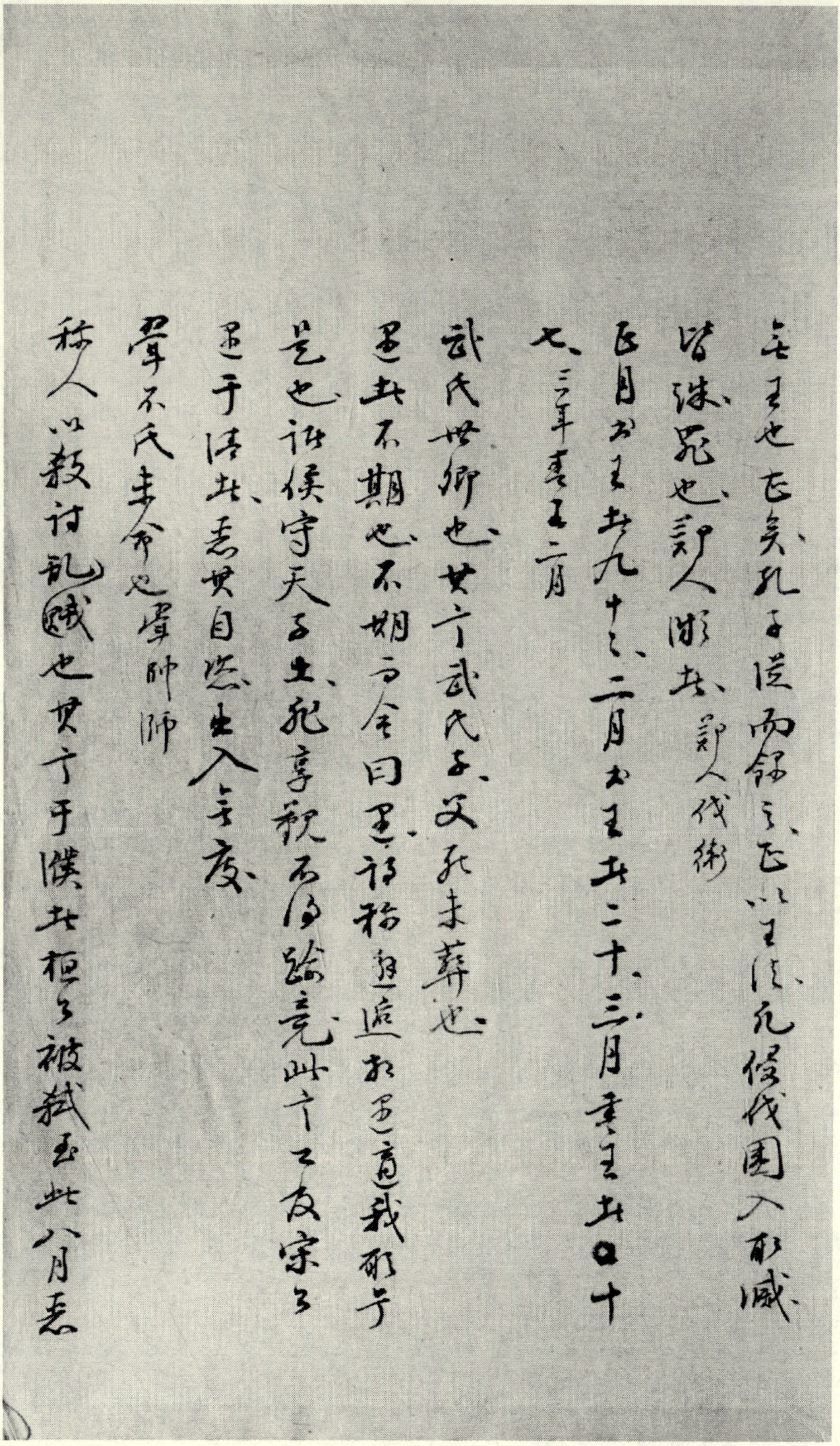

衛呂子儀不討賊俾衛呼王入自惠也、

諸侯受國于天子、非國人所得立也、衛人立晉

觀魚非諸侯之事也、天子適諸侯、諸侯朝天子、無非事

者、動必有為也、隱公忘棄國政、觀魚于棠、不務非事甚

矣、

考成也、元年宰咺歸賵、非禮也、隱公以是考仲子之宮落

之、此又甚矣、夫宗廟有常數、士夫人之廟猶不書●

魯僭用天子禮樂、舞則八佾、孔子不敢斥也、故曰僭用六戚

羽、以見其僭天子之意、

公子彄、臧僖伯也、孝公之子

鄭人來輸誠於我平，四年翬會諸侯伐鄭之怨也。平者，釋憾之辭。

長葛，鄭邑，天子所封，非宋人可得取也。宋人前年圍鄭伐也，蓄此而取之，故書伐、書圍、書取，甚其惡以誅之也。

滕其為三我十二年得于鄑郱

城邑宮室，高下大小，皆有王制，不可妄作。是故城一邑、新一廄、作一門、築一囿，時與不時，皆詳而錄之。時謂周之十二月、夏之十月，非此不時也。得其時，書其惡小；非其時，書其惡大。此聖人愛民力、重興作、懲僭忒之深旨也。夏城中邱

書伐，用兵也。楚丘，衛地。書以於丘北，責衛不能救難，錄以得

此、責凡伯不死位、

祊、邾邑、天子所封、非魯土地、故曰來歸、終十年齊人來歸鄆讙龜陰田、皆此義也、先言歸而後言入者、邾不言歸、魯不言入也、邾人歸之、魯人受之、其罪一也、入者受之之辭

不氏未命也　無駭卒

二國舉兵、盡力於疾于宋、又決日而取二邑、故其臣並錄以疾之

齊晉宋衛、未嘗來朝魯者、齊晉盛也、宋衛敵也、滕薛郳杞、來朝奔走而不暇者、土地狹陋、兵車寡弱、不能與魯抗也

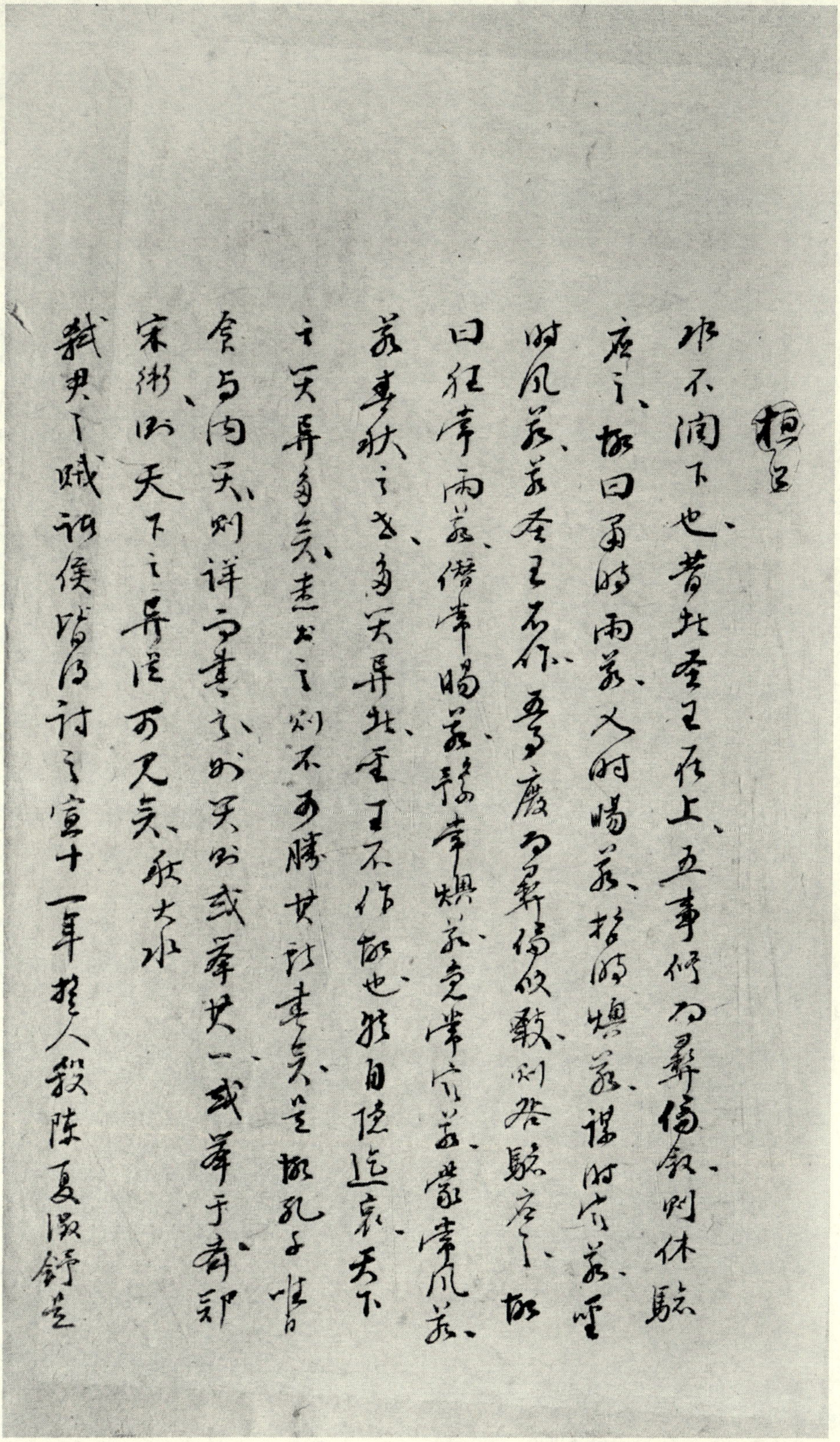

水不潤下也。昔者聖王在上，五事修而彝倫敘，則休驗應之。故曰肅時雨若，乂時暘若，哲時燠若，謀時寒若，聖時風若。聖王不作，五事廢而彝倫斁，則咎驗應之。故曰狂常雨若，僭常暘若，豫常燠若，急常寒若，蒙常風若。若其狀之者。多災異，此聖王不作故也。雖自隱迄哀，天下之災異多矣，盡書之則不可勝其書矣。是故孔子惟合與內災則詳而書之，外災或舉其一，或舉于齊鄭宋衛，以天下之異從可見矣。秋大水。

哉。[illegible]賊，諸侯皆得討之，宣十一年楚人殺陳夏徵舒是

也此言不會齊侯陳侯鄭伯于稷以成宋亂此惡不討賊也

凡曰會人者皆當戒懼修治以清世路

是時文姜亂魯驪姬惑晉南子傾衛夏姬喪陳上下化之倫之墮是不可悉之事也故曰德之不內如土蠹之蹶皆詳而録之以懲以戒為萬世法公子翬如齊逆女

此齊侯送姜氏不受之于讙也不受姜氏于讙不以讙至者不與不受姜氏于讙也故曰夫人姜氏至自齊以正其義

桓公十八年經此言有年此是未嘗有年也書哉莊桓

之為國，不能勤其藩衆萊邑也。

狩，冬田也。天子諸侯四時必田者，蓋安不忘危，治不忘亂，
講武經而教之戰也。豈徒肆盤遊、逐禽獸而已哉！於禽
獸多，則五穀傷，不冬不捕也。故因田以捕之，上以供宗廟
之舒，下以除稼穡之害。故田必以時，殺必由禮。田不以時謂
之荒，殺不由禮謂之暴。惟荒也妨于農，惟暴也殄于物。
此聖人之深戒也。　春正月，公狩于郎

此之甲戌己丑，陳侯鮑卒，闕文也。蓋甲戌之下有脫事
爾，且諸侯未有以二日卒者也。

桓王以蔡人、衛人、陳人伐鄭，鄭伯敗王也。其于蔡人、衛

人陳人從王伐鄭、此不使天子首兵也、案十四年宋人
以齊人、蔡人、衛人、陳人伐鄭、僖二十六年公以楚師伐齊、定
四年蔡侯以吳子及楚人戰于柏舉、猶曰以此不使天子
首兵可知也、曷爲不使首兵、天子之尊親征鄭伯可得抗
也、故曰蔡人、衛人、陳人從王伐鄭、以見天子之尊、桓王親以志
鄭伯之惡也、夫鄭同姓諸侯、密迩畿甸、桓王親以三國
之師伐之、拒而不服、此鄭伯之罪、不容誅矣、
雩、求雨之祭、建巳之月、常祀也、故穀之六月雩、非建午
建申之月、非常則書、謂之大雩、雩于上帝也、天子雩于
上帝、諸侯雩于山川百神、魯諸侯也、雩于山川百神、禮

也。雩于上帝，非禮也。是時周室既微，諸侯之僭，其自舉于魯，則諸侯僭之，從可知矣。故春秋魯史，孔子不敢斥也。其或災異非常、旱氾不時者，則從而錄之，以著其僭天子之惡。隱五年九月，考仲子之宮，初獻六羽。此年秋，大雩。六年八月壬午，大閱。閔二年夏五月乙酉，吉禘于莊公。僖三十一年夏四月，四卜郊，不從，乃免牲。宣三年春王正月，郊牛之口傷，改卜牛，牛死，乃不郊。定二年夏五月壬辰，雉門及兩觀災。其類是也。嗚呼，其旨微矣。

出公二年，秦未能三年會鄭，因者　亡會諸侯于鄭

八月不時也。大閱，非禮也。大閱，仲冬簡車馬，八月不時又

兵也。大閱，大蒐，謂天子田

稱人，以數討亂也。稱人，殺除從

春秋之法，諸侯不生名，生名，惡之大者也。此年穀伯綏來

朝、鄧侯吾離來朝、十五年鄭伯突出奔蔡、莊十年荊敗

蔡師于莘，以蔡侯獻舞歸、僖十九年宋人執滕子嬰齊、

二十五年衛侯燬滅邢、昭十一年楚子虔誘蔡侯般殺

之于申是也。桓大逆之人，諸侯皆得殺之，穀伯綏、鄧侯吾

離不能致討，反交臂而來朝，故生而名之也。

時謹案曲禮，諸侯不生名，失地名，滅同姓名。蔡侯

獻舞，師失地之君也；衛侯燬滅邢，滅同姓之君也。

○○ 抬行低二格

夫地者乃天子受之祖宗而不能守，罪莫大焉。因附一
未之思歟。之諸侯而不能保，罪莫加焉。故諸侯不生
名而生而名之，挽乎二端耳。義在於魯見諸生名
於失地滅同姓之外，又有罪之大者焉之例者不
思之甚矣。穀伯綏、鄧侯吾離之來朝，不穀、鄧諸
其失地不為無據。況穀、鄧僻在南服，近於楚，失
地而來奔，彼何以朝之禮來？故從其實而書之曰朝。
非以朝之禮來，而已有失地之禮，故其失罪而書之以
名此乎？狀華前之朝者，亦皆僭植而弒逆之人，而受
人忌其黨，忌朝因以解上年之紀侯來朝乎？況桓

之主盟至己七年而齊晉伴大國上不能請之天子下
修方伯連帥之職而謂穀鄧莒亦小國責以齊晉之
所不能乎勝則誼其不能段討反受讐而來難攻也
而名之其亦慨乎當時學先生說經與儒先已異也
此年書王其王無十年不書也十年無王則人道滅矣
桓十年書王正月
來戰于郎不言侵伐其不與齊衞鄭加兵于我也郎魯
地地以魯則魯與戰可知矣不出主名其三國無加
兵于我不道之也以三國自戰爲文也
柔不氏內大夫之未命者蔡叔蔡侯弟也棐諸侯母弟

未命為大夫也、皆字、此年柔會宋公陳侯蔡叔盟于折、十五年許叔入于許、十七年蔡季自陳歸于蔡、莊三年紀季以酅入于齊之類是也、

再言丙戌、羨文也、此盟與卒同日爾、且經未有一日兩再書者、此羨文可知、

此公及鄭伯伐宋也、不言公者、諱之也、地以宋、以宋與戰可知也、不言主名者、不與公及鄭伯伐宋也、故以魯鄭自戰為文、凡公書尸其事則諱之、此言及鄭師伐宋、丁未戰于宋、十七年及齊師戰于奚、莊九年及齊師戰于乾時之類是也、

低二格雙行

孔子作春秋爲萬世筆削損之益之以成大中之法豈無日月
舊史之有闕者不隨而刊正之哉此之夏五無月者後人傳
之脫漏耳

璘謹案夏五者其闕也立乎定哀以指隱桓則
隱桓之日遠矣將以傳疑其慎也春秋備四時
而文舊史註闕之人固不得益之亦烏得損之至於
事之要重極省固得斷自聖心從而刊正之亦不
拘拘文於義也

案十二年及鄭師伐宋丁未戰于宋之人然冥之皆已也
故以齊人蔡人衛人陳人伐鄭以其乞師而用之也謂

四國不言師、宋以力弱不足、以乞四國之師而伐鄭、亦猶

二十六年公以楚師伐齊取穀、今四年蔡侯以吳子及楚

人戰于柏舉、皆此義也、然四國從宋伐鄭、助其不道、其

惡亦可見矣、

天王使家父來求車、此諸侯貢賦不入、周室財用不足故也、

前曰鄭忽出奔衛、今曰鄭世子忽復歸于鄭、正以忽世嫡

當嗣也、

諸微國之君　邾人牟人葛人來朝

蔡季之自陳歸于蔡、其桓侯卒、蔡季當立、時為篡奪、以季

無惡、故曰歸于蔡、此叔與許叔無異也、

莊公

内諱奔之、夫人皆曰遜（孫）、此年夫人孫于齊閔二年夫人姜氏孫于齊昭二十五年公孫于齊是也

天子嫁女於齊、魯受命主之、故使單伯逆王姬於京師也、不與之使單伯為京師逆王姬也、魯桓公見殺于齊天子命莊公與齊主婚非禮也、莊公以親仇可辭而莊公不辭非子也、故交譏之

賞所以勸善也罰所以懲惡也善不賞惡不罰天下所以亂也桓弒逆之人莊王生不能討死又追錫之此莊王之為天子可知也

衛侯朔在齊，故齊合師伐衛，謀納朔也。

紀侯大去其國，紀無臣子，故齊侯葬紀伯姬。齊侯不道，逐紀侯而葬伯姬，生者逐之，死者葬之，甚矣齊侯之詐也。齊侯葬紀伯姬

此諸侯伐衛納朔也。不言納朔者，不與諸侯伐衛納朔也。朔以惡去國，國人逐之奔齊，故天子不使反衛，所遣王人子突救衛是也。不與諸侯連兵，不稱王命伐衛納朔，故貶諸侯某人，人諸侯，則王之惡從可見矣。公會齊人宋人陳人蔡人伐衛

衛侯得入于衛，天子之威命盡矣。王與諸侯之罪，不容誅矣。故言伐言救，言入以著其惡。衛侯朔入于衛

與衛寶也，其言齊人歸之者，齊本主兵伐衛，故衛寶先入于齊，齊之人歸之魯人，受了其意一也。齊人來歸衛俘

恒星者，星之常見者也。常見而不見，此變異之大者。隕墜也。夜中星隕如雨，謂隕墜在申也。夜恒星不見，夜中星隕如雨

春秋用師多矣，未有言師還，言師還者，其意與經離慶因勝驗時還也。秋師還

案隱四年衛人殺州吁于濮，此不地者，齊人即于國內殺之也。稱人以殺，討賊辭。齊人殺無知

報乾時之戰也。乃言及者，其伐齊納糾，喪師乾時，不自悔之，復敗齊師于此也。公敗齊師于長勺

荊自方城僭伐之後，入春秋肆禍滋甚，聖王不作故也。

荊敗蔡師于莘，以蔡侯獻舞歸

莊公受命主王姬者再矣，惟元年與此書者，惡公忘父之讎，再與齊接婚姻也。

王姬歸于齊

周禮九命作伯，得專征諸侯，若五伯者，皆非命伯，召伯賜齊侯命，尹氏策命晉侯，春秋皆不錄之，故孟子曰三王之罪人。又曰北杏之會，桓公獨書爵者，孔子傷周道之絕也。桓公既入，乘天子衰季，將伯諸侯，乃合宋人、陳人、蔡人、邾人于此，首圖大舉，其所責之深者，必先待之重。故北杏之會，獨書其爵，以責之也。

齊侯宋人陳人蔡人邾人會于北杏

紙二格双行

猖狂桀驁之世如齊晉鄭莊闔閭以權譎自雄然
要其仗義至於存亡救危使人國不亡之也莊十年
荊敗蔡師于莘以蔡侯獻舞歸而中國之禍亟
矣重於書不合而國伯之時自是而幽而葵丘中國
以義歸令諸侯服從而人不復知有王矣倡之者是
匪古之事也蓋之者是匪古之風也豈無傷周道之不復
見也桓文之先年歲遂（譯）徒此風譚逸（道）攻克取征伐之
（此事以見）已附佳而自識其封疆之計再三九有耕滅繼（繼）絕之
心推已國存之恩（道）而前之兩之無毅震于世者焉耳
聖人之於國人之與之而與之（未嘗出人）謂諸侯之賞不與也而惡

之桓公困吳其之事歛之而責備之

桓公貪土地之廣，恃甲兵之衆，驅逐迫脅，以強制諸侯，懼其未有信也，約之以會，要之以盟，懼之以威，來之以力，至於狗此小列，侵之伐之，甚於執之滅之，其實假尊周之名以自封殖爾。故此年滅遂，十四年伐宋，十五年伐郳，十六年伐鄭，十九年伐我西鄙，二十年伐戎，二十六年伐徐，二十八年伐衛，三十年降鄣，閔元年救邢，二年遷陽，皆稱人以貶責之。

齊人殲遂

公不及北杏之會，桓公既滅遂，懼其見討，故盟于此。公會齊侯盟于柯

低二格双行

梓謹案此條黄氏日抄作胡安定未知孰是

此々侯單伯會伐宋也桓以許侯伐宋宋未不姻會魯自畏

齊故使單伯會伐宋三國稱人於是單伯與大夫不

可言魯人故也

齊侯既死文姜不安于魯故如齊 夏夫人姜氏如齊

不言朔不言日日朔既失之也 春王三月日有食之

梁傳二十六年齊人侵我西鄙不追齊師至于鄙故

先言侵而後言追此不言侵伐者以不覺其來已去而

追之也書其訊內無我備 公追戎于濟西

陵事出為遂事者也僖稱命之謀故曰遂以惡之梁傳

三十年王子瑕出京師遂如晉　襄二年仲孫蔑會晉荀
罃齊崔杼宋華元衛孫林父曹人邾人滕人薛人小邾
人于戚遂城虎牢孔子諱之何獨與王子瑕也蓋以其
去鄭而出境乃得書之此王子瑕自京師如晉仲孫蔑

會晉荀罃自戚城虎牢豈非出竟也哉況秋與齊侯宋
公盟而冬齊人宋人陳人加兵于魯非所謂可以安社稷
利國家也陳婦人其媵不當書故累言之如公子結媵陳人之婦于鄄
遂及齊侯宋公盟

肆大眚非正也亂法易常故也　春王正月肆大眚

春秋之義非天子不得專殺此言陳人殺其公子禦寇非

譏專殺也。春秋二百四十二年之中，天王殺大夫一，書諸侯殺
大夫者四十七，何哉？古者諸侯之大夫皆命于天子，諸侯不得
專命也。大夫有罪，則請于天子，諸侯不得專殺也。大夫猶
不得專殺，况之子毋者字？春秋之世，國無大小，其卿大夫士
皆專命之，至死之死，皆專殺之，其於王也亦云殺。孔
子臣之，不錄之以誅其惡，私其私國私人，雖有罪猶為其
專殺之死一也。使人殺其不予樂冠
荊十年敗蔡師于莘，獲之于狂，十四年入蔡，十六年伐鄭，
皆曰荊。此稱人者，以其脩禮來聘，稍進之也。荊人來聘
公會齊侯盟于扈，謀逆姜氏也。二十二年之中，納幣、觀社、及齊

侯送于讙，此非礼也，又今公送于庶已矣。

公親逆于齊，不俟夫人而至，失夫之道也。婦人從夫者也，夫人不從公而入，失婦之道也。夫不夫，婦不婦，何以為國？非所以承先公而繼後嗣也，不亂何待。夫人姜氏入

隱二年紀裂繻來逆女，此不言逆者，天下日亂，昏礼日壞，逆者非大夫也。逆者非大夫，故不言逆。僖二十五年季姬歸于鄫，成九年伯姬歸于宋之類是也。伯姬歸于杞

凡內女直曰來者，無事而來也。杞伯姬來

案八年師及齊師圍郕，郕降于齊師。先言圍而後言降，此直言齊人降鄣者，惡齊強暴，且見鄣微弱，不能抗齊之

在也　齊人降鄣

莊此年興作之又一歲而三築臺傷農害民莫甚於此者

築臺于郎

戎捷伐山戎之所得也　齊侯來獻戎捷非禮也

閔公

桓未能平諸侯以往故經稱人　齊人救邢

不言慶父弒其內諱弒故弒君之賊不書書不地其義

與隱公同　秋八月辛丑公薨

公子慶父夫人姜氏同惡之人也夫人孫于邾故慶父

出奔莒　公子慶父出奔莒

僖元

莊十年荊敗蔡師于莘、推見于任、十四年入蔡稱荊、二十三年來聘於魯稱人、二十八年伐鄭稱荊、今曰楚人伐鄭者、以其兵甲地大、將通諸夏、復其舊封、比之小國也、故自此十數年、侵伐用兵、皆稱人、事、楚人伐鄭

孫于鄭不暇、此而暇其孫于鄭不暇、不以子討母也、此而暇者、正王法也、夫人氏之喪至自齊

此會檉諸侯城楚丘也、不言諸侯者、桓公怠于救患、諸侯不一也、然則善歟、非善也、與其亡而存之、不若未亡而救之之善也、城楚丘

桓之病楚也久矣、故元年會于檉、二年盟于貫、三年會
于陽穀、以謀之、是時楚方強盛、蔡楚之與國、故先侵蔡、蔡
既潰、遂進師次于獻境
桓公救邢城邢、皆曰某師某師、此合魯衛陳鄭七國之
兵侵蔡遂伐楚之、書爵者以其能服強楚之、皆稱爵焉
桓公既與陳侯南服強楚、而反執陳轅濤塗、其惡不
知也、
內言及、外稱人、皆諱之也、及江人黃人伐陳
伯姬內女也、來朝其子者、以其子來朝也、諸侯來朝猶曰不
可、杞伯姬來朝其子、非禮可知、

稱人以執者，晉侯也。五等之制，雖其國家宮室車旗衣服禮義之有差，而天子命之，南面稱孤，皆諸侯也。其或有罪，方伯請于天子，命之執則執之，不得專執也。其罪猶不得專執，况無罪者乎？春秋之世，諸侯無大小，惟力是恃，力能者執則執之，無復請于天子。孔子從而錄之，正以王法。或以稱侯以甚其惡，或以稱人以尊王爵。稱侯以甚其惡者，其諸雖非王命，執得其罪，其罪雖輕，故但甚其專執之惡。二十八年晉侯入曹執曹伯畀宋人，成十五年晉侯執曹伯歸于京師之類是也。稱人以尊其爵者，謂雖非王命，又執不得其罪，其罪至，故尊其爵。此年晉人執虞公，十九年

宋人執滕子嬰齊之類是也。晉人執虞公
出踰三時（也公自伐鄭）
小邾子，邾之別封也，故曰小邾子以別之，
言鄭世子華，齊人伐鄭，未已，鄭伯懼，求成于齊，故
先使世子華受盟于甯母也。（鄭世子華盟于甯母）
禘天子大祭，夫人成風也，不言風氏，但成風，僖公妾母
緣死廟，凡不得與祭，僖公既尊其母，故曰此秋禘
用夫人之禮致于太廟，使之與祭也。妾母稱夫人僭之
大者，故不言風氏，以殊之。案莊元年夫人文姜孫于齊，
貶去姜氏，此不言風氏，其貶可知矣。（禘于太廟用致夫人）

桓以諸侯致宰周公于葵丘、經以宰周公主會爲文也、不與桓以諸侯致天子三公也、

美齊桓尊、獻公殺世子而立之、春秋不與、故曰其之子、惡之也、

公及夫人姜氏會齊侯于陽穀、夫人譏之也、

言次言救某、惡諸侯緩于救患也、諸侯次于救徐而遣大夫往、此緩于救患可知也、經不稱救師師及諸侯之大夫救此、以宋主兵某、不與宋襄伐齊也、宋襄伐人之喪、揠易人之主之矣、宋師及齊師戰于甗、齊師敗績

宋人執滕子嬰齊、不得其罪也、滕子名某、惡遂失國也、

梁亡志不用賢也梁伯守天子土有宗廟社稷之責有軍旅民人之衆左右前後能夕與爲治莫之間其亡左右前後皆非其人也左右前後皆非其人不亡何待故直曰梁亡以志之

城郭門戶皆有舊制壞而更之常事書之譏其侈泰妨衆功改舊制也莊二十九年書新延廄不言作此言作改舊制不可知也

鄭所以殺也案莊十六年荊伐鄭二十八年荊伐鄭僖元年楚人伐鄭二年楚人侵陳三年楚人伐鄭鄭不附楚比爲所以爲抵死宋襄不能與楚抗也宋之附從猶易勝于伐鄭

楚人敗宋于泓，齊侯視之不救，而又加之以兵，故伐、圍並

書，以誅其惡。齊侯伐宋圍緡

文三

外大夫來赴死，禮也。王子虎卒

先言伐楚而後言以救江者，惡不能以救江也。楚人圍江，

陽處父帥師不急赴之，乃先伐楚，以引其兵自救，而江

圍解，然救患之師也，故深與。楚人滅江。

自是不能強國，皆至其惡，其輕之宗廟，遠能強國也。不至自會

此公逆婦姜于齊也。不言公者，諱之也。不言逆女者，以其

成禮于齊也。以其成禮于齊，故不言公以諱之。

成、謹也、葬我小君成風

春秋二百四十二年、閏月多矣、於此書不告月者、常告

也、又既不告閏月、猶朝于廟、祀朔可知、

遂城郚、季孫氏也

公孫敖如京師、弔喪也、不至而復、丙戌奔莒、文之不能

誅敖、得以自恣、文之之志亦可見矣、而知所致想、舉學師

為知也、

臻謹案左傳穆伯如周弔喪不至以幣奔莒從己

氏焉、祖宗之說從傳以當故彼謂其慶矣舍之不

參情集中之情以其實經文原不及此事故朱子

低二格双行

之只不至而復使，是大不恭，魯亦不再使人往，皆罷

也。與先生說正在最明，何必曲生枝節哉

楚復彊也。楚自城濮之敗，不敢加兵于鄭，今伐鄭者，晉

文既死，霸國不振故也。

九年楚人伐鄭

楚子執宋公伐宋，復貶稱人者二十年，至此稱爵者，以其

慕義使椒再來修聘，甚之也。椒，楚大夫，未命，故不氏

楚子使椒來聘

秦人來歸僖公成風之襚。襚，正也。書此以見周室陵遲，典禮錯

亂，秦人之不篤也。案四年十有一月壬寅，夫人風氏薨；五年春王正

月，王使榮叔歸含且賵；三月辛亥，葬我小君成風；王使召伯

低二格双行

未会葬、此之秦人使人來歸僖公成風之禭、不及事也。其言臣者、妾母稱夫人、非正也。妾母稱夫人自僖公始、天子不能正、而秦人能之、故曰秦人來歸僖公成風之禭。

隱注 案穀梁秦人弗夫人也、即外之弗夫人而見正焉、成風其一非之之義。僖公之母、僖公八年禘于太廟用致夫人、用者不宜用也。致者、致夫人也。夫人與夫國人共棄祀也。其襚其葬之弗夫人也。非以秦為弗夫人、之以秦與（相不及事）魯之日有事也、方何好于魯而溺之焉以禭之、何以觀秦之情矣。為弗夫人之母乃不以何好為以召怨乎、曰此蓋聖人之特筆也。使之成風惠公仲子義狀一例來賵

六句易前後

毋為夫人其僖公之母成風也繫之僖公以妾為妻其妻之也故繫

之惠公見內之無元臣而好見其義乎於之從秦之

夫人也與好夫人之孔秦之情也

晉自令狐之戰不出師者三年其厭戰之心可見也而秦不能

人命見利而動又報河曲之役故曰秦伐晉以譏之秦伐晉

二國之構隙易世矣二國之戰固可以已也而秦康晉靈猶

尋舊怨殘民以逞是莫之不怪也故孔子自令狐之戰不復

名其將帥言人秦人戰于河曲

帥師而城畏莒故也鄆莒魯所戰者（爭）

季孫行父帥師城諸及鄆

書彗之屬傳指曰彗光芒四出曰孛

有星孛入于北斗

舍未踰年稱君、孔子疾亂臣賊子之志、摠未踰年與成
人異也、故誅一之子商人而著世戒
單伯魯大夫、子叔姬昭公夫人、舍母也、舍既見弒、魯使單
伯訊子叔姬、單伯至此犯見其子孫世尔、商人執之并姬
毀泉臺惡奢也、築之奢、毀之奢、既築之又毀之、不謂奢
之矣

秦康公 宣公

秦伯罃卒

以秦與國 晉趙穿帥師侵崇

鄭未服也 二年宋人伐鄭

宋師敗績，獲宋華元。惡鄭之子歸生，與於此用兵敗宋師，又獲其帥，不謂甚矣。

陳即於，故晉趙盾、衛孫免侵陳，陳人請成。

仲遂雖卒，猶當追正其罪，宣公不能正仲遂之罪，則當為之廢繹，何有君臣之恩未施也（壬午猶繹，萬入去籥）

敬語、嬴[illegible]，雨不克葬，譏之備也。葬既有日，不為雨止，於下

己丑葬我小君敬嬴，雨不克葬，若己丑之日，喪既以雨也，且雨之遲久，不可得而知，設若淹日踰月，其可停柩於次，不以乎業禮乎？平旦而葬，日中而霽，此云庚寅日中而克葬，葬之不備可知也。

仲孫蔑子孫教之孫　仲孫蔑為之師

於年謂國內滅國曰取此年於於年成六年取鄟襄十三年取邿是也

崔氏齊大夫、言氏者起其世也、東遷之後、天子諸侯大夫皆已隱三年書尹氏、譏天子大夫、故此書崔氏、譏諸侯大夫也、

五穀不成曰饑

此楚子殺陳夏徵舒也、其言楚人者、與其討也、陳夏徵舒弒其君、天子不能誅、諸侯不能討、而楚人能之、故孔子與其討也、

楚子伐宋以其伐陳也 楚子伐宋

鄭與楚成 晉侯伐鄭

生殺之柄、天子所持也、是故春秋非天子不得專殺王

札子人臣也、王札子人臣殺召伯毛伯于朝、定王不能

禁者孰甚焉、故曰王札子殺召伯毛伯、以誅其惡、

秋螽之災未息冬又生子重為害故書蝝生

不書葬者賊之也吳楚僭極惡重王法所誅故皆不書

葬以賊之 楚子旅卒

戚臣

臧孫許臧孫辰子

王者至尊、天下莫得而敵、非茅戎可得敗也、定王庸暗、無宣王之烈、王師爲茅戎所敗、惡之大者、故孔子以王師自敗爲文、所以存周也

汶陽之田魯地也、齊人侵之、之魯從晉、故復取之、不言取之齊者、明本非齊地

來歸者、棄而來歸之也、杞伯姬來歸

蟲牢之盟鄭服也、天王崩、晉合諸侯同盟于蟲牢、宋不相忘矣

武宮者、武公之宮也、其毀已久、宗廟有常、故不言立、此言二月辛巳立武宮、非禮可知也

宣九年取根牟此年取郜襄十三年取邿皆滅國也

吳子壽夢兄子諸樊曰吳王壽夢僭號也 吳伐郯

吳乘楚伐郯故入州來州來滅國

低二格雙行寫

孫謹案為昭十三年吳滅州來地

汶陽之田齊所侵魯地也故二年用師于齊取之晉侯使韓穿來言歸之于齊非正也魯之土地天子所封非晉侯所得制也晉侯使歸之于齊是晉國之令制在晉也故曰晉侯使韓穿來言汶陽之田歸之于齊以惡之

成雖即位八年矣未錫王之績天子使召伯來錫公命遲[illegible]也

林氏七年齊晉女子自晉歸于衛也由晉侯之使歸也衛大夫由晉侯而得保其衛國之事可知矣

諸侯大夫不救救吳子也吳子至鍾離即與會吳于鍾離爾

鄭與楚以同晉厲三從王命合諸侯以討之而不能服伯國不振可知也成十七年公會單子晉侯宋公衛侯曹伯齊人邾人伐鄭

君之卿佐是為股肱厲公不道一日而殺三卿此自禍之道也故列數之以著其惡

窠曰

楚師侵宋所以救鄭也楚公子壬夫帥師侵宋

成王夫人　庚寅夫人嬴氏薨

丹如翁僖如才

季氏四月城所食邑其害不知也城費

王前年會諸侯于鄟不至故子自郤犯晉也晉　襄王正月乙亥

盜者賊賤之稱稱盜一百而殺三卿卿故列數之志鄭伯失刑政也

天子不親迎取后于三公迎之劉夏士也王后天下母使微者迎之可乎故曰劉夏逆王后于齊以著其非

晉平溴梁之會方召執莒子邾子以歸又不歸于京師非討以宗諸侯也

三年之中其臣加兵于魯者再齊之不道亦可知也

諸侯不序前目後凡也 諸侯[illegible]于杞柳

諸侯土地受之天子不可取也亦所惡內也 取邾田自漷水

城西郛城武城譏齊也 城武城

邾畀我來奔惡納也惡卿受邾叛人邑又納邾叛人也邾是年冬臧紇出奔邾邾之受之

欒盈以曲沃之甲入晉敗而奔曲沃也經言欒盈復入于晉入于曲沃被欒盈復入于晉犯君當誅曲沃大夫不可納也入于曲沃明曲沃大夫納之當誅

次止也言救之次惡不急救患也君命救晉豹畏齊度

命而止故曰叔孫豹帥師救晉次于雍榆以惡之

孟莊子也仲孫速卒

不言其大夫者欒盈已奔于他也稱人以殺從討賊

辭晉人殺欒盈

羯仲孫速子孟孝伯也

晉再合諸侯將伐齊齊人懼弒莊公以求成晉侯許之

八月己巳諸侯同盟于重丘是也莊公復背澶淵之盟

加兵晉衛伐不道矣然齊人弒莊公以求成逆之大者晉

不能討之以定齊國之亂曷以宗諸侯宜乎大夫日熾自

是卒不可制也故先書崔杼之弒以著其惡會于夷儀

獻公之弟者也孫林父逐之甯喜弑剽以納獻公孫林
父懼入于戚邑以叛
先言辛卯衛甯喜弑其君剽、四日而復歸于衛後言甲午
衛侯衎復歸于衛、其以見衎待弑而歸也、案十四年衛侯
衎出奔齊、前年入于夷儀、今喜弑剽、四日而復歸于衛、
此待弑而歸可知也
稱君以殺其子去之也　宋公殺其世子痤
隱桓之際天下失道諸侯擅权宣成之間諸侯僭命大
夫專國至宋之會則又甚矣何哉自宋之會諸侯日微
天下之政皆大夫專持之也故二十九年城杞三十年會

澶渕、昭元年會虢，諸侯莫有見者，此天下之政皆大夫專
持之可知也。
寧喜不以討賊書者，殺之不以其罪也。
公非時禊也。事具於襄二十八年
公留于楚者七月。夏五月公至自楚
共謚也。內女不葬，葬者諸非常也。莊四年齊侯葬紀伯
姬，三十年葬紀叔姬，此年特為宋葬共姬之也
襄公太子未踰年之君也。名者，襄公未葬也。不薨不地，
降成君也。秋九月癸巳子野卒

陳哀公二子，太子偃師，次子留，公弟招與大夫過皆愛留，欲立之。哀公疾，遂殺太子偃師，以立之。留，庶孽也；偃師，冢嗣也。招以叔父之親，不顧宗社之重，殺冢嗣以立庶孽，致於滅陳，皆招之由也。故曰陳侯之弟招殺陳世子偃師，以志招之惡也。

此公子招殺大夫公子過也，其言陳人殺其大夫公子過者，不與公子招殺也，故以陳人自討爲文。

十月壬午，楚師滅陳。此言葬陳哀公者，不滅之辭也，所以存陳也。九年陳災同此

此年之壬午其朕也　十年

般弑逆之人，諸侯皆得殺之。楚子名此暴疾者，道貪蔡土地，不以弑君之罪殺般也。四月丁巳，楚子虔誘蔡侯般殺之于申。十有一月丁酉，楚子滅蔡，執蔡世子有以歸用之。此暴疾者道貪蔡土地，不得以討賊例書之，誘殺蔡侯般也。

蒐其田也。五月不時也，時又有夫人之喪。

會于厥慭，謀救蔡而不能也。

先言歸其所以不與謀也，後言弑其正此之罪也。

大夫執則書王人，則名不稱氏，爵之也。其意示王自貴

宋衛陳鄭同日而災也。宋衛陳鄭同日而災，異之也。

鄭子私舍之邑也言自鄭出奔宋者以别從國都而去耳

衞侯之母兄而當得殺之衞侯之失刑政也故曰當殺衞侯之兄縶之葬其志

以天子之尊三月而葬此諸侯之不葬也葬景王

言王所以明當嗣之人也言子猛以見未踰年之君也言猛所以别羣王子也不崩不葬降成君也

秦狄之戰秦敗者多矣未有諸侯之師覆而不序者此六國之師覆而不序者時之於其亡胡子髡沈子逞滅者深惡之國之君不得其死皆以自滅爲文也

内諱奔，皆曰孫。次于陽州者，不得入于齊也。
齊侯取鄆，以處公也。不言處公者，明年公至自齊居于
鄆，此處公可知也。
居于鄆者，公為意如所拒，不得入于魯也。
謀納公而不能也。盟于鄟陵
公比年如齊者再，皆不見禮，故如晉。其言次于乾侯者，
不得入于晉也。公既不見禮于晉，齊又不得入于晉，其窮
辱如此。
季孫意如逐君之賊也。晉侯不能討而執之，既使荀躒會
意如于適歷，又使荀躒唁公于乾侯，何所為哉！此晉侯

之惡亦可見矣

周自天子言之則曰王城成周諸侯言之則曰京師

一一 定公

不書正月非定公未立不與季氏廢其正朔也是時季氏專國昭公薨于乾侯及喪之至定公又未立故異不書可以見強臣無君之實也

春秋之義諸侯不得專執況大夫乎宋仲幾會城成周辭不從陪臣也犯天子命執仲幾于天子之側甚矣故曰晉人執宋仲幾于京師以疾之

其言雉門及兩觀災者雉門與兩觀俱災也雉門兩觀

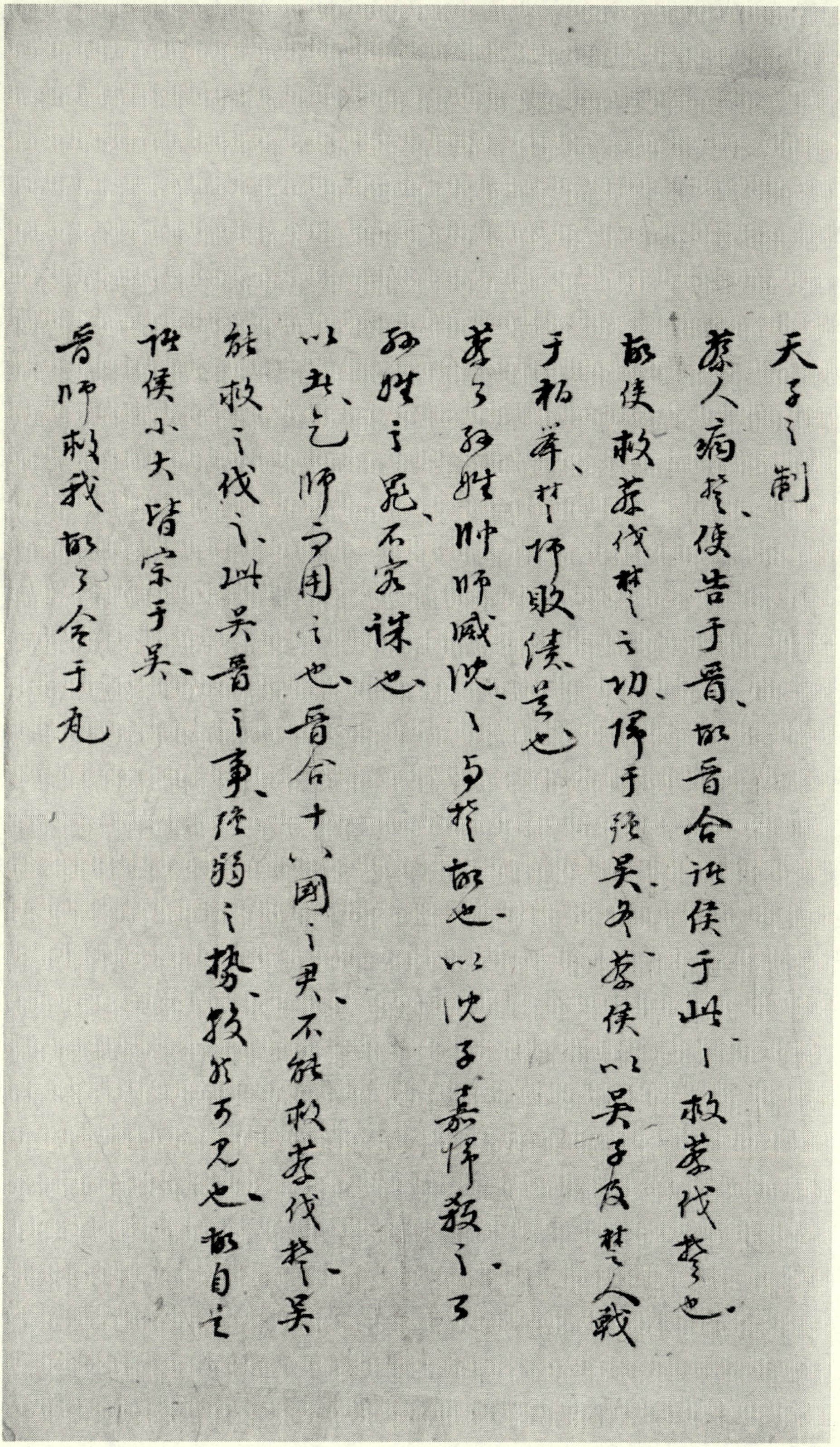

天子之制
蔡人病楚使告于晉故晉合諸侯于此以救蔡伐楚也
故使救蔡伐楚之功得于強吳而蔡侯以吳子及楚人戰
于柏舉楚師敗績是也
蔡公孫姓帥師滅沈沈与楚故也以沈子嘉歸殺之公
孫姓之罪不容誅也
以我之師而用之也晉合十八國之君不能救蔡伐楚吳
能救之伐之此吳晉之事強弱之勢較然可見也故自是
諸侯小大皆宗于吳
晉師救我故之令于丸

天王崩杜預字爲青書
侯共禮之禮此記王崩彼
侯也魯方召天王使石
而來伴臨死禮也
雨不克葬禮不能葬之葬
而爲雨止戊午日下昃乃克
葬下是備之者也

不曰竊歸寶玉大弓者竊陽虎不可再見也

郈叛叔孫州仇仲孫何忌帥師圍之郈不服故二卿秋再圍

添入上二条

夏四月、衞侯元卒、衞人立輒、輒者蒯聵之子也、晉趙鞅帥師納蒯聵于戚、世子于戚者、爲輒所拒不得入于衞也、案定十四年、衞世子蒯聵出奔宋、衞侯元既卒、輒又已立、從穀梁曰、世子蒯聵當嗣、惡輒貪國叛父、逆亂人理、以滅天性、孔子正其名而書之也

閏月喪事不數葬齊景公非禮也春秋二百四十二年書

低二格双行

閏者推文六年不告月此年葬齊衰之家皆記其實常也
且三年之喪練祥必以其月此禮可知
　按謹按數閏之說古數不同二年謂喪以閏數喪
數罪也數罪謂不足其閏推鄭志則兩通之謂喪
以日計數閏以年數者雖至閏亦至于數則喪事
不數者謂如與三年之而數罪謂閏月附月之餘
其意雖大功以下及葬皆不數也至喪事從來
謂孝子哀戚之心雖加百念于己而先王緣人情為
為之節文故於數過也計閏之數之是處所其親矣
推之大功以下及葬亦從是也故不數之說至今加之

書之

吳伐我以邾子益來故也直曰伐我者兵加于都城也

田者井田也賦者財賦也宣公初稅畝什二而稅至于哀公則又去宣公不足況什二而稅其田又什二而斂其財故曰用田賦之用田以為財賦之率也

周之十二月夏之十月也而異之志 哀十二年冬十有二月螽

吳子方會城乘其無備而入之也

低二格雙行

璋謹案題以常秩曰既復之于東狀初稱了完善商秩之諸年無厭于其其之誅者至六天其之罪其不即人以素矣王回以之為秩此善議復其家氏語

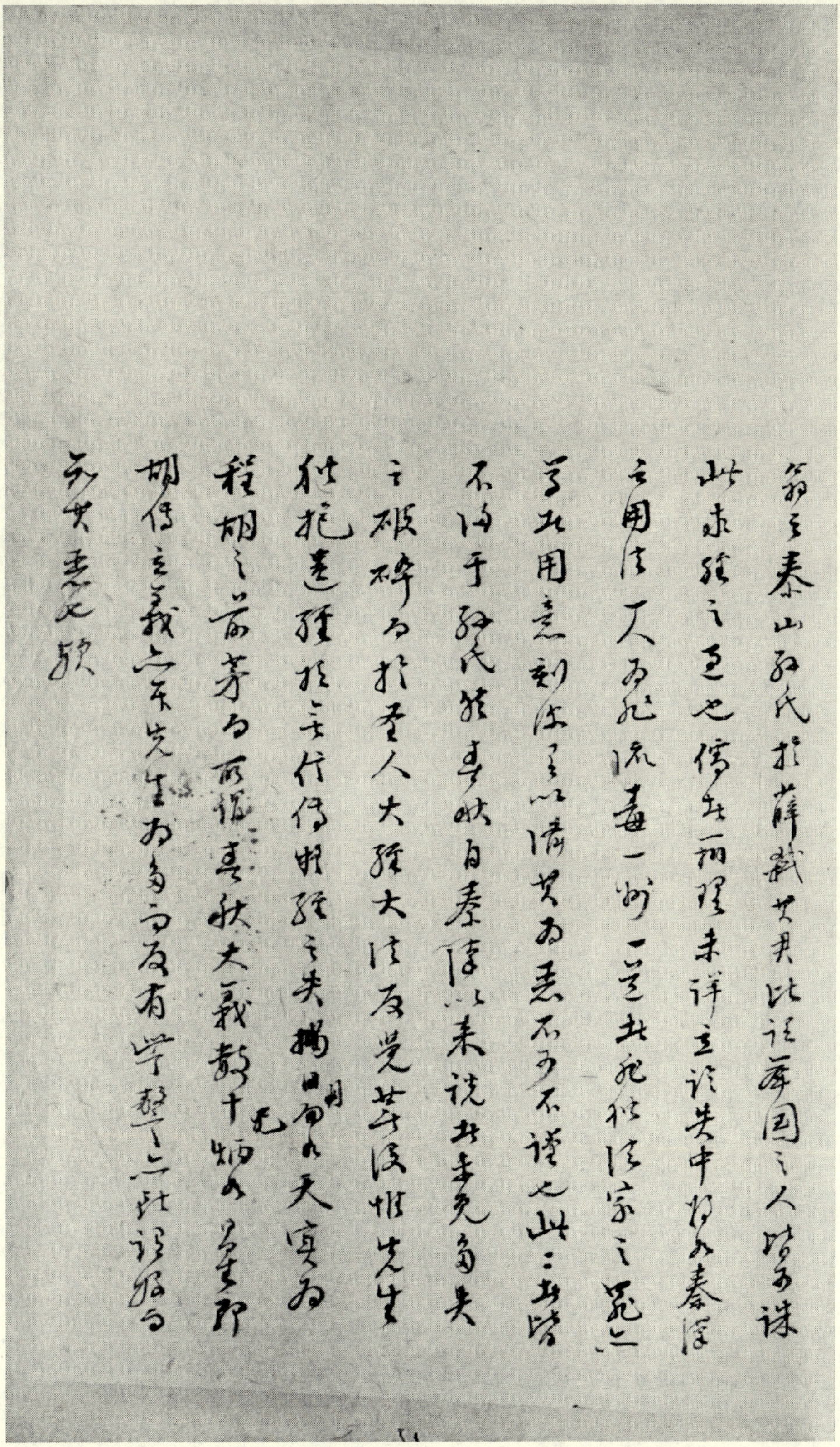

翁之泰山孫氏於薛載其君比諸亡國之人皆可誅

此亦經之意也傳其一兩理未詳至諸先中楊氏秦漢

之用法人而死於流毒一世一變而死於法家之說已

學者用意刻深至以儒者為惡不可不謹也此之與皆

不得乎孫氏發春秋自秦漢以來說春秋者爲多矣

之破碎而於聖人大經大法反覺其渙散惟先生

能推廣經於宋代得其經之失獨明聖人天實為

程胡之前茅而所謂春秋大義數十條者皆其郎

胡傳之義亦宋先生為多而或有學者斥之此說殆可

正其罪也歟

添入附録　見前

# 黃梨洲先生宋元儒學案元藁

男百家纂輯
後學鄞全祖望續修
元孫璋校訂

以上刪去數行

另頁起

## 徂徠石先生介

石介字守道兗州奉符人世為農家先生父丙始以仕進官至太常博士先生舉進士甲科為鄆州觀察推官南京留守推官御史臺辟主簿未至以上書言赦罷不召秩滿遷某軍節度掌書記代其父遠官于蜀為嘉州軍事判官丁内

以鄉號足躬耕徂徠之下服除召入國子監直講是時天子擢
諫官御史所以求治之意甚切先生曰此盛事也雅頌吾職其可已乎作
慶曆聖德頌褒貶大臣分别邪正詩出太山孫明復曰子禍始於此矣
又嘗姬嫉者太子中允通判濮州慶曆五年以疾卒于家奸人有以奇禍中傷大臣
者欲指先生以起事謂其詐死而北走契丹矣請發棺以驗寧其請乃免
生官於南京以經術教授及在太學益以師道自居門人弟子甚眾太學之興
自此始其文章博辯雄偉憂思深遠著怪說闢佛老闢楊億於是新進後
學不敢為楊劉體務堯舜禹湯文武周孔楊雄韓愈之學一下不敢于亡云
徂徠文集
刪訂之補其未盡
宋頌九首序畧云奮為宏休摛為英聲昭為烈光曄曄
燁燁如日之華鏗鏗訇訇如雷之行暢於無窮揚於無
上江浸海流天高地厚不有窮盡若我太祖一駕而下

黃棃洲先生宋元儒學案元藁

男百家纂輯

後學鄞全祖望續修

元孫璋校訂

以上刪去數行

## 諸儒學案

### 徂徠石先生介

石介字守道兗州奉符人世為農家先生父丙始以仕進官至太常博士先生舉進士甲科為鄆州觀察推官南京留守推官御史臺辟主簿未至以上書論赦罷不召秩滿遷某軍節度掌書記代其父官于蜀為嘉州軍事判官丁內

垢面跣足躬耕徂徠之下服除召入國子監直講是時天子銳意
誅夏御史既以來治之意甚切先生曰此盛事也雅頌吾職其可已乎作
慶曆聖德頌褒貶大臣分別邪正詩出太山孫明復曰子禍始於此矣
又嘗嫉姤者出太子通判濮州慶曆五年以疾卒于家奸人有以奇禍中傷大臣
者陰指先生以起事詔詰其詐死而北走契丹請發棺以驗賴宰執保免
生嘗於南京以經術教授及在太學益以師道自居門人弟子甚衆太學之興
自此始先生文章論辨雄偉長於深遠嘗著怪說闢佛老闢楊億於是新已後
予不顧西指刘侏者壽而得之式周孔楊墨韓愈年四十一下不愧于心云
徂徠文集
學者稱為徂徠先生
泰山孫明復□□□

聖宋頌九首序畧云奮爲宏休攄爲英聲昭爲烈光曄曄
煒煒如日之華鏗鏗訇訇如雷之行暢於無窮揚於無
上江浸海流天高地厚不有窮盡若我太祖一駕而下

潞再矢而定揚三揖而納荊潭四指而收蜀廣五征而
平江南太宗南致淮海數十州之地北縛并原四十五
州年之寇真宗暫臨澶淵匈奴喪威墮膽迨今四十年
不敢輦馬而南今皇帝明道之初獨臨軒墀神謀睿斷
如雷之動六合莫不震焉發施號令如風之行萬民莫
不見焉登任哲文剪鋤姦惡天清地明日燭月霽乃作
為宋頌九篇　皇祖太祖殺李筠滅李重進也　湯〻
取孟昶也　莫醜取廣州也　金陵取李煜也　聖文
吳越歸也　六合雷聲太宗取劉繼元也　聖武戎犯
澶淵真宗親臨六師也　明道今皇帝獨臨軒墀聖政

赫然日新也宋頌九首叙畧

慶曆聖德頌序畧曰古者一雲氣之祥一草木之異亦一蹄角之恠一羽毛之瑞當時群臣猶且濃墨大字金頭鈿軸以稱述頌美時君功德以為無前之休丕天之績如仲淹弼實為不世出之賢求之于古堯則夔龍舜則稷契周則閎散漢則蕭曹唐則房魏陛下有之諸臣亦皆今天下之人望為宰相諫官者陛下盡用之此比

此頌篇完隔三頁接寫

于木蹄角羽毛之異萬〻不侔豈可翻無歌詩雅頌吾君之休聲烈光神功聖德刻于琬琰流于金石告于天地奏于宗廟存于千萬年而無窮盡哉 頌

潞再矢而定揚三揖而納荊潭四指而收蜀廣五征而
平江南太宗南致淮海數十州之地北縛并原四十五
州年之寇真宗暫臨澶淵匈奴喪威墮膽迨今四十年
不敢箠馬而南今皇帝明道之初獨臨軒墀神謀睿斷
如雷之動六合莫不震焉發施號令如風之行萬民莫
不見焉登任哲文翦鋤姦惡天清地明日燭月霽乃作
為宋頌九篇　皇祖太祖殺李筠滅李重進也　湯湯
取孟昶也　莫醜取廣州也　金陵取李煜也　聖文
吳越歸也　六合雷聲太宗取劉繼元也　聖武戎犯
澶淵真宗親臨六師也　明道今皇帝獨臨軒墀聖政

赫然日新也

慶曆聖德頌序畧（宋頌九首叙畧）曰古者一雲氣之祥一草木之異亠一蹄角之恠一羽毛之瑞當時群臣猶且濃墨大字金頭鈿軸以稱述頌美時君功德以為無前之休丕天之績如仲淹弼實為不世出之賢求之于古尭則夔龍舜則稷契周則閎散漢則蕭曹唐則房魏陛下有之諸臣亦皆今天下之人望為宰相諫官者陛下盡用之此比雲氣草木蹄角羽毛之異萬〻不侔豈可翻無歌詩雅頌以播吾君之休聲烈光神功聖德刻于琬琰流于金石告于天地奏于宗廟存于千萬年而無窮盡哉　頌

此三頁誤訂入後
應在附錄之上文集之後

怪說上

夫物有常道反厥常道則謂之怪矣夫三光代明四時代終天之常道也日月為薄蝕星辰為彗孛斯怪也夫五嶽安焉四瀆流焉地之常道也山為之崩川為之竭斯怪也夫君南面臣北面君臣之道也父坐子立父子之道也而臣抗于君子敵于父斯怪也夫中國聖人之所常治也四民之所常居也衣冠之所常聚也而髡　左衽不士不農不工不商為　夷者國焉　國道德之所常治也禮樂之所施也五常之所被也而汗漫不經之教行焉妖誕幻惑之說滿焉可怪也夫天子七廟諸侯五廟大夫三廟士二廟庶人祭于寢所以不忘孝也而忘而祖

度可察古之鬼可怪也矣法施于民則祀之以死勤事則祀之以勞定國則祀之能禦大菑則祀之能捍大患則祀之契（棄）能殖百穀周祀以為稷后土能平九州祀以為社帝嚳堯舜禹湯文武有功烈于民者及日月星辰民所瞻仰也山林川谷丘陵民所取材用也非此族也不在祀典所以然之故何也以為天下可怪也人莫不有飢一星殞風雨不調順一草木不生殖則就知其為天地之怪也乃迺寢滅服徽示恐懼責己修德以禳除之彼其滅君臣之道絕父子之親棄道德悖禮樂裂五常遷四民之常居毀中國之衣冠去祖宗而祀夷狄汗漫不經之教行妖誕幻惑之說滿則反不知為怪從不能禳除之大學者焉吁人見一狐媚一蛇躁一梟鳴一

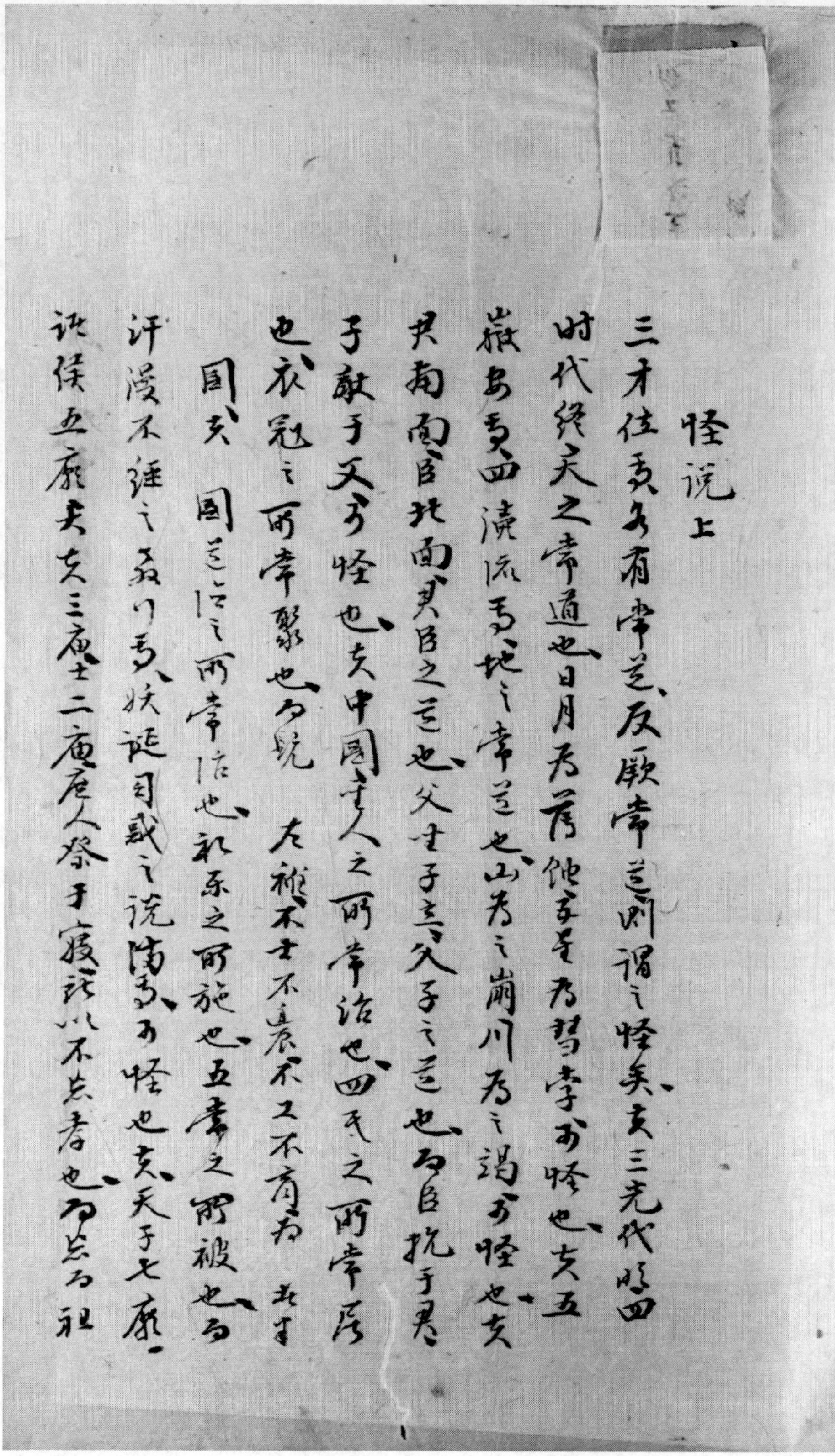

怪說上

三才位焉各有常道反厥常道則謂之怪矣夫三光代明四
時代終天之常道也日月為薄蝕彗孛為怪也夫五
嶽安焉四瀆流焉地之常道也山為之崩川為之竭為怪也夫
君南面臣北面君臣之道也父坐子立父子之道也為臣抗于君
子敵于父為怪也夫中國聖人之所常治也四民之所常居
也衣冠之所常聚也而髡髮左衽不士不農不工不商為夷者半中
國焉　國道德之所常治也禮樂之所施也五常之所被也而
汗漫不經之教行焉妖誕幻惑之說滿焉可怪也夫天子七廟
諸侯五廟大夫三廟士二廟庶人祭于寢所以不忘孝也而忘而祖

慶方祭，夫子責秋之鬼，可怪也。夫以施于民則祀之，以死勤事則祀之，以勞定國則祀之，能禦大菑則祀之，能捍大患則祀之。契（棄）能殖百穀，故祀以為稷；后土能平九州，故祀以為社。帝嚳堯舜禹湯文武有功烈于民，及夫日月星辰民所瞻仰也，山林川谷丘陵民所取財用也，非此族也，不在祀典。今之況佛者，為天下可怪也。人其又日蝕，一星縮，風雨不調，愆一草木不生殖，則能知其為天地之怪也，乃避寢減膳徹樂，恐懼責己，修德以禳除焉。彼其滅君臣之道，絕父子之親，棄道德，悖禮樂，裂五常，遷四民之常居，毀中國之衣冠，去祖宗而祀夷狄，汗漫不經之教行，妖誕幻惑之說滿，則反不知其為怪，既不能禳除之，又尊奉焉。吁，人且一顧指，一瞥睐，一晷嗔一

雜入、以話云其為物之為怪也、乃砭呪祈祭、以厭勝焉、彼則其孫其子其
父其祖、世其祖宗、去為父母、雖為常業、裂而常服、習夷鬼以反不
亦其怪、院不勝厭勝之、又為異焉、食其怪也、已矣。中國之多怪也、人不
為怪也哉、少矣。噫、百蝕、一星隕、則天為之不明、一山崩、一川竭、則地為
之不寧、釋老之為怪也、千有餘年矣、中國蠹壞亦千有餘年矣、不
亦更千餘年、釋老之為怪也如何、中國之蠹壞也如何、堯舜禹湯
文武周公孔子不生、吁。

怪說下

或曰、天下不謂之怪、子謂之怪、怪有子不謂怪、而天下謂之怪、請為
子而言之、而客曰、奚其為怪也、曰、昔楊翰林欲以文章為宗于天下、憂

天下未有信己之言也，非是盲天下人目，聾天下人耳，使天下人目盲，不見有周公孔子孟軻揚雄文中子吏部之道，使天下人耳聾，不聞有周公孔子孟軻揚雄文中子吏部之道，使周公孔子孟軻揚雄文中子吏部之道滅，乃昔其盲，耳其聾，使天下惟見己之道，惟聞己之道，莫知其佗。今天下有揚億之道四十年矣，今人欲反盲天下人目，聾天下人耳，使天下人目盲，不見有揚億之道，使天下人耳聾，不聞有揚億之道，使揚億道滅，反昔其盲，開其聾，使目惟見周公孔子孟軻揚雄文中子吏部之道，耳惟聞周公孔子孟軻揚雄文中子吏部之道。周公孔子孟軻揚雄文中子吏部之道，堯舜禹湯文武之道也，三才九疇五常之道也。反厥常則為怪矣。夫書則有堯舜

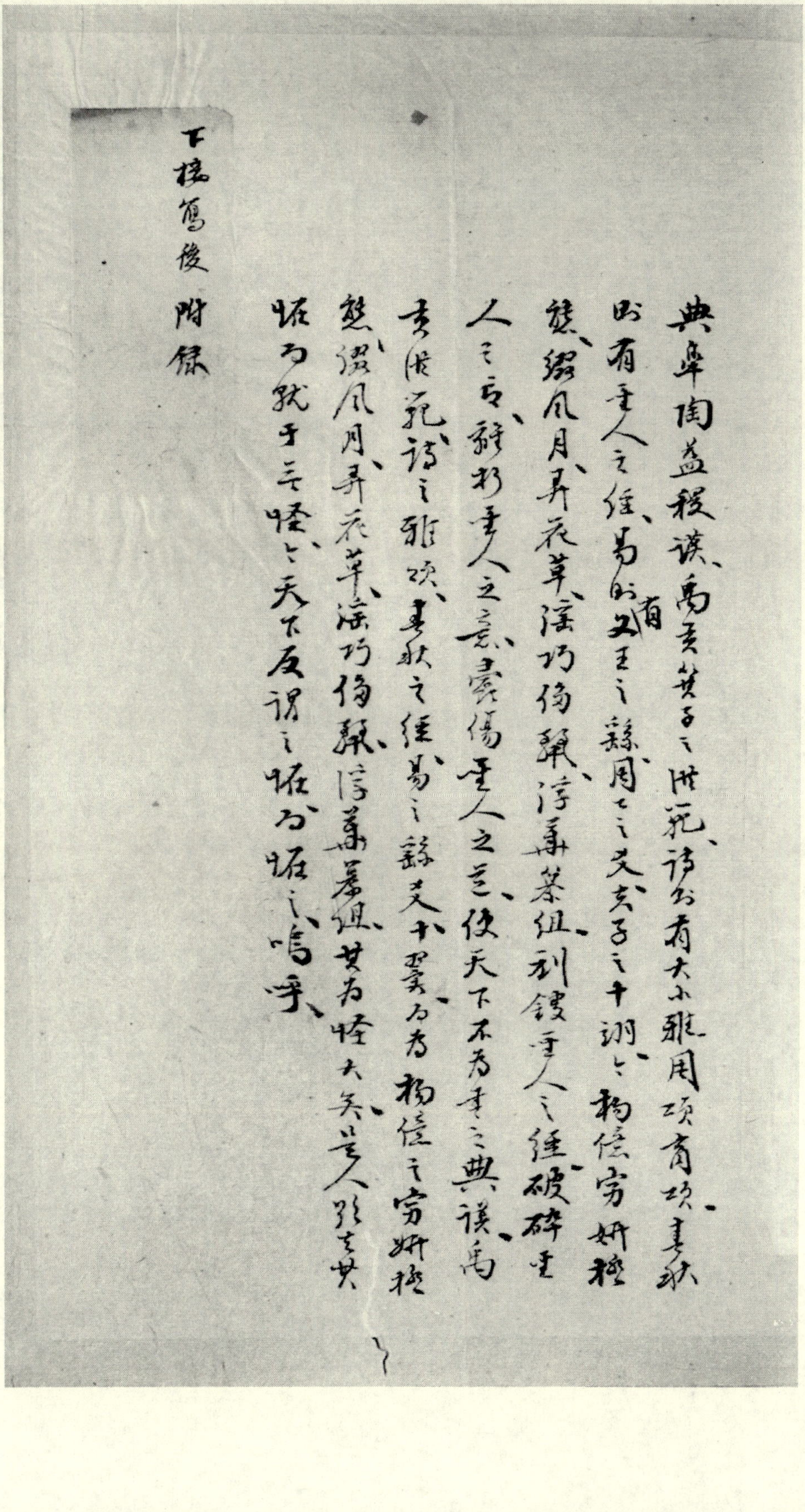

下接寫後　附録

典皐陶益稷謨、禹貢箕子之洪範、詩亦有大小雅周頌商頌、春秋亦有聖人之經、易亦有文王之辭、周公之爻、孔子之十翼、是物情窮妍極態、綴風月、弄花草、淫巧偽飾、浮華篆組、刻鏤聖人之經、破碎聖人之言、辭形聖人之意、賊傷聖人之道、使天下不為聖之典謨禹貢洪範、詩之雅頌、春秋之經、易之辭爻十翼、乃為物情之窮妍極態、綴風月、弄花草、淫巧偽飾、浮華篆組、其為怪大矣、是人所以其怪而就于三怪、天下反謂之怪而怪之、嗚呼、

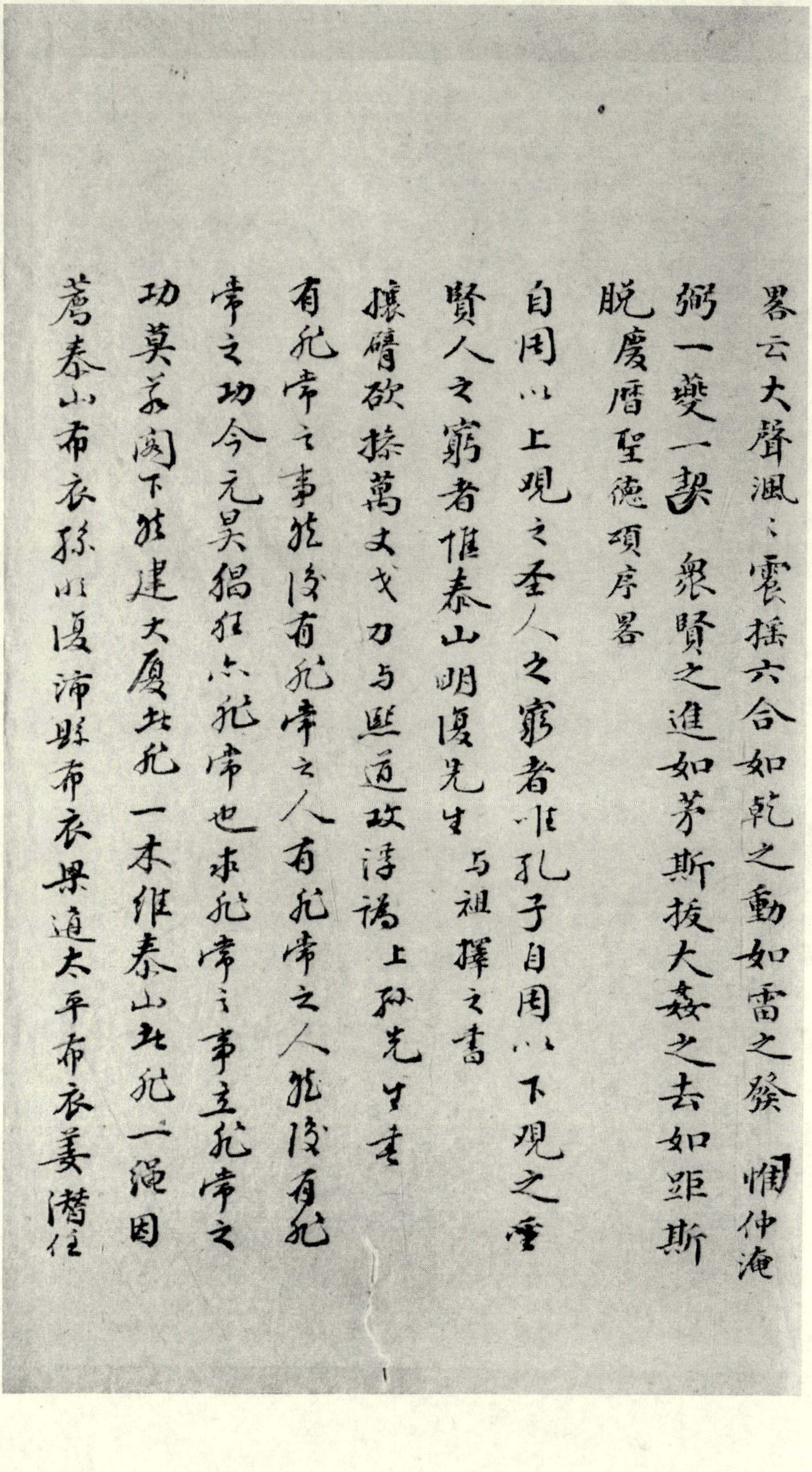
畧云大聲渢渢震搖六合如乾之動如雷之發 惟仲淹
弼一夔一契 衆賢之進如茅斯拔大姦之去如距斯
脫慶曆聖德頌序畧
自周以上觀之聖人之窮者惟孔子自周以下觀之聖
賢人之窮者惟泰山明復先生 与祖擇之書
攘臂欲操萬丈戈 力与熙道攻浮論 上孫先生書
有非常之事然後有非常之人有非常之人然後有非
常之功今元昊猖狂亦非常也求非常之事立非常之
功莫若閣下然建大廈者非一木維泰山者非一繩因
薦泰山布衣孫明復沛縣布衣梁道太平布衣姜潛住

城布衣張洞皆有文武材可膺大任 上韓琦書

楊億窮妍極態綴風月弄花草淫巧侈麗浮華纂組刓鎪聖人之經破碎聖人之言離析聖人之意蠹傷聖人之道其爲怪大矣 怪說中

堯舜禹湯文王武王周孔之道萬世常行不可易之道也佛老以妖妄怪誕之教壞亂之楊億以淫巧浮僞之言破碎之 怪說下

夷王下堂亂是以作宣王税畝亂是以作秦開阡陌亂是以作秦襄王太后昵軒亂是以作秦始皇罷封建置郡縣亂是以作秦漢美人之號凡四十等亂是以作漢武

帝敕宦侯官奏請爲以官爵主之說是以作不反其性其
亂不必亂原
孔子爲聖人之至吏部爲吳人之卓孔子之易春秋自
聖人來未有也吏部原道原仁原毀[揮→行]雜爲問佛骨表
諍臣論自孔子以來未有也嗚呼至矣等耕
臻謹按獨取吏部原道等篇自是臣服膺以擬孔
子易春秋太玄
道大壞由一人存之天下國家大亂由一人扶之古言大
廈將顛非一木所支是棄道而忘天下國家也顛而不
支坐而視其顛斯亦爲不智者矣曰見可而進量力而

低二格另行

勸其全身苟生者歟　救説

天地間必無者有三：無神仙，無黃金，無佛。大凡窮天下而奉之者一人也，莫貴于一人。天地兩間苟所有者，惟之莫不獲也。秦始皇求爲仙，漢武帝求爲黃金，梁武帝求爲佛，勤亦至矣，而秦始皇遠遊死，梁武帝餓死，漢武帝鑄黃金不成，吾知必無神仙也，必無佛也，必無黃金術也。　辨惑

孫明復先生四舉進士不得，乃退居泰山，聚徒著書，蓋有待也。古之賢人有隱者，皆避亂世而隱者也。彼所謂隱者，有匹夫之志，守硜硜之節者之所爲也，聖人之所

不與也先生龍德者也　明復

天地之治曰禍福，君之治曰刑賞，皆隨其善惡而散布之。夫人不達天地君之治，硜硜焉守小慈、蹈小仁，不肯去一奸人，刑一有罪，皆曰存陰德。其大者謂不殺一人、不傷一物，則天地神明之所佑也。且天地能覆載而不能明示禍福于人，樹之以君，任其刑賞；人君能刑賞而不能親行，遷陟于下，任之以臣，假其威權。違天地君而曰存陰德，禍將及矣。　陰德論

日月，天之目；御史，天子之目。　上李雜端書

合天下之公也，雖其親暱人，不謂之私；用一人之私也，雖其

誅逵人不謂了乙　上王沂公書

昔郭代公為太學生家信至寄錢四十萬為學粮有縗服叩門云五代未葬代公即命以車一時載去畧無留者亦不問姓氏代公其年絕粮不能成舉柳河東布衣時坐酒肆中有書生在其側言貧無以葬柳即摟于其家得白金百餘兩錢数萬遺之故代公富貴功業光隆于先河東文章聲名照映本朝

上王狀元書乞助改葬石氏七十葬

生幸而值如孔子孟軻者同其時居幸而遺如孔子孟軻者同其里則是坐遇孔孟親見聖賢不偶數千百年得其人而師之不遠萬數千里獲其師而學之也

上孫少傅書

頗見僕所為文僕文字(実)不足動人然僕之心能專正道不敢跬步叛去聖人其文則無悖理害教者斯亦鄙夫硜硜然有一節之長也書中又言僕書字怪且異古亦無今亦無為天下非之此誠僕之病也此為之不能也然永叔謂我特異乎人似不知我也僕誠亦有自異於衆者則非永叔之所謂也今天下為佛老其徒囂囂乎聲附合響應僕獨健然自持吾聖人之道今天下為楊億其衆嘵嘵乎口一唱百和僕獨確然自持(守)吾聖人之經茲是僕有異乎衆者然亦非特為取高於人道適當然也　答歐陽永叔書

為文之道如日行有道月行有次星行有躔水出於源而歸於海 与張秀才書

咸章韶夏至樂也不奏於夔牙之府而奏於鄙俚惡能審其聲而知其音也飛兔騕褭逸馭也不審騁於王樂之前而鬻于市人惡能審其駿而知其良也 今天下大道榛塞吾常思得韓孟大賢人出為芟去其荊棘逐去其狐狸道大闢而無荒穢往年官汝上始得士熙道今春來南郡又逢孫明復韓孟茲遂生矣 与裴員外書

低二格文行

璘謹按先生年二十六舉進士甲科為鄆州觀察推官所言汝上時也又為南京留守推官所言來南郡

旁右作小注

时也 先生一生推服泰山此特其初年时為已極

其從泰山游獨居泰山為学者自介甫以下皆以弟子

事之歐公誌明復云尔其实先生於明復義兼師友

故此書從以字称之為歐公誌徂徠亦云明復先生

之師友也

合附録

守道為舉子時寓學於南都其固窮苦學世無比者

賓(?)聞其勤約因會客以盤餐遺之石謝曰甘脆者

親之願也止得一餐則可日以繼乎將不能朝享膏粱暮厭粗

糲人之常情也不敢當賜便以食還

每條第一行頂格以後低一格

先生非隱者其仕嘗位于朝矣於魯之人不稱其官為稱其德以為徂徠魯之望先生魯人之所尊故因其所居之山以配其有德之稱曰徂徠先生其遇事發憤作為文章極陳古今治亂成敗以指切當世賢愚善惡是是非非無所諱忌世俗頗駭其言由是謗議喧然而小人尤嫉惡之相與出力必擠之死先生安然不惑不變曰吾道固如是吾勇過孟軻矣墓誌

天聖以來穆伯長尹師魯蘇子美歐陽永叔始倡為古文以變西崑體學者翕然從之其有楊劉體者人譏之曰莫大焉石守道尤嫉之以為孔門之大害作怪

每条第一行頂此一格

時也先生一生推服泰山此特其初年附而已極其傾倒後獨居泰山為學者自介而下皆以弟子事之歐陽公誌明復云介其實先生於明復義兼師友故此書獨以字稱之而歐陽公誌徂徠亦以明復先生之師友也

○附録

守道為舉子時寓學於南都其固窮苦學世無比者王瀆聞其勤約因會客以食饌遺之石謝曰甘脆者亦介之願也止於一餐明日何以繼乎朝享膏粱暮厭粗糲人之常情也不敢當賜王嗟重之　侍其録

先生非隱者也其仕嘗位于朝矣魯之人不稱其官為
稱其德以為徂徠魯之望先生魯人之所尊故因其所
居之山以配其有德之稱曰徂徠先生其遇事發憤作
為文章極陳古今治亂成敗以指切當世賢愚善惡
是〻非〻無所諱忌世俗頗駭其言由是謗議喧然
而小人尤嫉惡之相與出力必擠之死先生安然不
惑不變曰吾道固如是吾勇過孟軻矣墓誌
天聖以來穆伯長尹師魯蘇子美歐陽永叔始倡為
古文以變西崑體學者翕然從之其有楊劉體者人
戢〻曰莫大崑石守道斥嫉之以為孔門之大害作怪

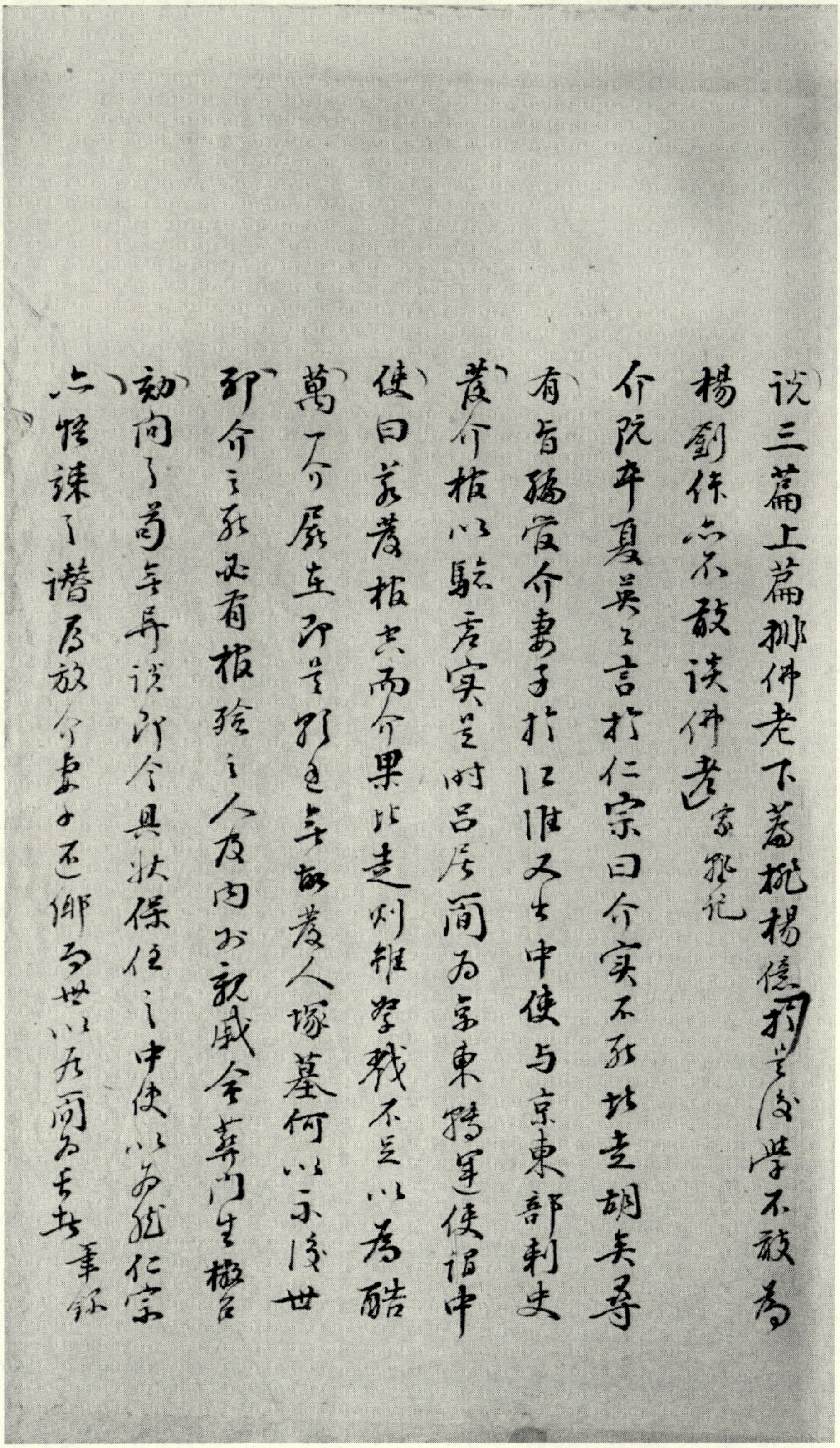
說三篇上篇排佛老下篇排楊億當時學不敢為
楊劉作亦不敢讀佛老書　家塾記
介既卒夏竦之言於仁宗曰介實不死北走胡矣尋
有旨編管介妻子於江淮又出中使與京東部刺史
發介棺以驗虛實是時呂居簡為京東轉運使謂中
使曰若發棺空而介果北走則雖孥戮不足以為酷
萬一介屍在即是朝廷無故發人冢墓何以示後世
耶介之死必有棺殮之人及內外親戚會葬門生無慮
劾問之苟無異說即令具狀保任之中使以為然仁宗
亦悟竦之譖乃放介妻子還鄉而世以[illegible]東軒筆錄

張安道雖不喜介，謂狂譎盜名，所以與歐范不足，亦
人目以拜邪。下謂吾祖，吾祖父子家素寒，中見介素白
布衣何爲與此狂生游。又問黃景淵何至問安日狂
生以道雁聘之不受，何不與喚了筆着了循一任作怪，
何足與之較。辭受義理也。吾祖除御史中丞，因辭不
便於石介以薦。與祖父以不相爲非其罪云。內於爲君臣
子家爲矣。子天下屢遷所係，匠雖豈可以辭任爲屢安
苦只於此書也。蘇氏談訓

徂徠門人

杜默字師雄，和州人，從徂徠學，作三豪詩以曼卿永叔朋

之云師雄年二十二學雖辯而廣才格自天來詞義美[illegible]

子姓

## 太山門人

姜潛　太平人徂徠上韓稚圭書言其有孫明復之風師略見送行

張泂（太山門人）　泂路布衣有文武材可膺大任

徐遁　不知何許人見陝士誌徂徠

第二冊

四靈

元城學案

濂溪

黃梨洲宋元學案 元孫稚圭校補稿

○

四靈學案

元城學案

濂溪學案

第二本

此後寫

宋儒學案

少師謚忠文陳先生襄

祭酒鄭先生穆

直講陳先生烈

助教周先生希孟

孫覺古靈弟子

章衡

陳砥

吴道

管師復

管師常　林石

張公諤

傅楫　傅希龍

劉淮夫

呂逢時

劉康夫周氏弟子

曾伉

頂格

# 宋儒學案

低一格騎格寫

遺獻黃梨洲先生原藁

男百家纂輯　元孫璋校補

後學全祖望續修　○○○刊訂

頂格

## 閩四靈學案

### 少師謚忠文陳先生襄

陳襄字述古侯官人也學者稱為古靈先生是時學者方溺于雕篆之文相髙以辭華所謂知天盡性之說皆指以為迂濶而士亦莫之講也先生獨有志于傳道與其同里陳烈鄭穆周希孟者為友氣古行髙以天下之重為已任聞者始皆笑之先生不為動躬行益篤學者亦稍稍化之多從之遊而閩海間遂有四先生之目雖有誕突忽傲不可率者不敢失禮於其門已而

四先生之門聞於天下有遠方來受學者以進士為浦城簿縣令闕先生行令事斷獄明決人莫能干以私首興學宮為諸生講學從之者五百餘人而章衡卒為名臣部使者安積至其縣先生以十事陳之安是之皆為施行遷為仙居令仙居山縣莫知學先生之興學宮課諸生如浦城有問難者得乘先生聽訟之訟暇入問於庭偶出行部遇山谷中有小學輒下筆為童子輩講經從學者漸多而管師復卒為名儒遷著作佐郎知河陽縣仙居之民攀車遮道幾不得出境時富鄭公帥河陽一見厚禮之先生之興學宮課諸生如仙居或謗之富公曰是賺子弟輩束修耳富公以告先生曰自反而縮何恤人言或勸先生罷

少師謚忠文陳先生襄

陳襄字述古侯官人也學者稱為古靈先生是時學者方溺于雕篆之文相高以辭華所謂知天盡性之説皆指以為迂濶而士亦莫之講也先生獨有志于傳道與其同里陳烈鄭穆周希孟者為友氣古行高以天下之重為己任聞者始皆笑之先生不為動躬行益篤學者亦稍稍化之多從之遊而閩海間遂有四先生之目雖有誕突忽傲不可率者不敢失禮於其門已而

四先生之門聞於天下有遠方來受學者以進士為浦城薄縣令閱先生行令事斷獄明決人莫能干以私首興學宮為諸生講學從之者五百餘人而章衡卒為名臣部使者安積至其縣先生以十事陳之安是之皆為施行遷為仙居令仙居山縣莫知學先生之興學宮課諸生如浦城有問難者得秉先生聽訟之暇入問於庭偶出行部遇山谷中有小學輒下輦為童子輩講經從學者漸多而管師復卒為名儒遷著作佐郎知河陽縣仙居之民攀車遮道幾不得出境時富鄭公帥河陽一見厚禮之先生之興學宮課諸生如仙居或謗之富公曰是賺子弟輩束修耳富公以告先生曰自反而縮何恤人言或勸先生罷

講荅曰以讒人使諸生遂不得聞道吾恥之講益力冨公久而更奇之入相荐為太常博士召試祕閣校理尋判祠部譯經僧法護遺奏乞度十僧趙槩亦請列子廟中三年度一道士先生堅執不行且請禁宮闈要近之妄有陳乞者坐是觧祠部編昭文館書籍已而以祠部員外郎知常州復興學宮課諸生如河陽時承安定先生湖學之後東南講席稍衰先生復振之以領臨司之每晨親往與諸生講經義旁決吏事于是毗陵之盛擬于湖學常州運渠橫遏震澤積水不得北入于江為吳下民田之害先生以渠之丈尺對民田之步畝分授以浚深廣有制不月而成遂創望亭古堰而震澤積水乃克北流田患以除遷司

封員外郎爲開封府推官將行得公帑雜收無名錢數百萬因以償積年官逋之未清者入爲三司判官使遼尋修起居注知諫院管勾國子監等先生荐可爲太學師長者四人程子其一也尋罷諫院兼侍御史知雜事故事左右史以次知制誥而臺雜乃遷三司副使于是有旨俟知制誥闕召試先生辭曰陛下以義使臣敢不惟命是聽豈敢計校資地以爲輕重况知襍之任上裨朝政下肅臺綱豈頓寵禄之居後哉若有頓避之心身且不正焉能正人乃許進寢前命于是荆公執政行新法先生力言青苗不便五奏皆不報其進第四狀曰臣觀制置使奏請莫非引經以爲言而其實貸民以取利是特爲管仲商君之術

臣願陛下為堯舜之君以仁義治天下不願陛下為霸主也陛下富有中國廣輪萬里内無强臣敵國之患外無西戎北狄之難四海九州之賦供用不為不足不于此時與廟堂之臣坐而論道以行王政而反屑屑為均輸舉貸之事臣竊惜之其第五狀曰誤陛下者王安石也誤安石者吕惠卿也安石持强辨以熒惑於前惠卿畫詭謀以陰助於後故雖陛下之至聖不能無惑近者中丞吕公著而下皆以不職乞從責降臣獨區區未敢請者尚冀犬馬之誠一悟聖意許以青苗之法下百官集議如臣等言非甘從遠竄如是則安石惠卿乞行貶斥以謝天下又言劉述劉琦劉錢顗等以言事責降范純仁以此待罪朝廷上

下之情乘戾若此臣甚憂之乞免其罪以大有容之德又乞名還范純仁以厭人望又言中丞呂公著以造膝之言落職補郡安石增改誥詞暴揚其語欲以中傷尤失事體右正言李常待罪兩月不報必非陛下之意又言韓絳以制置三司條例司而為參政是以利進自古進用大臣所未有又言李南公李定不可用王子韶為小人于是神宗有詔名先生試知制誥而所奏皆留中不下先生辭曰臣所言不能開悟聖心方且待不職之罪未知讜所名試非臣所敢當荆公方遣人趣先生承見奏大恨議出為陝西轉運使上曰陳襄經術宜在講筵乃復令修起居注直舍人院兼天章閣侍講先生固辭神宗賜手詔曰卿以

言事未遂不受知制誥之命且求外補朕慕卿經術深惜遠去特還舊職庶幾左右經席漸摩道義来奏尚欲固辭豈未悉朕意與還卿來章當亟就職先生不敢復辭次年卒用為知制誥荆公終欲出之上不許詔直學士院荆公惡之不已以草河北詔言水不潤下中書改之又赦文有奉祠黓宮之語犯俗先生以杭之學校不興復修築聚講如常州且修六井水利已而復知陳州其講學如杭州熙寧八年名還知銀臺遷樞密直學士判太常次年兼侍講又次年命為郊祀禮儀使詳定郊廟禮樂元豐二年判尚書都省神宗且有意大用之而先生病矣次年卒妻字問遺言索筆書先聖先師四字贈給事中其後累贈少

師謚忠文所著有易義中庸義古靈集二十五卷先生一言一行皆以古人為法喜怒不形於色荊公之退也先生直請延存司馬溫公以下三十三人神宗善之而不能盡用也元祐名臣皆在其中南渡後高宗得其稿詔示天下以為薦士者法

古靈先生集

隱居求志古人為之然有聖人之隱有賢人之隱有介夫之隱聖人之隱樂天以俟命時未可而潛時可而後升蜿蜿蜒蜒莫知其神伊尹是也賢人之隱養氣以畜德庸言庸行居貧賤而樂顏曾是也介夫之隱但潔其身而不累乎世足以自牧而不足與憂天下長沮桀溺是也是則君子不為也與章表民

後進士来茲者亦早夜不已有所勉然進而是退而疑故吾日為之憂恐有不能遠到者　與陳砥

視非正色謂之不明聽非正言謂之不聪故君子不以耳目近小人不以小人亂視聽也

不離經而用權不先利而後義　與安度支

好善之人惟恐有所不聞好為善之人惟恐有聞　荅黄殿丞

聖人之經待人而傳當明大義折諸家異同之説以示後學不宜有讓　荅許太傅

僕他無一二至於古人至於好人之善樂聞己之過則似有之　荅周有終

君子患已不立不患不能文德至斯言至矣與元屯田

常患近世之士溺於章句之學而不知先王禮義之大上自王公下逮士人其取人也莫不以善辭章者為能守經行者為迂濶天下之士習固已塗瞶其耳目而莫之能正矣某自涖事以来以興學養士為先務以明經篤行為首選將以待夫有志之士彼四方之士輕千里而至其亦有望於茲德薄任重不足以獨當其責思先生共教以德行道藝之事與碩臨

凡人生而與萬物俱生長而與萬物俱化終身與萬物浮沉以是而求至於聖人難哉

今有裸衣而倒行者目之者曰此狂惑喪心之人至於學者喪

其本心不惟不自知亦無目而指之者豈不宜大自驚懼持循而修省哉 答徐洪

去聖日遠聃周楊墨之說衣被天下故後之習孔子者多聞見則易慎擇之則難自韓退之來六百年有餘矣季甫比日於吾儒為有功足下慎折衷之 答周公關

君子之所貴乎身者道焉而已不苟利不苟進不苟得惟義而止 答元七田

行與止存乎天進與退存乎己 與富相公

古人事死如生葬則欲其返虞則欲其安祔則欲其存而不忘哭之有倚廬事之有祖廟廬於墓非古也 答劉太傅

古之聖賢存其心視天下之民如其子一夫不獲則不能安乎其身曰天假手于我以養之吾何忍弗顧也故禹稷三過其門而不入伊尹五就桀太公七十歸周孔子皇皇諸侯之國彼豈不知養心治氣安佚之樂一畝之宅可以終身訢然而忘天下哉今之仕者與之祿則受之至于民有死亡危苦則聽之又惡知畏天命而愍人窮也比見欽之於河陽其議論誠佳矣然而未知其仁今將有民社以為政吾于是觀焉欽之勉之與傅察推

行身乎大方之塗養心於至義之源游泳乎詩書之和沉潛乎易春秋之微博之以文藝約之以禮法而歸之於誠亦庶乎其至也送管師常序

依二○格双行匀写

好學以盡心誠心以盡物推物以盡理明理以盡性和性以盡神送章衡序

自祖望按古靈崛起南嶠昌明正學雖其立言未盡融洽如此五語是也然其大意已通關洛之津較之石徂徠輩則入細矣

無近名無獵學無急於奔競送章衡

君子之道正以持之通以行之正者道之經通者道之權二者相用而成孰為正曰中庸是也孰為通曰隨時之義是也仁以居之義以由之正在其中矣智以遷之禮以和之通在其中矣君子知是四者所以藏身也庸言之信庸行之謹雞鳴而起孳

孳守之而弗失其善持之也是謂之正萬物相感而情僞生萬物相交而利害生故其道有否泰時有險易而濟之以屈申語嘿之變是謂之通

誠至於高明博厚而不息也然後能定明至於廣大精微而不惑也然後能應

聪明不足以自任權勢不足以自私上殿劄子

聖人先得乎誠誠則明矣賢人思誠者也因明而後誠存其所謂正而公者去其所謂邪而私者此之謂擇善戒懼于不覩不聞之際此之謂慎獨而固執之此之謂明則誠矣誠明說

予愍汝邑民不識為學父子兄弟不相孝友鄉黨隣里不相存

恤其心，惟汲汲争財競利為事，以至身罥刑憲，鞭箠流血而不知止。今奉天子教條，不可私恕，每刑一身，若傷膚髮，而汝輩不知予心，乃相扇熾構，訟成獄，自以為能，使予日不得食，夜不得寝，是誠何心？然非汝百姓之樂于此也，蓋不知讀書之故也。十室之邑，必有忠信，汝父老歸告子弟，令來學，予將擇明師而教諭之。仙居勸學文

為吾民者，父義、母慈、兄友、弟恭、子孝，夫婦有恩，男女有別，子弟有學，鄉里有禮，貧富患難，親戚相救，婚姻死喪，隣保相助，無墮農桑，無作盜賊，無學賭博，無好爭訟，無以惡凌善，無以富吞貧，行者讓路，耕者讓畔，斑白者不負戴於道路，則為禮義之俗矣。仙

居勸俗文

學校之設非以教人爲詞章取利禄而已當致學者首明周官三物之要使有以自得於心而形於事業然後可以言仕杭州勸學文

人不可爲人所容見晁氏客語

格君心之非吾徒事也見劉執中所作祠堂記

古之欲堯舜其君者莫若求大賢而進之

熙寧經筵論薦三十三人品目

端明殿學士右諫議大夫提舉西京嵩山崇福宫司馬光忠亮正直以道自任博通書史之學

端明殿學士翰林侍讀學士知許州韓維器質方重知盡心性

理之說得道于內可以應務于外

翰林侍讀學士寶文閣學士戶部侍郎提舉崇福宮呂公著道德醇明學有原本事君以進賢汲善為己任以上三人皆股肱心膂之臣

秘書監集賢院學士知杭州蘇頌長于史學國朝典故多所練達可充編撰之任

右司諫直集賢院孫覺明經術義理之學端良信厚可以鎮浮厲世

祠部員外郎秘閣校理知齊州李常性行醇正兼治經術可比于覺

兵部員外郎直集賢院知和州范純仁忠義骨鯁足濟大事以

上三人可充侍從

祠部員外郎直史館權知河中府蘇軾豪傑端方雖不長于經術然百氏無所不覽文詞美麗尤通政事

祠部員外郎集賢校理權知洪州曾鞏文詞典雅與軾各為一體二人可備文翰

祠部員外郎集賢校理同修起居注孫洙博學能文所守亦端兼明世務可充史臣

祕書丞集賢校理王存學行素著方重有守不為勢利所遷太

太子中允判武學顧臨才豪氣剛兼有識略喜于聞過可屬以危難之任

另一行低二格双行勻寫

著作佐郎集賢校理林希少有文行祖望按三十三人中惟斯人晚節不終

右司郎中分司南京李師中人多稱其有才可當邊帥

兵部員外郎傅堯俞以義去就有古爭臣風

太常博士河東提刑胡宗愈文醇行循兼明經術以上三人以言事未蒙牽復

前著作佐郎王安國才器磊落罷廢不忘進學

太子中允應天簽判劉摯性行端醇詞學淵遠

太常博士宗正丞虞太熙治經有行不苟于進可充臺閣

太子中允監西京洛河竹木務程顥性行端醇明于義理可備風憲

太子中允權發遣淮西路運判劉載少治經術兼有文行可備臺閣

殿中丞充秦鳳熙河路勾當官薛昌朝才質俱美持守端直可
置臺閣

著作佐郎崇文校書張載養心事道不苟仕進西方學者一人
而已

興國軍掌書記蘇轍學與文若不逮軾而靜厚過之

前台州司户令名試孔文仲性醇行粹文章正直

欽州推官吴賁以孝行聞治經學尤盡心于民政

前延陵令吴恕器識醇深學通義理

屯田郎中知太康縣林英和而不隨直而不撓

都官員外郎監四州倉孫奕士行著于鄉閭節義信于朋友所

著作佐郎集賢校理林希少有文行（祖望按三十三人中惟斯人晚節不終）

右司郎中分司南京李師中人多稱其有才可當邊帥

兵部員外郎傅堯俞以義去就有古争臣風

太常博士河東提刑胡宗愈文醇行循兼明經術（以上三人以言事未蒙牽）復

前著作佐郎王安國才器磊落罷廢不忘進學

太子中允應天簽判劉摯性行端醇詞學淵遠

太常博士宗正丞虞太熙治經有行不苟于進（可充臺閣）

太子中允監西京洛河竹木務程顥性行端醇明于義理（可備風憲）

太子中允權發遣淮西路運判劉載少治經術兼有文行（可備臺閣）

殿中丞充秦鳳熙河路勾當官薛昌朝才質俱美持守端直可
置臺閣
著作佐郎崇文校書張載養心事道不苟仕進西方學者一人
而已
興國軍掌書記蘇轍學與文若不逮軾而靜厚過之
前台州司户令名試孔文仲性醇行粹文章正直
歙州推官吳賁以孝行聞治經學尤盡心于民政
前延陵令吳恕器識醇深學通義理
屯田郎中知太康縣林英和而不隨直而不撓
都官員外郎監四州倉孫奕士行著于鄉閭節義信于朋友所

至以善政聞可當一路

著作佐郎監楊州粮料院林旦通曉民政兼有持守

太常博士監楊州鹽部何操履端方吏才通敏

大理評事唐坰性雖輕脫才幹明敏以言事竄今監杭州龍山稅流落遠方

前監安上門英州安置勒停鄭俠愚直敢言發于忠義望陛下矜憐使得生還

古靈先生講學以誠明為本其立朝尤以薦賢為急今觀其三十三人品目自溫公申公韓范劉王諸大臣無不當其性行其謂橫渠則曰西方學者一人而已于東坡則曰不長經

古靈先生上加入遺獻曰三字　低一格照寫

術即此可見先生之學之醇故脩録之其生平薦士於當路尚多今皆附載于後

與陳安撫薦士書九人

殿中丞致仕胡瑗博學通經負文武之道而適用不迂雖老尚可大用

舒州通判王安石才性賢明篤于古學

潁州司法劉彝其學與政通達體要

合肥主簿孫覺才質老成經學浸有原本文辭簡粹

楊州孫處高介好古亦志道安貧不仕文辭必臻于理

衢州江山縣周潁剛義孝友不畏強禦

越州蕭山縣吴孜勇於為義少習聲律之學既而約心于理甘貧養親

其二人即陳烈鄭穆

與韓丞相薦士書十七人曰知綿州龍安縣劉載處州推官吴貢前澧陽令監泰州如皋縣鹽倉盛僑松陽令余京上虞令丁隲江寧府監利縣事管師常長垣主簿孫路以以上皆文行經術之士沂州防禦推官宋希元葉縣尉吴道鄆州觀察推官許安世監池州酒務楊國寶前涇州觀察推官王巖叟明州縣尉陳順以上皆強志力行之士左軍巡院判官黃顥節度推官曾華旦大理寺丞黃嘿松溪以上皆幹能之吏

此頁寫完接寫後知古靈門人

與蔡舍人薦士書八人曰太學直講胡瑗進士吳孜管師常任原倪天隱張京明經顧臨又友人陳烈此皆古靈未甚達時所薦及修起居注則薦常秩為侍御史則薦陳烈領國子監事則薦常秩陳烈程頤管師常知杭州則荐吳師仁為樞密直學士又薦陳烈其試士則薦陸佃而其薦三十三人最在後能留心天下之人材未有過於先生者也其中多講學儒者自胡公二程張子外盛僑吳孜劉彝顧臨周穎倪天隱皆安定弟子楊國寶賈易皆伊川弟子而孫覺管師常則先生之徒而卒業於安定者惟常秩林希有負先生之舉耳先生又嘗以徂徠忠義經術乞官其子

另一頁抄起　待古靈門人寫完後另一頁寫此傳

祭酒先生鄭穆

鄭穆字閎中侯官人也四先生之一醇謹好學讀書至忘櫛沐進退容止必以禮門人千數以進士為壽安簿名為國子監直講尋編集賢館書籍積官太常博士以集賢校理通判汾州熙寧三年名為岐王侍講又為嘉王侍講神宗謂古靈曰如鄭穆德行乃堪左右王者耳凡居館閣三十年而在王邸一紀非公事不及執政之門講經至可為勸戒者必反復摘誦二王咸敬禮焉元豐三年以朝散大夫知越州先是鑑湖旱乾民因田其中延袤百里官籍而稅之既而連年水溢民逋官租且萬緡先生悉奏免之未滿乞休管勾杭州洞霄宮元祐初名拜國子祭

酒每坐請席無問寒暑雖童子必朝服延接以禮送迎學者尊其德而服其教故人張景晟者死遺白金五百兩託其孫先生曰恤孤吾事也金于何有反金而育其子三年楊王荊王並請為請官解祭酒以直集賢院充荊王府侍講荊王薨復為楊王府翊善太學諸生請之有詔仍任祭酒充徐王府翊善四年拜給事中兼祭酒四年遷寶文閣待制兼官如故明年乞休詔以提舉洞霄宮致仕太學諸生數千人以狀白宰相乞留范給事淳夫言穆雖年逾七十精力尚強古者大夫七十致仕有不得謝則賜之几杖祭酒居師資之地正宜老成頤毋輕聽其去因引唐韓愈留孔戣故事不報于是公卿大夫各為詩贈行空學

出祖汴東門外都人觀者如堵淳夫詩曰頌我言非韓吏部多公節似孔尚書明年卒先生著述不傳古靈謂其深造于道心仁義正勇于為義文博而壯淳夫亦曰閩中真長者元祐之盛群賢咸在居祭酒者前推先生後推顏復皆真儒云

鄭祭酒傳寫完後抄此
別一紙抄起

直講陳先生烈

陳烈字季慈侯官人也學者稱為季甫先生天性介特篤于孝友年十四繼喪父母水漿不入口者五日自壯殆老享奉如生事禮寢興晦朔未嘗止一日夢中哀繼哭其親午中廷哀聲震戶外家人聞之而先生未寤也嘗語古靈曰烈今日縱得尊榮父母不之見何足為樂其無意于世矣力學不群平居端嚴終

日不言雖御童僕如對大賓里有冠昏喪祭請而後行從學者数百父兄訓其子弟者必舉烈言行以規之慶歷初應試不中選遂不復赴禮部或勉之仕則曰伊尹守道成湯三聘以幣呂望持誠文王載之與歸今天子仁聖好賢有湯文之心豈無有先覺如伊呂者仁宗以大臣之薦累詔之不起或問其故曰吾學未成也自是交章累薦先生志不少易古靈每謂人曰世多以季甫為潔身不仕之流非也蓋其志孔孟之道不肯苟進而已嘉祐中詔授本州教授不拜而福建提刑王陶奏先生以妻林氏疾病醜瘦遣歸其家十年不視貪詐人也已行之命乞賜削奪司馬溫公在諫院上言臣素不識烈不知其人果如何惟

見國家常患士人不修名檢故舉烈以獎厲風俗若烈平生操守出于誠實雖有迂濶之行不合中道猶為守節之士亦當保而全之願委公正官吏通儒術識大體者覆實若止於夫婦不相安諧則使之離絶而謗洗其過庶復申眉于後若復敗亂名教則嚴賜刑誅并治舉者之罪以明至公于是陶奏不行明年歐陽公復薦其行除國子直講竟不出久之詔許從其志以宣德郎致仕先是古靈在臺中舉先生自代稱其道已造大賢之域然先生行過拘故終多以矯偽疑之元祐初復詔為本州教授不受禄敝衣糲食處之裕如稍有餘即以周貧乏者七十六歲而卒

另一頁抄起

## 助教周先生希孟

周希孟字公闢侯官人也四先生者古靈最有名閩中亦顯于朝而先生與季甫獨不出然交相重也先生遍通五經尤邃于易弟子七百餘人知州劉夔曹頴叔蔡襄皆親至學舍質問經義部使者相繼薦于朝詔賜粟帛授將仕郎試國子監四門助教充本州學教授三表力辭不許既卒門人曾伉等祠其遺像于五福寺所著有易義詩義春秋義今皆不傳按古靈先生引先生說大有之九四謂前儒以彭為旁之非彭之盛也九四體是離明能知九三之專不從其盛專心以奉六五也以彭為盛蓋自先生發之

古靈門人

吴道

吴道字真常浦城人也學于古靈從之至河陽古靈嘉其志節謂能修身治性不為事物之惑使爲河陽學舍都講遂遊太學以進士為葉縣尉古靈嘗荐之韓忠獻公謂能知無不為剛直不撓可任以難事

張公諤

張公諤者閩人也其在古靈門下見知與吴道等河陽都講其一為公諤而道副之

管師復　師常　陳祇

管師復者龍泉人也古靈講學仙居先生與其弟師常不告父母奔走而来閉門官舍惡衣粗食聞古善言善行必欲力行而進之每與人言及其親之老則涕泗滂沱沛不能收為人仁勇且直好古而義朋友有暴戾弗革者先生能屈之或至泣下古靈因使為仙居都講聚諸弟子使教之諸生畏先生之糾彈莫敢犯矩度者古靈北官先生復從學安定其名日盛然無仕進意神宗以大臣之荐名召至問曰聞卿工詩所得如何對曰満塢白雲耕不破一潭明月釣無痕臣所得也官之不受學者稱為卧雲先生所著有白雲集

管師常 陳瓛

師常者師復弟也履行正固精經術師復學于古靈而歸仙居

之弟子失其齋長先生使之容止莊謹雖退食不脫冠帶橫經夜坐如對古人終歲似一日古靈喜曰生不屑屑于糾彈而修身自律以勸人其更峻也已而從學安定益留心民事適于時用以薦為太常正古靈管太學嘗薦為助教其後為江寧府監利縣事古靈又嘗薦之韓忠獻公云先生深于大易春秋之旨惜其書無傳者又有陳𥐊者不知其何所人也古靈仙居學中

焉青與管氏兄弟並稱

照寫

○○章衡

章衡字子平　云二

章衡字子平浦城人登進士第一歷鹽鉄判官同修起

知汝州歷判太常寺出知鄭州奏罷原武監牧地四千二百頃以予民復判太常寺寫真西陵使遼遼人射衡發破的遼以為

文武全備稱之異似使英宗代吉集名曰…年通…寶文閣待制…三品服

判文新成內翰諸王府記室通直郎舍人院召宮文閣校勘元祐中以集賢學士

傅楫字元通仙遊人少自刻厲從孫覺孫覺奇其筆遂妻以女太子博士

歷福清簿爲太常博士後以親老歸徽宗即位除監察御史中書舍人以龍圖

閣待制知亳州卒年六十

黃頴

黃頴字仲實莆田人也元祐中以經明行修薦不赴孫莘老爲中丞荐之知長泰縣好講學每晨治公事即入學與諸生説經抵暮而歸一如古靈之在浦城諸邑也職田所入穀可餘三百石盡以給耕民兼權龍溪縣其興學如長泰病卒兩縣之民爭致賻子公坦皆謝還之論者以爲再世不媿師門

劉淮夫

傅楫　照補

傅楫字元通云云

之弟子失其齋長先生使之容止莊謹雖退食不脫冠帶横經夜坐如對古人終歲似一日古靈喜曰生不屑屑于糾彈而修身自律以勸人其更峻也已而從學安定益留心民事適于時用以荐為太常正古靈管太學嘗荐為助教其後為江寧府監利縣事古靈又嘗荐之韓忠獻公云先生深于大易春秋之旨惜其書無傳者又有陳𥿄者不知其何所人也古靈仙居學中高第與管氏兄弟並稱

章衡字子平浦城人登進士第一歷鹽鐵判官同修起居注出知汝州歷判太常寺出知鄆州奏罷監牧地四千二百頃以予民復判太常寺出爲西陵使遼遼人射連發破的遼以為又試中備[illegible]之異他使矣[illegible]名曰[illegible]三品服

判吏部流內銓[illegible]直[illegible]舍人院[illegible]宣文閣[illegible]判元祐中加集賢學士

傅楫字元直仙遊人少自刻厲從孫莘老學孫[illegible]子第進士歷[illegible]太學博士

歷福清[illegible]太常博士[illegible]徽宗即位歷監察御史中書舍人以龍圖

閣待制知[illegible]卒

黃潁

黃潁字仲實莆田人也元祐中以經明行修薦不赴孫莘老爲中丞荐之知長泰縣好講學每晨治公事即入學與諸生說經抵暮而歸一如古靈之在浦城諸邑也職田所入穀可餘三百石盡以給耕民兼權龍溪縣其興學如長泰病卒兩縣之民爭致賻子公垣皆謝還之論者以爲再世不媿師門

劉淮夫

傅楫 照[illegible]

傅楫字元通云云

淮夫字長源閩縣人彝之子也長源于古靈為甥少從學孝于親元豐中為台州判累被荐更歷一考即可改官以父被名赴門不忍離遂不待任滿乞隨侍去父卒監江寧府酒務念母年幾九十思歸陽羨雖甚貧不復願祿即乞以朝散郎致仕太守以下再三留之皆不可得母卒無屋可居無田可食而守之甚固未嘗一毫有求于人東南荐紳先生皆稱為孝子淮夫輙皇恐曰此乃人子之常行無足異也鄒忠介荐之終不起

呂逢時

呂逢時字原道仙居人也古靈為令首執弟子禮仙居人知學者自此始入太學與鄭獬友駙馬都尉錢景臻師之欲奏以官

固辭不受羅適以孝廉舉不就隱居白岩山終身

周氏門人

劉康夫

劉康夫字公南閩縣人也彝之從子少從學于周氏熙寧中五路置學官以薦主番禺教常進志述二十七篇其文皆羽翼六經之言也元祐中特奏名未偈名卒鄭監門俠志其墓傅氏門人古靈再傳

古靈四字似應刪

傅希龍

傅希龍者仙遊人也楫之從子官漳浦令以不附二蔡入邪等楫曰不負吾學

# 宋儒學案

遺獻黃棃洲先生原稿　男百家纂輯　元孫璋校補

後學全祖望續修　○○○○○

三　○行

## 元城學案

[illegible]安世字器之大名人先生父太僕卿仲通與溫公為同年契故遣師事之熙寧初舉進士不就選往從溫公曰何為不仕先生以漆雕開吾斯之未能信對復從學者數年一日辟席問盡心行己之要可以終身行之者溫公曰其誠乎吾生平力行之未嘗須臾離也先生問其目溫公曰自不妄語始自此力行七年而後言行一致表裡相應擢右正言時差除頗多政府親戚先生

查宋史本傳一校

言祖宗以來執政大臣親戚子弟未嘗敢受內外差遣之戒自王安石秉政首廢累聖之制專用親黨務快私意數年間廉恥掃地々々廉壹之上猶習故態太師方持司空之下華僕射大防侂在侍郎因右丞存右丞宗愈章孫子弟親戚凡數十人而中書侍郎摯未見所引私親即依違其間不能糾正雷同循默豈得無罪耶生呂此事緣京三省俾自陳以法勵精更張又論奏蔡確與梁燾因上疏力爭謂確新州又言蔡確貴竄邪黨章惇四人者在元豐之末謀為親黨之實上嗣位伏望將臣四凶之罪布告天下曲赦三人亦皆得罪先生臣竜立形知無不言

查宋史有傳一校

# 元城學案

祖望謹按温公弟子以元城之踐履為冣而得其象數之傳者景迂也作元城學案次之以景迂學案

## 待詔劉先生安世

劉安世字器之大名人先生父太僕卿仲通與温公為同年契故遣師事之熙寧初舉進士不就選往歸洛温公曰何為不仕先生以漆雕開吾斯之未能信對復從學者數年一日辟席問盡心行己之要可以終身行之者温公曰其誠乎吾生平力行之未嘗須臾離也先生問其目温公曰自不妄語始自此力行七年而後言行一致表裡相應擢右正言時差除頗多政府親戚先生

言祖宗以來執政大臣親戚子弟未嘗敢受内外華要之職自王安石秉政首廢累聖之制專用親黨務快私意數年間廉耻掃地〻廢重之上猶習故態太師彦博司空公著僕射大防姪在侍郎固右丞存右丞宗愈重孫子弟親戚凡數十人而中書侍郎摯未見所引私親即依違其間不能糾正雷同循默豈得無罪所生若此等循示三省俾自陳以法勵精更張又論奏蔡確與梁燾同上疏力爭確詩話又言蔡確黄履邢恕章惇四人共在元豐之末號爲死黨〻宰上嗣位伏望明正四凶之罪布告天下曾之三人亦皆得罪先生正色立朝知無不言

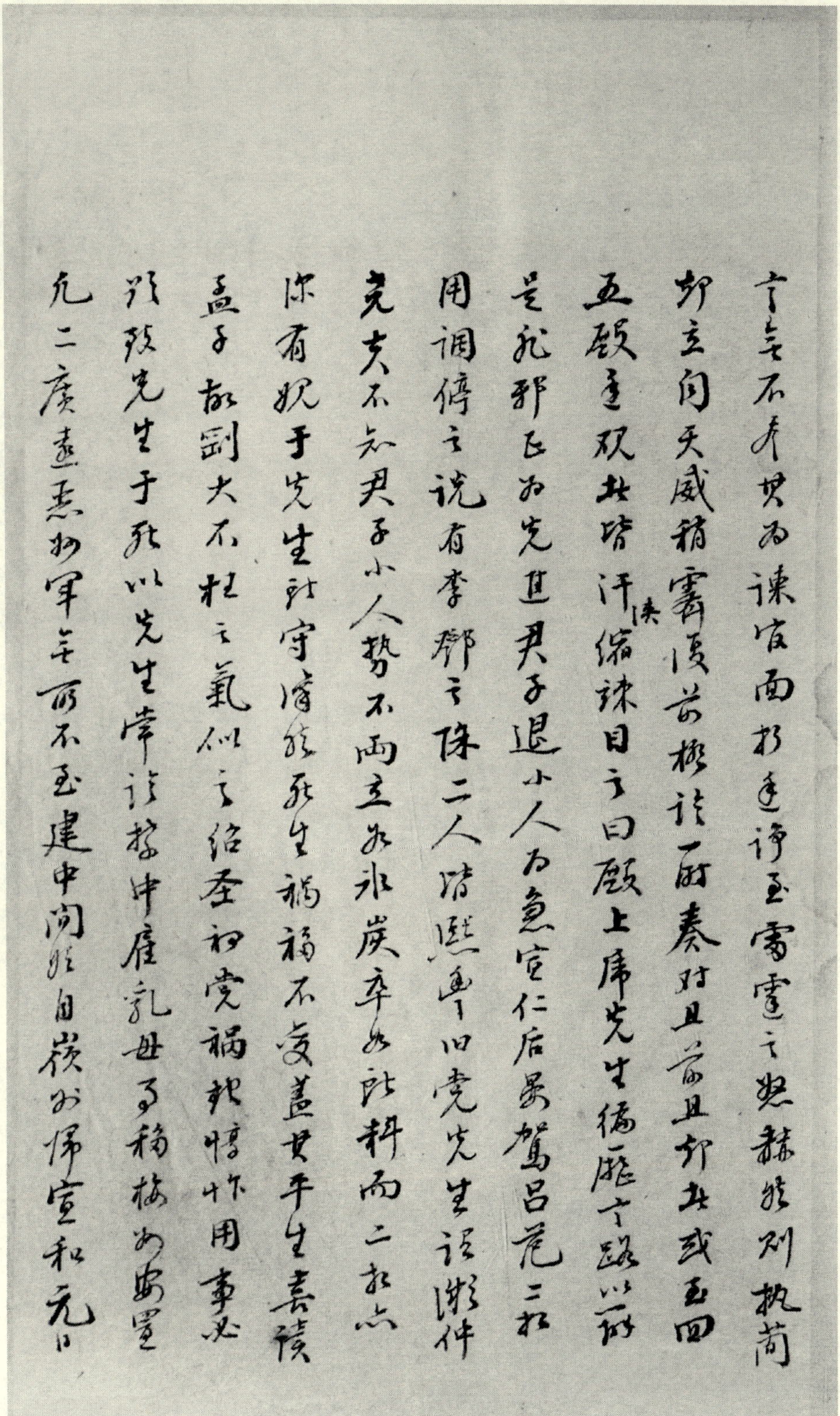

言者不專以為諫官面折廷諍至雷霆之怒赫然則執簡
却立伺天威稍霽復前極論厥奏對且前且却或至四
五殿庭觀者皆汗悚縮竦目之曰殿上虎先生備歷中路以敢
是非邪正為先且君子退小人為急宣仁后眷篤呂范二相
用調停之說有李鄧之除二人皆熙豐舊黨先生論辨伴
先大不知君子小人勢不兩立如冰炭卒如所料而二相亦
除有賦于先生計守濟能死生禍福不安蓋其平生書讀
孟子故剛大不枉之氣似之紹聖初黨禍執情作用事必
欲致先生於死以先生常議擊中庭亂母子福極為要置
之二廣遠惡州軍無所不至建中閒雖自嶺外帰宣和元日

以後謝絕賓客四方來問者不答對家事亦錙銖不問
夏六月忽大風飛瓦驟雨如注雷電晝晦于其正寢人皆
駭懼而走及雨止而先生已終矣楊中立以文弔之曰
物大同然不能惟王楮仲傳誦以為知言學者歸元城先
生

元城語

見後

接上頁

此刪寫

○○元城語

元城先生大觀間謫亳州寓永城縣之回車院年已六十餘揚人馬永卿赴永城縣主簿其舅高郵張桐屬使求教既至見先生雄偉闊爽談論踰時體無欹側肩背聳直身不少動手足亦不移自是從之學後二十六年當紹興六年追錄其語為元城語三卷」

漢大臣于人主前說人短長各以其實如匡衡謂朱雲好勇數犯法亡命受易頗有師道是也金陵亦非常人其質樸儉素終身好學不以官爵為意與温公同但學

有邪正各欲行其所學者而諸人輒溢惡謂其為盧杞李林甫王莽故人主不信此進言之大戒

五帝之法尚不同金陵乃欲以成周之法行之今祖宗所以不多為法令者正恐官吏緣此擾民也金陵欲行新法恐州縣慢易故擢用新進少年至于特旨御前雾分金字牌子一時指揮之類紛紛而出其枋必為奸臣所窃天下欲不亂得乎

金陵三不足之說謂天變不足懼祖宗不足法人言不足卹此三句非獨為趙氏禍為萬世禍人主之勢天下無能敵者人臣欲回之必思有大于此已攬之今乃教

之不畏天變不法祖宗不卹人言則何事不可為也
趙清獻欲求絕欲掛父母像於卧床王右軍欲不仕自誓
於父母墳前且士大夫不為則止耳何必尒
温公戒金陵用小人金陵曰法行即逐之温公曰誤矣
小人得路豈可去也他日將悔之
祖宗以仁慈治天下至嘉祐末似乎舒緩不振故神廟
必欲變法金陵揣知上意以一身當之又有虛名實行
强辯堅志不可動及復詰難使人主乃已伏弱及元豐
初主德已成天容毅然正君臣之分非熙寧比矣
明皇即位焚錦繡珠玉於前殿已不好之則不用何至

焚之焚之必於前殿此好名也故有宋弃之敝若仁廟
則不然非大臣問疾則無由　其黄絶被漆唾壷
人主之去宰相必積怒非一日奸臣則交結倖幾覺
怒即急〻收救故不至積怒而去李林甫作相二十年
正緣得高力士安禄山陳希烈等内外賛助
太祖即位造薰籠數日不至而怒左右對以事下尚書
省尚書省下本部本部下本局覆奏得旨方依式製造
太祖怒曰誰做此條貫曰可問宰相乃召普至對曰此
自來條貫不為陛下設為陛下子孫設後代若有非禮
製造奢侈之物經諸處行遣必有臺諫理會此條貫深

意也上大喜曰此條貫極妙無薰籠是小事其後法壞自御前直下後苑作更不經由朝廷

太祖未嘗文談蓋欲激厲將士之氣太宗未平晉已為平晉詩賦未平燕山已為平燕山詩賦羣臣屬和將士歆艷而于武事反不競澶淵之役渡河橋至半高瓊曰此處好喚丞相吟兩首詩蓋平日有感于此故作此語

左傳襄十二年同宗于祖廟注始封之廟同族于禰廟注父廟然則宗遠而族近也政和中大臣不學以郡主為宗姬以縣主為族姬又姬周姓也自漢初取為嬪嬙之號已可笑今乃以嬪嬙之號名其女尤可笑

熙寧初温公諫用兵不留稿大意以富民與貧民鄰居
為喻
漢藩王入繼必親信本國之臣霍光立宣帝正以其無
黨
國初錢王入朝晋王以下皆欲畄之上曰我平生不曾
欺善怕惡
金陵以兩府啗温公不可臺諫黨金陵者遂誣之如霍
光事神廟曰司馬光豈有此元祐遂獲其用皆神廟保
養成就之力
咲助春秋作怗

左氏非邱明論語孔子所引乃前世人如老彭類

仁宗時蕃商没官真珠入禁中張貴妃乞和買得之一日賞牡丹貴妃以為首飾争同輦上以袖掩面曰滿地白紛紛地更没些忌諱貴妃慙赧起易之乃大悦命人各簪牡丹自是宮中不戴珠珠價大減

公孫弘雖詐其以卜式輸財助邊為非人情以睚眥殺人而郭解不知為甚于知此是弘長處

曹操遺令至分香賣履無不處置無一語及禪代事是直以天下遺子孫而身享漢臣之名温公偶窺破有喜色元城謂操平生類事無不如此夜枕圓枕啖野葛飲

酖酒

本朝名相惟李公沆諸臣上利害一切不行而日奏四方盜賊水旱在漢惟魏相為然後之為相者喜變祖宗法度惡聞天下災異

温公創獨樂園園傷不得與衆同也洛俗春月放園園子得茶湯錢與主人平分一日園子呂直納錢十千公令持去再三欲留公怒乃持去回顧曰只端明不愛錢餘十日呂直創一井亭問之乃用前日公所不受十千也

高辛遷商閼伯于商邱主辰今為應天府實我宋受命之地遷實沉于大夏主參今為太原府參辰不相能

物莫能兩大故國初但謂河東為并州不加府號本朝初收河東在戊寅年重午日乃火土旺日參水神所忌故克之時宋興已十九年盛則後服衰則先[illegible]靖康元年丙午歲重九日太原陷其屬本朝纔一百四十九年丙午為天水故火最大忌九為陽數之極故太原以重九日陷又淵聖為第九世而即位之年正一百六十六年此漢書所謂陽九之厄百六之會

低二格雙行

○○祖望謹按此近乎京房李尋翼奉之說元城未必作此言恐是記者之附會其謂太原以避應天不稱府尤不覈別有考証　又案宋史謂元

城卒于宣和八年據此則悞也

卜世卜年盖王孫滿當楚問鼎假天命神告之事以拒之故史記云王使王孫滿設應以辭

漢四家詩各有長短

酷吏傳班氏不入杜張盖張湯之後至後漢猶盛班氏以張純之故并貸杜周

漢武用兵勝負皆以實聞不為左右欺罔

漢元封五年初置刺史部十三州分行郡國秩六百石而縣令萬戶以上秩反千石至六百石然刺史權極重按察六條其五條皆謂二千石不法秩卑則其人激昂

權重則能行志至成帝綏和元年更名牧秩二千石其法隳矣唐制諸道師司兼觀察之權故藩鎮擅權無人糾舉本朝官制多循唐舊獨前宰執侍從為帥監司得糾之故不敢為非

宗周鎬京地方八百里八八六十四為方百里者六十四雒京地方六百里六六三十六為方百里者三十六合之是為千里平王東遷方百里者僅失之僅六百里耳襄王又以河內賜晉其地益小原為天子之邑自不肯屬晉晉伐之乃不美事而左氏反稱之

熙寧殿試改用策謂比詩賦有用不知士人計較得失

豈敢極言時政自取黜落是初入仕已教之謟也況登科之初未見人材及後仕宦則材智聲名君子小人貴賤分矣不必須試策以別人材人主燕閑時于其等輩廣訪備問然後博記而審察之天下自無遺才

祖望謹案謂不必於試策時別人材則亦稍偏謂試策教人以謟則詩賦不教以浮華乎温公十科取士亦何嘗專用詞賦其謂人主當廣訪而審察則至論也

新唐書好簡畧事多鬱而不明其進表云事增于前文省于舊病正在此

漢所傳六經與今不同如今尚書云無教逸欲有邦王嘉奏封事曰無傲逸欲有國恐傲字轉寫作教字

蕭望之傳元帝八九年當深知元帝為人及帝即位欲逐恭顯為其譖帝至不省其為下獄不知八九年間傳之者何事

太宗嘗飛白題翰林學士院曰玉堂之廬此四字出李尋傳玉堂者殿名也而待詔者有直廬在其側李尋時待詔黄門故曰久汙玉堂之廬英廟嗣法位乃撤去及元豐中有學士上言乞摘玉堂二字榜院門以為光寵詔可是以殿名名其院也不遜甚矣師古曰玉堂在未

央宮又冀奉言文帝時無玉堂則武帝所造也

蕭何治未央宮高祖都長安之心方定何之意深矣

後生未可遽立議論以褒貶古今蓋見聞未廣涉世淺

也孔子年六十三歲始删定羣経

文言未必皆孔子之作孔子生于襄二十二年而襄三

年穆姜言元體之長也云云時孔子未生又左氏以解

隨卦周易以解乾卦

東坡下御史獄張安道上書捄之其子不敢投後東坡

見之亦吐舌色動蓋安道書云其實天下之奇材也豈

不激怒元城曰但當言本朝未嘗殺士大夫

璋謹案此條似摘他書採入元城曰三字不似自述口氣後談錄道護錄各條仿此

添入上案語
低二格雙行

冨鄭公使虜說以用兵則國家受其害人臣享其利老蘇謂二子曰古人有此意否東坡對曰嚴安亦有此意但不如此明白老蘇笑以為然蓋取嚴安諫用兵曰此人臣之利非天下之長策也前輩讀書必見於用

魏徵傳言停婚仆碑其家衰矣鄭公之德何賴于碑而停婚乃天以祐魏氏也房氏尚主始敗其家法終滅其族鄭公之後有謩其家再振

楊綰為相纔一百八日而名望如此

絳縣老人云四四百有四十五甲子矣其季于今三之一也史趙曰亥有二首六身下二如身是其日數士文

伯白然則二萬六千六百有六旬也夾字二畫在上其下六畫如筭子三箇六數也如者往也移下夾上二畫往夾時身仄則當如移寫其左豎二畫則二萬也其右六畫乃三箇算子六數則六千六百六旬也季末也已得四百四十四全甲子其末一甲子六十日今綫得二十日故曰三之一也

易取諸益取諸睽之類非謂當時已有此卦也伏羲造書契取其義耳

歐公非繫辭韓魏公與同政府甚久無事不言獨不與言繫辭

○○元城談録

貝茨韓瓘官二浙往来必維舟河梁侍元城談録其繫邪正得失者二十一條元城先翁與温公同年故遣元城從温公學

孫謹案語録止十一條元城先翁以下似另一節誤併於此此等已見又似不重之

元城初求教温公曰誠思之三日問從何而入曰不妄語元城力行七年而後成自此言行一致表裏相應

○○元城談録　摘出另寫　照抄

元城先翁与温公同学故遣元城從温公学

為学惟在力行古人云說得一丈不如行得一尺說得云云

呂相徵仲不樂元城范忠宣公由元城章疏而出已而

復拜徽仲遂擬元城真定宣仁曰如此正人宜且留朝廷

韓魏公鎮北門朝臣令決守把兵士不伏以解府公問汝罵長官信否曰實有公曰汝為禁兵既差在彼便有階級判市曹處畧不變色潞公鎮北門有解一卒如前者公問之亦判處斬而震怒擲筆潞公氣稟雄傑不容奸惡非傲物也魏公和平畧無崖岸

元豐末京東劇盜欲取措克吏吳居厚投鑄冶中居厚覺蚤遁去

王定國多識前言往行乃服林靈素丹藥得疾婪死

孫謹案談録止十一條元城先生初以下似另一條誤合於此

此條已[illegible]附[illegible]之

○○元城談録

貝茨薛瓘官二浙往来必維舟河梁侍元城談録其繫邪正得失者二十一條元城先翁與温公同年故遣元城從温公學

元城初求教温公曰誠思之三日問從何而入曰不妄語元城力行七年而後成自此言行一致表裏相應

為學唯在力行古人云説得一丈不如行得一尺説得一尺不如行得一寸故以行為貴

元城終身未嘗草字書尺未嘗使人代

呂相徽仲不樂元城范忠宣公由元城章疏而出已而

復拜徽仲遂擬元城真定宣仁曰如此正人宜且留朝
廷

韓魏公鎮北門朝臣令決守把兵士不伏以解府公問汝罵長官信否曰實有公曰汝為禁兵既差在彼便有階級判市曹處畧不變色潞公鎮北門有解一卒如前者公問之亦判處斬而震怒擲筆潞公氣禀雄傑不容奸惡非傲物也魏公和平畧無崖岸

元豐末京東劇盜欲取掊克吏吳居厚投鑄冶中居厚覺蚤遁去

王定國多識前言往行乃服林靈素丹藥得疾楚死

介甫求去潞公謂後人如何可為元城對曰相公當之去所害興所利反掌間耳時元城年尚少已能為此言

陳瑩中某嘗薦自代而未嘗識面瑩中多失之過如尊尭集先評荆公為伊吕聖人之耦而後納諸僭叛不軌之域此學術不粹也瑋謹按此条又似元成自述原蓋本条係抹去他書不出一手也低二格双行細字

另一行

王安石薦李定時陳襄彈之未行已擢監察御史裡行宋次道封還詞頭辭職罷之次直李大臨再封還最後付蘇子容又封還之吏奏復下至于七八俱落職奉朝請名譽赫然此乃祖宗德澤百餘年間養成風俗其與齊太史見殺三人而執事如初者何異衆後攝官脩起

執事之事附

考作荀

居注章衡行之賢不肖于此可見

案下此録較詳去此存彼可也

元城竄嶺南一日士類泣告以聞朝廷遣使入郡將不利于公請早自裁公從容留飯卒不為動而使者乃過旁郡

○○元城道護録

見後

道護録者胡珵所集珵以宣和六年春介楊龜山書謁元城于南都而録其説

元城初除諫官以母老辭母勉使為之乃供職論胡宗愈二十四章又論章子厚十九章子厚欲殺之嶺南人言春循梅新與死為隣高竇雷化説着也怕而元城歷

其七

梓謹案先生劉命德依為元祐完人其剛不可及而[illegible]述[illegible]有人諫以方[illegible]生

長不可掩於上擲之色不平[illegible]了不悅[illegible]於伊川不特[illegible]氏[illegible]又[illegible]以[illegible]

伊川至先生問伊川曰歐陽棐曰畢仲游曰楊國寶曰孫朴杖罰人惟楊為伊川弟子歐畢不志

觀孫朴乃國子[illegible]所延伊川[illegible]所詆死而止又[illegible]訓

添入上案　低二格雙行

二〇日後　二格雙行

下　不行

學者所守要道只一勤字則邪僻無自而生纔有間斷便不可謂勤

獄貴初情每一行若干人分牢異處親往遍問私買簿記之其後結正無出初情者

梓謹案　此條所守要道在一勤字此語似未善須知[illegible]此與勤不勤甚麼單說勤字為未盡括蒼[illegible]云

病夫從前附記廿有條

下附錄有兩條係謝山補錄在楊王誠案後

至誠之道無處不在着一事上便是曲致曲以通之也

祖望謹案慈溪黃氏曰先生事温公五年而後教之以誠思之三日不知所從入而後教之不妄語七年而後能言行相應故能不動如山當宣和大觀間（巍然）獨為善主類宗主至今誦其遺言無不篤實厚重使人鄙吝之心為消嗚呼豈不誠大丈夫哉獨因篤信之深而佛氏之說先入為主至謂儒釋道神其心皆一又謂法華經臨刑刀壞之說為說性而證以楞嚴經云使衆生六根消後臨刑刀如割水且并以其師誑温公

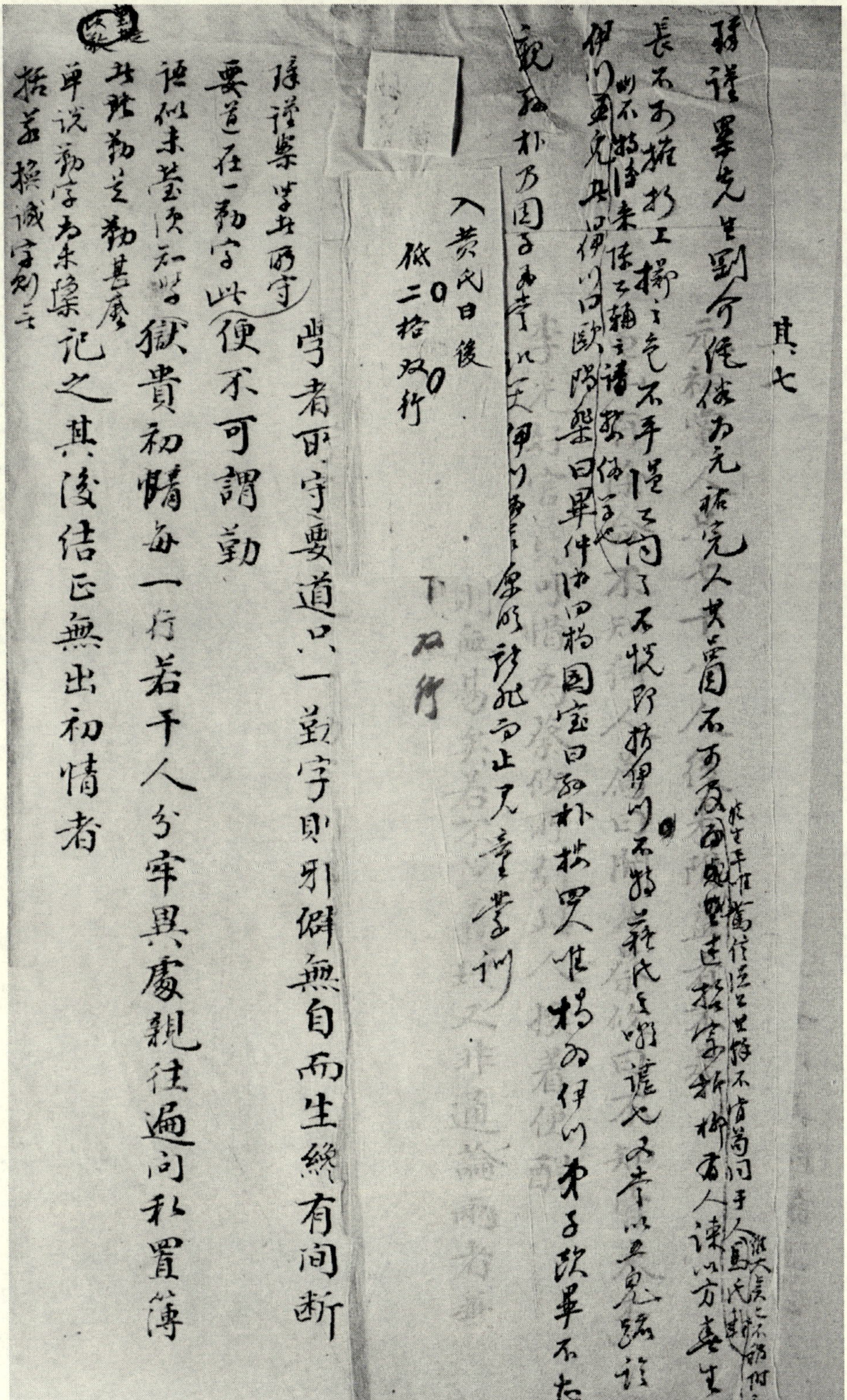

其七

學者所守要道只一勤字則邪僻無自而生纔有間斷

便不可謂勤

獄貴初情每一行若干人分牢異處親往遍問私置簿

記之其後結正無出初情者

病矣以當附記在
有悞
下附錄者兩條俱已獲
錄在楊至誠案後

至誠之道無處不在着一事上便是曲致曲以通之也」

祖望謹案慈溪黄氏曰先生事温公五年而後教之以誠思之三日不知所從入而後教之不妄語七年而後能言行相應故能不動如山當宣和大觀間獨巍然為善主類宗主至今誦其遺言無不篤實厚重使人鄙吝之心為消嗚呼豈不誠大丈夫哉獨因篤信之深而佛氏之說先入為主至謂儒釋道神其心皆一又謂法華經臨刑刀壞之說為說性而證以楞嚴經云使衆生六根消後臨刑刀如割水且并以其師託温公

其七

梓謹案：先生剛介絕倫，為元祐完人，其器固不可及，而[illegible]

長不可掩於上，揚之[illegible]不平，是以[illegible]了不悅，即於伊川不能[illegible]

伊川至元祐[illegible]伊川曰歐陽[illegible]曰畢仲游曰楊國寶曰孫朴，[illegible]惟楊為伊川弟子，故畢不志

觀孫朴乃因子而學[illegible]伊川[illegible]

八下私行

學者所守要道只一勤字，則邪僻無自而生，纔有間斷，便不可謂勤。

梓謹案：學者所守要道在一勤字，此[illegible]

獄貴初情，每一行若干人，分牢異處，親往遍問，私置簿記之，其後結正無出初情者。

病失照前附記在有恨

下則錄有兩条俱是護錄在梓至誠条後

至誠之道無處不在着一事上便是曲致曲以通之也」

祖望謹案慈溪黃氏曰先生事温公五年而後教之以誠思之三日不知所從入而後教之不妄語七年而後能言行相應故能不動如山當宣和大觀間獨[巍然]為善主類宗主至今誦其遺言無不篤實厚重使人鄙吝之心為消嗚呼豈不誠大丈夫哉獨因篤信之深而佛氏之說先入為主至謂儒釋道神其心皆一又謂法華經臨刑刀壞之說為說性而證以楞嚴經云使衆生六根消後臨刑刀如割水且并以其師詆温公

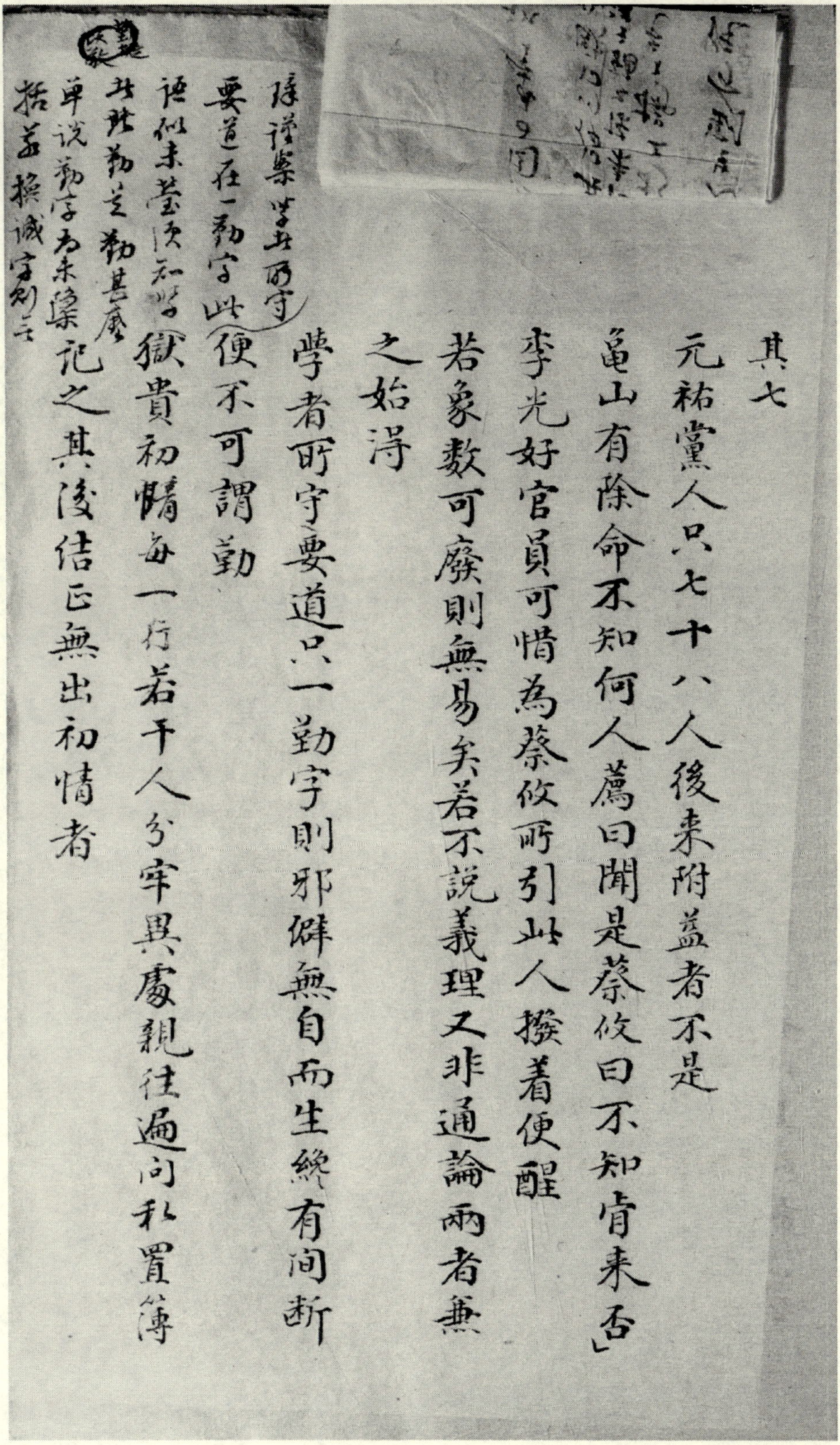

其七

元祐黨人只七十八人後來附益者不是

龜山有除命不知何人薦曰聞是蔡攸曰不知肯來否

李光好官員可惜為蔡攸所引此人撥着便醒

若象數可廢則無易矣若不說義理又非通論兩者兼之始得

學者所守要道只一勤字則邪僻無自而生纔有間斷便不可謂勤

獄貴初情每一行若干人分牢異處親往遍問私置簿記之其後結正無出初情者

病矣此当附記否
有悮
下附録有而秉位是謹
録出於至誠条后

至誠之道無處不在着一事上便是曲致曲以通之也」

祖望謹案慈溪黄氏曰先生事温公五年而後教之以誠思之三日不知所從入而後教之不妄語七年而後能言行相應故能不動如山當宣和大觀間獨巍然為善主類宗主至今誦其遺言無不篤實厚重使人鄙吝之心為消嗚呼豈不誠大丈夫哉獨因篤信之深而佛氏之說先入為主至謂儒釋道神其心皆一又謂法華經臨刑刀壞之說為說性而證以楞嚴經云使衆生六根消後臨刑刀如割水且并以其師誑温公

詆佛為非若自程门踚明聖人之學觀之雖温公之詆佛猶未免乎莽鹵而元城并以為未然何哉或者知終終之之勇冠卓一世而知至至之之知尚差豪釐邪此中庸之必貴於自明而誠也雖然先生他日亦言釋老之言皆未免入則其本心固未嘗不明也學者宜審焉

添入下隔二頁安世從温公學云云

又入温公謂安世平生云云

慈溪黄氏曰

均低一格單行

梓先生頗不喜伊川馬氏載先生述哲宗折有人諫以方春生長不可摧折上擲之色不温公聞之不悅即伊川也先生亦嘗以五鬼踈論伊川此殆意見不合其與蘇氏之立黨相

排者不同故與龜山仍莫逆」

「五鬼者曰伊川曰歐陽棐曰畢仲游曰楊國寶曰孫朴按四人惟楊為伊川弟子歐畢不甚親也孫朴乃固子嘗訊矣伊川為吕原明所非而止見童蒙訓」

## 遺事

先生父太僕卿仲通慕司馬温公吕獻可之賢方温公志獻可墓仲通自請書石温公文出直書王介甫之罪不隱仲通有懼意先生代其父書自此益知名

温公入相元祐薦先生為館職謂先生曰足下知所以相薦否先生曰某獲從公遊舊矣公曰非也某閒居足下問訊不絶某位政府足下獨無書此某所以相

每卷第一行頂格以後皆低一格

先生遠謫嶺外盛夏奉老母以行途人皆憐之先生不

詆佛為非若自程门誨明聖人之學觀之雖溫公之詆佛猶未免于莽鹵而元城并以為未然何哉或者知終終之之勇冠卓一世而知至至之之知尚差豪釐邪此中庸之必貴於自明而誠也雖然先生他日亦言釋老之言皆未免入邪則其本心固未嘗不明也學者宜審焉

又按先生頗不喜伊川馬氏載先生述哲宗折柳有人諫以方春生長不可摧折上擲之色不平溫公聞之不悅即伊川也先生亦嘗以五鬼蹠論伊川此殆意見不合其與蘇氏之立黨相

排者不同故與龜山仍莫逆

「五見」者曰伊川曰歐陽棐曰畢仲游曰楊國寶曰孫朴按四人惟楊為伊川弟子歐畢不甚親也孫朴乃因子嘗識矣伊川為呂原求所求而止見童蒙訓

## 遺事

先生父太僕卿仲通慕司馬温公呂獻可之賢方温公志獻可墓仲通自請書石温公文出直書王介甫之罪不隱仲通有恩意先生代其父書自此益知名温公入相元祐薦先生為館職謂先生曰足下知所以相薦否先生曰某獲從公遊舊矣公曰非也某閒居足下時節問訊不絕某位政府足下獨無書此某所以相薦也

先生遠謫嶺外盛夏奉老母以行途人皆憐之先生不

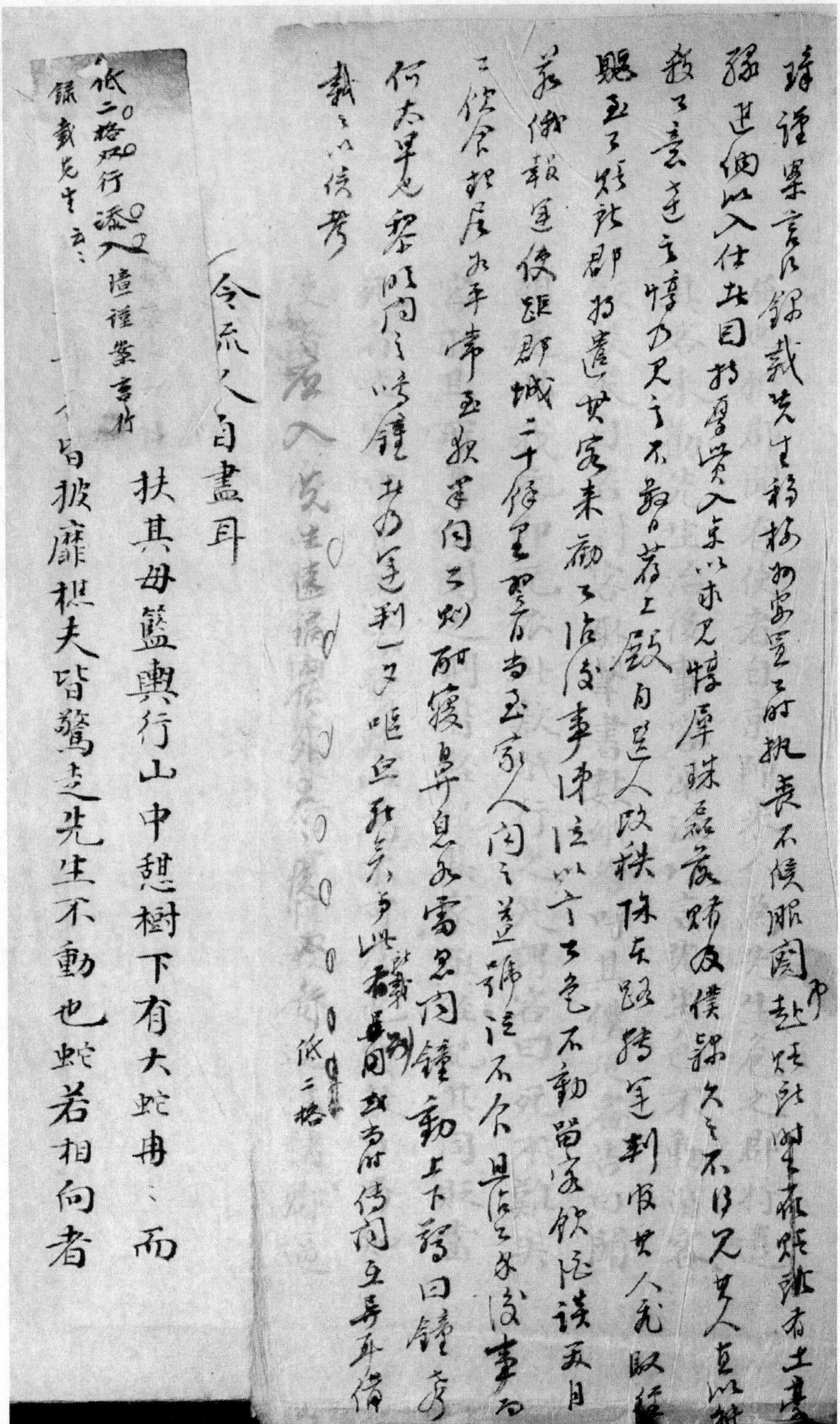

令吾人自盡耳

扶其母籃輿行山中憇樹下有大蛇冉冉而

皆披靡棍夫皆驚走先生不動也蛇若相向者

久之乃去村民羅拜曰官異人也蛇吾山之神見官喜相迎耳官遠行無恙乎 聞見錄

先生與東坡同朝東坡勇於為義或失之過則器之必約以典禮故東坡曰恕何處得一劉正言來知得許多典故先生聞之曰子瞻固可畏然恃其才欲變亂典章則不可元符末各歸自嶺海相遇於道先生喜曰浮華豪習盡去非昔日子瞻也東坡則曰器之鐵石人也 仝上

以上寫完下 補入

徽仲充夫不知居士云云

見下頁

士不就選徑歸溫公問曰何為不仕以漆雕未能信對溫公悅 言行錄

安世從溫公學與公休同業凡三四日一往以所習所

屈也抵郡聞有使者自京師来人爲先生危之郡将遣
其客来勸先生治後事客涕泣以言先生色不動留客
飯談笑自若對客取筆書數紙徐呼其僕從容告曰聞
朝廷賜我死即死依此敎紙行之笑謂客曰死不難矣
客取其所書紙閲之則皆經紀其家與經紀其同貶當
死者之家事甚悉客驚歎以爲不可及也更數日乃知
使者奉入海島杖殺内臣陳衍事悍故令迂往諸郡適
令流人自盡耳

先生一日扶其母籃輿行山中憩樹下有大蛇冉冉而
至草木皆披靡担夫皆驚走先生不動也蛇若相向者

久之乃去村民羅拜曰官異人也蛇吾山之神見官喜相迎耳官遠行無恙乎 聞見錄

先生與東坡同朝東坡勇於為義或失之過則器之必約以典禮故東坡曰怒何處得一劉正言來知得許多典故先生聞之曰子瞻固所畏然恃其才欲變亂典章則不可元符末各歸自嶺海相遇於道先生喜曰浮華豪習盡去非昔日子瞻也東坡則曰器之鐵石人也 仝上

元城成進士不就選徑歸溫公問曰何為不仕以漆雕開吾斯之未能信對溫公悅 言行錄

安世從溫公學與公休同業凡三四日一往以所習所

此下二条移前道護錄欵

疑賁馬公欣然告馬之無倦意凡五年得一語曰誠安世問其目公喜曰此問甚善當自不妄語入予初甚易而檃括日之所行與凡所言自相掣肘矛盾者

此二条入道護錄末

行七年而後成（道護錄）自此言行一致表裡相應遇事坦然常有餘裕

温公謂安世平生只是一箇誠字更撲不破誠是天道思誠是人道天人無兩箇道理因舉左右手顧之笑曰只為有這軀殼故假思以通之及其成功一也安世自從十五歲以後便知有這箇道理也曾事事著力畢竟不是只有个誠字縱横妙用無處不通以此杜門獨立其樂無窮凭怎生也動安世不得（同上）

徽仲堯夫不知君子小人勢不兩立如冰炭故用調停之幸门延入李清臣鄧溫伯去正人易若反掌調停果何益乎昔溫公為相蓋知其後必有反覆之禍然生民之患如拯溺救焚何暇更顧異日一身之患言行錄

低一格[illegible]單行[illegible]書

按先生因讀范堯夫行狀而發此語狀曰使其言行于熙豐後必不至紛更申于元祐亦必無紹聖大臣復讐之禍蓋意以元城諸公之盡言為過也

當官處事須權輕重務合道理無使偏重夫是之謂中

元祐間嘗謁見馮當世當世言熙寧初與陳暘叔呂寶

此下二條移前是之蒦錄歟

疑質馬公欣然告馬之無倦意凡五年得一語曰誠安世問其目公喜曰此問甚善當自不妄語入予初甚易之及退而檃括日之所行與凡所言自相掣肘矛盾者多矣力行七年而後成（道護錄）自此言行一致表裏相應遇事坦然常有餘裕

温公謂安世平生只是一箇誠字更撲不破誠是天道思誠是人道天人無兩箇道理因舉左右手顧之笑曰只為有這軀殼故假思以通之及其成功一也安世自從十五歲以後便知有這箇道理也曾事事着力畢竟不是只有个誠字縱橫妙用無處不通以此杜門獨立其樂無窮凭怎生也動安世不得（同上）

徽仲堯夫不知君子小人勢不兩立如冰炭故開調停之幸门延入李清臣鄧溫伯去正人易若反掌調停果何益乎昔溫公為相蓋知其後必有反覆之禍然生民之患如拯溺救焚何暇更顧異日一身之患 言行錄

單行 低一格[illegible][illegible]書

按先生因讀范堯夫行狀而發此語狀曰使其言行于熙豐後必不至紛更申于元祐亦必無紹聖大臣復讐之禍蓋意以元城諸公之盡言為過也

當官處事須權輕重務合道理無使偏重夫是之謂中

元祐間嘗謁見馮當世當世言熙寧初與陳暘叔呂寶

臣同任樞密暘叔聰明少比遇事迎刃而解而呂寶臣
尤善秤停事每事之來必秤停輕重令得所而後已事
經實臣處者人情物理無不允當秤停二字吾輩當今
最宜致力　童蒙訓引

安世初登第與二同年謁李若谷參政三人同起身請
教曰若谷自守官以來嘗持四字勤謹和緩其間一後
生應聲曰勤謹和既聞命矣緩之一字某所未聞李正色
曰何嘗教賢緩不及事且道世間甚事不因忙錯了　呂氏雜錄

建中間公自嶺外歸至宣和間內侍梁師成得幸令吳
可自京師至宋欲引公以為重致書許大用可至三日

然後敢出之且道公諸孫求仕以動之公謝曰吾若為子孫計則不至是矣且吾癈斥幾三十年未嘗有點墨與當朝权貴吾欲為元祐完人不可破戒還其書而不答 言行録

公在宋杜門屏跡不妄交遊人罕見其面雖田夫野叟市井細民以謂若過南京不見劉待制如過泗州不見大聖及公殁耆老士庶婦人女子持　劑誦佛經而哭之者日數千人後二年盜人驅墳尸發棺見公顏貌如生咸驚曰必異人也一無所動其棺而去 言行録

元城門人

名大年

○馬永卿揚人也大觀間元城謫亳州寓永城縣之回車院年已六十餘矣永卿赴永城主簿其舅高郵張相薦之使來教院至見元城雄偉閎爽談論踰時倦之歆側肩背直身不稍動手足亦不移目是從之學後二十六年當紹興六年追錄其語為元城語三卷

○韓瓘字伯含開封人也參政億曾孫累官知秀州所至興利除害故吏莫能欺時以為有家法先生官州中久其往來師焉（此條有任畢仍元城謨錄其語其從鄧正同先生二十餘條為元城譚錄）

○胡珵以宣和六年春介楊龜山書謁元城于南都為錄其說為元城道護錄

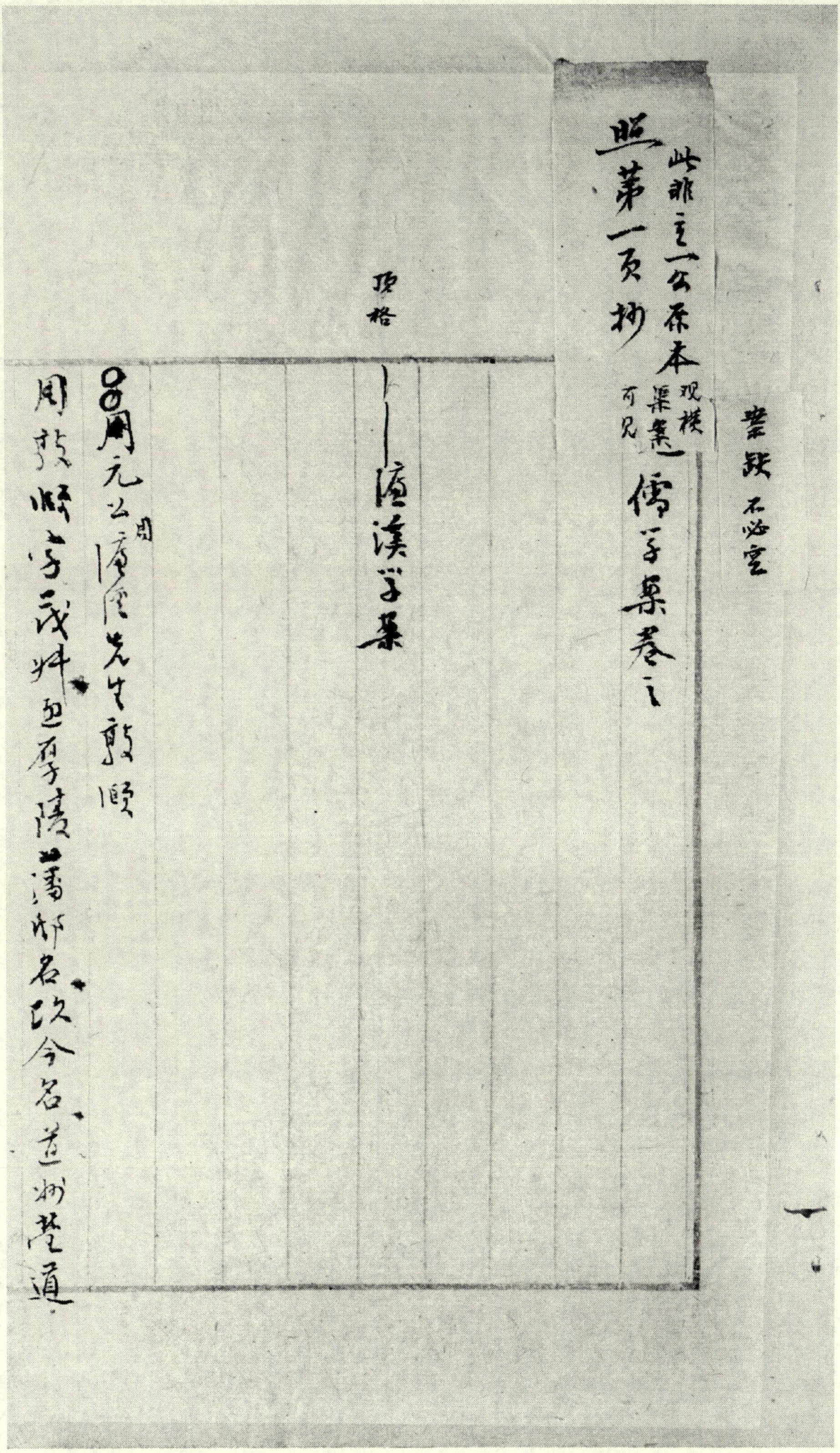

棠跋　不必寫

此非主一公原本觀樸渠集可見

照第一頁抄

儒學案卷一

頂格

濂溪學案

周元公濂溪先生敦頤

周敦頤字茂叔避厚陵舊諱改今名道州營道

人。[illegible]年十三，去趙高惠遠隱中者，以稱老中年

[illegible]精學力以自立

直早遘事，剛柔有古人風。景祐三年，用舅氏龍圖鄭

向奏試將作監主簿，康定初授（唐庚罷）洪州分寧縣主簿，有獄

久不決，先生至，一訊立辨。命以文移之部使者，薦調南

安軍司理參軍。時（新）獄有囚，法不當死，轉運使王逵

欲深治之，先生獨力爭，不聽。置手版歸，取告身

而去，曰：是尚可仕乎？殺人以媚人，我不為也。逵感悟，

囚得免。（明）年令郴邑，皇祐二年令桂陽，郡守李初平

（初平）賢之，不以屬吏遇之，既薦誦，又周其不給，聞先生論學，

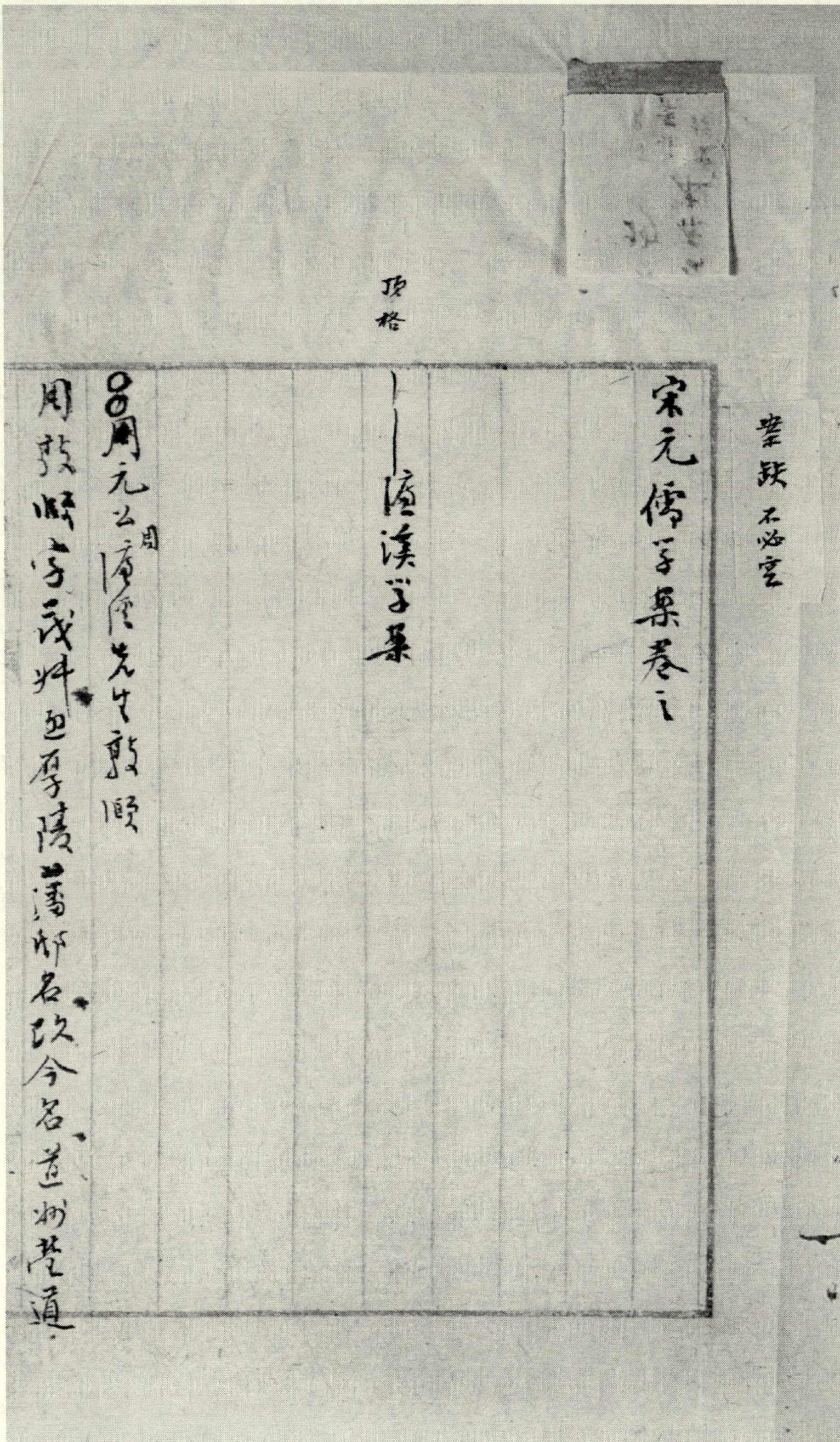

案跋 不必空

宋元儒學案卷二

頂格

濂溪學案

周元公濂溪先生敦頤

周敦頤字茂叔避厚陵舊諱名改今名道州營道

人、[illegible]年十三去趙高遠、[illegible]中有小稿未中本

[illegible]精于力以開之

近早選事關某有古人風、景祐三年、用第以殺國郎

引向秦試將作監簿、唐宣罷康[illegible]和接洪州分寧令、政有微

久不決、先生至一訊立辨、律以受私之罰、使者薦詞為

安年、司理參軍、時新徽遣有因、法不當死、獄運使王達

欲論、諸先生獨力爭不能、四月奏報得[illegible]

而先生日夜惟其任、是殺人以媚人、我不為也、遂感悟、

因得免、[illegible]年令鄉邑、皇祐元年令桂陽郡守李郡守

[illegible]不以庶吏[illegible]之說、若許[illegible]又周其不論、聞先生論[illegible]、

歎曰吾欲讀書何如先生曰公老無及矣請為公言之初
平遂日聽其說二年而果有得初平卒子幼先生曰吾
事也為護其喪歸葬之往來經紀其家始終不懈士大
夫皆稱其曰是能葬李平至至和初年赴南昌宰民
先生來喜曰是能辨分寧獄者吾屬得所訴矣豈但不非
以得罪為憂實以汚善政為恥也嘗得疾卒一晝夜始甦
友人潘興嗣視其家服御之物止一敝篋錢不滿百
嘉祐中先生至合州郡民心悅誠服事不經先生手吏不
敢決苟下之人亦不從趙清獻抃為使臣惑于讒口
臨之甚威先生處之超然後六年通判虔州趙清獻為守

熟視其所為、乃大悟、執其手曰、吾幾失君矣、今日乃知周茂叔也、熙寧初、知郴州、用趙抃（清獻）及呂（申公）公著薦、為廣東轉運判官、提點刑獄、以洗冤澤物為己任、行部處決庶獄、務在矜恕、不憚出入之勤、瘴毒之侵、雖荒崖絕島、人迹所不至者緩視徐按、既以疾、因水齧其母墓、遂乞南康、既葬畢、曰、強疾而來者、為葬爾、孰能以病污麾彼郡、因家蓮花峯下、前有溪、合於湓江、取營道所居溪以名之、清獻再鎮蜀、將奏用之、未及而卒、年五十七。先生自少信古好義、以名節自砥礪、奉己甚約、俸祿盡以周宗族、奉寒窮、及分司而歸、妻子饘粥或不給、而亦曠然不以為意

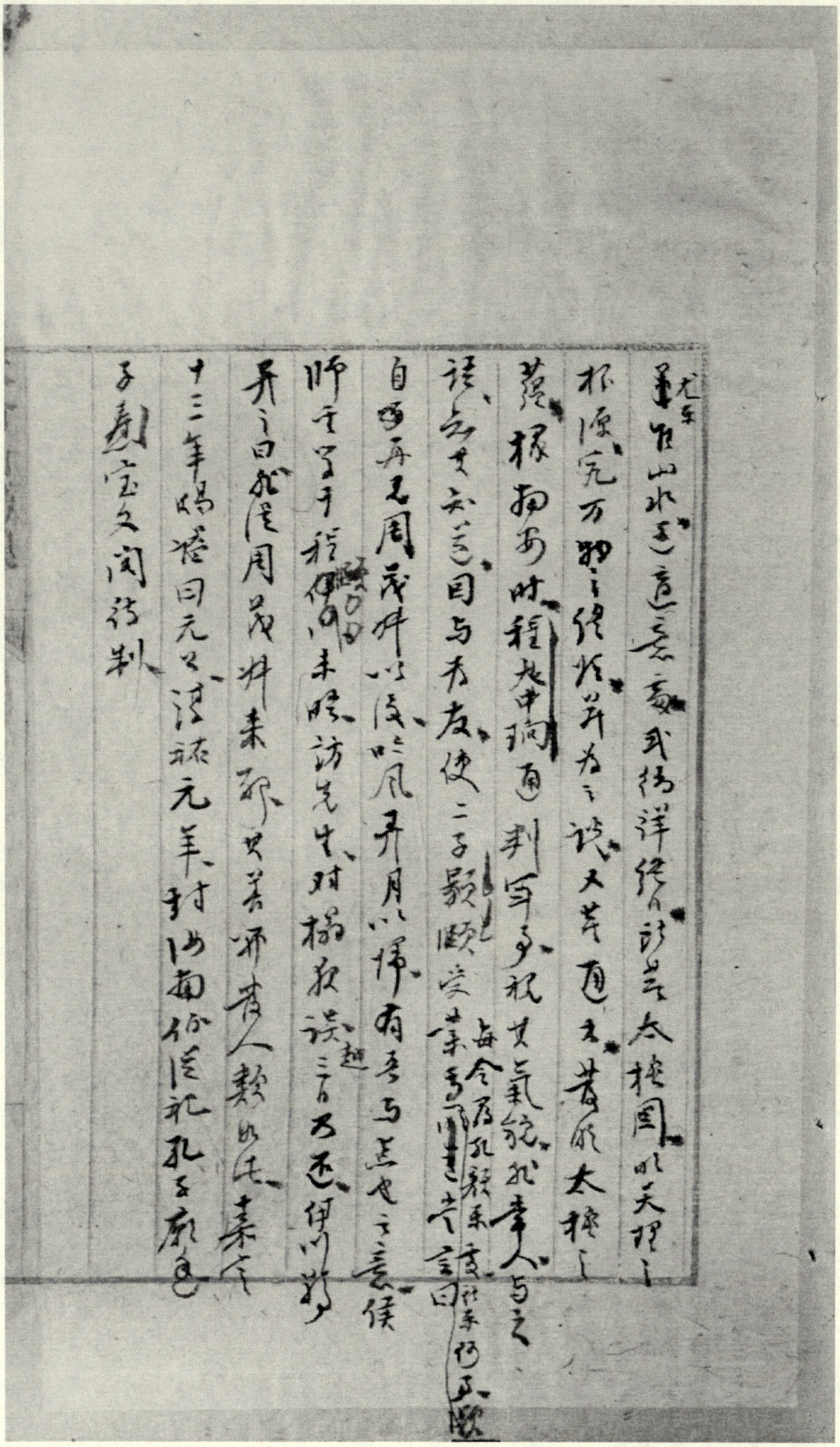

另頁照此

○○太極圖說

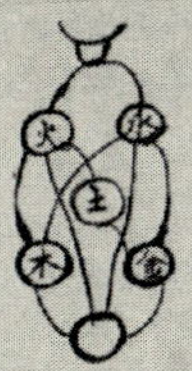


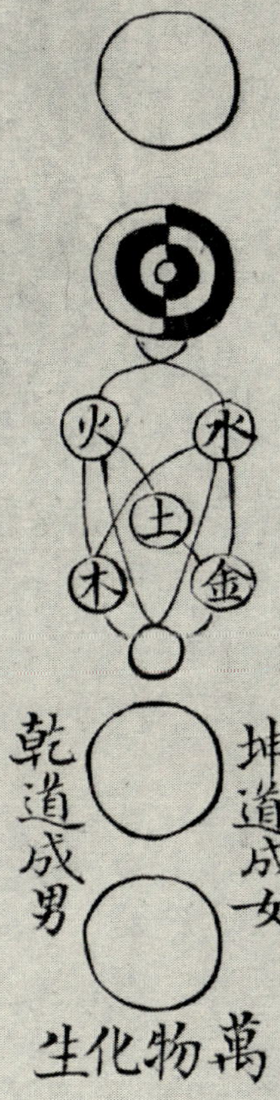


無極而太極

太極動而生陽動極而靜靜而生陰靜極復動一動一靜互為其根分陰分陽兩儀立焉

陽變陰合而生水火木金土五氣順布四時行焉

五行一陰陽也陰陽一太極也太極本無極也五行之生也各一其性

無極之真二五之精妙合而凝乾道成男坤道成女二氣
交感化生萬物萬物生生而變化無窮焉
惟人也得其秀而最靈形既生矣神發知矣五性感動而
善惡分萬事出矣
聖人定之以中正仁義而主靜立人極焉故聖人與天地
合其德日月合其明四時合其序鬼神合其吉凶
君子修之吉小人悖之凶
故曰立天之道曰陰與陽立地之道曰柔與剛立人之道
曰仁與義又曰原始反終故知死生之說
大哉易也斯其至矣

依一格照抄草行

依一格草行

添入上羅整菴曰云云

一之曰

氏曰一陰一陽之謂道即太極也天地之間一非有理而後有氣乃氣立而理因之寓也就形、而指其形而上者不得不推高一層以立至尊之位故謂之太極而實本無太極之可言所謂無極而太極也使實有是此太極之理為此氣從出之母則亦一物而已又何以生生不息妙萬物而無窮乎今曰理本無形故謂之無極無乃轉落註脚太極之妙生生不息而已矣生陽生陰而生水火木金土而生萬物皆一氣自能之變化而合之只是一箇生意此造化之蘊也唯人得之以為人則太極為靈秀之鍾而一陰一陽分見於形神之際由是殽之為五性而感應之途出善惡之介分人事之所以萬有不齊也唯聖人深悟無極之理而得其所為靜者主乃在中正仁義之間循理為靜是也天地此太極聖人此太極彼此不相假而若合符節故曰合德若必捐天地之所有而畀之於物又獨鍾畀之于人則天地豈若是之勞也哉自無極說到萬物上天地之終始也自萬物返到無極上聖人之終而始也始終之說即生死之說而開闢渾沌七尺之去留不與焉知乎此者可與語道矣主靜要矣致知亟焉　愚按太極圖說其要歸之知生死何以故此佛氏所謂第一

低一格照抄單行

蕺山劉氏曰一陰一陽之謂道即太極也天地之間一氣而已非有理而後有氣乃氣立而理因之寓也就形下之中而指其形而上者不得不推高一層以立至尊之位故謂之太極而實本無太極之可言所謂無極而太極也使實有此〔是〕太極之理為此氣從出之母則亦一物而已又何以生生不息妙萬物而無窮乎今曰理本無形故謂之無極無乃轉落註脚太極之妙生生不息而已矣生陽生陰而生水火木金土而生萬物皆一氣自然之變化而合之只是一箇生意此造化之蘊也惟人得之以為人則太極為靈秀之鍾而一陰一陽分見

於形神之際由是殽之為五性而感應之途出善惡之介分人事之所以萬有不齊也唯聖人深悟無極之理而得其所為靜者主乃在中正仁義之間循理為靜是也天地此太極聖人此太極彼此不相假而若合符節故曰合德若必捐天地之所有而畀之於物又獨鍾畀之于人則天地豈若是之勞也哉自無極說到萬物上天地之終始也自萬物返到無極上聖人之終而始也始終之說即生死之說而開闢渾沌七尺之去留不與焉知乎此者可與語道矣主靜要矣致知亟焉　愚按太極圖說其要歸之知生死何以故此佛氏所謂第一

大事因緣也但佛氏向父母未生前討分曉吾儒則向天地未生前討分曉比佛氏因緣殊大佛氏討過分曉便以無生為了義吾儒討過分曉便以生生不窮為了義以無生為了義只了得一生以生生而不窮為了義并天地萬物一齊俱了其為大小之分更自天淵夫佛氏之生死本小而看得以為極大便是難了處吾儒直作等閒看過生順没寧而已周子此言殆必有為而發與

○○平行不必高一格下放

附黄晦木非太極圖說○

序曰太極圖者創于河公上傳自陳圖南名為无極圖乃方士修鍊之術也與老莊之長生久視又其旁門岐路也老莊以虛无為宗无事為用方士以逆成丹多所造作去致虛靜篤遠矣周茂叔得之更為太[illegible]圖則竊其本而反于老莊可謂拾瓦礫而悟精蘊[illegible]綴說于圖合二途為一門其病生矣又懼老氏非[illegible]孟之正道不可以傳來學借大易以申其意混二氏而總冒以儒其病更甚矣蓋夫子之言太極專以明易也茂叔之言太極則空中之造化也而者本不同道朱元晦又從而分析辟解之則更襍[illegible]擇矣茂叔

以下九頁均低一格單行大字
不必抬頭　篇目仿宋均
[illegible][illegible]字

均依一格
單○行

附黄晦木非太極圖說○序曰太極圖者三

孔子未嘗言无極而周子言之先聖後聖[illegible][illegible][illegible]此過于標榜也夫子之言太極不過贊易有至極之理非別有太極而欲上乎羲文也茂叔之无極而太極不過推墨附儒在元晦无乃推假即眞冀僭竊為君父乎吾不知千聖何故吝此而不傳其秘耶夫子

曰當仁不讓于師、愚二十年學易、稍窺十翼藩籬、確知易之不可混稍、確知老之不同于釋、灼見儒釋老之不可昌昧影響、然後敢明言此圖之非易而且有老與仙與釋之清亂、不揣固陋、一々而是正之、如此吾知見者必將怒目裂眦、以定予非聖之罪、然而莫之避者何也、聖人之大道非一人所可私、亦非阿黨所能據、千秋萬世、必有明之者矣、時賢之罪予也何傷、

## 陳圖南本圖（自下而上 逆則成丹）

辯曰、此圖本名无極圖、陳圖南刻于華山石壁、列比名位、創自河上公、魏伯陽得之、以著參同契、鍾離權得之以授呂洞賓、洞賓後與圖南同隱華山、因以授陳、陳々又受先天圖于麻衣道者、皆以授种放、々以授穆修、與僧壽涯、修以先天圖授李挺之、挺之以授邵天叟、天叟以授之子堯夫、修以无極圖授周茂叔、茂叔又得先天地之偈于壽涯、乃方士修鍊之術、其義自下而上、以明逆則成丹之法、其大較重在水火、々性炎上、逆之使下、則火不燥烈、唯溫養而和燠、水性潤下、逆之使上、則水不卑濕、唯滋養而光澤、滋養之至、接續而不已、溫養之至、堅固而不敗、律以老氏虛

太極圖說

亭曰太極圖者創于河公上傳自陳圖南名為无極圖乃方士修鍊之術也與老莊之長生久視又其旁門岐路也老莊以虛无為宗无事為用方士以逆成丹多所造作去致虛靜篤遠矣周茂叔得之更為太極圖則竊其本而反于老莊可謂拾瓦礫而悟精蘊但綴說于圖合二途為一門其病生矣又懼老氏非孔孟之正道不可以傳來學借大易以申其意混二術而總冒以儒其病更甚矣盖夫子之言太極專以明易也茂叔之言太極則空中之造化也兩者本不同道朱元晦又從而分析辭解之則更襍以釋矣茂叔强三為一元晦混四為一雖極其推崇而并失茂叔之故我矣其病可復瘳耶茂叔得圖于方士得偶于釋心証于老元晦得圖于葛長庚得偶于道謙而欲會通之于儒曰包義文王未嘗言太極而孔子言之孔子未嘗言无極而周子言之先聖後聖同條共貫此過于標榜也夫子之言太極不過贊易有至極之理非別有太極而欲上乎義文也茂叔之无極而太極不過推墨附儒在元晦无乃推假即真貳僭竊為君父乎吾不知千聖何故吝此而不傳其秘耶夫子

曰當仁不讓于師、愚二十年學易、稍窺十翼藩籬、確知易之不可混、稱確知老之不同于釋、灼見儒釋老之不可昌昧、影響、然後敢明言此圖之非易、而且有老與仙與釋之清亂、不揣固陋、一、而是正之、如此、吾知見者必將怒目裂眦、以定予非聖之罪、然而莫之避者何也、聖人之大道、非一人所可私、亦非阿黨所能據、千秋萬世、必有明之者矣、時賢之罪予也向偽、

陳圖南本圖（自下而上，逆則成丹）

辯曰、此圖本名无極圖、陳圖南刻于華山石壁、列比名位、創自河上公、魏伯陽得之、以著參同契、鍾離權得之以授呂洞賓、洞賓後與圖南同隱華山、因以授陳、陳〻又受先天圖于麻衣道者、皆以授种放、放〻以授穆修與僧壽涯、修以先天圖授李挺之、挺之以授邵天叟、天叟以授之子堯夫、修以无極圖授周茂叔、茂叔又得先天地之偈于壽涯、乃方士修錬之術、其義自下而上、以明逆則成丹之法、其大較重在水火、火性炎上、逆之使下、則火不熛、烈、唯溫養而和燠、水性潤下、逆之使上、則水不卑濕、唯滋養而亢澤、滋養之至接續而不已、溫養之至堅固而不敗、律以老氏虛

无之道已為有意就其圖而述之其最下一○名為
玄牝之門玄牝即谷神也牝者竅也谷者虛也玄與
神皆莫可指測之謂在老莊而言謂玄妙神化即是
此虛无而為萬有之原在修鍊之家以玄牝谷神為
人身命門兩賢空隙之處炁之所由以生是為祖炁
凡人宮五百骸之運用知覺皆根于此于是提其祖
氣上升為稍上一○名為鍊精化炁鍊炁化神鍊有
形之精化為微芒之炁鍊依希呼吸之炁化為出有
入无之神使貫徹于五藏六府而為中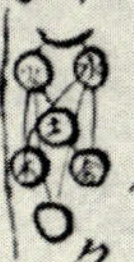名為五
炁朝元行之而得也則水火交媾而為又其上
之◎名為取坎填離乃成聖胎又使復還于无始而
為最上之一○名為鍊神還虛復歸无極而功用
至矣蓋始于得竅次于鍊己次于和合次于得藥終
于脫胎誠乎僊眞求長生之秘術也若老莊之本旨
則不然老氏云天下之道生于有、、生于无、有之功
為利、无之以為用、莊生云萬物出于无有、、不能以
有為有、必出乎无有、其意以虛无生炁、、生天地萬
物、天地萬物之運行動作皆炁之運行動作也、炁之
運行動作皆虛无為之宰也故曰忽兮怳兮其中有
象怳兮忽兮其中有物窈兮冥兮其中有精有物混

另一行起

成、先天地生、獨立而不改、周行而不殆、可以為天下
母、皆言虛無之用也、其長生也、唯神是守、昏、昧、
綿、常、與天為遊、氣聚而生、氣散而氣復歸太虛
故曰生死為徒、吾又何患、彼人之形者萬化而有未
始有極也、生何足貪、死何足惡、故能齊彭長殤、一壽
天、無心而任化、及其流而為僊真之教、則以矯揉為
守氣而鍊精、鍊氣之術與、以自私自利為全性而取
坎填離之法立、乃莊生所謂一犯人之形而遂貪生
惡死者也、斯則圖也、非老氏之曲學與、在老氏猶為
稂莠、在儒者反以為正傳與

周

茂叔圖（自上而下，順而生人）
辯曰、茂叔得此圖于穆修、又得先天地之偈于壽涯、
乃顛倒其序、更易其名、以附于大易、指為儒者之秘
傳、其稱號雖若正大、易光明、而義不勝指摘矣、蓋方
士自為方士之術、但取己說之可通、用修鍊之得當、
原無瞻前顧後之意、所以據其一曲之偏見、亦左右
逢原、皆終徹貫者、茂叔握方士之貫、悟老氏之旨、而
蒙以大易之名、所以徵此不倫、顛語襍越、反不若陳
氏之統一而無弊也、方士之訣、逆則成丹、茂叔之意、
以謂順而生人、太虛無有、、必本無、是為最上○、乃

更鍊神還虛復歸无極之名曰无極而太極太虛之
中脉絡分辨指之為理是為其次◎乃更取坎塡離
之名曰陽動陰靜氣生于理落為氣質之性是為有
又次之乃更五氣朝元之名曰五行各一性
理氣既具[illegible]形質呈得其全靈者為人、有男女是
為又次○乃更鍊精化氣鍊氣化神之名曰乾道成
男坤道成女得其偏者蠢者為萬物是為最下之○
乃更玄牝之門為化生萬物就其義而詳釋之天與
方士卉矣夫古士之玄牝鍊化本屬兩層其用功亦
有次第故作為二圖茂叔之男女萬物直是一氣所
生則无分先後二圖之內一為贊氣方士之五氣朝
元言化氣化神之後墮肢體黜聰聰明使一身之五
藏慈守其神氣然後能坎離交媾火不炎上水不潤
下而金丹聖胎成矣茂叔于此二圖先有脩理而後
有矣質吾不知氣質未露脩理安託㮣具先後義亦
背畔矣方士之是虛歸无又合于玄牝上下始終周
旋无閒最上一圖與最下一圖分而合、而句會之
不可言一離之不可言二新以成生之妙茂叔于此
為天地化生之本雖得老汽之正宗而于此圖則未
免牽强文欲合以大易則更不倫矣夫方士之脩鍊

老氏之虛无、大易之正道、三者天罔、不可混同也。地
之始也、以成二篇之策、非追原天中、故能生兩儀四
象八卦之至妙之義理、其于胸臆、謂伏易聖人有此

此段高低應照前後樣抄

辯圖曰、大傳曰、易有太極、夫子贊易而言也、謂伏易聖人、
有此至神至妙之義理、具于胸臆中、故能生兩儀四象
八卦、以成二篇之策、非追原天地之始也、不可云无極
夫无方者神也、无體者易也、不可圖、圖相、有者无之无
者有之、徒自戾于聖人、

辯曰、中分黑白、兩相間襟、判左右為陰陽、以陰陽推
動靜、就其貫穿不肴亂之處、則指之為理、比時衆尚
未生、安得有此錯綜之狀、彼將附震于何所、觀其所
黑白之文、坎實離兩卦、成既濟之象、中含聖胎、謂之
取坎填離、則明顯而彰著、謂之陽動陰靜、則陽專屬
諸離、、專主動、陰專屬諸坎、、專諸靜、主豈適論也
哉、臨翁云、◐者、○之用、所以行、◑者、○之體、所以立、
則本末倒置、侶先有陽動陰靜而後有无極太極、豈
在左者有用而无體、能行而不能立、在右者有體而
无用、能立而不能行、乎茂叔本意、以无極天體、故能
為象體之原、象體各用、莫非无極之用、如臨翁所云

支離破碎，又失茂叔之本意矣。

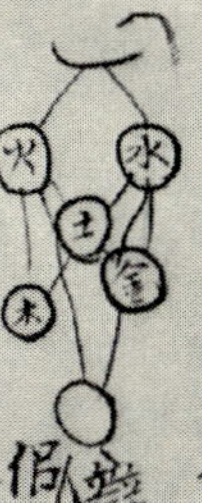


辯曰：五行始于洪範，言天地氤化之運行，若有佀乎水火木金土者，然定為五行者乃人也，非五行之能生人也。人身之分配，猶乾為馬，坤為牛，震為龍，巽為鷄，坎為豕，離為雉，艮為狗，兌為羊之義同。今以五物為生人之性，將亦可謂彼八獸者為生八卦與？況此時大之人物未生，此五者之性于何而辨？養生之家，專重水火，其上第二圖，作坎離交媾之狀，故此圖之水火二系，上則達于下則丞而通于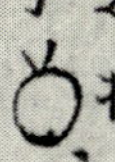，木金土皆一受一授，水火乃有二受二授也，但知重在水火，于木金土不得不輕其排列，右位亦紊亂而无稽。

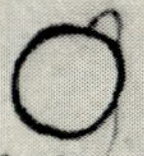

辯曰：太極兩儀四象八卦，夫子顯然指易而言，未嘗付之虛空揣測也。其曰乾道成男，坤道成女，亦謂乾之奇畫成男之象，坤之偶畫成女之象，非云生于天者為男，生于地者為女也。離易而懸度，種種莊剌。觀其五行各具一性，屬諸氣質，則當于男女成形之後感物而動，發為五德，或流為偏僻，或陷于欲，人皆有六言六蔽之患，甚而至于惡逆者有之，豈先有五性，

至此始成男女，于序次則乖舛，于圖尤爲抵牾，此天他方士之圖本逆，而茂叔强之爲順也。

○辯曰：天之生物，洪纖高下，靈蠢偏全，无有差別，以人視之，若與萬物有貴賤之殊，而實同賦于天，則實同一○太極，豈此萬物化生而別有一○太極乎。五行分爲五○太極，乾男坤女又當各自爲一○太極，萬物既與男女別爲一○太極，則飛潛動植以至瓦礫夭弱，天不可別圖一○太極也。何許子之不憚煩。

辯說

无極而太極。

辯曰：易有太極，不可言无，太極非物，不可執有，雖非太極之外別加无極，實贊无極之名，于太極之上，夫有未有此畫以前，其流行顯著，自在天地間，不必言太極，既有作易之聖人，則微顯闡幽，全在于易，聖人之近身遠物，觀察有至理存于心目，故生生无窮，特贊之曰太極，極者，言乎其无可復加也，太者，大而又大，无可與並也，謂之太極，乃至矣盡矣，不容復有辭說矣，實屬諸易，原非虛空摹擬之辭，茂叔視爲天地以前之物，而以无極釋之也，蓋深有得老氏之微旨矣，老氏曰：淵兮似萬物之宗，吾不知其誰之子，象帝之先谷神不死是為玄牝玄牝之門是為天地根又曰无狀之狀无象之象是為忽怳莊生曰六合為巨未離其內秋豪為小待之成體天下莫不浮沉終身不故陰陽四時運行各得其序昏然若亡而存油然不行而神萬物畜而不知此之謂本根又曰昭、生于冥、有倫生于无形又曰天不得不高地不得不廣日月不得不行萬物不得不昌或為之紀而莫見其形消息形虛一晦一明日改月化日有所為莫見其功生有所乎萌死有所乎歸終始相反乎无端而莫知其所窮非是也且莫為之宗是老莊之學皆指虛无為天地萬物之根本夫有不能生有唯无能生有天地萬物皆炁為之主宰炁生于无則无者炁之祖也无為炁之祖則天地萬物之運用莫非无之權也茂叔无極而太極可謂得道德南華之神髓而以一言括之矣魏伯陽之言曰包囊萬物爲道紀網以无制有器用者空呂洞賓之言曰言之无兮不可捨言之有兮不可居谷兮谷兮太玄妙神兮神兮眞太道皆有會悟于此者也但以之綴于易有太極則郢人壞說何所置喙乎元晦為之發明其義更若未能深契于老氏而與茂叔又不相蒙矣晦翁云非太極之上

復有无極、其言是也、而云實造化之樞紐、品物之根
柢、則似是而非矣、樞雖戶之所以闔闢、然不離乎戶
紐雖网之所以弛張、然不離乎网、根柢雖艸木之所
以發生、然不離乎艸木、以之擬无極、則全失其意、蓋
戶网之闔闢張弛在樞紐、艸木之發生在根柢、而其
能闔闢能能弛能張能發能生、則全不在于樞紐根
柢、而在于空中之運用、故曰无用之用、其用乃大、樞
紐根柢、以有形役有形、惡在其為无極也、又云老子
之言有无、以有无為二、周子之言有无、以有无為一
則又不知釋老之異、而以釋氏之有无渾之矣、老子之
无、道德經云有无相生、有不能自有、必出于无、有而
其生也、非若父子之形以相禪、可以而離、乃即无而
御其有、亦不可言二、此无極而太極之妙也、今云以
有无為一、是釋氏之空有不二、即空即有、即有即空、
謂之真空妙有、迴乎與无極判矣、又曰有无之間、則
并不知有之為有、无之為无、釋老兩无所據者也、夫
茂叔以老附易、雖失易而得老、惜其襟以方士之圖、
而老不純、晦翁襟釋于老以附易、而釋老而无所得、
尚何易之可稽乎、

太
極動而生陽、動極而靜、而生陰、靜極復動、一動一

靜互為其根

辨曰、陰陽雖有動靜之分、然未而動靜非截然兩事、陰陽非判然兩物、言動靜而生陽、靜而生陰、則可言動極而靜々極動復、則不可、動如春夏之發生、包藏含靜即在其靜中、如秋冬之收斂、胚胎萌蘖、即在此內者、動是陽々无陰不能動、靜者是陰々无陽不能靜、苟无陰之動、則飄蓬落絮、隨風揣蕩、无陽之靜、則朽骨枯株、靈魂盡滅、譬諸晝夜、一分晝去、則一分夜來、一分夜去、則一分晝來、譬諸炁血、血附炁而行、炁隨血而轉、不逮其極而始復也、言一動一靜、互為交錯、則可言互為其根、則不可動靜咸槙、根于太極、如曰動根于靜、靜根于動、是天之生物已非一本、不待墨者已先二本矣、老氏云、有物混成、生天生地、莊生云、至陰肅々、至陽赫々、肅々出乎天、赫々發乎地、以此數語演為生陰生陽之說、大傳之言陰陽、靜動俱以易之為書、奇偶往來、象天地之炁化、非竟指天地而狀貌之也、此先聖後儒背道而馳之大槩爾、

分陰分陽兩儀立焉

辨曰、大傳之言分陰分陽、指易中卦文奇偶之畫而象其德、則造有剛柔之用、非曰分陽而立為天、分陰

而立為地所以謂之兩儀者亦因奇偶之畫而得名
也儀者文也天下之物純一則不文奇偶相間而
成文章謂之儀儀者象也卦爻有奇有偶成其物象
謂之儀故曰兩儀豈直指天地之形質乎

陽變陰合而生水火木金土

辨曰陽統陰承陽施陰受陽始陰生意无虧缺言无
偏蔽今云陽變陰合此時之陽尚是无形之朕兆從
何而言變既已變矣彼已自為一物陰何從而合陰
陽既合萬物齊生豈有先生水火木金土自為一截
萬物又為一截若祖之于孫之于子也其先也孰
引之其後也孰置之所謂水火木金土者何也萬物
中之五物也非五物獨貴于他物特以萬物所具之
氣若有此五等然若水若火若金若木若土蓋指其
近佀者而撥之也豈真五物哉況云五者之能生人
物哉

五氣順布四時行焉

辨曰有天地即有時四時夫子曰日月運行一寒一
暑寒暑相推而歲成就四時而推之中含五氣日月
者陽陰之成象者也寒暑者四時之發用者也今曰
五氣順布而四時行豈先排列此五位四時就道而

行、則是又以五行生陰陽也、夫春氣溫和、萬物向榮、艸木尤其顯著者、故以春為木、云木氣者、特春氣之變文耳、非木能使春溫和也、夏氣暵熱、其逼于物如火之焦、燥、此火得令之時、故以夏為火、非火能使夏暵熱也、秋氣肅殺、物至此而堅剛、有似乎金、故以秋為金令、因亦謂之金氣、非金能使秋肅殺也、冬氣凝結而萬物閑藏、凝結者如水之向寒而冰凍、閑藏者如水之會聚而无隕、故以水令為王于冬、非水之能使冬凝結閑藏也、木无土不植、火无土不宿、金无土不生、水无土无所歸、土之无位者、非无位也、天地非其位也、火木金水之時、皆其所休養也、故王于四時、然就四時之和合而言、有似乎土之于木火金水、非土之能使四時之休養也、

五

行一陰陽也、陰陽一太極也、太極本无極也。

辯曰、无極即太極、太極即是祖氣、非別有无極而後為祖氣也、若合以夫子之言、則是祖氣作易矣、惡乎可、

五

行之生也、各一其性、无極之眞、二五之精、妙合而凝。

辯曰、五行各性、已紛襍、豈能會合而成人、陰陽旣生五行、則陰陽即在五行之中、當成功者退、不當復

參乎五行之中班、而為二五也、二五並列、儼然成七、襍亂替擾、如何謂之精、如何可以凝、大傳曰天地絪縕萬物化醇、男女構精、萬物化生、故三人損一以致一、三且不能生、況于七乎、老氏云泛兮其可左右、萬物持之而生而不辭、天得一以清、地得一以寧、萬物得一以生、侯王得一以為天下貞、道生一、、生二、、生三、、生萬物、校之于此、自覺无弊、

乾道成男、坤道成女、二氣交感化生萬物、萬物生、而變化无窮焉

解曰乾男坤女、顯然形質、此時萬物无不具備、何故方言二氣之交感而化生萬物也、吾不知此男女者合雌雄牝牡俱在其內而言也、又不知專指人、而言也、如合雌雄牝牡則與圖之所分屬者、其不謀、如專指人、、无化生異類之事、人物之始、氣化所生、象而成形、以形相感則人生人、鳥生鳥、獸生獸、草臭艸木、俱以類相釋矣、此一推原也、貫取莊生肅、出乎天赫、發乎地兩者交適成和而物生焉、然不若莊生之天疇漏也、

惟人也得其秀而最靈形既生也矣神知發矣五性感動而善惡分萬事出矣

辨曰：既受于人，五道三德行之唯一，喜怒哀樂，皆緣于感。水火木金土至此，不過為臣官之用，豈得各擅其權，而一國三公政出多門也哉。即或有偏喜偏怒偏哀偏樂，或仁之過不及，義之過不及，禮之過不及、智之過不及，信之過不及者，咎于此而專責仁于木，責義于金，責禮于火，責智于水，責信于土，指其一性之失職，非愚則狂矣。夫性一也，分天命、氣質而為二，已屬戇說，何得復因氣質而析為五。感動在事不在性。四端流露，觸物而成，即以卞見孺子論之，發為不忍，乃其仁；往救，乃其義；救之而當，乃其禮；知其當救，乃其智；身心相應，乃其信。焉有先分五性，然後感動之理哉。夫子曰：繼之者善，成之者性。今曰善惡分，是有性善、有性不善也。如以感動為習，則性不任其咎。莊生云：多方乎仁義而用之者，列于五藏哉。而非道德之正也。茂叔蓋留意乎此。

聖人定之以中正仁義而主靜，立人極焉。

辨曰：既云五性，不當偏舉仁義而遺禮智信。且以中正先之也。夫仁義為性之所發現，仁而為從井之救，則愚；義為而乞蔴之與，則不直。聖人處之，无過不及、不偏不倚，方謂之中正。中正者，事理之當然也，虛辭

也今曰定之中正仁義則是木仁金義原非全德必
待聖人定之使中且正然後不流于墨子此所
謂仁義非孟孔孟之仁義也大傳曰至賾不可惡至
動不可亂艮之象傳曰時止時行動靜不失其正說
卦傳曰兼三才而兩之與一動而一靜曰主靜則偏
枯而非孔孟以立人極則天極地極皆兩而[illegible]人極
獨一矣于三極六位之道或未暇講興聖人之所以
異于二氏者以其能靜能動也坐明堂而朝萬國一
日二日萬幾其心如澄圓无為而治與木石居與鹿
家遊其闇見君決江河未嘗有專事于靜者也彼稿
木处灰雖愈于火牛狂象非其中正則一也記曰定
而後能靜、而後能安此從學之途未為學之至境
无欲故靜无欲則可與適道矣為能盡參贊位育而
云立人極也蓋老氏之學致虛極守靜篤離形去知
甘瞑于无何有之鄉慹然侶非人此无欲固非對私
欲之欲而言即愛親敬長寂然未發大人同于赤子
必繼善已往學問切磋性流為情雖有欲而仍不入
于惡始完大人之分量如僅〻守此无欲之情靜則
猶為赤子尔為能盡參贊位欲育而云立人極也善
老氏之學致虛極守靜篤離形去知甘瞑于无何有

慹此句出莊子

之鄉、慹然似非人、內守而外不蕩、歸根曰靜、曰復命、其主靜之謂與

故聖人與天地合其德、與日月合其明、與四時合其序、與鬼神合其吉凶、君子修之吉、小人悖之凶。

辯曰、列此三等人品、皆以主靜歸君子、而為修身之功、則无病矣、至于聖人、恐非一靜所能盡者、

故曰立天之道曰陰與陽、立地之道曰柔與剛、立人之道曰仁與義。

辯曰、上之四合、乃大人已成之德業、此之三立、乃一卦所以六畫之故、不取其義理、但取其規模、潤大詞采雄壯而已、陰陽仁義、又若與前不侔、

又曰原始反終、故知死生之說、大哉易也、斯其至矣。

辯曰、原始反終、止是易準天地之一端、亦非可偏舉以畀天下之能事焉、有天地合德、日月合明、四時合序、鬼神合吉凶之大人、而以知生死為至、如釋氏之重坐脫立亡者乎、蓋由此圖出、自方士神仙之教但求長生不死、莊生云、生死亦大矣、又云、无視无聽、抱神以靜、形將自正、必靜必清、无勞汝形、无搖汝精、乃可以長生、目无所見、耳无所聞、心无所知、汝神將守形〻乃長生、慎汝內、閉汝外、多知為敗、又以能兒子

為衛生之經，皆以至靜求長生也，故以治身為道之貞，以緒餘土苴為家國天下，彼所重唯在此，茂叔傳圖亦從此悟入，其撮綴聖人之言，而強謂之易者也，聖人夭壽不貳，朝聞夕死，視死生如日用起居，今畧本務民事人，而以知死生為學之究竟，易之盡量亦自呈其立論之原爾，至于老莊之四肢百骸，將為塵垢，死生終始將為晝夜，亦非局蹐于死生者，茂叔于學則全得之老，于圖則襍以仙真，于說則冒以易道，未可與夫子之太極兩儀四象八卦同年而語也

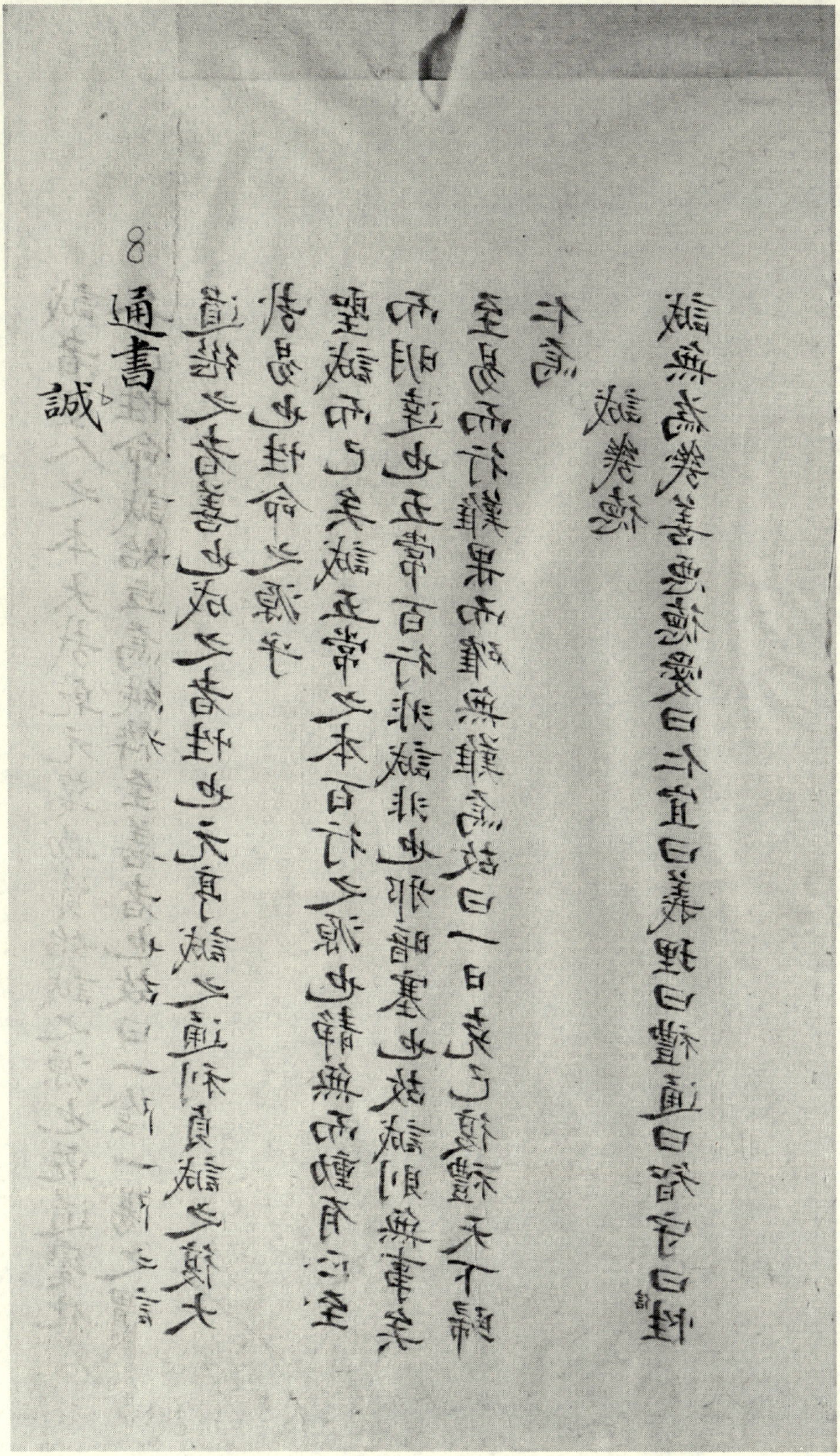

通書

誠

道繼之者善也成之者性也元亨誠之通利貞誠之復大

哉易也性命之源乎

聖誠而已矣誠五常之本百行之源也靜無而動有至正

而明達也五常百行非誠非也邪暗塞也故誠則無事矣

至易而行難果而確無難焉故曰一日克己復禮天下歸

仁焉

誠幾德

誠無為幾善惡德愛曰仁宜曰義理曰禮通曰智守曰信

誠者聖人之本大哉乾元萬物資始誠之源也乾道變化各正性命誠始立焉純粹至善者也故曰一陰一陽之謂道繼之者善也成之者性也元亨誠之通利貞誠之復大哉易也性命之源乎

聖誠而已矣誠五常之本百行之源也靜無而動有正至而明達也五常百行非誠非也邪暗塞也故誠則無事矣至易而行難果而確無難焉故曰一日克己復禮天下歸仁焉

誠幾德

誠無爲幾善惡德愛曰仁宜曰義理曰禮通曰智守曰性信

性爲安爲之謂聖復爲執爲之謂賢發微不可見充周不可窮之謂神

聖

寂然不動者誠也感而遂通者神也動而未形有無之間者幾也精誠故明神應故妙幾微故幽誠神幾曰聖人

慎動

動而正曰道用而和曰德匪仁匪義匪禮匪智匪信悉邪也邪動辱也甚爲害也故君子慎動

道

聖人之道仁義中正而已矣守之貴行之利廓之配天地

豈不易簡豈為難知不守不行不廓耳

師

或問曰曷為天下善曰師曰何謂也曰性者剛柔善惡中而已矣不達曰剛善為義為直為斷為嚴毅為幹固惡為猛為隘為彊梁柔善為慈為順為巽惡為懦弱為無斷為邪佞惟中也者和也中節也天下之達道也聖人之事也故聖立教俾人自易其惡自至其中而止矣故先覺覺後覺闇者求於明而師道立矣師道立則善人多善人多則朝廷正而天下治矣

幸

人之生不幸不聞過大不幸無恥必有恥則可教聞過則可賢

## 思

洪範曰思曰睿睿作聖無思本也思通用也幾動於彼誠動於此無思而無不通爲聖人不思則不能通微不睿則不能無不通是則無不通生于通微通微生于思故思者聖功之本而吉凶之機也易曰君子見幾而作不俟終日又曰知幾其神乎

## 志學

聖希天賢希聖士希賢伊尹顏淵大賢也伊尹恥其君不

爲堯舜一夫不淂其所若撻于市顔淵不遷怒不貳過三月不違仁志伊尹之所志學顔淵之所學過則聖及則賢不及亦不失于令名

順化

天地以陽生萬物以陰成萬物生仁也成義也故聖人在上以仁育萬物以義正萬民天道行而萬物順聖德修而萬民化大順大化不見其迹莫知其然之謂神故天下之衆本在一人道豈遠乎哉術豈多乎哉

治

十室之邑人人提耳而教且不及況天下之廣兆民之衆

哉曰純其心而已矣仁義禮智四者動靜言貌視聽之無違之謂純心純則賢才輔賢才輔則天下治純心要矣用賢急焉

## 禮樂

禮理也樂和也陰陽理而後和君君臣臣父父子子兄兄弟弟夫夫婦婦萬物各得其理然後和故理禮先而樂後

## 務實

實勝善也名勝恥也故君子進德修業孳孳不息務實勝也德業有未著則恐恐然畏人知遠恥也小人則僞而已故君子日休小人日憂

愛敬

有善不及曰不及則學焉問曰有不善曰不善則告之不善且勸曰庶幾有改乎斯為君子有善一有不善二則學其一而勸其二有語曰斯人有是之不善非大惡也則曰孰無過焉知其不能改改則為君子矣不改為惡惡者天惡之彼豈無畏耶烏知其不能改故君子悉有衆善無弗愛且敬焉

動靜

動而無靜靜而無動物也動而無動靜而無靜神也動而無動靜而無靜非不動不靜也物則不通神妙萬物水陰

根陽火陽根陰五行陰陽陰陽太極四時運行萬物終始
混兮闢兮其無窮兮

## 樂

古者聖王制禮法修教化三綱正九疇叙百姓太和萬物咸若乃作樂以宣八風之氣以平天下之情故樂聲淡而不傷和而不淫入其耳感其心莫不淡且和焉淡則慾心平和則躁心釋優柔中平德之盛也天下化中治之至也是謂道配天地古之極也後世禮法不修政刑苛紊縱欲敗度下民困苦謂古樂不足聽也代變新聲妖淫愁怨導欲增悲不能自止故有賊君棄父輕生敗倫不可禁者矣

嗚呼樂者古以平心今以助欲古以宣化今以長怨不復古禮不變今樂而欲至治者遠矣

樂者本乎政也政善民安則天下之心和故聖人作樂以宣暢其和心達于天地天地之氣感而太和焉天地和則萬物順故神祇格鳥獸馴

樂聲淡則聽心平樂辭善則歌者慕故風移而俗易矣妖聲豔辭之化也亦然

## 聖學

聖可學乎曰可曰有要乎曰有請聞焉曰一為要一者無欲也無欲則靜虛動直靜虛則明明則通動直則公公則

溥明通公溥庶矣乎

公明

公于己者公于人未有不公于己而能公于人也明不至則疑生明無疑也能疑爲明何啻千里

理性命

厥彰厥微匪靈弗瑩剛善剛惡柔亦如之中焉止矣二氣五行萬物化生五殊二實二本則一是萬爲一一實萬分萬一各正小大有定

顏子

顏子一簞食一瓢飲在陋巷人不堪其憂而不改其樂夫

富貴人所愛也顔子不愛不求而樂乎貧者獨何心哉天地間有至貴至富可愛可求而異乎彼者見其大而忘其小云爾見其大則心泰心泰則無不足無不足則富貴貧賤處之一也處之一則能化而齊故顔子亞聖

師友

天地間至尊者道至貴者德而已矣至難得者人人而至難得者道德有于身而已矣求人至難得者有于身非師友則不可得也已

道義者身有之則貴且尊人生而蒙長無師友則愚是道義由師友有之而得貴且尊其義不亦重乎其聚不亦樂

乎

勢

天下勢而已矣勢輕重也極重不可返識其重而亟反之可也反之力也識不早力不易也力而不競天也不識不力人也天乎人也何尤

文辭

文所以載道也輪轅飾而人弗庸徒飾也況虛車乎文辭藝也道德實也篤其實而藝者書之美則愛愛則傳焉賢者得以學而至之是為教故曰言之無文行之不遠然不賢者雖父兄臨之師保勉之不學也強之不從也不知務

道德而第以文辭爲能者藝焉而已噫弊也久矣

聖藴

不憤不啟不悱不發舉一隅不以三隅反則不復也子曰予欲無言天何言哉四時行焉百物生焉然則聖人之藴微顔子殆不可見發聖人之藴教萬世無窮者顔子也聖同天不亦深乎常人有一聞知恐人不速知其有也急人知而名也薄亦甚矣

精藴

聖人之精畫卦以示聖人之藴因卦以發卦不畫聖人之精不可得而見微卦聖人之藴殆不可悉得而聞易何止五

經之源其天地鬼神之奥乎

乾損益動

君子乾乾不息于誠然必懲忿窒慾遷善改過而後至乾之用其善是損益之大莫是過聖人之旨深哉吉凶悔吝生乎動噫吉一而已動可不慎乎

家人睽復无妄

治天下有本身之謂也治天下有則家之謂也本必端端本誠心而已矣則必善善則和親而已矣家難而天下易家親而天下疏也家人離必起于婦人故睽次家人以二女同居而志不同行也堯所以釐降二女于嬀汭舜可禪

乎吾茲誠矣是治天下觀于家治家觀身而已矣身端心誠之謂也誠心復其不善之動而已矣不善之動妄也妄復則无妄矣无妄則誠矣故无妄次復而曰先王以茂對時育萬物深哉

富貴

君子以道充爲貴身安爲富故常泰無不足而銖視軒冕塵視金玉其重無加焉爾

陋

聖人之道入乎耳存乎心蘊之爲德行行之爲事業彼以文辭而已者陋矣

擬議

至誠則動動則變變則化故曰擬之而後言議之而後動擬議以成其變化

刑

天以春生萬物止之以秋物之生也既成矣不止則過焉故得秋以成聖人之法天以政養萬民肅之以刑民之盛也欲動情勝利害相攻不止則絶滅無倫焉故得刑以治情僞微曖其變千狀苟非中正明達果斷者不能治也訟卦曰利見大人以剛得中也噬嗑曰利用獄以動而明也嗚呼天下之廣主刑者民之司命也任用可不慎乎

公

聖人之道至公而已矣或曰何謂也曰天地至公而已矣

孔子

春秋正王道明大法也孔子為後世王者而修也亂臣賊子誅死者于前所以懼生者於後也宜乎萬世無窮王祀夫子報德報功之無盡焉

道德高厚教化無窮實與天地參而四時同其惟孔子乎

蒙艮

童蒙求我我正果行如筮焉筮叩神也再三則瀆矣瀆則不告也山下出泉靜而清也汩則亂亂不決也慎哉其惟

時中乎艮其背背非見也靜則止止非為也為不止矣其
道也深乎

校寫附錄

附録

先生在合州，已亥歲，蒲宗孟過蜀江，道合陽，初
見先生，與之款語連三日夜，退而歎曰：世有斯人
歟！乃以其妹歸之。先生初娶陸氏，繼以蒲氏。
先生嘗得疾，一夕幾殆，友人潘興嗣視其家服
御之物，止一弊篋，錢不滿數百。
東坡去荊公之推江東提刑，與先生相遇，語連日夜，
荊公退而精思，至忘寢食。
熙寧初，中丞呂公著聞名，力薦之，有旨語呂云：在首官有
四方之迹，於高矣，一日之雅

李寅晚彥見先生亦有之，其受其拜，乃士大夫執先生說

大畜（一作風天小畜）卦，某既拜曰：道來不安，受拜之拜之拜者

請仰移先生意通之。

（程明道曰）茂叔窗前草不除，問之，云：與自家意思一般。

觀天地生物氣象。茂叔謂看一部華嚴經，不如看一

艮卦。註云：又止其說也。

荀子言：養心莫善於誠。茂叔以為荀子元不識誠。

既誠矣，心焉用養耶。

明道年十六七時，好田獵，既而自謂已無此好。茂叔曰：何言

之易也，但此心潛隱未發，一日萌動，復如初矣。後十二年

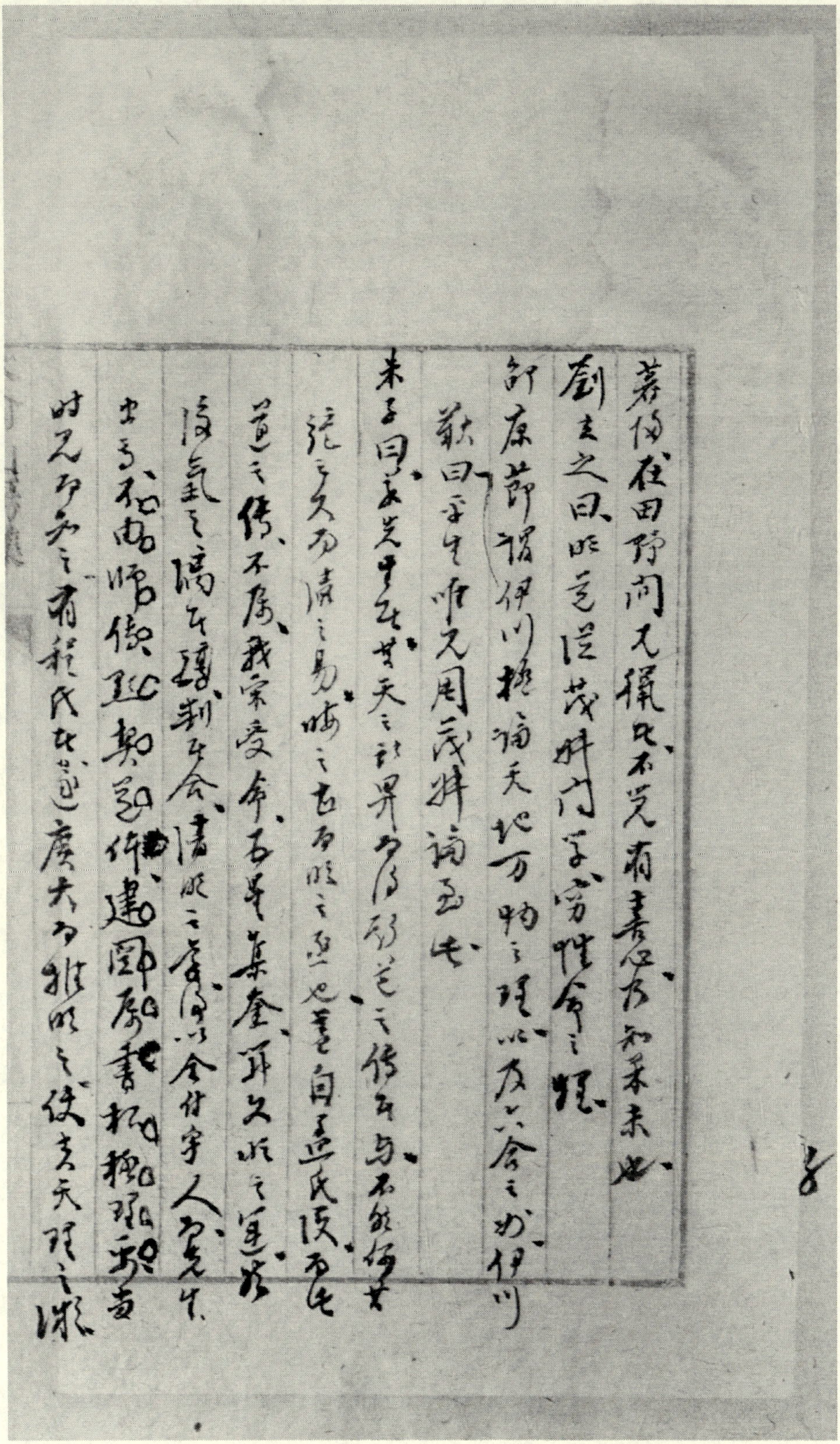

暮歸在田野間見獵者不覺有喜心乃知果未也

劉立之曰明道從茂叔問學窮性命之理

邵康節與伊川論天地萬物之理以及六合之外伊川

歎曰平生惟見周茂叔論至此

朱子曰先生其天之所畀而得斯道之傳者與不然何其

絕之久而續之易晦之甚而明之亟也蓋自孟氏沒而此

道之傳不屬我宋受命五星集奎開文明之運然

後氣之漓者醇判者合清明之禀得以全付乎人而先生

出焉不由師傳默契道體建圖屬書根極領要當

時見而知之有程氏者遂擴大而推明之使夫天理之微

人倫之著，事物之衆，鬼神之幽，莫不洞然畢貫於一。周

孔孟氏之傳，煥然復明，非天所畀，孰能與於此。

張南軒曰：先生之學，淵源精粹，實自得於其心，而其妙乃在

太極一圖，窮二氣之所根，極萬物之所以，而明主靜之為

本，以見聖人之所以立人極，而君子之所當修為者，由秦

漢以來，蓋未有臻於斯也。故其所養內充，闇然而日

章，雖不見大施於時，而德在所至，化其風和氣，隨時發

見，被飾萬物，百世之下，聞其風者，猶將喟然興起之

不暇。先生論刑，嘗曰：刑者，民之司命，情偽微曖，其變

千狀，苟非中正明達果斷者不能治也。夫中正者，仁之所存

而能辨正其知之訛，果斷其又易之說也。

祝官山曰：先生奮自南服，超然獨得，以上承孔孟氏垂絕之緒。河南二程子，神交心契，相與疏淪闡明，而為千聖傳著。曰誠、曰仁、曰太極、曰性命、曰陰陽、曰鬼神、曰義利，綱條燦列，分限曉然。學者始知有所準的，於是知身之貴，不可以位天地、育萬物，果可以為先覺，而周可仲尼而可求諸用力，又不出乎暗室屋漏之隱，行乎日用之近。亦孔孟[illegible]諸之定解，百氏之支離也。而與俞氏宗之。此楊、謝、呂、侯、游、尹諸儒口傳面授，遂至朱、呂推而大之，蓋自道湮[illegible]散，千有五六百年，而後得所師承，豈不幸哉。

真西山曰：子思所傳數之一言，實世心法。蓋天下之理，惟中為至正，惟誠為至極。於發以中，不誠發則差矣，中也，發乃停，能誠，既發則差矣，以乃誠也。氣之驕決，軼于奔駟，發則其衛遷也；情之橫放，甚於潰川，發則其隄防也。故周子主静之言，程子主一之訓，皆其為人最切者，乃子朱子又丁寧反覆之，學者能傳于此，乃施於戒于靜默之未，敬恭於事物之既接，於動靜則慮全為賢域矣。

第三冊閩中學案

黃棃洲宋元學案元孫稚圭校補稿

○關中學案

第三本

繕寫

宋元儒學案

關中學案

明公張橫渠先生載

橫渠門人

|　銅川先生呂大忠　晦臨

|　誠德先生呂大鈞　兩兼

|　玉谿先生呂大臨

|　侍郎范先生育

|　博士蘇先生昞

|　御史薛先生昌朝

此非原稿鄭氏已有刻本頗詳甚詳

潘先生拯

田先生映

陳先生齊氏　右該班附見蔡楊附見劉为泉叔

謝先生師稷

种先生師道

鄧先生璽

附　李復（無人參）　馬涓　呂義山　周行己　沈躬行　陸曉

呂義山

照前抄三行
第四行頂格寫　關中學案

關子張橫渠先生載

張載，字子厚，世大梁人。以祖某生唐末，歷五代不仕，以子貴贈禮部侍郎。祖復仕真宗朝，為給事中、集賢院學士，贈司空。父迪，仕仁宗朝，終于殿中丞、知涪州，卒于官。諸孤皆幼，不克歸，僑寓于鳳翔郿縣橫渠鎮之南大振谷口，因徙而家焉。先生始就外傅，志氣不羣，與邠人焦寅游。寅喜談兵，先生說其言。當康定用兵時，年十八，上書謁范文正公。公知其遠器，欲成就之，乃責之曰：儒者自有名教，何事於兵！因勸讀中庸。先生讀其書，雖愛之，以為未足，又訪諸釋老之言，訪久，反而求之六經。嘗坐虎皮講易京師，聽從

子正蒙、洛陽程伯淳正叔至，與論易，謂人曰：二程吾所
弗及，汝輩可師之。因撤去皋比，輟講，與二程語道學之
要，渙然自信曰：吾道自足，何事旁求。乃盡棄異學，淳
如也。嘉祐二年登進士第，為祁州司法參軍，遷雲巖
令，政事以敦本善俗為先，每月吉具酒食，召鄉人高年會縣庭，
親為勸酬，使人知養老事長之義。遷著作佐郎，簽書渭
州軍事判官公事。熙寧二年，以御史中丞呂公著薦，召
問治道。因問民疾苦，及告所以訓戒子弟之意。常患文檄
之出，不能盡達於民，每召鄉長於庭，諄諄口諭，使往告其里閭。
間有民因事至庭，或行遇於道，必問某時命某告某

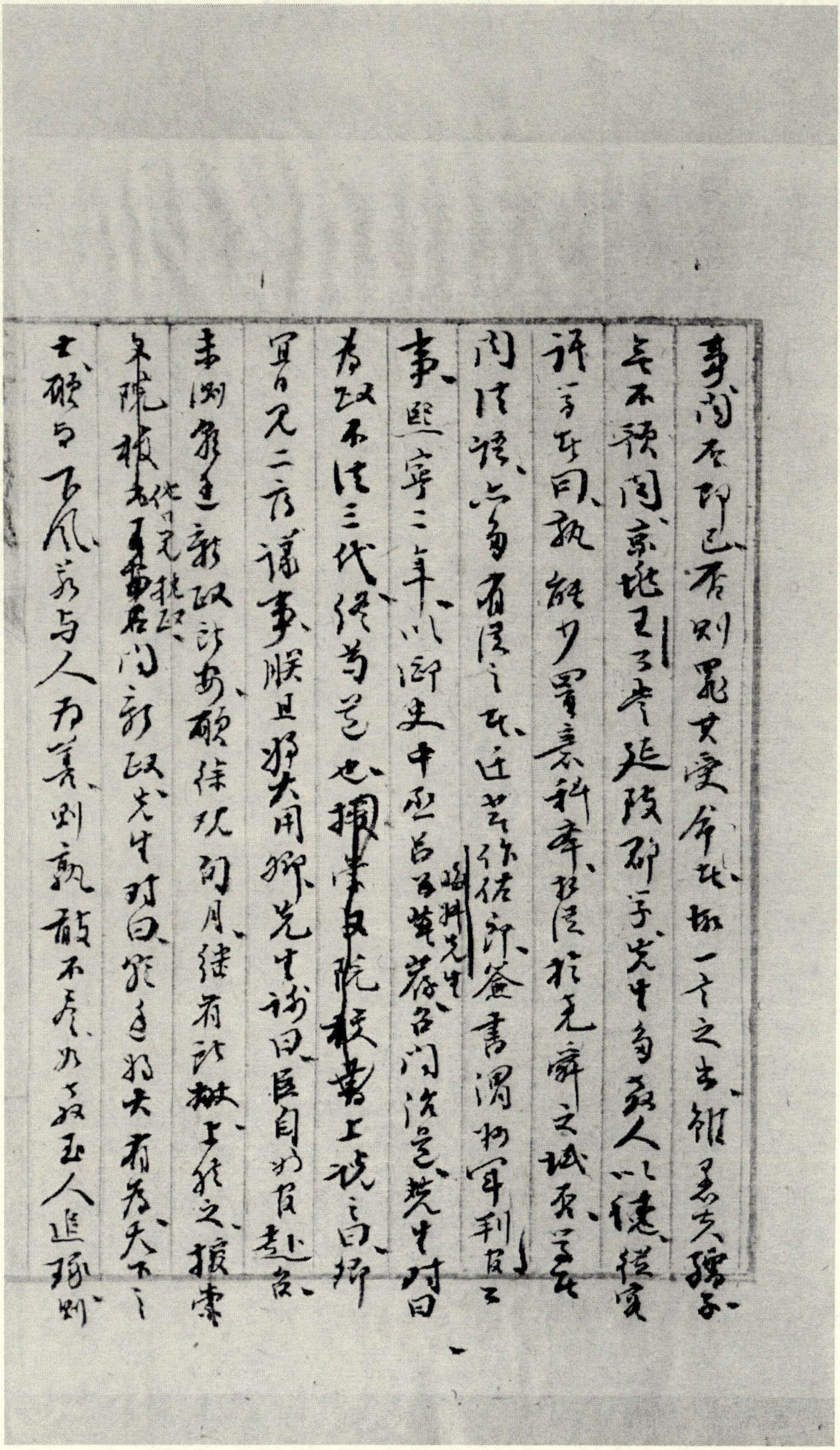
事。熙寧二年，以御史中丞呂公著薦，召問治道，先生對曰：為政不法三代，終苟道也。上悅，以為崇文院校書。上說曰：卿宜日見二府議事，朕且將大用卿。先生謝曰：臣自外官赴召，未測朝廷新政所安，願徐觀旬月，繼有所獻。上然之。擬崇文院校書。他日見執政，執政問新政，先生對曰：公將大有為，天下之士願與下風。若與人為善，則孰敢不盡。如教玉人追琢，則

人亡故有不能執者（抗疏）非秘書省文院校書先生辭弗得請
頃令舉獄郴州或有為之言曰何苦以是官閑獄（良不宜使之）執政曰
此何如陶樗教回廉口傷獄成正郡（後年）未幾被召
時張先生方以某謫（橫浦）居南安因書問遂至南安錄同以
太常博士院某年謫居南安居于橫浦與張橫浦同處
有田數口畝以供饘粥以不足人不能其憂而先生處之
益安後與居士之室左右前後講論而談終日嘗有以相識
之哉中夜悲吟取燭以書自是益精思而後悟此未
嘗須臾忘也嘗有問者答以知禍威怒氣度之意
當於其人學問之後莫不勤心有道又以為教之不能眷

之門人子厚學正雖振蕩亦備之其自得之者窮神化一天人
立大本斥異學自孟子以來未之有也又謂門人曰吾學既
得於心則修其辭命辭無差然後斷事斷事無失吾
乃沛然精義入神者豫而已矣近世喪祭無法喪惟致
隆三年自期以下未始有衰麻之變祭先之禮一用流俗節
序燕褻不嚴先生繼遭期功之喪始治喪服輕重如禮
家祭始行四時之薦曲盡誠潔聞者始或疑笑終乃信
而從之一變從古者甚衆皆先生倡之先生氣質剛毅
德盛貌嚴然與人居久而日親其治家接物大要正己以感
人人未之信反躬自治不以語人雖有未諭安行而無悔故識

與不識，聞風而畏，死其事也，不敢以一毫加之。其家章子厚使
㴑埽君對，陰待其至女子之未嫁者，也使親族禮納諸葬，
場所以養和衆，既成治，嘗曰：予親喪奈何使人為之聞
人之善，喜見顏色，屬門人弟子，雖分不修，有不能者，未嘗不
開其端，其所至必訪人才，有可評者，必丁寧以誨之，唯恐其成
就之晚。嘗遺大被，五人共衾，家人未嘗不聲，將春之，先生必止之，
曰：飢寒盈路，雖疏食且自愧，天下方有棄乎者，或皆嗟嘆對案
不食者數四。熙寧九年秋，先生感異夢，忽以書屬門人乃集
錄其言，謂之西蒙，先生示門人，曰：此書於歷年階里之語，乃其文稿
于吾平生矣。與大家共讀示人，予已其能類廣之，則事將有待

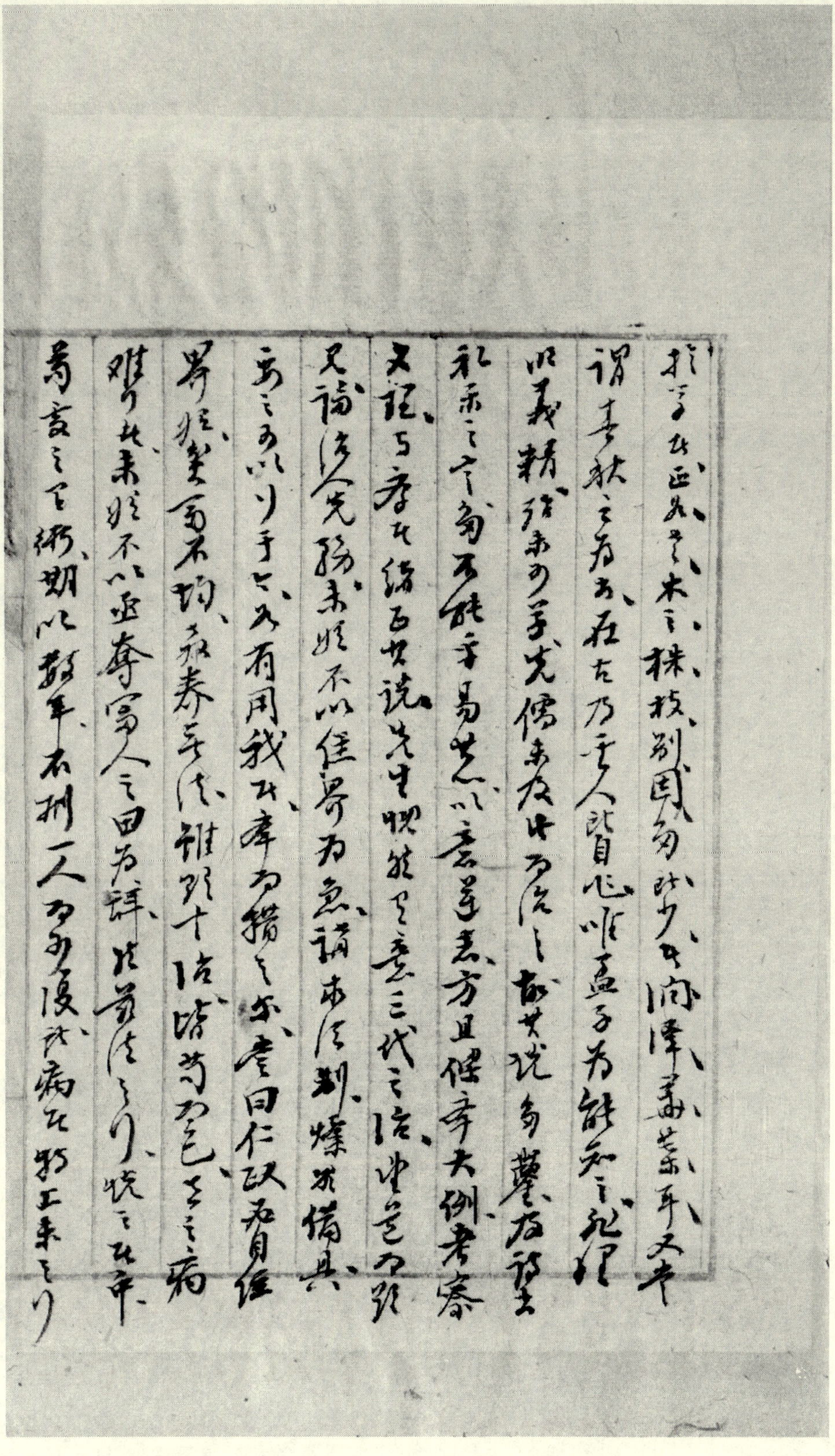

再乃言曰：縱不能行之天下，猶可驗之一鄉。方與學者議古之法，共
買田一方，畫為數井，上不失公上之賦役，退以其私正經界，分宅里，立
斂法，廣儲蓄，興學校，成禮俗，救災卹患，敦本抑末，足以推先王
之遺法，明當今之可行。此皆有志未就。會秦鳳帥呂大防薦
之，召還，同知太常禮院。獨同其禮之議，未至而先生
甚，以疾歸。卒之，肯識其人者主之，代食者衣，諸生歸以殯於
館舍，于館舍。張子作行狀，卒年五十有八。熙寧(?)間
大封郿伯，從祀廟廷。附弟戩
戩字天祺，登進士第，熙寧初以調陝州閿鄉，初(?)為稱風勁
普潤令，政有惠(?)，卒贈太傅。熙寧初以御

史召進對未嘗不以堯舜三代之治進于上前惻怛之愛
之之所述通大要務具以進有治謂反經正本當自朝廷
將累章論王安石變法之弊條例司及追還常平使者不
報并劾曾公亮陳升之趙抃依違不能救正韓絳左右
左右徇從与為死黨李定諂佞自幕官擢臺職陛下惟
安石是信今輔以絳之詭隨臺臣又得李定之比繼之而來
芽蘗浸盛臣豈敢愛死而不言哉又言呂惠卿刻薄辯給
假經術以文飾奸言附會安石[illegible]其謀不可勸請罷例
復言士大夫未受橫斂未除不可之司馬存之名使方較臣
之更不敢起居從職又詔中書之事之言尤甚乞罷[illegible]公亮依舊

不荅安石以扇掩面而笑先生曰某之狂直宜為介甫所笑
天下之人笑介甫取之亦多矣先生亦與安石孫從監司竹監至卒
家不蓄尊常費用一錢及將代自見其人從算擇俗之長
于役罷已正[illegible]之復無初挾[illegible]貴由民弃于後年卒年七先
生性篤實寬狀儒風無色能青恬不見於家於與人居
漫厚之意久而益親老而有[illegible]目率經濟為福介
南曰安石却不令讀書矣却令讀書也不能者伊川曰却不向
道只這介甫便是不令讀書橫渠嘗謂人曰吾弟胸中之義
吾有所不如其不自顧而為易於不屈於孔門之徒宜與子夏於後
先

# 西銘

乾称父坤称母予兹藐焉乃混然中處
故天地之塞吾其體天地之帥吾其性
民我同胞物吾與也
大君者吾父母宗子其大臣宗子之家相也尊高年所以
長其長慈孤弱所以幼其幼聖其合德賢其秀也凡天下
疲癃殘疾惸獨鰥寡皆吾兄弟之顛連而無告者也
于時保之子之翼也樂且不憂純乎孝者也
違曰悖德害仁曰賊濟惡者不才其踐形惟肖者也
知化則善述其事窮神則善繼其志

不愧屋漏為無忝存心養性為匪懈
惡旨酒崇伯子之顧養育英才潁封人之錫類
不施勞而底豫舜其功也無所逃而待烹申生其恭也
体其受而歸全者參乎勇于從而順令者伯奇也
富貴福澤將厚我之生也貧賤憂戚庸玉女於成也
存吾順事沒吾寧也

蕺山劉氏曰此篇舊名訂頑程子謂起爭端故易之訂頑云者醫書以手足痿痺為不仁視人之但知有己而不知有人者其病亦猶是則此篇乃求仁之學也仁者以天地萬物為一體真如一頭兩足合之百體然蓋原

其付畀之物吾体吾性即是天地吾胞吾與本同父母而君相任家督之責聖賢表合德之选皆吾一体中人也然則當是時而苟有一夫之不得其所其能自已於一体之痛乎于時保之畏天以保國也樂且不憂樂天以保天下也反是而違天則自賊其仁甚爲濟惡亾天之戮民而已然則君子宜何如以求其所為一体之脉而通之於民物乎必也反求諸身即天地之所以與我者一一而践之践之心即是窮神践之事即是知化而工夫則在不愧屋漏始于是有存養之功爲繼之有省察之要爲進之有推己及人以及天下萬世者爲天之

生斯民也使先知覺後知使先覺覺後覺如是而已矣庶幾以之稱天地之肖子不寔耳若夫所遇之窮通得順逆君子有弗暇問者功足以格天地贊化育尚矣其或際之屯亦無所逃焉道足以守身而令終幸也其或瀕之危亦惟所命焉凡以善承天心之仁愛而生我兩無所憾焉斯已矣此之謂立命之學至此而君子真能通天地萬物以為一体矣此求仁之極則也歷引崇伯子以下言之皆以孝子例仁人云明道先生云訂頑之言極純無雜秦漢以來學者所未到又曰訂頑一篇意極完備乃仁之体也愚按終篇之意本体工夫都無漏義

讀者知之　謹按此篇之意大抵從周先生圖說來但周先生自先天說起由造化而人事其義精此篇從後天說起由本体而工夫其事實至西銘之所謂仁即圖說之所謂極西銘之所謂屋漏即圖說所謂主靜立極之地與

東銘 原名砭愚

戲言出于思也戲動作于謀也發乎聲見乎四肢謂非己心不明也欲人無己疑不能也過言非心也過動非誠也失于聲謬迷其四体謂己當然自誣也欲他人己從誣人也或者謂出于心者歸咎為己戲失于心者自誣為己誠

不知戒其出汝者歸咎其不出汝者長傲且遂非不智孰甚焉

蕺山劉氏曰此張子精言心學也戲言戲動人以為非心而不知其出乎心思與謀心之本乎人者也過言過動人以為是心而不知其非心誠者心之本乎天者也心之本乎人者當如何以省察之而其本乎天者當如何以克治之則學問之能事畢矣今也指其本乎心者曰吾戲耳而不知戒又指其不本乎心者曰是亦吾心也而不知咎則戲而不已必長其傲過而不已必遂其非適以自欺其本心之明不智孰甚焉夫學因明至誠

正蒙二字　低二格
太和篇三字　低三格

而已矣然則西銘之道天道也東銘其盡人者與

## 正蒙

### ○○○太和篇

太和所謂道中涵浮沉升降動靜相感之性是生絪緼相盪勝負屈伸之始其來也幾微易簡其究也廣大堅固起知于易者乾乎效法于簡者坤乎散殊而可象為氣清通而不可象為神不如野馬絪緼不足謂之太和語道者知此謂之知道學易者見此謂之見易

太虛無形氣之本体其聚其散（變化）謂之客形爾至靜無感性之淵源有識有知物交之客感爾客感客形與無感無形

惟盡性者一之

天地之理雖聚散攻取百塗然其為理也順而不妄氣之為物散入無形適得吾体聚為有象不失吾常太虛不能無氣氣不能不聚而為萬物萬物不能不散而為太虛循是出入是皆不得已而然也然則聖人盡道其間兼体而不累者存神其至矣彼語寂滅者往而不反徇生執有者物而不化二者雖有間矣以言乎失道則均焉

知虛空即氣則有無隱顯神化性命通一無二顧聚散出入形不形能推本所從來則深於易者也若謂虛能生氣

聚亦吾体散亦吾体知死之不亡者可與言性矣

羅整庵曰人物有生有死天地則萬古如一氣聚而生形而為有有此物即有此理氣散而死終歸於無無此物即無此理安得所謂死而不亡者耶

羅整庵曰

依一格单行

則虛無窮氣有限体用殊絶入老氏有生于無自然之論不識所謂有無混一之常若謂萬物為太虛中所見之物則物與虛不相資形自形性自性形性天人不相待而有陷於浮屠以山河大地為見病之説此道不明正由懵者畧知体虛空為性不知本天道為用反以人見之小因緣天地明有不盡則誣世界乾坤為幻化幽明不能舉其要遂躐等妄意而然不悟一陰一陽範圍天地通乎晝夜三極大中之矩遂使儒佛老莊混然一途語天道性命者不罔于恍惚夢幻則定以有生于無為窮高極微之論入德之途不知擇術而求多見其蔽于詖而陷于淫矣

氣坱然太虛升降飛揚未嘗止息易所謂絪緼莊生所謂生物以息相吹野馬者與此虛實動靜之機陰陽剛柔之始浮而上者陽之清降而下者陰之濁其感遇聚散為風雨為雪霜萬品之流形山川之融結糟粕煨燼無非教也

氣聚則離明得施而有形氣不聚則離明不得施而無形方其聚也安得不謂之客方其散也安得遽謂之無故聖人仰觀俯察但云知幽明之故不云知有無之故盈天地之間者法象而已文理之察非離不相覩也方其形也有以知幽之因方其不形也有以知明之故

氣之聚散于太虛猶冰凝釋于水知太虛即氣則無無故聖

修一格單行

由太虛有天之名由氣化有道之名合虛與氣有性之名合性與知覺有心之名

鬼神者二氣之良能也聖者至誠格(得)天之謂神者太虛妙應之目凡天地法象皆神化之糟粕耳

天道不窮寒暑已衆動不窮屈伸已鬼神之實不越二端

而已矣

兩不立則一不可見一不可見則兩之用息兩体者虛實也動靜也聚散也清濁也其究一而已

游氣紛擾合而成質者生人物之萬殊其陰陽兩端循環不已者立天地之大義

晝夜者天之一息乎寒暑者天之晝夜乎天道春秋分而氣易猶人一寤寐而亮交䰟交成夢百感紛紜對寤而言一身之晝夜也氣交為春萬物糅錯對秋而言天之晝夜也氣本之虛則湛本無形感而生則聚而有象有象斯有對對必反其為有反斯有仇仇必和而解故愛惡之情同

人語性與天道之極盡於參伍之神變易而已諸子淺妄
有有無之分非窮理之學也
太虛為清清則無礙故神反清為濁濁則礙礙則形
凡清氣則通昏則壅清極則神故聚而有間則風行而聲
聞具達清之驗歟不行而至通之極歟
由太虛有天之名由氣化有道之名合虛與氣有性之名
合性與知覺有心之名
鬼神者二氣之良能也聖者至誠格(得)天之謂神者太虛妙
應之目凡天地法象皆神化之糟粕耳
天道不窮寒暑已衆動不窮屈伸已鬼神之實不越二端

而已矣

兩不立則一不可見一不可見則兩之用息兩体者虛實也動靜也聚散也清濁也其究一而已

游氣紛擾合而成質者生人物之萬殊其陰陽兩端循環不已者立天地之大義

晝夜者天之一息乎寒暑者天之晝夜乎天道春秋分而氣易猶人一寤寐而魂交魂交成夢百感紛紜對寤而言一身之晝夜也氣交為春萬物糅錯對秋而言天之晝夜也氣本之虛則湛本無形感而生則聚而有象有象斯有對對必反其為有反斯有仇仇必和而解故愛惡之情同

[illegible]

動志也鳳凰儀志壹之動氣也

○○○參兩篇

地所以兩分剛柔男女而效之法也天所以參一太極兩儀而象之性也一物兩体氣也一故神兩故化此天之所以參也

地純陰凝聚於中天浮陽運旋于外此天地之常体也恒星不動純繫乎天與浮陽運旋而不窮者也日月五星逆

天而行并包乎地者也地在氣中雖順天左旋其所繫辰象隨之稍遲則反移徙而右爾間有緩速不齊者七政之性殊也月陰精反乎陽者也故其右行最速日為陽精然其質本陰故其右行雖緩亦不純繫乎天如恒星不動金水附日前後進退而行者其理精深存乎物感可知矣鎮星地類然根本五行雖其行最緩亦不純繫乎地也火者亦陰質為陽萃焉然其氣比日而微故其遲倍日惟木乃歲一盛衰故歲歷一辰辰者日月一交之次有歲之象也

天左旋處其中者順之少遲則反右矣

地物也天神也物無踰神之理顧有地斯有天若其配然

出于太虚而卒歸于物欲倏而生忽而成不容有毫髮之間其神矣夫

氣與志天與人有交勝之理聖人在上而下民咨氣壹之動志也鳳凰儀志壹之動氣也

○○○參兩篇

地所以兩分剛柔男女而效之法也天所以參一太極兩儀而象之性也一物兩体氣也一故神兩故化此天之所以參也

地純陰凝聚於中天浮陽運旋于外此天地之常体也恒星不動純繫乎天與浮陽運旋而不窮者也日月五星逆

天而行并包乎地者也地在氣中雖順天左旋其所繫辰象隨之稍遲則反移徙而右爾間有緩速不齊者七政之性殊也月陰精反乎陽者也故其右行最速日為陽精然其質本陰故其右行雖緩亦不純繫乎天如恒星不動金水附日前後進退而行者其理精深存乎物感可知矣鎮星地類然根本五行雖其行最緩亦不純繫乎地也火者亦陰質為陽萃焉然其氣比日而微故其遲倍日惟木乃歲一盛衰故歲歷一辰辰者日月一交之次有歲之象也

天左旋處其中者順之少遲則反右矣

地物也天神也物無踰神之理顧有地斯有天若其配然

爾

地有升降日有修短地雖凝聚不散之物然二氣升降其間相從而不已也陽日上地日降而下者虛也陽日降地日進而上者盈也此一歲寒暑之候也至于一晝夜之盈虛升降則以海水潮汐驗之為信然間有小大之差則繫日月朔望其精相感

日質本陰月質本陽故于朔望之際精魄反交則光為之食矣

虧盈法月于人為近日遠在外故月受日光常在于外人視其終初如鈎之曲及其中天也如半壁然此盈虧之驗

也

陰陽之精互藏其宅則各得其所安故日月之形萬古不變若陰陽之氣則循環迭至聚散相盪升降相求絪緼相揉蓋相兼相制欲一之而不能此其所以屈伸無方運行不息莫或使之不曰性命之理謂之何哉

陰性凝聚陽性發散陰聚之陽必散之其勢均散陽為陰累則相持為雨而降陰為陽得則飄揚為雲而升故雲物班布太虛者陰為風驅斂聚而未發者也凡陰氣凝聚陽在內者不得出則奮擊而為雷霆陽在外者不得入則周旋不舍而為風其聚有遠近虛實故雷風有小大暴緩和

而散則為霜雪雨露不和而散則為戾氣曀霾陰常散緩
受交于陽則風雨調寒暑正
火日外光能直而施金水內光能闢而受受者隨材各得
施者所應無窮神與形天與地之道歟
木曰曲直能既曲而反申也金曰從革一從革而不能自
反也水火氣也故炎上潤下與陰陽升降土不得而制焉
木金者土之華實也其性有水火之雜故木之為物水
漬則生火然而不離也金得土之浮華於水火之交也金
之為物得火之精於土之燥得水之精于水之濡故水火
相待而不相害鑠之反流而不耗蓋得土之精實於水火

之際也土者物之所以成始而成終也地之質也化之終也水火之所以升降物兼体而不遺者也

○○○天道篇

天道四時行百物生無非至教聖人之動無非至德天何言哉

天体物而不遺猶仁体事無不在也禮儀三百威儀三千無一物而非仁也昊天曰明及爾出王昊天曰旦及爾游衍無一物之不体也

上天之載有感必通聖人之為得為而為之也

天不言而四時行聖人神道設教而天下服誠于此動于

彼神之道欤

天不言而信神不怒而威誠故信無私故威

鼓萬物而不與聖人同憂天道也聖不可知也無心之妙

非有心所及也

天之知物不以耳目心思然知之理過于耳目心思天視

聽以民明威以民故詩書所謂帝天之命主于民心而已

焉

神而明之存乎其人不知上天之載當存文王默而成之

存乎德行學者當存德性則自然默成而信矣存文王則

知天之神存衆人則知物性之神

谷之神也有限故不能通天下之聲聖人之神惟天故能周萬物而知

形而上者淂意斯淂名淂名斯淂象不淂名非淂象者也故語道至于不能象則名言亡矣

正明不為日月所眩正觀不為天地所遷

○○○神化篇

神天德化天道德其体道其用一于氣而已

天下之動神鼓之也辭不鼓舞則不足以盡神

形而上者淂辭斯淂象矣神為不測故緩辭不足以盡神化為難知故急辭不足以知化

氣有陰陽推行有漸為化合一不測為神其在人也知義用利則神化之事備矣盛德者窮神則知不足道知化則義不足云天之化也運諸氣人之化也順夫時非氣非時則化之名何有化之實何施

大可為也大而化不可為也在熟而已易謂窮神知化乃德盛仁熟之致非智力能強也

先後天而不違順至理以推行知無不合也雖然得聖人之任者皆可勉而至猶不害於未化爾化則位乎天德矣無我而後大大成性而後聖聖位天德不可致知謂神故神也者聖而不可知

見幾則義明動而不括則用利屈伸順理則身安而德滋
窮神知化與天為一豈有我所能勉哉乃德盛而自致爾
精義入神事豫吾內求利吾外也利用安身素利吾外致
養吾內也窮神知化乃養盛自致非思勉之能強故崇德
而外君子未或致知也

神不可致思存焉可也化不可助長順焉可也存虛明久
至德順變化達時中仁之至義之盡也知微知彰不舍而
總其善然後可以成人性矣

惟神為能變化以其一天下之動也人能知變化之道其
必知神之為也知神而後能饗帝饗親見易而後能知

神是故不聞性與天道而能制禮作樂者末矣
徇物喪心人化物而滅天理者乎存神過化忘物累而順
性命者乎
敦厚而不化有体而無用也化而自失焉徇物而喪己也
大德敦化仁智一而聖人之事備性性為能存神物物為
能過化
無我然後得正己之盡存神然後妙應物之感範圍天地
之化而不過過則溺于空淪於靜既不能存夫神又不能
知夫化矣
旁行不流圓神不倚也百姓日用而不知溺于流也

義以反経為本経正則精仁以敦化為深化行則顯義入神動一静也仁敦化静一動也仁敦化則無体義入神則無方

○○○動物篇

動物本諸天以呼吸為聚散之漸植物本諸地以陰陽升降為聚散之漸物之初生氣日至而滋息物生既盈氣日反而游散至之謂神以其伸也反之謂鬼以其歸也海水凝則氷浮則漚然氷之才漚之性其存其亡海不得而與焉推是足以究死生之説

有息者根於天不息者根於地根於天者不滞于用根於

地滯於方此動植之分也

生有先後所以為天序小大高下相並而相形焉是謂天秩天之生物也有序物之既形也有秩知序然後經正知秩然後禮行

獨見獨聞雖小異怪也出於疾與妄也共見共聞雖大異誠也出陰陽之正也

賢才出國將昌子孫才族將大

寤形開而志交諸外也夢形閉而氣專乎內也寤所以知新於耳目夢所以緣舊于習心醫謂饑夢取飽夢與凡寤夢所感專語氣于五臟之變容有取爾

聲者形氣相軋而成兩氣者谷響雷聲之類兩形者桴鼓叩擊之類形軋氣羽扇敲矢之類氣軋形人聲笙簧之類是皆物感之良能人皆習知而不察者爾

形也聲也臭也味也溫涼也動靜也六者莫不有五行之別同異之變皆帝則之必察者歟

○○○誠明篇

誠明所知乃天德良知非聞見小知而已

天人異用不足以言誠天人異知不足以盡明所謂誠明者性與天道不見乎小大之別也

義命合一存乎理智仁合一存乎聖動靜各一存乎神陰

陽合一存乎道性與天道合一存乎誠

性者萬物之一源非有我之得私也惟大人為能盡其道故是立必俱立知必周知愛必兼愛成不獨成彼自蔽塞而不知順吾理者則亦末如之何矣

天能為性人謀為能大人盡性不以天能為能而以人謀為能故曰天地設位聖人成能

天所性者通極于道氣之昏明不足以蔽之天所命者通極于性遇之吉凶不足以戕之不免乎蔽之戕之者未之學也性通乎氣之外命行乎氣之內氣無內外假有形而言爾故思知人不可不知天盡其性然後能至于命

天性在人正猶水性之在冰凝釋雖異為物一也受光有小大昏明其照納不一也不天所不能自已者謂命不能無感者謂性雖然聖人猶不以所可憂而同其無憂者有相之道存乎我也

湛一氣之本攻取氣之欲口腹於飲食鼻舌於臭味皆攻取之性也知德者屬厭而已不以嗜欲累其心不以小害大末喪本焉爾

盡其性能盡人物之性至于命者亦能至人物之命莫不性諸道命諸天我體物未嘗遺物體我知其不遺也至于命然後能成己成物不失其道性於人無不善繫其善反

不善反而已過天地之化不善反者也命於人無不正繫其順與不順而已行險以僥倖不順命者也

形而後有氣質之性善反之則天地之性存焉故氣質之性君子有弗性者焉

德不勝氣性命於氣德勝其氣性命於德窮理盡性則性天德命天理氣之不可變者獨死生修夭而已故論死生則曰有命以言其氣也語富貴則曰在天以言其理也此大德所以必受命易簡理得而成位乎天地之中也所謂天理也者能悅諸心能通天下之志之理也能使天下悅且通則天下必歸焉不歸焉者所乘所遇之不同如仲尼

與繼世之君也舜禹有天下而不與者正謂天理馴致非氣稟當然非志意所與也必曰舜禹云者餘非乘勢則求者爲也

利者為神滯者為物是故風雷有象不速於心心禦見聞不宏於性

纖惡必除善斯成性矣察惡未盡雖善必粗矣

不識不知順帝之則有思慮知識則喪其天矣君子所性與天地同流異行而已焉和樂道之端乎和則可大樂則可久天地之性久大而已矣

莫非天也陽明勝則德性用陰濁勝則物欲行領惡而全

好者其必由學乎

莫非命也順受其正順性命之理則得性命之正滅理窮欲人為之招也

○○○大心篇

大其心則能体天下之物物有未体則心為有外世人之心止於聞見之狹聖人之（盡性）心不以聞見梏其心其視天下無一物非我孟子謂盡心則知性知天以此天大無外故有外之心不足以合天心見聞之知乃物交而知非德性所知德性所知不萌於見聞

由象識心狥象喪心知象者心存象之心亦象而已謂之

心可乎

天之明莫大於日故有目接之不知其幾萬里之高也天之心（声）莫大於雷霆故有耳屬之莫知其幾萬里之遠也天之不禦莫大於太虛故心知廓之莫究其極也人病其以耳目見聞累其心而不務盡其心故思盡其心者必知心所從來而後能

成吾身者天之神也不知以性成身而自謂因身發智貪天功為己力吾不知其知也民何知哉因物同異相形萬變相感耳目內外之合貪天功而自謂己知耳

体物体身道之本也身而体道其為人也大矣道能物身

故大不能物身而累於身則藐乎其卑矣
成心妄然後可與進於道
化則無成心矣成音者意之謂與
無成心者時中而已矣
以我視物則我大以道体物我則道大故君子之大也大於
道大於我者容不免狂而已
燭天理如向明萬象無所隱窮人欲如專顧影間區區於
一物之中爾
釋氏不知天命而以心法起滅天地以小緣大以末緣本
其不能窮而謂之幻妄真所謂疑冰者歟

釋氏妄意天性而不知範圍天用又以六根之微因緣天地明不能盡則誣天地日月爲幻妄蔽其用於一身之小溺其志於虛空之大此所以語大語小流遁失中其過於大也塵芥六合其蔽於小也夢幻人世謂之窮理可乎不知窮理而謂盡性可乎謂之無不知可乎塵芥六合謂天地爲有窮也夢幻人世明不能究所從也

○○○中正篇

中正然後貫天下之道此君子之所以大居正也蓋得正則得所止得所止則可以宏而致於大

學者中道而立則有位以宏之無中道而宏則窮大而失

君子之道別一行

其居則與地以崇其德與不及者同此顏子所以
幾必欲用其極也未至聖而不已故仲尼賢其進
未得中而不居故惜夫未見其止也

大中至正之極文必能止其用約必能感而通未至于此
其視聖人恍惚不可為像此顏子之歎乎

可欲之謂善志仁則無惡也誠善於心之謂信充內形外
之謂美塞乎天地之謂大大能成性之謂聖天地同流陰
陽不測之謂神

高明不可窮博厚不可極則中道不可識蓋顏子之嘆也

君子之道成身成性以為功者也未至於聖皆行而未成

之地爾

知德以大中為極可謂知至矣擇中庸而固執之乃至之之漸也惟知學然後能勉能勉然後日進而不息可期矣極其大而後中可求止其中而後大可有

勉蓋未能安也思蓋未能有也

不尊德性則學問從而不道不致廣大則精微無所立其誠不極高明則擇乎中庸失時措之宜矣

不得已當為而為之雖殺人皆義也有心為之雖善皆意也正己而物正大人也正己而正物猶不免有意之累也有意為善利之也假之也無意為善性之也由之也有意

其居失其居則無地以崇其德與不及者同此顏子所以克己研幾必欲用其極也未至聖而不已故仲尼賢其進未得中而不居故惜夫未見其止也

大中至正之極文必能止其用約必能感而通未至于此其視聖人恍惚不可為像此顏子之歎乎

可欲之謂善志仁則無惡也誠善於心之謂信充內形外之謂美塞乎天地之謂大大能成性之謂聖天地同流陰陽不測之謂神

高明不可窮博厚不可極則中道不可識蓋顏子之嘆也

君子之道成身成性以為功者也未至於聖皆行而未成

之地爾
知德以大中爲極可謂知至矣擇中庸而固執之乃至之
之漸也惟知學然後能勉能勉然後日進而不息可期矣
極其大而後中可求止其中而後大可有
勉蓋未能安也思蓋未能有也
不尊德性則學問從而不道不致廣大則精微無所立其
誠不極高明則擇乎中庸失時措之宜矣
不得已當爲而爲之雖殺人皆義也有心爲之雖善皆意
也正己而物正大人也正己而正物猶不免有意之累也
有意爲善利之也假之也無意爲善性之也由之也有意

志學云云另一行起

在善且為未盡況有意於未善耶仲尼絕四自始學至成德竭兩端之教也

意有思也必有待也固不化也我有方也四者有一焉則與天地為不相似

妄去然後得所止得所止然後得所養而進於大矣無所感而起妄也感而通誠也計度而知昏也不思而得素也

志學然後可以與適道強禮然後可與立不惑然後可與權

博文以集義集義以正經正經然後一以貫天下之道

將窮理而不順理將精義而不徙義欲資深且習察吾不

知其智也

中心安仁無欲而好仁無惡而惡不仁天下一人而已惟責己一身當然爾

君子之於天下達善達不善無物我之私循理者共悅之不循理者共改之改之者過雖在人如在己不忘自訟共悅者善雖在己蓋取諸人而爲必以與人爲善以天下不善以天下是謂達善達不善

徒善未必盡義徒是未必盡仁好仁而惡不仁然後盡仁義之道

孫其志於仁則得仁孫其志於義則得義惟其敬而已

學者四失為人則失多好高則失寡不察則易苦難則止

有不知則有知無不知則無知是以鄙夫有問仲尼竭兩端而空空易無思無為受命乃如嚮聖人一言盡天下之道雖鄙夫有問必竭兩端而告之然問者隨分各足未必能兩端之盡也

知至學之難易知德也知其美惡知人也知其人且知德故能教人使入德仲尼所以問同而荅異以此

洪鍾未嘗有聲由叩乃有聲聖人未嘗有知由問乃有知

有如時雨之化者當其可乘其間而施之不待彼有求有為而後教之也

大人所存蓋必以天下為度故孟子教人雖貨色之欲親愛之私達諸天下而後已子而孚化之衆好者翼飛之則吾道行矣

○○○至當篇

至當之謂德百順之謂福德者福之基福者德之致無入而非百福順故君子樂得其道

循天下之理之謂道得天下之理之謂德故曰易簡之善配至德

浩然無害則天地合德照無偏繫則日月合明天地同流則四時合序酬酢不倚則鬼神合吉凶天地合德日月合

明然後能无方无体无方体然後能無我

禮運(云)者語其達也禮器云者語其成也達與成体與用之道合体與用大人之事備矣

未能如玉不足以成德未能成德不足以孚天下修己以安人修己以(而不)安人不安乎妻子況可慊乎(於)天下

制行乎(以)己非所以同乎人

必物之同者己則異矣必物之是者己則非矣

能通天下之志者為能感人心聖人同乎人而無我故和平天下莫盛於感人心

易簡理得則知幾知幾然後經可正天下達道五其生民

之大經身經正則道前定事豫立不疑其所行利用安身
之要莫先焉
仁通極其性故能致養而靜以安義致行其知以知故能盡文
而動以變
義仁之動也流于義者於仁或傷仁体之常也過於仁者
於義或宮
大海無潤曰暍者有魁潤至仁無恩曰不足者有恩樂天安
土所居而安不累於物也上達則樂天樂天則不怨下學
則治已治已則無尤
不知來物不足以利用不通晝夜未足以樂天聖人成其

德不私其身故乾乾自强所以成之於天爾

君子之道達諸天故聖人有所不能夫婦之智淆諸物故大人有所不與大人者有容物無去物有愛物無徇物天之道然天以直養萬物代天而理物者曲成而不害其直斯盡道矣

清爲異物和爲徇物

金和而玉節之則不過知運而貞之則不流道所以可久可大以其肖天地而不離也與天地不相似其違道也遠矣

將致用者幾不可緩思進德者徙義必精此君子所以立

多凶多懼之地乾乾德業不稍懈於趨時也

闇然修於隱也的然著于外也

〇〇〇作者篇

作者七人伏羲神農黃帝堯舜禹湯制法興王之道非有述於人也

以知人為難故不輕去未彰之罪以安民為難故不輕變未厭之君及舜而去之堯君德故得以厚吾終舜臣德故不敢不雯其始

稽衆舍己堯也與人為善舜也聞善言則拜禹也用人惟己改過不吝湯也不聞亦式不諫亦入文王也

以杞包瓜文王事紂之道也厚下以防中潰盡人謀而聽天命者歟

○○○三十篇

三十器於禮非強立之謂也四十精義致用時措而不疑五十窮理盡性至天之命然不可自謂之至故曰知六十盡人物之性聲入心通七十與天合[同]德不思不勉從容中道

常人之學日益而不自知也仲尼學行習察異於他人故自十五至於七十化而知裁其進德之盛者歟

窮理盡性然後至於命盡人物之性然後耳順與天地參

無意必固我然後範圍天地之化從心而不踰矩老而安死然後不夢周公

困而不知變民斯為下矣不待困而喻賢者之常也困之進人也為德辨為感速孟子謂人有德慧術知者存乎疢疾以此自古困於內無如舜困於外無如孔子以孔子之聖而下學於困則其蒙難正志聖德日躋必有人所不及知而天獨知之者矣

仲由樂善故車馬衣裘喜與賢者共敝顏子樂進故願無伐善施勞聖人樂天故合內外而成其仁

顏淵從師進德於孔子之門孟子命世修業於戰國之際

此所以潛見之不同

○○○　有德篇

君子寧言之不顧不規規於非義之信寧身被困辱不徇人以非禮之恭寧孤立無助不失親於可賤之人三者知和而以能禮節之也

德主天下之善善原天下之一善同歸治故王心一言必主德故王言大

言有教動有法晝有為宵有得息有養瞬有存

聚百順以事君親故曰孝者畜也又曰畜君者好君也」

困辱非憂取困辱為憂榮利非樂忘榮利為樂

克己行法為賢樂己可法為聖聖與賢迹相近而心之所至有差爲辟世者依乎中庸没世不遇而無燜辟地者不懷居以害仁辟色者遠恥於將来避言者免害於禍辱此為士清濁淹速之殊也

弓調而後求勁爲馬服而後求良爲士必慤而後智能著不慤而多能譬之豺狼不可近

○○○有司篇

有司政之綱紀也始為政者未暇論其賢否必先正之求得賢才而後舉之

子之不欲雖賞之不竊欲生於不足則民盜能使無欲則

民不為盜假設以子不欲之物賞子使竊其所不欲子必不竊故為政者在乎足民使無所不足不見可慾欲而盜必息矣

報者天下之利率德而致善有勸不善有沮皆天下之利也小人私已利於不治君子公物利於治

○○○大易篇

一物而兩体其太極之謂與陰陽天道象之成也剛柔地道法之效也仁義人道性之立也三才兩之莫不有乾坤之道

尚辭則言無所苟尚變則動必精義尚象則法必制用尚

占則謀必知來四者非知神之所為孰與於此易非天下之至精則詞不足待天下之（向）動非深不足通天下之志非通變極數則文不足以成物象不足以制器幾不足以成務非周知兼体則其神不能通天下之故不疾而速不行而至

開物於幾先故曰知來明患而弥其故故曰藏往極數知來前知也前知其變有道術以通之君子所以措于民者遠矣

仁統天下之善禮嘉天下之會義公天下之利信一天下之動

○○○樂器篇

幽九疇贊次敘民資以生莫先天材故首曰五行君天下必先正己故次五事已政然後邦得而治故次八政政不時舉必昏故次五紀五紀明然後時措得中故次建皇極求大中不可不知權故次三德權必有疑故次稽疑疑決故次庶徵福極可徵然後可不勞而治故九以嚮勸終為五為數中故皇極處之權過中而合義者也故三德處六

○○○王禘篇

禮不王不禘則知諸侯歲闕一祭為不禘明矣至周以祠

為春以禴為夏宗廟歲六享則二享四祭為六矣諸侯不禘其四享缺夏商諸侯夏特一祫王制謂礿則不禘〻則不嘗假其名以見時祀之數爾作記者不知文之害意過矣

禘於夏周為春嘗於夏商為秋冬作記者交舉以二氣對互而言爾

享嘗云者享為追享朝享禘亦其一爾嘗以配享亦對舉秋冬而言也夏商以禘為時祭知追享之必在夏也然則夏商天子歲乃五享禘列四祭并祫而五也周改禘為禴則天子享六諸侯不禘又歲闕一祭則亦四而已矣王制

所謂天子犆礿祫禘祫嘗祫烝既以禘為時祭則祫可同時而舉諸侯礿犆禘一犆一祫言于夏禘之時正為一祭特一祫而已然則不王不禘又著見於此矣下又云嘗祫烝祫則嘗烝且祫無疑矣若周制只當闕一時之制祭則當云諸侯礿則不禴禴則不嘗

○○○乾稱篇

凡可狀皆有也凡有皆象也凡象皆氣也氣之性本虛而神則神與性乃氣所固有此鬼神所以体物而不可遺也至誠天性也不息天命也人能至誠則性盡而神可窮矣不息則命行而化可知矣學未至知化非直得也

感者性之神性者感之体惟屈伸動靜終始之能一也故所以妙萬物而謂之神通萬物而謂之道体萬物而謂之性

至虛之實實而不固至靜之動動而不窮實而不固則一而散動而不窮則往且來性通極于無氣其一物爾命禀同于性遇乃適然焉人一己百人十己千然有不至猶難語性可以言氣行同報異猶難語命可以言遇浮屠明鬼謂有識之死受生循環遂厭苦求免可謂知鬼乎以人生為妄可謂知人乎天人一物輒生取舍可謂知天乎孔孟所謂天彼所謂道或者指遊魂為變為輪迴未之思也大

學當先知天德知天德則知聖人知鬼神今浮屠極論要歸必謂
死生轉流非得道不免謂之悟道可乎自其說熾傳中國
儒者未容窺聖學門墻已為引取淪胥其間指為大道其
俗達之天下致善惡知愚男女臧獲人人著信使英才間
氣生則溺耳目恬習之事長則師世儒宗尚之言遂冥然
被驅因謂聖人可不修而至大學可不學而知故未識聖
人心已謂不必求其迹未見君子志已謂不必事其言文
此人倫所以不察庶物所以不明治所以忽德所以亂異
言滿耳上無禮以防其偽下無學以稽其蔽自古詖滛邪
遁之詞翕然並興一出于佛氏之門者千五百年自非獨

立不惧精一自信有大過人之才何以正立其間與之較是失〔非〕計得失

釋氏語實際乃知道者所謂誠也天德也其語到實際則以人生為幻妄有為為疣贅以世界為蔭濁遂厭而弗有遺〔遺〕而弗存就使得之乃誠而惡明者也儒者則因明致誠因誠致明故天人合一致學而可以成聖得天而未始遺人易所謂不遺不流不過者也

太虛者氣之体氣有陰陽屈伸相感之無窮故神之應也無窮其散無數故神之應也無數雖無窮其實湛然雖無數其實一而已陰陽之氣散則萬殊人莫知其一也合則

正蒙終

泊世人莫見其殊也」

理窟

○○周禮

治天下不由井地終無由得平周道止是均平

天官之職須襟懷洪大方看得蓋其規模至大若不得此心欲事事上致曲窮究湊合此心如是之大必不能得也

釋氏錙銖天地可謂至大然不嘗為大則為事不得若畀之一錢則必亂矣至如言四句偈等其先必曰人所恐懼不可思議及在後則亦是小人所共知者事今所謂死雖奴隸竈間豈不知皆是空彼實是小人所為後有文士學

之增飾其閒或引入他書之意或更引他書文之故其書只有文者實無所依取莊子雖其言如此實是畏死只為事不得

井田至易行但朝廷出一令可以不管一人而定蓋人無敢據土者又須使民悅從其多有田者使不失其富假如大臣有據土千比者不過封與五十里之國則已失其所有其他隨土多少與一官使有租稅人不失故物治天下之術必自此始今以天下之土棊畫分布人受一方養民之本也後世不制其產止使其力又反以天子之貴專利公自公民自民不相為計百姓足君孰與不足百姓不足

混然人莫見其殊也」

理窟

○○周禮

治天下不由井地終無由得平周道止是均平

天官之職須襟懷洪大方看得蓋其規模至大若不得此心欲事事上致曲窮究湊合此心如是之大必不能得也

釋氏錙銖天地可謂至大然不嘗為大則為事不得若畀之一錢則必亂矣至如言四句偈等其先必曰人所恐懼不可思議及在後則亦是小人所共知者事今所謂死雖奴隸竈間豈不知皆是空彼實是小人所為後有文士學

之增飾其閒或引入他書之意或更引他書文之故其書亦有文者實無所依取莊子雖其言如此實是畏死亦為事不得

井田至易行但朝廷出一令可以不笞一人而定蓋人無敢據土者又須使民悅從其多有田者使不失其富假如大臣有據土千里者不過封與五十里之國則已失其所有其他隨土多少與一官使有租稅人不失故物治天下之術必自此始今以天下之土棊畫分布人受一方養民之本也後世不制其產止使其力又反以天子之貴專利公自公民自民不相為計百姓足君孰與不足百姓不足

君孰與足其術自地城起首立四隅一方正矣又增一表又治一方如是百里之地不日可定何必毀民廬舍墳墓但見表足矣方既正表自無用待軍賦與治溝洫者之田各有處所不可易旁加損井地是也百里之國為方十里者百十里為成成出革車一乘是百乘也然開方計之百里之國南北東西各三萬步一夫之田為方步者萬今聚南北一步之博而會東西三萬步之長則為方步者三萬也是三夫之田也三三如九則百里之地得九萬夫也革車一乘甲士三人步卒七十二人以千乘計之凡用七萬五千人今有九萬夫故百里之國亦可言千乘也以地計之足

容車千乘然取之不如是之盡其取之亦什一之法也其
間有山陵林麓不在數
井田亦無他術但先以天下之地棊布畫定使人受一方
則（自）是均前日大有田產之家雖以田授民然不得如分種
如租種矣所得雖差少然使之為田官以掌其民使人既
喻此意人亦自從雖少不願然悅者衆而不悅者少（寡）矣又
安能每每恤人情如此其始雖分公田與之及一二十年
猶須別立法始則（曰命）為田官自後則是擇賢欲求古法亦先
須熟觀古文字使上下之意通貫大其胸懷以觀之井田
卒歸於封建乃定封建功有大功德者然後可以封建當

未封建前天下井邑當何如為治必立田大夫治之今既未可議封建只使守令終身亦可為也所以必要封建者天下事之分得簡則治之精不簡則不精故聖人必以天下分之于人則事無不治者聖人立法必計後世子孫使周公當軸雖攬天下之政治之必精後世安得如此且為天下者奚為紛紛必親天下之事今便封建不肖者復逐之又有何害豈有以天下之勢不能正一百里之國使諸侯得以交結以亂天下自非朝廷不能治安得如此而後世乃謂秦不封建為得策此不知聖人之意也

○● 宗法

管攝天下心收宗族厚風俗使人不忘本須是明譜係世族與立宗子法宗法不立則人不知統系来處古人亦鮮有不知来處者宗子法廢後世尚譜牒猶有遺風譜牒又廢人家不知来處無百年之家骨月無統雖至親恩亦薄

○○禮樂

令之人自少見其父祖從仕或見其鄉閭仕者其心正欲得利祿縱欲於義理更不留意有天生性美則或能孝友廉節者不美者縱惡而已性元不曾識磨礪

○○氣質

人之氣質美惡與貴賤夭壽之理皆是所受定分如氣質惡者學即能移今人所以多爲氣所使而不得爲賢者蓋爲不知學古之人在鄉閭之中其師長朋友日相教訓則自然賢者多但學至於成性則氣無由勝孟子謂氣壹則動志動猶言移易若志壹亦能動氣必學至於如天則能成性

多聞見適足以長小人之氣君子莊敬日強始則須拳拳服膺出於牽勉至於中禮卻從容如此方是爲己之學鄉黨說孔子之形色之謹亦是敬此皆變化氣質之道也

求心之始如有所得久思則茫然復失何也夫求心不得

其要鑽研太甚則惑心之要只是欲平曠熟後無心如天簡易不已今有心以求其虛則是已起一心無由得虛切不得令心煩求之太切則反昏惑孟子所謂助長也孟子亦只言存養而已此非可以聰明思慮力所能致也然而得博學於文以求義理則亦動其心乎夫思慮不違是心而已尺蠖之屈以求伸也龍蛇之蟄以存身也精義入神以致用也利用安身以崇德也此相交養之道夫屈者所以求伸也勤學所以修身也博文所以崇德也惟博文則可以力致人平居又不可以全無思慮須是考前言往行觀昔人制節如此以行其事而已故動焉而無不中理

慎喜怒此只矯其末而不知治其本宜矯輕警惰若天祺氣重也亦有矯情過實處

○○義理

讀書少則無由考校得義精蓋書以維持此心一時放下則一時德性有懈讀書則此心常在不讀書則終看義理不見書須成誦精思多在夜中或靜坐得之不記則思不起但通貫得大原後書亦易記所以觀書者釋己之疑明己之未達每見每知所益則學進矣於不疑處有疑方是進矣

某觀中庸義二十年每觀每有義已長得一格六經循環

年欲一觀、書以静為心但只是物不入心然人豈能長
静須以制其亂
嘗謂文字若史書歷過見得無可取則可放下如此則一
日之力可以了六七卷書又學史不為為人對人恥有所
不知意只在相勝醫書雖聖人存此亦不須大段學不會
亦不甚害事會得不過惠及骨肉間延得頃刻之生決無
長生之理若窮理盡性則自會得如文集文選之類看得
數篇無所取便可放下如道藏釋典不看亦無害既如此
則無可得看唯是有義理也故唯六經則須着循環能使
晝夜不息理會得六七年則自無可得看若義理則儘無

窮待自家長得一格則又見得別

○○學大原上

古者惟國家則有、司士庶人皆弟子執事又古人子孫提時已教之禮今世學不講男女從幼便驕惰壞了到長益凶狠只為未嘗為子弟之事則於其親已有物我不肯屈下常病根常在

○○自道

某學來三十年自來作文字說義理無限其有是者皆只是億則屢中譬之盜窮窬之盜將竊取室中之物而未知物之所藏處或探知於外人或隔牆聽人之言終不能自、

到説得皆未是實觀古人之書如探知于外人閒朋友之論如聽（聞）隔墻之言皆未得其門而入不見宗廟之美室家之好比歳方是似入至其中知其中是美是善不肯復出天下之議論莫能易此辟如既鑿一穴已有見又若既至其中卻無燭未能盡室中之有須索移動方有所見言移動者謂逐事要思辟之昏者觀一物必貯目于一不如明者舉目皆見此某不敢自欺亦不敢自謙所言皆實事學者又辟之知有物而不肯捨去者有之以為難入不濟事者而去者有之

祭祀用分至四時正祭也其禮特牲行三獻之禮朔望用

一献之禮取時之新物因薦以是日無食味也元日用一献之禮不特殺有食寒食十月朔日皆一献之禮喪自齊衰以下不可廢祭

某自今日欲正經為事不奈何須着從此去自古聖賢莫不由此始也況如今大者遠者又難及得惟於家庭間行之庶可見也今左右前後無尊長可事欲經之正故不免須責於家人輩家人輩須不喜亦不奈何或以為自尊大亦不奈何蓋不如此則經不明若便行之不徒其身之有益亦為子孫之益者也

某既閑居橫渠說此義理自有橫渠未嘗如此如此地又

非會衆教化之所或有賢者經過若此則似繫着在此某雖欲去此自是未有一道理去得如諸葛孔明在南陽便逢先主相召入蜀居了許多時日作得許多功業又如周家發迹於邠還于岐還於鎬春積漸向冬漢積漸入秦皆是氣使之然大凡能發見即是氣至若仲尼在洙泗之間修仁義興教化歷千有餘年用之不已今倡此道不知如何自來元不曾有人說着如楊雄王通又皆不見韓愈又只尚閑言詞今則此道必有興聞者其已乎其有遇乎

語錄抄

上智下愚不移充其德性則為上智安于見聞則為下愚

不移者安於所執而不移也

大凡禮不可大段驚俗不知者以為怪且難之甚者至于怒之疾之故禮亦當有漸于不可知者少行之已為多矣但不出戶庭親行之可也毋強其人為之已德性充實人自化矣正己而物正也

義理有礙則濯去舊見以來新意

虛者之仁之原忠恕者與仁俱生禮義者仁之用

太虛者自然之道行之要在思故曰思仁誠

虛心然後能盡心

人生固有天道人事當行不行則無誠不誠則無物故須

行實事惟聖人踐形為實之至得人之形可離非道也與天同原謂之虛須得事實故謂之實此叩其兩端而竭焉更無去處

天地之道無非以至虛為實人須於虛中求出實聖人虛之至故擇善自精心之不能虛者有物榛礙金鐵有時而腐山嶽有時而摧凡有形之物即易壞惟太虛無動搖故為至實詩云德輶如毛毛輶有倫上天之載無聲無臭至矣

天地以虛為德至善者虛也虛者天地之祖天地從虛中來

禮文參校是非去取不待已自了當蓋禮者理也須是學窮理禮則所以行其義知理則能制禮然則禮出於理之後今在上者未能窮則在後者烏能盡今禮文殘缺須是先求得禮之意然後觀禮合此理者即是聖人之制不合者即是諸儒添入可以去取今學者所以宜先觀禮者類聚一處他日得理以意參校

某比年所思慮事漸不可易動歲年間只得變得些文字亦未可謂辭有巧拙其實是有過若是達者其言自然別寬而約沒病痛者不是到了是不知知一物則說得仔細必實聖人之道以言者尚其辭辭不容易只為到其間知

淂詳然後言淂不錯譬之到長安極有知長安仔細者然某近来思慮義理大率億度屡中可用既是億度屡中可用則以大受某倡此絶學亾輙欲成一次第但患學者寡少故貪於學者今之學者大率為應舉壊之入仕則事官業無暇及此由此觀之則吕范過人遠矣吕與叔資美但向差緩惜乎求思也褊求思雖似褊隘然褊不害于明褊是氣也明者所學也明何以謂之學明者言所見也大凡寛褊者是所禀之氣也氣者自萬物散殊時各有所淂之氣習者自胎胞中以至于嬰孩時皆是也及其長而有所立自所學者方謂之學性則分明在外故曰氣其一物兩

氣者在性習之間性猶有氣之惡者為病氣又有習以害之此所以要鞭辟至于齊強學以勝其氣習其間則更有緩急精麁則是人之性雖同氣則有異天下無兩物一般是以不同孔子曰性相近也習相遠也性則寬褊昏明名不得是性莫不同也至于習之異斯遠矣雖則氣之稟褊者未至于成性時則暫或有暴發然而所學則卻是正當其如此（一作其不一）則漸寬容苟志于學則可以勝其氣與習此以褊不害于明也須知自誠明與明誠者有異自誠明者先盡性以至于窮理也謂先自其性理會來（理）以至行理自明誠者先窮理以至于盡性也謂先從學問以推達于天

性也某自是以仲尼為學而知者某今亦窃取于明誠所以勉勉安于不退孔子稱顏淵曰惜乎吾見其進也未見其止也苟惟未至則可以窃冀一誠就自明誠者須是要窮理窮即是學也所觀所求皆學也長而學固所謂之學其幼時豈可不謂之學直自在胞胎保母之教已雖不知謂之學然人作之而已變以化於其教則豈不謂之學學與教皆學也惟其受教即是學也只是長而學庸有不待教習便謂之學只習有善惡某所以使學者先學禮者只為學禮則便除去了世俗一副當習熟纏繞譬之延蔓之物解纏繞即上去上去即是理明矣又何求苟能除去了

一副當世習便自然脫灑也又學禮則可以守得定所謂長而學謂之學者謂有所自立自能知向學如孔子十五而志于學是學也如謂有所成立則十五以前庸有不志於學時若夫今學者所欲富貴聲譽博聞繼承是志也某只為少小時不學至今日勉強有太甚則反害欲速不達亦須待歲月至始得

言盡物者據其大總也今言盡物者未說到窮理但恐以聞見為心則不足以盡心人本無心因物為心若只以聞見為心但恐小卻心今盈天地之間者皆物也如只據己之聞見所接幾何安能盡天下之物所以欲其盡心也窮理

則細微甚有分别至如作樂其始亦但知其大總更去其間比較方盡其細理若便謂推類以窮理為盡物則是亦但據聞見上推類卻見聞見安能盡物蓋欲其盡心耳」

人教小童亦可取益絆已不出入一益也授人數數已亦了此文義二益也對之必整衣冠尊瞻視三益也常以因憂已而壞人之才為憂四益也則不敢惰

古之小兒便能敬事長者與之提攜則兩手奉長者之手問之掩口而對蓋稍不敬事便不忠信故教小兒且先安詳恭敬

孟子曰人不足適與也政不足與間也唯大人為能格君心

之非非惟君心至于朋游學者之際彼雖議論異同未欲深較惟整理其心使歸之正豈小補哉

○○性理拾遺

心統性情者也　有形則有體有性則有情　發於性則見于情發於情則見於色以類而應也

接物處皆是小德統會處便是大德

為天地立心為生民立命為往聖繼絶學為萬世開太平

敦篤虛靜者仁之本不輕妄則是敦篤也無所繫閡昏塞則是虛靜也此難以頓悟苟知之須久於道實体之方知其味夫仁亦在乎熟之而已孟子說

有潛心于道忽忽為他慮引去者此氣也舊習纏繞未能脫灑畢竟無益但樂于舊習耳古人欲得朋友與琴瑟簡編常使心在於此惟聖人知朋友之取益為多故樂得朋友之來論語說

舜之事親有不悅者為父頑母嚚不近人情若中人之性其愛惡略無害理姑必順之親之故舊所喜者當極力招致以悅其親凡於父母賓客之奉必極力營辦不計家之有無然為養又須使不知其勉強勞苦苟使見其為而不易則亦不安矣記說

斯干詩言兄及弟矣式相好矣無相猶矣言兄弟宜相好

## 附錄

不要廝學猶似也人情大抵患在施之不見報則輟故恩不能終不要相學已施之而已詩說

古者有東宮有西宮有南宮有北宮異宮而同財此禮亦可行古人慮遠目下雖似相疎其實如此乃能久遠相親蓋數十百口之家自是飲食衣服難為得一又異宮乃容子得伸其私所以避子之私也子不私其父則不成為子古之人曲盡人情必也同宮有叔父伯父則為子者何以獨厚於其父為父者又烏得而當之父子異宮為命士以上愈貴則愈嚴故異宮猶今世有逐位非如異居也樂說

附錄

先生娶南陽郭氏、有子曰因、

先生未第時、文潞公以故相判長安、聞先生名行之美、聘以束帛、延之學宮、異其禮際、士子矜式焉。

先生在渭、渭帥蔡子正特所尊禮、軍府之政、大小咨之。先生夙夜從事、計以贊助之力爲多、並塞之民、常苦乏食、而貸于官、帑不能足、又屬霜旱、先生力言於府、取軍儲數十萬以救之、又言戍兵徒往來不爲用、不若損撤募土人爲便。

横渠之役、門人狀謚為明誠夫子、質於明道先生、先生轉

之訪于劉，以爲不可。答書云：昨日承問張子厚謚，倉卒奉
對，以漢魏以來，此例甚多，無不可者。退而思之，有所未盡。竊惟
子厚平生用心，欲率今世之人，復三代之禮者也。漢魏以下，
蓋不足法。郊特牲曰：古者生無爵，死無謚。爵謂大夫以
上也。檀弓記禮所由失，以爲士之有誄，自縣賁父始。子厚官
比諸侯之大夫，則已貴，宜有謚矣。然曾子問曰：賤不誄貴，
幼不誄長，禮也。惟天子稱天以誄之。諸侯相誄，猶爲
非禮，況弟子而誄其師乎？孔子之沒，哀公誄之，不聞
弟子復爲之謚也。子路欲使門人爲臣，孔子以爲欺天。門人厚
葬顏淵，孔子歎不得視猶子也。君子愛人以禮，今關中諸君

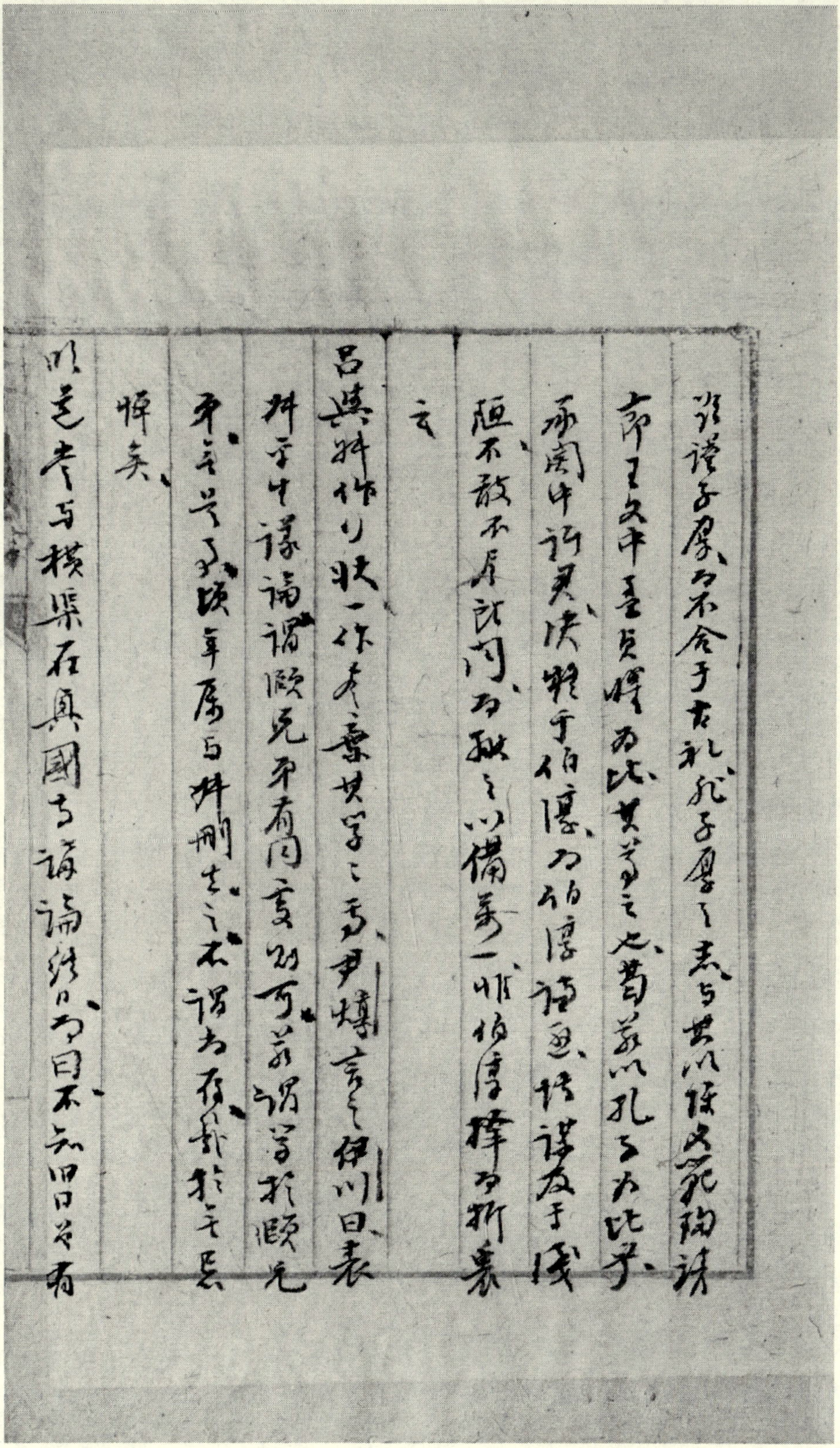

非謹子學之不合于古禮孔子學之志與其以後文飛陶詩

節王文中至與嘆之比其第之也荀葉以孔子為比乎

而閑中謂其決難于伯厚之伯厚詩亞、詩謂友于我

頗不敢不有所問之秋之以備第一非伯厚擇之所采

云

呂與叔作行狀一作盡棄其學之言尹焞言之伊川曰表

叔平生議論謂頤兄弟有同處則可若謂學於頤兄

弟則無是事頃年屬與叔刪去之不謂尚存斯言幾於無忌

憚矣

明道先生與橫渠在興國寺講論終日而曰不知舊日曾有

古人於此盡誦此事

西銘某得此意只是須得子厚如此筆力他人無緣做得

孟子以後未有人及此得此文字省多少言語要之仁

孝之理備乎此須臾而不於此則便不仁不孝矣

孟子之後只是原道一篇其間之語固多病然大要儘近

理若西銘則是原道之宗祖也原道卻只說道元未到

西銘意思據子厚之文辭雖多出此文也自孟子後蓋

未見此書

問西銘如何曰此橫渠文之粹者也曰充以居時如何曰聖

人也橫渠能充其言否曰亦是兩端是是陳之言是先

道之言有德之言說自己事如聖人言聖人事也造道之言則知足以知此如賢人說聖人事也橫渠道儘高言儘醇自孟子後儒者都無他見識

西銘明理一而分殊

張子厚聞生皇子喜甚見餓莩者食便不美

正叔謂某接人治經論道者亦甚多肯言及治体者誠未有如子厚

子厚以禮教學者最善使學者先有所據守

問橫渠言由明以至誠由誠以至明此言恐過當曰由明以至誠此句卻是由誠以至明則不然誠即明也孟子

曰吾[我]知言我善養吾浩然之氣即只我知言一句已盡橫渠之言不能無失類若此者若西銘一篇推說得到此今以管窺天固是見北斗別處雖不得見然見北斗不可謂不是也

問橫渠之書有迫切處否曰子厚謹嚴纔謹嚴便有迫切氣象無寬舒之氣

子厚言關中學者用禮漸成俗正叔言自是關中人剛勁敢為子厚言亦是自家規矩寬大

關中學者以今日觀之師死而遂倍之卻未見其人只是更不復講

横渠昔在京師坐虎皮説周易聽從甚衆一夕二程先生至論易次日横渠撤去虎皮曰吾平日為諸公説者皆亂道有二程近到深明易道吾所弗及汝輩可師之日逐虎皮出是日更不出虎皮也　横渠乃歸陝西

横渠著正蒙時處處置筆硯得意即書伯醇云子厚卻如此不熟

横渠嘗言吾十五年學箇恭而安不成明道曰可知是學不成有多少病在以上見程氏外書

横渠言氣自是横渠作用立標以明道

楊時致書伊川先生曰西銘言体而不及用恐其流遂至

于重愛先生答之曰横渠立言誠有過者乃在正蒙西銘之為書推理以存義擴前聖所未發與孟子性善養氣之論同功豈墨氏之比哉西銘當明理一而分殊墨氏則二本而無分子比而同之過矣且謂言体而不及用彼欲使人推而行之本為用也反謂不及不亦異乎

伊川先生答先生書曰觀吾叔之見志正而謹嚴如虛無即氣則虛無之語深探遠賾豈後世學者所嘗慮及也然此語未能無過餘所論以大槩氣象言之則有苦心極力之象而無寬裕温厚一作和之氣非明睿所照而考索至此故意屢偏而言多窒小出入時有之明所照者

如目所睹纖微盡識之矣考索至者如揣料於物約見髣髴耳能無差乎更望完養思慮涵泳義理他日當自條暢 見程氏文集

已見上蔡學案

橫渠教人以禮為先大要欲得正容謹節其意謂世人汗漫無守便當以禮為地教他就上面做工夫然其門人下梢頭溺於刑名度數之間行得來因無所見處如喫木札相似更沒滋味遂生厭倦故其學無傳之者明道先生則不然先使學者有知識窮得物理卻從敬上涵養出來自然是別 上蔡語

橫渠西銘初看有許多節卻似狹充其量是甚麼樣大合

下便有箇乾健坤順意思自家身己便如此形体便是這箇物事性便是這箇物事同胞是如此吾與是如此主腦便是如此尊高年所以長其長慈孤幼弱所以幼其幼又是做工夫處後面節節如此於時保之子之翼也樂且不憂純乎孝者也其品節次第又如此横渠説這般話体用並備豈似他人只説得一邊向自其節目言之便是各正性命充其量而言之便是流行不息曰然

語林夔孫曰横渠云吾學既得於心則脩其辭命辭無差然後斷事斷事無失吾乃沛然看來理會道理須是説得出一字不穩便無下落所以横渠中夜便筆之于紙

只要有下落而今理會得有下落底臨事尚脚忙手亂
况不曾理會得下落橫渠如此若論道理他卻未熟然他
地位卻要如此高明底則不如此
又曰橫渠教人道夜间自不合睡只爲無可應接他人皆
睡了已不得不睡他做正蒙時或夜裏默坐徹曉他直
是恁地勇方做得因舉曾子任重道遠一段曰子思曾
子直恁地方被他打得透
问程張之門於六经多指説道之精微學之要領與夫下
手處雖甚精切易見然被他鬧了四至便覺規模狹了
曰橫渠最親切程氏規模廣大學者少有能如橫渠輩

用功者近看得橫渠用工最親切直是可畏

問橫渠似孟子否曰橫渠嚴密孟子宏闊又問孟子平正橫渠高處太（高僻）處太僻曰是又曰橫渠之於程子猶伯夷伊尹之於孔子

或云諸先生說話皆不及小程先生雖大程亦不及曰（不）然明道說話儘高邵張說得端的處儘好且如伊川說仁者天下之公善之本也大段寬而不切如橫渠說心統性情這般所在說得的當又如伊川謂鬼神者造化之迹卻不如橫渠所謂二氣之良能也

明道之學從容涵泳之味洽橫渠之學苦心力學之功深」

曾子劉毅立得墻壁在而後可傳之子思孟子伊川橫渠甚嚴游楊之門倒塌了若天資大段高則學明道若不及明道則且學伊川橫渠

贊先生像曰早悅孫吳晚逃佛老勇撤臯比一變至道精思力踐妙契疾書訂頑之訓示我廣居

和靖尹氏曰見伊川後半年方得大學西銘看人本與天地一般大只為人自小了若能自處以天地之心為心便是與天地同体西銘備載此意顏子克己便是能盡此道

龜山楊氏曰西銘只是發明一箇事天底道理所謂事天

者循天理而已

臨川吳氏曰天地者吾之父母也父母者吾之天地也天即父父即天地即母母即地人事天地當如事父母子事父母當如事天地保者持守此理而不敢違賢人也樂者從容順理而自然中聖人也蓋是理即天地之理而天地即吾之父母也持守而不敢違吾父母之理非子之翼敬者乎從容而自然合順吾父母之理非孝之極純者乎不愛其親而愛他人者謂之悖德天理者父母所以與吾者也而乃違之是不愛其親也賊人仁者謂之賊仁者父母所以與吾之心德也而乃害之是戕

其親也世濟其惡增其惡名則是父母之不才子矣若能踐其所以得五行秀為萬物靈者之形則是與天地相似而克肖乎父母矣知者聖人踐形惟肖有以默契乎是理非但聞見之知也化則天地化育之事乾道變化發育萬物各正性命者知得天地化育之事則吾之能為天地之事是善述吾父母也所為之事矣窮者聖人窮理盡性有以究極乎是理而知之無不盡也神則天地神妙之心純天之命至誠無息於穆不已者窮得天地神妙之心則吾之能心天地之心是善繼吾父母所存之志矣此造聖之終事踐形惟肖者之盛德所謂樂

且不憂純之孝者也不愧屋漏者己私克盡心自然存性得其養雖于屋漏之奧尚無愧怍之事夫其無愧于天則是無忝辱所生之父母也存心養性者用力克己暢然唯恐有愧于天操而不舍其主于身之心順而不害其具于心之理存心養性所以事天夫其不怠于存養此天理則是不懈怠于事父母也此作聖之始事學踐形惟肖者之工夫所謂于時保之子之翼也然知化者必能窮神窮神然後能知化不愧屋漏必能存心養性存心養性然後能不愧屋漏善述事者必能善繼志善繼志者然後能述事無忝者必能匪懈匪懈然後能無

忝存心養性然後有以不愧屋漏不愧屋漏然後可以至于窮神窮神然後可有以知化匪懈然後有以無忝無忝然後可以至于善繼志善繼志者然後可以善述事也

橫渠門人

學士呂晉伯先生大忠

呂大忠字晉伯云云

攝以下於近功頗有輝學傳安西王文簡周書章燾曾希主之
寶文閣直學士知渭州付以秦渭之事先生奏對數以計徐求
論語公王禪於欲當曰聖人言行存焉吾不敢不勉終莫之能知
吳清獻孫民鄉自為詩師謝鐔直敎授州學先生每追之與問
業今既與所著論已又學行可不能久數次與將求之說
儒官之稱既為同寅則不可退乎故以其真心語寶所舉之

低二格

## 8 學士呂晉伯先生大忠

呂大忠字晉伯其先汲郡人祖通太常博士葬藍田遂家焉父蕡比部郎中六子五登科先生其長也皇祐中第進士歷知代州遼使至代設次據主席先生與之爭遼使屈乃移次于長城

馬涌以下已删去　紹聖二年接上

北已而復使求代北地神宗將從之先生曰彼遣一使來即與地五百里若使魏王英弼來求關南則何如神宗曰是何言也卒不行舉元祐初歷工部郎中陝西轉運副使知秦州馬涌以進士舉首為判官頗驕倨自稱狀元先生曰狀元云者及第未除官之稱既為判官則不可且時切偲以柔其心謂曩科舉之業今既無所事修身為己之學不可不勉又教以臨政治民之要涌翻然改轍自適得師謝顯道教授州學先生每過之從問論語必正襟歛容曰聖人言行在焉吾不敢不肅紹聖二年加寶文閣直學士知渭州付以秦渭之事先生奏對欲以計徐取橫山不求近功既而鍾傳城安西王文郁用事章惇曾布主之

先生議不合紹述黨禍起（降待制）弟汲公大防連遭貶謫先生乞以所進官為量移徙知同州致仕（卒復龍圖閣直學士）卒先生性剛毅質直勇于有為與其弟和叔大鈞與叔大臨俱游於程張之門伊川曰晉伯老而好學理會直是到底橫渠亦稱先生篤實而有光輝上蔡曰晉伯兄弟中皆有見處蓋兄弟之既多且貴而皆賢者呂氏也先生

（為作官仙兄弟代公鈞業輝之業待郎東坡手弟子王刻於其禮為業于成人[illegible]雖淑仙亦未免乎微類色也[illegible]上汲公夫人林庭下二姆撫之先生悅曰亞和夫人亦在但和二嬸弟子婦耳不病何用人扶汲公為之[illegible]汲公諱往八避滿盈之禍云）

8

**附録**

知秦州時淬之子將詣太學時汲公為相求先生作書為容先生曰微仲弟不必見不若見大臨弟也

上蔡云晉伯好學初理會箇仁字不遠千里曰世人説仁只管着愛上怎生見得仁只好力行近乎仁力行關愛甚事何故

郄近乎仁晉伯因有悟

8宣義呂和叔先生大鈞

呂大鈞字和叔嘉佑三年進士 授秦州司理監延州折博務改知三原縣移巴西候官涇陽以父老皆不赴丁艱服除以道未明學未優不復有仕進意久之大臣薦為王宮教授尋監鳳翔船務元豐五年卒疾革內外洒掃冥然若思客至問安交語未終而沒先生為人剛質常言始學行其所知而已道德性命之際躬行久則自至焉橫渠倡道于關中寂寥無有和者先生于橫渠為同年生心悅而好之遂執弟子禮于是學者靡然知所趨向橫渠之教以禮為先〃生條為鄉約關中風俗為之一變

伊川言范育相見多窒礙蓋有先定之意大鈞據理合窒礙而不然者只是他至誠篤信也

呂氏鄉約

德業相勸

德謂見善必行聞過必改能治其身能治其家能事父兄能教子弟能御僮僕能肅政教能事長上能睦親故能擇交遊能守廉介能廣施惠能受寄託能救患難能導人為善能規人過失能為人謀事能為衆集事能解鬬爭能決是非能興利除害能居官舉職業謂居家則事父兄教子弟待妻妾在外則事長上接朋友教後生御僮僕至于讀書治田營家濟物畏法令謹租

賦好禮樂射御書数之類皆可為之非此之類皆為無益右件德業同約之人各自進修互相勸勉會集之日相與推舉其能者書于籍以警其不能者

過失相規

過失謂犯義之過六犯約之過四不修之過五犯義之過一曰酗愽鬬訟二曰行止踰違三曰行不恭遜四曰言不忠信五曰造言誣毀六曰營私太甚犯約之過一曰德業不相勸二曰過失不相規三曰禮俗不相成四曰患難不相卹不修之過一曰交非其人二曰游戲怠惰三曰動作無儀四曰臨事不恪五曰用度不節右件過失同約之人各自省察互相規戒小則密規

之大則衆戒之不聽則會集之日直月以告于約正約正以義理誨諭之謝過請改則書于籍以俟其爭辯不服與終不能改者皆聽其出約

禮俗相交

禮俗之交一曰尊幼輩行二曰造請拜揖三曰請召送迎四曰慶弔贈遺尊幼輩行凡五等曰尊者謂長于己三十歲以上在父行者曰長者謂長于己十歲以上在兄行者曰敵者謂年上下不滿十歲者長者為稍長少者為稍少曰少者謂少于己十歲以下者曰幼者謂少于己二十歲以下者造請拜揖凡三條曰凡少者幼者于尊者長者歲首冬至四孟月朔辭見賀謝皆為禮見皆具門狀用幞頭公服腰帶靴笏無官具名紙用幞頭襴衫腰帶絲鞋唯四孟通用帽子皂衫腰帶凡當行禮而有恙故皆先使人白之或遇雨

雪則尊長先使人諭止來者　此外候問起居質疑白事及赴請召皆為燕見深衣涼衫皆可尊長令免即去之　尊者受謁不報歲首冬至具已名牓子令子弟報之如其服　長者歲首冬至具牓子報之如其服餘令子弟以已名牓子代行凡敵者歲首冬至辭見賀謝相往還門狀名紙同上唯止服帽子　凡尊者長者無事而至少者幼者之家唯所服深衣涼衫道服帽子可也敵者燕見亦然曰凡見尊者長者門外下馬俟於外次乃通名凡往見人入門必問主人食否有他客否有他幹否度無所妨乃命展刺有妨則少候或且退後皆放此主人使將命者先出迎客〻趨入至廡間主人出降階客趨進主人揖之升堂禮見四拜而後坐燕見不拜旅見則旅拜少者幼者自為一列幼者拜則跪而扶之少者拜則跪扶而答半若尊者長者齒德殊絕則少者幼者堅請納拜尊者許則立而受之長者許則跪而扶之拜訖則揖而退主人命之坐則致謝訖揖而坐

退凡相見主人語終不更端則告退或主人有倦色或方幹事而有所俟者則告退可也則主人送於廡
下告命之上馬則三辭許則揖而退出大門乃上馬不許則從
其命凡見敵者門外下馬使人通名俟于廡下或廳側禮見則
再拜稍少者無拜旅見則特拜退則主人請就階上馬徒行則主人送于門外凡少者
以下則先遣人通名主人具衣冠以俟客入門下馬則趨出迎
拜升堂來報禮則再拜謝客止之則止退則就階上馬客徒行則迎于大門之外
送亦如之仍隨其行數步揖之則止望其行遠乃入曰凡遇尊長於道皆徒行則趨進揖
尊長與之言則對不則立於道側以俟尊長已過乃揖而行或
皆乘馬于尊者則回避之于長者則立馬道側揖之俟過乃揖
而行若己徒行而尊長乘馬則回避之凡徒行遇所識乘馬者皆放此若己乘

馬而尊長徒行望見則下馬前揖已避亦然過既遠乃上馬若尊長令上馬則固辭遇敵者皆乘馬則分道相揖而過彼徒行而不及避則下馬揖之過則上馬遇少者以下皆乘馬彼不及避則揖之而過彼徒行不及避則下馬揖之于幼者則不必下可也請召迎送凡四條曰凡請尊長飲食親往投書禮薄則不必書專召他客則不可兼召尊長既來赴明日親往謝之召敵者以書柬明日交使相謝召少者用客目明日客親往謝曰凡聚會皆鄉人則坐以齒非士類則不然若有親則別序若有他客有爵者則坐以爵不相妨者猶以齒若有異爵者雖鄉人亦不以齒異爵謂命士大夫以上今陞朝官是若特請召或迎勞出餞皆以專召者為上客如婚禮則姻家為上客皆不以齒爵為

序曰凡燕集初坐別設卓子于兩楹間置大盃于其上主人降席立于卓東西向上客亦降席立于卓西東向主人取盃親洗上客辭主人置盃卓子上親執酒斟之以器授執事者遂執盃以獻上客上客受之復置卓子上主人西向再拜上客東向再拜興取酒東向跪祭遂飲以盃授贊者遂拜主人答拜（若少者以下為客飲畢而拜則主人跪受如常）上客酢主人如前儀主人乃獻衆賓如前儀唯獻酒不拜（若衆賓中有齒爵者則特獻如上客之儀不酢）若婚會姻家為上客則雖少亦答其拜曰凡有遠出遠歸者則迎送之少者幼者不過五里敵者不過三里各期會于一處拜揖如禮有飲食則就飲食之少者以下俟其既歸又至其家省之慶弔贈遺凡四條曰凡同

約有吉事則慶之冠子生子預薦登第進官之屬皆可賀婚禮雖曰不賀然禮有曰賀娶妻者蓋但以物助其賓客之費之而已有凶事則弔之喪葬水火之類每家只家長一人與同約者俱往其書問亦如之若家長有故或與所慶弔者不相接則其次者當之曰凡慶禮如常儀有贈物用幣帛酒食果實之屬衆議量力定數多不過三五千少至一二百如情分厚薄不同則從其厚薄或其家力有不足則同約為之借助器用及為營幹曰凡弔禮聞其初喪聞喪同未易服則率同約者深衣而往哭弔之凡弔尊者則為首者致辭而旅拜敵以下則不拜主人拜則答之少者以下則扶之不識生者則不弔不識死者則不哭且助其凡百經營之事主人既成服則相率素幞頭素襴衫素帶皆用白生紗絹為之具酒果食物而往奠之死者是敵以上則拜而奠以下則奠而不拜主人不易服則亦不易服主人不哭則亦不哭情重則雖主人不變不哭亦變而哭之賻禮用錢帛衆

議其數如慶禮及葬又相率致賵俟發引則素服而送之賵如賻禮或以酒食犒其役夫及為之幹事及卒哭及小祥及大祥皆常服弔之曰凡喪家不可具酒食衣服以待弔客弔客亦不可受曰凡聞所知之喪或遠而不能往則遣使致奠就外次衣弔服再拜哭而送之唯至親篤友為然過期年則不哭情重則哭其墓右禮俗相交之事值月主之有期日者為之期日當糾集者督其違慢凡不如約者以告于約正而詰之且書于籍

患難相恤

患難之事七一曰水火小則遣人救之甚則親往多率人救且弔之二曰盜賊近者同力追捕有力者為告之官司其家貧則為之助出募賞三曰疾病小則遣人問之甚則為訪醫藥貧則助其養疾之費

四曰死喪闕人則助其幹辦乏財則賻贈借貸五曰孤弱孤遺無依者若能自贍則為之區處稽其内出或聞于官司或擇人教之及為求婚姻貧者協力濟之無令失所若有侵欺之者衆人力為之辨理若稍長而放逸不檢亦防察約束之無令陷之于不義六曰誣枉有為人誣枉過惡者勢可以聞于官府則為言之有畧可以救解不能自伸則為解之或其家因而失所者衆共以財濟之七曰貧乏有安貧守分而生計大不足者衆以財濟之或為之假貸置產以歲月償之右患難相恤之事凡有當救恤者其家告于約長急則同約之近者為之告約正命值月徧告之且為之糾集而繩程督之凡同約者財物器用車馬人僕皆有無相假若不急之用又有所妨者則不必借可借而不借及逾期不還及損壞借物者論如犯約之過書於籍鄰里或有緩急雖非同約而先聞知者亦當救助或不能救助則為之告于同約而謀之有能如此者

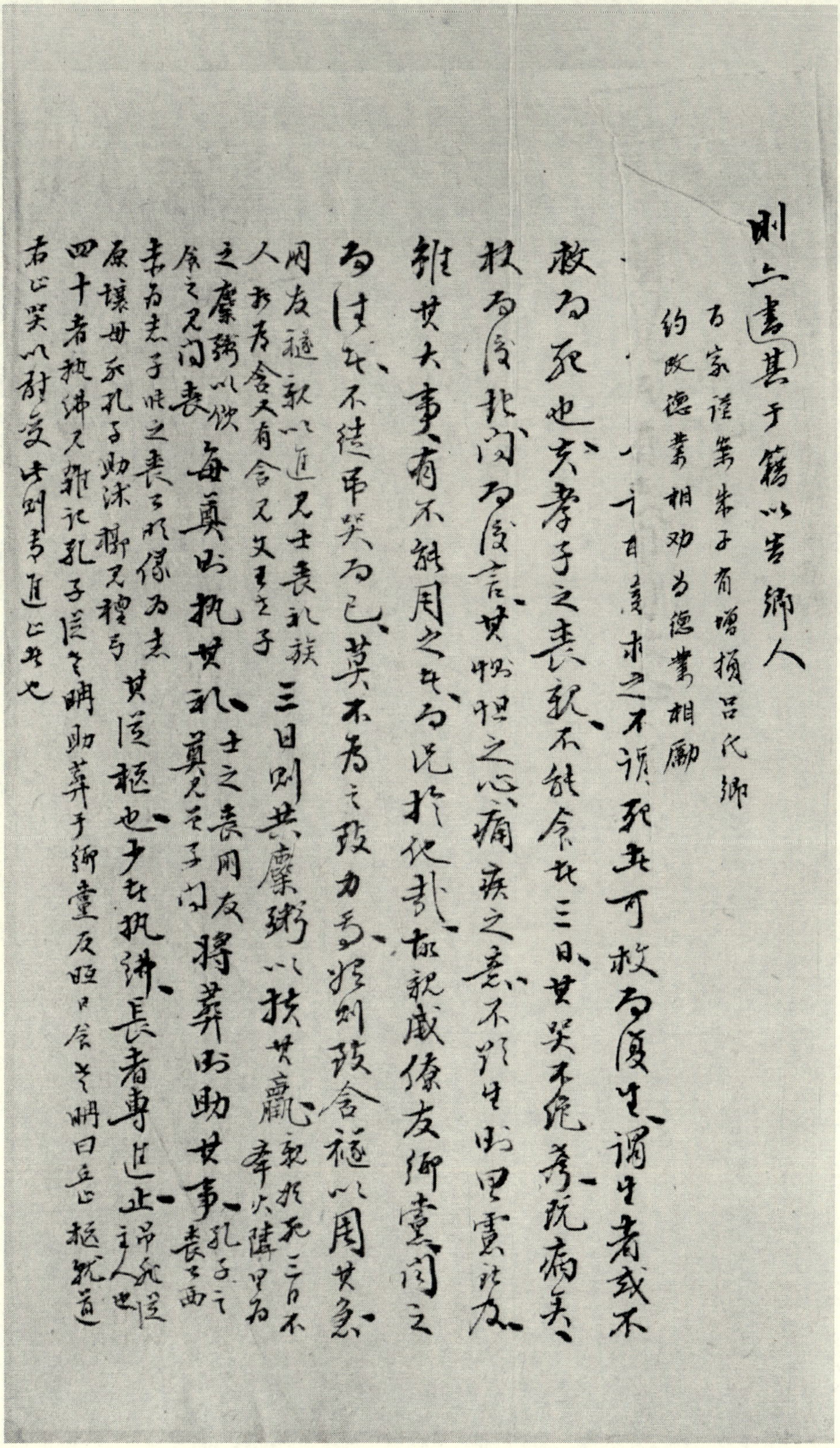
則二書遺其于籍以告鄉人
右家儀案朱子有增損呂氏鄉
約改德業相勸為德業相勵
一、凡有喪，求之不預，死者可救而復生，謂生者或不
救而死也。夫孝子之喪親，不能食者三日，其哭不絕聲，既病矣，
杖而後起，問而後言，其惻怛之心，痛疾之意，不欲生，則思慮所及，
雖其大事，有不能周之者，而況於他哉？故親戚僚友鄉黨間之
為任者，不徒弔哭而已，莫不為之致力焉。始死則致含襚以周其急，
朋友襚，親以進。凡士喪親族　三日則共糜粥以扶其羸，親於死三日不
人於是含，大有含。凡文王之子　食，鄰里為
之糜粥以飲　每奠則執其禮，士之喪朋友　將葬則助其事，孔子云
食之。凡同喪　奠凡在子門　喪，東西
未為孝子能之喪，不能備為之，其從柩也少者執紼，長者專進止，弔死從主人也
原壤母死，孔子助沐槨，凡禮有
四十者執紼。又雜記孔子從之明助葬于鄉黨，及踐日食之，明日亦以柩就道
右以哭以相送，此則專進之者也

其棺壞也。壯者盈坎，老者從反哭。衍人五十者從反哭，四十者待盈坎，見雜記。不祖為賵焉。賵用車馬，所知則賵而不奠。凡不足則賻焉。知死者贈之以幣，其禮在賻賵之屬，大夫之贈之于行。而乃奠，奠以用羊，並見士喪禮。問，故曰行而不足則賻焉。知生者賻，賻用布幣以助其費，故曰不足則賻，見士喪禮。凡有事則執焉，問於見士喪禮。敬子之喪，孔子有姊之喪，子服為擯。國昭子之母死，問位于子張，見檀弓。斯可謂能救之矣。故有喪者之詞不曰敢見而曰比，雖國君之臨，亦曰寡君承事，他國之使也，曰寡君使某毋敢視賓客。見雜記。凡弔喪禮，主人不賓，不以尊卑貴賤，奠不待之，所以別之，且自別于常主也。平日凡吊，或主人先拜賓，或賓先拜主人。凡主人之有答其拜也，所以助之，且自別于常賓也。見雜記。凡曲自先主之禮壞，後之雖儒者名數，而行之既易失其實。喪主之待賓也為常主之喪，賓之見主人也，亦常賓，主亦常賓，故亡于鄉哭而奠

# 吊説

吕大鈞

詩曰凡民有喪匍匐救之不謂死者可救而復生謂生者或不救而死也夫孝子之喪親不能食者三日其哭不絶聲勞而病矣杖而後起問而後言其惻怛之心痛疾之意不欲生則思慮亦能其大事有不能周之者而况於他乎故親戚僚友鄉黨聞之而往哭不徒弔哭而已莫不為之致力焉始則致含襚以周其急朋友襚斂以迨凡士喪禮族人於有含又有含凡文王之子三日則共糜粥以扶其羸親於死三日不舉火隣里為之糜粥以飲食之凡問喪每奠則執其禮士之喪朋友奠凡天子問將葬則助其事孔子之喪公西赤為志子張之喪公明儀為志原壤母死孔子助沐槨凡禮為其從柩也少者執紼長者專進止弔者從主人也四十者執紼又雜記孔子從之明助葬于鄉黨反哭日食之明日立亡柩就道右必哭以尉安此則事道之本也

其積壞也、壯者盈坎、老者反哭—衍人五十者從反哭四十者待盈坎見雜記祖而賵焉—

賵用車馬、記云則賵而不奠先不足則賵焉—知死者贈之以幣其禮在賻賵之後大夫之賵之于邦

先乃奠之此用羊豕見士喪禮

問故曰行而不足則賻焉—記云生者賻之用布幣以助其賻故曰不足則賻見士喪禮凡有事則致焉—問

敬子之喪孔子有姊之喪子服為擯

國昭子之母死問位于子張見檀弓婦可謂能教之矣—故有喪者

之詞不曰敢見而曰比、雖國君之臨、亦曰寡君承事他國之使者—

曰寡君使某毋敢視賓客見雜記凡弔以禮主人凡賓不以尊卑貴

賤、莫不拜之、所以謝之、且自別于常主也—平日凡賓事主人先於賓喪賓先拜主人賓

凡主人之有喪、莫不拜焉、所以助之、且自別于常賓也—見記凡曲自先

主之禮、壞後世雖傳其名數而行之、殊為失其哀主之待賓

也、至常主之喪賓之凡主人也、非常賓乃常賓—故亡于禮矣、為奠

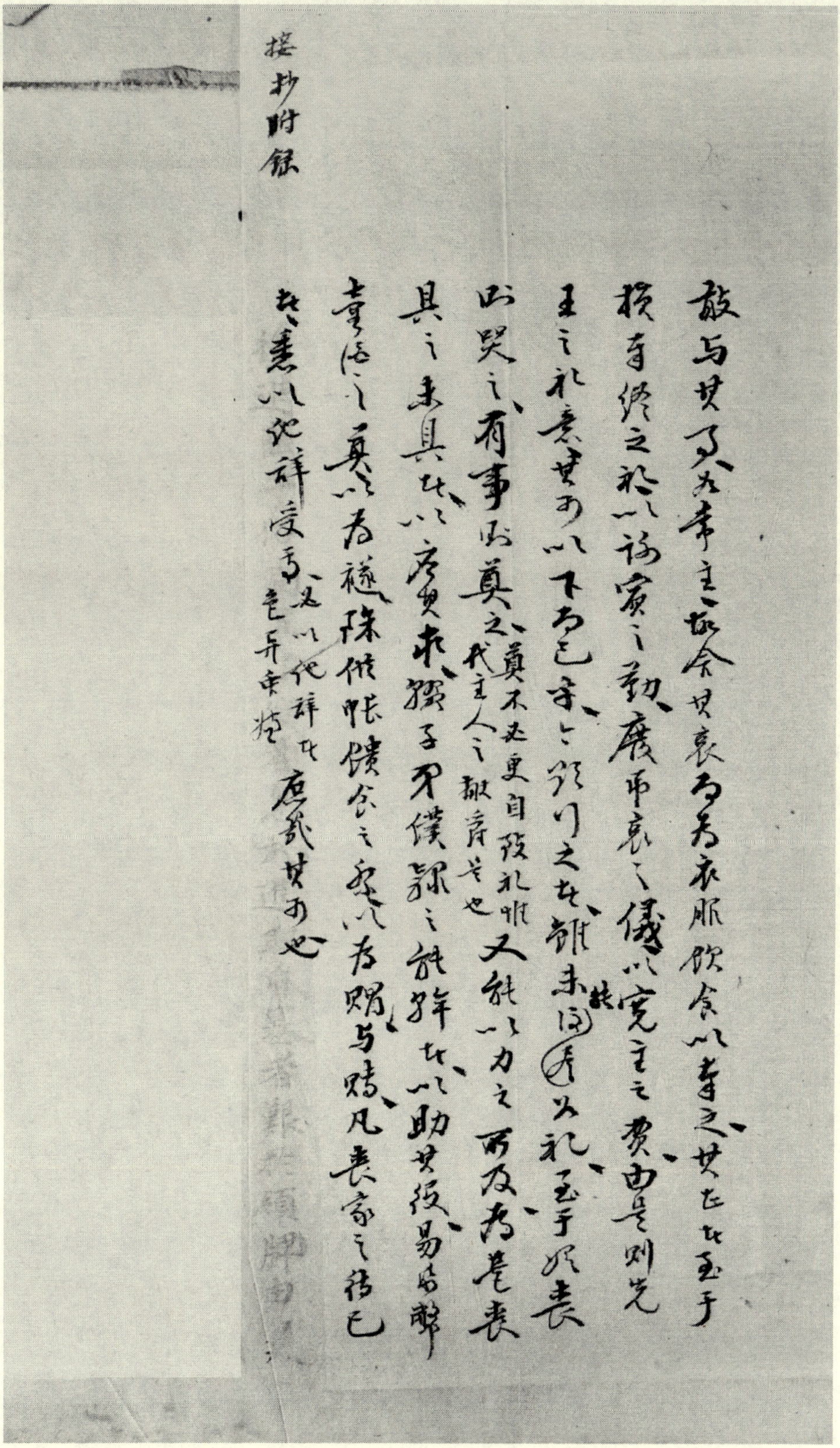

則亦其書于籍以告鄉人

百家謹案朱子有增損呂氏鄉約改德業相勸為德業相勵

8

## 附錄

真西山曰和叔為人質厚剛直以聖門事業為己任所知信而力可及則身遂行之不復疑畏故識者方之季路而其心所趨亦未見止也蓋大學之廢絕久矣自扶風張先生唱之而後進蔽于俗尚其才俊者急於進取昏塞者艱於領解由是寂寥無有知者君于先生為同年友及聞先生學于是心悅誠服々然執子弟禮扣請無倦久而益親自是學者靡然知所向矣

和叔少時膽學洽聞無所不該一日聞先生說遂其素志而前日之學慱而反約渙然氷釋矣故比他人功敏而得之尤多愛講明井田兵制以謂治道必由是悉撰成圖籍若可推行丁比部憂自始喪至葬祭一倣古儀所得為者而居喪一節矩細規矩于禮又推之于祭祀冠婚飲酒相見慶弔之事皆不混習俗粲然有文

百家謹案先生父比部郎蕡六子五登科先生第三子也既事橫渠卒業于二程務為實踐之學取古禮繹其義陳其數而力行之橫渠嘆以為秦俗之化和叔與有力焉又嘆其勇為不可及也為宣義郎會伐西夏鄜延轉運使李稷檄為從事既出塞稷餽餉不繼欲還安定取糧使先生請于經畧安撫使种諤諤素殘忍左右有犯立斬或先刳肺肝生者掩面諤飲食自若先生告以稷言諤曰吾受將命安知粮道萬一不繼召稷來與一劍耳先生正色曰朝

廷出師去塞未遠遂斬轉運使無君父乎諤曰君欲以此
報稷先稷受禍矣先生怒曰吾委身事主死無所辭正恐
公過耳諤意折乃許稷還自是非先生之剛直不撓正氣
屈諤稷雖免矣彼平居高談性命臨事蓄縮失措視先生
直如狐鼠耳橫渠之
嘆為勇不可及信哉

正字呂與叔先生大臨

呂大臨字與叔兄弟六人俱登科惟先生不應舉以門蔭入官曰不敢掩祖宗之德也元祐中為太學博士秘書省正字范學士祖禹薦其修身好學行如古人可充講讀未及用而卒年四十七初學于橫渠橫渠卒乃東見二程先生故深淳近道而以防檢窮索為學明道語之以識仁且以不須防檢不須窮索開之先生默識心契豁如也作克己銘以見意始先生于羣書博

極能文章至是涵養益粹言如不出口粥粥若無能者賦詩曰學如元凱方成癖文到相如始類俳獨立孔門無一事只輸顏子得心齋伊川賛之曰古之學者惟務養性情其他則不學今為文者專務章句悅人耳目非俳優而何此詩可謂得本矣又曰和叔任道擔當風力甚勁然深潛縝密有不逮與叔又曰與叔六月中自緱氏來燕居中必見其儼然危坐可謂敦篤矣

克己銘

凡厥有生均氣同體胡為不仁我則有己立己與物私為町畦勝心橫生擾擾不齊大人存誠心見帝則初無驕吝作我蟊賊志以為帥氣為卒徒奉辭于天誰敢侮予且戰且徠勝私窒慾

昔爲寇讎今則臣僕方其未克窘我室廬婦姑勃磎安取其餘亦既克之皇皇四達洞然八荒皆在我闥孰曰天下不歸吾仁癢痾疾痛舉切吾身一日至之莫非吾事顏何人哉睎之則是

姜定菴曰朱子評此銘謂不合以己與物對說不曾說着本意今細玩之立己與物私爲町畦此言未克以前事似亦無傷

朱蔡問答

呂與叔曰中者道之所由出程子曰此語有病呂曰論其所同不容更有二名别而言之亦不可混爲一事如所謂天命之謂性率性之謂道又曰中者天下之大本和者天下之達道則性

與道大本與達道豈有二乎先生曰中即道也若謂道出于中則道在中內別為一物矣所謂論其所同不容更有二名別而言之亦不可混為一事此語固無病若謂性與道大本與達道可混為一即未安在天曰命在人曰性循性曰道性也命也道也各有所當大本言其體達道言其用體用自殊安得以為一乎呂曰既云率性之謂道則循性而行莫非道此非性中別有道也中即性也在天為命在人為性由中而出莫非道所以云中者道之所自出先生曰中即性也此語極未安中者所以狀性之體段如稱天圓地方々圓既不可謂之天地則萬物決非方圓之所自出如中既不可謂之性則道何從出于中蓋中之

為義自適不及而立名若只以中為性則中與性不合子若對以中者性之德却為近之吕曰不倚之謂中不雜之謂和先生曰不倚之謂中甚善語猶不瑩不雜之謂和未當吕曰喜怒哀樂之未發則赤子之心當其未發此心至虛無所偏倚故謂之中以此心應萬物之變無往而非中矣孟子曰權然後知輕重度然後知長短物皆然心為甚此心度物所以甚于權度之審者正以至虛無所偏倚故也有一物存乎其間則輕重長短皆失其中矣又安得如權度乎大人不失其赤子之心乃所謂允執厥中也大臨始者有見于此便指此心名為中故前言中者道之所自出也今細思乃命名未當耳此心之狀可以言中未

可便指此心名之曰中先生曰喜怒哀樂未發之謂中赤子之心發而未遠于中若便謂之中是不識大本也呂曰聖人智周萬物赤子全未有知其心固有不同矣然推孟子所云豈非正取純一無偽可與聖人同乎非謂無毫髮之異也大臨前日所云亦取諸此而已今承教乃云已失大本茫然不知所向聖人之學以中為大本雖堯舜相授以天下亦云允執厥中何所準則而知過不及乎求之此心而已此心之動出入無時何從而守之乎求之于喜怒哀樂未發之際而已當是時也此心即赤子之心此心之發純是義理安得不和前日敢指赤子之心為中者其說如此來教云赤子之心可謂之和不可謂之中大臨

思之所謂和者指已發而言之今言赤子之心乃論其未發之際純一無僞無所偏倚可以言中若謂已發恐不可言心先生曰所云非謂無毫髮之異是有異也有異者得為大本乎推此一言餘皆可見呂曰大臨以赤子之心為未發先生以赤子之心為已發所謂大本之實則先生與大臨之言未有異也但解赤子之心一句不同耳大臨初謂赤子之心止取純一無僞與聖人同孟子之義亦然、更不曲折一〃較其同異故指以為言未嘗以已發不同處為大本也先生謂凡言心者皆指已發為言然則未發之前謂之無心可乎竊謂未發之前心體昭〃具在已發乃心之用也先生曰所論意雖以已發者為未發反求諸言却是認已發者為說詞之未瑩乃是擇之未精凢言心者指已發而言此固未當心一也有指體而言者寂然而不動是也有指動而言者感而遂通天下之故是也惟觀其所見何如耳大抵論愈精微言愈易差也

百家謹案此條即起豫章延平看未發以前氣象宗旨子劉子曰夫所謂未發以前氣象即是獨中真消息也又曰一喜怒哀樂耳自其蘊諸中言則曰未發自其見諸外言則曰已發蓋以表裡對待言不以前後際言也又曰自喜怒哀樂之存諸中言謂之中不必其未發之前别有氣象也即天道之元亨利貞運于於穆者是也自喜怒哀樂之發于外者言謂之和不必其已發之時又有氣象也即天道之元亨利貞呈于化育者是也惟存發總是一機故中和渾是一性推之一動一靜一語一默莫不皆然此獨體之妙所以即微即顯即隱即見而慎獨之學即中和即位育此千聖學脉也自喜怒哀樂之說不明後世而聖學晦矣

## 語録

赤子之心良心也天之所以降衷民之所以受天地之中也寂然不動虚明純一與天地相似與神明為一傳曰喜怒哀樂之未發謂之中其謂此與此心自正不待人而後正而賢者能勿喪不為物欲之所遷動如衡之平不加以物如鑑之明不蔽以垢乃所謂正也惟先立乎其大者則小者不能奪如使忿懥恐懼好樂憂患一奪其良心則視聽食息從而失守欲區區修身以正其外難矣

百家謹案孟子師説云赤子之心視聽言動與心為一無有外来攙和雖一無所知一無所能却是知能本然之體逮其後世故日深將習俗之知能換了本然之知能便失赤子之心大人無所不知無所不能不過將本然之知能

擴充至乎其極其體仍然不動故為不失獨夫子云知之為知之不知為不知是知也有知之有不知：：之量也以為知之以為不知：：之體也人以為事：物皆須講求豈赤子之心所能包括不知赤子之心是個源頭從源頭上講求事物則千紅萬紫總不離根若失卻源頭只在事物講求則剪綵作花終無生意此可謂說盡赤子之心矣百家因思前未發問答中伊川云赤子之心不可謂中一語反不如先生之語無病蓋赤子之心如穀種滿腔生意盡在其中何嘗虧欠極大人之能事豈能于此穀種之外添得别物

我心所同然即天理天德孟子言同然者恐人有私意蔽之苟無私意我心即天心

萬物之生莫不有氣：：也者神之盛也莫不有魄：：也者鬼之盛也故人亦鬼神之會爾鬼神者周流天地之間無所不在雖寂然不動而有感必通雖無形無聲而有所謂昭：不可欺者

人受天地之中以生良心所發莫非道也在我者惻隱羞惡辭讓是非皆道也在彼者君臣父子夫婦昆弟朋友之交亦道也在物之分則有彼我之殊在性之分則合乎內外一體而已是皆人心所同然乃吾性之所固有也

誠者理之實然一而不可易者也

實理不二則其體無雜其體不雜則其行無間故至誠無息自洒掃應對上達乎天道性命聖人未嘗不竭以教人但人所造自有淺深故所得亦有大小也　仲尼曰吾無隱乎爾又曰有鄙夫問於我：　叩其兩端而竭焉然子貢高弟猶未聞乎性與天道非聖人之有隱而人自不能盡耳如天降時雨百果草木

皆甲折其盛衰大小之不齊膏澤豈私于物哉

8

## 附錄

伊川曰與叔守橫渠學甚固每橫渠無說處皆相從纔有說了更不肯回

張天祺曰吾得顏淵為壻矣

考亭曰與叔惜乎壽不永如天假之年必所見又別程子稱其深潛縝密資質好又能涵養某若只如呂年亦不見得到田地矣又曰與叔之文如千兵萬馬飽滿伉壯

先遺獻曰朱子於程門中最取與叔以為高于諸公大段有筋骨天假之年必理會得到至其求中之說則深非之及為

照此依二格双行

延平行狀謂其危坐終日驗未發時氣象而求其所謂中蔡淵亦云朱子教人于靜中體認大本未發時氣象分明即處事應物自然中節又即與叔之說也故學者但當于本原上理會不必言語自生枝節也

百家謹案先生論選舉欲立士規以養德厲行更學制以量材進藝定貢法以取賢斂才立試法以區別能否修辟法以興能備用嚴舉法以覈實得人制考法以責任考功其論甚悉實可施行也呂氏六昆汲公既為名臣更難先生與晉伯和叔三人同德一心勉勉以進修成德為事而又共講經世實濟之學嚴異端之教富鄭公致政于家為佛氏之學先生與書曰古者三公內則論道于朝外則主教于鄉此豈世之所望于公者哉鄭公謝之其嚴正如此

○范育撰傳郡序正蒙曰惟夫子之為此書也有六經之所未
載聖人之所未言盡道一而已語上極乎高明語下涉乎形器語
大至於無間語小入於無朕一有窮而不盡則於理為妄正蒙之言
高者抑之卑者舉之虛者實之礙者通之眾者一之合者散之要
之立乎大中至正之矩天之所以運地之所以載日月之所以明鬼神
之所以幽風雲之所以變江河之所以流物理以辨人倫以正造端者
微成能者著知德者崇就業者廣本末上下貫乎一道過乎此者
淫遁之狂言也不及乎此者邪詖之卑說也推而放諸有形而準
推而放諸無形而準推而放諸至動而準推而放諸至靜而準無
不包矣無不盡矣無大可過矣無細可遺矣言若是乎其極矣

蓋足下守之至矣使人愧恥之又向學盡之矣

## 蘇昞

蘇昞字季明云云

御史薛先生昌朝

薛昌朝字景庸，嘗為御史，論新法。程子嘗曰：天祺有自然德氣，似個貴人氣象，只是却有氣短處，規規太以事為事，傷于周至，却是氣局小。景庸則只是才敏。須是天祺與景庸相濟，乃為得中也。按：陳古靈嘗薦先生於神宗曰：才質淳美，持守端直，可置臺閣。時先生為殿中丞，充秦鳳路提舉青。

處士張先生曉

○張曉字景前，呂晉伯為秦州，景前又為倅，遣之詩請及入太學。晉伯謂曰：微仲弟不足見，不如見與叔弟。其時汲汲

為寧相而吾伯以為不必見明道景前孟亦有志於宋學者
也且不知其後何至横渠之弟子游於程中者自呂藍田以
外寥寥矣呂藍田諸人從程氏而傳而南渡後少宗閩矣
在程中弟子為楊謝之輩不逮下中之才得以見於其語錄
者惟氏許之從於丙存三歎者於宋史得酬神之言於晁景
迂集得晁氏于章景訓得田腴於程子語錄得薛昌朝
于閩志得郭雍者清揚為關中一大君子竟莫得其詳

呂義山

○呂義山字子序和叔先生子也范伯訓首稱其能繼家學
亦嘗請業於程門與叔並陵不得伊川先生本曰大臨更不敢煩

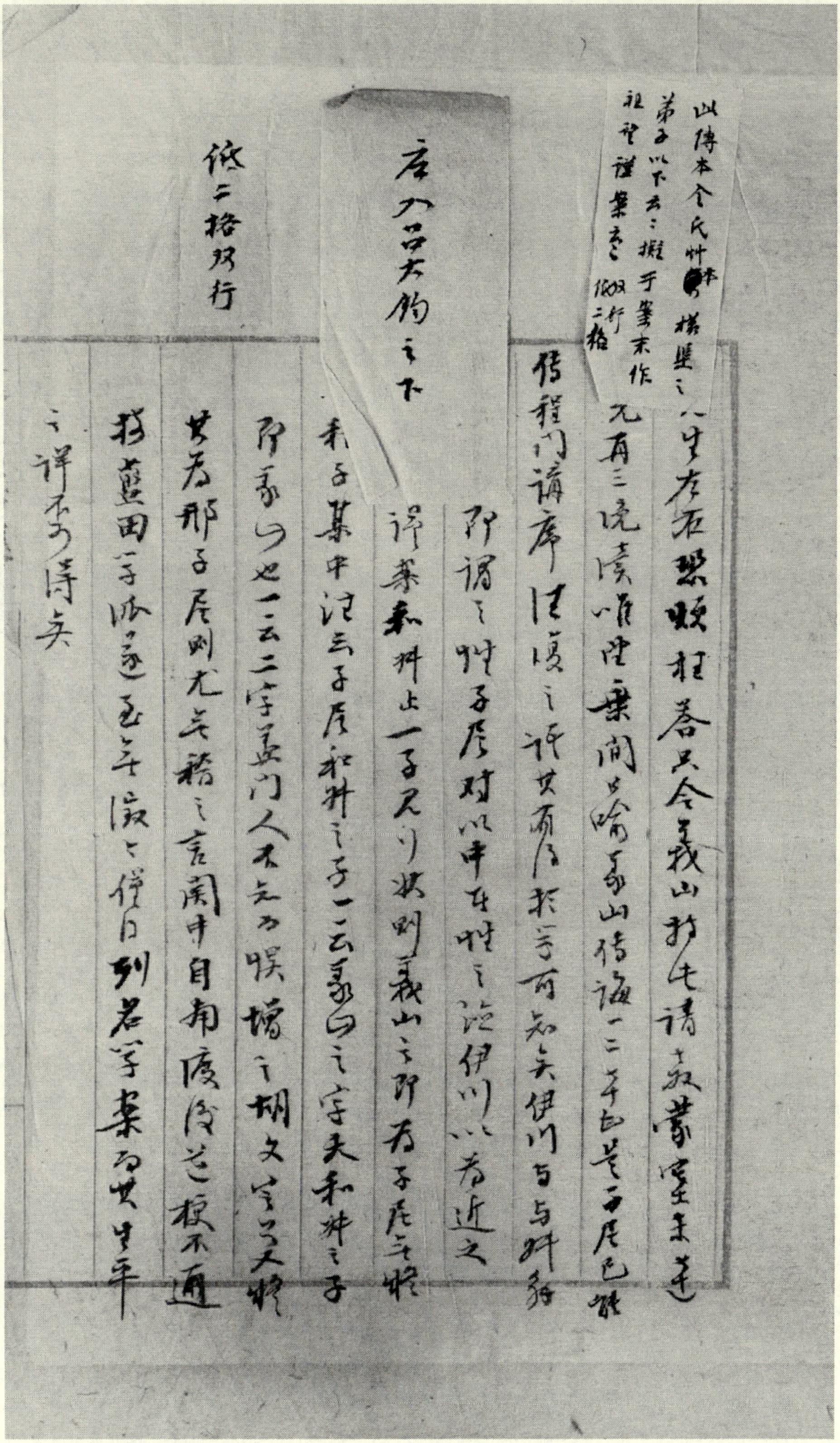

此傳本全氏[illegible]本横渠之弟子以下云云擬于案末作祖望謹案云云　低二格

序入呂大鈞之下

低二格雙行

[illegible]之學者在[illegible]順[illegible]答只今義山[illegible]請叔[illegible]室未達

凡有三說讀[illegible]學問上喻[illegible]山傳論一二年[illegible]而居已[illegible]

張程門請序[illegible]之評其[illegible]於學所知矣伊川与与叔[illegible]

所謂之性子居對以中[illegible]性之說伊川以為近之

評案[illegible]上一子[illegible]狀則義山之所為子居[illegible]

和子集中注云子居和叔之子一云義山之子夫和叔之子

所義山也一云二字為門人不知而誤增之胡文定公又稱

其為邢子居則尤無稽之言關中自有[illegible]根不通

横[illegible]田一字[illegible]遂至于[illegible]信曰列君子案而其生平

之詳不可得矣

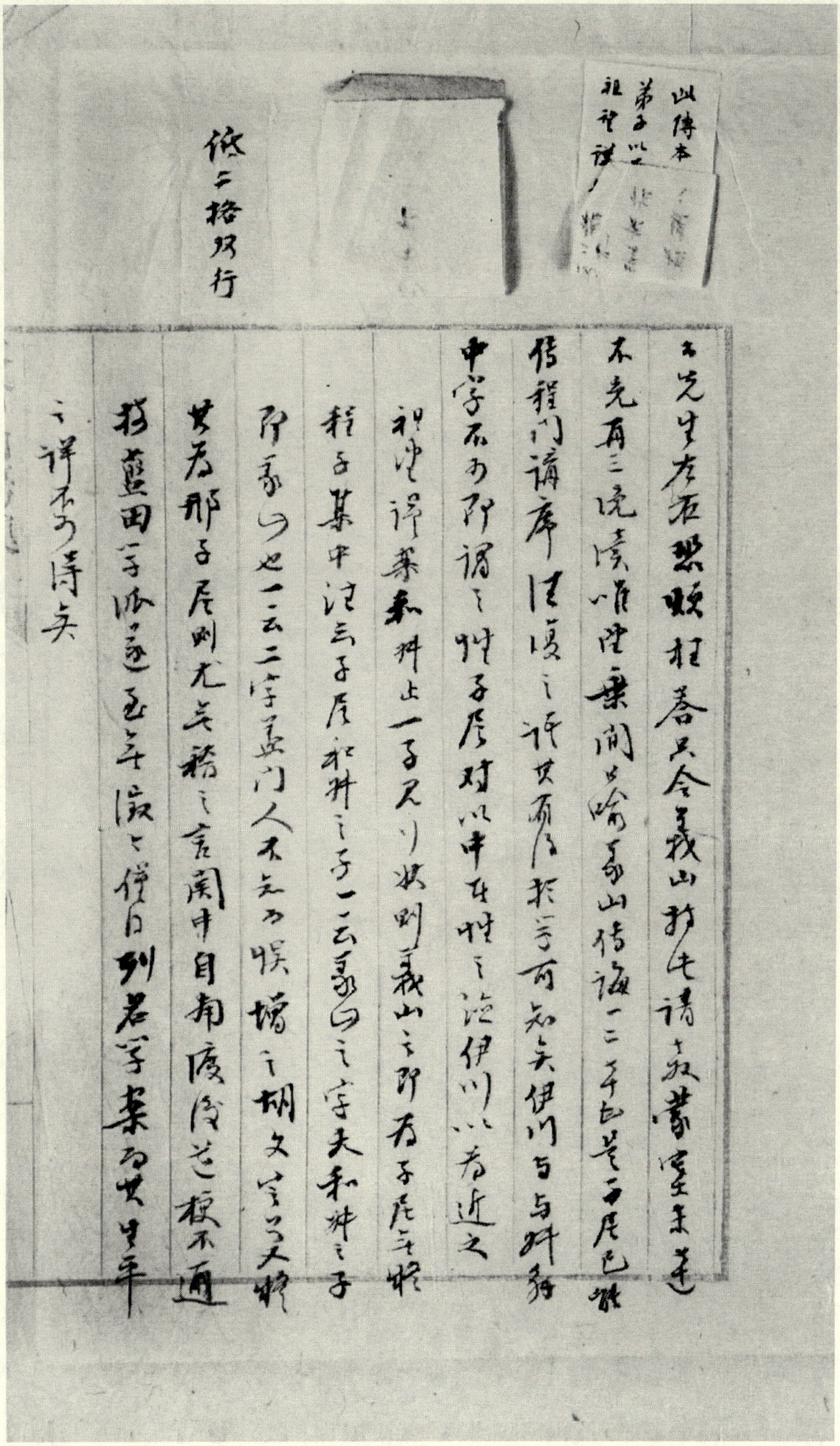

# 第四冊明道學案

黃梨洲宋元學案元孫穉圭校補稿

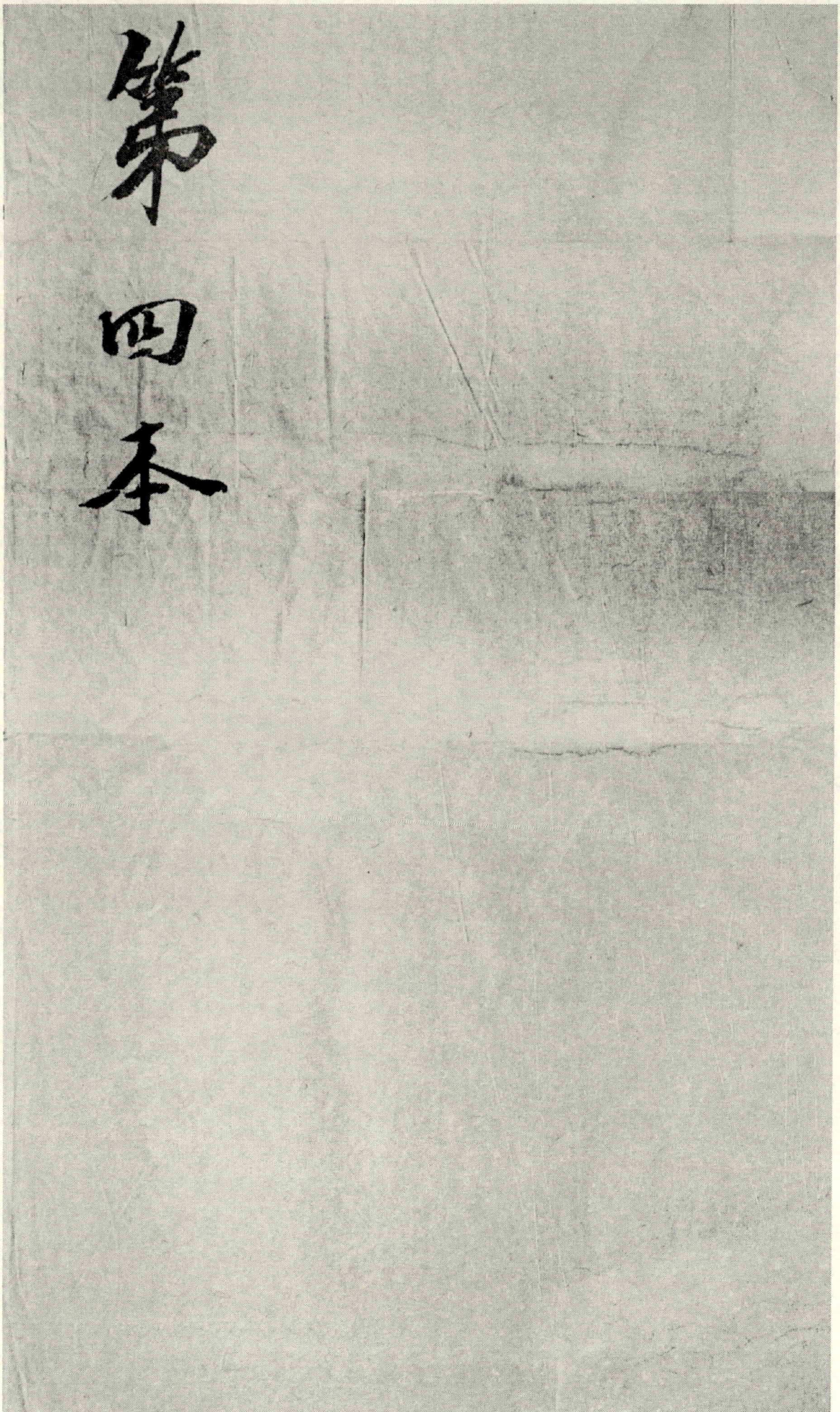
第四本

宋儒學案

道獻

## 明道學案

百家謹案宋乾德五年五星聚奎占啓文明之運後景德四年慶歷三年後兩聚而周子二程子生于其間朱子曰元公不由師傳默契道體建圖屬書根極領要當時見而知之者有程氏遂廣大推明之使大天理之微人倫之著事物之眾鬼神之幽莫不洞然畢貫于一而周孔孟氏之傳煥然復明此定論也顧二程雖同受學濂溪而大程德性寬宏規模闊廣以光風霽月為懷二程氣質剛方文理密察以峭壁孤峯為體其道雖同而造德自各有殊也作二程明道學案伊川學案

○純公程明道先生顥

程顥字伯淳世居中山後徙為河南人高祖翊太宗朝三司使父珦大中大夫先生生而秀爽叔母侯氏抱之釵墜不覺後數日方求之先生未能言以手指示其處得之踰冠中進士第調鄠縣主簿南山有石佛歲傳其首放光遠近聚觀先生謂其僧曰吾有職事俟復見為我取其首來觀之自是光不復見改上元縣盛夏堤決法當言之府府言之漕司然後興作先生曰若是苗槁久矣見發民塞之歲乃大熟上元當水運之衝設營以處病卒至者輒死先生曰病者給券而後得食待食數日矣而不死乃白漕司預貯米營中死者減半仁宗登遐遺制官吏成服三日而除三日之朝府尹率屬吏將釋服先生進曰請盡今日若朝

而除之所服止二日尔尹不從先生曰公自除之某非至夜不敢釋也一府相視無敢除者茅山有龍池其龍如蜥蜴而五色自昔嚴奉以為神物先生捕而脯之使人不惑始至邑時見持竿以黏飛鳥者取其竿折之自是鄉民子弟不敢復畜禽鳥其不嚴而令行如此移晉城令富民張氏父死有老叟踵門自言我汝父也子驚疑莫測相與詣縣叟曰身為醫遠出而妻生子貧不能養以與張先生質其驗懷中取一書進其所記曰某年月日抱兒與張三翁家先生問張是時年才四十安得稱翁叟駭服而去河東財賦窘迫官所科買雖至賤之物價必騰踴先生度所需使富室預儲以待及期平價買之貧富咸利縣庫有雜

納錢數百千常借以補助民力部使者至則告之曰此錢令自用而不私請一切不問先生視民如子民以事至縣者必告之以孝悌忠信欲辯事者或不持牒徑至庭下先生從容理其曲直無不釋然度鄉村遠近為保伍使之力役相助患難相卹而姦偽無所容凡孤煢殘廢者責之親戚鄉黨使無失所行旅出於其塗者疾病皆有所養鄉必有校暇時親至召父老而與之語童兒所讀書親為正句讀教者不善則為易置鄉民為社會為立科條旌別善惡使有勸有恥在縣三年民無強盜及鬭死者秩滿吏夜叩門称有殺人者先生曰吾邑安有此誠有之必某村某人也問之果然或詢其故曰吾嘗疑此人惡少之勿革者

也熙寧初用呂正獻公公著薦為太子中允監察御史裏行神宗素知其名每召見從容咨訪將退則曰卿可頻來求對欲常相見爾一日議論甚久日官報午正先生始退中人相謂曰御史不知上未食耶務以誠意感動人主言人主當防未萌之欲神宗俯身拱手曰當為卿戒之及論人才曰陛下奈何輕天下士神宗曰朕何敢如是前後進說未有一語及於功利嘗極陳治道神宗曰此堯舜之事朕何敢當先生愀然曰陛下此言非天下之福也王安石執政議更法令言者攻之甚力先生被旨赴中堂議事安石方怒言者厲色待之先生徐曰天下事非一家私議願平氣以聽安石為之媿屈新法既行先生言智者若禹之

行水行所無事自古興治立事未有中外人情交謂不可而能有成者就使微倖小成而興利之臣日進尚德之風浸衰尤非朝廷之福乞去言職安石本與之善及是雖不合猶敬其忠信不深怒但出提點京西刑獄先生固辭改簽書鎮寧軍判官奄人程昉治河取澶卒八百天方大寒而虐用之衆逃歸群僚畏昉欲勿納先生曰彼逃死自歸勿納必亂即親往啓門約少休三日復役衆驩踴而入具以事上得不遣昉後過州見先生言甘而氣懾退而揚言於衆曰澶卒之潰程中允誘之吾且訴於上先生聞之笑曰彼方憚我故爲是言也果不敢訴曹村埽決先生謂郡守劉渙曰曹村決京師可虞請以廂兵見付事或可集

渙以鎮印假之先生立走決所激諭士卒識者以為勢不可塞徒勞人爾先生募善泅者銜細繩以渡決口得引大索兩岸並進數日而合還太常丞知扶溝縣廣濟蔡河在縣境瀕河惡子脅取行舟財貨歲必焚舟十數先生捕得一人引其類得數十人不復根治但使分地挽舟督察作過者其患始息水災請發粟司農遣使閱實鄰邑多自陳穀且登無貸可也先生請貸不已得穀六千石饑者用濟司農視貸籍戶同等而所貸不等檄縣杖主吏先生言濟饑當以口之衆寡不當以戶之高下令實為之非吏罪乃已奄人王中正巡閱保甲權寵張甚諸邑供帳唯恐得罪至扶溝主吏以告先生曰吾邑貧安能效他邑取於

民法所禁也獨有令故青帳可用爾中正憚之不敢入境有犯小盜者先生諭而遣之再發盜謂其妻曰我與大丞約不復為盜今何面目見之耶遂自縊除判武學李定劾其新法之初首為異論罷復舊任已坐逸獄責監汝州鹽稅哲宗立召為宗正丞未行而卒元豐八年六月十五日也年五十四先生資性過人而充養有道和粹之氣盎於面背門人交友從之數十年未嘗見其忿厲之容遇事優為雖當倉卒不動聲色自十五六時與弟正叔聞汝南周茂叔論學遂厭科舉之習慨然有求道之志氾濫於諸家出入於老釋者幾十年返求諸六經而後得之秦漢而下未有臻斯理也文潞公採衆議而為之稱以表其墓曰

明道先生嘉定十三年賜謚曰純公淳祐元年封河南伯從祀
孔子廟庭明嘉靖中祀称先儒程子

識仁篇

學者先須識仁仁者渾然與物同體義禮智信皆仁也識得此理以誠敬存之而已不須防檢不須窮索若心懈則有防心苟不懈何防之有理有未得故須窮索存久自明安待窮索此道與物無對大不足以明之天地之用皆我之用孟子言萬物皆備於我須反身而誠乃為大樂若反身未誠則猶是二物有對以己合彼終未有之又安得樂訂頑意思（橫渠西銘舊名訂頑）乃備言此體以此意存之更有何事必有事焉而勿正心勿忘勿助長未嘗致纖毫之力此其存之之道若存得便合有得蓋良知良能元不喪失以昔日習心未除却須存習此心久則可奪舊習此

理至約惟患不能守既能體之而樂亦不患不能守也
子劉子曰程子首言識仁不是教人懸空參悟正就學者隨
事精察力行之中先與識個大頭腦所在便好容易下工夫也
識得後只須用葆任法曰誠敬存之而已而勿忘勿助之間
其真用力俟也蓋天理微妙之中著不得一毫意見伎倆與
之湊泊纔用纖毫之力便是以己合彼之勞矣安得有反身
身而誠之樂誠者自明而誠之謂敬者一於誠而不二之謂
誠只是誠此理敬只是敬此誠何力之有後人不識仁將天
地間一種無外之理先封作一膜看因并不識誠敬將本心
中一點活潑之靈滯作一物用看失之矣良知良能是本本

心昏昧放逸是習心向來不識此理故種種本心為習心用今來既識此理故種種習心為本心轉又何患不存之又存而不能朞月守也此程子見道分明語也乃先儒以為地位高者之事非淺學可幾學者只合說克己復禮為仁周海門先生深不然之以為不識仁而能復禮者無有是處極為有見而頤涇陽先生則云學者極喜舉程子識仁但昔人是全提後人只是半提仁者渾然與物同體義禮智信皆仁也此全提也後人只說得渾然與物同體而遺卻下句此半提也識得此理以誠敬存之不須防檢不須窮索此全提也後人只說得不須防檢不須窮索而遺卻上句此半提也尤見

連下頁均低一格單行

衛道之苦心矣

又曰朱子謂識仁篇乃地位高者之事故近思錄遺之然誠敬存之四字自是中道而立

又曰識仁一篇總只是狀仁體合下來如此當下認取活潑潑地不須著纖毫氣力所謂我固有之也然誠敬為力乃是無著力處蓋把持之存終是人偽誠敬之存乃為天理只是存得好便是誠敬誠敬就是存也存正是防檢克己是也存正是窮索擇善是也若泥不須防檢窮索則誠敬存之當處未免涉高明之惑子靜專言此意固有本哉

應先入後顧涇陽語後入遺獻語均低一格單行

獻曰明道之學以識仁為主渾然太和元氣之流其披

心昏昧放逸是習心向來不識此理故種種本心為習心用今來既識此理故種種習心為本心轉又何患不存之又存而不能朞月守也此程子見道分明語也乃先儒以為地位高者之事非淺學可幾學者只合說克己復禮為仁周海門先生深不然之以為不識仁而能復禮者無有是處極為有見而顧涇陽先生則云學者極喜舉程子識仁但昔人是全提後人只是半提仁者渾然與物同體義禮智信皆仁也此全提也後人只說得渾然與物同體而遺卻下句此半提也識得此理以誠敬存之不須防檢不須窮索此全提也後人只說得不須防檢不須窮索而遺卻上句此半提也尤見

連下頁均低一格
單行

衛道之苦心矣

又曰朱子謂識仁篇乃地位高者之事故近思錄遺之然誠敬存之四字自是中道而立

又曰識仁一篇總只是狀仁體合下來如此當下認取活潑潑地不須著纖毫氣力所謂我固有之也然誠敬為力乃是無著力處蓋把持之存終是人偽誠敬之存乃為天理只是存得好便是誠敬誠敬就是存也存正是防檢克己是也存正是窮索擇善是也若泥不須防檢窮索則誠敬存之當在何處未免滋高明之惑子靜專言此意固有本哉

晃遺獻曰明道之學以識仁為主渾然太和元氣之流其披

拂於人也亦無不入庶乎所過者化矣故其語言流轉如彈丸說誠敬存之便說不須防檢不須窮索說執事須敬便說不可矜持太過唯恐稍有留滯則與天不相似此即孟子說勿忘隨以勿助長救之同一埽跡法也鳶飛魚躍千載旦暮朱子謂明道說話渾淪然太高學者難看又謂程門高第如謝上蔡游定夫楊龜山下稍皆入禪學去必是程先生當初說得高了他們只瞭見上一截少下面著實工夫故流弊至此此所謂程先生者單指明道而言其實不然引而不發以俟能者若必魚筌兔跡以俟學人則匠羿有時而改變繩墨彀率矣朱子得力于伊川故於明道之學未必盡其傳也

此条在遺獻云

百家謹案姜定庵云云接上均依二格刻行

遺獻語微

此条已見前子劉子云云可去

頤涇陽曰程伯子曰仁者渾然與物同體只此一語已盡何以又云義禮智信皆仁也始頗疑其為贅及觀世之號識仁者往往務為圓融活潑以外媚流俗而内濟其私甚而滅蔑棄廉恥決裂繩墨閃鑠回互誑己誑人曾不省義禮智信為何物猶偃然自命曰仁也然後知伯子之意遠矣

百家謹案先遺獻孟子師説解必有事焉此与明道識仁之意相合正是把捉之病忘是間斷之病助是急迫之病故曰不須防檢不須窮索未嘗致纖毫之力蓋存得好就是誠敬誠敬就是存也存正是防檢克己是也存正是窮索擇善是也若外此而為防檢窮索便是人偽未有不犯者之病也

百家又憶姜定庵先生希轍嘗於其家祠亭問先遺獻學而時習之解答云白虎通云學者覺也心悟所未知也朱子曰學之為言效也總是工夫之名荀子謂誦數以貫之思索以通之為其人以處之除其害以持

拂於人也亦無不入庶乎所過者化矣故其語言流轉如彈丸說誠敬存之便說不須防檢不須窮索說執事須敬便說不可矜持太過唯恐稍有留滯則與天不相似此即孟子說勿忘隨以勿助長救之同一埽跡法也鳶飛魚躍千載旦暮朱子謂明道說話渾淪然太高學者難看又謂程門高第如謝上蔡游定夫楊龜山下稍皆入禪學去必是程先生當初說得高了他們只睥見上一截少下面著實工夫故流弊至此此所謂程先生者單指明道而言其實不然引而不發以俟能者若必魚筌兔跡以俟學人則匠羿有時而改變繩墨彀率矣朱子得力于伊川故於明道之學未必盡其傳也

此条在遺獻云

須涇陽曰程伯子曰仁者渾然與物同體只此一語已盡何以又云義禮智信皆仁也始頗疑其爲贅及觀世之號識仁者往往務爲圓融活潑以外媚流俗而內濟其私甚而減蔑棄廉恥決裂繩墨閃鑠回互誑己誑人曾不省義禮智信爲何物猶偃然自命曰仁也然後知伯子之意遠矣

批此条已見前
子劉子云云可去

百家謹案先遺獻孟子師說解必有事焉此與明道識仁之意相合正是把捉之病忌是間斷之病助是急迫之病故曰不須防檢不須窮索未嘗致纖毫之力蓋存得好就是誠敬誠敬就是存也存正是防檢克己是也存正是窮索擇善是也若外此而爲防檢窮索便是人僞未有不犯三者之病也

百家又憶姜定庵先生希轍嘗於其家丙水亭問先遺獻學而時習之解答云白虎通云學者覺也覺悟所未知也朱子曰學之爲言效也總是工夫之名荀子所謂誦數以貫之思索以通之爲其人以處之除其害以持

百家謹案姜定庵云云
上段均依二格刻行

遺獻語後

养々皆是然必有所指々的則合其本體而已矣明道之識仁是也時習者孟子必有事焉而勿正心勿忘勿助長是也明道識得此理以誠敬存之而已不須防檢不須窮索若心懈則有防心苟不懈何防之有理有未得故須窮索存久自明安待窮索蓋其調間停節候如鳥々肄飛冲然自得便是説也。附百家求仁篇・孔門之學莫大于求仁求仁之外無餘事矣顧未知仁之奚若于何求之故明道云學者須先識仁第仁道至大無可名言又非懸空想像可得即識仁篇所言仁者渾然与物同体義禮智信皆仁也雖其言仁大旨已盡而在學者仍未易識如之何為渾然如之何為義礼智信而為仁也继此云識得此理以誠敬存之而已則又是識後之工夫其識前之工夫後止于不須盡窮索句中帶補出存久自明句而存之之道在必有事焉而勿正心勿忘勿助長是程子于識前識後俱以一存統之也而先儒以為此地位高者之事非淺學可幾然則為淺學者于何而可以識仁々不易遽識仍當于未識前思所以求之之方此朱史求仁篇之所由作也天下沿流而不獲者則當溯其源求仁之言出于孔子則當還自孔子之言仁者以求之顔淵問仁子曰克己復礼為仁礼天則也揆心之規矩也心不踰乎礼矩而有不仁者乎此以礼求仁也仲弓問仁子曰出門如見大賓使民如承大祭己所勿欲勿施于人朱子曰敬以持己恕以及物則私意無所害而心德全矣此以敬恕求仁也推之司馬牛樊遲子貢子張等問皆隨其人高下而切近語之惟哀公問政之對昭然已直揭其体寔指其功曰仁者人也親親為大此聖人罔后之告寔為言仁之宗主孟子曰仁也者人也親親仁也仁之寔事親是也孔孟之言仁如出一口揔之後儒謂性生于有生之初知覺發于既生之後性体也知覺用也性公也知覺私也不可即以知覺為性愛親敬長屬用乎知覺故謂性中無孝弟而必推原其上一層不知性雖為公共之物而天命于人必俟有身而後有性吾身由父母而生則性亦由父母而有性由父母而有似屬一人之私然人人由父母而有則仍是公共之物夫公共之物宜非止以自愛其親然人人之所以自愛

以下均依二格双行

此葉當完印樣行寫入欄用訖案語仍依一格双行

不必空矣

其親正以見一本大同之道佛氏之言性何嘗不精所以為異端者正以不就人言性求性于父母未生前含生蠢動以為本覺于是其視父母也甚輕害道之大全在于此孔孟之言性止就人而言故孟子道性善亦曰人無有不善不合牛犬於內也言仁則曰親親以無父母即無此身父母即天地我與父母固結而不可解之心不知其所自來此天然之至性乃所謂仁也儒釋之界限惟此吾儒胡為而復墮其霧乎王塘南曰聖學主于求仁而仁體最難識若未能識仁只從孝弟上懇惻以盡其力當其真切于孝弟時此心油然藹然而不能自已則仁体即此可默會先遺獻曰人生墮地分父母以為氣質從氣質而有理義理則義理之發源在于父母人能事事以父母為心便是天理便是仁也嗚呼孔孟之求仁之學惟塘南與九子可謂撥雲霧而睹青天矣

以下均低二格双行

此葉當立
擱開沈墨
行

其親正以見一本大同之道佛氏之言性何嘗不精所以為異端者正以不就人言性求性于父母未生前含生蠢動以為本覺于是其視父母也甚輕害道之大全在于此孔孟之言性止就人而言故孟子道性善亦曰人無有不善不合牛犬於內也言仁則曰親親以無父母即無此身父母即天地我與父母固結而不可解之心不知其所自來此天然之至性乃所謂仁也儒釋之界限惟此吾儒胡為而復墮其霧乎王塘南曰聖學主于求仁而仁體最難識若未能識仁只從孝弟上懇惻以盡其力當其真切于孝弟時此心油然藹然而不能自已則仁体即此可默會先遺獻曰人生墮地分父母以為氣質從氣質而有理義理則義理之發源在于父母人能事事以父母為心便是天理便是仁也嗚呼孔孟之求仁之學惟塘南與先子可謂撥雲霧而睹青天矣

百家謹案云云入定性書下双行勻寫

楊楊開沅謹案仁者渾然與物同體即大學格物之物所謂有物有則也此道與物無對即大學中庸必慎之獨獨天命之性體也惟萬物皆備於我所以同體惟推而放之四四海而準所以無對

## 定性書

百家謹案橫渠張子問於先生曰定性未能不動猶累於外物何如先生曰作此篇

所謂定者動亦定靜亦定無將迎無內外苟以外物為外牽己而從之是以己性為有內外也且以己性為隨物於外則當其在外時何者為在內是有意於絕外誘而不知性之無內外也既以內外為二本則又烏可遽語定哉夫天地之常以其心普萬物而無心聖人之常以其情順萬事而無情故君子之學莫若廓然而大公物來而順應易曰貞吉悔亡憧憧往來朋從爾思苟規規於外誘之除將見滅於東而生於西也非惟日之不足

領其端無窮不可得而除也人之情各有所蔽故不能適道大率患在於自私而用智自私則不能以有為、應迹用智則不能以明覺為自然今以惡外物之心而求照無物之地是反鑑而索照也易曰艮其背不獲其身行其庭不見其人孟子亦曰所惡於智者為其鑿也與其非外而是內不若內外之兩忘兩忘則澄然無事矣無事則定、則明、則尚何應物之為累哉聖人之喜以物之當喜聖人之怒以物之當怒是聖人之喜怒不繫於心而繫於物也是則聖人豈不應於物哉烏得以從外者為非而更求在內者為是也今以自私用智之喜怒而視聖人喜怒之正為何如哉夫人之情易發而難制者惟怒為甚

第能于怒時遽忘其怒而觀理之是非亦可見外誘之不足惡而於道亦思過半矣

○○百家謹案先生他日又曰治怒為難治懼亦難克己可以治怒明理可以治懼

○子劉子曰此伯子發明主靜立極之說最為詳盡而無遺也稍分六段看而意皆融貫不事更端亦不煩詮解今姑為之次第首言動靜合一之理而歸之常定乃所以為靜也是內非外非性也離動言靜非靜也天地之常以下即天地之道以明聖人之道不離物以求靜也人之情以下言常人之情自私用智所以異於聖人而終失其照物之體也易曰以下又引大易孟子之言以明自私用智之必不然也聖人之喜

以下又即聖人應物之情以明外物之不足惡而夫人之情以下又借怒之一端於極難下手處得定性之法如此又以見外物之不足惡也合而觀之主靜之學性學也人生而靜天之性也感於物而動性之欲也聖人常寂而常感故有欲而實歸於無欲所以能盡其性也常人離寂而事感離感而求寂故去欲而還以從欲所以自汩其天也主靜之說本千古秘密藏即橫渠得之不能無疑向微程伯子發明至此○幾令千古長夜矣

○○百家謹案性無內外云者羅整菴云內外只是一理也情順萬物而無情者先遺獻云此語須看得好孔子之哭顏淵堯舜之憂文王之怒所謂情順萬物也若是無情則內外兩截此正佛氏之消煞也無情只是無私情如下文聖

人之喜怒以物之當喜怒而無自私用智之喜怒。百家又案嘉靖中胡柏泉松為太宰疏解定性書會講於京師分作四層一者天地之常心普物而無心此是天地之定二者聖人之常情順物而無情此是聖人之定三者君子之學廓然大公物來順應此是君子之定四者吾人第子怒時遽忘其怒觀理是非此是吾人之定吾人希君子君子希聖人聖人希天地是日天下計吏俱在京咸會於象房所約五千餘人羅近溪耿天臺周都峯徐龍灣並恭請席莫不飲飫斯義

## 語錄

詩書中凡有一個主宰的意思皆言帝有一個包涵徧覆的意思則言天有一個公共無私的意思則言王上下千百歲中若合符契言天之自然者謂之天道言天之賦于萬物者謂之天命

繫辭曰形而上者謂之道形而下者謂之器又曰立天之道曰陰與陽立地之道曰柔與剛立人之道曰仁與義又曰一陰一陽之謂道陰陽亦形而下者也而曰道者惟此語截得上下最分明元來只此是道要在人默而識之也

忠信所以進德終日乾乾君子當終日對越在天也蓋上天之載無聲無臭其體則謂之易其理則謂之道其用則謂之神其命於人則謂之性率性則謂之道修道則謂之教孟子在其中人發揮出浩然之氣可謂盡矣故說神如在其上如在其左右

大事而只曰云云上據空兩格候改

　　大事而只曰誠之不可揜徹上徹下不過如此形而上為道形而下為器須著如此說器亦道道亦器但得道在不繫今

與後已與人

中庸言誠便是神

惟神也故不疾而速不行而至神無速亦無至須如此言者不如是不足以形容故也

冬夏寒暑陰陽也所以運用變化者神也神無方故易無體若如或者別立一天謂人不可以包天則有方矣是二本也

生生之謂易生生之用則神也

楊開沅案云云依二格雙行夾寫

、之妙者神也

以神更不說辭精氣入神以致用也神無方化之妙

言有無則多有字至人不識有無動靜耳以另為一條頂格單行後入[illegible]氏曰云云仍依一格單行

○

○[illegible]曰大哉以用言

楊開沅謹案誠便是神之體但體物不遺故不可以體言

繫辭曰形而上者謂之道形而下者謂之器又曰立天之道曰陰與陽立地之道曰柔與剛立人之道曰仁與義又曰一陰一陽之謂道陰陽亦形而下者也而曰道者惟此語截得上下最分明元來只此是道要在人默而識之也

忠信所以進德終日乾乾君子當終日對越在天也蓋上天之載無聲無臭其體則謂之易其理則謂之道其用則謂之神其命於人則謂之性率性則謂之道修道則謂之教孟子在其中又發揮出浩然之氣可謂盡矣故說神如在其上如在其左右

大事而只曰誠之不可揜徹上徹下不過如此形而上為道形而下為器須著如此說器亦道道亦器但得道在不繫今

大事而只曰云云上猶空兩格俟攷

與後已與人

中庸言誠便是神

惟神也故不疾而速不行而至神無速亦無至須如此言者不
如是不足以形容故也

冬夏寒暑陰陽也所以運用變化者神也神無方故易無體若
如或者別立一天謂人不可以包天則有方矣是二本也

生生之謂易生生之用則神也

窮神知化化之妙者神也

○子劉子曰神更不説辭精氣入神以致用也神無方化之妙
處即是故以用言

○楊開沅謹案誠便是神之體但體物不遺故不可以體言

鼓萬物而不與聖人同憂聖人人也故不能無憂天則不為尭存不為桀亡者也

天地日月一般月受日光而日不為之虧然月之光乃日之光也地氣不上騰則天氣不下降天氣降而至於地〻中生物者皆天氣也雖無成而代有終者地之道也

子劉子曰先升而後降如何

乾陽也不動則不剛其靜也專其動也直不專一則不能直遂

坤陰也不靜則不柔其靜也翕其動也闢不翕聚則不能發散

咸恒體用也體用無先後

子劉子曰神化原是一個

言有無則多有字言無〻則多無字有無與動靜同如冬至之前天地閉可謂靜矣而日月星辰亦自運行而不息謂之無動可乎但人不識有無動靜耳

天地萬物之理無獨必有對皆自然而然非有安排也每中宵以思不知手之舞之足之蹈之也

萬物莫不有對一陰一陽一善一惡陽長則陰消善增則惡減斯理也推之其遠乎人只要知此耳

質必有文自然之理必有對待生生之本也有上則有下有此則有彼有質則有文一不獨立二則為文非知道者孰能識之

天文天之理也人文人之理也

子劉子曰二不獨立便是二不是一以生二正如月落万川處處皆圓月本水之精即水成象不是假象終看是不隨看却是千万个千万个却是一个

一陰一陽之謂道自然之道也繼之者善也道則有用元者善之長也成之者却只是性各正性命也故曰仁者見之謂之仁知者見之謂之知百姓日用而不知故君子之道鮮矣如此

改
蕺山劉氏曰

則亦無始亦無終亦無因甚有亦無因甚無亦無有處有亦無

無處無

在天非一　在川非万　一者其質　万者其文

子劉子曰說陰陽不測之謂神便是不看[著]道字當落禪詮

古今異宜不惟人有所不便至于風氣亦自別也

視聽思慮動作天也人於其中要識得真與妄耳

天下善惡皆天理謂之惡者非本惡但或過或不及便如此如

楊墨之類

事有善有惡皆天理也天理中物須有美惡蓋物之不齊物之

情也但當察之不可自入于惡流於一物

物有善惡神無善惡無善無惡乃為至善

子劉子曰吾輩時常動一善念細揣之終是多這念有這念

便有比偶有比偶便有貞勝譬〻如一疋絹纔說細便有粗者形他又有更細者形他故曰毛猶有倫○盈天地间皆道也

學者須是擇乎中庸事之過不及處便是惡事則念之有依着處便是惡念擇善却不擇在事上直証本心始得

問心有善惡否曰在天為命在義為理在人為性主於身為心其實一也心本善發于思慮則有善有不善若既發則可謂之情不可謂之心譬如水只謂之水至如流而為派或行于東或行于西却謂之流也

子劉子曰遡流尋源其必由學乎學者但養得未發之中思過半矣

嘗論以心知天猶居京師往長安但知出西門便可到長安此猶是言作兩處若要至誠只在京師便是到長安更不可別求長安只心便是天盡之便知性知性便知天當處便認取更不可外求

窮理盡性以至於命三事一時並了元無次序不可將窮理作知之事若實窮得理即性命亦可了

伯淳昔在長安倉中閑坐後見長廊柱以意數之已尚不疑再數之不合不免令人一一聲言而數之乃與初數者無差則知越著心把捉越不定

子劉子曰把捉已是障

人心不得有所繫

醫書言手足痿痺爲不仁此言最善名狀仁者以天地爲萬物爲一體莫非己也認得爲己何所不至若不有諸己自與己不相干如手足不仁氣已不貫皆不爲己故博施濟衆乃聖人之功用仁至難言故曰己欲立而立人己欲達而達人能近取譬可謂仁之方也已欲令如是觀仁可以得仁之體

切脉最可體仁

子劉子曰脉脉不斷正此仁生生之體無間斷故無痿痺一斷便死了不仁者如郤子所謂不知死過幾万遍却是不曾生一般

剛毅木訥質之近乎仁也力行學之近乎仁也若夫至仁則天

地為一身而天地之間品物万形為四肢百體矣人豈有視四肢百骸而不愛者哉聖人仁之至也獨能體是心而已曷嘗支離多端而求之自外乎故能近取譬者仲尼所以示子貢求仁之方也醫書以手足風頑謂之四體不仁為其疾痛不以累其心故也夫手足在我而疾痛不與知焉非不仁而何世之忍心無恩者其自棄亦若是而已

滿腔子是惻隱之心（先道獻）

百家謹案孟子師說滿腔子是惻隱之心此意周流而無間斷即未發之喜怒哀樂是也遇有感觸忽然迸出來無內外之可言也先儒言惻隱之有根源未嘗不是但不可言發者是情存者是性耳擴充之道存養此心使之周流不息則發政施仁無一非不忍人之心矣　又案但不可言發者是情存者是性二句一時恐未必得解人百世以

俟聖人

而不惑

不學便老而衰

百家謹案先遺獻每道此語且云辭驗實然

舍己從人最爲難事己者我之所有雖痛舍之猶懼守己者固

而從人者輕也

明道見謝子記問甚博曰賢却記得許多謝子不覺面赤身汗

先生曰只此便是惻隱之心

人語言緊急莫是氣不定否曰此亦當習習到自然緩時便是

氣質變也學至氣質變方是有功

楊墨之害甚於申韓佛老之害甚于楊墨楊氏爲我疑于仁墨

氏無疑於義申韓則淺陋易見故孟子只闢楊墨為其惑世之甚也佛氏其言近理又非楊墨之比此所以為害尤甚楊墨之害亦經孟子闢之所以廓如也

百家謹案孟子師說曰仁義者無所為而為之者也楊氏為我墨氏兼愛淳于髡先名實者為人後名實者自為即此也戰國儀秦鬼谷凡言功利者莫不出此二途楊墨是其發源處故孟子言天下之言不歸楊則歸墨所以遂成戰國之亂害事謂凡人所行害政謂各國所為若是推其流弊恐其後來何以言盈天下乎無父無君之禍正是指當時而言也朱子言無君只是潔身自高天下事教誰理會無父又以其枯槁澹泊其孝不周按如此言即有之亦是一身一家之事孟子何至痛切如此楊子雲謂古者楊墨塞路孟子辭而闢之廓如也真是夢語楊墨之道至今未熄程子曰楊墨之害甚于申韓佛老之害甚于楊墨佛老其言近理又非楊墨之比愚以為佛氏從生死起念只是一個自為其發願度衆生亦只是一個為人何曾離得楊墨案曰豈惟佛氏自科舉之學興儒門那一件不是自為

為人自古至今只有楊墨之害更無他害朱子言孟子雖不得志於時然楊墨之害自是滅息而君臣父子之道賴以不墜是亦一治也豈其然哉孟子方痛其不能滅息而以口舌爭之所謂夫天未欲平治天下也庶幾望之後人之能言距楊墨者正是言其久亂而不治也

觀雞雛可以觀仁

子劉子曰豈惟雞雛盈天地間並育並行何莫不足觀仁天地之大德曰生天地絪緼萬物化醇生之謂性万物之生意最可觀此元者善之長也斯所謂仁也人與天地一物也而人特自小之何哉

孟子曰仁也者人也合而言之道也中庸所謂率性之謂道是也仁者仁此者也敬以直內義以方外仁也若以敬直內則便不直矣行仁義豈有不直乎必有事焉而勿正則直也夫能敬以

楊開沅案云云
依二格双行句寫

直內義以方外則與物同矣故曰敬義立而德不孤是以仁者無對放之東海而準放之西海而準放之南海而準放之北海而準

子劉子曰仁者人也識得此理存之即是若不識本面目強欲以人偽湊泊則遠人為道矣敬即念而存也義即事而存也只此敬義功夫便將天地万物打成一片都存在這裏了方成其為人

楊開沅謹案敬義立則与物同即物我也仁者無對即慎獨而意誠也

博學而篤志切問而近思何以言仁在其中學者要思得之了此便是徹上徹下之道

仲尼言仁未嘗兼義獨於易曰立人之道曰仁與義而孟子言

仁必以義配蓋仁者體也義者用也知義之為用而不外焉者可以語道矣世之所論於義者多外之不然則混而無别非知仁義之說者

子劉子曰只是陰陽

士不可以不弘毅任重而道遠重擔子須是硬脊梁漢方擔得

禮樂只在進反之間便得性情之正

聖賢千言万語只是欲人將已放之心約之使反復入身來自能尋向上去下學而上達也

子劉子曰識此意方可言勿忘勿助不然一場說夢

學只要鞭辟近裡着己而已故博學而篤志切問而近思則仁在其中矣言忠信行篤敬雖蠻貊之邦行矣言不忠信行不篤敬雖州里行

乎哉立則見其參於前也在輿則見其倚於衡也夫然後行只此是學質美者明得盡渣滓便渾化却與天地同體其次惟在莊敬持養及其至則一也

敬勝百邪

毋不敬儼若思安定辭安民哉君道也君道即天道也出門如見大賓使民如承大祭此仲弓之問仁而仲尼所以告之者以仲弓為可以事斯語也雍也可使南面有君之德也

子劉子曰荀子二仲並稱亦見他請事斯語分明篤恭而天下平氣象却無四勿猶落聲臭支離在而象山又本程子之言以推尊仲弓不知孔子教人何嘗不皆是天道但不可得

而聞冉仲弓資性厚重而用功於敬至此夫子只是要打成他一片處近乎一貫之呼矣荀子雖未爲無見抑亦佛老之學即是論性之解此流相沿悮盡後人揔之不識所爲天道也

毋不敬可以對越上帝

中心斯須不和不樂則鄙詐之心入之矣此與敬以直內同理謂敬爲和樂則不可然敬須和樂只是中心没事也

學者須敬守此心不可急迫當栽培深厚涵泳於其間然後可以自得但急迫求之終是私己終不足以達道

執事須是敬又不可矜持太過

学在知其所有又在養其所有

若不能存養只是說話

天地設位而易行乎其中只是敬也敬則無間斷

體物而不可遺者誠敬而已矣不誠則無物也詩曰維天之命於穆不已於乎不顯文王之德之純純則無間斷

天下雷行物與无妄天性豈有妄耶聖人以茂對時育万物各使得其性也无妄則一毫不可加安可往也往則妄矣无妄震下乾上動以天安有妄乎動以人則有妄矣

欲當大任須是篤實

自明而誠雖多由致曲然亦有自大體中便誠者雖亦是自明

楊開沅案云云

而誠謂之致曲則不可

以己及物仁也推己及物恕也忠恕一以貫之忠者天道恕者人道忠者無妄恕者所以行乎忠也忠者體恕者用大本達道也此與違道不遠異者動以天耳

學者不必遠求近取諸身只明人理敬而已矣便是約處

子劉子曰此是欲學聖之旨

易之乾卦言聖人之學坤卦言賢人之學惟言敬以直內義以方外敬義立而德不孤至於聖人亦止如是更無別塗穿鑿繫累自非道理故有道有理天人一也更不分別

楊開沅謹案敬以直內所以忠也義以方外所以恕也聖人亦只如是所以云一以貫之

浩然之氣乃吾氣也養而無害則塞乎天地一為私意所蔽則欿然而餒知其小也

明道論持其志曰只這個也是私然學者不恁地不得

先難克己也

問不知如何持守曰且未說到持守持守甚事須先在致知

百家謹案此已便開王陽明宗旨矣

悟則句句皆是這個道理已明後無不是此事也

能近取譬反身之謂也

克己則私心去自然能復禮雖不學文而禮意已得勿忘勿助之間正當處也

良知良能皆無所由乃出於天不繫於人

人心莫不有知惟蔽于人欲則亡天德也

此實理也人知而信者為難孔子曰朝聞道夕死可矣生死亦大矣非誠知道則豈以夕死為可乎

百家追憶|庭訓曰父母全而生之原不僅在形骸聞道則可以全歸矣

一行豈所以名聖人至於聖人則自不可見何嘗道聖人孝聖人廉

九思各專其一

致知在格物格至也或以格為正物是二本矣

致知在格物格至也窮理而至于物則物理盡

儒者只合言人事不得言有數直到不得已處然後歸之命可也

昔受學於周茂叔每令尋仲尼顏子樂處所樂何事

子劉子曰便說樂道亦是只看道是何等物

人之學不進只是不勇

告神宗曰先聖後聖若合符節非傳聖人之道傳聖人之心也非傳聖人之心也傳己之心也己之心無異聖人之心廣大無垠万善皆備欲傳聖人之道擴充此心焉耳

一命之士苟存心于愛物于人必有所濟

百家謹案此即是欲立欲達之辭

知至則便意誠若有知而不誠者皆知未至爾知至而至之者知至而往至之乃吉之先見故曰可與幾也知終而終之則可與存義也

死生存亡皆知所從來胷中瑩然無疑止此理耳孔子言未知生焉知死蓋畧言之死之事即生是也更無别理

性與天道非自得之則不知故曰不可得而聞

大抵學不言而自得者乃自得也有安排布置者皆非自得也

性靜者可以為學

且省外事但明乎善務進誠心其文章雖不中不遠矣所守不約汎濫無功

興於詩立於禮自然見有著力處至成於樂自然見無所用力

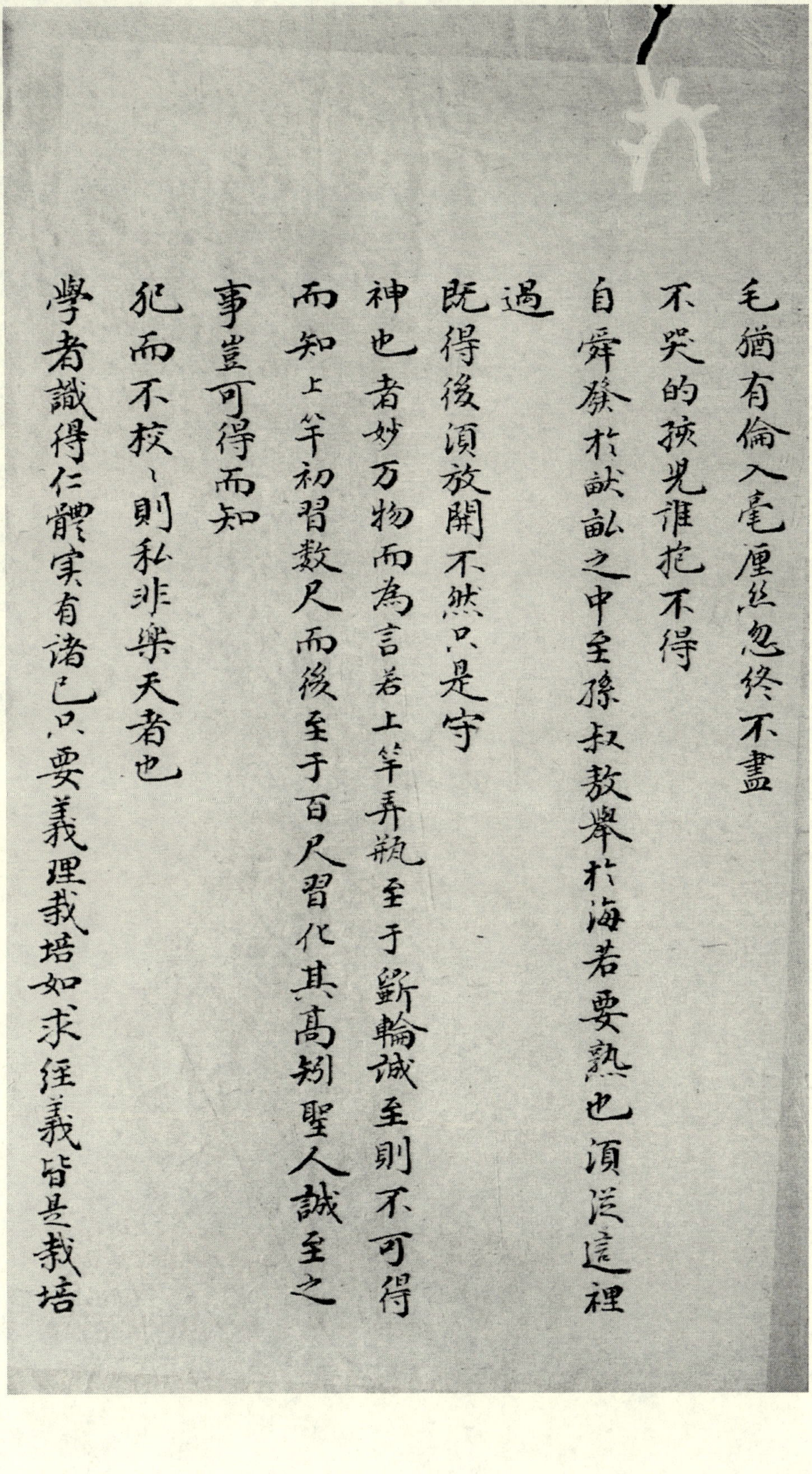

毛猶有倫入毫厘絲忽終不盡

不哭的孩兒誰抱不得

自舜發於畎畝之中至孫叔敖舉於海若要熟也須從這裡
過

既得後須放開不然只是守

神也者妙万物而為言若上竿弄瓶至于斵輪誠至則不可得
而知上竿初習數尺而後至于百尺習化其高矧聖人誠至之
事豈可得而知

犯而不校〻則私非樂天者也

學者識得仁體実有諸己只要義理栽培如求経義皆是栽培

之意

世有以讀書為文為藝者曰為文謂之藝猶之可也讀書謂之藝則求諸書者淺矣

學者先學文鮮有能至道至如博觀泛濫亦自為害故先生嘗教謝良佐曰賢讀書慎不要循行數墨

良佐昔錄五經語作一冊伯淳見之謂曰玩物喪志

生生之謂易天地設位而易行乎其中乾坤毀則無以見易易不可見乾坤或幾乎息矣易畢竟是甚又指而言曰聖人以此洗心退藏於密聖人示人之意至此深且明矣終無人會易也此也密也是甚物

双行

○○楊開沅謹案此即意也即獨也即良知之本然物物當極處也陽明蕺山乃為道破耳

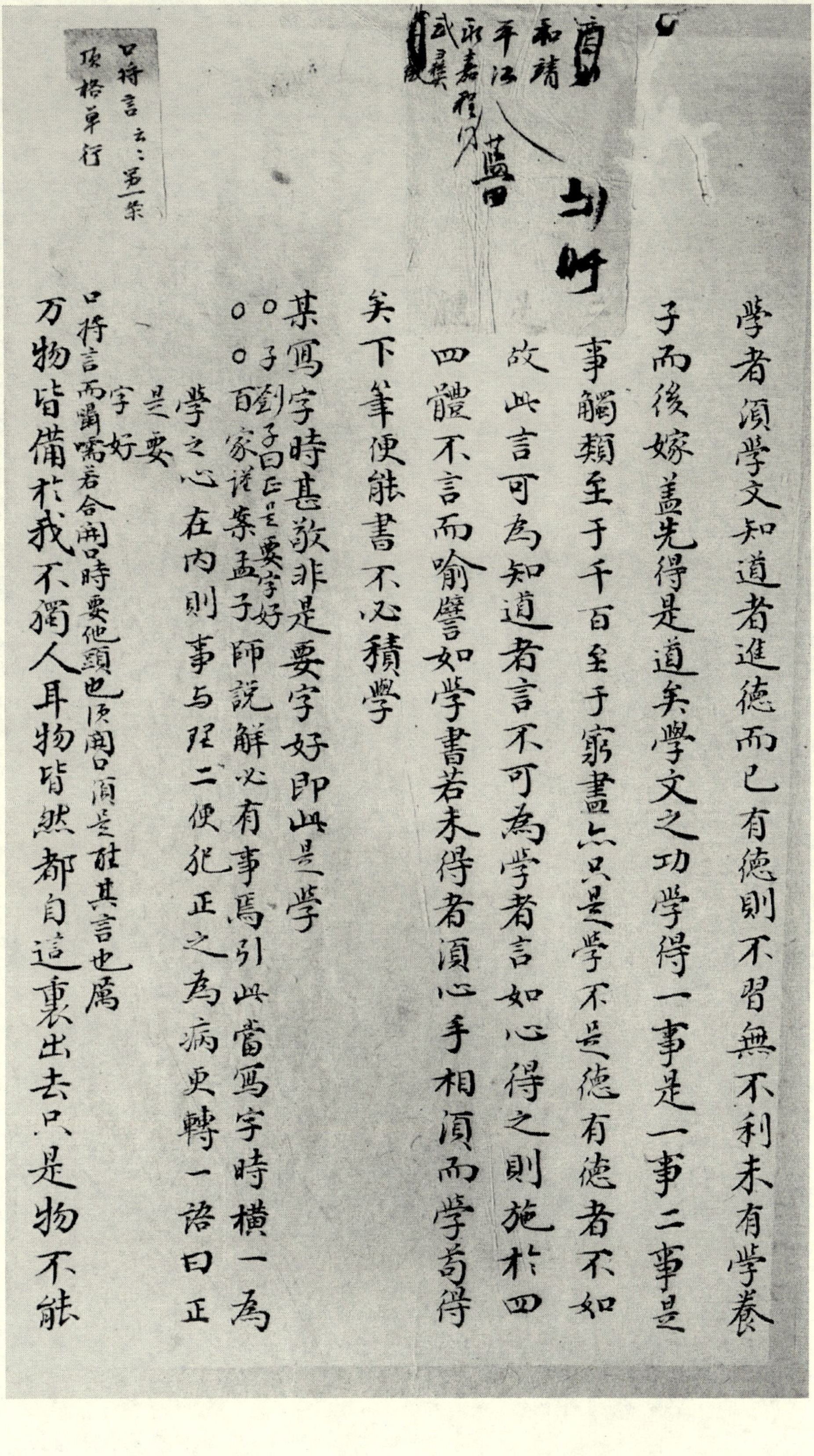

口将言云云　第一条
頂格单行

學者須學文知道者進德而已有德則不習無不利未有學養子而後嫁蓋先得是道矣學文之功學得一事是一事二事是二事觸類至于千百至于窮盡亦只是學不是德有德者不如此故此言可為知道者言不可為學者言如心得之則施於四體四體不言而喻譬如學書若未得者須心手相須而學苟得矣下筆便能書不必積學

某寫字時甚敬非是要字好即此是學

○○子劉子曰正是要字好

○百家謹案孟子師說解必有事焉引此當寫字時橫一為學之心在內則事与理二便犯正之為病更轉一語曰正是要字好

口将言而囁嚅若合開口時要他頭也須開口須是體其言也厲

万物皆備於我不獨人耳物皆然都自這裏出去只是物不能

推人則能推之雖能推之幾時添得一分不能推之幾時減得一分百理具在平鋪放著幾時道堯盡君道添得此〻君道多舜盡子道添得此〻孝道多元來依舊〻〻

百家謹案此則未免說得太高人与物自有差等何必更進一層翻孟子案以蹈生物平等撞破乾坤只一家禪詮

理則極高明行之只是中庸也

能盡飲食言語之道則可以盡去就之道能盡去就之道則可以盡死生之道飲食言語去就死生小大之勢一也故君子之學自微而顯自小而章

居處恭執事敬與人忠此是徹上徹下語聖人元無二語

太山為高矣然太山頂上已不屬太山雖堯舜事業亦只是如太

口將言云云第一條
項格單行

學者須學文知道者進德而已有德則不習無不利未有學養子而後嫁蓋先得是道矣學文之功學得一事是一事二事是二事觸類至于千百至于窮盡亦只是學不是德有德者不如是故此言可為知道者言不可為學者言如心得之則施於四體四體不言而喻譬如學書若未得者須心手相須而學苟得矣下筆便能書不必積學

某寫字時甚敬非是要字好即此是學

〇子劉子曰正是要字好

〇〇百家謹案孟子師說解必有事焉引此當寫字時橫一為學之心在內則事與理二便犯正之為病更轉一語曰正是要字好

口將言而囁嚅若合兩口時要他頭也便兩口須是杜其言也厲

万物皆備於我不獨人耳物皆然都自這裏出去只是物不能

推人則能推之雖能推之幾時添得一分不能推之幾時减得一分百理具在平鋪放著幾時道堯盡君道添得些君道多舜盡子道添得些孝道多元來依舊、、

百家謹案此則未免說得太高人与物自有差等何必更進一層翻孟子案以蹈生物平等撞破乾坤只一家禪詮

理則極高明行之只是中庸也

能盡飲食言語之道則可以盡去就之道能盡去就之道則可以盡死生之道飲食言語去就死生小大之勢一也故君子之學自微而顯自小而章

居處恭執事敬與人忠此是徹上徹下語聖人元無二語

太山為高矣然太山頂上已不屬太山雖堯舜事業亦只是如太

畏尖物另一行頂格寫

楊開沅案低二格雙行小寫

楊開沅案低二格雙行小寫

虛中一點浮雲過目

畏尖物此事不得放過須與克下室中率置尖物須以理勝他夫亦不動人也何畏之有

除了身只是理便說合天人合天人已是為不知者引而致之

天人無間夫不充塞則不能贊化育言贊化育已是離人而言之

言體天地之化已剩一體字只此便是天地之化不可對此個別有天地

楊開沅按若別有天地則不可謂獨矣故曰仁者與物同體

至誠可以贊天地之化育則可以與天地參贊者參贊之義先天而天弗違後天而奉天時之謂也非謂贊助只有一個誠何助之有

楊開沅按參贊皆是同體中事如人一身目視耳聽手持足行不可謂耳有助於目足有助於手手足一箇誠耳若手足痿痺便是不仁矣

大人者與天地合其德與日月合其明非在外也

天人本無二不必言合若不一本則安得先天而天弗違後天而奉天時

道一本也或謂以心包誠不若以誠包心以至誠参天地不若以至誠體人物是二本也知不二本便是篤恭而天下平之道

範圍天地之化而不過者模範出一天地耳非在外也如此曲成萬物豈有遺哉

人須知自慊之道自慊者無不足也若有所不足則張子厚所謂有外之心不足以合天心者也

人心要常活則周流而不滯於一隅

與叔所問今日宜不在有疑今尚差池者蓋為昔有襍學故今日疑所進有相似處則遂疑養氣為有助便言此說蓋為前日思慮紛擾今要虛靜故以為有助前日思慮紛擾又非禮義又非事故如是則只是狂妄人耳懲此以為病故要得虛靜其極欲得如槁木死灰又却不是蓋人活物也又安得為槁木死灰既活則須有動作須有思慮必欲為槁木死灰除是死也忠信所以進德者何也閑邪則誠自存誠存斯為忠信也如何是閑邪非禮而勿視聽言動邪斯閑矣以此言之又幾時要身如枯木心如死灰又如絕四後畢竟如何又幾時須如槁木死灰敬以直內則須君則是君臣則是臣凡事如此大小直截也

有形總是氣無形只是道

凡有氣莫非天凡有形莫非地

觀天地生物氣象

息止也止則便生不止則不生

生生之謂易是天之所以為道也天只是以生為道繼此生理者即是善也善便有一個元的意思元者善之長万物皆有春意便是繼之者善也成之者性也成却待他万物自成其性須得

生之謂性性即氣氣即性生之謂也人生氣禀理有善惡然不是性中元有此兩物相對而生也有自幼而善有自幼而惡是

氣禀自然也善固性也然惡亦不可不謂之性也蓋生之謂性人生而靜以上不容說才說性便已不是性也凡人說性只是說繼之者善也孟子言人性善是也夫所謂繼之者善也猶水流而就下也皆水也有流而至海終無所污此何煩人力之為也有流而未遠固已漸濁有出而甚遠方有所濁有濁之多者有濁之少者清濁雖不同然不可以濁者不為水也如此則人不可以不加澄治之功故用力敏勇則疾清用力緩怠則遲清其清也則却只是元初水也亦不是將清來換却濁亦不是取出濁來置在一隅也水之清則性善之謂也故不是善與惡在性中為兩物相對各自出來此理天命也順而循之則道也循

此而修之各得其分則教也自天命以至于教我無加損焉此舜有天下而不與焉者也

寂然不動感而遂通者天理具備元無欠少不為堯存不為桀亡父子君臣常理不易何曾動来因不動故言寂然惟不動感便感非自外也

復卦非天地之心復則見天地之心聖人無復故未嘗見其心

心要在腔子裡

百家謹案孟子師說程子言心要在腔子裡腔子指身也此操存之法愚則反之曰腔子要在心裡今人大槩止用耳目不曾用心識得身在心中則髮膚经络皆是虛明佛氏有人識得心大地無寸土何處容其出入

楊開沅案語另一行低二格寫

百官万務金革百万之衆飲水曲肱樂在其中万变俱在人其實無一事

不有躬無攸利不立己後雖向好事猶爲化物不得以天下万物撓己〻立後自能了當得天下万物

自幼子常視毋誑以上便是教以聖人事

舞射便見人誠古之教人莫非使之成己自洒埽應對上便可到聖人事洒埽應對便是形而上者理無大小故也故君子只在慎獨

學始於不欺闇室

楊開沅評案此乃處〻提唱慎獨不待蕺山也

風竹是感應無心如人怒我勿留胸中須如風動竹德至於無我者雖善言善行莫非所過之化也

明德新民豈分人我是成德者事

學者今日無可添只有可減減盡便沒事

大凡把捉不定皆是不仁

知止則自定萬物撓不動非是別將個定來助知止也

愚者指東為東指西為西隨衆所見而已智者知東不定為東西不定為西惟聖人明于定分須以東為東以西為西

聞見如登九層之臺

坐井觀天非天小只被自家入井中被井筒拘束了然井何罪亦何可廢但出井中便見天大已見天如此大不為井所拘卻入井中也不害

覺悟便是信

静後見万物皆有春意

須是大其心使開濶譬如爲九層之臺須大做脚始得

克勤小物最難

大抵有題目事易合

凡學之雜者終只是未有所止内自不足也譬如一物懸在室中苟無所依著則不之東則之西故須著他模道理只爲自家内不足也譬之家藏良金不索外求貧者見人說金便借他的看

天地設位而易行乎其中矣乾坤毁則無以見易易不可見乾

坤或幾乎息矣易是個甚易又不只是這一部書是易之道也不要將易又是一個事即事盡天理便是易也

憂子弟之輕俊者只教以經學念書不得令作文字子弟凡百玩好皆奪志至于書札于儒者事冣近然一向好著亦自喪志如王虞顏柳輩誠為好人則有之曾見有善書者知道否平生精力一用於此非惟徒廢時日於道便有妨處只此喪志也

二氣五行剛柔万殊聖人所由惟一理人須要復其初

李籲問每常遇事即能知操存之意無事時如何存得熟曰古之人耳之于樂目之于禮左右起居盤盂几杖有銘有戒動息皆有養今皆廢此獨有義理之養心耳但存此涵養意久則自

勢矣敬以直內是涵養意言不莊不敬則鄙詐之心生矣貌不
莊不敬則怠慢之心生矣

或問涵養曰若造得到更說甚涵養

一物不該非中也一事不為非中也一息不存非中也何哉謂
其偏而已矣故曰道也者不可須臾離也可離非道也修此道
者戒慎乎其所不覩恐懼乎其所不聞而已由是而不息焉則
上天之載無聲無臭可以馴致矣

惟善通變便是聖人

今學者敬而不見得又不安者只是心生亦是太以敬來做事
得重此恭而無禮則勞也恭者私為恭之恭也禮者非禮之禮是

自然的道理也只恭而不為自然的道理故不自在也須是恭而安今容貌必端言語必正者非是道獨善其身要人道如何只是天理只如此本無私意只是個循理而已

今至於義理而心不安學者何也此則正是剩一個助之長雖則心操之則存舍之則亡然而持之太甚便是必有事焉而正之也亦須且恁去如此者只是德孤德不孤必有鄰到德盛後自無窒礙左右逢其源也

涵養到著落處心便清明高遠

人雖睡著其識知自完只是人與喚覺便是他自然理會得

傳此義理云云另一条
頂格单行添入

吾學雖有所授受天理二字却是自家體貼出來

百家謹案樂記已有滅天理而窮人欲之語至先生始發越大明於天下蓋吾儒之與佛氏異者全在此二字吾儒之學一本乎天理而佛氏以理為障斯惡夫理先生少時亦曾出入於釋老者幾十年不為所染卒能發明孔孟已學于千四百年無傳之後者則以天理二字立其宗也

此義理在此甚事不盡更有甚事出得視世之功名事業甚譬如閑視世之仁義者其過了了不足

陳漁法十事

竊謂聖人創法皆本諸人情通乎物理二帝三王之盛昌嘗大匠之不隨時因革事為制乎然至乎為治之大原牧民之要道理為治也秋天來大之所不可易人之所賴以生則前聖後聖未有不同條而共貫事為以者如生民之理有窮則前王之法可改故後世盡其道則大治何三滴此尼又賣用其偏則小康此歷代彰灼著明之效也苟或徒知泥古而不逭箇若云得

能施之于今始欲修名而覆忘其實此固末世陋儒之見誠不義理便有道處
足以進于治矣然倘謂今世人情已異於古先王之迹必不可若不講則得何仰高鑽
復於今趨便目前不務高遠亦恐非大有爲之論而未足以濟堅在前在後也
當今之極弊也獨行之有先後用之有緩急耳古者自天子達於謂善才則又見
庶人未有不須師友而成其德者故堯舜禹文武之聖亦皆有所其事爾
從受學今師傅之職不修友臣之義不著而尊德樂善之風未
成此非有古今之異者也王者奉天建官故天地四時之職二
帝三王未之或改所以修百度而理万化也唐存其畧而紀綱
小正今官秩淆亂職業廢弛太平之治鬱而未興此非有古今
之異者也天生斯民立之君使司牧之必制之常産以厚其生

吾學雖有所授受，天理二字卻是自家體貼出來

百家謹案樂記已有滅天理而窮人欲之語至先生始發越大明於天下蓋吾儒之與佛氏異者全在此二字吾儒之學一本乎天理而佛氏以理為障最惡夫理先生少時亦曾出入於釋老者幾十年不為所染卒能發明孔孟正學于千四百年無傳之後者則以天理二字立其宗也

得此義理在此甚事不盡更有甚事出得視世之功名事業甚譬如閒視世之仁義者其政亦

陳治法十事

臣竊謂聖人創法皆本諸人情適乎物理二帝三王之盛曷嘗不隨時因革事為制乎然至乎為治之大原牧民之要道理為原也皆秋天來大之所不可易人之所賴以生則前聖後聖未有不同條而共貫事為以此乃不曾者如生民之理有窮則前王之法可改故後世盡其道則大治何三論若不得用其偏則小康此歷代彰灼著明之效也苟或徒知泥古而不這箇

能施之于今始欲修名而願忘其实此固末世陋儒之見識不足以進于治矣世倘謂今世人情已異於古先王之迹必不可復於今趨便目前不務高遠亦恐非大有為之論而未足以濟當今之極弊也獨行之有先後用之有緩急耳古者自天子達於庶人未有不須師友而成其德者故舜禹文武之聖亦皆有所從受學今師傅之職不修友臣之義不著而尊德樂善之風未成此非有古今之異者也王者奉天建官故天地四時之職二帝三王未之或改所以修百度而理万化也唐存其畧而紀綱小正今官秩淆亂職業廢弛太平之治鬱而未興此非有古今之異者也天生斯民立之君使司牧之必制之常產以厚其生

義理便有道學若不齊則係何仰高鑽堅在前在後也竭吾才則又見其卓爾

經界必正井地必均此為治之大本也唐尚存口分授田之制今益蕩然富者田連阡陌跨州縣而莫之止貧者日流離餓殍而莫之卹倖民猥多衣食不足而莫為之制將生齒日繁轉死日促制之之道所當漸圖此亦非有古今之異者也古者政教始乎鄉里其法起於比閭族黨州鄉酇遂以聯屬統治其民故民安於親睦刑法鮮犯廉恥易格此亦人情之自然行之則效非有古今之異者也庠序學校之教先王所以明人倫化成天下者也今師學廢而道德不一鄉射亡而禮義不興貢舉不本於鄉里而行實不修秀士不養于學校而人材多廢此較然之事亦非有古今之異者也古者府史胥徒受祿公上而兵農未

始判也今驕兵耗國力匱國財極矣禁衛之外不漸歸之於農將大貽深患府史胥徒之毒徧天下而目為公人舉以入官不更其制何以善後此亦至明之理非有古今之異者也古者國有三十年之通餘九年之食以制國用無三年之食者則國非其國今天下耕之者少食之者衆地力不盡人功不勤雖富室強宗鮮有餘積况其貧弱者乎一遇年歲之凶即盜賊縱橫饑羸滿路如不幸有方二三千里之災或連年之歉當何以處之宜漸從古制均田務農俾公私交務於儲蓄以豫為之備未可以幸為恃也古者四民各有常職而農恒居十八九故衣食易給而民無所苦今京師浮民數逾百万游手游食不可貲度其

窮蹙辛苦孤貧疾病變詐巧偽以求自生而常不足以生日益歲
滋宜酌古變今均多卹寡漸為之業以振救其患聖人奉天理
物之道在於六府六府之任列之五官山虞澤衡各有厲禁夫
是以万物阜豐而財用不乏也今五官不修六府不治用之無
節取之不時林木焚赭斧斤殘傷而川澤魚獵之繁暴殄耗竭
而侵尋不禁宜修古虞衡之職使將養之以成變通長久之利
古冠婚喪祭車服器用差等分別莫敢逾僭故財用易給而民
有常心今禮制未修奢靡相尚卿大夫之家莫能中禮而商販
之類或踰王公禮制不足以檢救人情名數不足以旌別貴賤
詐虞攘奪人人求厭其欲而後已此大亂之道也因先王之法

講求而損益之凡此皆非有古今之異者也然是特其端緒必

可施行之驗也云爾如科條度數施為措注之道必稽之經制

而合施之人情而安惟聖明博擇其中

○○

百家謹案先生所上神宗陳治法十事觀其文彩似乎不足集其時勢患中肯綮無一語非本此中至誠之流露也此真明體達用之言胡敬齋曰若依他做三代之治可運之掌惜哉於王安石而不能用也

錄二手低二格寫

接上頁

附録

先生數歲即有成人之度賦酌貪泉詩中心如自固外物豈能還已見志操矣

十五六歲與弟伊川受學于濂溪即慨然有為聖賢之志嘗自言再見茂叔後吟風弄月有吾與點也意

薦為御史神宗召對問所以為御史對曰使臣拾遺補闕裨贊朝廷則可使臣掇拾臣下短長以沽直名則不能神宗嘆賞以為得御史體

張子厚學成德尊識者謂與孔子為比然猶秘其學不多為人講之其意若曰雖復多聞不務畜德徒苦口耳而已故不屑

與之言先生謂之曰道之不明于天下也久矣人善其所習自謂至足必欲如孔門不憤不啓不悱不發則師資勢隔而先王之道或幾乎息矣趣今之時且當隨其資而誘之雖識有明暗志有淺深亦各有得焉而堯舜之道庶乎馴致子厚用其言故關中學者躬行之多與洛人並推其所自先生發之也

一日神宗縱言及於辭命先生曰人主之學唯當務爲急辭命非所先也神宗爲之動容

熙寧五年太中公告老而歸先生求折資監當以便養歸洛歲餘得監西京洛河竹木務家素清窶僦居洛城殆十餘年與

弟從容親庭日以讀書講學為事士大夫從游者盈門自是身益退位益卑而名益高於天下

上蔡云先生善言詩他又不曾章解句釋但優游玩味吟哦上下便使人有得處

侯仲良曰朱公掞見明道於汝州歸謂人曰某在春風中坐了一月

張橫浦曰明道書窓前有茂草覆砌或勸之芟曰不可欲常見造物生意又置盆池畜小魚數尾時時觀之或問其故曰欲觀萬物自得意

劉立之曰先生德性充完粹和之氣盎於面背樂易多恕終日

怡悦未嘗見其忿厲之容某問以臨民曰使人各輸其情又問御史曰正己以格物

先生平生與人交無隱情雖童僕必託以忠信故人亦不忍欺之嘗自澶淵遣奴持金詣京師貿用物計金之數可當二百千奴無父母妻子同列聞之莫不駭且誚既而持物如期而歸衆始嘆服

先生謂學者曰賢看顥如此顥煞用工夫

明道作縣常於坐右書視民如傷云顥每食嘗有愧於此觀其用心應是不到錯決撻了人

明道主簿上元時謝師直為江東轉運判官師宰來省其兄嘗從

明道假公僕掘桑白皮明道問之曰漕司役卒甚多何為不使曰本草說桑白皮出土見日者殺人以伯淳所使人不欺故假之耳師寧之相信如此

伊川云謝師直尹洛時嘗談經與鄙意不合因曰伯淳亦然往在上元景溫說春秋猶時見取至言易則皆曰非是頤謂曰二君皆通易者也監司談經而主簿乃曰非是監司不怒主簿敢言非通易能如是乎

明道昔見上稱介甫之學對曰王安石之學不是上愕然問曰何對曰臣不遠引止以近事明之臣嘗讀詩言周公之德云公孫碩膚赤舄几几周公盛德形容如是之盛如王安石其

身猶不能自治何足以及此

神宗問王安石之學何如明道對曰安石博學多聞則有之守約則未也

先生為御史時神宗嘗使推擇人才所薦數十人以父表弟張載暨弟頤為首天下咸称允當

王荆公嘗與明道論事不合因謂先生曰公之學如上壁言難行也明道曰參政之學如捉風後來逐不附己者而獨不怒明道且曰此人雖未知道亦忠信人也

今日朝廷所以特惡忌伯淳者以其可理會事只是理會學這裏動則于他輩有所不便也故特惡之深

先生嘗曰熙寧初王介甫行新法並用君子小人君子正直不合介甫以為俗學不通世務斥去小人苟容諂佞介甫以為有才知變通用之君子如司馬君實不拜同知樞密院以去范堯夫辭同修起居注得罪張天祺自監察御史面折介甫被謫介甫性狠愎衆人皆以為不可則執之愈堅君子既去所用皆小人争為刻薄故害天下益深使衆君子未與之敵俟其勢久自緩委曲平章尚有聽從之理則小人無隙以乘其為害不至如此之甚也

扶溝地卑歲有水旱先生經畫溝洫之法以治之未及興工而先生去官先生曰以扶溝之地盡為溝洫必數年乃成吾為

經畫十里之地以開其端後人知其利必有繼之者矣夫為為令之職必使境內之民凶年饑歲免於死亡飽食逸居有禮義之訓然後為善故吾于扶溝闢設學校聚邑人子弟教之亡幾成而廢夫百里之地至狹也而道之興廢繫焉是數事皆未及成豈不有命與然知而不為徒責命之興廢則非矣此吾所以不敢不盡心也

在澶州日修橋少一長梁曾博求之民間後因出入見林木之佳者必起計度之心因語以戒學者心不可有一事

明道終日坐如泥塑人然接人渾是一團和氣所謂望之儼然即之也溫

明道先生與門人講論有不合者則曰更有商量伊川則直曰不然

元豐八年三月三日神宗升遐詔至洛故相韓康公為留守程宗丞伯淳為汝州酒官會以檄來舉哀於府既罷謂康公之子宗師兵部曰顥以言新法不便忤大臣同列皆謫官顥獨除監司顥不敢當辭之念先帝見知之恩終無以報已而泣兵部曰今日朝廷之事何如宗丞曰司馬君實呂晦叔作相矣兵部曰二公果作相當如何宗丞曰當與元豐大臣同若先分黨與他日可憂兵部曰何憂宗丞曰元豐大臣皆嗜利者使自變其已甚害民之法則善矣不然衣冠之害未艾也

君實忠直難與議晦叔解事恐力不足耳既而二公果並相名宗丞未行以疾卒宗丞為温公申公所重使不早死更相調護協濟於朝則元祐朋黨之論無自而起矣論政事時范醇夫朱公掞杜孝錫伯温同聞之今四十年而其言益驗故表而出之

陳忠肅公瓘嘗作責沈文送其姪孫淵幾叟云葉公沈諸梁問孔子於子路子路不對葉公賢者魯有仲尼而不知宜乎子路之不對也予元豐乙丑夏為禮部貢院檢點官適與校書郎范公淳夫同舍公論顏子之不遷不貳唯伯淳有之予問公曰伯淳誰也公默然久之曰不知有程伯淳耶予謝曰生

長東南實未知也時予年二十九年矣自是以來嘗以寡陋自愧

胡敬齋曰明道天資高本領純粹其學自大本上流出於細微處又精盡

又曰明道才大德盛當時入朝建言君依他做三代之治可運於掌惜乎神宗惑於王安石功利之說而不能用也當時神宗甚欲有為亦甚聰明安石亦才高故明道俱要格其心已被明道感動了明道雖去神宗眷眷懷之安石亦感公誠意當時被張天祺等攻激太過遂不能從故明道深惜此機會以為兩分其罪

羅整菴曰張子正蒙曰太虛有天之名數語亦是將理氣看作二物其求之不為不深但語涉牽合殆非性命自然之理也嘗觀程伯子之言有云上天之載無聲無臭其體則謂之易其用則謂之神其命於人則謂之性只將數字剔撥出來何等明白學者若於此處無所領悟吾恐其終身亂於多說未有歸一之期也

高景逸曰先儒惟明道先生看得禪書透識得禪弊真

又曰大學者聖學也中庸者聖心也匪由聖學寧識聖心發二書之秘教萬世無窮者先生也淵乎微乎非先生學者不識天理為何物矣不識天理不識性為何物矣是儒者至善極

處是佛氏毫釐差處

唐一菴曰明道之學嫡衍周派一天人合內外主於敬而行之以恕明於庶物而察于人倫務於窮神知化而能開物成務就其民生日用而非淺陋固滯不求感而物應未施信而民從筮仕十疏足以占王道之端倪惜早世未極其止

○○百家謹案伊川之表先生墓謂孟軻死聖人之學不傳學不傳千載無真儒先生生于千四百年之後一人而已自斯言出後人群然無異辭也而要識先生之所以為真儒千四百年後之一人者何在蓋由其學本於識仁識仁斯可以定性然仁果何以識先生存久自明則存養之功為要也先生又曰學者識得仁體先實有諸己只要義理栽培如求經義皆栽培之意又曰學以知為本且未說到持守持守甚事須先在致知又曰悟則一句句皆是這個道理已得後無不是此事也夫曰存久自明曰先實有諸己將經義只為栽培曰學以知為本曰悟將論先生之學者

又疑為禪矣不知儒釋之辨只在有理與無理而已非必凡內求諸己務求自得者便是禪朦朧失向沿门乞火者便是儒也先生自道天理二字是我自家體貼出來而伊川亦云性即理也又云人只有個天理却不能存得更做甚人兩先生之言如出一口此其為學之宗主所以克嗣續洙泗而迥異乎異氏之滅絕天理者也至於先生之德性和粹劉安禮謂從先生三十餘年未嘗見其忿厲之容而於興造禮樂制度文為下及兵刑水利之事無不悉心精練使先生而得志有為三代之治不難幾也顧裕陵亦有意於先生而不容於相石之褊拗且年壽亦不永富鄭公曰伯淳無福天下之人也無福信哉

有殘缺處空去

程氏門人案

博士劉質夫先生絢

劉絢字質夫，其先常山人，後徙河南，祖舜卿，虞部郎中，父昕，以朝散大夫，先生以祖蔭為壽安主簿，稍遷長子令，督之逋，為期而集，近者不督一人，歲大旱，府遣吏視傷，謂獨稅財二三，先生力爭不得，遂共榜，諸易之，寫牒之，歎曰：劉絢古良令也。元祐初，[illegible]大臣執繼以經明行修薦，為京兆府教授，又為太學博士，卒年四十二。先生之質明粹，長于治春秋，自謂亂時所事二程受學焉，於受有本末，於是遣劉勝知於之

矣。孜孜焉不知其他也。天性孝弟，樂善而不為異端所惑，內

日加重，至于疾戰之病，臨歿前，謂人曰：它人之學，敝則是矣，某

易保也。斯人之志，專其精於（少通）春秋，祖于程氏，本以孔孟之

言，參舊意（補傳未說）病，與李籲言曰：每發問時，正其端意，氣節下

平居於養氣可見。與同舍呂與叔之門疾，先生自死生

常理，無足言者。稿含累矣，祝耳。

（附錄）

先生歿，伊川哭之曰：吾學不傳久矣，先生可告之，使將所

聞是，與斯學於既絕，力小任重而懼其難也久矣，以謂

苟能使知之者廣，則用力者衆，何難之不易也。游其門者

再補學案

程氏門人

博士劉質夫先生絢

劉絢，字質夫，世先常山人，後徙河南。祖濟，虞部郎中。父昕，朝散大夫。先生以祖蔭為壽安主簿，稱職。潞公之長子令督之。通判河南府集，延之不答一人。歲大旱，府遣吏視傷，許蠲稅財二三。先生力爭不得，還其榜，請易之。留守韓公歎曰：劉絢古之義令也。元祐初，大臣韓維以經明行修薦，為京兆府教授。又為太學博士。卒年四十二。先生之質明粹，長於春秋。自髫齔時即事二程，受學焉。[illegible]受有本末。[illegible]劉淵，知[illegible]

矣。孜孜焉不知其化也。天性有剛柔，柔者可不為異端所惑，內日加重，言之笑戲之病，時或有焉，謂人曰：它人之學，敏則是矣，未易保也。斯人之志，吾其無疑焉。秋祖于程氏，吾以孔孟之言教知其意，見病與李籲言曰：每稽問時正其端意，氣節下平居若春氣，少息同會呂與叔之門疾，先生自起常疾，是言也，稽合累日親耳。

（附錄）

先生歿，伊川哭之曰：吾學不傳久矣，先生可之，俾將所聞見，與所學於既竭力不任重，可謂其難矣。以謂苟能使知之甚廣，則用力甚眾，何非之不易也。適其門者

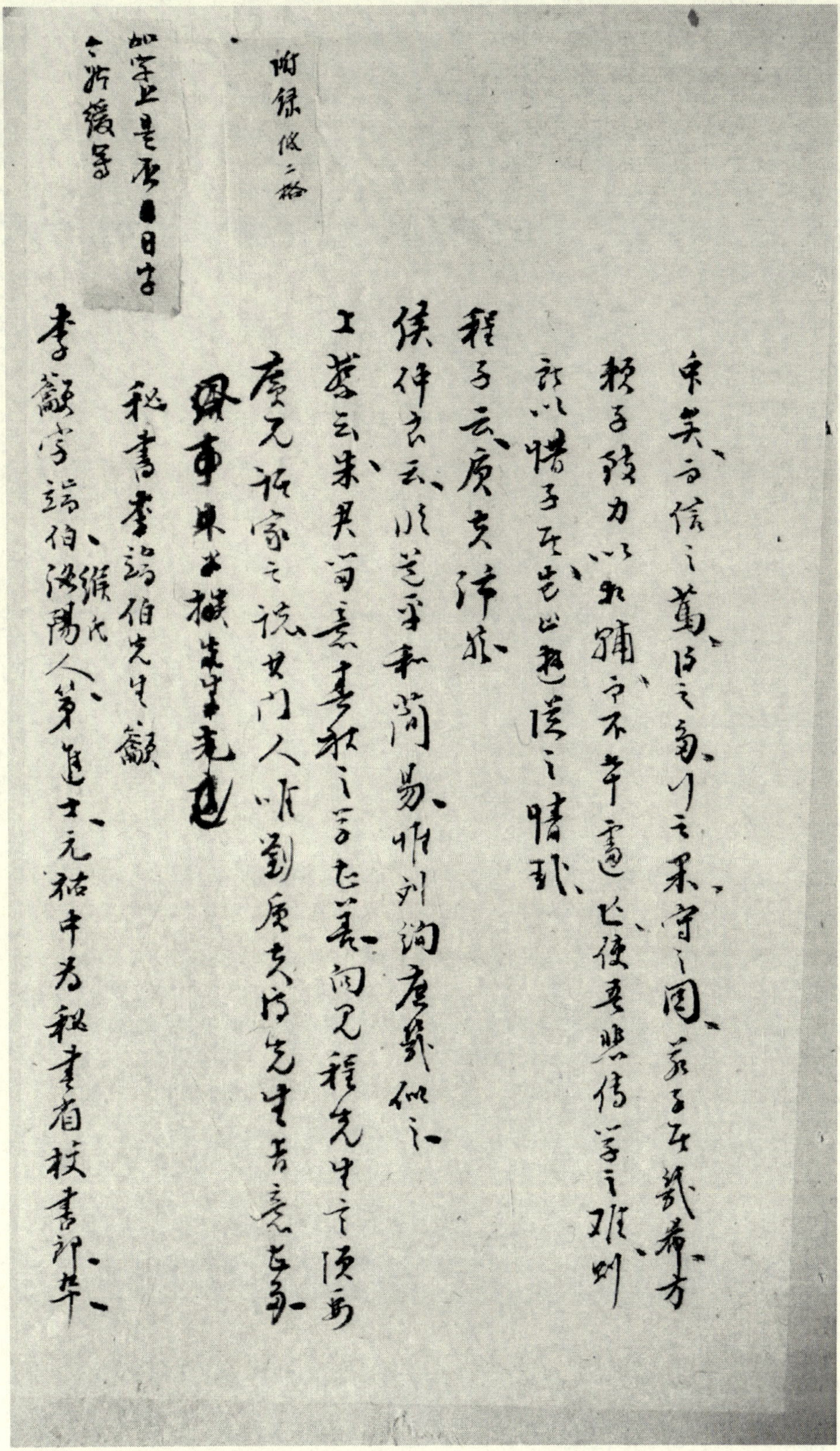
附錄　依之格

來矣。方信之篤，行之果，守之固，若子者幾希。方賴子致力以輔，而不幸遽亡，使吾悲傷學之難明。所以惜子者，豈止游從之情哉。

程子云：質夫沛然。

侯仲良云：明道平和簡易，惟劉絢質夫似之。

王蘋云：朱長文每意春秋之學先義，問見程先生，下須要質先論家之說，其門人惟劉質夫得先生旨意甚多。

秘書李端伯先生籲

李籲字端伯，緱氏、洛陽人。第進士。元祐中為秘書省校書郎。卒。

如字上是原書日字

添入傳

張繹 低二格

先生與劉質夫才志爲頤所稱、伊川云、端伯相聚雖不久、未見他操履、然才識穎悟、自是不能已也、又云、明道語錄、只有李籲本無錯、他人多只依說時、不敢改動、或脫一兩字、便大別、李籲卻得其意、不拘言語、往往錄得都是、先生歿、悼之曰、自予兄弟倡明道學、能使學者視效而信從、籲與絢有力焉、

張繹、字思叔、河南人、受業程伊川先生、嘗其穎悟、讀孟子志士不忘在溝壑、勇士不忘喪其元、悟於義、不肯求仕、而卒、伊川嘗言、晚得二士、謂繹與尹焞也、

接下頁

直閣魏艮齋先生掞之

魏掞之，字子實，初字元履，建陽人。少師胡籍溪憲。於鄉舉不第，
不第，遂不復出。築室讀書，榜以艮齋，人稱艮齋先生。乾道中，帥[illegible]薦遺逸，
力辭。以陳俊卿、張南軒先生招致之力，乃以布衣陳當時之務，賜同
進士出身，守太學錄。請廢王安石父子從祀，追爵程顥、程頤，列於祀典，不報。
又請罷詞賦，考其實，取人宜以德行經術為先，其次則通習世務。亦不報。
曾覿歸，曰：上自以[illegible]為吾君，孝不足以感悟聖意，遂丐去。會除臣曾
覿召還，復累疏論之。又陳俊卿不能救正，語甚切至，罷為台州教授。
居家詳表祭重禮，法以古社倉之積以濟，今鄉社倉自先生始。或
其近名，則蹙然曰：使夫人避此嫌，為善之路絕矣。病革，母祝之不巾

不足，戒其子勿以僧巫佐禮，況我素與文公游同，至喪以後事。卒年五十八，贈官敘訪，直秘閣。

擡下天應

舍人林艾軒先生光朝

林光朝，字謙之，莆田人。自少聞吳中陸子正嘗從尹和靖，因往從之。由是專心聖賢踐履之學。隆興元年，年五十，始登進士第，調袁州司戶參軍。與劉朔、劉夙以名儒薦對，論龍大淵、曾覿，罷，改左承事郎、知永福縣。同試館職，為秘書正字，兼國史編修實錄院檢討，遷著作佐郎、禮部郎官、（累遷）國子司業，兼太子侍讀。因不往賀張說，出為廣西提點刑獄，移廣東提刑。除茶寇為亂，先生乃自將郡兵邀擊群盜，統制賊陷鈐轄黃進，又以軍士拒其要害，令從新進副使問老不書，增二將逐賊，賊遂敗，賊黨俱潰遁。帝聞，嘉其儒生知兵，分直寶謨閣。召拜國子祭酒，兼太子左諭德。淳熙四年，除中書舍人，封還不報，況

以蔡詩齋經内批改工部作郎不拘以其英敏付撰生平發明引

疾於寺真國定本年六十五先生寓通六經貫古今之動足以孔四方

來學者已盡教之人於未卒業者口授其徒之以通經術之旨曰道之

本係今於太虛六經先覺所之後至誠節已殁支離異同於兹益為甚

矣說其謂陶潛陶淵明傳伊洛之学於東陶氏自先生始云

○○按諸葉龜山看吾道南矣之語先生又為一大支

低二格双行勾寫

擡下頁寫

孟厚

通孟厚，字敦夫，汝陰人。從伊川，又為王氏學，孝弟、精，約處一室，冀我不從，常敬之於伊川。伊川云：孟厚初時說得也似，甚麼便使事生事。一日伊川謂之曰：子何不見尹焞？時焞同朋友同家於三寸增同處也。先生見而請曰：先生令厚來見二子，某見所論頗見次思莫不清見厚和請曰：只不清見思之心，使其不清見焞之心也。伊川之葬，門人畏禍，莫敢至，獨先生與尹焞花樹節備送歸。

孫淳集：伊川嘗謂李吁曰：孟厚不依一室，亦何益？學不在依使灑掃得潔淨，莫更使人。是否

依二格雙行寫

添一行 侯仲良 低二格

〇侯仲良，字師聖，河東人。二程舅氏華陰先生之孫。有行能，先生於其門出先生遺事則

附錄二字似二格

堂無佛像，凡積佛之其家人又率齋素，延先生往之，先生避之。
或問之，先生曰：既食其食之常分，若食彼之佛則死矣。吾聞用夏
變夷，未聞變于夷者也。人言文定在南方為祖母忌日設飯延先生，
先生不往。或問之，先生曰：主祭者其父也，而子當之，則吾又矣。吾
何往？胡文定與楊大諫書云：侯某者，自荊門潰卒甲馬中脫
身，來訪於湘水之濱，已兩年矣。安於羈苦，守節不移，固所未見。至
於諸論經術，則通貫不窮；商確時事，則纖微皆察。

附録

尹和靖曰：伊川謂侯子議論只好隔壁聽。

朱子（說侯子論語）曰：詳味此言，以驗此公之病，竊謂其學大抵明白勁正而少深潛

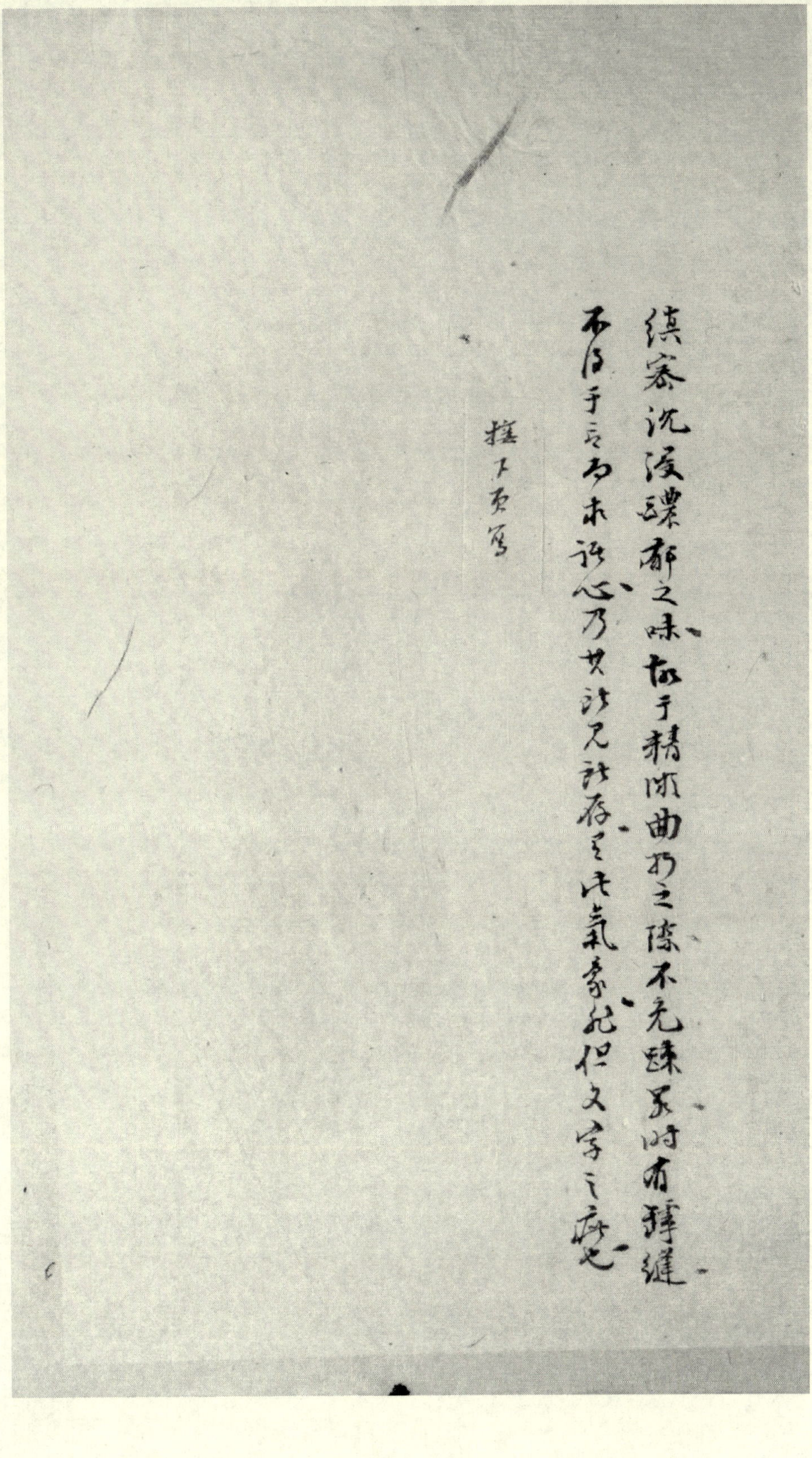

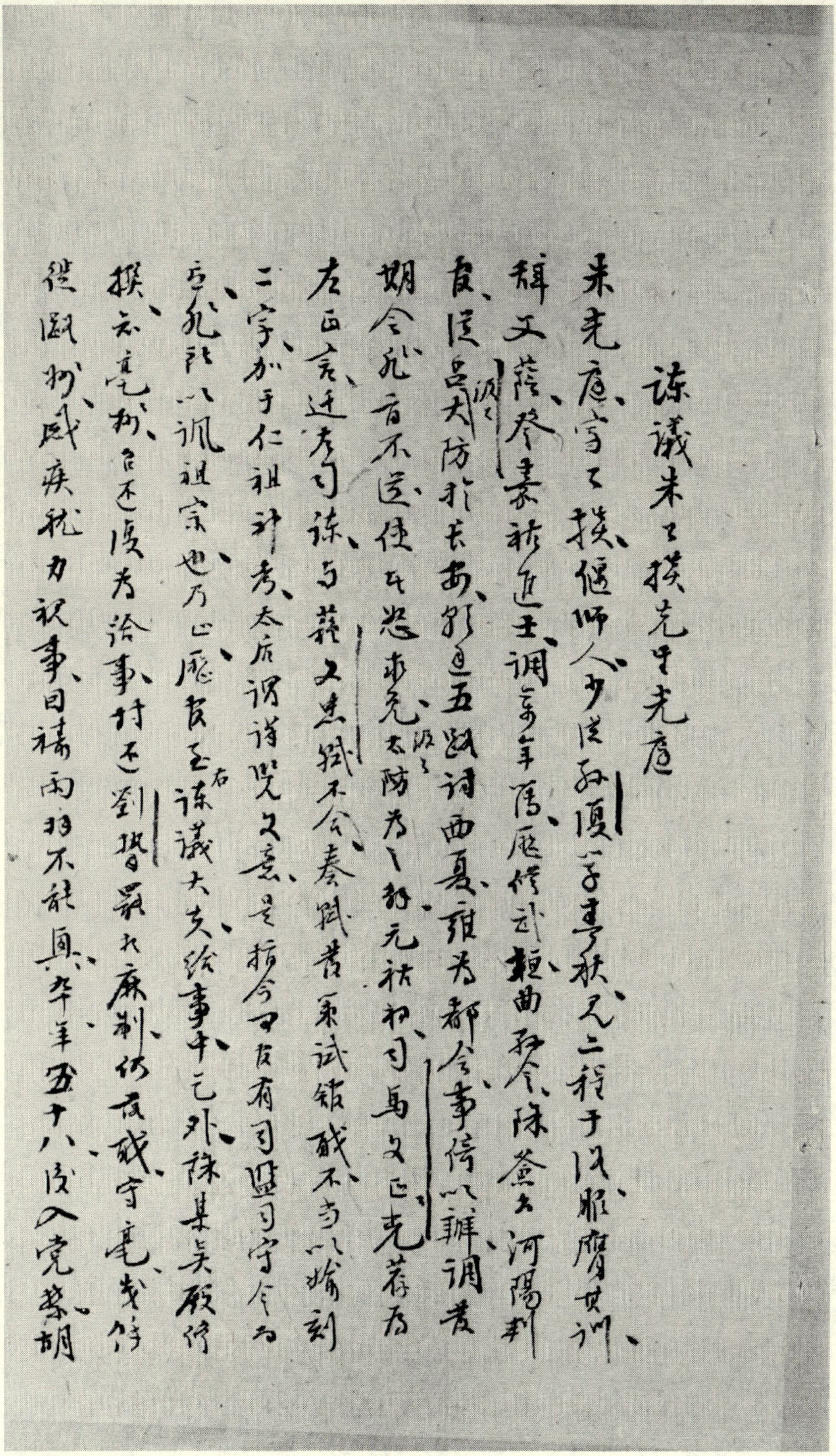

諫議朱公掞先生光庭

朱光庭，字公掞，偃師人。少從孫復學，事二程子，以服膺其訓。辭文潞公薦，舉嘉祐進士，調萬年簿，歷任武騎曲令、陳蒼大、河陽判官。從呂大防於長安，劉五路討西夏，復為都令事，信以辨調發期令，先首不從，使去怨。未先太防為之新元祐初司馬文正光薦為左正言，遷左司諫，與蘇文忠軾不合，奏軾昔策試館職，不當以婾刻二字加于仁祖、神考。太后謂詳覽文意，是指今日百官有司監司守令為言，非以訕祖宗也，乃止。歷官至右諫議大夫、給事中，已外除集賢殿修撰、知亳州。合不及復為給事中，封還劉摯罷相麻制，作疏，戒守亳州。以從鄰州，感疾，執力視事，曰禱雨猶不能至。卒年五十八。後入黨籍。胡

文定安國言稱之揆與此天根之謂蓋不形者矣患謂同乎

太中郭兼山先生忠孝

郭忠孝，字立之，河南人。受易、中庸於程伊川。以蔭補官，第進士。不忍去親側，多仕于河南。管庫司。宣和中，為河東路提舉，忤宰相王黼，免。靖康初，召為軍器少監。入對，斥和議，陳追擊之策。謂兵家忌深入，虜不能持久，若能邀其歸來，復條上戰守十餘事，不用。改永興軍路提刑，措置保甲。金人犯永興，與經略使唐重分城而守。城陷，與重俱死之。贈太中大夫。子雍，字子和。從程頤，程頤時弟子甚眾，獨以忠孝稱。見七家於大易粹言，列于志。

接下頁

# 兼山學案

頤正郭先生雍

郭雍，字子和，忠孝之子。自幼傳父學，隱居峽州，犯直中。峽守任清臣、湖北帥孝祥屢薦，旌召不起，賜號沖晦處士。孝宗稔知其賢，每對輔臣稱道之，命所在州郡歲時致禮存問。淳熙中，更封頤正先生。令部使者就問雍所欲言，時年八十有三。乃裒集其父之言曰：易貫通三才，包括萬理。伏羲氏之畫得于天，文王之重得于人。羲畫為天，天君道也，故五之在人為君。文重為地，地臣道也，故二之在人為臣。以上下二卦別而言之如此。合六爻而言，則三四皆人道也，故謂之中爻。乾元亨利貞，初曰四德，後又曰乾元者始而亨者也。利牝馬貞，利君子貞，是以四德為仁義也。乾陽物也，坤陰物也，由乾一卦論之，則元亨陽之類，利貞陰之類也。是故春夏秋冬雖爲四時，由陰陽觀之，則春夏爲陽，秋冬爲陰也。天之所謂元亨利貞者，以主天之道陰與陽之類也。地之所謂元亨利貞者，以主地之道柔與剛之類也。人之所謂元亨利貞者，以立人之道仁與義之類也。又坤之六五，坤雖臣道，五實君位，雖以柔居，不害其爲君。猶乾之九二，雖云君位，不害其爲臣。故乾之兩君，位乎兩君；坤之兩臣，位乎兩臣。六五以柔居尊，下之君也。江海所以能爲百谷王者，以其善下也。下本坤位，黃中色也，色之至美也。當下服也。是以至美之位下人也。其黃屬精妙之也。卒年九十七。

據卞貞寫

陳王學案

給事朱漢上先生震

朱震，字子發，荊門軍人。登政和進士第，累仕州縣。胡文定公安國大器之，薦召爲司勳員外郎。趙忠簡公鼎復薦其廉正守道，士人冠冕，使備講讀，必有裨益。亟召至，首問易、春秋之旨，上悅，改除祠部員外郎，兼川陝荊襄都督府詳議官。因奏遷秘書少監，侍經筵，轉起居郎，兼建國公贊讀，與翊善范沖，人謂極天下之選。遷中書舍人，兼翊善。轉給事中，兼直學士院。學士太常吳表臣議以明堂之祭，先生言：王制，國之大喪，三年不祭，唯天地社稷爲越紼行事。春秋譏書禘于莊公，謂不三年也。國朝景德二年，令祀天地，並享太廟時宗。未以三年之喪以日易月，在之則可，今則非矣。其言不用。紹興七年，先生以疾病卒。

祠、卒、上諭趙鼎曰楊時物故、胡安國與震又亡、朕痛惜之、錄其子孜、先生

經學深醇、有漢上易解云、陳摶以先天圖傳种放、种放傳穆修、穆

修傳李之才、之才傳邵雍、放以河圖洛書傳李溉、溉傳許堅、許堅

傳范諤昌、諤昌傳劉牧、穆修以太極圖傳周敦頤、敦頤傳程顥程頤、

是時張載講學于程邵之間、故雍著皇極經世之書、牧陳天地五十有五之

數、敦頤作通書、程頤著易傳、載造太和參兩篇、臣今以易傳為宗、

和會雍載之論、上采漢魏吳晉、下逮有唐及今、包括異同、庶幾道離而

復合、蓋其學以王弼盡去舊說、雜以莊老、專尚文詞為非是、故其於象

數加詳焉、其論圖書授受源委如此、蓋莫知其所自云、

接下頁寫

諫議馬東平先生伸 附門人何兌

馬伸、字時中、東平人、紹聖四年進士、應西京法曹、曰時肆來見伊川程子、時學禁方興、伊川閉戶、先生十反、愈恭、或難之、對曰使伸於聞道、夕死何憾、自是日一見請、卒受中庸以歸、靖康初孫傅以卓行薦、召擢監察御史、金人陷汴京、立張邦昌、衆唯唯、先生與御史吳給約秦檜共爲議狀、乞存趙氏、復闢、異位內院、疾請建名在、先生獨持以往、爲銀臺司報不顧、即不受、先生投袂起之曰、吾日日不愛一死、正爲今耳、即繳申爲書、請以示邦昌、其書略曰、死不辭、迫於強寇、使當僞號、計以身質吏、死而旅之、其心蓋曰、與其虐殺吾人、爲宗社趙氏之宗、執遣愛于己、不爲宗存以倡之耳、忠臣義士未即效死

去之以私亡必能立趙孤也金人北還康王在外國統下屬宜即位

使直通閤掃清宮室率群臣北迎而立之歸俟擇死以謝伏闕俟

命如此則明主必能容相公忠實存國又簡在且棄之而録功矣

不則大廟在天萬世感懷伸必不能為宋叛臣請先伏死都市以

明其志邦昌得書氣沮明日議迎立康王遂遣使以迎

康王既即位擢殿中侍御史按論荊湖廣南計運判官吳开

與張邦昌私奔以圖乃先奏孫覿畢克家趙孫不正宜加遠竄又奏黃潛

善汪伯彥罪惡據其所為識卑倚任陛下隱忍不肯斥逐中原遠

民固已絕望二奏兩留中明日改衛尉少卿辭不拜稱

疾請命二相惡之以其不報以言事不實降監濮州酒稅濮偏

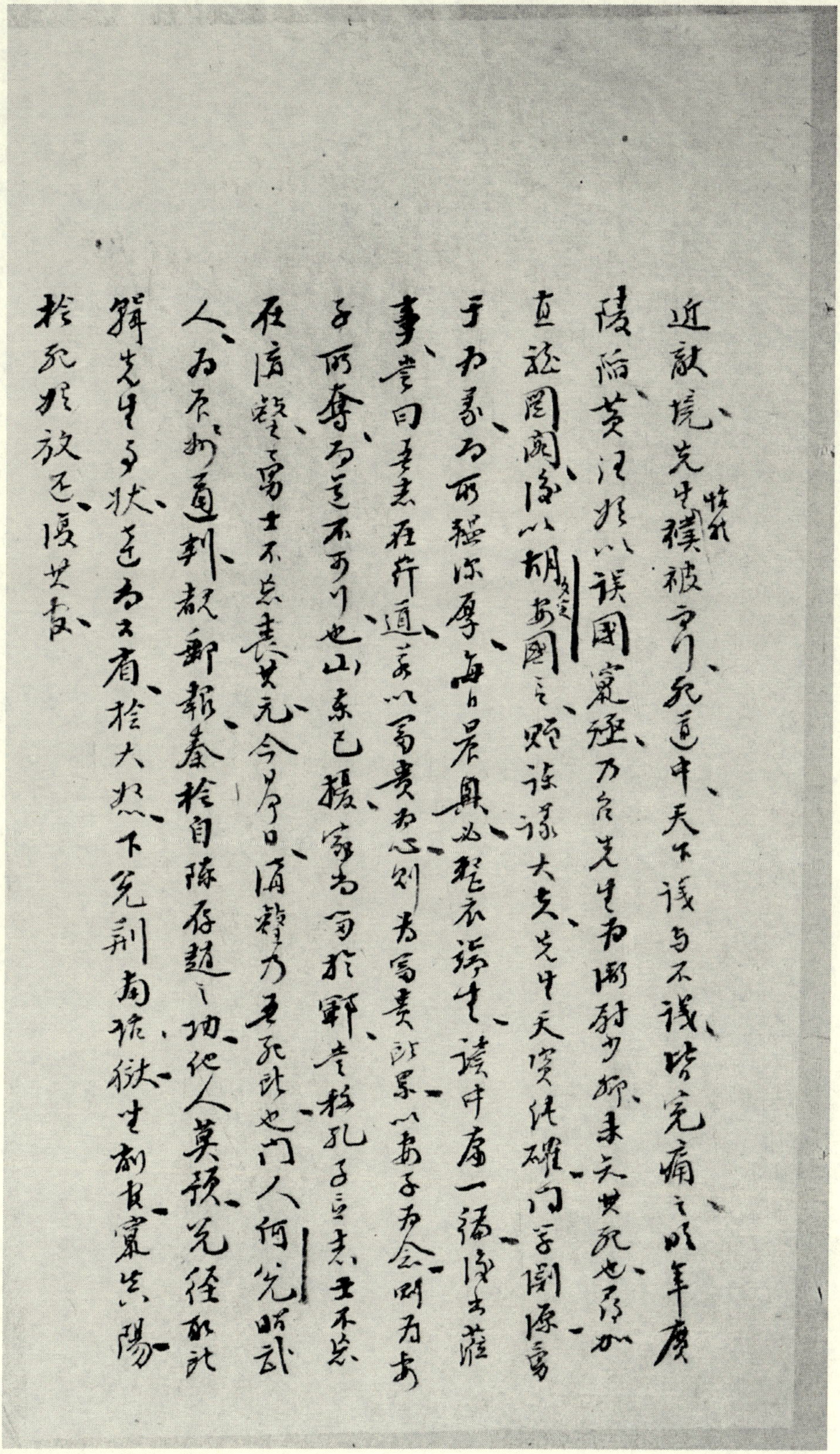

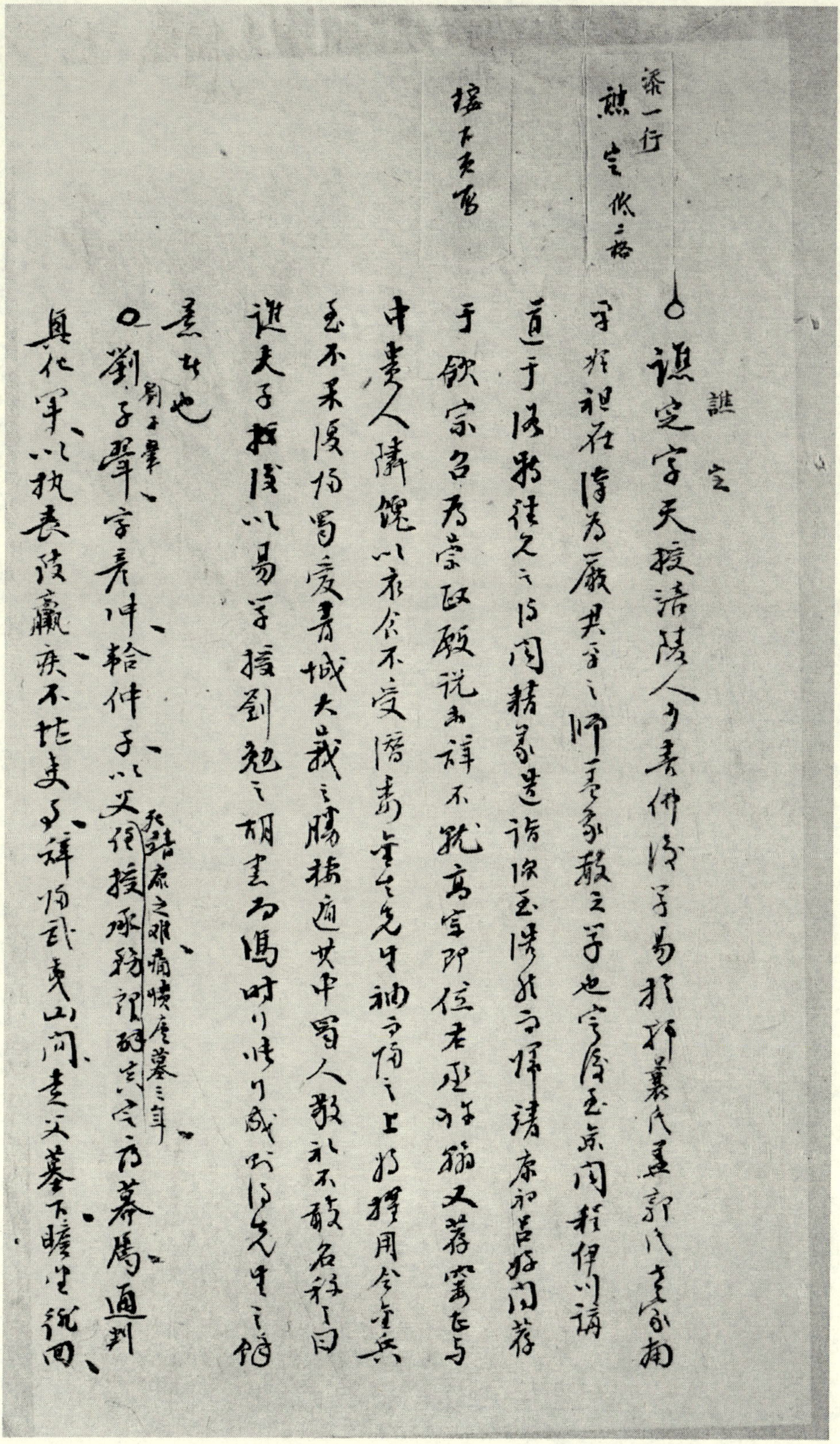

添一行
譙定條之格

插下天寄

譙定

○譙定字天授涪陵人少喜佛學易於郭曩氏郭氏世家南
平始祖在漢為嚴君平之師世傳象數之學也定後聞程伊川講
道于洛潔衣往見之得聞精義造詣愈至浩然而歸靖康初呂好問薦
于欽宗召為崇政殿說書辭不就高宗即位定猶在汴許翰又薦寓亡與
中貴人請餽以衣食不受潛青鳥免於袖中餽之上將擢用會金兵
至不果復歸蜀愛青城大峨之勝遊適其中蜀人敬禮不敢名稱曰
譙夫子授程以易學授劉勉之胡憲馮時行張行成皆得先生之傳
蓋其也

○劉子翬劉子暈字彥沖韐仲子以父任授承務郎辟真定府幕屬通判靖康之難痛憤廬墓三年
興化軍以執喪致羸疾不能吏事辭歸武夷山間主文峯下瞻坐說四

泲泗嗚咽、或累日爲之哀、死不再娶、事繼母呂氏、及兄子羽、人孝友性
珙、英殷孝子、愛之不懈、既與趙清獻內居士朱韋齋私且以子熹托之
先生少喜佛、歸而讀易、渙然有得、以爲學易莫先於復、乃其入
之要、又不能請、還既居以不遠復三言、俾佩之終身乃已、後一日感微
疾、謁家廟、泣別其母、與親朋訣、付珙家事、指已所葬處、後二日卒、年
四十七、學者稱爲屏山先生

# 稿本宋元學案

（清）黄宗羲 黄百家 撰

6

國家圖書館出版社

# 第六册目録

（清）黄宗羲 黄百家 撰 （清）全祖望 續纂

（清）黄璋等 校補

# 稿本宋元學案

（六）

稿本

第十八冊水心學案

黃棃洲宋元學案 元孫稚圭校補稿

水心學案○

第十八本

# 宋儒水心學案

○遺獻　黃棃洲先生藁　○男　百家纂輯　○元孫璋校補

○後學全祖望續修

## 水心學案

### 忠定葉水心先生適

葉適字正則永嘉人擢淳熙五年進士第二授平江節度推官召為太學正由秘書郎出知蘄州入為尚書左選郎官贊趙汝愚定內禪遷國子司業力求補外汝愚貶先生亦降兩官奉祠起為湖南轉運判官知泉州召入權兵部侍郎丁憂服除權工部侍郎以用兵除知建康府兼沿江制置使兵罷奪職奉祠凡十三年而卒年七十四謚忠定

祖望謹按許及之雷孝友之劾先生也當時無以為然者自方回始據之以詆先生其意特以先生論學有所異同于朱子遂拾小人之説以毀之宋史亦不復白其誣予續修學案始别為立傳而時詳具其事跡以明之

此補傳之缺略仍改為單行
以下六頁均此

禧用兵之説起以人望召入朝先生當淳熙時累以大仇未復為言至是謂侂冑曰是未可易言也請先擇瀕淮沿漢數十州郡牢作家計州以萬家為率國家大捐緡錢二千萬為之廬舍具牛種置器仗耕織之外課習戰射計一州有二萬人勝兵三數年間家計完實事藝精熟二十萬人聲勢聯合心力齊同虜雖百萬不敢輕撓如其送死則長弓勁

# 宋儒水心學案

○遺獻黄梨洲先生羲○男百家纂輯○元孫璋校補

○後學全祖望續修

## 水心學案

### ○○忠定葉水心先生適

葉適字正則永嘉人擢淳熙五年進士第二授平江節度推官召為太學正由秘書郎出知蘄州入為尚書左選郎官薦趙汝愚定内禪遷國子司業力求補外汝愚貶先生亦降兩官奉祠起為湖南轉運判官知泉州召入權兵部侍郎丁憂服除權工部侍郎以用兵除知建康府兼沿江制置使兵罷奪職奉祠凡十三年而卒年七十四謚忠定

此補傳之缺畧
以下六頁均此

祖望謹按許及之雷孝友之劾先生也當時無以為然者自方
四始據之以詆先生其意特以先生論學有所異同于朱子
遂拾小人之說以毀之宋史亦不復白其誣今續修學案始
別為立傳而時詳具其事跡以明之
開禧用兵之說起以人望名入朝先生當淳熙時累以大仇
未復為言至是謂侂胄曰是未可易言也請先擇瀕淮沿漢
數十州郡牢作家計州以萬家為率國家大捐緡錢二千萬
為之　廬舍具牛儲種置器仗耕織之外課習戰射計一州
有二萬人勝兵、三數年間家計完實事藝精熟二十萬人聲
勢聯合心力齊同虜雖百萬不敢輕撓如其送死則長弓勁

祖望謹案云云
仍照前依二格双行

佐

矢倚塹以待當是時我不渝約挑彼先動曰其際會河南可復既復之後于已歸之地更作一重氣壯志强寔力足恃雖無大戰凶自消縮況謀因力運雖大戰亦無難此所謂先為不可勝以待可勝者也侂胄意方銳不聽先生上劄子曰我朝係積弱之後宣和之際以關陝驍悍之卒疑若可以分女真之功而卒不能自是以來京城陷中原失渡江航海莫有能與抗者其後有大儀順昌拓皐之捷始得定和完顏亮自殞始得以敵國並立則紹興隆興之際疑若可盡用其力以報女真之仇而卒不敢今欲改弱為强作東南幸安之氣為問罪驟興之師舉此至大至重事也誠宜深謀熟慮百前而一

慴不宜一劫而不收倫成而後動守定而後戰或謂國已衰弱有天變有外患怵輕勇進試之計用黷武宜上之策姑開先釁不思後患求宣和之所不能為紹興隆興之所不敢此至險至危事也願陛下先定其論定論而後修實政行實德變弱為強誠無難者所謂倫成而後動守定而後戰以修實政者臣伏觀渡江之後非不欲固守兩淮襄漢而國人衝突無常勢不暇及既議和則收兵撤戍有定約又不敢謀故淮漢千餘里常蕩然不自保今雖分兵就邊稍圖外向然我既能往彼必能來是時淮漢守備不全倉卒不過移治而專倚大軍迎敵勝負不可知要必扼江而後止如此則往者來豆以

係西北之望而來者已足以搖東南之心萬一搖動將何賴焉故臣欲經營瀕淮沿漢諸郡各做家計牢實自守虜雖擁衆而至阻於堅城彼此策應首尾相接藩籬御捍堂奧不動然後進取之計可言此所謂寬政之一也四處御前大兵國家倚以為命歲費緡錢數千萬米斛數百萬東南事力盡矣辟如亭子所賴四楹一楹有闕累及三楹無獨全者其間統副將校人馬器甲營伍隊陳進戰退守必未能一一皆是若所委付果得人人尤宜曉夕用心事事理會若其人未當則利害甚多伏惟陛下留之重之此兵幾三十萬未望一可當十十可當百但一人真有一人之用淮漢能守此兵能戰數年

之內制國有餘此寔政之二也圖此大事莫先人材陛下比年首以大義倡率而在廷之臣和者極寡此未必皆怯懦首鼠不可任責也積安之久素所不習耳聞目見恬然生疎四方之才使之觀事揆策自能習熟易脆腐而為堅強勁固在前行者思奮此實政之三也至于號令賞罰黜虛崇寔條目甚煩然揔是三者則其餘可次第舉矣所謂行實德者臣竊觀仁宗英宗號極盛之世而不能得志于西北二鹵蓋以增兵既多經費困乏寧自屈己不敢病民也王安石大挈利柄封樁之錢所在充滿紹聖元符開拓地進築而歛不及民舊熙寧舊人矜伐其美然陳瓘譏切曾布以為轉天下之積耗

文集是邑字

書文集是近字

之西邊抑本自此撥矣於是蔡京變茶塩法括商賈所浮千
百萬內窮奢侈外熾兵革宣和之後方臘甫平理傷殘之地
則七色邑始立燕雲乍復急新邊之用而免夫又興自是以來
羽檄交警增取東南之賦遂至八千萬緡多財本以富國財
既多而國愈貧加賦本以就事賦既加而事愈散然則英主
身濟非常之業豈以財之多少爲拘近者詔書期于名寔不
欺用度有紀式寬民力永底阜康兩浙塩丁既盡免矣而國
用置司偶當警飭武備之際外人疑將復取臣以爲必不至
是参攷內外財賦所入經費所出一切會計而揔核之理固
當固然然國家之計當先論其所入所入或悖是以殃民則所

出非經蠹國害矣今經揔制月輸青草折估等錢雖稍已減損猶患太重和買折帛之類民間至用一半以上輸納貪吏展轉科折民窮極矣以此自保尚無善後之計況欲規恢宜有大賚之澤伏乞詔國用司詳議何名之賦害民最甚何等橫費裁節宜先減所入之所出和氣融氣浹小民自活實政與寬德定修所以能果戰而不屈必勝而無敗也改弱以就強孰大于是蓋先生之意在修邊而不急于開邊整兵而不急于用兵而其要尤在節用減賦以寬民力時以為迂緩不用但欲借先生之名以草詔先生力辭已而皇甫斌李爽郭倬之徒出淮漢間俱大敗或不戰潰先生嘆曰所謂用兵乃

如是乎于是乃出先生安集兩淮先生上狀樞府言濠盱楚廬安豐和揚七郡之民凍餓疾疫而死被鹵驅掠而去或散為盜賊者不論其奔迸求活者尚三十萬家皇皇無所歸宿無以處之則地為棄地而國誰與守設今歲邊報復急此三十萬家者且盡喪其生春秋戰國之時畫國而守大為城邑小為壁壘百里之國皆有邊面六朝人在戰地者各有堡塢得自為家未有如本朝之泯然一區無有捍蔽者一旦胡塵猝起星飛雲散莫能自保生聚蕩然故某昨於營度規恢之初謂亦須便動且當于邊淮先募弓弩手耕極邊三十里之地西至廬漢東盡楚泗列屋而居使邊面牢實虜人不

得踰越今事已無及長淮之險與彼共之唯有因民之欲令其依山阻水自相保聚用其豪傑借其聲勢縻以小職濟其急難春夏散耕秋冬入保大將馮城郭諸使總歸令虜雖大入扣城不下攻壁不入然後設伏以誘其進縱兵以擾其歸此謀果定行之有成何畏乎虜于是以先生兼江淮制置措置屯田初先生之至建康也討論防江事宜諸將各呈故事曰葺治戰艦曰布列岸兵曰栽埋鹿角曰釘設暗樁曰開掘濟塹皆數里而屯計步而守先生深憂之曰恐皆不足賴也夫此數者易耳、其如人心已搖虜兵一至皆棄之去誰與力拒已而復傳金人南下淮民渡江億萬所在震動一日有兩兩騎偽效金裝躍馬江岸皆相傳曰虜至矣渡舟斫纜離岸櫓楫失措爭濟者攀舟至覆溺吏持文書至官皆手顫不能出語先生嘆曰今竟何如吾乃知建炎之徑渡真非難事而遂亮之不得濟而殞者幸也乃用門下士滕宬計捐重賞募勇士別渡江北劫其營於石跋定山之下凡數十往返俘馘踵至士氣稍奮人心稍安僉人乃解兵去而舟師之在江中者終無尺寸之功也渡江之兵終無所駐足先生相度形勢謂石跋足以蔽采石定山足以蔽靖安瓜步足以蔽東陽下蜀西護歷陽東連儀真乃修其故塢收聚居民募兵共守因若寇江則堡塢足制其後舟師之在江中者不至望風而走

雖登岸擊逐亦有接應若攻堡塢則舟師之在江中者以强弩前救之若舍堡塢而攻和滁等城則堡塢分出其前後以襲逐之且曰此近江第一層耳由此而北豪桀團結山水爲寨者四十有七此時官司之力無緣周遍事稍有緒次第入保可矣是役也不用先生之言以取敗事急而出先生以救之然所營劫寨之策宣司初不敢行先生爲偷陳南人惟長于此技且援北魏大武之言以証之强而後可宣司猶深憂以爲生事先生唉曰鹵實不能戰也所以勝我由于此間之自爲瓦解耳及所之而金人卒以此去時中朝方急于求和先生以爲不必但請力修堡塢以自固乃徐爲進取之漸而

韓侂胄死朝事又一變許及之雷孝友本韓黨也至是畏罪乃及劾先生附會侂胄趣兵端并以此追削辛棄疾諸人官而先生前此封事具在廟堂竟莫明其本末蓋大臣亦藉此以去君子先生杜门家居絶不自辨也嘗嘆息曰女真崛起暴強據吾太平之土壤已五六十年矣使其復為天祚盛極將亡他人必出而有之不可畏哉蓋其先見如此

先生嘗言於孝宗曰今天下非不知請和之非義然而不敢自言于上者畏用兵之害也以為一絶使罷賂則必至于戰而吾未有以待之也其敢自言于上者非可用以當國也直媒以自進也以臣計之和親之決不可為審也而戰亦未易

接抄下頁

言然雖絕使罷賂而猶未至于遽戰者蓋求戰在敵使之不得戰在我所當施行者有次第焉

照旧

總述講學大旨　因范育序正蒙遂述此篇

道始于堯欽明文思安安允恭克讓

易傳雖有包犧神農黃帝在堯之前而書不載稱若稽古帝

堯而已

命羲和曆象日月星辰敬授人時

呂刑乃命重黎絕地天通罔有降格左氏載尤詳堯敬天至

矣曆而象之使人事與天何不差若夫以術下神而欲窮天

道之所難知則亦不許也

次舜濬哲文明溫恭允塞在璿璣玉衡以齊七政

舜之知天不過以器齊求之日月五星齊則大道合矣

其微言曰人心惟危道心惟微惟精惟一允執厥中

人心至可見執中至易知至易行不言性命子思贊舜始有大知執兩端用中之論孟子尤多皆推稱所及非本文也

次禹后克艱厥后臣克艱厥臣惠迪吉從逆凶惟影響

洪範者武王問以天箕子六對以天故曰不畀鯀洪範九疇乃錫禹洪範九疇明水有逆順也孔子因箕子周公之言故曰鳳鳥不至河不出圖嘆治有廢興也前世以為龍馬負圖自天而降洛書九疇六自然之文甚至其誕甚至有先天後天之說今不取

次皋陶訓人德以補天德觀天道以開人治能教天下之多材

自皋陶始○

禹以才難得人難知為憂皋陶言亦行有九德亦言其人有德卿大夫諸侯皆有可任翕受敷施九德咸事以人代天典禮賞罰本諸天意禹相與共行之夏商周一遵之

次湯惟皇上帝降衷于下民若有恒性克綏厥猷惟后其言性蓋如此

次伊尹言德惟一又曰終始惟一又曰善無常主協于克一○

湯自言聿求元聖與之戮力以與爾有衆請命伊尹自言惟尹躬暨湯咸有一德克享天心受天明命故以伊尹次之

嗚呼堯舜禹皋陶湯伊尹于道德性命天人之交君臣民庶均

祖望謹案云　低二格另行

望按學統似不應遺傳說

不殄烈假不遐不聞亦式不諫亦入雝雝在宮肅肅在廟不顯亦臨無射亦保無然畔援無然歆羡誕先登于岸不大聲以色不長夏以革不識不知順帝之則文王備道盡理如此豈特文王為然哉固所以成天下之材而使皆有以充乎性全乎命也

按中庸言鳶飛戾天魚躍于淵言其上下察也德輶如毛毛猶有倫上天之載無聲無臭至矣夫鳥至于高魚趨于淵言文王作人之功也德輶如毛舉輕以明重也上天之載無聲無臭言天不可即而文王可象也古人患夫道德之难知而

自皋陶始○

禹以才難得人難知為憂皋陶言亦行有九德亦言其人有德鄉大夫諸侯皆有可任翕受敷施九德咸事以人代天典禮賞罰本諸天意禹相與共行之夏商周一遵之

次湯惟皇上帝降衷于下民若有恒性克綏厥猷惟后其言性蓋如此

次伊尹言德惟一又曰終始惟一又曰善無常主協于克一○

湯自言聿求元聖與之戮力以與爾有衆請命伊尹自言惟尹躬暨湯咸有一德克享天心受天明命故以伊尹次之

嗚呼堯舜禹皋陶湯伊尹于道德性命天人之交君臣民庶均

皆有之矣　○祖望按學統似不應遺傳說

次文王肆戎疾不殄烈假不遐不聞亦式不諫亦入雝雝在宮肅肅在廟不顯亦臨無射亦保無然畔援無然歆羨誕先登于岸不大聲以色不長夏以革不識不知順帝之則文王倫道盡理如此豈特文王為然哉固所以成天下之材而使皆有以充乎性全乎命也

按中庸言鳶飛戾天魚躍于淵言其上下察也德輶如毛毛猶有倫上天之載無聲無臭至矣夫鳥至于高魚趨于淵言文王作人之功也德輶如毛舉輕以明重也上天之載無聲無臭言天不可即而文王可象也古人患夫道德之难知而

而難求也故自允恭克讓以至主善協一皆盡已而無所察於物也皆有倫而非無聲臭也今顛倒文義指其至妙以示人後世冥惑于性命之理蓋自是始不可謂文王之道固然也

次周公治教並行禮刑兼舉百官衆有司雖名物卑瑣而道德義理皆具自堯舜以來聖賢繼作措于事物其該括演暢皆不得如周公不惟周公而召公與焉遂成一代之治道統歷然如貫聯不可違越

次孔子周道既壞上世所存皆放失諸子辯士人各為家孔子蒐補遺文墜典詩書禮樂春秋有述無作惟易著彖象

舊傳删詩定春秋予考詳始明其不然
然後唐虞三代之道賴以有傳

按論語子罕言利與命與仁而攷孔子言仁多于他語豈有
不獲聞者故以為罕耶

孔子没或言傳之曾子曾子傳子思子思傳孟子
按孔子自言德行顏淵而下十人無曾子曰參也魯若孔子
晚歲獨進曾子或曾子于孔子没後德加尊行加修獨任孔
子之道然無明據又按曾子之學以身為本容貌詞氣之外
不暇問于大道多遺略未可謂至又按孔子嘗言中庸之德
民鮮能而子思作中庸若以為遺言則顏閔猶無是告而獨

闊其家非是若所自作則高者極高深者極深非上世所傳也然則言孔子傳曾子曾子傳子思必有謬誤孟子亟稱堯舜禹湯伊尹文王周公所願則孔子聖賢統紀既得之矣养氣知言外明内實文獻禮樂各審所從矣夫謂之傳者豈必曰授之親而受之的哉世以孟子傳孔子殆或庶幾然開德廣語治驕處己過涉世踈學者趨世逐奇忽亡本統使道

此策答謂玄之　次行即接孔子没

按孟子言性言命言仁言天皆古人所未及故曰開德廣齊滕大小異而言行王道皆若建瓴故曰語治驕自謂庶人不見諸侯然以彭更言考之後車從者之盛故曰處已過孔子

亦與梁邱據語孟子不與王驩言故曰涉世疎學者不足以知其統而襲其跡則以道為新說奇論矣

自是而後爭言千載絶學矣易不知何人所作雖曰伏羲畫卦曾子重之按周太卜掌三易經卦皆八別皆六十四則畫非伏羲重非文王也又周有司以先君所為書為筮占而文王自言王用享于岐山乎亦非也有易以來筮之辭義不勝多矣周易者知道者所為而有司者所用也孔子為之著彖象蓋惜其為他異說所亂故約之中正以明卦爻之指黜異說之妄以示道德之歸其餘文言上下繫說卦諸篇所著之人或在孔子前或在孔子後或與孔子同時習易者彙為一書後世不深考以為

闕其家非是若所自作則高者極高深者極深非上世所傳也然則言孔子傳曾子曾子傳子思必有謬誤

孟子亟稱堯舜禹湯伊尹文王周公所願則孔子聖賢統紀既得之矣養氣知言外明內實文獻禮樂各審所從矣夫謂之傳者豈必曰授之親而受之的哉世以孟子傳孔子殆或庶幾然開德廣語治驟處己過涉世疎學者趨世逐奇忽亡本統使道不完而有跡

按孟子言性言命言仁言天皆古人所未及故曰開德廣齊滕大小異而言行王道皆若建瓴故曰語治驟自謂庶人不見諸侯然以彭更言考之後車從者之盛故曰處己過孔子

亦與梁邱據語孟子不與王驩言故曰涉世疎學者不足以知其統而襲其跡則以道為新說奇論矣

自是而往爭言千載絕學矣易不知何人所作雖曰伏羲畫卦曾子重之按周太卜掌三易經卦皆八別皆六十四則畫非伏羲重非文王也又周有司以先君所為書為筮占而文王自言王用享于岐山乎亦非也有易以來筮之辭義不勝多矣周易者知道者所為而有司者所用也孔子為之著彖象蓋惜其為他異說所亂故約之中正以明卦爻之指黜異說之妄以示道德之歸其餘文言上下繫說卦諸篇所著之人或在孔子前或在孔子後或與孔子同時習易者彙為一書後世不深考以為

揜鬱

皆孔子作故彖象揜鬱未振而十翼講誦獨多魏晉而後遂與
老莊並行號為孔老佛學後出其變為禪喜說者以為與孔子
有異亦援十翼以自況故又移為儒釋本朝承平時禪說尤熾
豪傑之士有欲修明五說以勝之者而周張二程出焉自謂出
入于佛老甚久已而曰吾道固有之矣故無極太極動靜男女
太和參兩形氣聚散絪縕感通有直內無方外不足以入堯舜
之道皆本于十翼以為此吾所有之道非彼之道也及其啟教
後學于子思孟子之新說奇論皆特發明之大抵欲抑浮屠之
鋒銳而示吾所有之道若此然不悟十翼非孔子作則道之本
統尚晦不知戎狄之學本與中國異

按佛在西南數萬里外未嘗以其學求勝于中國其俗無君臣父子安得以人倫義理責之特中國好異者折而從彼盡禁令不立而然聖賢在上猶反手惡在校是非角勝負哉而徒以新說奇論闢之則子思孟子之末失遂彰范甯序正蒙謂此書以六經所未載聖人所不言者與浮屠老子辨豈非以病為藥而與寇盜設郛郭助之扞禦乎嗚呼道果止于孟子而遂絕耶其果至是而復傳耶孔子曰學而時習之然則不習而已矣

按浮屠書言識心非曰識此心言見性非曰見此性其滅非斷滅其覺非覺知其所謂道固非吾所有而吾所謂道亦非

三了

彼所知耶也予每患自昔儒者與浮屠辨不越此四端不合之以自同則離之以自異然不知其所謂而強言之則其失愈大其害愈深矣予欲析言則其詞類浮屠故略發之而已昔列禦寇自言忘其身而能御風又言至誠者入火不爇入水不溺以是為道大妄矣若浮屠之妄則又何止此其言天地之表六合之外無際無極皆其身所親歷足所目習見而耳習聞也以世為外壞特廣博之論置之可矣今儒者乃援引大傳天地絪縕通晝夜之道而知不疾而速不行而至子思誠之不可揜孟子大而化聖而不可知而曰吾所有之道蓋若是也譽之者以自同毀之者以自異噫末矣

此七字可省

先生續

習學記言

舜言精一而不詳伊尹言一德詳矣至孔子於道及學始皆言一以貫之夫行之於身必待施之於人措之於治是一將有時而隱孔子不必待其人與治也道者自古以為微眇難見學者自古以為纖息難統今得其所謂一貫通上下萬變逢原故不必其人之可化不必其治之有立雖極亂大壞絕滅蠹朽之餘而道固常存學固常明不以身歿而遂隱也然余嘗疑孔子既以一貫語曾子直唯而止無所問質若素知之者以其告孟敬子者考之乃有粗細之異貴賤之別未知於一貫之理果合否曾子又自轉為忠恕忠以盡己恕以盡人雖曰內外合一而

自古聖人經天緯地之妙用固不止於是疑此語未經孔子是正恐亦不可便以為準也子貢雖分截文章性命自絕於其大者而不敢近孔子丁寧告之使決知此道雖未嘗離學而不在於學其所以識之者一以貫之而已是曾子之易聽反不若子貢之難曉至于近世之學但夸大曾子一貫之說而子貢之所聞者殆置而不言此又余之所不能測也

曾子有疾孟敬子問之近世以曾子為親傳孔子之道死復傳之於人在此一章按曾子末後語不及正于孔子以為曾子自傳其所得之道則可以為得孔子之道而傳之則不可自堯舜禹湯文武周公孔子所傳皆一道孔子以教其徒而所受各不

同以為雖不同而皆受之孔子則可以為堯舜禹湯文武周公孔子之所以一者而曾子獨受而傳之又大不可也孔子嘗告曾子吾道一以貫之曾子既唯之而自以為忠恕微孔子告顏子一日克己復禮天下歸仁焉盡己不必是人不必非克己以盡物可也若動容貌而遠暴慢正顏色而近信出辭氣而遠鄙倍則專以己為是以人為非而克與未克歸與不歸皆不可知但以己形物而已且其言謂君子所貴乎道者三而籩豆之事則有司存尊其所貴忽其所賤又與一貫之指不合故曰非得孔子之道而傳之也夫堯舜禹湯文武周公孔子之所以一者非特以身傳也存之于書所以考其德得之於言所以知其心

不思為三字下疑落一字

仍另行

故孔子稱天之未喪斯文為已之責獨顏淵謂博我以文約我以禮欲罷不能既竭吾才餘無見焉夫託孤寄命雖曰必全其節任重道遠可惜止於其身然則繼周之損益為難知六藝之統紀為難識故曰非得堯舜禹湯文武周公孔子之所以一者受而傳之也傳之有無道之大事也世以曾子為能傳而餘以為不能余豈與曾子辯哉不本諸古人之源流而以淺心狹志自為窺測者學者之患也

按洪範耳目之官不思為而聰明自外入以成其內也思曰睿自內出以成其外也故聰入作哲明入作謀睿出作聖貌言亦自內出而成于外古人未有不內外交相成而至于聖賢故堯舜

皆備諸德而以聰明為首孔子告顏淵非禮勿視非禮勿聽學者事也然亦不言思故曰學而不思則罔思而不學則殆又曰吾嘗終日不食終夜不寢以思無益不如學也季文子三思而後行子聞之曰再斯可矣又物之是非邪正終非有定詩云有物有則子思稱不誠無物而孟子亦自言萬物皆備於我矣夫古人之耳目安得不官而蔽于物而思有是非邪正心有人危道微後人安能常官而得之捨四從一是謂不知天之所與而非天之與此而禁彼也蓋以心為官出孔子之後以性為善獨是孟子始然後學者盡廢古人之條目而專以性為宗主壹意多寡力少測知廣凝聚狹而克弃以來內外相成之道廢矣

皇極言協用比德則民有罪焉下無好德而上之福則不錫焉王義王路以我為正而民情之不敢自任焉蓋待於民者已狹而出于君者民已不可忤矣猶曰未至于虐而已然則夏商之季俗壞民薄而堯舜禹湯之道已不可復反乎皋陶曰天聰明自我民聰明天明威自我民明威箕子之言無乃異是歟蓋亦有不得已者歟然則成康之後遂為雜霸不復古人之萬一者其兆見矣九疇於古無見也禹稱九功成者幾近之

儒者爭言古稅法必出于十一又有貢助徹之異而其實不過十一夫以司徒教養其民起居飲食待官而具吉凶生死無不與偕則取之雖或不至于十一固非為過也後世尚狗百姓不

教不養貧富憂樂茫然不知直罔其自有而遂取之則就能止於十一而已不勝其過矣亦豈得為中正哉況今天下以奉一君地大稅廣上無前代封建之煩下無近世養兵之衆則雖二十而一可也三十而一可也豈得以孟子貉道之言為斷耶曲禮中三百餘條人情物理的然不違餘篇如此要切言語可併集為上下篇使初學者由之而入豈惟初入固當終身守而不畔蓋一言一行則有一事之益如鑑觀像不得相離也古人治儀因儀以知事曾子所為籩豆之事今儀禮所遺與周官戴氏雜記者是也然孔子教顏淵非禮勿視非禮勿聽非禮勿言非禮勿動蓋必欲此身常行于度數折旋之中而曾子告孟敬子

乃以為所貴者動容貌正顏色出詞氣三事而已是則度數折旋皆可忽略而不省有司徒具其文而禮因以廢矣故余以為一貫之語雖唯而不悟也今世度數折旋既已無可復考則曾子之告孟敬子者寧若可以遵用然必有致于中有格于外使

徵文謹案聖賢教人皆因其所短而救之葉氏輕看動容貌正顏色出詞氣三事殊不知遠慢近信遠鄙倍皆由莊敬誠[illegible]涵養而來即三者而可以見道至籩豆之事則指器物言非謂度數周旋可忽也

低二格及行小寫

故程氏指為學者趣詣簡捷之地近世講習尤詳其間極有當論者堯典克明峻德而此篇以為自明其德其修身齊家治國

平天下之條目略皆依倣而云也然此篇以致知格物為大學之要在誠意正心之先最合審辨樂記言知誘於外好惡無節于內物至而人化物知與物皆天理之害也余固以為非此篇言誠意必先致知則知者心意之師非害也若其則物宜何從以為物欲而害道宜格而絕之耶以為物倫而助道宜格而通之耶然則物之是非固未可定而雖為大學之書者亦不能明也程氏言格物者窮理也按此篇心未正當正意未誠當誠知未致至當致而君臣父子之道各有所止是亦入德之門耳未至于能窮理也若窮盡物理矩矱不踰天下國家之道已自無復遺蘊安得意未誠心未正知未至者而先能之詩曰民之靡盈

乃以為所貴者動容貌正顏色出詞氣三事而已是則度數折旋皆可忽略而不省有司徒具其文而禮因以廢矣故余以為一貫之語雖唯而不悟也今世度數折旋既已無可復考則曾子之告孟敬子者宜若可以遵用然必有致于中有格于外使人情事理不相踰越而其後道庶幾可存若他無所用力而惟三者之求則厚者以株守為固而薄者以捷出為偽矣

按經傳諸書往往因事該理多前後斷絕或彼此不相顧而大學自心意及身發明功用至於國家天下貫穿通徹本末全具故程氏指為學者趨詣簡捷之地近世講習尤詳其間極有當論者堯典克明峻德而以為自明其德其修身齊家治國

平天下之條目略皆依倣而云也然此篇以致知格物為大學之要在誠意正心之先最合審辨樂記言知誘於外好惡無節于內物至而人化物知與物皆天理之害也余固以為非此篇言誠意必先致知則知者心意之師非害也[illegible]則物宜何從以為物欲而害道宜格而絕之耶以為物倫而助道宜格而通之耶然則物之是非固未可定而雖為大學之書者亦不能明也程氏言格物者窮理也按此篇心未正當正意未誠當誠知未致至當致而君臣父子之道各有所止是亦入德之門耳未至于能窮理也若窮盡物理矩矱不踰天下國家之道已自無復遺蘊安得意未誠心未正知未至者而先能之詩曰民之靡盈

誰風知而莫成疑程氏亦非也若以為未能窮理而求窮理則未正之心未誠之意未致之知安能求之又非也然所以若是者正謂為大學之書者自不能明故疑誤後學爾以此知趨詣簡捷之地未易求而遽易惑也按舜人心惟危道心惟微孔子非禮勿視聽言動皆不論有物無物喜怒哀樂之未發非無物發而皆中節非有物三章真學者趨詣簡便之地也其他未有繼者今欲以大學之語繼之當由致知為始更不論知以上有物無物物物為是物為非格為絕格為通也若是則所知靈悟心意端一雖未至於趨詣簡捷之地而身與家國天下之理貫穿通徹比於諸書之言先後斷絕彼此不相顧者功用之相去遠

百家云〻低二格
双行

矣坐一物字或絶或通自知不審意迷心誤而身與家國天下之理窒滯而不問方為學者之患非余所敢從也百家謹按格物不言先而言在則大學頭腦原始致知格物即知止之義知止即求至善之地故至能慮而后能得也以上梨洲先生原稿

乾以自强不息坤以厚德載物屯以經綸蒙以果行育德需以飲食晏樂訟以作事謀始師以容民畜衆小畜以懿文德履以辨上下定民志否以儉德避難同人以類族辨物大有以遏惡揚惡善謙以裒多益寡稱物平施隨以嚮晦入宴息蠱以振民育德臨以教思無窮容保民無疆賁以明庶政無敢折獄大畜以多識前言往行以畜其德頤以慎言語節飲食大過以獨立不懼遯世無悶坎以常德行習教事咸以虛受人恒以立不易

方遯以遠小人不惡而嚴大壯以非禮勿履晉以自昭明德明
夷以蒞衆用晦而明家人以言有物而行有恒睽以同而異蹇
以反身修德解以赦過宥罪損以懲忿窒慾益以見善則遷有
過則改夬以施祿及下萃以除戎器戒不虞升以順德積小以
高大困以致命遂志井以勞民勸相革以治歷明時鼎以正位
凝命震以恐懼修省艮以思不出其位漸以居賢德善俗歸妹
以永終知敝豐以折獄致刑旅以明慎用刑而不留獄巽以申
命行事兌以朋友講習節以制度數議德行中孚以議獄緩死
小過以行過乎恭喪過乎哀用過乎儉既濟以思患預防未濟
以慎辨物居方皆因是象用是德修身應事致治消患之正條

目也孔子與弟子分別君子小人甚詳而正條目于易乃著明之又當于其間釋其尤簡直切近者（晦木曰水心所引五十四除而先王曰后曰大人者皆）（遺獻曰）不豫近世有求端用力之說失力則當用而端無事于他求也焉求諸此足矣（水心又曰顏曾而下訖于思孟所言名義雖千端萬緒然皆不若易象之示人簡而切確而易行）

水心又曰云云

空一圍接上

大字

班固言孔氏為彖象繫詞文言序卦之屬于論語無所見然彖象詞意勁厲截然著明正與論語相出入其為孔氏作無疑至所謂上下繫文言序卦文義複重淺深失中與彖象異而亦附之孔氏者妄也

大傳依于神以夸其表耀于文以逞其流如是而已

自堯舜至文武君臣相與造治成德雖不為疏以致敗亦無依

以下按應屬遺獻另行低一格大寫

加遺獻曰三字下做此

雜霸戰國之事可也去帝王遠矣

易以彖釋卦皆即其畫之剛柔逆順往來之情以明其吉凶失得之故無所謂無思無為寂然不動不疾不行之說予嘗患浮屠氏之學至中國而中國之人皆以其意立言非其學能與中國相亂而中國之人實自亂之今傳之言易如此何以責夫異端

天一地二一節此言陰陽奇偶可也以為五行生成非也其畫天生而地成是又傳之所無而學者以異說佐之

孔子彖詞無所謂太極者不知傳何以稱之自老聃為虛無之

低一格

祖然猶不敢放言曰無名天地之始有名萬物之母而已莊列始妄為名字不勝其多故有太始太素茫昧廣遠之說傳易者將以本原聖人扶立世教而亦為太極以駭異後學後學鼓而從之失其會歸而道日以離矣

崇高莫大乎富貴是以富貴為至權與道德並稱詩書何嘗有此義從之則不足以成道德而終至于滅道德比曰先王以建萬國親諸侯大有曰君子以遏惡揚善順天休命然則崇高富貴必如是而後可不然其敝至于秦漢矣（按車玉峯謂水心此言太過予謂水心以富貴必由道德而成、其崇高亦自有義）

既謂庖犧始作八卦神農堯舜續而成之又謂易興于中古當

容以成功者君臣不容此論雜霸戰國之事可也去帝王遠矣

低一格大字　遺獻曰此論最是

易以彖釋卦皆即其畫之剛柔逆順往來之情以明其吉凶失得之故無所謂無思無為寂然不動不疾不行之說予嘗患浮屠氏之學至中國而中國之人皆以其意立言非其學能與中國相亂而中國之人實自亂之今傳之言易如此何以責夫異端

天一地二一節此言陰陽奇偶可也以為五行生成非也其言天生而地成是又傳之所無而學者以異說佐之

孔子彖詞無所謂太極者不知傳何以稱之自老聃為虛無之

祖然猶不敢放言曰無名天地之始有名萬物之母而已莊列始妄為名字不勝其多故有太始太素茫昧廣遠之說傳易者將以本原聖人扶立世教而亦為太極以駭異後學後學鼓而從之失其會歸而道日以離矣

崇高莫大乎富貴是以富貴為至權與道德並稱詩書何嘗有此義從之則不足以成道德而終至于滅道德比曰先王以建萬國親諸侯大有曰君子以遏惡揚善順天休命然則崇高富貴必如是而後可不然其敝至于秦漢矣（按車玉峯謂水心此言太過予謂水心以富貴必由道德而成、其崇高亦自有義）

既謂庖犧始作八卦神農堯舜續而成之又謂易興于中古當

殷之末世其衰世之意是不能必其時皆以意言之

序卦最淺鄙

書自典謨始此古聖賢所擇非孔氏加損其間書序舊史所述非孔子作

虞夏商書之言德必自厚而民服箕子叙三德乃視世厚薄而稱吾德以乂之非古人意也古者戒人君自作福威玉食必也克己以惠下敬身以敎俗況于人主尚安有作福威玉食者箕子之言得非商之末世權强陵上之俗已成紂雖肆其暴而威柄已失故其言如此然而武周亦未嘗用也秦漢乃卒用之

皇極雖多立善意以待其臣然黨偏已扇虛僞已張廉耻已喪

欲救于末流甚難非大刑弗治非峻防必踰君德日衰臣節日壞是時帝王之道非降為刑名法術不止悲矣

武王即以商封武庚不私其地德過于湯矣武庚弗從而滅周公無所寄之然後以次分封而同姓多焉後世謂犬牙相制為磐石宗若自守其天下者非本旨也

商之貴家舊族終頑不率周公方為之營洛遷以自近而化誨之名公又戒王疾敬德蓋與禹益同意不隨世變而遷惟聖賢能之

君薨世子不言委政冢宰免喪而後即阼古人之達禮也成王當彌留之際被冕憑几以其子託諸臣名公及羣公諭恤致文

而奉之康王又使康王根誥之何忽以位為重而為是衰求（末）之舉與嗚呼紂武庚之時變故煩矣管蔡流言成王疑慮道將喪矣周召恐懼師保協心卒能復成王于德于是昧病矣洮頮自力大延羣臣遠以周召訓已者而訓之是可為難矣是故召畢變禮傳命于康儀物粲然四方風動為斯道之所任也位何足言哉

詩三百皆史官先所采定也不因孔子而後刪

詩不當以正變强分要以歸于正

七月之詩以家計通國服以民力為君奉自後世言之不過日用之粗事非人紀之大倫也而周公直以為王業此論治道者

所當深體也洪範曰惟天陰騭下民相協厥居無逸曰先知稼穡之艱難古人未有不先知稼穡而能君其民以使協其居者此詩乃無逸之義疏、協由居之條目也、後世棄而不講講之者亦自笑其道迂遠而無用乃以勢力威力為君道以刑政末作為治體漢之文宣唐之太宗雖號賢君其實去桀紂尚無幾可不懼哉未句似已甚然要異乎同甫矣

無倚勢作威無倚法以削成王知所以命君陳矣然而人材日陋世變日下皆倚勢倚法之類也

成康再世皆以畏民為畏非畏其預畏吾不能化也越三紀而後化俟之以道不以刑也觀畢命而成康之道備矣

厲王後天下不復有號令宣王咏歌皆封建征伐蒐狩宮室之事其一時作起觀聽赫然固臣子所喜至于思深澤厚本根有託敬保元子綢繆室居則未可謂知文武成康之意也故不幸一傳而壞讀詩者遠樂其詞而不察其事則治道失之遠矣既明且哲以保其身此言照物之遠不在危地也然而必也先生禍福不入其心自班固以明哲少史遷而後世相傳轉為自安之術殆于誣德矣

孔子之先非無達人六經大義源深流遠取舍予奪要有所承使皆蕪廢訛雜則仲尼將安取斯今盡捺前聞一歸孔氏後世所以尊孔氏者固已至矣推孔子之所以承先聖者則未為得也

當孔子時魯衛舊家往〻變壞孔子時力足以正之使復其舊而已非謂盡取而紛更之也後世賴孔子是正之力而謂凡孔子以前皆其去取益失之故曰詩書不因孔氏而後刪

周官言道則兼藝貴自國子弟賤及民庶皆教之其言儒以道得民至德以為道本最為要切而未嘗言其所以為道者雖堯舜時亦已言道及孔子言道尤著明然終不的言道是何物豈古人所謂道者上下皆通知之但患所行不至耶老聃本周史官而其書盡遺萬事專特言道凡其形貌朕兆渺忽微妙無不悉具予疑非聃所著或隱者之詞也而易傳及子思孟子亦爭言道皆定為某物故後世之于道始有異說而又益以莊列西方

之學愈乖離矣今且當以周禮二言為証庶學者無畔涣之患而不失古人之統此永嘉以經制言學之大旨司徒以五禮防萬民之偽而教之中以六樂防萬民之情而教之和而宗伯以天產作陰德以中禮防之以地產作陽德以和樂防之是則民偽者天之屬也民情者地之屬也偽者動作文為辭讓度數之辨也情者耳目口鼻四肢之節也子產言人生始化曰魄陽曰魂而儒者因謂體魄則降知氣在上易傳又謂精氣為物游魂為變故後世皆以魂知為陽體魄為陰然以宗伯之言考之則魂知者固陰德也體魄固陽德也偽不可見而能匿情故為陰情可見而能滅偽故為陽禮樂兼防而中和

皆得則性正而身安此古人之微言篤論也若後世之師者教人抑情以徇偽禮不能中樂不能和則性狂而身病矣按此節說有病

大小行人司儀所以親待諸侯邦國之禮周衰惟管仲知之故其言曰招攜以禮懷遠以德德禮不易無人不懷齊侯修禮于諸侯孔子謂管仲身不由禮則禮不能行于天下故謂之小器孟子考之不詳因并譏管仲

諸侯之國前代相因周之特封者齊晉魯衛陳蔡宋鄭皆自五百里以下謂必百里者妄說也水心欲主張周禮以非孟子

檀弓胄學于義禮而蹇縮于文詞

孔子時聖人之力尚能合一以接唐虞夏殷之統故所述皆四

代之舊至孟子時所欲行于當世與孔子已稍異不惟孟子雖孔子後出亦不得同矣然則治後世之天下而求無失于古人之意蓋必有說非區區陳迹所能干也

以曾子問禮及雜記諸禮與儀礼攷之蓋知其所謂籩豆之事則有司存者蓋曾子之所厭而不講也雖然籩豆數也數所以出義也古稱孔子與其徒未嘗不習禮雖逆旅茇舍不忘禮文猶班班然行于上下智者將棄之矣貫而為一孔子之所守也執精略粗得末失本皆其所患也

觀後解所言當時讀書之人其陋已如此固雖以責後人也然自周召既亡大道瑩折六藝之文惟孔子能盡得其意使上世

聖賢之說可合自子思孟子猶有所憾則徑解所言亦其常情

但後學緣此墮處不少

禮非玉帛所云而終不可以離玉帛樂非鍾鼓所云而終不可以舍鍾鼓仲尼燕居乃以几筵升降酌獻酬酢不必謂之禮而以言而履之為禮以綴兆羽籥鍾鼓不必謂之樂而以行而樂之為樂是則離玉帛舍鍾鼓而寄之以禮樂之虛名天下無復禮樂矣

書稱惟皇上帝降衷于下民即天命之謂性也然可以言降衷而不可以言命蓋萬物與人生于天地之間同謂之命若降衷則人固獨得之矣降命而人獨受則遺物與物同受命則物何

以不能率而人能率之耳書又稱若有恒性即率性之謂道也
然可以言若有恒性而不可以言率性蓋已受其衷矣故能得其
當然者若而有恒則可以為性若止受于命不可知其當然也
而以意之所為當然者率之則道離于性而非率也書又稱克
綏厥居猷惟后即修道之謂教也然可以言綏而不可以言修
蓋民若其恒而君能綏之無加損焉尔修則有所損益而道非
其真則教者強民以從已矣 水心于中庸首章摭稱之而不滿于此三句
慎獨為入德之方
書稱人心惟危道心惟微惟精惟一允執厥中統紀體用卓然
百姓所同而中庸盡示開明尤為精的盡于未發之際能見其

其未發則道心可以常存而不微于將發之際能使其發而皆中節則人心可以常行而不危不微不危則中和之道致于我而天地萬物之理遂于彼矣自堯禹孔顏相授最切其後惟此言能繼之

師之過高之不及皆知者賢者也其有過不及者質之偏學之不能化也若夫愚不肖則安取道之不明與不行豈愚不肖致之哉今將歸于天下曰知者過愚者不及是以道不及行賢者過不肖者不及是以道不明然則欲道之行與明必處知愚賢不肖之間耶任道者賢知之責也安其質而流于偏故道廢盡其性而歸于中故道興愚不肖何為哉此是說飲食知味自為一

章猶足以教世若繫之此下是以賢知愚不肖同為不知味者害尤大矣

漢人雖稱中庸子思所著今以其書考之疑不專出于思素貧賤行乎貧賤可也素富貴行乎富貴不可也在下位不援上可也在上位止于不陵下未盡其義也

知致而意誠者不期誠而誠也意誠而心正者不期正而正也此說亦未盡盡關截分段固非而此說則太直

所謂大學者以其學而大成異于小學處可以修身出可以治國平天下也然其書開截箋解彼此不相顧而貫穿通徹之義終不明學者又章分句斷名為習大學而寔未離于小學可惜

也

紀侯見滅公羊以為百世可以復讎妄也就如其言哀公雖紀侯所譖而周所誅是并讎周也春秋又從而賢之乎

管仲伏信秉禮然以成其利心于是諸生又別為陰謀之書申商韓非之術並興

琴張宗魯事知孔子所為明道教人非止性分上工夫惟顏閔二冉為你所同外此雖曾子知道亦未能盡其義子路之流不論也按未必盡然琴張事正從性分來

齊桓管仲但為情欲不制無正心誠意修身齊家之功喜怒用師無不殄厥慍不隕厥問之德至于貪土地自封殖行詐謀

逞威虐如晉文者蓋皆無之宜孔子以為正而不譎如其仁也

驩兜等雖奸慝害政然其不肖何至如季文子所言乃汙堯朝居大位而不能去蓋傳習之誤

投袂而起屨及于堂皇劍及于寢門之外車及于蒲胥之市遂圍宋古今未有此比是國無一日不在兵其兵無一日不可出也民之窮于戰鬭可知矣然不亡而卒以霸蓋自是以後世道當別論前志不復可接續也

喜怒以類者鮮庶幾哉不遷怒之學矣

分謗後世所稱以為美然以僞為世道愈失

赤舄几几聖人之事也臨深履薄賢者之事也

穆姜所稱四德古人說易有此論其義狹不足以當乾孔子推明其義乃乾德也

尹公佗事孜之左傳知有友而不知有君戰國所為仁義多如此孟子不暇辨也

子罕挾棄者不受德與郤克兮謗意同義异蓋自君言之則當先君後民自民言之則當先公後私理各有所正也

世祿不在不朽之數然古亦未有無功德而世其祿者學者要當德義為無挾而存耳

晏子不亡不死不歸不從崔慶歟從容去就之際然要為有走作處而亦不足以阻折亂臣賊子之心

蘧伯玉不聞君出敢聞其入二語古人于事變之際少干涉不惟功名之心薄誠恐雅道自此而壞後世則不然

子産相鄭若止是施政于民亦非难事大要國體不立如既壞之室扶東補西欲加修治使之完美自立固非舊之可因亦非新之可革裁量張弛不用一法其曲折甚難故有思始成終如農有畔之論

鄭作邱賦當由人多于地若無故重斂亦子産所不為也然君子以變古為難須更有商量子産未免矜才一向做下

鄭鑄刑書子産于扶補傾壞之中必欲剪裁比次自令新美做到變古處先王之政遂不可復治道固不能不與時遷移然亦

有清静寧民可以坐消四國之患使古意自存者而為是於々此老聃所以有感于周之末造且欲并廢其初也

以晏子荅齊問疾及梁丘據和同二義攷之古之聽言者要自是已切近處易有所覺故進言者苟有動悟則于政事及之不難後世人主本身去義理甚遠人臣止能就事開說至其身過則不敢復觸通就使于事有所正而甚劾固已薄矣晏子所所陳猶是援証始末孔子但言君々臣々父々子々簡淡無提執處景公使深省解然則非獨晏子能言之功也益春秋以前據居位利勢者與戰國秦漢以後不同君臣之間差不甚遠無隆尊絶畀之異其身之喜愠怒哀樂尚可反求故也不然則孟子非不

教人以格君心之非後世用之其驗殊少反被迂拙之誚曾不如就事捔説者猶能得其一二也噫君德不同若此欲盡爲臣之義豈易言哉

成鱄説文王詩與馬鄭何遠所謂経生陋儒非獨秦火有之也

吴始用子胥之謀孟子謂服上刑者此之類也

夫差盡内事外輕用民力亡形已成子胥不知救正其本而急于滅越以求伯使越可滅不二十年要亦不免于亡

宣王不籍千畝而料民戰國之風氣已開吉甫方召之徒自相歌誦得非新進驟起以旦夕成功舊人前輩所不與耶故太子晋以與幽厲同稱學者所當知

齊語載管仲相齊細考多不合

四民未有不以世至于然進髦士則古人蓋曰無類雖工商不敢絕也

諸侯之為日在君側以其善行以其惡戒晉人所言春秋也教之春秋而為之聳善而抑惡焉以戒懼其心楚人所言春秋也

然則晉乘楚檮杌當是戰國妄立名字

古之人君不能從諫其諫者不加怒也按浚治則以此亦未必盡然特以之勉後之君耳

左史倚相舉衛武公語當是時未有生老病死入士大夫之心不以聰明寄之佛老為善者有全力故多成材凡人壯不自定老而自逸是末世人材也

孟子曰仁則榮又曰仁者宜在高位高者榮仁之報也而不能
必高與榮必高是不可下之必高榮是不可枯也是以利誘人使
為仁也仁如病矣孟子特以誘人為仁耳悠也以論卸無也

國語非左氏所為

志學至于從心所為限節者非所以為進德之序疑非孔子之
言

由後世之祖習訓詁淺陋相承者學而不思之類也窮究性命〇
之自喜者思而不學之類也士不越此二途

體孔子之言仁要須有用力處克已復禮為仁由已其與體也
出門如賓使民如祭其操術也欲立〻人欲達〻人又術之降

教者常以此用力而一息一食無不在仁須可矣

見其過而内自訟是以入德矣人能見其善而内自譽耳

不遷怒不貳過以是爲顏子之所獨能而凡在孔氏之門者皆輕

慍頻復之流與是孔子不遷怒不貳過誣是也天下以無人也

蓋置身于喜怒是非之外者始可以言學而一世之人常匯匯

乎求免于喜怒是非之内而不獲如搰泥而揚其波也嗚呼必

若是則惟顏子耳

徙義猶遷怒也義則必從以就之怒則不遷以就之其機一也

儒者不致于德而狥于學則以其學爲道之病

言勇至不懼而止子路之勇可以言無懼矣然必兼仁與知故

臨事而懼好謀而成雖伊呂不能易不然則以獨勇為子路之不得其死

疏水曲肱浮雲富貴之說詩書所未有蓋是將道德在上而不在下也按書則無之詩則已有之矣

天下之事變雖無窮天下之義理固有止故後世患不能述而無所為作也信而好古所以能述也今之學者不述乎孔子而述其所述不信乎孔子而信其所信則道終以不明

百聖之歸非心之同者不能會衆言之長非知之至者不能識故孔子教人以多聞多見而得之又著于大畜之象

禮教至周而大備道盛仁熟之士固已揖讓周旋其中初德備

善亦皆有所依據外不失人內不失己故孔子深惜禮之廢而欲其復行也恭慎勇得于天者非不美然有禮則知其質成無禮則以其質壞人非下愚未有無可成之質使皆一于禮則病盡而材全

克復為仁舉全體以告顏淵也孔子未嘗以全體示人非吝之也未有能受之者也顏淵曷為能受之能向其目故也全體因目而後明

世謂孔子語曾子一貫曾子唯之不復重問以為心悟神領不在口耳豈有是哉一貫之指因子貢而粗明因曾子而大迷

孟子出而說齊梁之君幾得政于齊問荅十數章大秪逆來順

往無問其所從必得吾之所以言而後止故孟子自謂人不足與適政不足與間惟大人為能格君心之非君仁莫不仁君義莫不義君正莫不正一正君而國定夫指心術之公私于一二語之近而能判王霸之是非于千百世之遠迷復得路渙然昭蘇宜若不待堯舜禹湯而可以致唐虞三代之治矣當是時去孔子雖止百年餘然齊韓趙魏皆已改物魯衛舊俗淪壞不及天下盡變不啻如夷狄孟子亦不暇顧但言以齊王猶反手也若宣王果因孟子以得警發豈遂破長夜之幽昏哉舜禹克艱伊尹一德周公無逸聖賢常道怵惕警畏不若是之易言也自孟子一新機括後之儒者無不益加討論而格心之功既終不驗

反手之治亦復難興可為永歎
堯舜君道也孔子雖言之其推以與天下共而以行之先後疾
徐喻之明非不可為者自孟子始也
周衰天下之風俗漸壞齊晉以盟會相統帥及田氏六卿吞滅
非復成周之舊遂大壞而不可收戎夷之橫猾不是過也當時
往往以為人性自應如此告子謂性猶杞柳義猶桮棬猶是言
其可以矯揉而善尚不為惡性者而孟子并非之直言人性無
不善不幸失其所養使至于此牧民者之罪民非有罪也以此
接堯舜禹湯之統雖論者或以為有善有不善或以為無善無
不善或直以為惡而人性之至善未嘗不隱然見于搏噬紛奪

之中比孟子之功所以能使帝王之道幾絶復續不以豪釐眇忽之末偏爲間斷也予嘗疑湯若有恒性伊尹習與性成孔子性近習遠乃言性之正非僅善字所能弘通後世學者既不親履孟子之時莫得其所以言之要小則無見善之効大則無作聖之功所謂性者姑以偏論習之一字焉而已許行言賢者與民並耕而食饔飧而治雖非中道比于刻薄之政不有絶乎孟子力陳堯舜禹稷所以經營天下至謂其南蠻鴃舌之人非先王之道詞氣峻截不可攖拂使見老子至治之旅民各甘其食美其服隣國相望雞狗之音相聞民至老死不相往來之語又當如何

刪

刪

彼以其富我以吾仁彼以其爵我以吾義以德則子事我者也奚可以與我友摽使者出諸大門之外疑皆執德之偏

孔子但言伯夷求仁得仁餓死于首陽之下而孟子乃言其不可與鄉人處則無故而殆切已甚伊尹果自任以天下之重而無亂亡之擇則易為不度其君按書伊尹去亳適夏武王觀政之比而傳者以為五就孔子言柳下惠止于不枉道不去父母之邦而孟子遂以為與鄉人處不忍去則誣辱已甚夫孟子之稱伊尹不幾于所謂狂伯夷不幾于所謂猶狷而柳下惠疑若鄉愿然者疑亦未精也

二戴記孔子從老聃學禮家儒者所傳也司馬遷記孔子見老

聃

嘆其猶龍關尹强之著書與莊子合是為黄老者借孔子以重其師之詞也使聃果為周藏史嘗教孔子以故記雖心所不然而欲自明其說則今所著者豈無一二緒言辯晰于其間而故為岩居川游索隱特出之語何耶然則教孔子者必非著書之老子而為此書者必非禮家所謂老聃妄人誑而合之耳

自伏羲以来漸有文字三墳五典今不傳大抵多言世變憧慌非世教所用非人心所安故堯舜禹皋以至周孔損削弗稱老子之學固昔人之常至其能盡去謬悠不經之談而精于事物之情僞執其機要以御時變則他人之書固莫能及蓋老子雖為虚無之宗而皆有定理可驗遠不過有無之變近不過好惡

之情而其術備矣其徒列禦寇莊周祖述之上推天地之初下極人物之化其言下里衷貊如太始太素青寧程馬于其指歸終不能識上則瀆天下則欺人

予固謂老子之言有空理可驗至于私其道以自喜而矜言天地則多失之古人言天地之道莫詳于易即其運行交接之著明者自盡而推逆順取之其察至于能見天地之心而其粗亦能通吉凶之變後世共由不可改也今老子徒以孤意妄為窺測而其說輙累變不同曰萬物天地不仁以萬物為芻狗夫天地以大用付陰陽陰陽成四時殺此生彼豈天地有不仁哉曰玄牝之門是為天地根則是不以乾統天而天之行非健也以

飄風不終朝驟雨不終日天地尚不能久而況人乎夫飄風驟雨非天地之意也陵肆發達起于二氣之争至于過甚亦有天地所不能止者矣然君子之象為振民育德赦過宥罪而區區血氣之鬬何敢擬于其間蓋老子以人事言天而其不倫如此夫有天地與人而道行焉未知其孰先後也老子私其道以自喜故曰先天地生又曰天法道又曰天得一以清不稽于古聖賢以道言天而其慢侮如此及其以天道言人事則又志之曰天道其猶張弓則是天常以機示物而未嘗法道之虛一無為也然則從古聖賢者畏天敬天而從老子者疑天慢天其不可也必矣

按易勞謙君子有終而萬民服蓋以功與人而已不居焉老子保此道者不欲盈自為而已

蓋老子之微言總十數章其有見于道者以盈為冲以有為無以柔為剛以弱為强而已然謂堯舜三代之聖人皆不知出此也遂欲盡廢之而以其說行天下嗚呼使其為藏史之老聃則執異學以亂王道罪不勝誅矣使其非聃而處士山人乘王道衰闕之際妄作而不可逆奇言而無所考學者放而絕之可也柰何俛首以聽惑者又助之持矛焉然則學而不盡其說與不學同

子華子太初實生三氣曰始曰元曰玄其言如此異哉蓋古之

言道三墳八索舊所聞記往往皆然故問者有風輪誰轉三三六六之諧誰使之語明其為常所傳習也按浮屠在異域而風水諸輪相與執持上至有頂其說尤怪洪範九疇箕子言天所錫一為五行即書所謂上炎下注者然易言坎離未嘗如是書所謂獨幹中氣生生萬物新新不窮者經籍乘異無所統一轉相誕惑而不能正後世學者幸六經已明五行八卦品列純備道之會宗可以日用而無疑矣奈何反為太極無極動靜男女清虛一大轉相夸授自貽蔽蒙皆由于大傳文言諸雜說之亂易是以學者務務至此（按陳振孫深以水心為信子華子為誚水心亦自嘗云子華子書甚古而文與今人近則固疑之矣此乃其第一條亦言其駁而終不以為偽則蔽也）

家語載季氏用田賦詳于左氏因嘆唐人自天寶一時倉猝不知以田養兵而以稅養兵流害相承至今日

國策忠臣令誹在下譽在上六臣得譽非國家之美居臣相忌之勢至是始成古無人臣自賢以貶其君而可以政治然亦無自鼓以成其君而可以不亂者夏禹有訓君臣克艱而已談客妄論能使人心術下移

論世有三三代以上道德仁義人心之所止也春秋以來人心漸失然猶有義理之餘至于戰國人心無復存矣先物而流造勢為傾綿蕝以出知巧架漏以成事機皆背心離性而行者也故其禍至于使天下盡亡而後已自漢及今學者求復于人心

之所止則有道矣然其質者不能論世觀變則常患于不知其淳者不能順德執行則捷而從之矣

范臺舉觴魯君擇言四事自伯禽以來惟僖公稱賢猶未能及此言也魯方百里者五其君之賢如此而不能興其國豈流傳之誤耶抑偪側于暴强之間而不足自立耶

唐雎言人有德于吾不可忘吾有德于人不可不忘此固人之常心當然進而至于不矜不伐德之成者也

羲黃爲文字之始而孔子斷自堯舜蓋亦不趣自孔子也禹皐共明治道祖述舊聞其時去黃顓不遠所稱道德廣大皆獨曰堯舜未有上及其先者豈夸稱而忘祖哉以爲神靈不常匪人

道之始闢不敢論非擅之也故稽古而得之君止堯舜臣止禹皋陶而羲黃后牧之倫不與焉史遷未達聖人之深旨特于百家雜亂之中取其雅馴者而著之然既數千年所言不可信審矣

項籍學書不成學劍又不成學兵法上世教化盡廢而亡命草野之人出為雄強

明于道者有是非而無今古至學之則不然不深于古無以見後不監于後無以明前古今並策道可復興聖人之志也卓然謂王政可行者孟子也既然見後世可為者荀卿也然言之易者行之難不可不審也

歷象璇璣順天行以授人使不異而已若不盡人道而求備于天以齊之必如景之象形響之應聲求天甚詳責天愈急而人道盡廢矣

經星之傳遠自堯舜其時諸侯尤多而星吉凶所不主占驗家國無其文也左氏載禍福其後始争以意推之天文地理人道本皆人之所以自命其是非得失吉凶禍福要當反之于身若夫星文之多氣候之雜天不以命于人而人皆以自命者求天曰天有是命則人有是事此古聖賢所不道

劉向爲五行傳歸于劇切當世然洪範之說由此隳裂以吾箕子陳洪範曰天所以錫禹今舜典謨不載被錫之由若禹不

自言所得于先而箕子獨明其所傳于後以是為三代之秘文此後世學者之虛論也禹以六府三事為九功戒之董之六府即五行三事則庶政羣事也戒之董之福極之分也九功九疇名異而實同也禹言畧箕言詳天之所錫非有甚異不可知蓋勸武王修禹舊法乃學者以為秘傳迷妄臆測相與串習以吾一身視聽言貌之正否而驗之于外物則雨暘寒燠皆為之應任人之責而當天之心出治之効無大于此今必一一配合牽引巳事件證分剔附着而使洪範徑世之成法降為災異陰陽之書可為痛哭

漢武欲聞大道之要至論之極仲舒前以災異禁之後以勉强

節去

聞之所禁者為難信無用之迂説所用者為可喜還至之立効則堯舜禹湯之所為兢惕畏慎者終于不存而唐虞商周之所以矜誇羨矜侈者四面而至矣昰于武帝之病方將豢而滋之豈能治哉

以樂論治可也求治而以樂為先鍾鼓筦絃之存何救于德之敗乎而仲舒亦以樂為先躬行之實廢久矣又終于祥瑞尤躬行者之諱也

漢武動民于干戈習俗于姦詐仲舒雖能泛然諷導其外未能戚然救止其内

居君子位為庶人行誠後世通患然師友議論以此自責則可

以此教人主責士大夫則不可蓋人主當化小人以有耻不當疑君子以無耻也疑君子以無耻則人才掃地不可振矣

正誼不謀利明道不計功初看極好細看全踈濶古人以利与人而不自居其功故道義光明既無功利則道義乃無用之虚語耳

凡正言之理無不具而隱顯上下交相明著古人所以為经也旁言之必酌於理使是非得失有所敓者後人所以為文也若夫窮慮殫思以無為有自愛于妄而後反之正此違于經而謬於文上林大人諸賦是也

漢世以術數摻鋌為吏趙廣漢尤為民所稱强家巨姓盜賊奪縱

横自古皆有必待有以勝之而後能使小民得職則周公教康叔成王命君陳皆無用矣若後世吏術不明妄以應明自許但欲其下重足一歛跡而善惡顛倒者又廣漢之徒所不爲

王嘉有云慎巳之所獨向察衆人之所共疑可謂名言

光武明帝以儒學飾吏事心誠好之而本質克治不盡其臣佐才有所止未能廸德過不專在人主也

鄭玄雖曰括囊大典網羅衆家删裁繁蕪刊改漏失然不過能折衷衆俗儒之是非耳何曾磐見聖賢藩墻

鍾離意疏百姓可以德勝難以力服鹿鳴之詩必言宴樂者以人神之心合然後天氣和有味哉其言之也推其所行措之三

代不難

古之人才必在分限之内上自禹稷下至方召能成天地不及之功然未有踰分越限者雖春秋時尚然及蘇張資揣摩之學韓壹起飄揚之思張騫陳湯鑿空外國乃有分外人材而班超以三十六人開西域其後愈降分内者枯竭不繼如濟水之絶分外者誕漫不酧如幻人之奏俱無用矣

仲長統二詩放棄規撿以遂己情自是風雅壞而建安黃初之體出焉

樂恢謂杜安千人主以闚踰孟子所謂龍斷穿窬者也孟子以後至西漢未有達此理者西漢末鄭士始漸知之王良之友所

謂脩脩不憚煩所以成東漢之俗

崔寔政論絶無義其大意不過痛李世寬弛欲以威刑肅之不知亂亡之証不在此

黄叔度為後世顔子觀孔子所以許顔子者皆言其學不專以貧漢人不知學而叔度以貧為道遂使老莊之説與孔顔並行以善形悪自是義理中偏側之累故孟子謂以善養人然後能服天下東漢儒者欲以不平之意加于敵法之上以勝天下之不肖宜其累發而累挫也

吳祐延篤進不求名自行其志凡人所須于世者能淡薄而以厚自處則寡悪而遠罪矣如祐與篤未嘗不正其言行而卒免

于亂世卒是道也

黨錮之禍實由太學蓋是時諸生三萬餘矣唐虞三代之為學其君皆聖賢以身所行與士相長取材任官又與相治後世不然如賈董之流尚不知人主當自化而徒欲立學以化人如明帝始終以學為重然禍察無弘[玄]裕之益其意謂不遷怒不貳過惟用之諸生而已此知勸學而不知明義之過也況翟酺左雄止要蓋千百間好屋使四方遊士自來自去于人主好尚國家教養了無干涉師門徒者踵陋習希辟召者養虛聲賢否相蒙名實相冒激成大難皆太學為之至鴻都以詞賦小技掩蓋經術不逞趨利者爭從之士心益蠹而漢亡矣羣聚天下學者使

与上不接

天官書星文占驗家所存方術所記晏子子產之所不道
書懋遷有無化居周譏而不征春秋通商惠工皆以國家之力
扶持商賈惠四皆以國家子產拒韓宣子玉環不與漢高帝始行
困辱商人之策至武帝始有算船告緡之令極于平準取天下
百貨自居之夫四民交致其用而後治化興抑末厚本非正論
也果出于厚本而抑末雖偏尚有義若奪之以自利何名為抑
周人崇尚推應史遷所遷稱唐虞之際有功德臣十一人而陳
氏篡盜亦曰禪致則是不復論天德也孔孟之論曰舜禹之有
天下也而不與焉則雖勢位消歇而道德自存遷所未知
王莽時通知鍾律者所言聲數度量權衡無不傳合于易人傳

伶倫定律本物皆由律起妄矣自司馬遷言六律為萬事根本漢人之論因之書言同律度量衡古亦以律度數同為一物未嘗言皆由律起而孔子贊易無以八卦合度量權衡之文羲和之法不可見司馬遷造律始以律之龠起劉歆又推春秋與易參合為一書按堯舜時易道未備三代以前未有春秋古歷法蓋不起于律易亦不兼歷數以今逆古皆無用之虛詞

人主以有德王無德亡至騶衍妄造五德勝克孔孟之徒未嘗言也

陰陽之精本在地而上發于天後世天文術家固未有能言此者然聖人敬天而不責畏天而不求天自有天道人自有人道

此段截於兩閒 刪之

刪

之極盛而人主庸騃視為贅疣身外之物其勢固必至此予以為羣華州處非管仲語若人主不自為學徒設學以教人欣獻不同忿心欿誕小則為然明之毀大則為東漢之禁彭城王據璽書惟聖罔念作狂惟狂克念作聖古人舊誥乃至于此常慮所以累德者而去之則德明矣開心所以塞者而通之則心夷矣慎行所以為尤者而修之則行全矣此作詔者非能解釋義理而言與之合

和洽言古之大教在通人情所謂不以格物者也又言勉而行之必有疲瘁疲瘁二字深得其故古人以利和義不以義抑利末世所謂度內者皆愚儒所謂度外者皆羣不逞安得度內而

非愚度外而非不逞者

魏明帝不能從楊阜高堂隆之諫節減宮室而欲傳蘇林秦靜之業課誠學者遺其實而急其華漢武帝誤之也

享國久近在其人之心量狹廣孫權殘民以逞故身死而不振

司馬德操謂儒生俗士豈識時務識時務者在乎俊傑自末世揣時變者負籌略語世事者極縱橫而儒生稽古以俗士德操所謂俊傑者有亮在然猶未免于縱橫法正之流勿數可也

諸葛亮曰臣死之日不使內有餘帛外有贏財以負陛下及卒如其所言此所以能服一世也然以上更當有事

司馬徽采桑樹上坐龐統樹下共語自晝至夜徽行懿筐之間

乃有王伯之略足以樂而忘憂貧賤誠不能為士累也

諸葛亮龐統以詐取劉璋所謂識時務者與如此俊傑比之古人更當吉蠲以荐明德

晉永寧元年自正月至閏月五星互經天當是時天下之亂固大然左傳叔興既占齊魯宋事無不驗又言君失問吉凶由人蓋先王舊學天不勝人叔興尚有聞也然自此占驗終勝而人道不立故予以為五星互經天雖變異最大苟人道有以消復猶不當豫占也

上古君臣之職君之所得為必以命于相相之所得為必以歸於君此古今通義也舜以股肱耳目命禹禹復戒舜而終以明

良之歌故其大意似舜盡欲以其職委禹ゝ戒以亦自聽覽無專界臣下安于縱逸也然皐陶以為元首叢脞股肱墮萬事隳則是君終不當自為也靖郭君勸齊宣王五官之政日聽數覽既而厭之靖郭君由是得專齊政權夫六卿各自以職倡九牧和猶無所司而況于君收五官而自任凡不能久又以與人君相之職蕪夾矣始皇程書決事蓋不足論漢高惠事盡出蕭曹文景雖稍自親然謂有主者則是時公卿各自分職丞相至欲斬鄧通晁錯尚循古義也孝武初年更用一項文士中外相應以分外朝之勢及趙禹張湯更進宰相束手自是君相之職渙然離異君所欲為不復以命相ゝ一切聽其君所為矣其後尚

書權益重領錄出宰相上魏初別置秘書仍典尚書所奏仍改中書劉放孫資傾動中外侍中黃門通掌門下最為禁密則尚書更是外朝而中書門下乃天子之私人其後又有內尚書由外達尚轉尚入中所行可否皆自內決人主之職十倍宰相已增者不可損已成者不可改也

六卿天官事最繁而公孤職任甚簡故學者多云冢宰即宰相或云公孤兼行非也冢宰乃有司之長職治其事以佐上者有司明其道以弼上者宰相

皇甫謐能道自分界中言語非耀文華者所能至

消兵本欲休息百姓而學者尤其弛倫然左射騶虞右射貍首

裨冕搢笏明堂耕籍此成周消兵節次也則消兵未必非視其君思治進德何如耳不然後世忌戰者豈少耶

李嵩言经史道德如采藪中原勤之者則功多此語當記然所謂勤者非漁獵搜取謀勞計獲而後能也

晉有正始微言勝會韵士至于江左雖安民之道不足而扶世之志未衰學者未宜略也

伊尹謂肇修人紀後世雖不足議此然周之諸侯大者秦楚小者魯衛傳世數十蓋其為國尚皆有本末更仆迭起而维持制服之具與之並行所以久而猶存不止富貴白身也李斯首破壞此事君臣俱得富貴然亦相隨而亡西漢雖皆李斯餘杔但

但時作一二有所憑藉故享國粗久此後無有知者諸葛亮以管樂自比恐未必及其餘君臣上下自富貴娛樂一身之外更無他說以致國祚短促皆其自取

沈約叙祓除事固非知經然近世學者以浴沂舞雩為知道一大節意料浮想遂為師傳執虛承誤無與進德則其陋有甚于昔之傳註者

欲者性之煩濁氣之蒿〔薰〕蒸雖生必有之而生之德猶火含煙桂懷蠹故性明者欲簡嗜繁者氣昏文士中顏延之頗存理義

西南夷訶羅陁呵羅单婆達師子天竺迦毗黎所通表文皆與佛書之行于中國者不异然則今釋氏諸書是其國俗之常文

中國人不曉相崇尚以為經耳微言妙義與夫鬼神之貫通誠無間於夷夏然彼可以施之于我而我不得以草之於彼其淺深之不同雅俗之不合孟子所謂未聞變于夷者也

玄（元）之陋非有益于道也然當時貴之豫在此學者不為凡流則是猶能以人守學後世以性命之學為至貴而其人不足以守學百餘年間視玄（元）愈下矣

張融自序言丈夫當刪詩書制禮樂何至因循寄人籬下言誠太狂然人具一性性具一源求盡人職必以聖人為師師聖人必知其所自得以見已之所當得者若隨世見聞轉相師習彼（枝）纏業統不能自脫錮人之才窒人之德者也

王褒戒諸子以儒家道家釋氏雖為教等差而義歸汲引自南北分裂學者以周孔與佛並行其言無異不自知其可笑六家要指司馬父子之故意也使佛學已出于漢則太史公亦更增入一家譬若區種草木不知天地正性竟復何在然則如韓愈知識乃是數百年而一有豪傑之士何其難也

中國之學自不當變于夷既變而從之而又以其道貶之顛倒流轉不復自知　按此蓋指當時之染于禪而又排之者

徐遵明指其心謂真師正在于此古者師無誤師即心也心即師也非師無心非心無師以左氏孜之周衰設學而教者師已有誤故其義理漸差及至後世積衆師之誤以成一家之學

者惟師之信而心不復求達明此語殆千載所未發雖然師誤猶可改心悞不可為此既達明所不及而以心為陷穽者諂諂矣

高洋敬禮陸法和蓋畏冥禍予嘗論世人舍仁義忠信常道而趨于神怪必謂亡可為存敗可為成然神怪終坐視成敗存亡而不能加一豪知巧于其間而亡果能存敗果能成必仁義忠信常道而後可蓋人力之所能為決非神怪之所能知而天數所不可必又非神怪所能豫也

士不先定其所存正使探極原本追配雅頌又是馳騁于末流無益

三代既衰佐命之才不世出惟管仲樂毅蕭何諸葛亮王猛蘇綽亮地勢不足自立猛無堅凝之功而綽由晉以後南北判離棄華從戎至是自北而南變夷為夏使孔子復出微管之歎不付餘人矣六條平實無華自董仲舒蕭望之劉向崔寔王符仲長統之流皆論治道而無一言之駁然則如綽者亦未易也樂遜陳時宜五條其言有非俗儒所能道者宇文父子雖大要不過強兵亦其國是所定立論常向上一着故遜輩能言之

候氣之術氣應有早晚灰飛有多少或初入月氣即應或中下旬氣始應或灰出飛三五夜而盡或終一月纔飛少許夫氣之必應灰之必飛陰陽之情天地之理當然也早晚多少差忒而

不能盡齋者人道之厚薄時政之寛猛使之也古人所以貴于和陰陽合天地也隋文迹出旁議而不知身為人道之主牛弘（宏）志在規諷而未極理事之精彼技術者焉能測之知之愈急其說愈謬

删

天地陰陽之幽理最患于以室言窺測

昔之言月者謂其形圓其質清日光照之則見其明日光所不照則謂之魄後人相承遂謂月無光因月（日）有光月果無光安能與日並明萬物無不因日而成色惟月星不然近日則光奪為日所臨則奄而不明數術之士昧理而迷源遂至乖異

自戰國至秦漢已言天子氣唐虞三代言其德不言其氣有氣

而無德將為不祥以福天下而何述焉

隋天文五行志五代事皆具宜誌陶弘景歸達者陸法和已下矣然皆驗予謂人主自修不至遂以形迹象數之末竟墮術士之口若聖人御世彼惡得而譏之

由唐及今皆本隋律隋本于齊子產鑄刑書叔向非之曰吾以救世信矣然自秦漢以後稍號平時者法無不寬其君之薄德者無不苛則叔向所云不為刑辟固非高遠不切之論也世道之衰雖緣人材日下然其病根正以做下據于不敢回轉如子產者是也

河出圖洛出書孔子之前已有此論而其後遂有讖緯之說起

于是天而成于巫天學者之陋一至于此故隋文雖楚讖而妄稱祥瑞又甚于讖

立言非專為文言之支流派別散而為文則言已亡言亡而大義息矣歐陽公乃通以後世文字為言為不如有德之嘿不知文之不可以為言也此說與歐公語異而同

為國不患無材若人主失道自致亡滅材雖多不能救

儒林稱南北所治章句或得英華或窮枝葉不然英華即枝葉也使其是則溯枝葉可以得本根矣

知道然後知言知言則無章句近世雖無章句之陋其所以為患者不知道又不知言與昔日章句無異也

分

唐高祖隋甥也位遇不卑隋之罪雖足以亡而自高祖父子分義言之只謂之反今乃美其名曰義兵唐人義之可也後世亦從而義之可乎范氏謂太宗有濟世之志撥亂之才獨創業不正無以示後夫濟世撥亂必不志于利今朝為匹夫暮為帝王利之而已

唐高祖受禪不受九錫范氏謂其雖不能如三代而優于魏晉此亦後世大議論也夫天命不可知必視其德天下雖共起而亡隋高祖敢自謂其德可代隋乎隋得罪于天下不得罪于李氏羣盜可以取隋高祖父子不可以取隋尊煬立代君臣再定矣高祖明奪而不慙是又在魏晉下

照集改正

堯舜三代之統既絕不得不推漢唐然其德固論而功亦未易言也湯武不忍桀紂之亂起而滅之猶以不免用兵有慙德謂大功則可矣光武宗室子志復舊物猶是一理漢高祖唐太宗與羣盜爭攘競敚勝者得之皆為已富貴何嘗有志于民以人命相乘除而我收其利猶可以為功乎今但當論其得志後不至于淫荒暴虐可與為百姓之主刑賞足矣若便說向湯武大義一差萬世之患也

長孫無忌褚遂良輔導無法方武氏從感業寺再入不能引禮廷諍以絕其萌至于奪嫡然後言其詭體先帝將何及也

李德裕論韋弘景事尤不近理重令自非管子本說其言斁令

者死益令者死不行令不從令者死令之嚴如此然下令如流水之源令順民心又却不以為証據若不順民心遽從而救之可乎制置職業雖曰人主之柄非人所得干議然須制置得是若悖于道乖于事而禁人不議豈不危亡德裕以宰相之才自許後人亦以其自許者許之夫宰相者秉德以服人明義以舉下若恣其偏私自作胸臆又可許乎

忠知者必世而不足奸昏者一日而有餘世之賢者不自量而欲以歲月售功其君與一時之人亦皆以歲月責之所以有謗而無名事不習（集）而弊常在也士如知此惟不求用為庶幾耳

宰相世系言唐臣以門族相高按孟子稱故國世臣人材之用

必常與其國其民之命相關治亂興亡所從出故叔向以欒郤降在皂隸憂公室之卑若夫志不必慮國行不必及民但自修飾進取為門户計如韋平之流此叔孫豹所謂世祿非不朽也俛而就下遜為李德裕只較臺閣儀範班行準則而已

孔子繫易辭不及數惟大傳稱大衍之數其下文有五行生成之數五行之物徧滿天下觸之即應求之即得而謂其生成之數必有次第蓋歷家立其所起以象天地之行不得不然大傳以易之分揲象之也蓋易亦有起法也大傳本以易象歷而一行反以為歷本于易夫論易及數非孔氏本旨而謂歷由易起揠道以從數執數以害道最當先論

道家淡泊主于治人其說以要省勝支離漢初嘗用之雖化中
國為夷未至于亡也浮屠本以壞滅為旨行其道必亡雖亡不
悔蓋本說然也梁武不曉用之當身而失唐憲宗懿又出其下
直謂崇事可增福利悲哉

訶陵國治太子與商鞅事同古人勤心苦力為民除患致利遷
之善而遠其罪所以成命民也堯舜文武所為治也苟捺一至而
已又何难焉故申商之術命堯禹曰桎梏至秦既已大敗而後
世更為霸王雜用之說哀哉

議論定而利害明要自士大夫之心術始

孔子論道無內外學則內外交相明荀子言學數有終義則須
臾之了

史不可離全是于陋儒專門上立見識又除禮而貶詩書此最為入道之害楊雄言學行之上言之次教人又其次亦是與專門者較淺深耳古人固無以教人為下者雄習見後世陋儒專門莫知所以學而徒守其師常傳之妄以教人以為能勝此而兼行者則上矣近世又偏墮太甚謂獨自內出不由外入往往以為一念之功聖賢可拈而致不知此身之稂莠未可遽以嘉禾自名也

刪之

荀卿所言諸子苟摭無類之說其是非不足計乃例攻羣辯至于子思孟軻并遭詆斥謬戾甚矣又好言子弓與仲尼並稱安有與仲尼齊聖獨為荀卿所私而他書無見者非妄則姑假立

名字以自況耳

謂無便嬖左右足信者之謂閻梜移王命本[太]僕左右僕從侍御無以便嬖側媚其惟吉士是則嬖者不吉吉者不嬖也

強本而節用天不能貧養備而動時天不能病修道而不貳天不能禍夫古人備是三者無其不貧不病不禍則曰是天也非我也今儼然曰是我也非天也奉天者聖人之事今曰我自致之是以人滅天也

全其天功則天地官而萬物樓[役]又曰大天而思之孰與物畜而制之古聖人曰則天曰順帝之則未嘗敢曰吾能官使天地物畜而制之也

孟子言民為重社稷次之君為輕而荀卿謂天子如天帝如大
神蓋與秦皇自稱曰朕意同
禮者養也芻豢五味以養口等語則禮者欲而已矣
古之聖賢無獨指心者堯言人心道心不止于治心孟子始有
盡心知性心官賤耳目之說蓋辯士索隱之流多論心而孟荀
為甚
孔子未嘗以詞明道內之所安則為仁外之所明則為學學即
六經也至于內外不得異稱者于道其庶幾矣子思之流始以
辭明道詞之所之道亦之焉非其辭也則道不可以明中庸未
必專子思作其造所共言也孟卿子不止于辭而辯勝荀卿

第七二句空一格作○

兵農已分法久而壞齊民雲布孰可徵發以畏動之意求願從之名雖至百萬無不用募且井田丘〔邱〕乘所以人人為兵者天子不過千里諸侯不過百里其勢無獨免也若以天下奉一君而人人不免為兵不復任養兵之責則聖人固所不為若以天下奉一君而養兵至于百萬獨任其責而不能供則庸人知其不可今自守其州縣者兵須地着給田力耕是說一千里之內當上宿衛已有諸御前兵不可輕改因其地分募樂耕者以漸歸本是一邊國扞禦盡須耕作人自為戰是一說三說參用由募還農說大費既省守可以固戰可以充不必慨募府兵屯田徇空談而忘實用矣

竭天下以養兵此受病本根所以末世之横歛有加不已
立節者而不辨義下者為利高者為名而世道愈降矣

崔蠡疏論國忌日設僧齋百官行香事無經據詔以近代故依
釋老有異皇王之術習俗因循並宜停罷此開成四年也唐世
禮文不為知禮者所許然如此等事猶能釐正不若後世定著
不刊以為臣子恭順報効之節無踰于此也

授田之制蕩盡柰何猶用授田時法税之後世謂楊炎兩税變
古今不究始末

桑弘〔宏〕羊與劉晏無異所可恕者晏以用兵故興利不得已耳史
家無識妄立論

本起稷下所言皆欲挫辨士之鋒怒目裂眥扼口裂齒先王至大道至此散薄無復淳完或者又謂其才高力強易于有行學者苟知辭辨之未足以盡道而能推見孔氏之學以上接賢聖之統散可復完薄可復淳矣不然斷港絕潢爭于波靡于道何有哉

孔父仇牧死晏嬰不死以怨揚雄則非矣

以位當卦以卦當日出于漢人若夫節候晷刻推其五行所寄而吉凶禍福生之至玄而益詳蓋農工小人所教以避就趨舍者揚雄為孔氏之學將經緯大道奈何俛首効之

十翼非孔子一人之書司馬遷不能辨而劉向父子與雄尤篤

信之
漢人皆由賦入揚雄方知以上更有事故謂孔氏之門用賦則賈誼升堂司馬相如入室如其不用乃雄回轉悞捩處所以于道有功按董仲舒劉向亦不由賦入
雄所謂遐言為太玄發也以言為學孔子没後事
君子避礙則通諸理不知何所指人有礙而我通之未嘗自礙而又自通也
管子非一人之筆亦非一時之書以其言毛嬙西施吳王推之當是春秋末年山林處士妄意窺測借以自名而後世信之為申韓之先驅鞅斯之初覺

秦漢時孔孟之論未行李士以管子之書為教視六経無有也
賈誼短世晁錯殺死是書不極其用
留今罪死之論處士無故創奇語後人遂倚為口實
古人之于命令也先甲三日後甲三日先庚三日後庚三日夫
上之所欲未必是逆而行之不可也民之所欲未必是順而行
之不可也理必有行而行之先之以開其所知後之以熟其所
信申重諄悉終于無不知斯行矣命令之設所以為民非為君
也焉有未能生已殺之者乎數術家闇于先王之大意私其国
以自與以為命令特為我發而操制之術先焉始于欲尊君而
甚至無所不用孔子贊易曰巽君子申命行事始曰后施命誥

四方皆非殺莫行又曰其身正不令而行其身不正雖令不從又曰如其善而莫之違也不亦善乎如不善而莫之違也不幾乎一言而喪邦乎是數術家以令為令而孔子以不令為令也數術家以言而不違為興國而孔子以言而不違為亡國也不以易論語之言出令而皆欲以管子之言出令是刑名常為主而申商之禍無時可息也

赦者奔馬之委轡毋赦者痤雎之藥石名又曰惠者多赦民之仇讎法者民之父母當時論不可赦如此豈如司馬遷所記陶朱公子之類或者君臣之間信私以長惡耶雷雨作解君子以赦過宥罪而魯肆大眚無貶詞此有國舊典也處士發語偏陂遂

与帝王之道離絶劉備謂周旋陳元方鄭康成間言治道未嘗
及赦漢以後復為此等見識

堂上遠于百里堂下遠于千里君门遠于萬里然矣古之圣賢
所以昭明大德盪滌疑阻周官一書通達壅塞之理居半凡欲
去此患也如數術家猜慮積心忿使形〻色左右前後無非蔽欺
鈎鉅設而告容用羣情惴〻所以来讒賊而長詐偽

所以為管子者在三匡二巻雜亂重複叙事頗与左氏不異而
国語又削除其雜複以就簡知此書之出在左氏後国語成在
此書後

删〻 门

耳目者視聽之官也心而無与乎視聽之事則官得守其分夫

心有欲者物過而目不見声至而耳不聞也故曰上離其道下失其事心術者無為而制竅者也按孟子稱耳目之官心之官予論之已詳然、則執心既县形質現然視聽靡而不行蓋辨士之言心也其為心之害大矣洪範思曰睿、作聖各守身之一職与視聽同謂之聖者以其经緯乎道德仁義之理流通乎事物變化之用融暢淪浹卷舒不窮而已惡有守独失類超忽恍惚狂遁妄解自矜鬼神也哉

桓公封杞邢爭管仲之語不如左氏所言予嘗謂左氏中管仲語已降古人數十等蓋不復見葛伯仇餉朕哉自亳有罪無罪惟我在之風矣然侯伯救災討罪所引文王之詩正合礼体亦

未可遠引湯武責之令辯士之言又降左氏數十等使人君任法為道要始于管子其說以為佚樂馳騁宮中之歡無所禁圉利身便形養壽命垂拱而天下治而堯及黃帝皆然淺鄙無稽遂成戰国亡秦之禍

為管氏書者变詐百出不窮其盛在于鹽鐵其用著于宝龜蓄泄發居豪奪商賈至于決鑊落之水沐路旁之樹傾魯梁之綈搜剔楚之鹿戲詞誤論今不舉者衆矣独鹽鐵為後人所遵言其利者無不祖管仲使之蒙垢萬世按其書計食鹽之人月為錢三十中歲之穀糴不十錢而月食穀四石是糴穀市鹽其貴略不甚遠雖今之貴鹽不至若是左氏晏子言魚鹽蜃蛤弗加

於海〻之蜃盬祈望守之是時裒斂苛斂始有禁榷晏子憂之而齊卒以亾然則豈管仲所行而齊所以霸孚孔子以小器譏管仲責其大者可也使其果猥瑣爲市人不爲之術孔子亦不暇責矣故管子之尤謬者無甚于輕重諸篇

左氏無孫武同時伍員宰嚭一一詮次乃獨不及武耶详味孫子與管子六韜越語相出入春秋末戰國初山林處士所爲其言得用于吳者其徒夸大之說也

穰苴孫武皆辯士妄相標指無事寔穰苴斬寵臣孫武戮愛姬所謂知兵者何用此天下有道征伐自上出而行陳部伍皆有定法以教天下天下無道亾夫賊人以意言兵行陳部伍無復

常往其流及上而為国者頓聽命焉豈小故耶

兵詭道也按子罕言天生五材民並用之誰能去兵〻者所以威不軌而昭文德也今詭道二字于兵外立義遂為千古不刊之說古人之言兵者盡廢矣禹湯文王之兵正道也非詭道也孫子不察所知者詭而已

孫子盡用兵之害而于守与不戰持之最堅察者未之詳此可以見水心非浪用兵者也

楊雄不書孫吳而曰不有司馬法乎不知所指何司馬也

吳起較孫子却近（謂吳不如孫）又曰未知李靖何以

司馬法多不成語夏賞而不罰殷罰而不賞尤不成語

司馬遷謂司馬兵法閎廓深遠雖三代征伐未能竟即此法耶抑別有指也穰苴事予固言其非夫非知德者不足以知兵遷之所云閎廓深遠總如此悲夫

六韜陰譎狹陋

龍韜以後四十三篇似為孫子義疏其書言避殿乃戰国後事固當後于孫子其勵軍所言又本于吳起然莊周亦稱九徵則真以為太公所言豈足據哉

周官宗伯以軍礼同邦国大師之礼用衆也大均之礼恤衆也大田之禮簡衆也大役之礼任衆也大封之禮合衆也所貴于礼者謂能有所別異而軍礼独言同三略所云將礼不可謂不

得古人之意晉侯登有莘之墟以觀師曰少長有礼其可用也不知當時所言礼指何事後世不言礼而言威故子玉治兵終朝而畢鞭七人貫三人耳爲賈以爲剛而無礼不可以治民其有能帥師哀傷同士卒甘苦則又以爲恩而不復言礼矣夫礼者将之本威者将之末恩者威之餘也以恩為威之餘尚未圓然大意甚佳尉繚于不攻無過之城不殺無罪之人而孫子得車十乘以上賞其先得者視尉繚此論何其狹也

李靖謂陳法必黄帝所制太公繕之管仲復修之諸葛亮八陳即握奇法此皆山林隱約夸妄相承周官司馬蒐苗獮狩其陳即戰陳當時上自王公下至卒伍皆知之楚之乘廣晉之毀車

雖臨時殴乱常制終不能變大法乃後世以為奇術握奇遂為秘之前人未嘗斈周官自不足恠今之斈者已斈周官乃相与別畫陳法無休時可嘆矣

节四十子

自戰国以来能教其人而用之惟諸葛亮非毆市人之比所以其國不勞其兵不困雖敗而可戰夫教者豈八陳六花之謂特其邑別年撫循安集上下相應使皆曉然旅泊不悲死亡不痛犹在其家室也然則孫子之術李靖与太宗所講止亮之棄也莅列諸書向前多少聰明豪傑之士向渠甕裏淹殺可憐可憐

文中子說經史前代儒者所未有理雖不背馳而模榻形似無

卓見特識此為大病至于房魏禮樂或信或疑要是淺者未足論也

删

古詩作者無不以一物立義物之所在道則在焉非知道者不能該物非知物者不能至道〻雖廣大理備事足而終歸之于物不使散流此聖人經世之業非習文辭者所能知也詩既亡後世存其体可也韓愈便謂古人未有多讓或者不知量乎

以經為正而不汩于章讀箋詁此歐陽氏讀書法也然其間節目甚多固未易言以其學者之雖能信經而失時事理之宜者不少

初分大道非常道纔有先天未後天大道常道孔安国語先天

後天易師傳之辭也三墳今不傳且不經孔氏其可知其為何道而師傳先天後天乃義理之見乎所容者非有其宣山人隱士輒以意附益別為先天之季且天不以言命人卦畫文象皆古聖知所為害之於物以濟世用未知其于天道孰先孰後而先後二字六何繫損益山人隱士以此玩世自足則可矣而儒者信之遂有參用先後天之論夫天地之道常与人接奈何舍宣事而希影象也

卻雍以玩物為道非是孔子之门惟曾皙此而六山人隱士所以自樂而儒者信之故有雲淡風輕傍花隨柳之趣

獨立孔門無一事惟傳顏氏得心齋按顏氏立孔门其傳其在

博我以文約我以禮欲罷不能既竭吾才非無事也心齋莊列之寓言也無聽以耳而聽以心無聽以心而聽以氣蓋寓言之無理者非所以言顏子也

克己治己也成己也立己也己克而仁至言己之重也己不能克非礼害之也

程氏視動言聽箴其辞緩其理散辞雜而病不切按此言太過

程氏四箴但緩散辞固諄中事也曾子仁以為己任不如是何以進道而呂大臨克己銘方以不仁為有己所致其意鄙淺乃釋老之下者

范祖禹布衾銘記其清如水而澄之不已其直如矢而端之不

止故其居處必有法其動作必有礼此言有益于孝者救時莫如養力辯道莫如平氣不介以其忿嫉不忍之心發于褊宕太過之辞激猶可与為善者之心墜已陷于邪者之敵羣而攻之故回挽無毫髮而傷敗積邱陵哀哉然自孝者言之則見善明立志果殉道重視身輕自謂大過工亦當其任則其節有足取也

司馬范氏論鍾律按律止于寸固不能生尺度律異物其用各殊尺又安能生律也凡物度數皆由分寸起乃自然之數故宮繫于分〻不繫于宮黃鍾繫于寸〻不繫于黃鍾也謂度量權衡皆生于黃鍾而以黍起分劉歆妄說古無是也古之制律自

分而九之以為宮自寸而九之以為黄鍾樂或未和則反之數
術以求其分寸必得其和而後止（上）今用千二百黍之管因其所
至遂以為律斷取其三以為室（空）徑其說易至是（見）于㮚氏為量：
之以為鬴深尺内方尺而圓其外其寔一鬴其臀一寸其寔一
豆其耳三寸其寔一升重一鈞声中黄鍾之宮攷工雖非周官
然、歆以前書也王莽（莽）之量左耳為升右為合龠而重二鈞其說
起于黄鍾之龠而又謂升（升）二百黍重十二銖亦起于黄鍾之重
六歆之妄說也其他象類諸說怪妄尤甚司馬范氏不惟古義
是求而議：焉相与論莽（莽）歆之制作終身不已何哉
古者賦禄制田其權在上貧賤無大踰越而為之宗以維之故

長者不傲幼者不侮而和親雍睦之教可行於世崛起自致貧賤富貴各赴其欲榮悴異門交相為病于是貴者謝宗以自遠不肖者挾長以行私蓋闘閱之不暇而安能善其俗哉夫宗者貴而義者也非是二者而擁虛器以臨之教令之所不行也故貴而賢富而義則上礼異之命為其宗爵不必親而疎者可升也田不必子而負者可共也施舍賙恵族人依倚特為宗主無犯義無干刑相趨于善而不必惟其名之徇此今日立宗之要也

以文為論自蘇氏始而科舉希世之學爛熳放逸無復實理不可收拾

使知義理者常爲主司棄者不得以悖理之文希合于一時雖因今之時文不改亦自足以得士不然雖累變其法而學者之趨向亦終不能一

王曾中第以爲平生之志不在温飽歐陽修執政以爲惟不求而得与既得而不患失然予病其侵尋于官職矣而東萊呂氏嫌予此論太高自天下治体大變雖君子無策以振起之賢愚同軌邪正並轍苟免其身而復以其敝遺後人則雖不思得不患失而卒与庸衆同歸于温飽者無異嗚呼此有志者之所當深思也論果太高乎有益于學乎

按程氏答張氏論定性動亦定靜亦定無將迎無内外當在外

刪之

時何者爲內天地普萬物而無心聖人順萬事而無情擴然而大公物來而順應有爲爲應迹明覺爲自然內外兩忘無事則定定則喜怒不繫于心而繫于物皆老佛語也程張攻斥佛老至深然盡用其學而不知者以易大傳誤之而又自于易誤解也蓋指无思无爲諸語子思雖漸入古人本統然猶未至此孟子纔萌牙其後儒者則無不然老佛之學所以不可入周孔之道者周孔以建德爲本以勞謙爲用故其所立能與天地相終始而吾身之區區不豫焉佛老則處身過高而以德業爲應世其偶可爲者則爲之所立未毫髮而自夸甚于邱山至于壞敗喪失使中國胥爲夷狄淪亡而不能救而不以爲己責也嗟夫未有自

坐佛老病處而辯佛老以明聖人之道者也

陳師道所師獨曾鞏至與孔子同稱然其云孝敬至之極而守之迂識欲覺之先而持之後見理未盡而執志甚堅惜乎

歐陽氏語文章止于潤身政事可以及物始惜人之窮力苦心于李問文辭者徒欲纂飾其身聖矣之事業非所以責之也

歐陽氏策為三代井田禮樂而發者五似嘆先王之道不得行于後世者然其大意則不以漢唐為非豈特不以為非而直謂唐太宗之治幾乎三王則不必論矣

邵雍無名公傳尊己自譽失古人為學之本意山林玩世之異迹也

曾鞏不附王安石，流落外補，汲汲自納于人主，其辭皆諂而哀，要之其文与識皆未達于大道。

東萊呂氏沒，陳亮祭之曰：孔氏之家法，儒者世守之，得其粗而遺其精，則流而爲度數刑名；聖人之妙用，英豪竊聞之，徇其流而忘其源，則變而爲權謀縱橫。蓋嘗欲整兩漢而下，庶幾復見三代之英。方夜半之劇論，嘆古來之未曾。夫孔氏亦豈于家法之外別有妙用使英豪竊聞哉。亮嘗言程氏易傳似極熟起居注，呂氏東萊答之。所謂夜半劇論者，呂氏嘗笑以爲自古豪傑被同甫差排做，蓋難之也。

文集

所謂覺者道德仁義天命人事之理是已夫是理豈不素具而常存哉而無形無色人必穎然獨悟昭然獨見耳目之聰明心志之思慮有出于見聞之外者不如是不足以得之養是覺也何道將一趨于問學而不變責難于師友而不息先義而後利篤于自為而不苟於為人于是死生禍福齊焉是非邪正定焉人之大倫天下國家之經紀咸取拯焉三代之後世遠俗壞士以利害得喪為準的雜糅其思慮紛汩其聰明喜相玩怨相寇障固其所共者使之狹迷小闌闠其專私者而更自以為廣大于是獨悟特見之士覺于道而達于世巋然為天下大迷夫以一人而覺一世之所迷合一世以咻一人之所覺方交鬭而未

已而異端之說至于中國上不盡乎性命下不達乎世俗遂以聰明為障思慮為賊顛倒漫汗而謂之破巢窟頹弛放散而謂之得本心以愚求真以麤合妙而卒歸之于無有是大異矣然其覺是也亦必頴然獨悟渺然特見聰明思慮有出于見聞而後可士徒歆夫雜揉汾泊之為累遂舍而求之者十八九嗚呼道德仁義天命人事之理不可以有易也夷夏之學不可以有亂也以世俗之覺蔽其中而又以異端之覺奪其外則理之素具者闕而常存者隱矣　范東叔覺齋記　按東叔學佛者也

佛之學入中原其始固為異教而已久而遂與聖人之道相亂有志者常欲致精索微以勝之卒不能有所别异而又自同于

佛者知不足以兩明而又失之略也李之翰中洲記

程氏謂學者必以敬為始予謂學必始于復禮〻〻復而後能敬敬亭後記　此是水心宗旨然非敬何以復禮敬乃所以復禮也水心言之倒矣宜乎東發非之

箋傳衰歇而士之聰明益以放恣夷夏同指科舉冒沒淺識而深守正說而偽受交背于一室之內以是心為殘賊夷狄疾疢也科舉痒疴也朱先生祠堂記

世之論當曰吏必教且養人最急不知吏當先自教且自養急有甚于人者燭物之知淺察己之功不深意則以教且養者厚民實則以教且養者病民且自一令長以上所關於民殺活成敗不可豫測若但豎數十屋而宮言羣數十士而飲而曰教養盡

是矣何其易也故明恕而多通吏之所以自教期廉而少欲吏之所以自養少欲則民有餘力多通則民有餘情然後推其所以自養者亦養人廉推其所以自教者亦教人恕此忠信禮義之俗所由起學之道所由明也　瑞安縣學記

浴沂風雩近時語道之大端也學者懸料浮想其樂鮮矣　風雩堂記

學不自身始而曰推之天下可乎推之天下而不足以反其身可乎妄相融會者零落而不存外為馳騖者麤鄙而不近未至于聖人未有不滯于所先得而偏受者孔子進參與賜皆示之一貫今觀曾子最後之傳終以籩豆有司之事為可略是則唯而不悟者自若也子貢平日之愧終以性道為不可得聞是則

疑而未達者猶在也且道無貴而苟欲忽其所賤學無淺而方自病其不能深乎 温州學記

周衰不復取士凍餓甚者幾不活矣孔孟不以其不取而不教也孔孟之徒不以其不取而不學也道存焉故也後世取士——師視其取而後教之士視其取而後學之夫道不以取而後存也 信州學記

三代遠矣今有政而不知學孔孟遠矣師有道而不知統 長溪學記

魁材穎質將進于道必約以性通以心肝脾胃腎無恣其情念慮思索無撓其靈則偏氣不勝而中和全其學必測之古證之今上該千世旁括百家異流殊方如出一貫則枝葉輕而根本

重宜興縣學記

學之高深無窮子貢為衛將軍語弟子行而孔子笑曰汝次為人矣為言夷齊趙武士會老萊子羊舌大夫等皆洙泗以前名人也士不景行古人積習彌長而奇近以足已難哉序劉東谿集

朱公元晦聽蔡季通豫卜藏穴門人裹糧行紼六日始至乃知好奇者固通人大儒之常患也陰陽精義序

力學莫如求師無師莫如師心易蒙之義曰山下出泉泉之之往山雖險唯蔽塞然而或激或止不已其行終為江海者益物莫能禦而非僥夫有以導之也故君子以果行育德人必知其所當行不知而師告之師不吾告則反求于心心不能告非其心

也得其所當行決而不疑故謂之果行人必知其所自有不知而師告之師不吾告則反求于心心不能告非其心也信其所自有養而不喪故謂之育德然則求其心而已無師非所患也送戴行蔡仍王汶序

不徒善其身者以人治身不以身治人送林子柄序

文者言之衍也古人約義理以言言所未究稍曲而伸之尔其淺俗益下用益淺小為科舉大為典册雖刻穠損華往往在義理之外力且盡而言不立周南仲集序

浮屠以身為旅泊而嚴其宮室不已以言為贅疣而傳于文字愈多予所不解法明寺教藏序

删

佛學入中國其書具在學之者固病其难而弗省也有胡僧教以盡棄舊書即己為佛而已嗚呼佛之果非己己之果為佛乎不得而知也予所知者中國之人畔佛之學而自為學倒佛之言而自以為言皆自以為己即佛而甚者至以為過于佛也是中國人之罪非佛過也今夫儒者不然于佛之學曰不敢言曰異國之學也于佛之書不敢觀曰異國之書也夷狄術狄拔绝之易耳不幸吾中國之人以中國文字為其學為其書草野倨侮廣博茫昧蕩逸縱恣縱逸發終于不返宋紀序

以下八則删

鄭耕老嘗著仁義禮樂扶中截流等論推明聖人之道歸于中正不偏常行不厭而佛者以寂嘿無為亂之此性命道德之蠹

鄭耕老墓志

仁必有方道必有等未有一造而盡獲者此莊佛氏之妄也魏益之獨守其悟百聖之户庭虛矣陳叔問志

龐蘊夫婦破家從禪至賣漉籬自給男女不婚嫁爭相為死浮屠世世記之以為超異奇特使皆若蘊則人空而道廢釋氏之徒亦不立矣鮑清卿志夫人志

郭雍言艮者限也夫艮有止而無限苟處其未至于無欲也而限以止焉則或可矣然非止之正也蔣行簡志

朱元晦呂伯恭以道學教士陸子靜晚出號稱徑要簡捷或立語已感動悟人為其學者澄坐内觀 胡崇礼志

諸儒以觀心空寂名學默視危拱不能有論詰猥曰道已存矣

宋厥父志

向亦曾說及子靜事世之所謂無志者溺然隨流俗頹墮于聲利而已及其有志則又以考之不詳資之不深隨其所論牽陷于寘淺缺縻之地自古所患與無志者同為流俗與林元秀

閑足下欲行天下求世外之道舊讀柳子厚文愛其送婁圖南序使世之君子畔其道以從異學勞而無成者可以自鏡正使不勞而成固與龜蛇木石無異顧足下深惟之與戴少望

少詹自負太過慕為豪傑非常之行輕鄙中正平易之論而多為驚世駭俗絕高之語未嘗不太息也世間祇常理君臣父子

夫婦朋友賓主之大倫也慈孝恭敬友悌盡遜忠信之大節也所謂豪傑卓然興起者不待教詔而自能不待勉强而自盡耳至于以機變為經常以不遜為坦蕩以窺測隱度為義理以見隱伏為新奇以跌蕩不可羈束為通透以多所疑忌為先覺此道德之棄材也讀書之博祇以長傲見理之明祇以遂非故不顧少參如此　與丁少參

吾論道學名實真偽之說古人以學致道不以道致學道學之名起于近世儒者其意因舉天下之學不足以致道獨我能致之云尔其本少差其末大弊　與吳明輔

老子之徒矜大者老氏可耳將以亦為士者可乎天地定位也

人物空形也壽夭貴賤可約而推也愛惡苦樂可抑而齊也人之為天地天地之為人統氣御形而謂之道者非也四十二章質略淺俗是時天竺未測漢事採摘大意頗用華言以復命非浮屠氏本書也夫西戎僻阻無有禮義忠信之教彼浮屠者直以人身喜怒哀樂之間披折解剥別其真妄究其終始為聖狂賢不肖之分蓋世外之論也與中國之學豈可同哉世之儒者不知其淺深猥欲强為攘斥然又以中國之學左右異端而曰吾能自信不惑者其于道鮮矣蜀人范東叔在學省每晨必誦楞嚴陳君舉與隣省問為誰東叔拱而後对君舉戲曰吾以為老卒所課耳予問東叔要義安在東叔沉思久之曰

四如雞候鳴顧瞻東方已有晴色此是逼朴到鑿切處予聞而太息夫其所知止于此乎　題張君所注佛書

六經語孟舉世共習其魁偉俊特者乃或去而從老佛之説怪神虛霍相與眩亂甚至栖山絶俗木食澗飲以守其言異哉老子支离説序

古人多識前言往行以畜其德近世以心通性達為學而見聞幾廢狭而不充為德之病　題周子實所録

讀書不知接統緒雖多無益也為文不能関教事雖工無益也篤行而不合于大義雖高無益也立志不存于憂世雖仁無益也　贈薛子長

欲折衷天下之義理必盡攷詳天下之事物而後不謬 題西谿集

自古諱學祖性宗命克己復禮終始篤敬惟我公本原我則素

知撥之麈尾張呂同歸 祭正宗卿文

刪

彼建安之裁量外永嘉而弗同幸于公而無疑亦莫知其所從

刪

祭薛象先文

黃東發云云另行低一格大寫

今天下之士惟嗜利禁行者乃或叩閽言邊而明見利害之人

則皆深急根本 以下外集治勢篇 黃東發曰此論不滿于陳同甫諸人

理財與聚斂異今言理財者聚斂而已故君子避其名而小人

執理財之權自古聖賢無不理財必也如父共子之財而權天

下之有餘不足奈何君子不理而諉之小人 財計

古者養士而後取今不養而取之當因今之學以取士而務養其心士序（士學二字旁註）

用兵必用詐自孫武始武入楚暴師不返伐越敗檇李無救人國今其氣餒與起若將與聖賢並稱而右科學生誦其書是以不仁之心相授況今淮以北皆吾民方當流滯以對之尚安用武之術數十年來天下士好奇而言兵者尤奇皆中一時之欲而不顧天下之利害必也塞言乎不嗜多殺人邦本不搖無暴征橫斂而將得人則兵可用兵權

王政之壞始于管仲而成于商鞅李斯若桑宏羊又管商所不屑至唐之衰取民無所不盡又宏羊所不屑為壞之也非一人

之力則復之也非一人之功圣人不千歲而一起不涉世而皆過故与陋俗論王政終不合管子

莊周知圣人最深而玩圣人最甚不得志于當世而放意狂言其怨憤最切然而人道之倫顛錯而不叙事物之情遺落而不理以養生送死飢食渴飲之大節而付之儻蕩不羈之人小足以亡身大足以亡天下流患盖未已也莊子

唐虞三代上之治為皇極下之教為大學行之天下為中庸漢以來無能明之者今世之學始于心而三者始明然唐虞三代內外無不合故心不勞而道自存今之為道者務出內以治外故常不合皇極大學中庸三論總述

低一格大寫

王安石理財法桑洪（宏）羊劉晏所不道蔡京之法又王安石所不道及經總制錢等法蔡京亦蓋為之　經總制錢論

東發黃氏曰水心論恢（坂）復在先寬民力寬民力在省養兵之費其言哀痛激切然後總一篇卒歸宿于買官田則恐非必効之方也世降俗濡法密文弊民之一日不可與官接猶羊之不可與虎羣也豈獨官民為然衣食稍裕之家以其田使人佃之所徑由不過一二　情總熟之奴隸而已不勝其田主之苛取奴隸之姦欺矣至于富貴之家以其田使人佃其苛取其奸欺甚至官不可支有舉室而逃捐命以相鄉者矣顧欲官買田而民佃之耶水心先以溫州為準繞城三十里內買其田一半計穀九萬八千一百二十五杠以養兵二千七百二十二人監官吏卒掌之者七十六人卿官保甲催之者七十人作求者百二十人出內期會下至升斗箕帚之費無不會計曲盡謂可永免擾民然必監官吏卒卿頭官甲頭人〻水心世〻水心其人則量租可無斛面納租可無費錢催租可無推剝不然則令世官取斛面徃〻倍正斛將盡三十里所出不足以供租之半納官租之貫一石不下數貫既盡三十里所出又須別嘗錢以納之吏卒催租雖大為盡倍

嬴

低二格寫　百家謹案

納之外又將不勝橫擾甚且尉官額以飽私索而且立法之
細六多雖久如監官廳子月支錢二貫果足以贍其養乎催
租保甲嚴支穀一杠果足以償其勞乎脚子三十名無給則
索食而官足乎大抵人情之于剥民如蚊吮血有隙皆會監
官一員必增監門必增斗面必置秤察江湖乞丐之靡必抄
勢要挟書求為司門為敷口為催租官況于吏卒何可豫防
官租之羸既倍吏卒之擾又煩佃户逃而追業主業主逃而
追覩鄉地荒民散能使四境之不蕭然乎　水心先生正集二
十八卷　拾遺一卷

謝山先生跋水心先生集後

徵又謹案東發先生論買官田一則最為通達治體之言

低二格双行小寫

葉氏門人程子四傳

司業陳篔牕先生耆卿

陳耆卿字壽老號篔牕臨海人嘉定七年進士官至國子監司業吳子良稱其文遠參洙泗近探伊洛周旋賈馬韓柳歐蘇間彊甚寬而步武甚的葉水心見之驚詫起立為序其所作以為學游揚而文張晁也水心既沒壽老之文遂巍然為世宗所著有論孟紀蒙篔窗集又修赤城志今祀鄉賢祠

王大田先生象祖

王象祖字德父臨海人學于水心水心所謂塵垢拭杯案者也其文簡古老健雖陳篔窗亦畏之非有所見不下筆吳荊谿而

下蔑如也和厚嚴重學邃行高守令欲見不可得真文忠公德秀㮣重之有故人作相先生已寢疾猶槀數千言規正之其憫時憂世之心如此時論比之蘇明允龐德公魯仲連云先生頗不喜同時論學者嘗有詩云皐夔周召佐中古蕭曹房杜興漢唐因事因時修治效不談道學又何妨是則頗近同父一派議論不盡本于水心也

東谷王先生文

王文字希道、　　　警敏刻勵常師事水心又師王成叟取周易彖卦之義以明其齊因聯古今載籍枕籍讀之已而豁然有怡援筆為文日數千百言伯仲陳耆卿吳子良之間所著有東谷集

丁先生希亮　謝山刪

丁希亮字少詹生二十九歲始奮志讀書聞葉水心授徒從受業爲同舍生以其年已過相與訾笑之先生不為意益口誦手抄卷冊滿屋縱筆所就詞雄意確人於是奇之有文集數十卷

○○侍郎方先生來

方來字齊英永嘉人從葉水心學登開禧第教授安豐軍時黃幹為通守又師事焉知吳江縣以薦除監察御史遷左司諫面對乞早建儲及他事皆剴切除起居郎權兵部侍郎知漳州朱晦菴昔守是邦北溪陳淳從之學前守建龍江書院乃於側建道源堂祠祀晦菴以淳配奉祠歸里景定中推恩特除寶章閣待

制

「孫之宏見後

孫之宏字偉夫餘姚人其序習學記言得水心之宗旨鶴山嘗為銘其母墓」

山房先生周南

周南字南仲吳縣人十五六時視吳下問學止科舉心陋之一往旬日輒棄去凡五易師而後登水心之門初若無所論質已而耳改目化氣竦神涌古今事物錯落高下不以涯略頓悟捷得嘗以世道興廢為己重憂時傷國老枚小史引坐深語其治身端行拱立尺寸程準蘪鄙墍飭水心于吳下弟子以先生為

南仲少任俠既從水心始折節讀書時吳中通人何蒙衣者頗[illegible]道人禍福光宗賜以宸翰先生非之廷對有云雲漢昭回至旋之倜倜已丐之天已擬第一光宗見而不懌時鄭文肅公湜言

事未報先生策中又微及之光宗乃曰鄭湜從人六日周南何以知之湜固無愛君削禍之心南亦盡非怙退之士遂被降又嘗事過宮事

第一戚紹熙元年進士對策自宮掖以至壘肆無不及也而最切于時論者曰陛下聰明為小人蔽蒙有三一曰道學二曰朋黨三曰皇極夫仁義禮樂是為道問辨講習是為學人不知學學不聞道皆棄材也古人同天下而為善故以道學為名之至美者小人譖人不能為善而惡其異己于是反而攻之曰此天下之惡名也陛下入其說而抱學負材之士棄矣小人譖人又猶不已又取其不應和少罵譏者亦例嫉之曰我則彼毀爾異嘿焉是與道學為黨耳陛下又入其說而中立不倚之士以朋黨不用矣舉國中之士不陷于道學則困于朋黨唯其不能可否而自為智無所執守而自為賢然後竊箕子公平正直之說

為庸人自便之地而建皇極之論起夫箕子所謂有為有守是有材有道有操執之人也汝則念之斯須不可忘也不協于極而亦受之謂其雖有偏而終有用亦當收拾而成就之也今所謂道學朋黨正皇極所用之人也奈何棄之而取其庸人外若無過中實奸回者而用之而謂之建皇極哉其故無他關冗遠尊異凡庸當舊與天下之大禍始于道學而終于皇極矣考官擬第一不用釋褐池州教授時天下蓋攻道學新昌黃文叔者其魁也而先生其壻嚴教授為常州推官已而主管吏部闕架文字開禧二年北伐以先生學樞密院机速房大恐辭曰吾方以先事造兵為發狂必死之藥敢向邇乎得免因求補外水心

惜之荐以舘職時王師已敗先生言善為國者不執理以强勢之所難常順勢以申理之所易今日之急復和而已寧使力尚有餘而惜和之早無使力已不足而恨和之遲天下繫委當付俊傑今廟堂無能盡出胥吏使頭盧兒干政接踵漿酒臛肉瀾翻其家根本大壞矣政府怒悔召之然尚除正字將逐之會以憂去服除還朝御史誣其盡以田賂師且罷嘉定中議起之力辭不赴尋卒所著有山房集水心嘗以文字之任當寄之先生其卒也哭之慟予從永樂大典中見先生集果絶工云

8 孫偉夫先生

孫之宏字偉夫餘姚人也水心習學記言之作傳之者三人其

一曰林居安瑞安人也其一曰趙汝鐸樂清人也而之宏序其指曰學失其統久矣本朝關洛驟興近世張呂朱氏二三巨公益加探討名人秀士鮮不從風先生後出異識超曠不假梯級謂洙泗所講前世帝王之典籍賴以存開物成務之倫紀賴以著易彖象仲尼親筆也十翼則訛矣詩書義理所聚也中庸大學則後矣曾子不在四科之目曰參也魯孟子能嗣孔子然舍孔宗孟則於統爲离故根柢六經折衷諸子剖晰秦漢訖於五季以文鑑終焉其致道成德之要如渴飲饑食之切于日用也指治摘亂之幾如刺腧中肓之速于起疾也推迹世道之升降品目人才之短長皆若繩準而銖稱之前聖之緒業可續後儒之

浮論盡廢稽合於孔氏之本統者也之宏之論如此其于記言大旨蓋發明殆盡又稱水心以舊儒喪亡邊方數警別有後憾秘而未傳則之宏乃葉氏晚年入室弟子也鶴山先生嘗銘其母墓居安字德叟汝鐸字振文之宏成進士不詳其官禮部侍郎謚忠敏嶸叟其族孫也

王植字立之（王立之先生）金華人文定公淮之子也慶元中學禁正嚴立之以宰相家子匿姓名舍輜重從水心於窮絶處水村夜寂蟹舍一漁火隱約立之執書循屋且誦且思聲甚悲苦其中未有任永嘉者。朔設集立之獨後至中表戲曰上學來耶自是每歲必一至水心講席叩以所得蓋力學之士也

滕季度先生

滕宬字季度吴縣人知樞密院康之孫學於水心水心與其沈敏無不洞達舉直言極諫孝宗問知世家甚悦已而召試考官謂其輕己黜之其後累薦韓侂胄又忌之季度知其意曰吾安用溟涬風波間哉遂不出水心奏賜處士之號晚居吴之齊門窮僻處官于吴者知其賢多就見之清語終日不及私

孟良甫先生

孟猷字良甫隆祐太后曽姪孫而信安郡王孫也居吴水心入吴良甫兄弟最先至恭謹退遜不異寒士其學以觀省察為主外所涉歷皆切于心身所覺知皆及于性凡情偽錯陳横逆忽來幾若無所嬰拂而筋骸之束肌膚之會嘗得由於順正其專悟獨了動用不窮有非簡策所載者其立朝無黨與中立不

倚士大夫敬愛之累官至籍田令時學禁正興建安長沙金華永嘉象山諸弟子多入錮籍且盡獨先生超然不豫然以是不欲官中朝請外補累遷至知信州及學禁漸弛諸君子稍賜環先生亦入為都官郎累遷至尚右郎兵議起永嘉弟子與之者多先生亦被使出淮東及事罷貶斥者多獨先生無及之者蓋其平心無競不立岸限故能立于禍患之表其後入為軍器監累遷至刑部侍郎然亦終不為當國者所容出知夔州已而以直龍圖閣將漕江東尋奉祠卒先生喜為詩有益侍郎集尤愛汲引後進戶外之屨恆滿水心于先生之學惜其尚未能盡究古今之變博達倫類然以先生所得觀之蓋有用切于內者雖

源流出于水心而其實自得為多水心之言不足為先生惜也

孟達甫先生

孟導字達甫侍郎良甫之弟也水心嘗曰予講學葯門紅蕖被
野如菜俊流數十論難挫至良甫最簡時然後言而達甫尤簡
或終席不一語衆莫測其所至閒與言時事無一不精切累官
大理正知嚴州先生所至皆有聲性介甚一絲之餽一縷之謁
無逮門者而敏甚與山訟海皆得其情以聚財為諱以察冤為
急出之以和平中正故自淳熙以後複為忌者議擇理繁劇之
臣先生未嘗不在選中然執政者曰此大儒先生所為才非吾
所為才也卒不果用再知臨江軍復為忌者所論罷而先生亦
無意于當世矣閑居靜坐隱几噓嗒聡學講德戒其子曰先后

遭家多難冉與家室俯仰百年而陰祐之澤遠矣若等衣食其力毋得与戚畹藩仕必由平進李必依癯儒粗糲適口則膏粱踈錢禍附身則綺羅贅矣時以為名言

厲祥東陽人不遠數百里李於水心已而從之吳中歲時不歸同席是其志篤

部持正字子文平陽人以父致仕恩為監當水心初謫李子之即在李舍中其後所至皆從之神暇語簡不輕變声色工於歌詩駢体泥論下吏不永其年水心深痛惜之

陳昂平陽人其大父充英嘗三上書闢下論恢復事斥和議高宗令宰相召同長揖直指宰相奏罷之又三上書政府訴其誤

謝山云〻此行低格

國者趙也昂從水心三十年

袁先生聘儒

袁聘儒建安人進士嘗述水心易説

鄧師孟先生

鄧傳之字師孟永豐人也年十三能作賦十七從前輩曾丰幼度遊所称樽齋先生者也以族父之約（約）礼官永嘉因登水心之门歸作求齋記欲自求于内而收放心于外又曰博約（約）即顔子之所樂也二十一歲而卒周益公痛惜之所著有求斋稿易繫詞説一卷

趙先生汝讜

趙汝讜大梁人為水心集叙　謝山云此是大人物須查宋史補之

夏廸卿先生

夏庭簡字廸卿黄岩人也以進士擢長谿簿少喜讀書林叔和趙幾道皆愛之往來長溪遂受業水心之门語不妄發問則博

辨　在官有能声調監臨安塩倉卒

宋駒〔宋庇父先生〕庇字庇父宣獻公之後也南渡後居紹興乾淳之間諸儒有以觀心空寂之學起嘿視危拱無所論詰忽見道體者庇父未信學於水心乃從事于古今倫貫物變終始所當究極用功甚銳家居或踰月不出野宿或無旬不返以讀書為樂由進士知壽春縣卒

王大受〔王宗可先生〕字宗可一字拙齋饒州人也居吳水心弟子工詩水心稱之為人豪邁頗以經濟自負吳開府琚客之以異姓恩澤奏為紹興鹽官初過宮之諫浮言盈市先生曰開府密奏孝宗陛下惟一子不審處利害恐國人騰口取名于家計大不便且羣

臣以父子禮故諍不敢止陛下何不出手詔曰皇帝体不安陛朕所深知也卿且弗言須秋涼朕自擇日与皇帝相見也孝宗喜其策即令琚擬進手詔會晏駕不果黨錮之禍作胡紘等欲一網盡之先生令開府密言於憲聖調劑其中事秘無人知者徐忠文公從南安蔡璉言其謀爲不軌先生力調護之一日佗胄女歸寧忽致忠文書佗胄發函黯然即移袁州尋歸故郡皆運副書室勿聞平章衛始以陳自强先生所爲也開禧議和佗胄欲用先生，謂參以首謀爲言過不從史彌遠主之會問則答以今已避位佗胄疑其建請漸屢不從之誅韓也水心門下士豫之者三人其二爲趙踊中兄弟其一即先生也于是吳鋼白上其父開府調劑二宮之功且言先生寔豫密謀先生故負氣嘗得罪于樓宣獻公之兄又請宣獻之

祖望云云低二格

另行小寫

空一格小字

之文（文）宣獻頗短之于彌遠而嗣秀王師揆言于朝曰王大受一布衣凡國之大謀皆欲討分彌遠亦畏先生之才氣命去袍笏編置邵武吳鋼不敢復言先生遂放浪于詩以終其身水心為之序

祖望敘水心之門有為性命之學者有為經制之學者有為文字之學者先生欲以事功見其門庭蓋又別為一家惜乎未竟其用也　吳受亦預誅韓之謀

王度字君玉　王君玉先生　會稽人也學于水心以大學上舍入對同舍時事所宜言則皆搖首曰草茅諸生何與時事度曰罷矣良策進士當世要務奚無不畢陳自熙寧行之矣且更待何日于是暢所欲言而竟以此失上第教授舒州戶外之屨恒滿侍從薦之

用為太社令遷大學博士將名對益欲發舒以疾卒

厲約甫先生

厲仲方字約甫原名仲詳東陽人也從水心學不遠千里獨閉同行一室未嘗窺戶以武學諸生奉第一任領衛官召試閤門舍人而約甫非所好也尋出知安豐軍時韓侂胄謀開邊諜妄言金衰亂而約甫遣奏淮北饑民多叩關求接應者然非如諜者之說以用兵也侂胄遽從夜半下直議擾以起事于是論者以咎約甫名還閤門出知和州權知廬州時方北伐約甫以能被逐俄召授左領衛中郎將金人內犯朝議憂在江北以約甫防守建康約甫有將才其在安豐種桑數十萬株墾田數千頃置歷陽軍城甚衆後人卒用其所造九牛弩射殺金驍將于城下又

用其所製戟車敗之清水水心帥建康訪士于約甫曰田霖可乃以之戍合肥而金不敢犯然約甫未嘗識霖也金人屯定山十餘萬伯（約）甫募石斌賈夏侯成再破走之金人留六合水心令約甫往觧圍則曰虜退矣不數日而果然已而復還領衛臺臣劾其附會開邊罷官奉祠尋徙郎州約甫慷慨自喜少為陳同甫壻又從水心素留意于事功之學故所至有聲自侂胄死凡豫于開邊之役者不原其人之本末皆擊去之雖水心有所不覺而約甫竟以此死于郎州君子惜之

戴栩字文子（戴文子先生）岷隱先生族子也學于水心得其旨要故明經之外亦高于文嘗云詩壞于衛宏之序春秋誤于公羊之傳易由

于三聖繫文彖象之互入書失于孔壁序傳簡編之相乱周礼特周公大約之書當時有未必盡行者所著有五經說諸子辨論東都要略戴博士集成嘉定進士累官秘書郎湖南安撫司參議官太常博士

葉靖逸先生

葉紹翁字靖逸龍泉人其學出于水心而西山真氏与之最厚嘗著四朝聞見錄

# 子良學案

陳氏門人程子五傳

吳明輔先生

吳子良字明輔號荊谿臨海人寶慶進士官至湖南運使太府少卿幼從耆卿季六曾登水心之門貫總之統傳于先生所著有荊溪集 謝山曰嘗忤史嵩之

吳氏門人程子六傳

舒舜侯先生

舒徽祥字舜侯一字景薛寧海人也寶祐進士仕終承直郎受文法于吳荊溪荊溪序其集以異稟靈識稱之宋亡避地四明之奉化與戴表元相友善所著有史述漢砭之補史家錄蓀墅稿避地稿篆畦稿蝶軒稿梧竹里稿三史纂言藏叢又有叢續叢殘叢隸昔遊錄深衣圖說共二百二十卷通曰閬風集今多不

傳然自水心傳于篔窻以至荆谿文勝于學閬風則但以文著矣

劉正仲先生

劉惔字正仲寧海人也其文學与舒齊名亦荆谿弟子所著有劉黄陂集与閬風同避地于奉化今但存姓氏于剡源集而已

舒氏門人

林處恭先生

林處恭臨海人也性行醇篤受業于舒閬風所著有四書指掌圖弟子極盛水心之學至閬風師弟後無復存矣

第十九册 鳴道學案

黄黎洲宋元學案 元孫稺圭校補稿

第十九本

# 鳴道學案

此係全謝山續修鄭義門校訂
宋儒有不知何說以實此況鳴道怪誕不經
豈可列于學案耶而後胥 黎洲公之
在其孫甚矣

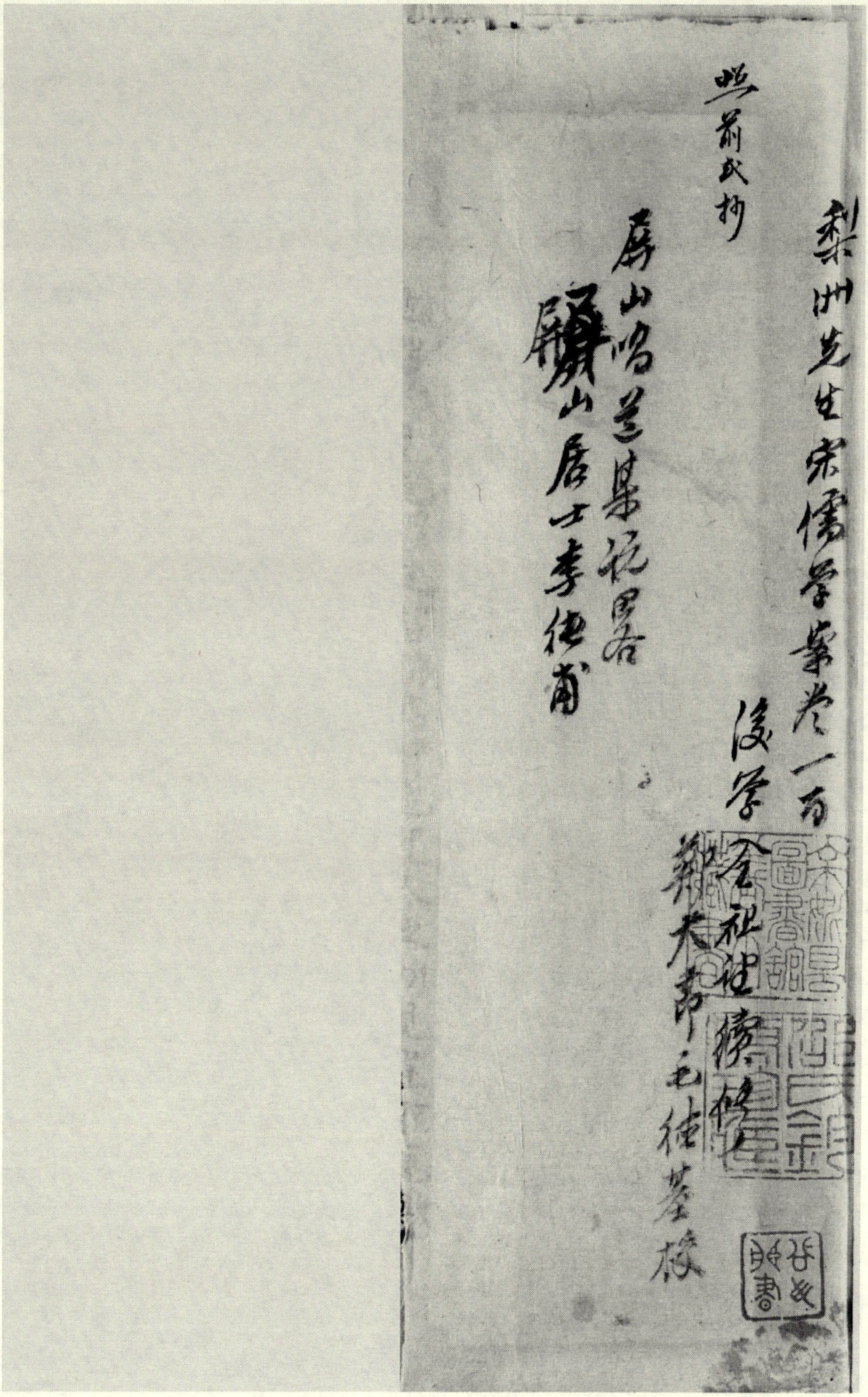
梨洲先生宋儒學案卷一百
後學全祖望續修
照前式抄
屏山鳴道集說略
屏山居士李純甫
鄞大吉郎毛德基校

屏山居士

李純甫字之純弘州襄陰人祖安上嘗魁西京進士父采卒於益都府治中純甫幼穎悟異常初業詞賦及讀左氏春秋大愛之遂更為經義學擢承安二年經義進士為文法莊周列禦寇左氏戰國策後進翕宗之又喜談兵慨然有經世志章宗南征兩上疏策其勝負上奇之給送軍中後多如所料宰執愛其文薦入翰林及大元兵起又上疏論時事不報宣宗遷汴再入翰林時丞相高琪擅威福柄

擢為左司都事純甫審其必敗以母老辭去既而高琪誅復入翰林連
知貢舉正大末坐取人逾格出倅坊州未赴改京兆府判官卒於汴年
四十七純甫
純甫少自負其材　以下似另為一傳　与上半截似相反　皆仍旧抄
人材謂功名可俯拾作矮柏賦以諸葛孔
明王景略自期由小官上萬言書援宋為證甚切當路者以迂闊見抑遂
中年度其道不行益縱酒自放無仕進意得官未成考旋即歸隱日與
禪僧士子游以文酒為事嘯歌袒裼出禮法外或飲數月不醒人有酒
見招不擇貴賤必往往輒醉雖沉醉亦未嘗廢著書然晚年喜佛力
探其奧義自類其文凡論性理及關佛老二家者號內藁其餘應物文
字為外藁又解楞嚴金剛經老子莊子中庸集解鳴道集解號中國心
學西方文教數十萬言以故為名教所貶云
而所得材最偏之

屏山先生鳴道集卷十一

○○鳴道集說　提上寫　低二格

濂溪曰云云　改作頂格單行○　寫完後用墨圈而接寫屏山曰云云

以下均放此

大字

以下均改為頂格單行　屏山曰接上寫

双行

頂格

凡楊○子之楊○　不可寫楊子

無用捨不用其無德乎孔子謂仁者見之謂之仁則非仁
也智者見之謂之智則非智也聖人之所見豈耶見歟
濂溪曰聖人之道仁義中正而已矣○
屏山曰志於道據於德依於仁和順於道德而理於義皆
孔子之言與老子之言將無同乎善夫莊子之言也和理
出其性理道也德（和）也德仁也道義也然則搥提仁義者其
揚子乎離道德於仁義者其韓子乎自以爲大中至正恐

未免為曲士也夫

迂叟曰窮理盡性以至於命世之論命者競為幽僻之説以欺人使人跂懸而不可及憒瞀而不能知則盡而捨之其實奚遠哉是不是理也才不才性也遇不遇命也

屏山曰易有窮理盡性以至於命之説孔子之心學也自顔子曾子子思傳之孟子曰盡其心者知其性也知其性則知天矣知天之與我者萬物皆備然後能踐其形雖夭壽不貳也豈為幽僻之語高論於世哉惜乎後世不得其傳跂懸而不能窮憒瞀而不能盡而捨之不能至文褰淺之説以自欺則可矣理有是不是耶性有才不才耶命有遇不遇耶吁

迂叟曰或謂聖人之心如死灰是不然聖人之心如宿火爾

屏山李先生鳴道集卷之一

屏山李　純甫　之純　述

鳴道集説

濂溪曰動而正曰道用而和曰德匪仁匪義匪禮匪智匪信悉邪也。

屏山曰此韓愈氏之遺説耳道無動靜不動其無道乎德無用捨不用其無德乎孔子謂仁者見之謂之仁則非仁也智者見之謂之智則非智也聖人之所見豈邪見歟

濂溪曰聖人之道仁義中正而已矣。

屏山曰志於道據於德依於仁和順於道德而理於義皆孔子之言與老子之言將無同乎善夫莊子之言也和理出其性理道也德也仁也道義也然則搥提仁義者其揚子乎離道德於仁義者其韓子乎自以爲大中至正恐

以下均改為頂格單行　屏山曰提上寫

双行

頂格

凡楊子之楊不可寫楊

未免為曲士也夫

迂叟曰窮理盡性以至於命世之論命者競為幽僻之說以欺人使人跂懸而不可及憒瞀而不能知則盡而捨之其實奚遠哉是不是理也才不才性也遇不遇命也

屏山曰易有窮理盡性以至於命之說孔子之心學也自顏子曾子子思傳之孟子曰盡其心者知其性也知其性則知天矣知天之與我者萬物皆備然後能踐其形雖夭壽不貳也豈為幽僻之語高論於世哉惜乎後世不得其傳跂懸而不能窮憒瞀而不能盡而捨之不能至文蹇淺之說以自欺則可矣理有是不是耳性有才不才耳命有遇不遇耳吁

迂叟曰或謂聖人之心如死灰是不然聖人之心如宿火爾

夫火宿之則晦發之則光引之則然皷之則熾深而不消又而不滅者其宿火乎豈若死灰哉

屏山曰野哉斯言聖人之心未嘗生死豈如宿火之乍明乍暗耶深而不消者終消也久而不滅者終滅也聖人之心如日月焉但以塵念蔽之如浮雲之翳陰氣之蝕耳塵念消爍既如死灰而天光始發初無增損其有滅乎此孔子所謂與日月合其明莊子又謂進於日者與世俗不知也

迂叟曰或問釋老有取乎曰有曰何取曰釋取其空老取其無為自然舍是無取也空取其無利欲心無為自然取其因任耳

屏山曰釋氏之所謂空不空也老氏之所謂無為無不為

頂格

也其理自然無可取舍故莊子曰無益損乎其眞若曰不增不減故以愛惡之念起是非之見豈學釋老者乎取其無利欲心即利欲心取其因任即是有為非自然矣

迂叟曰學黄老者以心既如死灰形如槁木為無為迂叟以爲不然作無為贊治心以正保躬以静進退有義得失有命守道在已成功則天夫復何為莫非自然

屏山曰顔子黜聰明墮肢體入道之門耳豈在道耶列子知黄帝書者其言曰積塵聚塊雖無為而非理也莊子學老子者其說曰若羽之旋若磨石之隧乃死人之行非生人之理也聖人之得道者尸居而龍見淵默而雷聲神動而天隨豈止如死灰槁木然無贊固佳矣但改莫字作終字學者當漸進一階或自此入

迂叟曰莊子文勝而道不及君子惡諸是猶朽屋而塗丹雘不可圬也眢井而席綺繢不可履也烏喙而漬飴糖不可嘗也堯之所畏舜之所難孔子之所惡青蠅變白黑者也

屏山曰莊周氏豈有意於文哉其一噓也隱然如迅雷之驚蟄也其一吹也颸然長風之振槁木粃糠二典而示堯舜之神四子不離於汾陽糟粕六經而掃仲尼之語一人者方出於魯國大抵如達磨之倒用如來印耳至太古逆筵歌之耳良藥大苦螫蜀豢之舌儒者不談千伍百年矣比之青蠅不亦厚誣乎

迂叟曰揚子之論王莽也豈得已哉況伊周則與之況黃虞黃帝虞舜則不與也

屏山曰劇秦美新亦與伊周乎既擯莊周固揚子之黨也

又何辨焉

横渠曰大和所謂道中涵沉浮升降動靜相感之性其來也幾微易簡其究也廣大堅固起知於易者乾效法於簡者坤散殊而可象為氣清通而不可象為神不如野馬絪縕不足謂之太和語道者知此謂之見道學易者見此謂之見易不如是雖周公才美其智不足稱也

屏山曰吾嘗學易矣保合大和各正其性命也屈伸往來者陰陽之相盪也易簡者乾坤之德也形而上下者道器之謂也天地絪縕者萬物之化也聖人之意各有所謂張子雜取其說而談天地未生之初謂真見易之道而竊比周公躁矣

横渠曰氣坱然太虛升降飛揚未嘗少息易所謂絪縕莊子

頂格

所謂生物之以息相吹野馬者歟此虛實動靜之機陰陽剛柔之始浮而上者陽之清降而下者陰之濁其感遇聚散為風雨為霜雪萬品之流形山川之融結糟粕煨燼無非教也

屏山曰張子畧取佛老之語力為此說正首楞嚴伍拾種魔第三十二行陰未盡見諸十方十二衆生畢殫其雖未通其各命由緒見同生基猶如野馬熠熠清擾為浮塵根究竟樞穴張子誤認此言以為理而又摹影佛答富樓那大地山河生起之說莊周矢溺瓦礫之說而不甚明可付一笑

双行

橫渠曰氣之為物散入無形適得吾體聚為有象不失吾常又曰太虛不能無氣氣不能不聚而為萬物物不能不散而為太虛循是出入皆是不得已而然也聖人盡道其間兼體而不累者存神其至矣又曰聚亦吾體散亦吾體知死而不

頂格

双行

亡者可與言性矣知虛空即氣則有無隱顯聚散出入能推本所從來深於易者也

屏山曰張子竊聞首楞嚴性覺真空性空真覺之言而未見如來藏中妙真如性妄起計度立圓常論正墮三十三種顛倒見魔是人觀妙明心徧十方界湛然以為究竟神我從是則計我徧十方凝然不動一切衆生於我心中自生自死則我心性名之爲常張子誤認此語厚誣聖人指為易道聖人之言曰神無方易無體寧有我耶吁可憐也

夫

横渠曰太虛為清清即無礙故神反清為濁濁則礙礙則形

又曰氣聚散於太虛猶冰凝釋於水知太虛即氣則無無故聖人但明幽明之故不云有無諸子淺妄以分有無非窮理

之學也

屏山曰老子所謂常無即佛之所謂眞空非斷滅之空也老子之所謂常有即佛之所謂妙有非礙色之有無非眞無有非眞有空即是色色即是空張子自分太虛與氣之聚散又分形與神之清濁自比聖人以為窮理淺妄如此豈知吾夫子形而上者之謂道形於下者之謂器乎

橫渠曰由太虛有天之名由氣化有道之名合虛與氣有性之名合性與知覺有心之名

屏山曰孔子云易有太極是生兩儀老子云有物混成先天地生佛云空生大覺中如海一漚發夫道生天生地以為 母自根自本者即此心也張子之言如此無乃異於三聖人乎

橫渠曰若謂虛能生氣則虛無窮氣有限体用殊絶入老氏有生於無自然之論不識其所謂有無混一之常若謂萬象為太虛中所見之物則物與虛不相資形自形性自性陷於浮屠以山河大地為見病之説畧知体虛空為性不知本天道為用反以人見之小因緣天地謂世界為幻化躐等忘意而然遂使儒佛老莊混然一途罔不於恍惚夢幻定以有生於無為窮高極妙之論不知入德之門多見其蔽於詖而陷於淫矣

屏山曰張子之所謂老氏有生於無之論正老氏所謂常有以觀其徼者常無以觀其妙者張子不知也張子所謂混一之常正老子所謂建之以常無有張子果知之乎張子又謂浮屠以山河大地為見病之説正佛之所謂真如

之生滅者俗諦之幻有所謂眞如之不生滅者眞諦之本空張子不知也張子所謂体虛空為性本天道為用正佛之所謂真如之生滅者俗諦之幻有所謂真如之不生滅者真諦之本空張子不知也張子所謂体虛空為性本天道為用正佛之所謂真如有體有用空而不空是名中道第一義諦張子果知之乎謂佛有人見躐等妄意誣為幻化學道者其知之矣或因於恍惚夢幻或遂以為有生於無為窮高極妙皆望道而未之見耳不知入德之途蔽於詖而陷於淫或亦有之非三聖人之罪也所謂儒佛老莊混為一途者十方諸佛異口同舌萬古聖人同轍俱往張子獨能歧而外之乎雖無夫子復生不易吾言矣

橫渠曰鬼神者二氣之良能也又曰天道不窮寒暑已衆動

不窮屈伸已鬼神之實不越二端而已

屏山曰聖人有言天且弗違而况於人乎况於鬼神乎天自天人自人鬼神自鬼神非二氣也天之寒暑氣之屈伸鬼神何預焉伊川亦曰鬼神者造化之跡江東諸子至有以風雨為鬼神其踈甚矣此說亦有所從來其源出於漢儒誤解中庸鬼神體物而不可遺一句訓体為生說者謂萬物以鬼神之氣生故至於此予謂鬼神雖弗見弗聞然以物為体而影附之不可遺也故洋洋乎如在其上與左右也何以二氣為哉

横渠曰在天而運者為七曜恒星為晝夜以地氣乘機左旋於中故使恒道河漢因北而南孔子不言天地日月星辰者以顔淵輩已知之矣古人所謂天左旋此至粗之論耳

屏山曰此說孔子未嘗談也大易止言乾動坤靜尚書止言在璇璣玉衡以齊七政而已張子敢於高論果於自信斬然臆斷謂天靜地動惟七曜行當問天古星翁吾亦不知也

橫渠曰聖不可知謂神莊生謬妄又謂有神人焉

屏山曰莊子所謂有天人至人神人皆聖人之別稱耳大抵居帝王天子之德謂之聖人言素王玄聖之道謂之神人謂聖人之驗世神人未嘗過而問焉正吾夫子之所謂詖萬物而不與者豈有二人哉莊子寓言而學者惑之是對癡兒不得說夢追佛書至有法身報身化身之說其理甚明禪者又分五位至於體用交參正偏回互之際區區章句之學未嘗曾見此事宜其譏笑以為謬妄也歟

橫渠曰物之初生氣日至而滋息物生既盈氣日反而游散至之謂神以其伸也反之謂鬼以其歸也

屏山曰此說出於漢儒以木火為生物之神以金水為終物之鬼訓神為伸訓鬼為歸亦曲說耳今證以孔子之言精氣為物謂人物也游魂為變謂鬼神也人物有形之鬼神鬼神無形之人物可以知鬼神之情狀蓋無異於人物故其禍福亦從吾之好惡焉豈神主生而鬼主死又强為分别耶

橫渠曰氣生於人生而不離死而遊散謂魂聚而成形質雖死而不散謂魄

屏山曰異乎吾所聞鄭子產論伯有曰人生始化曰魄陽曰魂用物精多則魂魄强故伯有之死猶能為祟而殺駟

以下

帶蓋魂魄者動靜之精神耳形質既成生而不能離形質既壞死而不能散游然而變或為鬼神即此一物也豈有二物哉

頂格

橫渠曰海水凝則氷浮則漚然氷之才漚之性海不得而預焉推是足以究生死之説

屏山曰性猶海水也情猶浮漚也漚有生滅而水無生滅情有生死而性無生死雖言由以情遷而原始反終知之未嘗生亦未嘗死也則死生之説盡矣雖然漚即水也水即漚也情豈非性性豈非情乎生滅而有不生滅者在其死生中蓋有不生不死而生死者乎以水喻之則不類乎性外而又言才吾不知其為何物也

橫渠曰竆所以知新於耳目夢所以緣舊於習心醫言專語

氣於五臟之變有取焉耳

屏山曰此言常夢其得為多如非常之夢傅說之夢武丁豎牛之夢穆叔横渠之言敗矣當以東萊之言為解語在左氏傳議

横渠曰釋氏不知天命而以心法起滅天地以小緣大以末緣本其不能窮謂之幻妄眞所謂疑氷之夏蟲歟反以六根之微誣天地日月蔽其用於一身之小溺其志於虚空之大此所以語大語小流遁失中其大也塵芥六合謂天地為有窮也其小也夢幻人世不能究所從也謂之窮理可乎不知窮理謂之尽性而無不知可乎儒者窮理故率性可以謂之道佛不知窮理故其説不可推而行

屏山曰孔子知易有太極是生兩儀老子知有物混成先

天地生莊子知道生天地列子知渾淪之始言天地空中之細物也張子烏知有此理耶孔子之太極老子之混成莊子之道列子之渾淪是何物耶四子同在天地中必非二物學者溟涬一千五百年矣而佛書遂東首楞嚴云空生大覺中如海一漚發有漏微塵國皆依空所生然則其不出於此心乎何以信之張子亦有眇乎五尺之軀棚然一席之地謦欬之間天地日月山川聚落人物衣冠俯仰酬酢自成宇宙皆從汝一念生此特佛書所謂第六分離意識之所影現者耳其力之所成就廣大如此與此天地亦殊不相罣礙此即邵康節所謂一身自有一乾坤者況其根本第九白淨無垢妙真如性豈不能生此天地乎此真如性大包天地而有餘細入微塵而無間寧有大小與

生滅乎老子謂尹文子曰吾與汝皆幻也孔子謂瞿鵲子曰丘也與汝皆夢也且有大覺而後知此萬世之後一遇大聖如旦暮夢遇之張子豈其人乎此理固未易窮張子欲率其性而自謂之道將推而行之眞夢中語未知孰為夏蟲也與悲夫

橫渠曰大易不言有无言有無无諸子之陋也

屏山曰形而上者謂之道形而下者謂之器非老子之常無常有佛之眞空妙有乎張子之陋也

橫渠曰一物而兩體其太極之謂歟

屏山曰太極生兩儀而張子云爾是臓胚胎未兆而自為男女也夫

橫渠曰飲食男女皆性也是烏可滅莊老佛氏為此說久矣

果暢眞理乎有無不能為一非盡性也

屏山曰飲食男女氣血之嗜欲耳豈其性耶必欲混然而一與禽獸奚擇哉此正夫子之所謂小人之中庸而無忌憚者佛之所謂無礙禪也莊子固有不食五穀綽約如處子者張子自不見耳以近喻之世間近道之士辟穀而齋居者多矣豈尽失其性哉自殘其性而必患天下後世者必此言也夫

橫渠曰浮屠明鬼謂有識之死受生循環厭苦求免可謂智乎以人生為妄見可謂知人乎天人一物輒生取舍可謂知天乎指游魂為變為輪迴未之思也

屏山曰此說出於原始反終知死生之說莊子推而明之謂生者死之徒死者生之始死生相尋乎無端列子亦謂

死于此者安知其不生于彼万物皆出於機皆入於機非輪迴而何老子謂生者暗噫物也莊子亦有久憂不死何其苦也之言古之眞人有人之形無人之情彼且擇日而登假乘彼白雲至于帝鄉忻則與造物為人厭則出六合之外如老子之柱下莊子之漆園列子之鄭圃孔子之魯國體性抱神遊於世間可也自此以降遂欲泯其眞妄同天人無取舍均死生嘻其誕矣

横渠曰浮屠心謂死生轉流非得道不免謂之悟道自其説熾傳中國雖眞才間氣生則溺耳目恬習之事長則師世儒崇尚之言遂冥然被驅謂聖人可不修而至大道可不學而知故未識聖人心已謂不必求其跡未見君子志已謂不必事其文此人倫所以不察庶物所以不明治所以忽德所以亂

異言滿耳上無禮以防其僞下無學以稽其蔽詖淫邪遁之詞翕然並興一出于佛氏之門者千五百年自非獨立不懼精一自信有大過人之才可以正立其間與之較是非計得失乎

屏山曰自孔孟云亡儒者不談大道一千五百年矣豈浮屠氏之罪耶至於近代始以佛書訓釋老莊浸及語孟詩書大易豈非諸君子所悟之道亦從此入乎張子慵然爲反噬之説其亦弗仁甚矣謂聖人不修而至大道不學而知夫子自道也歟詖淫邪遁之辭亦將有所歸矣所謂有大過人之才者王氏父子蘇氏兄弟是也負心如此寧可計較是非於得失乎政坐爲死生心所流轉耳

横渠曰釋氏謂實際以人生爲幻妄有生爲贅疣世界爲陰

濁遂厭而不有遺而不存乃誠而惡明者也儒者因明致誠流通者也彼所謂實際徒能語之而已未始心解也

屏山曰釋氏知實際矣故以人生為幻妄雖實際理地不受一塵萬行門中不捨一法不以無為破有為界不以出世間法壞世間法豈嘗有所厭惡而排遣哉定慧圓成止觀双泯因該果海包法界而有餘果徹因源入微塵而無間與吾聖人之道將無同乎第恐張子竊聞易道未嘗心解而况於實際乎

横渠曰彼釋氏之語雖似是本與吾儒二本道一而已此是則彼非彼是則此非固不可同日而語其言流遁失守窮大則淫推行則詖一卷之中數數有之

屏山曰道本無一而有二乎道本無是而有非乎如來不

說墮文字法四十九年初無一字維摩不離文字而說解脫不二法門終於默然張子欲以口舌淬汚太虛多見其不知量也未讀南華第二篇耳吾夫子予欲無言之旨想亦未曾夢見也

橫渠曰大率知晝夜陰陽則知性命知聖人知鬼神釋氏未免陰陽晝夜之累而談鬼神妄也

屏山曰晝夜之往來陰陽之消長眞生死之理也聖人窮理盡性以至於命通乎晝夜之道而知其未嘗往來未見其陰陽不測之神初無消長以此洗心退藏於密雖鬼神不之知也鬼神之情狀聖人其知之矣此釋氏之說與吾正同而張子言其往來消長者推而任之聽其自然自以為免陰陽晝夜之累而正流於生死中矣誣為易道豈知

接下寫

聖人所謂生生之謂易而生生者未嘗生耶夫學道者一念萬年初無首尾豈有陰陽晝夜之累哉

屏山先生鳴道集說卷之一

屏山李　純甫　之純　述

一

横渠曰太虚者氣之体氣有陰陽屈伸相感之無窮故神之應也無窮其散無數故神之應也無數雖無窮其實湛然雖無數其實一而已矣陰陽之氣散則萬殊人莫知其為一也合則混然人莫見其殊也形聚為物物潰反源反源者其游魂為變歟所謂變者對聚散存亡為文非如螢雀之化指前後身說也

屏山曰此說非孔子之言非佛氏之言也張子憑私臆決力為此說固亦勞矣雖然敢問張子其湛然而一者與無數無窮者其一物乎其二物乎胡為而散胡為而合螢雀之化有前後身安知游魂之變無前後身也既同生於太

虚之氣陰陽之神何參差万狀苦樂之不齊賢愚之絶異耶誠如此言飲食男女之外無復餘事壽夭貧富之别出於自然名教不足貴道學不必傳桀紂盗跖為達人堯舜孔子徒自囚耳此姦雄之所以藉口泯滅生靈之語而張子又説而鼓之吾不忍後世之愚民將胥而為鬼為蜮為血為肉也悲夫試讀首楞嚴經則此語氷消瓦解矣

横渠曰今所謂死雖奴僕竈間皆知是空釋氏所謂不可思議亦是小人所共知者文士學之增飾其間或引入易中之意又以他書文之故其書亦有文者實無所取如莊子者其言如此實是畏死亦為事不得

屏山曰今所謂死奴僕竈間共知是空王侯將相姦雄豪傑之士無有不畏死者强者至於亡身徇國弱者至於偷

生避罪養成天下腐脅疽根貧賤之士吮癰舐痔敗名失節皆以貪生故耳自佛書之來知此革囊不足甚惜一念蹉跌千刼淪落其於名教殆非小補彼以如來不可思議境界為小人所共知疑文士文之何不縷數某經出某書其説止於某事五千餘卷令徧天下試寓目焉則張子之言但欺聾者可矣謂隣人之井盜吾井之水癡兒語也又笑莊周畏死何等語耶周果畏死亦將三聖人之後別著一書為此無忌憚人矣

横渠曰學釋氏之説得便為聖人而其行則小人也只聞知便為了所謂祖師之類也

屏山曰如來大方便智為懈怠衆生於法華經説娑竭龍女於一念成佛為驕慢衆生於華嚴經説毗盧成佛於無

量刼海其實皆以三阿僧祇歷十信十住十回向四加行十地等覺方入妙覺信解修證不可誣也至於禪者則又不然非佛非魔非凡非聖非得不得非了不了呵佛罵祖戴角披毛此老聃之所以為馬為牛豈肯如瞿鵲子之見卵而求時夜哉雖然如人牧牛回頭轉腦驀鼻牽面如鷄抱卵煖氣不接不成種草豈容世俗擬議哉狂而自聖者蓋有之矣如小人之中庸而無忌憚者是也

横渠曰孔子過周問禮於老聃老聃未必是今老子觀老子薄禮恐非其人猶作邱明别有所傳者也

屏山曰老子知禮之本故薄其末前後區區於升降揖讓之間者烏知禮意哉張子必欲斬伐道學力誣老子遂及左氏然則孔子所謂昔見周公未必非黑肩文王既没者

豈楚子熊申乎宋儒之敢為狂言遂至於此吁

横渠曰遁詞者無情只是他自信元無所執守見人説有已則説無反入於太無見人説無已則説有反入於至下元不曾入中道此釋老之類也

屏山曰如張子之所謂遁詞蓋有之矣中國公孫龍惠施鄧析堅白同異兩可之説西方末黎等矯乱不死議論是也常無有者老子之信言中道第一義諦釋迦之實語有謂無謂離四句絶百非至言去言言語道斷心行處滅矣豈有蔽離陷窮之心而生詖邪淫遁之辭哉然則吾聖人顯道而不墜於無神德行而不涉於有見有形之器即無形之道或默或語其言外不盡之意張子未必知也

横渠曰老子言天地不仁是也聖人不仁非也天地鼓萬物

而不與聖人同憂聖人則仁矣

屏山曰鼓萬物而不與聖人同憂即聖人之神也吉凶與民同患蓋聖人之形跡耳聖人之仁與天地相似天地之德曰生豈有生萬物之心乎故聖人之喜暖然佀春澤及萬世而不為仁特仁者見之謂之仁耳張子強於分別不惟不知老子恐吾夫子之言亦有所未解也

横渠曰萬物皆有理若不知窮理如夢過一生釋氏便不窮理皆以為見病所致莊子儘能明理及至窮極亦以為夢不知易之窮理也又曰釋氏所謂萬物之性猶告子生之謂性耳

屏山曰張子果能窮易之理將亦通乎晝夜之道而知夫生死之說雖窮唯以寤寐求之旦著得此其所以生乎夢

中之境果爲何物夢中之人孰爲真我夢中説夢者多矣豈非猶在夢中然則今張子未覺矣佛與莊周之夢亦夢語耳舉世之人同一大夢知夢覺之爲一身即無夢覺知死生之爲一性即無死生未知無生焉知不死故朝聞道夕死可矣張子未有所聞不信死生之如夢豈知夢覺即生死乎此釋氏之所謂一性者豈告子所謂人之性猶牛之性歟

橫渠曰世學不明千五百年大丞相言之於書吾輩治之於已聖人之道庶可期乎

屏山曰吾固疑橫渠之徒本出於王氏特以元豐之故失天下士大夫之心故盡反其説求合於司馬君實君實既説諸儒翕然歸之其言遂大蓋陰挾縱橫之資而談仁義

之道者耶今張子之書云爾予復何言

橫渠曰某近來思慮道理大率臆度屢中可用

屏山曰臆則屢中孔子之所譏生於其心孟子之所笑張子學孔孟而不似者政坐此為膏肓疾也夫

祖望按橫渠此言誠有疵

明道曰如說妄說幻為不好底性請別尋一个好底性來換了此不好底性也若道外尋性性外尋道便不是盡自家元是天然完全自具之物若無污壞不消修治是義也亦有污壞合修治之亦是義也禪學者總是強生事至如山河大地之說干你何事孔子曰予欲無言顏子則默識其他疑問又曰天何言哉可謂明白矣若能於此上看得破便信是會禪也

屏山曰程子之說幾於道矣全出於楞嚴圓覺之書曹溪

江西之語雖然遽譏禪者為强生事切恐向上大有事在以顏子之才而遇聖師始於克己終於屢空方有其庶乎之類其言性也子貢不可得而聞焉蓋坐忘之妙殆不容声剎心去智子夏未之能也故冉求發未有天地而有天地之間昔也昭然今也昧然先以神者受之後以不神者求之耳此子路之所以升堂未入於室也今程子去聖人千五百年唱于絶學其言固可尚已予何人也安忍復與之異同乎區區之心蓋以鏡猶有垢鑛未成金喫詬索之而玄珠遂亡儵忽鑿之而混沌心死但有纖毫已成滲漏疑情將盡勝解還生胷中既横禪學之人目前尚礙山河之境未能無我徑欲忘言流入異端浸成邪說矣悲夫

明道曰佛學只是以生死恐動人為怪一千年來無一人覺

此是被他恐動也聖賢以生死為本分事無可懼故不論死生佛為怕死生故只管説不休本是利心上得來故學者亦以利心信之莊生云不怛化者意亦如此楊墨今昵無道家之説其害終小唯學佛人人談之瀰漫滔天其害無涯傳燈録千七百人敢道無一人達者有一人得易簀之理須尋一尺布帛裹頭而死必不肯胡服削髮而終

屏山曰聖人原始反終知死生之説豈不論生死乎程子不論生死正如小兒夜間不敢説鬼病人諱死其證難醫者也害人而利我者楊朱也利人而害我者墨翟也學道者旣利於我又利於人何害之有至於聖人無一毫利心豈無利物之心乎故物亦利之此天理也聖人之道或出或處或嘿或語殊途而同歸百慮而一致故並行而不相

悖程子心欲八荒之外盡圓冠而方履乎

明道曰禪者謂此迹也何不論其心夫心迹一也如兩脚之行指其心曰我不欲行豈有此理莊子曰遊方之內遊方之外方何有內外則是道有間隔內面是一處外面是一處豈有此理哉

屏山曰禪者之心迹即莊周之方內方外也如聖人以此洗心退藏于密而吉凶與民同患者是也雖聖人之神固無方所其心迹豈無內外乎文中子深於易者故曰心迹之判久矣樂天知命吾何憂窮理盡性吾何疑天下皆憂吾獨不憂乎天下皆疑吾獨不疑乎此心迹之說也雖然以近喻聖人之心如天上之月聖人之迹如水中之月亦即亦非或同或異此文中子之所未言者表而出之

明道曰學禪者曰草木鳥獸生息於春夏至及秋冬便却變壞便以為幻何不付與他物生死成壞自有此理何者為幻

屏山曰幻者妄也以其初無生死成壞妄見生死成壞故以為幻真見其無生無死無成無壞即非幻者自不滅矣此老子之幻學如來之為幻師也故能遊戲以轉造物定止任其自然為造物者之所轉耶孔子之所以教顏子者曰虛室生白鬼神將來舍此萬物之化也其止於世間法耶其亦出世間法耶此程子不知耳

明道曰老子失道而後德等語自不識道已不成言語

屏山曰孔子謂一陰一陽之謂道而繼之者善也豈非道降而為德乎仁者見之謂之仁豈亦不成言語哉況志於道據於德依於仁自有次序程子之言何其峻也

明道曰生之謂性性即氣氣即性氣稟有善惡然不是性中元有此兩物有自幼而善自幼而惡者是氣稟然也善固性也然惡不可不謂之性蓋人生而靜以上不容說纔說性時便已不是性也

屏山曰言性而雜之以氣程氏膏肓之病也孟子所謂浩然之氣即以志為師蓋以心能使其氣耳程氏謂氣稟自生而有善惡而又能奪其性非孟子意也雖然孟子言性善亦微異孔子孔子之言曰性相近也初無善惡習相遠也善惡分焉至其甚也上智與下愚不移亦所習使之然耳生而惡者其所從來者遠矣獨無垢之言然學道者自知之耳請看語論詳說

明道曰必有事焉心主於敬而勿正心勿作為也勿忘必有

事也勿助長乃正也二哥伊川心有事焉而勿正心勿忘勿助長為一句亦得因舉禪語為說曰事則不無擬心則差

屏山曰明道之言不及伊川遠矣雖然不須如此破句孟子自謂生於其心害於其事心有事來勿正其心或忘或助皆正其心之過也不生此心不害其事矣正心謂特安排生此心耳

明道曰醫書言手足痿痺為不仁此言最善名狀仁者以天地萬物為一體莫非己也認得為己何所不至

屏山曰程氏初有此言寖有桃仁杏仁之說遂欲訓仁為覺其穿鑿過於王氏之學矣仁自仁耳何以此說為哉

明道曰佛學大槩是絕倫類世上不容有此理又其言待要出世出那裏去其迹須要出家要脫世網學之者不過似佛

佛一懶胡爾他本是箇枯槁山林自私而已若只如此不過世上少這一个人却又要周徧決無此理敢言世綱只為皆秉彝又殄滅不得當忠孝仁義之際處於不得已只和這些秉彝都消然得盡然後為道如人耳目口鼻既有此氣須有此識聲色飲食喜怒哀樂性之自然必盡絕為得天真是喪天真也又曰若盡為佛天下却都沒个人去裏

屏山曰嗟乎程氏竊聞小乘教相語不能盡信畧取其說而反攻之烏知維摩華嚴之密旨誤認阿羅漢為佛而不知其然遽加詬罵是豈識文殊普賢之秘行哉圓教大士知衆生本空而度脱衆生知國土本淨而莊嚴國土不以世間法礙出世法不以出世法壞世間法以世間法即出世法以出世法即世間法八萬四千塵勞煩惱即八萬四

千清涼解脱又豈止觀音之三十二應善財之五十三參耶衆生念念常有佛成正覺仁者自生分别耳但無我相人相衆生相壽者相何妨居士身長者身宰官身乎吾聞謗佛毁法中有冥權大悲闡提逆行魔説程氏豈其人耶不然則非利根衆生為世智辯聰所障具足無間業報哀哉弗可悔也已

明道曰學者於釋氏之説直須如淫聲美色以遠之不然則駸駸然入其中矣到自家信後不能亂得

屏山曰聲色飲食人所嗜者世之聰明辯博之士往往棄絶以説佛老之説何哉如人飲水冷暖自知蓋以梵志倒着韈耳殆不可以口舌辯之

明道曰人活物也又安得為槁木死灰除是死也既活須有

个動作思慮非理而勿視聽言動耳又幾時要如槁木死灰又如絕四後畢竟如何又幾時須如槁木死灰大小直捷也

屏山曰顏子之克已也先黜聰明墮肢体徑造坐忘之妙然後視聽言動無非禮也又進一階矣雖然孔子止稱其庶乎者以其未能絕四如孔子之絕四始於無意豈止心如死灰乎終於無我豈止形如槁木乎顏子疑其畢竟如何恐亦未可以直捷論聖人也

明道曰今語道須要形如槁木心如死灰所貴乎知周萬物而不遺幾時要如死灰動容周旋而中禮幾時要如槁木論心術無如孟子孟子謂心有事焉今既如死灰槁木却於何處有事

屏山曰心如死灰矣故知周萬物而不遺形如槁木矣故

動容周旋而中禮此孔子之所以鑄顔淵者也孟子亦謂作於其心害於其事蓋教人事上無心耳豈欲人心上有事乎

明道曰告子生之謂性不分人牛之性正如釋氏蠢動含靈皆有佛性之語

屏山曰告子以萬物之性為同而已佛氏之言性也即同而異即異而同亦同亦異非同非異請以近喻如漚水然水中之漚即同而異漚中之水即異而同水生漚中亦同亦異漚滅水中非異非同豈可以告子一偏之語為佛氏圓融之論乎此魚目像珠之說也

明道曰人能放這一个身公共放在天地萬物中一般看則有甚妨礙雖萬身曾何傷乃知釋氏苦根塵者皆是自利者

也將自已軀殼上起意看得小了万物中一例看大小快活釋氏不知此向身上起意思柰何那身不得却厭惡要如枯木死灰其實是愛身放不得故說多許譬如負販蟲已載不起猶自取物在身又如抱石洗河不肯放下

屏山曰程氏之說固美矣高於橫渠神我之一階耳惜乎未讀金剛般若經也張子認其神識以為我者即我相也程子知其非我非人相也又欲与萬物共豈非將入衆生相乎其生死之根本所謂壽者相者程子猶未識也宜其深畏枯木死灰之言及疑佛者之愛身而比之負販蟲與抱石沈河者誰自於軀殼上起此一念乎真負販蟲也

明道曰天地陰陽之變出如二扇磨升降盈虛未嘗停息如磨既行齒都不齊便生萬變物之不齊物之情也莊周強要齊

物然而物終不齊也

屏山曰天地如二扇磨之說吾不知也謂莊子齊目前之物不亦陋乎是未嘗讀齊物論耳彼知天地之與我並生故彭祖殤子無壽夭矣萬物與我為一故太山秋毫無大小矣終之以胡蝶之夢所以忘物我而齊死生也證心地法門豈惠施堅白鄧析兩可之說乎

明道曰釋氏言成住壞空曰成壞則可住與空則非也

屏山曰人人一念有生住異滅一日有朝夕晝夜一月有弦望晦朔一歲有春夏秋冬然則成住壞空之說可廢其一哉

明道曰日之形似輪似餅其形有限其光亦須有限只在三萬里中須有光不到處安有此理地無適不為中日無適而

不為精譬如鋪一束柴從頭爇若火到處便一般非是有一塊物行將去這上頭得个意思便知生物之理

屏山曰此言與橫渠地氣左旋之說如出一口　吾不知也謂日有生物之理月有殺萬物之理乎

明道曰中庸言禮經三百威儀三千方說優優大哉又却非如異端之說如死灰槁木也

屏山曰善乎栁子之言也曰舍禮則不可以言儒舍戒則不可以言佛雖然唯克己者然後視聽言動無非中禮以其心如死灰槁木矣故能踐履三千威儀八萬細行敢受具足大乘身口意戒其理蓋同

明道曰好談鬼神者皆是燭理不明傳以為信假使實見或是目病如邵堯夫猶不免致疑嘗言有人空中聞人馬之聲

某謂人馬須有藁藉何處得來物生則氣聚死則散有聲則須是口既髑則須是身其質既壞又安得有

屏山曰鬼神五經同載千古共傳雖吾夫子存而勿論者也程子竊阮脩衣裳之遺說范縝刀刃之陳言謂神滅而無鬼其窮理之學不及康節遠矣

明道曰鳶飛戾天魚躍于淵言其上下察也此一段子思喫緊為人處活潑潑地不會底只是弄精神與孟子必有事焉而勿正心之意同

屏山曰鳶飛魚躍者不知其所以然如人之應對進退亦日用而不自知耳程子誤解孟子必有事焉為主於敬而勿正心為無作持此兩端為活潑潑地胷中有此一念自為解會正是弄精神者

明道曰邵堯夫病亟言試與觀化一遭子厚言觀化佗人觀得自家如何觀得堯夫才識道理於儒術未有所得

屏山曰張子程子皆誤解遊魂為變散亦為無邵康節深於易者知其不然故有此語皇極經世書非儒書乎

明道曰老子竊弄闔闢者也

屏山曰老子之言與易中[illegible][illegible]如左右券豈竊弄者耶異於吾書則謂之怪同於吾書則謂之竊誣善之人其詞游豈程子之謂乎

明道曰形而上者謂之道形而下者謂之器又曰一陰一陽之謂道陰陽亦形而下者而曰道惟此語截得上下最分明元來只此是道要人默而識之也

屏山曰程子何見之晚也形而上者即老子之所謂常無

佛之所謂理法界形而下者即老子之所謂常有佛之所謂事法界化而裁之推而行之即老子之所謂同謂之玄佛之所謂理事無礙法界舉而錯之天下之民即老子之所謂衆妙之門佛之所謂事事無礙法界以聖人觀之無非道也何止於陰陽乎程子未之知也

明道曰鼓萬物而不與聖人同憂聖人人也不得無憂

屏山曰陋哉斯言鼓萬物者聖人之靈府也憂患豈能入哉姑射之神人塵垢粃糠陶鑄堯舜嶺南之觀察使自有廊幕在程子豈知有此理哉

明道曰人心惟危人欲也道心惟微天理也惟精惟一所以至也允執厥中所以行也

屏山曰人心惟危知而無知道心惟微無知而知擇之惟

精無入而隨守之惟一無出而離允執厥中四無所依可以神會難以理推程說非也

明道曰中者天下之大本天地之間亭亭當當直上直下之正理出則不是惟敬而無失最盡

屏山曰喜怒哀樂之未發謂之中發而皆中節謂之和中者天下之大本和者天下之達道善乎蘇子由之言也曰中者佛性之異名和者菩薩行之總目中之一字最難形容郎曹溪所謂不思善不思惡正當恁麼時還我明上座本來面目來纔入思惟便成剩法瞥然一念已隔多生何處着得敬而無失學者當自求之

明道曰窮理盡性以至於命則全無着力處

屏山曰先窮其理解也方盡其性修也後至於命證也正

是學道者着力處張子譏程氏失於太快恐誤後生

明道曰成性存存便是道義之門

屏山曰天成之性存而勿失方得其喜怒哀樂未發之中則道是也又得其發而皆中節之和則義是也道入而静義之体也義出而動道之用也一闔一闢故謂之門成性存存便是道義之門其説太徑矣

椌下刻

屏山先生鳴道集卷之二

屏山先生鳴道集說卷之上

屏山　李　純甫　之純述

明道曰聖人以此洗心退藏於密終無人理會此密也是甚物

屏山曰聖人以此易道洗其靈府喜怒哀樂既不能入然後可與民同患矣聖人心外無道〻外無心更有何物乎

明道曰楊墨之害甚於申韓佛之害甚於楊墨

屏山曰申韓無道楊墨學道而未至者正自不同楊朱知退藏於密而不知與民同患故不拔一毛墨子知與民同患而不知退藏於密故摩頂放踵佛氏之說則不然心不入道雖以身布施如恒河沙而無益豈摩頂放踵乎既得道矣盡九類衆生皆滅度之豈不拔一毛者哉所謂以佛地行菩薩行自利利他何害之有

明道曰艮其止止其所也八元有善而舉之四凶有罪而誅之各止其所釋氏止安能止乎禅學只到止處無用處

屏山曰艮之止與釋氏之止固不同也釋氏之所謂止者與孔子教顏淵之所謂虛室生白吉祥止止正同是萬物之化也舜禹之所歸伏羲凡蘧之所行豈終無用處乎

明道曰釋氏說道譬之以管窺天只務直上去不見四傍

屏山曰此程子所見於釋氏者釋氏之道大包太虛而有餘細入微塵而無間豈以管窺天者乎庚桑子八荒之外如眉睫之間況如來乎如來竪窮三際横亘十方豈不見四旁耶

明道曰釋氏本怖死生為利豈是公道唯務上達而無下學其上達處亦未是但有間斷則非道也

屏山曰不怖生死不憂涅槃是維摩不二法門汝等所行皆菩薩道此常不輕之所以受記低頭而成佛道舉足入道場豈有間斷哉

明道曰彼所謂識心見性是也若存心養性則無矣

屏山曰佛書謂文殊等諸大菩薩無量劫中脩習聖道云見佛性如隔羅縠以觀月況不脩而得見耶禪者見道止要保任長養聖胎學道者自知之矣

明道曰釋氏地獄之類怖下根之人為善至誠貫天地人尚不化豈有立偽教而人可化乎

屏山曰周易自言鬼神害盈而福謙莊子亦謂作不善於幽冥之中則鬼得而誅之地獄之說也豈立偽教乎一念之誤化而為終宵之夢一生之惡豈不能為長夜之苦耶

況生申之訴厲公之訟李娥之復生賈充之所見書於經史可不信哉

明道曰佛氏不識陰陽晝夜死生今古安得謂形而上者與聖人同乎

屏山曰列禦寇知非陰非陽者通乎晝夜矣莊周之不生不死此入於無古今矣而況於佛乎非止形而上者與聖人同形而下者亦與聖人無毫髮異但或出或處殊途而同歸耳

明道曰佛言前後際斷純亦不已是也彼安知此哉

屏山曰一念萬年萬年一念因該果海初心即得菩提果徹因源位滿猶稱菩薩未讀佛書孰知吾道中有此理哉

明道曰聖人稱公心盡天地萬物之理各當其分佛氏正為

四字宜查

一己之私是豈同乎聖人循理故平直而易行異端造作大小大來費力非自然也故失之遠

屏山曰佛非獨無我相又無人相衆生相壽者相矣誰為一己之私乎佛非獨以作為病也止亦病也任亦病也滅亦病也豈費力不自然哉非佛書求合於聖人聖人之言自與佛合耳程子未之知也惜哉

明道曰一陰一陽之謂自然之道也

屏山曰一陰一陽即列禦寇之所謂非陰非陽能陰能陽者也王弼輩謂之無陰無陽已疎矣此何物耶見於外者善成於内者性仁者誤認以為仁智者誤認以為知百姓日用之而不知其所以然即圓覺之珠能現五色衆生終日圓覺而未嘗圓覺者程子亦誤以為自然知吾夫子之

道者誠鮮矣

伊川曰禪家之言性猶太陽之下置器耳其間方圓大小不同特欲傾此于彼耳然在太陽幾時動又其學者善遁若人語以此理必曰我無修無證

屏山曰此語出於徐鉉誤讀首楞嚴經佛言五陰之識如頻伽瓶盛空以餉他方空無出入遂為禪學豈知佛以此喻識情虛妄本無來去其如來藏妙真如性正太陽元無動靜無修而修無證而證但是識情即如來藏妙真如性非遁辭也

伊川曰神與性元不相離則其死也何合之有如禪家所謂別有一件物常在偷胎奪陰之說即無是理

屏山曰神即性也非離非合性即神也不生不滅偷胎奪

陰之言佛書不道也

伊川曰鬼謂精鬼謂死也鬼歸于天消散之意

屏山曰夫子之言游鬼為變耳不言消散

伊川曰或欲以金作器比性成形其謂金可以比氣不可以比性

屏山曰性化而為氣〻化而為形耳豈有二物哉

伊川曰禪家出世之說如閉目不見鼻然鼻自在

屏山曰伊川不信有出世法如開眼不見眼其眼非無也

伊川曰殺一不辜而得天下不為謂殺不辜以私已也武候以天下之命討天下之賊何害

屏山曰以武侯為得聖人之傳者伊川之素志也至此言嘻其甚矣武候以管樂自比豈孔孟之徒歟禍天下之生

靈而危人之國者心此言也夫

伊川曰或謂佛之道是也其跡非也然吾攻其迹耳其道吾不知也使其不合於先王故不願學也如其合於先王則求之六經足矣奚必佛

屏山曰伊川之意欲相忘於江湖耳吾謂不若卷百川而匯於大壑則無涯涘也欲攻其迹不過如韓子之說云山谷道人既奪其說矣語在南康軍開先禪院記

伊川曰或謂佛之理比孔子為徑曰天下果有徑理則仲尼豈欲使學道迂遠而難至乎故外仲尼之道而由徑則是冒險阻犯荊棘而已

屏山曰佛之理非徑於孔子也但孔子謂自中人以上可以語上佛言蠢動含靈皆有佛性故其語生死之際頗詳而

亦甚文學者差易解耳不求孔子之意則聖人之道不尊不知佛之言則聖人之道不廣顰伸謦欬皆楞伽之禪飲食日用盡中庸之旨何險阻荊棘之有哉

伊川曰道不可須臾離也毀人倫去四大其分於道也遠矣彼釋氏之學於敬以直内則有之義以方外則未之有也故滯固者入於枯槁疏通者歸於放肆此佛之教所以為隘吾道則不然率性而已斯理也聖人於易備言之

屏山曰率性之謂道修道之謂教故聖人之教不同同修其道以復於其性耳古之博大之真人澹然獨與神明俱與聖人洗心退藏於密而吉凶與民同患者固不同也況瞿曇氏夢幻其身塵垢其心倜然高舉於天人之表獨示天下後世以妙湛元明真如自性與中國聖人之言不必

全同學其道而未至或墮於寂滅之坑或流於聲色之境者亦或有之正如賢者過之不肖者不及非其師之道本然也吾道率性而已談何容易白刃可蹈也中庸不可能也未知喜怒哀樂未發謂之中者多見其為小人無忌憚耳豈中庸哉

伊川曰小人之中庸小人而無忌憚也小人更有甚中庸脫一反字

屏山曰不然君子雖知率性之謂道而修之故無時而不中小人率性而已自以為中庸之道無復忌憚雖似中庸而實反之不須添此一字其理自通正學道者之所謂無礙禪也

伊川曰老子曰無為又曰無不為當有為而以無為為之是

乃有為爲也聖人之言無為也戒夫作為即曰感而遂通未嘗為一偏之說

屏山曰伊川此言似之矣猶未也華嚴曰菩薩於有為界示無為性亦不破壞有為之相於無為界示有為相亦不分別無為之性故非有為亦非無為也古人嘗問一禪者曰何為曰一物不為曰恁麼則閑坐也曰閑坐則為也此非三聖人之心歟此事如大火聚不容着眼如金剛劍無處下足程子劃為兩端去道遠矣

伊川曰看華嚴經不如看一艮卦

屏山曰程子以艮其所為止於其所當止疑釋氏止如死灰槁木而止耳故徑出鄙語顧豈知華嚴圓教之旨一法若有毗盧墮於塵勞萬法若無普賢失其境界豎說之則五

十七聖位於一彈指如海中印頓現橫說之則五十三法門在一毛端如帝網相羅德雲曾過於別峯普賢不知其正位逝多園林迦葉不聞彌勒樓閣善財能入向非此書之至學道者墮於無為之坑談玄者入於邪見之境則老莊內聖外王之說孔孟上達下學之意皆掃地矣

伊川曰釋氏之學更不消對聖人之學比較要之必不同今且以迹觀之逃父出家便絕人倫自家獨處於山林鄉里豈容有此物大率以所賤施於人不惟非聖人之心亦不可為君子之心以此率人是絕倫也至如言理性亦只是怖死愛生是利心也

屏山曰太伯奔于句吳名為至德伯夷餓於首陽稱以仁人皆吾夫子之語也程子剽佛說以解經極口反噬誣之以怖死愛生雖三尺之童亦不信也奚待予言

伊川曰釋氏自言覺悟又却須要印證是未知也

屏山曰此吾書之所謂博學之審問之明辨之也倘不如是正恐如吾黨之小子斐然成章不知所以裁之耳

伊川曰學者必談禪者只為無處所撈摸故須如此

屏山曰伊川撈摸得少許郎出去却此老子之所謂邊境有人焉孟子之所謂薄乎云爾者也

伊川曰釋氏之學又不可道他不知亦儘極乎高深然要之率歸乎自私天地間有生便有死有樂便有哀須覓一个占姦打訛處老氏之學更挾權詐取與翕張大意在愚其民而自智秦愚黔首其術蓋亦出于此

屏山曰如來窮死生之理挈八荒之内各正其性命老聃得闔闢之道輓萬世之後皆盡其變通真先天太極之學

所自出也程氏反取昌黎强項之言東坡少年之語力為誣謗而圬墁之悲夫

伊川曰聖人之言依本分所以味長釋氏才見得些便驚天動地故語言走作却是味短只為乍見如中庸只須道無聲無臭抵釋氏多少非黄非白等語佛老之說大底不似聖人慣見故走作

屏山曰華嚴經梵行從何處來此世不移動彼世不改變此中何法名為梵行又曰若佛出世若不出世此法常住無有變易未常驚天動地為走作語伊川譏釋氏談道太多然圓覺一編未嘗掛眼故胷中有物證悟了覺豈曾放下作止任滅不能跳出終墮我人衆生壽者四相豈知佛書字字有味不可渾淪吞棗他人自有如啞人食蜜者但

不可以舉似人

伊川曰儒者入異教其勢自然譬行大道坦然無阻只為前面逢着山水行不得見一邪徑欣然從之若處異鄉須就安處若已有家言他人家必不肯就

屏山曰過山水而求它徑人之情也程子褰裳欲涉而踰之半途而反遂以逆旅為家哀哉

伊川曰聖人之道如河圖洛書其始止於畫上後人畫外繫辭以求之未必得理如春秋不觀它書亦可盡道

屏山曰畫前元有易刪後更無詩此邵康節語伊川信之然太高生吾聞無離文字說解脫法世間語言皆第一義聖人豈有費辭哉

伊川曰凡物之散其氣遂盡無復歸本原之理天地如洪爐

雖生物銷鑠亦盡既散之氣豈有復在如海潮然涸則無矣

屏山曰程氏自以為窮盡物理常有此等語海潮吾不知也雖然莊子言通天下一氣耳其分也成也其成也毀也佛言性水真空性空真水故百川注之而不滿尾閭泄之而不竭此易之所謂一闔一闢之理程子以人之生死以比天地而不學道愚矣

伊川曰至忙者無如禪客行往坐卧無不在道便是常忙

屏山曰君子無終食之間違仁亦忙乎哉以敬字為主則忙矣

伊川曰幽則有鬼神明則有禮樂何也鬼神只是一箇造化天地尊卑鼓之以雷霆潤之以風雨是也

屏山曰明則有禮樂幽則有鬼神聖人教人之有所忌憚

耳天地雷霆風雨豈幽乎哉謂有鬼神主之可也謂即鬼神可乎

伊川曰或問敬莫是靜否曰才說靜便入於釋氏之說也

屏山曰人生而靜天地之性也豈釋氏之說乎敬即有所感矣

伊川曰釋氏有理障之說天下只有一个理既明此理夫復何障若以理為障則自是以理為二

屏山曰此程氏之障也以理為已真生死之本如病眼者不自見其翳耳惜哉

伊川曰今人不學則已如學焉未有不歸於禪者為伊求道未有所得思索既窮乍見寬廣處有心便安於此

屏山曰禪與吾異彼自反焉禪與吾同歸之可也又何患與

伊川曰孟子言人性善是也荀楊亦不知性〻無不善而有不善者才也性即是理堯舜與塗人一也才禀於氣〻有清濁禀其清者為賢濁者為愚亦可變唯自棄者不移也

屏山曰荀楊之言固不足取程氏之言性也雜之以氣亦與孟子不合又言才禀於氣而有清濁孟子之言曰志者氣之帥故謂之浩然之氣又曰若夫為不善非才之罪也豈有清濁之間也雖然孟子之所謂性已落第二蓋孔子之所謂習耳其所由來遠矣故有生而愚知即相懸者豈有清濁之氣自然聖人哉此首楞嚴之所謂無始菩提涅槃元清淨體識精元明能生諸緣〻所遺者即此物也其無始以來生死根本用攀緣心以為自性亦此物也非一非二非同非異非即非離程子焉能知此理哉

伊川曰釋氏要屏事不問這事合有合無合有又安可屏合無更屏甚麼且無靜遠屏跡山林世以為高惑矣

屏山曰黄帝無搖汝精郎廣成子在峒崆之上陶唐喪其天下而見四子於汾水之陽而說學道者乎程子誤讀必有事焉而勿忘程子惑矣

伊川曰釋氏有出家出世之說家本不可出謂他不父其父逃去可也世則怎生出得除是不戴天履地始得又却飲食

屏山曰孟子所謂出入無時莫知其鄉莊子所謂其疾俛仰之間再撫四海之外者吸風飲露不食五穀矣程子自索之於形骸之内豈獨無姑射之神人乎

伊川曰明道言昔之異端乘其迷暗今之異端因其高明

屏山曰吾讀周易曰或出或處或默或語殊塗而同歸一

致而不慮知異端不足畏又讀莊子曰楂梨橘柚不同味而同甘耳目鼻口不相通而相用知異端皆可喜又讀維摩經曰謗佛毀法乃可取食外道天魔皆吾侍者始知非異端矣又謂華嚴經見婆須之放蕩阿那之殘忍勝熱之刻苦大天之怪異主夜之幽陰童男之嬉戲皆有清淨解脫法門生死涅槃同一法性智慧愚癡皆為般若諸戒定慧及婬怒癡俱是梵行此法界中無復有異端事但恐迷暗者未必迷暗高明者自謂高明爾悲夫

伊川曰太古之時人與物同出純氣為人繫氣為物人乃五行之秀氣此是天地精明純粹所生如海上露一島便有草木禽獸生焉安知海外無氣化之人又如衣服蟣虱氣化後便以種生此理甚明

屏山曰孔子雖言有天地然後有萬物有萬物然後有男女亦不可言其所以然也今程子力為此說謂天地之氣所生即西方梵天之語又謂與草木之類同生亦外道先尼之言也雖然自生民以來未始有突然而自生倏然而獨化者何也此言乃異於三聖人之教乎孔子曰天地絪縕萬物化醇莊子曰天地與我並生萬物與我為一佛曰性覺真空性空真覺然則兩儀未判有物混成自有生天生地者天地焉能生我哉夫心化而空空化而天地我與萬物同生如念化而瞑瞑化而境界我與游魂同夢忘念即無夢矣彼無心者其有生死於天地者乎此聖人之所以學天地也學者思之

伊川曰學者後來多耽莊子若謹禮者膠固纏縛須覓一个

放曠出身處其勢必然東晉是也

屏山曰悟楞嚴之妙理而後可與言戒達莊周之玄學而後可以談禮彼阮籍之徒謂禮豈為我輩設真狂言耳蓋小人之中庸無忌憚者如近世之無礙禪也何等物耶

伊川曰喜怒出於性感於外而發於中猶水之有波也湛然平靜水之性也或遇沙石與風為波濤豈水之性哉人性中只有四端豈有許多不善事耶然無水安得波浪無性安得有情也

屏山曰此程氏之學與李翺不同者翺之言曰聖人有性未嘗有情故舜之用十六相而非喜也投四凶非怒也此說出於莊子曰聖人有人之形無人之情不以好惡內傷其生蓋出怒不怒則怒出於不怒矣故學佛者有印空印

水印泥之說聖人之靈府故異於常人喜怒哀樂不能入者久矣雖喜怒哀樂而非喜怒哀樂也以喜怒哀樂未發之中即喜怒哀樂未發之和故皆中其節焉有喜有怒而後有仁義有哀有樂而後有禮樂豈以喜怒哀樂爲仁義禮樂哉學聖人之道者遂以仁義禮樂求聖人也程子未嘗反復商確故至於情性之論每致疑焉雖有水波之喻自相矛楯至於崇安劉子翬著論以爲李翺並聖人於木石之倫栖學者於枯槁之地蓋亦未之思耳故深辨之或曰程子亦有聖人之心似鏡之說即其論聖人之心此論常人之心耳曰不然論至於性聖人豈遠於常人哉但聖人能致中和常人未能致耳如喜怒哀樂真出於性雖聖人安能去之性猶水也喜怒猶塵垢也故首楞嚴云清水

現前名為初伏客塵煩惱去泥純水名為永斷根本無明一切變現不為煩惱皆合涅槃清淨妙德故常人澄之尚濁聖人揚之亦清此佛氏水波之喻也

伊川曰子莫見楊墨過不及遂於二者之間執之間不知有當摩頂時有當不拔一毛時執中而不通與執一無異

屏山曰如程子之言捨中而復趨兩偏矣孟子不取一偏亦不執中即華嚴之所謂不此岸不彼岸不中流也或謂子莫猶子勿也戒人之辭耳非楊墨外又有此人焉

祖望按此段注疏之說恐不是據

祖望按低二格四行

伊川曰喜怒哀樂之前求中可否却是思也只平日涵養便是又則自中節更怎生求

屏山曰異乎吾所聞夫學問之道無他求其放心而已學而不思則罔故君子有九思心之官也不蔽於物則可以

作曆可以作聖矣聖人之學蓋自此入喜怒哀樂未發之中即聖心之體也彼不思而求之者其可得而見耶

伊川曰當中之時雖耳無聞目無見然見聞之理在始得

屏山曰心雖覩聞而不在耳目矣其理安在哉

伊川曰如有知覺却是動也怎生言靜

屏山曰人非木石寧無知覺彼知覺者有動靜耶

伊川曰動上求靜最難

屏山曰動念息念即生死心心無此念非難非易

伊川曰喜怒哀樂未發下動字下動字謂之靜則不可然靜中須有物始得這裏便是難處莫如先理會敬

屏山曰程氏膏肓之疾正在下字處謂靜者湛然如急流水白浪滔天矣既有此物難乎求其中也已而又以敬為

之是汩其流而楊其波耳能靜於禪指頃乎悲夫

伊川曰華嚴法界三觀如鏡燈之類包含萬象無有窮盡只為釋氏要周遮一言以蔽之曰萬理歸於一理耳

屏山曰老子之常無常有同謂之玄衆妙之門孔子之道與器變通與事業即法界觀也三聖人之言如出一口豈周遮乎程子謂一句道盡然則三聖人有贅詞矣程子止知同一理耳豈知一事自具一理同而異〻而同〻中之同異中之異乎反疑釋氏善遁今在策子上矣程子不知所窮何也止譏燒一炷香施一文錢何等老嫗之言耶

伊川曰延年是天地間一賊先知是野狐精

屏山曰彭祖熊經鳥伸之術異於廣成子之無搖汝精季咸之知人生死壽夭不同庚桑楚之耳視目聽烏可詈之耶

下經篇

伊川曰有所忿懥恐懼憂患不得其正非是無只是不以此動其心學者未到不動處須是執持

屏山曰學者心中猶有此物而不動其能執持而不動乎吾不信也

# 屏山先生鳴道卷之四

屏山李純甫之純述

伊川曰聖人當人不問時與木石同也

屏山曰聖人尸居而龍見淵默而雷聲與木石同聖人真死矣吁

伊川曰性無不善才有善不善性猶曲直才猶棟梁性出于天才出于氣

屏山曰非天之降才爾殊也才不出於天乎若夫為不善非才之罪也才其有不善乎曲直棟梁學中語也

伊川曰孔子言性相近所禀之性孟子言善性之本也

屏山曰不然孟子言所禀之性孔子言性之本也

伊川曰楊食我之生便禀得惡氣

屏山曰此等惡氣從何許來程子之辭窮矣豈善道者乎

伊川曰生而知固不待學然聖人不須學

屏山曰程氏之辭枝矣豈中心猶有所疑者乎惜哉

伊川曰儒行夸大之語非孔子之言然害義理

屏山曰予嘗怪歐陽修之疑繫辭非孔子語今也不幸而又聞此言吾夫子何負於諸儒而至於是耶悲夫

伊川曰湯武未知是聖人不是聖人若文王則分明是大聖人

屏山曰予甚不喜程子謂孟軻有圭角顏子未到無過之地今也大不幸又閱此言吁可怪也夫

伊川曰孟子未敢便道是聖人如說夷惠云皆古聖人必錯了一兩字如說大人則藐之便不是也

屏山曰程子之畏大人者而侮聖人之言可乎擬人有一日之長不可見其短程子所見果長於古聖人否

伊川曰佛家印證甚好笑豈有我晚得這个道理却信他人

屏山曰自印證為得聖人之傳尤可笑我雖自曉其如人不信耶

伊川曰若要不學佛須是見得他小便自然不學

屏山曰大人猶不可藐聖人其可藐乎坐井觀天天亦小矣

伊川曰文中子本是一隱君子世人得其議論附會成書有一件事半截好如心迹之判久矣便亂道

屏山曰附會成書亂道者多矣豈止文中子乎如答魏徵之説九三致意程子劃為兩端刪其斷章俱不好矣吁

伊川曰文中子續經甚謬荀卿子極駁揚子不見性更説

甚道韓退之原道極好只云仁與義為定名便乱道有兩處
直是搏得親切直似道却只是搏也
屏山曰程子譏刺諸儒嘻亦甚矣其能逃目睫之論乎
伊川曰荆公舊年説話侭得晚年尽支離了
屏山曰荆公六藝之學妙處端不朽學者失其傳各自穿
戸牖耳
伊川曰今人醇正者唯邵尭夫張子厚司馬君實又曰張子
厚太謹嚴無寛舒之氣邵尭夫太放蕩近於不敬司馬君實
念一中字不如把一串數珠
屏山曰程子之論如商君法古今無完人矣吁可畏哉
伊川曰學佛者多要忘是非是非安能忘得自有許多道理
何以忘為世人只為一齊在那昏惑迷闇海中拘滞執泥坑

裏便事〻轉動不得沒著身處若物各付物便役物也

屏山曰纔有是非紛然失心瞥地思惟墮坑落塹為法耳[所]縛未能自解若能轉物即同如來唯久參禪者始知此病耳

伊川曰莊子齊物夫物本齊安用汝齊若要齊何[時]處下脚只是你我不齊不干物不齊也

屏山曰莊子磅[磅]礴萬物以為一即無物我參萬歲而一成純亦無古今程子不讀齊物論安知不齊之齊〻之[不]齊耶

伊川曰素問文字只是戰國時人作謂之三墳書非也只是氣運就便不錯亦用不得一州一縣旱澇不同怎生定得

屏山曰一州一縣如定不得四海之內醫者用之數千年矣其效[効]俱多何哉君子於其所不知當闕如也

伊川曰佛老說鬼神甚可笑道家狂妄尤甚

屏山曰大哉鬼神之德洋洋乎如臨其上如在其左右吾知致敬而已寧可無而有不可有而無其可笑乎

伊川曰福善禍淫自然之理也便是天道如皇天震怒不是在上震怒只是理如此

屏山曰吾讀孔子六經之言嘗深思之噫程子非狂則悖矣

伊川曰今人善惡之報幸不幸耳

屏山曰果如程子之言天理亦滅矣六經其無用於世乎

伊川曰佛亦說性善只不合將才做緣習

屏山曰性相近習相遠孔子之言也若夫為不善非才之罪孟子之言也與佛語正合但與程子性外有才之說不同耳

伊川曰才出於氣〻清則才善氣濁則才惡稟得至清之氣

生者為聖人稟得至濁之氣生者為愚人

屏山曰叛聖人之害名教者無甚於此說莊子以道為氣母孟子以志為氣帥然則氣者道之子也道無清與濁氣有清與濁乎氣者志之奴也志無聖與愚氣有聖與愚乎果如程子之言古聖人皆疣贅耳不知其西方自然外道今流入於中國乎何聖人至少而愚人至多豈天地之氣盡濁耶悲夫

伊川曰予欲無言為子貢多言故告之以此

屏山曰此聖人不傳之妙也其聲如雷矣豈為一子貢乎

伊川曰仁之於父子智之於賢者謂之命者以稟受有厚薄耳

屏山曰仁之於父子匡章不能盡其孝智之於賢者顏子

不得窮其學蓋有命焉耳非稟受也

伊川曰釋老所見偏非不窮深極微未至窮神知化也

屏山曰未能窮神知化豈能窮深極微乎

伊川曰莊子叛聖人者也世人皆曰矯時之弊伯夷柳下惠也其異於聖人乎與莊子老聃類乎不類乎

屏山曰莊周與老聃猶不類矣況伯夷柳下惠乎亦非矯時之弊者此其所以無異於吾聖人也未讀天下篇耳

伊川曰攻乎異端斯害也已雖有可取非道之正也

屏山曰吾詈鄰人之父鄰人亦將詈吾父矣張九成之言云攻訓排也

伊川曰意必固我既亡之後必有事焉學者宜盡心也

屏山曰意必固我未亡學者宜盡心焉既亡之後無事矣

伊川曰老子謂非以明民將以愚之其亦自賊性也歟

屏山曰杳杳冥冥為道之精昏昏默默為道之極故離朱索之而玄珠亡倐忽鑿之而渾沌死此程子之所不信也然程子之所傳者顏曾之道回愚參魯見於論語入道之門程子其知乎殆以先覺為賢爾

伊川曰以春為始而原之其必有冬以冬為終而原之其必有春死生之說如是而已矣

屏山曰此墮於以生為首以死為尾之說也以生為首而原之不見其尾以死為尾而反之不見其首死生之說如是而已矣

伊川曰或問某文中子曰愚荀卿子曰悖問韓子曰外皆非學聖人者揚子其幾乎又曰揚子無自得者也故其言蔓衍

而不斷優柔而不決如善惡之說也

屏山曰吾聞程子有言謂歐陽氏之學也淺王氏之學也鑿蘇氏之學也雜切疑程子之薄不至於此今觀其書乃爾好罵豈談道之士初無他腸橫口而言嚬伸反噬如獅子吼法當如是耶死而有知程子必為屏山一笑

上蔡曰學佛者欲免輪迴是利心私而已矣此心有止而太虛無盡心為輪迴推之於始何所付受其終何時間斷且天下人物各有數矣

屏山曰佛說輪迴愛為根本有愛我者亦愛涅槃不知愛者真生死故何利心之有彼圓覺性非作非止非任非滅無始無終無能無所豈有間斷哉故衆生本來成佛生死涅槃猶如昨夢夢中人物豈有數乎上蔡夢中之人猶作

夢語終不識圓覺認為太虛悲夫

上蔡曰目視耳聽見於作用者心也自孔子沒天下學者向外馳求不識自家寶藏被他佛氏窺見一班半點遂將擎拳豎佛底事把持在手敢自尊大輕視中國學士大夫而世人莫敢與爭又從而信向歸依之使聖學有傳豈至此乎

屏山曰諸子知目視耳聽為心爾亢倉子耳視而目聽其知之乎阿那律無目而見跋難陀無耳而聽摩訶迦葉乂滅意根圓明了知不因心念必不知也而況佛說身心皆為幻垢正如孔子之癡心而用形逕造四絕之妙顏子屢空而未達子貢多學而不識者上蔡果得其傳乎中國學士大夫不談此事者千五百年矣今日頗有所見豈非王氏父子蘇氏弟兄之力歟自家寶藏自家不識為鄰翁指似亦

愲而詬之癡兒亦不忍為也吁

上蔡曰仁者仁也活者為仁不知痛痒為不仁學佛者知此謂之見性遂以為了終歸妄誕聖門見此消息必加功焉

屏山曰佛者有言無為雖真趣之則道果難證有為雖偽弃之則功行不成故三賢將滿加行初圓八地以前無功未至理則頓悟無刹那間事則漸除有僧祇刼謝氏為伊川所縛不敢謦欬死於語言矣果知痛痒否乎

上蔡曰人之氣禀不同顏子似弱孟子似强孟子壁立萬仞非徒地手脚撐拄此事不去雖然猶有大底氣象未能消磨尽所以見他未至聖人之地位不然藐大人等語不說出來

屏山曰此伊川語也他人之嗤其可食乎正孟子所謂不得於言勿求於心不得於心勿求於氣劍去遠矣爾方刻

舟孟子之所以為孟子者其可見耶為出於氣禀蔽於誘而陷於邪矣

上蔡曰諸子百家人人自生出一般見解欺誑衆生聖門得天理故敢以天自處佛氏却不敢恁地做大明道嘗曰吾學雖有所受天理二字却是自家拈出來

屏山曰禪者有言盡法界是沙門一隻眼更須瞋却有何見解衆生與諸佛一口吞盡喚甚作天理天理圓無盡矣可惜明道拈弄出來止有天理一字而已嗚乎

上蔡曰世上說仁只管着愛上怎生見得仁只如力行近乎仁關愛甚事呂晉伯因悟曰公說仁字正與尊宿譚說一般

屏山曰仁固非愛愛豈非仁仁者自生分別去禪遠矣

上蔡曰老子見得錯了只如失道而後德等語那裏有許多

分别

屏山曰此數字者未有老子時正自不同豈是渠分别耶

上蔡曰吾曾問莊周與佛何如伊川曰周安得比他佛佛説直有高妙處莊周氣象大故淺近如人睡初覺時不見上下東西指天説地怎消得他地只是家常茶飯追箇甚麽

屏山曰程子之法夢魘幾死嗔人驚覺豈知家常飯味乎

上蔡曰吾嘗歷舉佛説與吾儒同處問伊川伊川曰恁地同處多只是本領不是一齊差却為不窮天理只將拈匙把筯日用底便承當做大事小事任意縱横作用便是差處私處為問何故是私曰把來做弄便是做兩般看了將此事横在肚皮裏一如子路冉子相似便被他曾點冷眼看破只管對春風吟詠渾没些能解豈不快活又如子路有做好事底心

顔子參彼已孔子便不然更不作用

屏山曰謝子所問於程氏者是渠室中事也其所見処甚高中正拙禪和弄精魂之病雖然釋迦既死天下太平達磨未來此方已有本色宗師尋常語話佛之一字尚不喜聞如有妙解直須吐却透雲門之二光出曹山之三墮隨波逐浪已是廉纖戴角披毛又成滲漏着衣吃飯之日用擔柴運水之神通元無伎倆誰敢承當鬼神尚不能窺見王老師天魔亦尋伺不着金剛臍叢林如海夫豈無人程子冷眼看他不破[即]吾夫子飲食日用中庸之妙洒掃應對君子之傳也程子果得之乎

上蔡曰佛說直下便是動念即乖此是乍見孺子已前底事乍見孺子底吾儒喚做心他便喚做前塵妄想見得本高無

儒要就上面體認做工夫他却一切掃除説大乘頓教一聞便悟須是顔冉已上底姿質始得乍見孺子底心是自然底天理怎生掃除得

屏山曰陋哉謝子之言也觀音以大悲爲名弥勒以慈氏爲首豈以乍見孺子者爲妄想乎所謂動念即乖政恐謝子如此分别爾大乘菩薩念念度阿僧祇衆生不見一衆生得度者正當乍見孺子時也儒者果体認得此心直下便是豈太高耶不做工夫更無掃蕩雖非顔閔一聞此説將有徑悟者乎

上蔡曰佛大槩私心學佛者欲離生死要度一切衆生亦是爲自己發願耶一个不拈香礼佛儒者直是放得下更無多事

屏山曰佛者無心亦無生死無衆生可度亦無發菩提心

者拈香礼佛無所不可謝子放下此心却成多事矣

上蔡曰人死時氣盡也予嘗問明道有鬼神否明道曰道無你怎生信道有你但去尋討看横渠云這个是天地間妙用這裏有妙理於若有若無之間須斷直得去不是鶻突自家要有便有要無便無始得鬼神在虛空中辟塞滿觸目皆是為他是天地間妙用祖考精神便是自家精神

屏山曰明道之説出於未能事人焉能事鬼横渠之説出於精氣為物遊魂為變是故知鬼神之情狀上蔡之説出於盛哉鬼神之德洋洋乎如在其上如在其左右三子各得聖人之一偏爾竟堕於或有或無若有若無之間不免鶻突予觀聖人之言各有所主大抵有生有死或異或同無生無死非同非異即有形之鬼神即無形之人心有即

有心無即無耳聖人復生不易吾言矣

上蔡曰呂與叔常患思慮紛擾程夫子答以心主於敬則自然不紛擾矣

屏山曰僕欲易伊川一字心主於鏡則自然不紛擾矣

上蔡曰血氣之屬有陰陽牝牡之性而釋氏絶之何也

屏山曰飲食男女正血氣耳性何與焉故飢則思飽則厭壯則喜老則倦性無變易豈有此耶血氣方剛人能戒之人不能戒其去禽獸無幾矣世有辟穀而齋居者豈遂喪其性乎以女子為難養故孔子三世而出妻孟子恶敗而去妻瞿曇氏去其嬪嬙而有革囊之喻蜜刃之說猶世俗有烝通之姦亡國喪家以殺其身者踵相接也仁人君子忍為此言乎烝如烝於齊姜通如通乎君母

依二格双行

祖望按屏山之妄一至于此

上蔡曰釋氏以性為日以念為雲去念見性猶去雲見日釋氏之所去正吾儒之所當事者釋氏不窮理以去念為宗

屏山曰佛以妄念翳其真心故有此喻真心發光為正念名佛出世誰能去之故維摩詰以貪愛為母無明為父若去無明與貪愛者名為殺父殺母首楞言亦謂令汝速登解脫即汝六根更非他物此吾儒之所當事者但恐未見真心耳非窮理者不知也

上蔡曰吾儒以名利關為難透釋氏以聲色關為難透

屏山曰釋氏以生死關為難透名利聲色其猶膚垢耳

上蔡曰釋氏指性喻天故蠢動含靈與我同性明道謂吾儒雖若與釋氏無異然而不同

屏山曰凡有血氣之屬其心識不相遠也上古神聖之人

知之吾儒與釋氏之道本同其教不同耳以其不同是以

同也程子亦以性為天〻其有異乎

上蔡曰登徒子不好色而有淫行色出於心淫出於氣

屏山曰既有不好色而淫者是血氣也非心也明矣

上蔡曰伊川嘗問某近日事何如某對曰天下何思何慮伊川曰是則是有此理賢却發得太早當見得這个事經時無他念終有不透脫處若不得他一句救拔便入禪家去矣聞此語後二十年不敢道何思何慮

屏山曰列子學於壺丘子也三年心不敢念利害口不敢言是非始得一盻六年心更念利害口更言是非始得一笑九年橫心所念更無利害橫口所言更無是非始並席而坐至於口如耳〻如目〻如鼻即造乘風之妙此入道

之階也柰何以少時無他念為禪乎

上蔡曰釋氏與吾儒須認取精微有非同非不同處才有私意便支離了

屏山曰精微之理無無同異有支離處即私意耳

上蔡曰釋氏有言不怕念起只怕覺遲豈見念起須識念起

屏山曰此念起時已變滅矣須欲識認其可見乎學者試思之

上蔡曰吾儒下學而上達窮理之至自然見道以我為天也佛氏不從理來故自不信必待人證明然後信吾儒從裏面做豈有不見佛氏只從外見之卻不肯入來做不謂佛氏無見處

屏山曰孔子游於方內泝流而上老子游於方外沿流而

下至於瞿曇氏則無上無下無內無外無來無去亦無見處大包太虛而有餘細入微塵而無間同天同人非天非人以其言大有逕庭故其徒必相訂正真僞之雜間不容髮果有所得雙鑑然非自信也恐高談自欺誤學者耳

上蔡曰佛之論性如儒之論心佛之論心如儒之論意循天之理但是性不可容些私意纔有意便不能與天為一

屏山曰性如水也心如海也意如漚也此天理之自然者豈不了然初無同異漚生漚滅其如海何儒佛妙處皆無私意

上蔡曰敬是常惺惺法心齋事事放下其理不同

屏山曰見道者敬即是觀是慧是照是無上菩提齋則是止是定是寂是大般涅槃了無差別如未見道敬即無明

齋即無記正孟子之所謂助長與忘固不同矣

上蔡曰釋氏所以不如吾儒無義以方外一節義以方外便是窮理釋氏以理為障礙然不可謂釋氏無見處但見了不肯就理諸公不須尋見處但且敬以窮理

屏山曰佛以八萬四千塵勞煩惱為八萬四千清凉解脫法門豈無義以方外一節以謂理為障乎果有所見事事無碍無非理也何所就耶如無所見敬以防心可矣其能窮理乎學者欲有所見不必他求我無所見即無不見矣

上蔡曰古人千言萬語許多模樣只要一个是字

屏山曰古人千言萬語許多模樣只沒一个是字

上蔡曰邵堯夫問今年雷起甚處伊川曰起處起邵愕然

屏山曰此正滑頭禪者之葛藤耳堯夫之易數未可輕也

上蔡曰儒異於禪正在下學矣

屏山曰禪同於儒正在上達處矣其可不知之乎

上蔡曰揔老嘗問默而識之是識个甚無入而不自得是得个甚

屏山曰上蔡常記揔此語而無所答其意欲學者自求之也

今特表而出之

元城曰孔子佛之言相為終始孔子之言毋意毋必毋固毋我佛之言曰無我無人無衆生壽者其言次第若出一人但孔子以三綱五常為道故色色空空之說微開其端令人自得爾孔子之心佛心也假若天下無三綱五常則禍乱又作人無噍類矣豈佛之心乎故儒釋道其心皆一門庭施設不同耳如州縣官不事事郡縣大乱禮佛誦經坐禪以為學佛可乎

屏山曰元城之論固尽善矣惜哉未嘗見華嚴教之指佛先以五戒十善開人天乘後以六度萬行〻菩薩道三綱五常尽在其中矣故善才五十三參比丘無数人耳觀音三十二應示現宰官居士長者等身豈皆以出世法壞世間法哉梁武帝造寺度僧持戒捨身嘗為達磨所咲跋摩尊者謂宋文帝王者學佛不同匹夫省刑罰則民壽薄稅歛則國富其為齋戒不亦大乎惜一禽之命輟半日之湌匹夫之齋戒爾此儒者學佛不龜手之藥也

元城曰古今大儒著論毀佛法者盖有說也且彼尾重則首輕今為儒佛弟子各主其教猶鼎足也今一足失可乎則鼎必覆矣所謂佛法凡可以言皆有為法有成有敗物極則反佛法太盛不獨為儒病亦為佛法之大禍也彼世之小儒不

知此理見前輩或毀佛法亦從而詆之以謂佛法皆無足取非也士大夫多以禪為戲此事乃佛究竟之法豈可戲而為一咲之資乎此亦宜戒

屏山曰劉子之言深中強項書生之病矣雖然其父報仇其子必劫是亦先儒之過也聖人之道無首無尾過慮尾重而首輕吾謂不如首尾之相救也三聖人同出於周固如鼎足然偏重且覆烏可去其一乎韓子之時佛法大振於吾儒初無所損今少林之傳將絕而洙泗之道亦如綫矣唇亡齒寒之憂可立而待也悲夫

元城曰所謂禪之一字於六經中亦有此理佛易其名達磨西來此說大行佛法到今果弊矣只認色相若渠不來佛法之滅久矣又上根聰悟多喜其說故其說流通某之南遷雖平

日於吾儒及老先生得力然亦不可謂於此事不得力世間事有大於死生者乎此事獨一味理會生死有个見处則貴賤禍福輕矣老先生極通曉但不言耳蓋此事揔繫利害若常論則人以為平生只談佛法所謂五經者不能曉生死說矣故為儒者不可談蓋為孔子地也又下根之人謂寂寞枯槁乃是佛法至於三綱五常不肯用意又其下者泥於報應因果之說不修人事政教錯乱生靈塗炭其禍蓋不勝言者故某平何生曾言亦本於老先生之戒也

屏山曰元城之說為佛者慮尽矣為儒者慮似未尽也佛書精微幽隱之妙佛者未必尽知皆儒者發之耳今已章章然已或秘而不傳其合於吾書者人將謂五經之中初無此理吾聖人真不知有此事其利害亦非細也吾欲尽發

其祕使天下後世共知六經之中有禪吾聖人已為佛也其為孔子地不亦大乎彼以寂寞枯槁為佛法以報應因果癈人事或至乱天下者正以儒者不讀其書為所欺爾今儒者盡發其祕維摩敗根之議破落空之偏見般若施身之戒攻着相之愚夫上無蕭衍之禍下無王縉之惑矣雖極口而談著書而辯其亦可也學者其熟思之

元城曰看經者當知其義但尋文逐句即生誹謗如法華云念彼觀音力刀尋段段壞言其信〔性〕也見楞嚴故祖師將頭迎白刃如劍斬春風耳此理喻人不致謗佛也

屏山曰劉子誠辯矣雖然理中有事性即是相吁叵測也佛說不可思議思議求之或未盡善

元城曰繫詞亦有非孔子之言如左傳穆姜之言元亨利貞

之說是也

屏山曰歐陽子之遺毒也學者其吐之不然或殺人矣穆姜雖有此語孔子刪定之即孔子語也

元城曰溫公著論詆釋氏云其妙不能出吾書其誕吾不信也某問如何是妙曰無我千經萬論只辨一个我字又問如何是誕曰其言天堂地獄不足信曰今王法雖至殺戮不能已之惡人苟有不肖之心自弃其命何所不可佛之說此俾人易惡而向善耳且鄒衍謂天地之外如神州赤縣八九莊子言六合之外聖人存而不論凡人耳目所不及安知其無公曰吾欲扶教爾

屏山曰元城與司馬君實如父子然故心術之發無所有隱此言固善雖然元城之疑未盡君實之情亦太矯矣吾聖

人六經中皆有此意昧者弗知耳必欲扶教此説其可誕乎

元城曰若由中道則無時不正釋老之道皆未免入邪

屏山曰苟有意於中正即入於邪矣惟學道者知之

㨿下刊

屏山先生鳴道集卷之四

# 屏山先生鳴道集說卷之五

屏山　李純甫　之純　述

江民表性說曰性無古今習通古今唯通於古今羊舌鮒之賄死豈一日之積哉其來有自矣是以神靈岐嶷不獨私於黄帝不通乎故習者未能究之也又曰性如珠在泥雖未嘗變如白受色隨染而化無有定色

屏山曰江子之性說幾於尽矣諸儒皆莫及也雖然當改数字如珠在泥未嘗變者正性也如白受色隨染而化名故習也白受色則亡其白矣習可亡也性可亡乎

龜山曰六經不言無心佛氏言之佛氏和順於道德蓋有之矣理於義則未也

屏山曰莫謂無心　元是道分明猶隔一重關學佛者知之

理於義則末也誠中擔板禪和之病豈佛氏之罪耶

龜山曰聖人以為尋常事者莊周則夸言之乃禪家呵佛罵祖之類如逍遥遊乃子思所謂無入而不自得養生主乃孟子所謂行其所無事而已曲譬廣喻此張大其說耳

屏山曰楊子見處甚高知禪者有力於佛即知莊子有力於聖人矣曲譬廣喻張大儒者之說儒者反疾之何也

龜山曰儒佛深処所差抄忽耳見儒者之道分明則佛在其下矣今之學者曰儒者之道在其下是不知吾道之大也為佛者既不讀儒書儒者又自小然則道何由明哉

屏山曰儒佛之軒輊者不唯佛者不讀儒書之過亦儒者不讀佛書之病也吾讀首楞嚴經知儒在佛之下又讀阿含等經知佛似在儒下至讀華嚴經無佛無儒無大無小

能佛能儒能大能小存泯自在矣

龜山曰老子言禮者忠信之薄是特見後世為礼者之弊先王之禮本諸人心雖然老子薄之者其意欲民還淳反朴以救一時之弊而已然天下豈有此理哉

屏山曰吾夫子問礼于老聃豈不知禮哉為此言者欲學者知禮之所自起將有得於俛仰謦欬之間徑造忘言之妙即無懷氏之境不難到也彼西晉之狂人曰禮豈為我輩設者假老聃之說以為姦爾悲夫

龜山曰微生高乞醯以與人孔子不以為直維摩經云直心是大道場儒佛至此實無二理

屏山曰何止佛儒八荒之表萬古之下聖人之門當自此入

龜山曰知微之顯只是戒慎乎其所不睹恐懼乎其所不聞

有僧自堂不言而出或曰莫道無語其聲如雷莊子亦曰尸居

屏山曰戒慎恐懼猶是聖人門外事此與予欲無言相類

龜山曰圓覺經言作止任滅是四病作即助長止即不芸苗任滅即無事

屏山曰不然作止皆助長也任滅皆不芸苗也必有事焉而勿正心非作非止非任非滅矣

龜山曰揔老言菴摩羅識唐言白淨無垢即孟子之言性善是也阿賴耶識唐言善惡種子即善惡已萌處

屏山曰白淨無垢識無善惡者孔子之所謂善即阿賴耶識矣

龜山曰荊公字說謂性覺眞空者离人若离人之天即頑空

也

屏山曰荊公謂离妄而真為真空龜山謂即妄而真為真空予又不然所謂真空者非即非离非妄非真非空不空

龜山曰孟子所謂精粗兼備其言甚近而妙義在焉如龐居士云神通并妙用運與(水)搬柴此自得之言最為達理如許大堯舜只於行止疾徐之間做了

屏山曰龜山在伊川門下談道窮高妙此語似少數字改作如許大堯舜之道只於行止疾徐間不覺底做了

安正忘筌曰學佛為自為之人耳學聖人不唯可以自覺致君澤民躋時於太平其功利之博與獨善者豈可同日語哉（社甘孫 生書名 双行）

屏山曰大哉此書伊川之學不及也其關鍵似方山合論（龜山訛作）大略以大象為體以太極為心居皇極為正位破後學為

大夢不墮禍福之中超於形數之外上知桓文之假而明王道下識楊墨之取而尊聖人發黃石之秘以救生靈傳河汾之業以重師友借老莊之書文孔子之易探其淵源其出於瞿曇氏乎頗知華嚴三觀之旨竊聞曹洞五位之言自成一家獨立千古亦胠篋之雄者乎掠人之財猶謂之盜而況多於財者耶何其憎主人之甚也

又曰象獲碩果則貫魚之寵無不利既不病耳目又不憊性命後之人欲求入道者往往甘心祝髮以效鈍根中人以下所為病憊歟

屏山曰吾聞聖人達命次守節下失節吾儕非聖人之無欲者求寡其欲而未能也敢以多欲無害於道乎

又曰學道者唯禮法之家為華末不學道者以學道之士為

空空無皆非達士也蓋由私見各繫所取而止不悟一家也

屏山曰橫浦張九成著少儀論以議佛氏之枯槁不如聖學之華滋與此說蓋同國豈知毘盧以萬行因華莊嚴佛果藥山謂或從冷淡或放光明枯木糁花寒灰發燄初學佛者已自知之矣予復何言

安正忘筌曰達者露其端世人宗其說其在中國者曰孔子孟子又有老子莊子其自西域而至者又有釋氏在六合之外蓋不知幾國莫不各有先達之士為師其晦而不顯者又不知幾人如韓退之書毛十八翁先知若神又非三教

屏山曰此論甚奇古人所未嘗言者不然中間自孔孟老莊以來一千五百年豈無一聖人乎雖然學道求師亦須正眼如毛十八翁輩固多怪力亂神夫子不語素隱行怪

聖人弗為季咸之徒不足貴也

安正忘筌曰得失之報冥冥之中固未必無司之者聖人尤探其賾乃畧此而不論惟聖人超形數而用形數與造物者游賢者皆未足以超出而免此姑就所得之報爾可以為大戒

又曰儒釋二家歸宿相似設施相遠故功用全殊此雖運動樞機財成天地終不駭異三靈被德以彼所長施於中國猶軒車適越冠冕之胡決非所宜儒者但當以皇極經世乃反一無迹而超數超形何至甘為無用之學哉

屏山曰論至於此儒佛之說為一家其功用之殊但或出或處或嘿或語便生分別以為同異者何也至如劉子翬之洞達張九成之精深呂伯恭之通融張敬夫之醇正朱元晦之峻潔皆近代之偉人也想見方寸之地既虛而明

四通六闢千變萬化其知見只以夢幻死生操履只以塵垢富貴皆學聖人而未至者其論佛老也實與而文不與陽擠而陰助之蓋有微意存焉唱千古之絕學掃末流之塵迹將行其說於世政自不得不爾如胡寅者詬罵不已嘻其甚矣豈非翻着祖師衣倒用如來印者耶語在駁崇正辨吾恐白面書生輩不知諸老先生之心借以為口實則三聖人之道幾何不化而為異端也伊川之學今自江東浸淫而北矣縉紳之士負高明之資者皆甘心焉予亦出入於其中幾三十年嘗欲箋註其得失而未暇也今以承乏於秋闈考經學數十餘日乘間漫筆於小稟意者撤藩籬於大方之家匯淵谷於聖學之海蒐諸子胷中之秘發此書言外之機道冠儒履同入解脫法門翰墨文章皆是

神通游戲姑以自洗其心耳或傳於人將有怫然而怒憫然而疑凝然而思釋然而悟啞然而笑者必曰此翁亦可憐矣

橫浦曰禮以少為貴者寂然不動之時也喜怒哀樂未發之時也易所謂敬以直內也孟子所謂盡其心也釋氏疑近之矣然止於此而不進以其乍脫人欲之營營而入天理之大其樂無涯遂謂廓然無物者為極致是故以堯舜禹湯文武之功業為塵垢以父子君臣夫婦長幼之節為贅疣以天地日月春夏秋冬為夢幻离天人絕本末決內外縈縈無偶枯槁索寞無滋潤之氣如秋冬之時萬木彫落無復婆娑蔽蔭之狀殆將滅五常絕三綱有孤高之絕體無敷榮之大用此其所以得罪於聖人也又曰人有四端如人之有手足也若釋

氏則無手足矣徒有腹心耳安知運用行止之理哉

屏山曰張子之言以欺儒者可也頗知佛書者豈可欺乎維摩譏弟子比之焦芽敗種華嚴謂定性二乘退墮無為廣大深坑正恐以出世法壞世間法爾張子豈知世間法即出世間法哉藥山有言或枯淡也得或光明粲爛也得禅者謂之枯樹糝花寒灰發燄彼欲通身是眼豈兀然無手足乎釋氏未嘗得罪於聖人但得罪於俗儒耳

東萊曰一固萬也不待一塵萬境而後知其一而萬也萬固一也不待萬境一塵而後知其萬而一也千載一念一念千載切意乾竺之學俱不免近於辭費也不生而說生不滅而現滅不生之生不滅之滅果固然之理耶何為而復加現之一辭也

屏山曰參萬歲而一成純莊周氏之語也生之所生者死矣而生之者未嘗生列禦寇之語也豈乾竺之書獨云乎哉如法界觀亦中國書有理法界萬固一也有事法界一固萬也有理事無碍法界一而萬萬而一有事事無碍法界一自一而萬自萬而一一之中萬萬之一萬中之一一之萬如水之一如漚之萬水中之漚一而萬漚中之水萬而一水即漚也一自一而萬漚即水也萬自萬而一論至於此豈非一中之萬萬之一萬中之一一之萬寧有周遮之費辭乎呂子於其所不知蓋闕如也

南軒曰樂記謂人生而靜天之性感物而動性之欲性不能動未見其不善好惡無節則流為不善矣譬諸水泓然而澄者其本然也其水不能不流流亦其性也至於因其流激汩

於泥沙則其濁也豈其性哉

屏山曰張子之言誠辯矣既知人生而靜天之性即感物而動非天之性特人欲耳謂不能不動至流為不善則以其性水既流矣其能不濁乎是不知泥沙之所以來又不知何物之為泥沙也惜哉

南軒曰天命之全體流行無間貫乎古今通乎萬物者衆人自昧之而是理也何嘗間斷而聖人盡之亦非有所增益也若釋氏之見則以為萬法皆吾心所起是昧乎太極本然之全體而反為自利自私是亦人心而已非識道心者也

屏山曰張子之所謂天命之全體釋氏之所謂心也其言全出於佛老無毫髮異矣雖然疑萬法非心所為而歸之太極是不知太極為何物如父出而忘其家見其子而不識

與劉儀同何異哉蓋以情識卜度雖言道心而不知耳反謂佛自私於人心惑矣

南軒曰佛學所謂存心與吾儒所謂存心存字雖同而有公私之異吾學操而存者收其放則公理存故於所當思而未嘗思也於所當為而未嘗不為也學佛之所謂存心者無所為而已矣於所當思而不知思也獨憑藉其無所為者以為宗日用間將眼前光爍爍地弄為作用耳目前一切以為切毒自利自私不知天故也

屏山曰存之一字非唯佛者儒者不同儒者之所謂存之一字亦自不同操之則存乃求放心之謂也至於成性存存又存其所當存者道義之門也方其無思也無為也則道是已其感而遂通天下之故則義是已此莊子所謂尸

居而龍見淵默而雷聲老子所謂孰能濁以靜之徐清孰能安以動之徐生佛之所謂清水現前名為初伏客塵煩惱去泥純水名為永断根本無明一切變現不為煩惱皆合涅槃清靜妙法華嚴八地菩薩得無生法忍菩提心涅槃心佛心菩薩心皆不現起況復起於世間之心諸佛摩頂而言曰善男子汝適得此一說耳此諸法之性若不出世此法常住無有變易諸佛不以得此法故名為如來一切二乘亦能得此無分别法諸佛有無量法門佛子當學故焦芽敗種淨名所譏積塵聚塊冲虛所笑禅者亦謂死水不藏龍亦欲絶後重甦耳張子不知也祖師以弄精魂為野狐精豈以眼前光爍爍地為日用哉儻止以拈槌竪佛為佛法是以吟哦之輩為孔子之道也悲夫

南軒曰異端之惑人未必非賢士大夫今日異端之害烈於申韓蓋以其說有若高且美矣故明敏之士樂從之唯其近似而非逐影而迷真憑虛而捨實拔本披根自謂其直指人心而初未識心也使其果識其心則君臣父子夫婦是乃人道之經而本心之所存也其忍斷弃之乎天下之禍莫大於似是而非學者有志於學必也於此一毫而不屑而後可以得其門而入也

屏山曰張子比佛老於申韓三尺之童亦不信也意其近似而非為天下之禍又豈獨佛老乎以世間法為真實出世間法為虛妄學道者當自知之矣奚待予言學者有志於學必也於此一毫不可不辨其所以然而後可以得其門而入也雖然學者内有三疵外有四孽何謂三疵曰識鑑

之而賊氣馮之而亢才蕩之而浮何謂四蔽學封之而塞辯譁之而疑文甘之而狂名錮之而死此七物者心之奴也棄其心則為寇盜之媒也叛其道則為仇此其所以蔽而不開泥而不化放而不返也皆物翳於方寸之地礙然而落霍然而散洗然而淨無介然之私或見其彷彿矣

晦菴曰大抵目前所見只是儱侗底得个大本達道底影像便執認以為是子自覺殊無立脚下工夫處蓋只見得个直截根源傾湫倒海如在洪濤之中不容少頃停泊一向如是故應事接物處但覺猛利勇敢增倍於前而今而後乃知浩浩大化之中一家自一个安身立命處所以立大本行達道之樞要所謂體用一源顯微無間者乃在於此

屏山曰朱子之於性學蓋嘗深體之矣惜乎未聞佛之書

多而見禪着之少也方其一向如是知理而不知有事知正而不知有偏知有文殊而不知有普賢也及其一家不知事而不知有理知偏而不知有正知有普賢而不知有文殊也至於體用源顯微無間始知有理有事有正有偏有文殊有普賢而已顧豈知理事無碍正偏回互文殊普賢為一法身哉至於周徧含融兼中到位與善財入法界品海印三昧帝網相羅未嘗夢見所以未免科入三段話作兩橛暗中摸索止出於情識卜度耳謂道在於此談何容易哉自謂浩浩大化之中安身立命不覺識浪湛然之頃已滔天矣如急流水苦不自知耳學者當審思而明辯各自體之或信予言之不妄云

晦菴曰大抵天下事物之理無無對者唯道無對以形而上

下論之未嘗無對也或以左右或以上下或以前後或以多寡或以類而對或以反而對反覆推之天地之間真無一物兀然無對而孤立者此程子所以中夜以思不覺手舞而足蹈也

屏山曰惜乎朱子之才未讀佛書也入楞伽經一百八句皆對待法豈止上下前後左右多寡哉此真生死心也程子未能洗去此心謂有生則有死任之以自寬耳豈道也哉蓋榮啓期之徒爾或謂法界中無孤單法豈程子意歟是又不然程子安知有十玄門哉一入一切一切入一亦會歸於一耳程子求之於二止謂世間法而已

晦菴曰有是理則有是氣〻則無不兩者故易曰太極生兩儀而老子所謂道先生一而後一乃生二其察理亦不精矣

老莊之失大抵類此

屏山曰：理一而氣二，太極未有氣也，豈有二哉？吾夫子既謂太極生兩儀，生之一字，自無而有之言，與老子一生二之言將無同乎？孰察理不精耶？程氏之失大抵類此，學者當深思之。

晦菴曰：竊病近世學者不知聖門實學之根本次第，而溺於佛老之說，妄意天地萬物人倫日月之外別有一物，空虛之妙，不可測度，其心懸懸然徼倖一見此物，以為極致，未嘗不墮於此者。

屏山曰：天地萬物人倫日月皆形而下者，形而上者誰之言歟？朱子耄而荒矣，偶忘此言，以為佛老之說，吾恐夫子之道亦將掃地矣。雖然，不可辨佛之所謂色即是空，老子

所謂同謂之玄者豈别有一物乎朱子劃而爲二是墮於此而不自知耳

晦菴曰中者天下之大本學者於此涵養栽培亦皆日用分明底事不必待極力尋覓忽然有感然後爲得必若此云是溺於佛氏之學而已彼自謂有見而於四端五典皆未嘗見甚者披根拔本顛倒錯謬無所不至夫所謂見者殆亦用心太過端的履踐豈可同日語哉

屏山曰水即波也無風則不名波中即和也無感則不名和吾夫子有言無思也無爲也寂然不動感而遂通天下之故豈無所感而然耶朱子知中而不知所以爲中止於程氏涵養之説既是自披根拔本瞥見其影像耳人無真實知見寧有端的履踐乎

晦菴曰性固不能不動然無所不有然不能不動其無所不有者曷嘗有虧欠哉釋氏之病錯認精神魂魄爲性果能見性不可謂之妄見既曰妄見不可言性之本空此等立語未瑩恐亦是見得未分明也

屛山曰性無動靜亦無虧成釋氏有語學道之人不識真只爲從來認識神豈以精神魂魄爲性哉不見性空謂之妄見之性空矣豈妄見耶見之之時見猶非見豈不分明恐未分明朱子之語並未瑩耳

晦菴曰皇極之無偏無詖不以私言有所去就耳無作好惡不以私意自爲憎愛爾豈但包容漫無分別流於老莊依阿無心之說

屛山曰朱子皇極之辨固美矣謂包容漫無分別爲老莊

依阿無心之說則踈矣老子曰上德為之而無以為下德為之而有以為莊子曰人之君子天之小人天之小人人之君子不曰上仁不仁不曰人之小人天之君子其明白委曲如此豈湯無分別乎又曰澤及萬世而不為仁齏萬物而不為義豈依阿乎又曰禍莫大於德有心而心有眼所謂無心於無心者天之天也有心於無心者人之天也如老莊者豈有心於無心乎朱子之誣人亦大厚矣

晦菴曰莊子謂為善無近名為惡無近刑緣督以為經督者中也老莊之學不論義理之當否但欲依阿於其間以為全身避害之計正程子之所謂閃姦打訛者也為善無近名語或似是為惡無近刑則尤悖理擇其不至於犯刑者而竊為之巧其途以避禍小人而無忌憚甚矣子莫執中但無權耳

老莊則不明義理專計利害又非子莫之比迹其本心實無異於鄉原其揣摩精巧又非鄉原之所及乃賊德之尤者王通謂非老莊之罪吾不知其何說也

屏山曰下士聞道大笑之如朱子者幾罵矣晉非中也當訓督為迫耳莊子之言曰迫而後動感而後應不得已而後起當而不自得過而不悔其理然也雖或以為善而遠於名或以為惡而遠於刑不以偽喪其真耳朱子詆之以鄉原小人波及王通吾亦不知其何說耶

僕與諸君子生於異代非元豊元祐之黨同為儒者無黃冠緇衣之私所以嘔出肺肝苦相訂正止以三聖人之教不絕如髮互相矛盾痛入心骨欲以區區之力尚鼎足不至於顛仆耳或又挾其衆也譁而攻僕則鼎鑊矣悲夫雖然僕非

好辯也恐三聖人之道支離而不合亦不得已爾如膚有瘡疣膏而肉之地有坑塹實而土之豈抉其肉而出其土哉僕與諸君子不同者尽在此編矣編此之外凡明道集所載及諸君子所着大易詩書中庸大學秋春語孟孝經之說洗人欲而白天理剗伯業而扶王道發心學於語言文字之外索日用於應對洒埽之中治性則以誠為地脩身則以敬為門大道自善而求聖人自學而至嗣千古之絕學立一家之成說宗之諸儒皆不及也唐漢諸儒亦不及也駸駸乎與孟軻氏並駕矣其論議時有詭激蓋冥機耳皆荀卿子之徒歟此其所以前儒唱之後儒和之跂而望之踵而從之天下後世將尽歸之可謂豪傑之士乎學者有志於道先讀諸君子之書始知僕嘗用力乎其心如見僕之此編又以藉口而病諸

八下 供大字

君子之書是以瑕而舍玉以噎而廢食不惟僕得罪於諸君子亦非僕所望於學者吁

雜說

吾兒時不喜佛老以學佛者先壞其身亡其家敗國常而為天下蠹作排佛又以從老莊法〻而野〻而夷〻而禽獸作辯莊意者特楊墨之遺說耳比因閑居稍讀西方書所謂首楞嚴者始知天地之所以成壞人物之所以生死因果之根源聖凡之階級明白徑直如指諸掌孔子之所謂性近而習遠亢倉子之所謂耳視而目聽列子之所謂有生〻者莊子之所謂真君存焉孟子之所謂心莫知其鄉周易之所謂神寂然不動盡在是矣特不須注解殊易解也雖然聞歌即喜提知見無見斯即涅槃不歷僧祇獲法身之言尚有所惑又

讀圓覺經曰居一切時不起妄念於諸妄心亦不息滅住妄想境不加了知於無了知不辨真實是即名為隨順覺性成就一切種智現世即菩薩之說則罔象之得玄珠混沌之鑿一竅可以立契於嚬伸謦欬之頃故以證悟了覺為賊作止任滅為病者南華之所謂禍莫大於德有心而心有眼宣父之所以毋意毋必毋固毋我也又讀維摩結經獨以默然深入不二法門則冉求之失問夫子之不答得於眉睫間矣猶疑其所謂非凡夫行非聖賢行不厭生死不樂涅槃一切塵勞煩惱為如來種衆生心行中求諸佛解脫等語近讀華嚴經云於有為界示無為法亦不破壞有為之相於無為界示有為法亦不分別無為之性不以世間法礙出世間法不以出世間法壞世間法如來性即菩薩行菩薩行即如來性念之

嚴淨無量世界而心無所着念念調伏無數衆生而無我我所想然則固所謂尸居而龍現淵默而雷聲體性抱神以遊世俗之間無思無為感而遂通天下之故者雖顯諸仁而藏諸用然洗心退藏於密而吉凶與民同患蓋以道之真治身其緒餘土苴可以治國家天下古之欲明明德於天下者必自正心誠意始夫帝王之業皆聖人之餘事爾況其幺麽者乎嘗試論之實際理地不受一塵文殊之一吹也如師子王振迅萬行門中不舍一法普賢之一嘘也如象王迴旋乃至毗盧着冠如蓮花在水合而言之一也但體用交參正偏回互耳是故至別峰德雲始遇入三昧則普眼中昏逝多林之神宴迦葉尊者定中不見彌勒之閣莊嚴善財童子歛念即開豎說之則五十五聖位行布於彈指頃如海印頓現橫說之

則五十三法門圓融於一毛頭許如帝網相羅杜順禪師立四界法曰理曰事曰理事不二曰事事無礙豈非伯陽之所謂常無常有同謂之玄玄之又玄衆妙之門仲尼之所謂道與器變通與事業耶論至於此舉足而入道場低頭而成佛道洒掃應對得君子之傳飲食日用知中庸之味孰為儒者孰為佛者孰為老者又孰能辨之哉近代李習之王介甫父子程正叔兄弟張子厚蘇子由呂吉甫張天覺張九成張栻呂祖謙朱熹劉子翬之徒心知此說皆有成書第畏人嘲劇未敢顯言耳或疑其以儒而盜佛以佛而盜儒是疑東鄰之井盜西鄰之水吾兒時之童心也悲夫神人以道之真治其身緒餘土苴可以治國家天下聖人洗心退藏於密而吉凶與民同患蓋不离於道之神可以發於兆外變化之聖大而化

之〻聖可以藏于不可知之之神道家之説與儒者之言其相合如左右券但老莊與孔孟或出或處耳彼楊朱者知神人之先治其身而已雖拔一毛而利天下不為也墨翟者知聖人之與民同患而已雖摩頂放踵以利天下而亦為之觀其為人足以疑天下後世天下後世亦以此疑列禦寇之弟子遠取楊朱之説雜寘於其書韓愈氏稱孔墨之師必相用不相用不足為孔墨吁亦怪矣吾自讀金剛經可以徑破二家之誤有道心者雖胎卵濕化有想無想皆滅度之肯拔一毛以利天下而不為乎心未入道雖初中後日以恒河沙身命布施亦無益也而況止於摩頂放踵哉所謂聖人神人者殆亦不可以此為之也

吾自讀書知孟子為聖人也孟子曰性善荀子曰性惡楊子

曰善惡混韓子曰有性有情蘇子曰有性有才歐陽子曰性非學者之所急也吾從孟子不得不與諸子辯荀子曰性惡荀子果肯為惡乎楊子曰善惡混楊子之為善也其為惡者果安在乎韓子曰有性有情韓子之為善者其性乎其情乎蘇子曰有性有才蘇子之才其非性乎歐陽子曰性非學者之所急也歐陽子之學何等事乎當孟子之時固有以食色為人性者有以為有善有不善者有以為無善無不善者有以為可以為善可以為不善者孟子猶以為性善又曰乃若其情則可以為善矣又曰若夫為不善非才之罪也又讀莊子書謂和理出於性和理生道德道德生仁義仁義生於礼樂然性善之說愈明後讀佛書以真如性為如來藏從本以來唯有過恒沙等諸淨功德一切煩惱染法皆是妄有性自

本無故曰白淨無垢識為無明所薰習一變而為含藏識闇然無記楊子之所謂善惡混者再變而為執受識我愛初生荀子之所謂惡者三變而為分別意識好惡交作韓子之所謂情也四變而為支離五識視聽亦具蘇子之所謂才也學道者復以真如熏習無明轉四識為四智其一曰大圓鏡其二曰平等性其三曰妙觀察其四曰成所作初無增減故號為如來特人昧其性耳何負於人哉此孔子之所謂性相近而習相遠也唯上智與下愚不移即吾佛所謂阿鞞跋此云不退轉與闡提闡提此云惡人非了義也歐陽子平生不喜佛老而罪學者言性吾儕豈可為此翁所欺哉繫辭尚以為非聖人語彼何有於佛老云

吾觀佛者皆談仁義竟不知何者為仁何者為義比讀莊周

書曰古之治道者以知養恬以恬養知和生於恬理出於知德和也道理也德無不容仁也道無不理義也然則道德為仁義之體仁義為道德之用後世人忘其本止知有仁義而不知有道德故老子有激而云逆求其言蓋欲合仁義於道德而言之也豈真搥提仁義者哉彼韓愈氏者斷然臆斷以道德為虛位以仁義為定名欲離仁義於道德而言之也果誰坐井觀天哉孔子曰志於道據於德道德其虛位乎孟子曰由仁義行非行仁義也仁義其定名乎然則愈韓氏亦不知仁義為何物也近世二程氏之學始講明仁義之說至於仁為覺者是知慈惠寬愛不足以盡仁之實求其意而未得耶嘗試思之盍反其本而已莫如莊周之言為有次序也方寸之地本靜而明明而靜故曰治道者以恬養知以知養恬

恬以致其靜知以致其明靜極則無所抵（扵）忤明極則無所扵蔽無所於忤則無所不受無所於蔽則無所不違故曰德和也道理也德之字曰仁道之字曰義故曰德無不容仁也道無不理義也其明白徑直也如此正如學佛者以妙明之心修止觀之法以止觀之力得定慧之稱或以慈心定為悲增菩薩或以無礙慧為智增菩薩悲智圓修同登大覺儒者之所謂仁義老子之所謂道德盡在其中矣吁安得圓機之士共談真仁義哉

王通以佛為聖人矣曰其教中國則泥蘇轍知佛為人天師矣曰以之治世則亂不可不深為之辯是二君子者知其一而不知其二見其小而不見其大傳聞阿羅漢獨覺之法而未嘗聞諸佛菩薩之行略讀小乘阿含等之語而未嘗讀華

嚴維摩之説徑發此良言可惜也豈非以梁武之事乎達磨大士既攻其失矣果如跋摩尊者告宋文帝之言治於中國乎何有哉

韓愈作原道以排佛老罪其為清淨寂滅之説有裘葛飲食之喻最為可笑不知愈曾見二家之書否吾知其未嘗讀也列禦寇之所謂積塵聚塊是無為而非理維摩詰之所謂焦芽敗種已入無為正位不能復發菩提之心雖學佛老者亦知其為病也如瓔珞經云自三賢位心心寂滅自然流入妙清心靜形將自正此廣成子之所以戒黃帝之所以遂群生也此其與吾儒致知格物誠意正心齊家治國明明德於天下之言得無同耶愈之大學恐致知格物近於佛老之所云而刪去之獨取正心誠意又不知愈之所謂正與誠者何如

也不知此説而以其心之所不喜而私去之則不正知此説而自欺作意而去之則不誠自以為得孔孟之傳孔孟之為孔孟必不爾也

司馬光資治通鑑載韓愈以排佛老為有力其所切者送文暢序曰鳥俛而啄仰而四顧獸深居而簡出猶且不脱焉獨人安居而暇食寧可不知其所自耶其意以為非先王之驅虎豹放龍蛇服牛乘馬則人不得安居而飽食矣是其智與癡子謂米從臼中來之説無異也吾將入其室奪其矛而刺之曰鳥俛而啄仰而四顧獸深居而簡出猶且不脱焉獨人之安居而暇食寧可不知所自耶學者其深思而熟講之則佛老之學不可不知也

司馬光答韓秉國書其大畧曰子之所謂中者無思無慮近

於佛光之學光之所謂中無過與不及耳又有服藥之喻以為真得中之説吾竊以此為甚易辨子思有言喜怒哀樂之未發謂之中發而皆中節謂之和如光之所謂中非中而似和也中也者天下之大本和也者天下之達道致中和則天地位焉萬物育焉聖人之言中和如此其大何光之自許如此其輕也是光未嘗深讀佛書亦止以無思無慮為佛也八地菩薩得無生法忍佛心菩薩心皆不現起況復起於世間之心諸佛加護而告之曰善男子汝適得此一法耳是諸法法性若佛出世若不出世是法常住無有變易如來不以得此法故名為如來一切二乘亦能得此無分別法如來有無量智慧佛子當學故經師云一法若有毗盧墮於塵勞萬法如無普賢失其境界善乎蘇轍之言也曰中者佛性之異名

和着善萬行之總目也致中和而天地萬物由之以生非佛性何以當之此真知中和之説者惜乎一出一入焉

蘇軾作司馬光墓誌云公不喜佛曰其精微大抵不出於吾書其誕吾不信嗟乎聰明之障人如此其甚耶同則以為出於吾書異則以為誕而不信適足以自障其聰慧而已聖人之道其相通也如有關鑰其相合也如有符璽相距數千萬里如處一室相繼數千萬世如在一席故孔子曰西方有聖人焉莊子曰萬世之後一遇大聖而知其解者是旦暮之遇也其精微處安得不同列子曰古者神聖之人先會鬼神魑魅次達八方人民末聚禽獸蟲蛾備知萬物情態悉解異類音聲先其所教訓無遺逸焉何誕之有孔子游方之内故六合之外存而不論鄒衍御寇莊周方外之士已無所不談矣

顧不如佛書之縷縷也以非耳目所及光不敢信既非耳目所及吾敢不信耶郭璞曰者也卜年於晉室若合符券疑吾佛不能記百千萬之多刼耶左慈術士也變形於魏都皆同物色疑吾佛不能示千百億之化身耶長房壺中之遊人信之矣不信維摩文室容八萬座與納須彌於芥子中之說乎邯鄲枕上之夢人信之矣不信多寶佛塔住五千刼耶庾僧伽如彈指頃之說乎若俱不信不知光亦嘗夢否瞑於牀榻少時也山川聚落森然可狀人物器皿何所不有俯仰酬酢於其間自成一世此特凡夫第六分離識之所影現者爾其力如是況以如來大圓鏡智菩薩之如幻三昧乎學者當自消息之毋為虛名所刼持也

程顥論學於周敦頤曰道之不明異端害之也古之害近而

易知今之害深而難辨昔之惑人也乘其愚闇今之入人也因其高明自謂之窮神知化而不足以開物成務名為無不周徧而其實乖於倫理雖云窮深極微而不可以入堯舜之道天下之學者非淺陋固滯則必入於此悲夫諸儒排佛老之言無如此說之深且痛也吾讀周易知異端之不足怪讀莊子知異端之皆可喜讀維摩經知其非異端也讀華嚴經始知無異端也中庸曰道並行而不相悖周易曰君子之道或出或處或默或語殊途而同歸一致而百慮雖有異端何足怪耶莊子曰不見天地之全古人之大体道德為天下裂如耳目口鼻之不相通植棃橘柚之不同味雖不足以用天下可為天下用恢詭譎怪道通為一是異端皆可喜者維摩經曰諸魔外道皆吾侍者六地菩薩乃能作魔謗于佛毀於

法不入衆數隨六師墮乃可取食然無異端也華嚴經曰入法界品諸善知識阿僧祇數皆於無量劫海行菩薩道國王長者居士僧尼婦人童女外道鬼神舡師醫卜與鬻香者無非法門若見五十三種無厭足王之殘忍婆須蜜女之淫蕩勝熱仙人之刻苦聚童沙子之嬉劇大天之怪異主夜之幽陰皆有大解脱門此法界中無復有異端事道無古今害豈有深淺哉但恐迷闇者未必迷闇高明者自謂高明耳嘗試論之三聖人者同出於周如日月星辰合於扶桑之上如江河淮漢匯於尾閭之淵非偶然也其心則同其迹則異其道則一其教則三孔子游方之内其防民也深恐其眩於太高之說則蕩而無所歸故約之以名教老子游方之外其導世也切恐其昧於至微之辭則塞而無所入故示之以真理不

無有少齟齬者此其徒之所以支離而不合也吾佛之書既東不則如此大包天地而有餘細入秋毫而無間假諸夢語戲此幻人五戒十善開人天道於鹿苑之中四禪八定建聲聞乘於鷲峰之下六度萬行種菩薩之因三身四智結如來之果登正覺於一剎那間度有情於阿僧祇劫竪窮三際横亘十方轉法輪於彈指頃出經卷於微塵中律儀細細八萬四千妙覺重重單複十二陰補禮經素王之所未制徑開道學玄聖之所難言教之大行誰不受賜如游魚之於大海出沒其中如飛鳥之於太虛縱横皆是薰習肌骨如詹蔔香灌注肝腸如甘露漿翰墨文章亦游戲三昧道冠儒履皆菩薩道場諸君之聰慧辨才亦必有所從來特以他生之事而忘之耳况後代之學者出於佛書何用故謗傷哉又字字以誠

教人而自出此語將以欺人則愚將以自欺則狂惜哉窮性理之説既至於此而胷中猶有此物真病至於膏肓者也夫

8 心心説上

大哉心之為物也強名真宰而字曰真君渾〻淪〻自本自根天地以之生鬼帝以之神緼〻絪〻萬物化醇生〻化〻精氣游魂原始反終知死生之説死有所乎歸生有所乎萌始終相反乎無端而骨骸歸其根精神入其門出於機而入於機死乎此而生乎彼以形相禪其形化而心與之然百骸九竅六藏又賅而存今一犯人之形而曰人耳若人之形者萬化而未始有極而無損益乎其真也不離於真謂之至人彼至人者神矣扶宇宙旁日月河漢沍而不寒金石流而不熱疾雷破山而不驚辯士不得惑善人不得濫盜賊不得劫齊古今乎交

臂志毁譽於一吷喜則與造物者為人厭則出六極之外不知死之可惡生之可悅雖視聽不用耳目在八荒之遠苟有介然之有形唯然之音而近於眉睫夫若然者綽約若處子肌膚若冰雪吸風飲露騎飛龍而游乎四海乘白雲而至于帝鄉彼且擇日而登遐氣毋可襲而天地可挈矣有此道者目繫之妙殆不容聲可得不可見思之則征矞可傳而不可受言之則嚙缺故三問而三不知四問而四不說也嗟此無他爾或能瞳焉如初生之犢魄兮如未孩之子有口如鼻有眼如耳形如木槁心如灰死光耀至于無〻虛白生于止〻明如不垢之鑑清如不雜之水所謂深根固蒂長生久視不導引而壽千歲厭世去而上仙者歟不出乎吾心而已

心也說下

有物混成先天地生又曰太極是生兩儀生〻而不生化〻而不化色〻而未嘗顯聲〻而未嘗發視之不見聽之不聞瞻之在前忽然在後故曰常無欲以觀其妙常有欲以觀其徼此兩者同出而異名同謂之玄〻之又玄衆妙之門又曰形而上者謂之道舉而措之天下之民謂之事業及其神降明出聖生王成不知成之者性繼之者善也失道而後德失德而後仁〻者見之謂之仁智者見之謂之智雖愚者頗有焉終身由之而不知其道者衆矣誰能出不由戶譬如飲食鮮能知味蓋甚易知甚易行特不失其赤子心而已然操之則存舍之則亡出入無時莫知其鄉而其熱焦火其寒凝冰其疾俛仰之間再撫四海之外古人有言道心惟微人心惟危惟精惟一允執厥中猶又言喜怒哀樂之未發謂之中發

而皆中節謂之和中也者天下之大本和也者天下之達道賢者過之不肖者不及也智者過之愚者不及也夫極高明而道中庸者体性抱神以遊世俗之間寂然不動感而遂通天下之故旣獨立而不改周行而不殆雖所過者化而所存者神然顯諸仁藏諸用鼓萬物而不與聖人同憂洗心退藏於密而吉凶與民同患蓋癈心而用形有人之形無人之情毋意毋必毋固毋我而無已無功無名所謂無可而無不可無為而無不為固有尸居而龍現淵默而雷聲者故無言亦言無所不言而亦無所言無知亦知無所不知而亦無所知皆顯道神德行耳以此在下素王玄聖之道以此在上帝王天子之德此非天地之全古人之大体與其塵垢粃糠陶鑄聖人緒餘土苴以治天下亦吾心而已矣

第二十冊

北方 草廬學案 九江

黃棃洲宋元學案 元孫稚圭 校補稿

第二十本

北方學案
草廬學案
九江學案

閱趙許氏门人姚先生樞共有一傳从略

# 元儒學案

○遺獻黃梨洲先生稾○

男百家纂修（輯）　元孫璋校補

後學全祖望續修

## 北方學案

百家謹按：自石晉燕雲十六州之割，北方之為異域也久矣。雖有宋諸儒疊出，聲教不通。自趙江漢以南冠之囚，吾道入北，而姚樞、竇默、許衡、劉因之徒，得聞程朱之學以廣其傳。由是北方之學鬱起，如吳澄之經學，姚燧之文學，指不勝屈，皆彬彬郁郁矣。

### 趙江漢先生復

趙復字仁甫，德安人。元師伐宋，屠德安。姚樞在軍前，凡儒釋道醫卜占一藝者，活之以歸。先生在其中。樞與之言，奇之，而先生不欲生月夜赴水自沈方行積尸間見有鮮髮脱屨呼天而泣者則先生也乃挽之出至燕以所學教授學子從者百餘人當是時南北不通程朱之書不及於北自先生而發之樞與楊惟中建太極書院祀周程張楊游朱六子選取遺書八千餘卷請先生講授其中先生以周程而後其書廣傳學者未能貫通乃原伏羲神農堯舜所以繼天立極孔子顔孟所以垂世立教周程張朱所以發明紹續者作傳道圖而以書目條列於後樞退隱蘇門以傳其學由是許衡郝經劉因皆得其書而崇信之學者稱之曰江漢先生世祖嘗召見曰我欲取宋卿可導之乎對曰宋父母國也未有引他人之兵以屠

樞曉以徒死無益隨吾而北必可無他先生遂從之

道德寂籠

垂是先生以所記程朱所著諸經傳注盡錄以付樞

父母者世祖義之不殭也先生雖在燕常有江漢之思故學者因而称之

趙氏所傳

○○文正許魯齋先生衡

許衡字仲平河内人七歲入學授章句問其師曰讀書何為師曰取科第耳曰如斯而已乎每受書即問其旨義師詘而辭去如是者三師瀧離世亂嗜學不輟人亦稍稍從之訪姚樞於蘇門得伊洛新安遺書乃還謂其徒曰昔者授受殊孟浪也今始聞進學之序若必欲相從當悉棄前日所學從事小學之洒掃應對以為進德之基衆皆曰唯遂相與講誦諸

曆

生出入惟謹客至見之惻然動念皆漸濡而出世祖出王秦中召為京兆提學世祖即位召至京師授國子祭酒尋謝病歸至元二年以安童為右丞相使先生輔之乃上書言立國規模四年又歸五年復召至七年又歸明年以為集賢大學士兼國子祭酒乃徵其弟子王梓劉季偉韓思永耶律有尚呂端善姚燧高凝白棟蘇郁姚燉孫安劉安中十二人分處各齋為齋長久之而歸十三年定授時新曆以原官領太史院事曆成而還十八年卒年七十三贈司徒謚文正皇慶二年從祀孔子廟學者因其所著稱魯齋先生先生嘗曰綱常不可亡於天下苟在上者無以任之則在下之任也故亂

離之中毅然以爲己任云

## 魯齋遺書

天地陰陽精氣爲日月星辰日月不是有輪廓生成只是至精之氣到處自如此光明陰精無光故遠近隨日所照日月行有度數人身血氣周流亦有度數天地六氣運轉亦如是到東方便是春到南方便是夏行到處便王一時日行十二時亦然萬物都隨他轉過去便不屬他

愼思視之所見聽之所聞一切要個思字君子有九思〻曰睿是也要思無邪自望見山便謂之靑可乎惟知故能思或問心中思慮多奈何曰不知所思慮者何事果求所當知雖

千思萬慮可也若人欲之萌即當斬去在自知之耳人心虛靈無槁木死灰不思之理要當精於可思慮處

仁為四德之長元者善之長前人訓元為廣大直是有理心胸不廣大安能愛敬安能教思無窮容保民無疆仁與元俱包四德而俱列並稱所謂合之不渾離之不散仁者性之至而愛之理也愛者情之發而仁之用也公者人之所以為仁之道也元者天之所以為仁之至也仁者人心之所固有而私或蔽之以陷於不仁故仁者必克己克己則公公則仁仁則愛未至於仁則愛不可以充體若夫知覺則仁之用而仁者之所兼也元者四德之長故兼亨利貞仁者五常之長故

兼義禮智信此仁者所以必有智知覺不可便以知覺為仁也

東萊嘗曰南軒言心在焉則謂之敬且如方對客談論而他有所思雖思之善亦不敬也才有間斷便是不敬

凡事一一省察不要逐物去了雖在千萬人中常知有己此持敬大略也

日用間若不自知提策則怠惰之心生焉怠惰心生不止於悠悠無所成而放僻邪侈隨至矣

耳目聞見與心之所發各以類應如有種焉今日之所出者即前日之所入也同聲相應同氣相求未嘗少差不可不慎

也

或問窮理至於天下之物必有所以然之故與其所當然之則所謂理也曰博學慎思審問明辨此解說個窮字其所以然與其所當然此說個理字所以然者是本原也所當然者是末流也所以然者是命也所當然者是義也每一事每一物須有所以然與所當然

天地間須大著心不可拘於氣質局於一己貧賤憂戚不可過為隕穫雖為公相不可驕當知有天下國家以來多少聖賢在此位賤為匹夫不必恥當知古昔志士仁人多少屈伏甘於貧賤者無入而不自得也何欣戚之有

凡事理之際有兩件有由自己的有不由自己的由自己的有義在不由自己的有命在歸於義命而已

汲汲焉無欲速也循循焉毋敢惰也非止學問如此日用事為之間皆當如此乃能有成

聖人是因人心固有良知良能上扶接將去他人心本如此意思愛親敬兄藹然四端隨感而現聖人只是與發達推擴就他元有的本領上進將去不是將人心上元無的強去安排與他後世卻將良知良能去斲喪了卻無人性上元無的強去安排裁接如雕虫小技以此學校廢壞壞卻天下人才及去作官於世事人情殊不知遠近不知何者為天理民彝

似此民何由獨方如何養得成風俗人倫本不曾學他家本性已自壞了如何化得人

稱人之善宜就迹上言議人之過宜就心上言益人之初心本自無惡特以利欲驅之故失正理其始甚微其終至於不可救人雖惡其去道之遠然亦未嘗不愍其昏昧無知至此極也故議之必從始失之地言之使其人聞之足以自新而無怨而吾之言亦自為長厚切要之言善迹既著即從而美之不必更求隱微主為一定之論在人聞則樂於自勉在我則為有實驗而又無他日之弊也

又請劉靜修先生

可摘否

附錄三字不刪

附錄

稍長益嗜學。苦遭世亂，且貧無書。嘗從日者遊，見書疏義，請就宿，自抄以歸。既逃難徂徠山，始得王輔嗣易注。夜思晝誦，言動必揆諸義而後發。嘗暑中過河陽，渴甚。道有梨，衆爭取啖，衡獨危坐樹下。或問之，曰：非其有而取之，不可。或曰：世亂，此無主。曰：梨無主，吾心獨無主乎？轉魯留魏，人見其賢，稍稍從之。

凡喪祭嫁娶，必徵諸古禮，以倡其鄉。學者寖盛。家貧，躬耕。粟熟則食，不熟則食糠覈菜茹，處之泰然。有餘，即以分族人及諸生之貧者。人有所遺，一毫非義弗受也。樞嘗被召入京師，以其雪齋居衡，命守者館之，拒不受。庭有果熟爛墮地，童子過之，亦不睨視而去。

去、

平章王文統以言利進、衡、樞輩入侍、每言治亂休戚必以義為本、

文統患之、竇默日於帝前排文統學術不正、遂謂衡與默為表裏、

乃奏樞為太子太師、默為太子太傅、衡為太子太保、陽示尊禮、内實

擯使疏遠、默以屢攻文統不中、欲依東宮避禍、與樞同辭命、將入

謝、衡曰、此不安於義也、且禮師傅與太子位東西鄉、師傅坐、太子

乃坐、公等度能復此禮否、不然師道自我廢也、乃相與懷制立辭、

五辭以免、改衡國子祭酒、明年、移病歸。

帝以衡多病、令五日一至省、四年、聽歸懷、明年復召赴闕、與太常徐

世隆定朝儀、儀成、帝臨觀、大悅、又詔與太保劉秉忠、左丞張文謙

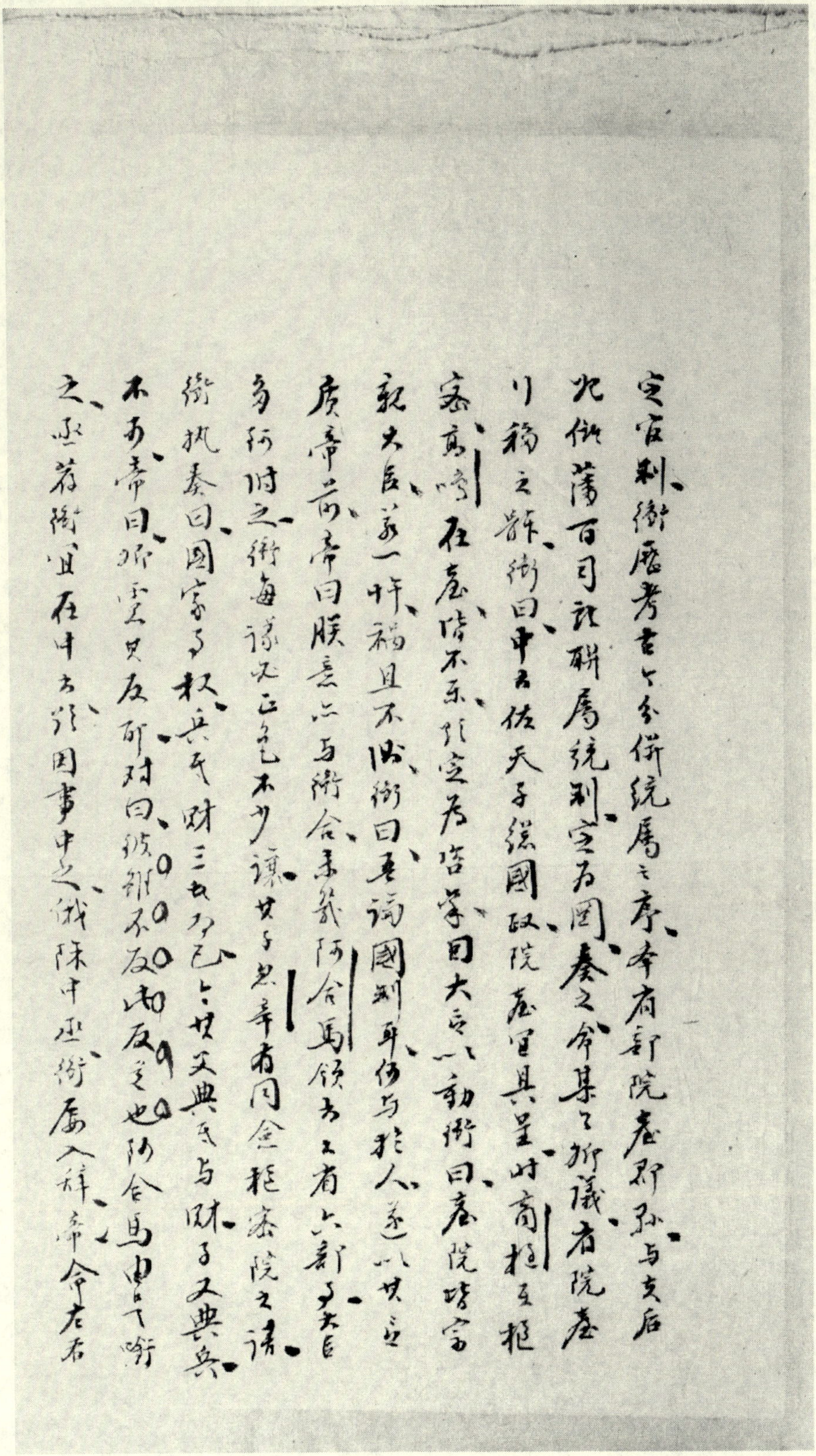
定官制。衡歷考古今分併統屬之序。本省部院臺郡縣與夫后
妃藩府百司所聯屬統制，定為圖。奏之，命集公卿雜議中書院臺
行移之體。衡曰：中書佐天子總國政，院臺宜具呈。時商挺在樞
密，高鳴在臺，皆不樂，欲定為咨稟，因大言以動衡曰：臺院皆宗
親大臣，若一忤，禍且不測。衡曰：吾論國制耳，何與於人。遂以其言
質帝前，帝曰：朕意亦與衡合。未幾阿合馬領尚書六部，大臣
多阿附之，衡每議必正色不少讓。其子忽辛有同僉樞密院之請，
衡執奏曰：國家事權，兵民財三者而已。今其父典民與財，子又典兵，
不可。帝曰：卿慮其反邪？衡對曰：彼雖不反，此反道也。阿合馬由是銜
之，亟薦衡宜在中書，欲因事中之。俄除中書左丞。衡屢入辭，帝命左右

极衡未及闕之奏曰、陛下命臣出省耶、帝笑曰出殿門耳、從幸上京、論列阿合馬專權罔上蠹政害民、不報、因謝病請解机務、帝憫然、召其子師可入諭、命舉自代、衡奏曰用人天子大柄、臣下泛論其賢否可、若授之以位、則當斷自宸衷、不可使臣下有市恩之漸、帝久欲開太學、會衡求罷益力、乃從其請。

十三年、詔王恂定新曆、恂以曆家知數而不知理、宜衡專領、乃以前左丞領太史院事、召至京、衡謂冬至者曆之本、而求曆本者在驗氣、今所用宋舊儀、自汴還至大都、已自乖舛、加之歲久、規環不叶、乃與太史令郭守敬等新製儀象圭表、十七年曆成、上之、賜名授時曆、頒天下。以上黃宗羲錄

丞相安童一見衡，語同列曰：若輩自謂不及上下，著十百與子弟也，
是豈徽之可及耶。
王磐氣概一世，少與可，獨見衡曰：先生神明也。其像贊曰：氣和而志
剛，外圓而內方，隨時屈伸，與道翱翔，或躬耕太行之麓，或判
事中書之堂，布衣蔬食不為窮，錦衣玉食不為榮，先生丹江
湖，晴雲春錦，為友于魏，謂與為侄，名郎安王肯堂，元魯山陽邑
斯善弄之所同稍歎也。耶　孫尚錄
父家貧，令為郡從事，又物孰匠呼者，仲歎曰：吾不解世矣，乃棄去。
見宋史傳
衡知與厚兄娣，附乘中作道，已周旋之際，厚兄莫敢犯，凡三為師

礼中諸至速难習之度每歲時設位祭之終身
庚申工部侍、唐詣北門、至上前、入見門人學、曰孔子門法長曰克己之實
謀齊之體問計熊、曰勤力務農、秉授章等問科舉何如曰不能
上曰、卿言務實、科舉唐延朕意不敢盲、七月王遣歸
章吉承接嫌之疏、子弟時文禮由大名宣撫使入中書、和尺衛、康請執
弟子礼、衛雅言之、又詩數時使臣被譴責、至是遣人來言衛賊其曰
帝在門、虞賊在閣、一倍一伏、孰知其初、君子不識克己既其故
義之非、練知之易、不妥於命、不惑於天、心之平、求我不有保我、舍田不
轉、因不已寒、吻之挺之、其實全大地俱手色、又農於其天道之在康
至此成

衡入院，見春舍隘，上每北還，必問安否。病則賜（賜藥）杖，至是入見，皆跪奏。

上令衡起，賜坐，皆從。

疾亟，醫者診之曰：損陰偏陽，謂之疾亡，六脈皆平，先生其稍療乎。衡

曰：久病不脈乎？此不治，命將不起矣。適仲春祭祀，力疾奠獻。既

畢，杖於門，曰：予心悸悸然，瞑目坐久之，曰：死生何異人，精神能幾

多事，何時用？遂卧，數日而逝。衡嘗語子師可曰：我平生為虛名所

累，竟不能辭官。死後慎勿請謚立碑，但書許某之墓，使子孫識

其處足矣。

衡嘗述曰：小學大義，乃在小學大義乎？長曰授之語，曰讀易私言，年五十

讀詩作，曰遺子標題，嘗以教其子師可，曰四箴說、中庸說、讀錄

蓋去乃雜去平聲，孔完去也。以上出筆考異

之原於此，後學大名日益，世齋曰魯，曰稱魯齋先生。名臣事略

衡自得小學，因盡棄其以前所學者，嘗謂其子曰：小學四書，吾敬信如

神明，能明此書，則他書不治可也。國學事略

衡自謂學家事悉委其子，凡賓客來，學中諸語總由謂學中家

居務人事，謂其學業，恐有訪求者，令家具早午膳以飲之，疾日西不

復食。

衡說五事數不轉手，唯執數用於之子，只有聽問，因考修身學文

者曰：教人與用人正相反，用人當用其所長，教人當救其所短。又曰：學

者治生最為先務，苟生理不足，則於為學之道有所妨。彼旁求妄

道、及作官嗜利者、殆亦害於其理。此段主君子當以務農為生、而首

要非通未來之不失義理、或以姑濟一時、亦無不可。以上黃國學子孫

衛壽截苧氏曰：吾未有物以傳世也、使學者之亦將待人之育國書同

主子之利害、然至統一之之名、將何以應人之見役哉、況世人可為之、

況世人而非之、相況相況用為動之之道也。狀廣文書

許氏門人

補入姚燧等九人見下
于許氏門人下

文公姚牧菴先生燧

姚燧字端文

文公姚牧菴先生燧

姚燧字端父樞之從子也年十三見許衡於蘇門十八始授受學於長安為文法昌黎衡戒之曰弓矢以待盜也使盜得之亦將以待主人文章固發聞士子之利器然先有能一世之名將何以應人之見後者哉非其人而與之與非其人而拒之鈞罪也衡為累國子祭酒召弟子十二人先生自太原驛致館下累官翰林學士承旨年七十六卒謚曰文先生由窮理致知反躬實踐為世名儒至元以後三十年間名臣世勳顯行盛德必得先生文始可傳信先生亦慨然自任曰文章以道輕重道以文章輕重復有班孟堅者出表古今人物九品中必以一等置歐陽子則為去聖賢也有級而不遠然

予觀先生之文類宋宣献公耳則又何也自號牧菴

○○文正耶律先生有尚

耶律有尚字伯强東平人受業許衡之門號稱高第弟子遂於性理儀容辭令動中規矩至元八年召為太學齋長衡歸以先生為助教嗣領其學事除秘書監丞出知薊州自先生既去而國學事頗廢廷議謂非先生無足以繼衡者遂除國子司業陞國子祭酒前後五居國學為師表者數十年海內宗之一如衡也年八十六卒謚文正

○呂域（呂域）字伯充河內人先生從衡學衡為國子祭酒舉為伴讀輔成教養其功為多至元十三年擢陝西道按察使知事

添一行下同

未行改四川行樞密院都事陞奉訓大夫四川行省左右司郎中三十年知華州仁宗即位召拜翰林學士未幾致仕年七十八卒贈陝西行省參知政事追封東平郡公謚文穆按許衡列傳所徵伴讀十二人者無惑姓名豈即呂端善耶

○劉宣字伯宣大原人為中書省掾暇則從國子祭酒許衡講明理學累官吏部尚書諫伐交阯日本遷行臺御史中丞為江浙行省丞相忙古臺所陷自剄死追封彭城郡公謚忠憲

○王遵禮字安卿燕人

○李文炳其死也衡哭之慟有喪民之歎

孛术魯沖

○孛术魯沖字子翬順陽人狀貌魁梧不妄言笑其為學一本於性命道德文章典雅深合古法累官集賢直學士兼國子祭酒時諸生素已望沖私相歡賀沖以古者教育有業退必有居遂作屋四區以居學者諸生積分有六年未及釋褐者沖至皆使試就而官之卒封南陽郡公謚文靖有集六十卷子遠以蔭調秘書郎轉襄陽縣尹未行南陽賊起遠以忠義自奮傾財募丁壯得千餘人與賊拒戰俄而賊大至遂被害

徐毅

○徐毅趙城人父德舉提舉太原鹽鐵使毅自幼從許文正公學至大間累官監察御史力諫臺省為治之要遷至刑部

尚書參議御史中丞能彌綸庶政及卒追封平陽郡公謚文清

○趙矩字義臣大都人也魯齋弟子為南樂縣尹勸農養士稱循吏

劉氏門人

○杜肅河南儒學提舉劉因之沒也為誌其壙

○郝庸字季常澤州人經之弟也從劉因受書詩經拘於宗庸入宋問罪而還終潁川守

○李道恒因之更名令道恒入京納上鋪馬聖旨

○劉君舉字季賢南豐人博學脩行以堯舜君民為己任初

受業於廣平王公磐後磐應詔直翰林即勸以詩云節義高千古功名重一時繼開劉因講學容城盡棄所學〻之三年於誠偽之辨確有定見及歸因送之有伊洛於今道亦高之句

右稿在安熙後

○李天麓（李天麓）吉水人得劉靜修道學之傳有詩書經疏行於世

○安熙（安煕）藁城人熙之第其家父子伯仲自為師友宗濂洛性理之學讀書必涵泳浸沉以求其義兄煕卒事父甚得歡心撫其孤如己所出凡受學質疑於門者隨材立教人咸有得里人有患惡疾者謂煕曰死不火吾軀幸托君以全先人遺體煕許之既死其家欲火之煕勸諭百端繼之以泣令得禮

葬退曰吾負人所託何以見之於地下其篤於言行類如此時山陝憲府交辟皆不起自號素菴有文一卷藏於家

○李士興（李士興）藁城人幼從默菴遊弟子中獨早受知與同門楊俊民蘇天爵博求深造汲汲不倦士興道講五倫心存三畏甘隱遯而不樂仕進居鄉里多有訓蒙人爭師之後天爵大顯於時默菴已卒天爵貽書士興使建鄉賢祠士興擇地立祠歲時致祭焉

○林起宗（林起宗）內邱人靜修弟子隱居教授所著有志學指南心學淵深二圖大學論語孟子中庸諸圖孝經圖解小學題詞發明魯家記

庶在移蘇天爵後

劉氏再傳（所）

○安煕字敬仲藁城人聞劉因之學心向慕焉將造其門而因已沒乃從因門人烏叔備問其緒說簡靚和易務為下學之功家居教授垂數十年來學者多所成就

安煕 劉氏所傳

劉氏三傳

蘇天爵

○蘇天爵字伯脩真定人累官吏部尚書參議中書省事終於浙江行省參知政事前輩凋謝天爵猶身任一代文獻之寄常集一代之文選成元文類一書晚歲復以釋經為己任學者因其所居稱之為滋溪先生

百家謹按有元之學者魯齋靜修二人耳草廬後至魯齋靜修蓋元之所藉以立國者也二子之中魯齋之功

附末

為尤大數十年彬彬號称名卿材大夫者皆其門人于
是國人始知有聖賢之學静脩享年不永所及不遠然
是時虞部菴之論曰文正没後之随聲附和者謂脩辞
申義為玩物而苟且於文章謂辨疑答問為躐等兩姑
圃其師長謂無所猷為為涵養德性謂深中厚法為交
化氣質外以聾瞽天下之耳目內以蠱晦學者之心思
雖其流弊使然亦是魯齋所見只其粗迹故一世靡然
而從之也若静脩者天分儘高居然曾點氣象固未可
以功效輕
優劣也

刘因　姚枢
应移在刘氏门人上
仍照原本　另页起

文靖劉静修先生因

劉因字夢吉保定容城人初從國子司業硯彌堅視訓詁疏釋之説輒歎曰聖人精義殆不止此後於趙復得周程張邵朱呂之書始曰我固謂當有是也至元十九年詔徵為承德郎右贊善大夫教近侍子弟未幾以母疾辭歸二十八年以集賢學士嘉議大夫召因辭不就帝曰古所謂不召之臣者其斯人之徒與三十年卒年四十五贈翰林學士資善大夫護右軍追封容城郡公謚文靖學者稱為静修先生

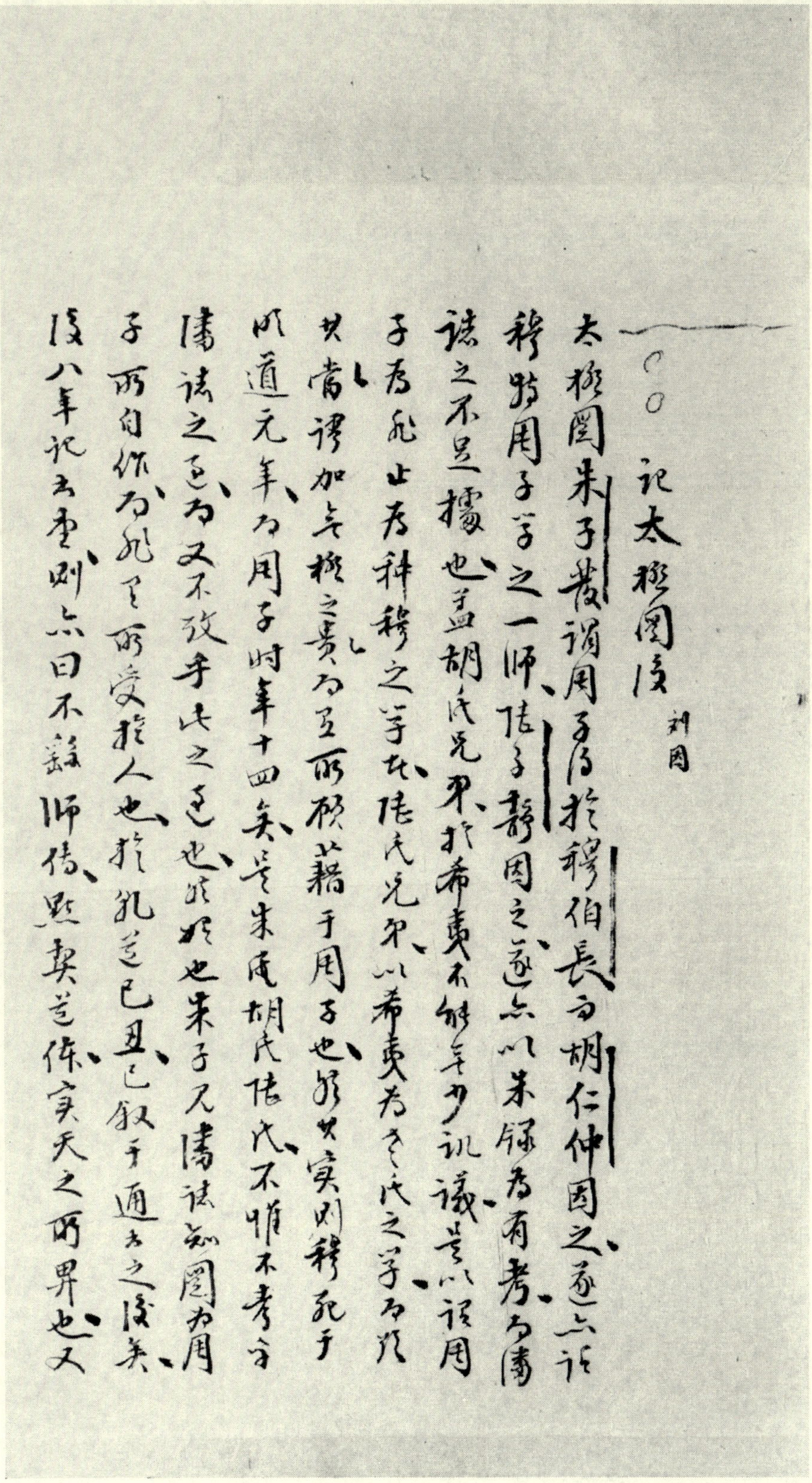

記太極圖後　劉因

太極圖朱子發謂周子得於穆伯長而胡仁仲因之遂亦謂
穆特周子學之一師陸子靜因之遂亦以朱錄為有考而潘
誌之不足據也蓋胡氏兄弟於希夷不能無少譏議是以謂周
子為非止為种穆之學者陸氏兄弟以希夷為老氏之學而欲
其當謂加無極之責而有所顧藉於周子也然其實則穆死於
明道元年而周子時年十四矣是朱氏胡氏陸氏不惟不考乎
潘誌之過而又不攷乎此之過也然始也朱子見潘誌知圖為周
子所自作而非有所受於人也於乾道己丑已叙乎通書之後矣
後八年記書堂則亦曰不繇師傳默契道体實天之所畀也又

十年，因見此詠事，有陰陽之論，與圖說意頗合，以詠子手希夷者也。故謂是說之傳，固有端緒，至於先生，獨得之於心，而不費於是，狀為此圖，以發其秘爾。又八年，而為圖書注釋，則復云莫或知其師傳之所自，蓋前之為說者，乃復疑而未定矣，然亦不攻乎此。故其為說之不決乎一也。而或又謂周子與胡宿、邵古同事潤州一浮屠，而傳其易書。此蓋與謂邵氏之學，因其母舊為某氏妾，藏其亡夫遺書以歸邵氏者，同為淺陋不根之說也。若夫周子、邵子之學，先天、太極之圖，雖不敢必其所傳之出於一，而其理則未嘗不一。而其理之出於河圖者，則又未嘗不一也。夫河圖之中宮，則先天圖之所謂無極，所謂太極，所謂道與心者也。先天圖之所謂

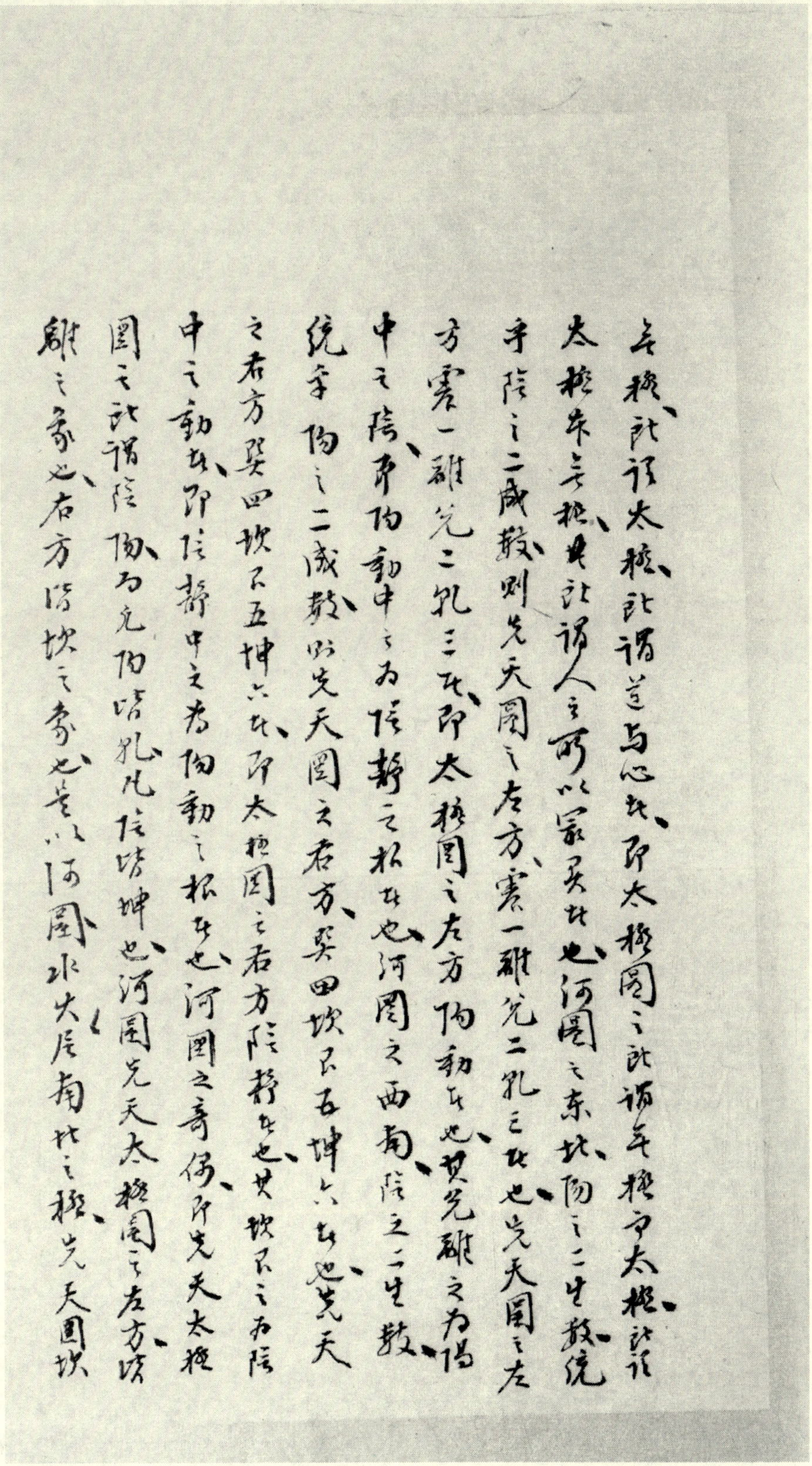

無極、此謂太極、此謂道與心者、即太極圖之所謂無極而太極、此謂太極本無極、其此謂人之所以最靈者也、河圖之東北、陽之二生數統乎陰之二成數、則先天圖之左方、震一離兌二乾三之者也、先天圖之左方震一離兌二乾三者、即太極圖之左方陽動者也、其兌離之爲陽中之陰、即陽動中之爲陰靜之根者也、河圖之西南、陰之二生數統乎陽之二成數、以先天圖之右方、巽四坎艮五坤六者也、先天之右方巽四坎艮五坤六者、即太極圖之右方陰靜者也、其坎艮之爲陰中之動者、即陰靜中之爲陽動之根者也、河圖之奇偶、即先天太極圖之所謂陰陽、而爲元陽皆乾、元陰皆坤也、河圖先天太極圖之左方皆離之象也、右方皆坎之象也、是以河圖、水火居南北之極、先天圖坎

雖列君子之門太極圖何曾信念而即生平大也

見上

劉氏門人

杜肅

~~姚文獻先生燧~~

請入門人

贈太師封魏國公謚文正

位以先生爲翰林侍講學士加昭文館大學士年八十五卒

以經術教授諸生由是知名世祖在潛邸召之其後世祖即

姚始隱于大名與姚樞許衡朝暮講習至忘寢食繼聞鄉

今謝書子攸以伊洛性理之書先生以爲昔未嘗學而學自

另一頁起

文獻姚先生樞

姚樞字茂公洛陽人初從楊惟中南伐得名儒趙復以傳程朱之學棄官居輝州世祖名之待以客禮佐世祖以有天下

累官翰林學士承旨年七十八卒謚文獻

○○文正竇先生默 附

竇默字子聲廣平肥鄉人轉徙兵亂之中業醫以自給孝感令謝憲子授以伊洛性理之書先生以為昔未嘗學而學自此始隱於大名與姚樞許衡朝暮講習至忘寢食繼還肥鄉以經術教授諸生由是知名世祖在潛邸召之其後世祖即位以先生為翰林侍講學士加昭文殿大學士年八十五卒贈太師封魏國公謚文正

另一頁起

許氏門人

姚牧菴先生燧

接上頁抄

北方學案

翰林李莊靜先生俊民 附

李俊民，字用章，澤州人。少得河南程氏之學，金承安中，以經義舉進士第一，授應奉翰林文字。未幾，棄官不仕，教授鄉里，其於理學淵源實授傳業。務有於擢，金源南遷，隱嵩山，再徙懷州。俄復隱西山。既而變起，余從人服其先知。先生在河南時，隱士荊先生者，授以皇極數學，時知數者，無出先生右。其後劉秉忠自以為弗及。世祖在藩邸，以安車召至，延訪無虛日。遂乞還山。遣中貴護送之。又嘗令張仲一問以禎祥，及即位，其言多驗。而先生已死，年八十餘，賜謚莊靜先生。

御史陳中庵先生特立 附

呂聘之，字文卿，曹州東明人，初名永，避金衛紹王諱，易今名。登泰和三年進士第，授萊州節度判官，不赴。躬耕北之市城，讀經。自京正大四年，以薦授監察御史，屢劾權貴，左遷邳州軍事判官。金亡，僑淄田里，日夜與門弟子講學，其祖在濟師首倡者曰：聘之著春秋圖易，代為一二，年幾七十，研究五經，誨人不倦，亡友過不及，今王宰之，冒錫嘉名，以先儒比之，時號曰中庸先生。既所住復拜監書袁裕，卒年七十五。嘗直程氏易註，若有易集說、歷年纂事記。

尚書李士都先生昶附

李昶，字士都，東平須城人。父世弼，從外家受孫明復春秋，得其宗旨。金貞祐初，三赴廷試不第，恩授彭城簿，復來試，一夕夢

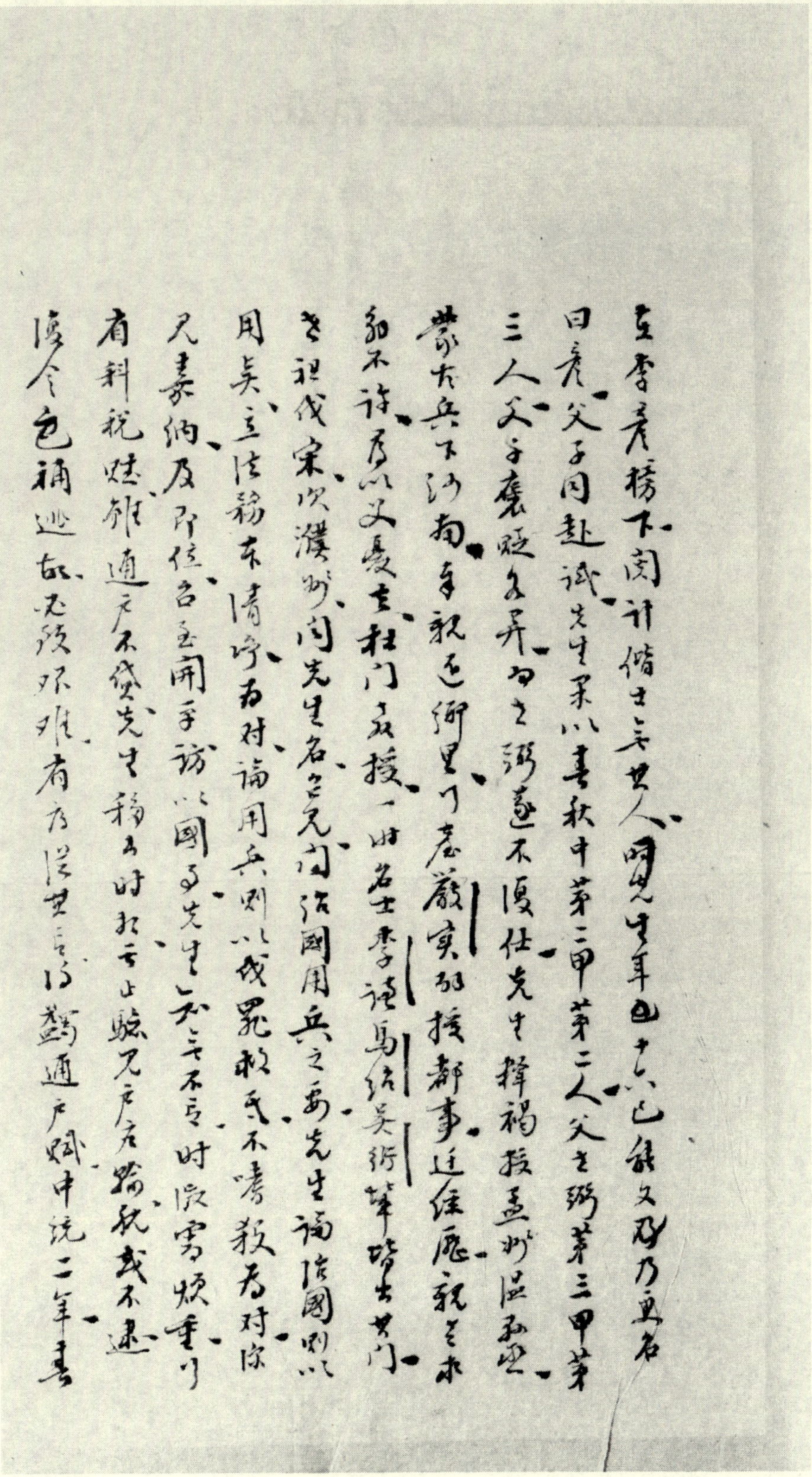

內難，乃先生上表賀，因進諷諫，帝稱善久之。尋遷吏中丞，先生撫
歎容曰：李秀才至矣。特授翰林侍讀學士，行東平路總管，同議
貞，先生條十二事，引陳宿弊。至元二年，遷集賢家，五年改爲吏
部二部尚書，旋請之，得歸，亞家。高奏徵之，不赴。八年，改山東之西道
按察使，旋致仕，卒年八十七，諡文。有書狀、左氏遺意、孟子叔衡遺說
等云。

參政蕭貞敏先生㪺 附

蕭㪺，字惟斗，陝西奉元人。自兒時性至孝，初爲府史，謹書已
不合，即引退。讀書南山者三十年，製一草衣，面身半以下，及臥，輒傍
搨玩誦，不少置。一字未及其門，請業，乃來之祖父王泰初。先生㪺與韓擇

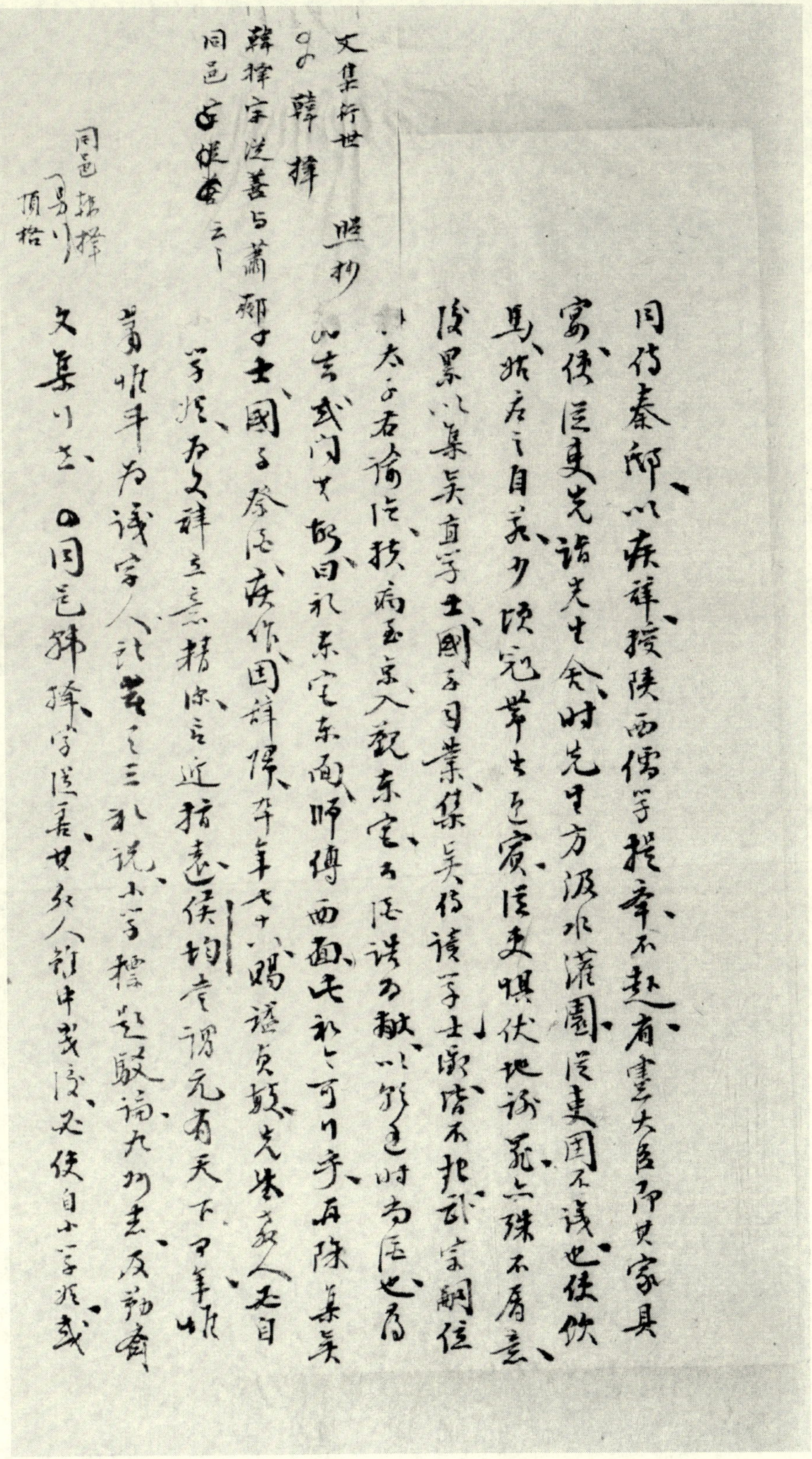
同州奉郎、以疾辭、授陝西儒學提舉、不赴、有云大臣印其家具
實使臣吏先詣先生舍、時先生方汲水灌園、臣吏因不識也、使飲
馬、非左之自家、少頃冠帶出迎賓、臣吏惧、伏地謝罪、殊不屑意、
後累以集賢直學士、國子司業、集賢侍讀學士徵、皆不起、武宗嗣位
以太子右諭德扶病至京、入覲東宮、書[illegible]為獻、以[illegible]時為臣也為
[illegible]武[illegible]日禮東宮東面、師傅西面、此禮今可行乎、再[illegible]集[illegible]
[illegible]士國子祭酒、疾作、固辭歸、卒年七十八、賜謚貞敏、先生教人、必自
小學始、為文辭立意精深、言近指遠、使[illegible]有元有天下[illegible]年、唯
蕭[illegible]為識字人、此蕭之三禮說、小學標題駁論、九州志、及勤齋
文集行世。同邑韓擇、字從善、世[illegible]人[illegible]中[illegible]從、必使自小學始[illegible]

文集行世　照抄
[illegible]韓擇
韓擇字從善與蕭[illegible]
同邑安熙等云[illegible]
同邑韓擇[illegible]

○者均頂格

眠者，惟勤苦，擇先生日不知乎，白首專心，且專崇彼書，每有語，前不及可

守至祖，其名之趙京不欲其卒之門人，服經麻，死可得人，也

申侯均，字伯仁，少孤，循與繼母居，貧甚，以給事養，積學四十年，勞經百

氏，無不統貫，每讀書又熟誦，乃已，其言人讀書不及乎遠，經于已無益，若

撫閣中，用薦，試太常博士，終以主疏，昨時和，意不得抑，所恤，

申同恕，字寬甫，其先太原人，五世祖遷秦中，遂居秦元，家之業儒，因

居二十四年，無間三，先生年十三，以書經魁鄉校，其祖至元間，舉北，分六

部選名士為吏屬，閣陝以先生貢禮書，辭不行，仁宗踐祚，所其家相國

子司業，使三召不起，西臺侍御史趙之延，所奏薦元置魯齋書院，以先生

領教事，先後來學者以千計，延祐設科，再主鄉試，人服其公，六年，召為左

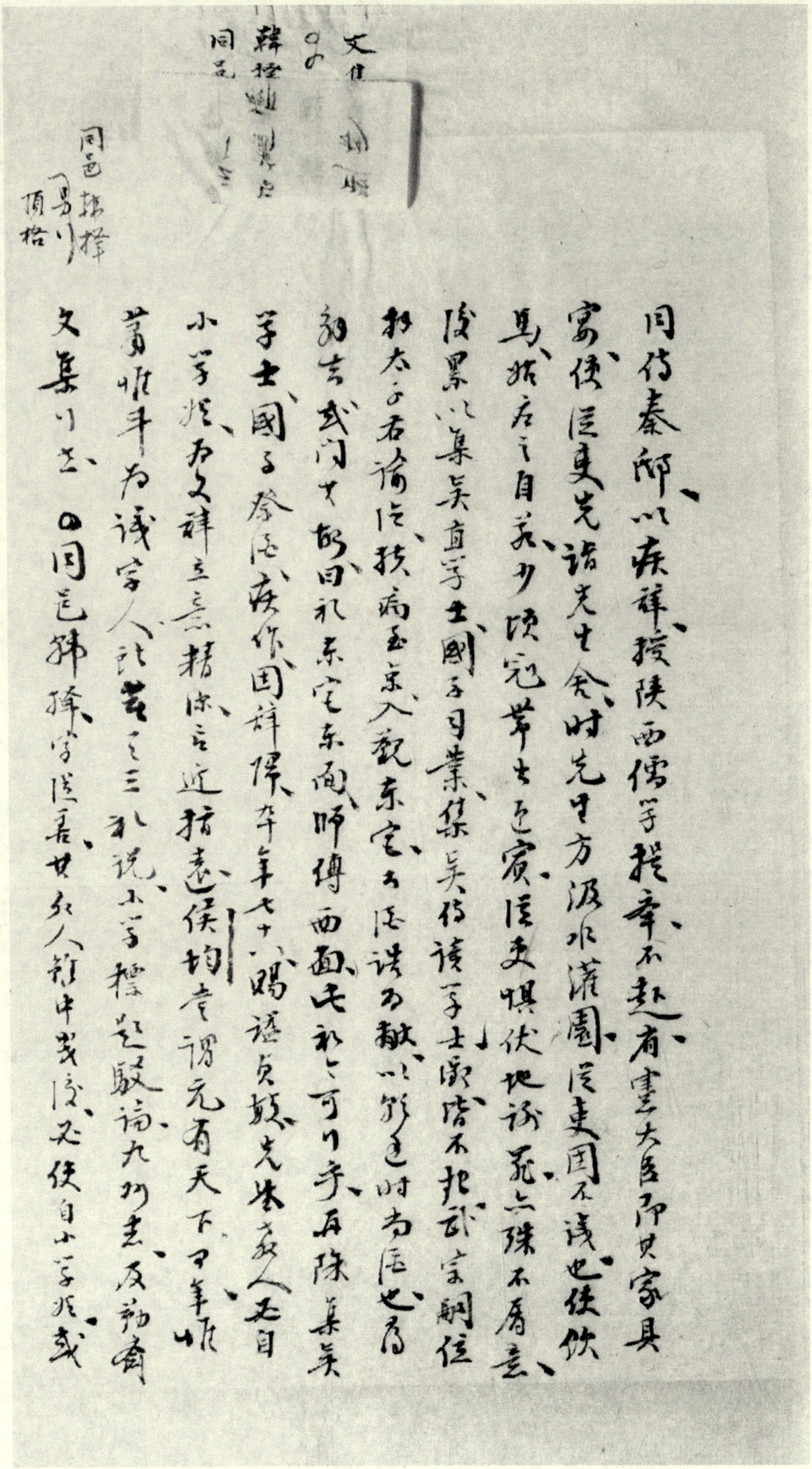

暇者讀書勤苦，（先生）揮曰：不知年，白首童心且章蒙諸書，知有諸首不知可

守。至祖（？）元之世，京不郡，其卒也，門人服但麻，如待人。也

○者均頂格

中侯鈞（侯均）字伯仁，少孤，侍其繼母居，竟薪以給其養，積學四十年，群經百

氏，無不淹貫。每讀書必熟誦乃已。嘗言人讀書不至千遍，終于己無益。君

頻閣中用薦起太常博士，後以上疏許時和意不行，辭所職。

中同恕（同）字寬甫，其先太原人，五世祖過秦中，遂居奉元，家世業儒。同

居二子曰，無間之。先生年十三，以書經魁鄉校。至祖至元間，從翁至元間，從（？）郡六

部選名士為吏屬，關陝以先生貢禮書，辭不行。仁宗踐祚，所其家拜國

子司業，使三召不起。西臺侍御史趙世延請即（奉）元置魯齋書院，以先生

領教事。先後來學者殆千數。延祐設科，再主鄉試，人服其公。六年，召為左

榘菴集二十卷

第五居仁

第五居仁字士安

贊善大夫、既卒稱疾歸、文宗天歷初、召集賢侍讀學士、以老辭、其學由程朱遡孔孟、務貫浹事理以利於行、學居雅大美、不尚冠華、時和齋翦、詳玉壹白、壽生有不備事、親可復追遠、有不誠者、誣神也、可追罷官、聚書數萬卷、為扁居曰榘庵、時蕭𣂏居南山下、自以道高當世、入城府必主先生家、士論稱之曰蕭同、卒年七十八、追封京兆郡侯、謚文貞、所著榘庵集二十卷。

同恕弟子第五居仁、字士安、幼師蕭𣂏、弱冠從寬甫受學、博通經史、躬率子弟力農、學徒盈門、嘗行田間、遇有竊其桑者、先生輒避之、鄉里高其行、以為年高代厥作、字必楷書、遇其門者皆下、既行、俾事、門人私謚靜安先生。

○○董朴

中董朴、字太初、順德人、自幼強記、比冠、所事樂辭皆刓直讀情(?)、有求道之志、至元十六年、以薦為陝西儒官、尋召為太史院主事、辭不赴、仁宗皇慶初年、踰八十、猶不倦撰述、仕、卒年八十五、其為學自孔孟以及先儒所以開端闡幽者、莫不研極其致、中山王結曰、朴之學、造詣既深、充養又至、清而直、和而介、君子人也、家近龍岡、學者因稱龍岡先生、

榘庵集二十
第五居
第五居仁字

贊善大夫。明年稱疾歸。文宗天歷初，拜集賢侍讀學士，以老病辭。其
學由程朱上溯孔孟，務貫浹乎理，以利於行。家居雖大暑，不去冠帶。
時祀齋肅，祥禫嘗曰：「養生有不備，事猶可復追；送終有不誠，是誣神
也，可追悔乎？」所聚書數萬卷，扁所居曰榘庵。時蕭㪺居南山下，自以道
高當世，入城府，主先生家，士論稱之，曰「蕭同」。卒年七十八，追封京兆
郡侯，諡文貞，所著《榘庵集》二十卷。

（同恕）弟子第五居仁，字士安，幼師蕭㪺（料），弱冠從（同恕之），有志於學，博通
經史。躬率子弟力農，子弟從游門。嘗出田間，遇有竊其桑者，先生
輒避之，鄉里高其行，誅年多化服。作字必楷整，其門下皆學明
行修。卒官，門人私謚靜安先生。

○○董朴

中董朴、字太初、順德人、自幼强記、比冠、所事乗辭皆刻意讀書、有求道之志、至元十六年、以薦為陝西司經官、召為太史院主事、辭不赴、仁宗皇慶初、年踰八十、以翰林待制致仕、卒年八十五、其為學自孔孟以及先儒所以開端闡幽者、莫不研極其致、中山王結曰、朴之學、其造詣既深、充養又至、清介直和、爲今君子人也、家近龍岡、學者因稱龍岡先生、

照前式

# 元儒學案

## 草廬學案

百家謹按幼清從學於程若庸為朱子之四傳考朱子門人多習成說深通經術者甚少草廬五經纂言有功經術接武建陽非北溪諸人可及也

程若庸　已見雙峯學案

程氏門人　朱子四傳

### 文正吳草廬先生澄

吳澄字幼清撫州崇仁人年二十應鄉試中選春省下第越

五載而元革命程鉅夫求賢江南起澄至京師以母老辭歸鉅夫請置先生所著書於國子監左丞董士選薦授應奉翰林文字至官而去除江西提學副提舉居三月又以疾去至大元年召為國子監丞陞司業為學者言朱子於道問學之功居多而陸子以尊德性為主問學不本於德性則其蔽必偏於語言訓釋之末故學必以德性為本庶幾得之議者遂以先生為陸氏之學非許氏崇信朱子本意然亦莫知朱陸之為何如也先生一夕謝去未幾以集賢直學士召不果行英宗即位遷翰林學士進階大中大夫泰定元年為經筵講官至治末請老而歸先生嘗曰道之大原出於天神聖繼之

堯舜而上道之元也堯舜而下道之亨也洙泗鄒魯其利也濂洛關閩其貞也分而言之上古則羲皇其元堯舜其亨禹湯其利文武周公其貞乎中古之統仲尼其元顏曾其亨子思其利孟子其貞乎近古之統周子其元程張其亨朱子其利也孰為今日之貞乎其自任如此天曆三年卒年八十五追封臨川郡公謚文正初先生所居草屋數間鉅夫題曰草廬故學者稱為草廬先生

吳草廬精語

所謂性理之學既知得吾之性皆是天地之理即當用功以知其性以養其性能認得四端之發見謂之知既認得日用

之間隨其所發現保護守持不可戕賊之謂養仁之發現莫切於愛其父母愛其兄弟於此擴充則為能孝能弟之人是謂不戕賊其仁義禮智皆然有一件不當為之事而為之是謂戕賊其義於所當敬讓而不敬讓是戕賊其禮知得某事之為是某事之為非而不討分曉仍舊糊塗是戕賊其智今不就身上寔學却就文字上鑽刺言某人言性如何某人言性如何非善學者也孔孟教人之法不如此如欲去燕京者觀其行程節次即日雇船買馬起程兩月之間可到燕京則見其宮闕是如何街道是如何風沙如何習俗如何並見了然不待問人今不求到燕京却但將曾到人所記録逐一去

挨究叅互比較見他人所記録者有不同愈添惑亂益不親到其地而但憑人之言則愈求而愈不得其真矣

自未有天地之前至既有天地之後只是陰陽二氣而已本是一氣分而言之則曰陰陽又就陰陽中細分之則爲五行五行即二氣二氣即一氣氣之所以能如此者何也以理爲之主宰也理者非别有一物在氣中只是爲氣之主宰者即是無理外之氣亦無氣外之理人得天地之氣而成形有此氣即有此理所有之理謂之性此理在天地則元亨利貞是也其在人而爲性則仁義禮智是也性即天理豈有不但人之生也受氣有或清或濁之不同成質有或美或惡之不同氣

之極清質之極美者爲上聖蓋此理在清氣美質之中本然之真無所汙壞此堯舜之性所以爲至善而孟子之道性善所以必稱堯舜以實之也其氣之至濁質之至惡者爲下愚上聖以下、、愚以上或清或濁或美或惡分數多寡有萬不同惟其氣濁而質惡則理在其中者被其拘礙淪染而非復其本然矣此性之所以不能皆善而有萬不同也孟子道性善是就氣質中挑出其本然之理而言然不曾分别性之所以有不善者因氣質之有濁惡而汙壞其性也故雖與告子言而終不足以解告子之惑至今人讀孟子亦見其未有折倒告子而使之心服也蓋孟子但論得理之無不同不曾論到氣之有不同處是其言之不備也不備者謂但說得一邊不完備也故曰論性不論氣不備此指孟子之言性而言也至若荀揚以性為惡以性為善惡混與夫世俗言人性寬性褊性緩性急皆是指氣質之不同者為性而不知氣質中之理謂之性此其見之不明也不明者謂其不曉得性乎故曰論氣不謂論理不明此指荀揚世俗之説性者言也程子性即理也一語正是針砭世俗錯認性字之非所以為有大功張子言形而後有氣質之性善反之則天地之性存焉故氣質之性君子有弗性者焉此言最分曉而觀者不能解其言反為所惑將謂性有兩種蓋天地之性氣質之性兩性字只

是一般非有兩等性也故曰二之則不是言人之性本是得天地之理因有人之形則所得天地之性局在本人氣質中所謂形而後有氣質之性也氣質雖有不同而本性之善則一但氣質不清不美者其本性不免有所汙壞故學者當用反之之功反之如湯武反之也之反謂反之於身而學者焉以至變化其不清不美之氣質則天地之性渾然全備具存於氣質之中故曰善反之則天地之性存焉氣質之用小學問之功大能學者氣質可變而不能汙壞吾天地本然之性而吾性非復如前汙壞于氣質者矣故曰氣質之性君子有弗性者焉

欲下工夫惟敬之一字為要法

學者工夫則當先於用處着力凡所應接皆當主於一主於一則此心有主而暗室屋漏之中處自無非僻使所行皆由乎天禮（理）如是積久無一事而不主一則應接之處心專無二能如此則事物未接之時把捉得住心能無適矣若先於動處不能養其性則於靜時豈能存其心哉

知者心之靈而智之用也未有出於德性之中外者曰德性之知曰聞見之知然則知有二乎哉夫聞見者所以致其知也夫子曰多聞闕疑多見闕殆又曰多聞擇其善者而從之多見而識之蓋聞見雖得於外而所聞所見之理則具於心

故物外之物格則内之知至此儒者内外合一之學固非如記誦之徒博覽於外而無得於内亦非如釋氏之徒專於内而無事於外也今立真知多知之目而外聞見之知於德性之知是欲矯記者務外之失而不自知其流入於異端也聖門一則曰多學二則曰多學鄙孤陋寡聞而賢以多聞寡者嘗不欲多知哉記誦之徒則雖有聞有見而寔未嘗有知也昔朱子於大學或問嘗言之矣曰此以反身窮理為主而必究其本末是非之極致是以知愈博而心愈明彼以徇外誇多為務而不覈其表裏真妄之寔然是以識愈多而心愈窒太極與此氣非有兩物只是主宰此氣者即是非便有一物

在氣中而主宰之也

元亨誠之通者春生夏長之時陽之動也於此而見太極之用焉利貞誠之復者秋收冬藏之際時陰之靜也於此而見太極之體焉此造化之體用動靜也至若朱子之所謂本然未發者寔理之體善應不測者寔理之用此則就人身上言與造化之体用動靜又不同蓋造化之運動極而靜靜極而動動靜互根歲歲有常萬古不易其動靜各有定時至若人心之或與物接或不與物接初無定時或動多而靜少或靜多而動少如天地之動靜有常度也

太極本無動靜體用也然言太極則該動用靜體在其中因

陽之動而指其動中之理為太極之用尔因陰之靜而指其靜中之理為太極之體尔太極寔無體用之分也

若曰徒求之五經而不反之吾心是買櫝而棄珠此則至論不肖一生切切然惟恐其墮此窠臼學者來此講問每先令其主一持敬以尊德性然後令其讀書窮理以道問學有數條自警省之語又揀擇數件書以開學者格致之端是蓋欲先反之吾心而後求之五經也

先儒云道亦器器亦道是道器雖有形而上形而下之分然合一無間未始相離也

理在氣中原不相離老子以為先有理而後有氣器氣橫渠

張子詆其有生於無之非晦菴先生詆其有無為二之非其無字是說理字有字是說氣字

百家謹案理在氣中一語亦須善看一氣流行往來過復有條不紊從其流行之体謂之氣從其有條不紊謂之理非別有一理在氣中也

仁人心也敬則存不敬則亡

聖人與天為一

夫人之一身心為之主人之一心敬為之主主於敬則心常虛虛者物不入也主於敬則心常實實者我不出也

百家謹案虛實之言本于程子

我之所以為身豈五臟六腑四肢百骸之謂哉身非身也其

所主者心也心非心也其所具者性也性非性也其所原者天也天之所以為天我之所以為身也然則我之身非人也天也

庸者常而不易之理然不可以一定求也庸因中以為體中因時以為用昔之過也今為不及彼之不及也此為過隨時屢易而不可常者中也夫理之常而不易政以屢易而不可常之故一定則惡能常而不易哉銖兩不易衡之常也膠其權則奚取然則權之前卻無常衡之所以有常也時中之謂庸益如此

或問立之義曰定脚之謂立動脚則非立矣此一義也可與

立者謂行到此處立定脚跟更不移動故先儒以守之固釋之三十而立立於禮之立並同豎起之謂立放倒則非立矣此又一義也孝經所謂立身行道名立於後世左傳所謂立德立名功立言臧文仲其言立之立並同

敬者心之一主於天理則堅狥於人欲則柔堅者凡世間利害禍福富貴貧賤舉不足以移易其心柔則外物之誘僅如毫毛而心已為之動矣

百家謹按所謂水不能濡火不能爇天理是也非特堅而已

夫學孰為要孰為至心是已天之所以與我人之所以為人

者在是不是之求而他求焉所學何學哉聖門之教各因其人各隨其是事雖不言心無非心也孟子始直指而言先立乎其大者噫其要矣乎其至矣乎邵子曰心為太極周子曰純心要矣張子曰心清時視明聽聰四體不待羈束而自然恭敬程子曰聖賢千言萬語只是欲人將已放之心約之使入身來此皆得孟子之正傳者也

子觀四子言志而聖人特與曾點何哉三子皆言他日之所能為而曾點但言今日之所得為期於後不若安所安于今也夫此道之體充滿無毫毛之缺此道之用流逝無須臾之停苟有見乎是則出王游衍皆天也素其位而行無所願乎

外夫子之樂在飯疏飲水之中顏子之樂雖簞瓢陋巷而不改也邵子曰在朝廷行朝廷事在林下行林下事其知曾點之樂者與凡人皆當志於聖遜第一等而爲第二等比於自暴自棄

始終一信中允而外諒然後無愧於古人務實之學

夫子生知安行之聖未嘗不思〻而弗得弗措者子思所以繼聖統也子思傳之孟子以心官之能思而先立乎其大實發前聖不傳之秘至汝南周氏直指思爲聖功之本有以上接孟氏之傳而關西之張河南之程其學不約而同可見其真得孔聖傳心之印

見孺子入井惻然不忍於心從何而萌聞犬馬呼已能艴然不受是心從何而起舉世倀倀如無目之人坐無燭之室金玉滿堂而冥然莫知其有此實也倘能感前聖之所已言求吾心之所同得而一旦有覺焉譬猶目翳頓除燭光四達左右前後至寶畢見皆吾素有不可勝用也

約愛惡哀樂喜怒憂懼悲欲十者之情而歸之於禮義仁智四者之性所以性其情而不使情其性也

敬則心存心存而一動一靜皆出於正仁義禮智之得於天者庶其得於心而不失矣乎

昔者趙忠憲公日中所為夜必告天司馬文正公平生所為皆

可語人如欲自新乎每日省之事之可以告天可以語人者為是其不可告天不可語人者為非〻則速改昨日之非今日不復為也日〻而省之日〻而改之是之謂日〻新又日新

純乎天理之實為誠狥乎人欲之妄為不誠惟能以天理勝人欲一念不妄思一事不妄行仰無所愧俯無所怍庶幾其誠乎

窮物理者多不切於人倫日用析經義者亦無關於身心性情如此而博文非復如夫子之所以教顏子之所以學者矣

孔門弟子問夫子所志曰老少安懷而信朋友是使之一皆

得其所也三者之人欲其無一之不得其所故曰聖人之心猶天也若夫自處其身於無過之地而視人之得其所不得其所若無與於吾事然是則楊朱為我之學而聖賢之所深闢也

時不同為其時之所可為者而已位不同為其位之所當為者而已

陸子有得於道壁立萬仞

仁人心也然體事而無不在專求於心而不務周於事則無所執著而或流於空虛聖賢教人使其隨事用力及其至也無一事之非仁而本心之全德在是矣

凡喪禮制為斬衰功緦之服者其文也不飲酒不食肉不處內者其實也中有其實而外飾之以文是為情文之稱徒服其服而無其實則與不服等尒雖不服其服而有其實者謂之心喪心喪之實有隆而無殺服制之文有殺而無有隆古之道也

三綱二紀人之大倫也五常之道也君為臣之綱其有分者義也父為子之綱其有親者仁也夫為妻之綱其有別者智也長幼之紀其序為禮朋友之紀其任為信也二紀者亦不出乎三綱之外何也因有父子也而有兄弟以至於宗族其先後以齒者一家之長幼也因有君臣也而有上下以至於

儔侶其尊卑以等者一國之長幼也因有兄弟也而自同室以至於宗族其互相助益者同姓之朋友也因有上下也而自同僚以至於儔侶其互相規正者異姓之朋友也舉三綱而二紀在其中故總謂之綱常人之所以為人而異於物者以其有此綱常之道也

夫道也者天之所以與我己所固有也不待求諸外有志而進焉有見有得可立而俟

讀四書有法必定窮究竟其理而有實悟非徒誦習文句而已必敦謹其行而有實踐非徒出入口耳而已朱子嘗謂大學有二關格物者夢覺之關誠意者人獸之關實悟為格實踐為

誠物既格者醒夢而為覺否則雖當覺時猶夢也意既誠者轉獸而為人否則雖列人群亦獸也號為讀四書而未離乎夢未免乎獸者蓋不鮮可不懼哉物之格在研精意之誠在慎獨苟能是始可為真儒可以範俗可以垂世百代之師也朱陸二師之為教一也而二家庸劣之門人各立標榜互相詆訾至於今學者猶惑嗚呼甚矣道之無傳而人之易惑難曉也為人子孫者思自立而已矣族姓之或微或著何算焉能自立欤雖微而浸著不能自立欤雖著而浸微盛衰興替亦何常之有惟自立之為貴

不以外物易天性之愛

夫人之生也以天地之氣凝聚而成有形以天地之理賦畀而有性心也者形之主宰性之郛郭也此一心也自堯舜禹湯文武周公傳以至於孔子其道同道之為道具於心豈有外心而求道者哉而孔子教人未嘗直言心體蓋日用事物莫非此心之用於其用處各當其理而心之體在是矣操舍存亡惟心之謂孔子之言也其言不見於論語之所記而得之於孟子之傳則知孔子教人非不言心也一時學者未可與言而言之有所未及耳孟子傳孔子之道而患學者之失其本心也於是始明指本心以教人其言曰仁人心也放其心而不知求哀哉又曰學問之道無他求其放心而已矣又曰

耳目之官不思而蔽於物心之官則思先立乎其大者則其小者不能奪也嗚呼至矣此陸子之學所從出也夫孟子言心而謂之本心者以為萬理之所根猶草木之有本而苗莖枝葉皆由是以生也今人談陸子之學往往曰以本心為學而問其所以則莫能知陸子之所以為學者何如是本心二字徒習聞其名而未究竟其實也夫陸子之學非可以言傳也況可以名求哉然此心也人人所同有反求諸身即此而是以心為學非特陸子為然堯舜禹湯文武周孔顏曾思孟以逮周程張邵諸子莫不皆然故獨指陸子之學為本心學者非知聖人之道者也應接酬酢千變萬化無一而非本心

之發覩於此而見天理之當心是之謂不失其本心非專離去事物寂然不動以固守其心而已也

夫脩己以敬吾聖門之教也然自孟子之後失其傳至程子乃復得之遂以敬之一字為聖人傳心之印程子初年受學周子周子之學主静而程子易之以敬蓋敬則能主静矣

周子生於千載之下不由師傳授默契道妙士君子有志斯世大而宰天下小而宰一邑皆可以行志顧其人何如耳

所貴乎讀書者欲其因古聖賢之言以明此理存此心而已此心之不存此理之不明而口聖賢之言其與街談巷議塗歌里謠等之為無益

讀書者當知書之所以為書知之必好〻之必樂既樂則書在我苟至此雖不讀可也

宋三百年禮儒臣尚經訓雖季世家法猶未替

孝豈易能哉聖門之以孝名者曾子也其門人嘗問夫子可以為孝乎而曾子以參安能為孝荅曾子之父聖門高第樂道亞於顏子曾子之事親極其孝也矣而孟子僅以為可豈為曾子之孝為有餘哉蓋子之身所能為者皆其所當為也是以曾子終身戰兢惟恐或貽父母羞辱逮於啟手足之際然後自喜其可免於此見孝行之難也

古今人言靜字所指不同有淺深難易程子言性靜者可以

1

此行刪 接下段

太極書伯也意

為學與諸葛公言非靜無以成學此靜字稍易夫人皆可以勉而為周子言聖人定之以中正仁義而主靜與莊子言萬物無足以撓心故靜此靜字則難非用功聖賢學者未之能也大學靜而後能安之靜正與周子莊子所指無異朱子以心不妄動釋之即孟子所謂不動心也孟子之學先窮理知言先集義養氣所以能不動心大學之教窮理知言則知止集義養氣則有定所以能靜也能靜者雖應接萬變而此心常如止水周子所謂動而無動是也安則雖素其位而行無入不自得之意

吳氏門人 朱子五傳

無極而太極說　吳澄

太極者何也曰道也道而稱之曰太極何也曰假借之詞也道不可名也故假借可名之名以名之也以其天地萬物之所共由也則名之曰道道者大路也以其條派縷脈之微密也則名之曰理理者玉膚也皆假借而爲稱者也真實無妄曰誠全體自然曰天主宰造化曰帝妙用不測曰神付與萬物曰命物受以生曰性得此性曰德具于心曰仁天地萬物之統會曰太極道也理也誠也天也帝也神也命也性也德也仁也太極也名雖不同其實一也極屋棟之名也屋之脊檁曰棟就一屋而言惟脊檁至高至上無以加之故曰極而凡物之統會處因假借其義而名爲極焉辰極皇極之類是也道

乃天地萬物之統會，至尊至貴，無以加矣，故亦假借屋極之名為稱之曰極也。然則何以謂之太？曰：太之為言大之至也。夫屋極者，屋棟為一屋之極而已；辰極者，北辰為天體之極而已；皇極者，人君一身為天下衆人之極而已。以至設官為民之極，京師為四方之極，皆不過指一物一處而言也。惟此天地萬物之極也，雖假借極之一字強為稱號，而曾何足以擬其髣髴哉！故又合其辭而曰太極者，蓋曰此極乃至大之極，非若一物一處之極也。彼一物一處之極，極之小者耳；此天地萬物之極，極之至大者也，故曰太極。邵子曰道為太極。太祖問曰：何物最大？答者曰：道理最大。其斯之謂歟？然則何以謂之無極？曰：道為天地萬物之體，而無體，謂之太極，而非有一物在一處可得而指名之也。故曰無極。易曰神無方，易無體。詩曰上天之載，無聲無臭。其斯之謂歟。然則無極而太極何也？曰：屋極、辰極、皇極、民極、四方之極，凡物之歸於極者，皆有可得而指名者也。是則有所謂極也。道也者，無形無象，無可執著，雖稱曰極，而無所謂極也。雖無所謂極，而實為天地萬物之極。故曰無極而太極。無極而太極說

墓焉為體魄安，廟焉為神魂聚，人子之所以孝于其親者二端而已。何也？人之生也，神與體合而其死也，神與體離，以其離而二之，故于其可見而致于無知者謹藏之，為不忍見其亡；于其不可見而致于有知者勤求之，而致其存。藏之為不忍見其亡，葬之道也；求之而致其存，祭之道也。葬之日送形而往于墓，葬之

後死精而返于家也一旬之內五祭而不為數非恐其未聚也及其稍遠而近于廟也一歲之內四祭而不敢疏非恐其或散也家之廟之有主祭之祇于家不于墓也墓也者親之體魄所藏而神魂之聚不在是但以時展省焉展省之禮非祭也　段整其說

空一行　接下篇

序易曰昔在皇羲始畫八卦因而重之爲六十四當是時易有圖而無書也後聖因之作連山作歸藏作周易雖一本諸伏羲之圖而其取用蓋各不同焉三易既亡其二而周易獨存世儒誦習知有周易而已伏羲之圖鮮或傳授而淪落于方技家雖其説具見于夫子之繫辭説卦而讀者莫之察也至宋邵子始得而發揮之于是人乃知有伏羲之易而學易者不斷自文王周公始也今于易之一經首揭此圖冠于經端以爲伏羲之易而後以三易繼之蓋

每条另行起　下仝

欲學（使夫）者使（知）易之本原不至尋流逐末而昧其所自云尔

連山夏之易周禮太卜掌三易一曰連山二曰歸藏三曰周易其經卦皆八其別皆六十有四或曰神農作連山夏因之以其首艮故曰連山今亡

歸藏商之易子曰吾欲觀殷道是故之宋而不足徵也吾得坤乾焉說者以坤乾為歸藏或曰黃帝作歸藏商因之以其首坤故曰歸藏今亡

周易上下經二篇文王周公作彖辭象辭（繫）上下文言說卦序卦雜卦傳十篇孔子作秦焚書周易以占筮獨存漢志易十二篇蓋經二傳十也自魏晉諸儒分彖象文言入經而易非古注疏傳誦者苟且仍循以逮于今宋東

萊呂氏始考之以復其舊而朱子因之第其文闕衍謬誤未悉正也今重加修訂視舊本為精善雖于大義不能有所損益而于羽翼遺經亦不無小補云（凡十三卷今在）

其序書曰書二十八篇漢伏生所口授者所謂今文書也伏生故秦博士焚書時生壁藏之其後兵起流亡漢定生求其書亡數十篇獨得二十八篇以教授于齊魯閒孝文時求能治尚書者天下無有欲召生時年九十餘矣不能行詔太掌（常）遣掌故晁錯往受之生老言不可曉使其女傳言教錯齊人語多與潁川異錯所不知凡十二三畧以其意屬讀而已夫此二十八篇伏生口授而晁錯以意屬讀者也其閒

闕誤顛倒固多然不害其為古書也漢魏數百年間諸儒所治不過此耳〔爾〕當時以應二十八宿蓋不知二十八篇之外猶有書也東晉元帝時有豫章太〔内〕守〔史〕梅賾增多伏生書二十五篇稱為孔氏壁中古文鄭冲授之蘇愉蘓愉授梁柳柳之内兄皇甫謐從柳得之以授臧曹曹授梅賾賾遂奏上其書今考傳記所引古書見于二十五篇之内者如鄭玄趙岐韋昭王肅杜預輩並指為逸書則是漢魏晉初諸儒曾未之見也故今特出伏氏二十八篇如舊為漢儒所傳確然可信而晉世晚出之書别見于後以俟後之君子擇焉

書二十五篇晉梅賾所奏上者所謂古文書也

書有今文古文之異何哉晁錯所授伏生書以隸寫之隸者當世通行之字也故曰今文魯恭王壞孔子宅得壁中所藏皆科斗書科斗者倉頡所製之字也故曰古文然孔壁中真古文書不傳後有張霸僞作舜典汨作九共九篇大禹謨益稷五子之歌胤征湯誥咸有一德典寶伊訓肆命原命武成旅獒獒冏命二十四篇目為古文書漢藝文志云尚書經二十九篇古經十六卷二十九篇者即伏生今文書二十八篇及武帝時增為泰誓一篇也古經十六卷者即張霸僞古文書二十四篇也漢儒所治不過伏生書及僞泰誓共二十九篇爾張霸僞古文雖在而辭義蕪

鄙不足取重于世以售其欺及梅頤二十五篇之書出則凡傳記所引書語諸家指為逸書者收拾無遺既有證驗而其言率依于理比張霸偽書遼絶矣析伏氏書二十八篇為三十三雜以新出之書通為五十八篇并書序一篇凡五十九有孔安國傳及序世遂以為真孔壁所藏也唐初諸儒從而為之疏義自是以後漢世大小夏侯歐陽氏所傳尚書止二十九篇者廢不復行惟此孔子傳五十八篇孤行于世伏氏書既與梅頤所增混淆誰復能辨竊嘗讀之伏氏書雖難盡通然辭義古奥其為上古之書無疑梅頤所增二十五篇体製如出一手采集補綴雖無一字

無所本而平緩卑弱殊不類先漢以前之文夫千年古書最晚乃出而字畫略無脫誤文勢略無齟齬不亦大可疑乎吳才老曰增多之書皆文從字順非若伏生之書詰曲聱牙夫四代之書作者不一乃至一人之手而定為二体其亦難言矣朱仲晦曰書凡易讀者皆古文豈有數百年壁中之物不訛損一字者又曰伏生所傳皆難讀如何伏生偏記其所難而易者全不能記者也又曰尚書孔安國傳是魏晉間人作託安國為名耳又曰孔傳並序皆不類西京文字氣象與孔叢子同是一手偽書蓋其言多相表裡而訓詁亦多出于小爾雅也夫以吳氏朱子之所疑者如

此須何從質斯疑而斷斷然不敢信此二十五篇之為古書則是非之心不可得而昧也故今以此二十五篇自為卷褒以別於伏氏之書而小序各冠篇首者復合為一以冥其後孔氏序亦并附焉而因及其所可疑非予之私言也聞之先儒云爾凡四卷今存一序詩曰風雅頌凡三百一十篇皆古之樂章六篇無辭者笙詩也蓋舊有譜以記其音節而今亡其三百五篇則歌辭也樂有八物人聲為貴故樂有歌歌有辭鄉樂之歌曰風其詩乃國中男女道其情思之辭人心自然之樂也故先王採以入樂而被之弦歌朝廷之樂歌曰雅宗廟之樂歌曰頌於燕饗會朝享祀焉用之

因是樂之施於是事故因是事而作為是辭然則風因詩而為樂雅頌因樂而為詩詩之先後于樂不同其為歌辭則一也經遭秦火樂亡而詩存漢儒以臆說詩既不知詩之為樂矣而其所說之義亦豈能知詩人命辭之本意哉由漢以來說三百篇之義者一本詩序詩序不知始于何人後人從而增之鄭氏謂序自為一編毛公分以寘諸篇之首夫其初之自為一編也詩自詩序自序序之非經本旨者學者猶可考見及其分以寘諸篇之首則未讀經文先讀詩序序乃有似詩人所命之題而詩文反若因序以作於是讀詩者必索詩于序之中而誰復敢索詩于序之

外哉宋儒頗有覺其非者而莫能斷也至朱子始深斥其失而去之然後足以一洗千載之謬嘗因是舍序而讀詩則雖不煩訓詁而意自明又嘗為之强詩以合序則雖曲生巧說而義愈晦是則序之有害於詩為多而朱子之有功於詩為甚大也今因朱子所定去各篇之序使不淆亂乎詩之正文學者因得以詩求詩而不為序說所惑若夫詩篇次第則文王之二南而閒有平王以後之詩成王之雅頌而亦有康王以後之詩變雅之中而或有類乎正雅之辭者今既無從考據不敢輒為紛更至若變風雖入樂歌而未必皆有所用變雅或擬樂辭而未必皆為樂作其

與風雅合編盍曰類附載云尒商頌商時詩也七月夏時詩也皆異代之詩故處頌詩風詩之末魯頌乃其臣作為樂歌以頌其君不得謂之風故繫之頌周公居東時詩非擬朝廷樂歌而作不得謂之雅故附之豳風焉

序春秋曰春秋經十二篇左氏公羊穀梁文各不同昔朱子刻易書詩春秋于臨漳郡春秋一経止用左氏經文而曰公穀二經所以異者類多人名地名而非大義所繫故不能悉具竊謂三傳得失先儒固言之矣載事則左氏詳於公穀說經則公穀精于左氏意者左氏必有按據之書而公穀多是傳聞之說況人名地名之殊或繇語音字畫之舛此

類壹從左氏可也然有考之于義雖然見左氏為失而公穀為得者則又豈容以偏狥哉嗚呼聖人筆削魯史致謹於一字之微三家去夫子未久也文之脫畧(謬)已不能是正尚望其能有得於聖人之微意哉漢儒專門守殘護闕不合不公誰復能貫穿異同而有所去取至唐啖助趙匡陸淳三子始能信經駁傳以聖人書法纂而為例得其義者十七八自漢以來未聞或之先也觀趙氏所定三傳異同用意密矣惜其與奪未能悉當間嘗再為審訂以成其美其間不繫乎大義者趙氏於三家從其多今則如朱氏意專以左氏為主倘義有不然則從其是左氏雖有事跡亦

不從也一斷諸義而已嗚呼屬辭比事春秋教也今欲因啖趙陸氏遺說博之以諸家參之以管見使人知聖筆有一定之法而是經無不通之例不敢隨文生義以侮聖言頗有此志而未暇就故先為正其史之文如此若聖人所取之義則俟同志者共講焉今二書不傳一作三禮叙錄曰儀禮十七篇漢高堂生得之以授瑕丘蕭奮奮授東海孟卿卿授后倉倉授戴德戴聖大戴小戴及劉氏別錄所傳十七篇次第各不同尊卑吉凶先後倫序惟別錄為優故鄭氏用之今行于世礼經殘缺之餘獨此十七篇為完書以唐韓文公尚苦難讀況其下者自宋王安石行新經義廢

黜此經學者益罕傳習朱子考定易書詩春秋四經而謂
三禮体大未能叙正晚年欲成其書于此至惓惓也經傳
通解乃其編類草稿將俟喪祭禮畢而筆削焉無禄弗逮
遂為萬世闕典每伏讀而為之惋惜竊謂樂經既亡經僅
存五易之彖象傳本與繫辭文言說卦序卦雜卦諸傳共
為十翼居上下經二篇之後者也而後人以入卦爻之中
詩書之序本自為編居國風雅頌典謨誓誥之後者也而
後人以冠各篇之首春秋三經三傳初皆别行公穀配經
其來已久最後注左氏者又分傳以附經之年何居夫傳
文序文與經混淆不惟非所以尊經且于文義多所梗礙

歷千百年而莫之或非也莫之或正也至東萊呂氏於易始因晁氏本定為經二篇傳十篇朱子于詩書各除篇端小序合而為一以真經後春秋一經雖未暇詳校而亦別出左氏經文併以經刊之臨漳於是易書詩春秋悉復夫子之舊五經之中其未為諸儒所亂者惟二禮經然三百三千不存蓋十之九矣朱子補其遺闕則編類之初不得不以儀礼為經而各疏其下脫稾之後必將有所區科別決不但如今稾本而已若執稾本為定則經之章也而以後記補記補傳分隸于其左與彖象傳之附易經者有以異乎否也經之篇也而以傳篇補記篇補篇錯處乎其間與左

氏傳之附春秋經者有以異乎否也夫以易書詩春秋之
四經既幸而正而儀礼一經又不幸而亂是豈朱子之所
以相遺經者哉徒知尊信草創之書而不能探索未盡之
意亦豈朱子之所望後學者哉嗚呼由朱子而來至于今
將百年以澄之不肖猶幸得私淑其書用是忘其僭妄輙
因朱子所分禮章重加倫紀其後經之記依經章次秩序
其文不敢割裂一仍其舊附于篇終其十七篇次第竝如
鄭氏本更不間以它篇庶十七篇正經不至雜糅二戴之
記中有經篇者離之為逸經禮各有儀則經之傳也以戴
氏所存兼劉氏所補合之而為傳正經居首逸經次之傳

終焉皆別為卷而不相紊此外悉以歸諸戴氏之記朱子輯及黄氏喪礼楊氏祭礼亦參伍以去其重複名曰朱氏記而與二戴為三凡周公之典其未隊于地者蓋略已舉而無遺造化之運不息則天之所秩未必終古而廢壞有議礼制度考文者出則所損所益百世可知也雖然苟非其人礼不虛行存誠主敬致知力行下學而上達以得夫堯舜禹湯文武周孔之心俾吾朱子之學末流不至為漢儒學者事也澄也不敢自棄同志其尚敦勗之哉

儀礼逸經八篇澄所纂次漢興高堂生得儀礼十七篇後魯恭王壞孔子宅得古文礼經于壁中凡五十六篇河間獻王

得而上之其十七篇與儀礼正同餘三十九篇藏在秘府謂之逸礼哀帝初劉歆欲以列之學宮而諸博士不肯置對竟不得立孔鄭所引逸礼中霤禘于太廟礼王居明堂礼皆其篇也唐初猶存諸儒不以為意遂至于亡惜哉今所纂八篇其二取之小戴記其三取之大戴記其三取之鄭氏注奔喪也中霤也禘于太廟也王居明堂也固得逸礼三十九篇之四而投壺之類未有攷焉疑古礼逸者甚多不止于三十九也投壺奔喪篇首與儀礼諸篇之首体如一公冠等三篇雖已不存此例蓋作記者刪取其要以入記非復正經全篇矣投壺大小戴不同奔喪與逸礼亦

異則知此二篇亦經刊削但未如公冠等篇之異甚耳五經之文殆皆不完然實為礼經之正篇則不可以其不完而擯之于記故特纂為逸經以續十七篇之末至若中霤以下三篇其經已亡而篇題僅見于注家片言隻字之未泯者猶必收拾而不敢遺亦我愛其礼之意也　儀礼傳十篇澄所纂次按儀礼有士冠礼士昏礼戴記則有冠義昏義儀礼有鄉飲酒礼鄉射礼大射礼戴記則有鄉飲酒義射義以至燕聘皆然蓋周末漢初之人作以釋儀礼而戴氏抄以入記者也今以此諸篇正為儀礼之傳故不以入記依儀礼篇次萃為一編文有不次者頗為更定如射義

一篇迭陳天子諸侯卿大夫士之射雜然無倫釐之為鄉射義大射義二篇士相見義公食大夫義則用清江劉原父所補並因朱子而加考詳焉於是儀礼之經自一至九經各有其傳矣惟覲礼義闕然大戴朝事一篇實釋諸侯朝覲天子及相朝之礼故以備覲礼之義而共為傳十篇云周官六篇其冬官一篇闕漢藝文志序列于礼家後人名曰周礼文帝嘗召魏文侯時老樂工至因得春官大司樂之章景帝子河间獻王好古樂購得周官五篇武帝求遺書得之藏于祕府礼家諸儒皆莫之見哀帝時劉歆校理祕書始著于錄略以考工記補冬官之闕歆门人河南杜

子春能通其讀鄭衆賈逵受業于杜漢末馬融傳之鄭玄玄所注行于世宋張子程子甚尊信之王安石又為新義朱子謂此經周公所作但當時行之恐未能盡後聖雖復損益可也至若肆為排觝訾毀之言則愚陋無知之人耳冬官雖闕以尚書周官考之冬官司空掌邦土而雜于地官司徒掌邦教之中今取其掌邦土之官列于司空之後庶乎冬官不亡而考工記別為一卷附之于經後云 小戴記三十六篇澄所序次漢興得先儒所記礼書二百餘篇大戴氏刪合為八十五小戴氏又損益為四十三曲礼檀弓雜記分上下馬氏又增以月令明堂位樂記鄭氏從

而為之注總四十九篇精粗雜記靡所不有秦火之餘區區掇拾所謂存十一于千百雖不能以皆醇然先王之遺制聖賢之格言往往賴之而存第其諸篇出于先儒著作之全書者無幾多是記者旁搜博採勦取殘編斷簡會稡成篇無復詮次讀者每病其雜亂而無章唐魏鄭公為是作類礼二十篇不知其書果何如也而不可得見朱子嘗與東萊呂氏商訂三礼篇次欲取戴記中有關于儀禮者附之經其不繫于儀礼者仍別為記呂氏既不及荅而朱子亦不及為幸而大綱見于文集猶可考也晚年編校儀礼經傳則其條理與前所商訂又不同矣其間所附戴記

數篇或削本篇之文而補以它篇之文今則不敢改止就本篇之中科分櫛別以類相從俾其上下章文義聯屬章之大指標識于左庶讀者開卷瞭然若其篇第則大學中庸程子朱子既表章之以與論語孟子並而爲四書固不容復廁之禮篇而投壺奔喪實爲禮之正經亦不可雜之于記其冠義昏義鄉飲酒義射義燕義聘義六篇正釋儀禮別輯爲傳以附經後此外猶三十九篇曰通禮者九曲禮內則少儀玉藻通記小大儀文而深衣附焉曰喪禮者十有一喪大記雜記喪服小記服問檀弓曾子問六篇記喪而大傳間傳問喪三年問喪服四制五篇則喪之義也曰

祭禮者四祭法一篇記祭而郊特牲祭義祭統三篇則祭之義也曰通論者十有六二礼運礼器經解一類哀公問仲尼燕居孔子閒居一類坊記表記緇衣一類儒行自爲一類學記樂記其文雅馴非諸篇比則以爲是書之終嗚呼由漢以来此書千有餘歲矣而其顛倒糾紛至朱子始欲爲之是正而未及竟豈無望于後之人歟用敢竊取其義修而成之篇章文句秩然有倫先後始終頗爲精審將来學礼之君子於此考信或者其有取乎非但爲戴氏功臣已也　大戴記三十四篇澄所序次按隋志大戴記八十五篇今其書闕前三十八篇始三十九終八十一當爲

四十三篇中間第四十三四十四四十五及六十一四篇復闕第七十三有二總四十篇據云八十五篇則末又闕其四或云止八十一皆不可考竊意大戴類粹此記多為小戴所取後人合其餘篇仍為大戴記已入小戴者不復錄而闕其篇是以其書冗泛不及小戴書甚蓋彼其菁華而此其查滓尔然尚或間存精語不可棄遺其與小戴異重者投壺哀公問也投壺公冠諸侯遷廟諸侯釁廟四篇既入儀礼逸經朝事一篇又入儀礼傳哀公問小戴已取之則于彼宜去存于此宜去此外猶三十四篇夏小正猶月令也明堂猶明堂位也本命以下雜錄事辭多與家語荀

子貢傳等書相出入非專為記禮設禮運以下諸篇之比也小戴文多綴補而此皆成篇故篇中章句罕所更定惟其文字錯誤參互考訂校未能盡正尚以俟好古之君子云」又嘗訂孝經定本合古今文分經一章傳十二章其述辭曰漢藝文志孝經古文孔氏一篇二十二章孝經一篇十八章長孫氏江翁后倉翼奉張禹傳之各自名家經文皆同唯孔氏壁中古文為異」隋經籍志孝經河間人顏芝所藏漢初芝子貞出之又有古文孝經與古文尚書同出孔安國為傳劉向以顏本比古文除其繁惑而安國之本亡于梁至隋祕書監王邵訪得孔傳河間劉炫因序其

得喪譁于人間漸聞朝廷儒者皆云炫自作之非孔舊本
刑昺正義曰古文孝經曠代亡逸隋開皇十四年祕書學
生王逸於京市陳人處得本送與著作郎王邵以示河間
劉炫仍令校定炫遂以庶人章分為二曾子敢問章分為
三又多閨門一章凡二十二章因著古文孝經稽疑一篇
唐開元七年國子博士司馬貞議曰今文孝經是漢河間
王所得顏芝本至劉向以此校古文定一十八章其古文
二十二章出孔壁未之行遂亡其本近儒輙穿鑿更改僞
作閨門一章文句凡鄙又分庶人章從故自天子以下別
為一章以應二十二之數」朱子曰孝經獨篇首六七章

為本經其後乃傳文皆齊魯間儒纂取左氏諸書語為之傳者又頗失其次第澄按夫子遺言惟大學論語中庸孟子所述醇而不雜此外傳記諸書所載真僞混淆殆難盡信孝經其一也竊詳孝經之為書肇自孔曾一時問荅之語今文出于漢書初謂悉曾氏門人向〔記錄〕荅之舊已不可知武帝時魯恭王壞孔子宅于壁中得古文孝經以為秦時孔鮒所藏昭帝時魯國三老始以上獻劉向衛宏蓋嘗手校魏晉以後其書已失世所通行惟今文孝經十八章而已隋時有稱得古文孝經者其間與今文增減異同率不過一二字而文勢曾不若今文之從順以許慎說文所引

及桓譚新論所言考證又皆不合決非漢史世孔壁中之古文也宋大儒司馬公酷尊信之朱子刊誤亦據古文未能識其何意今觀邢氏疏說則古文之為偽審矣又觀朱子所論則雖今文亦不無可疑者焉今特因朱子刊誤以今文古文校其同異定為此本以俟後之君子云澄嘗為學者言朱子道問學之功居多而陸子靜以尊德性為主問學不本于德性其敝必偏于言語訓釋之末故學必以德性為本其序子靜語錄曰道在天地間今古如一人當反之于身不待外求也先生之教人以是豈不至簡至易而切實哉不求諸己之身而求諸人之言此先生之所大

閔也議者遂以澄為陸氏之學為所居草屋數椽程鉅夫題曰草廬故學者稱草廬先生天曆三年文宗以澄老耆特命其子京為撫州教授以便奉養卒年八十五追封臨川郡公謚文正

吴氏门人

元明善　元明善

元明善，字復初，云云

吴當

吴當，字伯尚，幼承祖訓，精通經史百家言。草廬既殁，四方從游之士，咸就當卒業。以薦由國子助教，歷官翰林直學士。順帝至元中，江南盗起，大臣有言先生世居江右，習知民俗，且其才可任政事，特授江西廉訪使，克復建撫兩郡。時參政某方駐兵撫州，忌先生屬捷功在己上，因構為飛語，謂先生與賊通，請解兵柄，除名。先生乃上賊功狀，自廣東海道來達京師，而某方等已譖先生至，故朝廷責先生左遷。及以功狀上，始其詔復為江西參政，命未下而陳友諒已陷江西。先生乃著黃冠，服道士服，杜門不出，日以著書為事。友諒遣人辟之，先生以死自誓，拘留江州一年，終不屈。偕隱廬陵之吉水，所著有周禮纂言及學言稿。

林謂未能一律須更正

吳氏門人　元明善

元明善字復初大名清河人讀書過目輒記諸經皆有師法時虞集以治經名世明善言集所治者惟朱子所定者殊為未廣官至翰林學士參議中書省事至治二年卒於位贈河南行省左丞追封清河郡公謚文敏初明善為江西省掾吳澄講於郡學明善問以易詩書春秋奧義歎曰與吳先生言如探淵海遂執弟子禮終其身

虞集

虞集字伯生蜀人僑寓崇仁官至奎章閣侍書學士至正八年卒年七十七集文章為一代所宗而其學術源委則自父汲與吳澄為友集以契家子從之遊故得其傳云

鮑恂

○鮑恂字仲孚崇德人嘗受易於吳澄洪武初以明經召除

文華殿大學士輔導東宮國辭歸里學者稱爲西溪先生

○藍光字仲晦江西人受業於草廬之門初爲安南路知事江西陷先入閩轉行省照磨尋陞檢校改都事時八郡騷擾陳叔政方事興役光一言不合遂拂衣而去全閩內附光深衣幅巾隱居教授越三十二年而卒善詩文考古制度尤加精密

○夏友蘭字幼安樂安人事母以孝謹聞從草廬先生學大德中建鰲溪書院捐田五百畝以贍學者行省薦於朝三覲仁宗於潛邸賜書院額授會昌州同知辭

○袁明善字誠夫臨川人師事吳文正公晚年教授於郡庠

之門自號樓山所著有征賦定考援引經傳言井田水利之法甚備經世之書也邵庵為之序又有文集藏於家

○黄極字建可樂安人師事草廬元統中南臺薦其躬極理義之學恪守貧素之風廉介不阿不求聞達不起所著有西齋集子寶字仲瑶淹洽經史與何淑張潔王翊稱樂安四傑明永樂間遣使徵之不起

○李本字伯宗臨川人從學於草廬祖榮至元初為行軍令史冝黄南坑盜起調兵捕治議畫地以兵殲之榮抗議不可時内附未久守吏卒欲以威服衆軍中又利其子女金帛計皆出此聞榮言變色主兵怒引弓射榮榮曰救我以活萬命

可也兵官愧悟納矢服中曰今當何如崇曰盜烏合不能持久若良民豈不知逃死按兵勿動以誠意諭之盜可擒矣主兵者從之獲盜首四人餘散去鄉民遂安孫淡軒表其墓父伯源為寧都學草廬沒就學者皆依李氏本與弟棣講明濂洛之學所居有環翠亭君子堂虞邵菴皆為之記棣父季淵嘗三割股以療母疾輒愈郡人以孝稱之

○朱夏字元會金谿人早遊草廬先生門杜門究心經史草廬稱其為文宗反於古不止濟南張起居在江南行臺辟憲司掾辭京兆賀某在相位欲薦入史館皆未就至正中鄉寇起竟罹其禍所著有鳴陽集

○黎仲基名載以字行臨川人家三世治喪不用僧道仲基性端重嘗謁草廬於郡學草廬喜曰期年所接無如君者郡以明經博學薦湖廣左丞章伯顏徵為太平路儒學教授蘄黃盜起嘗以奇策佐伯顏取勝江上歸築室瓜園洪武初再薦不起卒有瓜園集十卷語錄八卷

○王彰字伯遠金谿人少從草廬先生學登進士除國子博士元亡歸隱故山王英嘗作六賢詠謂葛元喆劉傑朱夏陳介黃哻及伯遠也

○王科字子純樂安人宋末貢補國學草廬常曰耆儒宿學如吾子純者寥寥若晨星子梁師事草廬嘗築汪陂溉田千

頃邑長樊理傳化郡守楊友直皆加禮敬有西齋稿藏於家

○楊準字公平泰和人履行修潔嘗從學於吳文正澄文章高古甚爲虞集揭傒斯所推許危素尤敬重之號王華居士

○李心原吉水人師事草廬通五經確守朱子之學尤善推演其說

皮縉字昭德清江人嘗從草廬遊得其領要以父南雄總管蔭補邵陽丞廉潔有惠政秩滿歸家三召始起判平江路通判流通泉貨公私便之

解觀吉水人天曆鄉舉預修宋史有四書大義行於世

黃蓋字子中萬載人受學臨川吳澄徵奇其篤志以子妻之

至正丁卯舉於鄉授龍泉縣學教授諭徵嘗題其書堂曰大本有虞集記

潘音潘音字聲甫新昌人生甫十歲而宋亡見長老談崖山記事即潸然涕下及長讀屯齋傳擊節憤歎從草廬吳澄學澄以薦名欲行音勸止之不從遂歸築室南洲山中自名其軒曰待清隱居

○趙弘毅趙宏毅晉州人好學嘗從吳澄遊為國史編修官元運已終明兵入城弘毅歎曰我今但有一死以報國耳乃與妻解氏皆自縊其子恭為中書營句亦亦與妻訣曰吾父母俱死尚敢愛生乎遂公服向闕再拜縊死

〇王祁蒙城人早受學於臨川吳草廬先生既有得仍東歸
教授鄉里士多賴以成就

陳旅 虞氏門人 傳

陳旅字衆仲莆田人初從鄉先生傅古直遊出為閩海儒學
至京師虞集見所為文而嘆曰我老將休付子斯文朝夕以
道義學問相講習薦授國子助教歷江浙儒學副提舉應奉
翰林文字國子監丞而卒年五十六

王守誠 仝上

王守誠字君實太原平陽人從鄧原文虞集遊泰定元年
進士累官參議中書省事出為河南行省參知政事進左丞

另一頁抄

司丞胡汲仲先生長孺 附

胡長孺，字汲仲，婺州永康人。祖巖起，宋嘉定進士，知閬州事。父居仁，淳祐進士，知台州軍州事，文辭政事皆絕出一時。至先生少負才蓋，咸淳中從外舅徐道隆為四川宣撫參議官，先生從之入蜀，銓試第一，名與高彭、李淦、梅庚輩號南中八士。歷任福寧州倅。宋亡，退棲永康山之積下。詔求賢，紹諭集賢院，改揚州路儒學教授，稍遷建昌錄，台州寧海知事。仁宗延祐初，轉兩浙長山場鹽司丞，未上，以病辭，隱杭之虎林山以終。先生闡濂洛正旨，四方學者來者趨益衍涵養主敬存察切，每日一反失所，使就君子之實。是之人能一毫異與物同者和之。二帝寫之大原，余是為字則字紀其學。病喘，一旦具衣冠台

先生初師青田余學古，學古師王夢松，夢松受業於朱子，時稱之則朱文公再傳之。

比歸，云將返故鄉，門人問曰：先生精神不衰，何爲遽欲歸？曰：精〇神〇與〇知〇覺〇知〇覺〇知〇覺〇其法也。俄正衣冠而逝，年七十有五，所著有九經編、建昌集，字源隱物，號東齋稿，門人謚曰貞齋先生。

教授熊與可先生朋來　附

宋進士而仕于元　俱不列　狀附

熊朋來，字與可，豫章人，宋咸淳進士，主利求祖宋貴進士爲雜章進士，以狀元王龍澤爲南臺御史，先生與龍澤同榜，名不私下，於不肯表襮爲之，隱居教授州里，生徒受業者常百人，取朱子小學書授其母，傾一二字，與人談經，竟日益不倦。用治注侍御史王構薦，遂爲閩海廬陵教授，臨王考古篆籀文，調律呂，協歌詩，以興雅樂，制器定或辭，求正古式，遠近師宗之，晚以福清州判官致仕，延祐設科，以有

案云云低二格双行寫

乎請爲孝官、先生以應試者大字辰門、如不赴、其後江浙湖廣、平章掾陵禮先生於往虎貴請、及對大廷、政選士居天下三之一、初先生以周禮首薦鄉郡、而元則周官不爲設科、諸生記其兀録、先生應以爲之董先生之學論經中三禮尤深、其以當至治中禮部學士歲非宋之至治中英宗將親祠太廟、議新製禮作樂、學士元明善以先生薦、未及召而卒年七十六、有經說七卷　子太古字鄰初、登至順二年鄉薦、官江西行有負於師曉隱梅山、其書以卷

徵又謹案熊與可以宋進士而仕元其出處可議然其談經義與雅樂不可以人而廢之也

附草廬後

附 典籍武伯威先生恪

武恪，字伯威，宣德府人。初以神童遊學江南，吳草廬為江西儒學副提舉，薦入國學。明宗在潛邸，選為說書秀才。及出鎮雲南，先生在行。明宗欲起兵陝西，先生諫曰：太子北行，於國為君命，於家為父命，何可違也。此行未必非福，若向京師發一矢，史臣必書太子反，不可悔矣。左右惡其言，遣之歸。居陋巷，教子弟。文宗知其名，除秘書監典簿，以丁內艱。再除中瑞司典簿，改汾西縣尹，皆不就。人或勸之仕，先生曰：向為親在，今親已死，何以仕為。至正間，朝廷選守令，御史泰不華舉為平陽沁水縣尹，亦不赴。近臣又薦為授經郎，先生避陽為瘖症，不與人接。生平好讀周易，終日堅坐。或問先生之學，以何

據本寫

為本曰八叙本不氏著有冰雪集若干卷

元儒學案　照前式抄

九江學案

遺獻

山長黃資中先生澤

[illegible]與二兄揆同年登進士，

[illegible]官九江，寓亂不能歸，因家

焉。先生生有異質，慨然以明經學古為志，好苦思，屢成疾，疾已復

思，久之如有所見，作〔亦作〕仰高鑽堅論，以自廣。嘗人說經必先古注疏，先生

於名物度數考覈精審，而義理一宗程朱，作易春秋二經解、三禮祭

祀述略。成宗大德中，署江州景星書院山長，已移洪州東湖書院山長，

受學者益眾。初先生嘗夢見夫子，以為適然，既而夢夫子授以所較

六經，字畫如新，由是深有感發，始悟所解經多徇舊說為非，是乃

作思古吟十章，極言聖人德容之盛，上達文王周公。秩滿，即歸，閉門授徒，以

春秋，不復任心，謂去聖久遠，經籍殘闕，傳注家率多附會，近世儒
者又多以才識求之，故綜論雖多，於經旨愈晦。必積誠研精，有所悟入
然後可窺見聖人之本意。乃揭六經中疑義千有餘條，以示學者。既乃盡
焚其傳注者，自言每因之，此間昕莫廢寢，正如之際，有其久之豁然
無不貫通。自天地定位，人物未生以前，混而下之凡寓，古之初，萬代之序
義，籍所不載，其可明者也，若其替書以爲不論者，然後由羲農以來，下及春秋
未帝之后王世嘗議者在其間，乃自習其可知者，於是易詩書傳注之失詣
者未決之疑，因於孔氏聖人之言之語，凡數千年，若其未通者，皆煥然冰
釋。有既保其謂易之明象曰，孔子之言以上求文王周公之意，而其執
象在十翼，作十翼章句，無象一卦象之一卦，同論謂義則主於人之情也。

九江學案

山長黃楚望先生澤

黃澤，字楚望，其先資州內江人。五世祖拱與二兄撝、揆同年登進士，
蜀人榮之。父儀可，累舉不第，隨兄驥子官九江，蜀亂不能歸，因家
焉。先生生有異質，慨然以明經學道為志，好為苦思，屢成疾，疾止復
思，久之如有所見，作顏淵仰高鑽堅論，以自廣。蜀人治經，必先古注疏，先生
於名物度數，考覈精審，而義理一宗程朱，作易、春秋二經解，二禮祭
祀述畧。成宗大德中，為江州景星書院山長，已移洪州東湖書院山長，
受學者益衆。初，先生嘗夢見夫子，以為適然，既而夢夫子手授所校
六經，字畫如新，由是深有感發，始悟所解經多徇舊說為非是，乃
作思古吟十章，極言聖人德容之盛，上達文王、周公。秩滿即歸，閉門授徒以

壽親、不復仕，亦謂之重久矣。經籍傳聞，傳注家乎多附會，近世儒
者又多以才識求之，故踈論紛角，於經旨愈晦。必積誠研精，然後悟入，
於聖門之蘊奧，至見聖人之本，乃揭六經中緊要字有待條以示學者，究乃大
悟其傳之旨。自是每歎曰：此聞所莫疾病其邪之際，乃其久亡心出錄於
之不貫通。自天地定位，人物未生以前，諸乃下之凡遵古之初，萬代之原
義、籍所不能具者，皆昭然著見，以示於學者。於是由羲、農以來，下及春秋，
未嘗從之者，皆在其間，而自謂其於易、詩、書傳注之失誤
未決之疑、周孔聖人未言之說，凡數千年，若固有未通者，皆渙然冰
釋。其所撰《周易》之明象，因孔子之言以上求文王、周公之意而其說
居五十要，作十要，要必兵象一形家見一形，因論謂其狀主形之法也。

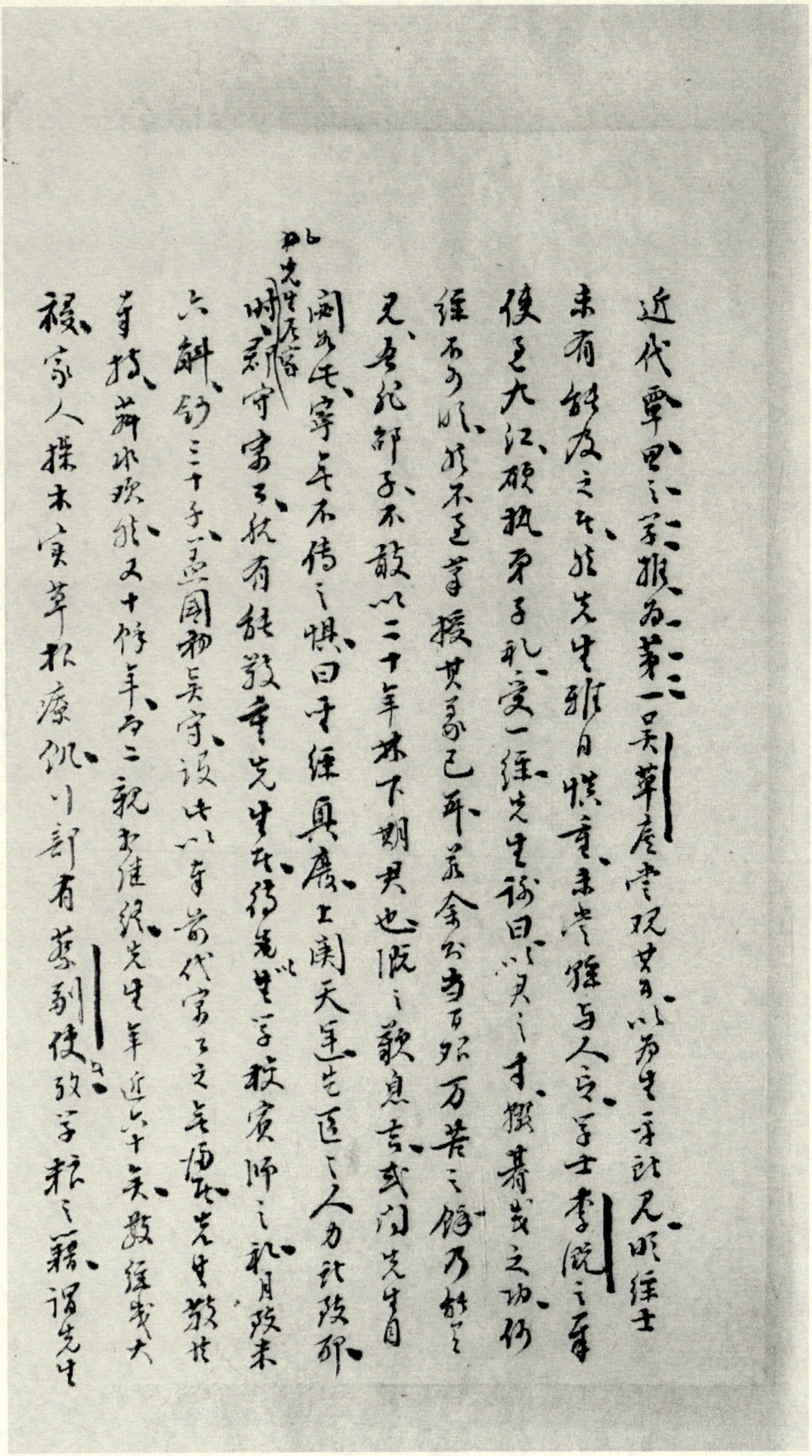

近代學田之家，概爲第一、二矣。華居雲規其事，以爲生平所見明經士未有能及之者。於先生雖自慚，竟未嘗推與人。至學士李倪之舉使至九江，親執弟子禮，受一經。先生誨曰：以其之才，擬蓍龜之功，何經不可明？於不足肯援其蒙已耳。後余公當古昭萬黄之館，乃於是見。吾兒郡子不敢以二十年林下期其也。假之歎息言，式問先生自閩而走，寧豈不傳之慎曰：守經真廣，上闕天運，先匡之人力，致陵卯（此先生居宮）時郡守官之，欲有能繼章先生者，得先生以學校賓師之禮，月致米六斛，錢二十千。入本國初，吳守設此以奉前代宮之之嗇。先生數其事樣，辭不敢，能又十餘年。爲二親赴繼後，先生年近六十矣，教經成大祿，家人採木負薪，療飢以訂。有參副使致學糧之籍，謂先生

一、耆儒耳目，靡前其三之二。先生爲說，若不動其意，惟以善人之心
而明，年逾七十，學者已有異而大成。至正戊年卒，年八十七。

（附録）

其解易，以明象爲先，以因孔子之言，上求文王周公之意爲主。而其
機括則盡在十翼。作十翼本義，以爲易起於數，因數設卦，因卦
立象，因象起意，因意生辭。故孔子曰：易者象也。立象以盡意，后則觀
其象而玩其詞。聖人言易之爲教如此。易不可廢象明矣。由象學失
傳，漢儒區區綴拾，凡陋不足以得聖人之意，而王輔嗣忘象之說興，
至邢和叔則遂欲忘卦棄象，雖以近代諸儒繼起，理學大明，而莫能
奪也。作忘象辨，有一卦之象，有一爻之象，或近取諸身，或遠取諸物，或

第一行頂格　第二行以下低一格下放此

遠取諸物，或以六爻取義，或以陰陽消長而爲象也，學者於此可求也。於有象外之象，出於見聞意想計較所能及矣，而況于立例以求之乎？李鼎祚綴于王氏棄擲之餘，朱子發復出而加密，丁易東繼之而愈詳，聖人立象之妙，終不可見。作象學者既昧，則因象以附意，因意以附詞。陰陽消長，有一定之機；上下貴賤，有一定之分；善惡吉凶，有一定之則。位[illegible]

在孔子之前，由孔子而後，其於卦與爻之小者，文王周公固不謂之大於後世，三聖人之易，一而已矣。以象爲未然，人自爲易，不期于異而自異，作而同論。嘗曰：易有八卦，有六十四卦，有三百八十四爻，有大象，有小象，有大傳，有繫詞，有說卦，有序卦，有雜卦，有河圖、洛書、蓍策之數，一字各有所隨處用工，然後皆能融會于一以貫之，而後全易見矣。

其於春秋，以事實為先，以通經為主。其大要則在考覈三傳，以求向上之工。其脈絡盡在左傳。作三傳義例考，以為春秋有魯史書法，有聖人書法。近代乃有夏時冠周月之說，而史法與聖法俱失也。作元年春王正月辨。又以為說春秋主實義。有實義，不舍史以論事，不離傳以求經，不純以褒貶泥聖人，酌時宜以取中，此實義也。貴王賤霸，尊君卑臣，內夏外夷，皆古今通義。於人自為學，家自為書，為春秋者之空論，欲一切斷以虛詞，作筆削本旨。又作諸侯娶女立子通考、魯隱不書即位義、殷周諸侯禘祫考、周廟太廟單祭合食說，作郊甲辨。凡如是者十餘通，以明古今禮俗不同，見虛詞說經之無益。嘗曰：說春秋須先識聖人氣象，識得聖人氣象，則一切刻削煩碎之說自然退聽矣。其但以為實錄而已耳，則春秋乃一直書可修，亦未為知聖人也。
其說易有常變，而春秋之經之權，易就常變而見復于常，春秋就用
權而不違乎經。其二義貫一經之旨，故曰易象與春秋皆以廣大之
用，大義權衡，而道貫一，此可斷於而悟矣。蓋古者占筮之書，所卦爻數
物取象，惡者其象以斷吉凶，皆自然之理，乃上古聖神之所為也。文王周
公作易時取一二立辭以明義，自孔聖之諸言，凡聖人所書皆不可復見。
而象義隱微，遂為應之不通之學矣。魯史記事之法，實有周公遺制，
與他國不同，觀韓宣子之言可見。聖人曰魯史修春秋，章明於劉，
游夏不能贊一詞，則知有與史法大異者，故曰其文則史，是經固不出
於史也。魯史舊文亦不可復見，故子朱子以為不知孰為聖人所筆孰

古聖人語，於古春秋左傳公羊屢言不通之處矣。先生此語廣大之田無

有相似者也。此文集字季長得于劉氏，不復改也。故此書目錄皆

引而不發，乃取易字隱義、春秋指歸、經書本義、稽古答問示人以求端

用力之方。而易、春秋全部則終身未嘗脫稿示人也。其所釋詩經禮書

則有六經補注、訓詁，撰百家異義，則取杜牧之不當言而言之意，作異

經說云。

其論周禮，以為六官所掌，皆備唐虞夏商已行之事，非有目前

損益，或加詳密，而大體不能盡更，凡周之制即前之制也。其間偶有係

不同者，在不識考古之變而錯於猶其二古異同之際，以為凡古人之者此

不難以辨。猶其封國之制與孟子不合，此說當論盡孟子所言固殷之

制，周官乃周家之制也。計武王之興，殷諸侯為千有餘國，既以功
益地，亦以予既削地，悉當仍其舊封。百里之下為三等，如孟子之說。乃
若周公、太公有大勳勞，及其餘功臣，當封齊，與夫王子近宗親以為
藩屏，豈可限以百里之法哉。自當用周制。至諸侯惡其害己而
去其籍，甚矣。古書之存于今者，僅有之，此周家一代之制，雖孟子亦有不
能詳也。其於官屬多寡之由，職掌文事之故，錯亂之說，最為尤精。
其祭祀之說，皆本大記為考之，作二禮祭祀述略，禮經復古。
其稱王者混郊丘，廢五天帝，併崑崙神州為一祭之說，曰祭法云：
夏商周皆以禘郊祖宗為四季祭，周人禘嚳而郊稷，祖文王而宗
武王。禘祭天地，以嚳配，即圜丘方澤是也。郊祀上帝，以后稷配，子寅

之月，為郊祀感生帝，以祈穀也。四時祀五天帝於四郊，以迎氣也。祖禘嚳以后稷，配蒼於祖之所自出也。宗祀文王於明堂以配上帝，經配五天帝也。其後出祖文王於明堂以配五帝，宗武王於明堂以配五神。凡此皆鄭氏義也。故周於大司樂注以圜丘、方澤、宗廟為三禘。蓋天神、地示、祭於祖之所自出為三大祭，皆五年之禘也。郊次圜丘，社次方澤，宗次祖，皆常長於帝之祭也。東遷之後，財匱，大禮遂廢，既修郊社二祭，故圜丘、方澤二禘，傳記亦罕言之，況閔所及矣。周於有祀天旅上帝、祀地旅四望之文，天地主乎一，故類祀上帝四望，凡一神，故稱旅。甬（鄭）以圜丘為郊，可案司服王祀昊天上帝服大裘而冕，祀五帝亦如之。由五帝之祀與昊天上帝凡一祭矣，由此觀之，可乎？孝經稱嚴父配天，又禘郊祀后稷以配天，宗祀文王於明堂以配上帝。易豫卦曰先王以作樂崇德，殷薦之上帝，以配祖考。上帝亦天神也，而鄭氏分五天帝，而以五人帝當之，可乎？崑崙者地之頂，神州者地之中，皆天地之所定也。地示主崑崙、神州，既是設此二祭，乃求神于二變。大地神莫測，不知神之在彼乎，在此乎，故求之於彼，亦求之於此也。康成以方澤主崑崙，北郊主神州，北郊不見於經，誤分為二。王氏由此并崑崙神州為一祭，而遂謂北郊為方澤，可乎？若鄭氏之樂九變之祭為禘，而不言及喪，又以為禘小乎祫，此皆其失也。故斷之曰鄭氏偏而未究，王肅明而實淺。晉武帝肅之外孫也，故用其說，并方圜二丘而祭焉。郊，歷代之說日繁，而周禮天神地示人鬼報盛之祭遂為虛文不效扶之精矣。

其一節感生帝之説曰：姜嫄履帝武敏歆，為生后稷，周人特為立廟而祭，謂之閟宫。其子以為聖人之生，異于常人，是可異焉也。況方生民之初，氣化之始，五天之精感而為帝王之祖，亦何疑乎？五帝感生之祀，上古流傳既久，非緯書創為之説也。且河圖洛書著策之數，皆緯文也，其可盡廢乎？

其一節胡仁仲以社為祭地，曰：二社以享水土穀之神，而配以句龍稷，非祭地也。禮天子諸侯及百姓大夫及庶民皆立社，故有王社、侯社、大社、國社、置社之名，其名爲不同，如此而謂之地示之祭可乎？殷革夏，周革殷，皆屋其社，是辱之也。旱乾水溢，則變置社稷，是責之也。王者父

子天，毋事地，子可貴可尊乎。周礼王祭社稷五祀，則希冕，以社稷下同
五祀，而用第五等之服，不得与先王先公四望山川比，則社非祭地明矣。傳
曰戴皇天履后土，是后土即地也。周礼大祝大封先告后土，大師旅大會
同宜于社，大建國先告后土，則后土非社矣。肆類于上帝，禋于六宗，
望于山川，六宗者，上下四方之神，即五天帝及地也，故其祀在上帝之次，
山川之前。周礼四望与五帝同服，于郊又与祀地同玉，又与山川同祭服，
則四望者，祀地之四方也。又有可承証，祭五土之一，亦祭地之礼，不止于方
澤矣。而后以社當之，可乎。周礼以圜丘对方澤，以天神对地祇，以蒼璧
礼天对黄琮礼地，以祀天旅上帝对祀地旅四望，而及礼記乃多以郊
対社，孟郊祀上帝，社祭水土之神，其礼有圜丘方澤，偏祭天神地祇

其意廣遠，分爲四祀明矣。天地之道，高深元遠，大神大示不可褻瀆，
故先事祈之於郊，而水土之交，尤貴之於社，使夫人主社以意也。胡氏家
學不信周禮，故爲意主說，故氏大抵先生之意，以爲聖人制禮，遠近親疏高
下貴賤，皆有自然之序，必直其本源，而後禮意可得。蓋圜丘所祭者，
全體圓融之天，總而以極其遠，日月星辰所繫者爲主，故主於神而曰
天神，皆降其總祀天神也。上帝者，高高在上之天，以其在上而爲主宰，
故曰上帝；分主五方，故曰五帝；合上下四方而言，則曰六宗，皆天神之分
祀者也。方澤所祭者，全體承天之地，總山陵川澤，極天所覆者而言，故
主於祇而曰地示，皆出其總祀地示也。地有四方，由其方而祀之，曰四望；
五岳四瀆之祀，曰山川；川澤山陵邱陵墳衍原隰之祀，曰五土；水土之祀

曰社、諸此示之於祀事也、此謂自禘之本意如此。
其前趙伯循王者禘其始祖所自出之帝於始祖之廟、以始祖配之、而不
及羣廟之主、曰大傳王者禘其始祖之所自出、以其祖配之、諸侯及其太祖
大夫士有事、省於其君、干祫、及其高祖、此以禘與祫對言、則禘祫合祭
通上下及凡之也、蓋諸侯之祫、猶天子之禘、諸侯及其太祖、大夫士及其
高祖、是有廟之廟之主皆在、而又上及所自出之帝、故謂之禘也、其曰禘
其祖之所自出、而及不及之廟、若廟之主、病其簡短於人情矣、故程子曰
天子曰禘、諸侯曰祫、其禮皆合祭也、亦難禘、大祭也、此大合昭穆、何以
謂之大祭乎、字之訓釋曰、禘者諦也、審諦昭穆也、若此合祭、何以
有昭穆乎、蓋后稷有廟、郊既配帝、嚳雖配天而無廟、不可缺人

鬼之饗。故五年一禘，以后稷率之廟，尊廟之主，以世饗于嚳，所以使子孫皆得尺於祖，又以世次久遠，又推祖之功德爲尤盛也。況后稷之廟毀，廟數十世之祖皆藏焉，豈可當享嚳之時而顧置之乎？蓋禘祫所以紛亂者，由天子諸侯之制不明。先儒或推天子之禮以説諸侯，或推諸侯之禮以説天子。不知諸侯之禮有祫無禘，天子之禮禘必兼祫。維其意不主合食，而事子孫以其爲一祖，自所當合食矣。禮曰天子犆礿、祫禘、祫嘗、祫烝，則是天子祫祭三時皆用也。

其辭成王賜魯天子禮樂曰：周公於成王制禮作樂，爲天子諸侯不易之大法，身沒而王與伯禽錫禮，以享周公。周公成王矣，王魯公矣，其必不至是，以魯頌白牡騂剛非之，則記禮者之過也。禘者，殷諸侯之盛禮，周公定為不王不禘之法，故以禴代之。成王以周公有勳勞於王室，故命魯以殷諸侯之盛禮祀周公，以示不臣周公之意，故牲用白牡。白牡者，殷牲也；騂剛者，魯公之牲也。又可見魯公以下皆合食于太廟為禮，然初未嘗敢同于周公。又以春秋非之，此亦先儒或之。祀成王賜魯禮意甚明，以此為非有祭文王為所自出之禮，如或者之云也。其禘于羣公之廟，此後世之妄僭之。後晉亦有禘，蓋文公有勳勞于王室，故效魯禘祭而請于天子，故得用之也。蓋支系周諸侯為所自出之王立廟，稱周廟，如魯與鄭是也。然此謂之周廟，不敢以祖廟稱之；諸侯不敢祖天子也。然則子孫亦不敢與享于廟，卑祭所自出而已。然用其王之禮，此亦用諸侯之禮而已。蓋魯既得禘于周公之廟，此周廟亦應用禘禮，必有祀、則固宜于文王廟、以周之祀也。亦援趙氏、以魯未有文王廟、止於周之廟祭文王、昭穆之文王之主与尸而祭之者、于禮意實不相似、亦以爲有文王廟、則是於文王廟迎尸以入周公之廟、以文配子、以爲昭畢、此不然也。魯之郊大雩、此平王之末、惠公請之、是矣。然郊祀祭帝而已、此能僭抗未敢直同于王室也。若以魯有天子禮樂爲成王錫之者、若明堂位祭統以爲惠公之所請者、出呂氏春秋。魯郊周廟、言有禘祀、見左傳、先生以經證經、乃折衷百氏之說爲安。

△其所說詩之失、以爲古者重其教、故採詩以觀所被之俗、然孔子三百篇、有出於太史所採者、周南召南是也。有錄于史官而非太史所採者、豳風及周大夫所作是也。其餘諸國風、多是東遷以後之作、乃諸國史官

所自紀錄。方周之盛，美刺不與。漢廣、江沱諸詩，雖並及諸侯之美，而風化之原，實繫於周。其後天子不能統一諸侯，諸侯善惡皆無與于周，故不以美刺皆謂之變風，以其不繫于二南，而各自為風也。周禮王巡狩，則太師太史同車。又其官屬所掌，皆有世奠繫之說。方采詩之時，太師掌其事，而太史錄其時世。及巡狩禮廢，太史不復采詩，而序諸國之詩，皆其國史所自記錄，以考見風俗盛衰。故詩得失，左傳於篇先之事，則曰鄭人為之賦清人；無篇之事，則曰衛人為之賦碩人，必有所援矣。故大序曰：國史明乎得失之迹，傷人倫之廢，哀刑政之苛，吟詠情性，以風其上，達于事變而懷其舊俗。是說詩者不可不明采詩之時世也。秦既降于國風，此時王澤猶未衰也，故人民其憂其君，猶能及此。其後淫於玩，玩而後民亦厭而遂與之亂焉，鄭國風亦不可復見矣。王氏以書契以來文治之迹始刬絕矣。以時考之，國風亡于降政在陳王之世，當魯文公之時，故曰王者之迹熄而詩亡。此說甚為論著之也。

## 黃氏門人

### 東山趙子常先生汸

趙汸，字子常，休寧人。嘗受業於九江黃楚望先生，究心春秋。楚望告以窮經之要在致思而已，然不知所以致思者也。請問致思之道。楚望曰：當以一事為例。如女有五不娶，其一為喪父長子。試曰：若所受命道代說否？曰：蓋喪父而無兄者也。如之喪父無兄者多矣，何罪而見絕于人如此？其說先生之意矣。然以此思之，或二三年，或七八年，得其說，則知先儒說經其已通者，多未見諸書其未通者，未嘗不可致思也。先生已而思之，如之喪父無兄者，誠不當與逆亂刑疾之子同棄於世，久之，乃得其說曰：此孟宗桓夫人許穆夫人之類爾。故曰吾所受命試於未失也，於喪父無兄則恭功之效，皆得主之矣。

嘗以質於楚望黃先生（黃楚望澤），曰：子能以聖人之心求聖人之志於六經，則其庶幾乎矣。當務完養，加慎思之，毋雜猶貴也。遂授以春秋之要，曰：於殺其大夫何也？此其條也，當求之於二百四十二年之內。夫人姜氏大齊師，此其條也，當求之於二百四十二年之外。先生思之經歲，不得其說，於是（先生）盡易置其說，曰：夫人姜氏及齊師，此其條也，當求之二百四十二年之內。於殺其大夫何也？此其條也，當求之二百四十二年之外。先生乃自是述春秋筆削之權。晚年廬近東山，著述無意不謹，學者稱為東山先生。所著有春秋集傳、屬詞各十五卷，左氏補注十卷，師說三卷。

春秋集傳屬詞自序

春秋，聖人經世之書也，未成一定為孔子筆，當時高第弟子蓋僅有

徵文謹案趙東山又有春秋金鎖匙一卷撮舉聖人之特筆與春秋之大例以事之相
類者互相推勘以考究其異同而申明其正變其義頗簡而明

自其傳者、歷戰國秦漢以及近代說者、殆數十百家、其間知聖人制作之原
此獨孟氏而已、孟氏之言曰、王者之迹熄而詩亡、詩亡然後春秋作、此
孔孟傳春秋于此之際也、蓋周雖失政、而先王詩書禮樂之教猶結
于民心者未泯、故善有美而惡有刺、追其極也、三綱失序而上下亂
惡、怨刺不作、則文武成康締造之迹、掃湮滅無餘矣、夫子之憂深為
春秋不作、則人心將無所底止矣、故曰詩亡然後春秋作、隱桓之世王
室日卑、齊伯將興、春秋所由始也、室衰之極、中國日衰、晉伯攸廢
春秋所由終也、方天命在周未改、為上無天子、下無方伯、桓文之事
不可誣也、是以聖人詳焉、故曰其事則齊桓晉文、古者列國皆有史
官、掌記一國之事、春秋魯史策書也、事之得書、不得書、有周公遺法、

焉。太史氏掌之，凡天人之所以紀也。孔子，魯司寇也，一旦取太史氏所藏而修之，魯之君臣其能無惑志歟？於則將以之何？凡史所書有筆有削，史所不書不加益也，故曰其文則史。史主實錄而已，春秋志存撥亂，筆則筆，削則削，游夏不能贊一辭。凡史氏所無也，故曰其義則丘竊取之矣。此刪作之原也。經自孟氏以來，能有能非其說以論春秋者，蓋其失由三傳始。左氏有見於史，其所發皆史例也，故常主史以釋經，是不知筆削之有義也。公羊、穀梁有見於經，其所傳者猶有經之佚義焉，故據經以生義，是不知其文之則史也。後之學者於三傳之所師承，莫能知一，其有去取三傳者，則臆決之，據流遁失中，其原乎屬繹始。因能者，捨三傳，直究遺經，分異乘離，莫知統紀。至永嘉陳君舉始用二家之說參之左氏以其所不書實其所書以其所書推見其所不書為得學春秋之要在其說嚴而通以左氏所錄為魯史舊文而不知策書有條史之所授以作春秋左氏亦未之見也左氏書首所載不書之例皆史法也非筆削之旨公穀每以不書發義實與左氏異師陸氏合而求之失其本矣故于左氏所錄而經不書者皆以為夫子所削則不合於聖經者亦有矣由不考左氏為時掌制作之原也蓋嘗論之策書之例十有五而筆削之義有八策書之例一曰君舉必書非其命不書二曰公即位不以其禮不書三曰納幣逆夫人夫人至夫人歸皆書四曰君夫人薨不成喪不書葬不用夫人禮則書卒君見弒則諱而書薨五曰適子生則書公子大夫在位書卒六曰公女嫁為諸侯夫人納幣來逆女歸娣姪來媵

媵女、卒葬、來媵皆書、為大夫妻則止書來逆、七曰時祀時田苟過時越禮則書、軍賦改作踰制亦書、此史氏之録乎內者也、八曰諸侯有命告則書、崩卒不赴則不書、禍福不告亦不書、滅國不告敗勝不告克不書、九曰雖伯主之役令不及魯亦不書、十曰凡諸侯之女行唯王后書、適諸侯雖告不書、十一曰諸侯之大夫奔、有玉帛之使則告、告則書、此史氏之録乎外者也、十二曰凡天子之命亦不書、王臣有事為諸侯則以內辭書之、十三曰大夫已命書名氏、未命書名、微者名氏不書、書其事而已、外微者書人、十四曰將尊師少稱將、將卑師衆稱師、將尊師衆稱某帥師、君將不言帥師、十五曰凡天災物異無不書、外災告則書、此史氏之通録乎內外者也、筆削之義、一曰存策書之大體、凡策書大事、曰天道、曰王事、曰土功、曰爵位、曰逆夫人、夫人至、世子生、曰夫人姒氏、曰薨葬、曰孫、曰夫人歸、曰內女卒葬、曰來歸、曰大夫之子卒、曰公大夫出疆、曰盟會、曰出師、曰國受兵、曰祭祀蒐狩越禮軍賦改物朝聘、曰諸侯卒葬、曰兩君之好、曰玉帛之使、凡此之類其書于策者皆不削也、春秋魯史也、策書之大體吾不與易焉、以為春秋者也、二曰假筆削以行權、春秋撥亂世反之正、於是有書有不書、以互顯其義、其所書者則筆之、不書者則削之、其有書有削、大凡其事或同以存異、亡則不書、若王之類是也、或異書以明變、釋不朝正內女歸寧之類也、或略彼以見此、以來歸為義、則歸不書、以出奔為義、則殺之不書之類也、或略常以著變、諸侯之冠、及勤王復辟不書之類也、或略是以明非、死之關于天下之故、不盡書是也、三曰變文以示義、春秋雖有筆有削、而所書者皆從主人之辭、然有所因而文異、此有文同而事異者，此乎奪之之辭而是孔不著，於是有實文之法焉。將使學者即其文之異同詳察之以求之，此可別於嫌疑之是非矣。四曰稱名實之際，亦實文也。臣不去王，諸侯稱爵，大夫稱名氏，四裔諸大者稱子，此春秋之名也。諸侯不王而伯者，與中國之伯而荆楚橫，大夫專兵而諸侯散，此春秋之實也。於是有其名以全實者，征伐在諸侯，此大夫將不稱名氏，中國之伯，此於其侯伐不稱其人之事，名以責實者，諸侯之王則臣不去王，中國之伯，此諸侯不序其大夫，將其恒稱君稱人。五曰謹華夏之稱，亦實文也。於吾宗周，僭王猾夏，故伯者之興，以攘夷為功，自齊伯中衰，楚益侵陵中國，左丞假討賊之義，以號令天下，天下知有楚而已，故春秋書楚子之之一不予其嚴者，而吳越與徐亦與中國異辭，所以信夫子於天下也。六曰特筆以正名。筆削不足以盡義，而後有變文，禍亂既極，大分不明，雖變文猶不足以盡義，而後有特筆，所以正名分也。夫變文雖有損益，猶曰史氏恆辭，若特筆之辭，皆卓異非復史氏恆辭矣。七曰因日月以明類。上下內外之無別，天道人事之反常，六者為不能盡見，則又假日月之法區而別之。大抵以日為詳，則以不日為略；以月為詳，則以不月為略；其以日為恆，則以不日為變；以不日為恆，則以日為變；甚則以不月為異；其以月為恆，則以不月為變；以不月為恆，則以月為變；甚則以日為異。將使屬辭比事以求之，則筆削變文特筆既各以類明，而日月又相為經緯，無微不顯矣。八曰辭從主人。主人謂魯君也。春秋本魯史成書，夫子作經，唯以筆削見義，自非有所是正，皆從史氏舊文，而所是正亦不焉爾。故曰辭從主人，此八者實制作之權衡也。然主人蓋而非一端，是非之心人皆有之，善而見錄，由為褒；惡而見錄，因為貶。其褒貶皆千萬世之人心之公也。聖人何容心哉。辭足以明義斯已矣。是故志存策書之大體，而治乎內無恒，異乎外也。則謂之夫子修者，不足以言春秋矣。知大抵筆削以權為治外而無恒，異乎內也。則謂之實錄者，不足以言春秋矣。知一經之辭要諸屬辭，以凡謂春秋賞人之功，罰人之罪，去人之族，黜人之爵，褒而字之，貶而名之，如此上不足以論聖人矣。故學者必知策書之例，然後筆削之義可求，筆削之義既明，則凡以虛詞說經、比其刻深偏急之說，皆不攻自破，於是春秋經世之道，可得而明矣。雖然使孔孟氏之遺意為在此上，焉能追求聖人之意於千百年之上哉。汸自早歲獲聞資中黃先生論五經旨要，於春秋，以求之諸儒先，於是思之十有餘年，卒有得于孟氏之言，因其說以考三傳及諸家，陸氏遂具知其得失異同之故，乃輯錄為書，名曰春秋集傳，凡十五卷。又慮學者溺于所聞，不能無惑，別撰屬詞八篇，發其隱微，傳諸同志焉。

春秋，魯史記事之書也，聖人就加筆削，以寓撥亂之權，惟孟子為能識其意。自三傳異其旨，而春秋之義不明。左氏于二百四十二年事，皆具始終，而赴告之情，策書之例，亦一二有見焉，然其事與文，庶乎有考矣。其失在不知以筆削見義，以為不書發義，不可謂之所變者，能不知其文之則史也。故三傳得失雖殊，而于春秋也，未自左氏拔於，自唐啖趙以來，說者莫不曰盡取三傳，而于左氏取舍尤詳，然亦莫所發明矣，而春秋之義愈

時何也凡春秋之作以誅侯之王大夫之罪也故上不可論於三代盛時之
下與秦漢以來帝天下制于一人者亦異其亂其所以陵夷衰廢之故皆不
可復考以一切之法繩之為近代說者類皆指以後世之事然其取證左氏者亦
疏矣況其說經大旨不出褒貶實錄二端然為褒貶者文皆例密出入
之界既紀所以論聖人其以為實錄者僅史氏之事亦豈所以言春秋哉是
以為說雖多而家異人殊其失視三傳殆尤甚有能因孟子之言而反求之
於至資中黃先生之教乃謂春秋有魯史之法有聖人之法必先考史法
而後聖人之法可求求其本原脈絡皆在左傳又因孟子之言而推其旨
亦已精矣汸自始受學即取左氏傳注諸書伏讀之數年始得魯史舊章
猶賴左氏存其梗概既又考二傳之入以百家之十餘年又知三傳而後

說春秋者唯杜元凱陳君舉爲有據依，於杜氏序所云其自知不能錯綜經文以盡其變，因其專脩左氏傳以釋經，乃指以爲一家之學；陳氏通二傳于左氏，以其所書證其所不書，庶幾善求書削之旨，非不知聖人之法與史法不同，然就事說於二傳之義也。第左氏傳經有宋諸儒詆毀之餘，無一之可信，能人潛心於此爲無感難矣。間嘗究其得失，且取陳氏章指附于杜註之下，去短集長，爲補其所不及，庶幾史文經意互見端緒，有志者由是以窺聖人述作之原。凡傳所序事，多列國簡牘之遺、名卿才大夫及史所記，其微辭奧旨，注有未備者，徵采孔氏疏暢爲通之，諸章合從隨有不與傳之緣，其亦具見其說，以極乎是非之所歸，義亦不得於經，則致疑於傳，務爲一切之說以釋經，爲無所據依以矯其說，則是杜氏陳氏之學，敢三傳之外不可之之一翔孫先二家，他說固不暇及之。

倪尚誼　趙氏門人

倪尚誼，趙東山嘗集春秋集傳屬明，以舊集傳義例，附有未合，更加討論，未[illegible][illegible]二十七年後以病殁，尚誼援其義續成之。

以下接

照前式抄

元儒學案

李季合並筆時訴儒學案

通判李蒙齋先生簡

李簡，字蒙齋，代郡人，官泰安州通判，著學易記九卷。

學易記序

伊川先生有云，學易者當看王輔嗣、胡翼之、王介甫三家文字，令通貫，餘處却有用心處。時先生易傳未出也。及臨陵劉敏之集大易粹言傳於世，學者亦有說宗為三家之說不足言取焉。壬寅，予肇家東平，時時中庸劉侯序二先生，與王仲微輩方聚諸家易集解而節取之，附入例講序之末，而併鼓義。凡讀六七過，其去取成於人之所見不能盡同，其去取之間，亦不無稍異。大抵明道主意在有文劉之說，以務明一說，僕之所取寧失之多，以俟後來取舍。至取先儒暨諸家之義，當時所詳見易以有王弼諸與粹言而已，諸家之說未見也。六十日之間，齊取粹言凡三度，嘗矣之說，或中心有所不安，出思之，猶以繼日。既有所得，隨即書之，以待他年讀之讀之，驗其學之進否。比近來寺積讀詩說可符係及得胡安定王制之南劍時，庸誠齋詩先生大全及楊彬夫諸集五十家符單渢諸集二十家約讀之讀之，諸說略與前異，雜合其十有二三。私心竊以自信，之春中凡若若字者，以與諸人之意合為一說，不能之名，亦或有區區之窺見，獨不自揆，而劇於其間，此已年矣。承之倂春安山城了少，遂取向此集之子易

記、垂加書取而付諸梓、復舉增雍言、由元之化日並有識一冊之、在時中統建元庚申歲也

隱居俞石澗先生琰

俞琰、字玉吾、吳郡人、宋寶祐間、以詞賦稱、宋亡、隱居著書、自號林屋山人、精於易、嘗云、圖書之數、以馬毛之旋、龜文之坼、而先生於論說爲太極命天球河圖在東序、河圖與天球三列、則河圖亦玉也、玉之有文者亦嘗爲產玉、河源之崑崙、故河亦有玉、瑕水玉之有白石紋者、蓋石而白有文者、其立說殊異、嘗著經傳考證、讀易須知、六十四卦圖、古占法、卦爻象占、分類易圖、合璧連珠等書、潛心三十餘年、惜其書多不存、惟周易集說十三卷、而以易圖纂要、易外別傳附焉、武宗

至大二年門人王都中爲之刊行。琰居傍石澗，學者稱爲石澗先生。

## 集說序

周易集說，集諸說之善而爲之說也。昔者聖人之本旨則畫也。其易始於伏羲，但有六十四卦之畫而未有辭。文王作上下經，乃於卦有辭；孔子作十翼，其辭乃備。當知辭本於象，象本於畫，有畫然後有象，有象然後有辭。易之理存於畫，詎可舍六畫之象而專論辭之理哉。舍畫而玩辭，舍象而窮理，辭雖明，理雖通，亦非易也。漢去古未遠，諸儒訓釋多論象數，蓋亦有所本也。魏王弼以老莊之言倡于前，晉韓康伯又和于後，聖人之本旨遂晦。洎襲王氏諸儒，皆宗之。太宗詔名儒定九經正義，於易則取王弼

而孔穎達輩以當時所尚，故排異說，未盡善，亦猶為之迴護。由七二
三百年間，皆以王弼為高。至宋儒作，始排之，輩出一掃王弼之弊。于
人之求易者始明。奈何言之為占為宗，邵康節先生則以象理為言，文為
辭為宗，程伊川先生則以象數為末技，為程邵之學分為兩家，至載在
周孫，亦為兩途，遂使學者莫之適從。建安紫陽朱子本義之作
兼程邵之長，兼辭象占理，不偏于象。學人之求有于是乎大白。
真，僕幼承父師面命，首讀朱子本義，次讀程傳，長與朋友講明
此又有程朱二先生說未盡者，雖心甚不能無疑，乃廣考諸家易說，
據其異同，萃為一書，名曰大易會要，凡一百三十卷，不揣固陋，遂自
元甲申，集諸說之善，而為之說，至元貞丙申，始復成凡四十卷，名方曰周

是說云。

鄉貢熊梅邊先生良輔

熊良輔，字任重，別號梅邊，江西南昌人，元仁宗延祐丁巳鄉貢。與師同邑遂從熊凱學易，復以易傳於熊友虛吳龔煥。試禮部不第，歸訓徒鄉塾，研究易旨。先是朱子本義一遵呂成公所訂古文為主，以六十四卦系爻之辭為上下經，為孔子所釋象彖文言及上下繫說卦序卦雜卦為十翼。先生所著仍舊本上下經二卷，謂之集成；十翼十卷，謂之附錄，統名曰周易本義集成附錄。其所採摭，自序言凡八十四家，中與本義合者，錄之；即不合而有功於經旨者，亦備錄以相發，其間則於末以己意，蓋本朱子之意而不泥者也英宗至治二年錢義祥，以其文有風雅遺音，小子入門第一。

自序

六經皆聖人垂訓之書，而易經四聖人之手乃成，其為書也大而天地性命之理無不包，微而事物纖悉之情無不盡，精入乎無形，粗及乎有象，大而日用一動靜語默間，無非易道之流行，顧由而不知者多耳。伏羲畫卦，無文字可傳，大抵以陰陽吉凶者象。文王周公繫之以辭，象占其本首也。夫子贊易，一以義理為主，吉凶消長之理、進退存亡之道，於是乎大備。蓋象占因義理之所寓，而以義理為主，象占亦在其中矣。善乎朱子於此先求易之本旨，推廣而充之，作用一源，顯微無間之旨，將不待卜筮而後見，此又自然之妙也。自後儒於經附傳傳俗學者支離蔓衍，務以明易，而反以晦易。至宋程子作易傳，而象理之學始明。然程子亦自謂某於易只說得七分，朱子一以卜筮爲說，於後作易之本旨益著。朱子嘗曰：有天地自然之易，有伏羲之易，有文王周公之易，有孔子之易。是則程子之傳，孔子之易也；朱子之本義，文王周公之易也。推本而論，孔子之易即文王周公之易，文王周公之易即伏羲之易，伏羲之易即天地自然之易也。雖其旨微有不同，而其理則未嘗有二，要在善觀之耳。予輔曩執經逮游魏先生，已而好易。大德六年，泉峯蔡先生授徒泉山之麓，予輔分教小子，因得肆意於易，取諸說而涵泳之，乃即己意採輯成篇，以朱子本義爲主，次錄程傳，以及諸家之說，與本義合者，亦有與本義不合而似得其旨者，備錄以求其旨曰集疏。其後間以鄙見一二附焉，會合經義，與宗子無亡諸姻有請，以卒初志，於是繕寫成編，凡一十三卷，藏之以俟知者。

提舉張仲純先生理

張理，字仲純，江西清江人。舉茂才異等，歷任泰寧教諭、勉齋書院山長，陞福建儒學副提舉。著易象圖說三卷、大易象數鉤深圖三卷。後至正二十四年，黃師泰序其書傳之。

自序

易曰：河出圖，洛出書，聖人則之。圖書者，天地陰陽之象也。易者，聖人以寫天地陰陽之神也。故一動一靜，形而為⚊⚋，⚊⚋奇偶生而動靜互變、四象上下左右之文而易卦備矣。☰以象天，☷以象地，☵以象水，☲以象火，☱以象澤，☶以象山。風回於澤，雷因於山，卦以表象，象以命名，名以顯義，義以正辭，辭之達而易之作矣。將以順性命之理，究亂系之原，成變化而見於卦者，皆不出乎圖書之象與數而已。圖之天○者一也，圖之地∷其一一也，圖之中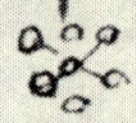其四象✕（古五字）行也。陽數一三✕參天也（三之參謂）；陰數二四兩地也（二之兩謂）；參天數九陽之用也，兩地數六陰之用也。五之衍、三卦之體也，五之井、九卦之位也，書之縱橫十✕卦之合也（乾九坤六合十✕，坎七離八合十✕，震七巽八合十✕，艮七兌八合十✕），河圖洛書所為經緯✕十其、圖書之樞紐也。以✕重十、則左右前後其河圖四正之體也；以✕交十、米則四正四隅其、洛書九宮之文也。順而左還其天之圓

渾儀歷象之所由制、達而為右布在地之方、封建井田牧之所由啓也。以
圓函方以方局圓則範圍天地之化而不過、曲成萬物而不遺矣。
惟人具天地之位、陰陽之交、鬼神之會、㐅行之秀氣也。身首以上同乎天、
身半以下同乎地、頭圓足方、腹陰背陽、離目外明、坎耳內聰、口鼻有有
乎山澤、聲氣有象乎雷風。故天下之理得而成位乎其中、是亦易也。我
心、我之所易、故推而圖之、章之為六位、而三極備、敘之為六爻而四時以
合、之為六體而才形具、經之為六脈而神氣完、表之為六經而倫敘立、協
之為六律而音聲均、度之為六典而政令修、統之為六師而邦國平。是故
因位以明道、因爻以敘時、因體以原性、因脈以濟命、因經以考禮、因律以正
樂、因典以平政、因師以慎刑、而大易八卦之體用備矣。已上八圖之用此篇八卦

亦錯，或磨或盪，因而重之，爻而通之，推而行之，爲六十四卦圓方爻用之圖。其圓者以效天，方者以法地，爻者以通其用，其以利義於後著來以綜其數，爻占以研其蘊，分掛揲扐，爻重交爻，意皆爲圖以顯其象者。說以數其意，雖其言不本於先儒傳注之旨，或已序或舍重人作易之大意，考而正之，誌而訂之，是在諸有望乎同志焉。

附字頂格寫

王天興　附　另一頁起　天與

附王天與，字立大，別號梅浦，江西吉安人。初習舉子業，誘生從遊者甚衆。後乃研精覃思，著爲尚書蔡傳四十六卷，先引漢唐二孔氏之說，次取諸家傳註，而一以晦庵朱子、西山真氏爲歸，雜以其說之散在文集語錄者，庶不令萃於中。反復考證，經十五年而後成。其志似謂蔡氏爲不攻其非，間亦采摭其說。成宗大德三年，憲使臧夢解上其書於朝，詔授臨江路儒學教授。武宗至大中，其子撫叔行之。以下附自序

自齋乃晦庵先生於易於詩，皆有訓傳，猶于書晚年屬之蔡九峯。二典、禹謨親所訂定，其貢本秋錄，故曰語錄皆以訂點爲本書刻

更取劉王蔣程楊晁葉吳薛呂、其與門人答問、以及林次崖九老九李之徒及取其長、西山先生讀書記第三十條、蓋大學衍義語數十條條、其篇敘曰、古今傳書者之善者莫如晦庵、乃疏定、晦庵於蔡傳書、書之善者莫如西山、西山所會眠、子孫不于二先生獲將者擇、積日累月而稿於就、乙亥冬、求正於集齋彭君格廣校定、凡若干條、

附

陳師凱（陳師凱附）字道勇、江西南康人、隱居廬山、名其地曰東滙澤、撰書蔡傳旁通六卷、

附

王充耘（王充耘）字耕野、江西人、元統初以書經成進士、授同知永新州事、尋棄官養母、晚益潛心書學、參訂蔡傳、名曰讀書管見、凡二卷、充耘沒、從子先薦度其書于壁中、初遭亂而獲全、外

元人

有書蔡主意、又蔡 於武各六卷、

附黃鎮成、字元鎮、福建邵武人、年弱冠即厭棄榮利、延祐初再試有司不合、築室城南、顏曰南田耕舍、悠然以千其志學自力、著尚書通考十卷、文宗天曆三年、執政者薦為江西儒學提舉、祿不及而卒、年七十有五、集賢議諡曰貞文處士、

照前式抄

元儒學案

敖陳卿俞許儒學案

教授敖君善先生繼公

敖繼公，字君善，福州長樂人，後家吳興，築一小樓，坐臥其中，冬不爐，夏不扇，日從事經史。初任定成尉，以父任當補京官，讓於弟，擢進士，對策忤時相，遂不仕，益精討經學，嘗以魯高堂生傳士禮十七篇，即今之儀禮也，生之傳既不存，而見有袁準、孔倫、陳銓、蔡超宗、田僧紹諸家注，亦未流傳於世。鄭康成注儀禮，疵多醇少，學者不察，因復刪定，取賈疏及先儒之說，補其闕，又未足，附以己意，名曰儀禮集說，凡十三卷。成宗大德中，以江浙平章高彥敬薦，擢信

繼公按未詳何年卒有倪淵者字仲深烏程人嘗受業于先生門

禮經易數之奧

儀禮集說自序

儀禮何代之書也曰周書也先儒皆以為周公所作是亦意其或然也何以言之周自武王始有天下於其時已老矣未及暇為此事至周公成王始制禮作樂以致太平故以其時考之書其周公之書又以其書考之辭意簡嚴品節詳備非聖人莫能為也非周公其孰乃為侯國而作而王朝之禮不與焉何以知其然也今此十七篇冠昏相見鄉飲鄉射士喪既夕士虞特牲饋食凡九篇皆言侯國之士禮少牢饋食上下二篇皆言侯國之大夫禮聘食燕大射四篇皆言諸侯之禮唯覲禮一篇則言諸

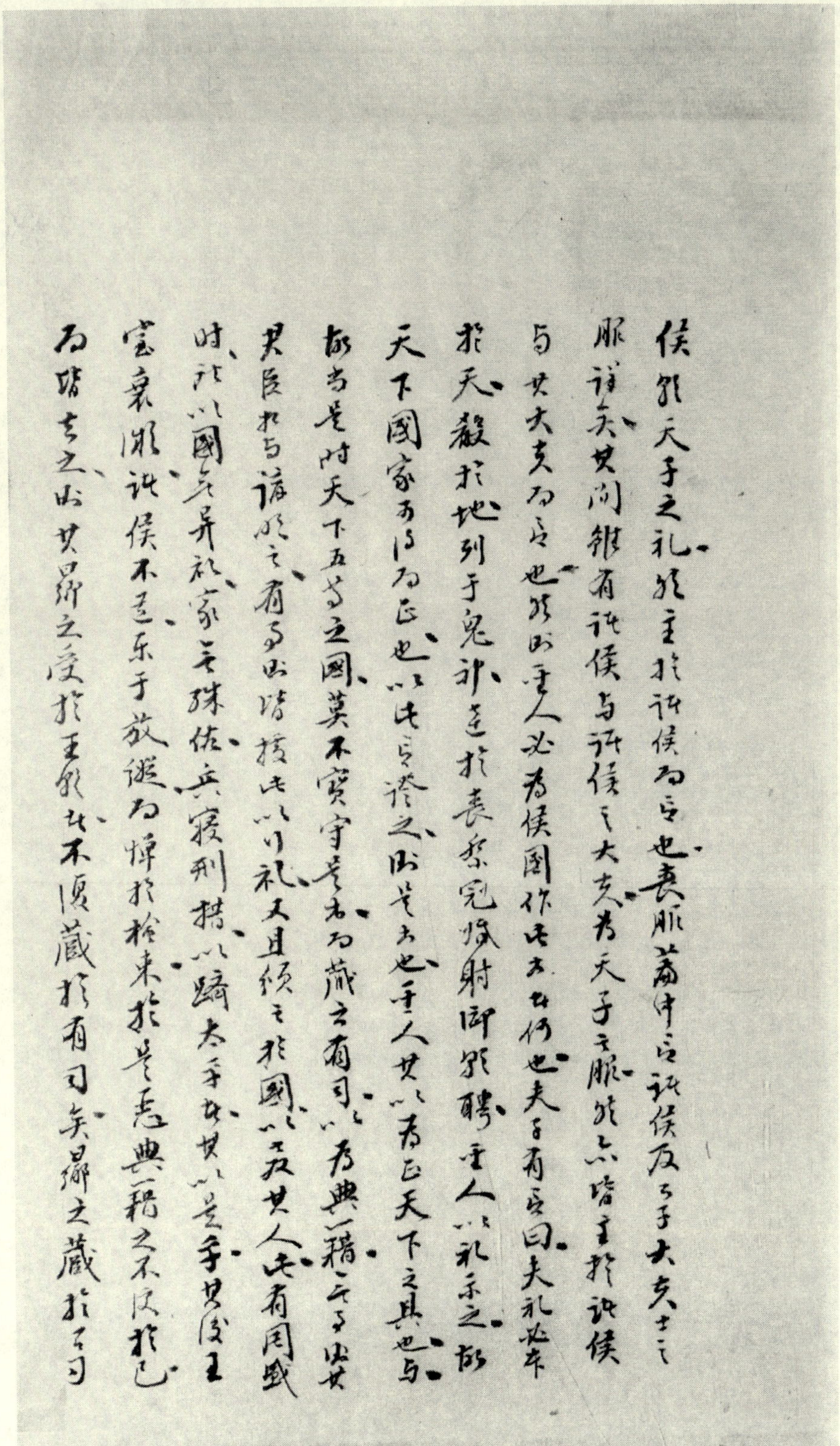

侯朝天子之禮，朝主於諸侯而已也。喪服篇仲已諸侯及于大夫士之服詳矣，其間雖有諸侯與諸侯之大夫為天子之服，然亦皆主於諸侯與其大夫而已也。然此書人必為侯國作也，其何也？夫子有言曰：夫禮必本於天，殽於地，列于鬼神，達於喪祭冠婚射御朝聘，聖人以禮示之，故天下國家可得而正也。以此言證之，此書出也，聖人其以為正天下之具也與？故當是時天下五等之國，莫不寶守是書而藏之有司，以為典籍。逮乎出其君臣相與講明之，有事則皆按此以行禮，又且傳之於國，以及其人。迨有周盛時，諸侯以國各異，政家殊俗，兵寢刑措，以驕太平，其以逸乎其德。王室衰微，諸侯不立，樂于放逸，而悼於檢束，於是惡典籍之不便於己而皆去之。此其所以受於王朝者不復藏於有司矣，其所以藏於有司

者，或私傳於民間矣。此十七篇之所以不絕如綫而今存以至今日也。或曰：此十七篇為侯國之書固也，其不但如是已乎？抑或有亡逸而不具者乎？曰：是不可知也。但以經文與其禮之類考之，疑其篇數當不止於此。是經之言士禮特詳，其於大夫則但見祭禮，而亦僅表其間，而此必其亡逸者也。今大夫禮云：設說如饗，謂其如不饗大夫之禮也，而又之經乃存是禮焉，此是逸之也明矣。又諸侯之有覲禮，但用于王所耳，若其邦交亦當有朝聘饗食之禮。又諸侯亦當有喪祭禮，而今皆無聞焉，是亦其亡逸者也。然此但以經之所存言禮之所可推而知之也，況其間又豈不有非此由此而言之，然是經之篇數不止於十七亦可見矣。記禮者之曰：經禮三百，曲禮三千。說謂經禮即十七篇之類也，其數乃至于三百者，蓋其合王朝與侯國之禮而言之與？蓋記謂曲禮、而又在經禮之外者、如內則少儀記之類是也。先王之世、人無貴賤、長無大小、皆有禮以行之、蓋以禮爲可厭、而事之記遺、故其數不容不如是之多也。去古既遠、而其記存者乃不能十一、可勝歎哉。繼而學者忽焉、晚讀此書、沉潛既久、忽若有得、每一開卷、心目之間如親見古人於其間揖遜周旋于其際。此書舊有鄭康成註、然其疏多爲難曉、學者不察也。竊獨刪其不合於經者、而存其不謬者、意義有未足、則取疏記或先儒之說補之、又未足、則附以一得之見焉、因名曰儀禮集說、其於初學之士、未必無小補云。

徵士邱吉甫先生葵

邱葵、字吉甫、福建同安人、宋亡、遯居海嶼中、刻志爲學、不求人知、著易解義、書直解、詩口義、春秋通義各數十卷，而周禮補亡一書尤參訂詳確，方知淳儒補考工記之誤。泰定中御史馬祖常薦之，終不及用而卒。

## 自序

周禮一書，周公為天地立心，為生民立命，為萬世開太平之書也。後之君臣每病其難行也，何居？蓋亦心謂周禮既亡，而劉歆當道行之，大壞矣；蘇綽又壞矣；王安石又壞矣。千四百年更三大壞，而後君臣病其難行。然則其終不可行乎？善哉，真西山之言曰：有周公之心，然後能行周禮；無周公之心而行之，則悖矣。周公之心何心也？堯舜禹湯文武之心也。以是為之，故能為天地立心，為生民立命，為萬世開太平也。歆也、綽也、安石也，無周公之心而行之之道，所以據之也。鄭賈諸儒於名物制度不為無功，而聖人微指經奧之秘，非濂洛之程氏、關中張氏、新安朱氏，其誰論說？不足數條，循得其經精微之蘊。蓋程張朱氏之學，周公之學也，故能得周公之心，而其當實賴以明矣。今制以六經取士，乃置周官於不用，使天下之士習周禮者皆棄而習他經，毋乃以冬官之缺為不全書與？夫冬官未嘗亡也，雜出於五官之屬。漢儒考古不深，遂以考工記補之。至宋淳熙間，俞庭椿始著復古編，新安朱氏一見以為冬官不亡，考索甚當，鄭賈以來，皆當斂衽退三舍。嘉熙間永嘉王次點又作周官補遺，由是周禮之六官，始得為全書。葵承二先生討論，復加之參訂，酌古今官錯見於五官中，實未嘗亡，而太平大典，燦然無失，張刊之梓木，以廣其傳。

其六吾友子存萃愛乾之意弟一毋維行入取士之科為周公之心以慕白
於天下後世者其匠之之破也
又曰唐虞建官惟百夏商官倍為周官至於三百六十今觀成王時以
周公以吾重太宰召公以吾重宗伯蘇忿生以温為司寇成王將崩有召
太保奭芮伯彤伯畢公衛侯毛公則其六卿中召公畢公毛公以上重三
公矣由其排之先王之制其職雖不廢其官未必一一皆設奈其大要如掌
葛徵絺綌掌染草徵染草掌荼徵荼掌炭徵炭角人徵齒角羽
人掌羽毛每官掌一事其其事未必有其官也軍司馬行司馬戎僕戎
右皆軍旅所用之甸祝田僕有田獵所用之有喪紀所用夏采喪祝
有盟會所用詛祝建邦國所用土方氏來遠方之民所用懷方氏先王豈

能以祿食養之之用之官，皆有可稽。後用數二時事乃析其用官曰三百六十者，六卿大數焉，不必皆六十也。天官六十有三，地官七十有九，春官七十，夏官六十有九，秋官六十有六，冬官全亡，漢儒以考工記補之。以獨每官其屬六十，爲天官羨三，地官羨十九，春官羨十，夏官羨九，秋官羨六，計其羨數凡四十七官，此正冬司空之屬，雜在五官者。秦火後不免缺殘，冬官乃全缺，五官宜有羨矣。自伯禹作司空，平水土以來，至周官之書，皆曰司空掌邦土，空乃以任土地之職，故掌之司徒職；方氏、形方氏、山師、川師、遂師之屬，皆乃歸之司馬；大小行人之職，皆乃歸之春官。似此之類，顛倒舛錯。俞廷椿、王次點皆以爲冬官不亡，錯見于五官中。余竊考之，果未嘗亡也。真西山、趙庸齋皆以爲然。次點之說，訂義有先儒所未發。且謂冬官未嘗亡。諸儒不能一辨，自漢以來，強以考工記補之，未有言其非者。乃以五官之屬其來文列于前，以合二先生所刪補者。參訂定為六官之屬。而於是周官三百六十屬犁然在目，而冬官之不亡信矣。

照前式抄

元儒學案

胡馬許儒學案

隱居胡身之先生三省

胡三省，字身之，浙江天台人。博學能文章，尤篤於史學。登宋寶祐四年進士。德祐元年，以賈似道辟，從軍蕪湖。言輒不用，及師潰，間道歸。宋亡，隱居不仕。著資治通鑑音注及釋文辨誤百餘卷。元史失其傳，不知卒于何時。據先生自序：德祐丙子，浙東兵驟，避地越之新昌，遭亂失其書。宋亡，先生亂定反室，復購得他本為之註，以乙酉徹編，蓋至元二十二年也。

通鑑音注前序

古者國有史以紀年書事，晉乘楚杌，不可復見。春秋經聖人手削，周轍既东二百四十二年事，昭如日星。秦滅諸侯，燒天下書，以國各有史刺譏其先，疾之尤甚。詩書所以復見者，諸儒能藏之屋壁。諸國史記各藏諸其國，國滅而史隨之。至漢時，獨有秦紀。太史公因春秋以為十二諸侯年表，因秦紀以為六國年表，三代則為世表。當其時，黃帝以來牒記猶存，具有年數。子長稽其歷譜牒，終始五德之傳，咸與古文乖異，且謂孔子序書略無年月，雖頗有，然多闕。夫子之弗論次，蓋其慎也。子長述夫子之意，故其表三代也，以世不以年。汲冢紀年出於晉太康初，編年相次，起自夏殷周，止魏哀王之二十年，此魏國史記，脫秦火之厄而晉得之，子長不及見也。子長之史，為紀表書傳世家，自班孟堅以下不能易。雖以紀紀年為本而略古，蓋其事分見志傳宜異也、自荀悅漢紀以下、紀年書事、世有其人、獨梁武帝通史至六百卷、侯景之亂、王僧辯平建業、與文德殿書七萬卷俱西、江陵之陷、其書燼焉、唐四庫書、編年四十一家、九百四十七卷、而王仲淹元經十五卷、蕭穎士依義類作傳百卷、逸矣、今四十一家存者復無幾、乙部書以遷固等書為正、編年類次之、蓋紀傳表志之書行、編年之書特以備乙庫之藏耳、宋英宗命司馬光論次歷代君臣事跡為編年一書、神宗以鑑於往事、有資治道、賜名資治通鑑、且為序其造端立意之由、溫公之意、專取關國家盛衰、繫生民休戚、善可為法、惡可為戒者以為是書、治平熙寧間、公與諸人議國事是非之日也、蕭曹畫一之辯不足以勝變法者之口、分司西京、不豫國論、專以史局為事、其忠憤感慨不

能自已於言也如智伯才德之論樊英名實之說唐太宗君臣之議樂李
德裕牛僧孺爭維州事之類是也至於黃幡綽石野豬俳諧之語猶書與
局官欲存之以示警此其微意後人不能盡知也編年豈徒哉世之論
者率曰經以載道史以記事史與經不可同日語也夫道無不在散於事
為之間因事之得失成敗可以知道之萬世亡弊史可少歟為人君而不
知通鑑則欲治而不知自治之源惡亂而不知防亂之術為人臣而不知
通鑑則上無以事君下無以治民為人子而不知通鑑則謀身必至於辱
先作事不足以垂後乃如用兵行師創法立制而不知迹古人之所以得鑑古
人之所以失則求勝而敗圖利而害此必然者也孔子序書斷自唐虞訖
文侯之命而繫之秦魯春秋則始於平王之四十九年左丘明傳春

秋止哀之二十七年、趙襄子惎智伯事、通鑑則書趙興智滅。以先事、以此見孔子定書而作春秋、通鑑之作實接春秋左氏後也。溫公遍閲舊史、旁採小説、抉擿幽隱、薈萃爲書、勞矣。而修書分屬、漢則劉攽、三國迄南北朝則劉恕、唐則范祖禹、各因其所長屬之、皆天下選也。歷十九年而成。則合十六代一千三百六十二年行事爲一書、豈一人心思耳目之力哉。公自言修通鑑成、惟王勝之借一讀、他人讀未盡一紙、已欠伸思睡。是正文二百九十四卷、有未能遍觀者矣。若考異三十卷、所以參訂羣書之異同、俾歸于一。目録三十卷、年經國緯、不特使諸國事雜然並録者、粲然有别而已、前代曆法之更造、天文之失行、實著於目録上方、是可以凡書目録觀邪。先君篤史學、每謂三省曰、史漢自服虔、應劭至三劉、注解多矣、章懷

注五代史、裴松之注陳壽書、雖間有音釋、其實廣異聞、補未備、以示博洽、
晉書之楊正衡、唐書之竇苹、董衝、吾無取焉、徐無黨注五代史、粗言歐
公書法義例、他未之及也、通鑑先有劉安世音義十卷、而世不傳、釋文
本出於蜀史炤、馮時行為之序、今海陵板本又有溫公之子康釋文、與
炤本大同小異、公休於書局為檢閱官、是其得溫公辟咡之教詔、劉、范諸
公群居之講明、不應乖刺乃爾、意海陵釋文非公休為之、蓋能判正字、三
省拱手對曰、願學焉、乃大肆力於是書、依陸德明經典釋文、釐為廣注
九十七卷、著論十篇、自周訖五代、略敘興亡大致、以考異及所註者散入通鑑
各文之下、歷法天文、則隨目錄所書而附註焉、凡紀事之本末、地名之同異、
州縣之建置離合、制度之因革損益、悉疏其所以然、若釋文之舛謬、悉

改正之，別著辯誤十二卷。嗚呼！注班書者多矣，晉灼集服、應之義而辯其當否，臣瓚總諸家之說而駁以己見。至小顏新注，則又譏服、應之疏紊，蘇、晉之剖斷，蓋多臣瓚之說，以舊注紕繆，自謂窮波討源，構會甄釋，無復遺恨，而劉氏兄弟之所以譏顏者，猶顏之議前人也。人苦不自覺，前注之失，吾知之，吾注之失，吾不能知也。又古人注書，文約而義見，今吾所注，博則博矣，反之於約，有未能焉。世運推遷，文公儒師，從而凋謝，吾無從而取正，或憑此以求學於中國，嘻，有志焉，吾衰矣。通鑑注序

通鑑釋文，今有史炤本，有公休本。史炤本，馮時行為之序；公休本，刻于海陵郡齋，前有序，後有跋，直冒公休假往姓名為己于卷首。又有成都府廣都縣費氏進修書院以通鑑于正文下附注，多本之史炤，間以己意

附之。世之人以其有註通鑑，謂之善本，亦稱龍爪通鑑。要之海陵釋文、龍爪註大同小異，皆蹈襲史炤者也。請詳其傳爲海陵本，乃託之公休以欺世，直託以誣指公休也。公休不容不一辨也。今觀海陵託刊公休釋文，以烏程爲烏元，據宋欽宗諱桓，請廣之。時公休沒已久，安得豫爲欽宗諱桓字耶？又謂南北史有地理志，是以爲李延壽南北史，不知於七史宋書、蕭齊書地里志爲隋書有五代志也。惟公休修通鑑，公休爲檢閱文字，後安得不見諸書耶？海陵釋文、費氏註，皆祗以史炤釋文爲藍本，其間變則易一字耳。費氏蜀中舊書家，固宜用炤釋刊行。若公休在史炤前數十年，炤書殊不及祖述公休，而公休乃反剽竊史炤者也。又其書中多淺陋者，並不考通鑑上下本文而妄爲之說者，有不得其句讀者，有不得其字義者，殊謬矣，愚已疏之於前，讀者詳之史炤偽可見矣。又有通鑑前例，此浙東提舉常平茶鹽司版本，乃公休之孫伋所編，亦云得於音釋並行于世。此書先人所撰，人所依以為信也。考伋之所據溫公與范夢得論修書二帖，及得之三衢李氏劉道原十一帖，又得之高文虎氏，伋取以編前例之條，其綱羅散失此傳以示。蓋溫公之薨，公休以毀卒，通鑑之學，其家無傳矣。洎京破，溫公之後曰植，植在金，以其書教之，及從其家而北，後莫知音問。紹興兩國講和，金使來問溫公家，始復用司馬伋為溫公孫，至所追訪溫公後之在江南者，得伋，乃公之從曾孫也，使奉公祀，伋於是其家學。凡言書出於司馬公者，必鋟梓以之，而不審其為時人傳會也。容齋隨筆曰：司馬季思知泉州，刻溫公集，有作中丞日彈王矣。胡三省注于四年，辨中丞、遼翰林為此年乃熙寧三年也。

人所誤，不審耳。李思假字也，以此證之，明假以音釋出于其先，然以讀

讀者例皆不之正耳，亦為妄人所誤也。今時呂實者所撰通鑑直音，自

妄改以為南人有廬陵郭仲山直音，又有閩本直音，直音者，家（寔）誤讀

字，未曉聞其考據其文史，不論四聲翻切，各自以土音為之音，乎讀皆

為失其正音，亦有因土音而失其本至於大誤。遼此不能詳辨而已，今一一辨

誤為之休。斯理以為休本大海陵本，孰於本為鄭氏本，先儒史炤之誤，二

本與之同。其別於注其下同。雖從一一明其說而悟乎？是以直音之誤，謬皆舉為

不錄云。（通鑑釋文辨誤序）

按注中凡稱宋皆曰本，猶曰我宋，其釋地理皆用宋州縣名。惟一百九十七卷貞觀年城注曰大元遼陽府，鼎遼東城下注曰今大元遼陽府。二百六十八卷順州下曰大元順州，領懷柔、密雲二縣。二百八十六卷錦州下曰陳元靚云大元於錦州置臨海節度，領永樂、安昌、興城

神水四庫屬大宗存題，二百八十八卷，建刊下曰陳元龍云，大元建刊，頤王平永霸
二卷，屬大宗存題，以宋元此地，如彝元云

翁按馬竹洲先生端臨

馬端臨，字貴與，江西樂平人。父廷鸞，宋咸淳中，官右丞相，時係寧曹溯精論朱子學，先生從之游，師承有自，以蔭補承事郎。宋亡不仕，著文獻通考，自序云本宋杜佑通典之闕，二十餘年乃成。仁宗延祐四年，遣使人王壽延衍乃訪有道之士，至饒州路，錄其書上進，詔官為鋟板，以廣其傳，仍令先生親賫齋所著稿本赴路校勘。英宗至治二年，杜端立先生留夢炎為吏部尚書，與先生之父在宋為同相，召致先生能用之，以親老辭。及父卒，積和為慈湖材、二書院山長，翁按台州路，三月引年，終老于家。

昔荀卿子曰：欲觀乎聖王之迹，則於其粲然者矣，後王是也。王之道而論於百王之前，若端拜而議。於是考制度、審憲章，博聞而強識之，固通儒事也。詩書春秋之後，惟太史公號稱良史，作為紀傳書表。紀傳以述理亂興衰，八書以述典章經制，後之執筆操簡牘者卒不能易其体。然自班孟堅而後，斷代為史，無會通因仍之道，讀者病之。至司馬溫公作通鑑，取千三百餘年之事迹，十七史之紀述，萃為一書，然後學者開卷之餘，古今咸在。然公之書，詳於理亂興衰，而略於典章經制，非公之智有所不逮也，簡編浩如烟埃，著述自有体要，其勢不能以兩得也。竊嘗以為理亂興衰，不相因者也。晉之得國異乎漢，隋之喪邦殊乎唐，代各有史，自足以該一代之始終，無以參稽互察為也。

典章經制，實相因者也。殷因夏，周因殷，繼周者之損益，百世可知，聖人蓋已預言之矣。爰自秦漢以至唐宋，禮樂兵刑之制，賦斂選舉之規，以及官名之更張，地理之沿革，雖其終不能以盡同，而其初亦不能以遽異。如漢之朝儀官制，本秦規也；唐之府衛租庸，本周制也。其變通張弛之故，非融會錯綜，原始要終而推尋之，固未易言也。其不相因者，猶有溫公之成書，而其本相因者，顧無其書，獨非後學之所宜究心乎。唐岐公杜佑作通典，肇自上古以至唐之天寶，凡歷代因革之故，粲然可考。其後宋白嘗續其書，至周顯德；近代魏了翁又作國朝通典。然宋之書成而傳習者少，魏嘗屬稿而未成。今行於世者，獨杜氏之書耳，天寶以後蓋闕焉。有如杜書綱領宏大，考訂該洽，固無以議爲

古今述有詳畧則夫節目之間未為明備而去取之際頗欠
遺憾焉蓋古者因田制賦賦乃米粟之屬非可析於田制之外也古者
任土作貢貢乃包篚之屬非可雜於稅法之中也乃若敍選舉則秀孝
與銓選不分敍典禮則經文與傳注相汩敍兵則盡遺賦調之規而姑及
成敗之迹諸如此類寧免小疵至於天文五行藝文歷代史各有志而通典
無述王侯之國馬班二史各有諸侯列侯表范曄東漢書以後無之然歷代封建
王侯未嘗廢也王溥作唐及五代會要首立帝系一門以敍各帝歷年之
久近傳授之始末次及后妃皇子公主之名氏封爵後之編會要者倣之而
唐以前則無其書凡是二者蓋歷代之統紀典章係焉而杜書亦復不及則亦未
為集著述之大成也愚自早歲蓋嘗有志於綴緝顧百憂薰心三餘稍暇

等已闕汲綆不傳世復散以斯文自詭昔夫子言夏殷之禮而深慨文
獻之不足徵釋者曰文典籍也獻賢人也生乎千百載之後而欲尚論千
百載之前非史傳之實錄具存何以稽考儒先之緒言未遠足資討論
雖聖人亦不能臆為之說也竊伏自念業紹箕裘家藏墳索插架
之收儲趣庭之問答其於文獻蓋庶幾焉嘗恐一旦散軼失墜無以
屬來哲是以忘其固陋輒加考評旁搜遠紹門分彙別曰田賦曰錢
幣曰戶口曰職役曰征榷曰市糴曰土貢曰國用曰選舉曰學校曰
職官曰郊社曰宗廟曰王禮曰樂曰兵曰刑曰輿地曰四裔俱倣通典之
成規自天寶以前則增益其事跡之所未備離析其門類之所未
詳自天寶以後至宋嘉定之末則續而成之

象緯曰物異、則通典元未嘗論述元采摭
則本之經史而參以歷代會要及百家傳記之書、信而有證者從之、
乖異傳疑者不錄、所謂文也、凡論事則先取當時臣僚之奏疏、次及近代諸
儒之評論、以至名流之燕談、稗官之紀錄、凡一話一言可以訂典故之得失、
證史傳之是非者、則採而錄之、所謂獻也、其載諸史傳之紀錄而可疑、稽
諸先儒之論辯而未當者、研精覃思、悠然有得、則竊以己意附其後焉、
命曰文獻通考、為門二十有四、為卷三百四十有八、其每門著述之成規、考
訂之新意、則各以小序詳之、昔江淹有言、修史之難、無出於志、誠以志者
憲章之所繫、非老於典故者不能為也、陳壽號善敘述、李延壽亦稱究悉
舊事、然所著二史俱有紀傳而不克作志、重其事也、況上下數千年、貫串二十

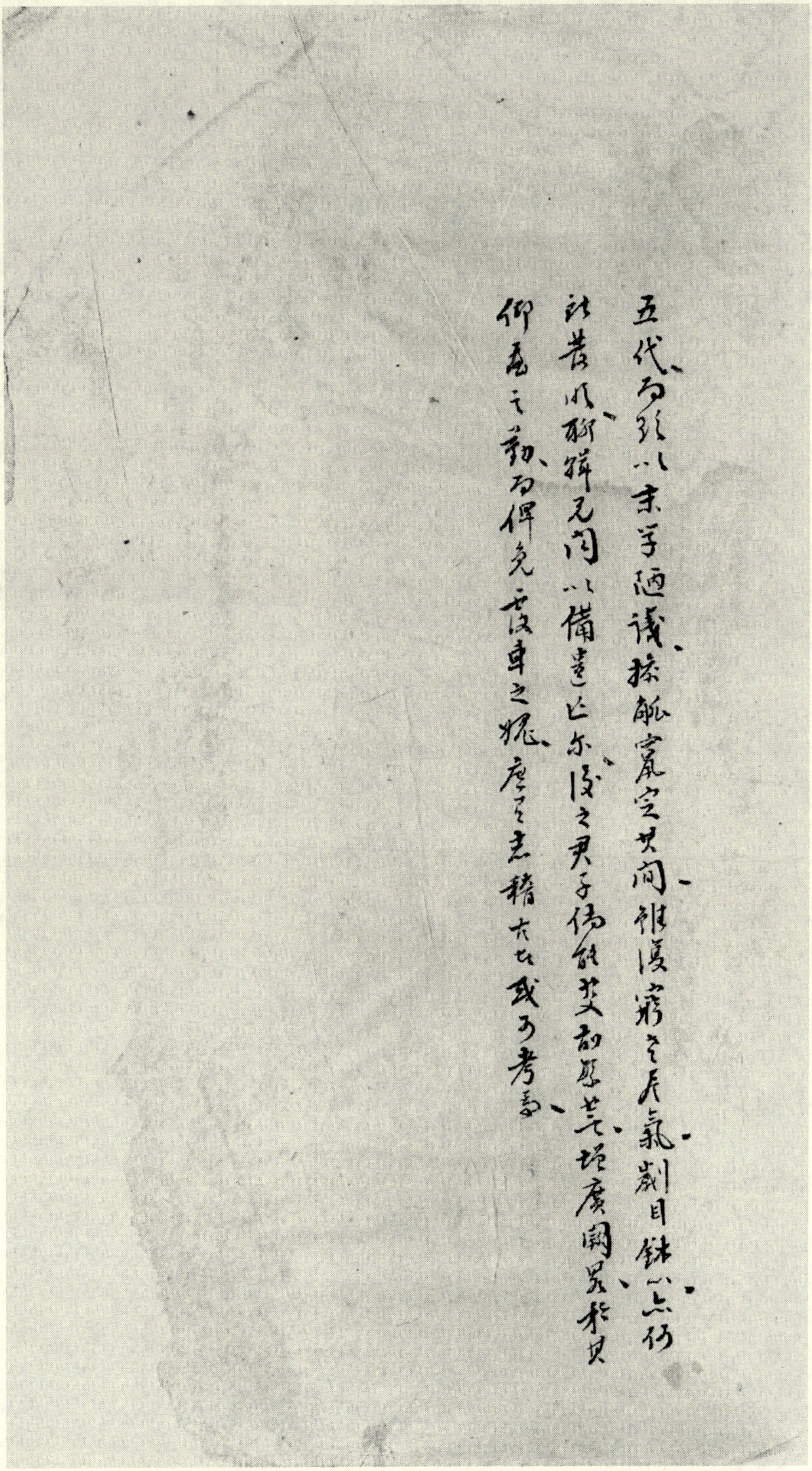

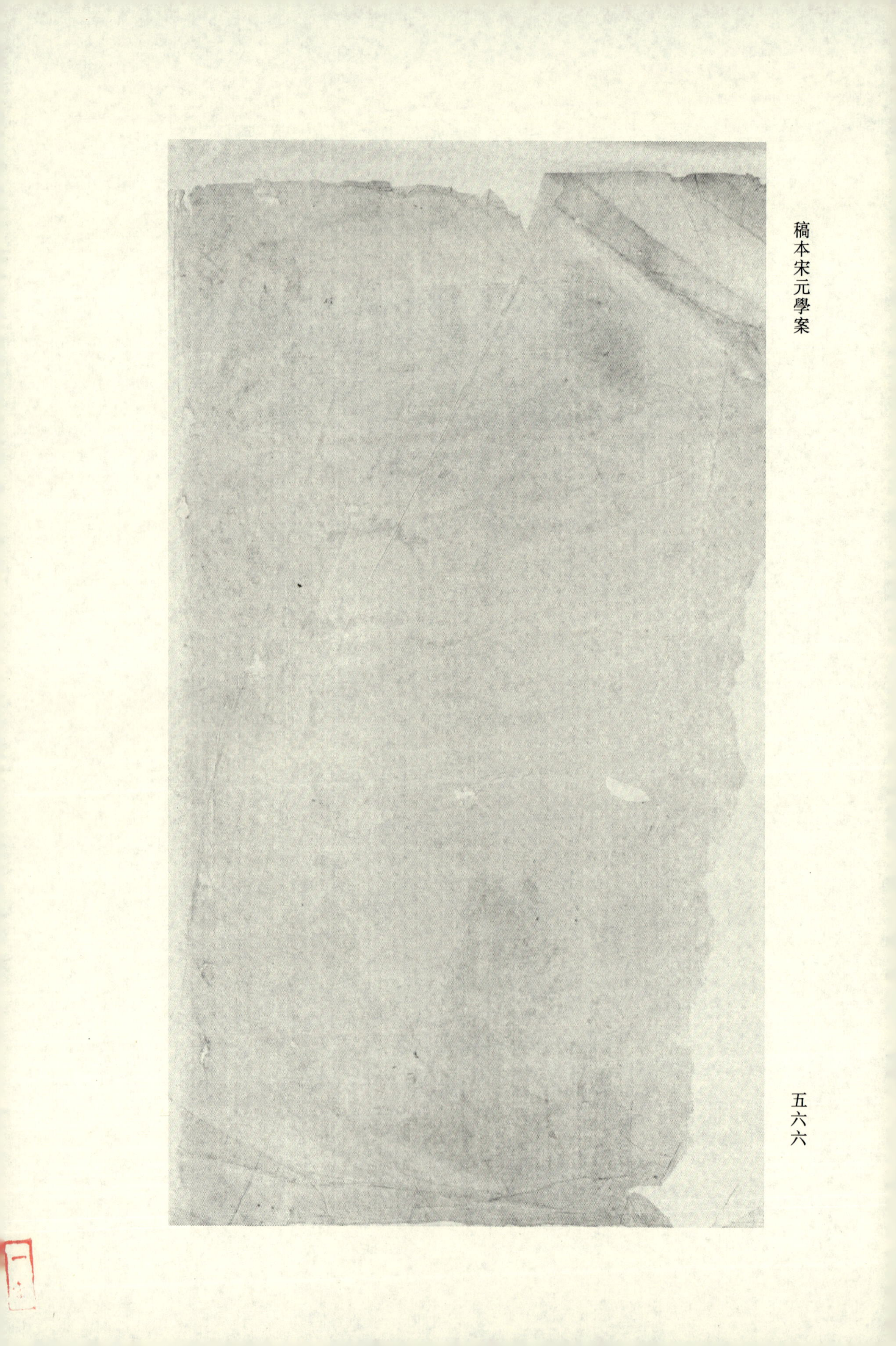

# 稿本宋元學案

（清）黄宗羲 黄百家 撰

5

國家圖書館出版社

# 第五册目録

# 稿本宋元學案

（五）

（清）黄宗羲 黄百家 撰 （清）全祖望 續纂

（清）黄璋等 校補

稿本

第十五册 香溪 蛟峯 金溪 學案

黄梨洲宋元學案 元孫稺圭校補稿

第十五本

○

香溪學案

蛟峯學案

金溪學案

照武抄

# 香溪學案

## 香溪范先生浚

范浚字茂明蘭谿人也世家膴仕先生獨不近榮利篤志聖賢之學以治心養氣為本紹興中以賢良荐因秦氏當國不起閉門講道危坐一室塵几敗帷處之泰然學者稱為香谿先生先生之文世之所取誦習者朱子所取心箴而已他罕有知者元

之胡仲子始表章之謂其多超然自得之語不獨心箴也朱子謂先生不知從誰學按先生荅潘嘿成書云膚受末學本無師承所自喜者徒以師心謀道尚見古人自得之意不劫〻為世俗趨慕耳然則先生之學所謂得之遺經者也顧當南北宋之交關洛之書盛行浙東永嘉九先生而後嘿成一輩多屬揚尹之徒先生所為文集若未嘗見關洛諸公書者故絕口不及也而其言則多與之合先生又及與嘿成交此事之不可解者要之是時學者如閩之支離先生陸亦頗屏山先生劉彥沖以及先生皆承伊洛之風而出者雖不在見知聞知之列而同車合轍可謂豪傑之士也所著有香溪集三十二卷抑予讀先生進

策五卷及上李丞相書五卷則甚有志于用世特以其志時之不可而自晦耳固非石隱者流也

舜跖圖說

善利之念起于心者其始甚微而其得失之相去也若九地之下與重天之顛雖舜也一罔念而狂雖跖也一克念而聖于危微之際得之

進學齋銘

古之人進乎進知至至之止乎止知止止之不進不止不止不能不進

恥說

孟子曰恥之于人大矣夫恥入道之端也人之知非而恥者必惕然動乎中赧然見乎色瞿然見乎四體是孰使之然哉其必有覺之者矣然則無恥則無覺與木石等耻之為義不大哉然有是恥心而能充之者千百有一焉穿窬士所恥也而所以恥穿窬之心則不能充故于穿窬則恥于穿窬之類則不恥孔子曰色厲而內荏其猶穿窬之盜又曰情疏而貌親在小人則穿窬之盜也孟子亦云以言餂以不言餂皆穿窬之類也聖賢之于恥心必使人充之如此故曰恥入道之端也

## 悔說

傳有之曰日悔昨月悔朔至哉古人之善學也人非堯舜不能

每事盡善惟過而悔〻而改則所以為過者亡矣古之聖賢未有不由悔而成者成湯悔故改過不吝太甲悔故自怨自艾仲尼悔故曰于予與改是顏淵悔故有不善未嘗不知〻之未嘗復行子路悔故人告之以過則喜子夏悔故投杖而拜曾子曰吾過矣然非必失諸言行而悔之也過生于心則即悔〻勿復矣失諸言行而已矣

## 題貨殖傳

高帝誅項籍〻圍魯〻諸儒尚講習絃歌不絕可謂信之篤守之固矣人之所甚畏者死也死且不奪更何物足以移之逮魯邴氏以鐵冶起富至巨萬魯人于是多歆慕之去文學而趨利

至使世謂魯人好財利甚于周人利之能敗人也如此

性論

天降衷曰命人受之曰性性之所存曰心惟心無外有外非心惟性無僞有僞非性也僞而有外者曰意意人之私也按此于意之義未融然六自有見

太甲三篇論

守約是儉德儉于聽可以養虛儉于視可以養神儉于言可以養氣凡儉皆可以悠久而無窮

修印齋字義

平翻讀

慎獨齋記

人誰不欲使人謂正人君子而卒不免為常人至或陷于大惡

者患在心違其貌而安于自欺夫人之自欺非一知善之可好而勿爲是自欺知不善之可惡而姑爲之是自欺實無是善而貪其名是自欺實有是惡而辭以過是自欺實所不知而曰我知之是自欺色取而居之不疑是自欺求諸人而無諸已是自欺有諸已而非諸人是自欺其目殆未可殫言而悉數也彼欲以欺人而不知一日之間自欺者實多而欺人者不能十一且未能欺人而先自欺幾何不陷于大惡耶夫人有欲心輒形于聲有欲炙心輒形于色有想心目動而言肆有異心視遠而足高其心甚微而形于外者已不可揜如此乃欲揜其不善而著其善自欺孰甚焉是以古之學者必慎獨不覩不聞所謂獨也

養正齋記

今人平旦出門牽事逐食營為百緒暮必歸居以休其身然方動作疲劇昏睡寤起則遽如昨彼其心事騖擾冥迷流浪曾不少自存省是知休其身不知休其心夫人生而有知不學則愚愚則視不明聽不聰思不達雖有知猶無知也既學矣不得其正則哆哆然緣目而逐色緣耳而逐聲緣思而逐欲所以禍其生者殆有甚于不學而愚是以君子正之為貴夫人受命于天正性本具君子保之斃而後已由是則可以無愧于天且萬物散殊形生氣化未有無正性者石可破不可奪其堅丹可磨不可奪其赤霜雪大摯松色猶茂風雨晝晦雞鳴自如物且不

移人其可失正乎易于蒙曰養正于頤頤曰養正頤養也而蒙為物穉欲得其養又其互體自二至上有頤象故異卦而同辭古之人見正事聞正言習正人邪室不坐邪蓆不食行容必直立容不跛不傾聽不詖視皆所以養正而其要則先正其心是為聖之功也水未必遽至于海言水者必期于海學未必遽至于聖言學者必本于聖蓋道無本末趨進唯喏掬溜播灑幼學也而上達之理存焉勉之哉

拙嬾軒記

學者之患莫大乎自足而已曰學如是〻亦足矣辟猶揭流涉波溯沿上下不出于斷潢絶港以為舉天下之觀水者皆莫吾

若使之浮滄江並溟渤渺瀰汗漫不見涯際彼將悵悔自失自比于蹄涔杯坳之不暇然則世之畧自標異者庸非不學者之過也哉

永嘉縣不欺堂記

宴坐虛堂如臨上官如面重客如前民眡而後胥徒視一克念如諧羣言患一失念如耳道謗不欺如是則可以對越鬼神洞開金石況此民其寧或我欺乎

自牧齋記

夫人之生固有物焉混然天成在善養無害而已以利[理]制之懼其放也戒物之感懼其誘也居之虛靜之地欲其安也飲天和

如甘泉味道腴如荐草懲忿窒慾如去敗羣致一不二如惡多岐勉之慎之曰自牧之

三益齋記

凡益之道非能贅夫固有而增多之也惟性至大初無間斷益動而巽日進無疆則凡德之裕皆所固有易曰益長裕而不設益豈由人乎哉惟夫短于自知故友直不足于信故友諒未學寡陋故友多聞然卒所以得益皆在我不在彼也

存心齋記

學者覺也覺由于心心且不存何覺之有人之念慮横生擾擾萬緒羨慕躭嗜歆惡恒嫉得喪欣戚觖望忿恨怵迫憂懼凡私

意妄識交午叢集紛紜于中汩亂變遷無或寧止雖𥧌交夢見亦且顛冥迷憒悠揚流遁彼其方寸蕩揺如疾風振海濤浪洶湧求一息之安且不可得則存其心不亦難乎然彼紛紜于中者浮念耳邪思耳物交而引之耳雖百慮煩擾而所謂至靜者固自若也故孟子曰養心莫善于寡欲使不誘于外此存心之權輿也至若藏心于淵則必有事焉而勿正能于勿忘勿助之間嘿識乎所謂至靜者此存心之奥也凡學始于存心中于盡心終于盡性方其存心也猶有存之者焉非所謂盡心未能盡心安知其性蓋心既盡而空澗清明然後知性之為性皆天理也

訥齋記

古之學者用心于内深造自得默識神解何暇事無益之言哉

答胡英彦書

韓退之曰世無孔子不當在弟子之列豈知得師之義乎孔子學無常師大而師天地故上律天時下襲水土小而師萬物故于山樂其高于水取其有本于易之象詩之比興凡物理之見于經者舉取之上而師古聖賢祖述堯舜憲章文武竊比于老彭下而于人無所不師故曰三人行必有我師焉豈必弟子云乎哉大抵古人之學不越乎窮理〻之所存師之所存也喬梓父子之師也棠棣兄弟之師也嚶鳴朋友之師也羔羊跪乳有

禮之師也蛾子時術進學之師也石泉潛流而清慎獨之師也勁松淩寒而秀厲操之師也蘭之馨鮑之臭善惡之師也有是物必有是師理無非吾師況在人乎見舌而知守柔顧影而知持後于吾身猶得師焉況在人乎退之于是乎失言

答羅駿夫

處人所難處始見學力至與未至士當以弘毅自期乃能任重而力行不怠居困而心亨自如令人質既薄學且不固一落莫則大戚戚以悶苟可脫寒餓而濟其欲者無不為也不知士君子所謂窮特其人窮耳其人之天孰能窮之是心如太虛外物如浮雲浮雲有去來（太虛）外物無得喪明此雖臨死生如坦途況外物乎

外物乎

外物二字應是太虛

接抄下頁

均照添一行

香溪門人

（范端臣）范端臣字元卿香溪先生從子也（范氏子弟多）從學于香溪（者而元卿）最有名于時成紹興進士累官至中書舍人酷嗜學雖入官不少息書法歷遡篆隸以來諸體無弗工學者稱為蒙齋先生所著有蒙齋集

（虞唐佐）虞唐佐字堯卿盈川人也從學于香谿者十年中淳而外謹刻意問學善領略香谿稱其十年不異一日也

（柴喆）柴喆字吉卿永豐人也束書從學于香溪得聞物理性命之學洒然以喜其有志于治心養氣蓋惓惓也

（陳九言）陳九言字叔永義烏人也香谿之兄孫壻曰從之學養親讀書香谿稱其有志而能勉于行亦自修之士也

郘恂字信子壽昌人也香谿稱其趣向甚端植志甚篤用力于存心之學

高旃者蘭谿人也其父庶善訓子嘗謂香谿曰兒材下所望先生教以行已之一二世有挾藝射料速化之術非所敢望也香溪稱其知本而旃持身謹慎卒為范門高弟

張龜年諸暨人也香溪稱其胸中易直無歧徑服習不解為同舍生所推重

范處義字逸齋香溪先生之後也以進士累官殿中侍御史精于經學所著有詩補傳解頤新語等書私淑于蒙齋之門者也

照前式抄

# 蛟峯學案

○○蛟峯方先生逢辰

方逢辰字君錫淳安人也學者稱為蛟峯先生元名夢魁淳祐九年進士第一御筆特賜改名尚未授官適二御史以忤鄭清之去國已而雷震先生上書曰伏覩御筆以雷發非時避殿減膳恤民而獨無求言一條天下恬之以廟堂為監謗所貴乎大

臣者以道事君不可則止今君嗣未定大臣不能贊之土木方新大臣不能爭之貨臣聚歛大臣不能監之敵國徉適大臣無以備之顛而不扶危而不持則具臣而已矣聞大臣累疏乞閑而未可其請留之益堅攻之愈衆乃所以招天下之議非所以愛之也疏上舉朝偉之釋褐平江簽判講學于和靖書院寶祐元年以正字召海州喪師制使賈似道以捷聞降詔奬諭先生上書海州之事三尺童子能言之而師臣抗章來辨以一去懸恐朝廷較之楊國忠又甚焉萬世之議即未暇卹四鄰咲我何以立國于是似道之恨先生自此始二年除校書郎理宗信用宦監儲君尚幼先生疏言大本猶豫之秋豈無旁睨蜉蝣之憾

甫節之炎〻難度其心平勃之屹〻當儲其後又曰天下有貧郡而無貧太守有貧國家而無貧邸第南司貧而北司之應奉不貧百姓貧而緇黃之廬宅不貧如此類者不可枚舉至于挾小材以濟大貪者于陛下之近親有依憑焉于陛下之宮中有承受焉于陛下之左右有游譽焉尚伺陛下之好惡喜怒以媒其身陛下曰某人能某人廉或畀麾或授節曰吾自除吏也而不知西園之諧價固有從旁而竊威福者矣又曰京師邦家之根本王畿四方之命脉此天下所恃以為國者京有尹畿有漕所以使培護根本愛養命脉也豈願其撥而戕之哉迩年為是官者不過為奄竪輩一大承受耳無名宣頭真偽莫詰非時取

索隱慝莫稽誰敢抗撊以取禍者仇士良教其徒曰天子不可
令閑暇莫若以財貨聲色蠱其心使不及他事令此曹皇〻汲
汲前之藻稅未休後之丹雘又起陛下方以其動適吾意而不
知此正士良之策也師漕兩司疲于應奉之不給帑庫亦立廩
如垂罄職此之由萬一幾旬之內有一旦警急不知何以趣辦
何所倚仗乎如將救之顛斷自今日掃除蠱冗然後可為緩急
之備也三年又上疏曰善處急者不以急而震天下亦不以暇
而愚天下夫天下之勢固不可激尤不可偷勢急矣吾又示之
以急則失之激故不容不暇以歷之此豈真暇哉當為皇〻之
急不當為悠〻之偷古之人有為之者莫窘于淮淝而談笑于

矣棋莫迫于新亭而從容于就席此之謂不以急而震天下然外示談笑而内必有以神其指授之略陽示從容陰必有以伐其壁後之謀此之謂不以暇而愚天下故處急必以暇處暇必以急不然天下之憂端未艾也又曰天下貴有以自謀不可以隣國之存亡為安危貴有以自備不可以敵國之緩急為喜愠善為謀者不依于人善為備者不制于人不然萬一鄰國陽示安枕以紿我而假敵以道膽可嗟乎胡不移其揣摩他人者而自謀自備乎湖山之役日蹙不與敵上疏曰今與敵對境我無一日謀敵而敵無一日不謀我我之所築土妖血山彼之所築金城鐵壁彼之所築奪我之地為之我之所築奪民之地為之人

疏云倫邊之事必争浮光然後可以全兩淮而保長江必守襄樊然後可以招光化而全江陵夫淮之猶可守可耕者以有河也令彼涉河而築浮光乃吾户内若其生聚教訓于斯日夜出騎以挠我淮東西俱不可耕矣故當盡力以争浮光使彼不得以窂其巢則兩淮猶可安枕也襄樊不守則江陵為孤注豈尚足恃故當必以死守襄樊則北可拒光化而南可全江陵時不能用訖宋之世先生之言無不應洪天錫劾内監不行而去先生貽書宰相勸其行申屠嘉之事又疏言臺臣欲為國家去厲鬼以除膏上肓下之疾陛下愛國家反不如愛二豎乎漢唐之季閹竪罪大惡極朝廷不能誅天下必有起而誅之者又曰小人

之術忌憚在外廷若外廷攻之而絀則此外曹無復忌憚而無
君之心動矣上以其激烈惡之先生求之董丞相槐留之先生
嘆曰丞相且自為防已而丞相亦被逐除著作郎為丁大全之
黨所論罷未幾程丞相元鳳疏薦知寧國府復以論罷杜門說說
易開慶元年大全敗理宗強起吳丞相潛首荐先生為著作郎
明年尚權左郎官是時大全之黨有所謂六賊者尚存國博徐
庚金等相繼上書以乞誅以謝天下而上庇之宣諭丞相不當
汲引庚金等議論紛紜丞相抗疏言之上自是怒先是鄂州危
急似道提師江陵密奏欲請下流兵權上以鬪丞相丞相謂鄂
以上境既屬似道鄂以下宜屬趙葵而上不從于是上與賈密

相往復丞相不得與聞而又以丞相不知遞報為罪夜半片紙中出與郡于是先生上疏曰天下所同好我獨惡之天下所同非我獨是之則為人上者亦難知矣上易知則下親上難知則下畏下親則上安下畏則上孤窘急而求之一緩而遣之歸呼而進之一進而退之旁觀沮縮何以作人任事之氣乎上問為誰先生奏言臣不敢直指願陛下曲回天怒以安中外上首肯之然未幾似道入朝而丞相終不免有循州之行先生亦論罷矣于是徐庚金指先生講學于金華遣有詔以先生知婺州復為似道之黨所論罷先生歸講學于淳安已而除知嘉興府以論罷知瑞州又以論罷度宗即位以司封郎名尋兼直舍人院

請以朝臣為知縣如天聖紹興法用胡安國之言以均田稅正版籍均力役勸農桑崇孝弟訓士卒除盜賊為考課法有詔從之而不行三遷以秘閣修撰提刑江東信州軍亂或語先生無往先生單騎入城密訪亂卒姓名調諸寨銳卒禽之一軍帖然晉集英修撰持江西漕節時欲以銅錢一當十令江西先行之疏陳其害得止凡所至輒與諸生講學于是歷權兵部侍郎兼侍讀遷吏部侍郎賜石峽書院額以丁艱歸自是凡四召至禮部尚書皆不赴而宋亡元人召之亦不赴至元二十八年卒所著有孝經解一卷易外傳尚書釋傳中庸大學注釋若干卷格物入門一卷蛟峯集六卷以格物為窮理之本以篤行為修已

之實終身顧未嘗有師承淳安之學皆宗陸氏而先生獨為别派也

石峽書院講義

先儒論仁最善名狀者無如謝上蔡指草木之核種之即生道以為仁其中一色皆生理也雖然此特借草木之核而言耳人之核安在曰心天地之核安在曰人夫生生不息者天地之心也然甚心不能直遂必以託諸人人得天地之氣以為形得天地之理以為性故萬物皆備于我而天地之所以生生者實寄吾性分之内天高地下一日無人則天地特塊然者耳故孟子曰仁也者人也二物相配之為合仁以性言人以形言仁固所

以為人之理人則所以載是理而行之者故曰合而言之則道也然則天地以此心寄諸人豈徒然哉許多道理皆要從人心上抽迸出來如草木勾萌自有勃然不可遏者羞惡辭讓是非之心迸裂而出上蔡曰活者為仁死者為不仁人心不仁則天地之心亦死矣故孟子又曰仁人心也七篇之書自首至尾切切為以陷溺人心為憂凡教人曰存曰養曰盡曰求曰心之端曰心之官曰根心曰生心曰物之長短心為甚直指人之識痛癢有知覺處示之非便以知覺痛癢為仁特欲其切己省察而救活其本心也不然死灰而已槁木而已此之謂不仁莊列之徒正坐此病

勤有堂記

世有以頓悟為道以鹵莽滅裂為學者其說謂不由階級不假修為以致知格物為支離以躐等淩節為易簡以日就月將為初學以真積力久為鈍才匪徒誣人亦以自誣天下未有一超徑詣忽焉而為聖賢者也

常州路重修儒學記

四書為根本六經為律令格物致知以窮此理誠意正心以體此理學之博以積之返之約以一之

潁州興國先賢祠記

二程未嘗一語及太極或遂疑非元公之書不知所謂太極豈

心盡在圖二程教人日用切近莫非太極也故曰道不離器

跋地理心機

諺曰一世識陰陽三世翁無壙墓塲此為不識陰陽之理者發欲識其理則程子五患之外莫非佳山佳水

頂格添一行蛟峰弟子四字 第二行 山房方先生逢振

方逢振字君玉云—

接抄下頁

方逢振字君玉蛟峯先生弟也景定三年進士官至太府寺簿宋亡蛟峯隱于石峡先生隱于鳳潭元人以淮西北道僉事起之不赴蛟峯卒先生嗣主石峡講席申明蛟峯之學學者稱為山房先生配享書院中

魏新之字石川桐廬人也受業于蛟峯咸淳七年進士為鄞教授宋亡隱居不仕與同里孫潼發袁易稱為三先生

邵桂字古香淳安人也

蔣沐東陽人也築横城精舍以延蛟峯其後子孫世講學多登許文懿黄文献公之門

方一夔

方一夔字時佐蛟峯先生孫也隱居富山學者稱為富山先生主石峽講席所著有富山集

館抄

照前式抄

宋儒學案卷

# 金溪學案

百家謹案子輿氏後千有餘載纘斯道之墜緒者忽破暗而有周程周程之後曾未幾旋有朱陸誠異數也然而陸主乎尊德性謂先立乎其大則反身自得百川會歸矣朱主乎道問學謂物理既窮則吾知自致滃霧消融矣二先生之立教不同然如詔入室者雖東西異戶及至室中則一也何兩家弟子不深體究出奴入主論辨紛紛而至今借媒此徑者動以朱陸之辨同辨異高自位置為岑樓之寸木不觀諸葛誠之書云示諭競辨之論三復悵然愚深欲勸同志者兼取兩家之長不輕相詆毀就有未合亦且置勿論而力勉于吾之所急又復包顯道書南渡以來八字著脚理會實工夫者惟某與陸子靜二人而已某實敬其為人老兄未可以輕議之也世儒之紛紛競辨朱陸者

曷勿即觀朱子之言

低二格

○梭山陸子美先生九韶

陸九韶字子美不事場屋與學者講學梭山因號梭山居士謂晦翁太極圖說與通書不類疑非周子所為不然則或是其學未成時所作不然則或是傳他人之文後人不辨也蓋通書理性命章言中焉止矣二氣五行化生萬物五殊二實二本則一曰一曰中即太極也未嘗于其上加無極二字動靜章言五行陰陽太極亦無無極之文假令太極圖說是其所傳或其少時所作則作通書時不言無極蓋已知其說之非矣晦翁不以為然先生以其求勝不求益不復致辯詒舉遺逸諸司以先生應

不赴臨終自撰喪禮戒不得銘墓有文集曰梭山日記

梭山日記

太極圖說與通書不類非周子所爲不然或是其學未成時所作不然則或是其傳他人之文後人不辨也蓋通書理性命章言中焉止矣二氣五行化生萬物五殊二實二本則一曰一曰中即太極也未嘗於其上加無極字動靜章言五行太極陰陽亦無無極之文假令太極圖是其所傳或其少時所作則作通書時不言無極蓋已知其說之非矣

附錄

朱子與梭山先生書　伏承示諭太極之失及省從前所論却

恐長者從初便忽其言不曾致思只據自家所見道理爲是不知却元來未到他地位而便以己見輕肆抵排也今亦不暇細論即如太極篇首一句最是長者所深排然殊不知不言無極則太極同于一物而不足爲萬化之根不言太極則無極淪于空寂而不能爲萬化之根只此一句便見其下語精密微妙無窮而向下所說許多道理條貫脉絡井井不亂只今便在目前而亘古亘今攧撲不破只恐自家見得未曾如此分明直捷則其所可疑者乃在此而不在彼也大抵古之聖賢千言萬語只是要人明得此理此理既明則不務立論而所言無非義理之言不務立行而所行無非義理之實

第一行頂格
以後均低一格

無有初無此理而始為此言以救時俗之弊者不知子靜相會曾以此話仔細商量否近見其所論王通續經之說似亦未免此病也此間近日絕難得江西便草草布此卻託子靜轉致但以來書半年方達推之未知何時可到耳如有未當切望痛與指摘剖析見教理到之言不得不服也

此低二格

按顧諟案先生嘗有書與紫陽言太極圖說非正曲加扶綴終為病根意謂不當于太極上加無極二字紫陽答是書而先生之原書不可得見故載紫陽書入附錄中

朱子又與梭山書　前書示諭太極之說反復詳盡然此恐未必生于氣習之偏但是急迫看人文字未及盡彼之情而欲遽申己意是以輕于立論徒為多說而未必果當于理爾且

如太極之說熹謂周先生之意恐學者錯認太極別為一物故著無極二字以明之此是推原前賢立言之本意所以不厭重複蓋有深指而來諭便謂熹以太極下同一物是則非惟不盡周先生之妙旨而於熹之淺陋妄說亦未察其情矣又謂著無極字便有虛無好高之弊則未知尊兄所謂太極是有形器之物耶無形器之物耶若果無形而但有理則無極即是無形太極即是有理明矣又安得為虛無而好高乎熹之愚陋竊願尊兄少賜反復寬心游意必使於其所說如出于吾之所為者而無纖芥之疑然後可以發言立論而斷其可否則其為辨也不煩而理之所在無不得矣若一以急

迫之意求之則於察理已不能精而于彼之情又不詳盡則徒為紛紛而雖欲不差不可得矣然此迫急即是來諭所謂氣質之弊蓋所論之差處雖不在此然其所以差者則原于此而不可誣矣不審尊意以為如何子靜歸未必朝夕得款聚前書所謂異論卒不能合者當已有定說矣恨不得側聽其旁時效管窺以求切磋之益也

○顧諟謹案此紫陽答先生之第二書也知

○先生又有書答紫陽前書今亦不可得見

象山與朱子書　往歲覽尊兄與梭山家兄書嘗因南豐便人僭易致區區蒙復書許以辛請不勝幸甚古之聖賢惟理是視堯舜之聖而詢于芻蕘曾子之易簀蓋得于執燭之童子

蒙九二曰納婦言苟常于理雖婦人孺子之言所不棄也孟子曰盡信書不如無書吾于武成取二三策而已矣或乖理致雖出古書不敢盡信也智者千慮或有一失愚者千慮或有一得人言豈可忽哉梭山疑謂太極圖說與通書不類疑非周子所為不然則或是其學未成時所作不然則或是傳他人之文後人不辨也蓋通書理性命章言中焉止矣二氣五行化生萬物五殊二實二本則一曰一曰中即太極也未嘗於其上加無極字動靜章言五行陰陽太極亦無無極之文假令太極圖說是其所傳或其少時所作則作通書時不言無極蓋已知其說之非矣此言殆未可忽也兄謂梭山急

以此均低一格

以上均低一格

迫看人文字未能盡彼之情而欲遽申己意是以輕于立論
徒為多說而未必果當于理大學曰無諸己而後非諸人人
無古今智愚賢不肖皆言也皆文字也觀兄與梭山之書已
不能酧斯言矣尚何以責梭山哉尊兄向與梭山書云不言
無極則太極同于一物而不足為萬化根本不言太極則無
極淪于空寂而不能為萬化根本夫太極者實有是理聖人
從而發明之耳非以空言立論使後人簸弄于頰舌紙筆之
間也其為萬化根本固自素定其足不足能、、以人言
不言之故邪易太傳曰易有太極聖人發在此兄于此學加力
作大傳時不言無極太極何以輒何也通書中爲止矣之言與

本邪洪範極皇極列在九疇淮之婦人孺子之言所不棄也孟于一物而不足為萬化根本邪太極圖來言去轉加糊塗此真所謂輕于立論徒為多說而未必果當于理也凡號句句而論字字而議有年矣宜益工益密立言精確足以悟疑辨惑乃反疏脫如此宜有以自反矣後書又謂無極即是無形太極即是有理周先生恐學者錯認太極別為一物故著無極二字以明之大傳曰形而上者謂之道又曰一陰一陽之謂道一陰一陽已是形而上者況太極乎曉文義者舉知之矣自有大傳至今幾年未聞有錯認太極別為一物者設有愚謬至此奚啻不能以三隅反何足上

煩老先生特地於太極上加無極二字以曉之乎且極字亦
不可以形字釋之蓋極者中也言無極則是猶言無中也是
奚可哉若懼學者泥于形氣而申釋之則宜如詩言上天之
載而於下贊之曰無聲無臭可也豈宜以無極字加于太極
之上朱子發謂濂溪得太極圖于穆伯長伯長之傳出于陳
希夷其必有攷希夷之學老氏之學也無極二字出於老子
知其雄章吾聖人之書所未有也老子首章言無名天地之
始有名萬物之母而卒同之此老氏宗旨也無極而太極即
是此旨老氏學之不正見理不明所蔽在此兄于此學加力
之深爲日之久曾此之不能辨何也通書中爲止矣之言與

照此低一格

此昭然不類而兄曾不之察何也太極圖說以無極二字冠首而通書終篇未嘗一及無極字二程言論文字至多亦未嘗一及無極字假令其初實有是圖觀其後來未嘗一及無極字可見其道之進而不自以為是也兄今考訂註釋表顯尊信如此其至恐未得為善祖述者也潘清逸詩文可見矣彼豈能知濂溪者明道伊川親師承濂溪當時名賢居潘右者亦復不少濂溪之誌卒屬于潘可見其子孫之不能世其學也兄何據之篤乎梭山兄之言恐未宜忽也孟子與墨者夷之辯則據其愛無等差之言與許行辯則據其與民並耕之言與告子則據其義外與人性無分于善不善之言未嘗

泛為料度之說兄之論辨則異于是如某今者所論則皆據尊兄書中要語不敢增損或稍用尊兄泛辭以相繩糾者亦差有證據抑所謂夫民今而後得反之也兄書令梭山寬心游意反復二家之言必使于其所說如出于吾之所為者而無纖芥之疑然後可以發言立論而斷其可否則其為辨也不煩而理之所在無不得矣彼方深疑其說之非則又安能使之如出于其所為者而無纖芥之疑哉若其如出于吾之所為者而無纖芥之疑則無不可矣尚何論之可否之可斷哉兄之此言無乃亦少傷于急迫而未精邪兄又謂一以急迫之意求之則于察理已不能精而于彼之情又不詳盡

照此低一格

則徒為紛紛雖欲不差不可得矣殆夫子自道也向在南康論兄所解告子不得于言勿求於心一言非是兄令某平心觀之某嘗答曰甲與乙辨方各是其說甲則曰願某乙平心也乙亦曰願某甲平心也平心之說恐難明白不若據事論理可也今此急廹之說寬心游意之說正相類耳論事理不必以此等壓之然後可明也梭山氣禀寬緩觀書未嘗草草必優游諷詠耐久紬繹今以急廹指之雖他人亦未喻也夫辨是非别邪正决疑似固貴於峻潔明白若乃料度羅織文致之辭願兄無易之也梭山兄所以不復致辨者蓋以兄執己之意甚固而視人之言甚忽求勝不求益也某則以為不

然尊兄平日惓惓于朋友求箴規切磨之益蓋亦甚至獨羣雌孤雄人非惟不敢以忠言進於左右亦未有能為忠言者言論之橫出其勢然耳向來相聚每以不能副兄所期為媿比者自謂少進方將圖合并而承教今兄為時所用進退殊路合并未可期也又蒙許其吐露輒寓此少見區區尊意不以為然幸不憚下教政遠惟為國保愛倚需柄用以澤天下

顧諟謹案先生與紫陽論太極往還各兩書之後先生以為求勝不求益遂不復致辯而象山則以為道一而已不可不明于天下後世故代為先生辨之

朱子答象山書　前書誨諭之悉敢不承教所謂古之聖賢惟理是視言當于理雖婦人孺子有所不棄或乖理致雖出古

書不敢盡信此論甚當非世儒淺見所及也但熹竊謂言不
難擇而理未易明若於理實有所見則於人言之是非不翅
白黑之易辨固不待訊其人之賢否而為去取、不幸而吾之
所謂理者或但出于一己之私見則恐其所取舍未足以為
羣言之折衷也況理既未明則於人之言恐亦未免有未盡
其意者又安可以遽絀古書為不足信而直任胸臆之所裁
乎來書反復其于無極太極之辨詳矣然以熹觀之伏羲作
易自一畫以下文王演易自乾元以下皆未嘗言太極也而
孔子言之孔子贊易自太極以下未嘗言無極也而周子言
之夫先聖後聖豈不同條而共貫哉若於此有以灼然實見

太極之真體則知不言者不爲少而言之者不爲多矣何至若此之紛紛哉今既不然則吾之所謂理者恐其未足以爲羣言之折衷又況於人之言有所不盡者又非一二而已乎既蒙不鄙而教之熹亦不敢不盡其愚也且夫大傳之太極者何也即兩儀四象八卦之理具于三者之先而藴于三者之内者也聖人之意正以其究竟至極無名可名故特謂之太極猶曰舉天下之至極無以加此云爾初不以其中而命之也至如北極之極屋極之極皇極之極民極之極諸儒雖有解爲中者蓋以此物之極常在此物之中非指極字而訓之以中也極者至極而已以有形者言之則其四方八面合

照此低一格

輳將來到此築底更無去處從此推出四方八面都無向背一切停勻故謂之極耳後人以其居中而能應四外故指其處而以中言之非以其義為可訓中也至于太極則又初無形象方所之可言但以此理至極而謂之極耳今乃以中名之則是所謂理有未明而不能盡乎人言之意者一也通書理性命章其首二句言理次三句言性次八句言命故其章内無此三字而特以三字名其章以表之則章内之言固已各有所屬矣蓋其所謂靈所謂一者乃為太極而所謂中者乃氣稟之得中與剛善剛惡柔善柔惡者為五性而屬乎五行初未嘗以是為太極也且曰中焉止矣而又下屬于二氣

五行化生萬物之云是亦復成何等文字義理乎今來諭乃指其中者為太極而屬之下文則又理有未明而不能盡乎人言之意者二也若論無極二字乃是周子灼見道體迥出常情不顧旁人是非不計自己得失勇往直前說出人不敢說的道理令後之學者曉然見得太極之妙不屬有無不落方體若于此看得破方見得此老真得千聖以來不傳之祕非但架屋下之屋疊牀上之牀而已也今必以為未然是又理有未明而不能盡人言之意者三也至于大傳既曰形而上者謂之道矣而又曰一陰一陽之謂道此豈真以陰陽為形而上者哉正所以見一陰一陽雖屬形器然其所以一陰

照此低一格

而一陽者是乃道體之所為也故語道體之至極則謂之太極語太極之流行則謂之道雖有二名初無兩體周子所以謂之無極正以其無方所無形狀以為在無物之前而未嘗不立于有物之後以為在陰陽之外而未嘗不行乎陰陽之中以為通貫全體無乎不在則又初無聲臭影響之可言也今乃深詆無極之不然則是直以太極為有形狀有方所矣直以陰陽為形而上者則又昧乎道器之分矣又於形而上者之上復有況太極乎之語則是又以道上別有一物為太極矣此又理有未明而不能盡乎人言之意者四也至熹前書所謂不言無極則太極同於一物而不足為萬化根本不言

太極則無極淪于空寂而不能為萬化根本乃是推本周子之意以為當時若不如此兩下說破則讀書錯認語意必有偏見之病聞人說有即謂之實有見人說無即以為真無耳自謂如此說得周子之意已是太煞分明只恐知道者厭其漏泄之過甚不謂如老兄者乃猶以為未穩而難曉也請以熹書上下文意詳之豈謂太極可以人言而為加損者哉是又理有未明而不能盡乎人言之意者五也來書又謂大傳明言易有太極今乃言無何耶此尤非所望于高明者今夏因與人言易其人之論正如此當時對之不覺失笑遂至被劾彼俗儒膠固隨語生解不足深怪老兄平日自視為何如

而亦為此言耶老兄且謂大傳之所謂有果如兩儀四象八卦之有定位天地五行萬物之有常形耶周子之所謂無是果虛空斷滅都無生物之理耶此又理有未明而不能盡乎人言之意者六也老子復歸于無極無極乃無窮之義如莊生入無窮之門以遊無極之野云爾非若周子所言之意也今乃引之而謂周子之言實出乎彼此又理有未明而不能盡乎人言之意者七也高明之學超出方外固未易以世間言語論量意見測度今且以愚見執方論之則其未合有如前所陳者亦欲奉報又恐徒為紛紛重使世俗觀笑既而思之若遂不言則恐學者終無所取正較是二者寧可見笑于

令人不可得罪于後世是以終不獲已而竟陳之不識老兄以為何如

象山答朱子書　前書條析所見正以疇昔負兄所期比日少進方圖自贖耳來書誨之諄複不勝幸甚愚心有所未安義當展盡不容但已亦尊兄教之之本意也近浙間一後生貽書見規以為吾二人者所習各已成熟終不能以相為莫若置之勿論以俟天下後世之自擇鄙哉言乎此輩凡陋沈溺俗學悖戾如此亦可憐也人能洪道非道洪人此理在宇宙間固不以人之明不明行不行而加損然人之為人則抑有其職矣垂象而覆物天之職也成形而載物者地之職也裁

此低一格

成天地之道輔相天地之宜以左右民者人君之職也孟子曰幼而學之壯而欲行之所謂行之者行其所學以格君心之非引其君于當道與其君論道經邦燮理陰陽使斯道達乎天下也所謂學之者從師親友讀書考古學問思辨以明此道也故少而學道壯而行道者士君子之職也吾人皆無常師周旋於群言淆亂之中俯仰參求雖自謂其理已明安知非私見蔽説若雷同相從一唱百和莫知其非此所甚可懼也何幸而有相疑不合在同志之間正宜各盡所懷力相切磋期歸于一是之地大舜之所以為大者善與人同樂取諸人以為善聞一善言見一善行若決江河沛然莫之能禦

吾人之志當何求哉惟其是而已疇昔明言善議拳拳服膺而勿失樂與天下共之者以為是也今一旦以切磋而知其非則棄前日之所習勢當如出陷穽如避荊棘惟新之念若決江河是得所欲而遂其志也此豈小智之私鄙陋之習樂勝恥負者所能知哉弗明弗措古有明訓敢述布之尊兄平日論文甚取曾南豐之嚴健南康為別前一夕讀尊兄之文見其得意者必簡健有力每切敬服嘗謂尊兄才力如此故所取亦如此今閱來書但見文辭繳繞氣象褊迫其致辯處類皆遷就牽合甚費分疏終不明白無乃為無極所累反困其才耶不然以尊兄之高明自視其說亦當如白黑之易辨

矣尊兄嘗曉陳同父云欲賢者百尺竿頭進取一步將來不作三代以下人物省得氣力為漢唐分疎即便脫灑磊落今亦欲得尊兄進取一步莫作孟子以下學術省得氣力為無極二字分疎亦更脫灑磊落古人質實不尚智巧言論未詳事實先著知之為知之不知為不知所謂先知覺後知先覺覺後覺者以其事實覺其事實故言即其事事即其言所謂言顧行行顧言周道之衰文貌日勝事實湮于意見典訓蕪于辨說揣量模寫之工依放假借之似其條畫足以自信其習熟足以自安以子貢之達又得夫子而師承之尚不免此多學而識之之見非夫子叩之彼固晏然而無疑先行之訓

子欲無言之訓所以覺之者屢矣而終不悟顏子既沒其傳固在曾子蓋可觀已尊兄之才未知其與子貢如何今日之病則有深于子貢者尊兄誠能深知此病則來書七條之說當不待條析而自解矣然相去數百里脫或未能自克淹回舊習則不能無遺恨請卒條之來書本是主張無極二字而以明理為說其要則曰於此有以灼然實見太極之真體某竊謂尊兄未曾實見太極若實見太極上面必不更加無極字下面必不更著真體字上面加無極字正是疊床上之床下面著真體字正是架屋下之屋虛見之與實見其言固自不同也又謂極者正以其究竟至極無名可名故特謂之太

極循曰舉天下之至極無以加此云耳就令如此又何必更於上面加無極字也若謂欲言其無方所無形狀則前書固言宜如詩言上天之載而於其下贊之曰無聲無臭可也豈宜以無極字加之太極之上繫辭言神無方矣豈可言無神言易無體矣豈可言無易老氏以無為天地之始以有為萬物之母以常無觀妙以常有觀徼直將無字搭在上面正是老氏之學豈可諱也惟其所蔽在此故其流為任術數為無忌憚此理乃宇宙之所固有豈可言無若以為無則君不君臣不臣父不父子不子矣楊朱未遽無君而孟子以為無君墨翟未遽無父而孟子以為無父此其所以為知言也極亦

此理也中亦此理也五居九疇之中而曰皇極豈非以其中而命之乎民受天地之中以生而詩言立我烝民莫匪爾極豈非以其中命之乎中庸言中也者天下之大本也和也者天下之達道也致中和天地位焉萬物育焉此理至矣外此豈更復有太極哉以極為中則為不明理以極為形乃為明理乎字義固有一字而數義者用字則有專一義者有兼數義者而字之指歸又有虛實虛字則但當論字義實字則當論所指之實論其所指之實則有非字義所能拘者如元字有始義有長義有大義坤五之元吉屯之元亨則是虛字專為大義不可復以他義參之如乾元之元則是實字論其所指

之實則文言所謂善所謂仁皆元也六豈可以字義拘之哉
極字亦如此太極皇極乃是實字所指之實豈容有二充塞
宇宙無非此理豈容以字義拘之乎中即至理何嘗不兼至
義大學文言皆言知至所謂至者即此理也語讀易者曰能
知太極即是知至語讀洪範者曰能知皇極即是知至夫豈
不可蓋同指此理則曰極曰中曰至其實一也一極備凶一
極無凶此兩極字乃是虛字專為至義却使得極者至極而
已於此用而已字方用得當尊兄最號為精通詁訓文義者
何為尚惑于此無乃理有未明正以太泥而反失之乎至如
直以陰陽為形器而不得為道此尤不敢聞命易之為道一

陰一陽而已先後始終動静晦明上下進退往來闔闢盈虛消長尊卑貴賤表裏隱顯向背順逆存亡得喪出入行藏何適而非一陰一陽哉奇耦相尋變化無窮故曰其為道也屢遷變動不居周流六虛上下無常剛柔相易不可為典惟變所適說卦曰觀變于陰陽而立卦發揮於剛柔而生爻和順於道德而理于義窮理盡性以至於命又曰昔者聖人之作易也將以順性命之理是以立天之道曰陰與陽立地之道曰柔與剛立人之道曰仁與義下繫亦曰易之為書也廣大悉備有天道焉有人道焉有地道焉兼三才而兩之故六六者非他也三才之道也今顧以陰陽為非道而直謂之形器

其孰為昧于道器之分哉辨難有要領言辭有旨歸為辨而失要領觀言而迷指歸皆不明也前書之辨其要領在無極二字尊兄雖意主張曲為飾說既以無形釋之又謂周子恐學者錯認太極別為一物故著無極二字以明之某於此見得尊兄只是強說來由恐無是事故前書舉大傳一陰一陽之謂道形而上者謂之道而句以見粗識文義者亦知一陰一陽即是形而上者必不至錯認太極別為一物故曰況太極乎其指歸本是明白而兄曾不之察乃必見誣以道上別有一物為太極通書曰中者和也中節也天下之達道也聖人之事也故聖人立教俾人自易其惡自致其中而止矣周

子之言中如此亦不輕矣外此豈更別有道理乃不得比虛字乎所舉理性命章五句但欲見通書言中言一而不言無極耳中焉止矣一句不妨曰是斷章兄必見誣以屬之下文兄之為辨失其指歸大率類此盡信書不如無書某實深信孟子之言前書釋此段亦多援據古書獨頗信無極之說耳兄遽坐以直絀古書為不足信兄其深文矣哉大傳洪範毛詩周禮與太極圖說孰古以極為形而謂不得為中以一陰一陽為器而謂不得為道此無乃少絀古書為不足信而徵任胷臆之所裁乎來書謂若論無極二字乃是周子灼見道體迥出常情不顧傍人是非不計自己得失勇往直前說出

人不敢說底道理又謂周子所以謂之無極正以其無方所無形狀誠令如此不知人有甚不敢道處但以加之太極之上則吾聖門已不肯知此道耳夫乾確然示人易矣夫坤隤然示人簡矣太極亦曷嘗隱于人哉尊兄兩下說無說有不知漏洩得多少如所謂太極真體不傳之祕無物之前陰陽之外不屬有無不落方體迴出常情超出方外等語莫是曾學禪宗所得如此平時既私其說以自妙及教學者則又往往秘此而多說文義此漏洩之說所從出也以實論之兩頭都無著實彼此只是葛藤末說氣質不美者樂寄此以神其姦不知繫絆多少好氣質底學者既以病己又以病人殆非

一言一行之過見其毋以久習於此而重自反也區區之忠竭盡如此流俗無知必謂不達書曰有言逆于汝心必求諸道諒在高明心所樂聞否猶有疑願不憚下教政遠惟為國自愛

朱子答象山書　來書云浙間後生貽書見規以為吾二人者所習各已成熟終不能以相為莫若置之勿論以俟天下後世之自擇鄙哉言乎此輩凡陋沉溺俗學悖戾如此亦可憐也熹謂天下之理有是有非正學者所當明辨或者之說誠為未當然凡辨論者亦須平心和氣子細消詳反復商量求實是乃有歸著如不能然而但於匆遽急迫之中肆支蔓

躁樂之詞以逞其忿懟不平之氣則恐反不若或者之言安
靜和平寬洪悠久猶有君子長者之遺意也　來書云人能
洪道止敢恣布之意按此段所說規模宏大而指意精切如
曰雖自謂其理已明安知非私見蔽說及引大舜善與人同
等語尤為的當意雖至愚敢不聽教但所謂莫知其非歸于
一是者未知果安所決區區於此亦願明者有以深察而實
踐其言也　來書云古人質實止請卒條之意詳此說蓋欲
專務事實不尚空言其意甚美但今所論無極二字意固已
謂不言不為少言之不為多矣若以為非則且置之於其事
實亦未有害而賢昆仲不見古人指意乃獨無故於此創為

浮辭累數百言三四往返而不能已其為湮蕪亦已甚矣而細考其間緊要節目並無酬酢只是一味慢罵虛喝必欲取勝未論顏曾氣象只子貢恐亦不肯如此恐未可遽以此而輕彼也　來書云尊兄未曾止固自不同也熹亦謂老兄正為未識太極之本無極而有真體故必以中訓極而又以陰陽為形而上者之道虛見之與實見其言果不同也　來書云老氏以無止諒也熹詳老氏之言有無以有無為二周子之言有無以有無為一正如南北水火之相反請子細著眼未可容易譏許也　来書云此理乃止子矣更精詳看熹前書曾有無理二字否　来書云極亦此止極哉極是名此理

之至極中是狀此理之不偏雖然同是此理然其名義各有攸當雖聖賢言之亦未嘗敢有所差互也若皇極之極民極之極乃為標準之意猶曰立於此而示于彼使其有所向望而取正焉耳非以其中而命之也立我烝民立與粒通即書所謂烝民乃粒莫匪爾極則爾指后稷而言蓋曰使我衆人皆得粒食莫非爾后稷之所立者是望耳爾字不指天地極字亦非指所受之中（此義尤明白似是急于求勝更不暇考上下文推此一條其餘可見）中者天下之大本乃以喜怒哀樂之未發此理渾然無所偏倚而言太極固無偏倚而為萬化之本然其得名自為至極之極而兼有標準之義初不以中而得名也　來書云以極為中

照此双行

止
理乎老兄自以中訓極意未嘗以形訓極也今若此言則
是已不曉文義而謂他人亦不曉也請更詳之　來書云大
學文言皆言知至熹詳知至二字雖同而在大學則知為實
字至為虛字兩字上重而下輕蓋曰心之所知無不到耳在
文言則知為虛字至為實字兩字上輕而下重蓋曰有以知
其所當至之地耳兩義既自不同而與太極之為至極者又
皆不相似請更詳之（此義在諸說中亦最分明試就此推知來書未能無失往往類此）
來書云直以陰陽為形器止道器之分哉若以陰陽為形而
上者則形而下者復是何物更請見教熹愚見與其所聞
則曰凡有形有象者皆器也其所以為是器之理者則道也

如是則來書所謂始終晦明奇耦之屬皆陰陽所以之器獨其所以為是器之理如目之明耳之聰父之慈子之孝乃為道耳如此分別似差明白不知尊意以為何如此一條亦極分明切望畧加思索便見愚言不為無理而其餘亦可以類推矣

來書云通書曰 止 類此夫周子言中而以和字釋之又曰中節又曰達道彼然不識字者而其言顯與中庸相戾則亦必有說矣蓋此中字是就氣稟發用而言其無過不及處耳非直指本體未發無所偏倚者而言也豈可以此而訓極為中也哉來書引經必盡全章雖煩不厭而所引通書乃獨截自中焉止矣而下此安得為不悞老兄本自不信周子政使誤引通書亦未為害何必諱此小

失而反為不改之過乎　來書云大傳止孰古太大傳洪範詩禮皆言極而已未嘗謂極為中也先儒以此極處常在物之中央而為四方之所面向而取正故因以中釋之蓋亦未為甚失而後人遂直以極為中則又不識先儒之本意矣爾雅乃是纂集古今諸儒訓詁以成書其閒蓋亦不能無誤不足據以為古又况其閒但有以極訓至以殷齊訓中初未嘗以極為中乎　來書云又謂周子止道耳前又云若謂欲言上之止夫無極而太極猶曰莫之為而為莫之致而致又如曰無為之為皆語勢之當然非謂別有一物也向見欽夫有此說嘗疑其贅今乃正使得著方知欽夫之慮遠也　其意則固若曰非如皇極民極屋極之有方所形象

而但有此理之至極耳若曉此意則于聖門有何違叛而不背道乎上天之載是就有中說無無極而太極是就無中說有若實見得即說有說無或先或後都無妨礙今必如此拘泥強生分別曾謂不尚空言專務事實而反如此乎　來書云夫乾止自反也夫太極固未嘗隱于人然人之識太極者則少矣往往只是於禪學中認得個昭昭靈靈能作用底便謂此是太極而不知所謂太極乃天地萬物本然之理亙古亙今攧撲不破者也迥出常情等語只是俗談即非禪家所能專有不應儒者反當回避況今雖偶然道着而其所見所說即非禪家道理非如他人陰實祖用其說而改頭換面陽

陽譏其所由來也如曰私其説以自妙而又秘之又曰寶此以神其姦曰繫絆多少好好氣質底學者則恐世間自有此人可當此語熹雖無狀自省得與此語不相似也　來書引書云有言逆于汝心必求諸道此聖言也敢不承教但以來書求之於道而未之見但見其詞義差舛氣象麤率似與聖賢不甚相近是以竊自安其淺陋之習聞而未敢輕舍故步以追高明之獨見耳又記頃年嘗有平心之説而前書見喻曰甲與乙辨方各自是其説甲則曰願乙平心也乙亦曰願甲平心也平心之説恐難明白不若據事論理可也此言美矣然熹所謂平心者非直使甲操乙之見乙守甲之説也亦

非謂都不論事之是非也但欲兩家姑暫置其是己非彼之意然後可以據事論理而終得其是非之實如謂治疑獄者當公其心非謂便可改曲者為直改直者為曲也亦非謂都不問其曲直也但不可先以己意之向背為主然後可以審聽而造之辭旁求參伍之驗而終得其曲直之當耳今以麤淺之心挾忿懟之氣不肯暫置其是己非彼之私而欲評義理之得失則雖有判然如黑白之易見者猶恐未免於誤況其差有在於毫釐之間者將誰使折其衷而能不謬也哉熹已具此而細看其間亦尚有說未盡處大抵老兄昆玉同立此論而其所以立論之意不同子美尊兄自是天資質實重

學當時看得此理有未盡處不能子細推究便立議論因而自信太過遂不可回見雖有病意實無他患却是先立一說務要突過有若子貢以上更不數近世周程諸公故於其言不問是非一例吹毛求疵須要討不是處正使說得十分無病此意却先不好了況其言之粗率又不能無病乎夫子之聖固非以多學而得之然觀其好古敏求實亦未嘗不多學但其中自有一以貫之處耳若只如此空疎杜撰則雖有一而無可貫矣又何足以為孔子乎顏曾所以獨得聖學之傳正為其博文約禮足目俱到亦不是只如此空疎杜撰也子貢雖未得承道統然其所知似亦不在今人之後但未有

禪學可改換耳周程之生時世雖在孟子之下然其道則有不約而合者反復來書竊恐老兄於其所言多有未解者恐皆未可遽以顏曾自處而輕之也顏子以能問於不能以多問於寡有若無實若虛犯而不校曾子三省其身惟恐謀之不忠交之不信傳之不習其智之崇如彼而禮之卑如此豈有一毫自滿自足強辯取勝之心乎來書之意所以見教者甚至而其末乃有若猶有疑不憚下教之言熹固不敢當此然區區鄙見亦不敢不為老兄傾倒也不審尊意以為何如如曰未然則我日斯邁而月斯征各尊所聞各行所知亦可矣無復可望於必同也言及於此悚息之深千萬幸察

近見國史濂溪傳載此圖說乃云自無極而為太極若使濂溪本書實有自為兩字則信如老兄所言不敢辯矣然因渠添此二字却見得本無此字之意愈益分明請試思之

陸子答朱子書　往歲經筵之除士類胥慶延跂以俟吾道之行乃復不究起賢之禮使人重為慨歎新天子即位海内屬目然罷行陞黜率多人情之所未喻者群小駢肩而騁氣息怫然諒不能不重勤長者憂國之懷某五月晦日拜荊門之命〻下之日實三月二十八日替黄元章闕尚三年半顧有以教之首春借兵之還伏領賜報備承改歲動息慰沃之劇惟其不度稍獻愚忠未蒙省察反成唐突謹抑非情皆過潑

矣不勝皇恐向蒙尊兄促其條析且有無若令兄遽斷來章之戒深以為幸別紙所謂我日斯邁而月斯征各尊所聞各行所知亦可矣無復望其必同也不謂尊兄遽作此語甚非所望君子之過也如日月之食焉過也人皆見之及其更也人皆仰之通人之過雖微箴藥久當自悟諒尊兄今必渙然於此矣願依末光以卒餘教

○○顧諟案以上共七書所以辨無極者可謂纖悉詳盡矣然究其大旨象山第一書云周子若惧學者泥于形器而申釋之則宜如詩言上天之載于下贊之曰無聲無臭可也紫陽荅象山第一書云孔子贊易自太極以下未嘗言無極也周子言之若于此實見太極之真體則知不言者不為少而言之者不為多矣二先生之反復辨析不已者不出此兩端然此皆二先生蚤歲之事考紫陽他日註太極圖說首曰上天之載無聲無臭而實造化之樞紐品彙

之根柢故曰無極而太極實即象山之語意其書現在可考也可見二先生雖有異而晚則何嘗不相合與

顧諟又案朱陸辨太極之説百家已采其畧入濂溪學案中然思朱陸之異同為吾儒從來之大案不可不備詳其本末故茲又特載其全文其所以入于梭山之附録者以無極辨端之開實肇自先生故類聚之便後學之觀覽且以昭朱陸相異之始也

開沅謹案象山與陶贊仲書云梭山兄謂晦翁好勝不肯與辨某以為人之所見偶有未通處其説固已為是以他人為非且當與之辨白未可便以好勝絶之以晦翁之高明猶不能無蔽道聽塗説之人亦何足與言此誠仁義忠信樂善不倦此夫婦之愚不肖可以與知能行聖賢之所以為聖賢亦不過充此而已　又書云太極圖説乃梭山兄辨其非是大抵言無極而太極與周子通書不類通書言太極不言無極易大傳亦只言太極不言無極若于太極上加無極二字乃是蔽于老氏之學又其圖説本見于朱子發附録朱子發明言陳希夷太極圖傳在周茂叔遂以傳二程則其來歷為老氏之學明矣周子通書與二程言論絶不見無極二字以此知三公蓋已知無極之説為

非矣以晦翁之高明猶不能無蔽道聽塗說之人亦何足與言此哉此象山所以反復不已也

文達陸先生（復齋）九齡

陸九齡字子壽學者稱為復齋先生梭山弟也十歲喪母哀毀若成人秦氏當國場屋無道程氏學者先生從故編得其說獨委心焉久之新博士至聞其雅以魏晉放逸自許慨然嘆曰此非吾所願學也賦詩徑歸時先生年尚未冠吏部郎襄陵許忻直道清節屏居臨川閉門少所賓接一見先生折輩行與語凡治體之升降舊章之損益前輩聞人之律度軌轍皆亹亹言之已而忻起守邵陽招先生往所以屬先生者甚厚既歸益肆力于學廣覽博咨深觀嘿養兄弟自為師友和而不同休暇則與子弟適場圃習射曰是固男子之事也自是里中士始不敢鄙

弓矢為武夫末藝廬陵有寇警旁郡皆入保請先生主之門人多不悦先生曰古者比閭之長即五兩之率士而恥此則豪俠武斷者專之今文移動以軍興從事郡縣欲事之集必假手主者彼秉是取必于里閈亦何所不至凡先生所以講明屯禦者皆可為後法而里中盜賊群相戒曰是家射命中無取死初先生之父采温公冠昏喪祭儀行之家先生又繹先志而修明之晨昏伏臘奉盥請衽觴豆饎爨闔口千指男女以班各共其職友弟之風被于鄉社而聞于天下東書入太學太學知名之士聞聲爭願交屏所挾北面稱弟子者甚衆司業汪文定公舉為學録登乾道五年進士釋褐桂陽軍學教授以母老改調興國

軍教授地瀕大江民寒畜罕志學先生不以職閑自逸端絜矱肅衣冠如臨大衆勸綏引翼士興于學、廩名存實亾簿書漫漶不可考先生為覈實催理受輸之法白郡授有司行之士得其養甫九月以母服去服除調全州教抹未上疾卒先生和順不違物而非意自不能干簡直不徇人而與居久益有味有請益者從容啓告莫不渙然間有扞格不入者則引而不發嘗曰人之惑有難以口舌争者言之激適固其意少需未必不自悟也屬纊之日晨興坐牀上與兄弟語猶以天下學術人才為念少焉正襟端卧而逝東萊志其墓謂先生勇于求道之時憤悱直前蓋有不由階序者然其所志者大所據者寔公平並觀却

立四顧弗造于至平至粹之地弗措也寶慶二年特贈朝奉郎直秘閣謚文達先生之高第曰沈煥

復齋文集

聲氣容色應對進退乃致知力行之原不若是而從事于箋注訓詁之間言語議論之末無乃與古之講學者異與與張敬夫近來學者多自私欲速之弊又惑于釋氏一超直入之談往往棄日用而論心遺倫理而欲語道遺見聖謨與舍弟書又有即身是道不假擬度之說此又將墮于無底之壑矣答傅子淵有終日談虛空語性命而不知踐履之實欣然自以為有得而卒歸于無所用此惑于異端者也與沈叔晦

古之君子往往多出于羈艱困厄愁憂之中而其學日進其獨日以汩沒觸事接物胥情客氣時起于其間 與李德遠

元晦論語集解已脫稿此書必傳于世若詩集傳中庸大學章句則殊有未安恐終不能傳遠 與趙景明

祖望謹按論朱子學庸云云 見第二頁 應補入低二格雙行

身體心驗使吾身心與聖賢之言相應擇其最切者已者勤而行之 答王漢臣

治人必先治已自治莫大于治氣、之不平其病不一而忿懥之害為尤大 與王順伯

釋氏之門亦有教律禪之異禪門亦有五家宗派何况儒釋二教安得强而同之

釋氏大抵以理為障與吾儒之學天地懸絕與王順伯

人生之迷千種萬類不可名狀而大要皆是利欲李赤入廁天下之樂于是乎在而不知其死于糞穢也

須磊磊落落作大丈夫淨掃平生紕繆意見與陳德甫

貧者士之常吾友能安之則尊幼無不安者吾心微有不可安則過自此起矣天命固不可損益但自失其本心耳與柴必勝

不知命無以為君子此意不可不先講習、到臨利害得失無憂懼心平時胸中泰然無計較心則真知命矣與劉淳叟

租賦利害如買絹一項吏廉則民之輸帛易而帛亦不至甚惡吏貪而受常例則雖甚疏惡者亦不得不受于是有浮巧之民

紬為甚薄之帛而加之藥如甚厚者攬子厚取其直于民而薄其賈買之以輸于公揀子不敢言受領官不敢退若必使民自輸而書人戶與揀子之名于帛端毋得使攬子者輸矣則公私兩利而其弊革矣 與汪漕

團結禦冦須最何人可用何兵可戰如何分布營寨如何置俻粮食聽誰統轄如何防把、截若信牒前往界前為害未易悉数 與金谿宰

射所以觀德也然羿后善射為亂臣逄蒙善射亦殺師養由基善射而奪國李廣善射而數奇崔浩不能彎弓杜預射不穿札皆有成功何耶 策問

銅壺為漏浮箭為刻天池以注之平水以平之受水以納之而壺之制盡矣匏以載之蓮以出之華表以正之而箭之體定矣日有十二辰而八十四維間焉歲有十二月而二十四氣分焉

鍼字誤御批亦作鍼字應俟考明改正

以土圭測日景以礠鐵辨方位而二十四位于是乎正矣日行晝夜有長短而二十一箭于是乎立矣宜地之殊也而嶽臺以南凡三徙之而箭之不用者六嶽臺以北凡三徙之而箭之增者六六何也于維之間于辰或以屬為前或以屬為後或分之而兩屬焉礠鍼之辨方位或以為指午或以為午之三分丙之七分或以為子午之間　策問

立改致意于常伯常任準人求于周官漫不知何職瑣、如攜能為甚薄之帛而加之藥如甚厚者攬子厚取其直于民而薄其賈買之以輸于公揀子不敢言受領官不敢退若必使民自輸而書人户與揀子之名于帛端毋得使攬子者輸矣則公私兩利而其弊革矣與汪漕

團結禦寇須覈何人可用何兵可戰如何分布營寨如何置俻粮食聽誰統轄如何防把、截若信牒前往界前為害未易悉数與金谿宰

射所以觀德也然羿后善射為亂臣逢蒙善射亦殺師養由基善射而奪國李廣善射而数奇崔浩不能彎弓杜預射不穿札皆有成功何耶策問

鉞字誤如考明改正

銅壺為漏浮箭為刻天池以注之平水以平之受水以納之而壺之制盡矣匏以載之蓮以出之華表以正之而箭之體定矣日有十二辰而八十四維間焉歲有十二月而二十四氣分焉以土圭測日景以硃鐵辨方位而二十四位于是乎正矣日行有南北晝夜有長短而二十一箭于是乎立矣宜地之殊也而嶽臺以南凡三徙之而箭之不用者六嶽臺以北凡三徙之而箭之增者六六何也于維之間于辰或以屬為前或以屬為後或分之而兩屬焉硃鉞之辨方位或以為指午或以為午之三分丙之七分或以為子午之間 策問

立改致意于常伯常任準人求于周官漫不知何職瑣、如攜

祖望謹案云云依二格双行
論朱子學庸云云 已入前 [illegible]

僕綴衣牧尹亦鈌焉策問

道者古今之正權者道之用也權之所在即道之所在又焉有不正者論

祖望謹按復齋先生之集明萬歷中文淵閣尚有之今則亡矣慈谿黃氏日抄摘其語之精足警後學者及其近乎象山而可議者凡若干條予從而録之此其語之精者也其可議者亦列于左。論朱子學庸章句詩傳一条黃氏葢亦非之而愚以為其說不為無見

某曰與兄弟講習往往及于不傳之旨天下所未嘗講者與汪德占

荀卿揚雄韓愈皆不世出至言性則戾近世巨儒性理之論猶或不安某乃稽百氏異同之論出入于釋老反覆乎孔子子思

思孟子之言潛思而獨究之煥然有明焉窮天地亘萬世無易乎此也然世無是學難以諭人　與章彦節

離形色而言性離視聽言動而言仁非知性者　荅彦節

竊不自揆使天欲平治天下當今之世舍我其誰苟不用于世今則成就人才傳之後學　與王順伯

低一格

○慈谿黄氏曰復齋之學大抵與象山相上下象山以自己之精神爲主宰復齋就天賦之形色爲躬行皆以講不傳之學爲己任皆謂當今之世舍我其誰撳動一時聽者多靡象山多怒罵復齋少和平耳復齋之文尤多精語足警後學而自譽其所得則在性學至謂窮天地亘萬世無以易而世無其

以下依二格双行起

學難以語人視孔子之言性澹然一語而止者幾張皇矣夫既不語世他日又謂外形色言天性外視聽言動言仁皆非知性者復齋所明性學偏在于是乎然形色固天性也而睟面盎背亦必有其所以然者視聽言動之以禮固所以為仁也而勿視勿聽勿言勿動亦必有主宰乎其中者矣復齋之言較孔孟似頗直截也東莱志其墓謂勇于求道有不由階序者殆確論曰云復齋分教興國纔九月弟子負纔十五人才志不獲少見于世寶慶二年賜謚文達遂與象山號二陸　祖望謹案東莱謂復齋家庭講學和而不同則固有不盡諧于象山者象山縱極口稱復齋然語録中謂董元息被教授教解論語又壞了則

固有不盡諧于復齋者而大畧以不傳之學為己任以舍我其誰自居則相同若東發謂形色必有其所以然者視聽言動必有其主宰于中者則復齋亦原未嘗抹殺此一層未可以詆之也特其氣詞有未圓者要之陸氏兄弟賢知之過辭氣多有過高遂成語病而其倚天壁立足以振起人之志氣其功亦不可沒

鵝湖示同志詩

孩提知愛長知欽云云

此有傳
擬删

陸九齡字子壽幼明悟端重少長補郡博士弟子員時秦檜當國場屋無道程氏學者先生從古編得其説獨委心焉新博士至聞其放逸自許慨然歎曰此非吾所願學也賦詩徑歸十餘年乃束書入太學舉爲學録登乾道五年進士第調興國軍教授丁憂服除再調全州教授未上而卒實淳熙七年也年四十九特贈朝奉郎直秘閣賜謚文達學者稱爲復齋先生

復齋先生鵝湖示同志詩

孩提知愛長知欽古聖相傳只此心大抵有基方築室未聞無址忽成岑留情傳注翻榛塞著意精微轉陸沉珍重友明勤切

琢須知至樂在於今

低一格

○象山先生和韻詩　墟墓興哀宗廟欽斯人千古不磨心涓流積至滄溟水拳石崇成太華岑易簡工夫終久大支離事業竟浮沈欲知自下升高處眞僞先須辨只今

紫陽先生和韻詩　德義風流夙所欽別離三載更關心偶扶藜杖出寒谷又枉籃輿度遠岑舊學商量加邃密新知培養轉深沈却愁說到無言處不信人間有古今

低二格

○○百家謹案鵞湖之會此三詩乃三先生所論學旨者其不合與論無極同蓋二陸詩有支離之說疑紫陽爲訓詁紫陽詩有無言之說譏二陸爲空門兩家門人遂以成隙至造作言語以相訾毀然紫陽晚年乃有見于學者支離之弊屢見于所與朋友之書札考全集內不啻七八九通而陸子亦有追惟曩昔粗心浮氣徒致參辰之語見于奠東

萊之文以是知丞斜而後雖其始之流不得殊塗其究朝
宗于海同歸一致矣乃謂朱陸終身不能相一豈惟不知
象山有克己之勇亦不知紫陽之有服善
善之誠篤志于為己者不可不深考也
顧諟謹案淳熙某年呂東萊約先生及象山紫陽會于廣
信之鵝湖寺先生謂象山曰伯恭約元晦為此集正為學
術異同某兄弟先自不同何以望鵝湖之同遂與象山議
論致辨又令象山自說至晚罷先生曰子靜之說是次早
象山請先生說先生曰某無說夜來思之子靜之說極是
方得一詩云孩提知愛長知欽云云象山曰詩甚嘉但第
二句微有未安先生曰說得恁地又道未安更要如何象
山曰不妨一面起行及至鵝湖會東萊首問先生別後新
功先生舉詩纔四句紫陽顧東萊曰子壽早已上子靜船
了也先生舉詩罷遂致辨于先生象山曰某途中和得家兄此
詩云墟墓興哀宗廟欽云云紫陽雖和韻然大不懌於是
各休息翼日朱呂二公話及九卦之序象山因亹亹言之
大略謂復是本心復處如何到在第三卦而見 見字似係先字之[illegible]
謙盖履之為卦上天下澤人生斯世須先辨得 後孝西
地而有此身以達于所履其所履有得有失又繫于謙與
不謙之分謙則精神渾收聚于內不謙則精神渾流散于

外惟能辨得吾一身所以在天地間舉措動作之由而歛藏其精神使之在内而不在外則此心斯可得而復矣次之以常固又次之以損益又次之以困蓋本心既復善始克終曾不少廢以得其常而至于堅固私欲日以消磨而為損天理日以澄瑩而為益雖涉危蹈險所遭多至于困而此心卓然不動然後于道有得左右逢其原如鑿井取泉處處皆足蓋至于此則順理而行無纖毫透漏如與風之散無往不入雖密房奧室有一縫一罅即能入之矣朱呂二公大服朱書云鵝湖講道誠當今盛事然紫陽之門人謂以支離見斥意不能平詬詈蠭起此朱陸之異于此蓋甚矣

二字低二格

60

附錄

每條第二行以行均低一格

先生幼明悟端重少長補郡博士弟子員時秦檜當國場屋無道程氏學者先生從故編得其說獨委心焉久之新博士至聞其雅以放逸自許慨然歎曰此非吾所願學也賦詩徑歸

萊之文以是知盈科而後進其始之流不碍殊塗其究朝
宗于海同歸一致矣乃謂朱陸終身不能相一豈惟不知
象山有克己之勇亦不知紫陽之有服膺
善之誠篤志于為己者不可不深考也
顧諟謹案淳熙某年呂東萊約先生及象山紫陽會于廣
信之鵞湖寺先生謂象山曰伯恭約元晦為此集正為學
術異同某兄弟先自不同何以望鵞湖之同遂與象山議
論致辨又令象山自說至晚罷先生曰子靜之說是次早
象山請先生說先生曰某無說夜來思之子靜之說極是
方得一詩云孩提知愛長知欽云云象山曰子詩甚嘉但第
二句微有未安先生曰說得恁地又道未安更要知何象
山曰不妨一面起行及至鵞湖會東萊首問先生別後新
功也先生舉詩纔四句紫陽顧東萊曰子壽早已上子靜船
了也舉詩罷遂致辨于先生象山曰某塗中和得家兄此
詩云墟墓興哀宗廟欽云云紫陽雖和韻然大不懌於是
各休息翼日朱呂二公話及九卦之序象山因亹亹言之
大畧謂復是本心復處如何到在第　以履與
謙蓋履之為卦上天下澤人生斯世　仰乎天
地而有此身以達于所履其所履有得有失又蹶于謙與
不謙之分謙則精神渾收聚于內不謙則精神渾流散于

外惟能務得吾一身所以在天地間舉措動作之由而斂藏其精神使之在內而不在外則此心斯可得而復矣次之以常固又次之以損益又次之以困蓋本心既復善始克終曾不少廢以得其常而至于堅固私欲日以消磨而為損天理日以澄瑩而為益雖涉危蹈險所遭多至于困而此心卓然不動然後于道有得左右逢其原如鑿井取泉處處皆足蓋至于此則順理而行無纖毫透漏如與風之散無往不入雖容房奧室有一縫一罅即能入之矣朱呂二公大服朱書云鵝湖講道誠當今盛事然紫陽之門人謂以支離見斥意不能平詣書鑿起此朱陸之異于此蓋甚矣

二字低二格

60

## 附錄

每條第二行以下均低一格

先生幼明悟端重少長補郡博士弟子員時秦檜當國場屋無道程氏學者先生從故編得其說獨委心焉久之新博士至聞其雖以放逸自許慨然歎曰此非吾所願學也賦詩徑歸

覽書無滯礙緇閱百家晝夜無倦于陰陽星曆五行卜筮靡不通曉性周謹不肯苟簡涉獵所習必極精詳兄弟皆志古嗜學燕居從容講論道義誾誾侃侃和而不同伯仲之間自為師友雖先生所以成德其資取者非一端然家庭追琢封植之功與為多焉休暇則與弟子適場圃習射曰是固男子之事也自是里中士始不敢鄙弓矢為武夫末藝乙未歲湖之南嘗有茶寇聲搖旁郡聚落皆入保並舍民走郡請先生主之郡如其請門人多不悅先生曰古者長比閭之士即伍兩之卒也士而恥此則豪俠武斷者專之矣今文移動以軍興從事郡縣欲事之集勢必假借主者彼乘是取必

于閭里亦何所不至哉寇雖不入境閑習也禦皆可為後法

先生和順不違物而非意自不能干簡直不狥人而與居久益有味四方學者踵門請益群疑塞胸糾纏膠轕雖善辯者不能解先生從容啟告莫不渙然釋其疑而退非惟動悟多格固有所本亦其用力于自治者既專且久人之疾疢皆嘗折肱浮湛滑濇適中其病聽之者于心有戚戚焉至于扞格不入必寬養以俟其可未嘗無益而襍施之也

先生與弟象山講貫理學江西號為二陸

朱子答張南軒曰子壽兄弟氣象甚好其病却在盡廢講學而專務踐履之中要人提撕省察悟得本心此為病之大者要

備

其操持謹質表裏不二實有以過人者惜乎自信太過規模窄狹不復取人之善將流于異學而不自知耳

百家謹案從踐履操持立脚恐不得指為大病但盡廢講學自信太過正是踐履操持一累耳若使純事講學而于踐履操持不甚得力同一偏勝較之其病孰大孰小乎

顧諟謹案朱子此書非指踐履操持之即將流于異學也特嫌陸氏之信心太過耳若論朱子平日嘗謂司馬溫公之學只恁將去無致知一段似于溫公亦有不足矣然考滄州精舍祝文則云周程授受萬里一原曰邵曰張爰及司馬學雖殊轍道則同歸遂以溫公上班周程張邵以侑宣聖㬎陽豈專重致知而不重力行者但先生兄弟之尊德性亦非不致知之人

開沅謹案鵝湖之會論及教人朱子之意欲令人泛觀博覽而後歸之約二陸之意欲先發明人之本心而後使之博覽朱以陸之教人為太簡陸以朱之教人為支離此兩不相合之由也然不過欲以明道非有所畢隙于其間考

朱子集中有祭陸子壽教授文云學非私說惟道是求苟誠心而擇善雖異序而同流如我與兄少不並遊蓋一生而再見遂傾倒以綢繆念昔鵝湖之下實云識面之初兄命駕而鼎來載季氏而與俱出新篇以示我意懇懇而無餘厭世學之支離新易簡之規摸顧予聞之淺陋中獨疑而未安始聽瑩于胸次卒紛繳于談端徐度兄之不可遂以辯屈又知兄必將返而深觀遂逡巡而旋返悵猶豫而盤旋別來幾時兄以書來審前說之未定曰予言之可懷逮予辭官而未獲停驂道左之僧齋兄乃枉車而來教相與極論而無猜自是以還道合志同何風流而雲散乃一西而一東蓋曠歲以索居僅尺書而兩通期秋履之肯顧或闓滿乎予衷屬者乃聞兄病在牀亟函書而問訊并裹藥而携將曾枉使之未返何來音之不祥驚失聲而隕涕沾予袂以淋浪嗚呼哀哉今茲之歲非龍非蛇何獨賢人之不淑屢興吾黨之深嗟惟兄德之尤粹儼中正而無邪至其降心以從善又豈有一毫驕吝之私耶嗚呼哀哉兄則已矣此心實存炯然參倚可覺惰昏孰泄予哀一慟寢門緘辭千里侑此一尊觀此可知朱陸晚年即是文不足為定據乎

8文安陸象山先生九淵

另頁起

陸九淵字子靜三四歲時問其父賀天地何所窮際父奇之聞人誦伊川語自覺若傷我者嘗曰伊川之言奚為與孔子孟子之言不類讀論語即疑有子之言支離他日讀古書至宇宙二字解者曰四方上下曰宇往古來今曰宙忽大省曰宇宙內事乃己分內事己分內事乃宇宙內事又嘗曰東海有聖人出焉此心同也此理同也西海有聖人出焉此心同也此理同也南海北海有聖人出焉此心同也此理同焉千百世之上有聖人出焉此心同也此理同也千百世之下有聖人出焉此心同也此理同也乾道八年登進士第為呂東萊所識始至行都從遊

者甚衆先生能知其心術之微言中其情多至汗下亦有相去千里素無雅故聞其槪而盡得其為人語學者曰念慮之不正者頃刻而知之即可以正念慮之正者頃刻而失之即為不正有可以形迹觀者有不可以形迹觀者必以形迹觀人則不足以知人必以形迹繩人則不足以救人又曰今天下學者唯有兩途一途朴實一途議論足以明人心之邪正破學者窟宅矣一生飯次交足飯既先生謂之曰汝適有過知之乎生曰已省其規矩之嚴又如此淳熙元年授靖安主簿丁憂服闋調崇安九年以侍從薦除國子正遷勑命所刪定官輪對除將作監丞給事王信疏駁主管台州崇道觀既歸學者愈盛每詣城邑環坐

卒二三百人至不能容結茅象山學徒復大集居山五年來見者按籍踰數千人紹熙二年除知荆門軍故事太守下車必先揭約束延賓受牒皆有期日吏以白先生曰安用是賓至即見持牒即入無早暮于是下情盡達兩造有不持狀對辯求決者郡已大治荆門素無城辟先生以為四戰之地遂議築之二旬而畢郡于上元設醮為民祈福先生乃會吏民講洪範斂福錫民一章以代之發明人心之善所以自求多福者聽者莫不曉然有泣下者三年卒官年五十四嘉定十年賜謚文安先生之學以尊德性為宗謂先立乎其大而後天之所以與我者不為小者所能奪夫苟本體不明而徒致功于外索是無源之水也

同時紫陽之學則以道問學為主謂格物窮理乃吾人入聖之階梯夫茍信心自是而惟從事于覃思是師心之用也兩家之意見既不同逮後之論太極圖說先生之兄梭山謂不當加無極二字于太極之前此明背孔子且并非周子之言紫陽謂孔子不言無極而周子言之蓋實有見太極之真體不言者不為少言之者不為多先生為梭山反覆致辯而朱陸之異遂顯繼先生與兄復齋會紫陽于鵝湖復齋倡詩有留情傳注翻榛塞着意精微轉陸沈之句先生和詩亦云易簡工夫終久大支離事業竟浮沈紫陽以為譏已不懌而朱陸之異益甚于是宗朱者詆陸為狂禪宗陸者以朱為俗學兩家之學各成門户幾如

氷炭矣嗟乎聖道之難明濂洛之後正賴兩先生繼起共扶持其廢墜胡乃自相齟齬以致蔓延今日猶然借此辨同辨異以為口實寧非吾道之不幸哉雖然二先生之不苟同正將以求夫至當之歸以明其道于天下後世非有嫌隙于其間也道本大公各求其是不敢輕易唯諾以隨人此尹氏所謂有疑于心辨之弗明弗措豈若後世口耳之學不復求之心得而苟焉以自欺泛然以應人者乎況考二先生之生平自治先生之尊德性何嘗不加功于學古篤行紫陽之道問學何嘗不致力于反身修德特以示學者之入門各有先後曰此其所以異耳然至晚年二先生亦俱自悔其偏重稽先生之祭東萊文有曰比年

以來觀省加細追惟曩昔麄心浮氣徒致參辰豈足酬義盖自述其過于鵝湖之會也與諸弟子書嘗云道外無事事外無道而紫陽之親與先生書則自云邇來日用功夫頗覺有力無復向來支離之病其別與呂子約書云孟子言學問之道惟在求其放心而程子亦言心要在腔子裏今一向躭著文字令此心全體都奔在冊子上更不知有己便是箇無知覺不識痛癢之人雖讀得書亦何益于吾事耶與何叔京書云但因其良心發見之微猛省提撕使此心不昧則是做工夫底本領本領既立自然下學而上達矣若不見于良心發見處渺渺茫茫恐無下手處也又謂多識前言往行固君子所急近因反求未得箇安

穩處却始知此未免支離與吳伯豐書自謂又却涵養本原工夫與周叔謹書熹近日亦覺向來說話有大支離處反身以求正坐自己用功亦未切耳因此減去文字功夫覺得閑中氣象甚適每勸學者亦且看孟子道性善求放心兩章著實體察收拾此心為要又答呂子約云覺得此心存亡只在反掌之間向來誠是太涉支離若無本以自立則事事皆病耳豈可一向汩溺于故紙堆中使精神昏蔽而可謂之學又書年來覺得日前為學不得要領自身做主不起反為文字奪却精神不為小病每一念之惕然自懼且為朋友憂之若只如此支離漫無統紀展轉迷惑無出頭處觀此可見二先生之虛懷從善始雖有意

見之參差終歸于一致而無間更何煩有餘論之紛紛乎且夫講學者所以明道也道在撙節退讓大公無我用不得好勇闘狠于其間以先自居于悖戾二先生同植綱常同扶名教同宗孔孟即使意見終于不合亦不過仁者見仁知者見知所謂學焉而得其性之所近原無有背于聖人矧夫晚年又志同道合乎奈何絕不睹二先生之全書從未究二先生之本末糠粃瞇目強附高門笑不自量妄相詆毀彼則曰我以助陸子也此則曰我以助朱子也在二先生豈屑有此等庸妄無謂之助已乎昔先子嘗與一友人書予自負能助朱子排陸子與亦曾知朱子之學何如陸子之學何如也假令當日鵞湖之會朱陸辨難

之時忽有蒼頭僕子歷階升堂捽陸子而毆之曰我以助朱子也將謂朱子喜乎不喜乎定知朱子必且撻而逐之矣子之助朱子也得無類是

## 語録

夫子曰吾十有五而志於學今千百年無一人有志也是怪他不得志箇甚的須是有智識然後有志願

人要有大志常人汩沒于聲色富貴間良心善性都蒙蔽了今人如何便解有志須先有智識始得

學者大約有四樣一雖知學路而恣情縱慾不肯為一畏其大事且難而不為一求而不得其路一未知路而自謂能知

凡欲為學當先識義利公私之辨今所學果為何事人生天地間為人自當盡人道學者所以為學〻為人而已非有為也今人略有些氣燄者多只是附物元非自立也若某則不識一個字亦須還我堂〻地做個人

志於聲色利達者固是小〻勦模人言語的與他一般是小

大凡為學須要有所立語云（語字上似脫論字）已欲立而立人卓然有不為流俗所移乃為有立須思量天之所以與我者是甚的為復是要做人否理會得這個明白然後方可謂之學問

人生天地間如何植立

循頂至踵皆父母之遺體俯仰乎天地之間惕然朝夕求寡乎

愧怍而懼弗能尚可庶幾于孟子之塞乎天地而與聞夫子人為貴之説乎

人須是閒時大綱思量宇宙之間如此廣闊吾身立于其中須大做一個人文子云某嘗思量我是一箇人豈可不為人卻為草木禽獸先生云如此便又細了只要大綱思且如天命之謂性天之所以命我者不殊乎天須是放教規矩廣大若尋常思量得臨事時自省力不到得被陷溺了

上是天下是地人居其間須是做得人方不枉繆文字資質之費力慕外尤滯每見他退去一似不能脱羅網者天之所以予我者至大至剛至直至平至公如此私小做甚的人須是放教

此心公平正直無偏無黨王道蕩、無黨無偏王道平、無反
無側王道正直某今日作包顯道書云古人之學不求聲名不
較勝負不特才智不矜功能今人之學正坐反此耳
要當軒昂奮發莫恁地沉埋在卑陋凡下處此理在宇宙間何
常有所礙是你自沉埋自蒙蔽陰、地在箇陷穽中更不知所
謂高遠的要決裂破陷穽窺測破網羅
激厲奮迅決破羅網焚燒荊棘蕩夷汙澤
彘鷄終日縈、無超然之意須是一刀兩斷何故縈、如此縈
縈的討箇甚麼
仰首攀南斗翻身倚北辰舉頭天外望無我這般人

學者須是打壘田地淨潔然後令他奮發植立若田地不淨潔則奮發植立不得古人為學即讀書然後為學可見然田地不淨潔亦讀書不得若讀書則是假寇兵資盜糧

大世界不享卻要占箇小蹊小徑子大人不做卻要為小兒態可惜

與小後生說話雖極高極微無不聽得與一輩老成說便不然以此見道無巧只是乃心不平底人揣度便失了

顧諟謹案為學之要首在立志：不立是猶欲築室無其基也縱與之言學無處可說所謂朽木糞土不可雕朽糞惧人志與病痞故須先激發其志氣使之知自奮勵而後有門路進步可入故類集先生聳動開導人語載之于首蓋令人知憤而後可啟也

先生自三四歲時思天地何所窮際不得至于不食宣教公呵之遂姑置而胸中之疑終在後十餘歲因讀古書至宇宙二字解者曰四方上下曰宇往古來今曰宙忽大省曰元來無窮人與天地萬物皆在無窮之中者也乃援筆書曰宇宙內事乃己分內事己分內事乃宇宙內事又曰宇宙便是吾心吾心即是宇宙東海有聖人出焉此心同也此理同也西海有聖人出焉此心同也此理同也南海北海有聖人出焉此心同也此理同也千百世之上至千百世之下有聖人出焉此心此理亦莫不同也故其啟悟學者　及宇宙二字

子宜與先生同赴南宮試論出天地之性人為貴試後先生曰

某欲說的卻被子宜道盡但某所以自得受用的子宜卻無曰雖欲自異于天地不可得也此乃某平日得力處

四明楊敬仲時主富陽簿攝事臨安府中始承教于先生及反富陽先生過之問如何是本心先生曰惻隱仁之端也羞惡義之端也辭讓禮之端也是非智之端也此即是本心對曰簡兒時已曉得畢竟如何是本心凡數問先生終不易其說敬仲亦未省偶有鬻扇者訟至于庭敬仲斷其曲直訖又問如初先生曰聞適來斷扇訟是者知其為是非者知其為非此即敬仲本心敬仲大覺忽省此心之無始末忽省此心之無所不通先生嘗語人曰敬仲可謂一日千里

論語中多有無頭柄的說話如知及之仁不能守之之類不知所及守者何事如學而時習之不知時習者何事非學有本領未易讀也苟學有本領則知之所及者及此也仁之所守者守此也時習之習此也說者說此樂者樂此如高屋之上建瓴水矣學苟知本六經皆我註脚

居象山多告學者云女耳自聰目自明事父自能孝事兄自能弟本無欠闕不必他求在自立而已道遍滿天下無些小空闕四端萬善皆天之所予不勞人粧點但是人自有病與他間隔了人為學甚難天覆地載春生夏長秋斂冬肅俱此理人居其間要靈識此理如何解得

此理塞宇宙所謂道外無事事外無道捨此而別有商量別有趨向別有規模別有形迹別有行業別有事功則與道不相干則是異端則是利欲謂之陷溺謂之舊窠說即是邪說見即是邪見

宇宙不曾限隔人人自限隔宇宙

萬物森然于方寸之間滿心而發充塞宇宙無非此理

一夕步月喟然而嘆包敏道侍問曰先生何歎曰朱元晦泰山喬嶽可惜學不見道枉費精神遂自擔閣奈何包曰勢既如此莫若各自著書以待天下後世之自擇忽正色厲聲曰敏道敏道恁地沒長進乃作這般見解且道天地間有箇朱元晦陸子

静便添得些子無了後便減得些子

朱濟道力稱賛文王謂曰文王不可輕賛須是識得文王方可稱賛濟道云文王聖人誠非某所能識曰識得朱濟道便是文王

小心翼〻昭事上帝上帝臨汝無貳爾心此理識塞宇宙如何由人杜撰得文王敬忌若不如此敬忌箇甚麼

江泰之問某每懲忿窒慾求其放心然能暫而不能久請教答曰但懲忿窒慾未是學問事便懲窒得全無後也未是學〻者須是明理須是知學然後說得懲窒知學後懲窒與常人懲窒不同常人懲窒只是就事就末夫子曰由知德者鮮矣要知德

皐陶言亦行有九德然後乃言曰載采〻事固不可不觀然畢竟是未自養者亦須養德養人亦然自知者亦須知德知人亦然不於其德而徒繩檢于其行與事之間徒使人作僞

詹子南方侍坐先生遽起子南亦起先生曰還用安排否先生舉公都子問鈞是人也一章云人有五官官有其職子南因思是便收此心然惟有照物而已他日侍坐先生無所問先生謂曰學者能常閉目亦佳某因此無事則安坐瞑目用力操存夜以繼日如此者半月一日下樓忽覺此心已復澄瑩中立竊異之遂見先生先生目逆而視之曰此理已顯也某問先生何以知之曰占之眸子而已因謂某道果在邇乎某曰然昔者

嘗以南軒張先生所類洙泗言仁書考察之終不知仁今始解矣先生曰是即知也勇也某因言而通對曰不惟知勇萬善皆是物也先生曰然更當為說存養一節

朱濟道說前尚勇決無遲疑做得事後因見先生了臨事即疑恐不是做事不得今日中只管悔過懲艾皆無好處先生曰請尊兄即今自立正坐拱手收拾精神自作主宰萬物皆備于我有何欠闕當惻隱時自然惻隱當羞惡時自然羞惡當寬裕溫柔時自然寬裕溫柔當發強剛毅時自然發強剛毅

徐仲誠請教使思孟子萬物皆備於我矣反身而誠樂莫大焉一章仲誠處槐堂一月一日問之云仲誠思得孟子如何仲誠

答曰如鏡中觀花答云見得仲誠也是如此顧左右曰仲誠真善自述者因說與云此事不在他求只在仲誠身上旣又微笑而言曰已是分明說了也少間仲誠因問中庸以何爲要語答曰我與汝說內汝只管說外良久曰句句是要語拔山曰博學之審問之愼思之明辨之篤行之此是要語答曰未知學博學箇什麼審問箇什麼明辨箇什麼篤行箇什麼

有學者終日聽話忽請問曰如何是窮理盡性以至于命答曰吾友是泛然問老夫却不是泛然答老夫凡今所與吾友說皆是理也窮理是窮這箇理盡性是盡這箇性至命是至這箇命

臨川一學者初見問曰每日如何觀書學者曰守規矩歡然問

曰如何守規矩學者曰伊川易傳胡氏春秋上蔡論語范氏唐鑑忽呵之曰陋說良久復問曰何者為規又頓問曰何者為矩學者但唯唯次日復來方對學者誦乾知大始坤作成物乾以易知坤以簡能一章畢乃言曰乾文言云大哉乾元坤文言云至哉坤元聖人贊易却只是箇簡易字道了遍目學者曰又却不是道難知也又曰道在邇而求諸遠事在易而求諸難顧學者曰這方喚作規矩公昨日來道甚規矩

問伯敏云作文如何伯敏云近日讀得原道　書猶未成誦但茫然無入處先生云左傳　於韓柳未易入且讀蘇文可也此外別有進否吾友之志要如何伯敏云所望成人曰今未嘗敢

廢防閑先生云如何樣防閑伯敏云爲其所當爲先生云雖聖人不過如是但吾友近來精神都死却無向来亹亹之意不是懈怠便是被異説壞了夫人學問當有日新之功死却便不是邵堯夫詩云當鍛鍊時分勁捷到磨礱處發光輝磨礱鍛鍊方得此理明如川之增如木之茂自然日進無已今吾友死守定如何會爲所當爲防閑古人只有之但他底防閑與吾友别吾友是硬把捉告子硬把捉直到不動心處豈非難事只是依舊不是某平日與兄説話從天而下從肝肺中流出是自家有底物事何常硬把捉吾兄中間只云有快活時如今何故如此伯敏云固有適意時亦知自家固有根本元不待把捉只是不能

久防閑稍寬便為物欲所害先生云此則罪在不長久上却如何硬把捉種種費力便是有時得意亦是偶然伯敏云却常思量不把捉無下手處先生云何不早問只此一事是當為不當為當為底一件大事不肯做是說甚底某平日與老兄說底話想都忘了伯敏云先生常語以求放心立志皆歷歷可記先生云如今已是放其心而不知求也若果能立如何到這般田地伯敏云如何立先生云立是你立却問我如何立若立得住何須把捉孔門惟顏曾傳道他未有聞蓋顏曾從裏面出來他人外面入去今所傳者乃子夏子張之徒外入之學曾子所傳至孟子不復傳矣吾友却不理會根本只理會文字實大聲宏若

根本壯怕不會做文字今吾友文字自文字學問自學問若此不已豈止兩段將百碎問近日日用常行覺精健否胸中快活否伯敏云近日別事不管只理會我只有適意時先生云此便是學問根源也若能無懈怠暗室屋漏只如此造次必於是顛沛必于是何患不成故云君子以自昭明德古之學者為己所以自昭其明德今之學者只用心于枝葉不求實處孟子云盡其心者知其性知其性則知天矣心只是一箇心某之心吾友之心上而千百載聖賢之心下而千百載復有一聖賢其心亦只如此心之體甚大若能盡我之心便與天同為學只是理會此誠者自成也而道自道也何嘗騰口說伯敏云如何是盡心

性才心情如何分别先生云如吾友此言又是枝葉雖然此非吾友之過蓋舉世之弊今之學者讀書只是解字更不求血脉且如情性心才都只是一般物事言偶不同耳伯敏云莫是同出而異名否先生曰不須得説〻著便不是將来只是騰口説為人不為己若理會得自家實處他日自明若必欲説時則在天者為性在人者為心此蓋隨吾友而言其實不須如此只是要盡去為心之累者如吾友適意時即今便是牛山之木一段血脉只在仁義上所以令吾友讀此者蓋欲吾友知斧斤之害其材有以警戒其心日夜之所息息者歇也又曰生息蓋人之良心為斧斤所害夜間方得歇息若夜間得息時則平旦好惡

與常人不甚相遠惟旦晝所為牿亡不止到後來夜間亦不能息夢寐顛倒思慮紛亂以致淪為禽獸人見其如此以為未嘗有才焉此豈是人之情也哉只與理會實處就心上理會俗諺云痴人面前不得說夢又曰獅子咬人狂狗逐塊以土打獅子便徑來咬人若打狗々狂只去理會土聖賢急于教人故以情以性以心以才說與人如何泥得若老兄與別人說定是說如何樣是心如何樣是性情與才如此分明說得好剗地不干我事須是血脈骨髓理會實處始得凡讀書皆如此又問養氣一段先生云此尤當求血脈只要理會我善養吾浩然之氣當吾友適意時別事不理會時便是浩然養而無害則塞乎天地之

間是集義所生者非義襲而取之也蓋孟子當時與告子說告子之意不得於言勿求於心是外面硬把捉的要之亦是孔門別派將來也會成只是終不自然孟子出于子思則是涵養成就者故曰是集義所生者孟子之言大抵皆因當時人之處已太卑而視聖人太高不惟處己太卑而亦以此處人如是何足與言仁義也之語可見不知天之予我者其初未嘗不同如未嘗有才焉之類皆以謂才乃聖賢所有我之所無不敢承當着故孟子說此乃人人都有自為斧斤所害所以淪胥為禽獸若能涵養此心便是聖賢讀孟子須當理會他所以立言之意血脉不明沉溺章句何益

伯敏云伯敏於此心能剛制其非只是持之不久耳先生曰剛制于外而不内思其本涵養之功不至若得心下明白正當何須剛制且如在此說話使忽有美色在前老兄必無悅色之心若心常似如今何須剛制

文子云某初來見先生若發蒙然再見先生覺心下快活凡事只自持只恐到昏時自理會不得先生云見得明時何持之有人之于耳要聽即聽不要聽則否于目亦然何獨於心而不由我乎

學者要知所好此道甚大人多不知好之只愛事骨董君子之道淡而不厭朋友之相資須助其知所好者若引其逐外即非

也

語仲顯云風恬浪靜中滋味甚長

君子之道淡而不厭淡味長有滋味便是欲人不肯只如此須要有箇說話今時朋友盡須要箇說話去講

曾立之有書於先生曰願先生且將孝弟忠信誨人先生曰立之〻緣如此孝弟忠信如何說且將

其他體盡有形惟心無形然何故能攝制人如此之甚

人心只愛去泊著事教他棄事時如猢猻失了樹便無住處

人不肯心閒無事居天下之廣居須要去逐外着一事印一說方有精神

心不可汩一事只自立心人心本來無事胡亂被事物牽將去若是有精神即時便出便好若一向去便壞了

或有識先生之教人專欲管歸一路者先生曰吾亦只有此一路

格物者格此者也伏羲仰象俯法亦先於此盡力焉耳不然所謂格物末而已矣

顧諟案世間非無有志為學之士顧往往有拘牽于文義摸傍格式自謂能謹守操持無背正道而於自心自性昧却靈根此如水浸石子終身無長進之日吾人為學究致無成者大率患此故次之以指點人語使人求其本心又躬自悟不向沿門乞火此志學已後之進境也

朱呂二公話及九卦之序先生因亹亹言之太略謂復是本心

復處如何列在第三卦而先之以履謙蓋履之為卦上天下澤人生斯世須先辨得俯仰乎天地而有此一身以達其所履其所履有得有失又繫乎謙與不謙之分謙則精神渾收聚于內不謙則精神渾流散于外惟能辨得吾一身所以在天地間舉措動作之由而斂藏其精神使之在內而不在外則此心斯可得而復矣次之以常固又次之以損益又次之以困蓋本心既復謹始克終曾不少廢以得其常而至于堅固私欲日以消磨而為損天理日以澄瑩而為益雖涉危蹈險所遭多至固困而此心卓然不動然後於道有得左右逢其原如鑿井取泉處處皆足蓋至于此則順理而行無纖毫透漏如巽風之散無往不入

雖密房奥室有一縫一罅即能入之矣二公大服

此道非爭競務進者能知惟靜退者可入

或問先生之學當來自何處入曰不過切已自反改過遷善

人之精爽負于血氣其發露於五官者安得皆正不得明師良

友剖剥如何得去其浮偽而歸于真實又如何得能自省自覺

大丈夫事豈當兒戲

大人凝然不動不如此小家相

某之取人喜其忠信誠慤言似不能出口者談論風生他人所

取者某深惡之

一學者自晦翁處來其拜跪言語頗怪每日出齋此學者必有

陳論應之云無他語至四日此學者所言已盡力請誨語答曰吾只未暇詳論然此間大綱有一箇規模說與人今世人淺之為聲色臭味進之為富貴利達又進之為文章技藝又有一般人都不會卻談學問吾總以一言斷之曰勝心此學者默然後數日其舉動言語頗復常

涓涓之流積成江河泉源方動雖只有涓涓微去江河尚遠卻有成江河之理若能混混不舍晝夜如今雖未盈科將來自盈科如今雖未放乎四海將來自放乎四海如今雖未會其有極歸其有極將來自會其有極歸其有極然學者不能自信見夫標末之盛者便自荒忙舍其涓涓而趨之卻自壞了曾不知我

之涓涓雖微却是真彼之標末雖多却是偽却是擔水來相似其涸可立而待也故吾嘗舉俗諺教學者云一錢做單客兩錢做雙客

學問不得其綱則是二君一民等是恭敬若不得其綱則恭敬是君此心是民若得其綱則恭敬者乃保養此心也

人精神在外至死也勞攘須收拾作主宰收得精神在內當惻隱即惻隱當羞惡即羞惡誰欺得你誰瞞得你見得端的後常涵養是甚次第

有一段血氣便有一段精神有此精神却不能用反以害之非是精神能害之但以此精神居廣居立正位行大道

言定夫時宏大磊落常常如此時好但莫被枝葉累倒了須是工夫孜孜不懈乃得若少懈舊習又來

道可謂尊可謂重可謂明可謂高可謂大人却不自重纔有毫髮恣縱便是私欲與此全不相似

自立自重不可隨人脚跟學人言語

君子役物小人役于物夫權皆在我若在物即為物役矣

稱嘆趙子新美質謂人莫不有夸示己能之心子新為人稱揚反生羞愧人莫不有好進之心子新恬淡雖推之不前人皆惡人言己之短子新惟恐人不以其失為告群居終日默然端坐陰有以・・ 氣習之澆漓者多矣可謂人中之一瑞但不能進

○○憂耳或云年亦未壯答云莫道未也二十歲來一日子新至語之曰莫堆〻地須發揚軒車前不能令人軒車後不能令人輊何不發揚

乙巳十二月再入都見先生坐定曰子何以束縛如此因自吟曰翼乎如鴻毛遇順風沛乎若巨魚縱大壑豈不快哉志小不可以語大人事

郡字已寫卻字卻武二字下文復見

郡武仰元壽聽話累日自言少時獨喜看伊川語録先生曰一步之〻下知留意學問且從事伊川學者既好古如此居鄉與誰游處元壽對以賦性冷淡與人寡合先生云莫有令嗣延師否元壽對以延師亦不相契止是託之二子耳先生云既是如此

平生懷抱總説底話分付與誰元壽對以無分付處有時按視田園老農老圃雖不識字喜其真情四時之間與之相忘酬酢居多耳先生顧學者笑曰以邵武許多士人而不能有以契元壽之心契心者乃出于農圃之人如此是士大夫儒者視農圃間人不能無愧矣先生因言世間一種恣情縱慾之人雖太狼狽其過易于拯救却是好人剗地難理會松云如丘丈之賢先生還有力及之否先生云元壽甚佳但恐其不大耳人皆可以為堯舜堯舜與人同耳但恐不能為堯舜之大也元壽速日聽教方自慶快且云天下之樂無以加于此至是忽局蹙變色而答曰荷先生教愛之篤但某自度無此力量誠不敢僭易先生

云元壽道無此力量錯說了元壽平日之力量乃堯舜之力量
元壽自不知耳元壽默然
今一切去了許多繆妄勞擾磨礱去圭角浸潤着光精與天地
合其德云云豈不樂哉
人共生乎天地之間無非同氣扶其善而沮其惡義所當然安
得有彼我之意又安得有自為之意
有志于道者當造次必於是顛沛必於是凡動容周旋應事接
物讀書考古或動或靜莫不在時
有懶病也是其道有以致之我治其大而不治其小一正則百
正恰如坐得不是我不責他坐得不是便是心不在道若心在

道時顛沛必于是豈解坐得不是只在動與情為與不為之間小心翼〻昭事上帝上帝臨女無貳爾心戰〻兢〻那有閒管時候

顯仲問云某何故多昏先生曰人氣稟清濁不同只自完養不逐物即隨清明纔一逐物便昏暗了顯仲好懸斷都是妄意人心有病須是剝落剝落得一番即一番清明後隨起来又剝落又清明須是剝落得淨盡方是

精神不運則愚血脉不運則病

志固為氣之帥然至于氣之專一則亦能動志故不但言持其志又戒之以無暴其氣也　居處飲食適節宣之宜視聽言動嚴

邪正之辨皆無暴其氣之工也

凡事莫如此滯〻泥〻其平生於此有長都不去著他事凡事累自家一毫不得每理會一事時血脉骨髓都在自家手中然我此中却似箇閒〻散〻全不理會事底人不陷事中

內無所累外無所累自然自在纔有一些子意便沉重了徹骨徹髓見得超然于一身自然輕清自然靈大

優裕寬平即所存多思慮亦正求索太過即存少思慮亦不正

學者不可用心太緊深山有寶無心于寶者得之

窮究磨煉一朝自省

利害毀譽稱譏苦樂能動揺人釋氏謂之八風

處家遇事須着去做若是褪頭便不是子弟之職已缺何以謂學

復齋家兄一日見問云吾弟今在何處做工夫某答云在人情事勢物理上做些工夫復齋應而已若知物價之低昂與夫辨物之美惡真偽則吾不可不謂之能然吾之所謂做工夫非此之謂也

莫厭辛苦此學脉也

某今亦教人做時文亦教人去試亦愛好人發解之類要曉此意是為公不為私

棋所以長吾之精神瑟所以養我之德性藝即是道

人之所以病道者一資稟二漸習

惟精惟一須要如此涵養

若是聖人亦逞一些子精彩不得

大綱提掇來細細理會去如魚龍游於江海之中沛然無礙

王遇子合問學問之道何先曰親師友去己之不美也人資質有美惡得師友琢磨知己之不美而改之子合曰是請益不答先生曰子合要某說性善性惡伊洛釋老此等話不副其求故曰是而已吾欲其理會此說所以不答

〇〇顧諟謹案世間學人非無見頭明亮得窺悟本體者然無仁守之功徒憑藉虛見侈然自足將所謂知及之者雖得亦失矣此種之患更易染人苟不知洗滌澌刷其始也望空捉影畫餅不可以充飢其究也鹵莽猖狂認野葛為滋

接下頁

象山門人

味流毒河勝道哉故終摘類鍛人語俾

人知即知即行而後其知不為虛見也

以下象山門人
並添一行

傅夢泉

○傅夢泉字子淵盱江人嚴松問象山今之學者為誰象山屈指數之以先生居首鄧約禮次之傅子雲黃棠又次之初先生請教象山艮背行庭無我無物之說繼又登晦菴南軒之門疑之者十年遂成心疾舉動言論頗多狂肆象山其病頓瘳陳后山傅良自湖南漕臺書幣下問象山聞之曰若子淵切磋不已君舉當有可望也又與周益公論道往返五書傅視象山歎曰子淵擒龍打鳳手段晦菴言先生以喪心死未盡然也

鄧約禮

○鄧約禮字文範臨川人登淳熙五年第嘗為江州德化丞兩攝邑事甚得民心為溫州教授與葉水心適定交孝友慈

愛之風逮於鄉黨嘗語人曰某得一官但能少濟諸貧困足

第目

○傅子雲（傅子雲）字季魯金谿人嘗主甌寧簿決訟外傳經義象山每講說得意則顧先生曰豈不快哉先生齒最少坐必末座象山令據一座近己每命先生代說則引之使坐時有少之者象山曰季魯英才也象山將守荊門以象山學者託之先生為（謂）學者曰吾不得為諸友掃淨氛穢幸有季魯在

○黃𡠴（黃裒）字元吉寧德人少有奇節應淳熙二年武舉魁南宮三歷郡守俸入多以給舊親任子恩先其兄之子而後已子其從象山多不發問令諸生致問從傍聽其質難遂有所

省初傅子淵夢泉與陳君舉傅良講學君舉不能疑其後先
生與之講君舉始信子淵之學嚴松以此為二人優劣（名）象山
曰元吉老夫十五年前數年病在逐外中間数年換入一意
見窠窟去又數年換入一安樂窠窟去這一二年老夫痛加
煅煉似覺壁立無由倚傍

○陳去華（陳去華）廣中人象山問之尋常與點一段如何理會答以
理會未得屢問屢答如前象山強之說曰三子只是事上看
到曾子却在這裏看到象山（喜之）曰何道理會不得今又却理會
得從此頗有省自叙聽話一月前十日聽得所言皆同後十
日所言大異又後十日與前所言皆同因作十詩而別是時

廣中皆傳南軒之教謂之南方之學先生歸而變其學人謂之北方之學

## 詹阜民

詹阜民字子南遂安人累官宗正寺丞兼駕部郎中知徽州府先生初見象山象山言後世學者溺於文義知見繳繞蔽惑愈甚先生退而盡屏諸書後來疑其不可間之象山曰某何嘗不教人讀書他日侍坐象山曰學者能常閉目亦佳先生遂學靜坐夜以繼日如此者半月一日下樓忽覺此心已復澄瑩中立竊異之擬質象山象山曰子何以束縛如此乃自吟曰翼乎如鴻毛遇順風沛乎若巨魚縱大壑豈不快哉先

全云非六氏门人另案

生釋然

○徐誼（徐誼）字子宜一字宏父溫州人乾道八年進士累官權工部侍郎知臨安府光宗不過重華宮諫極懇切韓侂胄以其為趙忠定汝愚黨責惠州團練副使安置南安久之起守江州移知隆興府以卒謚忠文先生稟學象山有省同赴南宮試論出天地之性人為貴象山視其文曰某欲說底却被子宜道盡但其所以自得受用底子宜却無先生謂象山曰與晦菴月餘說話都不討着落與先生說話一句即討落着

○陳剛（陳剛）字正己盱江人初見象山而歸傳子淵問之先生曰先生譚譚只言辨志象山言涵養是主人翁省察是奴婢先

生不以為然象山曰足下才氣邁往而學失其道凡所經營馳騖者皆適以病其心耳晦菴謂學者曰象山之喜正已者何事葉賀孫曰喜其有才

○彭興宗（彭興宗）字世昌金谿人嘗訪舊於貴谿得應天山結廬以迎象山象山頗而樂之因改名象山以自號世昌過晦菴盛誇其勝晦菴曰既是如此何故下山世昌曰陸先生既有書院未有藏書此來為求書也晦菴曰書之切要者不過幾卷向來某亦欲聚書後思有聚必散徒為物役也臨別贈之詩曰象山聞說是君開雲木參天瀑響雷好去山頭且堅坐等閑莫要下山來

朱桴

朱桴字濟道朱泰卿字亨道金谿人年皆長於象山而師事之濟道言陸先生所以誨人者深切著明大概是令人求放心不復以言語文字為意甚有意作文者令收拾精神涵養德性根本既正不患不能作文矣一日問自見先生後臨事惟恐有失反不能如前之勇决象山曰子即今自立正坐拱手自作主宰萬物皆備於我有何欠闕濟道常與象山亨道同與鵝湖之會亨道以元晦不能無我不能伯恭之虛中也

李伯敏

李伯敏字敏求問下手工夫象山曰能知天地之所以予我者至貴至厚然自遠於非僻敏求曰非僻未嘗敢為象山

曰此是硬制將來甚費力斂求曰以今年校之去年殊無寸進象山曰當爲者有時而不爲能不當爲者有時而爲之此是不長進若汲汲求進不過欲以己先人此是勝心他日爲斂求曰吾友近來精神都死卻無向來亹亹之意不是懈怠便是被異說壞了夫人學問當有日新之功今吾友守定如何得活斂求由是精進嘗有詩云紛紛枝葉漫推尋到底根株只在心莫(墓)笑無絃陶靖節箇中三嘆有遺音象山首肯之

○周清叟(周清叟)字廉夫所記象山語多論書易其祭象山文曰云天爲斯文乃生先生指學者之膏肓示入聖之門庭不繞纖(纖)而支離誠坦然而可行暴之以秋陽之白濯之以江漢之清

繼孟子之絶學舍先生其誰能

○嚴松字松年嘗向陸梭山孟子説諸侯以王道行王道以崇周室乎得王道以得天位乎梭山曰得天位松年曰豈教之篡奪乎梭山曰民為貴社稷次之君為輕象山歎曰家兄平日無此議論曠古以來無此議論松年曰伯夷不見此理武周見得此理一日象山歎道之將廢自孔孟之生不能回天而易命又歌柏舟松年為涕泗沾襟少間又歌東皇太一雲中君松年悲泣不堪而罷

孫應時字季和餘姚人舉進士授黃巖尉淛任士民欲置田宅留居之不受丘宗卿帥蜀辟之入幕季和言吳曦必反宜

豫倫攺知常熟縣以前令積遖貶秩尋判卲武軍而卒李和問李朱陸之間而所師者則陸也

○嚴滋（嚴滋）字泰伯臨川人端重明敏象山言泰伯只是好勝見一好事便直前余以為即做得亦不是好事心卻不好已而曰始吾聞泰伯賢今觀氣象聽談論可與適道舉進士不第著十論和閣晚主郴陽簿而卒

○林夢英（林夢英）字叔虎與象山相若篤信其學遂師之登淳熙二年第授祁陽主簿再調衡州法曹所至事辦為部使者及郡守所知每更攷首五剡俱集（退字有差誤）知武陵縣通判靖州知武岡軍未上退退城西金石臺建樓藏書貯徉其間薛叔似辟為宣

撫司參議官召除國子監丞遷宗正丞權工部郎又除秘書丞權司封奉祀而歸年踰八十稱山房先生

○曹建字立之餘干人初從沙隨程氏繼從陸氏兄弟最後乃從朱氏其所欲見而不得者南軒張氏而已晦翁序其言道非一聞可悟一超可入也循下學之則加窮理之工由淺而深由近而遠則庶乎其可矣今必先期於一悟而遂至棄百以趨之吾恐未悟之間狼狽已甚此其晚歲用力之標的程度也象山言其天資甚高因讀書用心之過成疾其後疾與學相為消長某與蕩滌則胷中快活明白病亦隨減一聞他人言語又復昏蔽病亦隨發如此者不一有告之以其乃

釋氏之學渠平生惡釋老如仇讐於是盡叛某之說湊合元晦說話不相見以至於死

張孝直字英甫臨川人受學陸氏之門信所見自心而未安程伊洛諸儒議論亦不苟同領袖郡學士論翕然歸重與章從軒蔡介軒講論多所發明卒年七十七

○饒延年字伯永崇仁人遊陸氏之門象山稱其開豁有力量以經學稱隱居不仕紹定三年明燭焚香趺坐而逝年八十一魏鶴山銘之曰有宋長者饒正翁之墓

○鄒斌字俊父臨川人初見象山問平日何學以求放心對一語契合制置使趙方嘗委經理三關形勝措置有方所著

有南塘藁

○趙師雍（趙師雍）字然道黃巖人淳熙十四年進士與弟師點字詠道問學於朱陸師雍言諸公傷於著書而其心反有所蔽此是暗指朱氏則其歸心於陸也明矣

○包揚（包揚約遜）顯道包約詳道包遜敏道建陽人同學於朱陸而趨向於陸者分數為多

○高商老（高商老）括蒼人累官知撫州刻象山文集於郡庠自言嘗從先生遊頗自奮勵今老矣學不加進然而默識心通豈欺我哉

○曾滂（曾滂）字孟博臨川人為人質直剛烈四方宗陸氏者自孟博

與李德章師事復齋始孟博長象山五六歲象山甚愛重之

○石宗昭（石宗昭）字應之新昌人與兄斗文字天民同問學於朱呂陸三氏之門初為象山所喜復惑於異說而参東萊之文以為石火電光是扈扈者之不足恃象山見之駁其迷繆尋應之異時書開一束封之題曰石應之公案已而會於臨安以公案示之應之欲持去象山曰不可觀足下神思今不能辦此此書非吾相對剖決亦長物耳以進士第授無為軍教授積官至侍從象山謂高（商）宗曰觀應之容貌言論與曩者判若二人今遂居臺閣益令人憐之耳

○諸葛誠之（諸葛誠之）會稽人問學於朱陸兩家相難誠之以學徒説

辨為非言之於晦翁晦翁亦悵然其言也象山言誠之嗜學甚篤又有筋力朋友間尤所賴者

○羅點（羅監）字春伯撫州崇仁人登淳熙己未進士第累官至端明殿學士僉書樞密院事光宗不過（過）重華宮春伯同宰執引上裾而蹊與同列奏諫之章凡三十五又自諫者十六疏寧宗嗣位而卒贈太保謚文恭嘗從學於象山相聚甚久晦翁與林黃中栗以爭西銘易象不相得黃中劾晦翁偃蹇不就職朝議不直黃中於是西羅春伯致書象山謂朱林皆自家屋裡人不宜自相矛盾象山答之曰天地開闢本只一家來書之云不亦陋乎古人但問是非邪正不問自家他家舜於

照此低一格抄

四者孔子於少正卯亦只治其家人耳安公倩覺此乃學不知至自用其私者之通病也

○胡拱字達材東浙人象山言其資質甚美天常亦厚但前此講學用心多馳騖於外而未知自反

○先遺獻曰陸子之在象山五年間弟子屬籍者至數千人何其盛哉然其學脉流傳偏在浙東此外則傅夢泉而已故朱子曰浙東學者多子靜門人類能卓然自立相見之次便毅然有不可犯之色然則此數十人者固多於進於退之徒耳今傳數十人於此其概可睹矣

此後應入陳苑（私淑）祝蕃（陳氏門人）李存　三人并遺獻語見十六本端憲沈宣川學案末

# 黄棃洲宋元學案

元孫稚圭校補稿

第十六册

廣平 慈湖 潔齋 定川 學案

慈湖學案

廣平學案

潔齋學案

端憲學案（芝川）

第十六本

慈湖學案

照前式樣
慈湖學案　象山門人
〃〇文元　楊慈湖先生簡

慈湖學案

象山門人

慈湖楊先生簡

楊簡字敬仲慈溪人乾道五年進士調富陽主簿嘗反觀覺天地萬物通為一體非吾心外事陸象山至富陽夜集雙明閣象山數提本心二字先生問何謂本心象山曰君今日所聽扇訟彼訟扇者必有一是有一非君見得孰是孰非即決定為某甲是某乙非非本心而何先生聞之忽覺此心澄然清明亟問曰止如斯耶象山厲聲答曰更何有也先生退拱坐達旦質明納拜遂稱弟子已而沿檄宿山間觀書有疑終

夜不能寐瞳、欲曉灑然如有物脫去此心益明淳熙元年
毋喪去官營葬車廐又覺日用酬應未能無礙沉思屢日一
事偶觸始大悟變化云爲之旨交錯萬變而虛明寂然服除
補紹興府理掾差浙西撫幹知嵊縣外艱不赴起知樂平召
爲國子博士以爭趙汝愚之去主管台州崇道觀嘉泰四年
權發遣全州未上論罷主管仙都觀嘉定元年累遷至著作
佐郎兼兵部郎官三年除著作郎遷將作少監面奏陛下自
信此心即大道乎寧宗曰然問日用如何寧宗曰止學定耳
先生謂定無用學但不起意自然靜定是非賢否自明他日
又言陛下意念不起已覺如太虛乎寧宗曰如此何賢否是

非歷〻明照否寧宗曰朕已照破簡乃頓首為天下賀出知温州背賦之吏不入縣庭但稽文罷妓籍訪賢人崇孝養而已架鑼戟門令投牒者自鳴〻即引入剖決無時縣官賢否即離訪之小民之至庭下者言人〻同乃行黜陟其待僚屬方據案書判有喏於庭者無問誰何即釋拱答務以德化感人民自悅服除駕部員外郎改工部除軍器監將作監兼國史院編修官實錄院檢討官丐祠而歸以寶謨學士慈溪縣男大中大夫致仕寶慶二年卒年八十六謚文元築室德潤湖上更名慈湖邑方僻嶠婦人孺子亦知有所謂慈湖先生也所著有甲稾乙稾冠記昏記喪禮家記家祭記釋菜禮記已

易論語

慈湖己易

易者己也非有他也以易為書不以易為己不可也以易為天地之變化不以易為己之變化不可也天地我之天地變化我之變化非他物也私者裂之私者自小也包犧氏欲形容易是己不可得畫而為一於戲是可以形容吾体之似矣又謂是雖足以形容吾体而吾体之中又有變化之殊焉又無以形容之畫而為一‥一者吾之一也一‥者吾之一‥也可畫而不可言也可以默識而不可以加知也一者吾之全也一‥者吾之分也全即分也分即全也自生民以來未有能識吾

之全者惟覩夫蒼蒼而清明而在上始能言者名之曰天又覩夫隤然而博厚而在下又名之曰地清明者吾之清明博厚者吾之博厚而人不自知也人不自知而相與指名曰彼天也彼地也如不自知其為我之手足而曰彼手也彼足也如不自知其為己之耳目鼻口而曰彼耳目也彼鼻口也是無惑乎自生民以來面墻者比比而不如是甚者見謂聰明也夫所以為我者毋曰血氣形貌而已也吾性澄然清明而非物吾性洞然無際而非量天者吾性中之象地者吾性中之形故曰在天成象在地成形皆我之所為也混融無內外貫通無異殊觀一畫其指昭昭矣厥後又繫之曰乾

乾健也言乎千變萬化不可紀極往古來今無所終窮而吾体之剛健未始有改也言乎可指之象則所謂天者是也天即乾健者也天即一畫之所似者也天即己也天即易也地者天中之有形者也吾之血氣形骸乃清濁陰陽之氣合而成之者也吾未見夫天與地與人之有三也三者形也一者性也亦曰道也又曰易也名言之不同而其實一体也故夫乾彖之言舉萬物之流形變化皆在其中而六十四卦之彖畫備于乾之一卦矣自清濁分人物生男女形萬物之在天下未嘗不兩曰天與地曰晝與夜曰夫與婦曰君與臣曰尊與卑曰大與小曰貴與賤曰剛與柔曰動與靜曰善與惡曰進

與退曰寔與虛博覩縱觀何者非兩一者所以象此也又繫之辭曰坤〻順也明乎地與妻與臣與柔之類也然非有二道也坤者兩畫之乾〻者一畫之坤也故曰天地之道其為物不貳則其生物不測又曰明此以南面堯之所以為君也明此以北面舜之所以為臣也又曰吾道一以貫之則夫乾坤之象雖有大哉至哉之辨以明君臣上下之分而無二元也坤文又曰直方大又曰以大終也又以明大與至之無二旨乾與坤之無二道也乾何以三一也天此物也人此物也地此物也無二一也無二己也皆我之為也坤何以三一〻也天有陰陽日月明晦也地有剛柔高下流止也人有君臣夫

婦貴賤善惡也三天下固有如此者也聖人繫之辭曰震明乎如此者陽為主自下而動且起也此我之變態也三天下固有如此者也聖人繫之辭曰巽明乎如此者陰為主陰入於下柔隨之類也此又我之變態也三天下又有如此者也聖人繫之辭曰坎言陽陷乎兩陰之中內陽而外陰水之類也此我之坎也三天下又有如此者也聖人繫之辭曰離言陰柔不能以自至〔立〕麗乎兩剛又外陽而中虛為火之類也此我之離也天下又有三者陽剛止截乎其上故繫之辭曰艮艮止也明乎我之止也天下又有三者陰柔發散乎其外故繫之辭曰兌兌說也明乎我之說也舉天地萬物萬化萬理皆一而已矣舉天地萬物萬化萬理皆乾而已矣坤者乾之兩非乾之外復有坤也震

巽坎符艮兌又孔之天鐵殺彩殊非孔子後有此六物也皆吾之變化也不以天地爲物爲化爲理

爲己而惟執耳目鼻口四肢爲己是剖吾之全体而裂取分寸之膚也是梏於血氣而自私也自小也非吾之軀止於六尺七尺而已也坐井而觀天不知天之大也坐血氣而觀己不知己之廣也元亨利貞吾之四德也吾本無此四者之殊人之言之者自爾殊人推吾之始名之曰元又曰仁言吾之通名之曰亨又曰礼言吾之利名之曰利又曰義言吾之正名之曰貞又曰固指吾之剛爲九指吾之柔爲六指吾之清濁爲天地指吾之震巽爲雷風指吾之坎離爲水火指吾之艮兌爲山澤又指吾之變而化之錯而通之者爲六十四卦三百八十四爻以吾之照臨爲日月以吾之變通爲四時以

吾之散殊於清濁之兩間者為萬物以吾之視為目以吾之
聽為耳以吾之噬為口以吾之握為手以吾之行為足以吾
之思慮為心言吾之变化云為深不可測謂之神言吾心之
本曰性言性之妙不可致詰不可[illegible]曰命得此謂
之德由此謂之道其覺謂之仁其宜謂之義其履謂之礼其
明謂之智其昏謂之愚其不實謂之偽其得謂之吉其失謂
之凶其補過謂无咎其忻然謂之喜其慘然謂之憂悔其非
謂之悔嗇其小曰謂之吝其不偏不過謂之中其非邪謂之正
其盡焉謂之聖其謂盡焉謂之賢言乎其變謂之易言乎其
無所不通謂之道言乎無二謂之一今謂之己謂之已者亦

非離乎六尺而復有妙己也一也二之者私也梏也安得無私與梏者而告之姑即六尺而細究之目能視所以能視者何物耳能聽所以能聽者何物口能噬所以能噬者何物鼻能嗅所以能嗅者何物手能運用屈伸所以能運用屈伸者何物足能步趨所以能步趨者何物血氣能周流所以能周流者何物心能思慮所以能思慮者何物目可見也其視不可見耳可見也其聽不可見口可見噬者不可見鼻可見嗅者不可見手足可見其運動步趨者不可見血氣可見其使之周流者不可見心之為臟可見其能思慮者不可見其可見者有大有小有彼有此有縱有橫有高有下不可得而一

其不可見者不大不小不彼不此不縱不橫不高不下不可得而二視與聽者不一其不可則一視聽與嘗嗅若不一其不可見則一運用步趨周流思慮若不一其不可見則一是不可見者在視非視在聽非聽在嘗非嘗在嗅非嗅在運用屈伸非運用屈伸在步趨非步趨在周流非周流在思慮非思慮視如此聽如此嘗如此嗅如此運用如此步趨如此周流如此思慮如此不思慮亦如此晝如此夜如此寐如此寤如此生如此死如此天如此地如此日月如此四時如此鬼神如此行如此止如此古如此今如此前如此後如此彼如此〻如此萬如此彼一如此聖人如此衆人如此自有而不

自察也終身由之而不知其道也為聖者不加為愚者不損也自明也自昏也此未嘗昏此未嘗明也或者蔽之二之自以為昏為明也昏則二明則一明曰昏而立名不有昏者明無自而名也昏明皆人也皆名也非天也天即道天即乾天即易天即人天與人不名也大傳曰鼓萬物而不與聖人同憂此非先聖之言也憂即天萬物即天孔門之徒聞聖人之言而差之以己意參其間而有是言也此非吾孔子之言也吾道一以貫之此孔子之言也其曰易與天地準此亦非孔子之言也何以明之天地即易也幽明本無故不必曰仰觀俯察而微知其故也死生本無說不必原始要終而後知其

說也是皆非吾孔子之言也其徒之已說也神即易道即善其曰繼之者善也離而二之也離道以善莊周陷溺乎虛無之學也非聖人之大道也孔子曰易其至矣乎夫易聖人所以崇德而廣業也此孔子之言也聖人即易也德業即易也繼曰天地設位而易行乎其中又非孔子之言也何者離易與天地而二之也子曰之下其言多善間有微礙者傳錄紀述者之差也其大旨之善也不繫之子曰者其言多不善非聖人之言故也乾即易坤即易其曰乾坤毀則無以見易易不可見則乾坤或幾乎息又曰形而上者謂之道形而下者謂之器非其聖言斷斷如白黑如一二之易辨也凡如此類不可

勝紀善學易者求諸己不求諸書古聖作易凡以開吾心之明而已不求諸己而求諸書其不明古聖之所指也甚矣自古聖指東學者求西讀書者滿天下省己者千無一萬無一孔氏之門學者不知其幾而日至者無幾也月至者又無幾也三月不違者顏氏一人而已他日子夏子張子游以有若似聖人矣而況於不在孔門者乎幸有一曾子獨不然曰不可江漢以濯之秋陽以暴之皜皜乎不可尚也此豈訓詁之所能解也知之者自知也不可以語人也所可得而語人者吾無行而不與二三者而已終不可得而言也曰吾有知乎哉無知者而已實無得以告人也何為其然也尚不可得而

思也然可得而言也尚不得而有也然可得而知也然則昏者亦不思而遂已可乎曰正恐不能遂已誠遂已則不學之良能不慮之良知我所自有也仁義礼智我所自有也萬善自備也百非自絶也意必固我無自而生也雖堯舜禹湯文武周公孔子何以異於是雖然思亦何害於事箕子曰思曰睿孔子曰學而不思則罔周公仰而思之夜以繼日思亦何害於吾事也庸言之信庸行之謹不可以精粗論也儆戒無虞罔失法度正易道之妙也堯舜允執厥中執此也兢兢業業弗敢怠也禹之克艱不敢易也湯改過不吝去其不善而復於善也文王翼翼小心也信吾信謹吾謹儆戒吾儆戒執

吾執兢〻吾兢〻業〻吾業〻艱吾艱改吾改翼〻吾翼〻無二我也無二易也既曰天下何思何慮而又曰執曰兢〻業〻曰艱曰改過曰翼〻無思無慮者固如此乎但兢〻但業〻但克艱而弗易但改過但翼〻方兢〻業〻克艱而不易時此心果可得而見乎果不可得而見乎果動乎果不動乎特未之察耳似動而不移也似變而未嘗改也不改不移謂之寂然不動可也謂之無思無慮可也謂之不疾而速不行而至可也此天下之至動也此天下之至賾也象也者像此者也爻也者傚此者也非賾自賾動自動也一物而殊名也一人而壯名字行之不同也此非沉虛溺寂者之所能識

也亦非憧憧往來者之所能知也然而至易也至簡也或者自以為難近取諸身殊不遠也身猶遠爾近取諸心即此心而已矣曾子傳之曰夫子之道忠恕而已孟子學之曰仁人心也又曰惻隱之心人皆有之羞惡之心人皆有之又曰今人乍見孺子將入於井皆有怵惕惻隱之心非所以內交於孺子之父母也非所以要譽於鄉黨朋友也於戲此足以指明人心之本良矣而學者往往遂領孟子之意而不復疑其有他者千萬而不一二也故孟子言必稱堯舜於以知孟子之言維諄諄而當時之聽之者多藐藐此道甚明甚易甚簡而人自疑自惑不信使當時遂聞言而遂信者眾必不至背

孟子諄諄如此也能識惻隱之真心於孺子將入井之時則何思何慮何之妙人人之所自有也純誠洞白之質人人之所自有也（廣大無疆之體人人之所自有也）此心常見於日用飲食之間造次顛沛之間而人不自省也孔子曰造次必於是顛沛必於是子思曰道也者不可須臾離也可離非道也曾曰道也者未始須臾離也非曰造次間為之顛沛間為之無須臾而不為也是心本一也無二也無嘗斷而復續也無嚮也不如是而今如是也無嚮也如是而今不如是也晝夜一也古今一也少壯不強而衰老不弱也可強可弱者血氣也無強無弱者心也有斷有續者思慮者也無斷無續者心也能明此心則思慮有斷續而吾

心無斷續血氣有強弱而吾心無強弱有思無思而吾心無二不能明此心則以思慮為心雖欲無斷續不可得矣以血氣為己雖欲無強弱不可得矣雖欲造次於是顛沛於是無須臾不於是勉強從事不須臾而罷矣況於造次乎況於顛沛乎書曰作德心逸日休作僞心勞日拙如此則亦僞而已矣非誠也孔子曰主忠信忠信者誠實而已無他妙也而聖人以是為主本或者過而索之外而求之故反失忠信之心即道心即仁義礼智之心即不勉而中不思而得之心通於一萬事畢差之毫釐繆以千里不遠復此心復也頻復頻放而頻返也亦危矣然已復則如常矣无咎也得此則吉失此

則亦無虞他日之吉凶但觀一念慮之得失當乾之初而不肯潛此心放也當五而不能飛此心固也當三而不惕此心慢也當四而不疑此心止也循吾本心以往則能飛能潛能疑能惕能用天下之九亦能用天下之六能盡通天下之故仕止久速一合其宜周旋曲折各當其可非勤勞而為之也吾心中自有如是十百千萬散殊之正義也禮儀三百威儀三千非吾心外物也故曰性之德也合內外之道也故時措之宜也言乎其自宜也非求乎宜者也孔子曰道不遠人人之為道而遠人不可以為道人之為道似善矣而孔子截截斷斷甚言其不可孟子窮之亦曰人之所不學而能者其良

能也所不慮而知者其良知也孩提之童無不知愛其親者及其長也無不知敬其兄也此豈計度而圖之也此其擬議而成之也擬議而成其變化此非聖人之言也學者之臆説也孰知夫君子終日乾乾而非意也頻復獨復而非反也利於不息之貞而非升也震來虩虩非懼也其亡其亡非慮也何天之衢亨非通也括囊无咎无譽非閉也三日不食非窮也揚於王庭非得志也介於石非止也出門同人非往也吾終日用之而鬼神莫我識也聖智莫我測也雖我亦有所不自知而況於他人乎如秋陽之暴至白而無瑕也如江漢之濯至潔而無滓也混混乎無涯無畔無始無終也天地非大也毫

髮非小也畫非明也夜非晦也往非古也此非今也它日非後也鳶飛戾天非鳶也魚躍於淵非魚也天下被日月之明照而不知其自我也日夜行乎我己之中而以為他物也其曰範圍天地發育萬物也非過論也孔子曰哀樂相生雖使正明目而視之不得而見也傾耳而聽之不得而聞也哀樂必有形哭笑必有聲而曰不可見不可聞何也此非心思之所能及也非言語之所能載也我之所自有也而不可知也不可識也書不盡言言不盡意未有知近而不知遠也未有知小而不知大也遠近一物也小大無二体也閨門之内若近而實遠也若小而實大也即敬即愛無不通矣有倫有敘

9

無不同矣放之東海之東而準也放之西海之西而準也放之南海之南而準也放之北海之北而準也不可思也不可遠也

先訓

吾少時初不知已有過但見他人有過一日自念曰豈但他人俱有過而我獨無耶殆不然乃反觀內索久之乃得一既而又內觀索又得二三已而又索吾過惡乃如此其多乃大懼乃力攺

心吉則百事皆吉

人處不善之久則安於不善而不以爲異

人戒節要先於味蓋味乃早晚之事漸漬奪人之甚於此淡
薄則餘亦輕
損人即自損也愛人即自愛也樂人之樂彼未必樂而己〻
樂矣
不善之心起則一身不及安一家不及安
過則人皆有未足爲患〻在文飾儻不文飾非過也志士之
過露布不隱
凡可怒者以其小人也然怒或動心則與小人相去一間耳
三代之治天下欲使民無失其善性而已更無他二說
時人心中自謂今且度日俟他時如意當取快樂不知今日

無事即是至樂此樂達之者鮮

人謂防人心賢者閑防自心天下之心一也戒謹則善放之則惡

學者或未見道且從寡改過

人為貪字苟物遮了眼孔晚庵庵而不自知

近來學者多傳至於臨死亦安排

為學及五分自休不得

世間忙學者驟(緊)到不忙處

學者有志氣無問性愚衝擊而開矣無間氣習衝擊而散矣」

外事不可深究凡得失奉天命可也動心則逆天命禍將(将)至矣」

近世學道者泉然胸中常帶一世間行所以不了達

學道者多求於言語所謂知道者只是存想

一墮人欲念慮顛倒舉止輕浮此語可謂甚善

正欲說教住即住得正欲怒教住即住得如此即善

君子恭敬之心在內人皆知之禽獸亦知之

人貧賤則忽之事微細則不謹若此者人以為常君子於此

戰戰兢兢敬心無二

學者成則無我欲何如不欲何如但由理而行盛暑有待秋

凉之意隆寒有待春和之意好學者不如此

心無所求則樂生此非親到者有所不知

吾自幼年以生計不足為憂復思古者樂貧之士處貧亦得其理因讀論語有若言盍徹乎每每在懷一日忽有所得夫盍徹正而已矣宿昔之憂日見消釋而動止輕清蓋得理所則無所施而不利復何憂哉

為學之門固不一苟逐逐則混矣惟敬一門無迹可逐不容有所泥學者往往多忽之誠得養之以敬則曰仁矣

人之趨向為欲所奪苟或有學則欲去不熟生者不生是以自己於度庫物之中作得主宰無貪戀則自然見道雖夫子不易吾言

此身乃天地間一物不必攪擾而已

處高堂則氣寬居茅屋則氣隘對風月則氣清當晦昧則不爽類皆如此以其有我也

人有過尚有改一路有過得改猶晦昧之得風大旱之得霖雨當天地陰陽不和之時而爲之一新亦若此或者不遠過作則惟恐人知安有不知之理設或不知潛伏于中此過必毒害己益甚過既不去便己終身爲小人學者試思即以此斷其是非去留應使改過之心有勇既改之則便可無愧

人生一世只忙迫一場便休

不能舍己從人則知識日昧處世常見其难故人常在难中

好學之心一興則凡在吾身之不善自消至於面目之塵埃

久去矣

胸中無貪樂目則明耳則聰

吾見人好問則喜

吾飲饌不敢嘗時新衣服喜補綻於器用亦然無求新棄舊之意吾得此意敢保老來不為人所厭

即事即學也即此下筆處即學也

吾之本心澄然不動寂無罅隙處人自已若不識更向何處栖焉

大中至正之道近在日用見則於動靜語默不必他求

人以目遮物為見以耳遮物為聞謂之分明不知乃大〻不

分明

學者以所得填塞胸中、毒之深復不自覺顔子屢空還有此否

畏天命則無所求而享安逸矣苟未及安逸則知貪求未盡貪求之心未盡則知未誠（識）天命也君子胸襟常無事常悅樂

事即學也事學有二則學亦勞矣

學有進時如龍換骨如鳥脱毛身與心皆輕安享福而已

學者言多則散學力

人知學進其處世如享醇酒怡〻融〻

食不語爲學到日自然如此

動靜語默皆天性也人謂我爲之是將黄金作頑鐵用耳

學者涵養有道則氣和雅言語閑靜臨事而無事

不逐物而得理此時如丸珠在盤無所凝滯

大舜之心即瞽瞍底豫之心瞽瞍底豫之心即大舜之心

欲言之時與無言之時同則學精矣

事無大小有志者皆得之竊盜取地窖一錖復一錖不敢作聲不敢思量他事但一心求徹學者似之不患所學不成也

惡心未萌時與學成就時一般

惟無憎惡人之心者乃能勸戒人有憎惡人之心者其勸戒人必不服

一日閒步到蔬園頑謂園僕吾蔬間爲盜者竊取汝有何計防閑園僕娃余者曰須捹少分與盜者乃可先公因欣然顧簡曰余即吾師也吾甚釋然

倘有志於學見賢者亦學也見不賢者亦學也喜樂亦學也憂苦亦學也學至此學乃吾之全體

使有牧童呼我來前曰我教汝我亦敬聽其教

四絕記

人心自明人心自靈意起我立必固礙塞始喪其明始失其靈孔子日與門弟子從容問答其諄諄告戒止絕學者之病大略有四曰意曰必曰固曰我門弟子有一於此聖人必止

絶之毋者止絶之辭知夫人皆有至靈至明廣大聖智之性不假外求不由外得自本自根自神自明微生意焉故蔽之有必焉故蔽之有固焉故蔽之有我焉故蔽之昏蔽之端盡由之於此故每每隨其病之所形而止絶之曰毋如此毋如此聖人不能以道與人能去人之蔽爾如太虛未始不清明有雲氣焉故蔽之去其雲氣則清明矣夫清明之性人之所自有不求而獲不取而得故中庸曰誠者自成也而道自道也孟子曰惻隱之心人皆有之羞惡之心人皆有之恭敬之心人皆有之是非之心人皆有之仁義禮智非由外鑠我固有之也何謂意微起焉皆謂之意微止焉皆謂之意意之為

狀不可勝窮有利有害有是有非有進有退有虛有實有多有寡有散有合有依有違有前有後有上有下有体有用有本有末有此有彼有動有靜有今有古若此之類雖窮日之力窮年之力縱說橫說廣說備說不可得而盡然則心與意奚辨是二者未始不一蔽者自不一一則為心二則為意直則為心支則為意通則為心阻則為意直心直用不識不知變化云為豈支豈離感通無窮匪思匪為孟子明心孔子毋意意毋則此心明矣心不必言亦不可言不得已而有言孔子不言心惟絕學者之意而猶曰予欲無言則知言亦起病言亦起意姑曰毋意聖人尚不欲言恐學者又起無意之意

也離意求心未脫乎意直心直意匪合匪離誠實無他道心
獨妙匪學匪索匪粗匪精一猶贅辭二何足論十百千萬至
於無窮無始無終非衆非寡姑假以言謂之一貫愈辨愈支
愈說愈離不說猶離況於費辭善說何辭實德何為雖為非
為我自有之不可度思矧可射思罔心仰而思之夜以繼日
非意也孔子臨事而懼好謀而成非意也此心之靈明踰日月其照臨
有甚於日月之照臨日月能照容光之地不能照蔀屋之下此心之神無所不
通心此之明無所不照昭明如鑑不假致察美惡自明洪纖
自辨故孔子曰不逆詐不億不信抑亦先覺夫不逆不億而
自覺者光明之所照也無以逆億為也嗚呼孔子亦可謂善

於發明道心之妙矣亦大明白矣而能領吾孔子之旨者有幾鑑未嘗有美惡而亦未嘗無美惡鑑未嘗有洪纖而亦未嘗無洪纖吾心未嘗有是非利害而亦未嘗無是非利害人心之妙曲折萬變如四時之錯行如日月之代明何可勝窮何可形容豈與夫費思力索窮終身之力而茫然者同何謂必必亦意之必必如此必不如彼必欲如彼必不欲如此大道無方奚可指定以為道在此則不在彼乎以為道在彼則不在此乎必信必果無乃不可斷斷必必自離自失何謂固固亦意之固固守而不通其道必窮固守而不化其道亦下孔子嘗曰我則異於是無可無不可又曰吾有知乎哉無知也

可不可尚無而況於固乎尚無所知而況於固乎何爲我〻亦意之我意生固我立意不生我亦不立自幼而乳曰我乳長而食曰我食衣曰我衣行我行坐我坐讀書我讀書仕宦我仕宦名聲我名聲行藝我行藝牢堅如鐵不亦如塊不亦如氣不亦如虛不知方意念未作之時洞焉寂焉無尚不立何者爲我雖意念既作至於深切時亦未嘗不洞然焉寂焉無尚不立何者爲我蓋有學者自以爲意必固我咸無而未免乎行我行坐我坐則何以能範圍天地發育萬物非聖人獨能範圍而學者不能也非聖人獨能發育而學者不能也聖人先得我心之同然爾聖人先覺學者後覺耳一日覺之

此心無體清明無際本與天地同範圍無內外發育無疆界學者喜動喜進喜作喜有不墮於意則墮於必不墮於固則墮於我墮此四者之中不勝其多故先聖隨其所墮而正救之正絶之其晦亦隨以多他日門弟子欲記其事每事而書則不勝其書總而記於此其即其所記推見當日之事情坦坦然灼然而先儒未有發揮其然者先儒豈不知無毋義非無而況以毋為無者謂此非學者所及惟聖人可以當之故不得不改其義為無而獨歸之孔子先儒不自明己之心不自信己之心故亦不信學者之心吁賊天下萬世之良心迷惑天下萬世至靈至明之心其罪為大某大懼先聖朝夕諄諄

以下均低一格

告戒切者之本旨隱沒而不白使後學意態滋蔓荆棘荒植塞萬世入道之門不得已故書

先遺獻曰象山說顏子克己之學非如常人克去一切忿慾利害之私蓋欲於意念所起處將來克去故慈湖以不起意為宗是師門之的傳也而考亭謂除去不好底意見則可若好底意見須是存留畢竟欲除意見則所行之事皆不得已去做才做便忘所以自視霄漢悠悠過日下稍只成得箇狂妄也按慈湖之告君曰此心即道惟起乎意則失之起利心焉則差起私心焉則差起權心焉則差作好焉作惡焉凡有所不安於心焉皆差即此虛明不起意

之心以行勿損勿益自然無所不照然則不起意之旨亦畧可識矣又何曾背考亭之言耶但慈湖工夫如入細不能如象山一切經傳有所未得處便硬説倒此又學象山而過者也

慈湖門人　象山再傳

錢時　　提下頁

錢時字——

象山再傳　慈湖門人

錢時字子是淳安人讀書不為世儒之習以易冠漕司既而絕意科舉究明理學江東提刑袁甫建象山書院招主講席學者興起大抵發明人心指擿痛决聞者皆有得焉丞相喬行簡薦之授秘閣校勘詔守臣以其所著書來上未幾出佐浙東倉幕召入史館檢閱以江東帥屬歸所著書有周易釋傳尚書演義學詩四書管見春秋大旨兩漢筆記蜀阜集冠昏記百行冠冕集人稱為融堂先生

趙彥悈字元道餘姚人累官吏部尚書兼給事中以文華閣直學士知平江府卒元道言人疑象山為禪是未之思也

誠意正心以至治國平天下原於致知二字禪矣乎其題跋曰聖人之易不離先生此書不離斯人篤好欲刊之心不離刊者之手不離觀者之目不離誦者之口不離聽者之耳又不離不刊不觀不誦不聽者之耳目手口斯旨也元道寔有覺於事親從兄喜怒哀樂兢兢業業日用之間

○陳塤陳塤字和仲鄞縣人嘉定十年登進士第調黃州教授。父毀齋考古禮行之歎曰俗學不足學乃師事慈湖攻苦食淡晝夜不怠再調處州教授累官至太常博士獨爲袁絜齋議謚餘皆闕筆論政切直史彌遠問之曰吾甥殆好名耶塤曰好名孟子所不取也夫求士於三代之上惟恐其好名求

士於三代之下惟恐其不好名耳出判嘉興府彌遠卒召為
樞密編修官尋守衢州監司闕淅者久之入為國子司業知
温州未上而罷卧疾抽架上書占之得呂東萊文集其墓誌曰
祖謙生於丁巳歲没於辛丑歲先生曰異哉我生於慶元丁
巳今歲在辛丑於是一甲矣吾死矣夫

附録
史彌遠為先生母黨舅氏先生於轉運司及禮部兩试第一
彌遠當国将為先生謀加恩数先生却之
教授處州理宗求直言先生上封事直声闻天下為學録為
宗正寺簿俱奏對盡言切直賈貴妃入内先生又言乞去
君側之蠱媚以正君德彌遠駭曰吾甥殆好名耶先生云

添一行

照此寫

𥲅

云

為太常博士 朱端常子乞謚先生 曰 端常居臺諫則逐善類為藩牧則務刻剝宜得惡謚曰榮愿

先生嘗與御史蔣峴講中庸不合判福運為峴所劾

○趙与𥲅（趙與𥲅）字德淵湖州人嘉定十三年進士累官至觀文殿學士歷知七府景定元年卒贈少師德淵見慈湖而問曰某於日用應酬都無一事只未知歸宿之地慈湖曰心之精神是謂聖人皆有是心 未嘗不聖何必更求歸宿求歸宿乃起意反害道德淵奉教終身

○曾慥（曾慥）字宣遠廬陵人得慈湖己易 閒居 觧二書刊之謂西

銘之意認天地為一家而已易一書悟天地為一己其流行
發見精粗巛循厥功益大然定遠之意欲學者於良知良能
苗裔之發見体察而用力慈湖以為才言体察是未信此心
之即道也定遠復問曰卑常正直之心雖人所固有然汩没
斷喪憧憧利欲之塗須体察于膠擾之中而後能不失今惟
其起意也不敢体察坐聽是心之所發則天理与人欲並行
何以洞識乎慈湖答曰定遠猶未覺未信固也易曰百姓日
用而不知日用豈無膠擾膠擾乃变化即天地之風雨晦冥
也君子見善則遷有過則改改即足矣故孔子曰改而止改
而不止是謂正其心反成起意耳定遠乃喟然曰今而後知

此心虛明万理万化盡在其中君子所以用力於仁者而不厭者亦有事焉初非臆度料想之謂也

○鄒近仁 字魯卿德興人以特恩為静江法曹再調龍陽丞問學於慈湖与語從容良久即了然無疑滯嘉定二年疾革語其子曾曰吾心甚明無事可言爾曹修身學道則為孝矣言訖而瞑

鄒夢遇 字元祥樂平人慈湖知樂平元祥以鄉貢生從容接論久之而有覺隔礙未除慈湖益導之遂徹底澄明其言曰事親從兄之間不思不勉無非實地变化云為張弛闔闢宇宙在吾手又曰渾然之中品節條理粲然以列又曰人皆

以兀坐端默為靜人皆以步趨應酬為動吾獨以兀坐端默為動嘉定四年赴礼闈（而）疾作將卒歌曰嘉木扶疏兮鳥鳴閑閑暑風舒徐兮庭中閒閒起視天宇兮浩乎虛澄

右葉祐（葉祐之）之字元吉吳縣人弱冠鄉貢有志于學凡先儒所是者依而行所訶者必戒如是者十有七年終未相應得慈湖八絕碑讀之知此心明白廣大異乎先儒繳繞回曲之說自是讀書行己不敢起意寐中聞更鼓聲而覺全身流汗失聲歎曰此非鼓聲皆本體光明變化而目前常若有一物慈湖至（吳）吳元吉摳衣求教一聞慈湖言其物泯然不見慈湖之詩曰元吉三更非鼓聲慈湖一夜聽鵝鳴是同是異（難）聲說何處

应即是四絕記

何思自混成爐炭幾番來煖熟天聰一點吐圓明起來又覩無窮景水鑑澄光万里清

○曹夙字叔遠餘干人見慈湖于縣庠聞其提唱晝夜忘食夜忘寢十有四五日而忽覺

○張渭字渭叔張汾字清叔新昌人渭叔少有俊聲富户欲妻以女笑不領師事呂東萊及慈湖以偽學罷歸渭叔清叔以皆不遠數百里問學慈湖告之曰心之精神是謂聖孟子曰仁人心也人心即道舜曰道心日用平常之心即道聖人曰中庸中常也于平常而起意始差始放逸渭叔領會無疑及歸而有覺嘉定元年辛午三十七

○孫明仲富春人慈湖為富陽簿明仲從學聞執事敬一言日夜從事至右手運用左手執拱其專如此如此者閱兩旬忽大喜喜止又驟悲悲止而泰然和平矣自是發言頓異曩时台為里正公移方急而曰出入阡陌奔走應辦憂勞辛苦則甚矣而實未嘗微動也紹熙三年卒

孫明仲

○王子庸錢塘人慈湖為浙西撫屬子庸問學自謂有疑慈湖告以不假更求本無可疑子庸曰非不知之而疑自若也積十八九年寂景揭輝躍然如脫從此不復疑矣再見請益慈湖曰云為何子庸曰意猶有所未盡慈湖曰習氣之未易消釋也如此猶有未盡者意也先聖之所止絕也止絕此意

王子庸

者人意也人先圣之所止絶也即疑即息何思何慮縱心尽意匪動匪止孝於親友於兄弟信于友恂恂于鄉里自先圣曰吾無知也而其亦安得所知以告子庸也

先遺獻曰慈湖所傳皆以明悟為主故其言曰此一二十年以来覺者踰百人矣古未之見吾道其亨乎然考之自錢融堂陳和仲以外未必皆為豪傑之士也而況於圣門乎子史所載趙与𥲤以聚歛称而慈湖謂其已覺何也夫所謂覺者識得本体之謂也象山以是為始功而慈湖以是為究竟此慈湖之失其傳也

尚有錢允文呂人龍二人应入 見末 并有遺獻畧語云當时楊袁之學云云亦应附末

鄭氏朗山庚申

終

# 廣平學案

照前式抄

## 廣平舒先生璘

舒璘字元質一字元彬寧之奉化人早遊上庠爲張南軒所識乾道壬辰中進士第授信州州學教授丁憂不赴服闋特差充江南西路轉運司幹辦公事替前任改徽州教授轉平陽令再轉宜州通判時禁僞學歸隱廣平湖後塾授徒嘗曰師道嚴尊璘不如叔晦若啟迪後進則璘不敢多讓叔晦沈

見後

煥字也慶元五年卒年六十四初聞朱晦菴呂東萊講學於
婺從步往謁之謂人曰敝床疏席總是佳趣櫛風沐雨反爲
美境先生雖考德於諸儒然其所宗主者則象山也寶慶二
年賜謚文靖先孫字西美象山言其朴茂無他蹊徑弟琪字
元英象山言臨别時箴其自喜過當已悔所以箴之者遠所
以病之

慶年類藁

咸物之道咸在吾心已我念無窮精神无契一或有欠無限
格言從成古話
拘敬之說某素所不敢我心不安強自倚認強自束縛如筏

与下稍齊

箍桶如藤束薪一旦斷決散漫不可收拾理所宜然夫子教人何嘗如是其曰入則孝出則弟言忠信行篤敬與夫出門如見賓使民如承祭如此等處在須提便可致力從事無數則此心不放此理自明聖賢事業豈在他處耶

每與兒輩言吾輩此身不過天地間數十年之物而昭然理義蓋千古不磨平時要著明處能不可以數十年之物而失其所謂不磨者但欲酌義理之中處之安然耳

本原既明是處流出以是律身則寡過以是讀書則蓄德以是齊家則和以是處事則當

晦翁當世人傑也亦非吾儕所及其有不合者姑置之向在

新安朱嘗與諸友及此後有發者能自知之後生未聞道吾儕之論一出便生輕薄心未能成人反以謗人

西美先兄進學之初親庭甚喜先妣未能無憾一日忽問云爲學倘好萬一飢餓如之何先兄謹對曰飢餓自當順受若不知學必將殞獲失措寡廉鮮恥惟知學乃能安於義命隨順區處終不至喪失身命夫子曰君子固窮小人窮斯濫矣沈氏聞之乃釋然大喜

平時以聖賢經書前輩議論指畫作人自己良心元不明白一旦處外境不動難矣哉

純一是心乃克主善善爲吾主動靜皆應雖酬酢萬事罔有

他適則向之所雜者自無所容立矣不然則隨物變迁雖外境若相宜而失已甚欲其日新难矣

○先遺獻曰廣平之集久不傳矣近得之其子孫所論常平茶鹽保長義倉荒政皆鑿鑿可見之行事而言學者甚寡則其遺逸者尚多也今刪節一二亦可以知其大概云

尚有舒津舒游李侗孫三人原入末見後

查蒙齋集内有袁甫未知即是袁肅否

## 廣平門人

○李元白慶元人仕爲國子博士傳廣平經學

○袁肅即絜齋之子也從廣平于新安其後知名于世

先遺獻曰廣平在新安與慈湖書言學中諸生自得羅子有鄧夢真汪行簡戴泳皆有起發可進今皆不可考矣

宋儒學案

既有武抄　原標孫文靖　此標
廣平學案（象山門人）舒文元□孟
文靖舒廣平先生璘

此卷目與上詳略互異故並存之

廣平先生舒璘字元質一字元賓奉化人也婦翁為同里童大定楊文靖公弟子也故先生少得聞伊洛之說先生狀貌不踰中人而雅有大志恥以一善自名每自循省苟不聞道何以為人汲汲乎如饑者之索食遊太學結交皆良友時張宣公宿（官）中都請益焉有所開警朱子與呂成公講學于婺徒步往從之以

書告其家曰敝床疏席總是佳趣櫛風沐雨反為美境又與其兄琥弟琪同受業陸子之門兄弟皆頓有省悟先生則曰吾非能一蹴而至其域也吾惟朝夕於斯刻苦磨厲改過遷善日有新功亦可以弗畔云爾于是躬行愈力德性益明其學以篤實不欺為主成乾道八年進士為江西轉運司幹官有忌之者望風心議及與之處了無疑間教授徽州徽之士習久壞先生奮然曰士之美惡獨不在我乎則以身率之教以日用常行之道諸生漸知所向方先生不憚勤勞日日詣講隆冬酷暑未嘗少怠築風雩亭以時會集暮夜亦間往日有講求涵泳之功質有頑鈍不善者循循善誘不敢加忽疾端絜蘉以感格之謂諸生

曰某亦幼不知學及壯入成均籍師友發明以拯淪胥之患今欲以其所同然者公之君輩新安宿儒林之椿汪廷佑等先生以書幣延之為學正有辭不至者卑詞宛轉託其親友以致之使學者知所矜式又著詩禮一解以授學者時沈公叔晦為國録先生曰師道尊嚴吾不如叔晦若啓迪後進吾不敢多遜于是司業汪逵首欲薦先生或謂舉員已足逵曰吾職當舉教官舍元質其誰先卒荐之留正曰天下第一教官也而嚴人亦曰吾鄉學問之途頼先生窒而復通先生素以天下為己任雖居冷官未嘗忘世事時時為嚴之牧守言荒政茶鹽常平義倉役法皆鑿鑿可見之施行牧守雖不能盡用間有所採尤留心治

亂之故樓宣獻公授舍人先生貽之書曰十月震雷甚異大防當思所以為宗社久安計不敢以賀詞進寧宗即位先生貽徐文忠公書曰聞山陵地尚未定聞大安宮只就南内又聞新君猶未得躬問寢禮不審遲疑何故某憂國之念 如懸旌又曰民命病極矣水災甚廣中朝曾作利害事指出否又貽陳郎中英仲書曰集賢總百官晦翁侍講席諸君子亦次第位乎朝矣而傳聞時政尚猶泮渙事固不可以驟然今日諸賢大約回護之功多而誠實之意少上焉者議論不切事情下焉者祇欲相安無事雖有憂國之心未有善後之機日復一日機不再來甚可憂也及聞諸公多求退先生又貽之書曰某不勝杞國野人

之憂若皆相時潔身以退緩急將誰任巳而朱文公等相繼去國先生歎曰吾輩短氣矣呂忠公南竄先生貽之書曰所冀緝熙學力不磷不緇否泰循環吾道未必終窮也蓋先生之惓惓世道者如此初諸公欲薦先生皆力止之曰是非吾志也其後自禮部尚書尤袤以下推挽者衆不得已受之然不稱門生嘗荅諸舉主書曰利欲之移人孔門自顏閔之外如仲弓子夏子路子張之徒皆未免厭後士益失己僥倖于富貴利達者衆而孟軻氏灼見義理之原欲挽其弊而返之于是有壟斷之喻墦間之喻鑽穴隙之喻所以起天下羞惡之心而世莫之聽上之所為旁求俊彥既與下之所謂素位而行又乖故上則挾富貴

以臨下下亦冒廉恥而干上薦之者既自以爲恩于彼而受者亦以爲恩于我遂使聖人舉賢之公道一變而爲干祿之私情拜爵公朝謝恩私室門生恩府之稱自唐以來數百年名卿大夫亦未能變豈不曰人皆有欲貴之心人應有報德之事彼既以知已過我吾不委已而歸之非人情歟抑不知古人之事上苟理義相同則志意交孚其合也講道于一堂其睽也晤對于千里出處用舍禍福利害其關節脉理之相應雖無私情之感而斷金之利蓋有終其身而不忘者苟其舍是而必欲委已以露其感恩之狀所舉賢耶知已之報國當不然見利則遊見使則奪而亦何恩之有蓋勢利之交出乎情道誼之交出乎理情

原本謚文靖

情易變理難忘也諸舉主得書亦雅重之遷平陽縣以大守政頗苛舉民病上告辭嚴義正太守為之改容聽斷訟獄人服其平踰年自喜曰簿書鞅掌幸不至以勞勸喪本心蒙雜而著聖言豈欺我哉秩滿通判宣州未赴卒徽之士子祠之學宮楊文元公書曰元質孝友忠實道心融明袁正獻公則曰元質平生發于言語率由中出未嘗見其一語之妄所謂有孚盈缶者樓宣獻公亦曰元質如熙然之陽春所著有詩學發微詩禮講解廣平類稿淳祐中賜謚文元先生嘗自言朴拙然淳祐詔正文體特舉先生文稿其孚重質以為世鵠五子　錄釿

予求得其類稿殘本讀之則固德人之言也五子曰釿鉦銑

鐻皆能傳其家學未嘗一毫苟求銜為沈端憲之壻銑為揚文元壻

祖望謹案甬上四先生之傳陸學以袁楊顯達其教大行然較其年齒資格則在舒沈之下宋史作舒沈傳寂寥短簡不足以見其底蘊梨洲先生始求得廣平類稿殘編其中有足資考証者予因據之別為舒傳又近得定川言行錄因據之別為沈傳微特學案所闕他日有重修宋史者亦將有所采也夫

## 廣平類稿

家庭鄰里蕩子弟耳目者不少所藉以浸灌者特指授閒示之言行規矩俾觀感于精神之妙

成物之道咸在乎已吾念無虧精神必契一或有欠無限格言總成虛語端知為已之說誠不宜一毫有虧也

持敬之說其素所不取我心不安强自體認强自束縛如篾箍桶如藤束薪一旦斷決散漫不可收拾夫子教人何嘗如是入孝出弟言忠信行篤敬出門如見賓使民如承祭此等在孩提便可致力從事無斁則此心不放此理自明荅業養源

象山行狀載有子伊川事鄙意謂此等未易輕以告人之情歟

敍道心不著不知者徒生矛盾既知之彼自能辨此間尊晦翁學甚篤某不暇與議良心既明從之不告而知用是益知自反不敢尤人與楊敬仲（祖望按此條亦無可議末二句則聖學之至醇者）

此身不過天地間數十年之物而昭然理義益千古不磨平時要著明處不可以數十年之物而失其所謂不磨者與袁和叔（呂子約）

某人去國彈章與所聞皆合不知此老何事至此隨物變遷學問不見實地吾儕正自可畏相與勉進以堅己道爲幸與袁和叔

本原既明是處流出以是修身則寡過以是讀書則蓄德以是齊家則和以是處事則當（以下答袁恭安）

吾友筆下取科第有餘然所欠不在此只大本未明（以下筆談）

耳根易熟要須成德為行乃為實地　荅楊叔中

所示太極説謂易之極即心之極甚善人皆有此極而不自明無他私念障之也　荅沈季文

與世不偶此不在他人更須自反使在我日用嚴密人當自信若彼此立見非無我之道

晦翁當世人傑地步非吾儕所及其有不合者姑置之向在新安未嘗與諸友及此後生未聞道吾儕之論一出便生輕薄心未能成人又以誤人　荅孫子方

六經旨趣深長平時學有根源發之自不可揜近人欲務新奇巧于穿鑿輕躁浮露殊乏器識　荅都滑

吴兄趋向甚佳，更乞相與切磋，毋逐外，毋守氣，又觀内省，以充厥德。與江司法

吾人平生所志，期不負所學。中都臭味頗薰炙人，造道如予宜知不可汩，要須惟日孳孳，簡易明白，以滌盡利祿境，庶此志獲申。答徐子宜

郡庠規模只如家塾，日導其良心，俾知與聖賢不異，就日用間簡易明白處與之講究，勉焉孜孜，不敢責效。答袁恭安

平生荷師友箴警，至頑不入處，雖叱罵亦欣受。答徐主簿

人之良心本自明白，特患無所感發，一朝省悟，邪念屏除，志慮所關，莫非至善。與樓大防

、爵祿甚輕名義為重與樓大防

、窮達外境無累厥心與黃子耕

、良心之粹昭如日月無怠惰鹵莽之念則聖賢可策而到與汪清卿

、人心易明亦易惰

、羅氏子進學不怠向所得全是釋今轉得甚端的與徐子宜

、西美先兄進學之初親庭甚喜先妣未能無疑一日問曰為學儘好萬一饑餓如之何曰饑餓自當順受若不知學必須隕穫失措寡廉鮮恥惟知學乃能安于義命隨順區處終不至喪身失節子曰君子固窮小人窮斯濫矣妣氏聞之乃釋然大喜

、朋友在利達者類不滿人意故之官不敢入都

平時以聖賢經書前輩議論粧裹作人自己良心原不明白一旦處外境不動難矣哉　荅劉淳之

平生志趣不敢為矯激事但覺汲汲于利祿求薦與夫委身人門皆中心所不安故不為　荅薛象先

書曰德惟純一動罔不吉純一是心乃克主善善為吾主動靜皆應雖酬酢萬事固有他適則向之所謂雜者自无所容立矣不然雖外境若相宜而失已殊甚欲其日新難矣　荅趙公夫

好樂貪羨之心掃除不盡是心終不獲與聖賢同蓋天之付與于我者其良心之粹無好樂無貪羨擴然大公　理之順聖賢先獲我心之同然故窮達用舍安于理義之常　謝傳

先生有謝薦舉啓云：欲貴雖人心所同，枉道則君子所恥。苟非其義，而祿以千駟，寧為之範而不獲一禽。故道可為邦，甘居陋巷，人争言志，獨樂舞雩，固非矯激以沽名，是乃從容而就義。某質則甚陋，學不自强，尚論古人，雖信有為亦若是，退省終日，欲求寡過而未能。一覘頽風，益乖雅志。左右如可市，亦何至求龍斷而登；妻妾尚知羞，何至乞墦間之祭。方將辭尊居卑，而辭富居貧。敢意以賢詔祿，而以功詔爵，忽蒙特達，莫稱獎提，所到未可量，殆使益堅其素履。我心不可轉，庶幾無負于殊知。乃若私第公朝，古人至戒；門生恩府，叔世鄙辭。既非先進所樂聞，亦豈後生之敢

玆先生不以文自命然如此斯語非涪溪野處所能為也

以上謝學若欣　祖望謹案

祖望謹案云云

双行低二格

[illegible]入[illegible]公云云見原本後

## 門人

三江先生李元白

三江先生李元白字　本奉化人遷居鄞之三江口其曾大人佾烈士也建炎之難張俊劉洪道棄郡走蔣安義迎降列城瓦解佾奮然曰河北二十四郡豈無人乎曰與董　任　共起　奉化之泉口女真兵至三戰三卻之奉化以是得完事定不言功而恩賞亦弗及至先生始以儒術起初受業于蔡文懿公幼學傳其經制之學已而受業廣平幼學為舍人以先生上世起兵事聞進論其功有詔贈佾修武郎先生累官至國

先生有謝薦舉啓云欲貴雖人心所同枉道則君子所恥茍非其義而禄以千駟寧為之範而不獲一禽故道可為邦甘居陋巷人争言志獨樂舞雩固非矯激以沽名是乃從容而就義某質則甚陋學不自强尚論古人雖信有為亦若是退省終日欲求寡過而未能一覘頽風益乖雅志左右如可市亦何至求龍斷而登妻妾尚知羞何至乞墦間之祭方將辭尊居卑而辭富居貧敢意〻以賢詔禄而以功詔爵忽蒙特達莫稱獎提所到未可量殆使益堅其素履我心不可轉庶幾無負于殊知乃若私第公朝古人至戒門生恩府叔世鄙辭既非先進所樂聞亦豈後生之敢

祖望謹案 應入

茲先生不以文自命然如此斯語非涪溪野處所能為也

## 廣平門人

### 三江先生李元白

三江先生李元白字　本奉化人遷居鄞之三江口其曾大父侑烈士也建炎之難張俊劉洪道棄郡走蔣安義迎降列城瓦解侑奮然曰河北二十四郡豈無人乎因與董　任　共起　奉化之泉口女真兵至三戰三却之奉化以是得完事定不言功而恩賞亦弗及至先生始以儒術起初受業于蔡文懿公幼學傳其經制之學已而受業廣平幼學為舍人以先生上世起兵事聞進論其功有詔贈侑修武郎先生累官至國

子博士深于詩禮其論荒政賑卹極有條理皆得之廣平者也三江舊有李朝散祠蓋先生講學之地元時尚存鄭直曾言于當時重葺之而今不可問矣先生子以稱以制以益從子伯海伯森皆踵世科而以稱與先生同登第時人傳為佳話以制嘗為徽教官人皆稱其有廣平遺法

此處應入袁甫見前　舒津　舒游　李伯琛見末　并入遺獻語見前　廣平在新安事云云

# 潔齋學案

照前式

潔齋學案　象山門人

潔齋袁先生燮　正獻袁

袁燮字和叔鄞縣人乾道初入太學時陸復齋九齡爲學錄先生望其德容肅然亟親炙之同里沈叔晦楊慈湖舒元質皆聚於學朝夕相切磨登淳熙辛丑進士第授江陰尉積官至禮部侍郎侍讀顯謨閣學士嘉定十四年卒疾革枕著述

弗倦或勸之少休先生曰吾以此為笙鏞筦磬不知其勞也初先生遇象山於都城象山即指本心洞徹通貫先生遂師事而研精覃思有所未合不敢自信居一日豁然大悟因筆於書曰以心求道萬別千差通体吾道〻不在他慈湖與先生同師造道亦同而每稱先生之覺為不可及學者稱之不以爵氏而曰潔齋先生賜謚正獻子甫別有傳

## 潔齋粹言

人生天地間所以超然獨貴於物者以是心爾心者人之大本也此心存則雖賤而可貴不存則雖貴而可賤

大哉心乎與天地一本精思以得之兢業以守之則與天地

相似

直者天德人所以生也本心之良未常不直回曲繚綫不勝其多端者非本然也

天地之道可一言而盡也其為物不貳則其生物不測大雅曰上帝臨汝無貳爾心維此大本不必他求卓然不貳萬善成具古人所以兢兢業業不敢少懈者懼其貳也

心本不偏判行而原於心斯不偏矣

道不遠人本心即道知其道之如是循而行之可謂不差矣然未能為一則猶有間也執柯伐柯睨而視之猶以為遠謂其未能無間則雖近猶遠耳惟夫全体渾融了無間隔則善

之至也

吾道一以貫之非吾以一貫之也舜由仁義行非行仁義若致力以行之則猶與仁義為二也

人心至神翳之以欲則不神矣

此心此理貫通融會美在其中不勞外索

凡身外之物皆可以寡求而易足惟此身與天地並廣大高明我固有之朝夕磨勵必欲追古人而與俱若徒儕於凡庸而曰亦是人爾則吾所不敢也

百家按真西山言潔齋之奠慈湖銘之其大節摹寫盡矣攷之慈湖遺書無有也即舒廣平墓誌亦慈湖所作

此葉原依二格双行寫後另一行依二格添入附錄二字

廣平言行錄載之而遺書亦與古來文集既多不傳〻
者又復不全若此可嘆哉

先生〻而端粹專靜乳媼置盤水其前玩視終日夜卧常醒
然少長讀都黨錮傳慨然以名節自期
寧宗即位爲太學正自時黨禁興朱文公及趙忠定汝愚等
相次去國先生亦以論去久之歷司封郎官因對言陛下追
思彭龜年臨朝太息今正人端士不乏願常存此心急聞愷
切崇獎朴直天下何憂不治爲國子祭酒延見諸生必迪以
反躬切己忠信篤實爲道本每言人心與天地一本精思以
得之兢業以守之則與天地相似聞者竦然有得士氣益振

爲礼部侍郎史彌遠主和議先生與同鄉相好與力爭被論

罷後知温州進直學士奉祠卒

袁氏门人絜齋

兼傳難删目次仍存 ○朱元龍别見東萊學案

○胡謙胡謙胡榘字牧之胡誼字正之奉化人師事絜齋兄弟文學皆

爲鄉党表式

○袁韶袁韶字彥淳鄞縣人淳熙中進士官左司郎中常爲伴館

使者不敢慢語後爲浙西制置使卒贈太師越國公

照前式抄三行
定川學案　文達門人
祖望謹案甬上四先生云云　依式
端憲沈定川先生煥
沈煥字叔晦定海人也　云云

# 端憲學案

祖望謹按甬上四先生之傳陸學楊袁舒皆自文安而沈自文達宋史混而列之非也四先生之遺文亦惟沈集絶不可見惜夫

定川先生沈煥字叔晦定海人也父鎮東僉判銖嘗受業焦氏以私淑程子之學里中奉為人師先生少即潛心經籍精神靜專未嘗騖於末習頎而美髯偉儀觀尊瞻視音吐鴻暢試入太學時師友道喪學校絶無講磨之功先生始一振其弊臨川

陸文達公九齡同在齋舍先生以師禮事之文達曰叔晦挺然
任道之資也益以取友為急嘗曰此天子學校英俊所萃當擇
賢而親不可固閉有初入學者告以同遊中可為師為友者者
甚悉時謂先生開師友講習之端得古人相勸為善之義僉判
每對客先生拱立其旁或侍酒則竟席不敢却僉判性嚴不合
意即詬飭之先生自以資稟剛勁非所以事庭闈疾自砭劑大
書參義深愛和氣婉容愉色四字于壁自觀省焉門人弟子決
疑請益者自遠而至啟告簡嚴初若不可親已而昏者明柔者
立鄙吝者意消師道益尊授上虞尉府檄所委非其義不往師
亦不敢強未嘗遣吏輕至民家改聲以最著或傳叅知龔茂良

意令往見之卒不赴調楊州教授未上除學録先是教官不甚與諸生接先生以所躬行者淑諸人旦暮延見司業不樂也又言三舍取士當參以平日譽望不當祇決于一試司業不以為然先生持之自如會充殿試考官序立廷下孝宗偉其貌遣内侍問姓名而丞相趙雄盛稱先生居官匪懈以諷切其餘忌者滋甚或謂先生姑營職道未可行也嘆曰道與職豈有二乎因發策試諸生引孟子之言曰立乎人之朝本而道不行恥也今赧然愧于中者可無其人乎于是聞者俱恨嗾御史言先生與長官爭議非安靜者宜少裁抑之以養其器業他日更拔用之遂外補高郵軍教授居官僅八十日方會食監中夷然不驚敘

叙別而去謂同事曰吾豈不知詭隨茍容以取光寵朝夕兢、淪胥是憂詎不為也初先生之與司業爭也司業深情厚貌宜少防之先生曰司業遇我厚豈敢逆詐哉既得罪乃知下石者不獨一人也而司業與焉先生曰果厚貌深情乎亦無怨也充浙東安撫司幹官高宗山陵有司次舍供帳酒食之需供給不暇先生以為國有大戚而臣子宴樂飲酒自如安乎亟言于安撫鄭汝諧汝諧即屬先生條奏且薦為修奉官先生移書御史謂當先治喪紀使貴　之心動則茇舍菲食自安不煩彈劾需索自絕于是治吏之並緣為奸者追償率歛者歲旱分賑上虞餘姚無復流殍部使者與大帥交章荐侍從亦請召之孝宗猶記其風度曰是向為學官人物甚偉者乎將用之而丞相趙雄已去小人百計思阻之乃作為朋黨論列圖為三疏士大夫三十四人姓名于下某已去某猶在以為先生所作欲激衆怒而共排之謗議果喧有一從臣以百口保其不然得稍息而從此不復名矣改知婺源三省合前後荐章以聞詔遷通判舒州待闕里居與鄉老史文惠王浩汪文靖公大猷舉行義田文惠割其竹洲之别業以居先生尋病不廢讀書垂絶拳拳以母老為念善類凋零為憂丞相周必大聞其赴曰追思立朝不能推賢揚善予愧叔晦者三叔友晦不予媿也先生于辭受取舍尤嚴嘗遊中都其師推知先生以其貧欲厚貽之先生曰義

不可受來則難郤即日出関故人典方面贈以金先生曰向也閑居嘗受君賜今有微禄不當兼受富人欲以女妻先生子固辭之永嘉薛象先在太學頽然衆人中無知之者先生一見稱之以為學問見地在行輩中無其匹聞者未信其後果有盛名所著有定川集五卷寧宗官其子省習理宗贈直華文閣賜謚端憲楊文元公状其行云考君生平大節寧終身固窮獨善而不肯苟同于衆寧齟齬與時不合而不肯少更其守凛然清風振聳頽俗使時見用必能震朝廷之綱折奸回之萌屹立中流為世砥柱亦可為難矣然世之知君者如此至于日進其德浸浸自期于純全博大者鮮能知之君雖人品高明而其中未安

不苟自恕知非改過踐履篤實其始面目嚴冷清不容物久之寬平可敬可親面攻人之短退揚人之善切磋如爭歡愛如媚古所謂直而溫敦而宏者殆庶幾焉始居家塾非聖哲書未嘗誦習及遊太學亦然嘗作詩箴其友曰為學未能識　讀書萬卷終亡羊每稱陶靖節讀書不求甚解會意欣然　此真讀書者史籍傳記采取至約後與東萊呂公伯仲極辨古今始知周覽博考之益凡正變之推移治道之體統聖君賢相之經綸事業孜孜講求日益深廣有足以開物成務者其可敬也夫袁正獻公曰君天資高邁悟勁而氣充足以破人鄙吝之習養人正大之氣憂國發于至誠語及時事常嚬蹙處心積慮未嘗

不在斯世始與予君還往時方務記覽恥一不知日夜劳苦君為予言吾儒之學在植根本無妄敝其精神予恍然異之聽君議論宏大平直坦乎如九衢通達而反視予所習者縈紆繚繞直荒蹊曲逕而已乃盡棄其舊業精思一意求所為根本者君又為予引之諸師友間以恢廣其所未至君之成就友朋而大有功于吾道者若此

定川先生言行編袁正獻公所輯也今亦無足本

吾儕生長偏方聞見狹陋不得明師畏友切磋以究之安能自知不足前無大敵短兵便為長枝甚可愳也

學者工夫當自閨門始其餘皆末也今人驟得美名隨即湮沒

者由其無本不于閨門用立力

工夫不寔自謂見道祇是自欺

晝觀諸妻子夜卜諸夢寐兩者無媿始可言學

啜菽飲水貧寒所不免惟盡其歡則可盡歡二字學者當熟味

之嬰兒戲于親傍呼之則至撫之則悦了無閒隔學者此心常

存可謂孝矣

錢盡毋来事幾一失不可復得李宰相絳之言也

吾儒在務立大本明大義耳本不立義不明雖討論時務條目

何為

學者無以精神凋喪于陋巷偏僻之習

此傳重、擬删

晦翁是之進退用舍關時輕重者也且顧此老無恙

端憲沈先生煥 另有傳[illegible]

沈煥字叔晦慶元定海人從學於陸復齋先生雖病不廢書卷每以善類凋喪爲憂周益公必大曰葉立朝不能推揚賢士予愧叔晦孟者三友叔晦不予愧也先生不苟自恕嘗曰晝觀諸妻子夜卜諸夢寐兩者無愧始可以言學終于舒州通判贈直華閣賜謚端憲

先遺獻曰楊簡舒璘袁燮沈煥所謂明州四先生也慈湖每提心之精神謂之聖一語而絜齋之告君亦曰古者大

有為之君所以根源治道者一言以蔽之此心之精神而已可以觀四先生學術之同矣文信國云廣平之學春風和平定川之學秋霜肅凝瞻彼慈湖雲間月澄瞻彼潔齋玉澤冰瑩一時師友聚於東浙嗚呼盛哉

據抄門人

應添入附錄二字為一行

附錄　第二行以後低一格

先生乾道五年進士

已載入傳中似應刪

先生乾道五年進士歷太學錄蚤暮延見學者孜孜誨誘長貳忌其立異會元殿試考官孝宗偉其儀觀遣內侍問其姓名鼎澧忌之或劝其少貶道以營職先生曰道與職有二乎此世道人心所以日壞也因私試遂以孟子立乎人之存朋而道不行發策言路以為訕己黜調高郵軍教授而去後應

舒州通判

定川沈氏門人 叔晦

○竺大年字耕道奉化人性行嚴重長於說禮鄉人皆化之為沈氏之入室也

先遺獻曰竺氏先生服田大年之父竺頎始遣其子從師他日喜爲語舒廣平曰諒子自得師粗厲之習變而爲儒雅暴慢之氣轉而爲溫厚非曩日比矣蓋頎之言亦淺鮮矣而豈知追源學脉者乃及大年哉然則人亦何必羨大貴仕也

金溪三傳

錢允文

○○錢允文號竹間淳安人錢時之從子也登咸淳九年進士第歷知武岡縣受學於時

呂人龍

○○呂人龍淳安人受學於時爲世所稱

洪楊祖　廣微門人

○洪楊祖淳安人袁甫之門人也

錢呂二人原入慈湖學案末

洪原入潔齋學案末

二舒應入廣平學案

〇舒津（舒津）字通叟璘之從孫也登景定三年進士第選太學博士知平江府

〇舒游（舒游）字平叟景定八年入太學津讀書績學游清苦獨立皆傳其家學者也

金溪四傳

〇李浦孫（李浦）字甫山寧海人師事舒津登宋甲戌進士第受迪功郎黄州司戸參軍未上而宋亡大德六年為杭州儒學教授以黄巖州判致仕人稱為寄峯先生

入廣平學案末可删

先遺獻曰當時楊袁之學東浙學者家傳而戸誦也今可稱者何寥寥乎以此知為學在於自得而倚傍門戸者不

此案語似應入袁楊學案末

久聲銷電滅矣可不勉夫

另起、

應入金溪學案象山门人末。下祝李二人同附末

金溪續傳 陳苑

○陳苑字立大上饒人初得陸氏書讀之喜曰此豈不足以致吾之知耶又豈不足以撿吾之行耶而他求也於是盡求其書及其门人如楊敬仲傅子淵袁廣微錢子是陳和仲周可象所著易書詩春秋禮孝經論語等書讀之益喜一切毀譽置之不聞浮沉里巷之間而毅然以倡明古道為己任學術異同絲毫辨析從之遊者往往有省由是人始知有陸氏學至順元年卒年七十五人称為靜明先生

先生遺献曰陸氏之學流於浙東西而江右反衰矣至於有元

許衡趙復以朱氏學倡於北方故士人但知有朱氏耳然实非能知朱氏也不過以科目為資不得不從事焉則無冐道陸學者亦復何怪陳靜明乃能掎得於殘編斷簡之中與起斯人豈非豪傑之士哉

陳氏門人

○祝蕃字蕃遠祿之貴溪人從陳靜明學久而有省大喜曰論語曰吾與點乎禮記曰風霆流形庶物露生無非教也自是動須不廢內觀因歸陸氏師友遺書將鋟廣傳期以發明此道朋友知向慕者授之共進得一善躍然如出諸己一時登靜明之門者皆推先焉象山祠宇久廢率同志新之舍（釋）菜

祝、蕃陳氏門人

者遠近嘗不下百人以易中鄉舉授饒州南溪書院山長調集慶學正既而爲湖州總管府經歷郡有冤獄蓄遠直之而坐其曹吏之失入者曹吏訴之帥府會赦皆免卒於客舍至正七年也士論惜之

○李存李石字明遠饒之安仁人早有州里之譽其友舒衍謂之曰疇昔慕子才藝今遊於陳先生獲聞聖賢之學子之所務抑末也明遠未之信已而衍又曰相者謂子不年苟無聞以死傷哉明遠泫然泣下乃造陳立大苑立大曰無多言心虛而已實耳未有所契復造焉又曰無多言心恒虛而已恒實耳明遠夙夜省察始信力行之難也久之語學者曰微陳子

某其終為小人之歸乎或請學文明遠曰唐虞所有之言三代可以不言三代所有之言漢唐可以不言未有六經此理未隱前古聖賢直形容之而已焉能有所損增乎昧於理道而聲光是炫尚得謂之文哉門人危大樓問素思曰齊心之官則思何思也明遠曰思其本無俟於思者爾余幾泥於訓詁明遠為闡乾坤易簡幾因提有省兵興門人何琛迎養於臨川居二年而卒年七十四

先遺獻曰祝蕃李存舒衍吳尊光志同而行合人號江東四先生皆出於陳氏金溪之道為之一光是故學術之在今古患其未醇不患其不傳苟醇矣雖昏頹壞爛之久一

人提唱皦然便如青天白日所謂此心此理之同也

第十七冊

永嘉 止齋 永康 金華 學案

黃棃洲宋元學案 元孫稚圭 校補稿

[illegible]未定

艮齋 永嘉學案

止齋學案

龍川 永康學案

此未抄 金華學案

第十七本

下添　袁氏門人　程子三傳　双行

# 宋儒學案

○遺獻黃梨洲先生藁○　男　百家　纂輯○　元孫璋校補○

後學全祖望續修

## 艮齋 永嘉學案二

百家謹按汝陰袁道潔溉問學於二程又傳易於薛翁已得薛季宣器之遂以其學授焉季宣既得道潔之傳加以考訂千載凡夫禮樂兵農莫不該通委曲真可施之實用又得陳傅良繼之其徒益盛此亦一時燦然學問之區也然為考亭之徒所不喜目之為功利之學

袁溉別見程氏門人

袁氏門人程子二傳

○○大理薛先生季宣

薛季宣字士龍永嘉人父徽言年十七辟爲荆南書寫機宜文字獲事袁道潔溉問道潔以義利之辨道潔曰學者當自求之他人之言善非吾有道潔之學自六經百氏下至博奕小數方術兵書無所不通先生得其所傳無不可措之用也召爲大理寺主簿除大理出知湖州改常州未上卒年四十

以下均據原抄

## 艮齋浪語

教以安定之傳蓋不出於章句誦說較之近世高明自得之學其效遠不相逮要終而論真確實語也某何足以知此蒙誨之及故敢言之子路何必讀書孔子惡其佞子夏必謂之學不可謂之不知言二者豈無說耶昧者盍少思之嘗謂翼之先生所以教人得於古之灑掃應對進退知其說者徐仲車爾餘子類能有立於世是皆舉其一端介甫詩以宰相期之特窺其餘緒

耳成人成已衆人未足以知之且君子道無精粗無小大是故致廣大者必盡精微極高明者必道中庸滯於一方要爲徒法徒善漢儒之陋則有所謂章句家法異端之教則有所謂不立文字稽於政在方策人存乃舉禮儀威儀待人以行智者觀之不待辨而章矣與朱編脩書

夫道之不可邇未遽以體用言見之時措體用宛若可識卒之何者爲體何者爲用即以徒善徒法爲體用之别體用固如是耶上形下形曰

道曰器道無形捨器將安適哉且道非器可名然不遠物則常存乎形器之內昧者離器於道以為非道遺之非但不能知器亦不知道矣下學上達惟天知之知天而後可以得天之知決非學異端遺形器者之求之見禮儀威儀待夫人而後行苟不至德誰能知味日用自知之謂其切當矣乎曾子曰且三省其身吾曾安可輙廢檢察且不識不知順帝之則者古人事業學不至此恐至道之不凝此事自得則當深知

殆未可以言言之也以同甫天姿之高檢察之至信如有見必能自得諸心如曰不然則凡平日尚論古人下觀當世舉而措之於事者無非小知謏聞之累未可認以為實第於事物之上習於心無適莫則將天理自見持之以久會當知之洪範無黨無偏大學不得其正真萬病之鍼石獨無意於斯乎 荅陳同甫書

自大學之不明其道散在天下得其小者往往自名一家高者淪入虛無下者凝滯於物狂狷

異俗要非中庸先王大經遂皆指為無用滔滔皆是未易奪也故須拔萃豪傑超然遠見道揆法守渾為一途蒙養本根源泉時出使人心悅誠服得之觀感而化乃可為耳此事甚大既非一日之積又非盡智窮力所到故聖人難言之後世昧於誠明明誠之分遂謂有不學而能者彼天之道何與於人之道致曲未盡何以能有誠哉孟子必有事焉而勿正心勿忘勿助長也之說雖非聖人優之柔之使自得之之意學

者於此從事思過半矣顔氏之子其過與怒寧與人異不可及處正在不以怒遷不以過貳一節法守之事此吾聖人所以異於二本者空無之學家不可謂無所見迄無所用不知所謂不貳者爾未明道揆通於法守之務要終爲無用洒掃應對進退雖爲威儀之一古人以爲道無本末者其視任心而作居然有間然云文武之道具在方册其人存其政舉苟非其人道不虚行要須自得之也學不至於不識不知順帝之

則竟亦何用有如未辨澡心藏密莫若去智古人讀書百徧其義自見未易以淺近奪信能反覆涵咏會當有得得之大小則係乎精誠所至時文稱於一經之内有一言之悟則六經之義爍然矣不可以人廢言也與沈應先書

某竊嘗喜易讀之將數百過而弗知其係也夫以先天之卦見之三畫重易之象係之六爻天地之大昆蟲之細幽而鬼神遠而造化凡有可推之數可能之象可行之事靡不備在此書微

若書不可言亦求斯得之已亦經之義於易備焉以爲通疑字動足以盡之則太極之體未嘗動也以爲宜足以周之則作易之道變爲占是皆本諸吾身參諸天地擬諸變化可由而不可測者某安足以知之思得通儒而與之論未之能得執事不以某爲不肖惠然辱臨貽我以書綴言而及於易也惟學有倫有要執事其知之矣善乎書之論敬體也曰當仁明而變通合是則爲怡息爲其察矣易曰通其變使民不倦此貴

帝堯舜之治某何德以堪之高山仰止殊不欽
服訓誨雖然切有必酬之誼敢某謹布其腹心
今之交與與之仁察察之明而後有始息乎察之
事信能仁並天地明等日月則何二與之能有
某學也未造乎此其能使二儀二曜之神明爲
交易之通變後世失之遠矣執事善權猶執一
也苟知變而不知止則必爲晉人之爲通大傅
有之善思也善爲也舜然不動感而遂通天下
之故變通之道盡此貴矣後張人傑學諭書

巧匠不世生，其法具乎規矩繩墨。聖人不世作，其言在乎易禮春秋詩書。然則易禮詩書與夫規矩繩墨，往之既以貽後人，之既以求古也。即規矩繩墨以爲方員，雖非巧匠，而巧匠之制作於是乎在；由易禮詩書以趨理義，雖非聖人，而聖人之精微備於吾身。學者爲道而舍經，猶工人而去其繩墨也，雖有工倕之指，其能制器乎

五字双行

論語直解序

易繫天垂象見吉凶聖人象之河出圖洛出書聖人則之其言盖有叙觀之以理無晦也或謂圖書本皆無有聖人為此説者以神道設教也是非惟不知聖人之則不違不言而化之義烏足與較是非道理哉或者又以為當伏羲之時河嘗出龍馬負圖自神農至於周公洛水皆出龜書此則似是而非無所考徵就龍龜之説成無驗之文自漢儒啟之後世宗之徵引釋經如出一口而聖人之道隱巫史之説行後世暗君

庸夫亂臣賊子援之假符命惑匪彛為天下患害者比比而是聖人憂深慮遠肯為此妖偽殘賊哉蓋亦有其說也傳注求其事而勿得於是託渙漫以駕其迂誣雖知惑世害人不暇恤也且聖人之作易仲尼固嘗已於大傳詳之大傳無文其可鑿以胸臆就如其說垂象為象降自天乎嘗切痛之為反覆以思之者更歲推之久究之至而後乃得之傳不云乎伏羲氏之作易也仰以觀於天文俯以察於地理觀鳥獸之文

近取諸身遠取諸物始畫八卦圖書之説從可知已夫易之有卦所以懸法也畫卦之法原於象數則象數者易之根株也河圖之數四十有五乾元用九之數也洛書之數五十有五大衍五十之數也究其始終之數則九實尸之故地有九州天有九野傳稱河洛皆九曲豈取數於是乎春秋命歷序河圖帝王之階圖載江河山川州界之分野讖緯之説雖無足深信其有近正不可棄也信斯言也則河圖洛書乃山海經

之類在夏為禹貢周為職方氏所掌今諸路閏年圖經司空輿地圖地理志之比也按山海所言皆地之物產鳥獸虫魚草木之屬其史職方之意與仲尼所言幾不外是其曰河洛之所自川師上之之名也走不能遠引請以官儀為徵凡古今官書之所謂名稱者必以某官司某郡國自是而後具其職官如春秋他國之事漢官府上尚書其傳於人書於史亦第稱某所行某事言某事上某事而於其職事皆略闕者皆斷

然者惑者以官師郡縣必有主之者非能自爾也然則圖書為川師上何獨至古而惑之者或曰是則然矣圖與書奚辨曰圖書者詳畧之云也河源遠中國不得而色之可得而聞者其形之曲直源委之趨向也洛源在九州之内經從之地與其所麗名物人得而詳之史缺其所不知古道然也是故以書言洛河則第寫於圖理當然耳昔者周天子之立也河圖與大訓並列時九鼎亦寶於周室皆務以辨物象而施政所

謂擾九鼎按圖籍者也仲尼作於周末病禮樂之廢壞職方之職不舉所為發嘆鳳圖者非有他也龜龍之說果何稽乎第觀垂象之文其義可以自見河圖洛書辨

薛氏門人程子三傳

接上頁抄
四字刪

陳傳良一行刪
徐元德三字另添一行

# 薛氏門人

陳傳良　另案

徐元德

徐元德字居厚瑞安人也艮齋弟子淳熙進士為福建軍學教授身先矩矱為多士倡已而添差通判徽州誠齋楊文節以狀其治行以薦曰其官東浙名儒頗列正士持論鯁挺特立不阿徽州倅乃員外置凡烟郡迎輅之數府傳之儀皆寓於實出于創為綿蕝者如挈攜囊衣則

有僦僕之弊如下穩易集則有抄阻之弊李為
縉錢者數百元注間之故商咸曰吾之則柔降而
付之郡庠以為貧士之費於是民皆知其廉潔
江東一路徽寇多訟伏者皆以委元注審結元
注一一翻閱文案至忘寢食吏牘山積迎刃而
解於是民皆稱其明能欲望重慈特賜陞擢晉
知通州先生精於考索周禮制度著葉二千卷
前半乃止齋後半皆先生之筆也

添一行

陳武

陳武字蕃叟止齋先生族弟也于書無所不讀

尤長於春秋芮祭酒雅重之成淳熙進士累官
爲國子正入慶元黨籍學禁弛起爲秘書丞
累遷國子司業乞外以右文殿修撰知泉州番
吱与止齋同学而名齊之其論文不喜南豐

止

永嘉子筆止

另起 照第一頁式抄三行

第四行低格

止齋學案 薛鄭門人 程氏四傳

文節陳止齋先生傅良

陳傅良字君舉云云

# 止齋學案

低二格

〇〇文節陳止齋先生傅良

陳傅良字君舉溫州瑞安人少有重名授徒僧舍士子莫不歸敬薛季宣過之啟以其端已而東書屏居季宣又過之問治何業先生陳其所

得季宣曰吾懼子之累於得也於是往依季宣而卒學焉茆茨一間聚書千餘卷日考古咨今於其中從遊者凡七八年伊洛之學東南之士自楊時游酢之外紹興以後言理性之學者宗永嘉季宣後出加以考訂千載自井田王制司馬法八陣圖之屬該通委曲真可施之實用先生既得之而又解剥於周官左史變通當世之治具條畫本末粲如也乾道八年登進士第授泰州教授未上召爲大學録出判福州罷主管

崇道觀起知桂陽軍歷提舉荆湖南路常平茶
鹽事轉運判官兩浙提點刑獄入奏事留為吏
部員外郎擢祕書少監兼嘉王府贊讀除起居
舍人起居郎光宗不過重華掛冠而出寧宗即
位以中書舍人召還兼侍講兼直學士院同國
史院脩撰罷而奉祠嘉泰三年授寶謨閣待制
卒於家年六十七謚文節學者稱止齋先生

接上頁抄
蔡幼學三字另黏一行　下同

陳氏門人程子四傳

蔡幼學字行之（蔡幼學）溫州瑞安人未冠從止齋陳傅良遊朝夕侍側者十年止齋勉以前輩學業中乾道八年進士第授廣德教授歷勑令所删定官武學博士大學博士祕書省正字校書郎制作佐郎出提舉福建常平茶事奉祠凡八年知黄州福建提刑未上召為吏部郎官國子司業兼權中書舍人宗正少卿遷中書舍人兼侍講除刑部吏部侍郎改兼侍讀出知泉州嘉定十

年㠯權兵部尚書兼太子詹事卒陳同甫亮言吾常與陳君舉極論往往擊杯案敲撼林木行之在旁邈若無聞客散忽語吾道一爾奚皇帝王霸之云吾方數辨而行之模啟緩圖援古證今抵夜棲日若懸江河吾謝不能乃已

○曾炸遠（曾叔遠）字罷遠瑞州人少學於陳傅良年十九以春秋魁鄉薦登紹熙第久之薦為國子錄忤韓侂胄罷通判潔州歷四川節度守遂寧崇辛之亂過境不服肆暴曰此江南好官負也入

朝爲工部郎出知袁州以太常少卿召除權禮部郎兼徽猷閣待制謚文甫所著有周官講義

呂大亨字嘉之新昌人以能詩名師陳傅良而友蔡幼學同升太學壁記題名大亨在傅良之下幼學之上是年傅良幼學皆登進士而大亨下第或戲之曰此謂在於陳蔡之間者也嘉定間累官昭信節度推官有沃洲雜詠從弟仲之亦師止齋簽判南康軍講道白鹿書院有研經宗旨

章用中

章用中字端叔平陽人用中從陳傅良最久又因傅良之金華依呂祖謙之霅川依薛季宣由是顯名

陳端己

陳端己字子益平陽人

陳說

陳說字習之永嘉人從學於陳傅良其兄謙以文字知名當世說亦多聞人說因得從之同學

林淵叔

林淵叔字懿仲瑞安人登淳熙十一年進士第終於鄂州司戶淵叔從陳傅良學於城南書社其後傅良說至淵叔亦僦齋舍不去永嘉崇重

師友前一輩盡學緒幾墜潤然後修故事從一輩趨和之而後知有師弟子之礼

（沈昌）沈昌字然皋瑞安人與蔡幼學同門年皆少皆有俊才而昌皋夭

（洪霖）洪霖天台人事止齋甚謹

（湯建）湯建字達可永嘉人不爲制舉業天官地理古今制度考覈精詳學者稱藝堂先生所著詩衍義論語老子二解藝堂文集

（朱黼）朱黼字文昭平陽人也不事舉業從止齋著紀年備

遺一百卷統論一卷能究舜迄五代若呂武莽操等皆削其紀年水心為之序且曰此書一出義理既會實藏充斥人能知其能傳陳氏學也

林頤叔

林頤叔字正仲瑞安人與弟淵叔俱受業止齋頤叔寬愨有局量登乾道第任羅源簿民俗火葬頤叔導以掩骼惡俗能革有大獄生毋殺者辭甚文為癘且溺死也釋之遷建康戶部酒庫監丁父憂哀毀成疾臨殁誦夢中語曰世衰道不淪作者興起因振手而逝

遺獻請　欲一格單行

先字去

○○高松

高松字國楹少游陳止齋之門不專與科舉之學棃明而起夜丙而止讀書益多聞見益廣華枝蔓葉自然消落以是不合於俗同学者多先達而松晚始得成進士又游丁跋益肆力於学尋授台州教授啟廸有方一時州縉紳皆出其门放例撰講章梳揆案抗聲讀名曰講書笑曰是何足發明耶今更進迭問疑難交發滿志而止士人惟服学校大〻示而病卒葉水心銘其墓

先遺獻曰永〻嘉〻之学教人就事上理會步〻

着實言之必從可行足以開物成務蓋亦鑒一種閑眉合眼矇瞳精神自附道學者於古今事物之變不知爲何等也支豈不是拙馴致其道以計校億度之私蔽其大中至正之則進利害而退是非與刑名之學殊途而同歸矣此在心術輕重不過一銖芑字其難辨也

徐筠

徐筠字國堅清江人進士知金州周礼說言十卷記其所聞於止齋者嘗述止齋之言曰周礼

綱領有三卷君陳正紀綱均國勢鄭氏注誤有三以漢儒之書釋周礼以司馬法之兵制釋田制以漢官制之襲秦者比周官

林子燕字申甫永清人也止齋之壻慶元進士官太社令有孝行

胡時字伯正樂清人也乾道進士風姿粹美初登第權貴欲妻以女且示以奩具之盛辭曰老姑家貧曾許以女嫁我不可負約時人義之歸

事止齋官袁州教授

沈體仁 ○○沈體仁

沈體仁字仲一瑞安人石經先生彬老之後也彬老自汴都攜石經春秋以歸戒子孫世守之不得以學官廢春秋輟其業築溪照閣以奉之志意閑雅鄙遠勢利師事止齋記其言欽其行老而益恭其取友適館授餐死而不貳歲或飢即發施雖受小心之文手抄自甲至癸將卒戒其子曰必得其文以銘吾墓

吴漢英 ○○吴漢英

吴漢英字長卿江陰人也乾道進士累仕至湖

南運幕陳文節公止齋將漕時率諸生與僚屬請道嶽麓一日扣先生卧學以母自欵對止齋嘆曰吾得友矣而先生亦自是從止齋日親光宗即位有旨賑湖南月椿之大重者止齋盡以委先生斟酌行之遂薦於朝知黎宜孫通判滁州皆有聲除大理丞歸會胥之死也坐吏三人下獄先是縣丞多結此三人者獄起洶洶先生懇為縉紳禍請其訛與往來書盡焚之但寘籍三人而已泰定元年除大宗丞條上三事曰順

祖宗之法曰清中書之務曰減四川之賦除太常丞遷權兵部郎面陳三事一論沿邊形勢二論銅錢漏泄三論宗室有罪久閑非宜上皆采納施行丞相錢象祖方倚先生為助史彌遠忌之因其乞外罷為奉祠先生平居無媟語無慢容縕素之衣廿年不易皆其毋自欺之學之學所得也而於國朝典故考訂尤詳是則止齋之辯矣所著有歸休集十九卷

止齋學案卷四

終

另頁起

照首式

# 宋儒學案

## 永康學案

百家謹按永嘉之學薛鄭俱出自程子是時陳同甫亮又崛興於永康無所承接然其為學俱以讀書經濟為事嗅黜空疎隨人牙後談性命者以為灰埃亦遂為世所忌以為此近於功利俱目之為浙學

低二格

永康陳龍川先生亮

陳亮字同甫永康人淳熙五年詣闕上書孝宗

赫然震動，欲榜朝堂，用种放故事，召令上殿，將擢用之。与大臣不合而歸，日与狂士痛飲，以大言下大理獄，得出；又以家僮殺人，又後下大理，得出；又与鄉人宴會，同坐者暴死，後下大理，又得出。晚擢進士第一，授僉書建康府判官廳公事，未至官一夕卒。先生嘗曰：研窮義理之精微，辨析古今之同異，原心於毫秒，校理於分寸，以心積累為功，涵養為主，則於諸儒誠有愧焉。至於堂堂之陣，正正之旗，風雨雲雷交發而並至

篇內行草多誤

龍蛇虎豹變現而出沒推倒一世之智勇開拓萬古之心胸自謂差有一日之長與朱文公熹論皇帝王霸之學文公雖不與而亦不能奪也學者稱為龍川先生

陳同甫集

自孟荀論義利王霸漢唐諸儒未能深明其說本朝伊洛諸公辯析天理人欲而王霸義利之說於是大明然謂三代以道治天下漢唐以智力把持天下其說固已使人不能心服而近世

諸儒遂謂三代專以天理行漢唐專以人欲行其間有與天理暗合者是以亦能久長信斯言也千五百年之間天地亦是架漏過時而人心亦是牽補度日萬物何以阜蕃而道何以長存乎故亮以為漢唐之君本領非不洪大開廓故能以其國與天地並立而人物賴以生息惟其時有轉移故其間不無滲漏曹孟德本領一有蹺欹便把天地不定成敗相仍更無著手處此卻是專以人欲行而其間或能有成者有分毫

天理行乎其間也諸儒之論為曹孟德以下諸人設可也以斷漢唐豈不冤哉諸儒自處曰義曰王漢唐做得成者曰利曰霸一頭自如此說一頭自如此做說得雖甚好做得亦不惡如此卻是義利雙行王霸並用如亮之說卻是直上直下只有一個頭顱做得成耳卻如太宗亦是發他英雄之心誤處本秒忽而後斷之以大義豈在其為伯哉發出三綱五常之大本截斷英雄差誤之幾微而來諭乃謂非三綱五常之正

是殆以人觀之而不察其言也孟子終日言仁義而與公孫丑論勇如此之詳蓋擔當開廓不去則亦何有於仁義氣不足以充其所知才不足以發其所能守規矩準繩而不敢有一毫走作傳先民之說而後學有所持循此子夏所以分出一門而謂之儒也成人之道宜未盡於此故後世所謂有才而無德有智勇而無仁義者皆出於儒者之口亮以為學者學為成人而儒者亦一門戶中之大者耳秘書不教以成人之

道而教以醇儒自律豈揣其分量止於此乎不然亮猶有遺恨也

某大概以為三代做得盡者也漢唐做不到盡者也故曰心之用有不盡而無常泯法之文有不備而無常廢惟其做得盡故當其盛時三光全而寒暑平無一物之不得其生無一人之不遂其性惟其做不到盡故雖其盛時三光明矣而不保其常全寒暑運矣而不保其常平物得其生而亦有時而夭闕者人遂其性而亦有時

而異處者本末感應只是一理伏惟田地根本上有是處安得有來諭之所謂小康者乎即曰獲禽之多而不曰隨種而收恐未免於偏矣孔子之稱管仲曰如其仁記者以爲孔氏之門五尺童子羞稱五霸而孟子稱之如此所謂如其仁者蓋曰似之而非也觀其語脈決不如說者所云故伊川所謂如其仁者稱其有仁之功用也仁人明其道不計其功夫子亦計人之功乎若如伊川所云則亦近於來諭所謂喜獲禽之

多矣功用與心不相應則伊川所謂心迹原不曾判者今亦有時而判乎王通有見於皇墳帝典吾不得而廢矣不以三代之法終危邦乎如不得已而取漢之制乎不以漢之制輔天下誠亂也已仲淹取其以仁義公心統天下而續書不謂其假仁借義以行之心有時而泯可也而謂千五百年常泯可乎法有時而廢可也而謂千五百年常廢可乎至於全體只在利欲上之語切恐將漢唐之君太淺狹而世之君子有不

獸於心者矣伏千五百年之間成一大空缺人道泯息而不害天地之常運而我獨卓然而有見者乃甚高而已孫乎宜亮之不能心服也來書謂天地無心而人有欲又謂心則欲無常不泯而不悖其不常泯法則欲無常不廢而不悖其不常廢此名言也而謂指其次史之間偶未泯滅的道理以為只此便可与堯舜三代並隆而不察無所以為田地根本無有是處者不知高祖太宗何以自別于魏宋二武哉

亮大意以爲本領洪闊工夫至到便做得三代
有本領無工夫只做得漢唐而祕書必謂漢唐
並無些子本領只是頭出頭沒偶有暗合處便
是功業成就其實則是利欲場中走使二千年
之英雄豪傑不得近聖人之光猶是小事而向
來儒者所謂只這些子殄滅不得祕書便以爲
好說話無病痛乎來書所謂光明寶藏者語雖
出於釋氏然亦異於這些子之論矣天地之間
何物非道赫日當空處處光明閉眼之人開眼

即是豈得舉世皆盲便不可與共此光明乎眼盲者摸索而着故謂之暗合不應二千年之間有眼皆盲也亮以為後世英雄豪傑之尤者眼光如黑漆有時閉眼胡做遂為聖門之罪人及其開眼運用無往而非赫日之光明人指其開眼胡做時便以為盲指其開眼運用時只以為偶合其實不離乎盲嗟乎冤哉彼直閉眼耳眼光未嘗不如黑漆也開則其正也閉則霎時浮翳耳仰首信眉何處不是光明使孔子在時必

抉出其光明以附於長長開眼者之後則其利欲一時涴世界者如浮翳盡洗而去之天地清明赫日長在不亦恢廓洒落閎大而端正乎今不欲天地清明赫日長在只是這些子殄滅不得者便以為古今秘寶因吾眼之偶開便以為得不傳之絕學三三兩兩附耳而語有同告密畫界而立一似結壇盡絕一世之人於門外而謂二千年之君子皆盲眼不可點洗二千年之天地日月若有若無世界皆是利欲斯道之不

絶者僅如綫耳此英雄豪傑所以自絶於門外以為立功建業別是法門這些好説話且与留着精采足矣若知開眼即是箇中人安得撰到此地位乎秘書以為三代以前都無利欲都是要富貴的人々詩書載得如此潔淨只此是正大本子乎亮以為纔有人心便有許多不潔淨革道止於革面亦有不盡概聖人之心者聖賢建立於前後嗣承庇於後又經孔子一洗故得如此潔淨秘書亦何忍欠二千年間世界塗涴

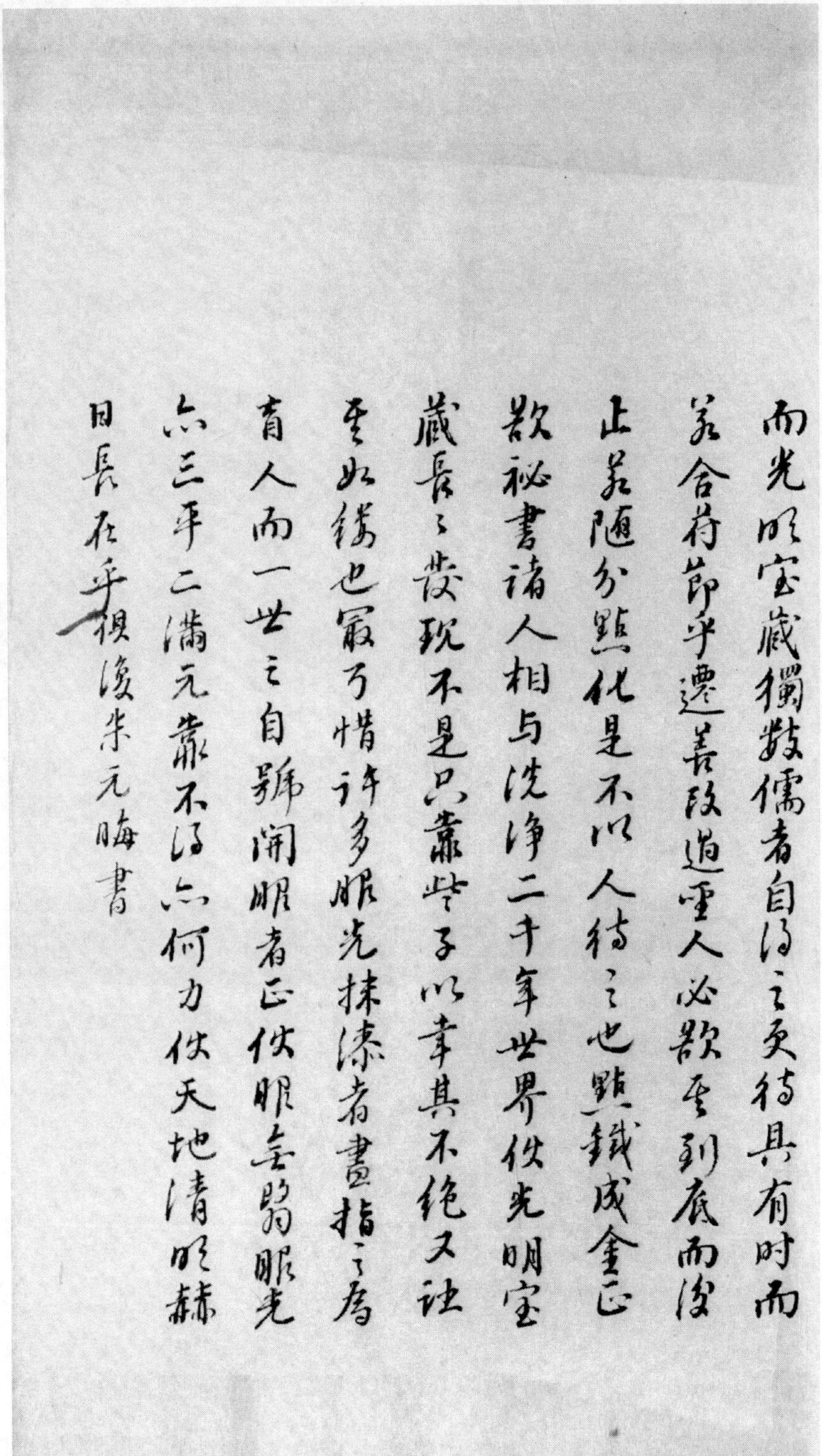
而光明寶藏獨數儒者自得之又待其有時而
若合符節乎遷善改過聖人必欲至到底而後
止若隨分點化是不以人待之也點鐵成金正
欲祕書諸人相與洗淨二十年世界作光明寶
藏長長發現不是只靠些子以幸其不絕又誰
至如鐵也最可惜許多眼光抹漆者盡指了為
有人而一世之自歸開眼者正作眼無翳眼光
亦三年二滿元靠不得亦何力作天地清明赫
日長在乎損後朱元晦書

接上抄

添一行下放此

## 陳氏門人

喻偘字伯經原名宏義烏人其從父民獻首從同甫羣從數十人偕游登慶元己未進士第遷隆興欽察推官僉書鎮南節度判官請祠而歸築室夫人峯下曰晝隱所著有晝隱類槀五十卷隨類錄二百卷嘗孔道淳熙間朱張呂陸四君子皆談性命而闢功利學者各守其師說截然不可犯陳同甫崛起其旁獨以為不然且謂性命之微子貢不得而聞吾夫子之所罕言

後生小子與之談之不置殆乎哉禹無功何以成六府乾無利何以具四德如之何其可廢也於是推尋孔孟之志六經之旨諸子百家分析聚散之故然後知聖賢經理世故與三才並立而不廢者皆皇帝王霸之大略明白簡大坦然易行人多疑其說而未信先生獨出爲諸儒倡布礫縲紀叢爲詞章技術而左右之佐同甫之門者聲不入于耳其功也同甫再下詔獄先生與同志極力營解卒得出之

喻南強

喻南強字伯強偘之從弟也其父直方以先生與同甫數俾從之游時著録牒者歲數千百人先生周旋其間獨能探深索隱語移日精鋭鋒起同甫曰伯強凜然可畏也慶元中由太學為宥陶尉轉縉雲丞卒年七十一同甫之得罪也先生義形於色罵其同門言先生無辜受禍吾曹為弟子嘗怒髮衝冠乃影響睢睢是何為士數卻走東甌見葉適訴冤適曰子真義士也即秉筆為作書數通先生又持走越袖見諸學官

誦言無忌率直亮之寃其為文甚汜溥下筆數千言不煩繩削而自合大篇短章隨人取去不甚愛惜惟存梅隱筆談四卷

林慥永康人

陳順永康人

錢廓字妙因浦江人沈靜和雅語如不能出諸口同甫甚善之初廓之兄抑任家事皆廓以學而一錢不以佽之或言汝兄私自為計則廓曰汝離間吾友是即兄愛我者也其於貨幣不以

攖心獨求有得于學來於漕試而卒其卒也葉

水心亦惜之

郎景明（郎景明）永康人其父鵬來與鄭文甫公善

方坦（方坦）浦江人同甫嘗云坦從予游一日其父來

祝坦毋進見予亦咨諸生稱其恭而篤於教子

如此

陳檜（陳檜　金璛）縉雲人章侍郎服之甥

金浦字伯清金華人

淩堅（淩堅）浦江人孤童力學其母何氏督之曰吾之

不死以待汝者將精以見汝父於地下也聖感

舊卒能以学行自见

何大猷字少表義烏人同甫之婿也同甫在

何大猷

獄營救不愛其力浙江風濤之險一日往返兩

涉之嘗曰吾未知前輩所謂不傳之学安在而

所自棄乎同甫又稱其事母孝事兄謹而行甚

醇備云云

劉範金華人

劉範　胡括

胡括永康人

徐碩 劉澗

徐碩永康人務学不輟其文日進

劉澗金華人

孫贯

孫贯字冲李永康人從事於王伯之学甚銳年二十三而卒同甫率门人臨其葬而銘之

章湜

章湜侍郎服之子也与其兄濤渭海俱從学龍窗和同甫微时声名未立侍郎首識之即令諸子從学而湜為其执友後

樓應元

樓應元东陽人父民範工詩文与同甫善應元亦工詩文

陳氏續傳四字刪　注吳思齋　移卷下

# 陳氏續傳

吳思齋

吳思齋字子善永康人其先居處之麗水祖深有奇才同甫以子妻之遂家永康父遂累官知廣德軍學者稱為松淵先生先生少穎悟儆邃為古文即可誦季父國子監丞天澤器之悉授以所学由任子入官監臨安府新城稅鎮雁揖嘉興丞數以書与用事者言賈似道毋喪不宜用鹵簿又言御史俞浙以論謝堂去賤寡相附貴戚塞言路如朝廷何凡所為無以直遂其志

遺獻語均低一格
先生書

第知有是非不知有毁譽禍福也宋亡隱浦陽家無擔石之儲有勸之仕者輒謝曰譬猶處子業已嫁矣雖凍餓不能更二夫也所善惟方鳳謝翶相與放游山水間登嚴陵山慟哭西臺自歸金華子學者尊其行爭師之年六十四卒編置賢順正考終之事曰俟命録録成賦詩别諸友遂卒、

先遺獻曰止齋謂功到成處便是有法事到濟處便是有理此同甫之說也如此則三代

聖賢枉作功夫功有適成何必有德事有偶濟何必有理此晦庵之說也如此則漢祖唐宗賢於盜賊不遠蓋謂二家之說皆未得當然止齋之意畢竟主張龍川一邊過多夫朱子以事功卑龍川龍川正不諱言事功所以終不能服龍川之心不知三代以上之事功与漢唐之事功迥乎不同當漢唐極盛之时海內兵刑之氣必不能免即免兵刑而禮樂之風不能渾同勝殘去殺三代之事功也漢

唐而有此乎其所謂功有適成事有偶濟者亦即漢祖唐宗一身一家之事功再統天下而言之固未免其成且濟也以是而論則言漢祖唐宗不遠於區僕亦未始不可

蔣重珍字良貴無錫人嘉定十六年進士第一簽判建康軍紹定二年召入對首以自天子至于庶人所當知者本心外物二者之界限爲言大諂以親攬大柄盡破恩私爲言後又進爲君難六箴乞召真德秀魏了翁用之每草奏齋心盛服有密啟則手書削稿務積精神以寤上意後守刑部侍郎致仕諡忠文

止

照前式抄
一葉の行頃格
金華學案

# 金華學案

下添入　勉齋門人　朱子再傳　低行

百家謹按勉齋之學既傳北山而廣信饒雙峯亦高弟也雙峯之後有吳中行朱公遷亦錚錚一時然再傳即不振而北山一派魯齋仁山白雲既純然得朱子之學髓而柳道傳吳正傳以逮戴叔能宋潛溪一輩又得朱子之文瀾蔚乎盛哉是數紫陽之嫡子端在金華也作金華學案

○黃榦朱子門人
已見

黃氏門人朱子再傳

此二行刪去即接抄何傳

低二格

○文定何北山基先生

何基字子恭金華人父伯慧丞臨川而黄勉齋幹知其縣事伯慧使二子師事之勉齋告以必有真實心地刻苦工夫而後可先生悚惕受命於是研精覃思平心易氣以俟義理之自通未嘗立異以為高徇人而少變也凡所讀書朱墨標點義顯意明有不待論說而自見者楊與立深推服之先生未嘗開門授徒聞而來學者亦未嘗立題目作話頭王魯齋柏登其門先生舉胡五峯之言曰立志以定其本居敬以持其志志立乎事物之表敬行乎事物之間先生有文集三十卷其間與魯齋問辨者十八卷蓋一事而至十餘往復先生終不變其説也景定五年

添差婺州學教授兼麗澤書院山長力辭咸淳初授史館校勘兼崇政殿說書改承務郎主管西嶽廟終不出卒年八十一謚文定居金華山北人稱北山先生

何文定語

爲學立志貴堅規模貴大充踐服行死而後已

讀詩別是一法須掃蕩胸次净盡然後吟哦上下調詠從容使人感發方為有功

以洪範參之大學中庸有不約而符者敬五事則明〻德也學八政則新民也建皇極則止至善也至于皇極有休徵而無咎徵有仁壽而無鄙殀則中和位育之應皇極之極功也

讀易者當盡去其膠固支離之見以潔淨其心玩精微之理沉潛涵泳得其根源乃可漸觀爻象究其義理始終當謹守精玩不必多起疑論有欲爲後學言者謹之又謹可也

四書當以集註爲主而以語録輔翼之語録既出衆手不無失真當以集註之精微折衷語録之疎密以語録之詳明發揮集註之曲折

○戴山諸生曰北山之宗旨熟讀四書而已北山晚年之論曰集註義理自足若添入諸家語反覺散緩蓋自嘉定以後黨禁既開人各以朱子之學爲進取之具天樂淺而世好深所

就日下而剽掠見聞以欺世盜名者尤不足數北山介然獨立於同門宿學猶不滿意曰恨某早衰不能如若人強健徧應聘講第恐無益于人而徒勸道路爾然則若人者皆不熟讀四書之故也北山確守師說可謂有漢儒之風焉

倪公晦字孟陽金華人魯齋稱其遷善改過專志于下學仕至轉運司幹辦公事清廉介直所著有周易管闚先生之兄公度字孟容公武字孟德皆受業何氏時稱箕谷三倪孟德有風雅質疑六書本義

張潤之字伯誠蘭谿人號思誠子從北山學餘三十年盡得其要北山緝近思録發揮未就金仁山履祥續成之每條必質

於公而後定北山之塋也公為定士喪禮不用品官之儀以成其志仁山曰思誠之於朱門為嫡孫行端平淳祐文獻靈光值亂處約蔬薪不繼人不堪其憂處之裕如至或薪之不以為浼冰雪中孤松也許白雲謙亦曰先生天机駿利襟度融朗有浴沂咏歸氣象先生長于仁山二十年與魯齋為學侶仁山視以前輩稱之為丈而平居商畧討論情好最密他人不及魯齋為北山成服用古禮先生不以為然獨不赴仁山曰張丈之言自可存以為朋友之糾彈也

潘墀字經之金華人也一字介巖魯齋之學侶也嘗以李貫之所編朱子語類專取其論語補其不備別為論語語類行世

何氏門人止此

官至秘書修撰

王侃字剛仲文定公淮之孫也初從朸堂劉氏卒業北山與

族父魯齋自為師友有立齋集蔡樞密久軒其契友也

吴梅麗水人季鏞龍泉人

應附魯齋案末閱蕺山諸生案便見

車若水

車若水字清臣黃巖人賈似道再聘入史館不赴先生嘗登篔牕陳耆卿之門篔牕學古文於水心葉氏適而得其傳者也是時吳子良先從篔牕已登科聲譽甚震先生以晚進一旦篔牕於人前揭之過當同門皆不平久之乃服已而事杜清獻公範乃自以為求道之晚嘗著道統録自周子至于勉齋講明性理自號玉峯山民

玉峯脚氣集

養氣要緊在有事與勿忘上工夫自到又不可責近效所謂大段着力不得也着力則氣壹動志前功不保矣勿正是為常有事者言也勿助是為勿忘者言也揠苗是為已耘苗者也不曾

耘苗草長而苗且不存又何苗之可揠乎告子不肯做有事與勿忘工夫只欲勿正勿助故曰不得于心勿求于氣不得于言勿求于心此後世释氏之不動心非儒者之不動心所謂揠苗非指告子

濂溪不言知格經說定之以仁義中正而主靜以上皆知格也厥章厥微匪靈匪瑩其知格也至矣定之仁義中正則著賓主靜則立本其知格也至矣

禮運首章載孔子言大道之行天下為公天下既隱始以禮義為紀離禮義以言道是老子之言也

趙幾道說誠無為幾善惡作一圖上寫一誠字直落寫個善字

偏旁一絲寫個惡字以惡是誠之庶孽善是宗嫡友人沈可亨疑之以問此疑甚善幾道自謂可勝胡氏同體異用之說而不知尤非也且如喜怒哀樂未發謂之中當其未發只是至善至於發時始有中節與不中節者是不走作這中不中節者是走作這中却不是這中先生個中節旋生個不中節如水之清有以濁之不是當初帶得這濁來若是庶孽須亦從他身上出不枉屈

周禮冬官散在諸官之中而地官尤多自編帙散亂俗儒補緝遂以田野諸職並附地官則馮相保章之類皆可附天官耶金叔明作周禮十疑十荅予遂授以俞氏復古編董華翁辯俞氏

之不可凴此是忠厚不欲輕動古書之意叔明云周官三百六十今已存三百五十只亡其十豈可謂冬官亡也但冬官之不亡只可使人自曉自推俞氏乃断定撥置為累多矣

漢時士大夫奏事宮中要便入來只是不到後庭所以公孫弘燕見武帝或時不冠而不冠不見汲黯猶是周禮古意自武帝以宦者典章奏而士大夫遂疏門禁森嚴全隔絶矣于是親宦官宮妾之時多親士大夫之時少

禪家之法只是要人静定凝守一句更不思别路久而自能通達此吾儒至誠如神之緒餘吾儒公溥他只是自私他要不落窠臼誠是不落窠臼然亦有可摶摸者問如何是佛祖西来意

曰庭前柏樹子此語最好是吾儒一個仁字也如何是佛曰乾屎橛謂前人往矣我自當作工夫說前人甚麼此句與吾儒別有問請師安心曰將心來與汝安百丈謂溈山曰汝撥爐中有火否溈山撥云無火百丈起深撥得火云此不是火吾儒亦如此教人但令聽之者不把作事看反不如他能信向服行也然既曰悟道必當首先悟吾父母是何如三綱五常身體髮膚七顛八倒反借吾儒名分之說與四海五湖無所係着之人捏合交道而自謂高于一世而人亦以是高之然若無朝廷見成飯與喫見成法與餓持亦定坐禪不成也

程子令人類聚論語言仁處玩味此最切于人仁寔是難訓著

来著去自曉得可也上蔡識痛痒之語亦切蓋出於程子痿痺不仁之語意愚嘗講程子觀鷄雛可以觀人仁說得幾句自謂有功於諸儒

明道先生說今學者敬而不見得又不安者只是心生亦是太以敬来做事得重此恭而無禮則勞也恭者私為恭之謂也禮者非禮之禮是自然的道理也只恭而不為自然的道理故不自然也人把禮者非體之禮作句所以都說不得禮者非体之是一句禮是自然的道理是一句禮者不得將吾身体得出来乃是自然的道理纔說體之則便非自然便身與禮為二

平翁送乃子清父生以香一片銘其上曰始于克己終于舍己聖

學終始有立卓爾予按非禮勿視非禮勿聽非禮勿言非禮勿動此顏子克己處也以能問于不能以多問于寡有若無實若虛犯而不校此顏子舍己也處也二已不同私者旣盡公虛洞然不見人我之異其始終如此

平翁云有人一子名光一子名梵一子名晃其父遠出不歸光者仔細探其踪跡知其北往求之幽燕梵者不仔細探討乃求之南閩晃者在家嬉遊而已一日光者得其父以歸梵者索然而歸光以責梵晃亦以責梵光可言也晃不可言也梵雖行路差尚曾求父也晃坐于家不曾求父乃責梵之不善于求父今之人未嘗求道而空空以議人何以異此釋氏行路差尚曾求

道也
東坡萬言書前面說時事儘好至于厚風俗存紀綱處便淡泊
~~枯~~苦寂蓋其本原處欠所以如此
格物是窮理不可易也而以格為至則有可籌繹者格于上下
可以訓至格物難以訓至曰致知在至物非辭也愚嘗謂格且
北方思量之謂此為是此為非此為正此為邪此為輕此為重
今之諺欲知輕重則曰以秤格之此字必有傳承云篇云格至
也量也度也廣韻亦然彼之字義多出于古詩經註格至也是
時堯典註不知度也量也出在何處以此訓格正與今文合何
曾以告星渚星渚以面看屋久之無說

自先王之禮不行人心放恣被釋氏乘虛而入而冠喪葬祭皆被他将蠻夷法来奪之冠禮如他初削髮受戒之類其丁寧告戒甚嚴古時亦有幾個好僧今時受戒出壇便破喪禮則有七次之說謂人死後每遇七日其魂必經陰司受許多苦凡七次愚夫惑其說請僧追薦然今讀書人既闢佛老不用其說而于吾禮自不曾盡朝夕無奠朔望無奠飲酒食肉若罔聞知則又夷狄之不若也火化是大逆今被他說火化上天施斛一節既薦祖先因請客共享之神不歆非類民不禮非族蓋是理之必然然後世小人但知自己饑餓何曾思親往往雖有子孫亦是若教則施斛畢竟是一祭祀以僧代巫或亦致死致生之道呂

居中云鄭慥堂先生亦不信佛老亦不廢施斛但要揮僧一章雪崖平江隐人子也不曽見晦翁而時時有書問道晦翁答書見存有時常高聲云世紛何如汩沒得自家可以見其胸中之所存也顧齋胡文淳嘗從之予每書此句於扇上

魏文侯自請于周為諸侯又為田和請吾為卜子夏段干木恥矣

潁考叔取蝥弧以登純孝者如是乎

古者人鬼不相襲而相得也後世人求鬼鬼求人鬼亦非其鬼矣

程子曰盡其心者知其性也釋氏所謂識心見性是也若存心

養性一段則無矣愚謂釋氏但能存其無用之心養其無實之性却不盡心知性也

乾元者始而亨者也利貞者性情也文王卦辭元亨利貞本只兩意元而亨利於正而已今諸卦都是如此孔子文言自以所見折作四字說自是一項道理然非文王繫卦之本意也孔子到此却又就文王本意作兩件說自乾元發出豁達呈露生意遍滿無不亨通所謂始而亨也然皆可見者氣也須有理主于其中何嘗有不好的生意蓋純粹至善是乾德之本然乾之性情只是利于正也乾之性情如此則凡資始於乾者皆如此是故人可以為善不可以為惡蓋其本來情性只利于正也

象山謂仲弓勝顏回蓋見聖人所語顏子大段用力而仲弓似不甚費力不知顏子有力得用他人無顏子之力且當漸漸做去工夫

友文正公孝孺曰董文清公槐葉丞相夢鼎王文憲公柏皆謂大學格物傳未嘗闕特簡錯亂耳遂歸經文知止以下至則近道矣以下四十二字于子曰聽訟吾猶人也之右為第四章以釋格物車先生清臣為書以申其說可信

此處移入北山諸子案語見後

以下諸人均移歸魯齋學案内

周敬孫

周敬孫臨海人宋太學生魯齋主台之上蔡書院受業焉所著有易象占尚書補遺春秋類例

黃超然

黃超然字立道黃巖人精宋鄉貢進士精于易學所著有周

易通義二十卷或問五卷發例三卷釋象五卷壽雲集自號壽雲至治初卒謚康敏

萬縉雲人

樊萬以下四人無傳已見目次而刪

查此案語与蕺山諸子案語似應入序錄要語近得申玉峯書云云下

致中

〇薛松年

〇楊珏

〇陳天瑞字德修臨海人咸淳進士知金華縣宋末隱遯林壑詩文高古效淵明書甲子有甲子集五十卷

陳天瑞

〇張𩓞字達善其先蜀之導江人僑寓江左魯齋講學于上蔡書院從而受業焉至元中中丞吳曼慶延至江寧學宮俾子弟

張𩓞

受業中州士大夫欲淑子弟以四書集註者皆遣從先生遊或闢私塾迎之其在維揚來學者尤衆稱曰導江先生朝命為孔顔孟三氏教授其所著書草廬吳氏澄以為議論正援據博貫穿縱横儼然新安朱氏之尸祝也

百家按吳正傳言導江學行於北方故魯齋之名因導江而益著蓋是時北方盛行朱子之學然皆無師授導江以四傳嫡胤起而乘之宜乎其從風而應也

王似

王似字敬岩文定公淮之孫也學于橋堂雙峯而卒業于魯齋累官直敷文閣福建運使嘗闢真西山夜氣箴之說

方盧谷云西山婦翁楊圭已以此箴為不然

閩人說

閩人說金華人號桂山翁嘗遊魯齋之門

以上均應入魯齋門人

查一此案語5仍存入易安華書云云

易通義二十卷或問五卷發例三卷釋象五卷壽雲集自號壽雲至治初卒謚康敏

○樊萬縉雲人

樊萬以下の人無傳已見目次不删

○朱致中

○薛松年

○楊珏

○陳天瑞字德修臨海人咸淳進士知金華縣宋末隱遯林壑詩文高古效淵明書甲子有甲子集五十卷

陳天瑞

○張䪺字達善其先蜀之導江人僑寓江左魯齋講學于上蔡書院從而受業焉至元中中丞吳曼慶延至江寧學宮俾子弟

張䪺

受業中州士大夫欲淑子弟以四書集註者皆遣從先生遊或闢私塾迎之其在維揚來學者尤衆稱曰導江先生朝命為孔顏孟三氏教授其所著書草廬吳氏澄以為議論正援據博貫穿縱横儼然新安朱氏之尸祝也

百家按吳正傳言導江學行於北方故魯齋之名因導江而益著蓋是時北方盛行朱子之學然皆無師授導江以四傳嫡胤起而乘之宜乎其從風而應也

以上均應入魯齋門人

王似（王佖）字敬岩文定公淮之孫也學于橘堂雙峯而卒業于魯齋累官直敷文閣福建運使嘗闢真西山夜氣箴之說

方盧谷（閩人說）云西山婦翁楊圭已以此箴為不然

聞人說金華人號桂山翁嘗遊魯齋之門

數頁似有誤　此案語似應在方文公正案語後
均須入魯齋要語、近得東玉峯書云云下
亦入東玉峯傳後亦可

以知止爲格致之傳發自玉峯凡玉峯之
旨不嘆服其學力也玉峯於魯齋在師友
之間魯齋之門如吉甫玉峯皆所謂知過于師方堪傳授耳

傳氏門人朱幸夫傳

另一頁起

文憲王魯齋先生柏　何氏門人

王柏字會之金華人少慕諸葛孔明自號長嘯年踰三十與其
友汪開之同讀四書取論孟集義別以鉛黃朱墨求朱子去取
之意以黃勉齋通釋尚闕答問乃約語錄精要足之名之曰通

旨一日讀居處恭執事敬章惕然曰長嘯非持敬之道更以魯齋已遇楊與立告以何北山基學於黃勉齋榦得朱氏之傳即往從之北山授以立志居敬之旨且作魯齋箴勉之自是發憤奮厲讀書精密標抹點檢旨趣自見謂古人左圖右書後世圖學幾絕作研幾七十餘圖又作敬齋箴以自用從事夙興見廟閉閤靜坐子弟白事非衣冠不見也來學者衆其教必先之以大學蔡杭楊棟守婺趙景緯守台聘為麗澤上蔡兩書院師理宗崩率諸生製服臨于郡咸淳十年卒年七十有八國子祭酒楊文仲請于朝謚文憲

魯齋要語

另一頁起

○戢山諸子曰魯齋以知止爲格致之傳發自王峯凡王峯之所論著者魯齋未嘗不嘆服其學力也王峯於魯齋在師友之間魯齋之門如吉甫王峯皆所謂知過于師方堪傳授耳

大學[illegible]

開闔静坐[illegible]

傳氏[illegible]朱子之傳

○文憲王魯齋先生柏何氏門人

王柏字會之金華人少慕諸葛孔明自號長嘯年踰三十與其友汪開之同讀四書取論孟集義別以鉛黃朱墨求朱子去取之意以黃勉齋通釋尚闕答問乃約語録精要足之名之曰通

旨一日讀居處恭執事敬章惕然曰長嘯非持敬之道更以魯齋已遇楊與立告以何北山基學於黃勉齋幹得朱氏之傳即往從之北山授以立志居敬之旨且作魯齋箴勉之自是發憤奮勵讀書精密標抹點檢旨趣自見謂古人左圖右書後世圖學幾絕作研幾七十餘圖又作敬齋箴以自用從事夙興見廟閉閤靜坐子弟白事非衣冠不見也來學者衆其教必先之以大學蔡抗楊棟守婺趙景緯守台聘為麗澤上蔡兩書院師理宗崩率諸生製服臨于郡咸淳十年卒年也十有八國子祭酒楊文仲請于朝謚文憲

魯齋要語

三代以下所甚急者富國强兵而已富國强兵必以理財為本而儒者不屑為夫理財而不用儒者其害不可勝言矣

世衰道微學絶教弛士氣不振風俗不淑以士大夫體不立而急於用借濟時行道之言以蓋其富貴利欲之私心

無極而太極一句朱子謂無形而有理非不明白然命詞之意咀嚼未破故象山未能釋然其妄意謂此是太極圖說只當就圖上說此一句不可懸虛說理若又有所謂無極之理蓋周子欲為此圖以示人也而太極無形無象本不可以成圖然非圖則造化之淵微又難於摸寫不得已畫為圖象擬天之形指為太極又若有形有象故於圖首發此一語不過先釋太極之本

無此圖象也

近淂車玉峯書謂大學格致傳未嘗亡也欲以知止而后有定一段合聽訟共為一章不動斧鑿而元詞儼然誠追亡之上功也昔日嚴陵吴守槩亦有此説見盧新之跋嘗以此説請教於西山葉先生曰且去涵養

蘓氏以管仲智有餘而德不足亦過矣當是之時利欲泊（汩）没人心已亡其所謂知亦即知淂利欲一路而於天理民彝未嘗知也愚方病其不足安淂謂之有餘

陳恆弑其君蘓氏謂齊不與者半以魯之衆加齊之半可克也此是以戰國縱横之士待聖人也聖人以大義告其君豈以利

此處應入方文正公及戴山諸生筆語均見上　應低一格單行寫

照錄了

害動其聽哉

尋樂之說似覺求上達之意多於下學之意少竊謂苟無下學之功決無上達之理朱子於此一段公案固曰學者但當從事文約禮以至於欲罷不能而既竭吾才則庶乎有以得之千古不易之教而傳之無弊者也

孟子之所謂自得欲自然得于深造之餘而無強探力索之病非有脫落先儒之說必有超然獨立之見也舉世誤認自得之意紛紛新奇之論為害不少且集註之書雖日開示後學為甚明其閒包含無窮之味益玩而益深求之于言意之內尚未能得其髣髴而欲求於言意之外乎

修道指其當行之路也明誠指其當知之理也知而後能行之
固不先于知也
原其繼善成性之初理與氣未嘗相離也推其極本窮原之義
理與氣不可相雜也於不可相雜之中要見其未嘗相離之實
于未嘗相離之中要知其不可相離之意方謂純粹峻潔不悖
厥旨夫氣者性之所寄也性者氣之所體也舜之名禹曰人心
曰天道心此分理氣而並言湯誥曰降衷劉子曰受中此於性中
獨提理言所謂性即理也告子曰食色曰生之謂性此於性中
獨提氣言故曰不識性也子思曰天命則理氣混然在中曰喜
怒哀樂本乎氣者也特以其未發無所偏倚故謂之中此氣而

害動其聽哉

尋樂之説似覺求上達之意多於下學之意少竊謂苟無下學之功决無上達之理朱子於此一段公案固曰學者但當從事於博文約禮以至於欲罷不能而既竭吾才則庶乎有以得之吁此千古不易之教而傳之無弊者也

孟子之所謂自得欲自然得于深造之餘而無强探力索之病非有脱落先儒之説必有超然獨立之見也舉世誤認自得之意紛紛新奇之論為害不少且集註之書雖日開示後學為甚明其闡包含無窮之味益玩而益深求之于言意之内尚未能得其髣髴而欲求於言意之外乎

修道指其當行之路也明誠指其當知之理也知而後能行ゝ固不先于知也

原其繼善成性之初理與氣未嘗相離也推其極本窮原之義理與氣不可相雜也於不可相雜之中要見其未嘗相離之實于未嘗相離之中要知其不可相雜之意方謂純粹峻潔不悖厥旨夫氣者性之所寄也性者氣之所體也舜之名禹曰人心曰天道心此分理氣而並言湯誥曰降衷劉子曰受中此於性中獨提理言所謂性即理也告子曰食色曰生之謂性此於性中獨提氣言故曰不識性也子思曰天命則理氣混然在中曰喜怒哀樂本乎氣者也特以其未發無所偏倚故謂之中此氣而

含理也發而中節發亦氣也有理以帥乎其中故發而能中節矣古今之遠四海之大人生消息變化之無窮推其所以相生相尅者止於五行五行氣也五行之神則仁義禮智之性也性即天賦之理也君子脩之吉小人悖之凶此常理也君子修之亦有時而不吉小人悖之亦有時而不凶此非常理也变也氣之不齊也故有時而变理則一定而不可易學者當循其常而安其变秉其彝而御其氣要使理常為主而氣常聽命焉雖富貴貧賤夭壽之不同而仁義禮智之在我者皆不得而泯此自昔聖賢教人之要法

自伏羲則河圖推一陰一陽之義畫出奇偶皆因自然之勢而

生八卦文王則河圖卻因已定之卦推其交合乃求未畫之圖而易位置河圖者先後天之祖宗乎大禹得洛書而別九疇箕子得九疇而傳洪範洛書之數四十有五而洪範之經推其事五十有五與河圖之數不期而暗合箕子之傳又推而倍大衍之數洪範者經傳之祖宗乎

洛書之所以則河圖者何也洛書以河圖生成之數並位此其大意也以二四易置于東南以七九易置於西北此其妙機也惟如是而後縱横相對皆十于是陽居正而陰居偏矣後天之所以則河圖者河圖是逐位奇偶互交後天是統體奇偶之交惟四生數不動以四成數而下上之則偶在上而奇在下以初

一曰五行以下六十五字洪範也五皇極以下六十四字皇極經也此帝王相傳之大訓非箕子之言也洪範五皇極居中一六二七三八四九相並有並義爲一九三七二八四六相對有對義爲箕子所陳事証相感舉一隅也今三從一衡取義亦舉一偶爲

詩三百五篇豈盡夫子之舊漢初諸儒各出所記足之夫子所刪容有存于閭巷浮薄之口者乃以二南各十有二篇兩兩相配退何彼襛矣甘棠於王風而削去野有死麕鄭衛淫奔諸詩皆所當削也

杜征南注隱公之元年周王之正月明白有典矣豈有魯國之

史不用周正而用夏正是不奉正朔也聖人義精理明無其位而輒改正朔悖莫甚焉二百四十二年之間四時之序常違聖人欲行夏之時正以此也先儒謂周正非春是矣謂假天時以立義則非也謂以周正記事無位不敢自專是矣謂以夏時冠月為垂法後世則非也

中庸古有二篇誠明可為綱而不可謂為目

理宗時講官徐僑請錫名論語為魯經有詔奉行時議廷之而止某以為聖人言行萬世大經曰語曰子顧不得與帝王之書並可乎乃為魯經章句以大學中庸孟子為之傳

百家謹按魯齋之宗信紫陽可謂篤矣而於大學則以為格致之傳不亡無待于補于中庸則以為漢志有中庸説

接下頁抄

二篇當分誠明以下別爲一篇於太極圖說則以爲無極一句當就圖上說不以無極爲無形太極爲有理也其于詩書莫不有所更定豈有心與紫陽異哉歐陽子曰經非一世之書傳之謬非一人之失刊正補緝非一人之能也學者各極其所見而明者擇焉以俟聖人之復生也後世之宗紫陽者不能入其郛郭寧守注而背經而昧其所以爲說苟有一言之異則以爲攻紫陽矣然則魯齋亦攻紫陽者乎甚哉今人之不學也

## 朋友服議

王柏

咸淳戊辰臘月十有九日，承北山何先生之訃，欲早抵閩往哭之。既欲僕能以深衣入哭，隱之于心，將而服之未稱也。自吾夫子之喪，門人不立正服，乃以義起，其喪又不可為心喪。程子曰：師不立服，不可立也，當以情之厚薄、事之大小處之。若顏閔之于孔子，雖斬衰三年可也。其成已之功，與君父並，其次各有淺深，稱其情而已。僕於北山受義為先深，豈可自同於流俗，因思儀禮喪服有朋友麻三字，豈非朋友之服乎？鄭康成云：朋友雖無親，有同道之恩，彼為服緦，加絰帶。又曰：士以緦麻為喪服，其弔服則疑衰，疑之為言擬也，緦麻之布十五升，疑衰十四升，即白麻深衣、擬於吉服也、蓋經衰服之稱猶吉也、他無服矣、止有吊服、所以擬之、注云吊服加麻、其師與朋友同、既葬除之、疏云以白布深衣、庶人之常服、又孝子未成服以前服之、故庶人得為吊服、素冠吉履無絇、其吊服、圖云庶人吊服、素委貌白布深衣、士朋友相為服、吊服加麻、加麻者即加緦之絰帶、是為擬衰、或曰深衣吉服也、不可為吊服等、僕曰、注固已云擬於吉服也、況孔氏正為吊服、釋疾病時男女改服、注云庶人服深衣、又曰子為父斬衰、尸既襲、衣十五升布深衣、扱上衽、徒跣交手哭、是孝子未成服亦服深衣也、或者又曰、安知深衣為吊服、又為麻純乎、僕曰、純之以采者曰深衣、純之以麻者曰麻衣、純之以素者曰長衣、以采緣之袖長在外則

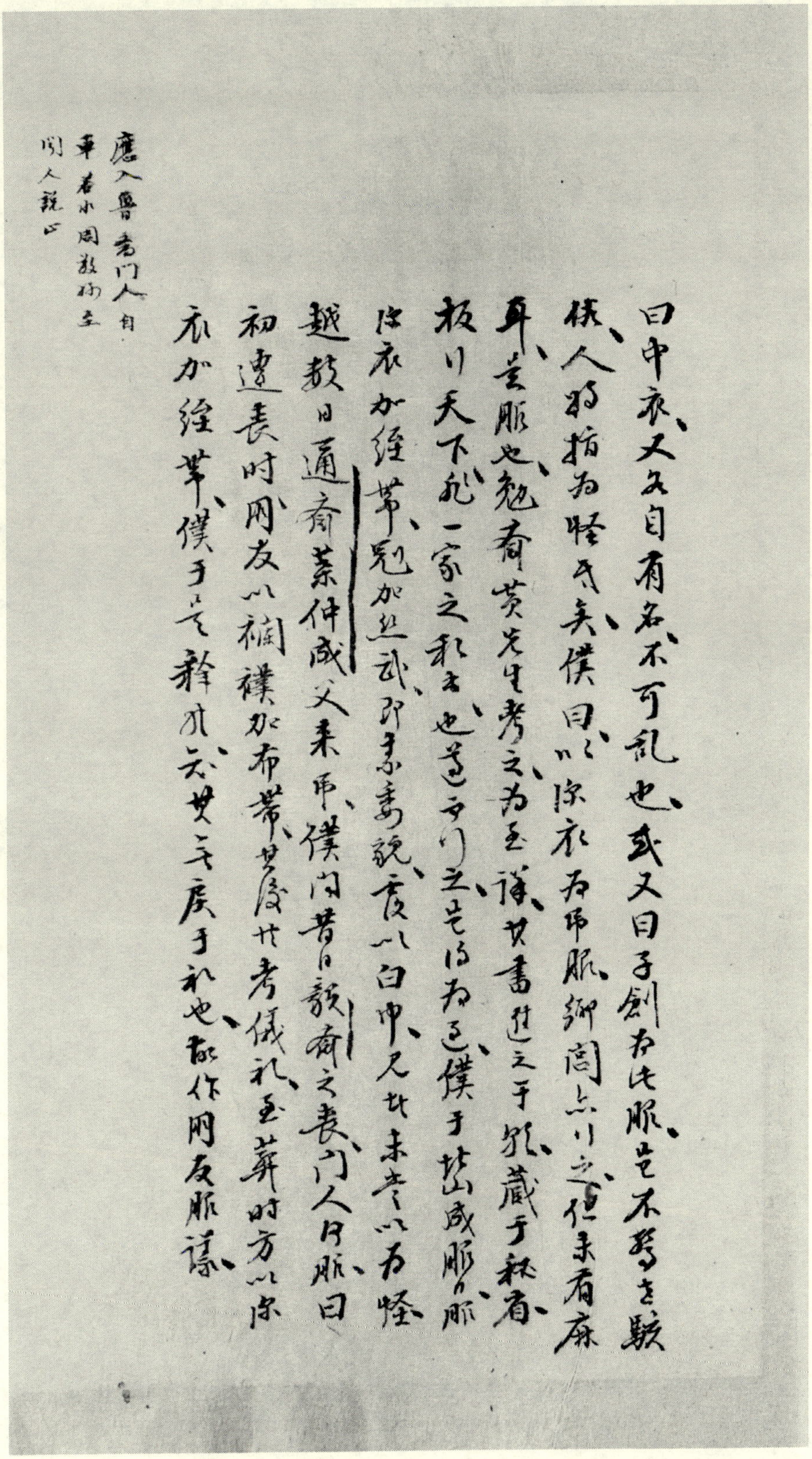
應入魯齋門人 自
華者小周敎研室
聞人說也
曰中衣、又各自有名，不可亂也。或又曰：子創爲此服，豈不驚世駭
俗、人將指爲怪民矣。僕曰：以深衣爲弔服、鄉閭亦以之，但未有麻
耳。並服也。勉齋黃先生考之爲至詳，其書從之于秋省
板，則天下一家之私書也，豈予門之先生爲之。僕于是成服之服
除衣加絰帶、冠加絰、武即未舉殤、衣以白巾、尺北未當以爲怪
越數日，通齋葉仲成又來弔，僕問昔日魯齋之喪，門人何服，曰
初遭喪時，朋友以襴襆加布帶，其後考儀禮至葬時，方以深
衣加絰帶。僕于是乃辭服亦甚于禮也，故作朋友服議

另一條起

王氏門人朱子四傳

傳宋秘文安山處文林文宣　須查

〇〇文定金仁山先生履祥　王氏門人

金履祥字吉父蘭谿人凡天文地形禮樂田乘兵謀陰陽律曆子書靡不畢究已向濂洛之學事同郡王魯齋柏從登何北山之門自是講貫益密造詣益邃德祐初以迪功郎史館編校起

之辭弗受宋季國勢阽危任事者束手罔措先生獨進奇策請以舟師由海道直趋燕薊併擣虛牽制以解襄樊之圍其敘洋島險易歷歷有據時不能用宋亡屏居金華山中視世故泊如也北山魯齋之喪先生率其同門之士以義制服觀者始知師弟子之禮當時議者謂北山之清介純實似和靖魯齋之高明剛正似上蔡先生則兼得之二氏而並充于己者也居仁山之下學者稱為仁山先生謚文安

百家按仁山有語孟攷證發朱子之所未發多所牴牾其所以牴牾朱子者非立異以為高其明道之心亦欲如朱子耳朱子豈好同而惡異者哉世為科舉之學者于朱子之言未嘗不錙銖以求合也乃學術之傳在此而不在彼可以憬然悟矣

金氏门人

○○柳貫　金氏門人

○柳貫字道傳浦江人受經于仁山究其旨趣又徧交故宋之遺老故學問皆有本末舉為江山教諭遷昌國學正擢湖廣儒學副提舉未上改國子助教改太常博士出提舉江西儒學秩滿歸杜門十餘年至元元年召為翰林待制兼國史院編修官蒞任七月而卒年七十三門人私謚文肅其文與黃文獻溍虞伯生集揭傒斯齊名天下稱為四先生

補入

一　戴良　柳氏门人

戴良字叔能[illegible]

見後

鄭濤　柳氏門人

鄭濤字仲舒云云

楊燧　柳氏門人

楊燧字元度云云

下稱四先生

三門人私謚文節其文與黃文獻溍

諸[illegible][illegible]門十餘年至正元年召為翰林待制兼國史院編修官

學副提舉未上改國子助教改太常博士出提舉江西儒學

道若故鄉閒居有本末樂為汴山教諭遷四國學正權湖廣儒

[illegible]有詔贈又遷故宋文

另一頁起

金氏門人　朱子五傳

白雲許先生謙 文懿　金氏門人

許謙字益之金華人學者稱白雲先生長值宋亡家破力學不已僑寓借書分四部而讀之年踰三十開門授徒聞金仁山履祥講道蘭江乃往就為弟子仁山謂曰士之為學若五味之在味醯鹽既加而醎酸頓異子来見我已三日而猶夫人也豈吾之學無以感發子耶先生聞之惕然仁山因揭為學之要曰吾

儒之學理一而分殊理不患其不一所難者分殊耳又曰聖人之道中而已矣謙由是致其辨於分之殊而要其歸于理之一每事每物求夫中者而用之居數年得其所傳油然融會嘗自謂吾無以過人者惟為學之功無間斷耳中外列薦皆不應屏迹東陽入華山中學者負笈重趼而至著録者前後千餘人侍御史趙其宏偉自金陵寓書願率弟子以事先生爲之強出踰年即歸其教以五性人倫為本以開明心術变化氣質為以為己為立身之要以分辨義利為處事之制攝其粗疎入于微密隨其材分咸有所得以身任道者垂四十年先生雖身在草茅而心存當世大德十一年歲在丁未熒惑入南斗句已而行先

生以為变在吳楚竊深憂之是歲大祲先生貌加瘠或問曰先生有不適耶荅曰道殣相望吾能獨飽耶嘗謂吾非必于隱以爲名高仕止惟其時耳晚年尤以涵養本原為上講學之餘齋居凝然一日瞑目坐堂上門人徑入則闃其無人乎先生之側拱立久之先生頋而徐言曰爾在斯耶其習于靜定如此至元三年十月病革正衣冠而坐呼子元受遺戒无復請所未盡先生曰吾平日訓爾多矣復何言門人朱震亨進曰先生視稍偏矣先生更肅容而逝年六十八至正七年謚曰文懿其所論著於四書曰學以聖人為準的必得聖人之心而後可學聖人之事聖人之心具在四書而四書之義備于朱子頋其詞約義廣

安可以易心求之哉於書傳與蔡氏時有不合每誦仁山之言曰自我言之則為忠臣自他人言之則為讒賊要歸於是而已於詩則正其音釋考其名物度數以補先儒之所未備仍存其逸義旁採遠引而以己意終之于春秋三傳有温故管窺一書于史則有治忽幾微一書仿史家年經國緯之法起太皞氏迄宋元祐元年秋九月尚書左僕射司馬光卒總其歲年原其興亡著其善惡蓋以為光卒則中國之治不可復興誠理亂之幾也故附于續經而書孔某卒之義以致其意焉嘗句讀九經儀禮三傳而于大綱要旨錯簡衍文悉別鉛黄朱墨意有所明則表見之其後吴師道得吕東萊點校儀禮以相參校所不同者

十三條而已其與先儒意見脗合如此有許白雲集

許白雲集

夫聖人之道常道也不出于君臣父子夫婦昆弟朋友應事接物之間致其極則中庸而已耳非有絶俗離倫幻視天地埃等世故如老佛氏之所云者其道雖存于方册而不明于世久矣周程張朱諸子出而闢邪扶正破蒙儆愚秦漢以来千五百年英才多矣而有昧于是吾儕生於斯時未必能蹴于千五百年之才而獨有見于聖人之道如是其明也幸而生于諸子之後因當平氣虚心随而求之階之梯之以達于上顧嘗有益於己而止何庸恃強自意摭奇務新力與作者争衡又將轢而踐之

哉古之立言者誦于口而可以心存存于心而可以身踐而成天下之務則聖人之道也今口誦之而不足明乎心降其心以識之而不可施于事是則佛老之流之說耳為佛老之說者措之事固不能行於跬步而自理其身庸可以為善人則好為異說者其風又下于彼矣道在天地間弘博精微非可以躁心求也而乃攘袂扼腕作氣決眥售其說而競後思欲以厭今人陵古人則吾未之信也古愚氣和心廣余嘗欲從容論之而以滿秩解去君來許藻之英將以淑道諸人者也以余之說評之然與否與余非敢為子勉也子固余所敬也

昔文公初登延平之門務為儱侗宏濶之言好同而惡異喜大

而恥小延平皆不之許既而言曰吾儒之學所以異于異端者理一而分殊也理不患其不一所患者分殊耳朱子感其言故其精察妙契著書立言莫不由此足下所示程子涵養須用敬進學在致知之兩言固學者求道之綱領然所謂致知當求其所以知而思得乎知之至非但奉持致知二字而已也非謂知夫理之一而不必求之于分之殊也朱子所著書蓋數十萬言巨細精粗本末隱顯無所不備方將句而誦字而求竭吾之力惟恐其不至然則舉大綱棄萬目者幾何不為釋氏之空談也近日學者蓋不免此失矣吾儕其可踵而為之乎抑愚又有所聞聖賢之學知與行兩事爾講問辨詰朋友之職也至於自得

之妙力行之功他人不得與爲非自勉無所得也某雖愚鈍然不可謂無志于此足下于斯兩者涵泳從容精修力踐旦旦有得幸明以告我賜中流之一壺則感責善之德深矣

太極圖之原出于易而其義則有前聖之所未發者周子探大道之精微而成此書其所以包括大化原始要終不過二百餘字蓋亦無長語矣謂之去無極二字而無所損則不可也太極者孔子名其道之辭無極者周子形容太極之妙二陸先生適不燭乎此乃以周子加無極二字爲非蓋以爲太極之上不宜加無極一重而不察無極即所以贊太極之語周子慮夫讀易者不知太極之義而以太極爲一物故時著無極二字以明之

謂無此形而有此理也以此坊物民至今猶有以太極為一物者而謂可去之哉朱子辨之精而曉天下後世者亦至矣此固非後學之所敢輕議也此外則無可議可辨者矣非朱陸二子之思慮不及也太極兩儀之言圖本于易也而兩儀之義則微有不同然皆非太極之謂也易之兩儀指陰陽奇偶之畫而言圖之兩儀指陰陽互根之象而言也易以一而二二而四四而八八而十六十六而三十二三十二而六十四圖以一而二二而五五而一一而萬者也易以陰陽之消長而該括事物之變化圖明陰陽之流行而推原生物之本根圖固所以輔乎易也惟以兩儀為天地則大不可以易之兩儀為天地則四象八卦

非天地所能生以圖之兩儀為天地則五行亦非天地所可生也夫太極理也陰陽氣也天地形也合而言之則形稟是氣而理具于氣中晰而言之則形而上形而下不可以無別所謂圖以陽先生于陰與太極生兩儀者果此猶有可論者太極之中本有陰陽其動者為陽靜者為陰生則俱生非可以先後言也一元混淪而二陰氣分肇譬猶一木析之為二兩半同形何先後之有易之詞簡故惟曰生兩儀圖之言詳故曰動而生陽靜而生陰動極而靜〻而生陰〻極復動陰陽既有兩端出言下筆必有先後其可同言而並著之乎況下文繼之曰一動一靜互為其根則非先後矣而下文又曰分陰分陽兩儀立焉乃先言

陰而後言陽此周子錯綜其文而陰陽無始之義亦可見矣當以上下文貫串觀之不可斷章取義也雖然動靜亦不可謂無先後自一氣渾沌其初始分須有動處乃其始也元會運世歲月日時大小不同理則一也其氣之運行皆先陽而後陰一歲之日春夏先而秋冬後春夏陽也秋冬陰也一元之運子先而午後子至巳陽也午至亥陰也數以一為陽二為陰一固先于二人以生為陽死為陰生固先于死孰謂陽不先于陰乎但未動之前亦只是靜此乃互根之体終不可定以為陽先耳所謂太極之下生陰陽陰陽之下生五行及乎男女成形萬物化生圖中各有次序則以太極與天地五行相離則又不可也陰陽

不可名天地前既已言之矣太極陰陽五行下至于成男成女而化生萬物此正推原生物之根底乃發明天地之秘而反以為病何具異耶太極剖判此世俗相承之論非君子之言也太極無形何可剖判其所判者乃一元之氣闢物之後溟涬玄漠至開天之時則輕清者漸澄而為天重濁者漸凝而為地乃可言判耳太極陰陽五行之生非果如母之生子而母子各具其形也太極生陰陽而太極即具陰陽之中陰陽生五行而太極陰陽又具五行之中安能相離也何不即五行一陰陽陰陽一太極之言而觀之乎所謂乾道成男坤道成女則二氣不待交感而各自生物又不可也此一節是無極之真二五之精妙合

而凝乾道成男坤道成女二氣交感化生萬物作一貫說下安得謂不交感而自化生即成男成女朱子謂此人物之始以氣化而生者氣聚成形遂以形化而無窮真精合而有成而所成者則有陰陽之具具陽之形者乾之道具陰之形者坤之道有合則有生至於無窮則不出乎男女也合所問之言果有所疑耶或直以周子之言未當也如果疑則以前說之或得其梗概直以言為未當則非敢與聞此不韙也時承下問敢以此為復

戢山諸生曰理一分殊理不患其不一所難者分殊耳此李延平之謂朱子也是時朱子好為儱侗之言故延平因病而

發藥耳當仁山白雲之時浙河皆㧾湖一派求為本体便為究竟更不理會事物不知本体未嘗離物以為本体也故仁山重舉斯言以救時弊比五世之血脉也後之學者昧却本体而求之一事一物間零星補湊是謂無本之學因藥生病又未嘗不在斯言也

另十行低格添入　許氏门人　衛富益

衛富益

衛富益崇德人尚書仲達之後宋亡設壇為文祭文天祥陸秀夫張世傑詞極悲憤聞者無不墮淚嘗從金履祥許謙輩遊創白社書院集同志講學有司敦薦之辭以世受宋恩不仕晚居湖之金蓋山年九十六卒門人私謚曰正節先生所著四書考證性理習義易說讀史纂要等書將終索所著書曰學以求

應入金氏門人

我身心此亦何益悉焚之

〇郭子昭汝南人仕為御史掾受業于仁山白雲謂師門數十人惟子昭與余合志以求道不汨流輩群會無長語晝講肆有條夜則執經問難析理毫縷率下漏過半疲極抵足而臥覺復共索所未悟稍間各言其志思箕漏易樂振奮以邁尋常若是者久

〇唐良驥蘭溪人

許氏門人　朱母古傳

范祖幹字景先金華人白雲嘗語人曰吾得劉名叔而學知進得李國鳳而學日彰得范景先而學有傳景先之學以誠意爲主而嚴之以慎獨持守之功嘗曰為學之本莫大乎正心脩身欲脩其身莫若理會君子之所謂道者三知斯三者則知所以修身矣若切己之實歸而求之可也心不在焉而能自得其根本者吾未之聞也至正中為西湖書院山長辭歸養親李文忠鎮嚴州修師資之敬郡守王顯宗上其孝行立純孝坊學者因稱純孝先生洪武十八年疾革召門人講學危坐而卒所著有群經指要讀詩記大學中庸發微柏軒集

葉儀字景翰金華人立志堅苦取四部書分程讀之義有未明質于白雲隨所咨叩咸爲之盡久之學業日進白雲命其子存仁存禮師之白雲沒景翰率同門以義制服經紀其喪既而開門授徒東南之士多趨之洪武初郡守王顯宗起爲五經師學者稱爲南陽先生卒年八十二所著有南陽雜稿

唐懷德字思誠金華人受業白雲不出户者十年六經百家之書無不研究余闕持節海右特容接之或請余書楊雄九州箴亦知所出思誠曰此出古文先郎援筆寫之不遺一字嘗與宋景濂宿錢塘辨諸子是非凡九十餘種歷誦其文以對濂推其博思誠曰從博則陸澄之書廚耳吾則藉之以窮理而施諸

事也因部使者薦擢金華教諭遷衢州學錄未上而卒所著有破萬提錄六經問答鉤玄集書奏指南存齋集共百餘卷

○籍友龍（薛友龍）字伯夔金華人學經于白雲以才推擇為吏擢令蕑山轉行樞密院照磨陞行省都事多著能績入明而卒

○吳師道字正傳蘭溪人初工詞章及閱真西山遺書慨然志於為己之學嘗以持敬致知之學質之白雲白雲復以理一分殊之旨由是造詣益深元至治初登進士第授高郵丞調寧國錄事遷池州建德尹召為國子助教陞博士其教一本白雲成法以母憂去職尋以奉議大夫禮部郎中致仕正傳于白雲雖不稱弟子而其祭白雲之文曰小子托交殆三十年指醒迷而

誘掖極交道以磨鑴骨肉不足以儷其親金石不足以擬其堅比閒居而独處益共究於遺編不鄙予以不肖將叩謁于師傳然則正傳不可謂不与于授受之際者也子沉

百家謹案白雲高第弟子雖衆皆隱約自修非岩棲谷汲則浮沉庠序州邑耳如子長正傳之文采足以動衆為一世所指名者則又在師友之間非帖帖函丈之下者也然白雲非得子長正傳其道又未必光顯如是耳

吳萊吳氏門人 在入鄭謐之後

胡翰胡翰吳氏門人字仲申金華人從吳正傳師道授經吳立夫萊学古文詞又登白雲之門獲聞考亭相傳的緒嘗至京師偏交當世名士而于余闕貢師泰尤善避地南華山中著書入明除衢州教授聘修元史賜金繒而歸居長山之陽稱長山先生卒年七十五

朱震亨

朱震亨字彥修義烏人初爲聲律之賦刻燭而成已棄去爲任使既壯則又悔之遂往從白雲于八華山中白雲爲開明天命人心之秘內聖外王之微彥修聞之汗下由是挾册坐至四鼓默察理欲之消長抑其粗豪歸于純粹數年而其學堅定以其所得者行之鄉黨州閭之間興利除害郡邑不能奪也又曰吾窮而在下澤不能及遠隨分可自致者其惟醫乎于是得羅知悌之傳遂以醫名醫家傳之爲丹溪先生其學以躬行爲本以一心同天地之大以耳目爲禮樂之原積養之久內外一致日聖賢一言終身行之不盡矣以多爲浮艷之詞尤不樂顧直以吾道蟊賊目之

王餘慶字叔善金華人受業白雲嘗遊京師番劉為經筵欲見之叔善曰吾輩將以明道也有屈身異教而道可明耶至正初入經筵為檢討官累拜監察御史

張樞字子長金華人幼而夙慧外家蓄書萬卷悉取讀之遍目輒不忘宇宙之分合政治之得失禮樂之廢興以至帝號官名歲月先後皆無脫誤每論及一人則其世系閥閱與材質之良窳如列指掌一日白雲漫叩以高帝取天下之故予長矢口而對出入紀傳語蟬聯不能休白雲大奇之既而以書上謁請執弟子列白雲不可以友待之由是斂華就實而其學益粹至正初脫脫修三史奏辟為長史力辭不就再以翰林修撰同知

制誥兼國史編修官召之行至武林驛以病辭歸而卒

呂溥字公甫永康人從學白雲講究經旨為文落落有奇氣勢動盪激烈可喜冠昏喪祭一依朱子所定禮行之所著有大學疑問史論竹溪集族子權亦許氏弟子早卒

呂權字子文從白雲竟夕不寐嘗自書其夢中之語曰春秋五經萬里白雲只三尋已而三十八歲病卒權弟機字審言亦從白雲通春秋左氏尤精于資治通鑑有篤行

李唐字靜學東陽人從白雲遊為詩文以理勝一時名輩相推重之仕為本郡儒學教授所著有靜學齋集尚絅齋集

戚崇僧字仲咸金華人貞孝先生紹之孫也家學出于呂氏

先生年二十七始從白雲講道同門推為高第清苦自處不以時尚改度每謂人知當富貴之可欲而不知貧賤之可樂也先生之父枋其婿呂汲于永康太平山中愛之先生遂奉父居焉汲之子權亦白雲徒也其諸孫遂從先生家居常默坐一室環書數百卷非有故不出人稱朝陽先生所著有春秋纂例原旨三卷四書儀對二卷後復古編一卷先生精于篆學嘗以篆法繕寫易詩書礼春秋孝經論語學庸孟子將獻之朝以儀礼一經未及竟不果上又嘗為書言時政將詣闕陳之亦不果行黃晉卿曰人見君高蹈物表目為畸人靜者而不知其未始忘情斯世第不苟售耳

呂洙字崇魯溥之兄也在白雲門服其精敏未究而卒有周易圖說太極圖說大學辨疑

朱同善義烏人從白雲講究經旨學者師之稱曰裕軒先生

劉涓字德源義烏人從白雲于八華山稱為高第弟子又從黃文獻溍學古文詞不樂仕進徙蜀山之青村朋舊扣門焚香瀹茗對榻劇談去則閉門不出學者稱曰青村先生

李裕字公饒東陽人從白雲學嘗請詣闕上至治聖德頌英宗召見王德殿中書奏補國子生登大曆間進士第授陳州同知轉道州路總管府推官而卒

李序字仲倫東陽人弱冠從白雲推為上第為之以左國史

漢為標格唐宋以下勿論也宋褧按部以仲倫自隨危太僕素在吏館時歌其詩以為入格卧東白山中与鹿皮子陳樵相倡和士類皆師表之

○樓臣鄉東陽青石渡人白雲高弟

○趙子漸金華人

○張匡敬字主一金華人也其大父曰顧齋先生衍父曰木齋先生主善皆有孝行而主一從白雲遊

○薛玄字予晦一字肩晦東陽人從白雲遊不仕孝者私謚貞齋先生所著有中庸注

○馬道貫字德玠東陽人白雲弟子自號一得叟恬退非公不

入城府所著有尚書疏義六卷一得叟集

江字江起常山人兄弟並從白雲

鄭謐字彥淵蒞祖餘葉儀之季侶也所著心學圖說詳金華先賢傳

白雲

鄭謐 當定在入石家公兄後
案語 再入胡翰兄前

此條已刻文宗集

戴良 鄭濤 楊璲 三人
應入柳貫後 已前入之

柳氏門人

戴良 柳氏門人

戴良字叔能浦江人所居在九靈山下因以爲號好讀書天文地理醫卜佛老之書皆精究其旨學文于葉孝於柳道傳貫之傳既死心喪三年至正十年余闕僉浙東廉訪行部至浦江叔能工謁與之談詩闕曰士不知詩久矣非子吾不敢語乃盡援以平日所得於師友者時以潛谿華以川長山與叔能稱四先生起爲月泉書院山長陰越攻取不已避兵山中者久之張

士誠用至正年號開藩于吳東南之名士多往依之叔能受中順夫大夫淮南行省儒學提舉明伐吳叔能從海道求救于山東擴郭帖木兒洪武元年山東降附叔能附海舟還定海與東南失職之徒謝肅揭汯丁鶴年歌哭於四明山中其子挽之還家不得也十五年徵至金陵明年欲授以官不可而自裁年六十七

鄭濤

鄭濤字仲舒浦江人受業道傳工于詞翰為丞相脫脫所知授經筵檢討轉國史院編修翰林應奉還太常博士而罷

楊燧

楊燧字元度餘姚人師事柳待制貫與海內博洽者辨說數困之注詩傳名物類考侍御史姚瀫蒯文上之復以鄉貢歷寧

周仁榮[illegible]是周敬孫之[illegible]者一

海縉雲及本州學官兄瑶弟璠時稱三楊

周氏門人

周潤祖 周氏門人

周潤祖字壽德臨海人李于周仁榮与泰不花為友隱居教授四十年至正中被召既沒而恩命始下鄉人即其所居稱之曰紫巖先生所著有紫岩集

泰不花 全上

泰不花字兼善以父為台州録事遂居于台家貧好讀書周仁榮養而教之年十七江浙鄉试第一明年對策大廷賜進士及第授集賢修撰累官至礼部侍郎至正元年除紹興總管召入史館与修三史陞礼部尚書出為台州路達魯花赤方國珍作亂死之追贈江浙行省平章政事封魏國公謚忠介

宋濂一行刪 應入胡翰吳氏門 見吳師道後

聞氏門人

吳履 聞氏門人

吳履字德基蘭谿人受學于聞人夢吉為文以遷固為法起家南康丞遷知安化濰州以循吏稱

唐光祖 全上

唐光祖字仲遲金華人文以仁從聞人夢吉學夢吉奇之妻以女元末奉夢吉避地永康魁山下因家焉仲遲承其家傳授徒講學以師道自任所著有委順夫集

宋濂 別見

百家謹案金華之學自白雲一輩而下多流而為文人夫文與道不相離文顯而道薄耳雖然道之不亡也猶幸有斯

范氏門人

祁 范氏門人

邢祁金華人也從范祖幹遊以詞翰知名子旭字景暘學于

家庭登永樂二年進士累官河南參政適歲旱澇修舉荒政民賴以安奏免二程子孫徭役賜田土正統初陞四川布政弟與去奸撫養軍民恩威並著土司王永壽董敏失和治兵交攻朝廷遣師討之旭即身詣其寨諭以禍福皆釋甲待罪請遣子入貢進馬謝恩尋致仕卒蜀人追思惠政立碑成都三公廟祀之所著有退省集

### 汪與立　范氏門人

汪與立字師道金華人也受業于范祖幹其德行與何壽朋齊名而文章稍優嘗謂學者當視古人為不足毋視今人為有人以為名言隱居教授不求聞達優游林泉以高壽終

### 何壽朋　葉氏門人

何壽朋字德齡金華人也學于葉儀守道安貧不肯干人明

洪武中舉孝廉父殁以所居地易而葬孝者稱為歸全先生

李希明　全上

李希明字濬文唐之子也承其父之孝洪武初以薦舉累官監察御史出為江西參政陳友諒餘孽尚蠢動朝議出師勦之濬之以為不若招撫之從之仕終刑部侍郎

# 第四册目録

# 稿本宋元學案

（清）黄宗羲 黄百家 撰

4

國家圖書館出版社

# 稿本宋元學案

（清）黄宗羲 黄百家 撰

2

國家圖書館出版社

# 第二册目録

（清）黄宗羲　黄百家　撰　（清）全祖望　續纂

（清）黄璋等　校補

# 稿本宋元學案

（二）

稿本

第五冊

道南　上蔡　廌山　和靖　平江　永嘉　學案

黄梨洲宋元學案　元孫稚圭校補稿

○

道南學案

上蔡學案

廌山學案

和靖學案

平江學案

永嘉程門學案

第五本

道南學案尚有另抄一本

以下删改語似謝山先生親筆
須仔細看方可抄

宋儒學案

遺獻黃棃洲先生原本

男百家　纂輯　元孫璋　校補

後學全祖望續修〇〇〇〇〇

道南學案

案語仍低二格双行上加〇

百家謹案二程得孟子不傳之秘云云

不傳之秘於道經以唱天下而升堂覩奧號稱高弟謝呂其最也顧諸子各有所傳而獨龜山之後三傳而有朱子使此道大光衣被天下則大程道南目送之語不可謂非前識也作道南學案第

祕云云不以[illegible]

不為煩苛遠近悅服蔡京方貴盛葬母餘杭以日者言欲浚湖

先生諱[illegible]格云改知蕭山邑人重其名多畫像事之提檢明道國寧二觀宣和四年七十罷祠祿貧甚郭慎

接下页　陈刘　南教　接改

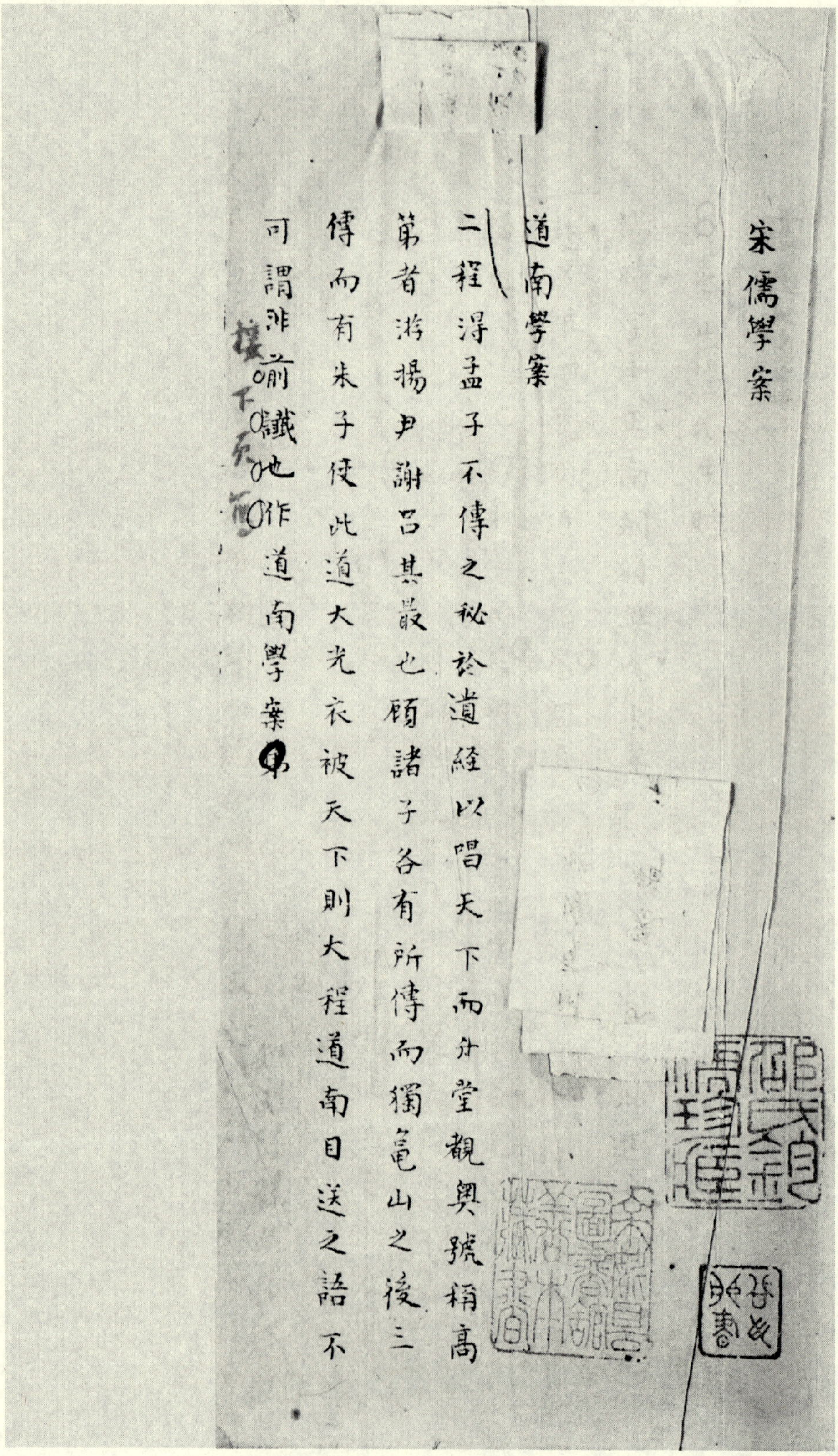

宋儒學案

道南學案

二程得孟子不傳之秘於道經以唱天下而升堂覩奧號稱高第者游楊尹謝呂其最也顧諸子各有所傳而獨龜山之後三傳而有朱子使此道大光衣被天下則大程道南目送之語不可謂非前識也作道南學案

依之格

# 道南學案

8 龜山文靖楊先生時

楊時，字中立，南劍將樂人。熙寧九年進士。調官不赴。以師禮見明道於潁昌。明道喜甚。每言楊君會得最容易。其歸也。目送之曰：吾道南矣。明道沒。又見伊川於洛。先生年已四十。事伊川愈恭。一日伊川偶瞑坐。先生與游定夫侍立不去。伊川既覺。則門外雪深一尺矣。横渠著西銘。先生疑其近於兼愛。與伊川辯論往復。聞理一分殊之說。始豁然無疑。由是浸淫經書。推廣師說。閒居者十年。始解褐徐州司法。數轉知餘杭縣。簡易不為煩苛。遠近悅服。蔡京方貴盛。葬母餘杭。以日者言欲浚湖。先生論久之知其不便格。云未行。改知蕭山。邑人重其名。多畫像事之。提檢明道國寧二觀。宣和四年。二七十。罷祠祿。貧甚。郭慎

求在朝問其所欲先生曰求一筦庫以為貧差監常州市易務
先生曰市易事吾素不以為然豈可就乎有鼓山張嚳者
為蔡京塾客一日令諸生習走諸生曰先生長者尋常教某等
緩步若疾行非所聞命嚳曰天下事被汝翁已壞旦晚賊發先
及汝家苟能善走可逃死諸生以張為心疾告京京矍然曰
此非汝曹所知出而問計於嚳嚳曰唯有收拾人才為第一義
京問其人遂以先生對會傳國華使高麗高麗王問龜山先生
今在何處國華還以聞召為秘書郎遷著作郎除邇英殿
說書先生言近日蠲除租稅而廣濟軍以放稅降官是詔令為
虛文耳安土之民不被惠澤而流亡為盜者獨免租稅百姓何
憚而不為盜嘉祐通商榷茶之法公私兩便今茶租如故而榷
法愈急宜少寬之諸犯榷貨不得根究來歷今茶法獨許根究

追呼蔓延仟從充斥宜即革之東南州縣均數鹽鈔過於殿最
計口而授人何以堪發運司宜給糴本以復轉般之舊和買宜
損其數而實支所買之直燕雲之軍宜退守內郡以省輸運之
勞燕雲之地宜募邊民為弓箭手使習騎射以殺常勝軍之勢
衛士天子爪牙而分為二三宜循其舊不可增損凡十事執政
不能用而邊事告急則又言今日所急者莫大於收人心軍興
以來免夫之役毒被海內西北聚斂東南花石其害尤甚宿奸
巨猾借應奉之名豪奪民財天下積憤鬱而不得發者幾二十
年欲致人和去此二者欽宗嗣位先生轉對曰君臣一體上皇
痛自引咎託以倦勤避位而宰執遷叙安受不辭此何理也城
下之盟辱亦甚矣主辱臣死大臣宜任其責而皆為竄亡自全
之計陛下孤立衆有刑章不忠何戒童貫為三路總帥喪師而

歸置之不問。故梁方平、何灌效尤相繼，大河不守，敵人奄至城下。而朝廷不知帥臣失職無甚於此，閫人握兵二十餘年，覆軍殺將，馴至今日。比聞防城仍用奄人，覆車之轍，不可復蹈。上除右諫議大夫兼侍講。敵兵初退，議割三鎮以講和，先生極言其不可。李忠定綱罷，大學生伏闕上書，留忠定與种師道，軍民集者數萬。朝廷憂其致亂，先生召對，言諸生伏闕紛紛，忠于國家，非有他意，但擇老成有行誼者為之長貳，則將自定。欽宗曰：無逾於卿。遂以先生兼國子祭酒。上言蔡京以紹述神宗為名，實挾王安石以圖身利，故推崇安石，加以王爵，配享孔子廟廷。然致今日之禍者，實安石有以啓之也。謹按安石昔為邪說以塗學者耳目，敗壞其心術者不可縷數，姑即一二事明之。昔神宗皇帝稱美漢文罷露臺之費，安石乃言陛下若能以堯舜之道

治天下雖竭天下以自奉不為過也夫堯舜茅茨土階其稱禹曰克儉於家則竭天下者必非堯舜之道其後王黼以應奉花木之事竭天下之力號為享上實安石自奉之說有以倡之也其釋鳧鷖之末章則曰以道守成者役使群衆泰而不為驕宰制萬物費而不為侈孰敝敝然以愛為事詩之所言正謂能持盈則神祇祖考安樂之而無後艱耳安石獨為異說使蔡京輩爭以奢僭相高輕費妄用以導人主實安石此說有以倡之也伏望追奪王爵明詔中外作配享之像使邪說淫辭不為學者之惑於是降安石於從祀毀三經板然王氏之學士子習之以取科第者業數十年不復知其非忽聞以為邪說相與聚閧先生亦謹避之劉南仲言或者以王氏學不可用陛下觀祖宗時道德之學人才兵力財用能如熙豐時乎安可輕信一人之言

以變之批答前日指揮更不施行孫覿言先生曩與蔡京諸子遊今衆議攻京而時曰愼毋攻居安居安者京長子攸之字也先生遂罷以徽猷閣直學士提舉西京崇福宮高宗即位除工部侍郎陛對言自古聖賢之君未有不以典學爲務者以君德在是故也除兼侍講建章丐外以龍圖閣直學士提舉杭州洞霄宮尋致仕紹興五年四月二十四日卒年八十三謚文靖學者稱龜山先生所著有三經義辨等書子迪字遵道亦師伊川見前程門學案

朱震上疏時嘗力辨誣謗以明宣仁聖烈之功宣究抑以澄昭慈聖獻之誣排邪說以正天下學術之謬如之請卹從

琇謹案先生語錄有荊州所聞京師所聞餘杭所聞南都所聞毗陵所聞共四卷俱繫年月而餘杭以上或係遺了歟

行之愈也

此条用短条紙抄粘一条

以刑名之說如此是使人主失仁心也人

行矣

得人故人臣能使其君視民如傷則王道

則人主上有命或為所疑則曰臣之素行似不至無廉恥如

下接屬下頁

龜山語錄

問事之是非利害如何豈可以素有廉恥

廉恥在常人足道若君子更自矜其廉恥

亦淺矣蓋廉恥是君子所當為者如人守官曰我固不受賦不

受賦豈分外事乎

理財作人而事其説非不善然世儒所謂理財者務爲聚斂而所謂作人者起其奔競好進之心而已吾之言理財詩之言作人似不如此

武勤先生解經曰不敢爲也曾子曰吾日三省吾身爲人謀而不忠乎與朋友交而不信乎傳不習乎夫傳而不習以處已則不信以待人則不忠三者胥失也昔有勤正叔先生出易傳示人者正叔曰獨不望學之進乎姑遲之覺耄即傳矣蓋已耄則學不復進故也學不復進若猶不可傳是其言不足以垂後侯

物有圭角多刺人眼目亦易玷闕故君子處世當渾然天成則人不厭棄矣

溝洫之量不可以容江河江河之量不可以容滄海有所局故

龜山語録

或曰以術行道而心正如何曰謂之君子豈有心不正者當論其所行之是非爾且以術行道未免枉已與其自枉不若不得行之愈也

人臣之事君豈可佐以刑名之説如此是使人主失仁心也人主無仁心則不足以得人故人臣能使其君視民如傷則王道行矣

荆公在上前爭論或為所疑則曰臣之素行似不至無廉耻如何不足信且論事當問事之是非利害如何豈可以素有廉耻劫人主使信已也夫廉恥在常人足道若君子更自矜其廉恥亦淺矣蓋廉耻是君子所當為者如人守官曰我固不受賍不受賍豈分外事乎

理財作人而事其疏非不善然世儒所謂理財者務為聚斂而所謂作人者起其奔競好進之心而已易之言理財詩之言作人似不如此

或勸先生解經曰不敢為也曾子曰吾日三省吾身為人謀而不忠乎與朋友交而不信乎傳不習乎夫傳而不習以處已則不信以待人則不忠三者胥失也昔有勸正叔先生出易傳示人者正叔曰獨不望學之進乎姑遲之覺耄即傳矣蓋已耄則學不復進故也學不復進若猶不可傳是其言不足以垂後矣

物有圭角多刺人眼目亦易玷闕故君子處世當渾然天成則人不厭棄矣

溝洫之量不可以容江河江河之量不可以容滄海有所局故

也若居子則以天地為量何所不容有能捐一金而不顧者未必能捐十金能捐十金而不顧者未必能捐百金此由所見之熟與不熟非能真知其義之當與否也若得其義矣雖一分不妄予亦不妄取

知合內外之道則顏子禹稷之所同可見蓋自誠意正心推之至於可以平天下此內外之道所以合也故觀其誠意正心則知天下由是而平觀其天下平則知非誠意正心不能也茲乃禹稷顏回之所以同也

李似祖曹令德問何以知仁曰孟子以惻隱之心為仁之端平居但以此體究久久自見因問似祖令德尋常如何說隱似祖云如有隱憂勤卹民隱皆疾痛之謂也曰孺子將入於井而人見之者必有惻隱之心疾痛非在己也而為之疾痛何也似祖

曰出於自然不可已也曰安有自然如此若體究此理知其所從來則仁之道不遠矣二人退余從容問曰萬物與我為一其仁之體乎曰然

與季常言學者當有所疑乃能進德然亦須著力深方有疑今之士讀書為學蓋自以為無可疑者故其學莫能相當如孔子門人所疑皆後世所謂不必疑者也子貢問政子曰足食足兵民信之矣子貢疑所去答之以去兵於食與信猶有疑焉故能發孔子民無信不立之說若今之人問政使之足食與兵何疑之有樊遲問仁子曰愛人問知子曰知人是蓋甚明白而遲猶曰未達故孔子以舉直錯諸枉能使枉者直教之由是而行之於智之道不其庶以矣乎然遲退而見子夏猶申問舉直錯諸枉之義于是又得乎舉舜皋陶湯舉伊尹為證故仁知兼盡其說

子夏問巧笑倩兮美目盼兮直推至於曰禮後乎然後已如使今之學者方得其初問之答便不疑矣蓋嘗謂古人以為疑者今人不知疑也學何以進季常曰某平生為學亦嘗自謂無疑今觀所言方知古之學者善學

易曰君子敬以直內義以方外夫盡其誠心而無偽焉所謂直也若施之於事則厚薄隆殺一定而不可易焉有方矣敬與義本無二所主者敬而義則自此出焉故有內外之辨其實義亦敬也故孟子之言義曰行吾敬而已

毋意云者謂無私意耳若誠意則不可無也

問操則存如何曰古之學者視聽言動無非禮所以操心也至於無故不徹琴瑟行則聞佩玉登車則聞和鸞蓋皆欲收其放心不使怠惰邪僻之氣得而入焉故曰不有博奕者乎為之猶

賢乎已夫博奕非君子所爲而云爾者以是可以收其放心爾説經義至不可踐履處便非經義若聖人之言豈有人做不得處學者所以不免求之釋老爲其有高明處如六經中自有妙理却不深思只於平易中認了曾不知聖人將妙理只於尋常事説了

百家按難矣哉謂無所用心之若倀倀貿貿難過日子也博奕猶賢是代想失業惰游之人尋思向博奕中去者亦因苦於無所用心空閒不過以爲有博奕以用其心猶愈無所用心也正以見無所用心欲過日子之難也然此輩非學問中人故只管用心向下流去君子有學問之功在收之用心其中何樂如之柰何晏安鴆毒以自棄耶吾且不爲若人惜此終日吾爲若人無所用心甚難過此終日

也若以博奕為賢則寧賢夫無所用心者矣

人性上不可添一物堯舜所以為萬世法亦只是率性而已所謂率性循天理是也外邊用計用數假饒立得功業只是人欲之私與聖賢作處天地懸隔

翟霖送正叔先生西遷道宿僧舍坐處背塑像先生令轉倚勿背霖問曰豈以其徒敬之故亦當敬耶正叔曰但具人形貌便不當慢因賞此語曰孔子云始作俑者其無後乎為其象人而用之也蓋象人而用之其流必至於用人君子無所不用其敬見似人者不忽於人可知矣若於似人者而生慢易之心其流必至於輕忽人

人各有勝心勝心去盡而惟天理之循則機巧變詐不作若懷其勝心施之於事必以一己之是非為正其間不能無窒礙處

又固執之以不移此機巧變詐之所由生也孔子曰不知命無以為君子知命只是事事循天理而已循天理則於事無固必無固必則計較無所用

仲素問知微之顯莫只是戒慎乎其所不睹恐懼乎其所不聞否曰然因言有僧入僧堂不言而出或曰莫道不言其聲如雷莊周之尸居而龍見淵默而雷聲可謂善言者也

謂孔子曰自古皆有死民無信不立今天下上自朝廷大臣下至州縣官吏莫不以欺誕為事而未有以救之只此風俗怎抵當他

謂學校以分數多少校士人文章使之胸中日夕只在利害上如此作人要何用

朝廷作事若要上下大小同心同德須是道理明蓋天下只是

一理故其所為必同若用智謀則人〻出其私意私意萬人萬樣安得同因舉舊記正叔先生之語云公則一私則萬殊人心

以下六页须先録出再抄

若是則本無定位當自此生曰既有太極前後四方便有四維皆自然之理也

全氏改載諸生不解其故

万公擇名斯選梨洲先生門人

蘇山先生

光道獻答龜山攝之問曰統三百八十四爻之陰陽即為兩儀統六十四卦之純陽純陰陽卦多陰〻卦多陽即為四象四象之分布即為八卦故兩儀四象八卦生則俱生無有次第

學者若不以敬為事便無用心處致一之謂敬無適之謂一

大抵人能任得然後六一

而戒不奪似之非所以全德大抵人能任

得然後可以為有才知之士非有學久卻任不得

字說所謂大同於物者離人焉曰楊子言和同天人之際使之

無間不知是同是不同若以為同未嘗離人又所謂性覺真空

者離人焉若離人而之天正所謂頑空通總老言經中說十識

第八菴摩羅識唐言白淨無垢即孟子之言性善是也言性善

可謂探其本言善惡混乃是於善惡已萌處看荊公蓋不知

此

若使死可以救世則雖死不足卹然豈有殺賢人君子之人爲

能使天下治以死救天下乃君子分上事不足怪然亦須死得

是孟子曰可以死可以無死死傷勇如必要以死任事爲能外

死生是乃以死生爲大事都也未必能外死生

全氏改蕺生諸
不解其故
万公擇名斯選
棃洲先生門人

一理故其所為必同若用智謀則人人出其私意私意萬人萬樣安得同因舉舊記正叔先生之語云公則一私則萬殊人心不同猶面其蔽於私乎

問易有太極莫便是道之所謂中否曰然若是則本無定位當中處即是太極耶曰然兩儀四象八卦如何自此生曰既有太極便有上下有上下便有左右前後有左右前後四方便有四維皆自然之理也

蕺山先生

朱道獻答龜山[illegible]揭之問曰統三百八十四爻之陰陽即為兩儀統六十四卦之純陽純陰陽卦多陰陰卦多陽即為四象四象之分布即為八卦故兩儀四象八卦生則俱生無有次第

學者若不以敬為事便無用心處致一之謂敬無適之謂一

大抵人能住得然後云云　同戒不奪似之非所以全體大抵人能住

得然後可以爲有才知之士非有學力卻住不得

字說所謂大同於物者離人焉曰楊子言和同天人之際使之
無間不知是同是不同若以爲同未嘗離人又所謂性覺真空
者離人焉若離人而之天正所謂頑空通總老言經中說十識
第八庵摩羅識唐言白淨無垢即孟子之言性善是也言性善
可謂探其本言善惡混乃是於善惡已萌處看荊公蓋不知
此

若使死可以救世則雖死不足卹然豈有殺賢人君子之人居
能使天下治以死救天下乃君子分上事不足怪然亦須死得
是孟子曰可以死可以無死〻傷勇如必要以死任事爲能外
死生是乃以死爲大事都如未必能外死生

道心之微非精一其孰能執之惟道心之微而驗之於喜怒哀樂未發之際則其義自見非言論所及也堯咨舜舜命禹三聖相授惟中而已孔子之言非畧也

世之學者皆言窮達有命特信之未篤某竊謂其知之未至也知之斯信之矣今告人曰水火不可蹈人必信之以其知之也告人曰富貴在天不可求亦必曰然而未有信而不求者以其知之不若蹈水火之著明也

夫至道之歸則非筆舌能盡也要以身體之心驗之雍容自盡燕閒靜一之中默而識之兼忘於書言意象之表則庶乎其至矣反是皆口耳誦數之學也

為是道者必先乎明善然後知所以為善也明善在致知致知在格物號物之多至於萬則物蓋有不可勝窮者反身而誠則

舉天下之物在我矣詩曰天生蒸民有物有則凡形色具於我身無非物也而各有則焉反而求之則天下之理得矣由是而通天下之志類萬物之情參天地之化其則不遠矣

中庸曰喜怒哀樂之未發謂之中發而皆中節謂之和學者當於喜怒哀樂未發之際以心體之則中之義自見執而勿失無人欲之私焉發必中節矣發而中節中固未嘗忘也孔子之慟孟子之喜因其可慟可喜而已於孔孟何有哉其慟也其喜也中固自若也鑑之照物因物而異形而鑑之明未嘗異也莊生所謂出怒不怒則怒出於不怒出為無為則為出於無為此亦意也若聖人而無喜怒哀樂則天下之達道廢矣一人橫行於天下武王亦不必恥也故于是四者當論其中節不中節不當論其有無也夫聖人所謂無意者豈了然若木石然哉毋私意

而已誠意固不可無也若所謂示現者則非誠意矣聖人不爲也故孟子論舜曰彼以愛兄來則誠信而喜之奚僞焉無誠意是僞也

致知必先於格物物格而後知至知至斯知止矣此其序也蓋物格所以致知物格而至于物格則知之者止矣所謂止者乃其至處也自修身推而至於平天下莫不有道焉而皆以誠意爲主苟無誠意雖有其道不能行也故中庸論天下國家有九經而卒曰所以行之者一一者何也誠而已蓋天下國家之大未有不誠而能動者也然而非格物致知烏足以知其道哉大學所論意誠正心修身治天下國家之道其原乃在乎物格推之而已若誠意便足以平天下則先王之典章文物皆虚器也故明道先生嘗謂有關雎麟趾之意然後可以行周官之法度

正謂此耳

自致知至於慮而后得進德之序也譬之適四方者未知所之必問道所從出所謂致知也知其所之則知止矣語至則未也知止而至之其在學者力行而已非教者之所及也

夫精義入神乃所以致用利用安身乃所以崇德此合內外之道也天下之物理一而分殊知其理一所以為仁知其分殊所以為義權其分之輕重無銖分之差則精矣夫為仁由己爾何力不足之有顏淵之克己復禮仲弓之出門如見大賓使民如承大祭若此皆用力處也但以身體之當自知爾

夫通天下一氣也人受天地之中以生其盈虛嘗與天地流通寧非剛大乎人惟自梏於形體故不見其至大不知集義所生故不見其至剛善養氣者無加損焉勿暴之而已乃所謂直也

用意以養之皆揠苗者也由孰甚焉

學始於致知終於知至而止焉致知在格物物固不可勝窮也反身而誠則舉天下之物在我矣詩曰天生蒸民有物有則凡形色之具於吾身無非物也而各有則焉目之於色耳之於聲口鼻之於臭味接於外而不得遁焉者其必有以也知其體物而不可遺則天下之理得矣天下之理得則物與吾一也無有能亂吾之知而意其有不誠乎由是而通天下之志類萬物之情贊天地之化其則不遠矣則其知可不謂之至矣乎知至矣則宜有止也譬之四方萬里之遠苟無止焉則將焉歸乎故見其進未見其止孔子之所惜也古之聖人自誠意正心至於平天下其理一而已所以合內外之道也世儒之論以高明處己以中庸處人離內外判心迹其失是矣故余竊謂大學者其學者

六經不言無心。管仲之功，子路者知之，於子路範我馳驅者也。
管仲隨遇耳。古人事道，不曰不能，言就。象殺舜是善事而待之。
謨傳書但云象傲。聰明睿天佐理而已，惟知情狀英果之道謂
之不經不明可也。經偽本之識意。天下之智不能蔽正欲一人而
已，只是自於不墮流俗。以上補

附錄每條第一行頂格，以下低一格寫。下皆照此

此條仍依二格双行，下條同

以下七條補入：
六經不言一
管仲之功一
故人事道一
象殺舜一
聰明睿天一
經偽本之一
天下之智一

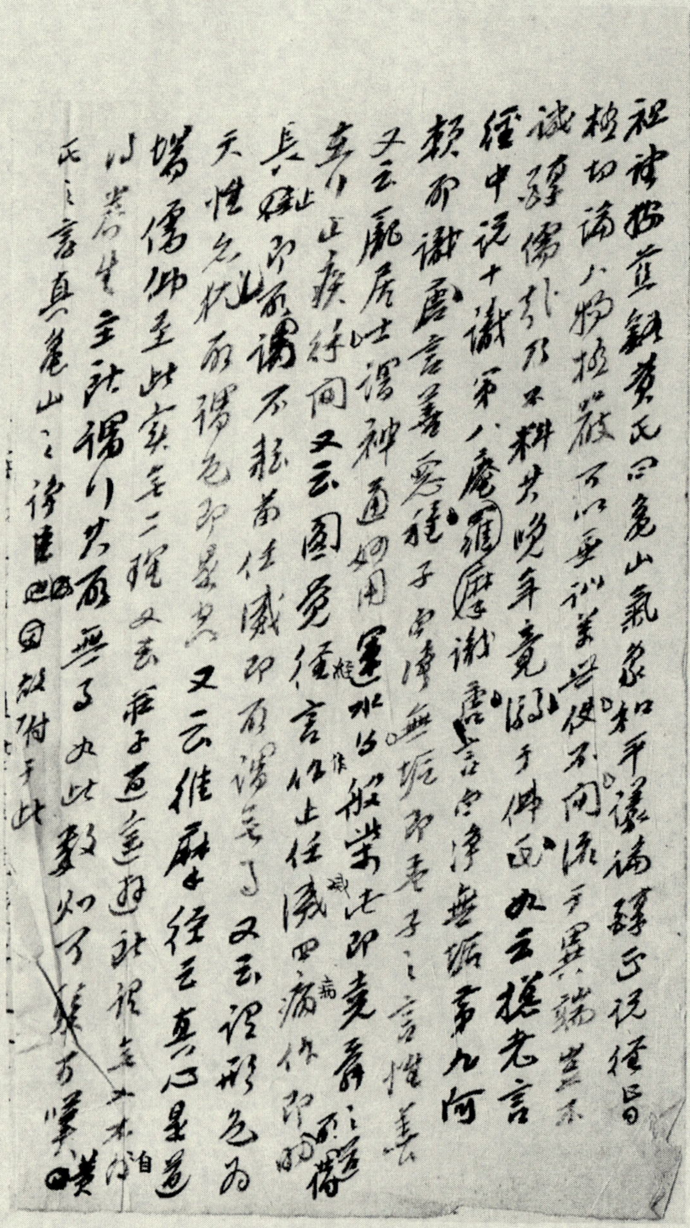
祖詠按莊録黄氏曰龜山氣象和平議論醇正說經旨
極切論人物極嚴可以垂訓萬世使不流于異端者不
識醇儒於此乃不料其晚年竟溺于佛氏如云揔老言
經中說十識第八菴摩羅識唐言白淨無垢第九阿
賴耶識唐言善惡種子白淨無垢即孟子之言性善
又云龐居士謂神通并妙用運水與般柴此即堯舜之道
在行止疾徐間又云圓覺經言作止任滅四病作即助
長止即所謂不耘苗任滅即所謂無事了又云形色為
天性亦猶所謂色即是空又云維摩經云真心是道
場儒佛至此實無二理又云莊子逍遙遊所謂無入而不自得
養生主所謂行其所無事如此數則可駭可嘆
氏之言真龜山之諍臣也因敬附于此

謹按先生天資沖夷亦為鄉閭所推重以為鄉黨不倦（陸沉而好學）四十年荊湖吳越之向[illegible]

其晚年王人為議之非謂其竟以說從來陳應諱言也又抗和議知人以為牢改之保安不

可棄方用兵[illegible]以李邦彥李鄴必不可用又抗疏詆王氏邪說罷其配享

[illegible]故[illegible]誌先生墓詳載謝疏[illegible]也其後

前其邪不可解為[illegible]於黃氏又謂宋之所以中興者[illegible]之力方宣[illegible]

[illegible]年燭理精深曉集律令慶州有疑獄衆所不決者皆立斷慶守楚[illegible]先生

欽宗嗣位先生疏言河朔朝廷重地三鎮又河朔要藩今一旦輕以與

棄之與敵以二十州之地實吾腹中距京城無藩籬之固戎馬[illegible]

疾驅不數日而至非經久之計也四方勤王之師逾月而後集持平先生力言

使之無功而去厚賜之則無名不與則生怨復有急召之宜有[illegible]

不應命者不可不慮也傳聞三鎮欲以死拒之今[illegible]

附録

先生初授汀州司户不赴杜門種學渟滀涵浸人莫能測者幾十
年燭理精深曉集律令虔州有疑獄衆所不決者先生皆立斷虔守楚之
潛善法平允而通判楊懽多刻深先生多從寬議懽以先生為附太守
欽宗嗣位先生疏言河朔朝廷重地三鎮又河朔要藩今一旦輕也及
棄之與敵以二十州之地貫吾腹中距京城無藩籬之固戎馬懽去遂
疾驅不數日而至非經久之計也四方勤王之師逾月而後集守以不持平先生力與
使之無功而去厚賜之則無名與則生怨復有急召之宜有之之爭古
不應命者不可不慮也傳聞三鎮欲以死拒之[illegible]知其者

後使腹背受敵宜可爲也朝廷專守和議以契丹百年之好猶不能保況此任　乎夫要盟神不信宜審處之無至噬臍又言聞敵人驅兵磁相刼掠無筭誓書之墨未乾而叛不旋踵肅王初約及河而返今挾之而往此叛盟之大者臣爲宜以肅王爲問責其敗盟必得肅王而後已三鎮之民以死拒之于前吾以重兵擁其後必得所欲若猶未從則聲其罪而討之師直而壯是舉也直在吾矣于是議者不一終失此機會太原諸郡皆告急矣

大學生伏闕之事執政懼其生亂引高歡事揭榜於衢且請以禮起邦彥先生言士民出于忠憤非有作亂之心無足深罪李邦彥首畫遁逃之策捐金割地質親王以主和議罷李綱而約

告中外乃推二人平賊和議之功非先王憲天自民之意宜收還榜示以慰人心皆從之

胡文定作先生墓誌載先生奏安石為邪說之事五峯問文定此章直似迂濶何以載之文定曰此是取王氏心肝底劊子手段何可不書〻之則王氏心肝懸在肉案上人〻見得而蔽邪淫遁之辭皆破矣

伊川自涪歸見學者雕落多從佛學獨先生與謝上蔡不變因嘆曰學者皆流於夷狄矣惟楊謝二君長進

胡文定曰吾於謝游楊三公義兼師友實尊信之若論其傳授却自有來歷據龜山所見在中庸自明道先生所授吾所聞在春秋自伊川先生所發

胡文定與先生書大諫初承詔命衆論有疑安國獨以為以明

道先生之心爲心者裂裳裹足不俟屨而在途也又與宰相書
曰楊公時造養深遠燭理甚明混迹同塵知之者鮮知之者知其文學而
只不知者以爲蔡氏所引此公無上疑經理庶務若燭照數計
來十人蔡氏焉能浼之文定自注
而龜卜又可助相府之忠謀也又荅明應仲書楊先生世事殊
不屑意雖袒裼裸裎不以爲浼

朱子云龜山過黃亭詹季魯家季魯問易龜山取一張紙畫
個圈子用墨塗其半云這便是易此說極好易只是一陰一陽
做出許般樣

問龜山何意出來朱子曰但做人也苟且是時未免祿仕故胡
亂就之苟可以少行其道龜山之心也然來得已不是及至又
無可爲者只是說沒緊要底事當此之時苟有大力量真能移
天下之事來得也不枉既不能然又只隨衆鶻突及敘宋郎位

蕺山諸生口字仍改
遺獻曰　低一格單行
觀主公案語不見

以爭配享爲孫仲益所攻孫言楊某曩與蔡京諸子遊今衆議攻京而楊某曰慎毋攻居安子攸 京長 龜山遂[illegible]

又云龜山之出人多議之惟文定之言曰當時若能聽用須救得一半此語最當 文定作先生誌備載論當時政事十餘條當時宰執中若能聽用委直院筆畫一條具因南郊赦文行不必須救得一半不至如後來大段狼狽 蓋龜山當此時雖負重名亦無殺活手段若謂其懷蔡氏汲引之恩力庇其子至有慎勿攻居安之語則誣矣幸而此言出于孫覿人亦不信

諸條低二格雙行

補傳 [illegible]東侍胡侍講[illegible]供[illegible]諫官馮澥[illegible]王氏[illegible]先生[illegible]

義山沈氏曰：朱子言龜山晚年之出，未免祿仕，苟且就之。然來得已不是，及至又無可為者，只是說沒緊要底事，所以使世上一等人笑儒者以為不足用，正坐此耳。此定論也。蓋龜山學問從莊列入手，視世事多不經意，走熟援而止之而止一路。若使伊川於此等去處，便毅然斬斷葛藤矣。故上蔡云：伯淳最愛中立，正叔最愛定夫，二人氣象相似也。龜山雖似明道，明道卻有殺活手段，決不至徒爾勞攘一番。為伊川易，為明道難，龜山固兩失之矣。雖然，後人何曾夢到龜山地位。又

龜山門人 蕭顗

蕭顗，字子莊，浦城人。云

朱子又云：龜山之出，人多議之，惟胡文定之言曰：當時若能聽用，決須救得一半。此語最公。依此言，若可救得一半，則龜山亦當出矣。且據龜山當時所陳說，盡關國計民生學術，亦似非沒緊要事也。

未及以此呈問先遺獻，今日欲呈問而無由矣。此條先遺獻手筆，不敢易也。

諸案似二楊仍行

為諫議大夫因爭配享為孫仲益所攻孫言楊某曩與蔡京諸子遊今衆議攻京而楊某曰慎毋攻居安（京長子攸）龜山遂

又云龜山之出人多議之惟文定之言曰當時若能聽用須救得一半此語最當（文定作先生誌備載論當時政事十餘條當時宰執中若能聽用委直院草畫一條具因南郊赦文行不必須救得半不至如後來大段狼狽）盖龜山當此時雖負重名亦無殺活手段若謂其懷蔡氏汲引之恩力庇其子至有慎勿攻居安之語則誣矣幸而此言出于孫覿人亦不信

移住楊東傳胡傳講話供註諫官馮澥劾往往氏力詆先生遂罷

得已不是又至又無可為者只是說沒緊要底事所以使世上一等人笑儒者以為不足用正坐此耳此定論也盖龜山

義山沈氏曰：朱子言龜山晚年之出，未免祿仕茍且就之，然未得已，不是及至又無可為者，只是說沒緊要底事，所以使世上一等人笑儒者以為不足用，正坐此耳，此定論也。蓋龜山學問從莊列入手，視世事多不經意，走熟援而止之而止一路。若使伊川於此等去處，便毅然斬斷葛藤矣。故上蔡云：伯淳最愛中立，正叔最愛定夫，二人氣象相似也。龜山雖似明道，明道却有殺活手段，決不至徒爾勞攘一番。為伊川易，為明道難，龜山固兩失之矣。雖然，後人何曾夢到龜山地位，又何容輕議也。

百家謹案：朱子又云：龜山之出，人多議之，惟胡文定之言曰：當時若能聽用，決須救得一半。此語最公。依此言，若可救得一半，則龜山亦當出矣，不知朱子又何以非之。且據龜山當時所陳說，盡關國計民生，學術亦非沒緊要事也。

未及以此呈問 先遺獻，逮今日欲呈問而無由矣。此斷係 先遺獻手筆，不敢易也。

王居正另起　王蘋山子學案

另起謹案云云低二格叙行寫較前行則低一格下接寫龜山門人

蕭顗字子莊浦城人天資質朴少孤事母以孝聞母喪廬
……之真與李郁陳彥同受業于龜山嘗答范其書云士
我何為哉惟仁必欲熟義必欲精熟則造次顛沛
則利用安身而德崇矣晚以累舉得官為清流縣
主簿終歲而歸倘徉閭里朱韋齋嘗師事之

另一行　廖剛　低二格

廖剛字用中南劍州順昌人嘗從游陳了翁已受學龜山崇
寧五年進士宣和中為監察御史時蔡公當國公論奏無避出
知興化軍紹興元年召為吏部員外郎歷起居舍人侍講給事
中刑部侍郎知漳州秦檜當國方主和議召公公咨於鄭邦達
邦達咨和亦是好事公至闕拜御史中丞助成和議改工部尚

均已刪去　接寫龜山門人

書終與檜不合而去十三年卒嘗與龜山說義利公曰義利即一
是天理人欲龜山曰只怕賢錯認以利為義也朱子言剛非說
隨者但見道理不曾分曉龜山之言政為是也子四遷過遂遷
皆秉節邦人號為萬石廖氏

○胡珵字德輝晉陵人能詩文墨隸皆精好趙忠簡公入相德
輝與張嵲同為史官趙云張公以為元祐未必全是熙豐
未必全非遂擢何掄仲李似表為史官欲改德輝與嵲所修因
與嵲求去趙再相復召二人書成奏上

○徐俯字師川洪州分寧人以父禧死國事授通直郎累官至
司門郎張邦昌僭位遂致仕時工部侍郎何昌言與其弟昌辰
避邦昌皆改名師川故名婢昌奴每令驅使客前建炎初召為
右諫議大夫紹興二年賜進士出身兼侍讀尋僉樞密院事四

王居正彥起　王蘋山子學案

添一行　廖剛（依〻沿格）

均已删去　接寫龜山門人

蕭顗字子莊浦城人天資質朴少孤事母以孝聞母喪廬墓有靈芝之異與李郁陳彥同受業于龜山嘗荅范某書云士之所志舍仁義何為哉惟仁必欲熟義必欲精熟則造次顛沛有所不違精則利用安身而德崇矣晚以累舉得官為清流縣主簿終歲而歸倘徉閭里朱韋齋嘗師事之

廖剛字用中南劍州順昌人嘗從游陳了翁已受學龜山崇寧五年進士宣和中為監察御史時蔡公當國公論奏無避出知興化軍紹興元年召為吏部員外郎歷起居舍人侍講給事中刑部侍郎知漳州秦檜當國方主和議召公々咨於鄭邦達邦達答和亦是好事公至闕拜御史中丞助成和議改工部尚

書終與檜不合而去十三年卒嘗與龜山說義利公曰義利即是天理人欲龜山曰只怕賢錯認以利為義也朱子言剛非說隨者但見道理不曾分曉龜山之言政為是也子四遲過遂遷皆秉憲節邦人號為萬石廖氏

○胡珵字德輝晉陵人能詩文篆隸皆精好趙忠簡公入相德輝與張嵲同為史官趙去張忠獻公以為元祐未必全是熙豐未必全非遂擢何掄仲李似表為史官欲改德輝與嵲所修因與嵲求去趙再相復召二人書成奏上

○徐俯字師川洪州分寧人以文禧死國事授通直郎累官至司門郎張邦昌僭位遂致仕時工部侍郎何昌言與其弟昌辰避邦昌皆改名師川故名婢昌奴每令驅使客前建炎初召為右諫議大夫紹興二年賜進士出身兼侍讀尋簽樞密院事四

年兼權參知政事與趙忠簡鼎議事不合出知信州十年卒師川之歸洪州也欲不復来龜山謂之曰公免得仕宦否師川曰不能龜山曰如此則當復来供職仕宦處〻一般迯此至彼〻亦有不安處是無地可以自容也師川曰来此恐復為人所陷奈何龜山曰顧吾所自為者何如耳苟自為者皆合道理而無媿然而不能免者命也不以道理為可憑依而徒懼其不免則無義無命矣師川受教

○陳淵字和仲南劍州沙縣人也初名漸字幾叟早年從學二程後學于龜山紹興五年以胡文定薦充樞密院編修官李忠定綱辟為制置司機宜文字七年詔舉直言召對賜進士出身除監察御史右正言面論程王學術同異高宗曰楊時三經義辨甚當理公曰楊時始宗安石後得程顥師之乃悟其非上曰

安石穿鑿公曰穿鑿之過尚小道之大原安石無一不差上曰差者何謂公曰聖賢所傳止有論孟中庸論語主仁中庸主誠孟子主性愛特仁之一端而安石遂以愛為仁其言中庸則謂中庸所以接人高明所以處己孟子發明性善而安石取楊雄善惡混之言至于無善無惡又溺於佛其失性遠矣又論秦檜親黨鄭億年嘗從賊乞寢職名為檜所惡以宗正少卿去位紹興十五年卒嘗從羅仲素曰聖道甚微有能於後生中得一箇半箇可以與聞于此庶幾得者愈廣吾道不孤又何難之不易也公為龜山之壻卒能傳龜山之學學者稱之為默堂先生其門人曰沈度從学幾二十年序先生集

○李郁字光祖邵武人龜山之壻也嘗謂之曰學者當知古人之學何所用心學之將何以用若曰孔門求仁則何為而謂之仁若曰仁人心也則何者而謂之人心耶先生退求其說累請

而累不合湛心者十有八年然後渙然若有得也故其語學者亦曰學者於經讀之又讀而於其無味之處益致思焉至於群疑並興寢食不置始當驟進耳紹興初以遺逸召對便殿除勅令所刪定官避秦檜通逕西山久之起家福建帥司機宜旋告老二十二年卒年六十著有易傳參同契論孟遺稿及詩文集朱子言龜山之徒如蕭子莊李西山陳默堂皆說禪龜山沒西山嘗有佛經疏追薦之先生[illegible]

〇盧魁邵武人政和初進士仕至江西運判嘗作毋我論為衆所推號盧毋我其學多得於龜山[illegible]

〇劉勉之字致中崇安人少以知舉入大學時蔡京方嚴挾元書制之禁先生心知其非陰訪伊洛程氏之書藏于篋底伺深夜下帷燃膏潛抄而默誦之學易於譙夫授已棄科舉南

歸於元城劉忠定暨龜山皆請業焉而胡籍溪劉屏山子翬則講論切磋之友也亂後故山家廬荒頓乃結茅別墅讀書力穡無求於世而士大夫皆高仰之紹興初呂公居仁等共薦於朝屏山作招劍詞送之寶劍來奉君王撫四夷定八荒時乎時乎毋深藏推望如此既至會秦檜方主和議沮山林之直言先生遂謝歸已故相趙忠簡出鎮南州紆道訪之欲起與共事會忠簡遺謫竄以沒先生竟不用

○王庭秀字穎彥慈溪人政和四年進士歷御史臺檢法官高宗立臺臣言僞楚時廢官中如虞謨王庭秀者初非疾病毅然而歸顧褒擢之拜還侍御史與鄭瑴力爭明受降封事出知瑞州以右正言呂祉疏諫召為吏部郎改左司還檢正中書門下省諸房公事與黃潛善不合引疾奉祠歸先生從學龜山其為

學旁搜遠紹不苟趨時好造詣深遠擀持堅正發為文辭俊邁宏遠娓如也

○宋之才字廷佐瑞安人舉進士教授京兆府每言士負卓犖奇材皆可入聖賢之域忌速售爾故深務韜養積十八年不易初官召試除正字丁母憂服除入為校書郎遷考功郎司業權禮部侍郎乞去

○徐存字誠叟江山人隱居教授號逸平翁從學者至千餘人所著有五經講義林艾軒朱子皆嘗敬之

○王師愈金華人紹興間登第官至崇政殿說書

○鄒柄字德久晉陵人

○曾恬字天隱別見湖南學案

○鄒斐字充恭泰寧人熙寧進士始學於劉彝元豐間又從龜

即陳北溪傳所云庸卯東子丘否

鄭修字季常不知何許人也龜山語錄中所載其人嘗為太學正

山游終宣城令

○林宗卿字朝彦仙遊人嘗從了翁陳瓘學後從事龜山崇寧中登第後知恭州

○黃鍰字用和浦城人政和中進士從學龜山甚器重之調西安丞靖康初李忠定綱宣撫河東辟為屬高宗中拜監察御史出提點江西刑獄求奉祠以卒

廖衙字仲辰龜山之姪壻也羅草題二程語孟解後云仲辰於龜山門下與羅仲素為友庚戌辛亥中聚生徒于羅源南齋議論得其壺奥

喻樗字子才嚴州人建炎三年進士趙忠簡鼎辟之為屬已薦授秘書省正字忤秦檜出知懷寧縣通判衢州致仕檜死復起為大宗正丞轉工部員外郎出知蘄州孝宗即位提舉浙東常

平淳熙七年卒門人知名者有樓迪

○高閌字抑崇鄞縣人紹興元年以上舍選賜進士第為秘書省正字擢禮部員外郎遷著作佐郎言者論罷召為國子司業帝幸大學秦檜執經閱講泰卦胡致堂以書責之曰閣下為師儒之首不能建大論明天人之理乃阿諛柄臣希合風旨求舉太平之典欺天罔人平生志行掃地矣除禮部侍郎出知筠州卒抑崇從龜山於太學胡文定訪士於龜山以抑崇為首稱由是知名尹和靖將卒抑崇執弟子禮求見和靖辭以疾及卒門人王時敏呂稽中等問師服於抑崇以禮從宜答之

[illegible]

朱道統曰龜山三傳得朱子而其道益光乃豫章在及門中最無氣燄而傳道卒賴之先師有云學祇甚微不在氣魄上承當豈不信乎然亦多湮沒而無聞者聞不聞君子不以

[illegible]

甘泉見弟子

有一徒弟在永嘉不知其存否 僉名之[illegible]衛即徐成之東萬識

前日道未衛也不十餘從前不應世是在當時已多不識

況至于後世乎也夫今姑作其可考見者泰伯化東大衛州崇禎

聲[illegible]而聯其間答中有問等先生仙悅如龔[illegible]范濟美李

似祖曹令德名皆不可知矣 祖龍又按[illegible]李往政 以唐[illegible]令死[illegible]翁子静當見

山齋弟子

從翁其名[illegible]李似祖當是先祖下來其祖先來當從象山游

江[illegible]字邦直[illegible]縣人也少讀程子書至水清性善之說留於太

息視平日所學不過爲科祿耳遂棄[illegible]徐逸年于江山而師

之宜其買人以錄照鄉有勞[illegible]更多要[illegible]先生曰手孔

而毋就之何[illegible]謂[illegible]鑑[illegible]民何乎[illegible]先生以爲勝祖之學雖舍

今兄欲學若但鑑其[illegible]一[illegible]大[illegible]名減[illegible]而[illegible]一分也不若

取賢[illegible]三分以下者[illegible]鑑[illegible]鄉[illegible]因大易日閑從之大易之書

曰吾官止可[illegible]

[illegible]一日[illegible]之學[illegible]三日便起上供[illegible]四日

[illegible]水[illegible]之學[illegible]日[illegible]也[illegible]之學[illegible]四[illegible]

主[illegible]東以大[illegible]提[illegible]主[illegible]不[illegible]先生請以[illegible]

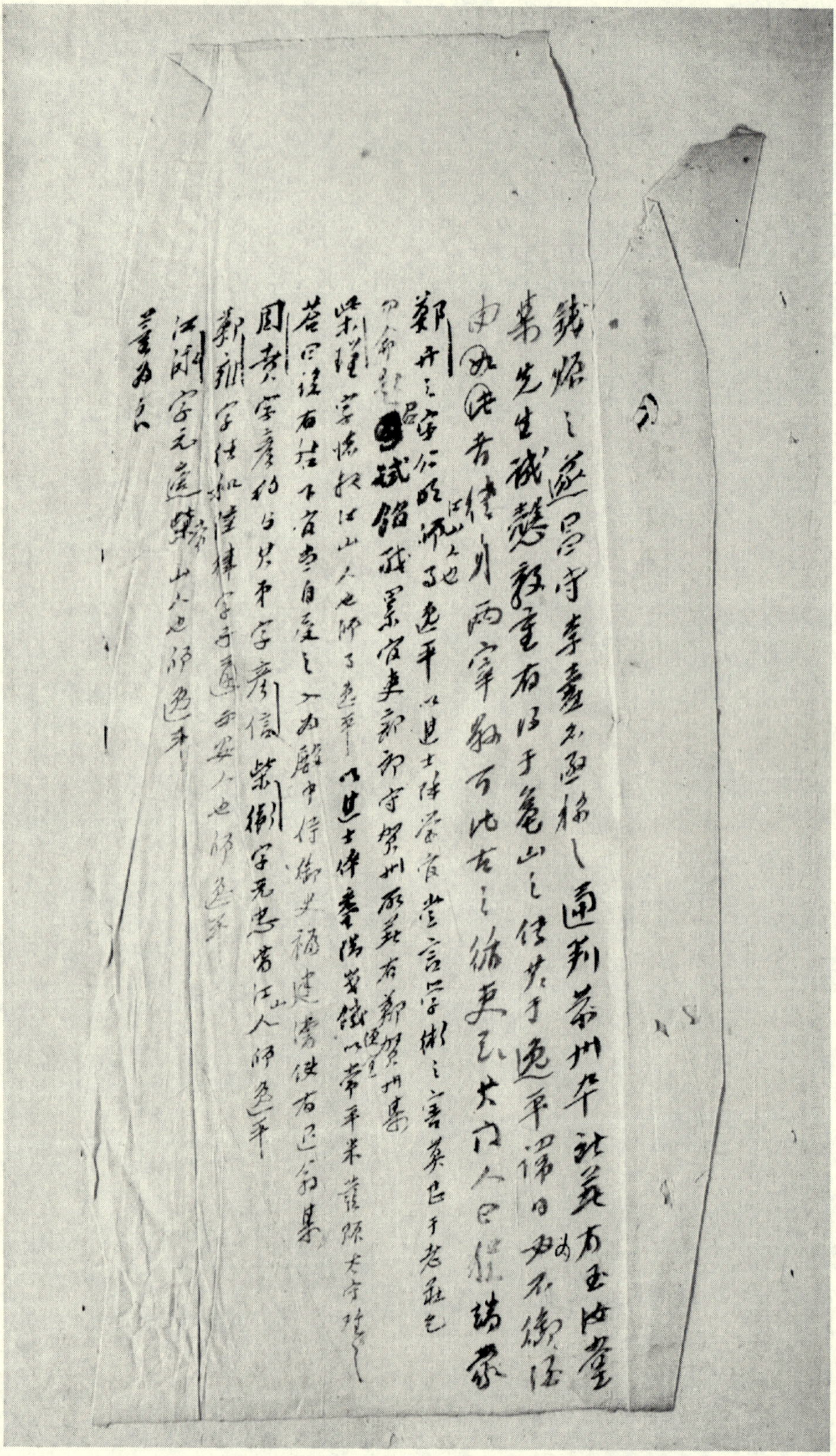

# 宋元儒學案

## 上蔡學案　程氏門人

### 謝顯道先生良佐

謝良佐，字顯道，上蔡人，擧禍登第，授秦州教，建中靖國初，官京師，召對，除書局官，忤旨，出監京西竹木場。坐口語，繫詔獄，廢爲民。先生天資篤實，事有未徹，則顙有泚，其憤悱如此。與游酢、呂大臨、楊時在程門，號四先生。記問該贍，明道誚其舉史，成誦不遺一字，明道以玩

物表栗之、初未之信、度乃首肯、伊川與之別一年、問其所進、曰但去得一矜字、亦伊川称之曰、是子力學、切問而近思者也、試共論語說得乎。

○○語錄

習舉業已知名、往扶溝見明道、明道語人曰、此秀才展拓得開、將來可用。

見明道受學甚篤、明道一日謂之曰、爾輩在此相從、只是學某言語、故其學心口不相應、盍若行之、請問焉、曰且靜坐、伊川每見人靜坐、便歎其善學。

朱公掞以諫直名、適從見伊川、顧其存誠、公掞不語、伊川指頣

道謂之曰此人為切問近思之學
胡文定公問於宗兄何故恁地丈謝曰今人做事只要誇
耀別人耳目渾不關自家受用事有底人食前方丈便向人
前吃只蔬食菜羹便向房裏吃為甚恁地
如今雖淺近也要信得及將來做田地就上面下工夫余
初及第時歲前夢入內庭不見神宗而太子涕泣及釋褐
時神宗晏駕哲宗嗣位如此等事直不把來草草看卻萬事
真實有命人力計較不得吾平生未嘗干人在書局亦不謁
執政或勸之余對曰他安能陶鑄我自有命在若信不及
風吹草動便生恐懼憂喜枉做卻閑工夫枉用卻閑

心力信得命、便養得氣不挫折

湘子問諸子曰、汝於外物一切放得下否、諸子請胡子曰可謂切問也、胡曰、何以答之、曰實向他道在上面做工夫來、胡曰何做工夫、曰凡事須立根底、柱無根、則便倒、樹木有根、雖剪枝條、則次又發、如人要富貴、要他做官、要須有用處、乃討要用處、病根將來斬斷、便沒事、

或問諸子於勢利如何、曰打透此關、十餘年矣、當初大故做工夫、揀難捨底棄卻、後來漸漸輕、至今日翫物之類、置之只為合要用、卻無健羨底心、

問太虛無足心有此、要得合一、曰心有此、只為用他、若不用、則何此虛

文莫已不用，曰：未到此地，除是聖人便不用，當初曾發此口，被伊川一句壞了。二十年前往見伊川，伊川曰：近日事如何？某對曰：天下何思何慮。伊川曰：是則是有此理，賢卻發得太早在。問：當初發此語時如何？曰：見得這箇事，經時無他念，接物亦應副得去。問：如此卻何故被一句轉卻？曰：當了須有不透處，當初若不得他一句救拔，便入禪家去矣。伊川直是會鍛鍊得人，說了又道恰好著工夫也。

昔日作課簿，以記日用言動視聽，是禮與非禮者。又云：舊日多恐懼，常於危階上習。曾恬錄

問：學佛者欲免輪迴，超三界，於意云何？

〻自孟子没，天下学者不识自家宝藏，彼佛氏窥见一斑半点，遂将擎拳竖拂、应事把持在手，敢自尊大，轻视中国学士大夫，而世之人莫敢与争，又从而信依之。

「孔子事其君礼，当时谓谄，其生当得其人，其地礼教」

横渠教人以礼为先，然其门人下梢头溺於刑名度数之间，此道出不得，於从後入。

其谓之知识，便是穷物理。庄子曰：古者与循天之理，天者理而已。诸子百家人人生出一般见解，欺诳众生，佛氏却不敢然地做大。

后之学者读伊川，任人读之曰：切未可，未能发之，求给之不能定。

王荊公作字說，只喚魚羹飯，排得人不見下鹽豉處去。

呂晉伯與上蔡論仁，晉伯自悟曰：某說仁字正與老宿門說禪一般。

堯夫詩「天向一中分體用」語句有病。

堯夫見得天地進退萬物消長之理，便敢做大，於下學上達底事更不施工。堯夫精易，於二程不貴其術。堯夫問：今年雷從甚處起？伊川曰：起處起。堯夫必用推算，某更之許多了卻。所遊般明道云：要傳與某兄弟，某兄弟那得工夫。明道聞說甚熟，一日因監試無事，以其說推算之，皆合。出謂堯夫曰：堯夫之數只是加一倍法。堯夫驚他。伊川問明道曰：加倍之數

此所曰都忘之矣。

明道善言詩，但優游玩味，吟哦上下，便使人有得處。瞻彼日月云云，思之切矣。終曰百爾君子云云，歸於正也。詩云鳶飛戾天，魚躍於淵，就鳶魚說魚水泳爲鳶飛，上下同然見得其理也。

只此看熟道日用處，使○喜○怒都是人我。

子劉丹子，被孟子將他所有他只說物物求其應，喫○肚○皮裏渾○淪○純○粹○，是○不○快○活。

佛家說大乘頓教，一聞便悟，將那兒孫子的心一切掃除，須要他頓悟已上底實實做底。

驗得氣象，就佛說說從此心中流出。

釋氏以性爲日，以念爲雲，去念見性，猶披雲見日。

儒之仁，佛之覺。

佛家有小歇場，大歇場，到孟子處，更一作便是好歇。

釋與吾儒有非同非不同處。

莊生有去事，列子御風事近之。

儒異於禪，正在下學處。

邈爲識之，與古神此異矣。

四十萬人死于長平，皆命乎？曰：可知皆是命，只是被人眼孔小。

荊公勝溫公之說，人新用此以引其所學，爲補不到。

禎老堂門一段只云，默而識之，其識簡也；無入而不自得，其得簡也。

祖望謹按：已上二十五（三四）條，俱係黄氏日抄摘録。東發極數其以禪證儒之非，於東發又有同上蔡行得命及春得氣完力之說，訾名利不得為動，殊為下之師可也。第因天資之高，見於不用其心，遂為禪學所入。朝自謂得伊川一語之救，不入禪學，而終身常以禪之說證儒，未見其不入也。於上蔡以禪證儒，其非判然，得之學者，亦能辨之。上蔡既沒，後之學者，禪陸稽禪學之說，託名儒學之說。

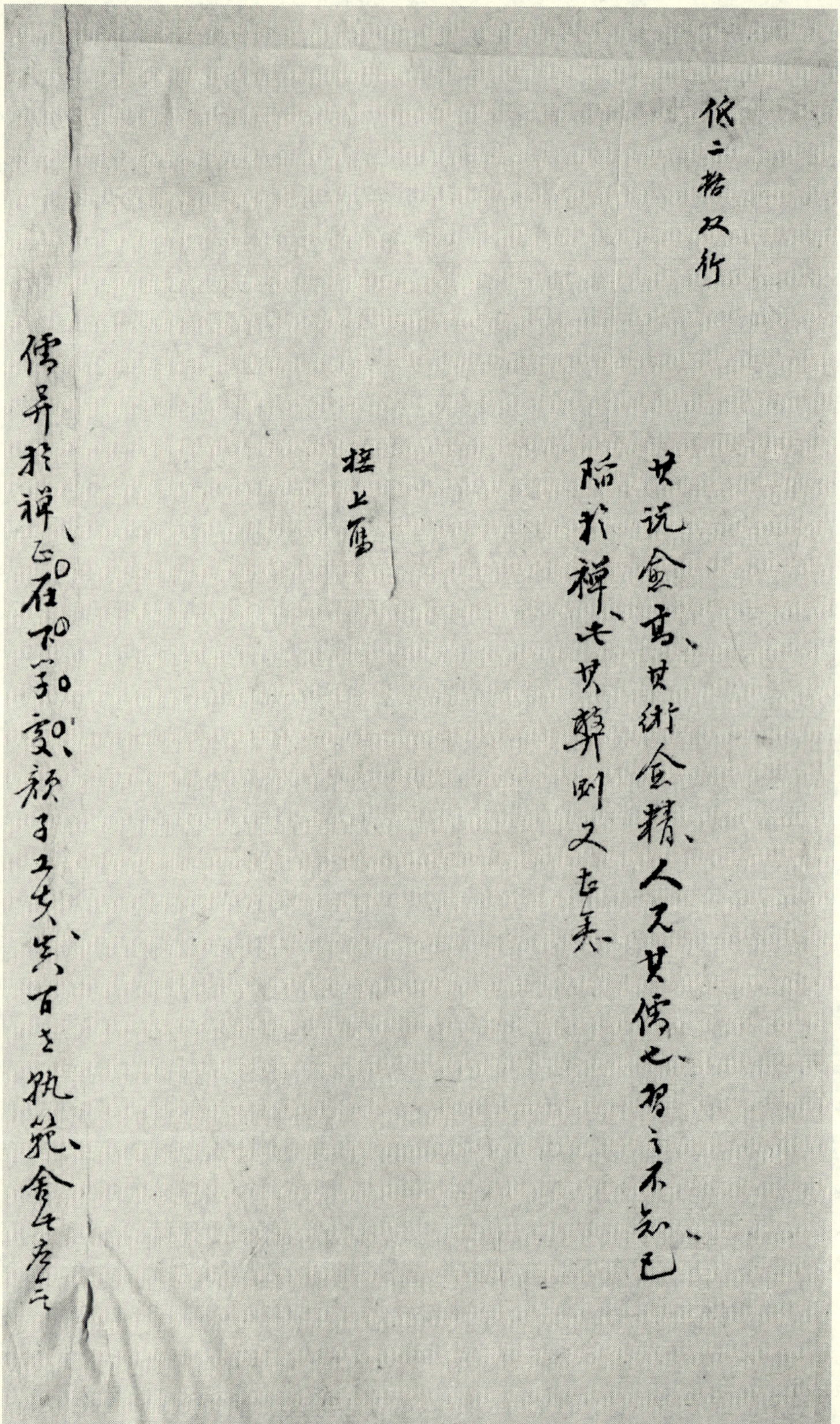

低二格双行

其說愈高，其術愈精，人見其儒也，習之不知已陷於禪，此其弊則又甚矣

接上層

儒異於禪，正在下學，顔子工夫，真百世軌範，舍此應無

入頭之住宅、三二十年不覺便老了、
春秋大約是法家斷例也、於以中道耳、然因以及中庸因中有
權與取兩者之中之說、
進學加功處、最於少年時住、做自家物、須要自用法術、乃可得之、
近來學者何足道、能言者少、驕誇者富貴利達之人少見出
脫得此、況是小事、如禪家是聲色關、切須勉之、
遣得名利關、便是小歇處、然須藉窮理工夫、至此方可、中有
入聖域之理、不能休說、某每見道之理、
某緣早就有道、復為克己之學、遂於其味荒存若亡、昨經
處處任意寢處矣、

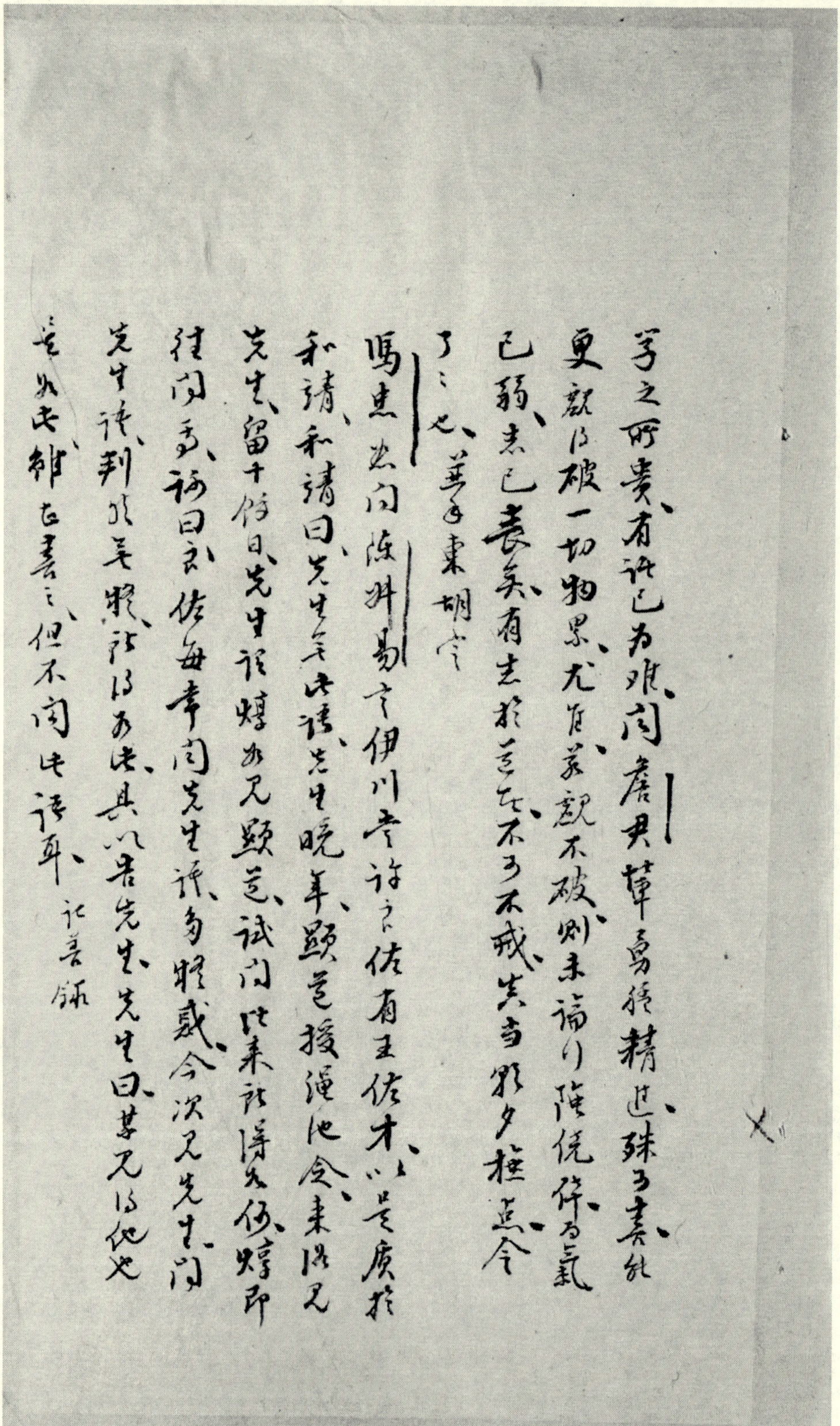
學之所貴，有語已為難，聞唐尹草書甚精進，殊可喜。然
更欲以破一切物累，尤宜策勵，不破，則未論所謂隨俗作為氣
已弱，志已衰矣。有志於道者，不可不戒，先當朝夕極意。今
了了也。某頓首 東湖(?)

馮忠恕問陳淵曰：伊川嘗許之佐有王佐才，以是質於
和靖。和靖曰：先生無此語。先生晚年，顯道援得他念來謁見
先生，留十餘日，先生語婉如見顯道，試問比來所得何如，顯道即
往問了。顯道曰：佐每事問先生語，多疑惑，今次見先生，聞
先生語，判然無疑，所以不來。其後以語先生，先生曰：某見得他也
是如此，非在書上，但不聞此語耳。 記善錄

謝先生監竹西木場，朱子發震自太學與弟子權偕往謁之。坐定，子發進曰：某願見先生久矣，今日之來，無以發問，不識先生何以見教。先生曰：好，待與賢說一部論語。子發私念日刻如此，何由親款其教。既而具飯，酒五行，只說他話。及茶罷，乃掀髯曰：聽說論語，首舉子見齊衰者與冕衣裳者與瞽者，見之雖少必作，過之必趨。又舉師冕見，及階，子曰階也；及席，子曰席也。皆坐，子告之曰某在斯某在斯。子張問曰：與師言之道與？曰固相師之道也。夫聖人之道，無微顯，無內外，由灑掃應對進退而上達天道，本末一以貫之。一部論語只恁地看。語錄序跋

謝子見河南夫子，辭而歸，尹子送焉，問曰：何以教我？謝曰：吾徒於夕

従先生見明州秦、問[illegible]明州議、譬如有人服烏頭者、方其服也顏色悅懌、筋力強盛、一旦烏頭力去、將如之何、君子交以其友夫子曰、不謂益友矣、

論顏子具体而微處、合下來有恁地氣象、但未能至耳、孟子強勇以身任道、聖立方便、誰敢正覷着、孔孟子恁地手段也接物生事不言、都能就有大底氣象、未能消磨得盡、不能就大人等許多不說出來、孔子云事君盡禮、人以為諂、當時諸國君相怎生當他一人恁地禮數、人人只管行禮、又不與你計較長短、與上大夫言便誾誾、與下大夫言便侃侃、冕者瞽者見之便作、過之便趨、蓋其誠全盛自然到此、不是勉強做出來、與孟子全別、

論語解序

天下同知尊孔氏，同知賢乎先儒，同知誦於書者子記者年之之則不誣也。然自秦漢以來，開門授徒者不足爲有析句之說。吾爲障，讀之益稀，既不知讀其書，謂足以識聖人心，萬世是理，既不足以知聖人，以謂之言非中偏，則非中靈，亦萬世是理，實則不數。謂爲天下國家之道，亦萬世是理，其子乎民盡閔乎，蓋溺心于淺近無用之地，聽此日執凍衰，雖欲讀之，亦不得其門而入也。聖人辭近而指遠，辭有盡，指無窮，有盡者可以索之於訓詁，無窮者要當會之以神。神契之處人，但識其面目，又其心在我則安，更能知人，則就敬也。夫是故難讀。讀之試以說此書之說，說說其要。

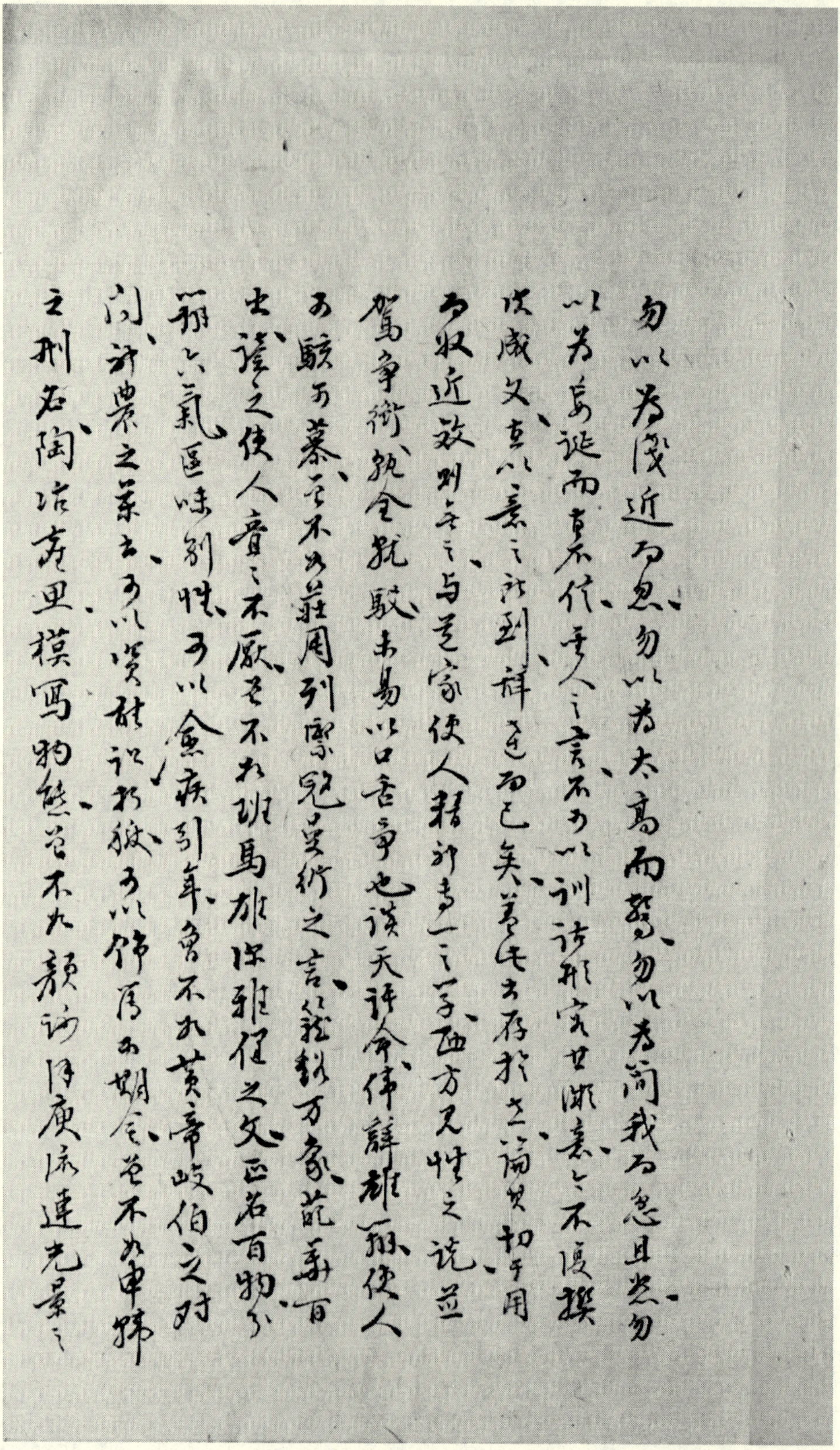

勿以為淺近而忽，勿以為太高而驚，勿以為簡我而急且忽，勿以為高誕而莫不代其人人之言，不可以訓詁形容其微意意不復撰次感文章以意意所到，辭達而已矣。其存者，存於文之論，其切于用而收近效，則無無與道家使人精神專一一字，西方見性之說，並驚爭衡，就令祇駁，未易以口舌爭也。談天詩命，偉辭雄[illegible]，使人可駭可慕，蓋不如莊周、列禦寇、呂術之言。以鏇鉥萬象，苑弄百出，讀之使人音音不厭，蓋不如班馬雄深雅健之文。正若百物物形六氣，區味別性，可以愈疾引年，蓋不如黃帝岐伯之對問、神農之藥言，可以資談說[illegible]彼，可以飾為而期令，蓋不如申韓之刑名，陶冶蒼鬼模寫物態，蓋不如顏謝徐庾流連光景之

詩，以王卿峰下者之志之故情矣，又拔其情而玩襲售于人而已。

書乃一二有也，況使斯為豪傑之士，而精神于世間，試何其不笑。

且偷（受）聲與歎，字齊齊一，唱而三歎，讀其詩之後，言之無味，而元而組腥。

讀其書之，雖家藏人有，不審其族氏爵命，著其籍而歸于何

南京子之門，僅以毫厘于句讀文字之間，而益信此書之難讀也。蓋

不學操縵，不能安絃；不學博依，不能安詩；不學雜服，不能安禮。昕近

似此易入也，彼其道高深博，博不可涯涘，為此僅以意識揣窺

之，豈不太有逕庭乎。方其物我太深，胸中有戰，其讀之謂綜貫于

川之思識何味，方其脅肩諂笑，以言餂人，其讀之謂巧言令色者

病仁。未能素貧賤而恥惡衣惡食，其讀之豈知飯疏食飲水曲肱

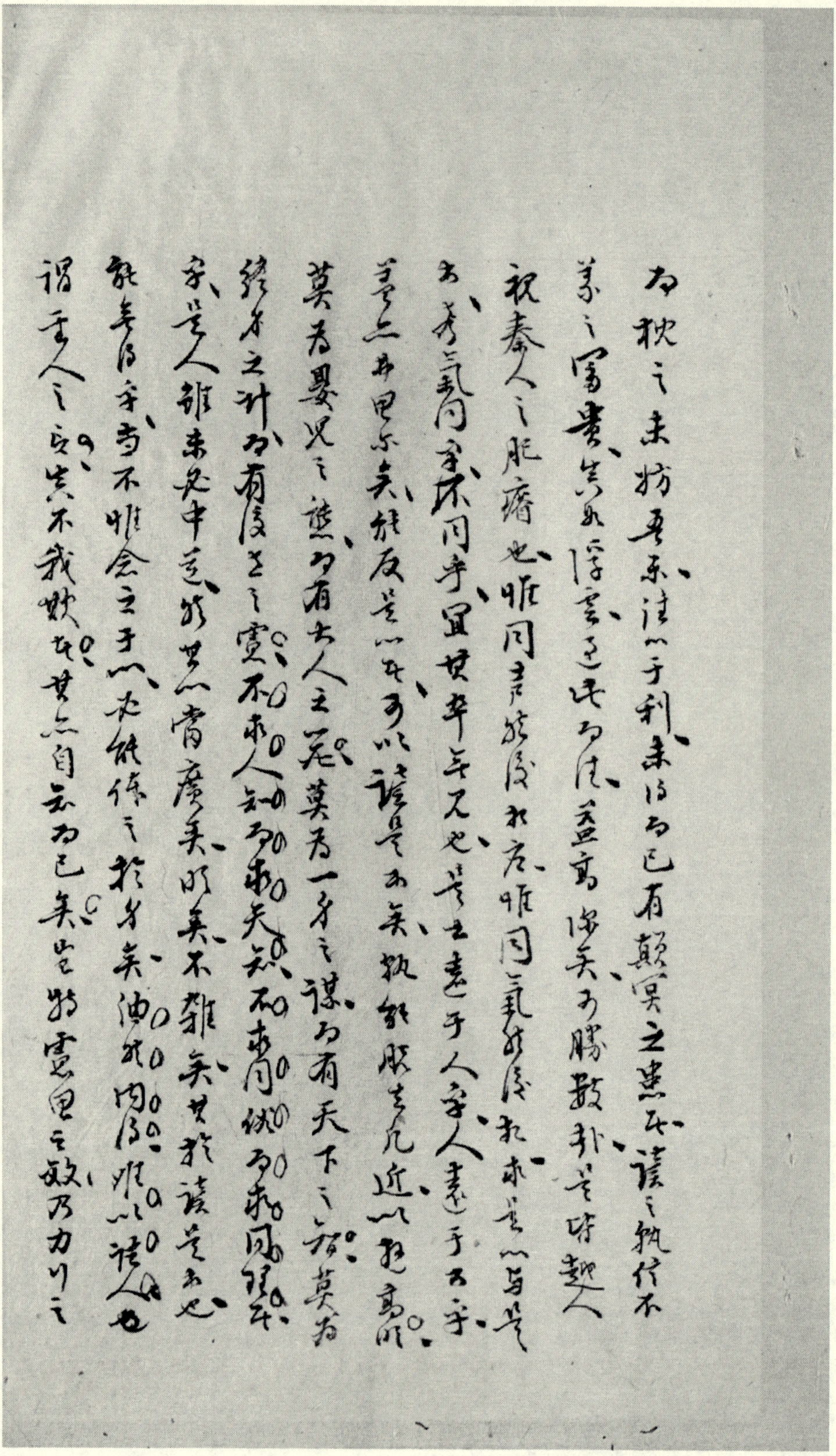

功至此、善吾與人至我皆也、及其久也習矣、渾然無間、而視聽之和、
養諸至理、養氣定教、無我妙用、父子君臣之人、能秩序仁義禮
樂、是人、能從容、心與天地同流、體與神明為一、求動於物我、
有形之形、識其同之、至此善人與吾我忘也、則內所謂辟近而指遠、
者可不悖乎、宜其異於識其大者、不異於識其小者、好惡取舍之我乖
也、學者僅以此之存而信、則為遠之有、以謂無隱乎爾、則天何言哉、
夫子之言性與天道、不可得而聞也、以為有隱乎爾、則四時行焉、百物生
焉、夫子之文章可得而聞也、以為皆可得而聞哉、詩云無聲無臭、天之
譬于劇、此天下之至顯、乎人患得而隱哉、所謂無隱乎爾、不與二三子者也、上天之
載、無聲無臭、此天下之至隱、人亦患得而顯哉、宜其二三子以為有隱乎我

者也、無有陰無陽之不二者、捨此而其何以見之哉、無有陰無陽之不

二者、豈我閒情略見其事哉、謂其所以言之意乎則乎

附録

接下頁寫

第二行以後均低一格寫

## 附錄

朱子云、先生爲人英果明決、強力不倦、克己復禮、日有程課、所著論語說、及門人所記遺語、皆行於世、其以生意論仁、以實理論誠、以常惺惺論敬、以求是論窮理、其命意皆精當、而直指窮理居敬爲入德之門、則又最得明道教人之綱領、嘗宰德安府之應城、胡文定以典學使者行部過之、不敢問以職事、顧因介紹、請以弟子禮見、入門見吏卒植立庭中、如土木偶人、肅然起敬、遂禀學焉、其同時及門之士、亦皆稱其言論閎肆、善啟發人、今讀其書、尚可想見也、某自少時妄意爲學、即賴先生之言以發其趣、而平生所聞先生行事、又皆高邁卓絕、使人興起、皆能常

懼其以減而不傳也。

上蔡論語，都有啓發人處，雖其說或失之過，識得理後，却細密商量令平正也。

上蔡說孝弟非仁也，孔門只說為仁，上蔡却說知仁，只要見得此心，便以為仁。上蔡之說，一轉而為張子韶，子韶一轉而為陸子靜。上蔡所不敢衝突者，子韶盡衝突；子韶所不敢衝突者，子靜盡衝突。

上蔡說仁說覺，分明是禪。

論語上蔡雖極多，看得見時，他只有一兩個緊要處字。

上蔡所見透徹，無隔礙處。

上蔡說詩、須先識得六義體面、而諷誦以得之、某以為今

讀詩、

上蔡語錄、上卷極親切、曉得試涵泳之、當自有味、不必廣求

今今隨語生解、不得脫洒耳、

跋語錄云、先生學于程門、篤志力行、於語言間、所見更為超越一

問上蔡語論莫太過、曰上蔡好于事上理會、理卻有過處、

上蔡高邁卓絕、言論宏肆、善開發人、其語雖不能無過、然

卻是雄實做工夫來、

問人之病痛、不隨作偏處去、上蔡才高、既以病痛在矜字、曰此

說甚也、然謂之得矜字、後來矜依舊未去、說道理好

楊氏地、

伊川之門、上蔡自禪門來、其說亦有差、又曰如今人說道愛從高妙處說便入禪去、自上蔡而以來已然、

上蔡大率張皇不安帖、

上蔡觀復齋記中說道理、皆是禪學意思、觀化說復與伊川異、似以靜處、為云又無消息、不下工夫之類、乃是謂儒佛不同處、只以不同、但只下截耳、龜山亦然、

晦菴謂云、上蔡論語序、前面說得甚好、但後面說與天地同流處太多、道此以啟學者、都緣不帖實之心

# 宋儒學案

遺獻黃棃洲先生原藁　男百家纂輯　元孫璋校補

後學全祖望續修

## 廌山學案　程氏門人

## 廌山學案　程氏門人

### 廣平游定夫先生酢

游酢，字定夫，建州建陽人。與兄醇俱以文行知名于時，計交游天下豪英。先生雖少，爲時老師宿儒咸推先之。伊川以事至京師，一見謂其資可與適道。時明道知扶溝，兄弟方以倡明道學爲己任，設庠序，聚邑人子弟教之，召先生來職學事。先生欣然往從之，得其微言，因受業。於是盡棄其學而學焉。元豐六

年第進士、調蜀州（越州）尉、侍臣薦、為太學錄、除博士、乞外以便養、

除知河陽、召為宗正丞、轉判河南、得以國王有罪監之忠官稱

守潁昌、歸自隨為學、薦授及入、未幾以為太學博士、忠官罷免、

先生請於簽判齊州、福州、以徽宗立、擢監察御史、歷知澤（丁憂服除、王知某州、奉祠、）

除年、有宮祠、除知舒州、再知隆州、為權密、家居險、宣和五年

卒、年七十一。先生性穎悟、有治劇才、時傳為羽儀、講議周于

經調、所至縣能、先生史最郡、富貴隨不以為事、某詩

有易說、詩二南義、中庸篇、論語孟子雜說各一卷。

照此空一行

以下均與上傳頂格

易之為書、該括萬有、而一言以蔽之、則順性命之理而已。陰陽之有

# 宋元儒學案

## 廌山學案　程氏門人

### 廣平游定夫先生酢

游酢，字定夫，建州建陽人。與兄醇俱以文行知名于時，所交游天下豪英。先生雖少，為時耆師宿儒咸推先之。伊川以事至京師，一見謂其資可與適道。時明道知扶溝，兄弟方以倡明道學為己任，設庠序，聚邑人子弟教之，召先生來職學事。先生欣然往從之，得其微言，因受業，盡棄其學而學焉。元豐六

年第進士、調鄂州尉、以臣薦為太學錄、除博士、已而以任奉

祠、知漢陽、召為宗正丞、判河南、[illegible]以國士有[illegible]之宗官稱

守穎昌、羽自隨、為學益接、及入朝、復以為太學博士、宗官嚴先

生亦請於[illegible]判[illegible]、福[illegible]以微字立[illegible]賢家御史劾[illegible]

而年有之祠、復知[illegible]、再知[illegible]、[illegible]宜[illegible]年

卒、年七十一。先生性[illegible]、有治劇才、時傳其羽儀、[illegible]因于

征調、[illegible]至驛、先生[illegible]郡[illegible]不[illegible]為事[illegible]

有易說、詩二南義、中庸、論語、孟子[illegible]各一卷、

照此空一行

以下均與上傳頂格

易之為書、該括萬事、而可一言以蔽之、則順性命之理而已。陰陽之有

情長剛柔之有甚臣仁義之有陰陽三極之道皆原於理一而合
于理其所以遭其時也其所據其義也其所從其用也知斯三者而天
下之理得矣斯理也仰則著于天文俯則形于地理中則隱于人
心而民之迷日久不能以自得也冥冥於利害之域而莫知所向者
人之憂之此易之所為作也伏羲象之而八卦成文王重之而六爻
具周公繫之以詞仲尼訓其義自伏羲至于仲尼則易之書不遺餘
者矣蓋將天下于中正之塗而每於時措之宜也居則觀象而玩
詞動則觀變而玩占以研心則虛精以應物則事舉天且助之人
且與之而何凶咎之有故曰其鼓舞神物以前民用又曰因貳以濟
民行此四君子之用心也孫子萃之少而好易常以是自已亦以是立

領

華

氏、或臣逆或臣、或於或臣、或臣或逆、諸臣於易而廢行也、晚而成書、辭約而旨明、義直而事核、又將與孝經並之尊之、先生之所期豈徒為章句以自名家而已、此先生傳易之意也、學者宜以是觀之、

〇〇附錄 據下局

附録

龜山云、伊川稱和尹侍字晬於門學日進、叔事亦絕人遠也、於師門無稱焉、其所造可知矣、並仕之初、取看經獄十餘年不決之拜覺事、一問得其情、而釋之、精練如素官者、人服其明、

先正忠肅之與先生遊也、笑談論議、書疏辭章、昔既就見而聞之者、至今猶能誦之、其雍雍俯仰之間、又能詳得其從容之意、使聞者曉然若將復見其人焉、

伊川曰、和靖於昔日之和靖也、固已篤於賢質溫厚、又曰和靖讀西銘、已能不逆于心、言。語。和。易。得。簡。意。思。便

道中庸知

附錄　楊時先生云：學禪已云向裏，沒安泊處，故來此，卻恐不妄也。

呂居仁曰：定夫後更學禪，大明問，某以書問之，云：儒者之以為順此父子君臣夫婦朋友兄弟，則可以至于聖人，佛者之此則孰何以至於聖人。吾丈既從二程學，後又從諸禪遊，則二先之論必無滯閡，敢問所以不同何也。游答云：佛書所說，世儒亦未深考。往年嘗見伊川云：吾之所攻者，迹也。然迹安所從出哉。要之此事須親至此地方能辨其同異，不然難以口舌爭也。定夫之言，華待之不當看佛書，故說之如此之志而其

然以破佛者，自不以為非也。

問：空夫說程先生許中，一物不該非中也，一事不為非中也，一息不存非中也，何哉？為其偏而已矣。朱子曰：便是此說中字不著，中字之義不如此說，偏字所是一偏，一偏便不周備，却不妨為空夫說此，許不親切，不似程先生無常說話，頗似夫雜王氏學，當時王氏之學盛行，意其傳者廣。

和靖學案頂格
案語上加入百家謹案四字請
均低二格双行

# 和靖學案

和靖在程門天資最魯而用志最專嘗自云某不逮張思叔如凡請問未達三四請益尚未有得處久之乃得如思叔則先生纔說便點頭會意往往造妙然某雖愚鈍他日持守思叔恐不及某伊川然之朱子云和靖直是十分鈍底被

他只就一個敬字做工夫終做得成又云和靖不觀他書只是持守得好他語錄中說持守涵養處分外親切可知學不在多只在功專志一林拙齋紀問紀尹和靖先生家居終日靖然家人問饑渴飲食然後唯阿應之不爾不言可想見其專功靜度矣其後林拙齋之後有東萊陸子正之後有艾軒皆名世大儒也作和靖學案

接下頁寫

# 和靖學案

○○和靖尹先生焞

尹焞字彥明一字德充祖源字子漸與弟洙並有名世為洛人叔材亦以學行顯遊於司馬温公邵康節之門温公入相材以遺逸薦為學官康節所謂洛中三賢之一也先生既家世耆宿少聞長者之教年十七為舉子因藴源明以見伊川元祐五年發策有元祐邪黨之問先生曰噫尚可以干祿乎哉不對而出告伊川曰焞

不復應進士舉矣伊川曰子有母在先生歸告其母陳氏母曰吾知汝以善養不知汝以禄養伊川聞之曰賢哉母也大觀元年諫官范致虚攻其為程頤羽翼靖康元年五十五歲种師道薦其學行可俾講說名至京師賜號和靖處士放還明年金師陷洛闔門被害先生死復甦轉徙長安山谷中劉豫潛號以禮聘先生不至夜渡渭水流離至蜀張公浚宣撫川陜館之張公曰人有不為也而後可以有為此孟子至論先生

曰不然好善優於天下乃為至耳蓋規張公之
自是也紹興五年侍講范公沖舉先生自代高
宗謂侍臣曰昔台程頤自布衣除崇政殿說書
焞可依例令宣撫司津遣赴行在所先生累辭
不得設祭於伊川乃上道其辭有曰有補於時
則未之也不辱其門則有之至九江諫官陳公輔
有疏攻程學先生止不進上奏曰焞師程頤垂
二十年學之既專自信甚篤使焞濫列經筵其
所敎繹不過聞於師者舍其所學是欺君父時

張公入相上章復薦詔江州津遣入見力辭高
宗曰知卿從學程頤待卿講學不敢有他也加秘
書郎八年除秘書少監每當赴講前一夕必沐
浴更衣置所講書於案上朝服再拜齋於燕室
學者問之先生曰吾言得入則天下蒙其利不
能則反之欲以所言感悟人主安得不敬一日
高宗問先生曰紂亦是君孟子何故謂之一夫
先生曰此非孟子之言武王誓師云独夫紂洪
惟作威高宗又曰君視臣如土芥則臣亦便可

視君如寇讐」。先生曰：「此亦非孟子之言。書云：『撫我則后，雪我則讐。』」高宗謂丞相趙鼎曰：「朕嘗以此問張九成，九成曰：『才不為君，便是獨夫。』不如尹焞之明白也。」解論語以進。高宗又謂趙鼎曰：「尹焞日間所行，全是一部論語。」鼎曰：「陛下可謂知人矣。」高宗又問先生：「卿之粹厚，何以臻此？」先生曰：「臣但一生不敢作過。」高宗笑而然之。黃高宗好看黃山谷詩。先生曰：「此人詩有何好處？陛下看他何用？」未幾，求去。高宗語參知政事劉

大中曰惇學問淵源足為後學矜式班列中得老成人亦是朝廷氣象以直徽猷閣主管萬寿观仍侍經筵除試大理少卿權禮部侍郎秦檜独相力主和議先生上疏言其不可又遺書於檜大怒九年除徽猷閣待制先生言職在勸講蔑有發明當去一貪戀寵榮遂移素守當去二不量分守言及道國事識見迂陋當去三以疾乞去更獲超遷當去四國典禮經七十致仕當去五疏上提舉江川太平觀尋遷一官致仕十二年

十一月五日卒于會稽年七十三疾革門人称
遺表先生曰某一部孟子解便是遺表伊川嘗
言尹彦明他時必有用於世又曰我死而不失
其正者尹氏子也程門學者龜山與先生最後
死先生窮居講不肯少自貶屈拱手斂足即醉
後未嘗别移一處在平江累年所用止有一扇
用畢置架上几百嚴整有當常一僧見之曰吾不
知儒家所謂周孔如何恐亦只如此也先生在
經筵每自不安曰只講兩行書如何做得致君

澤民事業故急〻求去然則先生之用於世者

固未盡也所著有論語孟子解

和靖師說

先生每與時敏講書必具衣冠或深衣講畢則

曰盡誠及物者我也誠之者其在子乎或引呂

與叔中庸後曰諸君有意今日之講猶有望焉

無意則不肖自為嘵〻無益不幾於侮聖言者

乎

先生曰學者切不可以富貴為大事富貴儻來之

照上均頂格寫

物總從心乎此則不可為學矣

先生曰學者不可無師友師道嚴須是友觀易兑卦全說朋友公且看樊遲問仁孔子告以愛仁問知告以知人孔子竭始終言之當是樊遲無所進故又告以舉直錯諸枉能使枉者直遲復無所進及退而見子夏且以舜湯之事言之然後釋然不復問朋友之得可謂多矣因言某昔從伊川問不切只是不荅若要切〻偲〻是朋友

時敏欲學讀孟子問曰孟子不知誰解得好先生曰無出趙氏公且看趙氏注因曰某被旨解孟子孟子逐段自說分明今更不復解但與逐段作一說提其要而已

先生曰操則存舍則亡出入無時莫知其鄉此孟子說心非說性也

時敏因侍坐語及孟子先生曰近來看得如何對曰數日看得無為其所不為無欲其所不欲先生大聲曰如斯而已矣既而曰盡得此便是聖

人
先生曰某一日侍坐於伊川請曰某看曾子三
省誠而已伊川曰不意賢看到此緊要處
先生謂時敏曰賢在此飲食恐粗糲時敏起謝
曰時敏良家子本無食祿分今來分先生祿食
大段僭越豈問其粗糲先生大笑曰先生大笑
因士志於道而恥惡衣惡食者未足與議也今
士大夫好事治飲食所謂養其小丨體為小人
因自其左右云

有新第人来見先生退先生為時敏講論語第七論篇呂憲又送改官文字邢叔端舉家甚喜先生曰人心固不足秀才望得解得解望及第緑衫望緋衫緋衫望紫衫何時是已此所謂小人長戚〻因曰前輩各别歐陽公及第後棄其所業與伯祖師魯習古文近来如謝顯道楊中立皆因及第後来歸伊川時敏歸語呂丈呂曰先生長者説話有益某祖父侍講在家亦有新第人来見是親戚不欲言其名久之曰某待將

三經新義編成門類以便學者侍講曰公更待應舉耶其人大慚

呂紫微書問釋氏輪迴之說先生謂時敏曰居仁泥於生死輪迴某已作書喻之引潮以喻輪迴賢他日見渠作某拜意問渠今世既做了中書舍人後世更要做宰相輪迴之說佛家之愛便宜也未幾呂再書至云既無輪迴人何苦為善而不為惡先生笑曰只這裡便是私心經曰天地之性人為貴人生天地中其本甚善哉凡曾

教你為惡作賤他来得之太虛還之太虛我在何處

先生曰孟子説三樂處極好玩味一歸之天二歸之已三歸之人王天下則果在外也

先生曰鄉黨一篇門人弟子寫出一個聖人之德容學者當潛心焉因曰中庸自仲尼祖述而下至無聲無臭至矣言孔子之大鄉黨一篇自始至終言孔子之小子思曰天地之大也人猶有所憾故君子語大天下莫能載焉語小天下

莫能破焉詩曰鳶飛戾天魚躍于淵言其上下察也

先生曰某昔在涪陵千佛寺居扁坐處曰三畏齋至此復取舊額扁坐榻之前聊自驚後因看人編伊川師說說三畏處曰畏天命不負所畀付畏大人亦以自畏畏聖人之言以自進德也某不覺愧於中者累日蓋平日以是名齋自謂有深得且如畏聖人之言只是謂道之所在而已又何曾推得到此乃知伊川凡語言必推用

於己自此亦當少戒輕為人解釋聖言也又曰畏大人時且如端莊而坐亦所以自畏也

先生曰某昔在伊川席下有學者來問六十四卦以某觀之皆不須得只乾坤足矣伊川曰要去誰分上使其人曰聖人分上使伊川曰聖人分上一字也不須得

先生愛潔淨地有汙穢必去之嘗說某只有這些克不去時敏問孔子告顏子克己復禮若非禮之視聽言動亦須如此克耶先生曰是也因

因言伊川亦如此一領黃衲道服至破亦潔淨嘗曰衣不欲異欲其潔食不欲異欲其精

先生曰讀聖人之書須是有所自得且如論孟從小知是孔子孟子之書不敢說爾非真知也要如不知有孔孟而知為孔孟之說乃所謂真知耳

先生嘗書數句說易曰易之道如日星但患於理未精失於機會則暗於理者也聖人復生恐不易吾之言祁寬問之先生曰吾看易逆數也

故有是說正在未到泰之上六便要知泰之將極未到否之上九便要知否之欲傾也

邢叔端一日歸謂先生曰府中諸公謂先生官已四品雖小衫自當用紅鞓帶先生笑曰某已致仕自是無官何用此為皂帶不足又要紅鞓紅鞓不足又要兼金孟子曰人少則慕父母知好色則慕少艾有妻子則慕妻子仕則慕君不得於君則熱中心一而已移來移去至於熱中則無不為矣

祁寬問如何是主一願先生善諭先生言敬有甚形影只收斂身心便是主一且如人到神祠中致敬時其心收斂更不着得毫髮事非主敬一而何

明道嘗曰先天下事只是感與應耳先生初聞之以問伊川伊川曰此事甚大當自識之先生曰綏之斯來動之斯和是亦感與應乎曰然

嘗請益於伊川曰某謂動靜一理伊川曰試喻之適聞鍾聲某曰譬如鍾未撞時聲固在也伊

川喜曰且更涵養

先生嘗言學者所以學為人也又語人曰放教虛閑自然能見道

先生在從班時朝士迎天竺觀音於郊外先生與往有問何以迎觀音也先生曰衆人皆迎某安敢違衆又問曰然則拜乎曰固將拜也問者曰不得已而拜之抑與抑誠拜也曰彼亦賢者也見賢斯誠敬而拜之矣

程先生遺書雖以講說而傳亦以講解而陋況

其所論所趨不無差誤豈惟無益害又甚焉進

論語序

以下低一格草行

○慈谿黄氏曰程門之傳惟先生最得其正其餘率染異論先生蓋有為而發

○蕺山諸生曰和靖只就敬字上做工夫故能有所成就晦庵謂其只明得一半蓋以伊川涵養須用敬進學在致知和靖得用敬一半闕却致知一半也愚以謂知之未致仍是敬之未盡處也以識仁篇論之防檢似用敬窮索

似致知然曰心苟不懈何防之有則防檢者是敬之用而不可恃防檢以為敬也曰存久是明安用窮索則致知之功即在敬内又可知也今粗視敬為防檢未有轉身處故不得不以窮理幫助之工夫如何守約若和靖地位謂其未到充實則可於師門血脉固絕無走作也

○○附録

先生因蘇昞見伊川自後半年方得大學西銘

以下二条每条第一行頂格以下低一格

看

伊川教人專以敬以直内為本先生獨能力行之先生言伊川先生教只是專令用敬以直内若用此理則百事不敢輕為不敢妄為不愧屋漏矣習之既久自然有所得也往年伊川先生自涪陵歸焞日日見之一日讀至敬以直内處因問不習無不利時則更無睹當更無計較也耶先生深以為然且曰見得如此且更涵養不要輕説

第二行以下低一格

初奔蜀止於涪涪爲伊川讀易之地闢三畏齋以居邦人不識其面

温川鮑若雨與鄉人十七輩從伊川伊川遣之見和靖次日伊川曰諸人謂某靳學不以教渠果否先生曰某以諸公來先生之門受學某豈敢輒爲他說萬一有差更不誤他一生伊川頷之

先生日看光明經一部有問之曰母命不敢違

朱子云如此便是平日缺欠諭父母於道一節便致得如此

祖望按語均依二格双行

○○祖望按慈谿黃氏曰和靖雖亦以母命誦佛書
而絕口未嘗談禪斯道之碩果不食者也
祖祖望又按慈谿黃氏極尊先生謂其能守師
師門之說而不變也獨其論先生之辭官則
則曰天生人才分量各殊如先生者宴德有
有餘歷死生患難不變惟兢兢然保其身于
無無過使當承平羽儀天朝表厲風俗可矣
南南渡何時忠臣勇將廢置不用坐視中原
原之傾覆一時大臣方且連年趣迫強致先

生生以文太平建武投戈講藝之宴恐不其
其然然是豈先生之所樂聞哉故其第十五
辭辭免表狀有曰方今國步尚艱中原未復
復進退人才當明緩急宜先俊傑以濟艱難
文白首書生何益事功嗚呼此先生痛心之
語言豈尋常辭免之云讀之令人太息是黃
黃氏頗以先生之短于經世為惜也予則謂
不不然先生之才未必肆應然使高宗果用
用先生為相必不斥趙忠簡張忠獻李莊簡

公及韓劉諸驍將而殺鄂王矣則於恢復何難難之何有朱子之論龜山與黃氏之論先生生大畧相同夫欽宗何嘗能用龜山若能用之也則龜山便能用李忠定种忠憲而于攘攘堵何難之有惟其用之不固而但欲置之朝朝列以希太平之自致是則可謂太息者者也

尹氏門人程子再傳

王時敏字德修上饒人有師說三卷說和靖

已另紫微案可刪

之語和靖卒先生爲之立後其教人云學者要識一媿字與恥字一日問難紛然先生曰不必多問但去行取且如理會惟精惟一允執厥中只管說如此是精如此是一臨了中却不見朱子嘗以書問和靖之學於先生

吕本中（吕本中）字居仁東萊郡侯好問子也以祖蔭入官靖康初遷職方員外郎以不荅梁師成大著名尋奉祠紹興六年特賜進士出身擢起居舍人引疾奉祠台爲太常少卿遷中書舍人兼

侍講權直學士院以黨趙公鼎為秦檜所怒罷之十五年六月卒年六十二少從游定夫楊龜山尹和靖遊而於和靖尤久和靖之致仕也先生問曰伊川歸田納其告勑曰臣本布衣得還初服為榮今先生受四品服致仕與伊川異何也和靖曰居仁責我則是但焞荷聖恩四章不允復賜雜物今解孟子以進當俟書成隨納章服耳先後之間非有異也

呂稽中

呂呂稽中字德元本中兄弟行也張公浚宣撫

川陝辟為計議官尹和靖入蜀先生是依和靖謂之曰吾老矣此事當屬之子學者來問和靖以屬之先生曰不殊於吾和靖卒為誌其墓

呂堅中

呂君堅中字景中本中兄弟行也其官祁陽令胡致堂為作學官記称其服勤和靖左右有年令試之政事先生與馮忠恕祁寬同記和靖語

呂朋中

呂呂朋中東萊郡侯好問第三子累官駕部員外郎嘗從其兄遊於和靖之門東萊之大父也

馮忠恕

馮馮忠恕字貫道汝陽人也其父東皐處士名

理字腥先與和靖同學於洛至必同處靖康初和靖被名赴闕先生從之遊紹興中先生為黔州節度判官和靖寓涪遂畢所學後知梁山軍

徐徐度（徐度）字惇立睢陽人太宰處仁子也太宰在政府晚譽不終先生獨刻意為學嘗問和靖曰某有意於學而未知所以為問和靖曰果有此意歸而求之有餘師又嘗以蘇氏戰慄之說為問和靖怫然曰訓經而欲新奇則亦何所不至矣先生官至吏部侍郎寓居吳興之弁山嘗與

汪文定公諫上光堯尊號長於典故之學

祁 祁寬

祁寬字居之均州人南渡後寓廬山隱居不仕和靖作論語解稱居之與王呂諸公與有力焉王樞密庶與之善

虞 虞仲琳

虞仲琳餘姚人為永嘉教授和靖云虞君鄉論甚美於此道信之極篤每相見必言及此

高閌佐餘姚人

高閌佐 高閌字 舉進士官節推

蔡迨

蔡仍 徐正夫 黃循聖

蔡迨諸人從和靖于虎丘

徐正夫黃循聖皆從和靖於虎丘

陸 陸景端

陸景端字子正本海寧人其後居吳父紹之

理字腥先與和靖同學於洛至必同處靖康初和靖被召赴闕先生從之遊紹興中先生為黟州節度判官和靖寓涪遂畢所學後知梁山軍

徐徐度（徐度）字惇立睢陽人太宰處仁子也太宰在政府晚譽不終先生獨刻意為學嘗問和靖曰某有意於學而未知所以為問和靖曰果有此意歸而求之有餘師又嘗以蘇氏戰慄之說為問和靖怫然曰訓經而欲新奇則亦何所不至矣先生官至吏部侍郎寓居吳興之弁山嘗與

汪文定公諫上光尭尊號長於典故之學

祁寛（祁寛）祁寛字居之均州人南渡後寓廬山隱居不仕和靖作論語解稱居之與王呂諸公與有力焉王樞密庶與之善

虞仲琳（虞仲琳）虞仲琳餘姚人為永嘉教授和靖云虞君鄉論甚美於此道信之極篤每相見多言及此

高國佐（高國佐　高選）高國佐餘姚人又高選字從孝（孝迪士）長於推

蔡（蔡）蔡迨蔡仍徐正夫黄循聖皆從和靖於虎丘

陸（陸景端）陸景端字子正本海寧人其後居吳父紹之

任察官以風流文采為時所尚宗先生學於和靖學問精深造履清白橫浦極稱之其任監稅時嘗以書托之常中丞同曰謂稅場條例多貪饕此郎乃能孤立其間中丞試引之座末問以利害當知其所存矣先生官位所至無可考晚年以和靖之學傳艾軒見於宋史艾軒傳而失載其名予讀施彥執北窗炙輠乃得之因并得其說經之言二條亟喜而傳之

北窗炙輠

子正謂予曰孟子論浩然之氣至大至剛以直養而無害伊川則以至大至剛以直為句其下止曰養而無害介甫則以至大至剛為句以伊川為句止能形容浩然之氣於直字毫無功用以介甫為句直字方有力予深喜其深說

子正論易曰習坎有孚惟心亨未得其說偶一日閑晝臥乃聞隔壁兩脚夫當渡江其一曰錢塘江甚險汝托得此心否某乃撫席而起曰此有孚惟心亨說也舊說君子雖處險而其心當

亨其寔不然甚與予合

韓元吉

韓韓元吉字无咎開封人少師維之元孫學於和靖而友朱子東萊其壻也徙居上饒前有澗水自號南澗翁累官守建州大興學校名入吏部尚書龍圖學士潁川郡公符離之役南澗以長書上魏公言不可輕舉畧云和固下策然今日之和與前日之和異至於決戰夫豈易言今舊兵憊而未蘇新兵弱而未練所恃者一二大將其權謀智畧素不外見有前敗於尉橋矣有

近衄於順昌矣況渡淮而北千里而攻人哉非韓信樂毅不可也若是則守且有餘然彼復來攻何得不戰戰而勝也江淮可守戰而不勝其誰守之故愚願朝廷以和議為疑之策以守為自強之計以戰為後日之圖自亮賊之沒彼嘗先遣使於我令又一再遺我書矣其信其詐固未可知而在我亦當以信與詐之間待之魏公不聽所著有南澗集其輯河南師說以河和靖居卷首子滮別見靜春學案

邢紀

邢純字叔端和靖壻也為浙東安撫官時和靖依之
因卒於會稽

程暐

程程暐和靖壻也為桐廬令時和靖嘗依之

# 平江學案

王氏門人

王蘋——陳長方

陳少方

章憲

楊邦弼

章恕

周憲

曾逮

此頁後寫

晏明中
陳戍
施庭先
方耆
宋宜之

# 宋儒學案

遺獻黃棃洲先生原藁

男百家纂輯　元孫瑄校補

後學全祖望續修 ○○○○○

## 平江學案 程氏门人

○○著作王先生蘋

王蘋字信伯世居福之福清其父徙吴先生師事伊川其于同門楊龜山輩為後進而龜山最可許之以為師門後來成就者惟信伯也高宗親征駐蹕平江守臣孫祐薦其學行召見對曰民離而聽之則愚合而聽之則聖古語謂謀從則參合天心以衆之所同固有至公之理也今親征詔下而四方民大和悦以其當于人心耳陛下誠推是心以見于用人則用人必㥧人望

推是心以見于政事則政事不悖乎人情又曰人主好惡如天無容心於其間愛而知其惡憎而知其善使朝廷不乏材要道也汲黯之戇漢武帝每畏其妄發及與嚴助論之必以為社稷臣宰文士及之後唐太宗每與語至夜分至稱佳木則以倖人目之二君不殺于好惡所以能盡臣下之賢否願陛下察忠佞為取舍又曰陛下留意春秋臣謂帝王之學與世儒之學異世儒之學往往于經世大法莫之察也帝王之學在措諸事業此其所以異也上語輔臣曰蘋起草野茅而議論若素官于朝者通儒也賜進士出身授秘書省正字金師既退應詔陳言奏三事一曰正心誠意二曰辨君子小人三曰消朋黨上嘉納之又

# 宋儒學案

謝山續修

後學盧鎬校訂

## 平江學案

○○著作王先生蘋

王蘋字信伯世居福之福清其父徙吳先生師事伊川其于同門楊龜山輩為後進而龜山最可許之以為師門後來成就者惟信伯也高宗親征駐蹕平江守臣孫祐薦其學行召見對曰民離而聽之則愚合而聽之則聖古語謂謀從則衆合天心以衆之所同固有至公之理也今親征詔下而四方民大和悦以其當于人心耳陛下誠推是心以見于用人則用人必厭人望

推是心以見于政事則政事不怫乎人情又曰人主好惡如天無容心於其間愛而知其惡憎而知其善使朝廷不乏中材要道也汲黯之戇漢武帝每畏其妄發及與嚴助論之必以為社稷臣宇文士及之佞唐太宗每與語至夜分至稱佳木則以佞人目之二君不蔽于好惡所以能盡臣下之賢否願陛下察忠佞為取舍又曰陛下留意春秋臣謂帝王之學與世儒之學異世儒之學往往于經世大法莫之察也帝王之學在措諸事業此其所以異也上語輔臣曰蘋起草野茅而議論若素宦于朝者通儒也賜進士出身授秘書省正字金師既退應詔陳言奏三事一曰正心誠意二曰辨君子小人三曰消用黨上嘉納之又

奏曰堯舜禹湯文武之道相傳若合符節非傳聖人之道傳其心也非傳聖人之心傳己之心也己之心無異聖人之心萬善皆備故欲傳堯舜以來之道擴充是心爲耳與修神宗實錄兼史館校勘寶文閣直學士胡安國中書舍人朱震徽猷閣待制尹焞皆舉以自代而安國言之尤力謂其學有師承識通世務使司獻納必有裨益以著作佐郎通判常州尋奉祠秦檜惡之以從子誼坐法株連奪官久之復主管台州崇道宮祠先生樸實簡嘿頹然若與世相忘未嘗著書垂老乃作論語集解未幾而卒其于同門蓋亦和靖之亞故和靖之富虎卹與先生寂相得其才氣遠不逮文定然如范伯達曾吉父皆文定高弟而請

益于先生唯謹可以知其所造之粹較之漢上之夾雜殆過之
呂居仁于程門諸宿老從遊殆徧亦亟推先生唯朱子謂其不
過一識伊川之面所記都差得無太過耶

送李子勉序

子勉予畏友也剛直不屈言行必求合于古人雖忤大臣拂流
俗曾不之顧然有為而為之未若無心而悉當直前不顧未若
應之從容士不可以不弘毅足以有容足以有執乃能溥博淵
泉而時出之此弘毅之所以不可偏也予嘗有意於斯而未能
願與子勉共進之

震澤記善語

問致知之要曰宜近思且體究喜怒哀樂未發之謂中又曰莫被中字礙只看未發時如何

聞之伊川不偏之謂中不易之謂庸曰是非伊川之言不然則初年之說昔伊川嘗批與牀中庸說曰不倚之謂中其言未瑩吾親問伊川如何未瑩伊川荅甚簡曰中無倚著蓋須是四旁方可言不倚

伊川言顏子非樂道則何所樂曰心上一毫不留若有所樂則有所倚功名富貴固無足樂道德性命亦無可樂莊子所謂至樂無樂　祖望按至樂無樂之說似未可以釋伊川之語

祖望案云云並一行
似二格双行

問大哉乾元是喜怒哀樂未發時曰元已是生物之始

問鬼神是陰陽之功用非世俗所謂鬼神也然如明則有禮樂幽則有鬼神況于人乎況于鬼神乎皆以鬼神與人析言之曰明底便是禮樂幽底便是鬼神指事故異名非以鬼神與人為二也

問將孔孟之言切要處思索如何曰須是既味咀嚼昔有以此問伊川者伊川曰若一看有得終不浹洽蓋非吾道非如釋道一見了便從空寂去

明道云才說明日便是悠悠窮經進學須是日就月將若未有見且暫放過思不可苦苦則愈遠

學者體究切不可以文義解釋張思叔所謂勸君莫作聰明解

也

問伊川說人之生也直是天命之謂性謝显道曰順理之謂直則是率性之事矣曰伊川說上一截显道說下一截

問君子何患乎無兄弟似無差等曰司馬牛憂無兄弟故以此廣其意蓋語有抑揚也

明道猶有謔語嘗聞一名公解中庸至人莫不飲食鮮能知味有疑笑曰我將謂從天命之謂性便應疑了伊川直是謹嚴坐閒無問尊卑長幼莫不肅然

人心本無思慮多是憶記既往與未來事乃知事未嘗累心之自累于事耳康節詩既往盡歸閑指點未來都俟別支吾故君

子思不出其位

學者須是下學而上達洒掃應對即是道德性命之理禮記凡為長者糞之禮必加帚于箕上以袂拘而退其塵不及長者以箕自向而扱之試體究此時此心如何堯舜揖遜之心即羣后德讓之心即黎民於變時雍之心且洒掃者誰與應對者誰與其理微矣樊遲問仁子曰居處恭執事敬與人忠雖之夷狄不可棄也學者只是說過試以此言踐履之體究之斯知上達之理矣聖人之道無本末無精粗徹上徹下只是一理

先生昔在洛中晚坐張思叔誦逝者如斯夫范元長曰此即是道體無窮思叔曰如此說便不好先生曰道須涵泳方有自得

陳齋之自言初疑迹者如斯每見先達必問人皆有說以見告及問先生則曰若說與公只說得我的公却自無所得齋之其後有詩曰閑花紅葉競紅青誰信風光不暫停問此果能如迹者便須觸處盡相應盡至此方有所自得

范伯達云天下歸仁只是物物皆歸吾仁先生指窗問曰此還歸仁否范嘿然（祖望按此語亦近王伯安格物格到竹子之說）〔祖望案云云另一行低二格双行〕

人而不仁疾之已甚亂也非特彼情而我之心已先亂矣

宗杲答中書舍人呂公文云深明造道遊戲大千先生曰釋氏只將此理來遊戲更無用處吾儒則不肯便休

伊川四十以後記性愈進今人年長則健忘豈可不知其故哉

祖望謹案云云另起一行低二格双行寫

伊川涪陵之行過灩澦波濤中舟人皆失措伊川凝然不動岸上有樵者厲聲問曰舍去如斯達去如斯方欲答之而舟已行

祖望謹案信伯大段似和靖後輩則延平亦頗近之然其詞氣所少精采耳其微有差處則以近禪也予以朱子之言細核其語録因舉其可疑者于後

問浩然之氣塞乎天地之間曰洞達無間豈止塞于天地 祖望按此言謬矣或者門人記録之失

盡心知性以知天更不須存養矣其次則欲存心養性以事天 此語亦謬 祖望按

老氏謂為學日益為道日損損之又損以至于無想所淡曉也

另一行依二格雙行寫

于道既得則聖人所以齋戒所以退藏于密所以和順于道德者皆不過此所謂密者意必固我有一尚存則不密矣如釋氏謂鬼神窺覷者乃密也答呂舍人居仁 此敍亦謬

祖望案此段上疑

應添入一行頂格 唯室先生依二格

王氏門人程子再傳二

8唯室先生陳長方弟少方附見

陳長方字齊之本福州長樂人廣平游氏高弟侁之子也紹興進士江陰軍教授以母為吳中林氏女遂居吳中從王信伯遊隱居步里閉戶研窮經史以教學者其說主直指以開人心使學者歸于自得所著書曰步里客談尚書傳春秋傳禮記傳兩漢論唐論上蔡語錄辨証學者稱為唯室先生信伯門下士以

先生爲上座」上蔡語錄多佛語先生讀之知其爲江民表語凡若干條當時有抄上蔡表民語合爲一帙者遂并以爲上蔡之語而人莫知也其炎里客談明季尚有完書而今亡矣弟少方字同之亦從信伯遊時稱王門二陳孝宗朝仕至東宮講官

炎里客談

太史公有俠氣故于趙奢穰苴儀秦剌客等作傳更得手以未嘗窺聖賢門戶故五帝三王孔孟傳紀雖補綴事迹亦未盡善」

富文忠公少日有詬者如不聞知如或告之則曰恐罵他人曰斥公名曰天下安知無同姓名者

喻子才道王侍郎剛中語云文字使人擊節賞歎不如使人肅

另一行依二格
双行寫

于道既得則聖人所以齋戒所以退藏于密所以和順于道德者皆不過此所謂密者意必固我有一尚存則不密矣如釋氏謂鬼神窺覰者乃密也（答呂舍人居仁　此段亦謬）

祖望按此段亦謬

應添入一二
唯室先生信[illegible]

## 8唯室先生陳長方（弟少方附見）

陳長方字齊之本福州長樂人廣平游氏高弟侁之子也紹興進士江陰軍教授以母為吳中林氏女遂居吳中從王信伯遊隱居步里閉户研窮經史以教學者其說主直指以開人心使學者歸于自得所著書曰步里客談尚書傳春秋傳禮記傳兩漢論唐論上蔡語錄辨証學者稱為唯室先生信伯門下士以

先生為上座」上蔡語錄多佛語先生讀之知其為江民表語凡若干條當時有抄上蔡表民語合為一帙者遂并以為上蔡之語而人莫知也其歩里客談明季尚有完書而今已矣弟少方字同之亦從信伯遊時稱王門二陳孝宗朝仕至東宮講官

歩里客談

太史公有俠氣故于趙奢穰苴儀秦刺客等作傳更得手以未嘗窺聖賢門户故五帝三王孔孟傳紀雖補綴事迹亦未盡善」

富文忠公少日有詬者如不聞知如或告之則曰恐罵他人曰斥公名曰天下安知無同姓名者

喻子才道王侍郎剛中語云文字使人擊節賞歎不如使人肅

然起敬

○○後軒先生章憲

章憲字叔度本浦城人其父甫始徙居吳之黄村龜山為作墓志者也先生初從龜山已而從王信伯遊後從紫薇操履隱居不仕操履高潔餘力學文皆有矩度朱漢上尤重之邃于春秋學者稱為後軒先生信伯之門唯室兄弟早死其得傳者莫如先生後軒集十卷曾文清公為之序今不傳其祭信伯文云滔滔者學孰窮涯涘孰合致中和孰合內外孰脫章句見之行事學得其源究觀其委如　之平以評斯市蓋有得之言也先生有弟曰概字季明亦在龜山信伯紫薇之門紫薇嘗言叔度兄

弟學甚勤而求于予者甚衆重其將大有所成也

○○舍人楊先生邦弼

楊邦弼字良佐本建寧浦城人文公億四世孫也紹興十二年進士第三釋褐太學博士踰年通判信州尋以大理出持湖南漕節不務鈎致甚浔大體累官起居舍人使金終于中書舍人

先生以從王伯信遊居吳中之震澤探極理趣唯室陳氏之亞吳中建三賢祠以唯室與先生配耆依云

○○上饒周先生憲

周憲字可則永豐人也從呂紫薇遊而卒業于王信伯震澤記善錄其所輯也先生之自序曰某供洒掃于呂公之門大要分

祖望按云云當另一行低二格及行

非邪正明進退出處辭受取予之義而躬行以盡性所言倫載童蒙訓春秋說故不復錄公病日漸乃以書囑先生曰周憲秀才朴茂可喜有志斯道當蒙與進未及行而公卒曾文清公又以書申公意使行遂受業于先生二年歸見文清命以記錄時尚未敢今三十年矣遺忘日多追其緒言一二以示同志

祖望按朱子不以是錄為然而明王文成公極稱之要之其中亦有可取者

習菴曾先生逮

曾逮字仲躬文清公幾次子也累官戶部侍郎嘗從信伯受業其記先生也言曰師不專在傳授友不專在講習精神氣貌之

間自有相激發處是謂善親師友者逮因觀鄉黨一篇所記動容周旋然後知羣弟子所以事夫子用是道也學者稱為習菴先生有習菴集十二卷

8 鹽官施先生庭先

施庭先字 鹽官人也隱士德璪之姪德璪與橫浦為講學友而先生受業于王信伯林艾軒嘗稱之

8 正字方先生耆

方耆字次雲莆田人也元寀之孫由施庭先以事王信伯遂有所得艾軒謂其先我聞道初艾軒嘗慕孫阮之為人先生嘆曰當求一等人物可以同出于舞雩之下者若此等恐立不定也

内有落句

艾軒慄然有隱君子翁洪艾者先生多往從之以進士尉閩清
到官三百日而去自是闔門跌宕于風烟無人之處已而有薦
之者召除秘書省正字凡九月以風聞論事罷遂乞外先生吐棄
一切章句大略與艾軒等亦不肯著書有所嘯咏出于偶然艾
軒以為孟浩然一種詩也周教授伯忱見之亦以為豪傑之士
其卒也艾軒為之受吊

宮教宋先生宜之

宋宜之家不知其何所人也亦受業于王信伯嘗録其語

晏晏先生明中字大易

陳陳先生戌字可行

宋儒學案

遺獻黄棃洲先生原藁

男百家 纂輯 元孫璿 校補

後學全祖望續修 ○○○○

永嘉程门學案

大劉先生安節

劉安節字元承永嘉人也嗜學有所未達思之夜以繼日必至于得而後已少與從父弟安上相友愛師事伊川遊太學成元符進士主諸暨簿祭酒率其屬表留太學不報尋除萊州教授未行改河東提學管勾文字名對便殿先生言春宮宜慎擇官屬雖左右趨走者必惟其人又論節儉及君子小人和同之異上稱善即擢監察御史自學禁起伊川弟子無

顯者至先生與許公景衡始見用已而除起居郎次年遷太常少卿為言官所誣劾責守饒州、饑公至大發廩賑之又檄旁郡無過糴軍儲不足他日皆强取諸民先生曰歲荒如此重困之可乎他司宜有相通者市人為在官者所擾多逃散先生安集之未幾餓者充乏者濟逃者復于是與之治賦裁制貢奉之須俾屬縣先期戒民無倉卒之擾勅知宣州饒之民涕泣遮留之不忍别曰吾州自范文正公而後始見劉公甫至宣大水先生分遣其屬具舟拯溺而躬督之昕夕不休遠近流民至者以萬數闢佛寺以處之欲發廩吏以為法令不可部使者亦持之先生弗聽大疫命醫治之其全活者無算

政和六年卒先生從事于致知格物存心養性之說久而有得過人無貴無賤一以至誠未嘗見其有恚辭怒色至于大節則凜然不可奪道鄉鄒公得罪與其所厚數君子追從勞勉之朝廷震怒追逮先生泰然已而哲宗宥之亦自若宣州荒政有詔襃嘉之先生歸功于監司其待胥吏不以刑威而自服嘗相戒曰神可欺府君不可欺訟者亦或相戒曰何面目見府君以是政甚清簡嘗輯伊川語錄一卷或有問先生于伊川者曰未見他進處只它守得定不變亦是好手如廬仲之徒皆忘之矣所著有劉先生集四卷非足本

許橫塘銘先生墓曰溫溫劉子其美璞斯文有傳與敦琢

始乎致知物斯格沉涵充擴卒自得衆人巧智獨敦朴衆人廹隘獨恢廓衆人利欲獨淡泊洞然無礙油然樂

大劉先生語

堯舜之道不過孝弟天下之理有一無二乃若異端則有間矣

誠意積于中者既厚則感動于外者亦深故伯淳所在臨政上下響應

致知甚難　學者須志于大　至誠可以蹈水火

作文害道

小劉先生安上

劉安上字元禮左史安節從弟也見知于范忠宣公與兄同受業伊川之門里人稱為大小劉先生以別之成紹聖進士累遷至提舉兩浙學事陛對稱旨徽宗稱其蘊藉有大臣體由監察御史再遷至侍御史上嘗目送之曰安上奏事可謂詳審先生面奏蔡京罪狀數十退復以疏言之而京自若乃再疏論之曰臣累疏論列蔡京罪惡雖蒙俞允未即顯誅臣不敢避再三之瀆仰干天聽三省事務必由聖斷京不候奏擬徑行批下其罪一也文昌舊省乃先帝睿畫京惑于陰陽之說一毀為墟其罪二也謀動邊釁舉師黔南民不聊生其罪三也錢鈔朝令夕改商販不行棄妻粥子或至自經其罪

四也汲引兇邪結為死黨其罪五也株連羅織異鉗異議其罪六也臚傳賜第摘其語涉諷已者編廢二十餘人其罪七也交汲宮闈私通近習其罪八也託祝聖以營臨平之私域假利民以決興化之識水其罪九也孟翊張懷素輩其所引姦妖惡逆其罪十也其餘積惡未容殫述臣愚欲望陛下斬京頭以謝天下斬臣道以謝　時大觀二年也于是中丞石公弼諫議大夫張克公復與先生廷劾之京始罷相三年還右諫議大夫又劾給事中蔡宗以道家吐納之說妄自尊大侍班瞋目上輊君父時論偉之尋除中書舍人踰年除給事中尋以徽猷閣待制歷知壽州婺州邢州皆有聲已而陞壽

祖望謹案云云应低
二格双行写

州為府復以先生守之又知舒州奉祠建炎二年卒先生在言路嘗曰吾仇怨滿天下矣然吾職所在吾無心也故其章奏多不存者所著有劉給事集三十卷今止五卷非足本

祖望謹案先生之風節峻矣顧晁景迂作客語謂道鄉之貶舟子參之先生取舟子決之此必傳聞之妄也先生兄弟同學同志方道鄉之貶左史送之而先生辱之得無類司馬牛之兄弟乎且道鄉初貶在先生未為御史之前其時先生一官錢塘再官縉雲三官登州皆非道鄉貶謫之路所経若其再貶則先生為御史矣于歲月亦皆不合況先生冐不測之禍以糾蔡京而肯辱道鄉以媚之乎晦翁

又誤移此事屬之左史則以送道鄉之人而反決其舟子

又事之所必無者也

小劉先生語

能制于外者則能養其中

拱而尚右此信孔子之行而行之者也喪欲速貧死欲速朽

此信孔子之言而言之者也非自得也

今長吏多以捕獲功自列幸人之死而已取賞吾弗忍為

忠簡許

横塘許先生景衡

許景衡字少伊瑞安人也學者稱為横塘先生伊川講學浙東之士從之者自先生始成紹聖進士歷仕至殿中侍御史

東南之未定也詔兩浙江東路權免茶鹽比較賦平依舊徵之先生疏言茶鹽人所日用當視食者之多寡為歲額之高下今被兵州縣户口減半而歲額必使與舊比東南赤子何以堪命三疏得請燕山之役力言童貫不可用且列其罪数十條又言譚稹罰未稱罪時以用兵故誅求益甚先生言財不足當節用民已困當厚恤之元豐左藏庫月支約三十六萬緡今費一百二十萬非舊制者可減營繕諸役花石綱運非舊制者可罷凡吏負以點檢文字祗應準備為名及伶官待詔伎藝之屬因事增置禄費尤切與夫無名之功賞非常之賜予僥倖之請求宜一切省絕常賦之外又以買糴為名

與其他抑配者不可一二数監司督責州縣促辦百姓破産相屬為民父母豈不惻然加卹乎王蔡亂政日甚先生言尚書省比闕長官而同知樞密亦久不除雖近例以三公通治然文昌政事之本樞密總兵之地各有任屬安可虚位况近年賞罰僭濫官吏猥多姦贓狼籍財匱民困軍政縱弛邊備不嚴陝西諸路地震彌月京東淮東積水害稼此正敷求輔佐振舉紀綱之時望博考公議慎選忠賢以補政府之闕王黼大怒適知洋州吳岩夫以書抵執政言先生之賢而誤達于黼以是逐之欽宗即位以左正言召中丞陳過庭引親避嫌改太常少卿兼諭德已而除中書舍人上書論人君心術

及時政而耿南仲以舊學執政深惡鯁直之士李光程瑀相繼被斥先生爭之會過庭拜中書侍郎先生復引嫌南仲乃誣先生視大臣進退爲去就與同官晁說之俱罷胡文定公爭之不報已而有詔召還則京師被圍道梗信絶高宗即位之八日以給事中召至則除中丞時宗忠簡公守東京小人撼之先生力言其不可又言方今人才未備而政事不立意欲節浮費輕賦役慎命令明賞罰平寇盜嚴武備汰奸貪抑親黨申公論以革往時之弊浙西軍變提刑下詔安之令既降請授以官先生謂作亂而反得受爵非政刑也罷之惟駐蹕之議則李忠定公主南陽宗忠簡公請還京而先生獨請

東幸建康黄潛善之兄潛厚為户部尚書先生極論其不可乃罷尚書之命猶以延康殿學士領財計再疏言之高宗甚向用先生遂拜右丞入政府而潛善等益忌之初先生謂天下方多事當調和同列以求濟已而嘆曰調和不可為也則請間為上極言之潛厚等益恨會議改鈔法先生曰國家號令失信于天下垂　而鈔法最甚尤而効之奈何遂止有從臣從偽命者先生〔宰相以〕謂其有文欲復使典制先生曰是大辱國此而可用孰不可用也或謂正二月之交乃太乙正還之日宜于禁中設壇望拜上以為問先生曰修德愛民天自降福何迎拜太乙之有潛善等惡宗忠簡公謗之不已先生廷

辨之曰澤忠義之節居守之　非特臣能言之東都宗廟所在北抗強敵責任不輕必欲易之非左右大臣不可謗者黑然初李忠定公為相遂定南陽之地忠定去位議亦罷而忠簡累請還京先生獨謂三鎮未復不宜居危地　漕運不繼且當居建康及金人居（攻）氾水高宗尚在廣陵先生請幸建康蓋力會有傳信王榛將入汴者高宗懼遂下還京之詔先汪黃實主東幸而故以渡江之議罷先生以資政殿大學士奉祠先生聞還京之舉憂之至瓜洲得暍疾舟至京口而卒東考當時之議自以李宗之北向為是而東幸為怯此不足為先生諱也然汪黃本言東幸及怵于傳聞始議還京而借渡

江之議以傾先生是則小人之醜正可為太息者且汪黃之東幸特以自便其私而先生則主於捍險而守其所見正不同及夫倉卒下還京之詔漫無牧圉之備羽書猝至狼狽度江然後知先生之早計較之李宗雖有遜而小人當媿死矣故先生既卒而高宗思之曰朕自即位以來執政忠直遇事敢言無如張慤許景衡者賜謚忠簡明年先生夫人胡氏乞借所僦官屋詔以給其家所著有槐塘集三十卷于從永樂大典中曾見之

浮沚周先生行已

周行已字恭叔永嘉人也學者稱為浮沚先生少而容儀秀

謦語音如鍾十行並下遊太學時新經之說方盛而先生獨之西京從伊川遊持身艱苦塊然一室未嘗窺牖嘗作顏子不貳過論曰過不必大豪末萌于心而天地為之應悟不必久斯須著于心而天下歸其仁伊川　呂與叔時在同門先生亦師事之豐清敏公為司業一日騶從閱于堂下先生上書規之清敏為巽謝焉時兩賢之成元祐進士求監洛中水南糴場以便從學先生未達時從母有女為其太孺人所屬意嘗有成言而未納采至是其女雙瞽而京師貴人欲以女女之先生曰吾母所許吾養志可也竟娶之愛過常人伊川嘗語人曰其未三十時亦不能如此然其進銳者其退

速當慎之其後先生嘗屬意一妓密告人曰勿令尹彥明知也又曰此似不害也伊川聞曰此安得不害義父母之體而以偶賤倡乎謝上蔡曰恭叔不是擺脫不開只為立不住便放倒耳胡文定曰恭叔才識高明只緣累太重若把得定便長進矣崇寧中官至太學博士願分教鄉里以便養親許之尋教授齊州大觀三年侍御史毛、劾先生師事程氏卑污苟賤無所不為遂罷歸築浮沚書院以講學宣和中除秘書省正字卒于郡所著有周博士集三十卷予從永樂大典得見之其文蓋學東坡者先生以偶墮狎邪之故遂為尹謝諸公所譏然考其晚年所造已為不遠之復似未可以此一節抹

敍之晦翁謂先生學問靠不得者恐太過也永嘉諸先生從伊川者其學多無傳獨先生尚有緒言南渡之後鄭景望私淑之遂以重光故水心謂永嘉之學視千載之已絕退而自求克兢者以禦物欲者周作于前鄭承于後然則先生之功不可沒也

浮沚先生語

先生教人為學當自格物始格物者窮理之謂也欲窮理直須思始得思之有悟處始可不然者所學者恐有限

必有事焉而勿正浩然之氣充塞天地雖難得而言非虛無

左入浮沚記　見卷末

必有事焉但正其名而取之則失之矣呂與叔博士說

草堂先生張煇

張煇字子充永嘉人也自六經諸子史百家之説皆通習而辨析之性篤孝居喪哀毁不自勝築霜露堂于墓側栖止其中有甘露降于庭學者爭請識之曰是自炫也與横塘諸公日從事于治氣養心之術學者從之益多政和中舉八行不就政和二年上舍擢第累仕爲洪州教授薦爲國子學録所著有草堂語録學者稱爲草堂先生子孝愷字思豫傳其父學紹興庚辰進士官架閣止齋先生婦翁也

戴先生述

戴述字明仲永嘉人也孝友直諒少工于文嘗試廣文館趙

敍之晦翁謂先生學向靠不得者恐太過也永嘉諸先生從伊川者其學多無傳獨先生尚有緒言南渡之後鄭景望私淑之遂以重光故水心謂永嘉之學視千載之已絶退而自求克競者以禦物欲者周作于前鄭承于後然則先生之功不可沒也

浮沚先生語

先生教人為學當自格物始格物者窮理之謂也欲窮理直須思始得思之有悟處始可不然者所學者恐有限

必有事焉而勿正浩然之氣充塞天地雖難得而言非虛無也必有事焉但正其名而取之則失之矣呂與叔博士説

草堂先生張煇

張煇字子充永嘉人也自六經諸子史百家之説皆通習而辨析之性篤孝居喪哀毁不自勝築霜露堂于墓側栖止其中有甘露降于庭學者爭請識之曰是自炫也與横塘諸公日從事于治氣養心之術學者從之益多政和中舉八行不就政和二年上舍擢第累仕爲洪州教授薦爲國子學録所著有草堂語录學者稱爲草堂先生子孝愷字思豫傳其父學紹興庚辰進士官架閣止齋先生婦翁也

戴先生述

戴述字明仲永嘉人也孝友直諒少工于文嘗試廣文館趙

挺之得其叅以為先儒擢異等而先生未冠也先生為小劉先生妹壻遂同遊于程門求為己之學居父喪廬墓盡哀成元符進士不樂為簿監等官辭之不得賦歸去来詩投檄去起為臨江教授居母喪病于倚廬或請遷于内先生不可六日而卒周浮沚銘其墓曰明仲資禀剛明少而有立既從程氏問學知聖人之道近在吾身退而隐于心若有自得方沉涵充擴日進未已而年止三十有七可謂不幸也已先生弟迅字幾仲私淑洛學于其兄時稱為大小戴先生門人合其文曰二戴集幾仲別有晉史屬辭六卷

趙先生霄

趙霄字彥昭瑞安人也十歲賦猛虎行甚工少孤從父豫析其産先生悉以屬之兄入太學與橫塘諸公為洛學成崇寧進士官濟州教授率諸生以躬行之實不專事科舉東方士俗為之丕變時稱為趙顔子官至太學正先生弟霈字彥澤學業亞于其兄大觀中以八行舉恥其為蔡氏所設科力辭不赴方賊之難同縣令王公濟守禦有勞既卒縣人祀之橫塘稱其臨大節而不撓視古人為無媿矣

石經沈先生躬行

沈躬行字彬老永嘉人也不喜舉業之學而好古學講明禮經喪塟之制初從與塘先生林石遊安定古靈之再傳也已

而從伊川兼師同門藍田呂氏其學以中庸大學為本篤學而力行之卓然以聖賢為依歸王氏廢春秋先生獨手摹春秋藏于家云從弟琪字東美行義如其兄聚族而居寢舍飲食皆倣古制學者稱為嘉慶先生

蔣先生元中

蔣元中字元中永嘉人也見道超卓與橫塘諸公為洛學嘗作經不可使易知論太學諸生盛傳誦之至刻之石而張文忠公橫浦亦時時為學者誦之

按元豐中太學有永嘉九先生之目即劉許以至沈蔣九人也張氏趙氏　氏疑未見伊川者蓋私淑也然永嘉之

為洛學者蓋不止此蓋指其同時在太學者耳

敬亭鮑先生若雨

鮑若雨字商霖永嘉人也學者稱為敬亭先生張思叔敬亭記曰商霖從學伊川先生勤苦自勵早夜不息為同門之畏友伊川嘗令其与和靖講明睦州之亂率其門人捍禦有勞有司奏功力辭不受所著有伊川問答錄敬亭集

敬亭語

先生前日教某思君子和而不同思之數日便覺胸次廣濶其意味有不可以言述者

竊有一喻頃留嚴聽今有人焉久寓遠方一日歸故鄉至中

途遇族兄者俱抵旅舍異居而食相視如途人豈知為族弟此亦豈知為族兄耶或告之曰公之族兄弟也既而懽然相從無有二心向之心亦今之心豈或異哉知亦不知而已今學者苟知大本則視天下猶一家亦自然之理也先生曰此誠善喻

人之初生仁固已存乎其中及其既生也幼而無不知愛其親長而無不知敬其兄而仁之用于是見乎外當是時唯知愛敬而已固未始有事物之累及夫情欲竇于中事物誘于外事物之心日厚愛敬之心日薄本心失而隨喪矣故聖人教之以務本而曰孝弟為仁之本蓋謂為仁者必本于孝弟

先生曰如此尋究甚好

身者資父母血氣以生者也盡其道則能敬其身敬其身則能敬其父母矣故曰盡其道謂之孝弟

潘先生旻

潘旻字子文瑞安人也與敬亭諸公入洛從伊川嘗以子夏子張之論交爲問伊川曰子張是成人之交子夏是小子之交先生退而有得志趣高遠見當時政事混濁黨錮之禍正烈遂隱居不仕

謝先生天申

謝天申字用休瑞安人也見于伊川語録和靖先生亦推重

之以賢良薦知閤門按晦菴伊洛淵源錄云用休名天申而止齋集名佃豈其人有二名耶

陳先生經正

陳經正字貴一平陽人也其弟經邦從伊川遊經邦成大觀進士字貴新貴一貴新皆有問答見語錄其二弟經德經、亦私淑洛學者謝持正之見伊川也貴一實介紹之貴一嘗曰盈天地間皆我之性不復知我之為我

劉安禮

劉安禮字元素左史同産弟也學于左史于書無不所讀有才氣宣和辛丑睦州之亂劉教授士英糾義兵永嘉士子助

目次
陳先生經正
劉安禮
蔡元康
潘安國
吳表臣
吳松年
吳濚
沈大經
沈大廉
諸葛說
薛先生徽言

之者鮑敬亭与元素皆佐方略盜至共守城有功朱漢上與之厚敬亭病于京師元素以師友之誼不遠千里往視得疾（寒）遂卒時論惜之

吳表臣　松年　濚　周氏门人

吳表臣字正仲永嘉人也宋史謂其源流得之陳忠肅了翁而不知其為浮沚先生高第永嘉諸公之傳其最達者先生也餘詳宋史

吳松年（吳松）字公叔湛然先生表臣子也少年工于文時以為有孫覿汪藻之風張忠獻公謂之曰士當為有用之學不必苦心詞章因令与其子敬夫遊自是盡棄其學以任子累官明

州通判朝臣爭薦之除將作監丞江西安撫司參議尋知南劍州以荅天意固民心為對先生善折獄其在明州出死囚數人其在南劍州亦然暇則之學宮命諸生講經義課政以最入朝政府將以為郎官孝宗以其治郡有聲再令知潭州未之官而卒先生風神高邁談論傾座超然如晉唐間人物好古樂道經明行修不競干進慤而潛介而通所著有江湖集于兄弟尤友愛最與王文忠公十朋鄭文肅公伯熊交軒東萊諸公善

吳濼

吳濼字子量表臣曾孫世其家學篤志窮經櫛沐俱廢嘉定間葉味道陳埴以朱學顯而先生從遊之士過之潘凱方來

其高第也成淳祐進士監平江倉朝論將處以京　不就詣流内銓注青田令而去

蔡元康　許氏门人

蔡元康字君濟平陽人也初入太學慨然嘆曰學止科舉而已耶所見賢者一言一行孜孜訪之由橫塘諸公私淑洛學崇寧中遊京師詣其友曰連日不樂得非吾親不安耶馳歸果父病尋愈學以誠正為本龜山道鄉了翁皆重之道鄉臨没告以死生之説并學問源流甚詳

沈大经　石经子弟

沈大经字元城石经先生從子也通物以性成身以行應事

以理後進登其門者咸有所裁正在家尤嚴肅妻子莫不化
之用累舉恩主漳浦簿　南嶽祠沈氏自石經紹正學元城
尚其兄大廬並稱克世而元誠惜未見其施

沈大廉

沈大廉字元簡石經先生從子也傳其家學紹興進士為樞
密院計議官尋除監察御史遇事敢言給事中周葵以封駁
忤旨罷先生力陳其不可俄而中書舍人凌景夏相繼去復
爭之俱不報自以不得其言力求外補遂以直秘閣提刑福
建卒王公　谿輓之曰能將一誠字了卻百年身九先生之
後能世其家者推周氏沈氏張氏子季豐字儉夫亦躬行之
士止齋宏父諸公並重之

## 潘安國 許氏門人

潘安國字仲頎平陽人也由横塘諸公私淑洛學嘗舉八行不就一日行市上負薪者誤觸其巾墮滈中皇遽弛擔謝罪先生撫而遣之曰汝行矣吾自取之韓世忠討范汝為道出平陽毀家輸餉世家忠上其功召之不赴

## 李迎

缺 李迎去 不必出

## 諸葛説 張氏續傳

諸葛説字夢叟其父草堂先生之甥永嘉人也得其外家之傳紹興庚辰進士以禄不逮親無意于仕名其園曰艮園室

曰休室以正學教其鄉人晚年以薦主長樂簿史越公帥閩重之延居幕中多所諮訪且薦之朝而夢叟卒矣嘗自言讀書二十年得一健字

薛先生徽言

薛徽言字德老永嘉人也從胡文定公學高宗即位以布衣上書言六事曰國勢曰邊防曰刑賞曰巡幸曰財用曰官吏成建炎二年進士趙豐公為中丞先生以書謁之大見稱賞豐公連章劾呂頤浩高宗是之對曰是皆溫士薛徽言為自發之次日繳上其書豐公進樞府先公（生）亦蒙名對首以勤（强）志勤政君子小人為言授樞密院計議官請建立方鎮以同羅

落從之東宮虚位首陳大計請擇賢宗室立為皇子時高宗春秋方富莫敢言者言之自先生始于是婁寅亮繼請高宗擢寅亮為御史已允其請矣未幾又中止先生因星變再上書論之言陛下已有旨名宗室三人入侍此命一出萬口稱慶乃其二人一見而止一人未聞促名切料小人必有熒惑陛下之志者識者為之寒心于是立嗣之議始定又言倖幸未出國論未定憂其所不當憂而忘其所當深憂此乃大可憂者順浩再當國欲中傷之不得乃以權監察御史宣諭湖南奏言本路不便于民二十事且請令大將岳飛綏定湖南薦憲司呂祉等五人及隱士黎明劾去貪墨吏謝微等時折

彥質以樞臣師潭代李綱先生言李有成効不應遽易頤浩乃言小臣不當薦舉將相且以其奉使　守臣子侄諸使皆有殊遷而先生權發遣興國張魏公督軍湖南名還幕府以比部郎名歷兵部吏　司左司檢正中書門下諸房文字先是徽宗訃至上疏力言以日易月之非大將岳飛以忤督府棄軍歸廬山手書勸令治軍刑寺奏有父夜盜子財子不知而殺之者當以夜入人家登時殺死之律先生謂父子法不別籍非人家也子富父貧是不孝也人子弒父而有勿論者乎從之遷起居舍人豐公之三入也先生以為事切難就當如姚崇以十事要明皇俟許可始俟親政豐公不能用

秦檜知平江過闕望豐公留之而不得先生謂豐公曰檜從此怨矣豐公疑曰檜居永嘉故君助之耶由是稍疎之而不知先生之忠於己也和議起豐公以下皆去國而先生獨留蓋檜亦以前事謂先生厚計稍親之而先生不為所用初豐公之去惟二郎官與先生送之豐公語先生欲以檜罔上一事入告先生止之豐公既疑先生喟然嘆曰愚去君安得獨留先生戲應之曰未可量也檜聞之益以先生為助己先生乃上言帝王之孝在復讎因援漢高帝杯羹之説且言萬里梓宮真偽莫辨已而直前面檜廷辨曰偷安固位于相公私計則良便然忍君父之辱忘宗廟之恥于心安乎是日極爭

移晷感寒疾不數日卒遺疏猶詆秦計甚力故事左右史卒
官甬其子二人恩澤至是上詔特賜帛百匹恩澤如例而秦
檜格之先生之大功在議國本其大節在爭和議宋史作傳
寥丶不滿十行亦異甚矣次子季宣別為學案

此記乃浮沚先生自作应入周行己傳後俟改　自作

先生作浮沚記曰于浮雲其仕泛然出油然歸有名無位凡民如也僦室淨光山之下古西射堂之遺址蒼然小洲繚以勺水予視吾生若漚起滅不常若萍去留無止于是名之曰浮沚其西為閣名曰漚閣其東為軒名曰萍軒其北為室名曰桴室、、者室也室吾心之陰幽不善也其南引舟而渡名曰筏渡、、者度也度吾一切心陽明之善也是吾居也因水而為洲因洲而為室因室而為名因名而為義皆浮義也故吾不獨浮其仕又且浮其居不獨浮其居又且浮其生有之而何得無之而何失古之有道者貧而樂富而通豈謂是歟非曰能之願學焉

第六冊 鳴道學案

黃梨洲宋元案 元孫稚圭 校補稿

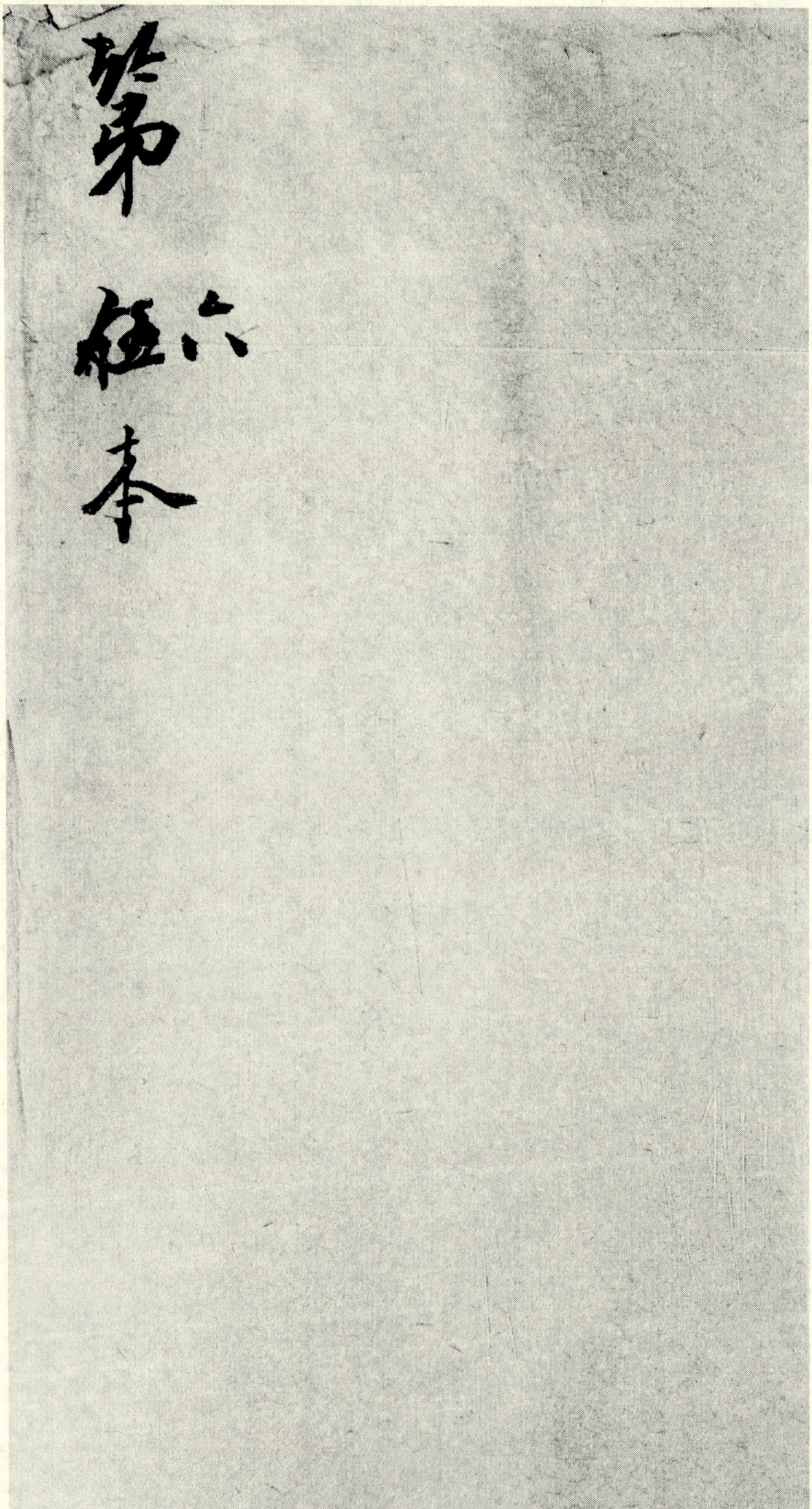
第伍本
六

此案宜毀

宋儒學案

遺獻黃棃洲先生藁

男百家纂輯　元孫璋校補

後學全祖望續修

鳴道學案集說

屏山李先生純甫

李純甫字之純弘州襄陰人也幼穎悟初業詞賦及讀左氏春秋大愛之遂更為經義學以經義擢承安二年進士為文法左氏莊列國策後進群宗之雖元好問亦心折焉喜談兵慨然有經世志章宗南征兩上疏策其勝負上奇之給送軍中後多如所料宰執愛其文荐入翰林及元兵起又上疏論時事不報宣

宗還汴再入翰林時丞相高琪擅威福柄擢為左司都事純甫審其必敗以母老力辭去既而高琪誅復入翰林連知貢舉正大末坐取人踰新格出倅坊州未赴改京兆府判官卒于汴年四十七純甫少自負其材以諸葛孔明王景略自期由小官上書援宋為證甚切當路者以迂濶抑之中年度其道不行縱酒自放無仕進意得官未成考即歸隱以文酒為事嘯歌袒裼或飲數月不醒人有酒見招不擇貴賤必往往輒醉然亦未嘗廢著書喜佛晚年益甚自類其文凡關佛老二家者號內藁其餘應物文字為外藁取解老子莊子楞嚴金剛經中庸集解鳴道集說號中國心學西方父教數十萬言以故為名教所貶而耶

律楚材最服之

鳴道集説

濂溪曰動而正曰道用而和曰德匪仁匪義匪禮匪智匪信悉邪也○屏山曰此韓愈氏之遺説耳道無動靜不動其無道乎

與上半篇似乎相反

原叢　讀史太多似可節去　現陳晉學抄去只有讀易讀詩周官
羣經各序　未有原本亦未校
甲午七月廿日記

仁則非仁也

九歟

濂溪曰聖人之道仁義中正而已矣○屏山曰志於道據於德依於仁和順於道德而理於義皆孔子之言與老子之言將無同乎善夫莊子之言也和理出其性理道也和德也德仁也道義也然則搥提仁義者其揚子乎離道德于仁義者其韓子乎

自以為大中至正恐未免為曲士也夫

迂叟曰窮理盡性以至於命世之論命者競為幽僻之說以欺人使人跂懸而不可及憒瞀而不能知則盡而捨之其實奚遠哉是不是理也才不才性也遇不遇命也○屏山曰易有窮理盡性以至於命之說孔子之心學也自顏子曾子子思傳之孟子曰盡其心者知其性也知其性則知天矣知天之與我者萬物皆備然後能踐其形雖夭壽不貳也豈為幽僻之語高論于世哉惜乎後世不得其傳跂懸而不能窮憒瞀而不能盡而捨之不能至文蹇淺之說以自欺則可矣理有是不是耶性有才不才耶命有遇不遇耶吁

律楚材最服之

鳴道集說

濂溪曰動而正曰道用而和曰德匪仁匪義匪禮匪智匪信悉邪也○屏山曰此韓愈氏之遺說耳道無動靜不動其無道乎德無用捨不用其無德乎孔子謂仁者見之謂之仁則非仁也智者見之謂之智則非智也聖人之所見豈邪見歟

濂溪曰聖人之道仁義中正而已矣○屏山曰志於道據於德依於仁和順於道德而理於義皆孔子之言與老子之言將無同乎善夫莊子之言也和理出其性理道也和德也德仁也道義也然則搥提仁義者其揚子乎離道德于仁義者其韓子乎

鳴道學案　二

自以為大中至正恐未免為曲士也夫

迂叟曰窮理盡性以至於命世之論命者競為幽僻之說以欺人使人跂懸而不可及憒瞀而不能知則盡而捨之其實奚遠哉是不是理也才不才性也遇不遇命也○屏山曰易有窮理盡性以至於命之說孔子之心學也自顏子曾子子思傳之孟子曰盡其心者知其性也知其性則知天矣知天之與我者萬物皆備然後能踐其形雖夭壽不貳也豈為幽僻之語高論于世哉惜乎後世不得其傳跂懸而不能窮憒瞀而不能盡而捨之不能至文蹇淺之說以自欺則可矣理有是不是耶性有才不才耶命有遇不遇耶吁

迂叟曰：或謂聖人之心如死灰，是不然。聖人之心如宿火爾。夫火，宿之則晦，發之則光，引之則然，鼓之則熾，深而不消，久而不滅者，其宿火乎？豈若死灰哉？○屏山曰：野哉斯言！聖人之心未嘗生死，豈如宿火之乍明乍暗耶？深而不消者終消也，久而不滅者終滅也。聖人之心如日月焉，但以塵念蔽之，如浮雲之翳、陰氣之蝕耳。塵念消爍，既如死灰，而天光始發，初無增損，其有滅乎？此孔子所謂與日月合其明，莊子又謂進於日者，與世俗不知也。

迂叟曰：或問釋老有取乎？曰：有。曰：何取？曰：釋取其空，老取其無為自然，釋舍是無取也。空取其無利欲心，無為自然取其因任

耳○屏山曰釋氏之所謂空不空也老氏之所謂無為無不為也其理自然無可取舍故莊子曰無益損乎其眞若曰不增不減故以愛惡之念起是非之見豈學釋老者乎取其無利欲心即利欲心取其因任即是有為非自然矣

迂叟曰學者黃老者以心死既如死灰形如槁木為無為迂叟以為不然作無為贊治心以正保躬以進靜退有義得失有命守道在躬已成功則天夫復何為莫非自然○屏山曰顏子黜聰明褫肢體入道之門耳豈在道耶列子知黃帝書者其言曰積塵聚塊雖無為而非理也莊子學老子者其言曰若羽之旋若磨石之隧乃死人之行非生人之理也聖人之得道者尸居

而龍見淵默而雷聲神動而天隨豈止如死灰槁木然贊固佳矣但改莫字作終字學者當漸進一階或自此入

迂叟曰莊子文勝而道不及君子惡諸是猶朽屋而塗丹雘不可處也眢井而席綺繢不可履也烏喙而漬飴糖不可嘗也堯之所畏舜之所難孔子之所惡青蠅變白黑者也○屏山曰莊周氏豈有意於文武其一噓也隱然如迅雷之驚蟄蟲其一吹也飂然　長風之振槁木粃糠二典而示堯舜之神四子不離於汾陽糟粕六經而掃仲尼之語一人方出於魯國大抵如達麻之倒用如來印耳至音太古逆笙歌之耳良藥大苦螫芻豢之舌儒者不談千伍百年矣比之青蠅不亦厚誣乎

迂叟曰揚子之論王莽也豈得已哉況伊周則與之況黃虞則不與也○屏山曰劇秦美新亦與伊周乎既擯莊周固揚子之黨也又何辨焉

橫渠曰大和所謂道中涵沉浮升降動靜相感之性其來也幾微易簡其究也廣大堅固起知於易者乾效法於簡者坤散殊而可象為氣清通而不可象為神不如野馬絪縕不足謂之太和語道者知此謂之見道學易者見此謂之見易不如是雖周公才美其智不足稱也○屏山曰吾嘗學易矣保合太和各正其性命也屈伸往來者陰陽之相盪也易簡者乾坤之德也形而上下者道器之謂也天地絪縕者萬物之化也聖人之意各

有所謂張子雜取其說而談天地未生之初謂真見易之道而竊比周公躁矣

橫渠曰氣坱然太虛升降飛揚未嘗少息易所謂絪縕莊子所謂生物之以息相吹野馬者歟此虛實動靜之機陰陽剛柔之始浮而上者陽之清降而下者陰之濁其感遇聚散為風雨為霜雪萬品之流形山川之融結糟粕煨燼無非教也○屏山曰張子畧取佛老之語力為此說正首楞嚴伍拾種魔第三十二行陰未盡見諸十方十二衆生畢殫其雜未通其各命由緒見同生基猶如野馬熠熠清擾為浮塵根究竟樞穴張子誤認此言以為至理而又摹影佛答富樓那大地山河生起之說莊周

矢溺瓦礫之説而不甚明可付一笑

横渠曰氣之為物散入無形適得吾體聚為有象不失吾常又曰太虛不能無氣〻不能不聚而為萬物〻不能不散而為太虛循是出入皆是不得已而然也聖人盡道其間兼體而不累者存神其至矣又曰聚亦吾體散亦吾體知死而不亡者可與言性矣知虛空即氣則有無隱顯聚散出入能推本所從來深於易者也○屏山曰張子竊聞首楞嚴性覺真空性空真覺之言而未見如來藏中妙真言如性妄起計度立圓常論正墮三十三種顛倒見魔是人觀妙明心徧十方界湛然以為究竟神我從是則計我徧十方凝然不動一切衆生於我心中自生自

死則我心性名之為常張子誤認此語厚誣聖人指為易道聖人之言曰神無方易無體寧有我乎耶吁可憐也夫

横渠曰太虛為清〻即無礙〻故神反清為濁〻則礙〻則形又曰氣聚散於太虛猶冰凝釋于水知太虛即氣則無〻故聖人但明幽明之故不云有無諸子淺妄以分有無非窮理之學也

○屏山曰老子所謂常無即佛之所謂真空非斷滅之空老子所謂常有即佛之所謂妙有非碍色之有無非真無有非真有空即是色〻即是空張子自分太虛與氣之聚散又分形與神之清濁自比聖人以為窮理淺妄如此豈知吾夫子形而上者之謂道形於下者之謂器乎

橫渠曰由太虛有天之名由氣化有道之名合虛與氣有性之名合性與知覺有心之名○屏山曰孔子云易有太極是生兩儀老子云有物混成先天地生佛云空生大覺中如海一漚發夫道生天生地以為毋自根自本者即此心也張子之言如此無乃異於三聖人乎

橫渠曰若謂虛能生氣則虛無窮氣有限體用殊絕入老氏有生於無自然之論不識其所謂有無混一之常若謂萬象為太虛中所見之物則物與資虛不相資形自形性自性陷于浮屠以山河大地為見病之說畧知體虛空為性不知本天道為用反以人見之小因緣天地為世界為幻化躐等忘意而然遂使

儒佛老莊混然一途因不於恍惚夢幻定以有生于無為窮高極妙之論不知入德之門多見其蔽于詖而見陷于淫矣○屏山曰老子之所謂老氏有生于無之論正老氏所謂常有以觀其徼者常無以觀其妙者張子不知也張子所謂混一之常正老子所謂建之以常無有果知之乎張子又謂浮屠以山河大地為見病之説正佛之所謂真如之生滅者俗諦之幻有所謂真如之不生滅者真諦之本空張子不知也張子所謂體虛空為性本天道為用正佛之所謂真如有體有用空而不空是名中道第一義諦張子果知之乎謂佛有人見躐等妄意誣為幻化學道者其知之矣或因于恍惚夢幻或遂以為有生於無為

窮高極妙皆望道而未之見耳不知入德之門途蔽于詖而陷于淫或亦有之非三聖人之罪也所謂儒佛老莊混為一途者十方諸佛異口同音萬古聖人同轍俱往張子獨能岐而外之乎雖無夫子復生不易吾言矣

橫渠曰鬼神者二氣之良能也又曰天道不窮寒暑已衆動不窮屈伸已鬼神之實不越二端而已○屏山曰聖人有言天且弗違而況於人乎況於鬼神乎天自天人自人鬼神自鬼神非二氣也天之寒暑氣之屈伸鬼神何預焉伊川曰亦鬼神者造化之跡江東諸子至有以風雨為鬼神其疎甚矣此說亦有所從來其源出于漢儒誤解中庸鬼神體物而不可遺一句訓體

應將朱門学案内黄文肅公傳入此處

十〇讀史記

為生説者謂萬物以鬼神之氣生故至於此予謂鬼神雖弗見弗聞然以物為體而影附之不可見遺也故洋洋乎如在其上與左右也何以二氣為哉

横渠曰在天而運者為七曜恒星為晝夜以地氣乘機左旋於使垣道河漢因此而南孔子不言天地日月星辰者以顏已知之矣古人所謂天左旋此至粗之論耳〇屏山曰此子未嘗談也大易止言乾動坤静尚書止言在璇璣玉衡以齊七政而已張子敢于高論果于自信斬然臆斷謂天静地動惟七曜行當問天古星翁吾亦不知也

横渠曰聖人不可知謂神莊生謬妄又謂有神人焉〇屏山曰

莊子所謂有天人至人神人皆聖人之别稱耳大抵居帝王天子之德謂之聖人言素王玄聖之道謂之神人謂聖人之駴世神人未嘗過而問焉正吾夫子之所謂鼓萬物而不與者豈有二人哉莊子寓言而學者惑之是對癡兒不得説夢迨佛書至有法身報身化身之説其理甚明禪者又分五位至于體用交參正偏回互之際區區章句之學未嘗曾見此事宜其譏笑以為謬妄也歟

橫渠曰物之初生氣日至而滋息物生既盈氣日反而游散至之謂神以其伸也反之謂歸鬼以其歸也○屏山曰此説出於漢儒以木火為生物之神以金水為終物之鬼訓神為伸訓鬼

為生説者謂萬物以鬼神之氣生故至於此予謂鬼神雖弗見弗聞然以物為體而影附之不可見遺也故洋洋乎如在其上與左右也何以二氣為哉

横渠曰在天而運者為七曜恒星為晝夜以地氣乘機左旋於中故使垣道河漢因此而南孔子不言天地日月星辰者以顔淵輩已知之矣古人所謂天左旋此至粗之論耳○屏山曰此説孔子未嘗談也大易止言乾動坤靜尚書止言在璇璣玉衡以齊七政而已張子敢于高論果于自信斬然臆斷謂天靜地動惟七曜行當問天古星翁吾亦不知也

横渠曰聖人不可知謂神莊生謬妄又謂有神人焉○屏山曰

莊子所謂有天人至人神人皆聖人之別稱耳大抵居帝王天子之德謂之聖人言素王玄聖之道謂之神人謂聖人之駭世神人未嘗過而問焉正吾夫子之所謂鼓萬物而不與者豈有二人哉莊子寓言而學者惑之是對癡兒不得說夢迨佛書至有法身報身化身之說其理甚明禪者又分五位至于體用交參正偏回互之際區區章句之學未嘗曾見此事宜其譏笑以為謬妄也歟

橫渠曰物之初生氣日至而滋息物生既盈氣日反而游散至之謂神以其伸也反之謂歸鬼以其歸也○屏山曰此說出於漢儒以木火為生物之神以金水為終物之鬼訓神為伸訓鬼

為歸亦曲説耳今證以孔子之言精氣為物謂人物也游魂為變謂鬼神也人物有形之鬼神鬼神無形之神物可以知鬼神之情狀蓋無異于人物故其禍福亦從吾之好惡焉豈神主生而鬼主死又強為分别耶

横渠曰氣生於人生而不離死而游散謂魂聚而成形質雖散死而不散謂魄○屏山曰異乎吾所聞鄭子產論伯有曰人生始化曰魄陽曰魂用物精多則魂魄強故伯有之死猶能為祟而殺駟帶蓋魂魄者動静之精神耳形質既成生而不能離形質既壞死而不能散游然而變或為鬼神即此一物也豈有二物哉

橫渠曰海水凝則氷浮則漚然氷之才漚之性海不得而預焉推是足以究生死之説○屏山曰性猶海水也情猶浮漚也漚有生滅而水無生滅情有生死而性無生死雖吉凶以情遷而原始反終知之未嘗生亦未嘗死也則死生之説盡矣雖然漚即水也水即漚也情豈非性性豈非情乎生滅而有不生滅者在其死生中蓋有不死生不死而生死者乎以水喻之則不類乎性外而又言才吾不知其為何物也

橫渠曰寤所以知新于耳目夢所以緣舊于習心醫言專語氣於五臟之變有取焉耳○屏山曰此言常夢乎其得為多如非常之夢傅説之夢武丁監牛之夢穆叔橫渠之言敗矣當以東萊

之言為解語在左氏博議

横渠曰釋氏不知天命而以心法起滅天地以小緣大以末緣本其不能窮謂之幻妄真所謂疑氷之夏蟲歟反以六根之微誣天地日月蔽其用於一身之小溺其志于虚空之大此所以語大語小流遁失中其大也塵芥六合謂天地為有窮也其小也夢幻人世不能究所從也謂之窮理可乎不知窮理謂之盡性而無不知可乎儒者窮理故率性可以謂之道佛不知窮理故其說不可推而行○屏山曰孔子知易有太極是生兩儀老子知有物混成先天地生莊子知道生天生地列子知渾淪之始言天地空中之細物也張子烏知有此理耶孔子之太極老

子之混成莊子之道列子之渾淪是何物耶四子同在天地中心非二物學者溟涬一千五百年矣而佛書遂東首楞嚴云空生大覺中如海一漚發有漏微塵國皆依空所生然則其不出于此心乎何以信之張子亦有夢否五尺之軀栩然一席之地謦欬之間天地日月山川聚落人物衣冠俯仰酬酢自成宇宙皆從汝一念生此特佛書所謂第六分離意識之所影現者耳其力之所成就廣大如此與此天地亦殊不相罣礙此即邵康節所謂一身自有一乾坤者況其根本第九白淨無垢妙真如性豈不能生此天地乎此真如性大包天地而有餘細入微塵而無間寧有大小與生滅乎老子謂尹文子曰吾與汝皆幻

也孔子謂瞿鵲子曰丘也與汝皆夢也且有大覺而後知此萬世之後一遇大聖如旦暮夢遇之張子豈其人乎此理固未易窮張子欲率其性而自謂之道將推而行之真夢中語未知孰為夏蟲也與悲夫

横渠曰大易不言有无言有无諸子之陋也○屏山曰形而上者謂之道形而下者謂之器非老子之常無常有佛之真空妙有乎張子之陋也

横渠曰一物而兩體其太極之謂歟○屏山曰太極生兩儀而張子云尒是胚胎未兆而自為男女也夫

横渠曰飲食男女皆性也是烏可滅莊老佛氏為此說久矣果

暢真理乎有無不能為一非盡性也○屏山曰飲食男女氣血之嗜欲耳豈其性耶必欲混然而一歟與禽獸奚擇哉此正夫子之所謂無礙禪也莊子固有不食五穀綽約如處子者張子自不見耳以近喻之世間近道之士辟穀而齋居者多矣豈盡失其性哉自殘其性而必患天下後世者必此言也夫

橫渠曰浮屠明鬼謂有識之死受生循環厭苦求免可謂智乎以人生為妄見可謂知人乎天人一物輒生取舍可謂知天乎指游魂為變為輪迴未之思也○屏山曰此說出于原始反終知死生之說莊子推而明之謂生者死之徒死者生之始死生相尋乎無端列子亦謂死于此者安知其不生于彼萬物皆出

于機皆入于機非輪廻而何老子謂生者喑噫物也莊子亦有久憂不死何其苦也之言古之真人有人之形無人之情彼且擇日而登假乘彼白雲至于帝鄉所則與造物為人厭則出六合之外如老子之柱下莊子之漆園列子之鄭圃孔子之魯國體性抱神遊于世間可也自此以降遠欲泯其真妄同天人無取舍均死生嘻其誕矣

横渠曰浮屠必謂死生轉流非得道不免謂之悟道自其說熾傳中國雖真才間氣生則溺耳目恬習之事長則師世儒崇尚之言遂冥然被驅謂聖人可不修而至大道可不學而知故未識聖人心已謂不必求其跡未見君子志已謂不必事其文此

人倫所以不察庶物所以不明治所以忽德所以亂異言滿耳上無禮以防其偽下無學以稽其蔽詖淫邪遁之詞翕然並興一出于佛氏之門者千五百年自非獨立不懼精一自信有大過人之才可以正立其間與之較是非計得失乎○屏山曰自孔孟云亡儒者不談大道一千五百年矣豈浮屠氏之罪耶至于近代始以佛書訓釋老莊浸及語孟詩書大易豈非諸君子所悟之道亦從此入乎張子幡然爲反噬之說其亦弗仁甚矣謂聖人不修而至大學道不學而知夫子自道也歟詖淫邪遁之詞亦將有所歸矣所謂有大過人之才者王氏父子蘇氏兄弟是也負心如此寧可計較是非于得失乎政坐爲死生心所

流轉耳

横渠曰釋氏謂寔際以人生為幻妄有生為贅疣世界為陰濁遂厭而不有遺而不存乃誠而惡明者也儒者因明致誠流通者也彼所謂寔際徒能語之而已未始心解也○屏山曰釋氏知寔際矣故以人生為幻妄雖寔際理地不受一塵萬行門中不捨一法不以無為破有為界不以出世間法壞世間法豈嘗有所厭惡而排遣哉定慧圓成止觀雙泯因該果海包法界而有餘果徹因源入微塵而無間與吾聖人之道將無同乎第恐張子竊聞易道未嘗心解而況于寔際乎

横渠曰彼釋氏之語雖似是本與吾儒二本道一而已此是則

彼非彼是則此非固不可同日而語其言流遁失守窮大則溢推行則詖一卷之中數數有之○屏山曰道本無一而有二乎道本無是而有非乎如來不說墮文字法四十九年初無一字維摩不離文字而說解脫不二法門終于默然張子欲以口舌滓污太虛多見其不知量也未讀南華第二篇耳吾夫子予欲無言之旨想亦未曾夢見也

橫渠曰大率知晝夜陰陽則知性命知聖人知鬼神釋氏未免陰陽晝夜之累而談鬼神妄也○屏山曰晝夜之往來陰陽之消長真生死之理也聖人窮理盡性以至于命通乎晝夜之道而知其未嘗往來見其陰陽不測之神初無消長以此洗心退

藏於密雖鬼神不之知也鬼神之情狀聖人其知之矣與釋氏之說與吾正同而張子言其往來消長者推而任之聽其自然自以為免陰陽晝夜之累而正流于生死中矣誣為易道豈知聖人所謂生〻之謂易而生〻者未嘗生耶夫學道者一念萬年初無首尾豈有陰陽晝夜之累哉

橫渠曰太虛者氣之體氣有陰陽屈伸相感之無窮故神之應也無窮其散無數故神之應也無數雖無窮其寔湛然雖無數其寔一而已矣陰陽之氣散則萬殊人莫知其為一也合則混然人莫見其殊也形聚為物〻潰反源反源者其游魂為變歟所謂變者對聚散存亡為文非如螢雀之化指前後身說也○

屏山曰：此說非孔子之言，非佛氏之言也。張子憑私臆決，力為此說，固亦勞矣。雖然，敢問張子，其湛然而一者，與無數無躳者，其一物乎？其二物乎？胡為而散？胡為而合？螢雀之化有前後身，安知游魂之变無前後身也？既同生于太虛之氣、陰陽之神，何參差萬狀，苦樂之不齊，賢愚之絕異耶？誠如此言，飲食男女之外無復餘事，壽夭貧富之別出于自然，名教不足貴，道學不必傳，桀紂盜跖為達人，堯舜孔子徒自囚耳。此奸雄之所以藉口泯滅生靈之語，而張子又說而皷之，吾不忍後世之愚民將胥而為鬼為蜮、為血為肉也，悲夫！試讀首楞嚴經，則此語氷消瓦解矣。

横渠曰今所謂死雖奴僕　闇皆知是空釋氏所謂不可思議亦是小人所共知者文士學之增飾其闇或引入易中之意又以他書文之故其書亦有文者實無所取如莊子者其言如此實是畏死亦為事不得○屏山曰今所謂死奴僕　闇共知是空王侯將相奸雄豪傑之士無有不畏死者強者至于亡身徇國弱者至于偷生避罪養成天下腐脅疽根貧賤之士吮癰舐痔敗名失節皆以貪生故耳自佛書之來知此革囊不足甚惜一念蹉跌千劫淪落其于名教殆非小補彼以如來不可思議境界為小人所共知疑文士文之何不縷數某經出某書其說止于某事五千餘卷今徧天下試寓目焉則張子之言但欺瞽

目者可矣謂鄰人之井盜吾井之水癡兒語也又笑莊周畏死何等語耶周果畏死亦將三聖人之後別著一書為此無忌憚人矣

横渠曰學釋氏之說得便為聖人而其行則小人也只聞知便為了所謂祖師之類也○屏山曰如來大方便智為懈怠衆生于法華經說娑竭龍女於一念成佛為驕慢衆生于華嚴經說毗盧成佛于無量劫海其寔皆以三阿僧祇歷十信十住十回向四加行十地等覺方入妙覺信解修證不可誣也至于禪者則又不然非佛非魔非凡非聖非得不得非了不了呵佛罵祖披戴角披毛此老聃之所以為馬為牛豈肯如瞿鵲子之見卵

而求時夜哉雖然如人牧牛回頭轉腦驀鼻牽回如鷄抱卵暖氣不接不成種草豈容世俗擬議哉狂而自聖者蓋有之矣如小人之中庸而無忌憚者是也

橫渠曰孔子適周問禮于老聃老聃未必是今老子觀禮薄恐非其人猶作郎明別有所傳者也○屏山曰老子知禮之本故薄其末前後區區於升降揖讓之間者焉知禮意哉張子必欲斬伐道學力詆老子遂及左氏然則孔子所謂者見周公未必非黑肩文王既沒者豈楚子熊申等乎宋儒之敢為狂言遂至於此吁

橫渠曰適詞者無情只是他自信元無所執守見人說有已則

說無反入于太無見人說無已則說無有反入于至下元不曾入中道與釋老之類也○屏山曰如張子之所謂適詞蓋有之矣中國公孫龍龍惠施鄧析堅白同異兩可之說西方末黎等矯亂不死議論是也常無有者老子之信言中道第一義諦釋迦之寔語有謂無離謂四句絕白非至言去言言語道斷心行處滅矣豈有蔽離陷窮之心而生詖淫邪遁之辭哉然則吾聖人顯道而不墜于無神德行而不涉于有見有形之器即無形之道或默或語其言外不盡之意張子未必知也

橫渠曰老子言天地不仁是也聖人不仁非也天地鼓萬物而不與聖人同憂聖人則仁矣○屏山曰鼓萬物而不與聖人同

憂即聖人之神也吉凶與民同患蓋聖人之形跡耳聖人之仁與天地相似天地之德曰生豈有生天地（萬物）之心乎故聖人之喜暖然侶春澤及萬世而不為仁特仁者見之謂之仁耳張子強于分別不惟不知老子恐吾夫子之言亦有所未解也

橫渠曰萬物皆有理若不知窮理如夢過一生釋氏便不窮理皆以為見病所致莊子儘能（明）窮理及至窮極亦以為夢不知易之窮理也又曰釋氏所謂萬物之性猶告子生之謂性耳○屏山曰張子果能窮易之理將亦通乎晝夜之道而知夫生死之說難窮唯以寤寐求之旦暮得此其所以生乎夢中之境界為何物夢中之人孰為真我夢中說夢者多矣豈非猶在夢中然

則今張子未覺笑佛與莊周之夢亦夢語耳舉世之人同一大夢知夢覺之為一身即無夢覺知死生之為一性即無死生未知無生焉知不死故朝聞道夕死可矣張子未有所聞不信死生之知夢豈知夢覺即生死乎此释氏之所謂一性者豈告子所謂人之性猶牛之性歟

横渠曰世學不明千五百年大丞相言之于書吾輩治之于己聖人之道庶可期乎○屏山曰吾固疑横渠之徒本出于王氏特以元豐之故失天下士大夫之心故盡反其說求合於司馬君實君寔旣說諸儒翕然歸之其言遂大盖陰扶縱横之資而談仁義之道者耶今張子之書云尔予復何言

横渠曰某近来思慮道理大率臆度屡中可用○屏山曰臆則屡中孔子之所訕生于其心孟子之所笑張子學孔孟而不似者政坐此為膏肓疾也夫

祖望案横渠此言誠有病

明道曰如説妄説幻為不好底性請别尋一个好底性来换了此不好底性也若道外尋性〻外尋道便不是蓋自家元是天然完全自具之物若無污壞不消修治是義也亦有污壞合修治之亦是義也禪學者総是強生事至如山河大地之説干你何事孔子曰予欲無言顏子則默識其他疑問又曰天何言哉可謂明白矣若能于此上看得破便是信會禪也○屏山曰程顥

子之說幾于道實全出于楞嚴圓覺之書　溪江西之語雖然還訊禪者為強生事切恐向上大有事在以顏子之才面遇聖師始于克己終于屢空方有其庶乎之類其言性也子貢不可得而聞焉蓋坐忘之妙殆不容聲刻心去智子夏未之能也故冉求發未有天地而有天地之問昔也昭然今也昧然先以神者受之後以不神者求之耳與子路之所以升堂未入於室也今程子去聖人并千五百年唱　絕學其言固可尚已予何人也安忍復與之異同乎區區之心蓋以鏡猶有垢鑛未成金喫詬索之而玄珠遂亡倏忽鑿之而混沌必死但有纖毫已成滲漏疑情將盡勝解還生胸中既橫禪學之人目前尚碍山河之

境未能無我徑欲忘言流入異端浸成邪說实悲夫
明道曰佛學只是以生死恐動人為怪一千年來無一人覺此是被他恐動也聖賢以生死為本分事無可懼故不論死生佛為怕死生故只管說不休本是利心上得來故學者亦以利心信之莊生云不怛化者意亦如此楊墨今已無道家之說其害終小唯學佛人人談之瀰漫滔天其害無涯傳燈錄千七百人敢道無一人達者有一人得易簀之理須尋一尺布帛裹頭而死必不肯胡服削髮而終○屏山曰聖人原始反終知死生之說豈不論生死乎程子不論生死正如小兒夜間不敢說鬼病人諱死其誑難醫者也害人而利我者楊朱也利人而害我者

墨翟也學道者既利于我又利于人何害之有至于聖人無一毫利心豈無利物之心乎故物亦利之此天理也聖人之道或出或處或嘿或語殊途而同歸百慮而一致故並行而不相悖程子必欲八荒之外盡圜冠而方屨乎

明道曰禪者謂此迹也何不論其心夫心迹一也如兩脚之行指其心曰我不欲行豈有此理莊子曰遊方之內遊方之外方何有內外則是道有間隔內面是一處外面是一處豈有此理哉○屏山曰禪者之心迹即莊周之方內方外也如聖人以此洗心退藏於密而吉凶與民同患者是也雖聖人之神固無方所其心迹豈無內外乎文中子深于易者故曰心迹之判久矣

樂天知命吾何憂窮理盡性吾何疑天下皆憂吾獨不憂乎天下皆疑吾獨不疑乎此心迹之說也雖然以近喻聖人之心如天上之月聖人之迹如水中之月亦即亦非或同或異此文中子之所未言者表而出之

明道曰學禪者曰草木鳥獸生息于春夏至及秋冬便却變壞便以為幻何不付與他物生死成壞自有此理何者為幻。屏山曰幻者妄也以其初無生死成壞妄見生死成壞故以為幻真見其無生無死無成無壞即非幻者自不滅矣此老子之幻學如來之為幻師也故能遊戲以轉造物豈止任其自然為造物者之所轉耶孔子之所以教顏子者曰虛室生白鬼神將來

舍此萬物之化也其止于世間法耶其亦出世間法耶此程子不知耳

明道曰老子失道而後德等語自不識道已不成言語○屏山曰孔子謂一陰一陽之謂道而繼之者善也豈非道降而為德乎仁者見之謂之仁豈亦不成言語哉況志于道據于德依於仁自有次序程子之言何其峻也

明道曰生之謂性〻即氣〻即性氣稟有善惡然不是性中元有此兩物有自幼而善自幼而惡者是氣稟然也善固性也然惡不可不謂之性蓋人生而靜以上不容說纔說性時便已不是性也○屏山曰言性而雜之以氣程氏膏肓之病也孟子所

謂浩然之氣即以志為帥蓋以心能使其氣耳程氏謂氣稟自生而有善惡而又能奪其性非孟子意也雖然孟子言性善亦微異孔子孔子之言曰性相近也初無善惡習相遠也善惡分焉至其甚也上智與下愚不移亦所習使之然耳生而惡者其所從來者遠矣獨無垢之言然學者道回自知之耳請看論語詳說

明道曰必有事焉必主于敬而勿正心勿作為也勿忘必有事也勿助長乃正也二哥以必有事焉而勿正心勿忘勿助長為一句亦得因舉禪語為說曰事則不無擬心則差○屏山曰明道之言不及伊川遠矣雖然不須如此破句孟子自謂生于其

心害于其事必有事來勿正其心或忘或助皆正其心之過也不生此心不害其事矣正心謂特安排生此心耳

明道曰醫書言手足痿痺為不仁此言最善名狀仁者以天地萬物為一體莫非己也認得為己何所不至○屏山曰程氏初有此言寖有桃仁杏仁之説遂欲訓仁為覺其穿鑿過于王氏之學矣仁自仁耳何以此説為哉

明道曰佛學大槩是絶倫類世上不容有此理又其言要待出世出那裡去其迹須要出家出要脱世經學之者不過似佛佛一懶胡亦他本是個枯槁山林自私而已若只如此不過世上少這一個人却又要周徧決無此理敢言世網只為皆秉彝又

殄滅不得當忠孝仁義之際處于不得已只和這些秉彝都消
得盡然後為道如人耳目口鼻既有些氣須有此識聲色飲
食喜怒哀樂性之自然必盡絶為天真是喪天真也又曰若盡
為佛天下却都没个人去裏○屏山曰嗟乎程氏竊聞小乘教
相語不能盡信畧取其說而反攻之烏知維摩華嚴之寂旨誤
認阿羅漢為佛而不知其然遽加詬罵是豈識文殊普賢之秘
行哉圓教大士知衆生本空而度脱衆生知國土本淨而莊嚴
國土不以世間法碍出世法不以出世法壞世間法以世間法
即出世法以出世法即世間法八萬四千塵勞煩惱即八萬四
千清涼解脱又豈止觀音之三十二應善財之五十三參耶衆

生念念常有佛成正覺仁者自生分別耳但無我相人相衆生相壽者相何妨居士身長者身宰官身乎吾聞謗佛毀法中有冥權大悲闡提逆行魔説程氏豈其人耶不然則非利根衆生為世智辯聰所障具足無間業報哀哉弗可悔已也已

明道曰學者于釋氏之説直須如淫聲美色以遠之不然則駸駸然入其中矣到自家信後不能亂得。屏山曰聲色飲食人所嗜者世之聰明辯博之士往往棄絶以説佛老之説何哉如人飲水冷暖自知蓋以梵志倒着韈耳殆不可以口舌辯之

明道曰人活物也又安得為槁木死灰除是死也既活須有个動作思慮非理而勿視聽言動耳又幾時要如槁木死灰又如

絕四後畢竟如何又幾時須如槁木死灰大小直捷也○屏山曰顏子之克己也先黜聰明隳肢體徑造坐忘之妙然後視聽言動無非禮也又進一階矣雖然孔子止称其庶乎者以其未能絕四如孔子之絕四始于無意豈止心如死灰乎終于無我豈止形如槁木乎顏子疑其畢竟如何恐亦未可以直捷論聖人也

明道曰今語道須要形如槁木心如死灰所貴乎知周萬物而不遺幾時要如死灰動容周旋而中禮幾時要如槁木論心術無如孟子孟子謂必有事焉今既如槁木死灰却于何處有事○屏山曰心如死灰矣故知周萬物而不遺形如槁木矣故動

容周旋而中禮此孔子之所以鑄顏淵者也孟子亦謂作於其心害於其事蓋教人事上無心耳豈教人事心上有心事乎

明道曰告子生之謂性不分人牛之性正如釋氏蠢動含靈皆有佛性之語○屏山曰告子以萬物之性為同而已佛氏之言性也即同而異即異而同亦同亦異非同非異請以近喻如漚水然水中之漚即同而異漚中之水即異而同水生漚中亦同亦異漚滅水中非異非同豈可以告子一偏之語為佛氏圓融之論乎此魚目像珠之說也

明道曰人能放這一个身公共放在天地萬物中一般看則有甚難妨碍雖萬身曾何傷乃知釋氏苦根塵者皆是自利者也

将自己軀殼上起意看得小了萬物中一例看大小快活释氏不知此向身上起意思奈何那身不得却厭惡要如枯木死灰其寔是愛身放不得故說多許譬如負販蟲已載不起猶自取物在身又如抱石沈河不肯放下○屏山曰程氏之說固美矣高于横渠神我之一階耳惜乎未讀金剛般若經也張子認其神識以為我者即我相也程子知其非我非人相也又欲與萬物共豈非将入衆生相乎其生死之根本所謂壽者相者程子猶未識也宜其深畏枯木死灰之言及疑佛者之愛身而比之負販蟲與抱石沉河者誰自于軀殼上起此一念乎真負販蟲也

明道曰天地陰陽之變如二扇磨升降盈虛未嘗停息如磨既行齒都不齊便生出萬變物之不齊物之情也莊周强要齊物然而物終不齊也○屏山曰天地如二扇磨之說吾不知也謂莊子齊目前之物不亦陋乎是未嘗讀齊物論耳彼知天地之與我並生故彭祖殤子無壽夭矣萬物與我為一故泰山秋毫無大小矣終之以胡蝶之夢所以忘物我而齊生死也證心地法門豈惠施堅白鄧析兩可之說乎

明道曰釋氏言成住壞空曰成壞則可住與空則非也○屏山曰人人一念有生住異滅一日有朝夕晝夜一月有弦望晦朔一歲有春夏秋冬然則成住壞空之說可廢其一哉

明道曰日之形似輪似餅其形有限其光亦須有限只在三萬里中須有光不到處安有此理地無適不為中日無適不為精譬如鋪一束柴從頭爇若火到處便一般非是有一塊物行將去這上頭得个意思便知生物之理○屏山曰此言與橫渠地氣左旋之說如出一口吾不知也謂日有生物之理月有殺物之理乎

明道曰中庸言禮經三百威儀三千方說優優大哉又却非如異端之說如死灰槁木也○屏山曰善乎柳子之言也曰舍利禮則不可以言儒舍戒則不可以言佛雖然唯克己者然後視聽言動無非中禮以其心如死槁木矣故能踐履三千威儀八

萬細行敢受具足大乘身口意戒其理蓋同

明道曰好談鬼神者皆是燭理不明傳以為信假使實見或是目病如邵堯夫猶不免致疑嘗言有人空中聞人馬之聲某謂人馬須有鞍韉從何處得來物生則氣聚死則散有聲則須是口既觸則須是身其質既壞又安得有○屏山曰鬼神五經同載千古共傳雖吾夫子存而勿論者也程子竊阮修衣裳之遺説范縝刀刃之陳言謂神滅而無鬼其窮理之學不及康節遠矣

明道曰鳶飛戾天魚躍于淵言其上下察也此一段子思喫緊為人處活潑潑地不會底只是弄精神與孟子必有事焉而勿

正心之意同○屏山曰鳶飛魚躍者不知其所以然如人之應對進退亦日用而不自知耳程子誤解孟子必有事焉為主于敬而勿正心為無作持此兩端為活潑潑地胸中有此一念自為解會正是弄精神者

明道曰邵堯夫病亟言試與觀化一遭子厚言觀化他人觀得自家如何觀得堯夫才術〔識〕道理于儒術未有所得○屏山曰張子程子皆誤解遊魂為變故亦為無邵康節深于易者知其不然故有此語皇極經世書非儒書乎

明道曰老子竊弄闔闢者也○屏山曰老子之言與易如左右券豈竊弄者異于吾書則謂之怪同于吾書則謂之竊誣善之

人其詞遊程子之謂乎

明道曰形而上者謂之道形而下者謂之器又曰一陰一陽之謂道陰陽亦形而下者而曰道惟此語截得上下最分明元來只此是道要人黙而識之也○屏山曰程子何見之晚也形而上者即老子之所謂常無佛之所謂理法界形而下者即老子之所謂常有佛之所謂事法界化而裁之推而行之即老子之所謂同謂之玄佛之所謂理事無碍法界舉而錯之天下之門民即老子之所謂衆妙之門佛之所謂事々無碍法界以聖人觀之無非道也何止于陰陽乎程子未之知也

明道曰鼓萬物而不與聖人同憂聖人人也不得無憂○屏山

曰陋哉斯言鼓萬物者聖人之靈府也憂患豈能入哉姑射之神人塵垢粃糠陶鑄堯舜嶺南之觀察使自有廊幕在豈程子豈知有此理哉

明道曰人心唯危人欲也道心惟微天理也惟精惟一所以至也允執厥中所以行也○屏山曰人心惟危知而無知道心惟微無知而知擇之唯精無入而隨守之唯一無出而離允執厥中四無所依可以神會難以理推程說非也

明道曰中者天下之大本天地之間亭亭當當直上直下之正理出則不是惟敬而無失最盡○屏山曰喜怒哀樂之未發謂之中發而皆中節謂之和中者天下之大本和者天下之達道

善乎蘇子由之言也曰中者佛性之異名和者菩薩行之摠目中之一字最難形容即曹溪所謂不思善不思惡正當恁麼時還我明上座本來面目來纔入思惟便成剎法瞥然一念已隔多生何處着得敬而無失學者當自求之

明道曰窮理盡性以至於命則全無着力處○屏山曰先窮其理解也方盡其性修也後至於命證也正是學道者着力處張子譏程氏失于太快恐誤後生

明道曰成性存存便是道義之門○屏山曰天成之性存而勿失方得其喜怒哀樂未發之中則道是也又得其發而皆中節之和則義是也道入而靜義之跡也義出而動道之用也一闔

一闢故謂之門成性存〻便是道義之門其說太徑矣

明道曰聖人以此洗心退藏於密終無人理會此密也是甚物

○屏山曰聖人以此易道洗其靈府喜怒哀樂既不能入然後可與民同患矣聖人心外無道〻外無心更有何物乎

明道曰楊墨之害甚于申韓佛之害甚于楊墨○屏山曰申韓無道楊墨學道而未至者正自不同楊朱知退藏于密而不知與民同患故不拔一毛墨子知與民同患而不知退藏於密故摩頂放踵佛氏之說則不然心不入道雖以身布施如恒河沙而無益豈摩頂放踵乎既得道矣盡九類衆生皆滅度之豈不拔一毛者哉所謂以佛地行菩薩行自利〻他何害之有

明道曰艮其止〻其所也八元有善而舉之四凶有罪而誅之各止其所釋氏止安能止乎禪學只到止處無用處○屏山曰艮之止與釋氏之止固不同也釋氏之所謂止者與孔子教顔淵之所謂虛室生白吉祥止〻正同是萬物之化也豈終無用處乎

明道曰釋氏說道譬之以管窺天只務直上去不見四傍○屏山曰此程子所見于釋氏者釋氏之道大包太虛而有餘細入微塵而無間豈以管窺天者乎庚桑子八荒之外如眉睫之間況如來乎如來監窮三際橫亘十方豈不見四旁耶

明道曰釋氏本怖死生為利豈是公道唯務上達而無下學其

上達處亦未是但有間斷則非道也○屏山曰不怖死生不憂涅槃是維摩不二法門汝等所行皆菩薩道此常不輕之所以受記低頭而成佛道舉足入道場豈有間斷哉

明道曰彼所謂識心見性是也若存心養性則無矣○屏山曰佛書謂文殊等諸大菩薩無量劫中脩習聖道云見佛性如隔羅縠以觀月況不修而得見耶禪者見道止要保住長養聖胎學道者自知之矣

明道曰釋氏地獄之類怖下根之人為善至誠貫天地人尚不化豈有立偽教而人可化乎○屏山曰周易自言鬼神害盈而福謙莊子亦謂作不善于幽冥之中則鬼得而誅之地獄之説

也豈立僞教乎一念之誤化而爲終宵之夢一生之惡豈不能爲長夜之苦耶況申生之訴厲公之訟李娥之復生賈充之所見書于經史可不信哉

明道曰佛氏不識陰陽晝夜死生今古安得謂形而上者與聖人同乎○屏山曰列禦寇知非陰非陽者通乎晝夜矣莊周之不生不死此入于無古今矣而况于佛乎非止形而上者與聖人同形而下者亦與聖人無毫髮異但或出或處殊途而同歸耳

明道曰佛言前後際斷純一不已是也彼安知此哉○屏山曰一念萬年萬年一念因該果海初心即得菩提果徹因源位滿

猶稱菩薩未讀佛書孰知吾道中有此理哉

明道曰聖人稱公心盡天地萬物之理各當其分佛氏正爲一己之私是豈同乎聖人循理故平直而易行異端造作費力非自然也故失之遠○屏山曰佛非獨無我相又無人相衆生相壽者相矣誰爲一己之私乎佛非獨以作爲病也止亦病也任亦病也豈費力不自然哉非佛書求合于聖人聖人之言自與佛合耳程子未之知也惜哉

明道曰一陰一陽之謂自然之道也○屏山曰一陰一陽即列禦寇之所謂非陰非陽能陰能陽者也王弼輩謂之無陰無陽已疎矣此何物耶見于外者善成于內者性仁者誤認以爲仁

知者誤認以為知百姓日用之而不知其所以然即圓覺之珠能現五色衆生終日圓覺而未嘗圓覺者程子亦誤以為自然知吾夫子之道者誠鮮矣

伊川曰禪家之言性猶太陽之下置器耳其閒方圓大小不同特欲傾此于彼耳然在太陽幾時動又其學者善遁若人語以此理必曰我無修無證○屏山曰此語出于徐鉉誤讀首楞嚴經佛言五陰之識如頻伽瓶盛空以餉佗方空無出入遂為禪學豈知佛以此喻識情虛妄本無來去其如來藏妙真如性正太陽元無動靜無修而修無證而證但是識情即如來藏妙真如性非遁辭也

伊川曰神與性元不相離則其死也何合之有如禪家所謂別有一件物常在偷胎奪陰之說則無是理○屏山曰神即性也非離非合性即神也不生不滅偷胎奪陰之言佛書不道也

伊川曰魂謂精魄謂死也魂歸于天消散之意○屏山曰夫子之言遊魂為變耳不言消散

伊川曰或欲以金作器比性成形某謂金可以比氣不可以比性○屏山曰性化而為氣氣化而為形耳豈有二物哉

伊川曰禪家出世之說如閉目不見鼻然鼻自在○屏山曰伊川不信有出世法如閉眼不見眼其眼非無也

伊川曰殺一不辜而得天下不為謂殺不辜以私己也武侯以

天下之命討天下之賊何害○屏山曰以武侯為得天下聖人之傳者伊川之素志也至此言嘻其甚矣武侯以管樂自比豈孔孟之徒歟禍天下之生靈而危人之國者必氏此言也夫

伊川曰或謂佛之道是也其跡非也然吾攻其迹耳其道吾不知也使其不合于先王故不顧學也如其合于先王則求之六経足矣奚必佛○屏山曰伊川之意欲相忘于江湖耳吾謂不若卷百川而匯于大壑則無涯涘也欲攻其迹不過如韓子之說云山谷道人既奪其說矣語在南康軍開先禪院記

伊川曰或謂佛之理比孔子為徑曰天下果有徑理則仲尼豈欲使學道迂遠而難至乎故外仲尼之道而由徑則是冒險阻

犯荊棘而已○屏山曰佛之理非徑于孔子也但孔子謂自中人以上可以語上佛言蠢動含靈皆有佛性故其語死生之際頗詳而不甚文學者差易解耳不求孔子之意則聖人之道不尊不知佛之言則聖人之道不廣嚬伸謦欬皆楞伽之禪飲食日用盡中庸之旨何險阻荊棘之有哉

伊川曰道不可須臾離也毀人倫去四大其分于道也遠矣彼釋氏之學於敬以直內則有之義以方外則未之有也故滯固者入于枯槁疏通者歸于放肆此佛之教所以為隘吾道則不然率性而已斯理也聖人於易備言之○屏山曰率性之謂道修道之謂教故聖人之道不同〻修其道以復於其性耳古之

博大之真人澹然獨與聖太神明俱與聖人以洗心退藏于密而吉凶與民同患者固不同也況瞿曇氏夢幻其心身塵垢其心倜然高舉于天人之表獨示天下後世以妙湛元明真如自性與中國聖人之言必不全同學其道而未至或墮于寂滅之坑或流于聲色之境者亦或有之正如賢者過之不肖者不及非其師之道本然也吾道率性而已談何容易白刃可蹈也中庸不可能也未知喜怒哀樂未發謂之中者多見其為小人無忌憚耳豈中庸哉

伊川曰小人之中庸小人而無忌憚也小人更有甚中庸脫一反字○屏山曰不然君子雖知率性之謂道而修之故無時而

不中小人率性而已自以為中庸之道無復忌憚雖似中庸而寔反之不須添此一字字其理自通正學道者之所謂無礙于禪也

伊川曰老子曰無為又曰無不為當有為而以無為為之是乃有為〻也聖人之言無為也戒夫作為即曰感而遂通未嘗為一偏之說○屏山曰伊川此言似之矣猶未也華嚴曰菩薩于有為界示無為性亦不破壞有為之相於無為界示有為性相亦不分別無為之性故非有為亦非無為也古人嘗問一坐禪者曰無何為曰一物不為曰恁麽則閑坐也曰閑坐則為也此非三聖人之心欤此事如大火聚不容着眼如金剛劒無處下足程

子劉為兩端去道遠矣

伊川曰看華嚴經不如看一艮卦○屏山曰程子以艮其所為止于其所當止疑釋氏止如死木灰槁木而止耳故經出鄙語頌豈知華嚴圓教之旨一法若有毗盧墮于塵勞萬法若無普賢失其境界竪說之則五十七聖位于一彈指如海印頓現橫說之則五十三法門在一毛端如帝網相羅德雲曾遇于別峯普賢不知其正位逝多園林迦葉不聞彌勒樓閣善財能入內非此書之至學道者墮于無為之坑談玄者入于邪見之境則老莊內聖外王之說孔孟上達下學之意皆掃地矣

伊川曰釋氏之學更不消對聖人之學比較要之必不同今且

以迹觀之逃父出家便絶人倫自家獨處于山林鄉里豈容有此物大率以所賤施于人不惟非聖人之心亦不可為君子之心以此率人是絶倫也至如言理性亦只是怖死愛生是利心也○屏山曰太伯奔于句吳名為至德伯夷餓于首陽称以至仁人皆吾夫子之語也程子剿佛説以觧経極口反噬誣之以怖死愛生雖三尺之童亦不信也奚待予言

伊川曰釋氏自言覺悟又却須要印證是未知也○屏山曰此吾書之所謂博學之審問之明辨之也倘不如是正恐如吾黨之小子斐然成章不知所以裁之耳

伊川曰學者必談禪者只為無處所捞摸故須如此○屏山曰

伊川撈摸得少許即出去却比老子之所謂遏境有人焉孟子之所謂譸乎云尔者也

伊川曰释氏之學又不可道他不知亦儘極乎高深然要之卒歸乎自私天地閒有生便有死有樂便有哀須覓一個占嬲打訛處老子之學更挾權詐取與翕張大意在愚其民而自智秦愚黔首其術蓋亦出于此○屏山曰如來窮死生之理挈八荒之內各正其性命老聃得開闢之道輓萬世之後皆盡其變通真先天太極之學所自出也程氏反取昌黎強項之言東坡少年之語力為詆謗而坫壞之悲夫

伊川曰聖人之言依本分所以味長釋氏才見得些便驚天動

地故語言走作却是味短只為乍見如中庸只須道無聲無臭抵釋氏多少非黃非白等語佛老之說大底不似聖人慣見故走作○屏山曰華嚴經梵行從何處來此世不移動彼世不改變此中何法名為梵行又曰若佛出世若不出世此法常住無有變易未嘗驚天動地為走作語伊川嫌釋氏談道太多然圓覺一編未嘗挂眼故胸中有物證悟了覺豈曾放下作止任滅不能跳出終墮我人衆生壽者四相豈知佛書字字有味不可渾淪吞棗他人自有如啞人食蜜者但不可以舉似人

伊川曰儒者入異教其勢自然譬行大道坦然無阻只為前面逢着山水行不得見一邪徑欣然從之若處異鄉須就安處若

已有家言他人家必不肯就○屏山曰過山水而求佗徑人之情也程子褰裳欲涉而踰之半途而反還以逆旅為家哀哉

伊川曰聖人之道如河圖洛書其始止于畫上後人畫外繫辭以求之未必得理如春秋不觀它書亦可盡道○屏山曰畫前元有易删後更無詩此邵康節語伊川信之然太高生吾聞無離文字說解脫法世間語言皆第一義聖人豈有費辭哉

伊川曰凡物之散其氣遂盡無復歸本原之理天地如洪爐雖生物消鑠亦盡既散之氣豈有復在如海潮然涸則無矣○屏山曰程氏自以為窮盡物理常有此等語海潮吾不知也雖然莊子言通天下一氣耳其分也成也其成也毀也佛言性水真

空性空真水故百川注之而不滿尾閭泄之而不竭此易之所謂一闔一闢之理程子以人之生死以比天地而不學道愚也矣

伊川曰至忙者者無如禪客行往坐卧無不在道便是常忙○屏山曰君子無終食之間違仁亦忙乎哉以敬字為主則矣

伊川曰幽則有鬼神明則有禮樂何也鬼神只是一箇造化天地尊卑鼓之以雷霆潤之以風雨是也○屏山曰明則有禮樂幽則有鬼神聖人教人之有所忌憚耳天地雷霆風雨豈幽乎哉謂有鬼神主之可也謂即鬼神可乎

伊川曰或問敬莫是靜否曰纔說靜便入于釋氏之說也○屏

山曰人生而靜天地之性也豈釋氏之說乎敬即有所感矣

伊川曰釋氏有理障之說天下只有一个理理既明此理夫復何障若以理為障則是以理為二○屏山曰此程氏之障以也理為己真生死之本如病眼者不自見其翳耳惜哉

伊川曰今人不學則已如學焉未有不歸于禪者伊為求道未有所得思索既窮乍見寬廣處有心便安于此○屏山曰禪與吾異彼自反焉禪與吾同歸之可也又何患與

伊川曰孟子言人性善是也荀楊亦不知性〻無不善而有不善者才也性即是理堯舜與塗人一也才稟于氣〻有清濁稟其清者為賢濁者為愚亦可變惟自棄者不移也○屏山曰荀

楊之言固不足取程氏之言性也雜之以氣亦與孟子不合又言才稟于氣而有清濁孟子之言曰志者氣之帥故謂之浩然之氣又曰若夫為不善非才之罪也豈有清濁之間也雖然孟子之所謂性已落第二盖孔子之所謂習耳其所由来遠矣故有生而愚知即相懸者豈有清濁之氣自然聖人哉此首楞嚴之所謂無始菩提涅槃元清淨體識精元明能生諸緣〻所遺者即此物也其無始以来生死根本用攀心以為自性亦此物也非一非二非同非異非即非離程子烏能知此理哉

伊川曰释氏要屏事不問事、這合有合無合有又安可屏合無更屏甚麼且無靜遠屏跡山林世以為高惑矣〇屏山曰黄帝

無搖汝精即廣成子在崆峒之上陶唐喪其天下而見四子于汾水之陽而説學道者乎程子誤讀必有事焉而勿忘程子惑矣

伊川曰釋氏有出家出世之説家本不可出謂他不父其父逃去可也世則怎生出得除是不戴天履地始得又却飲食○屏山曰孟子所謂出入無時莫知其鄉莊子所謂其疾俛仰之間再撫四海之外者吸風飲露不食五穀矣程子自索之于形骸之内豈獨無姑射之神人乎

伊川曰明道言昔之異端乘其迷暗今之異端因其高明○屏山曰吾獨讀周易曰或出或處或默或語殊途而同歸一致而

慮知異端不足畏又讀莊子曰楂黎橘柚不同味而同甘耳目口異不相通而相用知異端皆可喜又讀維摩經曰謗佛毀法乃可取食外道天魔皆吾侍者始知非異端矣又謂華嚴經見婆須之放蕩阿那之殘忍勝熱之刺苦大天之怪異主夜之幽陰童男之嬉戲皆有清淨解脫法門生死涅槃同一法性智慧愚癡皆為般若諸戒定慧及婬怒癡俱是梵行此法界中無復有異端事但恐迷暗者未必迷暗高明者未必自謂高明爾悲夫

伊川曰太古之時人與物同出純氣為人繁氣為物人乃五行之秀氣此是天地精明純粹所生如海上露一島便有草木禽

獸生焉安知海外無氣之化人又如衣服蟣虱氣化後便以種生此理甚明○屏山曰孔子雖言有天地然後有萬物有萬物屏山曰孔子雖言有天地然後有男女亦不言其所以然也今程子力為此說謂天地之氣所生即西方梵天之語又謂草木之類同生亦外道先尼之言也雖然自生民以來未始有突然而自生倏然而獨化者何也此言乃異於三聖人之教矣孔子曰天地絪縕萬物化醇莊子曰天地與我並生萬物與我為一佛曰性覺真空真覺然則兩儀未判有物混成自有生天地者天地焉能生我哉夫心化而空空化而天地我與萬物同生如念化而瞑瞑化而境界我與游蒐同夢忘念即無夢矣彼無心

者其有生死於天地者乎此聖人之所挈天地也學者思之

伊川曰學者後來多耽莊子若謹禮者膠固纏縛須覓一个放曠出身處其勢必然東晉是也○屏山曰悟楞嚴之妙理而後可與言戒達莊周之玄學而後可以談禮彼阮籍之徒謂禮豈為我輩設真狂言耳蓋小人之中庸無忌憚者如近世之無碍禪也何等物耶

伊川曰喜怒出于性感于外而發于中猶水之有波也湛然平靜水之性也或遇沙石與風為波濤豈水之性哉人性中只有四端豈有許多不善事耶然無水安得波浪無性安得有性情也○屏山曰此程氏之學與李翺不同者翺之言曰聖人有性

未嘗有情故舜之用十六相而非喜也投四凶非怒也此說出于莊子曰聖人有人之形無人之情不以好惡内傷其生蓋出怒不怒則怒出于不怒矣故學佛者有印空印水印泥之說聖人之靈府故異于常人喜怒哀樂不能入者久矣雖喜怒哀樂而非喜怒哀樂也以喜怒哀樂未發之中即喜怒哀樂未發之和故皆中其節焉有喜有怒而後有仁義有哀有樂而後有禮樂豈以喜怒哀樂為仁義禮樂哉學聖人之道者遂以仁義禮樂求聖人也程子未嘗反復商確故至于情性之論每致疑焉雖有水波之喻自相矛盾至于崇安劉子翬著論以為李翺並聖人于木石之倫栖學者于枯槁之地蓋亦未之思耳故深辯

之或曰程子亦有聖人之心似鏡之說即其論聖人之心此論常人之心耳曰不然論至于性聖人豈遠于常人哉但聖人能致中和常人未能致耳如喜怒哀樂真出于性雖聖人安能去之性猶水也喜怒猶塵垢也故首楞嚴云清水現前名為初伏客塵煩惱去泥純水名為永斷根本無明一切變現不為煩惱皆合涅槃清淨妙德故常人澄之尚濁聖人揚之亦清此佛氏水波之喻也

伊川曰子莫見楊墨過不及遂于二者之間執之間不知有當摩頂時有當不拔一毛時執中而不通與執一無異○屏山曰如程子之言捨中而復趨趨兩偏矣孟子不取一偏亦不執中

即華嚴之所謂不此岸不彼岸不中流也或謂子莫猶子勿也戒人之辭耳非楊墨外又有此人焉

祖望按此乃注疏之說然恐不足據

伊川曰喜怒哀樂之前求中可否都是思也只平日涵養便是久則自中節更怎生求○屏山曰異乎吾所聞夫學問之道無他求其放心而已學而不思則罔故君子有九思心之官也不蔽于物則可以作睿睿可以作聖矣聖人之學蓋自此入喜怒哀樂未發之中即聖心之體也彼不思而求之者其可得而見耶

伊川曰當中之時雖耳聞目無見然見聞之理在始得○屏

山曰心雖見聞而不在耳目矣其理安在哉

伊川曰如有知覺却是動也怎生言靜○屏山曰人非木石寧無知覺彼知覺者有動靜耶

伊川曰動上求靜最難○屏山曰動念息念即生死心心無此念非難非易

伊川曰喜怒哀樂未發下靜字下動字謂之靜則不可然靜中須有物始得這裡便是難處莫如先理會敬○屏山曰程氏膏肓之疾正在下字處謂之靜者湛然如急流水白浪滔天矣既有此物難乎求其中也已而又以敬為之是汩其流而楊其波耳能靜於彈指頃乎悲夫

伊川曰華嚴法界三觀如鏡燈之類包含萬象無有窮盡只為釋氏要周遮一言以蔽之曰萬理歸于一理耳○屏山曰老子之常無常有同謂之玄衆妙之門孔子之道與器變通與事業即法界觀也三聖人之言如出一口豈周遮乎程子謂一句道盡然則三聖人有贅詞矣程子止知同一理耳豈知一事自具一理同而異〻而同〻中之同異中之異乎反疑釋氏善遁今在筴子上矣程子不知所窮何也止譏燒一炷香施一文錢何等老嫗之言耶

伊川曰延年是天地間一賊先知是野狐精○（屏山）伊川曰彭祖熊經鳥伸之術異于廣成子之無搖汝精季咸之知人生死壽夭

不同庚桑楚之耳視目聽烏可置之耶

伊川曰有所忿懥恐懼憂患不得其正非是無只是不以此動其心學者未到不處須是執持○屏山曰學者心中猶有此物而不動其能執持而不動乎吾不信也

伊川曰聖人當人不問時與木石同也○屏山曰聖人尸居而龍見淵默而雷聲與木石同矣聖人真死矣吁

伊川曰性無不善才有善不善性猶曲直才猶棟梁性出于天才出于氣○屏山曰非天之降才爾殊也才不出于天乎若夫為不善非才之罪也才其有不善乎曲直棟梁夢中語也

伊川曰孔子言性相近所稟之性孟子言善性之本也○屏山

曰不然孟子言所稟之性孟（孔）子言善性之本也曰屏山曰七

伊川曰揚食我之生便稟得惡氣〇屏山曰此等惡氣從何許來程子之辭窮矣豈善遁者乎

伊川曰生而知固不待學然聖人不須學〇屏山曰程氏之辭枝矣豈中心猶有所疑者乎惜哉

伊川曰儒行夸大之語非孔子之然（言）害義理〇屏山曰予嘗怪歐陽修之疑繫辭非孔子語今也不幸而又聞此言吾夫子何負於諸儒而至於是耶悲夫

伊川曰湯武未知是聖人不是聖人若文王則分明是大聖人

〇屏山曰予甚不喜程子謂孟軻有圭角顏子未到無過之地

今也大不幸又閱此言吁可怪也夫

伊川曰孟子未敢便道是聖人如說夷惠云皆古聖人必錯了一兩字如說大人則藐之便不是也○屏山曰程子之畏大人者而侮聖人之言可乎擬人有一日之長不可見其短程子所見果長於古聖人否

伊川曰佛家印證甚好笑豈有我曉得這个道理却信他人○屏山曰自印證為得聖人之傳尤可笑我雖自曉其如人不信耶

伊川曰若要不學佛須是見得他小便自然不學○屏山曰大人猶不可藐聖人其可藐乎坐井觀天天亦小矣

伊川曰文中子本是一隐君子世人得其議論附會成書有一件事半截好如心迹之判𠀋矣便亂道○屏山曰附會成書亂道者多矣豈止文中子乎如荅魏徵之說凡三致意程子劃為两端删其断章俱不好矣吁

伊川曰文中子續経甚謬荀卿子極駁楊子不見性更說甚道韓退之原道極好只云仁與義為定名便亂道有两處直是搏得親切直是道却只是搏也○屏山曰程子訊剌諸儒嘻亦甚矣其能逃目睫之論乎

伊川曰荆公舊年說話儘得晚年盡支離了○屏山曰荆公六藝之學妙處端不朽學者失其傳各自穿戶牖耳

伊川曰今正人醇正者唯邵堯夫張子厚司馬君實又曰張子厚太謹嚴無寬舒之氣邵堯夫太放蕩近于不敬司馬君實十念一中字不如把一患(串)數珠○程屏山曰程子之論如商君法古今無完人矣吁可畏哉

伊川曰學佛者多要忘是非是非安能忘得自有許多道理何以忘為聖(世)人只為一齊在那昏惑迷闇海中拘滯執泥坑裡便事事轉動不得沒着身處若物各付物便役物也○屏山曰纔有是非紛然失心瞥地思惟墮坑落塹為法所縛未能自解若能轉物即同如來唯久參禪者始知此病耳

伊川曰莊子齊物夫物本齊安用汝齊若要齊時何處下腳只

是你我不齊不干物不齊也○屏山曰莊子磅礴萬物以為一即無物參我萬歲而一成純一無古今程子不讀齊物論安知不齊之齊〻之不齊耶

伊川曰素問文字只是戰國時人作謂之三墳書非也只是氣運就便不錯亦用不得一州一縣旱澇不同怎生定得○屏山曰一州一縣如定不得四海之內醫者用之數千年矣其效俱多何哉君子於其所不知當闕如也

伊川曰佛老說鬼神甚可笑道家狂妄尤甚○屏山曰大哉鬼神之德洋〻乎如臨其上如在其左右吾知致敬而已寧可無而有不可有而無其可笑乎

伊川曰福善禍淫自然之理哉也便是天道如皇天震怒不是在上震怒只是理如此○屏山曰吾讀孔子六經之言嘗深思之噫程子非狂則悖矣

伊川曰今人善惡之報幸不幸耳○屏山曰果如程子之言天理亦滅矣六經其無用于世乎

伊川曰佛亦說性善只不合將才做緣習○屏山曰性相近習相遠孔子之言也若夫為不善非才之罪孟子之言也與佛語正合但與程子性外有才之說不同耳

伊川曰才出于氣〻清則才善氣濁則才惡稟得至清之氣生者為聖人稟得至濁之氣生者為愚人○屏山曰叛聖人之害

名教者無甚于此說莊子以道為氣母孟子以志為氣帥然則氣者道之子也道無清與濁氣有清與濁乎氣者志之奴也志無聖與愚氣有聖與愚乎果如程子之言何聖人至少而愚人至多豈天地之氣盡濁耶悲夫

伊川曰予欲無言為子貢多言故告之以此○屏山曰此聖人不傳之妙也其聲如雷実豈為一子貢乎

伊川曰仁之于父子智之于賢者謂之命者以稟受有厚薄耳○屏山曰仁之于父子匡章不能盡其孝智之于賢者顏子不得窮其學蓋有命焉耳非稟受也

伊川曰釋老所見偏非不窮深極微未至竆神知化也○屏山

曰未能窮神知化豈能窮深極微乎

伊川曰莊子叛聖人者也世人皆曰矯時之弊伯夷柳下惠也其異于聖人乎與莊子老聃類乎不類乎○屏山曰莊周與老聃猶不類矣況伯夷柳下惠乎亦非矯時之弊乎者此其所以無異于聖人者也未讀天下篇耳

伊川曰攻乎異端斯害也已雖有可取非道之正也○屏山曰吾嘗鄰人之父鄰人亦將嘗吾父矣張九成之言云攻訓排也

伊川曰意必固我既忘之後必有事焉學者宜盡心也○屏山曰意必固我未亡學者宜盡心焉既亡之後無復事矣

伊川曰老子謂非以明民將以愚之其亦自賊性也歟○屏山

曰杳杳冥冥為道之精昏昏默默為道之極故離珠〔朱〕索之而玄珠亡倏忽鑿之而渾沌死此程子之所不信也然程子之所傳者顏曾之道回愚參魯見于入道之門程子其知乎殆以先覺為賢尓

伊川曰以春為始而原之其必有冬以冬為終而原之其必有春死生之說如是而已矣〇屏山曰此墮於以生為首以死為尾而反之不見之說也以生為首而原之不見其尾以死為尾而反之不見其首死生之說如是而已矣

伊川曰或問某文中子曰愚荀卿子曰悖問韓子曰外皆非學聖人者楊子其幾乎又曰楊子無自得者也故其言蔓衍而不

断優柔而不決如善惡之説也○屏山曰吾聞子程有言謂歐陽氏之學也淺王氏之學也鑿蘇氏之學也雜切疑程子之薄不至於此今觀其書乃爾好罵豈談道之士初無他腸橫口而嚬伸反噬如獅子吼法當如是耶死而有知程子必為屏山一笑

上蔡曰學佛者欲免輪迴是利心私而已矣此心有止而太虛無盡必為輪迴推之於始何所付受其終何時間斷且天下人物各有數矣○屏山曰佛説輪迴愛為根本有愛我者亦愛涅槃不知愛者眞生死故何利心之有彼圓覺性非作非任非滅無始無終無能無所豈有間斷哉故衆生本來成佛生死涅槃

猶如昨夢〻中人物豈有數乎上蔡夢中之人猶作夢諸[語]終不
識圓覺認為太虛悲夫
上蔡曰目視耳聽見於作用者心也自孔子没天下學者向外
馳求不識自家寶藏被他佛氏窺見一班半點遂將擎拳豎佛
底事把持在手敢自尊大輕視中國學士木[大]夫而世人莫敢與
爭又從而信向歸依之使聖學有傳豈至此乎○屏山曰諸子
知莫[目]視耳聽為心爾亢倉子耳視而目聽其知之乎阿那律無
目而見跋難陀無耳而聽摩訶迦葉以滅意根圓明了知不因
心念必不知也而況佛說身心皆為幻垢正如孔子之癡心而
用刑[形]逕造四絕之妙顏子屢空而未達子貢多學而不識者上

棨果得其傳乎中國學士大夫不談此事者千五百年矣今日頗有所見豈非王氏父子蘇氏兄弟之力歟自家寶藏自家不識爲鄰翁指示憎而詬之癡也亦不忍爲也吁

上蔡曰仁者仁也活者爲仁不知痛癢爲不仁學佛者知此謂之見性遂以爲了終歸妄誕聖門見此消息必加功焉○屏山曰佛者有有言無爲雖真趣之則道果難證有爲雖僞弃之則功行不成故三賢初滿加行初圓八地以前無功未至理則頓悟無刹那間事則漸除有僧祇劫謝氏爲伊川所縛不敢謦欬死于語言矣果知痛癢否乎

上蔡曰人之氣禀不同顏子似弱孟子似強孟子壁立萬仞非

恁地手腳撐住此事不去雖然猶有大底氣象未能消磨盡所以見他未至聖人之地不位然幾大人等語不說出來○屏山曰此伊川語也他人之噎其可食乎正孟子所謂不得於言勿求於心不得於心勿求於氣鈎去遠矣尔方刻舟孟子之所以為孟子也者其可見耶為出于氣禀蔽於(于)誠而陷于邪矣

上蔡曰諸子百家人人自生出一般見解欺誑衆生聖門得天理故敢以天自處佛氏却不敢恁地做大明道嘗曰吾學雖有所受天理二字却是自家拈出來○屏山曰禪者有言盡法界是沙門一隻眼更須瞑却有何見解衆生與諸佛一口吞盡喚甚作天理天理圓無盡矣可惜明道拈弄出來止有天理一字

而已嗚呼

上蔡曰世人說仁只管着愛上怎生見得仁只如力行近乎仁闕愛甚事呂晉伯因悟曰公與說仁字正與尊宿謂說一般○屏山曰仁固非愛々豈非仁々者自生分別去禪遠矣

上蔡曰老子見得錯了只如失道而後德等語那裡有許多分別○屏山曰此數字者未有老子時正自不同豈是渠分別耶

上蔡曰吾曾問莊周與佛何如伊川曰周安得比他佛々說直有高妙處莊周氣象大故淺近如人睡初覺時不見上下東西指天說地怎消得恁地他只是家常茶飯逞箇甚麼○屏山曰程子之法夢魘幾死嗔人驚覺豈知家常飯味乎

上蔡曰吾嘗歷舉佛説問伊川儒與吾儒同處問伊川伊川曰恁地同處多只是本領不是一齊差却為不窮天理只將拈起把筋底日用底便承當做大事小事任意縱横作用便是差處私處為問何故是私曰把来做弄便是做兩般看了將此事横在肚皮裡一如子路冉子相似便被他曾點冷眼看破只管對春風吟詠渾沒能解豈不快活又如子路有做好事底心顔子參彼己孔子便不然更不作用○屏山曰謝子所問于程子氏者是渠室中事也其所見處甚高中正拙禪和弄精魂之病雖然釋迦既死天下太平達磨未來此方已有本色宗師尋常語話佛之一字尚不喜聞如有妙解直須吐却透雲門之二光出曹

山之三墮隨波逐浪已是簾纖戴角披毛又成滲漏着衣吃飯之日用擔柴運水之神通元無使倆誰敢承當鬼神尚不能窺見王老師天魔亦尋伺不着金剛臍叢林如海夫豈無人程子冷眼看他不破即吾夫子飯飲食日用中庸之妙洒埽應對君子之傳也程子果得之乎

上蔡曰佛說直下便是動念即乖此是乍見孺子已前底事乍見孺子底吾儒喚做心他便喚做前塵妄想見得本高無儒要就上面體認做工夫他便都一切掃除說大乘頓教一聞便悟須是顏冉已上底姿質始得乍見孺子之底心是自然底天理怎生掃除得○屏山曰陋哉謝子之言也觀音以大悲為名彌勒以

慈氏為首豈以乍見孺子者為妄想乎所謂動念即乖政以恐謝子如此分別尔大乘菩薩念念度阿僧祇衆生不見一衆生得度者正當乍見孺子時也儒者果體認得此心直下便是豈太高耶不做工夫更無掃蕩雖非顏閔一聞此説將有徑悟者乎

上蔡曰佛大槩私心學佛者欲離生死要度一切衆生亦是為自己發願耶一个不拈香禮佛儒者直是放得下更無多事○屏山曰佛者無心亦無生死無衆生可度亦無發菩提心者拈香禮佛無所不可謝子放下此心却成多事矣

上蔡曰人死時氣盡也予嘗問明道曰有鬼神否明道曰道無

你怎生信道有你但去尋討看横渠云這个是天地間妙用這裡有妙理於若有若無之間須斷直得去不是鶻突自家要有便有要無便無始得鬼神在虛空中辟塞滿觸目皆是為他是天地間妙用祖考精神便是自家精神○屏山曰明道之説出于未能事人焉能事鬼横渠之説出於精氣為物遊魂為變是故知鬼神之情狀上蔡之説出于盛哉鬼神之德洋洋乎如在其上如在其左右三子各得聖人之一偏尔竟墮于或有或無若有若無之間不免鶻突予觀聖人之言各有所主大抵有生有死或異或同無生無死非同非異人有形之鬼神即無形之人心有即有心無即無耳聖人復生不易吾言矣

上蔡曰呂與叔常患思慮紛擾程夫子答以心主于敬則自然不紛擾矣○屏山曰僕欲易伊川一字心主於鏡則自然不紛擾矣

祖望按屏山之妄一至于此

上蔡曰血氣之屬有陰陽牝牡之性而釋氏絕之何也○屏山曰飲食男女正血氣耳性何與焉故飢則思飽則厭壯則喜老則倦性無變易豈有此耶血氣方剛人能戒之人不能戒其去禽獸無幾矣世有辟穀而齋居者豈遂喪其性乎以女為子難養故孔子三世而出婦孟子惡敗而去妻瞿曇氏去其嬪嬙而有草囊之喻鑿欠之説猶世俗之有烝通之姦亡國喪家以殺

其身者踵相接也仁人君子忍為此言乎

上蔡曰釋氏以性為日以念為雲去念見性猶去雲見日释氏之所去正吾儒之所當事者释氏不窮理以去念為宗○屏山曰佛以妄念翳其真心故有此喻真心發光為正念名佛出世誰能去之故維摩詰以貪愛為母無明為父若去無明與貪愛者名為殺父殺母首楞嚴亦謂令汝速登他物觧脱即汝六根更非他物此吾儒之所當事者但恐未見真心耳非窮理知者不知也

上蔡曰吾儒以名利關為難透释氏以聲色關為難透○屏山曰释氏以生死關為難透名利聲色其猶膚垢耳

上蔡曰釋氏指性喻天故蠢動含靈與我同性明道謂吾儒雖若與釋氏無異然而不同○屏山曰釋凡有血氣之屬其心識不相遠也上古神聖之人知之吾儒與釋氏之道本同其教不同耳以其不同是以同也程子亦以性為天天其有異乎

上蔡曰登徒子不好色而有淫行色出于心淫出于氣○屏山曰既有不好色而淫者是血氣也非心也明矣

上蔡曰伊川曾問某近日事如何某對曰天下何思何慮伊川曰是則是有此理賢却發得太早當見得這个事經時無他念終有不透脫處若不得他一句救拔便入禪家去矣聞此語後二十年不敢道何思何慮○屏山曰列子學于壺邱子也三年

心不敢念利害口不敢言是非始得一眄六年心更念利害口更言是非始得一笑九年橫心所念更無利害橫口所言更無是非始並席而坐至如于口如耳耳如目目如鼻即造乘風之妙毋入道之階也柰何以少時無他念為禪乎

上蔡曰釋氏與吾儒須認取精微有非同非不同處才有私意便支離了○屏山曰精微之理無同無異有支離處即私意耳

上蔡曰釋氏有言不怕念起只怕覺遲豈免念起須識念起時○屏山曰毋念起時已變滅矣須欲識認其可見乎學者試思之

上蔡曰吾儒下學而上達窮理之至自然見道以我為天也佛

氏不從理來故自不信必待人證明然後信吾儒從裏面做豈有不見佛氏只從外見之都不肯入來做不謂佛氏無見處○

○屏山曰孔子游於方内泝流而上老子游於方外沿流而下至於瞿曇氏則無上無下無内無外無來無去亦無見處大包太虛而有餘細入微塵而無間同天同人非天非人以其言大有逕庭故其徒必相訂正真偽之雜間不容髮果有所得如雙鑑然非自信也恐高談自欺誤學者耳

上蔡曰佛之論性如儒之論心佛之論心如儒之論意循天之理但是性不可容些私意纔有意便不能與天爲一○屏山曰性如水也心如海也意如漚也此天理之自然者豈不了然初

無同異漚生漚滅其如海何儒佛妙處皆無私意
上蔡曰敬是常惺々法心齋事々放下其理不同○屏山曰見道者是敬即是觀是慧是照是無上菩提齋即是止是定是寂是大般涅槃了無差別如未見到敬即無明齋即無記正孟子之所謂助長與忘固不同矣
上蔡曰釋氏所以不如吾儒無義以方外一節義以方外便是窮理釋氏以理為障礙然不可謂釋氏無見處但見了不肯就理諸公不須尋見處但且敬以窮理○屏山曰佛以八萬四千塵勞煩惱為八萬四千清涼解脫法門豈無義以方外一節以謂理為障乎果有所見事々無礙無非理也何所就耶如無所

見敬以防身心可矣其能窮理乎學者欲有所見不必他求我無所見即無不見矣

上蔡曰古人千言萬語許多模樣只沒要一个是字○屏山曰古人千言萬語許多模樣只沒一个是字

上蔡曰邵堯夫問今年雷起甚處伊川曰起處起邵愕然○屏山曰此正滑頭禪者之葛藤耳堯夫之易數未可輕也

上蔡曰儒異于禪正在下學矣○屏山曰禪同于儒正在上達處矣其可不知之乎

上蔡曰總老嘗問默而識之是是識个甚無入而不自得是得个甚○屏山曰上蔡常記總老此語而無所答其意欲學者自

求之也今特表而出之

元城曰孔子佛而之言相為終始孔子之言毋意毋必毋固毋我佛之言曰無我無人無衆生壽者其言次第若出一人但孔子以三綱五常為道故色色空空之說微開其端令人自得尔孔子之心佛心也假若天下無三綱五常則禍亂又作人無噍類矣豈佛之心乎故儒釋道其心皆一門庭施設不同耳如州縣官不事事郡縣大亂禮佛誦經坐禪以為學佛可乎○屏山曰元城之論固盡善矣惜哉未嘗見華嚴教之指佛先以五戒十善開人天乘後以六度萬行行菩薩道三綱五常盡在其中矣故善才五十三參比丘無數人耳觀音三十二應示現宰官

居士長者等身豈肯以出世法壞世間法哉梁武帝造寺度僧持戒捨身嘗為達摩所咲跋摩尊者謂宋文帝王者學佛不同匹夫省刑罰則民壽薄稅歛則國富其為齋戒不亦大乎惜一禽之命輟半日之飡匹夫之齋戒尒此儒者學佛不龜手之藥也

元城曰古今大儒著論毀佛法者蓋有說也且彼尾重則首輕今為儒佛弟子各主其教猶鼎足也今一足失可乎則鼎必覆矣所謂佛法凡可以言皆有為法有成有敗物極則反佛法太盛不獨為儒病亦為佛法之大禍也彼世之小儒不知此理見前輩或毀佛法亦從而詆之以為佛法皆無足取非也士大

夫多以禪為戲此事乃佛究竟之法豈可戲而為一笑之資乎此亦宜戒○屏山曰劉子之言深中殭項書生之病矣雖然其父報仇其子必刼是亦先儒之過也聖人之道無首無尾過慮尾重而首輕吾謂不如首尾之相救也三聖人同出于周固如两足然偏重且覆烏可去其一乎韓子之時佛法大振於吾儒初無所損今少林之傳將絶而洙泗之道亦如綫矣唇亡齒寒之憂可立而待也悲夫

元城曰所謂禪之一字于六經中亦有此理佛易其名達摩西来此說大行佛法到今果弊矣只認色相若渠不来佛法之滅久矣又上根聰悟多喜其說故其說流通某之南遷雖平日於

吾儒及老先生得力然亦不可謂此事得不力世間事有大于死生者乎此事獨有一味理會生死有个見處則貴賤禍福輕矣老先生極通曉但不言耳蓋此事擺繫利害若常論則人以爲平生只談佛法所謂五經者不能曉生死説矣故爲儒者不可談蓋爲孔子地也又下根之人謂寂寞生死枯槁乃是佛法至於三綱五常不肯用意又其下者泥于報應因果之説不修人事政教錯亂生靈塗炭其禍蓋不勝言者故某平生何曾言亦本于老先生之戒也○屏山曰元城之説爲佛者慮盡矣爲儒者慮似未盡也佛書精微幽隐之妙佛者未必盡知皆儒者發之耳今已章章然已或秘而不傳其合于吾書者人將謂五

經之中初無此理吾聖人真不知有此事其利害亦非細也吾欲盡發其秘使天下後世共知六經之中有禪吾聖人已為佛也其為孔子地不亦大乎彼以寂寞枯槁為佛法以報應因果廢人事或至亂天下者正以儒者不讀其書為所欺尒今儒者盡發其秘維摩敗根之議破落空之偏見般若施身之戒攻着相之愚夫上無蕭衍之禍下無王縉之惑矣雖極口而談著書而辯其亦可也學者其熟思之

元城曰看經者當知其義但尋文逐句即生誹謗如法華云念彼觀音力刀尋段段壞言其性也見楞嚴故祖師將頭迎白刃如劒斬春風耳此理喻人不致謗佛也〇屏山曰劉子誠辯矣

雖然理中有事性即是相吁叵測也佛說不可思議思議求之或未盡善

元城曰繫辭亦有非孔子之言如左傳穆姜之言元亨利貞之說是也○屏山曰歐陽子之遺毒也學者其吐之不然或殺人矣穆姜雖有此語孔子刪定之即孔子語也

元城曰温公著論詆釋氏云其妙不能出吾書其誕吾不信也某問如何是妙曰無我千經萬論只辦一个我字又問如何是誕曰其言天堂地獄不足信曰今王法雖至殺戮不能已之惡人茍有不肖之心自弃其命何所不可佛之說此俾人易惡而向善耳且天地闢鄒衍謂天地之外如神州赤縣八九莊子言六

合之外聖人存而不論凡人耳目所不及安知其無公曰吾欲扶教耳○屏山曰元城與司馬君寔如父子然故心術之發無所幽隱此言固善雖然元城之疑未盡君寔之情亦太矯矣吾聖人六經中皆有此意昧者弗知耳必欲扶教此說其可誣乎元城曰若由中道則無時不正釋氏老之道皆未免入邪○屏山曰苟有意于中正即入于邪矣惟學道者知之

江民表性説曰性無古今習通古今唯通于今古羊舌鮒之賄死豈一日之積哉其來有自矣是以神靈岐嶷不獨私于黃帝不通乎故習者未能究之也又曰性如珠在泥雖未嘗變如白受色隨染而化無有定色○屏山曰江子之性説幾于盡矣諸

儒皆莫及也雖然當敗数字如珠在泥未嘗變者正性也如白受色隨染而化名故習也白受色則亡其白矣習可亡也性可亡乎

龜山曰六經不言無心佛氏言之佛氏和順于道德蓋有之矣理於義則未也○屏山曰莫謂無心元是道分明猶隔一重關學佛者知之理於義則未也誠中擔板禪和之病豈佛氏之罪耶

亀山曰聖人以為尋常事者莊周則夸言之乃禪家呵佛罵祖之類如逍遥遊乃子思所謂無入而不自得養生主乃孟子所謂行其所無事而已曲譬廣喻此張大其說耳屏○屏山曰楊

子見處甚高知禅者有力于佛即知莊子有力于聖人矣曲譬廣喻張大儒者之説儒者反疾之何也

龜山曰儒佛深處所差杪忽耳見儒者之道分明則佛在其下矣今之學者曰儒者之道在其下是不知其大也吾道之大也爲佛者既不讀儒書儒者又自小然則道何由明哉○屏山曰儒佛之軒輊者不唯佛者不讀儒書之過亦儒者不讀佛書之病也吾讀首楞嚴經知儒者在佛之下又讀阿含等經知佛似在儒下至讀華嚴經無佛無儒無大無小能佛能儒能大能小存泯自在矣

龜山曰老子言禮者忠信之薄是特見後世爲禮者之弊先王

之禮本諸人心雖然老子薄之者其意欲民還淳反樸以救一時之弊而已然天下豈有此理哉○屏山曰吾夫子問禮于老聃豈不知禮哉為此言者欲學者知禮之所自起將有得之于俛仰之間謦欬之間徑造忘言之妙即無懷氏之境不難到也彼西晉之狂人曰禮豈為我輩設者假老聃之說以為姦尔悲夫

龜山曰微生高乞醯以與人孔子不以為直維摩經云直心是大道場儒佛至此寔無二理○屏山曰何止佛儒八荒之表萬古之下聖人之門當自此入

龜山曰知微之顯只是戒慎乎其所不睹恐懼乎其所不聞有

僧自堂不言而出或曰莫道無語其聲如雷莊子亦曰尸居而龍見淵默而雷聲可謂善言者矣也○屏山曰戒慎恐懼猶是聖人門外事此與予欲無言相類

龜山曰元圓覺經言作止任滅是四病作即助長止即不芸苗任滅即無事○屏山曰不然作止皆任滅助長也任滅皆不芸苗也必有事焉而勿正心勿忘非作非止非任非滅矣

龜山曰揔老言菴摩羅識唐言白淨無垢即孟子之言性善是也阿賴耶識唐言善惡種子即善惡已萌處○屏山曰白淨無垢識無善惡者孔子之所謂善即阿賴耶識矣

龜山曰荆公字說謂性覺真空者離人若離人之天即頑空者

也〇屏山曰荆公謂离妄而真為真空龜山為即妄而真為真空予又不然所謂真空者非即非离非妄非真非空不空

龜山曰孟子所謂精粗兼備其言甚近而妙義在焉如龐君士云神通并妙用運水與搬柴此自得之言最為達理如許大堯舜只如於行止疾徐之間做了〇屏山曰龜山在伊川門下談道窮高妙此語似少數字改作如許多大堯舜之道只于行止疾徐間不覺底做了

安正忘筌曰學者為自為之人耳學聖人不唯可以自覺致君澤民躋時于太平其功利之博與獨善者豈可同日語哉祖望按是書亦龜山所作〇屏山曰大哉此書伊川之學不及也其關鍵似方山

合論大畧以大象爲體以太極爲心居皇極爲正位破從學爲大夢不墮禍福之中超于形數之外上知桓文之假而明王道下識楊墨之取而尊聖人發黃石之秘以救生靈傳河汾之業以重師友借老莊之書文孔子之易探其淵源其出于瞿曇氏乎頗知華嚴三觀之旨竊聞曹洞五位之言自成一家獨立千古亦眩毉之雄者乎掠人之財猶謂之盜而況多于財者乎耶何其憎主人之甚也

又曰象獲石頭果則貫魚之寵無不利既不病耳目又不憊性命後之人欲求入道者往往甘心祝髮以效鈍根中人以下所爲病憊○屏山曰吾聞聖人達命次守節下失節吾儕非聖人

之無欲者求寡其欲而未能也敢以多欲無害于道乎

又曰學道者唯禮法家之為華末不學道者以學道之士為空無皆非達士也蓋由私見各繫所取而止不悟一家也○屏山曰横浦著少儀論以譏佛氏之枯槁不如聖學之華滋與此說蓋同頗豈知毘盧以萬行因華莊嚴佛果藥山謂或從冷淡或放光明枯木糝花寒灰發焰談初學佛者已自知之矣予復何言

安正忘筌曰達者露其端世人宗其說其在中國者曰孔子孟子又有老子莊子其自西域而至者又有釋氏在六合之外蓋不知幾國莫不各有先達之士為師其晦而不顯者又不知幾

人如韓退之書毛十八翁先知若神又非三教○屏山曰此論甚高奇古人所未嘗言者不然中間自孔孟老莊以來一千五百年豈無一聖人爭雖然學道求師亦須正眼如毛十八翁輩固多怪力亂神夫子不語素隱行怪聖人弗為咸李咸之徒不足貴也

安正忘筌曰得失之報冥冥之中固未必無私司之者聖人尤探其　乃畧此而不論惟聖人超形數而用形數與造物者游賢者皆未足以超出而免此姑就所得之報尔可以為天大戒

又曰儒釋二家歸宿相似設施相遠故功用全殊此雖運動樞機財成天地終不駭異三靈被德以彼所長施於中國猶軒車

適越冠冕之胡決非所宜○屏山曰論至于此儒佛之説為一家其功用之殊但或出或處或嘿或語便生分別以為同異者何也至如劉子翬之洞達張九成之精深呂伯恭之通融張敬夫之醇正朱元晦之峻潔皆近代之偉人也想見方寸之地既虛而明四通六闢千變萬化其知見只以夢幻死生操履只以塵垢富貴皆學聖人而未至者其論佛老也寔與而文不與陽擠而陰助之蓋有存微意存焉唱千古之絕學掃末流之塵迹將行其説于世政自不得不尒如胡寅者詬罵不已嘻其甚矣豈非翻着祖師衣倒用如來印者耶語在駮崇正辨吾恐白面書生輩不知諸老先生之心借以為口寔則三聖人之道幾何

不化而為異端也伊川之學今自江東浸淫而北矣縉紳之士負高明之資者皆甘心焉予亦出入于其中幾三十年嘗欲箋註其得失而未暇也今乘間漫筆于小稾意者撤藩籬于大方之家匯淵谷于聖學之海蒐諸子胸中之秘發此書言外之機道冠儒履同入解脫法門翰墨文章皆是神通游戲姑以自洗其心耳或傳于人將有怫然而怒惘然而疑凝然而思釋然而悟啞然而笑者必曰此翁亦可憐矣

橫浦曰禮以少為貴者寂然不動之時也喜怒哀樂未發之時也易所謂敬以直內也孟子所謂盡其心也釋氏疑近之矣然止于此而不進以其乍脫人欲之營營而入天理之大其樂無

涯遂謂廓然無物者為極致是故以堯舜禹湯文武之功業為塵垢以父子君臣夫婦長幼之節為贅疣以天地日月春夏秋冬為夢幻離天人絕本末決內外煢煢無偶枯槁索寞無滋潤之氣如秋冬之時萬木彫落無復婆娑蔽蔭之狀殆將滅五常絕三綱有孤高之絕體無敷榮之大用此其所以得罪于聖人也又曰人有四端如人之有手足也若釋氏則無手足矣徒有腹心耳安知運用行止之理哉○屏山曰張子之言以欺儒者可也頗知佛書者豈可欺乎維摩詰弟子比之焦芽敗種華嚴謂定性二乘退墮無為廣大深坑正恐以出世間法壞世間法爾張子豈知世間法即出世間法哉藥山有言或枯淡也得或

光明粲爛也得禪者謂之枯樹糝花寒灰發燄彼欲通身是眼豈兀然無手足乎釋氏未嘗得罪于聖人但得罪于俗儒耳

東萊曰一固萬也不待一塵萬境而後知其一而萬也萬固一也不待萬境一塵而後知其萬而一也千載一念一念千載切意乾竺之學俱不免近于辭費也不生而說生不滅而現滅不生之生不滅之滅果固然之理耶何為而復加現之一辭也○

屏山曰參萬歲而一成純莊周氏之語也生之所生者死矣而生之者未嘗生列禦寇之語也豈乾竺之書獨云乎哉如法界觀亦中國書有理法界萬固一也有事法界一固萬也有理事無礙法界一而萬萬而一有事事無礙法界一自一而萬自萬

而一一中之萬〻之一萬中之一一之萬如水之一如漚之萬水中之漚一而萬漚中之水萬而一水即漚也一自一而萬漚即水也萬自萬而一論至於此豈非一中之萬〻之一萬中之一一之萬寧有周遮之費辭乎呂子於其所不知盍闕如也

南軒曰樂記謂人生而靜天之性感物而動性之欲性不能動未見其不善好惡無節則流為不善矣譬諸水泓然而澄者其本然也其水不能不流〻亦其性也至於因其流激汨於泥沙則其濁也豈其性哉○屏山曰張子之言誠辯矣既知人生而靜天之性即感物而動非天之性特人欲耳謂不能不動至流為不善則以其性水既流矣其能不濁乎是不知泥沙之所以

來又不知何物之為泥沙也惜哉

南軒曰天命之全體流行無間貫乎古今通乎萬物者衆人自昧之而是理也何嘗間斷而聖人盡之亦非有所增益也若釋氏之見則以為萬法皆吾心所起是昧乎太極本然之全體而反為自利自私是亦人心而已非識道心者也○屏山曰張子之所謂天命之全體釋氏之所謂心也其言全出于佛老無毫髮異实雖然疑萬法非心所為而歸之太極是不知太極為何物如父出而忘其家見其子而不識與劉儀同何異哉蓋以情識卜度雖言道心而不知耳反謂佛自私于人心惑实

南軒曰佛學所謂存心與吾儒所謂存心存心字雖同而有公

私之異吾學操而存者收其放則公理存故於所當思而未嘗不思也於所當為而未嘗不為也學佛之所謂存心者無所為而已矣於所當思而不知思也獨憑藉其無所為者以為宗日用間將眼前光爍〻地弄為作用耳目前一切以為幻妄自利自私不知天故也○屏山曰存之一字非唯佛者儒者不同儒者之所謂存之一字亦自不同操之則存乃求放心之謂也至于成性存〻又存其所當存者道義之門也方其無思也無為也則道是已其感而遂通天下之故則義是已此莊子所謂尸居而龍見淵默而雷聲老子所謂孰能濁以靜之徐清孰能安以動之徐生佛之所謂清水現前名為初伏客塵煩惱去泥純

水名為永断根本無明一切變現不為煩惱皆合涅槃清淨妙法華嚴八地菩薩得無生法忍菩提心涅槃心佛心菩薩心皆不現起況復起于世間之心諸佛摩頂而言曰善男子汝還得此一說耳此諸法之性若不出世此法常住無有變易諸佛不以得此法故名為如來一切二乘亦能得此無分別法諸佛有無量法門佛子當學故蕉（焦）芽敗種淨名所譏積塵聚塊沖虛所笑禪者亦謂死水不藏龍亦欲絕後重甦耳張子不知也祖師以弄精魂為野狐精豈以眼前光爍爍地為日用哉儻止以拈椎竪佛為佛法是亦吟哦之輩為孔子之道也悲夫

南軒曰異端之惑人未必非賢士大夫今日異端之害烈于申

韓蓋以其說有若高且美矣故明敏之士樂從之唯其近似而非逐影而迷眞憑虛而捨實拔本披根自謂其直指人心而初未識心也使其果識其心則君臣父子夫婦乃是人道之經而本心之所存也其忍斷弃之乎天下之禍莫大于似是而非學者有志于學必也於此一毫不屑而後可以得其門而入也○

屏山曰張子比佛老于申韓三尺之童亦不信也意其近似而非為天下之禍又豈獨佛老乎以世閒法為眞實出世閒法為虛妄學道者當自知之矣奚待予言學者有志于學必也於此一毫不可不辨其所以然而後得其可以得其門而入也雖然學者內有三疵外有四孽何謂三疵識鑿之而賊氣憑之而亢

才蕩之而浮何謂四孳學封之而塞辯譁之而疑文甘之而狂名錮之而死此七物者心之奴也棄其心則為寇盜之媒也叛其道則為仇此其所以蔽而不開泥而不化放而不返也皆物翳於方寸之地礫然而落霍然而散洗然而淨無介然之私或見其彷彿矣

晦菴曰大抵目前所見只是儱侗底得个大本達道底影像便執認以為是子自覺殊無立脚下工夫處蓋只見得个直截根源傾湫倒海如在洪濤之中不容少頃停泊一向如是故應事接物處但覺猛利勇敢增倍于前而今而後乃知浩浩大化之中一个家自一个安身立命處所以立大本行達道之樞要所

謂體用一源顯微無間者乃在於此○屏山曰朱子之於性學蓋嘗深體之矣惜乎未聞佛之書多而見之禪者之少也方其一向如是知理而不知有事知正而不知有偏知有文殊而不知有普賢也及其一家不知事而不知有理知偏而不知有正知有普賢而不知有文殊也至於體用一源顯微無間始正有理有事有正有偏有文殊有普賢而已顧豈知理事無碍正偏回互文殊普賢為一法身哉至於周徧含融兼中到位與善財入法界品海印三昧帝網相羅未嘗夢見所以未免科八三段話作兩橛暗中摸索止出于情識卜度耳謂道在于此談何容易哉自謂浩浩大化之中安身立命不覺識浪湛然之頃已滔

天矣如急流水若不自知耳學者當審思而明辨各自體之或信予言之不妄云

晦菴曰大抵天下事物之理無無對者唯道無對以形而上下論之未嘗無對也或以左右或以上下或以前後或以多寡或以類而對或以反而對反覆推之天地之間眞無一物兀然無對而孤立者此程子所以中夜以思不覺手舞而足蹈也○屏山曰惜乎朱子之才未讀儒書也入楞伽經一百八句皆對待法豈止上下前後左右多寡哉此眞生死心也程子未能洗去死心謂有生則有死任之以自寬耳豈道也哉蓋榮啓期之徒尔或謂法界中無孤单法豈程子意歟是又不然程子安知有

十玄門哉一入一切一切入一亦會歸於一耳程子求之於二止謂世間法而已

晦菴曰有是理則有是氣氣則無不兩者故易曰太極生兩儀而老子所謂道先生一而後一乃生二其察理亦不精矣老莊之失大抵類此○屏山曰理一而氣二太極未有氣也豈有二哉吾夫子既謂太極生兩儀生之一字自無而有之言與老子一生二之言將無同乎孰察理不精耶程子氏之失大抵類此學者當深思之

晦菴曰窃病近世學者不知聖門實學之根本次第而溺於佛老之說妄意天地萬物人倫日月之外別有一物空虛之妙不

可測度其心懸懸然徽倖一見此物以爲極致未嘗不墮於此者○屏山曰天地萬物人倫日月皆形而下者形而上者誰之言歟朱子耄而荒矣偶忘此言以爲佛老之説吾恐夫子之道亦將掃地矣雖然不可不辨佛之所謂色即是空老子所謂同謂之玄者豈别有一物耶乎朱子劃而爲二是墮于此而不自知耳

晦菴曰中者天下之大本學者于此涵養栽培亦皆日用分明底事不必待極力尋究忽然有感然後爲得必若此云是溺于佛氏之學而已彼自謂有見而于四端五典皆未嘗見甚者披根拔本顛倒錯謬無所不至夫所謂見者殆亦用心太過端的

履踐豈可同日語哉○屏山曰水即波也無風則不名波中即和也無感則不名和吾夫子有言無思也無為也寂然不動感而遂通天下之故豈無所感而然耶朱子知中而不知所以為中止于程氏涵養之説既是自披根拔本嘗見其影像耳人無真寔知見寧有端的履踐乎

晦菴曰性固不能不動然無所不有然不能不動其無所不有者曷嘗有虧欠哉釋氏之病錯認精神魂魄為性果能見性不可謂之妄見既曰妄見不可言性之本空此等立語未瑩恐亦是見得未分明也○屏山曰性無動靜亦無虧成釋氏有語學道之人不識真只為從来認識神豈以精神魂魄為性哉不見

性空謂之妄見〻性空矣豈妄見耶見〻之時見猶非見豈不分明恐未分明朱子之語並未瑩耳

晦菴曰皇極之無偏無詖不以私言有所去就耳無作好惡不以私意自為憎愛尒豈但包容漫無分别流於老莊依阿無心之説○屏山曰朱子皇極之辨固美矣謂包容漫無分别為老莊依阿無心之説則踈矣老子曰上德為之而無以為下德為之而有以為莊子曰人之君子天之小人天之小人人之君子不曰上仁不仁不曰人之小人天之君子其明白委曲如此豈漫無分别乎又曰澤及萬世而不為仁韲萬物而不為義豈依阿乎又曰禍莫大於德有心而心有眼所謂無心於無心者天

之天也有心於無心者人之天也如老莊者豈有心於無心乎
朱子之誣人亦大厚矣
晦菴曰莊子謂為善無近名為惡無近緣刑督以為經督者中
也老莊之學不論義理之當否但欲依阿于其間為以全身避
害之計正程子之所謂閃姦打訛者也為善無近名語或似是
為惡無近刑則尤悖理擇其不至於犯刑者而竊為之巧其途
以避禍小人而無忌憚甚矣子莫執中但無權耳老莊則不明
義理專計利害又非子莫之比迹其本心寔無異于鄉原其揣
摩精巧又非鄉原之所及乃賊德之尤者王通謂非老莊之罪
吾不知其何說也○屏山曰下士聞道大笑之如朱子者幾罵

矣暫非中也當訓暫為廹耳莊子之言曰廹而後動感而後應不得已而後起當而不自得適過而不悔其理然也雖或以為善而遠于名或遠以為于惡而遠于刑不以偽喪其眞耳朱子詬之以鄉原小人波及王通吾亦不知其何說耶

僕與諸君子生於異代非元豐元祐之黨同為儒者無黃冠緇衣之私所以嘔出肺肝苦相訂正止以三聖人之教不絕如髮互相矛盾痛入心骨欲以區區之力尚鼎足而不至於顛仆耳或又挾其衆也譁而攻僕則鼎覆矣悲夫雖然僕非好辯也恐三聖人之道支離而不合亦不得已尔如膚有瘡疣膏而肉之地有坑塹寘而土之豈挾其肉而出其土哉僕與諸君子不同

者盡在此編実此編之外凡明道集所載及諸君子所著大易詩書中庸大學春秋語孟孝経之説洗人欲而白天理剗伯業而扶王道發心學于語言文字之外索日用於應對洒埽之中治性則以誠為地脩身則以敬為門大道自學善而求聖人自學而至嗣千古之絶學立一家之成説宋之諸儒皆不及也唐漢諸儒亦不及也駸駸乎與孟軻氏並駕実其議論時有詭激蓋冥機耳皆荀卿子之徒歟此其所以前儒唱之後儒和之跂而望之踵而從之天下後世將盡歸之可謂豪傑之士乎學者有志於道先讀諸君子之書始知僕嘗用力乎其心如見僕之此編又以籍口而病諸君子之書是以暇而舍玉以噎而廢食不

惟僕諸君子得罪於諸君子亦非僕所望於學者吁

## 雜說

吾兒時不喜佛老以學佛者先壞其身亡其家敗國常而為天下蠹訴作排佛又以從老莊法〻而野〻而夷〻而禽獸作辯莊意者特楊墨之遺說耳比因閑居稍讀西方書所謂首楞嚴者始知天地之所以成壞人物之所以生死因果之根源聖凡之階級明白徑直如指諸掌孔子之所謂性近而習遠亢倉子所謂耳視而目聽列子之所謂有生〻者莊子之所謂真君存焉孟子之所謂心莫知其鄉周易之所謂神寂然不動盡在是矣特不須注解殊易解也雖然聞歇即菩提知見無見斯即涅

槃不歷僧祇獲法身之言尚有所惑又讀圓覺經曰居一切時不起妄念於諸妄心亦不息滅住妄想境不加了知於無了知不辨眞寔是即名爲隨順覺性成就一切種智現世即菩薩之說則罔象之得玄珠混沌之鑿一竅可以立契於嚬伸謦欬之頃故以證悟了覺爲賊作止任滅爲病者南華之所謂禍莫大於有心而心有眼宣父之所以毋意毋必毋固毋我也又讀維摩詰經獨以默然深入不二法門則冉求之入問夫子之不答得于眉睫間矣猶疑其所謂非凡夫行非聖賢行不厭生死不樂涅槃一切塵勞煩惱爲如來種衆生心行中求諸佛解脫等語近讀華嚴經云于有爲界示無爲法亦不破壞有爲之身相

於無為界示有為法亦不分別無為之性不以世間法碍出世間法不以出世間法壞世間法如来性即菩薩行菩薩行即如来性念〻嚴淨無量世界而心無所着念〻調伏無数衆生而無我〻所想然則向所謂尸居而龍現淵默而雷聲體性抱神以遊世俗之間無思無為感而遂通天下之故者雖顯諸仁而藏諸用然洗心退藏于密而吉凶與民同患蓋以道之真治身其緒餘土苴可以治國家天下古之欲明〻德於天下者必自正心誠意始夫帝王之業皆聖人之餘事尔況其公厯者乎嘗試論之寔際理地不受一塵文殊之一吹也如師子王振迅萬行門中不舍一法普賢之一嘘也如象王迴旋乃至毗盧着

冠如蓮花在水合而言之一也但體用交參正偏回互耳是故至別峰德雲始遇入三昧則普眼中昏逝多林之神變迦葉尊者定中不見弥勒閣之莊嚴善財童子斂念即開竪說之則五十五聖位行布于彈指頃如海印頓現横說之則五十三法門圓融於一毛頭許如帝網相羅杜順禅師立四界法曰理曰事曰理事不二曰事〻無碍豈非伯陽之所謂常無常有同謂之玄〻之又玄衆妙之門仲尼之所謂道與器變通與事業邪論至于此舉足而入道場低頭而成佛道洒埽應對得君子之傳飲食日用知中庸之味孰為儒者孰為佛者孰為老者又孰能辨之哉近代李習之王介甫父子程正叔兄弟張子厚蘇子由

吕吉甫張天覺張九成張栻吕祖謙朱熹劉子翬之徒心知此說皆有成書第畏人嘲剝未敢顯言耳或疑其以儒而盜佛以佛而盜儒是疑東鄰之井盜西鄰之水吾兒時之童心也悲夫神人以道之真治其身緒餘土苴可以治國家天下聖人洗心退藏於密而吉凶與民同患蓋不離于道之神可以發於兆外變化之聖大而化之之聖可以藏于不可知之之神道家之說與儒者之神言其相合如左右券但老莊與孔孟或出或處耳彼楊朱者知神人之先治其身而已雖拔一毛而利天下不為也墨翟者知聖人之與民同患而已雖摩頂放踵以利天下而亦為之觀其為人足以疑天下後世天下後世亦以此疑之列

禦寇之弟子遠取楊朱之說雜寘於其書韓愈氏稱孔墨之師必相用不相用不足為孔墨吁亦怪矣吾自讀金剛經可以徑破二家之誤有道心者雖胎卵濕化有想無想皆滅度之肯拔一毛以利天下而不為乎心未入道雖初中後日以恒河沙身命布施亦無益也而況止于摩頂放踵哉所謂聖人神人者殆亦不可以此為之也

吾自讀書知孟子為聖人也孟子曰性善荀子曰性惡楊子曰善惡混韓子曰有性有情蘇子曰有性有才歐陽子曰性非學者之所急也吾從孟子不得不與諸子辯荀子曰性惡荀子果肯為惡乎揚子曰善惡混揚子之為善也其為惡者果安在乎

韓子曰有性有情韓子之為善者其性乎其情乎蘇子曰有性有才蘇子之才其非性乎歐陽子曰性非學者之所急也歐陽子之學何等事乎當孟子之時固有以食色為人性者有以為有善有不善者有以為無善無不善者有以為可以為善可以為不善者孟子猶以為性善又曰乃若其情則可以為善矣又曰若夫為不善非才之罪也又讀莊子書謂和理出于性和理生道德道德生仁義仁義生于禮樂然性善之説愈明後讀佛書以真如性為如來藏從本以來唯有過恒沙等諸淨功德一切煩惱染法皆是妄有性自本無故曰白淨無垢識為無明所薰習一變而為含藏識闇然無記揚子之所謂善惡混者再變

而為識執受識我愛初生荀子之所謂惡者三變而為分別意識好惡交作韓子之所謂情也四變而為支離五識視聽亦具蘇子之所謂才也學道者復以真如熏習無明轉四識為四智其一曰大圓鏡其二曰平等性其三曰妙觀察其四曰成所作初無增減故號為如來特人昧其性耳性何負於人哉此孔子之所謂性相近而習相遠也唯上智與下愚不移即吾佛所謂阿鞞䟦此云不退轉與闡提此云惡人非了義也歐陽子平生不喜佛老而罪學者言性吾儕豈可為此翁所欺哉繫辭尚以為非聖人語彼何有於佛老云

吾觀佛者皆談仁義竟不知何者為仁何者為義比讀莊周書

曰古之治道者以知養恬以恬養知知和生于恬理出于知德和也道理也德無不容仁也道無不理義也然則道德為仁義之體仁義為道德之用後人世忘其本止知有仁義而不知有道德故老子有激而云逆求其言蓋欲合仁義于道德而言之也豈真搥提仁義者哉彼韓愈氏者斬然臆斷以道德為虛位以仁義為定名欲離仁義于道德而言之也果誰坐井觀哉天哉孔子曰志於道據於德道德其虛位乎孟子曰由仁義行非行仁義也仁義其定名乎然則韓愈氏亦不知仁義為何物也近世二程氏之學始講明仁義之說至于仁為覺者是知慈惠寬愛不足以盡仁之寔求其意而未得耶嘗試思之盍反其本而

已莫如莊周之言爲有次序也方寸之地本静而明〻而静故曰治道者以恬養知以知養恬〻以致其静知以致其明静極則無所於忤明極則無所於蔽無所於忤則無所不受無所於蔽則無所不達故曰德和也道理也德之字曰仁道之字曰義故曰德無不容仁也道無不理義也其明白徑直也如此正如學佛者以妙明之心修止觀之法以止觀之力得定慧之稱或以慈心定爲悲增菩薩或以無碍慧爲智增菩薩悲智圓修同登大覺儒者之所謂仁義老子之所謂道德盡在其中矣吁安得圓機之士共談其仁義哉

王通以佛爲聖人矣曰其教中國則泥蘇轍知佛爲人天師矣

曰以之治世則亂不可不深為之辯是二君子者知其一而不知其二見其小而不見其大傳聞阿羅漢獨覺之法而未嘗聞諸佛菩薩之行畧讀小乘阿含等之語而未嘗讀華嚴維摩之說輕發此良言可惜也豈非以梁武之事乎達摩大士既攻其失矣果如跋摩尊者告宋文帝之言於治中國乎何有哉

韓愈作原道以排佛老罪其為清淨寂滅之說有裘葛飲食之喻最為可笑不知愈曾見二家之書否吾知其未嘗讀也列禦寇之所謂積塵聚塊是非無為而非理維摩詰之所謂焦芽敗種已入無為正位不能復發菩提之心雖學佛老者亦知其為病矣也如瓔珞經云自三賢位心心寂滅自然流入妙清必靜

形將自正此廣成子之所以戒黃帝之所以遂群生也此其與吾儒致知格物誠意正心齊家治國明明德於天下之言得無同耶愈之大學恐致知格物近于佛老之所云而刪去之獨取正心誠意又不知愈之所謂正與誠者何如也不知此說而以其心之所不喜而私去之則不正知此說而自欺作意而去之則不誠自以為得孔孟之傳孔孟之為孔孟必不尒也

司馬光資治通鑑載韓愈以排佛老為有力其所切者送文暢序曰鳥俛而啄仰而四顧獸深居而簡出猶且不脫焉獨人安居而暇食寧可不知其所自耶其意以為非先王之驅虎豹放龍蛇服牛乘馬則人不得安居而能食矣是其智與痴子謂來從學者其深思而熟講之則佛老之學不可不知也

司馬光答韓秉國書其太畧曰子之所謂中者

曰中來之說無異也吾將入其室奪其矛而刺之曰鳥俛而啄仰而四顧獸深居而簡出猶且不脫爲獨入之安居而暇食寧可不知所自耶學者其深思而熟講之則佛老之學不可不知也

司馬光答韓秉國書其大畧曰子所之謂中者無思無慮近於佛老之學光之所謂中者無過與不及耳又有服藥之喻以爲真得中之說吾竊以爲此甚易辨子思有言喜怒哀樂之未發謂之中發而皆中節謂之和如光之所謂中非中而似和也中也者天下之大本和也者天下之達道致中和天地位焉萬物育焉聖人之言中和如此其大何光之自許如此其輕也是光

未嘗深讀其佛書亦止以無思無慮為佛也八地菩薩得無生法忍佛心菩薩心皆不現起況復起于世間之心諸佛加護而告之曰善男子汝適得此一法耳是諸法〻性若佛出世若不出世是法常住無有變易如來不以得此法故名為如來一切二乘亦能得此無分別法如來有無量智慧佛子當學故經師云一法若有毗盧墮於塵勞萬法如無普賢失其境界善乎蘇轍之言也曰中者佛性之異名和者菩薩萬行之總目也致中和而天地萬物由之以生非佛性何以當之此真知中和之說者惜乎一出一入焉

蘇軾作司馬光墓誌云公不喜佛曰其精微大抵不出于吾書

其誕吾不信嗟乎聰明之障人如此其甚耶同則以為出于吾書異則以為誕而不信適足以自障其聰慧而已聖人之道其相通也如有關鑰其相合也如有符璽相距數千萬里如處一室相繼數千萬世如在一席故孔子曰西方有聖人焉莊子曰萬世之後一遇大聖而知其解者是旦暮之遇也其精微處安得不同列子曰古者神聖之人先會鬼神魑魅次達八方人民末聚禽獸蟲蛾備知萬物情態悉解異類音聲先其所教訓無遺逸焉何誕之有孔子游方之內故云合之外存而不論鄒衍欒兜莊周方外之士已無所不談矣頑不如佛書之縷縷也以非耳目所及光不敢信既非耳目所及吾敢不信耶郭璞曰者

也卜年於晉室若合符券疑吾佛不能記百千萬之多刼耶左慈術士也變形於魏都皆同物色疑吾佛不能示千百億之化身耶長房壺中之游人信之矣不信維摩文室容八萬座與納須弥于芥子中之説乎邯鄲枕上之夢人信之矣不信多寶佛寶塔住五千刼耶度僧伽如彈指頃之説乎若俱不信不知光亦嘗夢否瞑于牀棚々少時也山川聚落森然可狀人物器皿何所不有俯仰酬酢于其間自成一世此特凡夫第六分離識之所影現者尓其力如是况以如來大圓鏡智菩薩之如幻三昧乎學者當自消息之毋為虛名所刼持也

程顥論學於周敦頤曰道之不明異端害之也古之害近而易

知今之害深而難辨昔之惑人也乘其愚闇今之入人也因其高明自謂之窮神知化而不足以開物成務名爲無不周徧而其實乖於倫理雖云窮深極微而不可以入堯舜之道天下之學者非淺陋滯固則必入于此悲夫諸儒排佛老之言無如此說深且痛也吾讀周易知異端之不足怪讀莊子知異端之皆可喜讀維摩經知其非異端也讀華嚴經始知無異端也中庸曰道並行而不相悖周易曰君子之道或出或處或默或語殊途而同歸一致而百慮雖有異端何足恤耶莊子曰不見天地之全古人之大体道德爲天下裂如耳目口鼻之不相通植棃橘柚之不同味雖不足以用天下可爲天下用恢詭譎怪道通

為一是異端皆可喜者維摩經曰諸邪見外道皆吾侍者六地菩薩乃能作魔謗于佛毁於法不入衆数随六師墮乃可取食然無異端也華嚴經曰入法界品諸善知識向僧祇数皆於無量刼海行菩薩道國王長者居士僧尼婦人童女外道鬼神舡師醫卜與鬻香者無非法門若見五十三種無厭足王之殘忍婆須蜜女之淫蕩勝熱仙人之刻苦聚沙童子之嬉劇大天之怪異主夜之幽陰皆有大解脫門此法界中無復有異端事道無古今害豈有深淺哉但恐迷闇者未必迷闇高明者自謂高明耳嘗試論之三聖人者同出於周如日月星辰合於扶桑之上如江淮河漢匯於尾閭之淵非偶然也其心則同其迹則異

其道則一其教則三孔子游方之内其防民也深恐其眩於太高之説則蕩而無所歸故約之以名教老子游方之外其導世也切恐其昧於至微之辭則塞而無所入故示之以真理不無有少齟齬者此其徒之所以支離而不合也吾佛之書既東則不如此大包天地而有餘細入秋毫而無間假諸夢語戲此幻人五戒十善開人天道於鹿苑之中四禪八定建聲聞乘於鷲峰之下六度萬行種菩薩之因三身四智結如來之果登正覺於一刹那間度有情於阿僧祇刼竪窮三際横亘十方轉法輪於彈指頃出經卷於微塵中律儀細〻八萬四千妙覺重〻单復十二陰補禮經素王之所未制徑闢道學玄聖之所難言教

之大行誰不受賜如游魚之於大海出沒其中如飛鳥之於太虛縱橫皆是薰習肌骨如詹蔔香灌注肝腸如甘露漿翰墨文章亦游戲三昧道冠儒履皆菩薩道場諸君之聰慧辨才亦必有所從來特以他他生之事而忘之耳況程氏之學出於佛書何用故謗傷哉又字〻以誠教人而自出此語將以欺人則愚將以自欺則狂惜哉窮性理之說既至於此而胷中猶有此物真病至於膏肓者也夫

心說上

大哉心之為物也強名真宰而字曰真君渾〻淪〻自本自根天地以之生鬼帝以之神縕〻絪〻萬物化醇生〻化〻精氣

游魂原始反終知死生之説死有所乎歸生有所乎萌始終相反乎無端而骨骸歸其根精神入其門出于機而入于機死于此而生于彼以形相禪其形化而心與之然百骸九竅六藏又賅而存今一犯人之形而曰人耳若人之形者萬化而未始有極而無損益乎其真也不雜於真謂之至人彼至人者神矣挾宇宙旁日月河漢沍而不寒金流而不熱疾雷破山而不驚辯士不得惑善人不得濫盜賊不得刼齊古今于交臂志毀譽于一唉唉喜則與造物者為人厭則出六極之外不知死之可惡生之可悦雖視聽不用耳目在八荒之遠苟有介然之形有唯然之音而近于眉睫夫若然者綽約若處子肌膚若氷雪吸風

飲露騎飛龍而遊乎四海乘白雲而至于帝鄉彼且擇日而登遐氣毋可襲而天地可挈矣有此道者目槃之妙殆不容聲可得不可見思之則征喬可傳而不可受言之則嚙鈌故三問而三不知四問而四不說也嗟此無他尒忒能瞳焉如初生之犢睨兮如未孩之子有口如鼻有眼如耳形如木槁心如灰死光耀心至于無〻虛白生于止〻明如不垢之鑑清如不雜之水所謂深根固蒂長生久視不導引而壽千歲厭世去而上仙者歟不出於乎吾心而已

心說下

有物混成先天地生又曰太極是生兩儀生〻而不生化〻而

不化色色而未嘗顯聲聲而未嘗發視之不見聽之不聞瞻之在前忽然在後故曰常無欲以觀其妙常有欲以觀其徼此兩者同出而異名同謂之玄玄之又玄衆妙之門又曰形而上者謂之道舉而措之天下之民謂之事業及其神降明出聖生王成不知成之者性繼之者善也失道而後德失德而後仁仁者見之謂之仁智者見之謂之智雖愚者預有爲終身由之而不知其道者衆矣誰能出不由戶譬如飲食鮮能知味蓋甚知易甚易行特不失其赤子心而已然操之則存舍之則亡出入無時莫知其鄉而其熱焦火其寒凝冰其疾俛仰之間再撫四海之外古人有言道心惟微人心惟危惟精惟一允執厥中又言

喜怒哀樂之未發謂之中發而皆中節謂之和中也者天下之大本和也者天下之達道者賢過之不肖者不及也智者過之愚者不及也夫極高明而道中庸者体性抱神以遊世俗之閒寂然不動感而遂通天下之故既獨立而不改周行而不殆雖所過者化而所存者神然顯諸仁藏諸用鼓萬物而不與聖人同憂洗心退藏于密而吉凶與民同患蓋廢心而用形有人之形無人之情毋意毋必毋固毋我無可而無不可無為而無不為固有尸居而龍現淵默而雷聲者故無言亦言無所不言而亦無所言無知亦知無所不知而亦無所知皆顯道神德行耳以此在下素王玄聖之道以此在上帝王天子之德此非天地之全古人之大体與

其塵垢粃糠陶鑄聖人緒餘土苴以治天下亦吾心而已矣

第七冊

豫章
延平學案
橫浦

黃棃洲宋元學案

元孫稚圭校補稿

○

豫章學案

延平學案

橫浦學案

第七本

平黼校

瑄謹案云云入本傳後依二格双行小寫

# 豫章學案

龜山門人　程氏再傳

○羅豫章先生從彥

羅從彥字仲素南劍人延平有吳儀字國華以窮經為學從彥師之崇寧初見龜山於將樂驚汗浹背曰不至是幾枉過一生矣嘗與龜山講易至乾九四爻云伊川說甚善先生即鬻田裹

璿謹按龜山年譜崇寧元年赴荊州教授任五年遠自建陽縣來

言見於楊氏戊申赴任以前歟

又仲素三年在龜山前龜山與胡康侯書云仲素已死於道塗以盡[illegible]遭賊火而龜山之辛亥在其年四月十日墓誌不甚跡

粮姓洛見伊川歸而從龜山者久之建炎四年特科授博羅主簿官滿入羅浮山靜坐紹興五年卒年六十四學者稱豫章先生先生嚴毅清苦在楊門爲獨得其傳龜山初以饑渴害心令其思索先生從此悟入故於世之嗜好泊如也著有遵堯録言宋自一祖開基三宗紹之若舜禹遵堯相守一道迨熙寧間王安石用事管心鞅法甲唱乙和卒稔裔夷之禍未嘗不爲之痛心疾首也又有春秋毛詩語孟解中庸説議論要語台衡録春秋指歸淳祐七年賜謚文質

○○議論要語

人主欲明而不察仁而不懦蓋察常累明而懦反害仁故也漢昭帝明而不察章帝仁而不懦孝宣明矣而失之察孝元仁矣

而失之懦若唐德宗察而不明高宗懦而不仁兼二者之長其
惟漢文乎

名器之貴賤以其人何則授於君子則貴授於小人則賤名器之所貴則君子勇于行道而小人甘于下僚名器之所賤則小人勇于浮競而君子耻于求進以此觀之人主之名器可輕授人哉

君明君之福臣明臣之福君明臣忠則朝廷治安得不謂之福乎父慈父之福子孝子之福父慈子孝則家道隆盛得不謂之福乎俗人以富貴為福陋哉

王者富民霸者富國富民三代之世是也富國齊晋是也至漢文帝行王者之道欲富民而告戒不嚴民反至于奢武帝行霸

者之道欲富國而費用無節用乃至于耗

教化者朝廷之先務廉恥者士人之美節風俗者天下之大事朝廷有教化則士人有廉恥士人有廉恥則天下有風俗或朝廷不務教化而責士人之廉恥士人不尚廉恥而望風俗之美其可得乎

君子在朝則天下必治蓋君子進則常有亂世之言使人主多憂而善心生故天下所以必治小人在朝則天下必亂蓋小人進則常有治世之言使人主多樂而怠心生故天下所以必亂

正者天下之所同好邪者天下之所同惡而聖人未嘗致憂於其間蓋邪正以明故也至邪正未明則聖賢憂之觀少正卯言偽而辯行偽而堅孔子則誅之楊墨一則為我一則兼愛孟

子則闢之皆邪正未明而惑人者衆此孔孟之所汲汲

天下之變不起于四方而起于朝廷譬如人之傷氣則寒暑易侵木之傷心則風雨易折故內有李林甫之奸則外有祿山之亂內有盧杞之邪則外有朱泚之叛易曰負且乘致寇至不虛言哉

士之立身要以名節忠義為本有名節則不枉道以求進有忠義則不固寵以欺君矣

聖人無欲君子寡欲衆人多欲

中人之性由於所習見其善則習於為善見其惡則習于為惡習于為善則舉世相率而為善而不知善之為是東漢黨錮之士與夫太學生是也習于為惡則舉世相率而為惡而不知為

惡之爲非五代君臣是也

遵堯録

太宗語李至曰人君當淡然無欲不使嗜好形見於外則姦邪無自入焉可謂善矣夫嗜好者人情之所不能免也方其淡然不使之形見于外則其遠道不遠于斯時也苟有皋夔稷契之徒以道詔之當視六經猶筌蹄上與堯舜相得于忘言之地矣至雖賢者然惜非其倫也

太宗内庭給事不過三百人可謂善矣然語宰相曰卿等頤朕之視妻子如脱屣耳恨未能離世絶俗追踪羨門則是過高者之言也夫王化之本關雎之訓是也有關雎之德必有麟趾之應此周之所以致太平者也若羨門等語非人倫之美也

太宗嘗曰人君致理之本莫先簡易老子芻狗之説朕所景慕

臣從彥曰易簡之理天理也行其所無事焉恭而天下平易簡之謂也老氏芻狗之説取其無情而已大之詆訾堯舜而其下流爲申韓不可不辨也

佛氏之學端有悟入處其道宏博世儒所不能窺然絶乎人倫外乎世務非堯舜孔子之道趙普之對太宗曰陛下以堯舜之道治世以浮屠之教脩心蓋不知言者

君子之所爲皆理之所必然世之所常行者然不可以求近功圖近利非如世間小有才者一旦得君暴露其罷能以釣一時之譽彼其設施當亦有可觀者要非能致遠也呂端曰君子之道闇然而章歷試經久方見爲臣之節其幾於道者與

聖人不作自炎漢以來未有可稱者莫不雜以霸道以司馬光之學猶誤為之説況其下者

章聖皇帝未生仁宗有內侍遇異人言王真人降生為宋第四帝古之燧人氏也章懿王后亦夢羽衣數百人從一仙官自空而下託生及仁宗五六歲嘗持槐木片以鑽火臣從彥曰此所謂無徵不信者也

古人自十五入學至四十而後仕其意若曰善道以久而後立人材以久而後成故處之以燕閒之地而寬之歲月之期俾專其業佚其志定則其仕也不遷於利不屈於欲道之於民天下被其澤矣後世狃於科舉自童稚間已有汲汲趨利之意一旦臨民亦何所不至王旦章聖皇帝時在中書最久每進用朝士

必先望實苟人望未孚則雖告之曰某也才某也賢不驟進也
此真救弊之良圖也
孔子曰三年無改於父之道此言孝子居喪志存父道不必主
事而言也況當易危為安易亂為治之時速則濟緩則不及改
之乃所以為孝也天子之孝在於保天下司馬光改新法不即
理言之乃曰以父改子非子改父以此遏衆議則失之矣紹聖
之害亦光此言有以召之
司馬光所改法無不當人心者惟罷免役失之安石之免役正
猶楊炎之兩稅東南人實利之若以堯舜三代之法格之則去
之可也不然未可輕議

問答

延平云昔聞之羅先生云横渠教人令且留意神化二字所存者神便能所過者化私吝盡無即渾是道即所過自然化矣

李先生云舜之所以能使瞽瞍底豫者盡事親之道共為子職不見父母之非而已昔羅先生語此云只為天下無不是底父母了翁聞而善之曰惟如此而後天下之為父子者定彼臣弑其君子弑其父者常始于見其有不是處耳

先生令愿中静中看喜怒哀樂未發之謂中未發時作何氣象不惟於進學有方亦是養心之要

羅先生云古人所以進此道者必有由而然夫中庸之書世之學者盡心以知性躬行以盡性者也而其始則曰喜怒哀樂之未發謂之中其終則曰夫焉有所倚肫肫其仁淵淵其淵浩浩

其天此言何謂也差之毫釐繆以千里故大學之道在知所止而已苟知所止則知學之先後不知所止則於學無由進矣又曰以聖賢則莫學而非道以俗學則莫學而非物

學道以思為主孟子曰心之官則思書曰思作睿睿作聖惟狂克念作聖佛家一切反是

外于吾聖人之學者申韓佛老皆有書在惟學者所決擇也

吾道當無疑于物　以上三條見贈延平詩註中甚有關係故附見之問答之後

○先達曰楊道夫言羅先生教學者靜坐中看喜怒哀樂未發作何氣象李先生以為此意不惟于進學有力兼亦是養心之要而遺書有云既思則是已發者疑其與前所舉有碍黃勉齋曰羅先生以靜坐觀之乃其思慮未萌虛靈不昧

自有以見其氣象則初無害於未發蘇季明以求字爲悶則求非思慮不可此伊川所以力辨其差也朱子曰羅先生說終恐有病如明道亦說靜坐可以爲學上蔡亦言多著靜不妨此說終是小偏才偏便做病道理自有動時自有靜時學者只是敬以直內義以方外見得世間無處不是道理不可專要去靜處求所以伊川謂只用敬不用靜便說平也按羅豫章靜坐看未發氣象此是明道以來下及延平一條血路也蓋所謂靜坐者不是道理只在靜處以學者入手從喘汗未定之中非冥心全靜何處見此端倪久久成熟而後動靜爲一若一向靜中擔閣便爲有病故豫章爲入手者指示頭路不得不然朱子則恐因藥生病其言各有攸當也

百家謹案云云多知錄另起上低一格寫低二格

璋謹案伊川云云低二格另行

〇〇百家按豫章年譜謂政和二年壬辰先生四十一歲龜山爲蕭山令先生始從受學宋史亦云龜山爲蕭山令時先生徒步往學焉龜山熟察之喜曰惟從彥可與言道弟子千餘人無及先生者謹考龜山全集丁亥知餘杭壬辰知蕭山相去六年而餘杭所聞已有豫章之問答則其從學非始於蕭山明矣豫章之見伊川在見龜山之後伊川卒於丁亥若見龜山始于壬辰則伊川之卒已六年矣又何從見之乎　先君別有豫章年譜訂正

入下

璋謹按伊川卒於大觀元年丁亥非庚子也

〇〇附錄

仲素篤志好學惟研義理必欲到聖人止宿處遂從龜山遊摳衣侍席二十餘載

第二行注低四格

第二行以後起低一格

延平以書謁先生其略曰先生服膺龜山之講席有年矣況常及伊川先生之門得不傳之道于千五百年之後性明而脩行完而潔擴之以廣大體之以仁恕精深微妙各極其至漢唐諸儒無近似者至於不言而飲人以和與人並立而使人自化如春風發物蓋亦莫知其所以然也凡讀聖賢之書粗有識見者孰不願得受經門下以質所疑侗之愚鄙徒以習舉子業不得服役于門下而今日拳拳欲求教者以謂所求有大於利祿也抑侗聞之道可以治心猶食之充饑衣之禦寒也人有迫于饑寒之患者皇皇焉為衣食之謀造次顛沛未嘗忘也至于心之不治有沒世不知慮豈愛心不若口體哉弗思甚矣侗不量資質之陋妄意於此雖知真儒有作聞風而起固不若先生親炙之

第二行以後低一格

得於動靜語默之間目擊而意會也

朱子曰仲素先生都是着實仔細去理會又曰羅先生嚴毅清苦殊可畏

又曰嘗見李先生說舊見羅先生云說春秋頗覺未甚愜意不知到羅浮極靜後義理會得如何某心嘗疑之以今觀之是如此蓋心下熱鬧如何看得義理出

此案已入豫章學案矣

……有四而其所推以為得統者稱延平故晦龜山門下千餘獨豫章能任道後世又以朱子故共推之然讀豫章之書醇正則有之其精警則未見也恐其所造亦祇在善人有恆之間龜山之門篤實自當推橫浦適才自當推滿石多識前言往行當推紫

薇知禮當推息齋特橫浦紫薇不能自拔于佛氏爲朱子所非然其不背于聖人者要不可沒而汪文定公所舉豫章語錄之失則似亦未必能于佛氏竟脫然也若因其有出藍之弟子而必并其自出而推之是門戶之見非公論也若延平所得則固有出豫章之上者愚故遷而標之曰豫章延平學案

應另一頁起

延平李先生侗

李侗字愿中南劍人年二十四聞郡人羅仲素傳河洛之學于龜山遂往學焉仲素不爲世所知先生冥心獨契于是退而屏居謝絕世故餘四十年簞瓢屢空怡然有以自適也其始學也默坐澄心以驗夫喜怒哀樂未發之前氣象爲何如久之而知

天下之大本真在乎是也既得其本則凡出於是者雖品節萬
殊曲折萬變莫不該攝洞貫以次融釋各有條理如川流脈絡
之不可亂大而天地之所以高厚細而品彙之所以化育以至
經訓之微言日用之小物折之於此無一不得其衷焉由是推
存益固涵養益熟泛應曲酬發必中節其事親從兄有人所難
能者隆興元年十月汪玉山應辰守閩幣書迎先生至之日坐
語而卒年七十一

延平問答

葉公問孔子於子路子路不對一章昔日得之於吾黨中人謂
葉公亦當時號賢者夫子名德經天緯地人孰不識之葉公尚
自見問於其徒所見如此宜子路之不對也若如此看仲尼之

徒渾是客氣非所以觀子路也蓋弟子形容聖人盛德有所難言爾如女奚不曰下面三句元晦以為發憤忘食者言其求道之切聖人自道理中流出即言求道之切恐非所以言聖人此三句只好渾然作一氣象看則見聖人渾是道理不見有身世之碍故不知老之將至爾元晦更以此意推廣之看如何大抵夫子一極際氣象終是難形容也尹和靖以為皆不居其聖之意此亦甚大但不居其聖一節事乃是門人推尊其實如此故孔子不居蓋因事而見爾若常以不居其聖橫在肚裏則非所以言聖人矣如何如何

問太極動而生陽先生嘗曰此只是理做已發看不得熹疑既言動為生陽即與復卦一陽生而見天地之心何異竊恐動而

生陽即天地之喜怒哀樂發處于此即見天地之心二氣交感化生萬物即人物之喜怒哀樂發處于此即見人物之心如此做兩節看不知得否先生曰太極動而生陽至理之源只是動靜闔闢至于終萬物始萬物亦只是此理一貫也到得二氣交感化生萬物時又就人物上推亦只是此理中庸以喜怒哀樂未發已發言之又就人身上推尋至于見得大本達道處又滾滾同只是此理此理就人身上推尋若不于未發已發處看即何緣知之蓋就天地之本源與人物上推來不得不異此所以於動而生陽難以為喜怒哀樂已發言之在天地只是理也今欲作兩處看切恐差了復卦見天地之心先儒以為靜見天地之心伊川先生以為動乃見此恐便是動而生陽之理然于復卦

發出此一段示人又於初爻以顏子不遠復為之此只要示人無間斷之意人與天理一也就此理上皆收拾來與天地合其德與日月合其明與四時合其序與鬼神合其吉凶皆其度內耳　測度如此未知元晦以為何如有疑更容他日見劇論語言既拙又無文采似發脫不出也元晦可意會消詳之看理道通否

承錄示韋齋記追往念舊令人淒然其中間所舉中庸始終之說元晦以為肫肫其仁淵淵其淵浩浩其天即全體是未發底道理惟聖人盡心能然若如此看即於全體何處不是此氣象第恐無甚氣味爾某竊以為肫肫其仁以下三句乃是體認到此達天德之効處就喜怒哀樂未發處存養至見此氣象儘有

地位也某嘗見呂芸閣與伊川論中說呂以謂循性而行無往而非禮義伊川以謂氣味殊少呂復言云云政謂此爾大率論文字切在深潛縝密然後蹊徑不差釋氏所謂一超直入如來地恐其失處正坐此不可不辨

五十知天命一句三先生之說皆不敢輕看某尋常看此數句竊以謂人之生也自少壯至於老耄血氣盛衰消長自不同學者若循其理不為所使則聖人之言自可以馴致但聖賢所至處淺深之不同耳若五十矣尚昧於所為即大不可也橫渠之說似有此意試一思索看如何

問熹昨妄謂仁之一字乃人之所以為人而異乎禽獸者先生不以為然熹因以先生之言思之而得其說敢復求正於左右

熹竊謂天地生物本乎一源人與禽獸草木之生莫不具有此理其一體之中即無絲毫欠剩其一氣之運亦無頃刻停息所謂仁也先生批云有血氣者有無血氣者更体究此處但氣有清濁故稟有偏正惟人得其正故能知其本具此理而存之而見其為仁物得其偏故雖具此理而不自知而無以見其為仁然則仁之為仁人與物不得不同知人之為人而存之人與物不得不異故伊川夫子既言理一分殊而龜山又有知其理一知其分殊之說而先生以為全在知字上用著力恐亦是此也先生勾出批云以上大槩得之他日更用熟講体認不知果是如此否又詳伊川之語推測之竊謂理一而分殊此一句言理之本然如此全在性分之內本体未發時看先生抹出批云須是無本体已發未發時看合內外為可合而言之則莫非此理然其中無一

將延平答策內
全謹策之二入
此二冊

物之不謬使自有許多差別雖散殊錯糅不可名狀而纖微之
間同異畢顯所謂理一而分殊也知其理一所以為仁知其分
殊所以為義此二句乃是於發用處該攝本体而言因此端緒
而下工夫以推尋之處也蓋理一而分殊一句正如孟子所云
必有事焉之處而下文兩句即其所以有事乎此之謂也先生抹出
批云恐不須引孟子說以證之孟子之說若以微言恐下工夫
處落空如釋氏然孟子之說亦無隱顯精粗之間今錄謝上蔡
一說于後玩味之即無時　大抵仁字迩本正是天理流動之機
不是此理也此說極有力　作者
以其包容和粹涵育融漾不可名貌故特謂之仁其中自然文
理密察各有定體處便是義只此二字包括人道已盡義固不
能出乎仁之外仁亦不離乎義之內也然則理一而分殊者乃
是本然之仁義先生勾斷批云推測到此一段甚密為得之加
以涵養何患不見道也某性甚慰

前此乃以從此推出分殊合宜處爲義失之遠矣又不知如此
上則推測　還是否更乞指教　先生曰謝上蔡云吾嘗習忘以養生明道曰施之養則可於道則有害習忘可以養生者以其不留情也學道則異於是必有事焉勿正何謂乎且出入起居寧無事者正心待之則先事而迎忘則涉乎去念助則近乎留情故聖人心如鑑所以異於釋氏心也上蔡録明道此語於學者甚有力蓋尋常于靜處体認下工夫即于鬧處便不着蓋不曾如此用力也自非謝先生確實于日用處下工夫即恐明道此語亦未必引得出來此語録所以極好玩索近方看見如此意思顯然元晦于此更思看如何唯于日用處便下工夫或就事上便下工夫庶幾漸可合爲己物不然只是說也某輙妄

意如此如何如何

問（近本無問字）熹又問孟子養氣一章向者雖蒙明析面誨而愚意竟未見一總會處近日求之頗見大體只是要得心氣合而已故說持其志無暴其氣必有事焉而勿正心勿忘勿助長也皆是緊切處只是要得這裡所存主處分明則一身之氣自然一時　湊翕聚向這裡來存之不已及其充積盛滿晬面盎背便是塞乎天地氣象非求之外也如此則心氣合一不見其間心之所向全氣隨之雖加齊之卿相得行道焉亦沛然行其所無事而已何動心之有易曰直方大不習無不利而文言曰敬義立而德不孤則不疑其所行也正是此理不審先生以為何如

先生曰養氣大槩是要得心與氣合不然心是心氣是氣

不見所謂集義處終不能合一也元晦云睟面盎背便是塞乎天地氣象與下沛然行其所無事二處為得之見得此理甚好然心氣合一之象更用体察令分曉路陌方是某尋常覺得于畔援歆羨之時未必皆是正理亦心與氣合到此若仿佛有此氣象一差則所失多矣豈所謂浩然之氣耶某竊謂孟子所謂養氣者自有一端緒須從知言處養來乃不差於知言處下工夫儘用熟也謝上蔡多謂于田地上面下工夫此知言之說乃田地也先于此體認令精察認取心與氣合之時不偏不倚氣象是如何方可着易中所謂直方大不習無不利然後不疑其所行皆沛然矣元晦更於此致思看如何某率然如此極不揆是與非更俟他日面會商量可也

承諭心與氣合及所注少字意若逐一理會心與氣即不可某鄙意正是形容到此觧會融釋不如此不見所謂氣所謂心渾然一體流浹也到此田地若更分別那個是心那個是氣即勞攘爾不知可以如此否不然即成語病無疑若更是非無惜勁論吾儕正要如此

先遺獻孟子師說曰天地間只有一氣充周生人生物人稟是氣以生心即氣之靈處所謂知氣在上也心體流行其流行而有條理者即性也猶四時之氣和則為春和盛而温則為夏温衰而涼則為秋涼盛而寒則為冬寒衰則復為春萬古如是若有界限於間流行而不失其序是即理也理不可見見之于心心即氣也心失其養則狂瀾橫溢流行而失其序矣養氣即是養

以下均應低一格

心然養心猶難把捉言養氣則動作威儀旦晝呼吸皆可持循也

人身雖一氣之流行流行之中必有主宰主宰不在流行之外即流行之有條理者自其變者而觀之謂之流行自其不變者而觀之謂之主宰養氣者使主宰常存則血氣化為義理失其主宰則義理化為血氣所差在毫釐之間

志即氣之精明者是也原是合一豈可分如何是志如何是氣無暴其氣便是持志矣若離氣而言持志未免把捉虛空如何養得古人說九容只是無暴其氣無暴其氣志有不在焉者乎更無兩樣之可言

知者氣之靈者也氣而不靈則昏濁之氣而已養氣之後則氣

此條須低二格雙行

化而爲知定靜而能慮故知養養是一項工夫易云將叛者其辭慙中心疑者其辭枝吉人之辭寡躁人之辭多誣善之人其辭游失其守者其辭屈此是汎舉世人而言孟子之詖淫邪遁指一時立言之輩破其學術詖辭危險之辭如鷄三足卵有尾白馬非馬之類是欺於名實也淫辭汎濫援引終日言成文典及糾察之則倜然無所歸宿陷溺如入於坎窞無有實地邪辭邪僻之辭如押闔飛箝離遠正道遁辭多畔無窮不知一說人見其不窮不知尚口乃窮也詖則公孫龍之家淫則談天衍之家邪則鬼谷之家遁則淳于髡之家皆是當時之人也

〇〇百家按朱子此說只要得心與氣合又云心氣合一不見其

附延平云若更分別那個是心那個是氣即勞攘與師說所

下照寫 頂格

辭雖不同亦畧相似故採數則附此

盡心者如孟子見齊王問樂則便對云云言貨色則便對云云每遇一事便有以處置將去此時盡心舊時不乏時蓋此乃盡心之效如此得此本然之心則皆推得去無窮也如見牛未見羊說苟見羊則亦便是此心矣

又見諭云伊川所謂未有致知而不在敬者考大學之序則不然如夫子言非禮勿視聽言動伊川以為制之於外以養其中數處蓋皆各言其入道之序如此要之敬自在其中也不必牽合貫串為一說又所謂但敬而不明於理則敬特出於勉强而無灑落自得之功竟不識矣灑落自得氣象其地位甚高恐前數說方是言學者下功處不如此則失之矣由此持守之久漸

漸融釋使之不見有制之於外持敬之心理與心為一庶幾洒落耳某自聞師友之訓賴天之靈時嘗只在心目間雖資質不美世累妨奪處多此心未嘗敢忘也於聖賢之言亦時有會心處其間有識其所以然者但覺見反為道理所縛殊無進步處今已老矣日益恐懼吾元晦乃不鄙孤陋寡聞遠有質問所疑何愧如之

示諭夜氣說甚詳亦只是如此切不可更生枝節尋求即恐有差大率吾輩立志已定若看文字心慮一澄然之時略綽一見與心會處便是正理若更生疑即恐滯礙伊川語錄中有說明道嘗在一倉中坐見廊柱多因默數之疑以為未足屢數愈差遂至令一人敲柱數之乃與初默數之數合正謂此也夜氣之

說所以於學者有力者須是兼旦晝存養之功不至梏亡即夜氣清若旦晝間不能存養即夜氣何有疑此便是日月至焉氣象也某曩時從羅先生學問終日相對靜坐只說文字未嘗及一雜語先生極好靜坐某時未有知退入室中亦只靜坐而已羅先生令靜中看喜怒哀樂未發之謂中未發時作何氣象此意不唯於進學有力兼亦是養心之要元晦偶有心恙不可思索更于此一句內求之靜坐看如何往往不能無補也此中相去稍遠思欲一見未之得恐元晦以親傍無侍亦難一來奈何切望隨宜攝養勿貽親念爲至禱也

先遺獻師說曰平旦之氣其好惡與人相近也者幾希此即喜怒哀樂未發之體未嘗不與聖人同却是未經鍛鍊一逢

事物便霍然而散雖非假銀却不可入火為其平日根株反
禪宗席　平旦之氣反似暫來之客終須避去明道之獵心陽
明之隔瘧或遠或近難免發露故必須工夫纔還本體此念
菴所以悉現成良知也
世人日逐于外喘汗不已竟無一安頓處到得氣機收斂之
時不用耳目則葭管微陽生意漸回息生也好惡與人相近
正形容平旦之氣此氣即是良心不是良心發見於此氣也
天性生生之机無時或息故放失之後少間又發第人不肯
認定以此作主宰耳認得此心便是養若火之始然泉之始
達自不能已旦晝梏亡未嘗非此心為之用而點金成鐵迷
却當下矣

先生二字去之

孟子言良心何不指其降衷之体言之而形容平旦之氣似落于迹象不知此即流行之命也知此節為知命猶之太虛何處不是生意然不落土則生意散漫無所收拾佛氏以虛無為体正坐不知命

姜定菴先生曰旦晝存養則旦晝之氣亦清又何但夜氣耶正謂梏之者夜氣亦能自清所以見性善之同然也

昔嘗得之師友緒餘以謂問學有未愜適處只求諸心若反身而誠精通和樂之象見即自得處更望勉力以此而已

所云見語錄中有仁者渾然與物同体一句即認得西銘意旨所見路脉甚正宜以是推廣求之然要見一視同仁氣象却不難須是理會分殊雖毫髮不可失方是儒者氣象

又云便是日月至焉氣象一段某之意只爲能存養者積久亦可至此若此之不違氣象又迥然別也今之學者雖能存養知有此理然旦晝之間亦有懈焉遇事應接舉處不覺打發機械即離間而差矣唯存養熟理道明習氣漸爾消鑠道理油然而生然後可進亦不易也來諭以爲能存養者無時不在不止日月至焉若如此時却似輕看了也如何

動靜真僞善惡皆對而言之是世之所謂動靜真僞善惡非性之所謂動靜真僞善惡也惟求靜于未始有動之先而性之靜可見矣求真于未始有僞之先而性之真可見矣求善于未始有惡之先而性之善可見矣

天下之理無異道也天下之人無異性也性惟不可見孟子始

以善形之惟能自性而觀則其致可求苟自善而觀則理一而見二

虛一而靜心方實則物乘之物乘之則動心方動則氣乘之氣乘之則惑惑斯不一矣則喜怒哀樂皆不中節矣

常在目前只是戒謹不睹恐懼不聞便自然常存顏子非禮勿視聽言動正是如此

思索義理到分亂窒塞處須是一切掃去放教胸中空蕩蕩地了却舉起一看便自覺得有下落處

為學之初且當常存此心勿為他事所勝凡遇一事即當且就此事反復推尋以究其理待此一事融釋脫落然後循序少進而別窮一事如此既久積累之多胸中自當有灑然處非文字

言語之所及也

常存此心勿為他事所勝即欲慮非僻之念有不作矣孟子有
夜氣之說更熟味之當見涵養用力處也於涵養處著力正是
學者之要若不如此存養終不為己物也

人心中大段惡念卻易制服最是那不大段計利害乍往乍來
底念慮相續不斷難驅除

學問之道不在多言但默坐澄心体認天理若見雖一毫私欲
之發亦退聽矣久久用力於此庶幾漸明講學始有力耳

學者之病在于未有洒然冰解凍釋處縱有力持守不過苟免
顯然悔尤而已若此者恐未足道也

近日涵養必見應事脫然處否須就事兼体用下工夫久久純

熟漸可見渾然氣象矣勉之勉之

孟子言仁人心也不是將心訓仁字

心者貫幽明通有無

人之念慮若是於過惡顯然萌動此却易見易除却怕於甚是

閑底事爆起來纏繞思念將去不能除此尤害事

事難紛紛須還我處置

學已有許多意思只為說敬事字不分明所以許多時無捉摸

處

聖門之傳中庸其所以開悟後學無餘策矣然所謂喜怒哀樂

未發之謂中者又一篇之指要也若徒記誦而已則亦奚以為

哉必也体之于身實見是理若顏子之歎卓然見其為一物而

不違乎心目之間也然後擴充而往無所不通則庶乎其可以

言中庸矣

人問有無所喜怒哀樂之時然謂之未發則不可言無主也

斗元字声遠四字去之下不接

看過便見道理者却是真意思纔着心去

看便蹉過了多

某歸家凡百只如舊但兒輩所見凡下家中全不整頓至有疎

漏欲類數處氣象殊不佳既歸來不免令人略略脩治亦須苟

完可尔家人猶豫未歸諸事終不便亦欲於冷落境界上打疊

庶幾漸近道理他不歆恤但一味窘束亦有沮敗人佳處無可

奈何也

某凡坐於此朝夕無一事若可以一來甚佳致千萬意如此然

猶不敢必覬恐侍傍之人老人或不樂即未可更須於此審處之某尋常處事每值情意迫切處即以輕重本末處之似少悔吝頗於出處間更体此意

承諭近日學履甚適向所耽近本取戀不洒落處今已漸融釋此便是道理進之效甚善甚善思索窒礙及於日用動靜之間有咈戾處便於此致意求其所以然者久之自循理爾

吾人大率坐此窘窭百事驅遣不行惟於稍易處處之爲庶幾耳某村居兀坐一無所爲亦以窘迫遇事窒塞處多每以古人貧甚極難堪處自體即啜菽飲水亦自有餘矣夫復何言

承諭泳令表弟之去反而思之中心不能無愧悔之恨自非有志於求仁何必覺此語錄有云罪己責躬不可無然亦不可常留

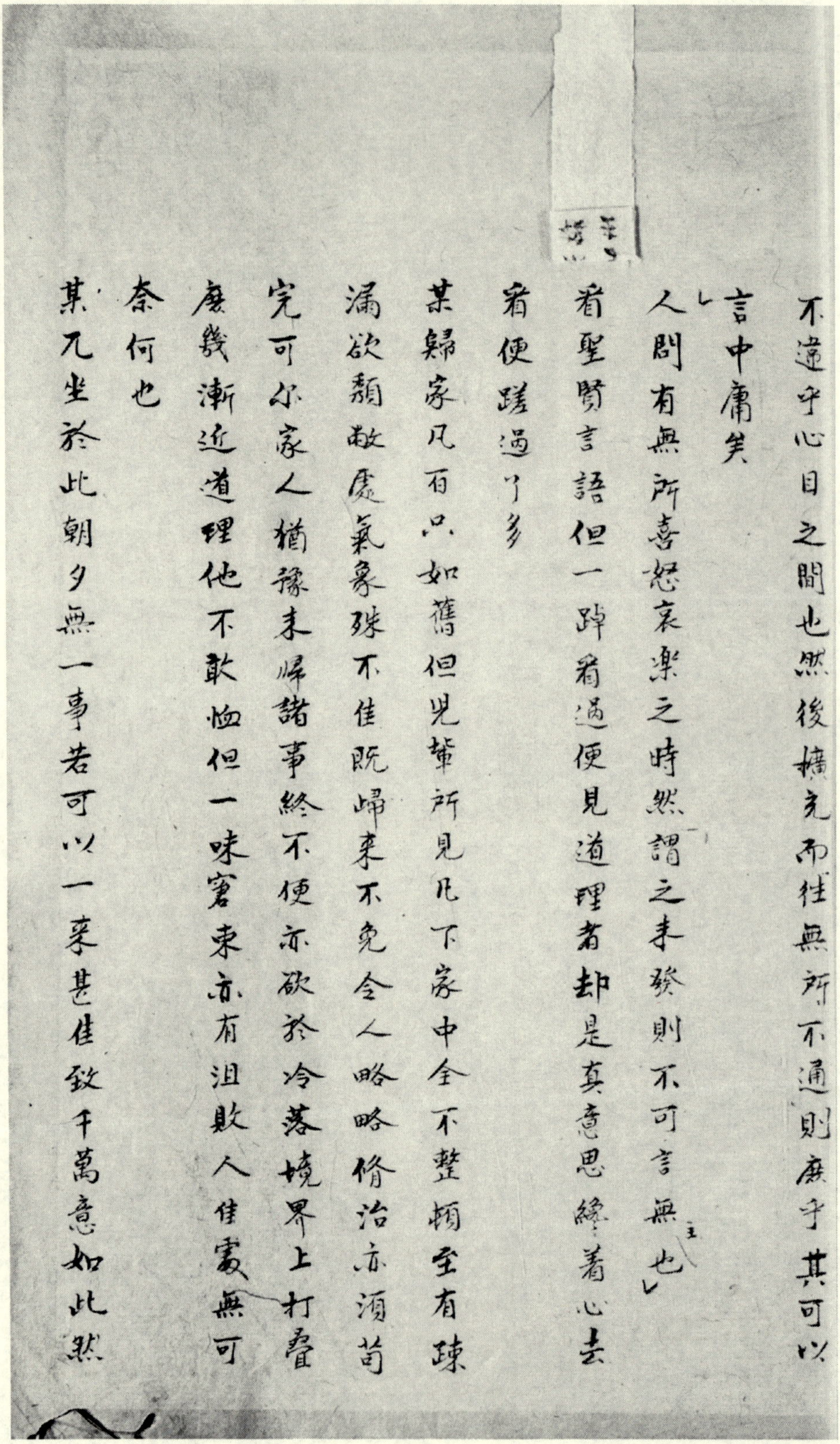

不違乎心目之間也然後擴充而往無所不通則庶乎其可以
言中庸矣
人問有無所喜怒哀樂之時然謂之未發則不可言無主也
看聖賢言語但一踔看過便見道理者却是真意思纔著心去
看便蹉過了多
某歸家凡百只如舊但兒輩所見凡下家中全不整頓至有疎
漏欲頹敝處氣象殊不佳既歸來不免令人略略脩治亦須苟
完可尒家人猶豫未歸諸事終不便亦欲於冷落境界上打疊
庶幾漸近道理他不敢恤但一味窘束亦有沮敗人佳處無可
奈何也
某兀坐於此朝夕無一事若可以一來甚佳致千萬意如此然

猶不敢必覬恐侍傍之人老人或不樂即未可更須於此審處之某尋常處事每值情意迫切處即以輕重本末處之似少悔吝願於出處間更体此意

承諭近日學履甚適向所耽(近本取)戀不灑落處今已漸融釋此便是道理進之效甚善甚善思索窒礙及於日用動靜之間有咈戾處便於此致意求其所以然者久之自循理爾

吾人大率坐此窘窭百事驅遣不行惟於稍易處處之為庶幾耳某村居兀坐一無所為亦以窘迫遇事窒塞處多每以古人貧甚極難堪處自體即啜菽飲水亦自有餘矣夫復何言

承諭承令表弟之去反而思之中心不能無愧悔之恨自非有志於求仁必何覺此語錄有云罪己責躬不可無然亦不可常留

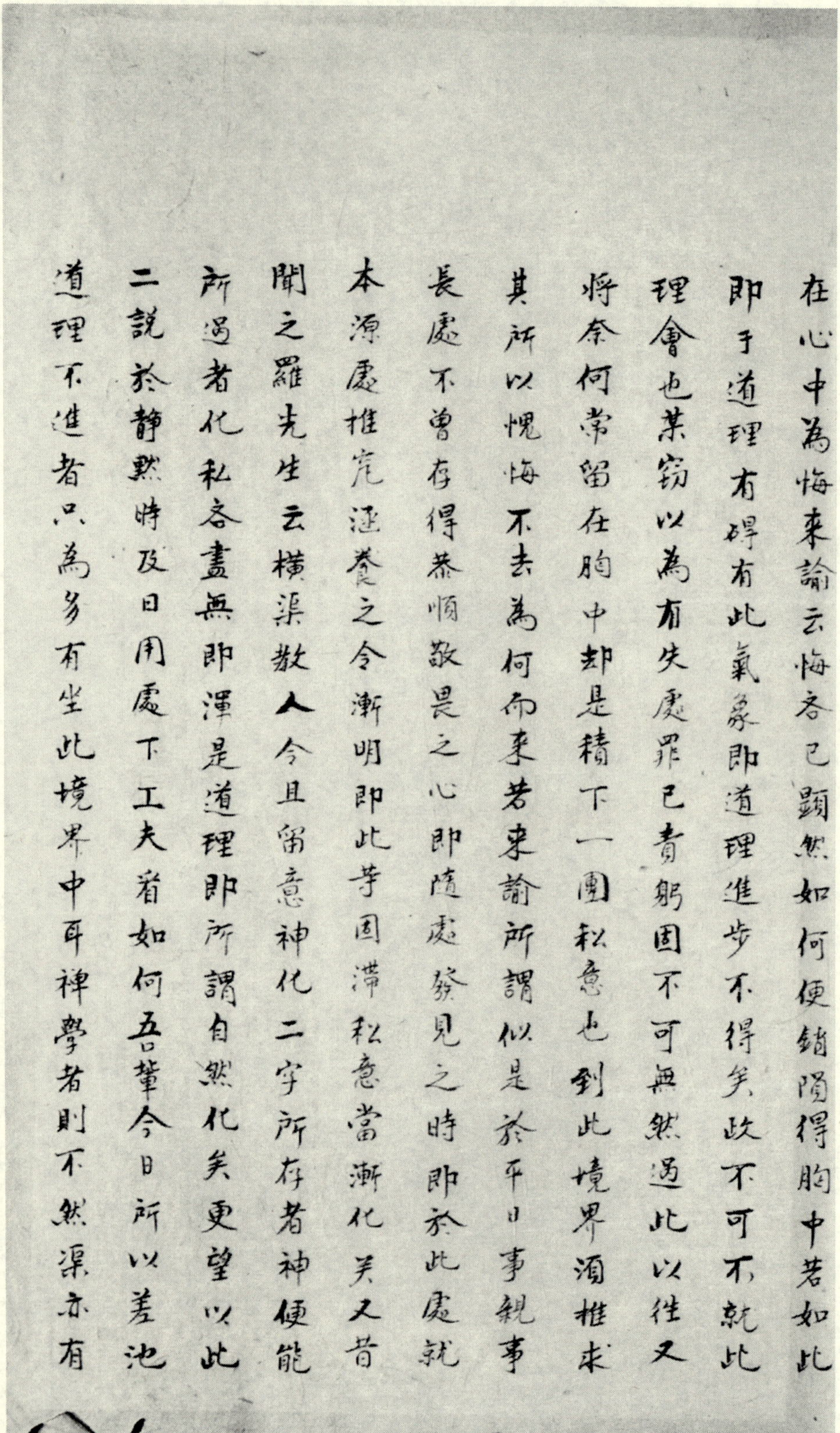
在心中為悔來諭云悔吝已顯然如何便銷隕得胸中若如此
即于道理有礙有此氣象即道理進步不得矣政不可不就此
理會也某竊以為有失處罪己責躬固不可無然過此以往又
將奈何常留在胸中卻是積下一團私意也到此境界須推求
其所以愧悔不去為何而來若來諭所謂似是於平日事親事
長處不曾存得恭順敬畏之心即隨處發見之時即於此處就
本源處推究涵養之令漸明即此等固滯私意當漸化矣又昔
聞之羅先生云橫渠教人令且留意神化二字所存者神便能
所過者化私吝盡無即渾是道理即所謂自然化矣更望以此
二說於靜默時及日用處下工夫看如何吾輩今日所以差池
道理不進者只為多有坐此境界中耳禪學者則不然渠亦有

此病却只要絕念不保以是為息滅殊非吾儒就事上各有條理也元晦試更以是思之如何或体究得不以為然便一示報為望後見先生又云前日所答只是據今日病處說語錄中意卻未盡先所以如此說只是提破隨人分量看得如何若地位高底人微有如此處只如此提破便渙然冰釋無復疑滯矣在此粗安第終不樂於此若以為隨所寓而安之即于此曉曉便不是此微處皆學者之大病大凡只於微處充擴之方見碍者大爾

先字去之

先遺獻曰朱子言余之始學亦務為儱侗宏闊之言好同而惡異喜大而恥于小而延平之言曰吾儒之學所以異于異端者理一而分殊也理不患其不一所難者分殊耳余心疑而不服以為天下之理一而已何為多事若是同安官餘以

延平之言反復思之始知其不我欺矣是朱子為是言于是後之學者多向萬殊上理會以自托于窮理之說而支離之患生矣亦思延平默坐澄心其起手皆從理一窮理者窮此一也所謂萬殊者直達之而已矣若不見理一則泛然不知何者為殊殊亦殊箇甚麼為學次第鮮有不紊亂者切莫將朱子之言錯會

附錄

朱子曰李先生意只是要得學者靜中有個主宰存養處以下皆朱文公語

李先生教人大抵令于靜中體認大本未發時氣象分明即處事應物自然中節此乃龜山門下相傳指訣然當時親炙之時

每葉第二行以後均低一格

會聽講論又方竊好章句訓詁之習不得盡心於此至今若存若亡無一的實見處孤負教育之意每一念此未嘗不愧汗沾衣也

熹蚤從先生學受中庸之書求喜怒哀樂未發之旨未達而先生沒余竊自悼其不敏若窮人之無歸聞張欽夫得衡山胡氏學則往從而問焉欽夫告余以所聞亦未之省也暇日料檢故書得當時往還故書一編題曰中和舊說獨恨不得奉而質諸李氏之門然以先生之所已言者推之知其所未言者其或不遠矣

中和二字該道之体用以人言之則未發已發之謂舊聞李先生論此最詳後來所見不同遂不復致思今乃知其為人深切

然恨已不能盡記其曲折矣如云人固有無所喜怒哀樂之時然謂之未發則不可言無主也又云致字如致師之致又如先言慎獨後及中和此意亦嘗言之但當時既不領畧後來又不深思遂成蹉過孤負此翁尔

昔聞先生之言教以為為學之初且當常此心勿為他事所勝凡遇一事即當且就此事反覆推尋以究其理待此一事融釋脫落然後循序少進而別窮一事如此既久積累之多胸中自當有洒然處非文字言語之所及也詳味此言雖其規模之大條理之密若不逮于程子然其工夫之漸次意味之深切則有非他說所能及者惟嘗實用力于此者為能有以識之未易以口舌爭也

李先生不要人强行湏有見得處方行所謂洒然處

李延平初間也是豪邁底人到後來也是琢磨之功在鄉若不異于常人鄉曲以上底人只道他是個善人他也畧不與人說待問了與說

李先生涵養得自是别真所謂不為事物所勝者古人云終日無疾言遽色他真個是如此尋常人去近處必徐行出遠處行必稍急先生去近處也如此出遠處亦只如此尋常人叫一人叫之二三聲不至則聲必厲先生叫之不至聲不加於前也又有坐處壁間有字某每常亦湏起頭一看若先生則不然方其坐時固不看也若是欲看則必起就壁下視之其不為事物所勝大率如此

先生少年豪勇夜醉馳馬数里而歸後来養成徐緩雖行二三里路常委蛇緩步如從容室中也

李先生終日危坐而神彩精明畧無隤墮之氣

問延平先生言行曰他却不曾著書充養得極好凡為學也不過是恁地涵養將去初無異義只是先生睟面盎背自然不可及

李先生居處有常不作費力事所居狹隘屋宇卑小及子弟漸長遂間接起又接起廳屋亦有小書室然其齋整瀟洒安物皆有常處其制行不異于人亦常為任希純教授延入學作職事居常無甚異同頹如也真得龜山法門

李先生不著書不作文頹然若一田夫野老

先生説一步是一步如説仁者其言也訒熹當時為之語云聖人如天覆萬物云云先生曰不要如此廣説須窮其言也訒前頭如何要得一步進處

熹記頃年汪端明説沈元用問尹和靖伊川易傳何處最切要尹云體用一源微顯無間此是最切要處後舉以質李先生先生曰尹説固好然須是看得六十四卦三百八十四爻都有下落處方始説得此話若學者未曾仔細理會便與他如此説豈不誤他余聞之悚然如知前日空言無實全不濟事自此讀書益加詳細

人若著些利害便不免開口告人却與不學之人何異向見李先生説若大段排遣不去只思古人所遭患難有人不可堪者

特以自此亦可以步安矣始甚畀其說以為何至如此後來臨事却覺有得力處不可忽也

趙師夏曰李先生不特以得于傳授者為學其心造之妙蓋有先儒所未言者

以上附錄每条第二行以後均低一格

另見似應附在獻靖學案後

○韋齋先生朱松（○獻靖朱韋齋）

朱松字喬年婺源人政和八年同上舍出身為政和尉父森卒于官仰貧不能歸葬即葬其邑服除調尤溪尉百家按先生尉尤溪離官寓鄭氏別業生朱文公因名其峯為毓秀監泉州石井鎮紹興四年召試館職除秘書省正字歷校書郎著作佐郎尚書度支員外郎轉司勳吏部兩曹上書諫和議出知饒州未上請祠十三年卒先生初以詩名繼而契心於賈誼陸贄之通達治理及得浦城蕭顗勉浦羅仲

接上文分在於義利之間兩端而已然其發甚微而其流甚遠譬之射馬失毫釐於機括之間則差尋丈於百步之外矣其所善者同學李迪之外則有胡籍溪憲劉白水勉之劉屏山子翬將卒屬其子元晦熹往受學焉（百家按朱子既受學于延平早年後學于三先生）後以子貴贈通議大夫謚獻靖著有常齋集學者稱常齋先生

常齋集

頃來九溪兩月雖獲遍拜邑中之士而未詳也索居深念惟小人之歸是憂乃有識明志高傑然自拔於流俗如吾友者其為欣幸未易具道夫仕而志學如農夫快一朝之飽而釋終身之耕耨於措中可立而俟然則仕而志學猶飽而念耕亦不足道也抑聞之先生長者禮記多諸儒之雜說猶中庸出於孔氏家學大學一篇乃入道之門其道以為欲明明德於天下在致知

格物以正心誠意而已其說與命世士大夫之學大不相近蓋此學之廢久矣自周衰楊墨雖得罪於聖人然乃學仁義而失之者至由韓儀秦之說勝而士始決裂聖人之藩墻以阿流俗之所好至漢文景之盛未衰也以至于今蓋嘗有以斯文為己任起而倡之者然世方嬰于俗學以自強此乎其不可攻也某方急于祿養未能往究其所學是以獲聞吾友之言稟然敬歎若居夷而聞雅雖未詳其節奏之工然卓然于吳歈楚謠之中而不可亂也書曰知之非艱行之為艱夫問塗而知盲則知亦豈易哉以吾友之明苟以德為車而志氣御之則朝發軔乎仁義之塗而夕將入大學之門以躪中庸之庭也　答莊德粲書

學未有無師者也學而無師雖不無一至之得責之以遠道則泥窮之以大方則惑明之趨時合變則膠戾而無術合是妄意

臆決之說雖復悠精疲思而道日遠矣然生晚地寒無東西南北之資聞先生長者之風而不及瞻望下風者固多孟子曰誦其詩讀其書不知其人可乎是以論其世也是尚友也嗚呼此非獨友說也亦師說也竊聞往者三川之間程氏兄弟推本子思孟軻以中庸為宗而司馬文正公考正經史深於治道皆卓然有功於聖人之門蓋嘗誦讀其詩書考頃其師友而闚其畧矣夫達天德之精純而知聖人之所以聖誠意正心于奧窔之間而天下國家所由治推明堯舜三代之盛脩己以安百姓篤恭而天下平者始于夫婦而其極也察乎天地程氏之學也尊德教賤功利奬名節端委廟堂則忠信恭儉足以刑主德于四方而朝廷尊燕處于家則孝友廉讓足以化其國人其酌古以準今明治亂存亡之効如食粟之必飽食堇之必斃此司馬氏

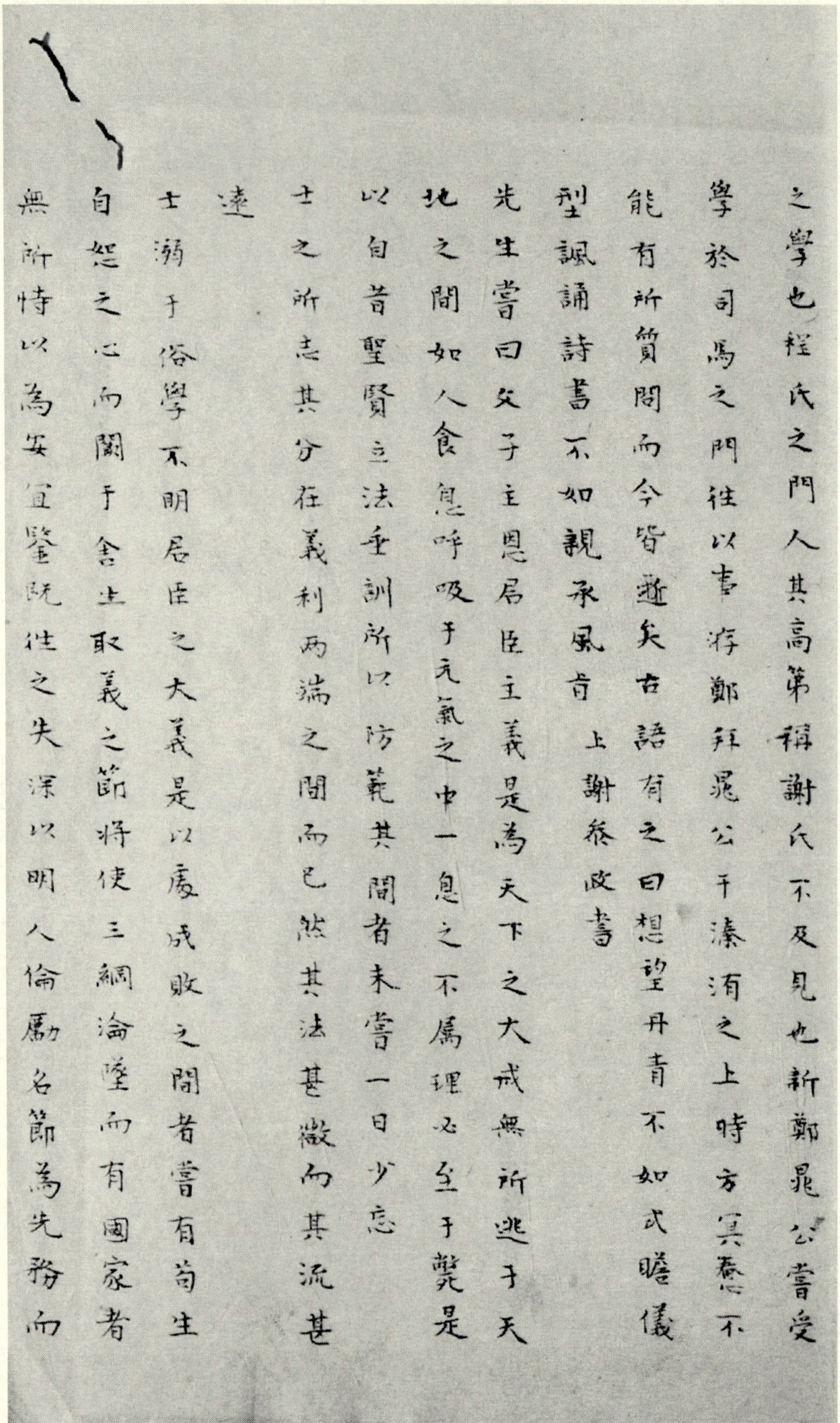

之學也程氏之門人其高第稱謝氏不及見也新鄭晁公嘗受
學於司馬之門往以書存鄭拜晁公于溱洧之上時方冥養不
能有所質問而今皆逝矣古語有之曰想望丹青不如式瞻儀
型諷誦詩書不如親承風旨　上謝參政書
先生嘗曰父子主恩君臣主義是為天下之大戒無所逃于天
地之間如人食息呼吸于元氣之中一息之不屬理必至于斃是
以自昔聖賢立法垂訓所以防範其間者未嘗一日少忘
士之所志其分在義利兩端之間而已然其法甚微而其流甚
遠
士溺于俗學不明君臣之大義是以處成敗之間者嘗有茍生
自恕之心而闇于舍生取義之節將使三綱淪墜而有國家者
無所恃以為安宜鑒既往之失深以明人倫勵名節為先務而

又博求魁磊骨鯁沉正不回之士寘之朝廷使之平居無事正色立朝則奸萌逆節銷伏於冥冥之中一朝有急奮不顧身以抗大難亦足以禦危辱陵暴之侮則庶幾神器尊安而基祚強固矣

先遺獻曰豫章稱韋齋才高而智明其剛不屈于俗故朱子之學雖傳自延平而其立朝氣槩剛毅絕俗則依然父之風也

附録

先生自謂褊急害道因取古人佩韋之義以其名齋蚤夜其間以自警飭由是向之所得于觀考者益有以自信而守之愈堅

金使和議先生與史院同舍胡埕共疏曰彼方吞噬未厭而一旦慉然與我和者為之說以侮我耳又慮蓄銳待時為和之說以撓我耳彼之和使即秦之衡人六國不悟衡人割地之無饜

以下三条各条第一行頂格以下均低一格

金使和議一条起頂格

依格
庶姊行寫

以亡其國令國家不悟虜使請和之得策其禍亦豈可勝言哉而執事者方以為吾為梓宮母后淵聖天屬之故昔項羽置太公俎上而約高祖以降矣唯高祖不信其詐謀不為之屈日夜思所以圖楚者卒能蹙羽于鴻溝之上使其力屈而太公自歸此可以觀其計之得失矣

屏居建溪之上日以討尋舊學為事手抄口誦不懈益虔蓋玩心於義理之微而放意於塵垢之外有以自得潛如也

先生性孝友與人交重然諾不以生死窮達二其心接引後進教誘不倦聞人之善推借如不及至于奸佞嵬瑣簡賢附勢之流則鄙而遠之不忍正視其面晚既屬疾手書先次于屏山籍溪白水屬以其子往受學焉

〇〇百家按程大中能知周子而使二子事之二程之學遂由

〇〇濂溪而繼孟氏未嘗能及延平與劉胡三子而使其子

〇〇師之梅翁之學遂能由四子而繼程氏卓哉二父鉅眼千

〇〇古矣

延平門人 程氏四傳

〇〇羅博文

羅博文字宗約沙县人 六三

接下頁照此格

道南學案　改延平學案

延平門人　程氏四傳

文公朱先生熹　別見紫陽學案

羅博文

羅博文字宗約沙縣人以奏補福建司戶參軍調靜江府觀察支使知瑞金縣張魏公浚都督江淮辟爲幹辦公事江玉山應辰辟蜀中參議官累遷承議郎自請奉祠乾道四年卒宗約於佛老之學能定其所以然從後張魏公問行已之大方魏公手書所爲敬說以授之宗約守之終身已從李延平遊聞河洛所傳之要多所發明於是喟然嘆曰儒佛之異亡他公與私之間耳由是自信益堅

先遺獻曰朱子與宗約在延平門中最爲契合然朱子之交宗約在延平沒後宗約尋又入蜀其相與不過一二年耳宗

約于蜀中得豫章議論要語曰歸當以示友人朱元晦而審訂之則其所推服朱子而外無人焉乃宗約卒于途中此言遂成虛語可嘆哉

双行句首

○百家按朱子文集中有宗約行狀而道南源委錄中稱宗約年未三十翛蕭然屏遠聲色大為朱子所敬服

○劉嘉譽

劉嘉譽字德稱吳之樂人受學於延平子世奇南從林之奇游

宋儒學案

遺獻黃棃洲先生原藁

男　百家　纂輯　　元孫　璋　校補

後學　全祖望　續修　〇〇〇〇

橫浦學案

璋謹案橫浦于論孟之言云云

此段應入附錄　照本入

均低二格双行

橫浦學案

璋謹案橫浦于論孟之言仁者研究最切而標之以有覺以闢家痿痺不識痛癢為不仁未嘗以釋氏之中為宗旨如焦弱侯黃貞父云云也雖受業龜山而于龜山二程之緒論間見于心傳日新中亦不甚推奉而其謫居南安于書室中懸夫子顏子像適有淵明曲江萊公冨鄭公韓魏公歐公溫公余襄公邵堯夫二蘇梁況之王彥霖范淳夫鄒志完劉器之龔彥和陳瑩中黃魯直秦少游晁无咎張文潛諸畫像乃環

列于夫子左右，晨朝焚香展敬，心志肅然，則其所宗尚可知矣。考先生平生風節，寔著安貧樂道，日以讀書爲務，其意似不欲附于道學諸公後者，而後人企其風節，援以爲渡江大儒也歟。

又按先生自號無垢居士，嘗蔬食與杲師往還，極推崇之，所以有佞佛之譏，其實如昌黎之於大顛，並非爲佞，而先生固嘗自道也。

入下

又按橫浦若非龜山門人，另爲一支可也。

## 文忠張橫浦先生九成

張九成，字子韶，海昌人。宣和閒游京師，以經學魁薦。時楊龜山諸公講明大道，名重天下，聞先生行誼，相與締交。紹興庚戌，南宮校進士，袁洪舉首上圖中興，樂聞嘉言。先生射策集英殿，歷論成敗與衰

之理且謂要當以剛大為心毋遽以驚憂自沮其言宵人近習之不可遂者旨意切直聖心感動曰忠鯁可嘉擢置第一龜山貽書亦云廷對自更科以來未之有非有剛大之氣不為得喪回屈不能為也以升甲恩授宣教郎策言偽豫比之狐狸鴟鴞或傳以示豫豫不勝忿牓之康莊手劍以屬刺客衆為寒心先生曰欺天罔人惡積禍稔殆自斃矣簽判鎮東軍宿於簽廳究心吏事胥曹建白不能有所欺轉奉議郎任滿許陞見力辭不允民冒鹺禁事連旁郡監司藉以背過支連亡已先生獨謂使者當坐者數人餘皆

良民若盡欲追繫苛擾甚矣監司不聽即投檄而歸學士大夫聞公〔先生〕歸海昌登笈雲集一時登顯仕爲聞人者多先生弟子列未幾除太常博士陛對以正心術用人材收兵權爲說論議激切上深獎歎改著作佐郎久之遷著作郎辭明堂進秩恩請授朝議公五品服奉祠幾年直徽猷閣提點浙東路刑獄公事先生謂秩卑職重非所宜受改直秘閣言者詆辭中先生乃休致久之還著作郎尋除宗正少卿拜禮部侍郎兼掌秋官進侍經筵以春秋授先生辭再三上曰朕知卿明大義久矣一日論日有食之語甚剴切且

曰日食之變本于惡氣惡氣之萌本于惡念不芟夷
蘊崇之絶其本根將奔騰四達上觸乎天則日月薄
蝕五星失序下觸乎地則菑及五穀恠妖迭見中觸
乎人則為兵為火札瘥備至是則惡念之起可不應
時撲滅乎臣願陛下正心術以格天心宜宗社無疆
之福工撰諭賜留先生因開陳治道上嘗論王道曰
易牛微事耳孟子遽謂是足以王朕竊疑之先生曰
陛下不必疑定疑則心与道二不忍一牛仁心著見
此則王道之端倪推此心以往則華夏蠻貊根芽鱗
介舉天下万物皆在陛下仁政中豈非王道乎一日

上問顧復尊上帝如何先生曰陛下之心即上帝也格徠賢俊格非心於未萌之日和是乃所以尊之也他日上語侍講陳淵曰朕於張某所得甚多虜使議和先生謂宰相趙鼎曰虜人失信數矣盟墨未乾使者旋軫屬耳而以無名之師掩我不備今日財殫民困彼必意吾衰弱而求和張雲聲以撼中國而虜情實且厭兵彼誠能從吾所言十事云云則与之和當使權在朝廷可也朝議不一趙公罷相乃乞補外奏改秘閣修撰提舉江州興國太平宮奉祠幾年而不悦者毀之愈力謫守邵州逾年丁朝議公憂喪葬祭

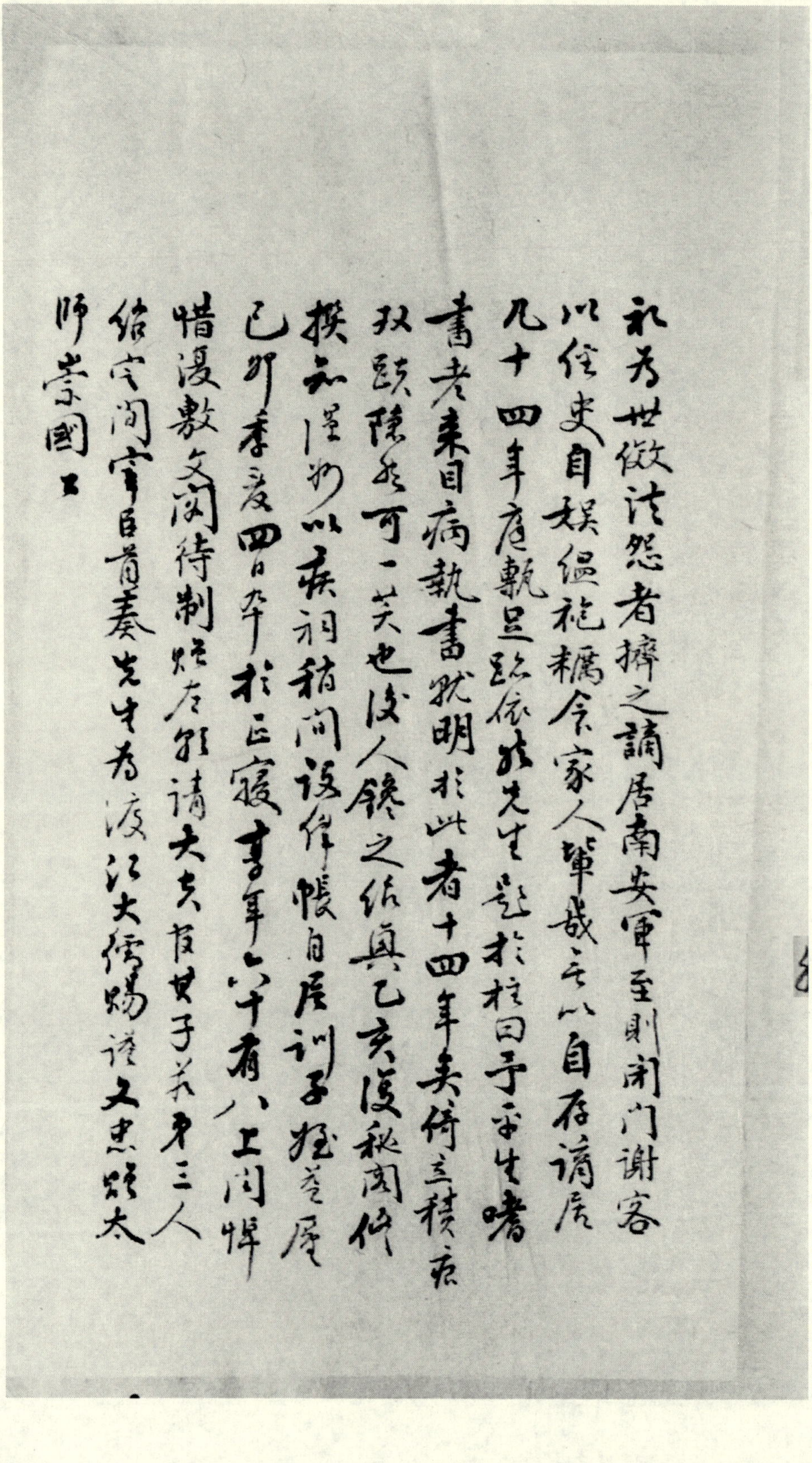

私爲世儆，誶怨者擠之，請居南安軍。至則閉門謝客，以經史自娛，縕袍糲食，家人輩戚之，以自存。謫居凡十四年，庭軌足跡依於先生。題於柱曰：平生嗜書者，來目病，執書就明於此者十四年矣。倚立積痕雙趾，隱然可一笑也。後人銘之。紹興乙亥，復秘閣修撰，知溫州，以疾祠。稍間，設幃帳自屏，訓子姪，老屏居。己卯季夏四日卒於正寢，享年六十有八。上聞悼惜，復敷文閣待制，贈左朝請大夫，官其子若孫三人。紹定間，宰臣首奏先生爲淛江大儒，賜謚文忠，贈太師崇國公。

應照舊本補入

# 横浦心傳

或問所見與所守孰難（二字）先生曰所見難或曰學者
往往亦有所見而不能守則併與其所見而喪
之先生曰不然只是所見不到故如此今人於水
水之溺人之烈未有敢入水者以見之審
也設使隨所見而嘗以錦繡玩而蹈之者多矣彼見之
未而畏之久則狎之一日遇其真則喪膽失魄終身
不入雖山林其理可見

或問易無思也無為也寂然不動感而遂通天下之
故若有感心則有思為心卻說無思無為何也先生

曰當窮於不動時宜先立本

或問孔子言仁未始有定名如言仁之本仁之方以剛毅木訥為近以克伐怨慾不行為難樊遲之問則異於子貢司馬牛之問則異于子張顏淵之問則異于仲弓文子止得為清子文止得為忠管仲止得為如往往皆無一定之說而先生論仁每斷然名之以覺不知何所見先生曰墨子不覺遂于愛上執着便不是仁今醫家以四體不覺痛痒為不仁則覺痛痒處為仁矣自此推之則孔子皆于不覺處提撕之逮其已覺又自指名不詳或曰如此則義亦可從先生曰若

能于義上識得仁尤為活法

或問古人卓然獨見者誰為最先生曰伊尹或曰何謂先生曰伊尹去堯舜之世已遠絕無師承堯傳之舜〻傳之禹自此以往寥〻數百載伊尹斷然歸于人曰予天民之先覺者也及湯學于尹故湯得尹之傳曰文武曰周公曰孔子皆由此傳之也不是獨見得到何由敢自任如此子細思之不可泛語

或問先生平日盡心忠厚於一事一物必欲成就其美故諸子姪皆以厚名欲其不輕薄耳以某觀之忠厚之人大抵多寬緩容物不甚迫切每見先生疾惡

太甚於喜怒暴不能少制似覺不甚容與往往人皆以先生為剛踈不知或自覺否先生曰所養至則有藏蓄若作偽又非真情理不順多自然不平初無容心也若見人之惡而不怒不是作偽便是姑息

或問屈人以服己不爭則怨屈己以服人不爭則憾力未屈則爭鬪力已屈則多怨憾此人情也而孟子論以大事小者樂天以小事大者畏天皆以為然何也先生曰聖人以天理為人情常人往往徇人情而逆天理故爭鬪怨憾與畏樂不同

或問科舉之學亦壞人心術近來學者唯讀時文事

劉窗更不曾理會修身行己是何事先生曰汝所說皆凡子也學者先論識若有識者必知理趣執於修身行己之事本非名之為士科舉時文中議論正當見得到處皆是道理如但莫作凡子見識足矣科舉何害於人

或問木上有火鼎君子以正位凝命曰鼎在木火上而以君子正位凝命云云豈非取其不動故所先曰生鼎處烈火上如君子處倉卒擾攘中安於守正不動身危而內不改變

或問處事當如何先生曰速不如思徐不如審當用意

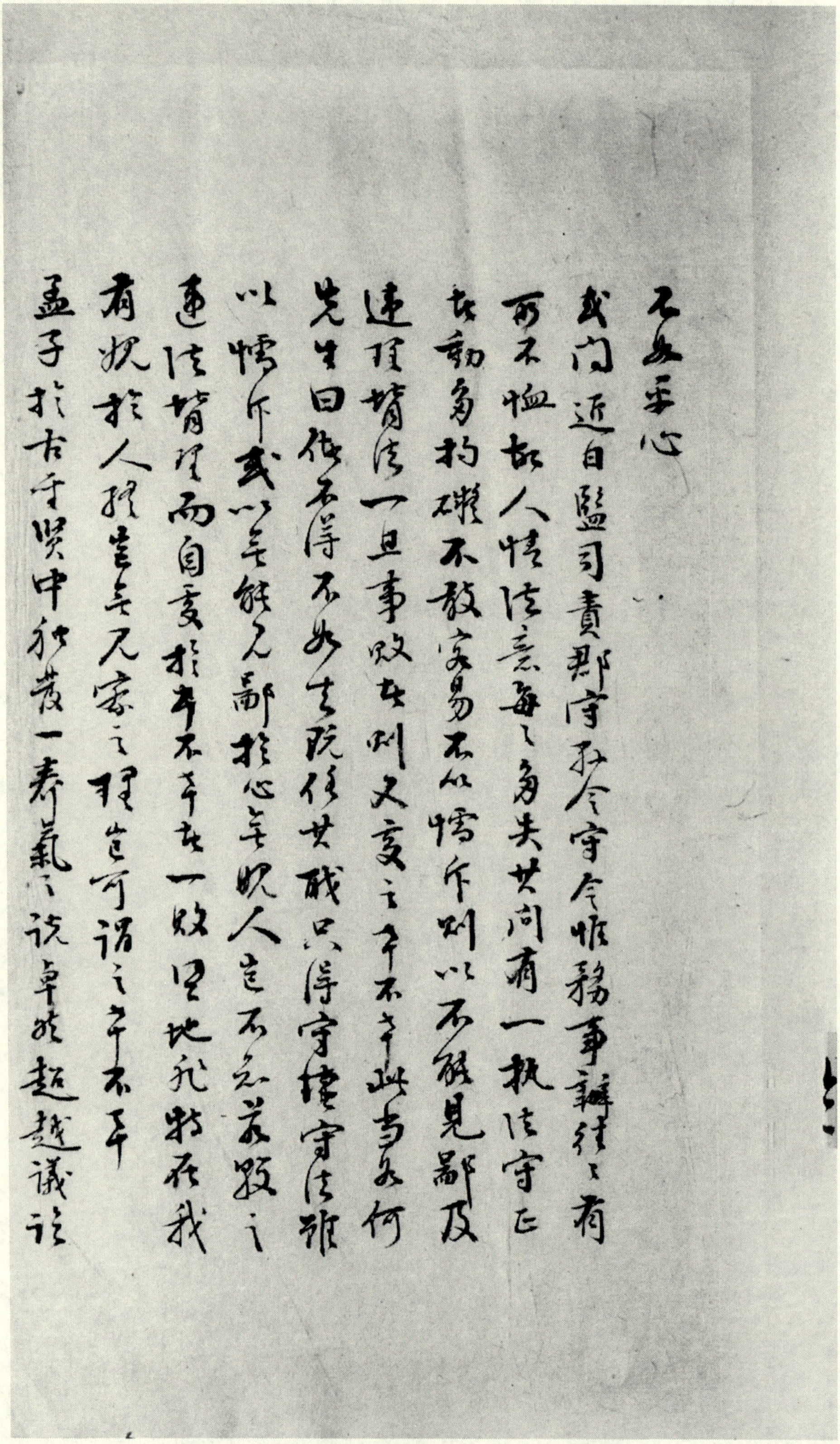

不安乎心

或問：近日監司責郡守，郡守責令，守令惟務事辦，往往有
所不恤，故人情往往意每每多失其間。有一執法守正
者，動多拘礙，不敢容易，不從情，作則以不能見鄙，及
違理背法，一旦事敗，在則又變之，乎不乎，此當如何？
先生曰：任不得不如是。既任其職，只得守理守法。雖
以情作，或以爲能，人鄙於心爲恥，人豈不知？若毀之
違法背理，而自變於本不平者，一敗塗地，凡物在我
有愧於人，豈無尺寸之理，豈可謂之乎不乎？
孟子於古今賢中，獨發一浩氣之說，卓然超越議論

深造於之勿忘勿助長之是集義所生之配義與道
之至大至剛以直養之無害塞自其平日踐履工夫
中來近人誇驕飾形似而可得乎都將愈之至矣乎
傳其傳深矣真非其人也
為善而好名乃是大患若能深養清修其好名之心方
是為善耳不能必有作偽矣
處道義中慣去處勢利也非處勢利中熟去處道義
則將遇道義可慣勢利不可熟也熟則無一息不陋
氣無形依體耳
仁即是覺之即是人因以生覺因覺有仁能保是仁乎

况乎人有此生死已是區別於區別中盤則彰伐矣

見道者另一條起

見道者如見故物明他物不能易問道者如問未見者則他人奪自不敢授

或問作善則吉從惡則凶如此則善惡便是吉凶否

先生曰分之則有僥倖之心

或問中和如何分先生曰中即和作事合理人情自不乖

或問明道不除窻前草欲觀生生意畜小魚欲觀自得意如何先生曰聊以適意耳其自得處往往人不可知此等機警表裡相感發耳

或問敬有定体否先生曰敬在心雖死不可変易貴
倍僈是矣

或云教小兒以何術為先曰先教以恭謹不狎忽不擺
等讀書乃餘事若不先以此則雖有慧黠之質付之狂
往後亦難教雖有資質者又只使教以學作文事科
舉不实不儸等皆其父兄之無識見子弟稍有所長
便慫其所為遂反誤其資質後來多不能成矣豈得
一第便是成器耶

或問孔子言性相近也不明言其實孟子乃曰人性善
何也先生曰孟子源流甚正認得不錯但人不之思耳

孔子嘗曰天地之性人為貴人之行莫大於孝孝即善也其它莫非所自

先生云看六經須先精求詳盡即自有味有志無其規模必先定吾志哉一切皆偶然

、伊川妙處全在要人力行所以不欲著之用意深者當自得之言之又不免作夢

或問去異端難否先生曰人多不識異端所以難去只如曰楊墨本學仁義仁義差差異端非孟子能辨之故能去之也不能未必不反溺其說是所以去之尤難也

然聞佛氏以寂滅爲教其徒未能泊然於慾令男女
之願者乃能以寂上乘生禍福之說恐動其愚使入乎
善彼亦之之小人刑戮業愛日加而習之狀且求以尊
免執禍之知之孩稽與支鄙詐賤隸之人而能以佛代
之所而其志在乎抑強扶弱以戚其姦已於刑僻
小人之所不爲而之方敬其徒而至不處不知此亦何
程先生曰佛氏一法陰有助吾教者深特未可遽舊
之吾與果和尚接也以其議論超卓可喜故也其徒
寧以請善假吾術而又若其徒之不善者耳然曰
程子於物變出乎思慮軻之書何嘗圖見楞嚴必

非從事於人[類]死來以先生曰自來是要揭每有惡
之之說執以理時亦好做又以不進後反其爲德所
以笑且更窮究且又窮究
或問郭克夫詩云廓然心境大無偏有底規模不易識
人我皆即天之即我莫於此處要於任偏底理說得
又先生曰是子已說了已說了則無說其第一句云
廓然心境大無偏料得堯夫於靜裡中忽然見見
故轉爲底說不然又是另影子果竟於活處難模
索於任偏之說決亦不是摸索不著無然亦須自家
体認得可也他人說之不可償擲

或問六經與人心所得如何曰六經之書類皆無條而出於人心者常在則經所不言乃人心中理耳不然則子雲揚食董仲舒劉向之徒何以得信其書世俗之論多服于無心而君子則服於公公固無心矣往往有所扶擇則以有心雖其不了了於十人而擇其一二善則九人在或及其一二或不及而謂得其名與夫忌而毀譏而怨在九人不在二三也十人多以數計也乃若自十而百自百而千積而上之擇之愈詳爭之愈衆紛紛而不可救吾以為之也是乃（許以把）其不亡之論也至於累千百而糊其名錯其數惟吾之所取

十二

而惟其人之恥吾固恥之以無心而人亦不得以有心服吾雖舉一盜跖而顏子不敢然雖數伯夷而為盜跖者亦不為之慚於此世俗之論所以為不足也不決之君子而孰決之乎

未能不欺安謂之道未能忘得安謂之義未能離名安謂之德之道者必不自欺之義者必不好得之德者必不沽名此皆表裏之符也

先生云東漢君子太好名如李膺雖已禁錮而天下士大夫欣慕唯恐不及更相標榜互為稱號八君八顧八俊八及八廚之名生而黨錮起矣皆不見道之故

之道在於畏名，名之來，可姑從其自至，然且辭之，況自求奪義乎？此取禍之自也。

先生云：禍福有幸不幸，而善惡之理則一定。君子惟其一定之理而已，豈當論幸不幸？那小人則一味圖僥倖，或僥倖而得福，往往不復以善惡為定理矣。

先生云：晉王昶為人謹厚，名其兄子曰默，曰沉，名其子曰渾，曰深，為書戒之，曰：吾以四者為名，欲汝曹顧名思義，不敢違越也。物速成則疾亡，晚就則善終。朝華之草，夕而零落；松柏之茂，隆寒不衰。夫能屈以為伸，讓以為得，弱以為強，鮮不遂矣。觀昶所言，真謹厚君子也。于

十三

名諸子皆以厚亦欲其不為刻薄耳心吾此言凡發

於口亦當存心亦形名曰篆之意諸子毋為刻薄以愧

吾此言當三復之

論語絕句

子貢曰夫子之文章可得而聞也夫子之言性與天道

不可得而聞也

既是文章可得聞不居此外更云云如何夫子言天

道肯把文章兩處分

焉吾聞於矣

權板人多見一邊要以思憲去周旋方之大禹同夫人

于彼此觀之無間然

劉毅木訥近仁

墨子平生相貫工漫將閑處去形容莫觀木訥只平

劉毅方見風流是箇中

見不善如探湯

試問如何是探湯喻只緣入久之傷於不善乃如

此依然斷人去不副

椿甫日新

明道先生書窗前有茂草覆砌或勸之芟明道曰不

可欲常見造物生意又置盆池畜小魚數尾時時觀之或

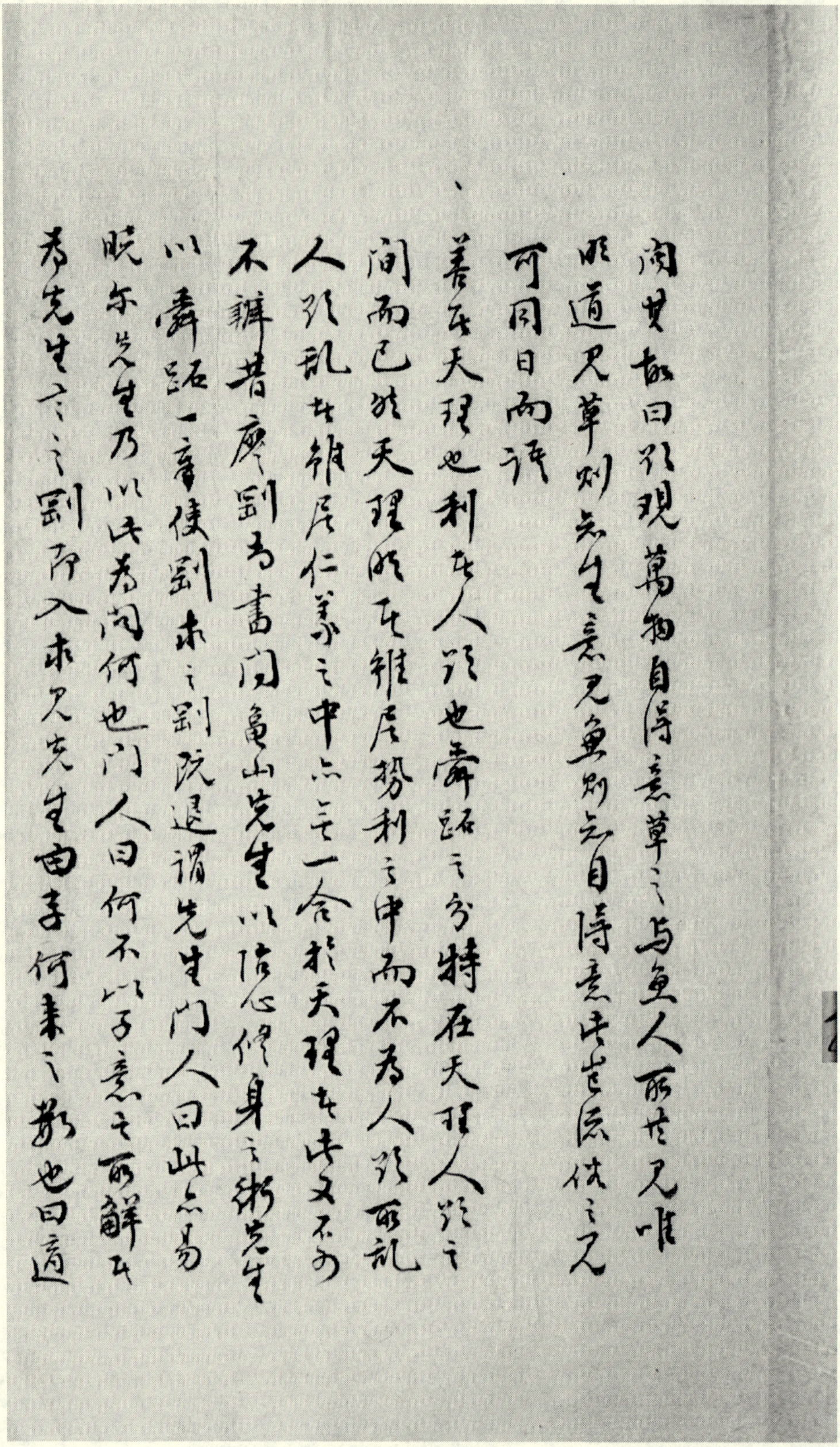

問其故曰欲觀萬物自得意草之與魚人所共見唯
見道者見草則知生意見魚則知自得意此豈流俗之人
可同日而語
、善者天理也利者人欲也舜跖之分特在天理人欲之
間而已然天理所在雖居勢利之中而不為人欲所汩
人欲所汩者雖居仁義之中亦亦之一念於天理者此又不可
不辨昔廖剛為書問龜山先生以修心修身之術先生
以舜跖一章使剛求之剛既退謂先生門人曰此亦易
曉爾先生乃以此為問何也門人曰何不以子意之所解及
廖先生之之剛再入求見先生曰每何來之數也曰適

先生所問劉已得之矣先生書曰子何其敢也盡為我
言之劉曰自我友莫敢之為義事者舜之徒也自我友
莫敢之為不義事者跖之徒也先生曰子其詳之不可忽也
夫己恐乎識誤以利作義會乎其慎思之劉惕然利義
之界難以先要先識以精求之為善於心平易為利於心
險巇
董子曰其善也可言其謝也可食以羞其殘賤中道試
以此求之
、用明於內者見己之過用明於外者見人之過見己之
過者視天下皆勝己也見人之過者視天下皆不如己也

書

氏智果所以分歟

幼喜放壯喜聞老喜憂

學文者為進學道者為退 逞逞謂逞逞

惠迪吉從逆凶死於順逆之外復有吉從逆之外復

有凶也惟里其伊川高弟也武間人而不仁疾之也亡

何以謂記里其曰此記在我死在彼也使日用間規之

以疾人為心則我之方寸已記矣死方寸然復有記

也此所惠吉逆凶之意

孟子曰仁義禮智根於仁其生色也睟然見於面盎

於背施於四体四体不言而喻予有一事可實其説

游定夫訪龜山龜山曰公適從何來定夫曰某在春風和氣中坐三月而來龜山問其故乃自明道處來也試涵泳春風和氣之言則仁義禮智之人其發達於聲容色現此又在乎目中矣

、伊川之學自踐履中入故能深識之矣氣象如曰孔子元氣也顏子景星慶雲也孟子有泰山巖巖之氣象自非以心體之安能剖白如此

、子思曰喜怒哀樂未發之謂中若曰不發是以喜怒哀樂也若曰已發此乃和爾亦非中也非言未發而以見子思之精微

一念之善則天地神祇祥風和氣皆在於此一念之惡則妖星厲鬼凶荒札瘥皆在於此矣以君子慎其獨

君子之學豈志在取一第竊一官而已飲食起居皆實於事業也

君子為善期于無愧而已豈可責報於天也苟有一毫覬覦之心則所存已不正矣雖善猶利也

孳孳雖善猶利一語可作龜山對康侯劉去正語之候

以利作善者亦注腳

士大夫以氣為主無氣一不振則阿諛苟容之言無不為矣

低二格改行

句高

遺敵語叉
下有附錄底入

巧不如拙明不如晦動不如靜進不如退

〇〇附孟子發題 施彥執

施彥執著

天生聖賢蓋將以祐斯文也故其所作必卓然有所
建明余嘗竊怪夫自孔孟子沒諸子百家分散四起
搖觚牘扶徒黨以售其說於天下人人自以為得聖人之道
其說卒不明唯孟子一書乃與六經孔氏之說並傳世之學
者至歸之為孔孟嗚呼何其盛也晚聞師說始知其
立言之意果不與百家衆說同其論道德之旨果不詭於
六經孔氏之說其所以有補於天下後世其功果不細而
世之學者至歸曰孔孟其說果不誣嗚呼天之生斯人也

十七

見丙卷後

橫浦所傳

施德操

施德操字彥執，海昌人，與橫浦游，從頤學。─亦可知先生之大畧云。

孟子發題　見橫浦集後

天生孟子，蓋將以佑斯文也。云云至末

柱[illegible]也[illegible]王業所基[illegible]三王四世[illegible]四[illegible]孔氏之所
未談，述六經之所不載，遏邪說於橫流，啓人心於方惑，
則余之所謂卓然建明者，其尤盛乎。自古聖人
中後及未學，劉談性，首以許子之說紛然其間，曰吾曰
善，曰混，曰三品，曰無分於善不善，爭論四出，要其歸，皆
以氣為性耳也，豈真識所謂性哉。孟子於衆說之中，獨
昔之曰人性善。自孟子說人性善，將與天下之人皆與

天地等情與堯舜等雖頑嚚猥瑣昏愚朴陋無情爲
道德之偏與向之善惡之論無功用可如哉是孟子所以
爲知性之言而大有補於斯人也然後之談性莫盛于
釋氏釋氏談性所依而所用自喜怒哀樂以前釋氏宜
知之喜怒哀樂已發之後則釋氏置之不論也所以功用
爲誤然然則所以性善乎正在喜怒哀樂之後不然則
寂然不動之時善惡安在孟子言其用之發之妙見四
端之用沛然見於日用間堯舜禹湯文武周孔之事業皆
自此建立人性如此古人未發也孟子獨發之此一大功也
自古論道德無自性命之理達之於父子君臣自治心修身

其果有意於斯文乎古人謂其書包羅天地撰敘萬物類仁義道德性命禍福爍然靡所不載固也然私竊論之孟子有大功四道性善一也明浩然之氣二也闢楊墨三也黜五霸而尊三王四也是四者發孔氏之所未談述六經之所不載遏邪說於橫流啓人心於方惑則余之所謂卓然建明者其尤盛者乎自古聖人果更民及末學剽談性者以告子之說紛然其間曰惡曰善曰混曰三品曰無分於善不善爭論四出要其歸諸以氣為性耳也豈真識所謂性哉孟子於衆說之中獨發之曰人性善自孟子談人性善然與天下之人皆與

十七

天地等請與堯舜等雖頑冥猥瑣昏愚朴陋之性皆得為
道德之歸與向之有善惡之論乎功用何如哉孟子所以
為知性之言而大有補於斯人也然後之談性莫盛于
釋氏釋氏談性所作而不所用自喜怒哀樂以前釋氏宜
知之喜怒哀樂已發之後則釋氏置之不論也所以功用
為誤然然則所以性善乎正在喜怒哀樂之後不然則
寂然不動之時善惡安在孟子直其用而發之然見四
端之用沛然見於日用間堯舜禹湯文武周孔之事業皆
自此建立人性如此古人未發也孟子獨發之此一大功也
自古論道德者自性命之理達之於父子君臣自治心修身

十七

推之於天下國家以至天地萬物幽明鬼神何所不至特不言養氣孟子於衆說之中獨論浩然之氣自孟子談浩然之氣始覺聖賢所以為聖賢以有此氣孰謂此氣外物不困者是也有一物可困於吾則所存者喪矣所以為聖賢者如何亦有是氣也方充然自得於心雖不可名狀要其為物中正勇健廣大堅固故行之于富貴富貴不能困之使淫行之于憂患憂患不能困之使戚行之于聲色聲色不能困之使流行之于威武威武不能困之使懼行之于事物紛擾之地則事物紛擾不能困之使亂凡物之自外至者

雖雜然並進而吾之胸中卓然有皆所主而非智力
所及者曾子之大勇孟子之不動心非以此氣存焉
乎故曰至大至剛以直世之人不明此氣往往認其
氣血之彊以謂浩然者於是以倨敖為大以凌暴為剛
以悻悻者為直若然則世之凶人暴德皆得浩然之氣
矣嗚呼噫嘻孰能真識吾所謂剛大直之德乎則外物
不困而天理渾然故其氣之充于吾身也睟然見於
面盎于然發背沛然見于周旋動作之閒古人之大有為於
世者皆出於此其塞於天地則日月為之光明山川為
之秀發萬物為之繁滋祆祥疾癘為之衰息其氣如

此古人未發也而孟子獨發之此又一大功也當戰國之時斯道既喪邪說並作於是有所謂縱橫之家有所謂刑名之家有所謂楊墨之家縱橫之家飜覆變詐舞一世于口舌之上而刑名之家深刻慘毒納天下于刀鋸之下使當時之民沒身塗炭水火之中而不能出實二家之為至于楊墨之家雖云其道過差然推其心亦本於為善耳比之二家豈不賢甚矣哉然孟子置二家不問反區區於楊墨其故何哉蓋二家之失易見而楊墨之禍難知譬若疾病然發狂悶亂惴惴若不朝夕而未必能死膏肓之子病四肢

固無恙飲食起居如平日此庸醫之所忽而倉公扁鵲之所望而走也何則縱橫之家誰不知其飜覆之惡刑名之家誰不知其慘毒之惡君子雖不問終於破壞而已至於墨子之兼愛則近吾聖人之仁楊氏之為我則近吾聖人之義惟其在於近似天下固莫知其非此孟子不得不辯也且天下之道莫大于君父君父之道隆則治之所由起君父之道微則亂之所由生治亂之機實係于此墨氏之道豈必無父推其兼愛之過必至于無父楊氏之道豈必無君推其為我之過必至于無君君子知微知章知柔知剛推其所從來

極其所由往必至於此故孟子斷之曰無父無君然後楊墨之失方明而異端之説方破使天下後世人倫不隕而天理以全此又一大功也聖人之門惟論一心術霸者之心術何如哉余嘗借威公而論之威公九合諸侯一正天下此五伯之雄也然當時狄伐衛力可救而不救又狄伐邢力可救而不救及衛之亡也率諸侯而城衛邢之亡也率諸侯而城邢不救之于未亡之前乃城于已亡之後其設心以為救亂之功小而存亡之功大故棄其難而成吾功故聖人知其心故于救邢書曰齊侯宋師曹師次于聶北救

邢以明齊侯實無救邢之心故擁衆而不進也未亡之前力可救而不救待其宗廟既已煨燼社稷既已顛覆人民既已塗炭乃徐起而収其存亡之功此何心哉公子慶父之亂魯國既幾殆書曰齊仲孫来春秋或書来朝或書来聘或直書来諸侯以禮来則曰来朝大夫以禮来則曰来聘至直書来盖不與其来也猶曰無禮云爾夫齊仲湫来寧魯難聖人曷為不其来盖仲湫之来名為寧魯難實欲窺魯耳何以知之威公問曰魯可取乎仲湫曰猶秉周禮聖人知其心故書曰齊仲孫来夫魯之難仁人君子所以惻然

動心者也威公乃外收寧難之名內實欲乘其危而取其國此何心哉苟為不然司馬子魚何為謂宋襄公曰齊威存三亡國以屬諸侯義士猶曰薄德由此觀之五霸之心可知矣孟子曰雞鳴而起孳孳為善者舜之徒也雞鳴而起孳孳為利者跖之徒也欲知舜跖之分無他利與善之間也夫舜跖之分雖小夫女子所能知至善利疑似雖明哲有不辨然則威公城楚丘以存衛城夷儀以存邢仲湫以存魯豈非仁人君子之事然推其心為利乎為善乎將為舜之徒乎抑為跖之徒乎五霸之道如此然當時不知而惟

五霸之為貴故孟子斷之曰以德行仁者王以力假仁者霸而天下之心術正此又一大功也嗚呼堯舜之道自孔子傳之曾子曾子傳之子思子思傳之孟子自孟子得其傳然後孔子之道益尊而曾子子思之道益著其所以發明斯文開悟後世者至矣深頌余不敏何足以窺其髣髴是四者之功所聞于師說如此然則世之談孟子者孰不曰知仁義而不知仁義果何物也胡不于赤子入井之時識其所謂人性善乎胡不于無不慊心之時識其所謂浩然之氣乎胡不於其顙有泚之時識其所謂楊墨之非乎胡不于

齊王不忍觳觫之時識其所謂王者之心而黜其霸
者之心乎此皆聖人心術之要孟子直指以示人學
者于此了然能明此心而存之以誠敬養之以持久
窮之以學問而漸磨之以師友則庶乎真識孟子之
仁義矣不然雖白首七篇之中猶曰未讀此書可也
海昌施先生隱君子也諱德操字彥執與橫浦游
從頗厚文章學問亦其華流也病廢而没識者悲
之生平論著甚富未暇裒録僅得其孟子發題輒
鋟木以廣其傳使學者嘗此一臠亦可以知先生之
大略里人郎曄晦之書于敬齋

別見[illegible]
○汪應辰
○樊光遠
[illegible]

[illegible]
○張[illegible]學案
九成字

先生九成

錢塘人從學龜山紹興二年廷對第一僉判鎮

以下一卷上未見者似應補錄備考

東平入為太常博士改著作郎除宗正少卿禮部侍郎兼侍講秦檜惡其經筵論災異謫守邵州何鑄論其依附趙公鼎落職先是先生嘗謂高宗曰外議以臣為趙鼎之黨雖臣亦疑之帝問其故曰臣每造鼎見其議論無滯不覺坐久則人言無足怪也終父喪取旨與宮觀居大方劾其與僧杲謗訕朝政謫南安軍檜死起知温州戶部遣吏督軍糧先生遺書痛陳其弊戶部持之即丐祠歸先生在謫居十四年解釋經義目病就明磨磚痕雙趺隱然廣帥致羸金先生曰吾雖遷徙固之何敢苟辛不受自號橫浦居士亦稱無垢居士二十九年六月四日卒年六十八寶慶初贈太師封崇國公謚文忠

橫浦心傳錄

學問於平淡處得味方可以入道不然則往往流於異端不識

真味遂致誤人一生

有士大夫見過云近日仕宦習氣可惡上下相蒙只圖苟免全無後慮若不如此則往往其禍先及爲之柰何先生曰精金百鍊則愈剛爲器益利人自不至誠豈有不可爲者人爲不善豈不自知特無剛腸耳吾歷仕雖不多然盡誠於我依公而行人雖以我異已然道理既是但自愧恐又安能尤人試平心處之當自知味

一士大夫遠自浙江攜家入廣赴選調且以貧爲累焦焦然見於顔色因謂之曰貧不足爲公累心爲公累耳若公不入仕又何以處隨分節約老幼均之自可無累若恣口腹欲快意但恐私慾横生無時可足貪冒無恥禍必及之回視節約之樂如在天上請公先與此心斷之便自無累

或問學者多為聞見所累如何曰只緣自家無主人

南安一老兵長在左右入夜時與子姪說文字或至三鼓老兵不去因謂之曰汝老自去眠其老兵忽云每聽侍郎說書某自喜眠不著但恐諸小官人欲睡耳引至燭下則兩目熒熒口吻噏噏欲語喜色滿面小人中亦有警策者到此乃見知終此人良可發一笑

或問所見與所守二者孰難先生曰所見難或曰今學者往往亦有所見而不能守則併其與所見而喪之先生曰不然只是所見未到故耳今人於水之溺火之烈未有無故而入水火者以見之審也設陷阱而蒙以錦繡玩而蹈之者多矣彼見畫虎而畏者久則狎之一日遇其真則喪膽失魄終身不敢入山林其理可見

或問事成於偶然語得於不思拔精于無意理會於適爾然皆有終身而不可及往往意愛神喜自然不忘乃若工寫規畫朝誦夕記日注心想非不甚切而旋即遺忘何也先生曰不用意處真情自見用意則奪其真矣孟子於赤子入井時喻仁此時真情便掩不得雖頑嚚不肖者亦須發見當如此察之非言可盡

或問陳圖南與种放云子名將起然名者古今之美器造物者深忌之必有物以敗子之名後乃果然不知士夫于名節當如何先生曰君子唯義所在雖處汙辱知如不榮若求以全名則必墮諂偽往往先自受辱矣此不可與世俗論

或問易無思也無為也寂然不動感而遂通天下之故若有感心則有思為心却說無思無為何也先生曰當寂然不動時豈

是上本

或問孔子言仁未始有定名如言仁之本仁之方以剛毅木訥為近以克伐怨欲不行為難樊遲之問則異於子貢司馬牛之問則異於子張顔淵之問則異於仲弓文子止得為清子文止得為忠管仲止得為知△往往皆無一定之說而先生論仁每斷然名之以覺不知何所見先生曰墨子不覺遂於愛上執著便不是仁今醫家以四體不覺痛癢為不仁則覺痛癢處為仁矣自此推之則孔子皆於人不覺處提撕之逮其已覺又自指名不得或曰如此則義亦可說先生曰若能於義上識得仁尤為活法

祖望按以覺為仁論上蔡之說也其說本之佛氏

或問先生平日處心忠厚於一事一物必欲成就其美故諸子姪皆以厚名欲其不輕薄耳以其觀之忠厚之人大抵多寬緩

容物不甚迫切每見先生疾惡太甚於喜怒畧不能少制似覺不甚容與往往人皆以先生為剛褊不知或自覺否先生曰所養至則有藏蓄若作偽又非真情理不順處自然不平初無容心也若見人之惡而不怒不是作偽便是姑息

或問屈人以服已不爭則恐屈已以服人不鬬則憾力未屈則爭鬬力已屈則恐憾此人情也而孟子論以大事小者樂天以小事大者畏天皆以為然何也先生曰聖人以天理為人情常人往往徇人情而逆天理故爭鬬恐憾與畏樂不同

或問慮人疑者常為人疑欲防人者必為人防恐生事者必被事擾惡人擾者人每擾之如何先生曰皆自有以致之何如無欲無慮無恐無惡便自泰然此皆有心之過也

處道義中慣者處勢利甚輕處勢利中熟者處道義則拘迫道

義可慣勢利不可熟也熟則無一點瀟灑氣無非俗態耳

士大夫不必孜孜移挾冊看書但時時與文士有識者每日語話便自有氣象終日應接時事塵勞萬狀適意處少逆道理處多苟不時時洗滌令胸次間稍有餘地則亦汩沒矣

道無形體所用者是苟失其用、亦無體

見道者如見故物則他物不能易聞道者如聞妻兒聲則他人聲自不相投

理之至處亦不離人情但人捨人情求至理此所以相去甚遠

或問作善則吉從惡則凶如此則善惡便是吉凶否先生曰分之則有僥倖之心

或問中和如何分先生曰中即和和作事合理人情自不乖

或問學文者多矜學道者多退理與曰文至退處學方有趣不獨道也然文外又安得别有個道

或問當患難之來如何處曰無事時理會道理令實

或問先生手執一紙扇過數夏破即補之一皮履汗敝闕裂亦不易頭上烏巾用紗不過一二尺許乃以疏布漬以墨汁作巾至夏間裘之或至汁墨流面亦不問筆用秃筆紙用故紙以至衣服飲食皆不揀擇麤惡尤甚人乍見者人以為不情而先生處之平生不改此是性耶抑愛惜不肯妄用耶若使愛惜亦不應如此敝陋深所未曉先生曰汝且道我用心每日在甚處若一一去自頭至足理會此形骸却費了多少工夫我不被他使且要我使他此等話須是學道之士修行老僧方說得入世人往往以我為鄙吝以我為迂濶我見世人役

役然為此身所擾自早至夜應副他不暇特可為發一笑耳

或問生生之謂易如何是生生曰於道理生處不落死處便是易

或云或者云知其為小人便當以小人處之如何先生曰既知其為小人復以小人待之則我先為小人矣此何心哉天下豈能一一皆君子雖堯舜盛德之君朝廷之上猶有小人堯待之無異心也四凶為惡於舜世故不免誅戮苟可以已舜未必遽發也

或問孳孳為善者舜之徒孳孳為利者跖之徒欲知舜與跖之分無他利與善之間也如何是間先生曰不可將利心去為善

或問如何是聖賢氣象先生曰聖賢自不知氣象如何稍自涵養充實則自然蘊藉可觀長沮桀溺見仲由即知為孔丘之徒仲由平日在聖門中行行孔子以為不得其死一侍孔子行便自各别

或問看古人書有入意處便覺與古人無異先生以為果無異否曰凡古人書中用得處便是自家行處何間古今只為今人作用多不是胸中流出與紙上遂不同

人失則悲得則樂非能自為得失也而得失必有主故所以致其悲樂者以主之者致之也有卞玉而吾得之樂因以寓一旦失之則悲亦隨至是吾之所樂者以此玉之得而所悲者以此玉之失樂以玉得而吾初不與其樂悲以玉失而吾初不與其悲失得失亦初不與而玉與之又其初焉則玉與吾較然二物耳

而吾切切乃欲歛其得失悲樂於己而故為之得失悲樂豈不踈且狂哉故凡物交於前而情動於中隨於得失悲樂之域者安得不少反其初乎

凡物之形於外者常有以泄吾之真吾逆知其形而不為之泄則物初無柰我何而我固自若也為之凶惡暴橫以泄吾之怒為之謔侮倩盼以泄我之喜為之戹窮憔悴以泄吾之悲為之放曠快適以泄吾之樂此皆不明乎道而與物為徒者也至于有所養者則喜怒哀樂初不足以動其心而付之喜怒哀樂而已我何容心哉

入

伊川妙處全在要人力行所以不欲著言用意深者當自得之言之又不免作夢

先生云凡之念慮欲靜要須盡窮理之學理之不窮而欲念靜

事来無處則愈擾矣若見得到底人生往常覺靜理定故也亦有頑懶人自會損置閑事不掛思慮者然亦不可應物

或問道果無形迹否曰道非虛無也實用處通變者是

或問陳烈行古禮率子弟匍匐以弔蔡君謨為世俗識笑太不近人情先生曰今取鄉黨言誾誾侃侃踧踖與與色勃足躩豈不為怪狀但世俗以人視人故耳陳烈字季慈侯官人入諸儒學案

陳烈以下乃小注

或問人於窮時如何免怨尤曰理不一貫將天人物我都分却自然多怨尤

或問退之言仁與義為定名道與德為虛位如何先生曰此正是退之闢佛老要害處老子平日談道德乃欲搥提仁義一味自虛無上去反以仁義為贅自不知道德自仁義中出故以定

名之實主張仁義在此二字既言行仁義之後必繼曰由是而之焉之謂道足乎己而無待于外之謂德亦未始薄道德也特惡佛老不識仁義即是道德故不得不表而出之

或問龍無羽而飛蟬無喙而飲兎無牝而育蛇無足而行蚓無首而穴此理如何先生曰龍能變蟬能吸兎能望蛇能援蚓首不銳而能食壤豈有無故之理但人不推之耳

道無形體所用者是苟失其用用亦無體仁即是覺覺即是心用心生覺因覺有仁既體是仁無體無心有心生覺已是區別於區別中熟則融化矣仁之一理是聖門親切學問故孟子之仁人心也

理之至處不離人情但人捨人情求至理此其所以相去甚遠

君子之心常長厚小人之心常刻薄心之所存治亂安危得失成敗所自生也不可不戒

順嘗見邵德升分定錄凡神誥夢讖為人耳目聞見者歷數其詳且以警貪愚不安分之人喪廉恥圖僥倖以至死亡而不悔於名教有補矣然此理亦甚易曉不學而求名無貨而為商不耕而欲食雖三尺之童知無此理然其間亦有偶然成名無貨得貨游手坐食則往往舍其正而求其幸苟其得而忘其全忽其所不可而覬其所或可此皆暗於理故耳胡先生序春秋有云君子以義斷命而不委之於命以理合天而不委之於天此說又有造化不止於能安分而已

橫浦日新

為善者常受福為利者常受禍心安為福心勞為禍

善者天理也利者人欲也舜跖之分特在天理人欲之間而已然天理明者雖居利勢之中而不為人欲所亂人欲亂者雖居仁義之中亦無一念合於天理者此又不可不辯昔廖剛尚書問龜山先生以治心修身之術先生以舜跖一章使剛求之剛既退謂先生門人曰此亦易曉爾先生乃以此為問何也門人曰何不以子意之所解者為先生言之剛即入求見先生曰子何來之數也曰適先生所問剛已得之矣先生喜曰子何其敏也盍為我言之剛曰自早及暮孜孜為善事者舜之徒也自早及暮孜孜為不美事者跖之徒也先生曰子其詳之不可忽也吾正恐子悞以利作善會爾其慎思之剛惘然利善之雜辨如此吾黨試以此求之為善者心平易為利者心險巇

道非虛無也日用而已矣以虛無為道足以亡國以日用為道

則堯舜三代之勳業也

用明於內者見己之過用明於外者見人之過見己之過者祇天下皆勝己也見人之過者視天下皆不如己也此智愚所以分與

惠迪吉從逆凶非於順道之外復有吉從逆之外復有凶也張思叔伊川高第也或問人而不仁疾之已甚何以謂亂思叔曰此亂在我非在彼也使日用間視之以疾人為心則我之方寸已紊亂矣非方寸外復有亂也此即惠吉逆凶之意

己以為是衆以為非己以為非衆以為是吾將何從曰學而已矣學而明乎善則是非不愧於聖人矣不則是非皆私心爾奚擇焉

伊川之學自踐履入故能深識聖賢氣象如曰孔子元氣也

顔子景星慶雲也孟子有泰山巖巖氣象自非以心體之安能別白如此

子思曰喜怒哀樂未發之謂中若曰不發是無喜怒哀樂也若曰已發此乃和爾亦非中也惟言未發所以見子思之精微

君子之學豈志在取一第效一官而已飲食起居皆宰相事業也

人皆有此心何識之者少也倘私智消亡則此心見矣此心見則入孔子絕四之境矣

觀大節必於細事觀朝廷必於平日平日趋利避害他日必欺君責國矣平日負約失期他日必附下罔上矣

君子為善期於無媿而已非可責報於天也苟有一毫覬望之心則所存已不正矣雖善猶利也

先遺獻曰朱子言張公始學於龜山之門而逃儒以歸於釋宗杲語之曰左右既得把柄入手開導之際當改頭換面隨宜說法使殊途同歸則世出世間兩無遺恨矣用此之故凡張氏所論著皆陽儒而陰釋其離合出入之際務在愚一世之耳目按橫浦雖得力於宗門然清苦誠篤所守不移亦未嘗諱言其非禪也若改頭換面便是自欺欺人并亦失却宗門眼目也

附錄

先生夙學天成八歲默誦六經大旨父積書坐旁命客就試公答如響且置卷歛衽曰精粗本末無二致勿謂祇上語不足多下學上達其敢以聖賢爲法諸老驚嘆曰真奇童子也十歲善文時儕稱雄十四游郡庠閉閣終日寒折膠暑爍金不越戶限

北舍生穴隙以視則斂膝危坐對冥大編服膺勿懈若與神為伍更相警服而師尊之

射策集英殿畧曰禍亂之作天所以開聖人頗以剛大為心毋過以驚憂自沮又曰臣覩金人有必亡之勢而中國有必興之理特在陛下何如耳又曰今日待敵之計當先用越王之法以驕之使侈心肆意無所忌憚天其滅之將見權臣爭強篡奪之禍起矣又曰陛下之心臣得知之方今春陽晝敷行宮別殿花氣紛紛切想念兩宮之在北邊塵沙漠漠不得共此融和也其何安乎盛夏之際風窗水院涼意淒清切想陛下念兩宮之在北邊蠻氈擁蔽不得共此疎暢也亦何安乎澄江瀉練夜桂飄陛下享此樂時必曰西風淒動兩宮得無憂乎狐裘溫煖獸炭春紅陛下享此樂時必朔雪袤丈兩宮得無寒乎至於陳水陸

飽珍奇必投筯而起曰雁粉腥羊兩宮所不便也食其能下咽
乎居廣廈處深宮必撫几而嘆曰穹廬氈脫兩宮必難處也夜
其能安席乎今閭巷之人皆知有父兄妻子之樂雖陛下貴為
天子富有四海以全 之故使陛下冬不得溫夏不得清昏無
所定晨無所省問寢之私何時可遂乎在原之急何時可救乎
日往月來何時可歸乎每歲時遇物想惟聖心雷厲天淚雨流
撫劍長吁思歆清鑾帳以還二聖之車此臣心之所以知陛下
者如此又曰搜攬小乘驅馳駿馬通路之言有若上誣聖德者
深察其源蓋亦有自蓋閹人私求禽馬動以陛下為名且閹寺
聞名國之不祥也今此曹名字稍稍有聞此臣之所以憂也賢
士大夫晏見有時宦官女子實居前後有時者易疏前後者難
閹（閒）聖情狃昵不知其非不若使安掃除之役候門戶之私凡結

交往來者有集于與政事必誅陛下日御便殿親近儒者講詩之旨趣論古今之成敗云云上感其言拔寘第一策中言僞豫比之狐狸鴟鴞或傳以示豫豫不勝忿膀之康莊手劍以屬刺客衆為寒心先生曰欺天罔人惡積禍稔殆自斃矣後因陛對高宗語之曰逆豫膀卿定策謀以致害非卿有守豈能獨立不懼故御詞有逆賊聞風而悚懼之語

先生既免喪秦檜取旨上曰可與宮觀此人最是結交趙鼎之深者自古朋黨惟畏人主知之此人獨無所畏既而詹大方言頃者鼓倡浮言九成實為之首徑山僧宗杲知之今已遠竄為首者豈可置不問望罷九成宮觀投之遠方以為傾和議之戒落職編置安南軍先生與宗杲為莫逆交秦檜忌先生於是言者論先生與宗杲謗訕朝政

謫居南安前步帥解潛亦謫居馬病劇公往省之謂曰太府平日所懷人有不足者否潛泣曰一生惟仗忠義誓與鹵死以雪國恥而不肯和議遂爲秦檜所斥此心惟天知之先生曰無愧此心足矣奚必天知然人亦無不知者但有遲速耳潛曰聞此言心中豁然矣即逝公嘆曰武人一念不苟[illegible]吾儕讀聖賢書平日安可不正此心乎

在南安或問先生曰近日士大夫氣殊不振曾無一言及天下事者豈皆無人材耶先生曰大抵人材在上之人作成若摧抑之則此氣亦索有道之士不任其事安肯以自取辱哉秦公方斥異已大起告訐此其志欲盡殺賢者然未必不反激人之言子姑俟之

此條已敘入傳中可刪

先生謫居十四年讀經自樂手不停披歲久庭磚足蹟依然先

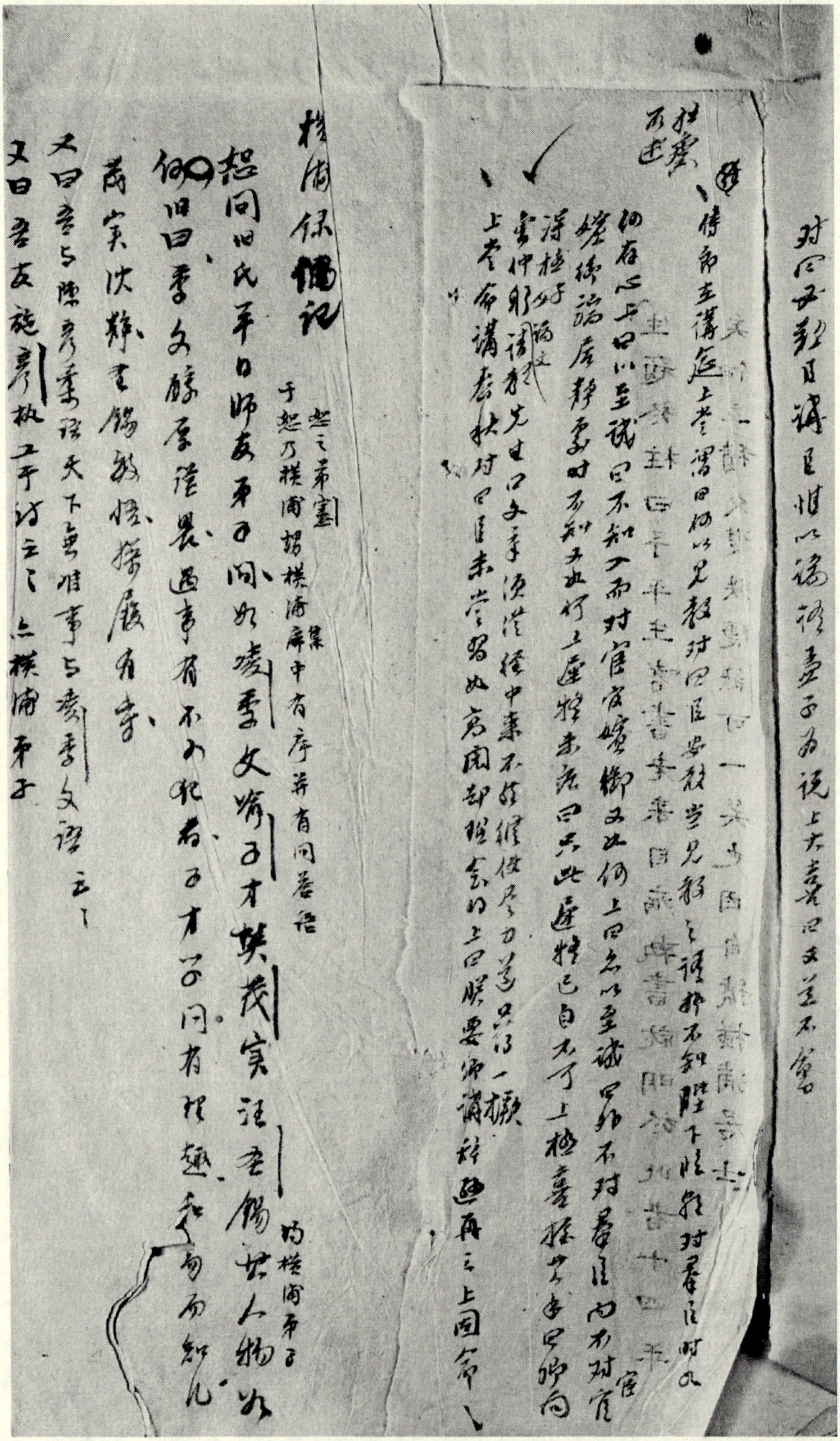

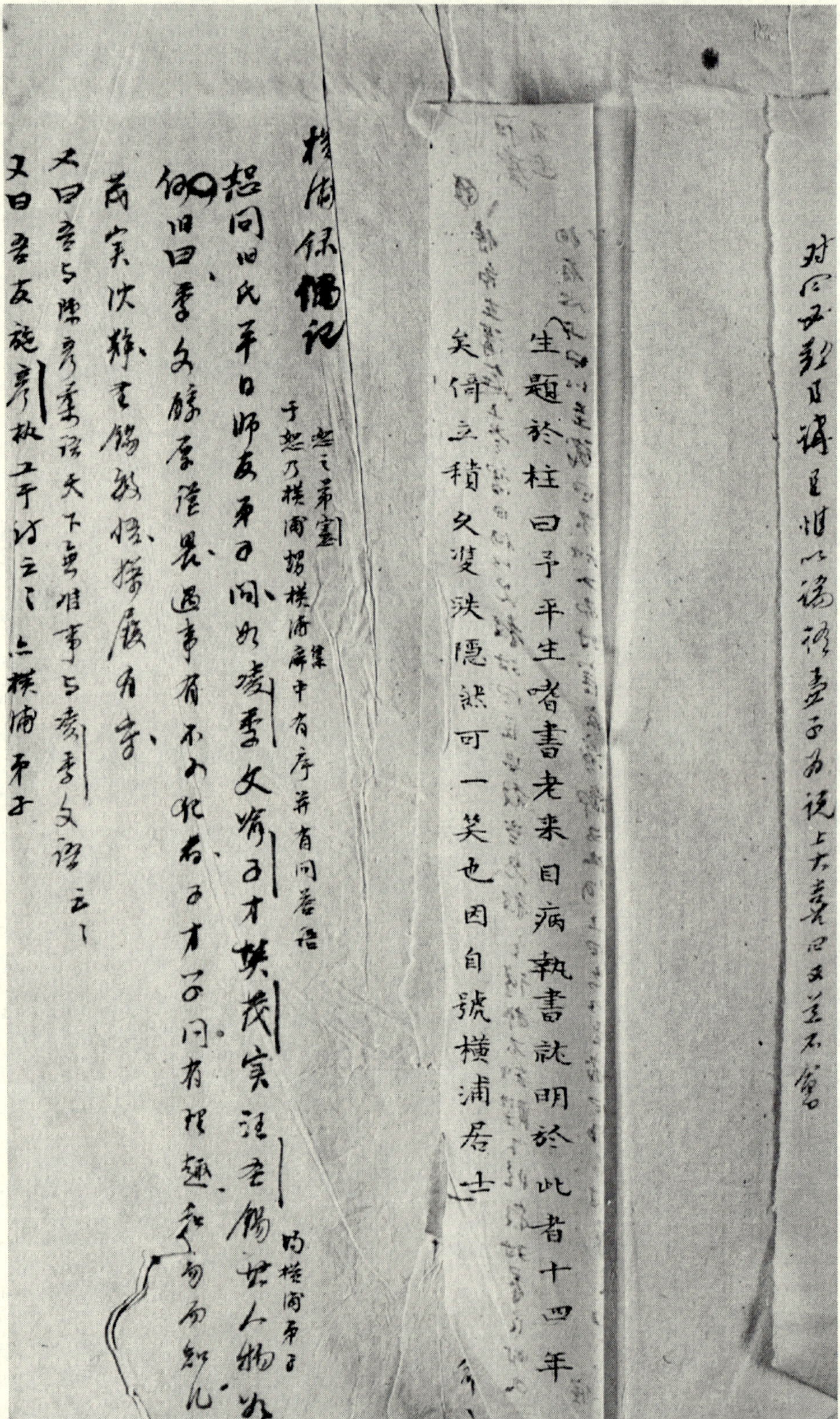
生題於柱曰予平生嗜書老来目病執書就明於此者十四年
矣倚立積久雙趺隱然可一笑也因自號橫浦居士

# 稿本宋元學案

（清）黄宗羲　黄百家　撰

3

國家圖書館出版社

# 第三册目録

（清）黃宗羲　黃百家　撰　（清）全祖望　續纂
（清）黃璋等　校補

# 稿本宋元學案

（三）

稿本

第八冊

玉山
武夷
致堂
五峯
學案

黄梨洲宋元學案

元孫穉圭補校稿

第八本

玉山學案
武夷學案
致堂學案
五峯學案

# 宋儒學案

遺獻黃棃洲先生原藁　男百家纂輯　元孫璋校補

後学全祖望續修　○○○○

## 玉山學案

### 文定汪玉山先生應辰

汪應辰字聖錫信州玉山人也本農家子喻湍石為玉山尉一見奇之許以女以書充奩遂聞伊洛之學已而趙豐公鼎帥江西辟喻為僚先生從之豐公亦奇焉置之館塾先生由湍石以從諸前輩湖南則胡文定公浙東則呂舍人居仁皆奇之勉以

正學年十八成進士高宗覽其對以為陛下勵精圖治求復父兄之仇亦歷年而駐蹕無一定之地戰守無一定之策進退無一定之人所施行事無一定之規畫何以奏功是在陛下反求諸己而決定之高宗意以為老儒擢置第一及唱名則妙年特書中庸以賜豐公出班謝先生本名洋至是改賜名將即除館職豐公請且歷外任以老其才乃授鎮東簽判待闕狀元故事無待闕者而先生省試亦居前列令以陞甲轉官豐公又令姑已之先生感豐公意身聞張橫浦講學又往從之橫浦故與端石善見先生来喜曰少年登上第乃急忙来就學耶豐公出帥紹興先生始之任幕府事皆諮焉方旱令先生禱之而即應越

汪應辰字聖錫信州玉山人也本農家子喻湍石為玉山尉一見奇之許以女以書充奩遂聞伊洛之學已而趙豐公帥江西辟喻為僚先生從之豐公亦奇焉置之館塾先生由湍石以從諸前輩湖南則胡文定公浙東則呂舍人居仁皆奇之勉以

正學年十八成進士高宗覽其對以為陛下勵精圖治求復父兄之仇亦歷年而駐蹕無一定之地戰守無一定之策進退無一定之人所施行事無一定之規畫何以奏功是在陛下反求諸己而決定之高宗意以為老儒擢置第一及唱名則少年特書中庸以賜豐公出班謝先生本名洋至是改賜名將即除館職豐公請且歷外任以老其才乃授鎮東簽判待闕狀元故事無待闕者而先生省試亦居前列合以陛甲轉官豐公又令姑已之先生感豐公意更聞張橫浦講學又往從之橫浦故與端石善見先生來喜曰少年登上第乃急忙來就學耶豐公出帥紹興先生始之任幕府事皆諮焉方旱令先生禱之而即應越

人歌之曰此相公兩豐公咲曰此狀元兩也名為秘書省正字時金人方歸河南地先生上疏謂和議不諧非所患和議諧而因循無備之可患異議不息非所患異議息而上下相蒙之可患今雖通好疆埸之上宜各戒嚴以備他盜乃方且肆赦棄罷以為遂休兵息民矣縱忘積年之耻獨不思異日意外之患乎此所謂因循無備者也力排羣議大則竄逐小則罷黜于是輕躁者阿諛以取寵異端畏懦者循嘿以圖位忠臣正士無以自立于羣小之間此所謂上下相蒙也入則無法家拂士出則無敵國外患此其時矣秦檜大怒出為建州判遂請祠寓居常山之蕭寺饘粥不給處之裕如益以講學為事已改判袁州以趙

豐公喪経其郡遣兵三十人護行祭文有忌諱爲衢守章傑所發被訊祭文已火胡致堂爲言之檜得不竟及爲廣州判檜將興大獄以誣張魏公連逮者數十家先生與焉獄甫具檜死先生幸免明年召爲尚書吏部郎遷右司先生流落嶺嶠十有七年至是賜環方向用以親老乞外知婺州丁艱服除以秘書少監權吏部侍郎尋權吏部尚書奏駁李並忠冒賞尋權戶部侍郎兼侍講力裁冗費時方内禪一時大典禮多出先生先生故與張魏公相知及魏公三出師先生却以爲未可謂魏公曰相公不如且爲上正心誠意以固其本然後議邊事魏公不能用會議上皇尊號先生謂元豐所罷不當復舉又謂光堯二字之

非堯豈可光上皇聞之不喜先生乞外知福州未幾召為敷文閣待制請以朱子自代二年以敷文閣直學士充四川制置使知成都府時蜀困于徵求民力且竭先生撫循甚至益除百方詳見樓宣獻公所作行實文繁不載同知樞密院事劉珙進言應辰與陳良翰張栻臣所不及有旨召還道中再乞祠不許入對以畏天愛民為言并為上言蜀弊政之未盡去者請并除之除吏部尚書兼翰林學士并侍讀敷陳六事廟堂議者多不合皆忌之而先生嘗為上言陳良祐在蜀多誕良祐聞而譖之良祐故亦負時名至是以私憾進間言上遂疑之先生多革宿弊中貴人尤側目德壽宮方甃石池以水銀浮金鳧魚于上上皇

指以示上曰水銀正乏此買之汪尚書家上怒曰應辰力言朕置房廊與民爭利乃自敗水銀耶先生知之力求去已而復出發運均輸之旨嘆曰吾不可留乃力爭之遂以端明殿學士知平江府韓玉以諫馬遁平江先生簡其禮玉歸復譖之遂以平江米綱有欺貶秩先生力請祠自是卧家不起尋授端明殿學士淳熙二年卒又七十三年賜謚文定先生于學博綜諸家其知福州也延致李延平講道甫至而卒其胷次極似横浦多識前言往行以畜德似紫微而未嘗佞佛粹然為醇儒高孝二宗皆知之而卒不能竟其用為可惜學者稱為玉山先生有文集五十卷

## 玉山文集

聖人仰觀俯察制禮作樂皆有至義存乎其間不然則是紛紛者贅矣故曰其數可陳也其義難知也孔子觀于蜡而曰仁之至義之盡觀于鄉飲而知王道之易易也論郊社之禮禘嘗之義而曰治國其猶示諸掌乎季札觀蕭韶之舞而知帝德之廣大韓宣子見易象春秋知周公之德與周所以王此豈拘著于刑名度數與文字之間者哉

與汪叔嘉

天下之事常傷于銳而無漸弊之在人者固不可以不革然使其有忠信誠慤之心則當究弊之所從來慮其始而及其終行之以漸消之以晦而持之以久固未有初不考究但見其于人

情不合率然以為非是不俟終日而盡罷之者美則美矣然出于銳氣非出于誠心先甲三日後甲三日革弊之難如此今人于交友間苟見其過措為掩覆保全諫之于密況君臣乎答陳知止

文潛性論謂為善惡混固非然彼蓋贊之心以為誠然而後言者也今之謂性善者蓋尊信孟子而云耳未必心見其誠然也苟求見其誠然者乎謂格物為扞格窮恐未安克伐怨欲不行孔子不以為仁此可見矣答棗南美

温公有補文中子傳一卷比方得之其所去取略盡矣此外如所云楊素李德林見之類尤為可笑論語于三家必云季康子孟懿子必稱孔子對曰蓋貴貴尊賢其義一也安有身為布衣

而于當時之執政曰素與吾言德林與吾言者哉與何運使

文章于事必求其實于理必求其正東坡謂賈誼當先交絳灌使其不忌然後舉天下惟所欲為賈生痛哭之時灌已死矣絳已之國矣此非其實也先交之而實欲取其權此非其正也致使荊公得以藉口答李信仲

天下之禍有養成者有激成者西漢張禹孔光之流此養成者也東漢之君子此激成者也為君子者豈無中道于其間伊川嘗曰中則正矣正或未必中也世嘗有正而未必中者不可以其未中而謂之不正答梁子輔

學問之道止是揆于心而安稽于古而合揆于事而宜所以體

究涵養躬行日用要以盡此道而已若家務人事以至應舉從仕終不相妨 與方叔與

羅丈語録中有可疑者不居其聖與得無所得形色天性與色即是空難作一類語看　道不足以任之故有典〻不足以治之故有刑此語如何 與朱子

伊川于濂谿若止云少年嘗從學則無害矣 與朱子

東坡初年亦闢禪學其後乃溺之謂其不知道可也槩與王氏同貶恐太甚論法者必原其情 仝上

濂谿先生高明純正然謂二程受學恐未能盡范文正一見橫渠奇之授以中庸若謂從學則不可

康節子孫大抵不取程子蓋私意也

示喻于平易處蹉過益見體道之功久而日親道無遠近高卑之异但見有不同然方其未至雖欲便造平易而勢有未能以上與朱子

陰陽隔屏理有常數修庶政以召和氣馨誠意以求多福弭禍于未形祈福于將來　與程尚書

歐陽公作濮議謂范堯夫傳欽之呂獻可趙大觀皆誣謗英宗以取直名其後以章惇以此書納之禁中歐陽公有知當悔怍于地下矣以此知文字不可不慎　與呂逢吉

忠宣持論專欲消合黨類兼收並用而不知其勢亦有未易為

者君子小人之勢決無兩立元祐晚年呂微仲遂去劉莘老門下士而引李清臣鄧溫伯蒲宗孟于從班忠宣之說略施行矣然首倡紹述之說者李鄧也其流害迄于今可見矣曾子開謂范公之言行于元祐必無紹聖大臣報復之禍然使蔡確不殛他日復出豈在惇卞下特不當以詩罪之耳且惇卞在元祐或偃息大郡或優游奉祠所以貸之者厚矣略無懷惠悔過之意則知專以優柔待小人者非其理也若謂忠宣有他意則不可其再相力辨臺諫誣罔吐剛茹柔罷相後尚乞寬宥諸人以至得謫是果何求顧更慎言之

劉道原蘇子由皆疑周官子由以為非周公之完書則可而道

原詆之則過矣孟子言諸侯無去籍則所傳自非完書在慎擇之不可盡以為不然

晁以道力闢王安石因安石尊孟子并孟子而非之不亦過乎

歐陽公謂繫詞非孔子所作韓魏公終身未嘗與言易

胡德輝言溫公日記極有可疑如記富鄭公惑一尼之言至頓為蛆蟲食其不潔富公雖所見不同何至于此溫公平日最推富公不應如此記事德輝以為必後來所增加蓋當時介甫嘗奏富弼無見惑一尼之言則所謂後來增加者當有之以上俱與逢吉

節孝先生嘗語東坡曰有功者多矣而獨稱大禹者以其不矜不伐也有才者多矣而獨稱周公者以其不驕不吝也蘇公受

而書之策又嘗語魯直曰為政慮不厭熟則寡過睦鄰察交則事舉魯直謝曰立參于前坐倚于衡何日忘之書節孝行狀後

山谷讀示張氏子曰莫學今時新進士談說性命如懸河蓋當時學者之弊跋山谷帖

唐充之元符末上書入籍其學以天人一理內外一致自洒掃應對進退與酬酢佑神皆一事無先後之別極高明所以道中庸也予聞于呂公居仁者如此跋唐充之帖

無諂昔與某言古人行事信其大節小疵當弗論往往有曲折人不能盡知者如冦公正直聞天下豈肯問人求官者歐陽公志言其從王文正公求使相若此之類慎言之予聞宋子京為

晏臨淄門下士而草晏公罷相制多貶辭及讀 龍川別志悚然自失乃知別有曲折無始之言始信讀龍川志

世之自謂得道者以前言往行為糟粕芻狗以治天下國家為緒餘土苴訖之放棄典刑濶略世務至于為西晋之禍或者出而矯之曰吾之道固所以經世也然而天人異觀物我殊歸高明中庸析為二致迹其行事則私智之鑿而已道果如是乎讀紫陽公書

君子不願乎外是以不怨天盡其在我是以不尤人禍福得喪在天而不在人我何怨是非毁譽在人而不在我又何尤惟行法以俟命推誠以待物荅徐漠英

惟公與正乃萬事之本又須行之以恕居之以寬庶幾久而無悔與子伯時

韓忠憲公家書曰笞罪不可輕用明則有人非幽則有鬼責忠憲八子貴盛其報也今豈求于福但求免禍用刑尤宜哀矜堌

諸子失學非細事此正是著力時若半路上落下他日悔之無及浮屠家比之如抱雞子須暖不斷與敷文兄書

玉山門人

玉山門人

張杰字(張杰)孟遠衢州人也大父澄從韓蘄王討閩寇之事孟遠明雋闊達才氣橫厲嘗遊張魏公之門魏公奇之乾淳間遍與張朱呂三公交而師事者爲玉山以上書見忤于趙衛公知安吉大水蠲民租太守不可孟遠力與之爭太守上章求避孟遠亦請祠終身不出亦不媿師門者也觀東萊所以稱孟遠其人大類同甫一流

照首頁抄三行　另起

# 武夷學案

祖望謹案朱子所作上蔡祠記有云文定以弟子禮稟學梨洲先生遂列文定于上蔡之門人之目非也文定嘗曰吾于游楊謝三公皆義兼師友又曰吾丈人行也然則何嘗自稱弟子龜山行狀嘗言文定傳其學而文定不以為然曰吾自從伊川書得之則于上蔡可知矣梨洲謂先生得力于上蔡不知但在師友之間今溝而出之作武夷學案

## 文定胡先生安國

胡安國字康侯建之崇安人紹聖四年進士第一人除荊南教授入為太學博士提舉湖南學事以所舉遺逸王繪鄧璋為

范純仁之客蔡京惡之除名大觀四年復官宣和初提舉江東路學事尋致仕末年侍臣交薦落致仕除尚書員外郎至起居郎召對除中書舍人爲耿南仲所忌出知通州高宗召爲給事中論故相朱勝非遂落職奉祠休于衡嶽之下著春秋傳進覽除寶文閣直學士紹興八年四月十三日卒年六十五謚文定先生自少時已有出塵之趣登科後同年宴集飲酒過量是後終身不復醉嘗好弈棊母吳氏責之曰得一第德業竟止是弈耶後不復弈爲學官京師同僚勸之買妾事既集慨然嘆曰吾親待養千里之外曾以是爲急乎遽寢其議行部過衡嶽欲一登覽已戒行矣俄而思曰非職事所在也即止罷官荆南僚舊

餞行於渚宮呼樂戲以待而交代楊龜山具朝膳鮭菜蕭然引觴徐酌置語孟案間清坐講論不覺日晷之暮也壬子赴闕過上饒有從臣家居者設晏用音樂先生蹙然曰二帝蒙塵豈吾徒爲樂之日敢辭轉徙流寓遂至空乏然貧之一字口所不道亦手所不書嘗戒子弟曰對人言貧者其意將何求朱震被召問出處之宜先生曰世間惟講學論政則當切切詢究至于行己大致去就語默之幾如人飲食其饑飽寒温必自斟酌不可决之于人亦非人所能决也某出處自崇寧以來皆内断于心雖定夫顯道諸丈人行皆不以此謀之也壯年嘗觀釋氏書後遂屏絶嘗答曾幾書曰窮理盡性乃聖門事業物物而察知之

始也一以貫之知之至也來書以五典四端每事擴充亦未免物物致察非一以貫之之要是欲不舉足而登泰山也四端固有非外鑠五典天敘不可違充四端惇五典則性成而倫盡矣釋氏雖有了心之說然其未了者爲其不先窮理反以爲障而于用處不復究竟也故其說流遁莫可致詰接事應物顛倒差謬不堪點檢聖門之學則以致知爲始窮理爲要知至理得不迷本心如日方中萬象皆見則不疑所行而内外合也故自修身至于家國天下無所處而不當矣來書又謂充良知良能而至于盡與宗門要妙兩不相妨何必舍彼而處此夫良知良能愛親敬長之本心也儒者則擴而充之達于天下釋氏則以爲

前塵爲妄想披根拔本而於滅之正相反也而以為不相妨何哉著有春秋傳資治通鑑舉要補遺及文集若干卷三子寅宏寧從子憲

## 拾遺

蕺山諸生曰先生為荊門教授龜山代之因此識龜山因龜山方識游謝不及識伊川自荊門入為國子博士出來便為湖北提舉是時上蔡宰本路一邑先生都從龜山求書見上蔡上蔡既受書先生入境邑人皆訝知縣不接監司先生先修後進禮見之先生之學後來得于上蔡者為多蓋先生氣魄甚大不容易收拾朱子云上蔡英發故胡文定喜之想見與游楊說話時悶也

附錄每條第一行頂格
第二行以後低一格

# 附錄

長入太學晝夜刻勵同舍有潁昌靳裁之嘗聞程氏之學與先生論經史大義以是學益強識日明

登第時考官定為第一寘執以策中無詆元祐語欲降其等哲宗親擢第一

欽宗一日問中丞許翰識安國否對曰臣雖未識其面然久聞其名自蔡京得政以來天下士大夫無不受其籠絡超然遠迹不為所汙者惟胡某一人而已

何㮚建議天下之勢治平則宜內重遭變則宜外重乞分置四道師臣以都總管為名各付一面為衛王室禦狂寇之計先生

前塵爲妄想披根拔本而於滅之正相反也而以為不相妨何哉著有春秋傳資治通鑑舉要補遺及文集若干卷三子寅宏寧從子憲

## 籍溪

先遺獻公

截山諸生曰先生為荊門教授龜山代之因此識龜山因龜山方識游謝不及識伊川自荊門入為國子博士出來便為湖北提舉是時上蔡宰本路一邑先生却從龜山求書見上蔡上蔡既受書先生入境邑人皆訝知縣不接監司先生先修後進禮見之先生之學後來得于上蔡者為多蓋先生氣魄甚大不容易收拾朱子云上蔡英發故胡文定喜之想見與游楊說話時悶也

此節每條[illegible]
第二行以[illegible]

## 附録

少長入太學晝夜刻勵同舍有潁昌靳裁之嘗聞程氏之學與先生論經史大義以是學益強識日明

登第時考官定為第一宰執以策中無詆元祐語欲降其等哲宗親擢第一

欽宗一日問中丞許翰識安國否對曰臣雖未識其面然久聞其名自蔡京得政以來天下士大夫無不受其籠絡超然遠迹不為所汙者惟胡某一人而已

何㮚建議天下之勢治平則宜內重遭變則宜外重乞分置四道師臣以都總管為名各付一面為衛王室禦侮之計先生

奏曰内外之勢適平則安偏重則危今州部太輕理宜通變然一旦遽以數百州之地二十三路之廣分為四道則權復太重假令萬一抗衡拔扈號召不至又何以待之乎欲乞據現今所置帥司選擇重臣付以都總管之權專治軍旅每歲一案察其部内或有警急京城戒嚴即各帥所屬守將應援如此則既有擁衛京師之勢又無尾大不掉之虞一舉兩得矣其後以趙野為北道先生言魏都地重野必委寄是冬金人大入野遁為群盜所殺西道王襄擁衆不復北顧卒如先生言

高宗即位以給事中召黄潛善諷康執權論其托疾罷之三年

張忠獻浚薦先生可大用再除兼給事中賜其子起居郎寅手

札令以上意催促既次池州聞駕幸吴越引疾還

紹興元年以中書舍人兼侍講召先以時政論獻論入復除給

事中其論之目曰定計建都設險制國卹民立政覈實尚志正

心養氣宏度寬隐先生自謂雖諸葛復生爲今日計不能易此

論也間採数則

定計論畧撥亂興衰必有前定不移之計而後功可就陛下履

極六年以建都則未有必守不移之居以討賊則未有必操不

變之術以立政則未有必行不返之令以任官則未有必信不

疑之臣舍今不圖後悔何及

設險論畧設險以淂人為本保險以智計為先人勝險為上險

險勝人為下人與險均纔得中策方今所患在于徒險而人謀未善今欲固上流必保漢沔欲固下流必守淮泗欲固中流必以重兵鎮安陸此守江常勢雖有小變而大槩不可易者也

正心論畧心者身之本也正心之道先致其知而誠意故人主不可不學也蓋戡定禍亂雖急于戎務必本于方寸不學以致知則方寸亂矣何以成帝王之業乎

養氣論畧用兵之勝負係軍旅之強弱軍旅之強弱係將帥之勇怯將帥之勇怯係人主所養之氣曲直何如耳蓋人主將將者也以直養氣自反而縮則孟子所謂約而飢餒所謂壯也壯則強以曲喪氣自反而不縮則孟子所謂餒而飢餒所謂老也

老則弱凡曲直者兵家制勝之先幾也陛下勇于為善益新厥德使無有曲直可議則守為剛氣可塞乎兩間震為怒氣可以安天下矣

百家案先生諸論自謂雖諸葛復生為今日計必不可易也細觀之亦尚多泛論不十分切要當日事勢只要高宗復仇之心切則此氣自然塞兩間自處有何患不直乎

高宗謂曰聞卿奥于春秋方欲講論遂以左氏傳付公點句正音先生對曰春秋乃仲尼親筆實經世之大典見諸行事非空言比也陛下必削平僭叛克復寶圖使亂臣賊子懼而不作莫若儲心仲尼之經則南面之術盡在是矣除兼侍講專以春秋進講

會除故相朱勝非都督江淮荆浙諸軍事先生奏勝非昔與黄潛善汪伯彦同在政府緘默附會循致渡江尊用張邦昌結好金國淪滅三綱天下鬱憤及正位冢司苗劉肆逆貪生苟容辱逮君父今強敵憑陵叛臣不忌用人得失係國安危深恐勝非上誤大計勝非改除侍讀先生持錄黄不下左相呂頤浩特命校正黄龜年行書先生言有官守者不得其職則去況勝非係臣論列之人今朝廷乃稱苗劉之變能調護聖躬昔公羊氏言祭仲廢君為行權先儒力排其説蓋權宜廢置非所施于君父春秋大法尤禁于此臣以講春秋之時而與勝非為列有違經訓遂卧家不出時呂頤浩再相欲傾右相秦檜謀于席益目先

生爲黨魁引勝非為助乃降旨曰安國屢召不至今始造朝又数有請其自為謀則善矣百官象之如國計何落職奉祠先生至豐城寓居半載乃渡南江而休于衡嶽買地結廬為終焉計頽然當世之念矣

五年除徽猷待制知永州辭詔從其請與祠令纂修所著春秋傳成高宗謂深得聖人之旨除內祠兼侍讀本行陳公輔疏詆假托程頤之學者先生奏曰本朝自嘉祐以來西都有邵雍程顥及其弟頤關中有張載皆以道德名世會王安石蔡京等曲加排抑故其道不行望下禮官討論故事加之封爵載在祀典仍詔館閣裒其遺書頒行使邪說者不得作奏入公輔與中丞

周秘侍御石公揆交章劾先生學術頗僻除知永州復辭予祠
進寶文閣學士卒
初王介甫以字學訓經義自謂千聖一致之妙而於春秋不可偏旁點畫通也則詆以爲斷爛朝報直廢棄之不列學宮下逮崇寧防禁益甚先生謂六籍惟此書出于先聖之手乃使人主不得聞講說學者不得相傳習亂倫滅理中原之禍殆由此乎于是潛心刻意自壯年即服膺于此至年六十一而書始就慨然嘆曰此傳心之要典也盖于克己修德之方尊君父討亂賊攘外寇存天理正人心之術未嘗不屢思而致詳焉
先生不及二程之門楊游謝三君子皆以斯文之任期先生謝

嘗謂朱子發曰康侯正如大冬嚴雪百草萎死然而松栢挺然獨秀也使其困厄如此乃天將降大任焉耳

先生風度凝遠蕭然塵表自登第逮休致凡四十年實歷仕之日不及六載雖數以罪去而愛君之心遠而愈篤每被召即置家事不問或通夕不寐思所以告君者然宦情如寄泊如也

問文定與秦檜厚善之故朱子曰秦嘗為密教翟公巽知密州薦試宏詞游定夫過密與之同飯于翟奇之後康侯問才于定夫首以秦為對云其人類荀文若又云無事不會後京城破金欲立張邦昌執政而下無敢有異議惟秦抗論以為不可康侯蓋義之力言于張德遠諸公之前後秦自北歸與聞國政康侯

屬望尤切嘗有書疏往還講論國政康侯有詞掖天筵之召秦薦之也然其雅意堅不欲就是時已窺見其隱微一二有難處故以老病辭至後來秦做出大蹤脫則康侯已謝世矣

百家案靖康金議立邦昌馬時中伸抗言于稠人曰吾曹職為爭臣豈可緘默坐視當其入議狀乞存趙氏秦檜不荅時中郎自屬稿就呼臺吏連名書之檜既為臺長則當列于首以呈檜檜猶豫時中帥同僚合辭力請檜不得已書名是檜迫于馬時中以臺長列名何嘗抗論乃知當時無論賢愚盡為檜欺矣幸文定宦情如寄天下後世亮之因知人之難也

擡下寫

文定門人

胡憲字原仲文定從父兄子也從文定學即會悟程氏之説紹興中以鄉貢入太學會伊洛學有禁先生獨與鄉人劉泉勉之陰誦而竊講焉既又學易于譙天授久未有得天授曰是固當然心爲物漬故不能有見惟學乃可明耳先生喟然嘆曰所謂學者非克己工夫耶一旦揖諸生歸隱故山力田賣藥以養其親從游日衆行義聞于朝詔特徵之賜進士出身授左迪郎建州學教授先生猶不起郡守魏矼手書開譬始就職迪諸生以為己之學諸生孚化共留七年不徙以母老監南嶽廟以歸是時秦檜用事先生無復當世之念及檜死召為秘書正字疏

言金人勢必敗盟宿將惟張浚劉錡在願亟起之時兩人皆為積毀所傷無有敢顯言者先生疏入即求去帝嘉其忠詔改秩左宣教郎主崇道觀歸初先生與劉泉俱隐又與劉屛山子翬朱韋齋松交韋齋將沒特屬其子文公熹並受學文公自謂從三君子游而事籍溪先生為最久籍溪先生之所居而以自號者也年七十七

以下每条第二行以後低一格

附録

先生歸隐故山決意不出文定稱其有隐君子之操賢士大夫皆注心高仰之于是朝臣折公彥質范公冲朱公震劉公子羽呂公祉呂公本中共以先生行義聞于朝詔特徵之先生以母

老辭折公入西府又言于高宗促召愈急先生辭益固郡守魏公矼遣行義諸生入里致詔且手書陳大義開譬甚力始不淂已出拜命

紹興己卯先生由司直改正字將就職晦翁送行詩云執我仇仇詎我知漫將行止驗天機猿驚鶴怨因何事只恐先生袖手歸後又寄詩云先生去上芸香閣閣老新峩豸角冠時劉珙自秘書丞除察官留取幽人臥空谷一川風月要人看甕牖前頭列畫屏晚來相對靜儀型浮雲一任閑舒卷萬古青山只麼青五峯見之曰其言有體而無用別賡之曰幽人偏何青山好為是青山青不老青山出雲雨太虛洗盡埃塵山更好

先生質本恬淡而培養深固平居危坐植立時然後言望之楞然如槁木之枝而即之温然雖當倉卒不見其有疾言遽色人或犯之未嘗校也其讀書不務自爲訓說嘗纂論語說數十家復抉取其要附以己說

調胡寧字和仲文定次子以蔭補官試館職除勑令所刪定官遷祠部郎官出爲夔路安撫司參議官除知澧州不赴學者稱爲茅堂先生文定作春秋傳修纂檢討盡出先生手又自著春秋通旨總貫條例證據史傳之文二百餘章輔傳而行吳淵潁曰胡氏傳文大槩本諸程氏程氏門人李參所集程說頗相出入而胡氏多取之蓋欲觀正傳又必先求之通旨故曰史文如

功課餘以片紙書古人嘉言懿行或詩文錄作
箴銘座右者

例觀則化工與畫筆何異惟其隨事
聖人時中之大權也世之讀春秋者
自能知之不可以昔者何歆之學而異論也由吳氏之言觀則
節堂通旨之書多與文定相參考可以互証者矣是書在元初
趙仁甫最傳之故胡氏春秋遂頒學宮惜乎今之不可復見也
也

先生教諸生于功課餘以片紙書古人懿行或詩文銘贊之有
補于人者黏置壁間往來誦之咸令精熟

文清曾先生幾

曾幾字吉甫河南人賜上舍出身擢國子正遷校書郎為應
天少尹高宗即位歷提舉湖北廣西運判江西提刑廣西轉運

為秦檜所惡奉祠檜死起為浙西提刑知台州召對授秘書少監先生承平時已為館職去三十八年而後至鬚鬢皓白衣冠偉然每會同舍多談前輩言行臺閣典章薦紳推重爲權禮部侍郎孝宗立以通奉大夫致仕乾道二年卒年八十二謚文清

遺獻曰

棃洲先生曰朱子言曾吉甫荅文定書天理人欲之說只是籠罩其實初不曾見得文定便許可之他便只如此住了蓋亦入于禪者也范如圭

范

范如圭字伯達建陽縣人從舅氏胡文定受春秋學以乙科授武安節度推官召秘書省正字遷校書郎以忤秦檜謫告奉祠讀書不與人事者十餘年起判邵州荆南召對提舉江西復

畫筆經文如化工若一以例觀則化工與畫筆何異惟其隨事變化則史外傳心之要典聖人時中之大權也世之讀春秋者自能知之不可以昔者何歆之學而異論也由吳氏之言觀則茆堂通旨之書多與文定相參考可以互証者矣是書在元初趙仁甫最傳之故胡氏春秋遂頒學宫惜乎今之不可復見也也

先生敎諸生于功課餘以片紙書古人懿行或詩文銘贊之有補于人者粘置壁間俾往來誦之咸令精熟

曾幾字吉甫河南人賜上舍出身擢國子正遷校書郎為應天少尹高宗即位歷提舉湖北廣西運判江西提刑廣西轉運

爲秦檜所惡奉祠檜死起爲浙西提刑知台州召對授秘書少監先生承平時已爲館職去三十八年而後至鬚鬢皓白衣冠偉然每會同舍多談前輩言行臺閣典章薦紳推重爲權禮部侍郎孝宗立以通奉大夫致仕乾道二年卒年八十二謚文清

遺獻曰

梨洲先生曰朱子言曾吉甫荅文定書天理人欲之説只是籠罩其實初不曾見得文定便許可之他便只如此住了蓋亦入于禪者也范如圭

范

范如圭字伯達建陽縣人從舅氏胡文定受春秋學以乙科授武安節度推官召秘書省正字遷校書郎以忤秦檜謁告奉祠讀書不與人事者十餘年起判邵州荊南召對提舉江西復

曾漸

奉祠歸起知泉州尋罷紹興三十年卒年五十九

曾漸字鴻甫南城人也紹熙中進士累官吏部侍郎謚文莊

詳見葉水心墓志

按文定卒于紹興八年鴻甫得及其門則當生于靖康以前豈有紹熙中尚存者豈別一人耶抑或私淑之學耶當俟博物者更考之

朱子言曰曾漸多是禪

蕺山諸生曰湖南一派如致堂之闢佛可謂至矣而同學多入於禪何也朱子曾舉一僧語云今人解書如一盞酒被一人來添些水那一人來又添些水次第來添去都淡了愚獨以為不然佛氏原初本是淺薄今觀其所謂如來禪者可識

已其後吾儒門中人逃至于彼則以儒門意思説話添入其中稍見有敗缺處隨後有儒門中人為之修補增添次第添來添去添得濃了以至不可窮詰而俗儒真以為其所自佛則儒淡矣可嘆也

**胡**

胡襄

胡襄字季皋永嘉人也紹興進士累官江西提刑隆興初面對倫言請宣之事豈惟廟謨外失亦由人心內離願陛下覽觀覆轍倫而後動孝宗是之除太常少卿兼樞密院都丞旨歷江東福建提刑直秘閣卒先生早學于武夷而當秦檜時亦以為趙鼎胡寅之學被錮十有餘年

照第一頁式抄三行　另一頁起

致堂學案

致堂學案　武夷弟子　程子再傳

文忠胡致堂先生寅

人夢大魚躍盆水中急取

上有雜木先生盡刻為人

千卷于其上年餘悉成誦

省校書郎時龜山為祭酒

棄官歸建炎三年擢起居

宜遠戍大位遂奉祠紹興

遷中書舍人時議遣使入

按紹興八年歷序先生[illegible]年卒其

[illegible]十七年文定之卒在八年時[illegible]友其

門人在諸序以前紀許亦止七十餘年

不足疑也此處可刪

[illegible]之卒在開[illegible]二年[illegible]　按[illegible]

又云[illegible]作南康[illegible]

諸序以上生[illegible]此又云[illegible]中[illegible]士

但存錯不合[illegible]又云[illegible]於開禧

[illegible]慶元[illegible]文定生卒[illegible]不着在

[illegible]丁[illegible]文定門人不[illegible]一

[illegible]一語及之

[illegible]開[illegible]之僕

宗廟叔質二聖吾國之大讎也誤國之臣遣使求和以苟歲月九年于茲其效何如幸陛下灼見邪言漸圖恢復然後二聖之怨可平陛下人子之職舉矣高宗嘉納召至都堂諭旨既張忠献浚自江上還奏遣使為兵家機權竟返前旨因乞郡就養出知邵嚴永三州徽宗訃至故事以日易月先生上疏言禮讐不復則服不除願降詔旨服喪三年墨衰臨戎除禮部侍郎兼侍講直學士院父喪除起徽猷閣直學士秦檜當國乞致仕歸衡州檜既忌先生雖告老猶憤之坐與李光書譏訕朝政安置新州檜死復官二十一年卒年五十九謚文忠先生志節豪邁初擢第中書侍郎張邦昌欲以女妻之不許文定素與秦檜善及

第一頁起
照第一頁式抄

# 致堂學案

胡氏弟子　程子再傳

**胡** 胡寅字明仲文定之弟子也將生母以多男不欲舉文定夫人夢大魚躍盆水中急取而子之少桀黠難制父閉之空閣其上有雜木先生盡刻為人形文定曰當有以移其心別置書數千卷于其上年餘悉成誦中宣和進士甲科靖康初薦授秘書省校書郎時龜山為祭酒稟學焉遷司門員外郎張邦昌僭位棄官歸建炎三年擢起居郎言高宗當糾合義師北向迎請不宜遽踐大位遂奉祠紹興二年起知永州四年復召為起居郎遷中書舍人時議遣使入雲中先生疏言女真驚動陵寢殘毀

宗廟叔質二聖吾國之大讎也誤國之臣遣使求和以苟歲月九年于茲其效何如幸陛下灼見邪言漸圖恢復然後二聖之怨可平陛下人子之職舉矣高宗嘉納召至都堂諭旨既張忠獻浚自江上還奏遣使為兵家機權竟返前旨因乞郡就養出知邵嚴永三州徽宗訃至故事以日易月先生上疏言禮讐不復則服不除願降詔音服喪三年墨衰臨戎除禮部侍郎兼侍講直學士院父喪除起徽猷閣直學士秦檜當國乞致仕歸衡州檜既忌先生雖告老猶憤之坐與李光書譏訕朝政安置新州檜死復官二十一年卒年五十九謚文忠先生志節豪邁初擢第中書侍郎張邦昌欲以女妻之不許文定素與秦檜善及

檜擅國先生絶之故爲所惡在謫所隨行無文字先生以所記憶者著讀史管見平生所著有論語詳說及詩文斐然集學者稱致堂先生

須低三格

崇正辨

推兼愛之意而不知别親踈此墨之弊也墨氏之弊固如此矣釋氏之弊豈不甚于此乎棄父母出家而不顧見螻蟻蚊蚋則哀矜之謂之别親踈可乎不别親踈故不辨賢否今有聖賢之人坐致太平而不喜佛則釋子必不譽也小人亡國敗家建寺宇崇塔廟厚給其田廣度其衆則釋氏必以為宿植善根親受佛記者也試用此觀之其情見矣

○○正法念經云若有衆生埽如來塔命終生意樂天又云脩治故塔命終生白身天與諸天女且欲自娛菩薩行經云有一貧人賣薪爲業向澤中採薪見一塔寺狐狼飛鳥草木荆棘不浄滿中貧人愴然誅伐埽除作禮而去命終生光音天盡其天壽又復一日返作轉輪王

佛設如此等教其發心也不知欲誘人爲善乎抑將自保其塔乎如誘人為善莫先于正其心如此等教反以利樂害其心也人各有所欲而未必皆同多為利路以張之必有一中之則其說可入此佛之術也言生意樂天則凡心意有所好樂而不得者必為之埽塔矣言生白身天則凡醜黑為女子所惡欲淫色

檜擅國先生絕之故爲所惡在謫所隨行無文字先生以所記憶者著讀史管見平生所著有論語詳說及詩文斐然集學者稱致堂先生

○○崇正辯

須依三[illegible]

推兼愛之意而不如別親疎此墨之弊也墨氏之弊固如此矣釋氏之弊豈不甚于此乎棄父母出家而不顧見螻蟻蚊蚋則哀矜之謂之別親疏可乎不別親疎故不辨賢否今有聖賢之人坐致太平而不喜佛則釋子必不譽也小人亡國敗家建寺宇崇墖廟厚給其田廣度其衆則釋氏必以爲宿植善根親受佛記者也試用此觀之其情見矣

○○正法念經云若有衆生埽如來塔命終生意樂天又云脩治故塔命終生白身天與諸天女且欲自娛菩薩行經云有一貧人賣薪爲業伺澤中採薪見一塔寺狐狼飛鳥草木荆棘不淨滿中貧人愴然誅伐埽除作禮而去命終生光音天盡其天壽又復一日返作轉輪王

佛設如此等教其發心也不知欲誘人爲善乎抑將自保其塔乎如誘人為善莫先于正其心如此等教反以利樂害其心也人各有所欲而未必皆同多為利路以張之必有一中中則其説可入此佛之術也言生意樂天則凡心意有所好樂而不得者必為之埽塔矣言生白身天則凢醜黑為女子所惡欲染色

而不滑者必為之埽塔矣言生光音天作轉輪王則九瘖啞聾瞶貧窮下賤者必為之埽塔矣其設教之心如此果可謂之正道乎今欲詰之則必曰此皆無礙方便也人之根器萬端不如是不能攝之入善嗚呼使人隨意所欲而得之好色則得女好貴則得王天下大亂之道也曾謂如是而為善乎

須依三格

仍依三格

顏之推曰信謗之徵有如影響善惡之行禍福所歸九流百氏皆同此論豈釋典為虛妄乎項託顏回之短折原憲伯夷之凍餒盜跖莊蹻之福壽齊景桓魋之富強若引之先業冀以後生更為通耳如以行善而偶鍾禍報即便怨尤為惡而倘值福徵乃為欺詭則亦堯舜之云虛周孔之不實也又欲安

所信而立身乎

夏至之日一陰初生而其時則至陽用事也陰雖微其極必有折膠墮指之寒冬至之日一陽初生而其時則至陰用事也陽雖微其極必有鑠石流金之暑在人積善積惡所感亦如此而已顏回伯夷之生也得氣之清而不厚故賢而不免乎夭貧盗跖莊蹻之生也得氣之戾而不薄故惡而猶得其年壽此皆氣之偏也若四凶當舜之時則有流放竄殛之刑元凱當堯之世則有奮庸亮采之美此則氣之正也何必曲為先業後世因果之說乎若行善有禍而怨行惡值福而恣此乃市井淺陋之人計功效于旦暮間者何乃稱于君子之前乎盗跖膾人肝雖得

飽其身而人惡之至今顏子食不充口而德名流于千世若顏子之心窮亦樂通亦樂簞瓢陋巷何足以移之鍾鼎廟堂何足以淫之威刑死生何足以動之而鄙夫之見乃以貧賤夭折為顏子宿報嗚呼陋哉之推又云若不信報應之說則無以立身然則自孟子而上列聖群賢舉無以立身而後世纍纍蠢蠢千百其群者非立身之人與

須依三格

釋圓光少眈墳典詣理窮神及聞釋宗反同腐芥由是出家

家

人之稟氣不同或昏或明或巧或拙或靜或躁或剛或柔千條萬端非一言可盡也膾炙人所共嗜而有好食瘡痂者晝夜人

所共由而有俾晝作夜者方王澤將息佛教未來凡趍靜厭事之流亦爲山林之行往而不返如接輿荷蕢長沮桀溺乃其所見偏蔽舍此取彼自以為是而不可以入堯舜文王之道聖人不取也又况佛法入中國有以惑人之耳目而移人之心意宜夫一曲之士棄經典而躭釋宗如圓光者不可勝數可悲也已可悲也已或問乎有道君子曰儒學者晚多溺佛何也對曰學而無所淂其年齒長矣而智力困矣其心欲遽止焉則又不安也一聞超勝修大之説是以悦而從之譬之行人方履坦途其進無難也山忽高乎其前水忽深乎其下而進爲難也于是焉有捷徑則欣然由之矣其勢使然也夫托乎逆旅者不淂家居

之安耳未有既安于家而又樂舍于旅也至哉斯言乎至哉斯言乎

依三格

後周武帝季年毀破前代一切佛塔鎔劃聖容焚燒經典寺廟盡賜王公為第宅三坊釋子減三百萬皆復軍民還歸編戶益蒼生之不幸非吾宗之不幸也

偉哉周武之此舉也禍福報應之說所不能惑茫昧無稽之言所不能誑卓然自信罷斥不疑使後嗣稍賢能承其志世傳弗失以待聖王則邪說與異端消滅已久蒼生之幸豈有量哉若周武者可謂明矣若周武者可謂勇矣後世英主者出能視傚而爭美之又何愧于大禹放龍蛇戮防風周公驅虎豹孔子成

低三格

春秋討亂臣賊子孟子闢楊墨息邪說距詖行放淫辭以承三
聖豈特于周武有光而已也

○○德志值周武毀滅勅從儒禮秉操鏗然守死無懼帝愍其貞
貞諒哀而放歸

孔子曰守死善道于道之至善以守死而不變不亦智乎於道
之不善以守死而不變不幾乎天下之至愚乎何謂道之至善
父慈而子孝君仁而臣忠兄友而弟恭夫義而婦順是也此儒
教也何謂道之不善離天性之自然而外立其德自以為道者
是也此佛教也佛者未嘗慕儒之善而學之而儒者乃甘心于
佛之不善而依歸之是愚也若德志違令執迷所宜誅責用表

均似三格

至正周武乃以其守死而哀之殆為所嚇矣此亦啓發後世明
君之一事也
〇〇天竺沙門智克武德九年達京住興善寺自古教傳詞旨有
所未諭者皆委其宗緒括其同異渙然氷釋帝曰諸非有樂
物我皆宗眷言真要無過釋典流通之極豈尚翻傳遂下詔
命碩德一十九人于興善創問傳譯又勅左僕射房玄齡為
助勘定
佛之道以空為至以有為幻此學道者所當辨也今日月運乎
天山川著乎地人物散殊于天地之中雖萬佛並生亦不能消
除磨滅而使無也日晝而月夜山止而川流人生而物育自有

天地以來至今而不可易未嘗不樂也此物雖壞而彼物自成我身雖死而人身猶在未嘗皆空也唐祖何循習不思之甚乎倘信以為然又復東征西伐經綸王業何其求不樂而為不空哉如不能行之于身而徒言之于口則是妄而已矣房元齡唐之賢相輔致昇平然所學塞淺守正不固乃奉承僻命衆勘邪說使政治駁雜其君不及于堯舜其俗未興于禮樂元齡不自知也後世觀之責備于賢者豈非沒身之遺恨與

均低三格

〇〇景龍二年有御史大夫馮思暴卒見二子持簿引馮庭對官聽按覆罪愆官吏傍有舊識者張思義手招馮曰吾為假貸僧物于今未脫汝所坐者不合于天后宮中亂越可發願造

涅槃經鑄鐘以資餘祐却放還馮既甦三日寫經鑄鐘更享

壽四十八年

凡如此類皆僧人所撰記如佛頂心經所載耳人貸僧物久幽

而未脫則僧取人物不可勝數當入于無間永無出期也于天

后宮中亂越罪之不可赦者造經鑄鐘而得免則是經鐘乃為

人庇覆濫淫之具耳治世常法負債而不償必償而後已豈問

僧與不僧哉設有犯奸抵罪入于縲絏使之造經鑄鐘而可以

逭刑者吾未之見也地獄固必無設其有之人神一理必公正

不阿而後法行今造經鑄鐘而免其奸罪錫之永年不公不正

甚矣使人自此淫濫而無害豈非邪說害政之甚者歟

均低三格

唐元宗研思注金剛般若經至是人先世罪業應墮惡道處執筆狐疑詔沙門道氤問其是非氤曰佛力不可測陛下最於般若會中聞熏不一更沈注想自發現行帝豁然若憶疇昔下筆不休

聖學以心爲本佛氏亦然而不同也聖人教人正其心心所同然者謂理也義也窮理而精義則心之體用全矣佛氏教人以心爲法起滅天地而夢幻人世擎拳植拂瞬目揚眉以爲作用于理不窮于義不精幾于具體而實則無用乃心之害也如道氤之告明皇者正是使心之術耳明皇方疑而未決一聞其言致思入念如道家存想隨所欲而萌爲龍華之會靈山之集妙

均依三抬

喜之國兜率之天種種現身皆可自誑雖高才穎質攻苦學道
之士于此猶不脫又况明皇志滿氣驕樂佚游樂宴樂其心昏
然者哉
沙門仁贊曰孔子自衛反魯贊易刪詩六經由是而列百王
于焉取法梁武明皇搖翰于至語之場冥心于真常之境非
天下英傑可以與于此乎
無是非之心非人也蕭衍破國殞身明皇致寇失位萬世人君
之醜也仁贊徒以其親衍翰墨箋注佛經遂稱為英傑之人與
孔子并其諂諛後世之人主以自立其黨而忘是非之心乃如
此乎餓死于臺城不可謂至語之場也播遷于蜀道不可謂真

内低三格

常之境也以二君為英傑則自古破國殞身致寇失位之君為不少亦皆天下之英傑矣

釋法雲與僧旻年臘齊譽雲公篤學勞于色養及居母憂毀瘠過禮旻謂曰佛有至理恩愛重賊不可寬放惟有智者以方便方善能治制何必縱情同于細近耶

法雲之所為乃人之本心自古至今欲掃除泯滅而不可得者蓋天命之性其理自然非智力技巧所能造作也不遇聖賢因其良心之未亡歸諸正道而陷身佛教又與僧旻為徒乃法雲之不幸耳孟子曰天生蒸民有物有則民之秉彛也故好是懿德僧旻者戕毀物則之人也毀則為賊反則為亂又可責以仁

依三格

義之道耶

釋曇延著涅槃義疏疏畢恐不合聖理乃于塔前以火驗之

其卷軸並放光明通夜呈祥

理之所在先聖後聖其心一也曇延造經疏若于理周盡何異前言若有未盡更須進學如飲水食飯其冷暖饑飽之意他人豈能知之乃驗之於火以卜中否可咲甚矣復云經軸放光則又妄之極也火無不化之物今以大乘經典投之火中應手煨燼曇延獨以何道使疏不可焚無乃幻術耶自達摩而後凡參禪悟徹者必求人印證夫得道不得道在我而已人何預焉我誠自信孰得移奪之我誠勿悟孰能分與之必待人言為是而

後以為是〻信否在人而不在己與對塔焚疏者何以異乎

靈潤十三出家二親既終兄弟哀訴曾無動容但為修冥福而已

依三格

靈潤割父母天性之愛棄兄弟哀訴之言自以世網超脫慧忍能斷然良心終不可忘也何以驗之靈潤雖無動容而為修冥福則其心于父母有絲毫不忍之意當其回向之時必曰資薦父母終不曰資薦道路他人也即此絲毫不忍者乃是人之本心佛教以為幻妄掃而去之儒教以為惻隱保而存之其條如此或者謂儒佛同歸是氷炭可以共器乎

依三格

釋惠嵩高昌國人少出家兄為博士嘗勉嵩令罷道嵩曰腐

儒小智當同諸糟粕餘何可論元魏末至京本國請還嵩曰以我之博達非邊鄙之所資固執不往高昌乃夷其三族嵩聞之告其屬曰經不云乎三界無常諸有非樂何足怪哉

佛之教欲以大悲願力盡度衆生故阿難贊之曰若一衆生未成佛終不于此取泥洹惠嵩學佛者也未能度人先殞其族此何道耶彼之教曰三界無常何為愛戀中華而輕賤邊鄙又曰諸有非樂何為自恃博達而詆誚儒風遂使三族之人無罪夷滅愚狠慘酷虵虺豹狼之不如也

釋惠斌博覽經史十九為州助教懷慕出世年二十三剪落父于汶水之陰九達之會建義井一區仍樹碑銘云哀哀父

汶三松

低三格

母載生載育亦既弄璋我履我復一朝棄予山川滿目雲掩重關風廻大谷愛敬之道天倫在兹殷憂莫齧見子無期鑿井通道托事興辭百年幾日對此申悲

惠斌博覽經史年既踰冠父母依望以成家者也棄親而去無復人心理之所不容矣觀井碑之語哀怨感切讀之令人惕怵而惻然想當日之意為何如也其所以建碑于九逵之會者必其力不能制其子庶幾往來之人官師之間或見或聞動心興念能反之耳則不知是時為民上者以為是乎以為非乎亦有欲存天理明人倫行反道敗德之誅者乎後人目覩此事者亦將崇邪毀正姑置之不問而已乎夫天性至恩不可解于心猶

水之濕猶火之燥熟孰能逃之而佛之教乃一切掃除謂之至道嗚呼異哉嗚呼異哉

釋惠豫誦涅槃法華經等嘗寢見人来扣户問其故答曰師應死故来奉迎豫曰小事未了可申一年否答曰可至明年而卒

低三格

佛教中有術使人預知死期僧人得之往往以為神異或曰吾某日當去或曰明年某月吾去矣此精于卜相者亦或能之何足貴哉人死猶其生其來不可禦其去不可止若可留一年則十年百年皆可引伸而常存此理之所必無也近世儒者如師魯尹公子厚張公康節邵公皆間于死生之際辭氣不亂安靜

而逝君子猶以為未及曾子易簀之正也蓋聖人以生死為分
内事無可懼者故未嘗以為言佛氏本于怖死是以藏經五千
四十餘卷傳燈一千七百餘人皆皇皇以死為一大事彼三代
之民直道而行順受其正夭壽不貳修身以俟之不聞有輪迴
之說豈非簡易明白之道何至惴恐經營若彼其切哉自佛教
入中國說天堂可慕地獄可怖輪迴可脱于是人皆以死為一
大事而舍生取義殺身成仁之道晦矣夫既不以死為嘗事必
至于貪生失理惧死怛化而不順受其正也自两漢而上戰國
春秋之時聖人所謂道喪之世也當其時義心激切視死如歸
者班班可考其心初無慕怖安于義而已後世學佛者自以為

低三格

其道可以了達生死而其行事視三代之風尚未能及況聖賢之際乎

澄謂弟子法祚曰戊申歲禍亂漸萌己酉石氏當滅吾及其未亂先從化矣即遣人辭虎〻出宮慰諭澄謂虎曰出生入死惟道之常修短分定非人能延念意未盡者以國家心存佛理無若興起寺廟崇顯壯麗稱斯德也

澄所以告其弟子與告石虎者何得反覆不侔耶既曰及其未亂當先從化則是死生在我去住自如也又曰修短分定非人能延則是天命有限欲止不可也則未知澄以數盡不得已而死乎抑數未盡自經而絕乎智者必能辨之矣且當其將死之

日石氏危亂已著澄果有愛人忠虎之計史必傳之以為美談今其觀虎之言曰無若興起寺廟崇顯壯麗而已是以有道君子闢之曰佛氏之教名為廣愛衆生終必歸于自利之塗聖人復起不易斯言哉

低三格

釋寶崖於益州城西路首以布裹左右五指燒之有問痛耶崖曰痛由心起心既無痛指何所痛並燒二手于是積柴于樓上作乾麻小室以油潤之自以臂挾炬麻燒油濃赫然大合于熾盛之中禮拜比第二拜身面焦折復一拜身踣于炭

上

佛教以心為法不問理之當有當無也心以為有則有心以為

無則無理與心二謂理為障謂心為空此其所以差也聖人心
卽是理理卽是心以一貫之莫能障者是〻非〻曲〻直〻各
得其所物自付物我無與焉故曰如天之無不覆如地之無不
載如四時之錯行如日月之代明如飛走動植並育而不相害
仁義禮智並行而不相背夫又何必以心為空起滅天地偽立
其德以擾亂天下哉今夫人目視耳聽手執而足行若非心能
為之主則視不明聽不聰執不固行不正無一而當矣目瞽耳
聵心能視聽乎手廢足蹇心能執行乎一身之中有本有末有
體有用相無以相須相有以相成未有焦灼其飢膚而心不知
者也學佛者言空而事忍蓋自其離親毀形之時已失其本心矣

積習空忍之久于剉剔焚煉而不以為痛蓋所以養心者素非其道也凡人之生無不自愛其身彼學佛者于蚊蚋之微草芥之細猶不忍害廣悲願也自愛乃能愛人愛人乃能愛物故養心保身者濟人利物之本也今乃殘之如此將何為哉非有喪心之疾而然乎

均低三格

釋道安天和四年三月勑召有德衆生名儒道士文武百官二千餘人量校三教之優劣欲事廢立安乃著本二教論有客問曰優柔弘潤于物必濟曰儒用之不匱於物必通曰道老嗟身患孔歎逝川固欲後外以致存生感往以知物化何異釋典厭身無常之說哉主人曰救形之教〻稱為外濟神

之教稱為內釋教為內儒教為外教惟有二事有三
客與主人問答之言皆出道安之手道安所見蹇淺若是哉儒
之為名學者之通號耳非為稱名為儒即是賢也故孔子謂子
夏曰女為君子儒無為小人儒不知道安所謂優柔弘潤于物
必濟之儒何所本乎稽之書傳無是言也子在川上曰逝者如
斯不舍晝夜蓋言存神過化闔闢萬古變而常存之道如此何
嘗有厭身之嘆哉道安所以知孔子末矣釋教為內而釋徒自
處則曰方外之人儒教為外而鄙薄儒者則曰方內之士吾未
知道安所以區別內外之限者何如也今以地言之天子所居
曰京師千里曰王畿推而廣之至于要荒則京師為內而要荒

為外矣人之所居曰奥阼然後有堂有庭有門有垣則奥阼為内而垣為外矣名者實之賓也有此實然後有此名無其實則名何從生不知道安所謂内外者何以限之吾恨不得聞其實説也

低三格

釋惠立見尚醫奉御吕才造釋因明圖注三卷非斥諸師正義立致書責之云奉御于俗少聞遂謂真宗可了何異鼷鼠見釜竈之堪陟乃言崐丘之非難蛛蝥覩棘林之易羅亦謂扶桑之可網 才由兹而寢

射如李廣然後可以服匈奴御如王良然後可以乗泛駕蓋事各有理物各有能不知物之能則不足以役物不知事之理則不

足以揆事如吕才亦有意乎不信異端小道嘗著論以排之矣患立所言鄙淺才不應遽為之改然其詳則未之攷也大抵儒者之遇異端其未達則推理以窮之其既達則明理而正之必能析其萌芽而摧其枝葉然後言不徒發而于道有補楊墨之言盈天下孟子以無父無君之言折之其禍遂息佛氏之言盈天下程子以天理及自利之言折之而其禍未息者前乎此者有以解經自名而得君其學雜乎佛也後乎此者有以文辭豪世而得時其學雜乎佛也人之所趨者勢利所悅者華采于是聖人之道欲明而復晦然賴先生之說尚存而不泯也學者可以溯流窮一洗其言而先韓歐之駕以追踪于孟子正人心闢

低三格

邪說詖行放淫辭爲聖人之徒不亦善乎

釋元珪曰若能無心于萬物則欲不爲淫福淫禍善不爲盜濫誤混疑不爲殺先後違天不爲妄惛荒顛倒不爲醉無心則無戒無戒則無佛無衆生無汝及無我無我無汝孰能戒哉

世之禪師所謂機辯横説竪説逆行順行者皆如此吾今折之曰人未有無心者也自古大聖人垂世立教曰養心曰宅心曰存心曰洗心不言無心也心不可無無則死矣聖人之心若鑑不勞思慮不用計度而盡天地之理者亦曰如鑑之明而已不言無鑑也有所欲必淫聖人所欲不踰矩是以無淫福淫禍善

必盗聖人福善禍淫是以無盗濫誤混疑必殺聖人四罪而天下咸服是以無殺先後違天必妄聖人憲天聰明是以無妄惛荒顛倒必醉聖人不為酒困是以無醉聖人之心寂然不動感而遂通天下之故自己及人自人及物各止于其所而天下之理定元珪所言失之毫釐差之千里者也今有欲其所不可欲以淫人為是以善人為非觸情殘害逆天之理放意于酒沉酣日富而曰我未嘗有心也適然如是耳而可乎蓋佛氏以心跡為兩途凡其犯理背義一切過失必自文曰此粗迹非至道也譬如有人終日涉泥塗歷險阻而謂人曰吾足自行耳吾心未嘗行也則可信耶

均低三格

釋明瓚於衡嶽閒居李泌隱南岳潛察瓚所為曰非常人也中夜往謁焉望席門自贊而拜瓚大詬仰空唾曰是賊李公愈加敬惟拜而已瓚正撥牛糞火出芋啖之良久乃曰可席以坐取于啗芋之半以授焉李跪捧盡食而謝謂李曰愼勿多言領取十年宰相李拜而退

李鄴侯高才多智唐之名臣方未仕時辭萬乘之友隱居南岳紫蓋峯者凡十年隱居之旁有一僧巖居曰明瓚相去甚邇鄴侯未嘗與往來此見之于傳記乃事之實不知明瓚何為有此說乎使鄴侯欲瓚白日而不往中夜而後行素非師尊望門而便拜中下之人猶不為此孰謂鄴侯而有為之明瓚其果有道

之士與鄭俠鄰居之日久亦豈不知其賢否也一見詒唾此何禮哉以鄭俠氣凌宇宙才幹四海嘗辭宰相而不為及浮山僧煨芋之餘乃跪捧而食事理之必無者也十年宰相人世之常事使鄭俠天命不當作贊豈能與之使其固有贊但能知之耳何足為鄭俠之損益哉大抵僧人多取世間有名之士一言半句增重其事抑彼揚己人人同轍家君崇寧中宦游湖南偶與一僧倡酧絕詩句尋即忘之矣後三十年再至湖南乃見其僧有鏤語録載此詩者題其目曰某人請益乃知此曹板附名勢其心深切必借重于公卿大夫然後足以籠惑愚俗過庭之訓曰俠師正有言君子當守先王之道壁立萬仞異端邪說勿掛

低三格

於口庶幾不為所誘矣此言是也汝等其識之予敢不奉以周旋乎

釋曇遷隋開皇七年下詔勞問遷既為揖敬或謂滯于榮寵者乃著無是非論以示之

曇遷所著無是非論雖不可見而其立名已失矣事有是非猶松直棘曲鷺白烏黑雖創物之智不能改也聖人之教因人本有是非之心而教之使是其所當是非其所當非是非不亂則天下之事定矣曇遷學佛則當遺物離世投身于岩穴之間使世欲聞其聲且不可得況見其面乎今乃借用佛法付于國王之言諂諛人主躭彼榮利何也若以事君為是則不臣為非若

低三格

以狗俗為非則出家為是是非之分豈可亂哉曇遷心疑又憎滯罷之議慨然著論祇益贅疣耳將以是為非何異指中尊為外道將以非為是何異稱外道為中尊將是非之泯然何異中尊外道莫較賢否僧人誠以此思之則是非之心自見苟見此心必從是而違非矣

釋懷感信念佛往生暨三載忽感靈異見金色玉毫便證念佛三昧臨終感佛來迎面西而往

人心有所著者不能忘之於心存想既極則恍惚微茫之中真若有所見者漢武帝見王夫人唐明皇見李老君皆此類耳懷感專切用志不分故隨其所欲而見焉其實則寂然無一物乃

妄見也故君子養心貴于得正〻則無此矣得正則所見亦〔亦〕

正

灼似三峪

東晉成帝幼冲庾冰輔政謂沙門應敬王者何充等議不應敬詔曰父子君臣百代所不應廢今慕茫昧棄禮教使凡民常人假飾服以傲憲度吾所弗取充言五戒之禁實助王化今一令其拜遂壞其法修善之俗廢于聖世臣所未安詔曰百王制法未有以殊俗参治者也王戒小善既擬人倫而于世主畧其禮敬耶卑尊不陳王教亂矣充言今沙門烧香祝願必先國家欲福祐之隆情無極矣奉上崇順出于自然臣以為因其所利而惠之使賢愚莫敢不用情則上有天覆地

載之施下有守一脩善之人也冰議遂寢

凡釋氏自護其教甚密不肯少為法度所屈以開毀之漸故于一言一拜計較如此充溺佛者也觀其言曰今令其拜遂壞其法遠法師亦云一旦行此如來之法滅矣遠膠于所習固不足責充服儒衣冠為國大臣反主無父無君之教千古之罪人也人之夭壽稟于天命一定而不可易燒香祝禱曰無量壽佛者蓋所諂諛世主竊寺宇衣食之安耳梁衍齊襄豈不深受回向其終何如是可鑒也若夫天保歸美報上祈之以日月祝之以南山者為君能下下以成其政臣子至情以遐壽望焉非為諛也能正是國人則惜其胡不萬年能為邦家之光則願其萬

壽無期皆好善之誠心非為利也名之曰幽厲則孝子不能改時日曷喪則民欲與之偕亡非有私也故古之愛君者惟勸其作德周公戒成王曰夏商之末惟不敬厥德乃早墜其命逸欲之君乃罔克壽或五六年或三四年其德既至雖短命如顏子何病其賢其德不修雖期頤如莊蹻何救其惡故詩人詠歌其上者皆以其有德而已今僧于人不問其賢不肖苟于己有分毫之利則焚香唄贊書揀名鍾必深致善頌以悅之豈彼不知命不可以力增福不可以諂求禍不可以苟免哉以世之愚者惑而何為是以其說得行而莫或正之也孟子曰舜跖之分無他利與善之間耳僧人以自利存心而以修善為言利與善之

間甚微非明哲不能辨如充鳥足以知之彼僧者當隋煬帝時祝之曰今上萬歲當唐太宗時祝之亦然至武帝后時祝之又然必有明哲之君灼見其情狀斷然絶之則其術無所施矣

戢山諸生曰吳必大問崇正辯如何朱子曰亦好必大曰今釋亦為所辯者皆其門中自不以為然曰吾儒守三綱五常若有人道不是亦可謂吾儒自不以為然否又問此書只論其迹曰論其迹亦好伊川言不若只于迹上斷畢竟其迹是從那裏出来明仲説浔明白某按致堂所辯一部書中大槩言其作偽雖有然者畢竟已墮憶逆一邊不若就其所言件件皆真愈見其非理然此皆晉宋間其徒報應變化之論後

来愈出愈巧皆吾儒者以其說增益之牛毛繭絲辨之所以

益難也

照第一頁式抄三行　另起

# 五峯學案 文定第2 程子再傳

## 五峯胡先生宏

胡宏字仁仲文定之季子自幼志于大道嘗見龜山于京師又從侯師聖于荊門而卒傳其父之學優游衡山二十餘年玩心神明不舍晝夜張南軒師事之學者稱五峯先生朱子云秦檜當國却留意故家子弟往往被他牢籠出去多墜家聲獨明仲兄弟却有樹立終不歸附所著有知言及詩文皇王大紀

百家按文定以游廣平之薦誤交秦檜失知人之明想先生兄弟竊所痛心故顯與檜絕所以致堂有新州之徙先生初以蔭補右承務郎避檜不出至檜死被召以疾卒嗚呼此真孝子慈孫克盖前人之愆者也其至昭然千古君

從

見為

胡子知言

道充乎身塞乎天地而拘于軀者不見其大存乎男女飲食之事而溺于流者不知其精諸子百家億之以意飾之以辯傳聞習見蒙心之言命之理性之道置諸茫昧則已矣悲夫此邪說暴行而不為其所惑者鮮矣然則奈何曰在修吾身

夫婦之道人醜之者以淫慾為事也聖人則安之者以保合為義也接而知有禮焉交而知有道焉惟敬者為能守而弗失也語曰樂而不淫則得性命之正矣謂之淫慾者非陋庸人而何天得地而後有萬物夫得婦而後有男女君得臣而後有萬民此一之道也所以為至也

天下莫大於心患在于不能推之耳莫久于性患在于不能順之耳莫成于命患在于不能信之耳不能推故人物内外不能一也不能順故死生晝夜不能通也不能信故富貴貧賤不能安也

氣之流行性爲之主性之流行心爲之主

學貴大成不貴小用大成者參於天地之謂也小用者謀利計功之謂也

有而不能無者性之謂與宰物不死者心之謂與感而無自者誠之謂與往而不窮者鬼之謂與來而不測者神之謂與

仁者人所以肖天地之機要也

靜觀萬物之理得吾心之悅也易動處萬物之分得吾心之樂也難是故仁智合一然後君子之學成成己所以成物

堯舜以天下與人而無人德我之望湯武有人之天下而無我取人之嫌是故天下無大事我不能大則以事為大而處之也難

有毀人敗物之心者小人也操譽人成物之心者義士也油然乎物各得其分而無為者君子也

禮文多者情實必不足君子交際宜察焉言詞巧者腦斷必不善君子選用宜察焉

學欲博不欲襍守欲約不欲陋襍似博陋似約學者不可不察

也

能攻人之實病至難也能受人之實攻為尤難也人能攻我實病我能受人實攻朋友之義其庶幾乎不然其不相陷而為小人者幾希矣

行紛華波蕩之中慢易之心不生居幽獨淂肆之地匪僻之情不起上也起而以禮制次也制而不止者昏而無勇者也理不素窮勇不自任必為小人之歸可恥之甚也

萬物皆性所有也聖人盡性故無棄物

情一流則難遏氣一動則難平流而後遏動而後平是以難也察而養之于未流則不至于用遏矣察而養之于未動則不至

于用乎矣是故察之有素則雖嬰于物而不惑養之有素則雖激于物而不背易曰艮其背不獲其身行其庭不見其人無咎此之謂也

性定則心宰心宰則物隨

氣感於物發如雷霆狂不可制唯明者能自反勇者能自斷事之誤非過也或未得馭事之道焉耳心之惑乃過也心過難改改心過則無過矣

生本無可好人之所以好生者以欲也死本無可惡人之所以惡死者亦以欲也生求稱其欲死懼失其欲憧憧天地之間莫不以欲為事而心學不傳矣

深于道者富用物而不盈衛公子荆善居室孔子何取焉以其心不嬰于物可以為法也夫人生于物用物以成其生耳其久能幾何而世人馳騖不返也

以下先儒說均改為低一格

知言疑義

知言曰天命之謂性性天下之大本也堯舜禹湯文王仲尼六君子先後相詔必曰心而不曰性何也曰心也者知天地宰萬物以成性者也六君子盡心者也故能一天下之大本人至於今賴焉不然異端並作物從其類而瓜分孰能一之

朱子謂以成性者也此句可疑欲作而統性情也何如○張南軒曰統字亦恐未安欲作而主性情何如○

朱子謂所改主字極有功然凡言删改者亦且自私竊講貫議論以為當如是耳未可遽塗其本編也何如

朱子謂按孟子盡心之意正謂私意脫落衆理貫通盡得此心無盡之體而自是擴充則可以即事即物而無不盡其全體之用焉耳但人雖能盡得此體然存養不熟而于事物之間一有所蔽則或有不得盡其用者故孟子既言盡心知性又言存心養性蓋欲此體常存而即事即物各用其極無有不盡云爾大學之序言之則盡心知性者致知格物之事存心養性者誠意正心之事而夭壽不貳修身以俟之者修身以下之事也此其次序甚明皆學者之事也然程子盡心知性不假存養其唯聖人乎者蓋惟聖人則合下盡得此體而用處自然無所不盡中間更不須下存養擴充節次工夫然程子之意亦指夫始條理者而為言非便以盡心二字就功用上說也今觀此書之言盡心大抵皆就功用上說又便以為聖人之事竊疑未安舊說未明今別改定如此○東萊呂氏曰成性固可疑然今所改定乃兼性情而言則與本文設問不相應來諭以盡心為集大成者之始條理則非不可以為聖人事但胡子下者也兩字却似斷定爾若言六君子由盡其心而能立天下之大本如此

朱子謂論心必兼性情然後語意完備若疑與所設問不相應而者也二字亦有未安則熹欲別下語云性固天下之大本而情亦天下之達道也二者不能相無而心也者知天地

宰萬物而主性情者也六君子者惟能盡其心故能立天下之大本行天下之達道人至于今賴焉云云不知更有病否若所謂由盡其心者則詞恐太狭不見程子所謂不假存養之意

知言曰天理人欲同體而異用同行而異情進修君子宜深別焉

朱子曰熹按此章亦性無善惡之意與好惡性也一章相類似恐未安蓋天理莫知其所始其在人則生而有之矣人欲者梏于形雜于氣狃于習亂于情而後有者也然既有而人莫之辯也于是乎有同事而異行者焉有同行而異情者焉君子不可以不察也然非有以立乎其本則二者之幾微曖萬變夫孰能別之今以天理人欲混為一區恐未允當○東萊曰天理人欲同體而異用者却似未失蓋降衷秉彝固純乎天理及為人欲所誘人欲滋熾天理泯滅而實未嘗相離也同體異用同行異情在人識之爾○朱子曰再詳此論胡子之言蓋欲人于天理中揀別得人欲又於人欲中便見得天理其意甚切然不免有病者蓋既謂之同體則上面便著人人欲二字不得此是義理本原極精微處不可少差試更子

細玩索當見本體實然只一天理更無人欲故聖人只說克己復禮教人實下工夫去却人欲便是天理未嘗教人求識天理于人欲汩沒中也若不能實下工夫去却人欲則雖就此識得未嘗離之天理亦安所用乎

知言曰好惡性也小人好惡以己君子好惡以道察乎此則天理人欲可知

朱子曰按此章即性無善惡之意若果如是則性但有好惡而無善惡之則矣君子好惡以道是性外有道也察乎此則天理人欲可知是天理人欲同時並有無先後賓主之別也然則所謂天生烝民有物有則民之秉彝好是懿德者果何謂乎龜山楊子曰天命之謂性人欲非性也却是此語直截而胡子非之誤矣○南軒曰好惡性也此一語無害但著下數句則為病矣今欲作好惡性也天理之公也君子者循其性者也小人則以人欲亂之而失其則矣）

（朱子謂好惡固性之所有然直謂之性則不可蓋好惡物也好善而惡惡物之則也有物必有則是所謂形色天性也今欲語性乃舉物而遺則恐未得為無害也

照此依之格双行

知言曰心無不在本天道變化為世俗酬酢參天地備萬物人之為道至大也至善也放而不知求耳聞目見為己蔽父子夫婦為己害衣裘飲食為己欲既失其本矣猶皆曰我有知論事之是非方人之短長終不知其陷溺者悲夫故孟子曰學問之道無他求其放心而已矣

百家按朱子好惡物也此句可疑蓋好惡物之則也如以好惡為物將喜怒哀樂未發之中亦物乎

朱子曰人之為道至善也至大也此說甚善若性果無善惡則何以能若是耶〇南軒曰論性而日善不足以名之誠為未當如元晦之論也夫其精微純粹正當以至善名之龜山謂人欲非性也亦是見得分明故立言直截耳遺書中所謂善固性也惡亦不可不謂之性也則如之何辟之水澄清者其本然也而或渾爲則以泥滓之雜也方其渾也亦不可不謂之水也夫專善而無惡者性也而其動則為情々之發有正有不正焉其正者性之常也而其不正者物欲亂之也于

是而有惡焉是豈性之本哉其曰惡亦不可不謂之性者蓋言其流如此而性之本然者亦未嘗不在也故善學者化其滓以澄其物而已○朱子曰熹詳此論性甚善但明道所謂惡亦不可不謂之性是說氣稟之性觀上下文可見○熹又看此章云本天道變化為世俗酬酢疑世俗字有病猶釋子之謂父母家為俗家也改作日用字如何○熹又細看雖改此字亦為未安蓋此兩句大意自有病聖人下學而上達盡日用酬酢之理而天道變化行乎其中耳若有心要本天道以應人事則胷次先橫了一物臨事之際著意將來把持作用而天人之際終不合矣大抵自謝子以來雖說以洒掃應對為學然實有不屑卑近之意故終說洒掃應對便須急作精義入神意思想像主張惟恐其滞于小也如為朱子發說論語乃云聖門學者敢以天自處皆是此箇意思恐不免有病也

此二行　題山低二格双行

百家按知言本天道变化為世俗酬酢就心本體能事言未嘗說到工夫也似亦無病

知言曰或問性曰性也者天地之所以立也然則孟軻氏荀卿氏楊雄氏之以善惡言性也非歟曰性也者天地鬼神之奥也

善不足以言之況惡乎哉或又曰何謂也曰宏聞之先君子曰孟子所以獨出諸儒之表者以其知性也宏請曰何謂也先君子曰孟子道性善云者歎美之詞不與惡對或問心有死生乎曰無生死曰然則人死其心安在曰子既知其死矣而問安在耶或曰何謂也曰夫唯不死是以知之又何問焉或者未達胡子笑曰甚哉子之蔽也子無以形觀心以心觀心則其知之矣

朱子曰性無善惡心無死生兩章似皆有病性無善惡前此論之已詳心無死生則幾于釋氏輪迴之說矣天地生物人得其秀而最靈所謂心者乃虛靈知覺之性猶耳目之有見聞耳在天地則通古今而無成壞有人形則隨形氣而有始終知其理一而分殊則又何必為是心無生死之說以駭學者之聽乎○南軒曰心無死生章亦當刪去

知言曰凡天命所有而衆人有之者聖人皆有之人以情為有

累也聖人不去情人以才為有害也聖人不病才人以欲為不善也聖人不絶欲人以術為傷德也聖人不棄術人以憂為非達也聖人不忘憂人以怨為非宏也聖人不釋怨然則何以別于衆人乎聖人發而中節而衆人不中節也中節者為是不中節者為非挾是而行則為正挾非而為邪正者為善邪者為惡而世儒乃以善惡言性邈乎遼哉

朱子曰聖人發而中節故為善衆人發而不中節故為惡世儒乃以善惡言性邈乎遼哉此亦性無善惡之意然不知所中之節聖人所自為耶將性有之耶謂聖人所自為則必無是理謂性所固有則性之本善也明矣○南軒曰所謂世儒殆指荀楊荀楊蓋未知孟子所謂善也此段大抵意偏而詞雜當悉刪去○朱子曰熹詳此段不可盡刪但自聖人發而中節以下刪去而以一言斷之云亦曰天理人欲之不同爾○南軒曰所謂輕詆世儒之過而不自知其非恐氣未和而

語傷易析理當極精微毫釐不可放過至于尊讓前輩之意亦不可不存也○朱子曰熹觀此論切中淺陋之病謹以刪去
記

知言曰彪居正問心無窮者也孟子何以言盡其心曰惟仁者能盡其心居正問為仁曰欲為仁必先識仁之體曰其體如何曰仁之道大而親切知者可以一言盡不知者雖設千萬言不知也能者可以一事舉不能者雖指千萬事亦不能也曰萬物與我為一可以為仁之體乎曰子以六尺之軀若何而能與萬物為一曰身不能與萬物為一心則能矣曰人心有百病一死夫天下之物有一變萬生子若何而能與之為一居正竦然而去他日某問曰人之所以不仁者以放其良心也以放心求心

可乎曰齊王見牛而不忍殺此良心之苗裔因利欲之間而見者也一有見焉操而存之存而養之養而充之以至于大大而不已與天同矣此心在人其發見之端不同要在識之而已

朱子曰熹按欲為仁必先識仁之體此語大可疑觀孔子答門人問為仁者多矣不過以求仁之方告之使之從事于此而自得焉爾初不必使先識仁體也又以放心求心之問甚切而所答者反若支離夫心操存舍亡間不容息知其放而求之則心在是矣今于已放之心不可操而復存者置不復問乃俟異日見其發於他念處而後從而操之則夫未見之間此心遂成間斷無復有用功處及其見而操之則所操者亦發用之一端耳于其本源全體未嘗有一日涵養之功便欲擴而充之與天同大愚竊恐無是理也○南軒謂必待識仁之體而後可以為仁不知如何而可以識也學者致為仁之功則仁之體可得而見識其體矣則其為益有所施而為仁窮矣然則答為仁之問宜莫若敬而已矣○東萊曰仁體誠不可遽語至于答放心求心之問却自是一說蓋所謂操存舍亡間不容息知其放而求之則心在是矣者平時持

養之功也所謂良心之苗裔因利欲而見一有見焉操而存之者隨時體察之功也二者要不可偏廢苟以此章欠說涵養一段未見之間此心遂成間斷無復用功處是矣若曰于已放之心置不復問乃俟其發見于他處而後從而操之語却是太過蓋見牛而不忍殺乃此心之發見非發見於他處也又謂所操者亦發用之一端胡子固曰此良心之苗裔固欲人因苗裔而識根本此非徒認此發用之一端而已○朱子謂二者誠不可偏廢然聖門之教詳于持養而畧于體察與此章之意正相反學者審之則其得失可見矣孟子指齊王愛牛之心乃是因其所明而導之非以為必如此然後可以求仁也夫必欲因苗裔而識根本孰若培其根本而聽其枝葉之自茂耶

知言曰天地聖人之父母聖人天地之子也有父母則有子矣有子則有父母矣此萬物之所以著見道之所以名也非聖人能名道也有是道則有是名也聖人指明其體曰性指明其用曰心性不能不動〻則心矣聖人傳心教天下以仁也

照依一格单行

朱子曰心性體用之云恐自上蔡謝子失之此云性不能不動〻則心矣語尤未安凡此心字皆欲作情字如何○南軒曰心性分體用誠為有病此若改作性不能不動〻則情矣一語亦未安不若伊川云自性之有形者謂之心自性之有動者謂之情語意精密也此一段似亦不必存○朱子曰此段誠不必存然性不能不動此語却安但下句却有未當爾今欲存此以下而頗改其語云性不能不動〻則情矣心主情性故聖人教人以仁所以傳是心而妙性情之德又按伊川有數語說心字皆分明此一段却難曉不知有形二字合如何說

戢山諸生曰朱子謂知言可疑者大端有八性無善惡心為已發仁以用言心以用盡不事涵養先務知識氣象廹狹語論過高然會而言之三端而已性無善惡一也心為已發故不得不從用處求盡仁人心也已發言心故不得不從用處言仁三者同條二也察識此心而從操存三也其下二句則

不過詞氣之間愚以為胡氏主張本然之善本自無對便與惡對蓋不欲將氣質之性混入義理也心為已發亦自伊川初說有凡言心皆指已發而言以其未定者為定耳察識此心而後操存善觀之亦與明道識仁無異不善觀之則不知存養之熟自識仁體有朱子之疑則胡氏之說未始不相濟也

附録

每条第二行以下低一格

紹興間先生嘗上書畧云徽欽二帝叔于讎敵遠適窮荒願陛下加兵敵國庶得復還父子兄弟得重相見引領南望九年於茲矣陛下乃北面事仇偷安江左亦何誤耶又陛下即位以來中正邪佞更進更退然陳東以直諫死于前馬伸以正論死于

後何擢中正之易去奸邪之難

高閌為國子司業請幸太學先生見其表作書責之曰昔楚懷王不返楚人憐之如悲親戚太上皇劫制于強敵生往死歸此臣子傷心切骨臥薪嘗膽宜思所以必報也而柄臣乃敢欺天罔人以大仇為大恩乎昔宋公為楚所執及楚釋之孔子秉筆削春秋乃曰諸侯盟于薄釋宋公不許楚人制中國之命也太后天下之母其縱釋乃在金人此中華之大辱臣子所不忍言也而柄臣乃敢欺天罔人以大仇為大恩乎晉朝廢太后董養游太學升堂嘆曰天人之理既滅大亂將作矣遂遠引而去今閣下偃然為天下師儒之首既不能建大論明天人之理以

正君心乃阿諛柄臣希合風旨求舉太平之典又為之詞欺天罔人孰甚焉

張南軒曰知言一書乃其平日之所自著其言約其義精誠道學之樞要制治之蓍龜也

朱子曰曰近世爲精義之説莫詳于正蒙而五峯亦曰居敬所以精義也此言切要當深可玩味

知言中議論多病近疏所疑與敬夫伯恭議論如心以成性相為體用性無善惡心無生死天理人欲同體異用先識仁體然後敬有所施先志于大然後從事于小此類極多又其辭意多急迫少寬裕良由務以智力探取全無涵養之功所以至此然

其思索精到處何可及也

五峯善思然其思過處亦有之

五峯臨終謂彪德美曰聖門工夫要處只在箇敬此爲名論

南軒序先生文集曰先生非有意于爲文者也其一時歌咏之所發蓋所以抒寫其性情而其他作述與夫問答往來之書又皆所以明道義而參異同非若世之爲文者徒從事于言語之間而已也粤自早歲服膺文定公之教至于沒齒惟其進德之日新故其發見于議論之間者亦日異而歲不同雖然以先生之學而不得大施于時又不幸僅得中壽其見于文字間者復止於此豈不甚可嘆息至其所志之遠所造之深綱領之大義理

之精後人亦可以推而得為

初南軒見先生先生辭以疾他日見孫正孺而告之孫道五峯之言曰渠家好佛宏見他說甚南軒方悟不見之因于是再謁之語甚相契遂授業焉南軒曰栻若非正孺幾乎迷路

五峯門人　程氏三傳

趙師孟字醇叟以蔭入官監永州酒稅用宗室恩得監潭州南嶽廟自是之後寓居南嶽蕭寺中從五峯遊餘二十年自以為未有得其後有室家之戚歷時而情累未遣頗以為病一日晨起洒然有喜色家人怪而問焉則笑而不答已而語其友人

曰吾今而後始為不負此生平時滯吝冰解凍消其樂有不可名言者乾道八年卒年六十四

○胡實字廣仲文定之從子也年十五初習辭藝從兄五峯謂之曰文章小技所謂道者人之所以生而聖賢得之所以為聖賢也先生曰竊有志于此願有以詔之由此就學以門蔭補將仕郎不就銓選以講道為事晚得欽州靈山主簿亦未上也乾道九年卒年三十八與考亭南軒皆有辯論未嘗苟合也

廣仲問答

心有所覺謂之仁此謝先生救拔千餘年陷溺固滯之病豈可輕議哉夫知者知此者也覺者覺此者也果能明理居敬無時

不覺則視聽言動莫非此理之流行而大公之理在我矣尚何惰驕險薄之有

復卦下面有一畫乃是乾體其動以天且動乎至静之中為動而能静之義所以為天地心乎

以愛名仁者指其施用之迹也以覺言仁者明其發見之[illegible]端也

○吳翼（吴翼）字晦叔建寧府人游學衡山師事五峯聞其所論學問之方一以明理修身為要遂捐科舉之學曰此不足為吾事也五峯沒又與張南軒胡廣仲胡伯逢游張氏門人在衡湘者甚衆無不從叅决所疑築室衡山之下有竹林水沼之勝取程

子澄濁求清之語牓之曰澄齋淳熙四年卒年四十九朱文公集有行狀

澄齋問答

遺書云自性之有形者謂之心自性之有動者謂之情又曰心本善發于思慮則有善有不善若既發則可謂之情不可謂之心夫性也心也情也其實一也今由前而觀之則是心與情各自根于性矣由後而觀之則是情乃發于心矣竊謂人之情發莫非心為之宰而心根于性是情亦同本於性也今曰若既發則可謂之情不可謂之心然則既發之後安可謂之無心哉豈非情言其情動而心自隱然為主于中乎

若不令省察苗裔便令培壅根本夫苗裔之萌且未能知而遽將孰為根本而培壅哉此亦何異閉目坐禪未見良心之發便敢自謂我已見性者故文定公曉得敬字便不差也

程子云視聽思慮動作皆天也但其中要識得真與妄耳伯逢疑云既是天安得妄某以為此六者人生皆備故知均稟于天但順其理則是真違其理則是妄即人為之私耳

姜定庵曰人心道心同是一心正謂此也

胡大原

○胡大原字伯逢五峯之從子也伯逢與廣仲澄齋守其師說甚固與朱子南軒皆有辨論不以知言疑義為然

伯逢問答

心有知覺之謂仁此上蔡傳道端的之語恐不可為有病夫知覺亦有深淺常人莫不知寒識暖知饑識飽若認此知覺為極至則豈特有病而已伊川亦曰覺不可以訓仁意亦猶是恐人專守着一箇覺字耳若夫謝子之意自有精神若得其精神則天地之用即我之用也何病之有以愛言仁不若覺之為近道也

觀過知仁云者能自省其偏則善端已萌此聖人指示其方使人自得必有所覺知然後有地可以施功而為仁也

彪居正

○彪居正字德美湘鄉人也其父虎臣從胡文定公遊先生因事五峯五峯疾病德美問之且求教焉五峯曰聖門工夫要處

只在箇敬字游定夫先生所以得罪於程氏之門者以其不仁不敬而已先生著述雖不傳然觀五峯所荅先生書皆志其學之大者蓋南軒之下即數先生也當時有彪夫子之稱

○趙棠衡山人少從五峯學慷慨有大志嘗見張魏公于督府魏公雅敬其才欲以右選官之不爲屈乃命子南軒與先生交先生之子方又從南軒學

○楊大異字同伯醴陵人從五峯授春秋嘉定中進士授衡陽主簿調龍泉尉召對極言時政進直祕閣

蕺山諸生曰湖南一派在當時爲最盛然大端發露無從容不迫氣象自南軒出而與考亭相講究去短集長其言語之

過者裁之歸于平正有子考无咎其南軒之謂與

第九冊紫陽學案

黃棃洲宋元學案 元孫稚圭校補稿

南軒學案

紫陽學案

第九本

宋儒學案

宋儒學案

遺獻黃棃洲先生原藁　男　百家　纂輯　元孫　璋　校補

後学全祖望續修

百家謹案紫陽以韋齋為父延平白水屏山籍溪為師敬夫東萊諸君子為友其傳道切磋之人俱非夫人之所易姤也稟穎敏之姿用卒苦之力嘗自言曰某舊時用心甚苦思量這道理如過危木橋子相去只在毫髮之間才失脚便跌下去可見先生用功之苦矣而又孜孜不肯一刻放懈其為學也主敬以立其本窮理以致其知反躬以踐其實而博極羣書自經史著述而外凡夫諸子佛老天文地理之學無不涉獵而講究也其為間世之鉅儒復何言哉

朱文公晦庵先生熹

朱熹字元晦一字仲晦徽州婺源人父韋齋先生松字喬年第進士歷官司勲吏部郎以不附和議忤秦檜去國行誼為學者所師嘗為

閩延平尤溪縣尉建炎四年罷官寓尤溪城外毓秀峰下之鄭氏草堂生先生先生自幼頴悟五歲讀孝經即題曰不若是非人也年十八登紹興十八年進士第授泉州同安主簿選邑秀民充弟子員日與講説聖賢修已治人之道禁女婦之為僧道者士思其教民懷其德不忍其去至五考而後罷二十八年請嶽祠二十九年以陳康伯薦召以疾辭孝宗即位詔求直言先生上封事帝王之學必先格物致知以極夫事物之變使義理所存纖悉畢照則自然意誠心正而可以應天下之務次言修攘之計不時定者講和之説悞之也夫金人於我有不共戴天之讐則不可和也明矣願閉關絶約任賢使能立紀綱厲風俗俟數年之後國富兵強徐起而圖之次言四海之利病係斯民之休戚斯民之休戚係守令之賢否監司者守令之綱朝

# 宋儒學案

## 紫陽學案

李延平門人
程氏四傳

百家謹案紫陽以韋齋為父延平白水屏山籍溪為師敬夫東萊諸君子為友其傳道切磋之人俱非夫人之所易姤也稟穎敏之姿用辛苦之力嘗自言曰某舊時用心甚苦思量這道理如過危木橋子相去只在毫髮之間才失腳便跌下去可見先生用功之苦矣而又孜孜不肯一刻放懈其為學也主敬以立其本窮理以致其知反躬以踐其實而博極羣書自經史著述而外凡夫諸子佛老天文地理之學無不涉獵而講究也其為間世之鉅儒復何言哉

### 朱文公晦庵先生熹

朱熹字元晦一字仲晦徽州婺源人父韋齋先生松字喬年第進士歷官司勳吏部郎以不附和議忤秦檜去國行誼為學者所師嘗為

閩延平尤溪縣尉建炎四年罷官寓尤溪城外毓秀峰下之鄭氏草堂生先生先生自幼頴悟五歲讀孝經即題曰不若是非人也年十八登紹興十八年進士第授泉州同安主簿選邑秀民充弟子員日與講說聖賢修己治人之道禁女婦之為僧道者士思其教民懷其德不忍其去至五考而後罷二十八年請嶽祠二十九年以陳康伯薦召以疾辭孝宗即位詔求直言先生上封事帝王之學必先格物致知以極夫事物之變使義理所存纖悉畢照則自然意誠心正而可以應天下之務次言修攘之計不時定者講和之說悞之也夫金人於我有不共戴天之讎則不可和也明矣願閉關絕約任賢使能立紀綱厲風俗俟數年之後國富兵强徐起而圖之次言四海之利病係斯民之休戚斯民之休戚係守令之賢否監司者守令之綱朝

廷者監司之本〻原之地亦在於朝廷而已隆興元年復召對其一言大學之道在乎格物以致其知陛下未嘗隨事以觀理即理以應事平治之效所以未著其二言君父之讐不與共戴天今日所當為者非戰無以復讐非守無以制勝且陳古先聖王所以強本折衝威制遠人之道時相湯思退方倡和議除先生武學博士待次歸乾道元年促就職既至而洪适為相復主和議不合復請祠歸三年劉公珙在樞府薦為樞密院編修官待次五年丁內艱六年工部侍郎胡公銓以詩人薦與王廷珪同召以未終喪辭七年免喪復召以祿不及養辭九年梁克家相申前命又辭孝宗曰朱熹安貧守道廉退可嘉特改令入官主管台州崇道觀淳熙二年除秘書郎力辭乃主管武夷山冲佑觀五年史浩再相除知南康軍值歲不雨講求荒政全

活甚多訪白鹿洞書院遺址奏復其舊為學規俾守之明年夏大旱上疏言天下之務莫大于恤民而恤民之本在人君正心術以立紀綱蓋天下之紀綱不能以自立必人主之心術公平正大無偏黨反側之私然後有所繫而立君心不能以自正必親賢臣遠小人講明義理之歸閉塞私邪之路然後乃可得而正今宰相臺省師傅賓友諫諍之臣皆失其職而陛下所與親密謀議不過一二近習之臣上以蠱惑陛下之心志使陛下不信先王之大道而悅于功利之卑說不樂莊士之讜言而安于私暬之鄙態下則招集天下士大夫之嗜利無恥者文武彙分各入其門交通貨賂所盜者皆陛下之財命卿置將所竊者皆陛下之柄使陛下之號令黜陟不復出於朝廷而出於一二人之門莫大之禍必至之憂近在朝夕而陛下獨未之知孝

宗讀之大怒宰相趙雄曰士之好名陛下疾之愈甚則人譽之愈衆無乃適所以高之不若因其長而用之彼漸當事任能否自見矣孝宗以為然乃除先生提舉江西常平茶鹽旋録救荒之勞除直秘閣會浙東大飢改提舉浙東入對首陳災異之由與脩德任人之説次言近習便嬖側媚之態既足以蠱心志而胥史狡獪之術又足以眩聰明邪佞充塞貨賂公行人人皆得滿其所欲惟有陛下了無所得而顧乃獨受其獘孝宗為動容先生拜命即日单車就道日鉤訪民隱按行境内郡縣官吏憚其風采至自引去所部肅然於救荒之餘隨事處畫必為經久之計復奏言為今之計獨有責躬求言然後君臣相戒痛自省改其次惟有盡出内庫之錢以供大禮之費為收糴之本詔戶部免徵舊負詔漕臣依條檢放租稅詔宰臣沙汰監司守

臣之無狀者遴選賢能責以荒政庶幾猶足下結人心不然臣恐所憂者不止于飢殍而將在于盜賊蒙其害者不止于官吏而上及于國家也知台州唐仲友與王淮同里為姻家吏部尚書鄭丙侍御史張大經交薦之遷江西提刑未行先生行部至台訟仲友者紛然按得其實章前後六上淮不得已奪仲友江西新命以授先生辭不拜遂歸乞奉祠時鄭丙疏詆程學且以沮先生淮又擢陳賈為監察御史賈面對首論道學者大率假名以濟偽願擯棄勿用蓋指先生也十年詔主管台州崇道觀連奉雲臺鴻慶之祠者五年十四年以楊公萬里薦除提點江西刑獄十五年淮罷相周相必大奏促先生之任遂入奏首言近年刑獄失當獄官當擇其人次言經總制錢之病民及江西諸州科罰之弊而其末言陛下即位二十七年因循荏苒

無尺寸之數可以仰酬聖志無乃燕閒蠖濩之中虛明應物之地天理有所未純人欲有所未盡是以為善不能充其量除惡不能去其根顧陛下自今以往一念之頃必謹而察之無一毫之私欲得以介乎其間而天下之事將惟陛下所欲為無不如志矣是行也有要之子路以為正心誠意之論上所厭聞戒勿以為言先生曰吾平生所學惟此四字豈可隱嘿以欺吾君乎及奏孝宗曰久不見卿浙東之事朕自知之今當處卿清要不復以州縣為煩也時曾覿已死王抃亦逐獨內侍甘昪尚在先生力以為言孝宗曰昪乃德壽所薦為其有才爾先生曰小人無才安能動人主翌日除兵部郎官以足疾丐祠本部侍郎林栗嘗與先生論易西銘不合劾先生本無學術徒竊張載程頤緒餘謂之道學所至輒攜門生數十人妄希孔孟歷聘之

風邀索高價不肯供職其僞不可掩孝宗曰林栗言似過周必大言先生上殿之日足疾未瘳勉强登對孝宗曰朕亦見其跛曳左補闕薛叔似亦奏援先生乃令依舊職江西提刑先生辭免太常博士葉適疏與栗辨謂其言無一實者謂之道學一語無實尤甚往日王淮表裏臺諫陰廢正人蓋用此術會胡晋臣除侍御史首論栗喜同惡異無事而指學者爲黨乃黜栗知泉州除先生直寶文閣主管西京嵩山崇福宮未踰月再召先生又辭始先生嘗以爲口陳之説有所未盡乞具封事以聞至是投匭進封事曰今天下大勢如人有重病内自心腹外達四支無一毛一髮不受病者且以天下之大本與今日之急務爲陛下言之大本者陛下之心急務則輔翼太子選任大臣振舉綱紀变化風俗愛養民力脩明軍政六者是也古先聖王兢

兢業業持守此心是以建師保之官列諫諍之職凡飲食酒漿衣服次舍器用財賄與夫宦官宮妾之政無一不領其冢宰使其左右前後一動一靜無不制以有司之法而無纖芥之隙陛下所持守其心果有如此之切乎所以正其左右果有如此之效乎至於輔翼太子則自王十朋陳良翰之後稱職者鮮而又時使邪佞儇薄闒冗庸妄之輩參其間師傅賓客既不復置而詹事庶子有名無實其左右春坊遂直以使臣掌之既無以發其隆師親友尊德樂義之心又無以防其戲慢媟狎奇衺雜進之言宜討論前典置師傅賓友之官罷去春坊使臣而使詹事庶子各復其職至于選任大臣則以陛下之聰明豈不知天下之事必得剛明公正之人而後可以任哉直以一念之間未能徹其私邪之蔽若用公明剛正之人則恐其有以妨而不

得肆是以排擯此等而後取凡疲懦軟熟平日不敢直言正色之人而揣摩之又于其中得其至庸極陋決可保其不至于有所妨者然後擧而加之于位是以除書未出而物色先定姓名未顯而中外已逆知其決非天下之第一流矣至于振肅紀綱變化風俗則今日宮省之間禁密之地而天下不公之道不正之人顧乃得以窟穴盤據于其間是以紀綱不正于上風俗頹弊于下大率習為軟美依阿甚者以金珠為脯醢以契券為詩文惟得之求無復廉耻一有剛毅正直守道循理之士出乎其間則羣議衆排指為道學而禁錮之必使無所容其身而後已此豈治世之事哉至于愛養民力修明軍政則自虞允文之為相也盡取版曹歲入羨餘之數而輸之内帑以備他日用兵進取不時之需二十餘年内帑歲入不知幾何而認為私貯

典以私人日銷月耗以奉燕私之費蓋嘗聞其能易敵人之首如太祖之言哉徒使版曹經費闕乏日甚督促日峻中外承風競為苛急此民力之所以重困也諸將之求進也必先掊剋士卒以殖私利然後以此自結于陛下之私人而蘄以姓名達于陛下之貴將貴將以付軍中使自什伍以上保稱材武陛下以為公薦可以得人而豈知其論價輸錢已若晚唐之債帥哉彼智勇材畧之人孰肯抑心下首于宦官宮妾之門而陛下之所得皆庸夫走卒而猶望其修明軍政激勸士卒以强國勢豈不誤哉凡此六事本在于陛下之一心一心正則六事無有不正矣疏入夜漏下七刻孝宗已就寢亟起秉燭讀之終篇明日除主管太乙宮兼崇政殿說書先生力辭除秘閣修撰奉外祠光宗即位再辭職名仍舊直寶文閣降詔奬諭居數月除江

東轉運副使以疾辭改知漳州奏除無名之賦七百萬減經總制錢四百萬以習俗未知禮采古喪葬嫁娶之儀揭以示之嘗病經界不行會朝論欲行汀漳泉三州經界先生乃訪事宜上之宰相留正泉人也其里黨亦多以為不可行布衣吳禹圭上書訟其擾人有旨先行漳州經界明年以子喪請祠時史浩入見請收天下人望乃除先生秘閣修撰主管南京鴻慶宮再辭詔論撰之職以寵名儒乃拜命除荊湖南路轉運副使辭漳州經界竟報罷以言不用自劾除知静江府辭主管南京鴻慶宮未幾差知潭州力辭黄裳為嘉王府翊善自以學不及先生乞召為宮僚王府直講彭龜年亦為大臣言之留正曰正非不知熹但其性剛恐到此不合反為累尔先生方再辭有旨長沙巨屏得賢為重遂拜命會洞獠擾屬郡先生遣人諭以禍福

皆降之申敕令嚴武備戢姦吏抑豪民所至興學校明教化四方學者畢至寧宗即位趙忠定汝愚首薦先生及陳傅良除煥章閣待制侍講入對首言乃者太皇太后躬定大策陛下寅紹丕圖可謂處之以權而不失其正今三月矣或反不能無疑于逆順名實之際臣願陛下盡負罪引慝之誠致溫凊定省之禮而大倫正大本立矣時論者以寧宗未還大内恐名體不正而疑議生有旨脩葺舊東宮為屋三數百間欲徙居之先生奏疏言此必左右近習倡為此說以誤陛下而欲因以遂其姦心臣恐上帝震怒災異數出不當興此大役以咈譴告警動之意亦恐畿甸百姓阽于死亡之際怨望忿切以生他變又聞太上皇后懼忤太上皇帝聖意不欲其聞太上之稱又不欲其聞内禪之說此 又慮之過者父子大倫三綱所繫久而不圖亦將

有借其名以造謗生事者此又臣之所大懼也願陛下罷修葺東宮之役迴就慈福重華之間草創寢殿使粗可居下詔自責減省輿衛入宮之後暫變服色如唐肅宗之改服紫袍執控馬前者則太上皇帝雖有忿怒之情亦且霍然消散而歡意浹洽矣至若朝廷之紀綱則凡號令之弛張人才之進退則一委之二三大臣使之反覆較量有不當者繳駁論難擇其善者稱制臨決則不惟近習不得干預朝權大臣不得專任已私而陛下亦得以益明習天下之事而無所疑于得失之筭矣若夫山陵之卜則願黜臺史之説别求草澤以營新宮使壽皇之遺體得安而宗社生靈皆蒙福矣疏入不報然寧宗亦未有怒先生意也每以所講編次成帙以進寧宗亦開懷容納先生又奏自漢文短喪歷代因之三綱不明千有餘年壽皇聖帝易月之

外猶執通喪朝衣朝冠皆用大布間者遺詔初頒太上皇帝偶違康豫不能躬就喪次陛下以世嫡承大統則承重之服著在禮律所宜遵壽皇已行之法遂用漆紗淺黃之服臣竊痛之然既往之失不及追將來啟殯發引禮當復用初喪之服會孝宗祔廟議宗廟迭毀之制自太祖首尊僖順翼宣四祖之廟治平間議者以世數寖遠請遷僖祖于夾室後王安石等奏僖祖有廟與稷契無異請復其舊時相趙忠定雅不以復祀僖祖為然侍從多從其說吏部尚書鄭僑欲且祧宣祖而祔孝宗先生以為神宗得禮之正所謂有舉之而莫敢廢者乎又擬為廟制以辨以為物豈有無本而生者廟堂不以聞即毀撤僖宣廟室更創別廟以奉四祖始寧宗之立韓侂冑自謂有定策功居中用事先生憂其害政上疏斥言左右竊柄之失在講筵復申

言之御批云憫卿耆艾恐難立講已除卿宮觀趙忠定神還御筆還且諫且拜内侍王德謙徑以御筆付先生臺諫爭留不可樓宣獻鑰陳傅良旋封還録黄修注官劉光祖鄧驛封章交上先生行被命除寶文閣待制與州郡差遣辭尋除知江陵府辭詔依舊煥章閣待制提舉南京鴻慶宮初忠定既相收召四方知名之士中外引領望治先生獨惕然以侂胄用事為慮既屢為寧宗言又數以手書啟忠定勿使得預朝政忠定謂其易制不以為意及是忠定亦以誣逐而朝廷大權悉歸侂胄矣先生始以廟議自劾不許以疾再乞休致詔依舊秘閣修撰二年沈繼祖為監察御史誣先生十罪詔落職罷祠門人蔡元定亦送道州編管四年先生以年近七十申乞致仕五年依所請明年卒年七十一疾且革手書屬其子在及門人范念德黄幹

拳〻以勉學及修正遺書為言翌日正坐整衣冠就枕而逝先生登第五十年仕于外者僅歷同安簿知南康軍提舉浙東常平茶鹽知漳州潭州凡五任九考及經筵終四十日家故貧少依父友劉子羽寓建之崇安後徙建陽之考亭簞瓢屢空晏如也諸生之自遠而至者豆飯藜羹率與之共往〻稱貸於人以給用而非其道義則一介不取也自先生去國侂冑勢益張何澹為中司首論專門之學文詐沽名乞辨真偽劉德秀任長沙不為張栻之徒所禮及為諫官首論留正引偽學之罪偽學之稱自此始太常中卿胡紘言比年偽學猖獗圖為不軌望宣諭大臣權住進擬遂召陳賈為兵部侍郎未幾先生有奪職之命劉三傑以前御史論先生汝愚劉光祖徐誼之徒前日之偽黨至此而又變為逆黨即日除三傑右正言右諫議大夫姚

愈論道學權臣結爲死黨窺伺神器乃命直學士院高文虎草詔諭天下於是攻僞學日急選人余嘉至上書乞斬先生方是時士之繩趨尺步稍以儒名者無所容其身從游之士特立不顧者屏伏丘壑依阿巽懦者更名他師過門不入甚至變易衣冠狎游市肆以自别其非黨而先生日與諸生講學不休或勸其謝遣生徒者笑而不答有籍田令陳景思者故相康伯之孫也與侂胄有姻連勸侂胄勿爲已甚侂胄意亦漸悔先生既没將葬言者謂四方僞徒期會送僞師之葬會聚之間非妄譚時人短長則繆議時政得失望令守臣約束從之嘉泰初學禁稍弛二年詔先生已致仕除華文閣待制與致仕恩澤後侂胄死詔賜先生遺表恩澤謚曰文尋贈中大夫特贈寶謨閣直學士理宗寶慶三年贈太師追封信國公改徽國始先生少時

慨然有求道之志年十四韋齋公病亟嘗屬先生曰籍溪胡原仲白水劉致中屏山劉彥沖三人學有淵源吾所敬畏吾即死汝往事三人謂胡憲劉勉之劉子翬也故先生之學既博求之經傳復徧交當世有識之士延平李愿中先生老矣嘗從學于羅仲素先生先生歸自同安不遠數百里徒步往從之其為學大抵窮理以致其知反躬以踐其實而以居敬為主全體大用兼綜條貫表裏精粗交底于極嘗謂聖賢道統之傳散在方冊聖經之旨不明而道統之傳始晦於是竭其精力以研窮聖賢之經訓其于百家之支二氏之誕不憚深辨而力闢之所著書有易本義啟蒙蓍卦考誤詩集傳大學中庸章句或問論語孟子集註太極圖通書西銘解楚辭集註辨證韓文考異所編次有論孟集議孟子指要中庸輯畧孝經刊誤小學書通

鑑綱目宋名臣言行録家禮近思録河南程氏遺書伊洛淵源録皆行于世平生為文凡一百卷生徒問答凡八十卷别録十卷紹定末秘書郎李心傳乞以司馬溫公周濂溪邵康節張横渠程明道程伊川及先生七子列于從祀不報淳祐元年正月理宗視學手詔以張周二程及先生從祀孔廟元至正二年封韋齋公為靖獻公明洪武初詔以先生之書立於學宮天下學者咸宗之嘉靖中祀稱先儒朱子韋齋公從祀啟聖祠先生墓在崇安之九峰山下子二埜在皆賢在紹定中為吏部侍郎令新安考亭各世襲博士一員

紫陽學案

紫陽の字刪去

不必空一行 接上頁

與張敬夫曰人自有生即有知識事物來應接不暇念念遷革以至于死其間初無頃刻停息舉世皆然也然聖人之言則有所謂未發之中寂然不動者夫豈以日用流行者為已發而指夫暫而休息不與事接之際為未發時耶嘗試以此求之則泯然無覺之中邪暗鬱塞似非虛明應物之體而幾微之際一有覺焉則又便為已發而非寂然之謂蓋愈求而愈不可見于是退而驗之日用之間則凡感之而通觸之而覺蓋有渾然全體應物而不窮者是乃天命流行生生不息之機雖一日之間萬起萬滅而其寂然之本體則未嘗不寂

然也所謂未發如是而已矣夫豈別有一物限于一時拘於一處而可以謂之中哉

子劉子曰說得大意已是猥不是限于一時拘于一處但有覺處不可便謂之已發此覺性原自渾然原自寂然

中和說二

答張敬夫曰日前所見累書所陳者只是儱侗見得大本達道底影像便執認以為是了蓋只見得箇直截根源傾湫倒海底氣象日間但覺為大化所驅如在洪濤巨浪之中不容少頃停泊以故應事接物處但覺粗厲勇果而無寬裕雍容之氣雖切病之而不知其所自來也今而後乃知浩浩大化之中一家自有一個安宅正是自家安身立命主宰知覺處所以立大本行達道之樞要所謂体用一原顯

# 紫陽學案

## 中和說一

與張敬夫曰人自有生即有知識事物來應接不暇念念遷革以至于死其間初無頃刻停息舉世皆然也然聖人之言則有所謂未發之中寂然不動者夫豈以日用流行者為已發而指夫暫而休息不與事接之際為未發時耶嘗試以此求之則泯然無覺之中邪暗鬱塞似非虛明應物之體而幾微之際一有覺焉則又便為已發而非寂然之謂蓋愈求而愈不可見于是退而驗之日用之間則凡感之而通觸之而覺蓋有渾然全體應物而不窮者是乃天命流行生生不息之機雖一日之間萬起萬滅而其寂然之本體則未嘗不寂

然也所謂未發如是而已矣夫豈别有一物限于一時拘於一處而可以謂之中哉

子劉子曰說得大意已是很不是限于一時拘于一處但有覺處不可便謂之已發此覺性原自渾然原自寂然

中和說二

答張敬夫曰日前所見累書所陳者只是儱侗見得大本達道底影像便執認以為是了蓋只見得箇直截根源傾湫倒海底氣象日間但覺為大化所驅如在洪濤巨浪之中不容少頃停泊以故應事接物處但覺粗厲勇果而無寬裕雍容之氣雖切病之而不知其所自來也今而後乃知浩浩大化之中一家自有一個安宅正是自家安身立命主宰知覺處所以立大本行達道之樞要所謂体用一原顯

微無間者乃在於此道邇求遠亦可笑矣

子劉子曰言知覺又有個主宰處正是天命之性體統大本達道者端的端的

中和說三

答張敬夫曰近復體察得見此理須以心爲主而論之則性情之德中和之妙皆有條而不紊蓋人之一身知覺運動莫非心之所爲心者所以主于身無動靜語默之間者也方其靜也事物未至思慮未萌而一性渾然道義全具其所謂中乃心之所以爲體而寂然不動者也及其動也事物交至思慮萌焉則七情迭用各有攸主其所謂和乃心之所以爲用感而遂通者也然性之靜也而不能不動情之動也而必有節焉是則心之所以寂然感通周流貫徹而體用未始

相離者也然人有是心而或不仁則無以著此心之妙人雖欲仁而或不敬則無以致求仁之功蓋心乎一身而無動靜語默之間是以君子之於敬亦無動靜語默不致其力焉未發之前是敬也固已主乎存養之實已發之際是敬也又常行乎省察之間方其存也思慮未萌而知覺不昧是則靜中之動復以見天地之心也及其發也事物紛糾而品節不差是則動中之靜艮之所以不獲其身不見其人也有以主乎靜中之動是則寂而未嘗不感有以察乎動中之靜是以感而未嘗不寂寂而常感感而常寂此心之所以周流貫徹而無一息之不仁也

子劉子曰以心為主及主敬之說冣為諦當

中和說四

答湖南諸公曰向來講論思索直以心為已發而日用工夫亦止察識端倪為最初下手處以故缺却平日涵養一段功夫使人胸中擾擾無深潛純一之味而其發之言語事為之間亦常急迫浮露無復雍容深厚之風蓋所見一差乃至于此不可不審也

子劉子曰畢竟求之未發之中歸之主靜一路然較濂溪為少落邊際蓋朱子最不喜儱侗說道理故已見得後仍做鈍根工夫此朱子特叅中庸奧指以明道也第一書先見得天地間一段發育流行之機無一息之停待乃天命之本然而實有所謂未發者存乎其間即已發處窺未發絕無彼此先後之可言者也第二書則以前日所見為儱侗浩浩大化之中一家自有一家安宅為立大本行達道之樞要是則所謂性也第三書又以前日所見為未盡

而反求之於心以情性為一心之蘊心有動靜而中和之理見焉故中和只是一理一處便是仁即向所謂立大本行達道之樞要然求仁工夫只是一敬心無動靜敬無動靜也最後一書又以工夫多用在已發為未是而專求之涵養一路歸之未發之中云合而觀之第一書言道體也第二書言性體也第三書合性于心言工夫也第四書言工夫之究竟處也見解一層進一層工夫一節換一節孔孟而後幾見小心窮理如朱子者愚按朱子之學本之李延平由羅豫章而楊龜山而程子而周子自周子有主靜立極之說傳之二程其後羅李二先生專教人嘿坐澄心看喜怒哀樂未發時作何氣象朱子初從延平遊固嘗服膺其說已而又參以程子主敬之說靜字為稍偏不復理會迨其晚年深悔平日用功

未免踈于本領致有辜負此翁之語固已深信延平立教之無弊而學人向上一機必于此而取則矣湖南答問誠不知出于何時考之原集皆載在敬夫次第往復之後經輾轉折証而後有此定論則朱子平生學力之淺深固于此窺其一班而其卒傳延平心印以得與于斯文又當不出此書之外無疑矣夫主靜一語單提直入惟許濂溪自開門户而後人往往從依傍而入其流弊便不可言幸而得亦如短販然本薄利奢叩其中藏可盡也朱子不輕信師傳而必遠尋伊洛而折衷之而後有以要其至乃所為善學濂溪者

後依二格双行

○○百家謹案中和舊說序先生自敘幼從李延平求喜怒哀樂未發之旨未達聞張欽夫得衡山胡氏學往問之亦未省退而沉思謂人自嬰兒至老死莫非已發特其未發者為未嘗發爾後忽自疑復取程氏書虛心平氣而徐讀之未及數行凍解冰

釋然後知性情之本然聖賢之微旨平正明白乃如此

## 觀心説

或問佛者有觀心説然乎曰夫心者人之所以主乎身者也一而不二者也為主而不為客者也命物而不命於物者也故以心觀物則物之理得今復有物以反觀乎心則是此心之外復有一心而能管乎此心也然則所謂心者為一耶為二耶為主耶為客耶為命物者耶為命於物者耶此亦不待教而審其言之謬矣或者曰若子之言則聖賢所謂精一所謂操存所謂盡心知性存心養性所謂見其參於前而倚於衡者皆何謂哉應之曰此言之相似而不同正苗莠朱

繫之間而學者之所當辨者也夫謂人心之危者人欲之萌也道心
之微者天理之奥也心則一也以正不正而異其名耳惟精惟一則

不必空行

提寫

其差者也然其異而反其同者也能如是則信執其中
之偏矣非以道為一心人為一心而又有一心以精一
之也夫謂操而存者非以彼操此而存之也舍而亡者非以彼舍此
而亡之也心而自操則亡者存舍而不操則存者亡耳然其操之也
亦曰不使旦晝之所為得以梏亡其仁義之良心云爾非塊然兀坐
以守其炯然不用之知覺而謂之操存也若盡心云者則格物窮理
廓然貫通而有以極夫心之所具之理也存心云者則敬以直內義
以方外若前所謂精一操存之道也故盡其心而可以知性知天以
其體之不蔽而有以究夫理之自然也存心而可以養性事天以其

體之不失而有以順夫理之自然也是豈以心盡心以心存心如兩物之相持而不相舍哉若參前倚衡之云者則為忠信篤敬而發也蓋曰忠信篤敬不忘乎心則無適而不見其在是云爾亦非有以見夫心之謂也且身在此而心參于前身在輿而心倚于衡是果何理也耶大抵聖人之學本心以窮理而順理以應物如身使臂如臂使指其道夷而通其居廣而安其理實而行自然釋氏之學以心求心以心使心如口齕口如目視目其機危而迫其途險而塞其理虛而其勢逆蓋其言雖有若相似者而其實之不同蓋如此也然非夫審思明辨之君子其亦孰能無惑于斯耶

仁說

天地以生物為心者也而人物之生又各得夫天地之心以為心者

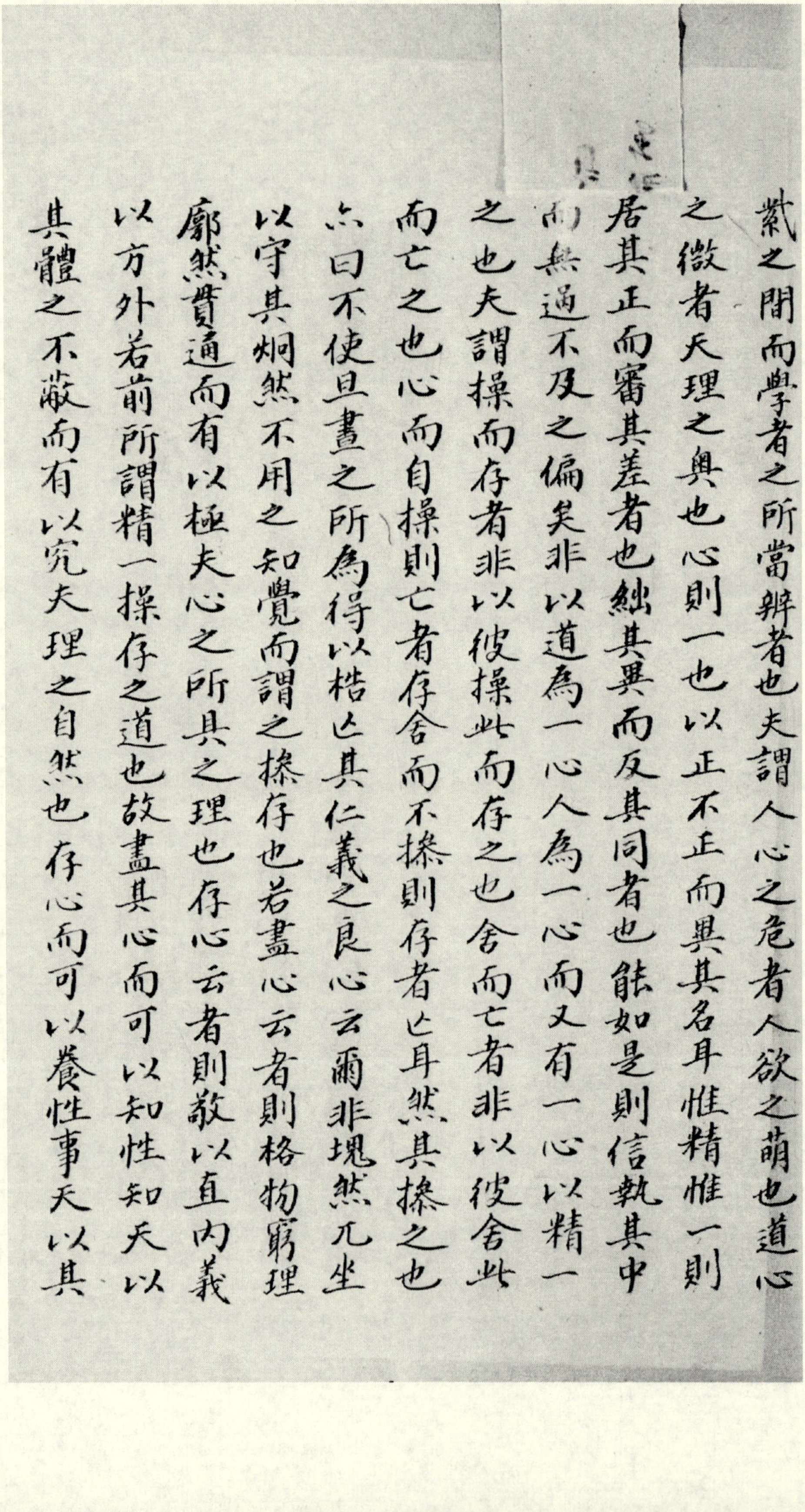
紛之間而學者之所當辨者也夫謂人心之危者人欲之萌也道心之微者天理之奥也心則一也以正不正而異其名耳惟精惟一則居其正而審其差者也絀其異而反其同者也能如是則信執其中而無過不及之偏矣非以道為一心人為一心而又有一心以精一之也夫謂操而存者非以彼操此而存之也舍而亡者非以彼舍此而亡之也心而自操則亡者存舍而不操則存者亡耳然其操之也亦曰不使旦晝之所為得以梏亡其仁義之良心云爾非塊然兀坐以守其炯然不用之知覺而謂之操存也若盡心云者則格物窮理廓然貫通而有以極夫心之所具之理也存心云者則敬以直內義以方外若前所謂精一操存之道也故盡其心而可以知性知天以其體之不蔽而有以究夫理之自然也存心而可以養性事天以其

體之不失而有以順夫理之自然也是豈以心盡心以心存心如兩物之相持而不相舍哉若參前倚衡之云者則為忠信篤敬而發也蓋曰忠信篤敬不忘乎心則無適而不見其在是云爾亦非有以見夫心之謂也且身在此而心參于前身在輿而心倚于衡是果何理也耶大抵聖人之學本心以窮理而順理以應物如身使臂如臂使指其道夷而通其居廣而安其理實而行自然釋氏之學以心求心以心使心如口齕口如目視目其機危而迫其途險而塞其理虛而其勢逆蓋其言雖有若相似者而其實之不同蓋如此也然非夫審思明辨之君子其亦孰能無惑于斯耶

## 仁說

天地以生物為心者也而人物之生又各得夫天地之心以為心者

也故語心之德雖其總攝貫通無所不備然一言以蔽之則曰仁而已矣請試詳之蓋天地之心其德有四曰元亨利貞而元無不統其運行焉則為春夏秋冬之序而春生之氣無所不通故人之為心其德亦有四曰仁義禮智而仁無不包其發用焉則為愛恭宜別之情而惻隱之心無所不貫故論天地之心者則曰乾元坤元則四德之體用不待悉數而足論人心之妙者則曰仁人心也則四德之體用亦不待徧舉而該蓋仁之為道乃天地生物之心即物而在情之未發而此體已具情之既發而其用不窮誠能體而存之則衆善之源百行之本莫不在是此孔門之教所以必使學者汲汲于求仁也其言有曰克己復禮為仁言能克去己私復乎天禮則此心之體無不在而此心之用無不行也又曰居處恭執事敬與人忠則亦所以存

此心也又曰事親孝事兄弟及物恕則亦所以行此心也又曰求仁得仁則以讓國而逃諫伐而餓為能不失乎此心也又曰殺身成仁則以欲甚於生惡甚於死為能不害乎此心也此心何心也在天地則块然生物之心在人則温然愛人利物之心包四德而貫四端者也或曰若子之言則程子所謂愛情仁性不可以愛為仁者非歟曰不然程子之所謂以愛之發而名仁者也吾之所論以愛之理而名仁者也蓋所謂情性者雖其分域之不同然其脉絡之通各有攸屬者則曷嘗判然離絶而不相管哉吾方病夫學者誦程子之言而不求其意遂至于判然離愛而言仁故特論此以發明其遺意而子顧以為異乎程子之説不亦誤哉或曰程氏之徒言仁多矣蓋有謂愛非仁而以萬物與我為一為仁之體者矣亦有謂愛非仁而以心有

知覺釋仁之名者矣今子之言若是然則彼皆非歟曰彼謂物我為一者可以見仁之無不愛矣而非仁之所以為體之真也彼謂心有知覺者可以見仁之包乎智矣而非仁之所以得名之實也觀孔子荅子貢博施濟衆之問與程子所謂覺不可以訓仁者則可見矣子尚安得復以此而論仁哉抑泛言同體者使人含糊昏緩而無警切之功其弊或至于認物為己者有之矣專言知覺者使人張皇迫躁而無沉潛之味其弊或至于認欲為理者有之矣一忘一助二者蓋胥失之而知覺之云者於聖門所示樂山仁守之氣象尤不相似子尚安得復以此而論仁哉因并記其語作仁說

百家謹案浙本誤以南軒先生仁說為先生仁說而以先生仁說為序仁說今正之

不必空一行接下

語要

問理在氣中發見處如何曰如陰陽五行錯綜不失條緒便是理若氣不結聚時理亦無所附著

或問理在先氣在後曰理氣本無先後之可言但推上去時却如理在先氣在後相似

姜定菴曰畢竟理從氣而見說不得理在先

太極自是涵動靜之理却不可以動靜分體用蓋靜即太極之體也動即太極之用也太極之有動靜是天命之流行也或疑靜處如何流行曰惟是一動一靜所以流行如秋冬之時謂之不流行可乎若謂不能流行何以謂之靜而生陰也觀生之一字可見

陰陽只是一氣陽之退便是陰之生不是陽退了又別有個陰生

知覺釋仁之名者矣今子之言若是然則彼皆非與曰彼謂物我為一者可以見仁之無不愛矣而非仁之所以為體之真也彼謂心有知覺者可以見仁之包乎智矣而非仁之所以得名之實也觀孔子答子貢博施濟衆之問與程子所謂覺不可以訓仁者則可見矣子尚安得復以此而論仁哉抑泛言同體者使人含糊昏緩而無警切之功其弊或至于認物為己者有之矣專言知覺者使人張皇迫躁而無沉潛之味其弊或至于認欲為理者有之矣一忘一助二者蓋胥失之而知覺之云者於聖門所示樂山仁守之氣象尤不相似子尚安得復以此而論仁哉因并記其語作仁說

百家謹案浙本誤以南軒先生仁說為先生仁說而以先生仁說為序仁說今正之

語要

問理在氣中發見處如何曰如陰陽五行錯綜不失條緒便是理若氣不結聚時理亦無所附著

或問理在先氣在後曰理氣本無先後之可言但推上去時却如理在先氣在後相似

姜定菴曰畢竟理從氣而見說不得理在先

太極自是涵動靜之理却不可以動靜分體用蓋靜即太極之體也動即太極之用也太極之有動靜是天命之流行也或疑靜處如何流行曰惟是一動一靜所以流行如秋冬之時謂之不流行可乎若謂不能流行何以謂之靜而生陰也觀生之一字可見

陰陽只是一氣陽之退便是陰之生不是陽退了又別有個陰生

陰陽只是一氣陰氣流行即為陽陽氣凝聚即為陰非真有一物相對也

天地始初混沌未分時想只有水火二者水之滓脚便成地今登高而望群山皆為波浪之狀便是水泛如此只不知因甚麼事凝了初間極軟後來方凝得硬問想是得潮水湧起沙相似曰然水之極濁便成地火之極清便成風霆雷電日星之屬問自開闢以來至今未萬年不知已前如何曰已前亦須如此一番明白來又問天地會壞否曰不會壞只是相將人無道極了便一齊打合混沌一番人物都盡又重新起又方渾淪未判陰陽之氣混合幽暗及其既分中間放得寬濶光朗而兩儀始立邵康節以十二萬九千六百年為一元則是十二萬九千六百之年又是一箇大闔闢更以上亦復如此直是

動靜無端陰陽無始小者大之影只晝夜便可見五峰所謂一氣太息震蕩無垠海宇變動山淵川湮人物消盡舊跡大滅是謂洪荒之世嘗見高山有螺蚌殼或生石中此石即舊日之土螺蚌即水中之物下者即變而為高柔者即變而為剛此事思之至深有可驗者

天明則日月不明天無明夜半黑淬淬地天之正色

道夫言向者先生教思量天地有心無心近思之切謂天地無心仁便是天地生物之心若使其有心必有思慮有營為天地曷嘗有思慮來然其所以四時行百物生者蓋以其合當如此便如此不待思慮此所以為天地之道曰如此則易所謂復其見天地之心正大而天地之情可見又如何公所說祇說得他無心處耳若果無心則須牛生出馬桃樹上發出李花他又卻是自定程子曰以主宰謂之帝

以性情謂之乾他這名義自定心便是他个主宰處所謂天地以生物為心中間欽夫以為某不合如此說某謂天地別無勾當只是以生物為心一元之氣轉運流通略無停間只是生出許多萬物而已問程子謂天地無心而成化聖人有心而無為曰這是說天地無心處且如四時行百物生天地何所容心至于聖人則順理而已復何為哉所以明道云天地之常以其心普萬物而無心聖人之常以其情順萬事而無情說得最好普萬物莫是以心周徧而無私否曰天地以此心普及萬物人得之遂為人之心物得之遂為物之心草木禽獸接着遂為草木禽獸之心只是一個天地之心耳今須要知得他有心處又要見得他無心處只恁定不得

天地初間只是陰陽之氣這一個氣運行磨來磨去磨得急了便撥

許多查滓裏面無處出便結成個地在中央氣之清者便為天為日月為星辰只在外常為周旋地便在中央不動不是在下

姜定菴曰磨得急了急字未安易久字如何

問鬼神便是精神魂魄如何曰然且就這一身看自會笑語有許多聰明知識這是如何得恁地虛靈之中忽然有風有雨忽然有雷有電這是如何得恁地這都是陰陽相感都是鬼神看得到這裏見得一身只是個軀殼在這裡內外無非天地陰陽之氣所以夜來說道天地之塞吾其體天地之帥吾其性思量只是一箇道理又云如魚之在水外面水便是肚裏面水鱖魚肚裏水與鯉魚肚裏水一般仁父問魂魄如何是陰陽曰魂如火魄如水

先儒有言曰鼻之噓吸為魂耳目之聰明為魄也只說得大概却更

有個子母這便是坎離水火煖氣便是魂冷氣便是魄魂便是氣之神魄便是精之舍會思量計度的便是魂會記當去的便是魄又曰見於耳而聰目而明者是魂之用老氏云載營魄營是晶熒之義魄是一個晶光堅凝物事釋氏之地水火風其說云人之死也風火先散則不能為祟蓋魂先散而魄尚存只是消磨未盡少間自塌了若地水先散而火風尚遲則能為祟蓋魂氣猶存耳又曰無魂則魄不能以自存今人多思慮役役魂都與魄相離了老氏便只要守得相合所謂致虛極守性篤全然守在這裏不得動又曰專氣致柔不是守字都是專字便只是專在此全不放出氣便細若放些子出便粗了

陰陽之始交天一生水物生始化曰魄既生魄煖者為魂先有魄而

後有魂故魄為主為幹

人生初間是先有氣既成形是魄在先形既生矣神發知矣既有形後方有精神知覺子產曰人生始化曰魄既生魄陽曰魂數句說得好

動者魂也靜者魄也動靜二字括盡魂魄凡能運用作為皆魂也魄則不能也今人之所以能運用都是魂使之耳魂若去魄則不能也月之黑暈便是魄其光者乃日加之光耳他本無光也所以說哉生魄旁死魄莊子曰日火外影金水內影此便是魂魄之說

或問口鼻呼吸者為魂耳目之聰明為魄曰精氣為物魂乃精氣中無形跡底淮南子云魂者陽之神魄者陰之神釋氏四大之說亦是竊見這意思人之一身皮肉之類皆屬地涕唾之類皆屬水煖氣為

火運動為風地水陰也火風陽也

或問氣之出入者為魂耳目之聰明為魄然則魄中復有魂魂中復有魄也曰精氣周流充滿于一身之中呼吸聦明乃其發而易見者耳然既周流充滿于一身之中則鼻之知臭口之知味非魄乎耳目之中皆有煖氣非魂乎推之徧體莫不皆然佛書論四大處似亦祖述此意問先生嘗言體魄自是二物然則魂氣亦為兩物耶曰將魂氣細推之亦有精粗但其為精粗也甚微非若體魄之懸殊耳問以目言之目之輪體也精之明魄也耳則如何曰竅即體也聦即魄也又問月魄之魄豈只指其光而言之而其輪即體耶曰月不可以體言只有魂魄耳月即魄其全體而光處乃其魂之發也魂屬木魄屬金所以說三魂七魄是金木之數也

先遺猷破邪論有論魂魄一篇附此或問醫家言心藏神脾藏意肝藏魂肺藏魄腎藏精與志信乎曰非也此以五行相配多為名目其豈人止有魂魄二者而已禮記曰魂者陽之盛也魄者陰之盛也延陵季子之葬曰骨肉歸復于土命也若魂氣無不之也不言魄者已葬故不及魄易曰精氣為物游魂為變所謂精氣即魄也神與意與志皆魂之所為也魂魄如何分別曰昭昭靈靈者是魂運動作為者是魄魄依形而立魂無形可見故虎死眼光入地掘之有物如石謂之虎威自縊之人其下亦有如石者猶星隕如石皆魄也凡戰場之燐火陰雨之哭聲一切為厲者皆魄之為也魂無與焉譬之於燭其炷是形其焰是魄其光明是魂子產曰人生始化曰魄既生魄陽曰魂是人之生先有魄而後有魂也及其

死也有魂先去而魄尚存者今巫祝家死後避衰之說是也有魄已落而魂尚未去者如楚穆王弑成王謚之曰靈不瞑曰成乃瞑中行穆子死而視不可含是也然則釋氏投胎之說有之乎曰有之而不盡然也史傳如羊叔子識環之事甚多故不可謂之無或者禀淨氣厚或者培養功深或專心致志透過生死凶暴之徒性與人殊投入異類亦或有之此在億兆分之中有此一分其餘皆隨氣而散散有遲速總之不能留也釋氏執其一端以概為理以為無始以來此魂常聚輪廻六道展轉無已若是則盛衰消息聚散有無成虧之理一切可以抹却矣試觀天下之人尸居餘氣精神矇瞳即其生時魂已欲散焉能死後而復聚乎且六合之內種類不同似人非人地氣隔絕禽虫之中牛象螘蝨大小懸殊有魄無魂何所憑以為輪廻乎然

則儒者謂聖賢愚凡無有不散之氣同歸于盡者然乎否耶曰亦非也吾謂有聚必散者為愚凡而言也聖賢之精神長留天地寧有散理先儒言何曾見堯舜做鬼來决其必散堯舜之鬼綱維天地豈待其現形人世而後謂之鬼乎文王陟降在帝左右豈無是事而詩人億度言之耶周公之金縢傳說之箕尾明以告人凡後世之志士仁人其過化之地必有所存之神猶能以仁風篤烈拔下民之塌茸固非依艸附木之精魂可以誣也死而不亡豈不信乎或疑普天之下無有不祭其祖先者而謂凡愚之魂盡散則祭乃虛拘乎曰凡愚之魂散矣而有子孫者便是他未盡之氣儒者謂子孫盡其誠意感他魂之來格亦非也他何曾有魂在天地間其魂即在子孫思慕之中此以後天追合先天然亦甚難故必三日齋七日戒陽厭陰厭又立

•尸以生氣迎之庶幾其一綫之氣若非孝子孝孫則亦同一散盡也

鬼神只是氣屈伸往來者氣也天地間無非氣人之氣與天地之氣常相接無間斷人自不見人心纔動必達于氣便與這屈伸往來者相感通如卜筮之類是皆心自有此物只說你心上事是纔動必應也

問伊川言鬼神造化之迹此豈亦造化之迹乎曰皆是也若論正理則似樹上忽生出花葉此便是造化之迹又如空中忽然有雷霆風雨是也但人所常見故不之怪忽聞鬼嘯鬼火之屬則便以為怪不知此亦造化之迹但不是正理故為怪異如家語云山之怪曰夔魍魎水之怪曰龍罔象土之怪曰羵羊皆是氣之雜揉乖戾所生亦非理之所無也專以為無則不可如冬寒夏熱此理之正也有時忽然

夏寒冬熱豈可謂無此理但既非理之常便謂之怪孔子所以不語學者亦未須理會

死而氣散泯然無迹者是其常道理恁地有托生者是其偶然聚得氣不散又怎生去湊着那生氣便再生然非其常也伊川云左傳伯有之為厲又别是一理言非死生之常理也問伯有之事别是一理如何曰是别是一理人之所以病而終盡則其氣散矣或遭刑或忽然而死者氣猶聚而未散然亦終于一散釋道所以自私其道者便死時亦只是留其身不得終是不甘心死遇冤憤者亦然故其氣皆不散浦城山中有一道人常在山中燒丹後因一日出神乃祝其人云七日不返時可燒我未滿七日其人焚之後其道人歸叫罵取身亦能于壁間寫字但是墨較淡不久又無嘗見張天覺有一事亦然

鄧隱峰一事亦然其人只管討身隱峰曰說底是甚麼其人悟謝之而去

問先生答廖子晦書云氣之已散者既化而無有矣而根于理而日生者則固浩然而無窮也故上蔡謂我之精神即祖考之精神是也問根於理而日生者浩然而無窮此是說天地之氣化之氣否曰此氣只一般周禮所謂天神地祇人鬼雖有三樣其實一般若說有子孫的引得他氣來不成無子孫的他氣便絕無了他血氣雖不流傳他那固亦自浩然日生無窮如禮書諸侯因國之祭祭其國之無主後者如齊太公封於齊便用祭其爽鳩氏季萴逢伯陵蒲姑氏之屬蓋他先主此國來禮合祭他然聖人制禮惟繼其國者則合祭之非在其國者便不當祭便是道理合如此道理合如此便有此氣如晉

侯夢康叔云相奪予享蓋晋後都帝丘夏后相亦都帝丘則都其國者自當合祭不祭宜其如此又如晋侯夢黄熊入寢門以為鯀之神亦是此類不成說有子孫底方有感格之理便使其無子孫其氣亦未嘗亡也如今祭勾芒他便是遠然既合當祭他便有些氣要之通天地人只是這一氣所以說洋洋然如在其上如在其左右虛空偪塞無非此理自要人看得活難以言曉也所以明道答人鬼神之問云要與賢說無何故聖人却說有要與賢說有賢又来問某討說只說得這裏要人自看得孔子曰未能事人焉能事鬼而今且去理會緊要道理少間看得道理通曉自然曉得上蔡所說已是煞分曉了

問鬼神之義来教云只是上蔡祖考精神便是自家精神一句則可見其苗脉矣某嘗讀太極圖義有云人物之始以氣化而生者也氣

聚成形則形交氣感遂以形化而人物生生变化無窮是知人物在天地間其生生不窮者固理也其聚而生散而死者則氣也有是理則有是氣氣聚于此則其理亦寓于此今所謂氣者既已化而無有矣則所謂理者抑於何而寓耶然吾之此身即祖考之遺體祖考之所具以為祖考者蓋具于我而未嘗亡也是其魂升魄降雖已化而無有然理之根于彼者既無止息氣之具于我者復無間斷吾能致精竭誠以求之此氣既純一而無所襍則此理自昭著而不可掩此其苗脉之較然可覩者也上蔡云三日齋七日戒求諸陰陽上下只是要集自家精神蓋我之精神即祖考之精神在我者既集即是祖考之來格也然古人於祭祀必立之尸其義精甚蓋又是因祖考遺體以凝聚祖考之氣氣與質合則其散者庶其復聚此教之至也故

曰神不歆非類民不祀非族曰所喻鬼神之說甚精密大抵人之氣傳于子孫猶木之氣傳于實也此實之傳不泯則其生木雖枯毀無餘而氣之在此者猶自若也

問鬼神恐有兩樣天地之間二氣氤氳無非鬼神祭祀交感是以有感有人死為鬼祭祀交感是以有感無曰是所以道天神人鬼神便是氣之伸此是常在底鬼便是氣之屈此是已散底然以精神去合他又合得在問不交感時常在否曰若不感而常有則是有餒鬼矣

論萬物之一原則理同而氣異觀萬物之異體則氣猶相近而理絕不同或問理同而氣異此一句是說方才付與萬物之初以其天命流行只是一般故理同以其二五之氣有清濁純駁故氣異下句是就萬物已得之後說以其雖有清濁之不同而同此二五之氣故氣

相近以其昏明開塞之甚遠故理絕不同中庸是論其方付之初集註是看其已得之後曰氣相近如知煖寒識飢飽好生惡死趨利避害人與物都一般理不同如蜂蟻之君臣只是他義上有一點子明虎狼之父子只是他仁上有一點子明其他更推不去恰似鏡子其他處都暗了中間只有一點子明大凡物事稟得一邊重便占了其他的如慈愛人少斷制斷制之人多殘忍蓋仁多便遮了那義義多便遮了那仁問所以婦人臨事多怕亦是氣偏了曰婦人之仁只流從愛上去

問呂與叔云性一也流行之方有剛柔昏明者非性也有三人焉皆一目而別乎色一居乎密室一居乎帷箔之下一居乎廣廷之中三人所見昏明各異豈目不同乎隨其所居蔽有淺深耳竊謂此言分

別得性氣甚明若移此語以喻人物之性亦好頃嘗以日爲喻以爲大明當天萬物咸覩亦此日耳茆屋之下容光必照亦此日耳日之全體未嘗有小大只爲隨其所居而大小不同耳不知亦可如此喻人物之性否曰亦善

問枯槁之物亦有性是如何曰枯槁之物謂之無生意則可謂之無生理則不可如朽木無所用止可付之爨灶是無生意矣然燒甚麼木則是甚麼氣亦各不同這是理元如此且如大黄附子亦是枯槁然大黄不可爲附子附子不可爲大黄一草一木皆天地和平之氣

問動物有知植物無知何也曰動物有血氣故能知植物雖不可言知然一般生意亦可默見若戕賊之便枯悴不復說澤亦似有知者嘗觀一般花樹朝日照曜之時向欣欣向榮有這生意皮色不佳自

迸出来若枯枝老葉便覺憔悴蓋氣行已過也問此處見得仁意否

曰只看戕賊之便彫悴亦是義的意思

百家謹案泰西人分人物三等人為萬物之首有靈覺動物能食色有覺意草木無知有生意類歸當

或問氣質有清濁不同曰氣質之殊其類不一非但清濁二字而已今人有聰明事事曉者其氣清矣而所為未必皆中于理是其氣不醇也有謹厚忠信者其氣醇矣而所知未必皆達于理是其氣不清也推此求之可見

性者心之理情者心之動才便是那情之會恁地者情與才絕相似但情是遇感而發路陌曲折恁地去的才是那會如此的要之千頭萬緒皆是從心上來問如此則才與心之用相類曰才是心之力是有氣力去做的心是管攝主宰者此心之所以為大也心譬水也性

水之理也性所以主乎水之静情所以行乎水之動欲則水之流而至於濫也才者水之氣力所以能流者然其流有急有緩則是才之不同伊川謂性稟于天才稟于氣是也

動静真僞善惡皆對而言之是世之所謂動静真僞善惡非性之所謂動静真僞善惡也性求静于未始有動之先而性之静可見矣求真于未始有僞之先而性之真可見矣求善于未始有惡之先而性之善可見矣

又曰天下之理無異道也天下之人無異性也性惟其不可見孟子始以善形之惟能自性而觀則其故可求苟自善而觀則理一而見二

問心是知覺性是理心與理如何得貫通爲一曰不須去貫通本來

貫通如何本来貫通曰理無心則無着處

所見者心之理能覺者氣之靈

發明心字曰一言以蔽之曰生而已天地之大德曰生人受天地之氣而生故此心必仁仁則生矣

覺從父子君臣處便是道心

有道理的人心便是道心

飢欲食渴欲飲者人心也得飲食之正者道心也須是一心只在道心上少間那人心自降伏得不見人心與道心為一恰似無了那人心相似只是要得道心純一道心都發在那人心上

問形體之動與心相關否曰豈不相關自是心使他動曰喜怒哀樂未發之前形體亦有運動耳目亦有視聽此是心已發抑未發曰喜

怒哀樂未發又是一般然視聽言動亦是心向那裡若形體之行動心都不知便是心不在形體都沒理會了說甚未發未發不是漠然全不省亦常醒在這裏不恁地困了

心無間于已發未發徹頭徹尾都是那處截做已發未發如放僻邪侈此心亦在不可謂非心

問人心形而上下如何曰如肺腑五臟之心却是實有一物若今學者所論操存舍亡之心則自是神明不測故五臟之心受病則可用藥補之這箇心則非菖蒲茯苓所可補也問如此則心之理乃是形而上否曰心比性則微有迹比氣則自然又靈

問先生嘗言心不是這一塊某竊謂滿體皆心也此特其樞紐耳曰不然此非心也乃心神明升降之舍耳人有病心者乃其舍不寧也

凡五臟皆然心豈無運用須常在軀殼之內譬如此建陽知縣須常在衙裏始管得這一縣也某曰然則程子言心要在腔子裏謂當在舍之內而不當在舍之外曰不必如此若言心不可在脚上又不可在手上只得在這些子上也

性猶太極也心猶陰陽也太極只在陰陽之中非能離陰陽也然至論太極自是太極陰陽自是陰陽惟性與心亦然所謂一而二二而一也

心主宰之謂也動靜皆主宰非是靜時無所用及至動時方有主宰也言主宰則混體統自在其中心統攝性情非儱侗與性情為一物而不分別也

問意是心之運用處是發處曰運用是發了問情亦是發處何以別

曰情是性之發情是發出恁地的意是主張要恁地如愛那物是情所以去愛那物是意情如舟車意如人去使那舟車一般未動而能動者理也未動而欲動者意也心之所之謂之志日之所之謂之時志字從之從心時字從之從日如日升時在寅時制字之義由此志是心之所之一直去底意又是志之經營往來底是那志底脚凡營為謀度往來皆意也所以横渠云志公而意私

百家按意如好好色如惡惡臭見其直遂不可掩故曰誠若經營往來是好不好惡不惡之意矣所患不誠者謂其欺也欺則謂人不已知而可已欺也究至捨不善而著善亦知人有不可欺故捨之又謂人能已欺故著之總是知不致故不誠耳不誠意謂不着實去正心上用故曰欲誠其意者先致其知横渠志公而意私似未安

問知與思於人身最緊要曰然二者也只是一事知如手相似思是

交這手去做事也思所以用夫知也

性只是理情是流去運用處心之知覺即所以具此理而行此情者也以智言之所以知是非之理則智也性也所以知是非而是非之者情也具此理而覺其為是非者非心也此處分别只在毫厘之間精以察之乃可見耳

心性理拈着一個則都貫串惟觀其所指處輕重如何養心莫善于寡欲雖有不存焉者寡矣存雖指理言然心自在其中操則存此存雖指心言然理自在其中

公不可謂之仁但公而無私便是仁敬不可謂之中但敬而無失便是中

無私以間之則公〻則仁譬如水若些子碍便成兩截須是打併了

障塞便滔滔流去

心之德是統言愛之理是就仁義禮智上分說如義便是宜之理禮便是別之理智便是知之理但會得愛之理便理會得心之德又曰愛雖是情愛之理是仁也仁者愛之理愛者仁之事仁者愛之體愛者仁之用愛是個動物事仁是個靜物事理便是性緣裡面有這愛之理所以發出來無不愛程子曰心如穀種其生之性乃仁也生之性便是愛之理

因舉天地萬物同體之意極問其理曰須是近裡着身推究未干天地萬物事也須知所謂心之德者即程先生所謂穀種之說所謂愛之理者則正謂仁是未發之愛愛是已發之仁耳只以此意推之不須外邊添入道理若于此處認得仁字即不妨與天地萬物同體若

不會得便將天地萬物同體為仁却轉無交涉矣孔門之教說許多仁却未曾正定說出蓋此理真是難言若立下一箇定說便該括不盡且直于自家身分上體究久之自然通達程子謂四德之元猶五常之仁偏言則一事專言則包四者須是統看仁如何却包得數者又却分看義禮智如何亦謂之仁大抵於仁上見得盡須知發于剛果處亦是仁發于辭遜是非亦是仁且款曲研究識盡全体正猶觀山所謂橫看成嶺直看成峰若自家見他不盡初謂只是一嶺及少時又見一峰出來便是未曾盡見全山到底無定據也

以生字說仁生自是上一節事當來天地生我底意我而今須要自體認得試自看一个物堅硬如頑石成甚物事此便是不仁藹乎若春陽之溫盎乎若醴酒之醇此是形容仁底意思

問存得此心便是仁曰且要存得此心不爲私欲所勝遇事每每着精神照管不可隨物流去須要緊緊守着若存得此心應事接物雖不中不遠思慮紛擾于中都是不能存此心此心不存合視處也不知視合聽處也不知聽或問莫在於敬否曰敬非别是一事常唤醒此心便是人每日只鶻鶻突突過了心都不曾收拾得在裡面又曰仁雖是有剛直意畢竟本是箇温和之物但出來發用時有許多般須得是非辭遜斷制三者方成仁之事及至事定三者各退仁仍舊温和緣是本他性如此人但見有是非節文斷制却謂是仁之本意則非也春本温和故能生物所以説仁如春

仁義互爲体用動静仁之体本静而其用則流行不窮義之体本動而其用則各得其所先生荅叔重疑問曰仁體剛而用柔義体柔而

用剛廣請曰自太極之動言之則仁為剛而義為柔自一物中陰陽言之則仁之用柔義之用剛曰也是如此仁便有个流動發越之義然其用則慈柔義便有个商量從宜之義然其用則决裂尋常人施恩惠底心便發得易當刑殺時此心便疑可見仁屬陽屬剛義屬陰屬柔直卿云只將收斂二字看便見喜則舒怒則斂

禮者仁之發智者義之藏且以人之資稟言之溫厚者多謙遜通曉者多刻剝

義之嚴肅即是仁之收斂

仁禮屬陽屬健義智屬陰屬順問義則截然有定分有收斂底意思自是屬陰不知智如何解曰智更是截然更是收斂如知得是知得非知得便了更無作用不似仁義禮三者有作用智只是知得了便

交付惻隱羞惡辭讓三者他那个更收斂得快

問仁是天地之生氣義禮智又於其中分别然其初只是生氣故爲全體曰然問肅殺之氣亦只是生氣曰不是二物只是收斂春夏秋冬亦只是一氣又曰若曉得此理便見得克己復禮私欲盡去便純是温和沖粹之氣乃天地生物之心其餘人所以未仁者只是中心未有此氣象問向聞先生語吾學者五行不是相生合下有時都有如何曰此難説然會得底便自然不相悖喚做一齊有也得喚做相生也得便雖不是相生他氣亦自相灌注如人五臟固不曾有先後但其灌時自有次序久之又曰仁字如人釀酒酒方微發時便是仁到得成酒後却只與水一般便是智又如一日之間早間天氣清明便是仁午間極熱時便是禮晚下漸涼便是義夜半全然收斂無些

形迹時便是智只如此看甚分明

天理之渾然既謂之理則便是箇有條理底名字故其中所謂仁義禮智四者合下便各有一箇道理不相混襍以其未發莫見端緒不可以一理名是以謂之渾然非是渾然裏面都無分别而仁義禮智却是後来旋次生出四件有形有狀之物也須知天理只是仁義禮智之総名仁義禮智便是天理之件数

性是太極渾然之體本不可以名字言但其中含具萬理而綱領之大者有四故命之曰仁義禮智孔門未嘗備言至孟子而始備言之者盖孔子時性善之理素明雖不詳著其條而説自具至孟子時異端蜂起往往以性為不善孟子恩有以明之于是别而言之盖四端之未發也雖寂然不動而其中自有條理自有間架不是儱侗都無

一物所以外邊纔感中間便應如赤子入井之事感則仁之理便應而惻隱之心于是乎形如過朝過廟之事感則禮之理便應而恭敬之心于是乎形蓋由其中衆理渾具各各分明故外邊所遇隨感而應所以四端之發各有面貌之不同是以孟子析而為四以示學者使知渾然全體之中而燦然有條若此則性之善可知矣然四端之未發也所謂渾然全體無聲臭之可言無形象之可見何以知其燦然有條如此蓋是理之可驗乃依然就他發處驗得凡物必有根本性之理雖無形而端的之發最可驗故由其惻隱所以必知其有仁由其羞惡所以必知其有義由其恭敬所以必知其有禮由其是非所以必知其有智使其本無是理于內則何以有是端于外由其有是端于外所以必知其有是理于內而不可誣也故孟子言乃若其

情則可以為善矣乃所謂善也是則孟子之言性善蓋亦遡其情而逆知之耳

韓子説所以為性者五而今之言性者皆襍佛老而言之所以不能不異在諸子中最為近理蓋如吾儒之言則性之本体便只是仁義禮智之實如佛老之言則先有箇虛底性後方於生此四者出來不然亦說性是一个空虛底物裏面包得四者今人都為不曾曉得自家道理只見得他説得熟故如此不能無疑又才見說四者為性之体便疑實有此四塊磊塊其間皆是錯看了也須知性之為体不離此四者而四者又非有形象方所可撮可摩也但於一理渾然之中識得個意思情狀似有界限而實非有墻壁遮攔分別處也然此處極難言故孟子亦只於發處言之如言四端又言乃若其情則可以

為善之類是以發處教人識取不是本体中原來有此如何用處發浮此四者出來但本体無着摸處故只可于用處看便有力耳

仁只是一箇理理攀著便無欠缺但如言著仁則都在仁上言著誠則都在誠上言着忠恕則都在忠恕上言著忠信則都在忠信上只為只是只個道理自然血脈貫通体是只個道理用是他用處如耳聽目視自然如此是理也開眼看物着耳聽聲便是用江西人說個虛空底体涉事物便喚做用

書不記熟讀可記義不精細思可精惟有志不立直是無着力處只如而今貪利祿而不貪道義要作貴人而不要作好人皆是志不立之病直須反覆思量究見病痛起處勇猛奮發不復作此等人一躍躍出見得聖賢所說千言萬語都無一字不是實語方始立得此志

就此積累工夫迤邐向上去大有事在

直須抖擻精神莫要昏鈍如救火治病然豈可悠悠歲月

學者只是不為己故日間此心安頓在義理上時少安頓在閑事上時多於義理却生于閑事却熟

學者須是熟熟時一喚便在目前不熟時須着旋思索到思索得來意思已不如初了

學問須是大進一番方始有益若能於一處大處攻得破見那許多零星只是這一個道理方始快活然零碎底非是不當理會但大處攻不破縱零碎理會得些小終不快活曾點漆雕開已見大意只緣他大處看得分曉今且道他那大底是甚物事天下只有一個道理學只要理會得這一個道理這裏纔通則凡天理人欲義利公私善

惡之辨莫不皆通

或問氣質之偏如何救得曰終說偏了又着一箇物事去救他偏越見不平正了越討頭不見要緊只是看教大底道理分明偏處自見得如暗室求物把火來便照見若只管去摸索費盡心力只是摸索不見若見得大底道理分明有病痛處也自會變移不自知不消得費力

為學必須于平日氣禀姿質上驗之 如滯固者疏通顧慮者坦蕩智巧者易直苟未如此轉變要是未得力耳須要公平觀理而撤戶牖之小嚴敬持身而戒防範之踰周容而非發于避就精察而不安于小成此病痛皆所素共點檢者耳

理義無窮才知有限非全放下終難湊泊然放下正自非易事也

今學者之病所患在於未有灑然氷解凍釋處縱有力持守不過只是苟免顯然尤悔而已似此恐皆不足道也

聖人與理為一是恰好其他以心處這理却是未熟要將此心處理有一分心向裡得一分力有兩分心向裡得兩分力世間萬事須臾变滅皆不足置胸中惟有窮理修身為究竟法耳

為學當以存主為先而致知力行亦不可以偏廢縱使已有一長未可遽恃以輕彼而長其驕吝克伐之私況其有無之實又初未可定乎凡日用間知此一病而欲去之則即此欲去之心便是能去之藥但當堅守常自警覺不可妄意推求必欲舍此拙法而別求妙解

知得如此是病却便不如此是藥若更問何由得如此則是騎驢覓驢只是一場閑話矣騎驢覓驢傳燈録云參禪有二病一是騎驢覓

驢一是騎驢不肯下此病皆是難醫若解下方喚作道人又云不解即心是佛真是騎驢覓驢

為學大要只在求放心此心泛濫無所收拾將甚處做管轄處其他用功總閑謾須先就自心上立得定決不雜則自然光明四達照用有餘凡謂是非美惡亦不難辨況天理人欲決不兩立須得全在天理上行方見人欲消盡義之與利不待分辨而明至若所謂利者凡有分毫求自利便處皆是便與克去不待顯著方謂之利此心須令純純只在一處不可令有外事參雜遇事而發合道理處便與果決行去勿顧慮若臨事見義方復遲疑則又非也仍須勤勤把將做事不可俄頃放寬日日時時如此便須見驗人之精神習久自成大凡人心若勤緊收拾莫令寬縱逐物安有不得其正者若真箇提得緊

均須格

雖半月見驗可也

今于日用間空閑時收得此心在這裡截然這便是喜怒哀樂未發之中便是渾然天理事物之來隨其是非便自見得分曉是底便是天理非底便是逆天理常常恁地收拾得這心在便如執權衡以度物人若要洗刷舊習都淨了却去理會此道理者無是理只是收放心把持在這裏便須有個真心發見從此便去窮理

問靜中常用涵養曰說得有病一動一靜無時不養學者工夫且去剪截那浮泛的思慮學者常用提省此心使如日之升則群邪自息他本是光明廣大自家則着些子力去提省照管他便了不要苦着力則反不是

以敬為主則內外肅然不忘不助而心自存不知以敬為心而欲存

心則不免將一个心把捉一个心外面未有一事時裡面已有三頭兩緒不勝其擾也就使實能把捉得住只此已是大病况未必真能把捉得住乎

人心纔覺時便在孟子說求放心求字已是遲了

或謂人心紛擾時難把持曰真个是難把持不能得久又被事物及閑思慮引將去孟子牛山之木一章最要看操之則存舍之則亡或又謂把持不能久勝物欲不去曰這個不干別人事雖是難亦是自着力把持常惺惺不要放倒覺得物欲來便著緊不要隨他去這個須是自家理會若說把持不得勝他不去是自壞了更說甚為仁由己而由人乎哉又曰把心不定喜怒憂懼四者皆足以動心問心不能自把捉否曰自是如此蓋心便能把捉自家自家卻如何把捉得

他惟有以義理涵養耳

問學者於已發處用功此却不枉費心曰存養于未發之前則可求中于未發之前則不可然則未發之前固有平日存養之功矣不必待已發然後用功也問涵養于未發之初令不善之念旋消則易為力若發後則難制曰聖賢之論正要就發處制惟子思說喜怒哀樂未發之謂中孔子教人多從發處說未發時固當涵養不成發後便都不管或云這處最難因舉橫渠戰退之說曰此亦不難只要明得一個善惡每日遇事須是體驗見得是善從而保養自然不肯走在惡上去

問心思擾擾曰程先生曰嚴威整肅則心便一一則自無非僻之干只纔整頓起處便是天理別無天理但常常整頓處思慮自一此心

此性人皆有之所以不識者物欲昏之耳欲識此本根亦須合下且識得個持養工夫次第而加功焉方始見得見得之後又不舍其持養之功方始守得蓋初不曾外來只持養得便自著見但見窮理工夫互相發耳

人心中大段惡念却易制伏最是那不大段計利害乍往乍來底念慮相續不斷難為驅除

人固有終身為善而自欺者不特外面有心中欲為善而常有個不肯底意思便是自欺也須是打疊得盡盡意誠而后心可正過得這一關後方可進

有箇天理便有箇人欲蓋緣這個天理須有箇安頓處才安頓得不恰好便有人欲出來天理人欲分數有多少天理本多人欲也便是

天理裡面做出来雖是人欲人欲中自有天理問莫不是本来全是天理否曰人生都是天理人欲都是後来沒巴鼻生底人只箇天理人欲此勝則彼退彼勝則此退無中立不進退之理凡人不進便退也譬如劉項相拒於榮陽成臯間彼進得一步則此退一步此進一步則彼退一步初學者只要牢劄定脚與他捱捱到一毫去則逐旋捱将去此心莫退終須有勝時勝時甚氣象人只是此一心今日是明日非不是将不是底換了是底今日不好明日好不是将好底換了不好底只此一心便看天理人欲之消長何如耳以至千載之前千載之後與天地相為終始只此一心學者須是革盡人欲復盡天理方始是學又曰天理人欲此長彼必短此短彼必長未知學問此心渾為人欲既知學問天理自然發見而人欲漸漸消去者固是好

矣然克得一層又有一層大者固不可有而纖微尤要密察

問五峰所謂天理人欲同行異情莫非這裡要分別否曰同行異情只如渴飲飢食等事在聖賢無非天理在小人無非人欲所謂同行異情者如此〻事若不曾尋着本領只是說得他名義而已矣說得名義儘分曉畢竟無與我事須就自家身上寔見得私欲錮蔽時如何天理發見時如何其間正有好用工夫處蓋天理在人亘古今而不泯隨甚〻如何蔽錮而天理常自若無時不自私意中發出但人不自覺正如明珠大貝混襍砂礫中零〻星〻逐時出来但只于這個道理發見處當下認取打合零星漸成片段到得自家好底意思日長月益則天理自然純固向之所謂私欲者自然消磨退散久之不復萌動矣若專務克治私欲而不能充長善端則吾心與所謂私欲

者日相闘敵從一時按伏得下又當復作矣初不道隔去私欲後別尋一個道理主執而行才如此又只是自家私意只如一件事見得如此為是如此為非便從是處行將去誤了一事必須知悔只這知悔處便是天理孟子說牛山之木既曰若此其濯濯也又曰萌蘖生焉既曰旦晝牿亡又曰夜氣所存如說求放心心既放了如何又求得只為這些道理根于一性者渾然至善故發于日用者多是善的道理只要人自識得雖至惡人亦只患他頑然不知省悟若心裏稍知不穩便從這裡改過亦豈不可做好人孟子曰人之所以異於禽獸者幾希庶民去之君子存之去只是去這些子存只是存得這些子學者所當深察也

問父母之於子有無窮憐愛欲其聰明欲其成立此之謂誠心也曰

父母愛其子正也愛之無窮而必欲其如此則邪矣此天理人欲之間正當審決

要知天之與我者只如孟子說無惻隱之心非人也無羞惡之心非人也無是非之心非人也無辭讓之心非人也今人非無惻隱羞惡辭讓是非發見處只是不省察若于日用間誠省察此四端者分明迸攢出來就此便操存涵養將去便是下手處只為從前不省察了此端絶見又被物欲汨了所以秉彝不可泯滅處雖在而終不能光明正大如其本然古人瞽史誦詩之類是規戒警誨之意有時不然便被他恁地炒自是使人住不著大抵學問須是警省今說求放心吾輩却要得此心主宰得定方賴此做事業如中庸說天命之謂性即此心也率性之謂道亦此心也脩道之謂教亦此心也以至于致

中和贊化育亦只此心也致知即心致也格物即心格也克己即心克也非禮勿視聽言動勿與不勿只爭毫髮地耳所以明道說聖賢千言萬語只是欲人將已放之心收拾入身來自能尋向上去今且須就心上做得主定方驗得聖賢之言有歸著自然有契如中庸所謂尊德性致廣大極高明蓋此心本是如此廣大但為物欲隔塞故其廣大有虧本是高明但為物欲係累故于高明有蔽若能常自省察警覺則高明廣大者常自若非有所增損之也其道問學盡精微道中庸等工夫皆自此做儘有商量也若此心上工夫則不待商量睹當即今見得如此則更無閑時行時坐時讀書時皆有着力處大抵只要見得收之甚易而不難也文字講說得行而意味未深者正要本原上加功須是持敬以靜為主此意須要于不做工夫時頻頻

体察久而自熟但是着實自做工夫不干別人事為仁由已而由人乎哉此語的當更看有何病痛知有此病必去其病此便是療之之藥如覺言語多便用簡默意思疎闊更加細密覺得輕浮淺易便須深沉厚重程先生所謂矯輕警惰蓋如此人有此心便知有此身人昏昧不知有此心便如人困睡不知有此身人雖困睡得人喚覺則此身自在心亦如此方其昏蔽得人警覺則此心便在這裏覺者工夫只在喚醒上問人放縱時自去收斂便是喚醒否曰放縱只為昏昧之故能喚醒則自不昏昧則自不放縱矣心只是一個心非是以一个心治一个心所謂存所謂收只是喚醒心不專靜純一故思慮不精明便要養此心令虛明專靜便道理從裡面流出便好問何以能如此莫只在靜坐否曰自去點檢且一日間試看此幾個時在內

幾個時在外小說中載趙公以黑白豆說善惡念之起此是古人做工夫處如此點檢則自見矣李先生嘗云人之念慮若是于顯然過惡萌動此却易見易除却怕於匹近似閑底事爆起來纏繞思念將去不能除此尤害事某向来亦是如此

問凡人之心不存則亡而無不存不亡之時故一息之頃不加提省之力則淪亡而不自覺天下之事不是則非而無不是不非之處故一事之微不加精察之功則陷于惡而不自知近見如此不知如何曰道理固是如此然初學亦未能便如此也

問人之手動足履須還是都覺得始得看来不是處都是心不在後錯過了曰須是見得他合當是恁地問立則見其參於前在輿則見其倚於衡只是熟後自然見得否也曰也只是隨處見得那忠信篤

敬是合當如此又問舊見敬齋箴中云擇地而蹈折旋蟻封遂如行步時要步々覺得他移動要之無此道理只是常々提撕曰這病痛須一々識得方得且如事父母方在那奉養時又自着注脚解說道這箇是孝如事長方在那順承時又自着注脚解說道這个是弟便是兩箇了問只是如事父母當勞苦有倦心之際却須自省覺說這個是當然曰是如此或曰每常處事或思慮之發覺得發之正者心常安其不正者心常不安然義理不足以勝私欲之心少間安者却容忍不安者却依舊被私欲牽將去及至事過又却悔々時依舊是本心發處否曰然只那安不安處便是本心之德孔子曰志士仁人無求生以害仁有殺身以成仁求生如何便害仁殺身如何便成仁只是箇安與不安而已又曰不待接事時方流入于私欲只那未接

物時此心已自流了須是未接物時也常剔抉此心教他今明少間接事便不至于流上蔡解為人謀而不忠云為人謀而忠非特臨事而謀至于平居靜處所思以處人者一有不盡則非忠矣此雖於本文說得來太過然却如此今人未到為人謀時方不忠只平居靜慮閑思念時便自懷一箇利便於己將不好處推與人之心矣須自于此處常常照管得分明方得

問覺是人之本心不容泯沒故乘間發見之時直是昭著不與物雜於此而自識則本心之體即得其真矣上蔡謂人須自識其真心某恐謂此然此恐只隨在而有蓋此心或昭著擾閙靜一之時如孟子言平旦之氣或發見于事物感動之際如孟子言人乍見孺子將入井皆有怵惕惻隱之心或求文字而怡然有得如伊川先生所謂有

讀論語了後其中得一兩句喜者或索之講論而恍然有悟如夷子聞孟子極論一本之說遂憮然為間而受命凡此恐皆是覺處若素未有覺之前但以為已有是心而求以存之恐昏隔在此不知宣為何物必至覺時方始識其所以為心者既嘗識之則恐不肯甘心以其虛明不昧之體迷溺于卑污苟賤之中此所以汲汲求明益不能已而其心路已開然自有可進步處與夫茫然未識旨趣者大不侔矣故某嘗竊疑覺為大學小學相承之機不知是否曰所論甚精但覺似少渾厚之意心字一言以蔽之曰生而已天地之大德曰生人受天地之氣而生故心必仁仁則生矣

與劉平甫書云學問之道不在于多言但默坐澄心體認天理若見雖一毫私欲之發然自退聽矣久久用力于此庶幾漸明講學始有

力也又云大率有疑處須靜坐體究人倫必明天理必察於日用處著力可見端緒在勉之耳

問存養多用靜否曰不必然孔子却都就用處教人做工夫今雖說主靜然亦非棄物事以求靜既為人自然用事君親交朋友撫妻子御僮僕不成捐棄了只閉門靜坐事物之來且曰候我存養又不可只茫茫隨他事物中走二者須有箇思量倒斷始得頃之復曰動時靜便在這裡動時也有靜順理而應則雖動亦靜也故曰知止而后有定定而后能靜事物之來若不順理而應則雖塊然不交于物以求靜心亦不得靜惟動時能順理則無事時能靜靜能存則動時得力須是動時也做工夫靜時也做工夫兩莫相靠使工夫無間斷始得若無間斷靜時固靜動時心亦不動動亦靜也若無工夫則動時

固動靜時雖欲求靜不可得而靜〻亦動也動靜如舡在水潮至則動潮退則止有事則動無事則靜一云事來則動事過則靜如潮頭高船也高潮頭下船也下雖然動靜無端亦無截然為動為靜之理如人之氣吸則靜噓則動又問苔之際答則動也止則靜矣凡事皆然且如涵養致知亦何所始但學者須是截從一處做去程子謂學莫先于致知是知在先又曰未有致知而不在敬者則敬也在先從此推去只管恁地

李伯誠曰打坐時意味也好先生曰坐時固是好須是臨事接物長如坐底時方好

靜中動是起念時動中靜是物各付物

問而今看道理不出只是心不虛靜否曰也是不會去看會看底就

看處是虛靜這个互相發

主敬存養雖說必有事焉然未有思慮作為亦靜而已所謂靜者固非枯木死灰之謂而所以必有事者亦豈求中之謂哉

問伯羽如何用功曰且學靜坐痛抑思慮曰痛抑也不得只是放退可也若全閉眼而坐却有思慮矣又言也不可全無思慮但要無邪思耳問某尋常覺得資質昏愚但持敬則此心虛靜覺得好若敬心稍不存則裡面固是昏襍而發于事亦兀突所以專于敬而無失上用功曰這裡未消說敬與不敬在蓋敬是第二節事而今把來夾襍說則鶻突了愈難理會且只要識得那一是一二是二便是虛靜也要識得這物事不虛靜也要識得這物事如未識得這物事時則所謂虛靜亦是黑底虛靜不是白底虛靜而今須是要打破那黑底虛

靜換做個白底虛靜則八窻玲瓏無不融通不然則守定那裡底虛靜終身黑窣地莫之通曉也問每日暇時畧靜坐以養心但覺意自然紛起要靜越不靜曰程子謂心自是活底物事如何窒定教他不思只是不可胡亂思才著个要靜底意思便添了多少思慮且不要恁地拘迫他須自有寧息時又曰要靜便是先獲便是助長便是正問延平先生靜坐之說如何曰這是難說靜坐便理會道理自不妨只是既要靜坐則不可理會道理明透自然是靜今人都是討靜坐以省事則不可蓋心下熱鬧如何看得道理出須是靜方看得出所謂靜只是打疊心下無事則道理始出道理既出則心愈明靜矣問人之思慮有正有邪若是大叚邪僻之思都容易制惟是許多頭無端頭面不緊要底思慮不知何以制之曰此亦無他只是覺得不

當思量的則莫要思量便從覺下做工夫久〻純熟自然無此等思
慮矣譬如人坐不定者兩脚常要行但終要行時便自省覺不要行
久〻純熟亦自然不要行而坐得定矣前輩有欲澄治思慮者於坐
處置兩器每起一善念則投白豆一粒于器中每起一惡念則投黑
豆一粒于器中初時黑豆多白豆少後來白豆多黑豆少到後來遂
不復有黑豆最後則雖白豆亦無之矣然此只是箇死法若更加以
讀書窮理底工夫則去那般不正的思慮何難之有又如人有喜做
不要緊事如寫字作詩之屬初時念〻要做更遏禁不得若能將聖
賢言語來玩味見得義理分曉則漸〻覺得此重彼輕久〻不知不
覺自然剝落消殞去何必横生一念要得別尋一捷径盡去了意見
然後能如此〻皆是不耐煩去修治他一个身心了作此見解譬如

人做官則當致誠去做職業却不耐煩去做須要尋個倖門去鑽道鑽得這裡透時便可以超躐將去今欲去意見者皆是這個心學者但當就意見上分真妄存其真者去其妄者而已若不問真妄盡欲除之所以游〻蕩〻虛度光陰都無下工夫處因舉中庸曰喜怒哀樂未發謂之中發而皆中節謂之和中也者天下之大本和也者天下之達道致中和天地位焉萬物育焉只如喜怒哀樂也皆人之所不能無者如何要去得只是要發而中節耳所謂致中如孟子之求放心與存心養性是也所謂致和如孟子論平旦之氣與充廣其仁義之心是也今却不耐煩去做這樣工夫只管要捷徑去意見只恐所謂去意見者已未免為意見也聖人教人如一條大路平〻正〻自此直去可以到聖賢地位只是要人做得徹做得徹時也不大驚

小怪只是私意剥落淨盡純是天理融明耳又曰興於詩立於禮成於樂聖人做出這一件物事來使學者聞之自然歡喜情愿上這條路去四方八面擸掇他去這路上行又曰所謂致中者非但自在中而已纔有些子偏倚便不可須是常在那中心十字上立方是致中譬如射雖射中紅心然在紅心邊側亦未當須是正當紅心之中乃為中也輔廣云此非常存戒謹恐懼底工夫不可曰固是只是個戒謹恐懼便是工夫又曰博我以文約我以禮聖門教人只此兩事須是互相發明約禮底工夫深則博文底工夫愈明博文底工夫至則約禮底工夫愈密

或問先生人事之煩先生曰大凡事只得耐煩做將去方起厭心便不得

或問理會應变處曰今且當理會常未要理會变常底許多道理未能理會得盡如何便要理會变聖賢説話許多道理平鋪在那裡且要濶着心胸平去看通透後自能應变不是硬捉定一物便要討常便要討变今也須如僧家行脚接四方之賢士察四方之事情覽山川之形勢觀古今興匕治亂得失之迹這道理方見得周編士而懷居不足以為士矣不是塊然守定這物事在一室閉户獨坐便了便可以為聖賢自古無不曉事情底聖賢亦無不通变底聖賢亦無閉門獨坐底聖賢聖賢無所不通無所不能那個事理會不得如中庸天下國家有九經便要理會許多物事如武王訪箕子陳洪範自身之視聽言貌思極至于天人之際以人事則有八政以天時則有五紀稽之于卜筮驗之于庶徵無所不備如周禮一部書載周公許多

經國制度便有國家當自家做只是古聖賢許多規模大體也要識盡這道理無所不該無所不在且如禮樂射御書數許多周旋升降文章品節之繁豈有妙道精義在只是也要理會理會得熟時道理便在面上又如律曆刑法天文地理軍旅官職之類都要理會雖未能洞究其精微然也要識箇規模大概道理方浹洽通透若只守個些子捉定在這裡把許多都做閑事便都無事了如此只理會得門内事門外事便了不得所以聖賢教人要博約須是博學之審問之慎思之明辨之篤行之子曰我非生而知之者好古敏以求之者也文武之道布在方冊在人賢者識其大者不賢者識其小者夫子焉不學而亦何常師之有聖人雖是生知然也事事理會過無一之不講這道理不是只就一件事上理會見得便了學時無所不學理會

時却是逐一件上理會去凡事雖未理會得詳密亦有箇大要處縱詳密處未曉得而大要處已被自家見了今只就一線上窺見天理只恁地了便要去通那萬事不知如何通得萃百物然後觀化工之神聚衆材然後知作室之用于一事一義上欲窺見聖人之用心非上智不能也須開心胸去理會天理大所包得亦大且如五常之教自家而言只有個父子兄弟夫婦才出外便有朋友朋友之中事已煞多及身有一官君臣之分便定這裡面又煞多事多事都合講過他人未做工夫底亦不敢向他說如吾友於己分上已自見得若不說與公又可惜了他人于己分上不曾見得泛而觀萬事固是不得而今已有個本領却只捉定這些子便了也不得如今只道是持敬收拾人心日用要合道理無差失此固是好然出應天下事應這事

得時應那事又不得學之大本中庸大學巳說盡了大學首說格物致知為甚要格物致知便是要無所不格無所不知物格知至方能意誠心正身修推而至于家齊國治天下平自然滔滔去都無障碍因說南軒洙泗言仁編得亦未是聖人說仁處固是仁然不說處不成非仁天下只有個道理聖人說許多說話都要理會豈可只去理會說仁處不說仁處便掉了不管

熹舊時亦要無所不學禪道文章楚辭兵法事事要學一日忽思之曰且慢我只一個渾身如何兼得許多自此逐時去了

學者須是主一上做工夫若無主一工夫則所講的義理無安着處都不是自家物事工夫到時終主一便覺意思好卓然精神不然便散緩消索了沒意思做工夫只自脚下便做將去固不免有散緩時

但纔覺便收斂將來漸漸做去但得收斂時節多散緩之時少便是長進處故孟子說學問之道無他求其放心而已所謂求放心者非是别去求箇心存着只纔覺放心便在此孟子又曰雞犬放則知求之心放則不知求某嘗謂雞犬猶是外面才放了須去外面捉將來若是自家心更不用别求纔覺便在這裡雞犬放猶有求不得時自家心則無求不得之理因言横渠說做工夫處更精切似二程二程資禀高明潔浄不大段用工夫横渠資禀有偏駁夾襍處大段用工夫來觀其言曰心清時少亂時多其清時視明聽聦四休不待羈束而自然恭謹其亂時反是說得來大段精切

聖賢言語未嘗閑聚如說出門如見大賓使民如承大祭皆是敬直到程子始閑聚說出一個敬來教人然敬有甚物只如畏字相似不

是塊然兀坐耳無聞目無見全不省事之謂只收檢身心整齊純一不恁地放縱便是敬孔子之所謂克己復禮中庸所謂致中和尊德性道問學大學所謂明〻德書曰人心惟危道心惟微惟精惟一允執厥中聖賢千言萬語只是教人存天理滅人欲人性本明如寶珠沉溷水中明不可見去了溷水則寶珠依舊自明自家若知得是人欲蔽了便是明處只是這上便緊〻着力主定一面格物今日格一物明日格一物正如游兵攻圍拔守人欲自銷鑠去所以程先生說敬字只謂我自有一个明底物事在這裡把個敬字抵敵常〻存個敬在這裡則人欲自然來不得夫子曰為仁由己而由人乎哉緊要處正在這裡

聖賢言語大約似乎不同然未始不貫只如夫子言非禮勿視聽言

動出門如見大賓使民如承大祭言忠信行篤敬這是一付當說話到孟子又却說求放心存心養性大學則又有所謂格物致知正心誠意至程先生又專一發明一個敬字若只恁看似乎參錯不齊千頭萬緒其實只一理楊道夫曰泛泛于文字間祇覺得異實下功則貫通之理始見曰然只就一處下工夫則餘者皆兼攝在裡聖賢之道如一室然雖百戶不同自一處行來便入得但恐不下工夫耳國歎敬字工夫之妙聖賢之所以成始成終者皆由此故曰脩已以敬下面安人安百姓皆由于此只緣子路問不置故聖人復以此答之只是個脩已以敬則其事皆了或曰自秦漢以來諸儒皆不識這敬字直至程先生方說得親切學者知所用力曰程子說得如此親切了近世程沙隨猶非之以為聖賢無單獨說敬字時只是敬親敬君

敬長方着了敬字全不成説話聖人説脩己以敬曰敬而無失曰聖敬日躋何嘗不單獨説來若説有君有親有長時用敬則無君無親無長之時將不敬乎

敬之一字學者若能實用其力則雖程子兩言之訓猶為剩語如其不然則言愈多心愈雜而所以病夫敬者益深矣當使截斷嚴整之時多滕滕擾擾之時少方好

敬不是萬慮休置之謂只是隨事專一謹畏不放逸耳非專是閉目靜坐耳無聞目無見不接事物然後為敬整齊收斂這身心不敢放縱便是敬嘗謂敬字似甚字卻似個畏字

周先生只説一者無欲也然這話頭高卒急難湊泊尋常人如何便得無欲故伊川只説个敬字教人只就這敬字上捱去庶幾執捉得

定有个下手處縱不得亦不至失要之皆只要人於此心上見得今明自然有得耳然今之言敬者乃皆莊點外事不知直捷于心上求功遂覺累墜不快活不若眼下于求放心處有功則尤省力也但此事甚易只如此提醒莫令昏昧一二日便可見效且易而省力只在念不念之間耳何難而不爲

敬即是此心之自做主宰處

問下學與上達固相對是兩事然下學却當大段多着工夫曰聖賢教人多說下學事少說上達事說下學工夫要多也好但只理會下學又局促了須事事理會過來也要知個貫通處不去理會下學只理會上達即都無事可做恐孤單枯燥程先生云但是自然更無玩索既是自然便却無可理會了譬如耕田須是種下種子便去耘耡

灌溉然後到那熟處而今只想像那熟處却不曾下得種子如何會熟

問為學道理日用間做工夫所以要步步縝密者蓋緣天理流行日用之間千頭萬緒無所不在故不容有所欠缺便于天理湊得着曰也是如此理只在事物之中做工夫須是密然亦須是那疎處斂向密又就那密處展放開若只拘要那縝密處又却局促了問放開樣子如何曰亦只是見得天理是如此人欲是如此便做將去或云無時不戒謹恐懼則天理無時而不流行有時而不戒謹恐懼則天理有時而不流行此語如何曰不如此也不得然也不須將戒謹恐懼說得太重不是恁地驚恐只是常常提撕認得這物事常常存得不失今人只見他說得此四个字重便作臨事驚恐看了如臨深淵如履

薄氷曾子也只是認這道理常常恁地把捉去不成便恁地驚恐學問只是要此心常存若不用戒謹恐懼而此理常流通者惟天地與聖人不勉而中不思而得從容中道亦只是此心常存理常明故能如此賢人所以異于聖人衆人所以異于賢人亦只爭這些子境界存與不存而已嘗謂人無有極則處便是堯舜周孔不成說我是從容中道不要去戒謹恐懼那工夫亦自未嘗得息

持養之久則氣漸和氣和則溫裕婉順望之者意消忿解而無招咈取怒之患矣體察之久則理漸明理明則諷導詳款聽之者心諭慮移而無起爭見郤之患矣更須參觀物理深察人情体之以身揆之以時則無偏蔽之失也持養察識之功要當並進更當于事事物物試驗學力若有窒礙齟齬即深求病源所在而鋤去之

問持其志無暴其氣古人在車聞鸞和行則有珮玉凡此皆所以無暴其氣今人既無此不知何如而為無暴先生曰此人多動作多笑語做力所不及底事皆是暴其氣今學者須事事節約莫教過當此便是養氣之道也

問夜氣平旦之氣曰這一段其所以主却在心熹嘗謂只有程先生夜氣之所存者良知也良能也諸家解註惟此說為當

先遺獻師說曰平旦之氣即是良心不是良心發見于此氣也又曰孟子言良心何不指其降衷之體言之而形容平旦之氣似落于迹象不知即流行之命也知此即為知命猶之太虛何處不是生意然不落空則生機散漫無所收拾佛氏以虛無為體正坐不知命

洪慶將歸先生召入與語曰此去但存養要這個道理分明常在這裡久自有覺覺後自有此物洞然貫通圓轉乃舉孟子求放心操則

存兩節及明道語録中聖賢教人千言萬語下學上達一條云自古聖賢教人也只就這裡上用功所謂放心者不是走作向别處盖一瞬目間便不見才覺得便又在面前不是苦難收拾公且自去提撕便見得又曰如合要下學工夫且須端莊存養獨觀昭曠之原不須全費工夫鑽紙上語待存養得此中昭明洞達自覺無許多窒礙恁時方取文字来看則自然有意味道理自然透徹遇事時自然迎刄而解皆無許多病痛此等語不欲對諸人說恐他不肯去看文字又不是了且教他看文字撞来撞去將来自有撞着處凡看文字非是要理會文字正要理會自家性分上事學者須要主一主一當要心存在這裡方可做工夫如人須尋個屋子住至于為農工商賈方惟其所之住者無個屋子如小人趂得百錢亦無歸宿孟子說求其放

心已是兩截如常知得心存這裡則心自不放又云無事時須要知得此心不知此心却似睡困都不濟事今看文字又理會義理不出亦只緣主一工夫欠缺

學者須是培養今不做培養工夫如何窮得理程子言動容貌整思慮則自生敬〻只是主一也存此則自然天理明又曰整齊嚴肅則心便一〻則自無非僻之干此意但涵養久之則天理自然明今不曾做得此工夫胷中膠擾駁襍如何窮得理一如他人不讀書是不肯肯去窮理又無持敬工夫從陸子靜學如楊敬仲輩持守得亦好若肯去窮理須窮得分明然他不肯讀書只任一已私見有似箇稊稗今若不做培養工夫便是五穀不熟又不如稊稗也

人也有靜坐無思念底時節也有思量道理底時節豈可畫為兩途

說靜坐時與讀書時工夫迥然不同當靜坐涵養時正要體察思繹道理只此便是涵養不是說喚醒提撕將道理去劫那邪思妄念只自家思量道理時自然邪念不作言忠信行篤敬立則見其參於前在輿則見其倚于衡只是見這忠信篤敬在眼前自然邪念無自而入非是要存這忠信篤敬去除那不忠不敬底心今人之病正在其靜坐讀書時二者工夫不一所以差

惺惺乃心不昏昧之謂只此便是敬心若昏昧燭理不明雖強把捉豈得為敬

日用之間隨時隨處提撕此心勿令放逸而于其中隨事觀理講求思索沉潛反覆庶于聖賢之教漸有默相契處則自然見得天道性命真不外乎此身而吾之所謂學者舍是無有別用力處

學固不在乎讀書然不讀書則義理無由明要之無事不要理會無書不要讀着不讀這一件書便缺了這一件道理不理會這一件事便缺了這一件道理要他底須着些精彩方得然泛泛做又不得故

一程先生教人以敬為本然後心定理明孔子言出門如見大賓使民如承大祭也是散說要人敬但敬便是關聚底道理曾愛古人說得學有緝熙于光明此句最好蓋心地本是光明只被利欲昏了今所以為學者要令其光明處轉光明所以下緝熙字心地光明則此事有此理此物有此理自然見得且如人心何嘗不光明見他人做得是便道是做得不是便知不是何嘗不光明然只是才明便昏了又有一種人自謂光明而事事物物原不曾炤見似此光明亦不濟得事

大學是聖門最初用功處格物又是大學最初用功處然格物是夢覺關格得來是覺格不得是夢誠意是善惡關誠得來是善誠不得是惡過此二關上面工夫却一節易如一節了到得平天下處尚有些工夫只為天下闊須着如此點檢

學者讀書須是於無味處當致思焉至于群疑並興寢食俱廢乃能驟進因嘆驟進下得好須是如此若進得些子或進或退若存若亡不濟事如用兵相殺爭得些兒小可一二十里地也不濟事須大殺一番方是善勝為學之要亦是如此

讀書始讀未知有疑其次則漸漸有疑中則節節是疑過了這一番後疑漸漸解以至融會貫通都無所疑方始是學

學者要看義理須是胸次放開磊落明快恁地去第一不可先責效

才責效便有憂愁底意思只管如此胸中便結聚一餅子不散今且放置閑事不要閑思量只專心去玩味義理便會心精心精便會熟

讀書須是有精力楊至之曰亦須是聰明曰雖是聰明亦須是靜方運得精神昔見延平說羅先生解春秋也淺不似胡文定後來隨人入廣在羅浮山住兩三年去那裡心靜須看得較透某初疑春秋於心靜甚事後來方曉蓋靜則心虛道理方看得出

看書與日用工夫皆要放開心胸令其平易廣濶方可徐徐旋看道理浸灌培養切忌合下便立己意把捉得太緊了即氣象急迫心田地狹隘無處著工夫也今人觀書先自立了意後方觀書率古人言語入做自家意思中來如此則是推廣得自家意思如何得見古人意思須是虛此心將古人言語放前面看他意思倒殺向何處去如此

玩心方可得古人意有長進處且如孟子說詩要以意逆志是爲得之逆者等待之謂也如前途等待一人未來時且須耐心等將來自有来時候他未来其心急切又要進前尋来却不是以意逆志却是以意捉志也如此只是牵古人言語入做自家意思中来終無進益

讀書理會道理只是將勤苦捱將去不解得不成文王猶勤而況寡德乎今世上有一般議論成就後人懶惰如云不敢輕議前輩不敢妄立論之謂皆中惰怠者之意前輩固不敢妄議然論其行事之是非何害固不可鑿空立論然讀書有疑有所見自不容不立論其不立論者只是讀書不到疑處耳將諸家說相比並以求其是便是有合辨處

經之有解所以通經〻既通自無事于解借經以通乎理耳理得則

無候乎經今意思只滯在此則何時得脱然會通且所貴乎簡者非謂欲言語之少也乃在中與不中耳若句句親切雖多何害若不親切愈少愈不達矣某嘗説讀書須細看得意思通融後都不見註解但見有正經幾個字在方好

大抵思索義理到紛亂窒塞處須是一切掃去放教胸中空蕩蕩地了却舉起一看便是覺得有下落處此説向見李先生曾説來今日方真實驗得如此非虚語也

問力行何如説是淺近語曰不明道理只是硬行又問何以為淺近曰他只見聖賢所為心下愛硬依他行這是私意不是當行若見得道理時皆是當恁地行

廖晋卿請問所讀書先生曰心放已久精神收拾未定且收斂精神

方可商量讀書

方伯謨勸先生少著書荅曰在世間吃了飯後全不做得些子事無道理

人多言為事所奪有妨講學此謂不能使船嫌江曲者也遇富貴就富貴上做工夫遇貧賤就貧賤上做工夫兵法一言甚佳因其勢而利導之也人謂齊人弱田單乃因其弱以取勝又如韓信特地送許多人安于死地乃始得勝學者若有絲毫氣在必須儘力除非無了此氣這口不謂會說話方可休也

古人所以從事于學者其果何為而然哉天之生斯人也則有常性人之立于天地之間也則有常事在身有一身之事在家有一家之事在國有一國之事其事也非人之所能為也性之所有也弗勝其

事則為弗有其性弗有其性則為弗克若天矣克保其性而不悖其事所以順乎天也然則舍講學其能之哉凡天下之事皆人之所當為君臣父子兄弟夫婦朋友之際人事之大者也以至于視聽言動周旋食息至纖至悉何莫非事者一事之不貫則天性之陷溺也然則講學其可不汲汲乎學所以明萬事而奉天職也雖然事有其理而著于吾心心也者萬事之宗也惟人放其良心故事失其統紀學也者所以收其放而存其良也夏葛而冬裘飢食而渴飲理之所固有而事之所當然者凡吾于萬事皆見其若是也而後為當其可學者求乎此而已嘗竊怪今世之學者異乎是鼓篋入學抑亦思吾所謂學者果何事乎聖人之立教者果何在乎而朝廷建學群聚而教養者又果何為乎嗟乎此獨未之思而已矣使其知所思則必竦然

動于中而其朝夕所接君臣父子兄弟朋友之際視聽言動之間必有不得而遁者庶乎可以知入德之門矣講究義理須要看得如飢食渴飲只是平常事若談高說妙便是懸空揣度去道遠矣近日學者論仁多只是要見得仁字意思縱使逼真亦終非實得看論語中聖人所言只欲人下工夫升高自下陟遐自邇循序積習自有所至存養省察固當並進存養是本工夫固不越于敬敬固在主一此事惟用力者方知其難講學不可以不精也毫釐之差則其弊有不可勝言者故夫專于考索則有遺本溺心之患而騖于高遠則有躐等憑虛之憂二者皆其弊也考聖人之教固不越乎致知力行之端患在人不知所用力耳莫非致知也日用之間事之所遇物之所觸思之所起以至于讀書考古知所用力則莫非吾格物之妙也其為力

行也豈但見于孝弟忠信之所發形于事而後行乎自息養瞬存以至于三十三百之間皆合内外之實也行之力則知愈進知之深則行愈達

作事若顧利害其終未有不陷于害也古人臨事所以要回互時是一般國家大事係死生存亾之際有不可直情徑行處便要權其輕重而行之今則事〻用此一向回互至於枉尺直尋而利亦可為與是甚意思

問學者講明義理之外亦須理會時政凡事要一〻講明使先有一定之説庶他日臨事不至面墻曰學者若得胸中義理明從此去量度事物自然泛應曲當人若有堯舜許多聡明自做得堯舜許多事業若要一〻理會則事变無窮難以逆料隨機應变不可預定今世

才人文士開口便說國家利害把筆便述時政得失終濟得甚事只是講明義理以淑人心

人最不可曉有人奉身儉嗇之甚充其操上食槁壤下飲黃泉底却只愛官職有人奉身清苦而好色他只緣私欲不能克臨事只見這个重都不見别个了或曰似此等人分數勝己下底曰不得如此說纔有病便不好更不可以分數論他只愛官職便弑父與君也敢

古人尊貴奉之者愈備則其養德也愈善後之奉養備者賊之而已矣

為血氣所使者只是客氣惟于性理說話涵泳自然臨事有别

處事須是慈祥和厚為本如勇决剛果固不可無然用之有處所事至于過當便是偽

學常要親細務莫令心粗問避嫌是否曰合避豈可不避如瓜田不納履李下不整冠豈可不避如君不與同姓同車與異姓同車不同服皆是合避處事有不當耐者豈可全學耐事學耐事其弊至于苟賤不廉學者須要有廉隅墻壁便可擔負得大事去如子路世間病痛都沒了親于其身為不善者不入此大者立也

恥有當忍者有不當忍者人須有廉恥孟子曰恥之於人大矣哉恥便是羞惡之心人有恥則能有所不為今有一樣人不能安貧其氣錯屈以至立脚不住不知廉恥亦何所不至因舉呂舍人詩云逢人即有求所以百事非如論語必須論富與貴是人之所欲也不以其道得之不處也貧與賤是人之所惡也不以其道得之不去也然後說君子去仁惡乎成名必先教取舍之際界限分明然後可做工夫

不然則立脚不定安能有進又云學者不于富貴貧賤上立定則是入門便差了也人之所以戚戚于貧賤汲汲于富貴只緣不見這個道理若真見這箇道理何富貴之足羨而貧賤之足憂耶學者常常以志士不忘溝壑為念則道理重而計較死生之心輕矣況衣食至微末事不得亦未必死亦何用犯義犯分役心役志營營以求之耶某觀今人因不能咬菜根而至于違其本心者衆矣可不戒哉惟君子然後知義理之所必當為與義理之所必可恃利害得失既無所入于其心而其學又足以應事物之變是以氣勇謀明無所懾憚不幸蹉跌死生以之小人之心一切反是

問止於至善至善乃極則否荅曰不然至善者本也萬善皆於此乎出荅石子重

若如所謂當應事然後思是事之理當接物然後思是物之理則恐思之不豫而無所及若豫講之則又陷于所謂出位而思念慮紛擾之病竊意用力之久必有說以處此矣幸明告我得以反覆之（答程次卿）

自聖學不傳世之為士者不知學之有本而惟書之讀則其所以求于書不越于記誦訓詁文詞之間以釣聲名於（干）祿利而已是以天下之書愈多而理愈昧學者之事愈勤而心愈放詞章愈麗議論愈高而其德業事功之實愈無以逮夫古人然非書之罪也讀者不知學之有本而無以為之地也（福州州學經史閣記）

若知此心此理端的在我則參前倚衡自有不容舍者亦不待求而得不待捺而存矣格物致知亦是因其所已知者推之以及其所未知只是一本元無兩樣工夫也（答陳才卿）

如釋氏擎拳竪拂運水般柴之説豈不見此心豈不識此心而卒不可與入堯舜之道者正謂不見天理而專認此心以為主宰故不免流于自私耳前輩有言聖人本天釋氏本心蓋謂此也答張敬夫

邵子又謂心者性之郛郭乃為近之但其語意未免太粗須知心是身之主宰而性是心之道理乃無病耳所謂察識此心乃致知之切近者此説是也然亦須知所謂識心非徒欲識此心之精靈知覺也乃欲識此心之義理精微耳答姜叔權

治國平天下與誠意正心脩身齊家只是一理所謂格物致知亦曰如此而已矣此大學一書之本指也今必以治國平天下為君相之事而學者無與焉則内外之道異本殊歸與經之本旨正相南北矣禹稷顔回同道豈必在位乃為為政耶答江德功

文字雖不可廢惟涵養本原而察于天理人欲之判此是日用動靜之間不可頃刻間斷底事若于此處見得分明自然不到得流入世俗功利權謀裡去矣熹亦近日方寔見得向日支離之病雖與彼中證候不同然其忘己逐物貪外虛内之失則一而已程子說不得以天下不萬物撓己己立後自能了得天下萬物今自家一個身心不知安頓去處而談王說霸將經世事業別作一箇伎倆商量講究不亦誤乎以下答呂子約

主忠信之言後於不重則不威其意如何答曰聖賢所言為學之序例如此須先自外面分明有形象處把捉扶豎起來不如今人動便說正心誠意卻打入無形影無稽考處去也

須知必有事焉只此一句便合見天理流行活潑潑地方要于此著

意尋討使窒礙了如說先難只此二字已見得為仁工夫然于此處才有計較便夾襍了故才說上句便說下句以急救之

來書亦於智力二字畢竟看不破放不下殊不知此正是智力中之仁義窟中之主鐵中之金若苦向這裏覓道理便落在五霸假之以下規模裏出身不得孟子董子所以拔本塞源斬釘截鐵便是正怕後人似此拖泥帶水也熹常語此間朋友孟子一生忍窮受餓費盡心力只破得枉尺直尋四字今日諸賢苦心勞力費盡言語只成就枉尺直尋四字不知諸訛在甚麼處此語無告訴處只得仰屋浩歎也

示諭日用工夫如此甚善然亦且要見得一大頭腦分明便于操舍之間有用力處如實有一物把住放行在自家手裏不是謾說求其

放心實却茫茫無把捉處也

來書謂伊川先生所云内外不備者為不然蓋無有能直内而不方外者此論甚當擴此正是熹所疑處若使釋氏果能敬以直内則便能義以方外便須有父子有君臣三綱五常闕一不可今曰能直内矣而其所以方外者果安在乎又豈數者之外別有所謂義乎以此而觀伊川之語可謂失之恕矣然其不然特老兄未之察耳所謂直内者亦謂其有心地一段工夫耳但其用功却有不同處故其發有差他却全不管著此所以無方外之一節也固是有根株則必有枝葉然五穀之根株則生五穀之枝葉華實而可食稊稗之根株則生稊稗之枝葉華實而不可食此則不同耳參朮以根株而愈疾鉤吻以根株而殺人其所以殺人者豈在根株之外而致其毒哉 内外之辨

涵養本原之功誠易間斷然纔覺得間斷便是相續處只要常自提撕分寸積累將去久之自然接續打成一片耳講學工夫亦是如此莫論事之大小理之淺深但到目前即與理會到底久之自然浹洽貫通也 答方賓王

前者所論未嘗欲專求息念但以為不可一向專靠書冊故稍稍放教虛閑務要親切自己然其無事之時猶是本根所在不可昏惰雜擾故又欲就此便加持養立個主宰其實只是一個提撕警策通貫動靜但事是無事時只是一直如此持養有事處便有是非取舍所以有內直方之別非以動靜真為判然二物也 答余正叔

學問臨事不得力固是靜中欠却工夫然欲舍動求靜又無此理蓋人之身心動靜二字循環反覆無時不然但常有此心勿令忘失則

隨動隨靜無處不是用力處矣荅吳伯豐

所論為學之意善矣然欲專務靜坐又恐墮落那一邊去只是虛着此心隨動隨靜無時無處不致其戒謹恐懼之力則自然主宰分明義理昭著矣然着箇戒謹恐懼四字已是壓得重了要之只是略綽提撕令自省覺便是工夫也荅潘子善

夫性者理而已矣乾坤變化萬物受命雖所稟之在我然其理則非有我之所得私也所謂反身而誠蓋謂盡其所得乎己之理則知天下萬物之理初不外此非謂盡得我此知覺則衆人之知覺皆是此物也性只是理不可以聚散言其聚而生散而死者氣而已矣所謂精神魂魄有知有覺者皆氣之所為也故聚則有散則無若理則初不為聚散而有無也但有是理則有是氣苟氣聚乎此則其理亦命

於此耳不得以水漚比也鬼神便是精神魂魄程子所謂天地之功用造化之迹張子所謂二氣之良能皆非性之謂也故祭祀之禮以類而感以類而應若性則又豈有類之可言耶然氣之已散者既化而無有矣其根於理而日生者則固浩然而無窮也故上蔡謂我之精神即祖考之精神蓋謂此也然聖人之制祭祀也設主立尸焫蕭灌鬯或求之陰或求之陽無所不用其極而猶止曰庶或享之而已其至誠惻怛精微恍惚之意蓋有聖人所不欲言者非可以世俗麤淺知見執一而求也豈曰一受其成形則此性遂爲吾有雖死而不滅截然自爲一物藏乎寂然一体之中以俟夫子孫之求而時出以享之耶必如此說則其界限之廣狹安頓之處所必有可指言者且自開闢以來積至于今其重併積疊計已無地之可容矣是又安有

此理耶且乾坤造化如大洪爐人物生〻無少休息是乃所謂實然之理不憂其斷滅也今乃以一片大虛寂目之而反認人物已死之知覺謂之實然之理豈不誤哉又聖賢所謂歸全安死者亦曰無失其所受乎天之理則可以無愧而死耳非以為實有一物可奉持而歸之然後吾之不斷不滅者得以晏然安處乎冥漠之中也夭壽不二脩身以俟之是乃無所為而然者与異端為生死事大無常迅速然後學者正不可同日而語今乃混而言之以彼之見為此之說所以為說愈多而愈不合也 可 以下荅廖子晦

詳來諭正謂日用之間別有一物光輝燗爍動蕩流轉是即所謂無極之真所謂谷神不死二語皆來書所引所謂無位真人此釋氏語 極 正谷神之君長也學者合下便要識得此物而後將心想像照管要

得常在目前乃為根本工夫至于學問踐履零星湊合則自是下一截事與此粗細迥然不同雖以顏子之初仰高鑽堅瞻前忽後亦是未見此物故不得為實見耳此其意則善矣然若果是如此則聖人設教首先便合痛下言語直指此物教人著緊體察要令實見著緊把捉要常在目前以為直截根原之計而却都無此說但只教人格物致知克己復禮一向就枝葉上零碎處做工夫豈不誤人枉費日力耶論孟之言平易明白固無此等圓妙之談雖以子思周子吃緊為人特著中庸太極之書以明道體之極致而其所說用工夫處只說擇善固執學問思辨而篤行之只說定之以中正仁義而主靜君子脩之吉而已未嘗使人日用之間必求見此天命之性無極之真而固守之也蓋原此理之所自來雖極微妙然其實只是人心之中

許多合當做底道理而已但推其本則見其出于人心而非人力之所能為故曰天命雖萬事萬化皆自此中流出而實無形象之可指故曰無極耳若論工夫則只擇善固執中正仁義便是理會此事處非是别有一段根原工夫又在講學應事之外也

為政以寬為本者謂其大體規模意思當如此耳古人察理精密持身整肅無偷惰戲豫之時故其政不待作威而自嚴但其意則以愛人為本耳及其施之于政事便須有綱紀文章關防禁約截然而不可犯然後吾之所謂寬者得以隨事及人而無頹弊不舉之處人之蒙惠于我者亦得以通達明白實受其賜而無間隔欺蔽之患聖人說政以寬為本而今反欲其嚴正如古樂以和為主而周子反欲其淡蓋今之所謂寬者乃縱弛所謂和者乃哇淫非古之所謂寬與和

者故必以是矯之乃得其平耳如其不然則雖有愛人之心而事無綱紀緩急先後可否予奪之權皆不在已于是奸豪得志而良善之民反不被其澤矣此事利害只在目前不必引書傳考古今然後知也但為政必有規矩使奸民猾吏不得行其私然後刑罰可省賦斂可薄所謂以寬為本體仁長人孰有大于此乎

子思以來教人之法惟以尊德性道問學兩事為用力之要今子靜所說專是尊德性事而熹平日所論却是問學上多了所以為彼學者多持守可觀而看得義理全不子細又別說一種杜撰道理遮蓋不肯放下而熹自覺雖於義理上不敢亂說却于緊要為已為人上多不得力今當反身用力去短集長庶幾不墮一邊耳　答項平父

人之所以懶惰只緣見此道理不透所以一向提掇不起若見得道

理分明自住不得豈容更有懶惰時節耶又謂海內善類消磨摧落之後所存無幾此誠可嘆若鄙意則謂才見消磨得去此等人便不濟事若使真有所見實有下工夫處則便在鐵輪頂上轉旋亦如何動得他 以下答劉季章

天下只有一理此是即彼非此非即彼是不容並立故古之聖賢心存目見只有義理都不見有利害可計較日用之間應事接物直是判斷得直截分明而推以及人吐心吐膽亦只如此更無回互若信得及即相與俱入聖賢之域若信不及即在我亦無為人謀而不盡底心而此理是非昭著明白今日此人雖信不及向後他人須有信得及底非但一時之計也若如此所論則在我者未免視人顏色之可否以為語默只此意思何由能使彼信得及乎然此亦無他只是

自家看得道理自不曾端的故不能真知是非之辨而為此囘枉不是說時病痛乃是見處病痛也

聖門所謂聞道聞只是見聞玩索而自得之〻謂道只是君臣父子日用常行當然之理非有圓妙奇特不可測知如釋氏所云豁然大悟通身汗出之說也如今更不可別求用力處只是持敬以窮理而已 答吳斗南

既謂之同體則上面便着人欲兩字不得此是義理本原極精微處不可少差試更子細玩索當見本體實然只一天理更無人欲故聖人只說克己復禮教人實下工夫去却人欲便是天理未嘗教人求識天理于人欲汩沒之中也若不能實下工夫去却人欲則雖就此識得未嘗離之天理亦安所用乎 答天理人欲同體而異用同行而異情進修君子宜深別之問

二先生所論敬字須該貫動靜看方其無事而存主不懈者固敬也及其酬酢不亂者亦敬也故曰毋不敬儼若思又曰事思敬執事敬豈必以攝心坐禪而謂之敬哉禮樂固必相須然所謂樂者亦不過胸中無事而自和樂耳非是著意放開一路而欲其和樂也然欲胸中無事非敬不能故程子曰敬則自然和樂而周子亦以為禮先而樂後此可見也則自得後須放開不然却只是守此言既自得之則自然心與理會不為禮法所拘而自中節若未能如此則是未有所得才方是守法之人爾亦非謂既自得之又却須放開也克己復禮固非易事然顏子用力乃在于視聽言動礼與非禮之間未敢便道得其本心而了無一事也此其所以先難而後獲與今言之甚易而苦其行之難亦不考諸此而已矣答或人

雖至於堯舜孔子之德其自處常只在下學處也上達處不可着工夫更無依泊處日用動靜語默無非下學聖人豈曾離此来 答許順之

非氣無形無形則性善無所賦故凡言性者皆因氣質而言但其中自有所賦之理爾人心道心亦非有兩物也 答林德久

氣質是陰陽五行所為性即太極之全體但論氣質之性則此全體墮在氣質之中耳非別有一性 答嚴時亨 五行之生各一其性

孟子指齊王愛牛之心乃是因其所明而導之非以為必如此然後可以求仁也夫必欲因苗裔而識本根孰若培其根本而聽其枝葉之自茂耶 仁術

若何（使）道可以多聞博觀而得則世之知道者為不少矣熹近日因事方有省發如鳶飛魚躍明道以為與必有事焉勿正之意同者今乃

曉然無疑日用之間觀此流行之體初無間斷處有下工夫處乃知日前自誑誑人之罪蓋不可勝贖也此與守書冊泥言語全無交涉幸于日用間察之知此則知仁矣 以下答何叔京

・百家摟勿忘勿助原是活潑潑地鳶飛魚躍乃是自然之事無容造作者

或謂子程子曰心術最難執持如何而可子曰敬又嘗曰操約者敬而已矣惟其敬足以直內故其義有以方外義集而氣得所養則夫喜怒哀樂之發其不中節者寡矣孟子論養吾浩然之氣以為集義所生而繼之曰必有事焉而勿正心勿忘勿助長也蓋又以居敬為集義之本也夫必有事焉者敬之謂也若曰其心儼然肅然常若有所事云爾夫其心儼然肅然常若有所事則雖事物紛至而沓來豈足以亂吾之知思而宜不宜可不可之機已判然于胸中矣如此則

此心妄然有以應萬事之變而何躁妄之有哉

夫道之極致物我固為一矣然豈獨物我之間驗之蓋天地鬼神幽明隱顯本末精粗無不通貫而為一也正蒙之旨誠不外是然聖賢言之則已多矣正蒙之作復何為乎恐須反復研究其說求其所以一者而合之于其所謂一者必銖銖而較之至于鈞而必合寸寸而度之至于丈而不差然後為得也孟子曰博學而詳說之將以反說約也正為是爾今學之未博說之未詳而遽欲一言探其極致則是銖兩未分而臆料鈞石分寸未辨而目計丈引不惟精粗二致大小殊觀非所謂一以貫之者愚恐小差積而大謬生所謂鈞石丈引者亦不得其真矣此躐等妄意之蔽世之有志于為己之學而未知其方者其病每如此也明道先生行狀云先生教人自致知至于知止

誠意至于平天下洒掃應對至于窮理盡性循々有序病世之學者舍近而趨遠處下而窺高所以輕自大而卒無得也此言至矣答江彥謀

人之所以位天地之中而為萬物之靈者心而已矣然心之為體不可以聞見得不可以思慮求謂之有物則不得於言謂之無物則日用之間無適而非是也君子於此亦將何所用其力哉必有事焉而勿正心勿忘勿助長則存之々道也如是而存々而久々而熟心之為體必將瞭然有見乎參倚之間而無一息之不存矣存心記

觀舜居深山之中伊尹耕于有莘之野豈不是樂此以終身後来事業亦偶然耳若先有一毫安排等待之心便成病痛矣答甘吉甫

伊川先生言性即理也此一句自古無人敢如此道心則知覺之在人而具此理者也橫渠先生又言由太虛有天之名由氣化有道之

名合虛與氣有性之名合性與知覺有心之名其名義亦甚密皆不易之至論也蓋天之生物其理固無差別但人物所禀形氣不同故其心有明暗之殊而性有全不全之異耳若所謂仁則是性中四德之首非在性外別為一物而與性並行也然惟人心至靈故能全此四德而發為四端物則氣偏駁而心昏蔽固有所不能全矣然其父子之相親君臣之相統間亦有僅存而不昧者然欲其克己復禮而為仁善〻惡〻以為義則有所不能矣然不可謂無是性也若生物之無知覺者則又其形氣偏中之偏者故理之在是物者亦隨其形氣而自為一物之理雖若不復可論仁義禮智之彷彿然亦不可謂無是性也又謂枯槁之物只有氣質之性而無本然之性此語尤可笑若果如此則是物只有一性而人卻有兩性矣此語非常醜差蓋

由不知氣質之性只是此性墮在氣質之中故隨氣質而自為一性正周子所謂各一其性者向使元無本然之性則此氣質之性又從何處得来耶況亦非獨周程張子之言為然如孔子言成之者性又言各正性命何嘗分別某物是有性底某物是無性底孟子言山之性水之性山水何嘗有知覺耶若于此看得通透即知天下無無性之物除是無物方無此性若有此物即如来諭木燒為灰人陰為土亦有此灰土之氣既有灰土之氣即有灰土之性安得謂枯槁無性也

答徐子融

天之生物有有血氣知覺者人獸是也有無血氣知覺而但有生氣者草木是也有生氣已絕而但有形色臭味者枯槁是也是雖其分之殊而其理則未嘗不同但以其分之殊則有其理之在是者不能

不異故人為最靈而脩有五常之性禽獸則昏而不能備草木枯槁則又并與其知覺者而亡焉但其所以為是物之理則未嘗不具耳若如所謂纔無生氣便無生理則是天下乃有無性之物而理之在天下乃有空闕不滿之處也而可乎 荅余方叔

人生而靜靜者固是性然只是生字便帶却氣質了但生字已上又不容說蓋此道理未有形見處故今纔說性便須帶着氣質無能懸空說得性者繼之者善本是說造化發育之功明道此處却是就人性發用處說如孟子所謂乃若其情則可以為善之類是也伊川所言極本窮源之性乃是對氣質之性而言言其氣質雖善惡不同然極本窮源而論之則性未嘗不善也 以下荅王子合

性之始終一於善而已不當云性之初只有善也若如所云則謂性之終為有惡可乎性之發用非情而何情之初則可謂有善而無惡耳

孟子所謂性善者以其本體言之仁義禮智之未發者是也所謂可

以為善者以其用處言之四端之情發而中節者是也蓋性之與情雖有未發已發之不同然其所謂善者則血脈貫通初未嘗有不同也此孟子道性善之本意伊洛諸君子之所傳而未之有改者也答胡伯逢

善惡二字便是天理人欲之實體今謂性非人欲可矣由是而并謂性非天理可乎必曰極言乎性之善而不可名又曷若直謂之善而可名之為甚易而寔是也以下答胡季隨

釋氏只是恍惚之間見得些心性影亦却不曾子細見得真實心性所以都不見裡面許多道理政使有存養之功亦只是存養得他所見底影子固不可謂之無所見亦不可謂之不能養但所見所養非心性之真耳

心體固本靜然亦不能不動其用固本善然亦能流而不入于不善夫其動而流于不善者固不可謂心體之本然然亦不可不謂之心也但其誘于物而然耳故先聖只説操則存舍則亡出入無時莫知其鄉只此四句説得心之體固始終真妄邪正無所不備又見得此心不操即舍不出即入别無間處可安頓之意若如所論出入有時者為心之正然則孔子所謂出入無時者乃心之病矣不應却以惟心之謂與一句直指而總結之也答游誠之

人生而靜是未發時以上即是人物未生之時不可謂性才謂之性便是人生以後此理墮在形氣之中不全是性之本體矣然其本體又未嘗外此要人即此而見得其不雜于此者耳易大傳言繼善是指未生之前孟子言性善是指已生之後雖曰已生然其本體初不

相雜也（明道言人生而靜以上不容說）

夫讀書固收心之一助，然今只讀書時收得心，而不讀書時便為事所奪，則是心之存也常少，而其放也常多矣。且胡為而不移此讀書功夫向不讀書處用力，便動靜兩得，而此心無時不存乎？然所謂涵養工夫，不是閉眉合眼如土偶人然後謂之涵養也，只要應事接物處之不失此心，各得其理而已。（答陳膚仲）

所論才說存養即是動了，此恐未然。人之一心本是自光明，不是死物。所謂存養，非有安排造作，只是不動著他，即此知覺炯然不昧，但無喜怒哀樂之偏、思慮云為之擾耳。當此之時，何嘗不靜？不可必待冥然都無知覺然後謂之靜也。（答孫敬甫）

纔說性字，便是以人所受而言，此理便與氣合了。但直指其性則于

氣中又須見得別是一物始得不可混并說也百家按性即氣之有條理者是非別是一物也

至于孔孟言性之異則其說又長未易以片言質然畧而論之則夫子雜乎氣質而言之孟子乃專言其性之理也雜乎氣質而言之故不曰同而曰近蓋以為不能無善惡之殊但未至如其所習之遠耳以理而言則上帝之降衷人心之秉彝初豈有二理哉但此理在人有難以指言者故孟子之告公都子但以其才與情者明之譬如欲觀水之必清而其源不可到則亦觀諸流之未遠者而源之必清可知矣答宋深之

孟子固未嘗不畏大人但藐其巍巍然者耳辨得此心即更掀却卧房亦且露地睡似此方是真正大英雄人然此一種英雄却是從戰

戰兢兢臨深履薄處做將出来若是血氣麄豪却一點使不着也（答陳同甫）

先遺獻曰涵養須用敬進學在致知此伊川正鵠也考亭守而弗失其議論雖多要不出此二言大較明道之言故欲揚之恐人滯考亭之言故欲抑之恐人蕩其用心則一也然考亭之悟畢竟在晚年陽明子為朱子晚年定論雖或有出于晚早年者其大意則灼然不失也一輩學人胸無黑白不能貫通朱子之意但驚怖其河漢執朱子未定之論不敢信孔孟并不敢信朱子是豈朱子之所欲哉

附録

先生之父韋齋建炎間為南劍州尤溪尉縣官待調遷寓于隔溪鄭

毓老第二行以後均低一格

氏之書室于庚戌九月十五日生先生後人因名所近之山曰毓秀峰

先生幼有異禀五歲入小學始誦孝經即了其大義書八字于其上曰若不如此便不成人間從群兒嬉遊獨以沙列八卦象詳觀側玩又嘗指日問韋齋曰日何所附曰附于天又問天何所附韋齋異之韋齋疾以家事囑劉子羽而訣于籍溪胡憲白水劉勉之屏山劉子翬且俾先生父事之白水以女〻焉不數年二劉俱殁獨事籍溪最久

孝宗即位應詔上封事首論聖學次論金人有不共之讐萬無可和之理即參以利害即有百害而無一利次年趨召命又極言之

乾道四年建州飢先生請于府貸粟散給民多免死社倉之法始此

淳熙二年吕東萊自東陽来訪先生留止寒泉精舍月餘商訂近思録壽餞東萊至鵝湖陸子壽子静劉子澄来會相與講辨其所聞

六年知南康軍立濂溪祠以二程配别立五賢堂祀陶靖節劉西澗父子李公擇陳了齋復白鹿洞書院

十三年入對上封事次年戊申又上封事

紹熙元年知漳州刊四經四子書成

光宗之立也趙忠定求能通信于長信宮者未有其人或言韓侂胄于太皇為親屬遣入白不許侂胄出遇内侍関禮于門告之故禮請獨入涕泣固請太皇許之命呼侂胄入使喻意廟堂其論遂定侂胄自謂有定策功依託肺腑居中用事先生惕然為憂因疏寓其意且進對面陳之又數戒忠定勿使預政而忠定謂其易制不復遠慮先

生因講畢奏疏極言之侂胄大怒陰其黨謀去先生乃于禁中為優戲以熒惑上聽及先生再申前疏而御批與祠先生去國矣

慶元元年侂胄誣趙相以不軌竄置永州且創偽學之名以斥善類先生草疏萬言極陳奸邪蔽主之禍白宰相之冤諸生力諫遂筮之遇遯之同人先生默默焚其稿更號遯翁朝廷時治黨人方急趙相死于道

先生自筮仕以至屬纊五十年間歷事四朝仕于外者僅九考立朝纔四十日

初居崇安五夫後築書院于武夷之五曲曰紫陽識鄉關也築室建陽蘆峰之巔曰雲谷其草堂曰晦菴自號雲谷山人亦曰晦菴或晦翁晚居考亭作精舍曰滄洲號滄洲病叟最後號遯翁

朱子門人

知州劉靜春先生清之

劉清之，字子澄，臨江人，從居廬陵，初受業于兄靖之，登紹興進士，因往

見朱子，悅於是志於義理之學，以力行切己有察性情為務，有志於此

然在子用力於宏詞刊氣，類子於祝融之動，方為舉子，父憂，服除，調

建德主簿、萬安丞。撤視旱實，往步阡陌，叔為防閑，民德有穎發

衡州為帥，其實近同于兆，令都中審察，不赴。時競羨傳其遷，使史劉

恭甫俾攝某州和糴，時需之殷，非以薦之，惟先生諒以考回，此誅而後劉

於民。淳熙初，安撫某誠不敢諂佞，郎知人之鑒，竟請吏部銓除知宜黃

知宜黃。後與周必大交薦，孝宗召對，首論民困兵驕、大臣退托、小

臣苟偷。又言用人四事：一辨賢否，二正名實，三使材能，四聽換授。改太常

子萬、昭陵、通判鄂州、知衡州。初至、兵無見糧、吏無實俸、上供迄後無備。已而郡計沛然、嘗作諭民書一編、既授之、指為衆口、又以古風來振俗、築臨蒸精舍、月必詣、以治心治身治家治人、確然皆可本而措之、為閩武墟作朱陵道院、祀唐大儒韓愈、寇準、周敦頤、胡安國于左、祀郡之太守劉羨、宋內史王虛之于右。以不能諂新使者、被劾罷、歸、築槐陰精舍、以處來學。胡晉臣、鄭僑、尤袤、羅點、黃裳力薦之、光宗起知袁州、疾作、猶不廢講誦。病革、取司馬氏送終禮授二子曰、自斂至葬、視此。卒年五十七。所著有曾子內外雜篇、訓蒙新書、外書、戒子通錄、墨莊總錄等書。

文簡劉晦伯先生爚

劉爚，字晦伯，炳字韜仲，俱建陽人。與兄弟受學朱呂二先生。登乾道進士，調山陽簿、贛州錄事叅軍，遷連城令，改知閩縣。偽學禁興，歸武夷山講道讀書，築雲莊山房，為終焉之計。久禁既開，調贛州坑冶司主管文字。差知德慶府，擢提舉廣東常平，遷浙西提點刑獄，遷國子司業。奏言宋儒六經訓，孔孟遺意，自熹書明於千載之後，以至父則孝、以事君則忠者，所謂道學也。請刊行諸經注、學庸語孟以備勸講，及白鹿洞規頒示太學。俄兼國史編修、實錄檢討，權侍左侍郎，臨遷言兩淮之地宜加經理，約頃畝以授田，制隊伍以做兵，具田宅貸稅，使民任蓋使於耕桑，御以一團，每一隊，平居則耕，有警則守，力耕則戰，犯以

一時之利也。帝嘉納之，進國子祭酒，兼侍立修注官，補~~[illegible]~~，權兵部侍郎，封建陽縣開國男，賜食邑，兼太子左諭德，兼國史實錄院同修撰，試刑、工二部。奏乞絕金人歲幣，罷遣賀正使，建制置使於歷陽，以護兩淮。進權工部尚書，封子爵，兼太子右庶子。卒，贈光祿大夫，賜謚文簡。

接下頁

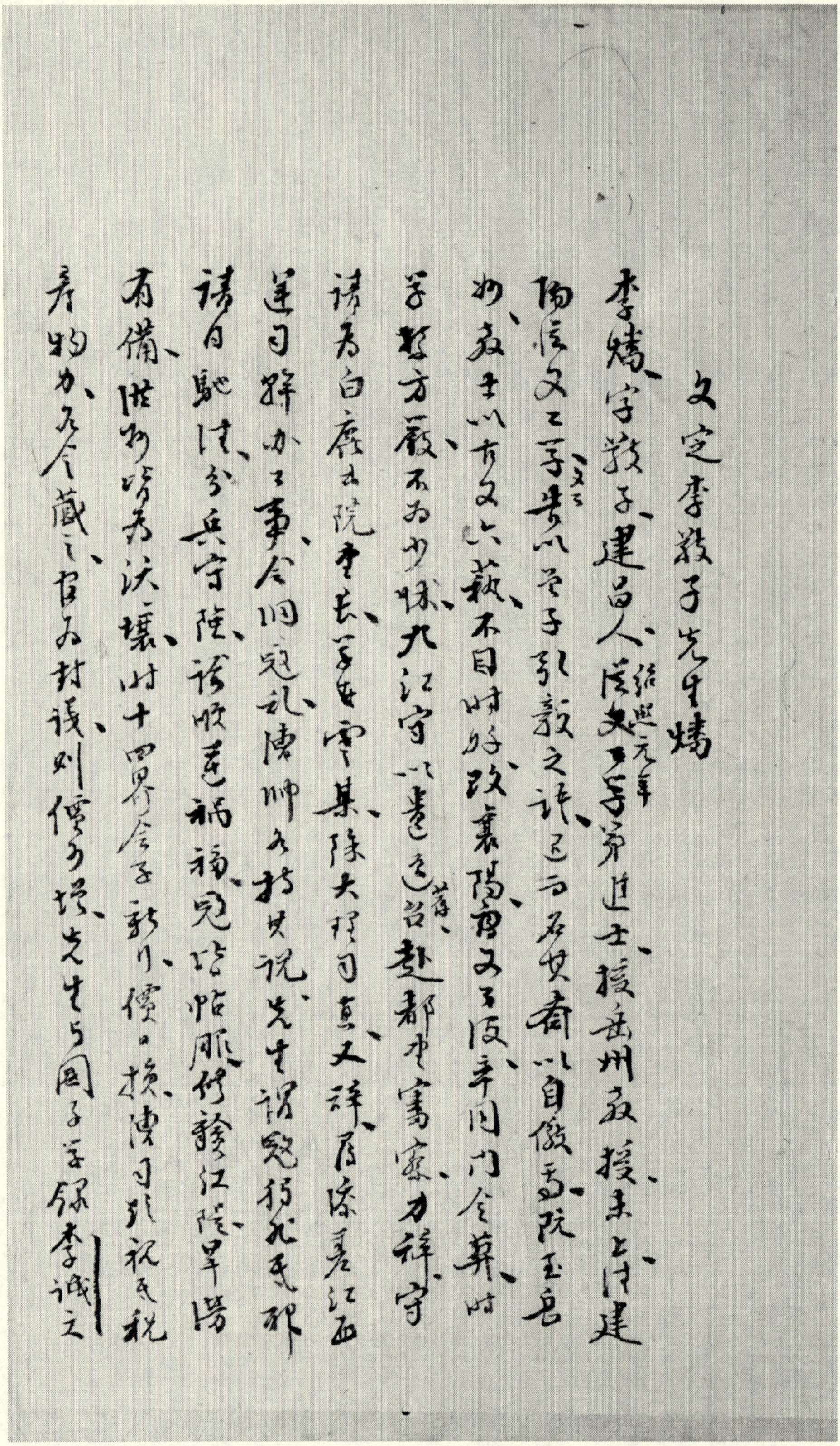
文定李敬子先生燔

李燔，字敬子，建昌人，紹熙元年第進士，授岳州教授，未上，往建陽從文公學，文公告以曾子弘毅之語，且曰名其齋以自儆。既州教授，以古文六藝不同時好，改襄陽府教授，率同門人葬，時學禁方嚴，不為少怵。九江守以書院堂，趙都水審察，力辭。守請為白鹿書院堂長，學者雲集。除大理司直，又辭。居除江西運司幹辦公事，會洞寇亂，漕帥分其說，先生謂寇招亂那，請自馳往，分兵守隘，諭以逆禍福，寇皆帖服。仍發江陵早陽有備，俄而堤為決壞，州十四界令子新價，日撫慎司勸民種，存物力，今會藏之百為封識，則價方增，先生與同子學錄李誠之

力爭不能止。又劉爭之，曹司即就拔薦，改通判漳州。真文元以夫長

少帥，一方之事咸諮先生，精不敢月餘，徧遊綠遠。慶元皇子語嘗曰三綱

絶矣。遂不復出，以承議郎致仕。慶元五年之官，卒年七十，贈直史

嘉閩諸生之言，鄉先生作九四十五年而應，書木大書其目曰

凡人不必皆仕宦，有位但隨力到處，及物所功業矣。又嘗曰

仕宦至卿相，不可失寒素體。史言李心傳謂當時高士異名不赴召以先

生為海內第一。九江蔡念成稱先生之言有如秋月，卒年七十，贈直文昌閣，語又言見李心傳

莆陽（草稿下相之）稱鐃上癸第

接下頁

直閣張元德先生洽

張洽，字元德，臨江人。少穎異，從文公學，博極羣書。嘗取管子「思之思之，又重思之；思之不通，鬼神將通之」之語，以為窮理之要。時行社倉法，請於郡，倣常平來建倉里中，某鄉人利之。嘉定元年中第，授松滋尉。湖右帥檄攝去，先生請以抗撫流吏。辟元設匿，改袁州司理參軍。屬邑永新縣，湖南寇作亂，與郡將壞，民大然。先生單車往，延不隔旬，詢利害之情，寇竟不至。薦通判池州，教請祠。時袁甫提刑江東，以白鹿書院廢弛，招先生為長，曰：「是先師之道也。」其為辭，已復以病去。端平初，用薦召，都中審察，不赴。除秘書郎，尋遷著作佐郎，章數門度正、葉味道

曰、昨論何時可到、將書以說之、因辭、遂除直秘閣、主管建康崇禧觀、以疾乞致仕、卒年七十七、卒于條有旨除寶章閣、先生自少用力于敬、故以主一名齋、所著有書說、春秋集註、春秋集傳、左氏蒙求、續通鑑長編要略、子楓、柯、賜同進士出身、

接下頁

主簿陳北溪先生淳

陳淳，字安卿，龍溪人。少習舉子業，林宗臣授以近思錄及文公守漳，請受教。文公卒，先生追思師訓，痛自裁抑，日往月累，義理貫通，洞見條緒。郡守以下皆禮重之，時延其廬而請焉。嘉定九年，待試中都，歸過嚴陵，守鄭之悌率僚屬延講郡庠，先生歎陸王之門人源本用禪家宗旨，認形氣之虛靈知覺為天理之妙，不由窮理格物而徑造上達之境，反託聖門以自標榜，乃發明吾道之體統、師友之淵源、用功之節目、讀書之次序，為四章，以示學者。明年，以特奏恩授迪功郎、泉州安溪主簿，未上而卒，年六十五。所著有語孟學庸口義、字義詳講、禮、詩、女學等書。

其言太極曰、太極只是理、理本圓、故太極之體渾淪、自末而本、自本而末、一聚一散、無往不在、極其至、自萬古之前、萬古之後、無端無始、此渾淪太極之全體也、自其沖漠無朕、此渾淪無極之妙用也、聖人一心渾淪太極之全體、而酬酢萬變、無非流行之妙用、學問工夫須從萬事萬物中貫通湊成一渾淪大本、又於渾淪大本中、散為萬事萬物、使無稍窒礙、然後實體得渾淪至極者在我、而大用不差矣、其言仁曰、仁只是天理生生之全體、無表裏動靜隱顯精粗之間、惟此心純是天理之公、而絕無一毫人欲之私、乃可以當其名、若一處有病痛、一事有欠闕、一念有間斷、則私意行而生理息、即頑

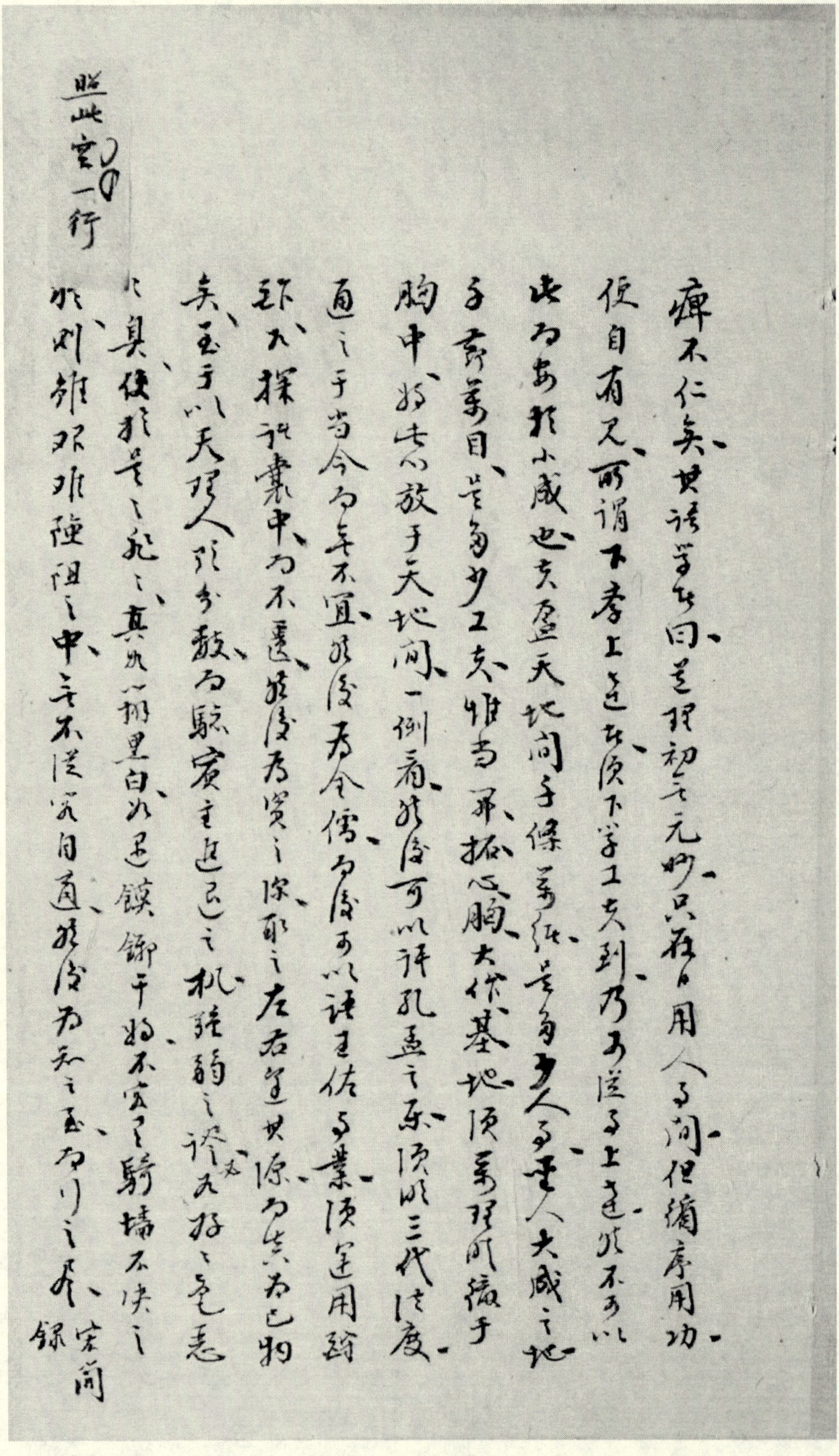

李方子

李方子，字公晦，昭武人。時號謹說，作萬文公謂之曰：觀公為人，自是寡過，但寬大中要規矩，和緩中要果決。遂以果名齋。考遊太學，以李道傳居學，任輩以其剩說語之。遂對擢第三，調泉州觀察推官。守真西山德秀以師友禮之，政多咨焉。尤先通五度，乃得先生猶不肯至。秋史務遺聞之悉，踏年擢除國子學錄。言何哉遺宅，保武日此其所為竟也。訊庶臣動羅之，改歸，寓其棠果書。哉天子聞之，與一子恩澤。

黃灝

黃灝，字商伯，都昌人。登進士第，教授隆興府，知信化軍，召除登聞鼓院。遷太常主簿，論禮，孔教度缺，請勅有司取政和冠婚喪葬儀及司馬光、高閌等書，參訂行之。除太府寺丞，出知常州，移奉東路常平。奏乞開閘，秋祇苗，不俟豁免之言，故罷其事，移居湖州制

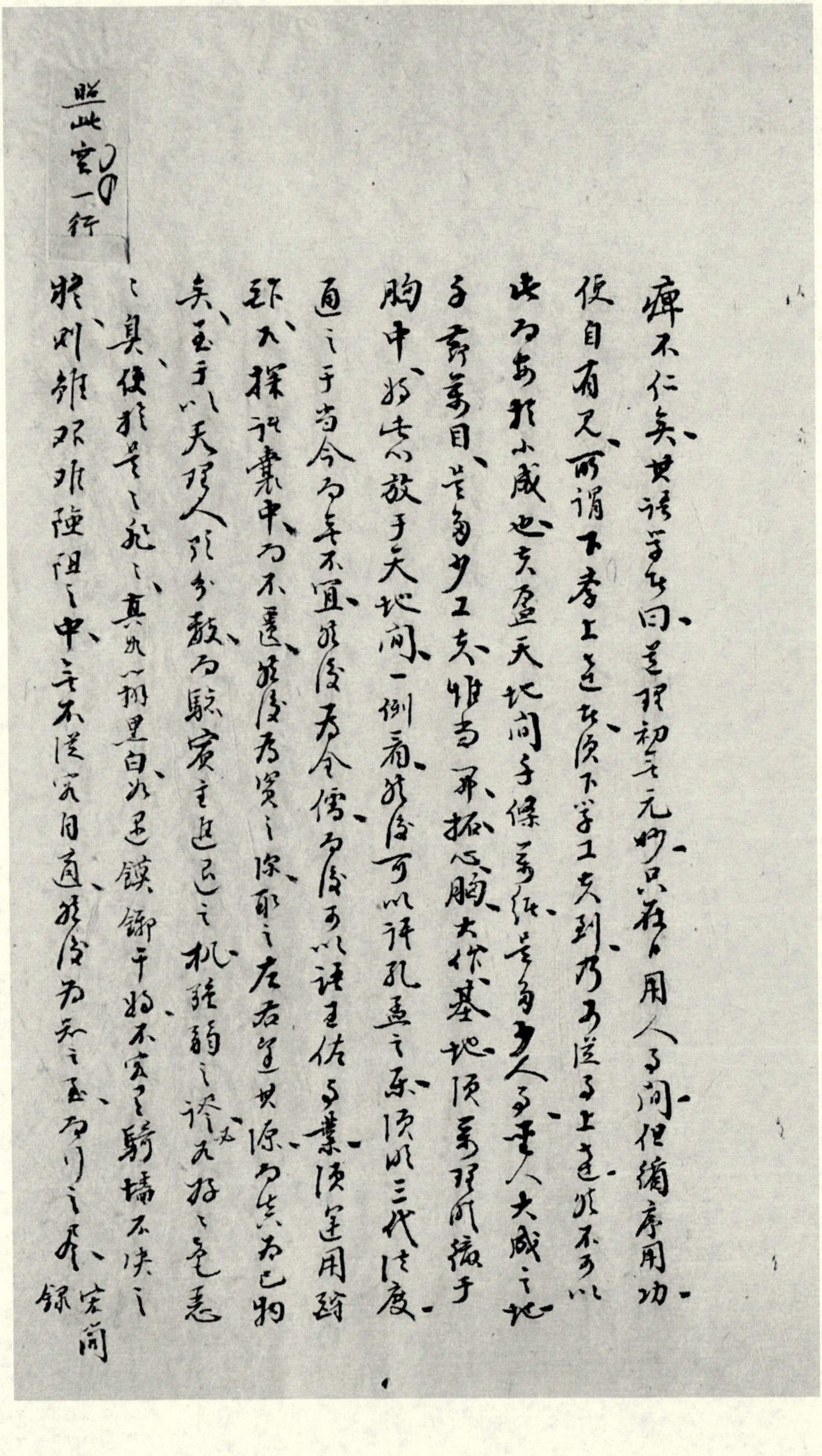

○。李方子

○李方子字公晦，昭武人。時號果齋。文公謂之曰：觀公爲人，自是寬厚，寬大中要規矩，和緩中要果決。遂以果名齋。考進士，守之，李道傳居官任事，則其剛毅謂之，遂對樸茂三調泉州觀察推官，守其西山德秀以師友禮之，故多所裨益，尤先直道之庶也。不得先生所不肯延。敕史彌遠聞之，然踏年猶除國子學錄。云何彌遠定係武臣也。其後方充也。諷臺臣劾罷之。既歸，家居累年。天子聞之，與一子恩澤。

○。○黃灝

○黃灝字商伯，都昌人。登進士第，歷教授隆興府，知臨川縣，以存孫參同數院，遷太常少卿，禮書殘缺，請朝廷取政和冠帳表稟儀及司馬光書閣等書，參訂行之。除太府寺丞，出知常州，殘本在政事手奏乞開閩秋租苗，不俟朝旨之言哉，罷其書，豁民籍以刷

兩獄。孫之從弟。改廣西轉運判官，移廣東提點刑獄，皆不赴。卒。先生性行端飭，以孝友稱。文公守南康，執子弟禮。文公復竟薦方[illegible]

待赴云。

以下凡遇名字另列一行
依二格傳仍頂格

○趙蕃（趙蕃）字昌父，其先鄭州人。以大父暘恩補。建炎初為秘書少監，[illegible]坑冶，寓信之玉山。以恩補州文學，調浮梁尉、太和主簿，擢辰州司理參軍。以孫宗乘與劉宰同名，為大社令，改宣議郎，直秘閣，致仕。卒年八十七。三年，請諡文節。

廖德明

廖德明字子晦，南劍人。少[illegible]楊時[illegible]請，大悅。既長，受業文公。登乾道進士第，授潯州，擢知莆田，遷廣東提點刑獄，從知廣州，主師[illegible]。重刻文公家禮及程氏遺書，遷吏部左選郎官，[illegible]。卒。

○葉味道、初名賀孫、以字行、更字知道、溫州人、師事朱子、試禮部

葉味道

第一、對策詆偽學、先生所對率本程頤、不為所絀、知舉胡紘斥之、

子歸聞、登嘉定進士、調鄂州教授、理宗訪問朱子徒、及所著大部

使以先生聞、差主管三省架閣文字、遷宗學諭、授太學博士兼崇政

殿說書、時因皇子竑事、帝惑於鬼神之說、程珌伯雨為厲、涉於誕妄、

對曰、陰陽二氣之散聚、雖天地不能易、死而氣散、其常也、亦不

以其死、譬諸不散、或其或之故、惟人設為宗祧以別親疏遠近、臣所

以義氣之親、愛參贊化育、伯有之死其氣不散為妖為厲、使國人上下

為之不寧、當時為立子洩以守其祀、庶乎鬼有所歸、為神以安寧矣、

又言三京用師、首臣文述於令之說、提本於以子校葉、無益於國、况

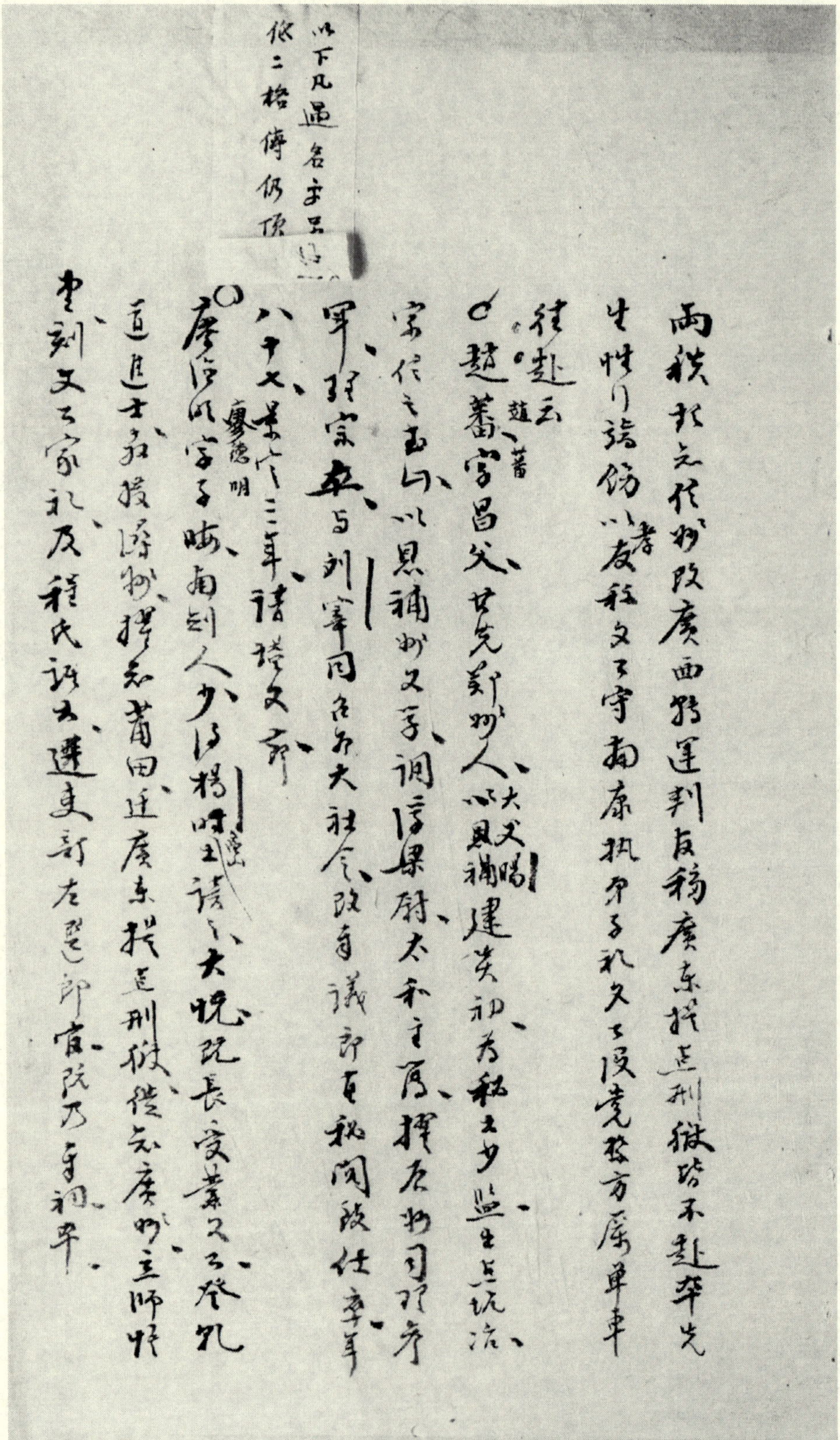

以下凡遇名字只依二格傳仍頂

兩浙
執之代州改廣西轉運判官移廣東提點刑獄皆不赴卒先
生性行謹飭以孝友教子弟守南康執弟子禮久之侵竟校方廉單車
往。趙云
。趙蕃字昌父其先鄭州人以大父暘恩補建炎初爲秘書少監生長玩治
家信之玉山以恩補州文學調浮梁尉太和主簿辰州司理參
軍理宗立與劉宰同召爲大社令改奉議郎直秘閣致仕卒年
八十七紹定二年諡文節
〇廖德明字子晦南劍人少從楊時之學諸大悅既長受業文公登乾
道進士第授潯州知莆田遷廣東提刑擢知廣州立師帖
堂刻文公家禮及程氏諸書遷吏部左選郎官既乃主祠卒

〇葉味道（葉味道）初名賀孫，以字行，更字知道，温州人。師事文公。試禮部第一，對策禁偽學，先生所對率本程頤，不爲所詘，知舉胡紘斥之。子歸閩，登嘉定進士，調鄂州教授。理宗訪問朱子徒及所著文，詔使以先生聞。差主管三省架閣文字，遷宗學諭，授太學博士兼崇政殿說書。時因皇子竑事，帝惑於鬼神之理，將伯有爲厲，涉於誕妄。對曰：「陰陽二氣之散聚，雖天地不能易。死乃氣散者，其常也。亦不伏其死，鬱結不散者，其變也。故先王設爲宗祧以別親疏遠近，使以教民親愛，參贊化育。伯有之死，其氣不散爲妖爲厲，使國人上下爲之不寧。當時爲立子洩以寧其處，處乎鬼之所知爲神，於安寧矣。」又言三京用師，近臣交進抄令之說，根本以子枝葉，無益于國。先

為因師累敗人賄其吏不尋除著作佐郎試並有四書說、大學講義、

參諸廟社所傳、經筵口奏、部分講義

○徐僑徐僑字崇甫，從學呂東萊門人葉邽，參淳熙進士，調上饒主

簿，復參文公之門，文公稱其明白剛直，以毅名齋。考文公之書畢，

謂天下不足割裂掇拾以為進取之資，惟其書精篤實，能得其說

之要。錄由秘書郎正字校書郎，遷吳益王府教授，歷直寶謨閣，

提點江東刑獄，以迕史彌遠劾罷。端平初，遷秘書少監、太常少卿。

凡經奏對，累數千言，誠懇惻切，剖析理欲，分別黑白，章數獻

論之。所見其衣履弊垢，嘆其日：卿可謂清貧矣。賜以金帛，固辭。先

生之為上疏，太平時諸賢，既乃邦本未建，理宗日慶[illegible]，甚何以堪三把

如謂閣官、臺國、青宮、執政大臣、戚畹、[illegible]比之、於臣未為[illegible]

之戚勳、經筵侍講、復開除友、慶大豪、皇子謚、乃復奪邑、又請從祀罷、

程頤朱熹、以[illegible]備[illegible]數字皆以其[illegible]遷工部侍郎、當內祠[illegible]請以

守仗西臣同之先生謁冝敬之于此[illegible]

疾中前請、改寶謨閣待制、奉祠、卒謚文靖、

接下頁

孫闇陳師復先生宓　莆田人

陳宓，字師復，自少嘗及文公之門，長從黃榦遊，嘗為朱墨銘，以驗理欲分寸之多寡，謂朱屬陽，墨屬陰。以蔭監泉州南安鹽稅，主管南外睦宗院，知安溪縣。嘉定七年，入監登聞鼓院，遷軍器監簿，上言三事，一宮闈儀範未正，二外廷權柄予奪，三政令刑賞舛逆。又言人主之德貴乎明，大臣之心貴乎公，台諫之言貴乎直。出知南康軍，歲大祲，奏蠲其賦十九，令流民群集就役，以築江隄，給食活之，與諸生講論白鹿書院。改知南劍州，復大旱，蠲宿逋十數萬，弛新稅三之一，又創延平書院，倣白鹿洞規。上疏請致仕，直秘閣，主崇禧觀。卒年六十五，為撰墓誌者稱其居官明而敏，處鄉居家明而

陶唐、文中處說葛亮家之銘財庫之銘帛、庶子錄、歸史、補北錄等

初、御史王遂追論史直、宜褒以功天下、賢直諫圖國、試若之論詩注義

閑居、事狀三傳、抄讀通鑑綱目、唐史彙疏詩式、

第十册

勉齋

西山學案

潛庵

黃梨洲宋元學案

元孫穉圭校補稿

勉齋學案

蔡氏 西山學案

潛庵學案

第十本

宋儒學案

遺獻黃梨洲先生原藁　男百家纂輯　元孫璋校補

後學全祖望修定

勉齋學案　朱子門人

文肅黃直卿先生榦

黃榦，字直卿，閩縣人。父瑀，監察御史，以篤行直道著聞。瑀沒，往見清江劉清之，清之奇之，因命受業朱文公。自見文公，夜不設榻，不解帶，少倦則微坐一倚，或至達曙。文公以其子妻之。補將仕郎，銓中，授迪功郎，監台州酒務。丁母憂，調監嘉興府石門酒庫。歷通判安豐軍，尋知漢陽軍，病乞祠，主管武夷沖佑觀。尋起知安慶府，制置李珏辟爲參謀官，再辭不受。既而改命與徐僑兩易和州，且令先赴制府參議。先生即日起趨制府。先是，先生移書珏，有同日告先生保任之保塞者，當爲制置，以貲其用，不逾累月，軍政一成，珏不能用，及至制乃

珏法作物、祝師與儆、先生亦赦既足、當思所以賞功罰罪也。
其時幕府皆輕儇浮靡之士、僚吏士民有獻謀畫、多爲毀抹疏
駁、將帥偷惰、人心不附、所向無功、流移滿道、而詔司長吏時安無事。
日、先生知不足與有爲、歸自維揚、再辭和州之命、仍乞祠、閉閣
謝客、宴樂不與、乃復告珏曰、浮光敵退已兩月、安豐已一月、盱眙
亦將兩旬、不知乃所措置者何事、所施行者何策、但聞請總領運
使、至玉麟堂賞牡丹、用妓樂、又聞總領運使請宴賞亦然、又聞
宴僚屬亦然、今浮光之報又至矣、金賊以十六萬之年四月攻浮光
侵五關、五關失守、則蘄黃決不可保、蘄黃不保、則江南危矣、爲今
閫此亦已數日、乃不聞有所施行、即其他亦皆激切問幕忌之、

尤袤、廿試抵之、歐陽先黃歎繼矣、果如其言、遂力辭去、俄有命知安慶、不就、入廬山訪其友李燔、陳宓、相與盤旋玉淵三峽間、俯仰其師舊迹、未幾、命赴行在所奏事、除大理丞、不拜、而御史李楠劾勉、遂歸里、弟子日盛、巴蜀江湖之士皆來、俄命知潮州、辭不行、差主管亳州明道宮、踰月、遂乞致仕、特授承議郎致仕、既卒、錄其子、謚文肅、先是文公修禮書、猶以喪祭二編屬先生、病革、以深衣及所著書授先生、手書與訣、先生持心喪三年、所著有經解文集行於世。

## 文集

大學首章無他疑但向者以為明德之發于外者昭著而

不可掩也今之觧注乃存于中者洞徹而無所蔽也故鄙意以為莫若内[合]外而言之虛靈指存于中者而言昭著指發于外者而言如輝光之類皆指外者而言之今既未能不疑且守師言就本領上尤為有味也明德只得如章句所說然其間亦難看更以格字致字誠字正字修字與明字相參見得分曉方理會得先生旨意與胡伯量書

承教持守之方[別]恐亦無他說前輩及師[先]言之詳矣亦只是不為與為之不力耳然亦有一說致知持敬兩事相發人心如火遇木即焚遇事即應惟于世間利害得喪及一切好樂見得分明則此心亦自然不為之動而所為持守者

始易為力若利欲為此心之主則雖是強加控制此心隨所動而發恐亦不易遏也便使強制得下病根不除如以石壓草石去而草復生矣此不可不察也不知高明以為如何榦老矣未能忘祿非祿之不可忘也不仰祿則又須別求所以餬其口而勞心害義反甚于仰祿以是東西南北惟命是從何去就出處之敢言何功名事業之敢望特汩沒世俗學問盡廢大為師門之罪人不敢自文也敬子果如何來書所謂甚費造化斷不可辭此語卻與向來議論不同今之出仕只是仰祿不得已若謂合義則非所敢聞只嘗如此立說卻是浙間議論也又不知高明以為如

何敬子既是應舉得官又家貧未能不仕從之亦無害也

與胡伯量書

承誨以朋友講向之詳甚幸甚喜淳之愚陋何足以折衷之所說大抵皆善人心道心之說恐如契兄所云者為是李所謂人心氣也余所謂性之正者皆未精確也道体之說此更宜講究謂但指隱而言者豈所以為道体之全耶体字不可以体用言如今所謂國体治体文体字体之呂嘗對用而言耶所謂道体者無物不在無時不然流行發用無少間斷如曾皙者真是見得此理然後從容自得有以自樂今之局促迫狹尋行數墨輒拘礙者豈足于此有

未洒然者即主敬致知兩事相為經緯但言敬而不能有所見者恐亾于此有所未思耳

持守之方無出主敬前輩所謂常惺惺法已是將持敬人心胷內事摹寫出了更要去上面生支節只恐支離無緣脫洒所謂座右銘四句者不知先師文集有即抑故友程君之言語也是必非夫子之言若程君思索所到則恐畫蛇尋足愈支離而愈鶻突矣安得起之九原一叩所疑即易本義不暇細觀但先天六十四卦圓圖已大錯繆所謂有小圈者特其小失耳今以印篆論之則印篆中縫之左即乾封右即姤卦乾姤二卦夾在策縫左右今所印本恒巽

之位即先天乾姤之位也乾姤居正南坤復居正北故曰冬至子之半是也若今所印則冬至在亥子之間矣知乾姤在策縫之中則伏羲八卦圖以乾為南坤以為北可以類推矣此乃易之宗祖宜亟正之又圓圖後語有圓布者有方布者則六十四卦圓圖之中當有方圖豈可有其語而無其圖耶以上復胡伯量書

道之在天下一体一用而已体則一本用則萬殊一本者天命之性萬殊者率性之道天命之性即大德之敦化率性之道即小德之川流惟其大德之敦化所以語大莫能載小惟其小德之川流所以語小莫能破語大莫能載是

萬物统体一太極也語小莫能破是一物各具一太極也萬物统体一太極此天下無性外之物也一物各具一太極此性無不在也尊德性所以存心而極乎道体之大道問學所以致知而盡乎道体之細自性觀之萬物只是一樣自道觀之一物各是一樣惟其只是一樣故但存此心而萬事萬物之理無不完具惟其各是一樣故須窮理致知而萬事萬物之理方始貫通以此推之賢聖言語更相發明只是一義豈不自博而反約哉天生烝民有物有則於民之下又言有物者何也有物者就人身上有耳有目有手有足有君臣有父子之類而言也有此等物便有此

當然之則如耳聰目明手恭足重君仁臣忠父慈子孝之類是也然此當然之則固無物不体而此理之妙實根于人性之本然惟人之生各稟此有常之性所以應事接物皆好此懿德而不容已也所謂美德即所謂物之則也其曰好是懿德是云者即指上文有則而言也孔子又加一必字于有則之上加一故字于好是之上其旨愈明矣劉子曰民受天地之中以生是以有動作威儀禮義之則之此意也蘇當謂此四句便該括了中庸大學論語孟子許多說話非大聖人不能言也自有天地以來如人心道心四句及此四句皆是天心正法傳授世人不可輕將尋常

詩句讀過也且如大德小德亦只是此意柬發便是大德好德便是小德世間只是一個道理統体太極各具太極則兼体用畢竟統体底又是体各具底又是用有体統底太極則做出各具底太極語大語小則全指用而言畢竟語大底是全体語小底是用天命謂性是未發畢竟是体率性謂道是人所常行畢竟是用大德而能敦化畢竟是小德而川流畢竟是用若淺看則一段是一段更深入思量則又覺相似都湊不知如何以上復葉味道書

來教謂喜怒哀樂屬乎人心為未當必欲以由聲色臭味而

而喜怒哀樂者為人心由仁義禮智而喜怒哀樂者為道心以經文義理考之竊恐不然朱先生中庸序云人心發於形氣之私道心原于性命之理形氣在我如耳目鼻口是也聲色臭味在物豈得以發于聲色臭味者為人心乎朱先生云雖上智不能無人心今以由聲色臭味而喜怒哀樂則是聖人未免于逐物也而可乎謂由仁義禮智而喜怒哀樂者為道心則鄉党一篇委蛇曲折煥乎其文章莫匪由仁義禮智而發也曷為而以道心為惟微乎人指此身而言道指此理而言發于此身者則如喜怒哀樂是也發于此理者則仁義禮智是也若必謂無喜怒哀樂而

為道心則理與氣混然而無別矣故以喜怒哀樂為人心者以其發於形氣之私也以仁義禮智為道心者以其原於性命之正也人心道心相對而言猶易之言器與道孟子之言氣與義也人心既危而易陷道心復微而難明故當精以察之則喜怒哀樂之間皆見其有當然之則又當一以守之使之無一念而不合乎當然之則然後信能守其中而不失也（復李公晦書）

程謝尹所論敬處固無動靜無淺深亦各就持敬處見得一箇意思各立為一說以形容之今謂謝尹之說只是發明主一之意恐未必有此意耳就三先生說處各自體認湊

合將來見得敬字愈覺親切今只欲就主一兩字上欲談括謝尹之説却恐看得謝尹之説未免踈畧耳不知明德不言性而言心楊德淵惠書又錄云所荅之語此但當荅以心之明便是性之明初非有二物則直提簡徑使之自思索卻見得分曉今觀所答是未免以心性為兩物也如回也其心三月不違仁則心自是心仁自是仁如孟子言仁人心也則仁又便是心大學所解明德則心便是性性便是心也所荅之病既誤以心性為兩物而又欲安排併合故其説頗覺費力心之能為性情主宰者以其虛靈知覺也此心之理炯然不昧亦以其虛靈知覺也自當隨其所

指各自体認其淺深各自不同心能主宰則如謝氏常惺惺之謂此只是能持敬則便能如此若此心之理烱然不昧如大學所謂明德須是物格知至方能如此正不須安排併合也洪範五行五事之說近亦嘗思之前輩所說決然不是以庶徵觀之自可見但貌言視聽思之所以水配火木金土則恐来說未免穿鑿耳幹亦嘗反覆思之只以造化及人生之初驗之便自然合天一生水水便有形人生精血湊成体亦若造化之有水也地二生火火便有氣人有此体便能為聲聲者氣之所為亦若造化之有火也水陰而火陽貌亦屬陰而言亦屬陽也水火雖有形質然

乃造化之初故水但能潤火但能炎其形質終是輕清至若天三生木地四生金則形質已全具矣亦如人身耳目既具則人之形成矣木陽而金陰亦猶視陽而聽陰也只以此配之則人身便是一箇造化理自分明似此等處只得如此寬看耳目口鼻之配五行四象亦自分明耳屬腎腎即水水即太陰目屬肝肝即甲木木即少陽口屬脾脾屬土土王于夏秋之間即太陰少陽之合鼻屬肺肺屬金金即少陰亦是自然之理如此初無可疑也至于道生一一生二二生三三生萬物則老氏之所謂道而非吾儒之所謂道也明道云天下之物無獨必有對若只生一則是

獨也一陰一陽之謂道〻何嘗在一之先而又何嘗有一而後有道哉易有太極易即陰陽也太極何嘗在陰陽之先是生兩儀何嘗生一而後生二嘗竊謂太極不可名狀因陰陽而後見一動一靜一晝一夜以至於一生一死一呼一吸何往而非二也因陰陽之二而反以求之太極所以為陰陽亦不出于二也如是則二者道之体也非其本體之二何以使末流無往不二哉然二也各有本末各有終始故二分為四而五行立矣蓋一陽分而為木火一陰分而為金水木者火之始火者木之終金者水之始水者金之終物各有終始未有〻始而無終有終而無始二各

有終始則二分爲四矣知二之無不四則知其所以爲是四者亦道之本體非其四何以使物之無不四哉故二與四天下之物無不然則亦足以見道體之本然也太極不可名狀至此亦可以見其端倪矣体用一源顯微無間要當以是觀之塞天地亘古今無往不然仁義禮智特就人心而立名目天以是心而成萬物人以是心而成萬事故曰天体物而不遺猶仁体事而無不在也人之生也五臟百骸各有自然之則天之爲也君仁臣忠父慈子孝以至手容之恭足容之重又人所以全天地之所賦者也自天之所爲者而觀之則不待人爲而此理已完具矣故曰鳶飛

戾天魚躍於淵言其上下察也明道所謂活潑潑地者真見其如此亦真箇使人不知手舞足蹈也顏子之不改其樂又安得而不樂哉世間所謂功名富貴者真太虛浮雲一點也故曰朝聞道夕死可矣死生亦大矣苟見此理便死亦閑事也數年讀先生之書適自見得如此以先生之書合之亦無不然不但世之學者尋行數墨而無見于此竊意周程邵子朱先生見得分明其他皆未知其果何如也爲學而不見其本源是入門而不至其室雖然前輩教人且只道敬此又學者不可不思復楊志仁書

致知乃入道之方而致知非易事要須默認實体方見端

的不然則是講說文字終日譊譊而真体實段元不曾識故其說易差而其見不實動靜表裏未有能合一則雖曰為善而卒不免于自欺也莫若一切將就自身上体着許多義理名字就自身上見得是如何則統之有宗不至于支離外馳也答陳泰之論書

諸人講論祭祀鬼神一段以此蓋疑于祖考已亡一祭祀之頃雖是聚已之精神如何便得祖考來格雖是祖考之氣已散而天地之間公共之氣尚在亦如何便湊合得其為之祖考而祭之也故味道兄為說以為只是祭已之精神如此則三日齋七日戒自坐而享之以為祖考來格可乎果

爾則鬼神之義亦甚粗淺而聖人常謹言之何耶古人奉先追遠之誼至重生而盡孝則此身此心無一念不在其親及親之歿也升屋而號設重以祭則祖宗之精神魂魄亦不至於遽散朝夕之奠悲慕之情自有相為感通而不離者及其歲月既遠若未易格則祖考之氣雖散而所以為祖考之氣未嘗不流行于天地之間祖考之精神雖亡而吾所受之精神即祖考之精神以吾受祖考之精神而交于所以為祖考之氣神氣交感則洋洋然在其上在其左右者蓋有必然而不能無者矣學者但知世間可言可見之理而稍幽冥難曉則一切以為不可信是以其說率

不能合于聖賢之意也蓋嘗以琴觀之南風之奏今不復見矣而絲桐則世常有也撫之以指則其聲鏗然矣謂聲為在絲桐耶置絲桐而不撫之以指則寂然而無聲謂聲為在指耶然非絲桐則指雖屢動而不能以自鳴也指自指也絲桐自絲桐也一搏拊而其聲自應向使此心和平仁厚直與天地同意則南風之奏亦何異于舜之樂哉今乃以為但聚己之精神而祭之便是祖考來格則是舍絲桐而求聲於指也可乎復李貫之兵部書

洛沂一章終是看不出喟然而歎夫子與點之意深矣集註云日用之間無非天理流行之妙曾皙有見於此故欲

樂此以終身如此卻是樂天理之流行而於本文曾皙意旨恐不相似竊意恐須是如此天理方流行中心斯須不和不樂則與道不相似而計較繫戀之私入之矣夫子與意必固我老者安之朋友信之少者懷之政是此意直與天地相似易曰貞吉悔亡憧憧往來朋從爾思夫子傳之曰天下何思何慮聖人豈教人如死灰槁木曠蕩其心倘佯其身哉張子曰湛一性之本攻取氣之欲物各付物而無一毫計較繫戀之私則致廣大而極高明雖堯舜事業亦不能一毫加益于此矣後來邵康節先生全是見得此意思明道先生詩中亦多此一大節目與吳伯豐書此書今見晦菴集中萬正

淳録以呈晦菴先生先生荅曰直卿之説却是作工夫底事非曾㸃所以荅如或知尔則何以哉之問也又云集註誠有病今復改數語試更詳之

其為學也窮理以致其知反躬以踐其實居敬者所以成始成終也謂致知不以敬則昏惑紛擾無以察義理之歸躬行不以敬則怠惰放肆無以致義理之實持敬之方莫先主一既為之箴以自警又筆之書以為小學大學皆本于此終日儼然端坐一室討論典訓未嘗少輟自吾一心一身以至萬事萬物莫不有理存此心于齋莊靜一之中窮此理于學問思辨之際皆有以見其所當然而不容已與其所以然而不可易然充其所知而見於行者未嘗不反

之於身也不睹不聞之前所以戒懼者愈嚴愈微[敬]隱微幽獨之際所以省察者愈精愈密思慮未萌而知覺不昧事物相接而品節不差無所容乎人欲之私而有以全乎天理之正不安于偏見不急于小成而道之正統在是矣其為道也有太極而陰陽分有陰陽而五行具禀陰陽五行之氣以生則太極之理各具于其中天所賦為命人所受為性感于物為情統性情為心根于性[則]為仁義[禮]理智之德發于情則為惻隱羞惡辭[遜]遜是非之端形于身則為手足耳目口鼻之用見于事則為君臣父子夫婦兄弟朋友之之常求諸人則人之理不異于己參諸物則物之理不異

於人貫徹古今充塞宇宙無一息之間斷無一毫之空闕莫不析之極其精而不亂然後合之盡其大而無餘先生之於道可謂建諸天地而不悖質諸聖賢而無疑矣故其得于己而為德也以一心而窮造化之原盡性情之妙達聖賢之蘊以一身而體天地之運備事物之理任綱常之責明足以察其微剛足以任其重宏足以致其廣毅足以極其常其存之也虚而靜其發之也果而確其用之也應事接物而不窮其守之也歷變履險而不易本末精粗不見其或遺表裏初終不見其或異至其養深積厚矜持者純熟嚴厲者和平心不待操而存義不待索而精猶以為

義理無窮歲月有限常歉然有不足之意蓋有日新又新不能自已者而非後學之所可擬議也其可見之行則脩諸身者其色莊其言厲其行舒而恭其坐端而直其閒居也未明而起深衣幅巾方屨拜於家廟以及先聖退坐書室几案必正書籍器用必整其飲食也羹食行列有定位匕箸舉措有定所倦而休也瞑目而（端）坐休而起也整步徐行中夜而寢既寢而寤則擁衾而坐或至達旦威儀容止之則自少至老祁寒盛暑造次顛沛未嘗有須臾之離也行于家者奉親極其孝撫下極其慈閨庭之內閒外斬斬恩義之篤怡怡如也其祭祀也事無纖鉅必誠必敬小不如儀則終

日不樂已祭無違禮則油然而喜死喪之禮哀戚備至飲食哀經各稱其情賓客往來無不延遇稱家有無常盡其歡於親故雖疏遠必致其愛於鄉閭雖微賤必致其恭吉凶慶吊禮無所遺賻恤問遺恩無所闕其自奉則衣取蔽體食取充腹居止足以障風雨人不能堪而處之裕如也若其措諸事業則州縣之設施立朝之言論經綸規畫正大宏偉亦可槩見雖達而行遠道不能施之一時而退而明道是之以傳之萬世代謂聖賢道統之傳散在方策聖經之旨不明則道統之傳始晦于是竭其精力以研窮聖賢之經訓於大學中庸則補其闕遺別其次第綱領條目燦然

復明於論語孟子則深原當時答問之意使讀而味之者如親見聖賢而面命之於易與詩則求其本義攻其末失深得古人遺意於數千載之上凡數經者見之傳注其關于天命之微人心之奥入德之門造道之域者既已極深研幾探賾索隱發其旨趣而無遺矣至于一字未安一詞未備亦必沉潛反覆或達旦不寐或累日不倦必求至當而後已故章句字義至微至細莫不理明詞順易知易行於書則疑今文之艱(艱)澀反不若古文之平易于春秋則疑聖心之正大反決不如傳注之穿鑿于禮則病王安石廢罷儀禮而傳記獨存于樂則憫後世律尺既亡而清濁無

據是數經者亦嘗討論本末雖未能著為成書然其大旨固已獨得之矣若歷代史記則又考論西周以來至於五代取司馬公編年之書繩以春秋紀事之法綱舉而不繁目張而不紊國家之理亂君臣之得失如指諸掌周程張邵之書所以繼孔聖道統之傳歷時未久微言大義鬱而不彰為之裒集發明而後得以盛行于世太極先天二圖精微廣博不可涯涘為之剖解條畫而後天地本原聖賢蘊奧不至於泯没程張門人祖述其學所得有淺深所見有疏密先生既為之區別以悉取其所長至于識見小偏流於異端者亦必研窮剖析而不没其所短南軒張公東

萊呂公同出其時先生以其志同道合樂與之友至或識見少異亦必講磨辨難以一其歸至若求道而過者通傳注誦習之煩以為不立文字可以識心見性不假脩為可以造道入德守虛靈之識而昧天理之真借儒者之言以文老佛之說學者利其簡便詆訾聖賢捐棄經術猖狂叫呶側僻固陋自以為悟立論愈下者則又崇獎漢唐比附三代以便其計功謀利之私二說並立高者陷于空無下者溺于卑陋其害豈淺淺哉先生力排之俾不至亂吾道以惑天下於是學者靡然向之先生教人以大學語孟為入道之序而後及諸經以為不先乎大學則無以提綱

挈領而盡論孟之精微不察之以論孟則無以融會貫通而盡中庸之旨趣然不會於其極于中庸則又何以建立大本經綸大經而讀天下之書論天下之事哉其于讀書也又必使之辨其音釋正其章句玩其辭求其義研精覃思以究其所難知平心易氣以聽其所自得然爲已務實辯別義理（利）毋自欺謹其獨之戒未嘗不三致意焉蓋亦欲學者窮理反身而持之以敬也從游之士迭誦所習以質其疑意有未諭則委曲告之而未嘗倦問有未切則反覆戒之而未嘗隱務學篤則喜見於言進道難則憂形於色講論經典商略古今率至夜半雖疾病支離至諸生問辯

則脫然沉痾之去体一日不講學則惕然常以為憂摳衣而來遠自川蜀文詞之傳流及海外至于荒裔亦如慕其道竊問其起居窮鄉晚出家蓄其書私淑諸人者不可勝數先生既歿學者傳其書信其道者益衆亦足以見義理之感於人者深也繼往聖將微之緒啓前賢未發之機辨諸儒之得失闢異端之訛謬明天理正人心事業之大又孰有加於此者至若天文地志律厤兵機亦皆洞究淵微文詞字畫騷人才士疲精竭神常病其難至先生未嘗用意而亦皆動中規繩可為世法是非姿禀之異學行之篤安能事事物物各當其理各造其極哉學脩而道立德成

而行尊見之事業者又如此

揩朱晦菴行狀

跋曰行狀之作非得已也惧先生之道不明而後世傳之者訛也追思平日之間見參以叙述不誅之文定為草藁以謚同志反復詰難一言之善不敢奠從然久有參之鄙意而不敢盡從者不可以無辨也有謂言責舍蓄不可太露文貴簡古不可太繁者夫工于為文者固能使之隱而顯簡而明是非愚陋所能及也悉頎名曰會蓄而未免于晦昧名曰簡古而未免于鄭澀反不若詳書之為明白又有謂年月不必盡記辭受不必盡書者先生之用舍去就實闕世適之隆替後學之楷式年月必記所以著世變辭受必書所以明世教狀先生之行豈可以常人氏常体論哉又有謂告工之語失之太直記人之過失之太許者責難陳善事君之大義人主能容于前而臣子反欲隱于後先生敢陳于當世而學者反欲諱于將來乎人之有過或具見之獄案或見之章奏夭下後世所共知而欲沒之可乎又有謂奏跡之文紀述太繁申請之事細微必錄似非行狀之体者古久得君行道有事實可紀則奏疏可以不述先生進不用得于世其可見者特其言論之間乃其規模之素則言與行豈有異耶事雜微細處得其道則人受其利一失其道則人受其害先生理明義

精故雖細故區處條畫無不當于人心者則鉅與細只豈有異耶其可辨者如此則其尤淺陋者不必辨也至于流俗之論則又以為前輩不必深抑異學不必力排稱述之辭似失之過者孔孟諸賢至謂孔子賢于堯舜豈以抑堯舜為嫌乎孟子闢楊墨而比之禽獸衛道豈可以不嚴乎夫子嘗曰莫我知也夫又曰知德者鮮矣甚矣賢聖之難知也知不知不足為先生損益然使聖賢之道不明異端之說不滋熾是則愚之滋所惧而不容于不辨也故嘗太息而為之言曰是未以口舌争百年論定然後知愚言之為可信遂書其語以俟後之君子

## 附錄

附錄

嘗詣東萊呂祖謙，以所聞於朱文公者相質正。及時南軒栻亡，文公與之曰：吾道益孤，所望於賢者不輕。

通判安豐軍時，淮西帥司檄鞫和州獄，獄故以疑未決，榦一夕夢井中有人，果於廢井得尸。

尋知漢陽軍，值歲飢荒，政具舉，民大感悅。即郡治後鳳栖山爲屋，館四方士，立周程游朱四先生祠。

創築安慶府城，日以五鼓坐于堂，屬官入聽命，以百歲奔役之。受命畢，乃治府事，令僚佐講究邊防利病，次以措置城役。晚入書院，講論經史。築城之料用錢，皆未鑄之鐵子畢述之。

初孫入荆湖幕府、奔走江閩、與江淮豪傑游、為豪傑往々願依孫、及侍御史武定許將帥淮東、後侍建康守陽芳閫益蕃、孫書文字、孫倜儻有謀、及守安慶且兼制幕、長淮軍民之心合而爲一、向之有功者、在位甚衆。出宋史新編

勉齋門人　搢紳録

忠肅吳季永先生

吳昌裔字季永

忠肅吳季永先生昌裔 原稿下傳

吳昌裔，字季永，中江人。蚤孤，與兄泳師事黃勉齋，得程、朱子書，研繹不倦。登嘉定進士，調閬中尉，調眉州學教授。眉士故爲蘇學，先生取諸經爲之講說，揭白鹿洞規，倣潭州釋奠儀，祠周、程五吳士，習丕變。著知嘉陶，改眉州通判，著苦言十篇，以寓蜀時患。權待郡，加一秩，具元帥趙彥吶幸納武仙、西往秦鞏之謀，畫策武仙果敗，二州民叛。端平元年，召入爲軍器監丞，兼吳益王府教授，特時陞六部。言天理未純，天德未健，天命未勅，天工未亮，天職未治，天討未公。拜監察御史，與徐清叟、杜範以執言人稱三人，皆天下正士，四方想聞風采者五年。三諫諍之，倚之疏凡撓政之害，言皆激切，改太理少卿，人咸惜之，既而

接下寫

權工部侍郎，參贊四川宣撫軍事，以疾，除秘閣修撰，又奏其辭，改錄
秩，尋以右文殿修撰主管隆慶宮，遷潼東提刑，復知嘉州，加集英殿
修撰，寶章閣待制致仕，卒，諡忠定。先生剛正壯重，言不逕而鼓足無
典事，嘗辨正秉正綱與說臣奏議來未，石俶錄，又令辨周濂溪宗蜀
三傳失其師取對之辰，名蜀錄，有文集、奏議、四書講義、鄉約口義、訓
之記聞、家塾講說行于世。

刪去

○饒魯别見

○。劉子玠

○劉子玠字君錫朱子門人砥之子幼孤育於外家長從勉齋學非賢士不交非義理之書不讀嘗戒其子弟曰行好事做好人足矣倖求名利非吾志也遜田數百畝與從子以承母志年四十八卒

○吴昌裔字季永中江人蚤孤與兄泳痛自植立得程朱書輒研繹不倦嘉定七年舉進士勉齋守漢陽往從之累官至權工部侍郎以寶章閣待制致仕初公與徐清叟杜範一日並入臺皆天下正士四方想聞風采人至和三諫詩以侈之然纔七閱月以遷故莫不惋惜後謚忠肅

○黄師雍字子敬福州人少從勉齋學寶慶二年舉進士調婺州教授學正一以呂東萊為法慕徐僑欲見之會其有召命公曰今不可往也徐聞而敬之至闕以其學行聞於政府喬行簡許以覊除公以書見行簡勸其歸老行簡不悦遂出之外縣累

已見上 應刪

[illegible]

〇黃振龍字仲玉閩縣人得朱子端莊存養之說默契于心書之座隅已從勉齋學請所未悟勉齋亟稱之謂其可與適道之以鄉貢卒

黃振龍

〇陳如晦字日晃長樂人從勉齋遊嘗讀西山真氏夜氣箴曰須見得冬為四時之夜夜乃一日之冬便是自家嚮晦入息處又見得造化發育之妙便是自家事物周旋處於此敬義夾持功靜交養則兩得之矣遂次其韻為生意箴西山見而嘆賞焉

陳如晦

梁祖康字寧翁從學於勉齋勉齋稱華峯朋友中深愛梁寧翁魯成叔之沉靜縝密可與共學

梁祖康

○方暹字明甫岳陽人師李弘齋黄勉齋與饒伯輿張元簡趙師恕皆同門友元簡九江人嘗曰伯輿明于理而遠于事明甫見事而中于理吾嘗以斯道望伯輿而以斯世望明甫也淳祐間詔帥臣舉節行才識之士時孟珙帥荊湖董槐帥湖南皆以公應詔明年特旨免文解一次辭不受珙奏既不録以官宜賜處士之號以示國家優禮賢才之意疏入未報而卒學者稱為連雲先生

○趙師恕字季仁為餘姚令行鄉飲酒禮勉齋稱其宦不達而忘其貧今不合而志於古

勉齋以爲倘得如象祖者十數人講之精行之果如[illegible]
則先師之道猶未至於浮雲點翳也
百家謹按勉齋言自先師蔑莫以来何日從遊之士識見之偏義利之交戰而又自以無聞爲耻言論紛然誑惑斯世又有後生好怪之徒敢于立言無復忌憚蓋不待七十子盡殁而大義已乖矣由是私竊懼焉故願得強毅有立趋死不顧利害之人相與出力而維持之蓋勉齋之求後學其真切如此所以卒得其人而傳之於後也

宋儒學案

遺献黄梨洲先生原稿　　男　百家　纂輯　　元孫　璋　校補

後學　全祖望　續修

西山學案　朱子門人

學士蔡西山先生元定

蔡元定，字季通，建之建陽人。父發，博覽羣書，號牧堂老人，以程氏語錄、邵氏經世、張氏正蒙授先生，曰：此孔孟正脈也。先生深涵其義。既長，辨晰益精。聞朱晦翁（文公）名，往師之。晦翁（文公）扣其學，大驚曰：此吾老友也，不當在弟子列。四方來學者，必俾先從先生質正焉。（從臣尤袤、楊萬里薦，堅以疾辭。）慶元初年，韓侂胄禁偽學，御史沈繼祖奏朱熹剽張載、程頤之餘論，寓以喫菜事魔之妖術，以簧鼓後進，張浮駕

旐，私立品題，收召四方無行義之徒，以益其黨伍，相與餐粗食淡，衣褒帶博，潛形匿迹，如鬼如魅。其徒蔡元定佐之為妖，乃送別州編管。先生聞命，不辭家，即就道，州縣捕之急，先生毅然上道。晦庵（文公）與從游者數百人送別蕭寺中，坐客感歎，有泣下者。晦庵（文公）視先生不異平時，曰：「朋友相愛之情，季通不挫之志，可謂兩得之矣。」杖屨同其子沈行三千里，腳為流血。至春陵，遠近從者日衆。或謂宜謝生徒，先生曰：「彼以學來，何忍拒之？若有禍患，亦非閉門塞竇所能避也。」一日謂沈曰：「可謝客，吾欲安靜，以還造化舊物。」閱三日，卒于寓所。嘉定三年，贈迪功郎，謚文節。先生從晦庵（文公）游最久，精識博聞，同輩皆不及，[illegible]

原圖與心通，意象尤長於天文、地理、樂律、曆數、兵陣之說。凡古書盤錯肯綮，學者讀之不能以句，先生爬梳剖析，細入秋毫，莫不暢達。文公嘗曰：「人讀易書難，季通讀難書易。」又曰：「造化微妙，惟深於理者能識之，吾與季通言而不厭也。」先生寓家以孝弟忠信儀刑子孫，而其教人也以性與天道為先，自本而支，自源而流，聞者莫不興起。所著有大衍詳說、律呂新書、燕樂原辨、皇極經世太玄潛虛指要、洪範解、八陣圖說。子淵、沉，並躬耕不仕。淵有周易訓解，沉別有傳。

附錄

接上頁抄

西山事晦庵五三一条后
補入

○附録　西山師事晦庵、与晦庵相見李道夫之居也。凡晦庵与天台之於伊才子不得聞此也。諸李道子、异萬果信術辞實之家。当先令討究、晦庵親于根之、故专辨其閒声之辞曰翁李録

別録云、晦翁往淨安寺候元定、元定自富乘舟就見所迺淨安、晦翁出寺門接之、至僧方丈、宗晤分、言嘆甚詳、以連日讀參同契諸將仰參之、后啓酒飲、多遲談人璣恆玉飲皆醉、晦翁間以列生寺前橋上飲、回寺又飲、晦翁醉睡、方才飲橋上詹元善所送者、晦翁曰此人富貴之氣

晦翁跋書曰、每念遠別不勝悵惘、至於讀之玩珵、珍請君生由從、又不但常人離別之因也、某連日讀參同契、頗有趣云

子周之所遺先生言之也、

又曰平日　和聚、未見其為樂、別後乃覺闕了、可歎可歎、

「每至讀之誦之又啓扣之又告諸先儒仰何以休也」
病足未能平步氣血衰耗去光景想已不多病中愧丈夫未
能息心休養才讀動册子便覺前人闊處病敗所以告人不
可告者也又不免撫拾前述之念亦是閑中一大魔障所業之累
未能以此擺因向來承晚之柔未知此生能復於此時否
耳耳
季通至至館觀江湖表裏形勢不為無補亦恨乾擾不能與之
俱刂其律書法度甚精近世諸儒皆莫能及但吹律未諧
歸來更須細尋討耳並晤爲之
戊午歲元定卒時爲哭之慨冬十月癸亥曰某竊聞亡友西山先

接上頁抄
西山事晦庵 宋史
補入

○○附錄

西山師事晦庵，晦庵扣曰：季通老友也。凡性與天道之妙，他弟子不得聞者，必以語季通。異書秘旨，淵辭奧義，多先令討究，覆諦而後以語之。故其粹然之學，日翁季通。

別錄云：晦翁往淨安寺候元定，元定自崇安棹舟晚至淨安。晦翁出寺門接之，坐方丈，寒暄外，無嘉話，以連日讀參同契所疑扣蔡，蔡應答灑然。少遲，諸人醻酢，至飲皆醉。晦翁間列生于前橋上飲，回寺又飲。晦翁醉睡，方五鼓，橋上，元善即退去。晦翁曰：此人富貴氣。

晦翁跋書曰：每念遠別不勝悵惘，至於讀書玩理，非請益之由從，又不但常人離別之恨也。某連日讀參同契，頗有趣，云云。

子周、季通死者也。

又曰：某日和聚，季通其爲樂，別後乃覺闕，可歎可歎。

每至讀古諸子之書，咨扣之書，說先生仰俟之誅也。

病足未能至，少氣曾衰，苟吾先景想已不免。病中愧于文未能息心休養，才讀動冊子，便覺昏人，閑累病敗，形以告人，每年所苦者，又不免躭於著述之念，亦是胸中一大魔障，欲棄之而未能，以此擺脫向來承聽之示，未知此生能復於是法時否耳。

季通至，能說江湖表裏形勢，不為無補，其規摹不能與之俱行，其律書法度甚精，近世諸儒皆莫能及，但吹律未諧，歸來更須細尋討耳。並晦翁書

戊午，蔡元定卒，晦翁哭之慟。冬十月，祭之曰：某竊聞良友西山先

生蔡君季通羈旅之櫬遠自舂陵以歸故里謹以家饌隻
雞斗酒辭于柩前嗚呼哀哉尚享
十一月六日晦翁遣男埜會其葬於其葬也哭而送之曰嗚呼季通
而至此耶精詣之識卓絕之才不可屈之志不可窮之辯不可
復得而見矣天之生是人也果何為耶西山之顛君擇而居西山
之足又卜而藏我於君之生既未得造其廬以遂半山之約至
於君之歿又不能扶曳病軀以視君之反此真宅而永訣以終天也並
遊之好同志之樂已矣已矣哀哉哀哉
勉齋黃文肅公曰晦翁先生之門從遊者多矣公之來先生必留
數日往往通夕對床不暇寢從先生遊者歸必過公之家語其

之論不息者，之精充於有所自也。蓋其英邁之氣、巖談論之學，旁搜今昔，通性命之原，以證于家庭傳誦之際，於先生之門可謂炳然者矣。

嘉定庚午夏，追贈李道和敕制曰：士之遇不遇，天也。其或擯斥於生前，而獲伸于身後，天理昭昭，未有久而不定者。爾學問本原，探履之粹，杜門著書，和平與物，於世不再見，亦遭遠謫。乞身已定，而名則阻矣。朕甚憫之，其贈以官，慰爾泉下，死綏莫賤為光寵哉。

聘君蔡九峯先生沉

蔡沉，字仲默，西山先生子也。卜居九峯，當世名卿物色求訪，不就。先生自勝衣趨拜，入則服膺父教，出則從文公遊。文公晚年，訓傳諸經略備，獨書未及爲，環視門下生，求可付託者，遂以屬先生。洪範之數，學者久失其傳，西山獨心得之，未及論著，曰：成吾書者沉也。先生受父師之託，廣之事晝夜至忘寢，沉潛反覆者數十年，然後克就。其於書也，考序文之誤，訂諸儒之說，以發明二帝三王羣聖賢用心，於洪範洞諸數，其說蓋往往有先儒所未及發者。初偽學之論興，西山遠謫舂陵，先生徒步數千里以從。九疑之勝，窮探奧窔，山川風物，怡然忘懷，居五年不能忘先

先生父子兄弟猶以義理自怡悅，湛然無累之思，其因之道也。西山
木年後始所復得多蘖根以為有道，以全力爲之不可廢已。精於
詩，之曰：吾寧隨計吏以殘，不思畏其先也。先生年僅三十，即棄去舉子
業，一以重吳為師。其文長于論辯，詩早慕太白，晚入陶韋社中，至
其吟詠性情，摹寫造化，則又深造文字藏奧，許作者以詳自
命矣。子抗，理宗朝端明殿學士。
有蓋齋文集

宋

主簿劉近仁先生剛中

劉剛中字德言嘗讀老莊荀楊之書有所得皆爲發明及游朱子之門剛中以所業請質朱子曰老莊書壞人心術自是篤志于道朱子易其字曰近仁與黄榦爲友既歸築室講學四方人士翕然從之薦于鄉登嘉定四年進士授漢陽簿調蘭溪丞卒文公子朱在爲狀其行邑士大夫舉祀鄉賢著有師友問答

弟子除

剛中問先生曰義利之辨爲吾儒第一關頭學者講求有素所見非不分明及處事却又糢糊何也先生曰底緣見不分明耳若分明如

薰蕕觸鼻即聞旨否入口即覺曰然則嚮所見爲義者非義見爲利者非利乎曰此又何嘗不是只是見其大畧曰此是義此是利究竟幾微分際尚未甚黑白剛中曰幾微分際何在先生曰在公私間以公心出之利亦是義以私心出之義亦是利剛中曰若是公私在心義利在事心不應事事不應心奈何先生曰大學戒自欺求自慊知之真行之力不待處分其事一動念早自義理判然至若舍利取義已屬事後應迹剛中心喜稱快而退

一第二條

剛中問爲學工夫須是有起端處人性之五常猶天運之五行迭相

為用循環無端初學復性從那一端下手先生曰始條理者智之事也人而智則見理明恁地欲為仁便認真有箇仁欲為義便認真有箇義欲為禮便認真有箇禮欲為信便認真有箇信因物索照審端用力知得去向自不迷于所往易言曰體仁足以長人利物足以和義嘉會足以合禮貞固足以幹事仁義禮信而不及智者智居乎其先也

一第三條

問大學一書包孕聖功王道何以云初學入德之門先生曰凡人居處有門必先有路識得路方到得門到得門方升得堂入得室大學

綱領條目是門也本末先後是路也格致誠正修齊治平是堂也明新至善是室也初學便學論語望洋向若無有涯涘何如大學循途歷級從容馴至扶進高深若不得其門而入將倀倀乎其何之

一 第四條

問人不學不知道學在讀書上見道在行事上見必讀書然後可行事歟先生曰固也然學即學其道非作兩截無論讀書無論行事恁地皆是道恁地皆是學果于經史典籍潛心玩索日用云為細意體察自能窮天下之理致吾心之知豈談空說有之謂道鈎深索隱之謂學哉

一第五條

問大學八工夫必先致知致知在格物敢請物恁底物先生曰此說程伊川言之甚善所謂格物者窮經應事尚論古人之屬無非用力之地若舍此平易顯明之功而必搜索于無形無迹之境當前物理反不能靡所遺矣

一第六條

問程伊川涵養須是敬進學則在致知主敬致知殆亦非兩截事欲先生曰主敬則心靜致知則理明心靜理明知以涵養而益深況然敬非終日危坐游心淡泊必有事爲神不外馳而說心研慮時時有

新得也

一　第七條

劉剛中問于黃直卿曰先生學有淵源羣弟子皆知之矣比以古昔聖賢未審到得何人地位直卿曰自洙泗以還博文約禮兩極其至者先生一人而已然則先生之學其踵孔顏乎直卿曰然

一　第八條

先生居剛中侍先生語剛中曰子來從吾遊也誰使之剛中避席前跽曰曾王父河南開封府君使之也府君官開封府尹南渡力阻講和不得每恨不能雪恥報仇歸隱墨田雲峯山下易簀囑後人曰閩

自楊亀山倡道東南進而益上超羣儒而集大成其在朱韋齋公子沈郎乎爾輩可往而就學剛中為誦府君述懷詩曰撫心有恨韋君國學道無成愧子孫先生嗟嘆不已

一第九條

剛中每見善人縱極愛敬不過當面則然見不善人雖其人久不在猶作十日惡自知性情之偏不知何以克治使嫉惡之嚴移而之好善之篤先生曰人心本自有善故投之以善則順人心本自無惡故投之以惡則逆順受易忌逆受難制其勢然也要惟是爾學問工夫未到率其本然未免過于忿激若能以冲和者養成氣質漸漸消融

結習自然寬厚平夷好善惡惡各適如其分量而止而偏私悉化德器亦自此深醇

一第廿條

問程伊川粹然大儒何故使蘇東坡竟疑其奸先生曰伊川繩趨矩步子瞻脫岸破崖氣盛心粗知德者鮮夫子所以致嘆夫由也

一第廿一條

問東坡何如人先生曰天情放逸全不從性體上打點氣象上理會喜怒哀樂發之以嬉笑怒罵要不至悍然無忌其大體尚自好耳放飯流歠而問無齒決吾于東坡宜若無罪焉

一第十二條

問黃魯直何如人先生曰孝友行瑰瑋文篤謹人也觀其贊稱周茂叔光風霽月非煞有學問不能見及此四字非煞有功夫亦不能說出此四字

一第十三條

問周子主靜程子主敬二說各願聞其大概先生曰屏思慮絕紛擾靜也正衣冠尊瞻視敬也致靜以虛致敬以實然此中皆有誠實工夫豈摸形捉影而得周子靜則禮先樂後程子敬則自然和樂和樂禮樂非爾所及但時時收斂將此身心攝入靜敬中正心誠意久之

自有進步處

一 第十四條

問張子西銘與墨子兼愛奚以異先生曰異以理一分殊一者一本殊者萬殊脈絡流通直從乾坤父母源頭上聯貫出來其後支分派别井井有條隱然子思盡其性盡人性盡物性孟子親親而仁民仁民而愛物微旨非如夷之愛無差等且理一體也分殊用也墨子兼愛只在用上施行如後之釋氏人我平等親疎平等一味慈悲彼不知分之殊又烏知理之一哉

一 第十五條

剛中日思尊聞行知柰一日之間聞而知之者分數多尊而行之者分數少因想子路有聞未之能行唯恐有聞直是學不得底先生曰天下事理有為吾所合知合行者聞斯行諸可也如此事知其當如此行值事不我屬如何拿定要行若遇行事時若于窒礙則又不可無知妄作或商以師友或證以古今又何嘗不是尊所聞行所知

第廿六條

敢告先生某向年于衆情酧酢之地口雖不言私下一一對勘常覺得自家儘有好處別人儘有不好處今雖漸減亦時或微微有此意思先生厲聲曰是慝也是最不好如何反說自家儘有好處剛中憮

然為閤曰先生何以教之先生曰攻其惡無攻人之惡非修慝與

一 第十七條

李方子黄直卿劉剛中侍先生左顧右盼已而徐徐語剛中曰爾輩用功夫不要把合底事看得驚惶只當做日用飲食人生本應如此元初離不得有事勿正畧着一形象生一計較不急遽即惰慢忘助兩病症一時俱到矣

一 第十八條

問讀其書想見其為人不敏讀書時亦嘗掩卷沉吟思慕愛悦其人時時髣髴欲得見古人情狀究不我與何也先生莞爾而笑曰所謂

想見者想見其為人非想見其人也我不在古人地位亦不能到古人地位要其所以為人處皆可師法從容久坐如對古人須從古人行事上着意彈琴見文王十日得進實實地有神相契合奈何虛空摸擬將千年已朽之骨作旃檀佛像觀耶

一　第十九條

剛中退見李方子問曰先生作綱目愈于涑水通鑑殆法春秋以立綱法傳文以著目歟方子曰宏綱細目實本大學三綱領八條目所以規制盡善前此未有也

一　第二十條

問太極極字不訓中當作何解先生曰原極之所以得名蓋取諸樞極根極之義今天樞天根號北極義可通也太極者陰陽之樞紐萬物之根柢也蓋極也而太矣

一第二十一條

問程子言仁曰心譬如穀種生之性便是仁陽氣發處乃情也先生曰豈惟穀種凡菓實核内其中心皆曰仁

一第二十二條

問醫家謂手足痺痿曰不仁其形象不與穀種菓核反對先生曰仁是性之生發流通者穀種菓核能生發也手足痺痿不流通也

一

第二十三條

問聖人垂訓教人務須委備詳盡先生獨不喜人繁瑣豈謂語言文字太多必至纏繞支離先生曰辭達而已矣即不纏繞支離苟不達累千萬句奚為程夫子亦謂立言宜蘊藉含蓄毋使知德者厭無德者惑

萬[illegible]于全子

宗羲案

道理本空鋪衆，不可向影對一搭空頭向影，便久久了無以見子之學，今對今學不敢于[illegible]，以使士人之論所以不及

學者須是將聖人言語熟讀深思，晝夜玩索，然後可以開發其知識，日就高明，涵養其德性，日就廣大，見乃

聖賢言近指遠，意思自然流動，若只作言語解，著以意便死了，言下局促塞滯

義理之心存之，如有所不足，方可進于聖賢，失之如有所不得，于入于禽獸，讀之使人深省

利者民生所不可無者也，所以孔子罕言利，此所謂君子未嘗不欲利，但當欲利而不欲害，以害于人

人不經憂患困窮，種種磨折，知心不平，氣不易寧，理不足處了，多乖于他人，須從意根處

孔子三以語錄為言，蓋人繼之，語錄以使其清磨那處，多其經方可，其所謂程子義理自然充實，然後方可相繼

橫渠亦言學者先須去其客氣，惟語錄可以集義

伊尹惟其任處重，思至所未能與天為一，所以為聖之時，若孔子則曰吾其為東周乎，多少含蓄意

相期于知上，而自多聞數多，猶其于此上而以分數道，德也，知之知，猶知之知，不知知，德其識知知

古人以善為常，多不記載，以惡為反常，故時記之，後世之人，負大罪而無于負，不知愧恥，一切以善自居，可哀也已

楊氏資質偏于剛毅，羅氏資質偏于寬厚，只緣不知至理，所至流于一偏

祖謙謹按，朱門弟子潛菴其眉目也，於其遺書今後詩無盡有[illegible]，不熟人有宗精錄一編，所集潛菴之語，皆學者宗旨，義理精粹，蓋出于廣六之手也，惜外今取其精者僅一十二條而已

易原識以歸，卓然[illegible]變四十九，和九階，說所謂九之陰六變也，陰說崇象而用其天人，所本之至占筮之法，本出於謝先生之意

鶴山雅言

宋儒學案

此下應入蕺山諸士一条後

此傳須另節錄以照一律　現擬分前後語為兩条中段語為本傳

輔廣字漢卿号潛庵以下云云至卒贈朝奉郎止為本傳

乙巳歲余拜輔漢卿以下云云至為輔潛傳止當列入本傳後低一格單行加遺獻曰為一条

按旧志言趙文靖出自先生门以下至末又為一条

○輔潛庵先生廣

先生遺獻輔潛庵傳乙巳歲余拜輔漢卿先生之墓於崇德是

而考於邑志及其邑人所作宗輔錄皆不能詳且多錯誤故以

其間出他書者為輔潛菴傳輔先生廣字漢卿號潛菴其先趙

州慶源人也父逵字彥達南渡隸楊和王沂中麾下累立戰功

官至左武大夫邵州防禦使知秦州致仕居崇德之晚村遂為崇

此傳本遺獻公所作較之福中原傳前後例亂

一作仁泰

德人泰州四子康守清卿康守周卿康守安卿先生其仲也先生〻於軍中以父恩授保義郎轉忠訓郎漕舉四試不第始從呂成公遊已至武夷問學於朱文公留三月而後返秋塘陳善有詩送之云聞說平生輔漢卿武夷山下啜殘羹言其用志堅苦也偽學禁嚴學徒多避去先生不為動文公曰當此時立得脚定者甚難惟漢卿風力稍勁開禧議和方信儒奉使未成欲遣先生辭以考亭諸生老不稱使舉王柟自代與魏文靖公史善每相過必出文公語言文字洛誦移晷而去文靖外補先生以其生平所得於文公者盡畀之先生容止氣象不類東南人物達官貴人稍有過舉即正色規戒嘉定初上政府書反覆千

是非成敗之際政府不悅授意言官劾之奉祠而歸築傳貽書
院教授學者所著有語孟童子問詩傳童子問尚書集解卒
贈朝奉郎夫人蔣氏子四人大章戊辰進士鼎迪功郎仲章鄉
貢進士叔章秉義郎知賀州季章訓武郎知武岡縣志言文靖公
出其門者文靖跋文公與先生帖云亡友漢卿端方而沉碩
文公深所許可此可以證其非師弟子矣其為此言者文靖曰
先生而得文公之書宋史文靖列傳影響其詞謂子翁築室白
寉山下以所聞於輔廣李燔者開門授徒蓋本文靖語類序而
語焉不詳志則本宋史而展轉失實如宗輔錄言蔡元定貶死
先生入京以身試禍貫倦節西行解禍寧有試禍之理按文公

與先生書云省闈不利亦是時節如此看此火色但得安坐已是幸事豈有別有冀望耶然則先生入京是其應舉時耳（墓在）（先生石從）城西三里叢木中禹如罣如者五六其後人指而謂曰中為泰州左右則先生兄弟序而葬也然考其家譜泰山（州）葬烏程官宅山圻謂黑龍馬塚是也則中之非泰明矣當是先生在中而左右為先生四子

（和曰弟名事先生者）

（低一格疑遺獻語）

蕺山諸生曰先生之學入閩者熊勿軒陳石堂其尤也入東浙者韓莊節黃東發其尤也逮至明初而韓古遺及吾族祖黃蓊東尚接其傳嗚呼道之行不行豈以時位哉何先生之牢落而自遠有耀乎

蔡模

輔氏門人以前應
補抄宋輔錄

## 輔氏門人

〇韓翼甫號恂齋會稽人也官朝奉郎大理寺主簿有元取宋士人之在班行者多攜故所受告勅入換新命先生獨挈家絕江而東杜門不交人事其學出於輔氏叙用功本諸四書四書通然後求之六經不貴文詞不急祿仕真知力踐求無愧古之聖賢秦漢而下漠如也門人陳普曰聆韓先生說直誦四書如奏九韶令人不知肉味

〇熊禾字去非一字退齋建陽人志濂洛之學乃訪考亭之門人輔氏而從遊焉咸淳十年登進士第授汀州司戶參軍入元不仕謝枋得聞而訪之相與講論而別隱武夷及門者甚衆嘗與胡一

築洪源書堂講學凡一星
後乃別於山築鰲峯書堂

山雷樓下景

曾槐

桂論學謂秦漢以下天下所以無善治者儒者無正學也儒者所以無正學者六經無完書也六經無完書則學不可得而講矣儒者無正學則道不可得而明矣千五百年牽補架漏天地生民何望焉考亭夫子平生精力在四書詩易至於書則付之門人九峰蔡氏猶未大暢厥旨三禮雖有通解缺而未補若尚多勉齋黄氏信齋楊氏粗完喪祭二書而授受損益精意竟無能續之者春秋則不過發其大義而已豈無所俟于來學乎當吾世不完則亦愧負師訓矣皇慶元年卒年六十稱為勿軒先生

先生于六經[illegible]好請有易[illegible]

經取一家之說為主旁采衆說以訓經之己而

春秋通解乃于火令[illegible]傳書易義大學講義而已

## 韓氏門人

朱子三傳

朱鵬孔林崇仁人也從輔潛菴學以進士教授高郵

文集

記甲申歲余始卜居武夷之南邑里俊秀相與遊從者固不乏人而求其穎異成材者指亦未易多屈當路崇植儒官獎引士類惟儒官一途為捷徑於是年盛力強欲藉以奮身者胥出焉隱屏之下曲溪之濱歲歲作贈語餞友朋散在郡邑蓋不少矣樵泮居閩上游往年拔其尤一人為之正曰劉基（某）今年拔其尤一人為之錄曰詹君履皆武夷舊遊也君履行有日同舍各致贈言之義余將何以告子則謂之曰當路遴選儒官一途非但可以資進身也涵養德器脩礪學業正在此時夫以一鄉未足而之一國焉見

聞頤養當益廣矣今風俗媮薄綱常埽蕩前修文獻欲進吾閩自道南以來號小鄒魯樵昔為多士之國當有韜德蘊道升堂而發薰養之歎者坐明倫堂領袖前廡豈但曰友之云乎抑當有事之者云耳請告子以樵先正故事方伊洛之學盛行西山李氏蚤年登龜山之門嘗與以求仁次第每有所請必曰不然參之二十年然後涣然不逆漢上朱氏一日見上蔡問為學之要朗誦子見齊衰者師冕見二章曰一部論語盡說與賢矣夫仁者之旨義何待二年而有得而此章二亦何有乎精妙而足以盡一部論語之大義此在學者深思而自得之西洛之學有傳于樵者

自二公始乾淳盛矣端明黄公道德之懿師表宇内以文公之行行之鄉國九書俯伏請納端拜之禮流風懿範藹然遠今果齋諸賢克紹考亭之學又其後出也遺言緒論必尚可尋此皆後學所當景慕而取法爲者也君履其勉之謙恭自下以持其身勤敏不怠以進於學嘗著武夷相與遊從時俏途萬里政徐軔政不俟忙巨木千尋其培根也不可不厚君履其重勉之送詹君履學正序

周東遷而夫子出宋南渡而文公生世運升降之會天必有大聖大賢以當之者三綱五常之道所寄也道有統義軒邈矣陶唐氏迄今六十二甲辰孟氏歷叙道統之傳爲帝

為王者千五百餘歲則堯舜禹之於冀也湯伊尹之於伊亳也文武周公之於岐豐也自是以下為霸為強者二千餘歲而所寄僅若此儒者幾無以藉口於來世嗚呼微夫子六經則五帝三王之道不傳微文公四書則夫子之道不著人心無所於主利欲持世庸有極乎七篇之終所以近聖人之居而尚論其世其獨無所感乎嗚呼由文公以來又百有餘歲矣建考亭視魯闕里初名竹林精舍後更滄洲宋理宗表章公學以公從祀廟庭始錫書院額諸生世守其學不替龍門毋侯逢辰灼見斯道之統有關于世運故于此重寄意焉歲戊子侯為郡判官始克修復邑令古

澶郭君瑛又從而增闢之乙巳侯同知南劍郡事道謁祠下顧諸生曰居已完矣其盍有所養乎書院舊有田九十餘畝春秋祀猶不給侯捐田為倡郡君適自北來議以克協諸名賢之胄與邦之大夫士翕然從和之合為田五百畝有奇供祀之餘則以給師弟子之廩膳名曰義學田初省府以公三世孫朱沂充書院山長既歿諸生請以四世孫朱椿襲其職侯白之當路仍增弟子員屬其事於邑簿汪君蒙且以書來曰養可以粗給矣而教之不可以無師也謂禾猶逮有聞俾與前貢士魏夢牛分教大小學蓋有甚歆然者既又屬禾記其事其將何以為詞重惟文公之學

聖人全體大用之學也本之身心則為德行措之國家天下則為事業其体則有健順仁義中正之性其用則有治教農禮兵刑之具其文則有小學大學語孟中庸易詩書春秋三禮孝經圖書西銘傳義及通鑑綱目近思錄等書學者學此而已今但知誦習公之文而体用之學曾莫之究其得謂之善學乎矧曰体其全而用其大者乎公之在考亭也門人蔡氏淵嘗謂其晚年閒居於大本大源之地充養敦厚人有不得窺其際者蓋其喜怒哀樂之未發蚤聞師說於延平李先生体驗已熟雖其語學者非止一端而敬貫動靜之旨聖人復起不易斯言矣嗚呼此古人授受

心法也世之溺口耳之學何足以窺其微哉公之修三禮自家鄉至邦國王朝及大經小紀詳法畧則悉以屬之門人黃氏榦且曰如用之固當盡天地之變酌古今之宜而又通乎南北風氣損文就質以求其中可也使公之志克遂有王者作必來取法矣嗚呼古人為治之大經大法平居既無素習一旦臨事惟小功近利是視生民亦何日蒙至治之澤乎秦人絕學之後六經無完書若井田若學校凡古人經理人道之具盡廢漢猶近古其大機已失之矣當今治守一統京師首善之地立胄學興文教文公四書方為世大用此又非世運方升之一幾乎邵氏觀化所以

謂善變之則帝王之道可興者以時考之可矣誠能于此推原羲軒以來之大統明夫子祖述憲章之志上自辟雍下逮庠序祀典教法一惟我文公之訓是式古人全体大用之學復行于天下其不自茲始乎今公祠以文肅黄氏榦配舊典也從以文節蔡氏元定文簡劉氏爚文忠真氏德秀建安武夷例也我文公体用之學黄氏其ゝ庶幾乎餘皆守公之道不貳其侑公也實甚宜公以建炎庚戌生于劒之南溪父吏部韋齋先生之仕國也公蘊經世大業屬權奸相繼用事鬱ゝ不得展道學為世大禁公與門人益務堅苦泊如也慶元庚申歿于考亭後十年庚午疆場事起

又六十七年丙子宋亡公之曾孫浚以死節著嗚呼大聖大賢之生其有關于天地之化盛衰之運者豈可以淺言哉夫子之六經不得行於再世而公之四書乃得彰於當代公之身雖詘於當時而公之道卒信於其後者天也迺江東中州文獻欲盡自左丞覃懷許公衡倡明公學家誦其書人尊其道凡所以啟沃君心栽培相業者以開治平之原者皆公餘澤也方侯倡泐義學東平袁君璧遷以臬事至閩訪求公後表浚二子林彬於省長南溪建安二書院奉韋齋及公祠又以考亭乃公舊宅懇懇為語諸生小學入門之要尤以師道不立為憂既而金華陳君公舉司文

吴會為冑監學徵藏書考尋文獻且欲於此繼成公志以復六經古文為屬誠鉅典也而必欲有竢焉天道循環無往不復欲觀周道舍魯何適正學一脉亟起而逈續之則天地之心生民之命萬世之太平當於此乎在侯之功不亦遠乎侯以世德顯其仕閩以化為政道南七書院皆其再造也考亭西北偏有山曰雲谷晦菴在焉亦為之起廢汪君於山之麓為門以識之凡公墳宅悉從而表樹焉亦乎知為政之先後矣精舍刱於紹興甲寅前堂後室制甚樸寶慶乙酉邑令莆陽劉克莊始闢公祠今燕居廟則淳祐辛亥漕使眉山史侯季温舊構也書院之更造惟公手刱

不敢改棟宇門廡煥然一新邑士劉熙實終始之義學之剏興宋燮黃樞首帥以聽華恭孫葉善夫趙宗叟盱江李廷玉與有謀焉而厚帑庾完豎茨以迄於成則虞子建劉實也賢勞皆可書時提調官總管燕山張仲儀教授三山黃文仲助田名氏悉書石陰後甲辰三歲大德十一年四月朔日後學熊禾記

考亭書院記

僕於雲谷之陽鰲峰之下剏小精舍中為夫子燕居配以顏曾思孟次以周程張朱濂溪明道伊川橫渠晦菴五先生隆道統也或有議者曰文公竹林精舍以六君子從祀先朝表章文公之道取其法行之太學達于郡縣今乃部

馬二賢不與焉無乃非文公之初意邪曰從祀之典凡先儒之有功德于聖門者咸在若夫配食先聖則非其道德功言足以得夫聖統之正傳者不足以與此也韓氏曰軻之死不得其傳此五先生所謂吾無間然者矣後有作者不可易也若夫邵馬及張呂諸賢固以秩在從祀矣非去之也文公贊六君子乃其一時景行先哲之盛心而竹林之祠增延平先生為七賢又以致其平生尊敬師傳之意是固各有攸當非可以此為疑也歲在癸卯之夏三山郡泮議剏新祠郡博士東武劉叔敬謁予曰泮舊有道立堂按舊碑蓋取師道立善人多之義自濂溪而下凡十有五

人首六君子次廣平游氏龜山楊氏豫章羅氏延平李氏
次晦菴朱氏南軒張氏東萊呂氏西山蔡氏勉齋黃氏丙
子兵戈之後司文臺典教職者又益以北山陳氏信齋楊
氏毅齋鄭氏說齋楊氏庸齋趙氏凡五人皆學於文公亦
所以昭是邦文物之懿也但考之郡志西山真氏師三山
時嘗剏尊道閣祀文公但以勉齋配道立堂舊祠亦止於
勉齋今廉臺之長恪齋嚴公更創新祠欲復尊道之舊而
議者言人人殊子其有以教之僕曰是祠若仍道立之名
則為隆師道而設姑仍其舊可也但師弟子不應皆北坐
南向勉齋以下北山信齋諸賢皆北面受經于文公者乃

修然並居南面之列此則有不可不正者若更尊道之名則為隆道統而設其祠固當止於五先生他有不得而與焉邵馬張呂諸賢自有從祀彛典廣平龜山豫章延平西山諸賢則建劍鄰郡各有專祠稽之禮經國無先師則合于鄰國勉齋為朱門道統單傳又不但三山一邦之望莫若正西向侑食之位雖不合于鄰國可也西山所之道初意亦正如此時盱江德臣李君亦曰饒之石洞亦以夫子居中配以顏曾思孟周程張朱五賢勉齋繼之時曲阜孔君申卿實主其議遂白之嚴公首以為允於是繪像立祠更扁尊道又以僕嘗與聞斯議且屬為記遣莆陽史侯有刊修

禮書之約遂不得竟其事繼會莆陽博士永嘉宋蜀翁議
創先賢祠亦以下問僕援此答之皆以為允但有以程張
坐次為疑者蓋橫渠於二程為表叔端平從祀之典張先
於程竹林七賢之祠與六君子之贊則程先於張二者不
同議卒靡定僕曰橫渠之學得於二程皋比之撤與夫平
居議論歷歷可考聞道在先固有所受也但當以竹林之
祠為正此乃學校之公不得與家庭之私例論矣於是莆
之新祠位置遂定會孔君以三山士友之請屬記於史侯
深言尊道之祠止於五賢不及邵馬者乃萬世道統所係
惟當以此為定孔君又言曲阜舊有五賢祠乃祀荀楊諸

賢今祠已燬歸當請之衍聖公更議以此五賢易之此不惟大明洙泗之正傳亦以一洗漢唐之陋習扶世立教抑邪崇正之功弘矣因其行也力贊勉之私竊自謂山中一時綿蕝之禮或者因莆福二郡以為之兆亦區區之志也忽三山朋友以書来詰謂舊祠邵馬以下凡十有四人皆從改撤公議之弋莫不倒指于首議之人予當何以解之且賢牧鄉賢二祠亦間有所建白若其果然慎勿復言可也余蓋深歎世衰道微之餘學校無公論迺至於此自可忘辨然斯道所關則亦不可以不直者輒申其義或者倘有察焉亦學校風化之一助也

三山郡泮五賢祠記

洪荒之世氣浮而為天者不過茫茫一太虛耳固未有度數之分也黃帝顓頊雖云造厤蓋未詳也至帝始命羲和分掌天地四時於是推步之法愈密日月星辰之羅於天者始則而象之歲分為四時又分為十二月又分為三百六十日因其氣盈朔虛又為置閏以應周天之度於是天道可得而成矣質凝為地者亦不過一塊土耳固未有疆理之別也黃帝雖曰分州畫野亦未詳也至帝始咨四岳舉其能治水者以拯斯民墊溺一朝之命鯀不能治而禹繼之其施功之最難者莫如冀壺口龍門等處此蓋混沌初分水有未洩積之歲久衝決奔放愈甚則懷襄之害愈

烈禹因其勢疏鑿而順導之若其次第則先青兖徐揚之下流而荊豫梁雍以次底績弼成五服自侯甸至綏而封建之制以立咸則三壤自畎澮至川而井田之法以成於是地道可得而平矣自羲皇黄帝之後又適當一元文明之會風氣驟開勑制之法維其時也五典敦庸五禮庸五服章五刑用法度禮樂彰彰然著明如日月行天亘古常見此又立人之道以參贊天地化育之所不及者蓋萬世之功也帝堯萬世之功論

天下之治亂繫風俗風俗之美惡繫人心三代固皆有道之長也而商之一代風俗為最美每讀商書至終篇紂之

亡三仁寧死寧遯寧佯狂為奴所以自靖自獻者不敢負
先王之心夷齊扣馬一諫凜凜乎萬世君臣之大義雖聖
人復起不可復（易）也或言微子先抱祭器歸周者非也書所
謂我不顧行遯我罔為臣僕者去而避紂曷嘗有去商即
周之事哉歸周以全宗祀自是商亡以後事比干之死固
已安之箕子之佯狂後來武王下車訪道授聖大法而終
不為之臣朝鮮長徃用廣宗祀此其志何如哉不但是也
當時為商之臣若民者大率有不肯臣周之心大誥洛誥
多方多士諸篇班班可覩雖周人目之為頑在商則不失
為義矣陳同父所謂歷三代而後世變風移蓋當康王之

世歸周且四十年壯者已老老者已死其逋播遺黎真是至死不貳亦可見商一代之人心風俗矣夏未之前聞也周平王以後奄奄如一尪羸病癈之人略無能出一乙強劇以起其生則所謂養成一代之人心風俗有王者作誠不可已也商有三仁兩義士論

或謂文公賛六君子竹林祠七賢今尊道之祠亦及五先生而不及邵馬其議可得聞乎曰尊道有祠為道統設也古者建學立師教學為先而其所學則以道德功言為重而道其總名也太上立德其次立功其次立言是三者皆非有得於道不可立德者道之本也立功者道之用也立

言者所以載道之文也言學而無見於道則不足以為學言道而無得乎道之全体則亦不足以為道矣是故一善之德亦可以言立德一時之功亦可以言立功一語之有關於世教亦可以為立言而皆無見乎道体之全則亦不足與乎道統之正矣今觀六經之文皆其德被生民功加萬世堯舜禹湯文武周公孔子之傳在是自是之後四代禮樂之具惟顔氏有之晚年則惟曾子所傳獨得其宗曾傳之思々傳之孟矣大學中庸七篇之書皆可具見道喪千載直至濂溪明道伊川横渠晦菴五先生而後此道始大明於世而其學皆足以為天地立心生民立極往聖繼

絶學萬世開太平其立德立功立言未有大于此者矣若夫康節涑水謂非世之大賢不可而其學視此則有間矣駕風鞭霆之英傑非可與準繩規矩之君子同科空中樓閣自是宇宙間一卓偉之見觀其玩視古今遊戲物外其出言制行不免近于高曠非可以為世常法者也程子與康節居洛三年未嘗一語及其學亦謂是也若涑水之力行苦節制行非不誠一而前輩謂欠却致知一段如尊揚雄而疑孟子黜漢統而帝曹魏正自有不可揜者又不待辯而定也故五先生直可以繼顏曾思孟之次配食夫子而邵馬則亦仍舊祀之典可也

或謂涑水之學不由師傳其德言功烈之所就亦不過盡其天資之所到而已若康節則先天一圖皇極一書謂之無間于斯道則不可又何以不進之于五賢乎曰康節之高明涑水之平實蓋各具是道之一體要其所見則涑水之于康節則固不可以同日語也康節先天圖心法與濂溪太極圖實相表裏至于皇極一書則其志直欲以道經世而自處蓋欲作雍熙泰和以上人物此豈易以世俗窺測但其制行不免近于高曠若使進之聖門則曾晳非不高明子貢非不穎悟終不可謂與顏曾同得其傳百世以俟不易吾言矣

或謂邵馬與張呂諸賢秩在從祀固無以議為也但此五先生者所在郡縣別立祀庭自為專享得不傷于煩乎曰學校之祀典不正久矣五賢者所在郡縣非無祀秩然學校各別為專祠或以所居之邦或以遊宦過化之地或特以義起載在先儒文集與夫碑誌之類其來非一日矣即之人心稽之公議未有不以為允者是果何說吾聞道統于一祀典亦當定于一後世乃裂而二之謂之不傷于煩不可也此事之失源流濶遠豈一言可斷哉兩廡從祀理宜損益孔庭之祀按貞觀二十一年顏回以下次以左丘明等二十二人升侑尼父開元八年始塑十哲繪七十弟

子及二十二賢于壁二十七年又以曾參而下止六十七
人遂以杜佑通典所載益以林放等五人以足七十二人
之數此不過唐禮官一時建議云爾宋仍唐制不復更改
至今按為定式竊謂學者尊事聖賢春秋祭享非但崇飾
俎豆姑以盡吾報本之心而已必其平時方寸之間真有
信慕服行之素則斯道氣脉相屬今也姓名昧昧年代濶
遠尋常方册之間耳目尚有不接一旦對越之際肸蠁豈
易遍通此文公竹林之祀所以止于顏曾思孟配享六君
子從祀今所在書院但按此為法亦恐其煩也程子本言
十哲世俗之論予之晝寢短喪求之聚歛具臣已見責于

聖門況顏子既升配享又增子張為十哲果何義耶十哲之外若南宮适宓子賤蘧伯玉曾晳漆雕開澹臺滅明原憲有若公西赤之徒以班班見于傳記所載亦可數矣此其當正者一又七十二賢之下益以諸儒二十二人此蓋唐禮官一時見其六經三傳曾有訓詁之勞故悉從而位置之不復甄别西都承秦絶學若伏生之書毛萇之詩大小戴之禮左氏公穀之春秋與鄭孔諸儒之傳疏雖其間不無同異謂其無羽翼聖經之功不可也學者言必根理文必稽行馬融為竇憲作奏草一事誣陷忠良漢祚以傾平日聚徒著書竟亦何用杜預建短喪之議自背于春秋王

弼尚老莊之學自背于易氏若此類訓詁何取此其當正者二又如孟氏之後無傳濂洛未興之前寥寥千載僅一董仲舒學最正行最醇顧不得秩在從祀而揚雄美新投閣不能揜綱目莽大夫之書荀況以性為惡以禮為偽大本已失叟學何事至今之人上敢與孟子同列下猶不失與王通韓愈並稱向微文公品論權衡之定則孟子終貶而荀揚輩偃然得在弟子列矣世教不明至此可勝歎哉此其當正者三宋諸儒如康節涑水南軒東萊四賢固已在從祀之典泝其淵源豈無尚有攷論者龜山載道而南再傳為延平李氏學行醇正其傳是為文公竹林從祀亦在六君子之次又文公之學惟勉齋黃氏獨接其傳問學操行一出于正且其

羽翼四書三礼之功為大三山郡泮亦為之大耳道無二統不合不公誠有作者表章正學統一聖真首之京師達之郡縣大明學校祀典一正天下人心凡若此類首宜損益決不可以唐開元一時礼官無識之輕議遂以為千萬言世不刊之定典也或謂祭祀之禮各從國俗之舊若構立新祠以義起礼可也今所在郡縣各有舊祠或繪或塑以子之言一從毀撤于人情豈無不安者乎曰是何言也承訛踵謬樂因循憚更改此漢唐千載弊政也豈但此一事哉仍舊貫之言聖人予之亦謂可以改可以無改者耳學校祀典所以正人心明世教也清議所在不可厚誣理有當更對越無媿嘗記

荆公配享廟庭其子雱從祀廡下權勢所在何向不可一朝燬撤萬口無辭且如從祀之典仲舒當在所益揚雄馬融之類當在所損此皆不可一日不正者豈可習之為安而以毀撤為嫌乎三山郡泮舊志先賢祠止陳公襄等五人後增至十有一人今則五十餘人矣鄉校祠内有某人者顯為清議不容舊曾守土不死封疆姑且勿論丁丑戊寅之間反覆變詐見之大書榜樓至今人猶誦之以為戲笑當其再叛也何至如此詆毀及其再附也又何用如此夸使後又夤緣一謚命下之日有作詩諷之者曰兩朝忠義傳俱有某人名方其反覆之際題門曰葵藿有心終向

日杏桃無力謾隨風是全不知有世間羞耻事以此為文章間學以此得朝廷爵謚又以此為學校祀典豈可不為郡泮羞豈可不為世教惜舊嘗建白公堂顧不得以子孫權勢赫奐有所辟而不行也雖然又不特三山一郡為然矣

或謂程張坐次以竹林之祠為定固不得以家庭之私妨學校之公矣然則顏曾子思以坐像配享堂上顏路曾晳伯魚以立像從祀廡下或者疑焉如此則學校祀典之公亦不可以家庭之私為斷乎曰是不可以此為斷矣學莫大于明人倫人倫莫先于父子子坐堂上父立廡下非人

道一日所可安也且子雖齊聖不先父食久矣必仍今之制則宜別設一室以齊國公叔梁紇居中南面顔路曾晳孔鯉孟孫氏侑食西嚮春秋二祀當先聖酌獻之時以齒德之尊者爲分獻官行禮于齊國之前其配位亦如之兩廡更不設位如此則亦可以示有尊而教民孝矣但有王者作禮當損益祀不可瀆也姑誌于此云

或謂顔曾思孟所在學校皆東坐西向于義何居曰舊例循習已久問之先輩皆莫能通其義或謂神道尊右西廡乃迎送神之所辟右者不敢當尊也故獻官序立東廡之前而行禮執事者升降必由東階蓋其義也然則今之十哲

配享兩廡從祀皆左右列則有所不通矣向嘗見一野史
史載夫子廟庭只有顔孟配享皆東西向後因王安石配
享遂以顔孟東坐西向王安石介于顔孟之間西坐東向
後來雖撤去安石配位而顔孟坐次亦因而不改竹林精
舍初建但就中增入曾子子思二神位而先朝取其法行
之亦承襲不暇改正今宜改爲東坐西向北上神道尊右亮
國公顔氏西一郕國公曾氏東一沂國公孔氏西二鄒
國公孟氏東二周程張朱五先生又以次列東西行則合
舊矣然所謂舊制者亦開元二十八年以後之制亦非古
也按開元禮夫子猶西坐東向蓋儀禮特牲太牢饋食禮

尸位也配位西向主人位也從祀南向衆賓位也開元末年夫子始封王爵襲兗冕執鎮圭遷爲南向失之矣世學不講有論及此者則以爲怪安得一復古制之爲快哉

或問所在郡國學校各祀鄉之先賢或郡之良牧于禮亦有稽乎曰禮有祀先賢于東序及祭鄉先生于社之文前之所言蓋天下之通祀也若以一國一鄉論之各有先賢鄉先生其節行足以師表後進軌範薄俗者固在鄉國之所當祀矣孔明之在南陽宣公之在吳江管幼安之在東海陽城之在晉鄙三代而下論天下人物亦當首稱正使列侍聖門夫亦何慊頤道喪千載淵源無所攷泝耳又如

蜀之文翁閩之常袞首開一方文治雖去之千載猶思慕之雖欲不祀人心獨無慰乎凡若此類宜悉詔郡國按彼舊志採其尤著者悉以來上列之郡祀咸秩無文或復其子孫錄其賢裔舊有祠廟去處必爲守護增葺亦所以昭示朝廷褒美先賢之意雖後有作者亦莫之易也

或問子所言首之京師達之郡國大明學校祀典一正天下人心但京師太學與郡國之學攷之古今不無異制不知尚有當攷論者乎曰道者天下通行之道則其所以爲教者自天子至于庶人一也先王建學必祀先聖先師自古至今未有以異獨五學之說不同孔家謂詩書禮樂各

有其師所以爲祀亦異則疑出于漢儒專門之附會三代以上大道未分必不至此蓋嘗聞之師曰五學之制中爲天子之學所謂太學是也小學亦只在王宮之南不惟天子視學行礼爲便而元子庶子與夫公卿大夫之適子入學亦近而易習東西南北各設學以待四方之士自國之貴冑與鄉之俊秀及諸侯貢士以倫論選者未必咸在天子之學則亦隨其方而處之意必古有其法而唐之國學四門學恐亦其遺意也是故京師首善之地莫先于天子之太學矣又嘗聞之天子太學祀典宜自伏羲神農黃帝堯舜禹湯文武自前民開物以至後天致用其道德功言

載之六經傳在萬世誠萬世天子公卿所宜取法者也若以伏羲為道之祖神農黃帝之(堯)舜禹湯文武各以次而列為皐陶伊尹太公望皆見而知者周公則不惟為法于天下而易詩書所載與夫周禮儀禮之書皆可傳于後世至若稷之立極陳常契之明倫敷教夷之降典益之贊德傅說之論學箕子之陳範是皆可以與享于先王者天子公卿(所宜)大夫師式也以此秩祀天子之學礼亦宜之若孔子實兼祖述憲章之任集衆聖大成其為天下(以)萬世通祀則首天子下達夫卿學春秋釋奠天子必躬親藏事養老乞言退就師保一言行一政事天子一是以此為法敎化本原

一正于上四方其有不風動也哉夫然後公卿近臣各舉天下道德學問之士以禮延聘萃于京師館之太學一如明道先生熙寧之所奏請明正學以次傳授自國學達于郡邑鄉校其為學一依古人小大學教法凡近世學官一切無用之虛文悉以罷去學問必見之踐履文章必施之政事使聖人全體大用之道復行于世不數十年作養成就士習丕變人材輩出先王至治之澤不患不被乎天下顧上之人力行何如耳

聞嘗以此求正于鄉先生福清林君存謂此論直可質無疑而俟不惑且謂康節作長曆書建戌元吉作亂秦王世

民誅之可與溫公作通鑑書諸葛入寇同科此亦一訛寧德陳子芳謂此說已是程子亦曰克夫直是不恭又曰克夫根本不帖帖地其不滿溫公處亦多更以此參之當益明矣併識于此以俟來者

底入

韓氏门八

以下换另抄一通

朱鵬飛仕見輔仕末

○韓性字明善恂齋之子弱冠博綜群書而於先儒性理之説尤深造其閫域延祐初復舉科目學者負笈而來以文法請先曰今之貢舉悉本朱文公私議欲為貢舉之文而不知文公之學可乎四書六經千載不傳之學自程氏兩夫子至文公而發明無餘蘊矣顧力行何如耳施之塲屋直其餘事先生之為文一主於理凡經其口授指畫自合繩尺出無輿馬僕御所過負者息肩行者避道巷夫街叟争前迎揖童穉厮役咸稱之曰韓先生韓先生云安陽者本其舊族也謚莊節先生

○陳普字尚德福之寧德人所居有石堂山學者稱石堂先生稍長聞恂齋韓氏倡道浙東負笈走會稽從之遊入元開門授

徒歸然以斯道自任四方及門歲數百人（朝廷三辟為本省教授不赴）建州劉純父聘主雲莊書院熊勿軒留講鰲峰首議聖賢宜撤肖像祀用木主勿軒意合且曰此事不革斯文之運未敢望其升也尋講饒廣晚在莆中十有八年造就益衆嘗曰性命道德五常誠敬等字在四書六經中如斗極列宿之在天五岳四瀆之在地舍之不求更學何事延祐己卯卒年七十二

石堂文集

承下問仰見用功之勤於先儒明理之書必求洞徹淺陋何足承厚意然平生於此亦嘗致思恍惚之中屢有所契而不知手舞足蹈者大略天下之物其形体性情位分度數凡如此如彼

韓氏門人

○韓性字明善悔齋之子弱冠博綜群書而於先儒性理之説尤深造其閫域延祐初復舉科目學者負笈而來以文法請先生語之曰今之貢舉悉本朱文公私議欲為貢舉之文而不知文公之學可乎四書六經千載不傳之學自程氏兩夫子至文公而發明無餘蘊矣顧力行何如耳施之塲屋直其餘事先生之為文一主於理凡經其口授指畫自合繩尺出無輿馬僕御所過負者息肩行者避道巷夫衖叟爭前迎揖童穉厮役咸稱之曰韓先生韓先生云安陽者本其籍族也朝廷賜謚莊節先生

○陳普字尚德福之寧德人所居有石堂山學者稱石堂先生稍長聞悔齋韓氏倡道浙東負笈走會稽從之遊入元開門授

徒翕然以斯道自任四方及門歲數百人建州劉純父聘主雲（狂足三辟為本省教授不起）
莊書院熊勿軒留講鰲峰首議聖賢宜撤肖像祀用木主勿軒
意合且曰此事不革斯文之運未敢望其升也尋講饒廣晚在
莆中十有八年造就益衆嘗曰性命道德五常誠敬等字在四
書六經中如斗極列宿之在天五岳四瀆之在地舍之不求更
學何事延祐己卯卒年七十二

石堂文集

承下問仰見用功之勤於先儒明理之書必求洞徹淺陋何足
承厚意然平生於此亦嘗致思恍惚之中屢有所契而不知乎手
舞足蹈者大略天下之物其形体性情位分度數凡如此如彼

者皆是道理當然所以千古萬古無一毫变易蓋理至此止不可得而易也止此謂之極無以加謂之太極不過道理之揔名耳物有去來生死而此道理常在人間耿耿人心目中所以聖人提出濂溪畫出其所提出畫出只是一個所以為物者而已思之而見察之而得然則形迹聲臭可以耳目聞覩故謂之無極無極太極只是一個非有二也有物必有則有形必有性則各有所至性各有所極物與形出於氣而則與性即太極之各具於物者與物未嘗相離然必別提出狀之於物上者物有去來生死其則其性乃道理之本體無時而不在也故須別作一處蓋欲使之見其則之必如是知其性之常如此故文公云非

有以離乎陰陽即陰陽而指其本体不雜乎陰陽而言蓋形氣與理為一然形氣須作形氣説道理須作道理説既須各説則須畫個有形有氣者在下無聲無臭者在上形氣是所為者道理是所以為者便自分大小尊卑一上一下皆自然之理也非獨如此道理本是做一處如前所言但可以心見而不可以耳目見耳往年嘗以管見為太極説一篇其中有云物皆理之所為則物固小而理自大物自沈而理自浮物自後而理自先當時為此亦不曾念到濂溪圖及孫伯御先生以為物與理不相離豈可言浮沉始省得來指與人看空圈在上一個空圈在下如何不是浮沈因此反得自慰恨未及與孫言也承下問勤渠

却更須詳看周子本文最上圈是太極不可以耳目聞見故曰無極而太極意謂太極不可以形氣言也蓋雖無而實有也緣後之儒者將太極作一塊渾沌之氣故立此二字以示人使知其為理而非氣其辭則張南軒所謂莫之為而為者最証得好文理當然不可增減下問所謂太極本無極似太極之上無所謂無極蓋上一圈即太極太極即是無極別作一體不得第二圈半白半黑是陰陽二氣不可以太極言但其圈之大之圓與上圈同則又見其不相離之妙中一小圈謂太極即在陰陽中常生常死常有不無謂自中央一個分開作兩個只是頭上一大圈但取在其中常為主非又別有一個小底故文公云中〇

者其本体也本体即上文本体小大不同本非有異亦猶五行下一小圈見二五之合為一者又是大彌六合小不滿一掬之義畫出成此一個亦是妙處非有意為之也圖下二圈只是一体一太極男女圈義深最當看男女非指人之男女謂天地之生氣化之初合下只有兩端一陰一陽一牝一牡人之男女草木禽獸之雌雄牝牡皆在其中横渠所謂陰陽兩端立天地之大義亦此意也二体既成則形感之生散而萬殊猶一男一女分為子孫支庶百代不知其極又含一意謂生物或有窮時而乾道坤道之生常不息只要天在地在則人物皆無憂此理又當意會難以言語詳也文公本体二字最好謂物與太極不相

離而別提出畫出者以其所以生而言也本体者所以生之謂也程子不以示人不過如文公之言尊見之疑只將無極太極合為一如詳周子本文則自明矣區區如此精微至理彷彿而已必有漏綻更望垂教　答謝子祥無極太極書

晋讀書不多於象山平山未能悉其表裏姑據來示一二則其於思孟程朱之大義已有胡越參辰之擬謂朱似伊川陸似明道朱似伊川則有之矣陸似明道豈不以陸之特敬有類於終日危坐如泥塑人者耶又豈不以明道未嘗著書而陸鄙薄傳註似之耶抑謂陸亦元氣之會有龍德正中氣象耶明道不壽不及有書伊川得年以有易傳若如陸說則易傳為虛作而大

小程異趣矣詩書易禮四書徽周程朱學者至今猶夜行耳援當時則朱之訓詁爲可矣由今觀之則朱之四書詩書禮易是耶非耶可有耶不可有耶漢儒性命之學微正坐不識性命耳不以傳註壞也五經傳註豈可無但視其是與非足矣豈宜一切屏之若高洋斬亂絲不問其是非曲直但與之一劍哉六經註我莊生之流傲忽之辭六經註我而我於六經之義仍猶有所未明何哉未辨太極面目而遽斥無極之非未詳於易而遽目易爲註我此所爲傲忽者也先立其大則必略其小而迷於下學上達之途矣且有小德出入之弊近日有磨礪大節至其平居則放言縱欲致犯清議者此說開之也大槩陸學多犯朱

書明辨是非處論語註中所謂力行而不學文則無以考聖賢之成法識事理之當然而所行或出於私意又曰子夏之言其意善矣然……後

為……雖

……察

此

窮

種

幽深怳惚艱難阻絕之論務使學者莽然措其心於……語言之外而曰道必如此而後可以得之又曰先其大者不若先其近

者之切也又曰今日格一物明日格一物凡此無非程子之言者諸家所記程子之言此類不一不容皆悞不知何所病而疑之豈其習於持敬之約而厭觀理之煩耶孟子註中所謂告子之不動心殆亦冥然無覺悍然不顧而已耳凡此皆陸學氣象多相似　荅上饒游翁山書

書明辨是非處論語註中所謂力行而不學文則無以考聖賢之成法識事理之當然而所行或出於私意又曰子夏之言其意善矣然其流之弊將或至於廢學必若上章夫子之言然後為無弊也又曰不切則磋無所施不琢則磨無所措故學者雖不可安於小成而不求造道之極致又不可騖於虛遠而不察切己之實病也中庸註中所謂賢者行之過以道為不足知此道之所以常不明也大學或問中所謂不知衆理之妙而無以窮之則褊狹固滯而無以盡此心之全又曰藏形匿影別為一種幽深恍惚艱難阻絕之論務使學者莽然措其心於文字語言之外而曰道必如此而後可以得之又曰先其大者不若先其近

者之切也又曰今日格一物明日格一物凡此無非程子之言者諸家所記程子之言此類不一不容皆悞不知何所病而疑之豈其習於持敬之約而厭觀理之煩耶孟子註中所謂告子之不動心殆亦冥然無覺悍然不顧而已耳凡此皆陸學氣象多相似 荅上饒游翁山書

## 韓氏門人　朱子四傳

○李齊字公平廣平人元統初進士第一知高郵府有政聲張士誠據泰州河南行省遣先生往招降被拘久之縱歸已陷高郵為其所害先生嘗學於韓性及為御史以性行義上聞於朝會性卒而止

至泰實北人稽人也安陽寄寓

○王艮字元章諸暨人貧家兒竊喜讀書安陽韓性聞而異之錄為弟子學遂為通儒學性卒門人事先生如事性北遊燕都泰不華薦以館職先生即日南轅隱九里山下樹梅花千本嘗倣周禮著書一卷秘不示人更深挑燈朗誦嘆曰持此以遇明主伊呂事業不難致也有明攻越授以諮議參軍一夕病死

## 陳氏門人

○韓信同字伯循閩之寧德人陳普以道學倡士未有信之者獨先生與其友白圭楊琬彥山黃裳執弟子禮刊落舊聞貫穿周程張朱之說毫分縷析建安聘主雲莊書院以四書六經為課試屬科目未興學者方務詞賦為之譁然先生謂之曰文公四書天心所在也科舉極弊于宋廢必復々則文公私議必行延祐甲寅科舉法行衆始翕然以服弟子日益進至順壬申卒年八十一嘗曰讀大學傳不知淺深始終讀中庸不知支節脉絡詳畧巨細與凡諸說同異得失讀論孟不知以門弟子所問為己問孔孟所荅為己聞非善為四書者也吾嘗聞四書法各章

錯一頁

李入後中村遺書數条

五十編三年七八反大字小字如流水又必字求其義句逆其情涵泳從容無少間斷則庶乎有以得之又曰文公精力盡於此書集句章句或問學者專用力庶不為他說所亂近世有謂饒氏新民不可使止至善者又謂性道教不當兼以物言者彼於性善之與萬物一原之妙蓋甚昧也自號古遺先生又號中村

韓氏門人　朱子五傳

○張以寧字志道古田人年十五從寧德受學於韓懷同歷五年而後歸學業大進登泰定丁卯進士第累官翰林院入明官翰林侍讀學士知制誥兼脩國史出使安南歸而卒

○林文拱三山人天曆己巳舉鄉薦信同門人也鄭

知何許人黎洲序目

百家謹按輔潛庵一儒生耳漕試四舉不第陳秋塘送之詩云聞說平生輔漢卿武夷山下啜殘羹其衰颯一至此也而所傳之學蜀則有魏鶴山了翁閩則有熊勿軒禾陳石堂普吾東浙自韓恂齋翼甫傳子壯節性余端臣再傳而有黃文潔震遠至有明傳其學者不絕此先遺獻云道之行不行豈以時位哉何先生之牢落而自遠有耀乎

巳見

韓中村遺書

不知孝弟為仁之本便是異端不知仁為孝弟之本便不識性

三者曾子入聖要一貫曾子悟道要

性自天道只在詩書執禮中

四海之內皆兄弟輔氏程氏啓人親親天倫之心最是善注所以謂其意固

補帶

邦無道富貴之可恥于邦有道貧賤之可恥

董槐亦輔氏門人見宋史

（清）黄宗羲　黄百家　撰　（清）全祖望　續纂
（清）黄璋等　校補

# 稿本宋元學案

（四）

稿本

第十一册 雙峯 朱门 深寧 學案

黄梨洲宋元學案 元孫 稚圭 校補稿

○

雙峰學案

朱門學案

深寧學案

第十一本

踐履幹大體之嘗以易赴棘試不遇遂歸專意聖賢之學以致知力行為本中書舍人趙汝騰御史董槐左司諫湯中提刑蔡抗等皆相為引薦召不起時理學大明師儒攸屬四方聘講無虛日作朋來館以居學者又作石洞書院前有兩峯因號雙峯門人私謚曰文元

程子三傳四字可去
疑誤

饒氏門人

程子三傳

祖望按草廬曰朱子中庸章句或問擇之精語之詳矣惟精也精之又精鄰于巧惟詳也詳之又詳流于多其渾然者巧或裂之粲然者多或溷之少讀中庸不無一二與朱子異後觀饒伯輿之說見其於性甚晚不獲就正之則雙峯蓋亦不盡同于朱子者

宋

陳大猷字文獻號東齋都昌人師雙峯饒氏歷仕至從政郎改黃州軍判官著尚書集傳會通子澔字可大號雲莊又號北山隱於宋季不求聞達博學好古有禮記集註行於世學者稱為雲莊

先生年八十有二卒元奎章學士虞集題其墓曰雙峰陳先生
墓明成化七年禮部題請從祀學宮未報弘治十七年巡撫都
御史張本提學副使邵賢題准另祠祀之

吳中字中行號準軒樂平人早慕伊洛之學聞雙峯饒魯得考
亭朱子正緒往從之遊盡得其緒論體認精詳一世隱居不仕名
籍籍當時部使者税駕其門因質曰論語言心凡幾等公應聲
曰簡在帝心天地之心也從心所欲不踰矩聖人之心也其心
三月不違仁亞聖大賢之心也飽食終日無所用心衆人之
心也使者愕然嘆服其門人朱公遷惜其嘉言善行不盡傳於世

史泳字自亨餘干人饒雙峯門人李實曰史泳問答出入微妙學者尊之爲水東先生

羅天酉字恭甫新昌人師事饒雙峯登開慶中進士以格非心去非人對策遂忤丁大全擯外歷官知懷集縣真心憂民一塵不染不期年而治咸且數有奇政丁父憂作詩有三釜爲親今莫及萬鍾於我復何加之句遂不起

蔡汝揆字居審用之七世孫也師饒雙峯得道學之傳門人稱

# 為愚泉先生

查目次無趙良淳

元

吳迂字仲迂，浮梁人。從双峰學。皇慶間浮梁牧郭郁延之為師，門人學者稱可堂先生。[illegible]所著有四書語錄、五經發明[illegible]
重定孝經，年九十卒。

崇元[illegible]

查宋史

○趙良淳字景程，饒千人，汝愚曾孫。少學於其鄉饒魯，知立身大節。及仕，所至以幹治稱。以蔭三遷至淮西運轄，改知分寧。分寧劇邑，俗尚譁訐，良淳治之，不用刑戮，不任吏書，取民之敦孝者尊禮之，其桀驁者乃繩以法，俗為少革。秩滿，知安吉州。時元兵垂至，知州李廣先遁，百事隳廢。良淳至，凡所以守禦之備，悉舉行之。饑歲盜起，勸富人出粟賑之。嘗語人曰：「使太守身可以濟人，民亦所不惜。」其言懇懇，足以動人，人皆倒囷以應。且以義諭盜，卒為良民。及兵圍城，率衆城守。元將范文虎遣使招降良淳

其書斬其使卒為吳國定所賣先降良淳自縊死其妻雍氏同縊於郡治之集芳軒長子載孫亦赴水死

胡志仁餘干人延祐戊午進士學有淵源與饒雙峯遊博洽淹貫踐履純篤判樂平州致仕教授生徒臨川李實上饒王觀進賢胡棣皆其門人世稱為弋溪先生

萬鎮字子靜平江人師方逢辰饒雙峯門嘗稱天下讀書伯易第一子靜次之伯易名漢鄱陽人與靜為同門友賈似道帥荊辟子靜為公安書院山長不赴登淳祐庚戌第授澧州司戶參

軍著有左傳十辨倣晦翁社倉率鄉人以為規矩

○魯士能平江人淳祐間進士從饒雙峯學自號寶潭為監利令辟充沅州錄事兼餉事時呂帥政貪酷沅有叔訟姪隱其分金者委毋能勘得誣狀據事申之呂大怒遣卒數所掌軍餉：積三十餘年至是啟之耗五十石責毋能償白於朝廷追毀出身文字羈流六年呂死事得白毋能受誣與得直並無喜憂色

庚一作寅

○許應庚平江人遊弘齋雙峰之門與弟應庭並有時名俱登紹定二年進士春伯尤以操行著張萬全守岳州擬以學行宜列

鄉貢

程若庸字達原休寧人從饒雙峰沈毅齋貴瑤得朱子之學淳祐間聘湖州安定書院山長馮去疾刱臨汝書院于撫州復聘為山長咸淳間登進士授武夷書院山長累主師席其從遊者最盛稱徽庵先生所著有性理字訓講義太極洪範圖說

吳逢字原夫樂平人幼穎異不凡天性孝友比長默契義理之學師事野谷洪公初之學得於朱公遷遷得之於準軒吳公中行準軒得之雙峰饒公嘗道脈所自逢以心會焉乃厭科舉

王逢目次作王運

業研精道理性命之懿淹貫經史宣德元年薦授富陽訓不就
退歸鄉塾日與門人何英吳存余進等相友善道益明學益成
宣德三年復以明經辟及門強起召見極論禮樂二字日晡不
徹明日復賜對十問覺馨二字進未對遂堅辭不就職歸即杜
門環堵足跡不入城市毅然以斯道為己任著有言行志自書
其廬曰松塢學者稱為松塢先生

何英字積中鄱陽人性警敏不事詞章學於王松塢得饒雙峰
黃勉齋之傳造詣益深累薦不起建玉溪書院以納天下來學
所著有四書釋要詩經增釋易經發明諸書

此二傳仍用雙行

汪華字榮夫號東山初門人與族兄相同事叠峯早歲又從學鄱陽趙介如與中書右丞燕楠為同門友至元初楠僉江浙行省事道祁門訪先生與論舊故將薦諸朝先生固辭而止孫克寬知名於世

汪相字覞夫與弟榮夫皆學于叠峯兩人問難叩擊悉得其蘊

九

興初邑理學之盛自二人發之

陳氏門人　朱子四傳

程鉅夫名文海以字行新建之吳城人叔父飛卿通判建昌以城內附鉅夫入為質子授管軍千户召見應對詳明改直翰林授應奉翰林文字進脩撰集賢直學士秘書少監翰林集賢學士至元二十四年以侍御史求賢于江南有宋遺老網羅殆盡仍拜集賢學士行御史臺事二十九年召對明年出為閩海道肅政廉訪使移江南湖北道九德八年召拜翰林學士至大三年廉訪山南江北明年召對留為翰林學士承旨以病乞骸骨居五年而卒年七十贈大司徒追封楚國公謚文憲初鉅夫讀

書臨汝書院受學於族叔若庸與吳澄為同門友人稱為雪樓

先生因其所居曰雪樓也

金若洙字子方休寧人受書於程若庸寶祐間鄉舉官黟江縣

令宋亡不仕歸築東園隱讀其間所著有東園集回味吟編

范奕吳錫疇皆新安人程若庸高弟子

吳澄 别見草廬學案

程氏門人 朱子五傳

揭傒斯字曼碩龍興富州人早有文名大德間出遊湘漢程鉅

鉅夫為湖南憲長特器重之妻以從妹與盧摯列薦於朝三入

翰林仕至侍講學士同知經進事卒官追封豫章郡公謚文安

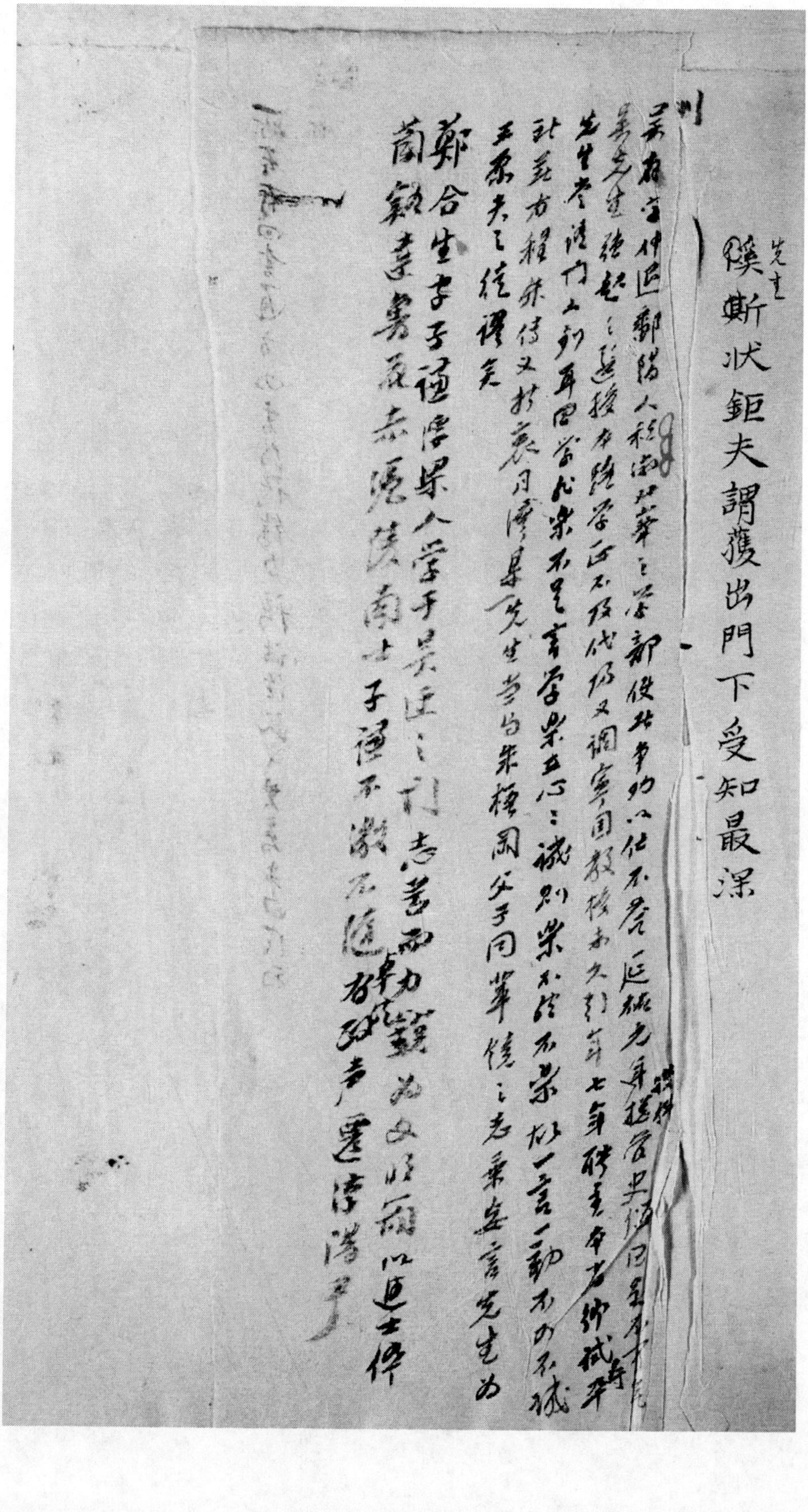

傒斯狀鉅夫，謂獲出門下受知最深

吳存字仲退，鄱陽人 [illegible]

[illegible]

鄭合生字子通 [illegible]

[illegible]

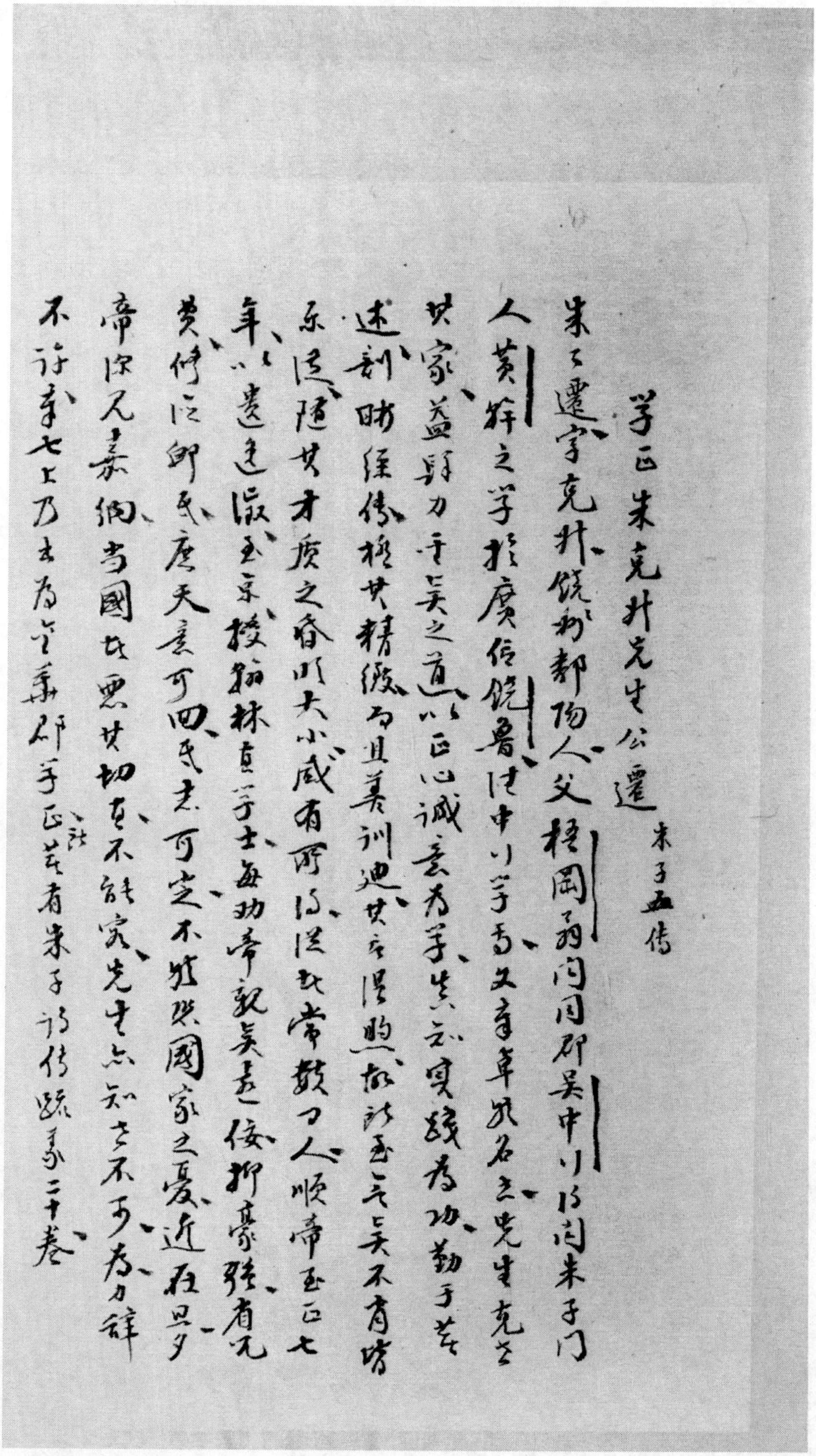

學正朱克升先生公遷　朱子五傳

朱公遷，字克升，饒州鄱陽人。父桂岡，與同邑吳中行同師朱子門人黃榦之學於廣信饒魯，徒中行學為文章，卓然名家。先生克世其家，益致力于吳之道，以正心誠意為學，甚以實踐為功，勤于著述，訓明經傳，極其精微，而且善訓迪，其[illegible]，故[illegible]不育時[illegible]從，隨其才質之昏明大小，咸有所得，從者常數百人。順帝至正七年，以遺逸徵至京，授翰林直學士，每勸帝親賢遠佞，抑豪強，省冗費，停征[illegible]，庶天意可回，民志可定，不然，恐國家之憂近在旦夕。帝深見嘉納，當國者惡其切直，不能容，先生亦知其不可為，力辭不詣，年七十乃去，為金華郡學正，著有朱子詩傳疏義二十卷。

自序

說詩之難久矣。自孔子說烝民、鴟鴞之旨，孟子說北山、雲漢之意，而後之
難其人。漢儒章句、訓詁詳於詩，而病在泥之於說，全無而意含蘊遠
之學。千四百年，至明道先生說狼跋、雨無正，得孔子說詩之法。又數十
年得朱子而備焉。善詩主歌詠，而又條不同，辭氣重複而意實承
意，此尋旋而詳，亦在修也。是故說詩之難也。朱子取法孔子，又取法
於孟子，又取法於詩子，多以虛字助字貫之，而其脈絡疏，自明三百
篇可以讀矣。於虛詳助字之間，似雜而意，似近而切，苟有[illegible]
之從來，亦不以易而視之也。是以讀傳者又當知其難也。諸家自立異於不
論，惟輔氏羽翼傳說，條理通暢，亦有類焉，而多冗長不修，亦時時

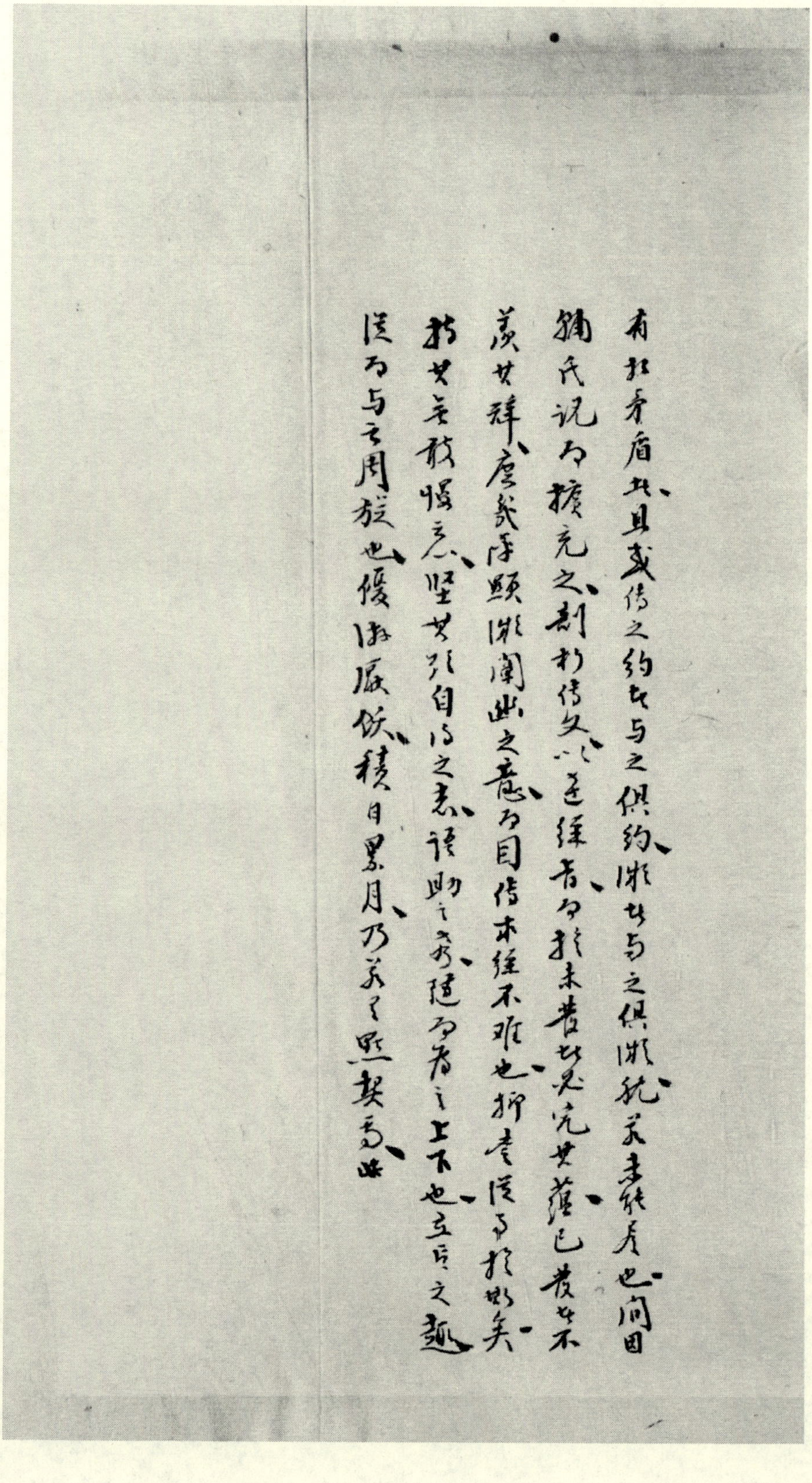
有相當者，且或傳之約者與之俱約，微者與之俱微，秘者專精者也。向因
饒氏說而擴充之，剖析傳文，以達經旨，而於未嘗十分究竟處已發其不
盡其詳，廣哉乎顯微闡幽之意，而因傳求經不難也。抑愚復而於此矣。
於其無窮探索，堅其所自得之志，讀助之餘隨而看之上下也互見之趣
從而與之周旋也，優游厭飫，積日累月，乃有以默契焉。

宋元儒學案

晏淵字亞夫，號蓮塘，秀中郎將晏清之後，世居襄陽，後徙居蜀，家培坪山，受學于晦菴，經義致戴。淵有孟子注，今佚。經義曹子倫

此從困學紀聞集證注錄出 卷廿 應補入

百家謹按：四明自楊袁舒沈從學於象山，故陸氏之學甚盛。其時傳朱子之學者有二派：其一史蒙卿從晏氏入，其一余端臣從輔氏入。四明朱門學案。又王應麟從學於王埜，埜從學於真文忠，亦出自朱門，詹體仁者也。故別列於西山學案，以表其學之救空疎承接陸子之弊者也。

今王應麟已另立學案　悉誤

晏氏弟子　朱子再傳

查朱子門人內無傳

○晏淵，字亞父，涪陵人，已見朱子門人。

○晏枋，字存齋，稱大陽先生，有易說。

○陽晏邑字溪稱小陽先生有易説

陽晏氏門人　朱子三傳

○史蒙卿號果齋明州人咸淳元年進士調江陰軍教授四明之學祖陸氏而宗楊慈湖、袁絜齋，其言朱子之學自先生與黃東發震始黃氏主於躬行而先生務明體以達用著書立言一以朱子為法

○韓居仁字君美前封人也後居—仕至禮部郎中學於陽晏邑嘗官四明

（旁注：慶元程端禮謂學者辭本達 ……）

（旁注：滑州指易之旨倚大用以探羲文之微 …… 無不融會其學術吏治者惠及于慶元程敬叔相契）

史氏門人　朱子四傳

○程端禮字敬叔鄞縣人用舉者為建平建德兩縣儒學教諭

（旁注：崇因〔此述〕渠水脈流之高之陸而至也山子匯于開定社立形遂全早深之忠於第三為書序〔史子〕而）

# 宋元儒學案

## 四明朱門學案一

百家謹按四明自楊袁舒沈從學於象山故陸氏之學甚盛其時傳朱子之學者有二派其一史蒙卿從晏氏入其一余端臣從輔氏入四明朱門三四兩學案又王應麟從學於王埜、從學於真文忠亦出自朱門詹體仁者也故別列於西山學案以慶學救空疎承接陸子之契者也

全王應麟己另立案　慈谿

晏朱子門人內無傳

○晏淵字亞父涪陵人已見朱子門人

晏氏弟子　朱子再傳

○陽晏枋字存齋稱大陽先生著易說

○陽岊字溪稱小陽先生有易說

陽氏門人　朱子三傳

○史蒙卿號果齋明州人咸淳元年進士調江陰軍教授四明之學祖陸氏而宗楊、慈湖、袁絜齋，其言朱子之學自先生與黃東發震始黃氏主於躬行而先生務明體以達用著書立言一以朱子為法

○韓居仁字君美，本奉化人也，後居—。仕至禮部郎中學於陽岊嘗官四明與程端禮論議[illegible]

史氏門人　朱子四傳

○程端禮字敬叔鄞縣人用舉者為建平建德兩縣儒學教諭

歷稼軒江東兩書院山長中書授鉛山州學教諭以台州教授致仕先生受學於史蒙卿色莊而氣夷善誘學者使之日改月化而其弟端學剛明動有師法學者尤嚴憚之人以比河南程氏云學者稱為畏齋先生

○程端學字時叔號積齋泰定甲子進士初調僊居縣丞未行改授國子助教時隱士張臨悚為司業先生與之論文不合未及考即注代平章素聞其名留為翰林國史院編修官學士虞集推服之出長筠州幕而卒先生與同里孫友仁慨春秋一經未有歸一之說徧索前代說春秋者凡百三十家折衷異同湛思二十餘年作春秋本義三十卷三傳辨疑二十卷或問十卷

故諭春秋之精未有如先生者也

程氏門人 朱子五傳

○王楚𩐿父起宗嘗尹建平為程端禮築室亦岩令先生受學焉先生出入臺閣卒為時之名人

○徐仁文受業於程端禮端礼卒為乞銘於黄文獻潜

○蔣宗簡字敬之明州人程端禮歸自江東先生執禮為弟子留其舍旁數歲凡夫天人性命之本古今治亂得失之迹靡不參究遂棄科舉之學[illegible]

百家謹按慶元自宋季皆傳陸子之學而朱學不行於慶元得史蒙卿而為之一變蓋慈湖之下大抵盡入於禪士以不讀書為學源遠流分其所以傳陸子者乃其所以失陸子也余觀畏齋讀書工程本末不遺工夫有序由是而

之馬郎謂陸子之功臣可也

# 宋元儒學案

余端臣　輔氏門人　朱子再傳

余端臣字正君 |

呂起一卷　不必另列

## 四明朱門學案二

輔廣　另案此處不必列

○輔廣　朱子門人已見慶源學案

輔氏門人　朱子再傳

○余端臣字正君鄞縣人太學生以經學教授閭里從之者數百人其源出於輔廣學者稱為訥菴先生

余氏門人　朱子三傳

○王文貫字貫道鄞人蚤嗜學與鄉先生余端臣遊登進士第

[東發既另有案不應入此處應刪]

知真縣除宗學諭從遊嘗數百人黃文潔作震其[illegible]

王氏門人 朱子四傳

○黃震字東發慈谿人（學者稱為於越先生）寶祐四年進士累官宗正少卿所至州郡皆有治績嘗師王文貫其語人曰非聖賢之書不可觀無益之詩文不作可也國亡餓於寶幢而卒門人私謚曰文潔先生

○汪元春字景新奉化人受詩學於王文貫嘉熙四年鄉薦第一明年登進士第累官宗學博士出知興化軍而卒嘗謂黃東發曰為人如流水但務平平偶遇湍激為奇為變亦惟行其所自然

黃氏弟子 朱子五傳

○黄叔英字彥實一以躬行為本嘗為晉陵宣城蕪湖三學教諭又為和靖采石兩院山長以家學教授閩越間與韓性相友善受業其門者皆卓然有立自號慧菴先生

黄氏再傳　朱子六傳

○黄珏字玉合餘姚人從慧菴受蔡氏尚書既有所得郡邑爭致於師席客授者餘四十年尤喜玩皇極經世書嘗曰人之理徹邵子能推帝王之道大蔡氏能解然非朱子訂定而發明之愚亦何能窺見其彷彿耶與太原王萬石上虞謝肅為文字歡洪武三年辛年七十一自號菊東

百家謹按先遠道獻曰嗟乎學問之道蓋難言哉無師授者則有多岐亡羊之嘆非自得者則有買櫝還珠之誚所以哲人代興因時補救視其已甚者而爲之一變當宋季之時吾東浙狂慧充斥慈湖之流弊極矣果齋文潔不得不起而救之然果齋之氣魄不能及于文潔而日抄之作折衷諸儒即於考亭亦不苟同其所自得者深也今但言文潔之上接考亭豈知言哉

黄珩字季玉極勉之子也志尚卓於不隨流俗躬行力踐以古聖賢爲則隱居教授于鄉名不通吁以講學窩居斜山死葬于斜山學者稱[illegible]

山學案內有王伯厚小傳已擬刪，一公案補錄于此

深寧學案

尚書王伯厚先生麟

王應麟，字伯厚，慶元人。九歲通六經。淳祐元年舉進士。先生曰：今之事舉子業者，一切委棄制度典故不省，非國家所望於通儒。於是閉門發憤，誓以博學宏詞科自見，假館閣之書讀之。寶祐四年中是科，其弟應鳳開慶元年亦中是科，人以為榮。諸之，添差浙西安撫司幹辦公事。帝御集英殿策士，召先生覆考。帝將第七卷寘其首，先生讀之，乃頓首為得士賀，遂為首選。及唱名，乃文天祥也。歷太常寺主簿，面對言敵情懷奸計。時丁大全諱言邊事，于是先生罷。未幾，起通判台州，遷著作

佐郎、著作郎、守軍器少監、大宗遷起居舍人、兼权中書舍人、忤賈
似道、以秘閣修撰主祠、起知徽州、召為秘書監、兼史館、兼侍讀
遷起居郎、兼权吏部侍郎、時邊臣以邊事告急、先生指陳成敗逆
順之說、帝不懌、似道復謀逐之、遂以憂去、及似道潰師江上、擢中
書舍人、兼學士院、疏引疏陳十事、進兼同修國史實錄院同修撰
兼侍讀、遷禮部侍郎、兼中書舍人、日應詔論備禦十策
皆不及用、尋遷禮部尚書、兼給事中、丞相留夢炎用徐囊為御
史、擢江西制置使黃万石等、先生繳奏、疏再上不報、出關俟命
再奏又不報、遂東歸、詔中使以翰林學士召、力辭、後二十年卒、所著
有深寧集、困學紀聞、玉海等書

困學紀聞

修辭立其誠修其內則為誠修其外則為巧言易以辭為重上繫終于嘿而成之養其誠也下繫終于六辭驗其誠不誠也辭非止言語令之文古之所謂辭也

潛龍以不見成德管寧所以箴邴原也全身以待時杜襲所以戒繁欽也易曰括囊无咎无譽

同人之初曰出門隨之初曰出門謹于出門之初則不苟同不詭隨

冥于豫而勉其有渝開還善之門也冥于升而勉其不息開進善之機也

四皓兩生（呂平董公　魯）之流士不以秦而賤也伏生浮邱伯之徒經不以秦

而亡也萬石君之家俗不以秦而壞也剥之終曰碩果不食陽
非陰之所能剥
易于盡終則有始于剥消息盈虚于復又復其道皆曰天行也
然則無豫于人事與曰聖人以天自處扶陽抑陰盡人事以回
天運而天在我矣
言行可以欺于人而不可欺于家故家人之象曰君子以言有
物而行有恒
致命遂志命可致而志不可奪行法俟命〻可俟而法不可變
龜靈而焦雉文而翳是以衣錦尚絅蘭薰而摧玉剛而折是以
危行言孫白賁素履所以无咎
知止而後有定故觀身于艮惻隐之心仁之端也故觀心于復

乾文言曰寬以居之朱子謂道廣而心積程子易小畜傳曰止
則聚矣呂成公謂心散則道不積充拓收斂當兩進其功
册書敬義之訓夫子於坤六二文言發之孟子以集義爲本程
子以居敬爲先張宣公謂工夫並進相須而成也

君子無斯須不學也黄霸之受尚書趙岐之注孟子皆在患難
顛沛中况優游暇豫之時乎易曰困而不失其所亨

頤初九王輔嗣注云安身莫若不競修己莫若自保守道則福至
求禄則辱來至哉斯言可書諸紳

充善端于蒙泉之始絶惡念于履霜之萌

大畜爲學賁爲文能止健而後可以爲學文明以止而後可以
爲文止者篤實而已不以篤實爲本則學不足以成德文不足

以明理
天地未嘗一日無陽亦未嘗一日無君子故十月爲陽純坤稱
龍
困九五曰利用祭祀李公晦謂明雖困人而幽可感于神豈不
以人不能知而神獨知之乎不求人知而求天知處困之道也
蒙之養正察乎微顯之養正先乎近
禹之告舜曰安汝止盡天理而無人欲得至善而止也尹之告
太甲曰欽厥止去人欲而復天理求至善而止也
學五志而後成遜志而後得五志剛也遜志柔也
無逸多言不敢孝經亦多言不敢堯舜之兢業曾子之戰兢皆
所以存此心也

原集無「不求人知」二句

另一条

式和民則順帝之則有物有則動作禮義威儀之則皆天理之自然有一定之成法聖賢傳心之學惟一則字

乃命三后先儒曰人心不正則入于禽獸雖有土不得而居雖有穀不得而食故先伯夷而後禹稷此説得孔子去食孟子正人心之意

小雅盡廢其禍烈于洚水四維不張其禍慘于阻飢

有言遜于汝志艮之不拯其隨也惟學遜志謙之卑以自牧也遜一也而善惡異

舜之克艱文之無逸心也後之勤政者事為而已

我生不有命在天得之不得曰有命一為獨夫之言一為聖人之言

真文忠公曰恃爲而弗修賊天者也安爲而弗求樂天者也此

聖狂所以異

凡百君子各敬其身胡不相畏宗周既滅哀痛深矣猶以敬畏相戒聖賢心學守而弗失中夏雖亡而義理未嘗亡世道雖壞而本心未嘗壞君子修身以俟命而已

不媿于人不畏于天天人一也不媿則不畏

神之聽之終和且平朋友之信可質于神明神之聽之式穀以女正直之道無媿于幽隱

孝經非先王之法服不敢服孟子服堯之服聖賢之訓皆以服在言行之先蓋服之不衷則言必不忠信行必不篤敬中庸修身亦先以齊明盛服都人士狐裘黃黃所以出言有章行歸于

原集相畏下尚有數句

周也

孝經引詩十引書張子韶云多與詩書不相類直取聖人之意

而用之是六經與聖人合非聖人合六經也六經即聖人之意

而用之是六經與聖人合非聖人合六經也六經即聖人之心

多為

隨其所用皆切事理

二語係原注

不顯亦臨謹獨者齊家

古之君子剛中而柔外　仲山甫柔嘉維則衛武公無不柔嘉隨

會柔而不犯

師氏三德朱子曰至德以為道本明道先生以之敏德以為行

本溫公以之孝德以知逆惡趙無媿徐仲車之徒以之

禮學不可不講

曾子問于晏禮無不講天圓篇言天地萬物之理曾子之學博而約者也

夏時坤乾何以見夏殷之禮易象魯春秋何以見周禮此三代損益大綱領也學者宜切磋究之

人者天地之心也仁人心也人而不仁則天地之心不立矣為天地立心仁也

四十始仕道合則服從不可則去古人始仕已然色斯舉矣去之速也翔而後集就之遲也故曰以道事君不可則止

學記以發慮憲為第一義謂所發之志慮合于法式也一年視離經辨志一年者學之始即別其心所趨向也慮之所發必謹志之所趨必辨為善不為利為己不為人為君子儒不為小人

儒此學之未也

觀朱文公答項平甫書尊德性道問學之說未嘗不取陸氏之所長（名安世松陽人湖南運判）

哀公之問非切問也故孔子于問舜冠則不對于問儒服則不知

古者無一民不學也二十五家為閭閭同一巷巷有門門有兩塾上老坐于右塾為右師庶老坐于左塾為左師出入則里胥坐右塾鄰長坐左塾察其長幼揖遜之序餘子皆入學（新徵已入）距冬至四十五日始出學所謂家有塾也古道何時而復乎

古者以德為才十六才子是也如狄之酆舒晉之知伯齊之盆成括以才稱者古所謂不才子是也

氣志有交勝之理治乱有可易之道故君相不可以言命多福自我求哲命自我貽故聖賢可以言天

鄭文公之知命貽楚王之知大道惠王之知其所知有在于卜祝史巫之外者

漢士習于謟諛而以汲長孺為戇朱游為狂晉士惑于曠達而以下望之為鄙君子之所守不以習俗移

趙襄子曰以能忍恥庶無害趙宗乎說苑談叢曰能忍恥者安能忍辱者存呂居仁謂忍垢二字古之格言學者可以詳思而得力

叔向為平公傅而不能諫四姬之惑曰正己可以格君叔向娶于申公巫臣氏自反而不縮矣先儒有言寡欲之臣可以言王

佐
思欲近之則精慮欲遠之則周
沮溺荷蓧之行雖未能合乎中陳仲子之操雖未能充其類然
惟孔孟可以議之斯人清風遠韻如鸞鵠之高翔玉雪之不汚
視世俗殉利亡恥饕榮苟得者猶腐鼠糞壤也小人無忌憚自
以爲中庸而逸民清士乃在譏評之列學者其審諸
呂成公讀論語躬自厚而薄責于人遂終身無暴怒絜齋見象
山讀康誥有感悟反己切責若無所容前輩切己省察如此
君子不因小人而求禍孔子之於彌子也不因小人而避禍叔
向之于樂王鮒也朱博之黨丁傅禍可求乎賈捐之之謫石顯
禍可避乎故曰不知命無以爲君子

去惡不力則為善不勇

命不可委故孟子言立命心不自委故南軒以淵明委心之言

為非

揚之學似老墨之學似佛

仁人心也求其放心此孟子直指本心處但禪學有體無用

善推其所為此心之充拓也求其放心此心之收斂也致堂曰

心無理不該亡而不能推則視之不見聽之不聞痒痾疾痛之

不知存而善推則潛天地撫四海致千歲之日至知百世之損

益此言充拓之功也西山曰心一而已由義理而發無以害之

可以與天地參由形氣而發無以檢之至于違禽獸不遠此言

收斂之功也不闔則無闢不涵養則不能推廣

何德將歎智曰入時愈深則趨正愈遠

夫道一而已矣爲善而雜于利者非善也爲儒而雜于異端者非儒也

水心葉氏曰周衰不復取士孔孟不以其不取而不教也孔孟之徒不以其不取而不學也道在焉故也

揚眉吾曰天下雖不治平而吾國未嘗不治且平者岐周是也一國雖不治平而吾家未嘗不治且平者曾閔是也一家雖不治平而吾身吾心未嘗不治且平者舜與周公是也

求在我者盡性于己求在外者聽命于天

虞溥厲學曰聖人之道淡而寡味故學者不好也及至朞月所觀彌博所習彌多日聞所不聞日見所不知然後心開意朗敬

業樂群忽然不覺天化之陶也至道之入神也學者不患才不及而患志不立

任子曰學所以治己教所以治人不勤學無以為智不勤教無以為仁

揚倞注荀子曰天無實形地之上空虛者盡皆天也其説本于張湛列子注謂自地而上則皆天矣故俯仰喘息未始離天

世説其言清以浮有天下分裂之象中説其言閎以實有天下将治之象

吏者治之本綱也聖人治吏不治民斯言不可以韓非廢

剛者必仁佞者必不仁龐萌為人遜順而光武以託孤期之其惑于佞甚矣子陵所以鴻冥也

曲禮少儀之教廢幼不肎事長不肖不肎事賢東都之季風化何其美也魏昭洒掃於郭泰荀爽御于李膺殷陶黃穆侍衛于范滂闕里氣象不是矣

歐陽子之論篤矣而不以天下人之說或議其失司馬公之學粹矣而王霸無異道之說或指其疵信乎立言之難

呂居仁雜錄曰少年無輕議人無輕議事

李微之問勉齋云南軒賜章服兩為胡忠簡繳還而不聞引避東萊除職既遭陳賈進行詞醜詆乃復受之而不辭皆所未曉勉齋荅曰先輩非後學所敢輕議然辭受合尚嚴今當嚴者反寬是以不免為具眼者勘破學者所當戒也

微之又云東萊之學甚正而優柔細密之中似有和光同塵之

與象山之學雖偏而猛厲粗略之外却無枉尺直尋之意

延平先生論治道必以明天理正人心崇節義厲廉耻為先

朱文公謂蔡季通曰身勞而心安者為之利少而義多者為之

李誠之語真希元曰篤信好學守死善道此吾輩八字箴

上蔡初造程子程子以客肅之辭曰為求師而來願執弟子禮程子館之門側上漏旁穿天大風雪宵無燭晝無炭市飯不得温程子弗問謝處安焉踰月豁然有省然後程子與之語

呂子約曰讀明道行狀可以觀聖賢氣象

慈湖謂文士之言止可謂之巧言

絜齋先生為樓名以是亦曰直不高大耳是亦樓也以至山石花木衣服飲食貨財隸役莫不然至于宦情曰亦直不高顯耳

是亦仕也凡身外之物皆可以冥求而易足惟此身與天地並
廣大高明我固有之朝夕磨礪必欲進（追）古人而與俱若徒儕于
凡庸而曰是亦人爾則吾所不敢也
詩言志秀幹終成棟真（精）鋼不作鉤包孝肅之志也人心 正畏暑
水面獨搖（風）豐清敏之志也
張文饒曰處心不可著著則偏作事不可盡盡則窮先天之學
止此（是）二語天之道也愚謂邵子詩春（夏）去休言暑冬來始講寒則
心不著矣美酒飲教微醉後好花看到半開時則事不盡矣
東坡答王定國詩謹勿怨謗讒乃我得道資淤泥生蓮花糞土（壤）
出菌芝賴此善知識使我枯生荑此尹和靖所謂困窮拂鬱能
堅人之志而熟人之仁也詩曰他山之石可以攻玉

浮雲世事改孤月此心明坡公晚年所造深矣

湯伯紀自警云春秋責備賢者造物計較好人一點莫留餘滓十分成就全身此老晚節庶幾踐斯言也

犀齋倪公三戒不妄出入不妄言語不妄憂慮

呂成公謂爭校是非不如斂藏收養

元城歲晚閑居或問先生何以遣日公正色曰君子進德修業惟日不足而可遣乎

王渙之曰乘車嘗以顛墜處之乘舟嘗以覆溺處之仕宦嘗（常）以不遇處之無事矣此言近于達者

尚志謂之士行己有恥謂之士否則何以異乎工商特立獨行謂之儒通天地人謂之儒否則何以異乎老釋困而不學則下

愚耳待文王而興則凡民耳

群居終日言不及義而險薄之習成焉飽食終日所無用心而非僻之心生焉故曰民勞則思〻則善心生

朱黼曰三代以上不過曰天而止春秋以來一變而為諸侯之盟詛再變而為燕秦之仙怪三變而為文景之黃老四變而為巫蠱五變而為災祥六變而為符讖人心泛然無所底止然後西方異說乘其虛而誘惑之

儒之教以萬事為實釋之教以萬法為空

萬古一道萬化一心仁人心也人者天地之心也天有四時風雨霜　地載神氣風霆流形無一物而非仁〻則清明虛靜與天地同流　慈湖書院記

以仁存心以心合天　醫學記

為政之本自捐在爾室始千室之邑易治也一室之自治為難亦惟暗室之不欺而已堂上一笑嚬堂下萬休戚係焉　重修鄞縣治記

漢之經生守家法唐之世族重宗譜之子弟彬彬三代之流風猶存然金籯之誇城南之詩識者謂誘以利祿非天爵之貴　廣平書塾記

肅敬在心斯須之敬在祭奉化社稷壇記

三陳九卦吠涉變處難之法履以癸為德之基井以水為德之地基者德之積地者德之厚積則涵養為淵泉之溥厚則和順為時雨之化　德潤齋記

納牖有諫觀社有諫申繻名子之對里革斷罟之規鄉孫別男

女之贊管仲辭上卿之饗郲下季之述祀典單襄公之述夏令魏絳之陳訓箴鄭子能言世官州鳩能言七律子革倚相能誦祁招懿戒觀射父之言祭禮閔馬父之稱商頌格言猷言粲然可觀故齊虞人能守官魯宗人能守禮而劉子所云天地之中子產所云天地之經晉臣敬德之叙晏子禮之善物皆能識其大者三代之禮所以扶持于未墜豈一人之力哉　漢制考序

人之心與天地山川流通發于聲見于辭莫不繫水土之風而属三光五岳之氣稽風俗之厚薄見政化之盛衰非徒辨疆域也　詩地里考序

聞之東澗湯公自契敷五教而人倫始明是以學問淵源在商湯學于伊尹高宗學于甘盤曰仁曰誠曰學皆自商始箕子以

之陳洪範正考父校頌以那為首而聖王傳之恭可見至夫子而
集大成湯本殷氏故東澗云然 挑源世譜引

謹案朱子之師有四延平李先生與白水籍溪屏山三先生是也三先生
志趣略相似學問議論略相同定為朱文靖沈溪吳右府文公以
交于
師事先生延平[illegible]三先生不錄
朱子之師有四延平先生與白水籍溪屏山三先生是也延平早年文靖
後屏文公受學于三先生三家之學一君相校其志趣亦相同為學不能純雜于禪
則
[illegible]之依[illegible]今述相則三先生不錄

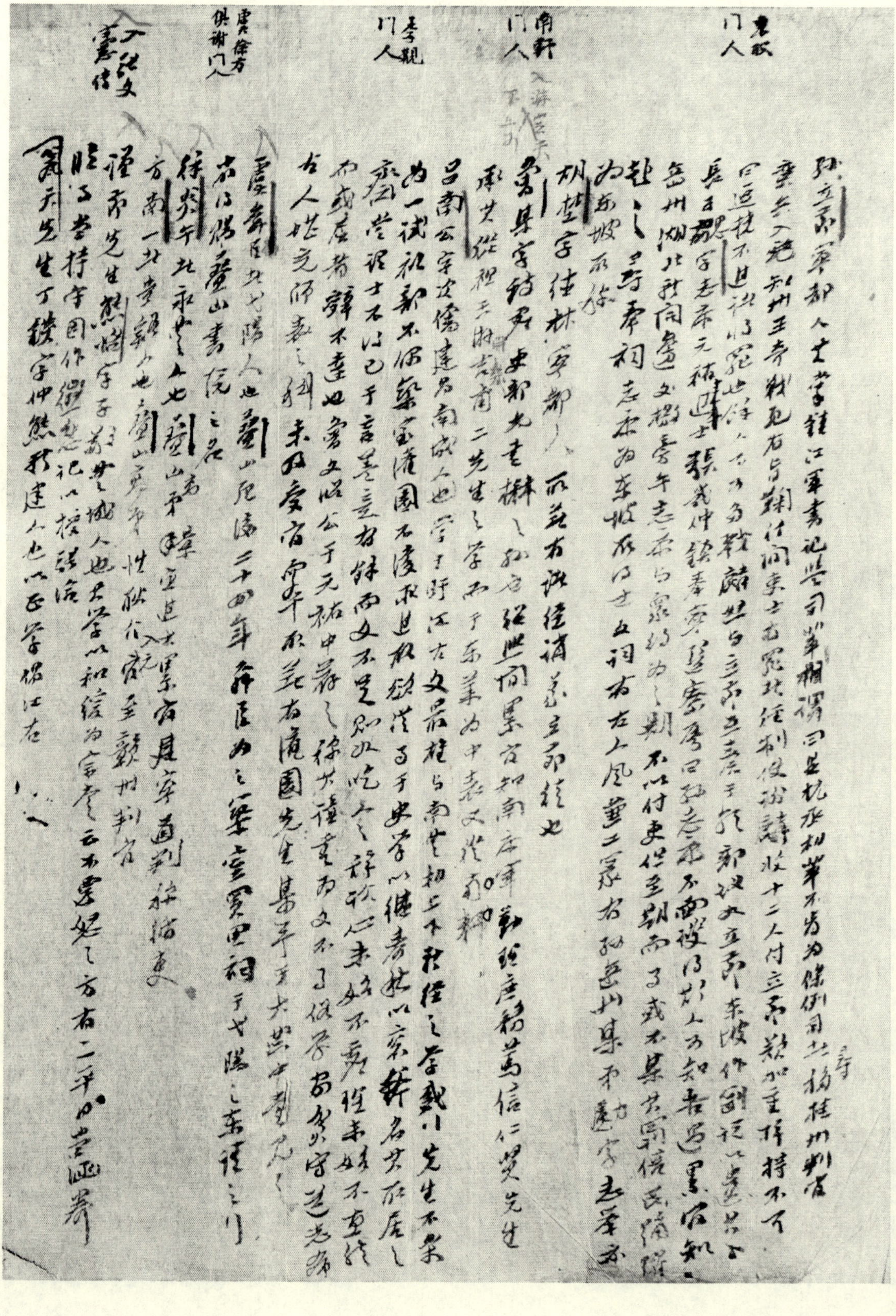

東坡門人

孫立節，寧都人。由太學錄江寧書記，嘗司[illegible]，得司[illegible]杭州，[illegible]不肯為保例，司[illegible]桂州判官。
章惇[illegible]荊州王安石[illegible]，[illegible]付問，[illegible]收十二人付立節，欲加重辟，持不可，
曰：[illegible]不甘，以得罪也，[illegible]人不可多殺。[illegible]立節[illegible]，東坡作剛說以美其子。
長子勰，字志康，元祐進士。張[illegible]仲[illegible]，曰孫志康[illegible]罷官知
岳州，湖北轉運[illegible]，[illegible]年志康[illegible]，不以付吏，[illegible]而去，[illegible]其[illegible]
勴，字季康，[illegible]志康為東坡[illegible]立祠，有古人風。董二宗者，孫志康集不傳。志學亦
為東坡所作。

胡埜，字仕林，寧都人。所為文辭徑清，蘇文忠公稱之。

南軒門人

曾集，字致堯，寧都人。少喜辭章，從學[illegible]世間，累官知南康軍。勤政愛民，篤信仁學，先生
承其從祖[illegible]二先生之學，而于東萊為中表，又從[illegible]。

李覯門人

呂南公，字次儒，建昌南城人也。學于江右，文名推與南豐相上下。熙寧之季，先生不樂
為一試，禮部不偶，棄而歸，築灌園，不復以進取為意，欲從事于史學，以修書[illegible]，名其所居之
齋[illegible]。嘗謂士不以己之言著意[illegible]，而文不足[illegible]
而或者辭不達也。曾文昭公于元祐中薦之，徐[illegible]
古人[illegible]師表之科，未及受官而卒。所著有灌園先生集二十卷，大[illegible]。

黃徐方與諸門人

臺齋[illegible]，弋陽人也。劉山[illegible]二十四年，舜臣為之築室買田，祠于弋陽之東鄉之
[illegible]為臺山書院之名。

徐炎午，永豐人也。臺山弟子。[illegible]

方南一，[illegible]人也。臺山弟子，性耿介，入元，官至贛州判官。

丁從文續傳

謹齋先生熊[illegible]，字[illegible]，[illegible]人也。[illegible]
晚乃益持守，因作[illegible]記以授諸徒[illegible]

周天先生丁鐵，字仲然，[illegible]人也。以正學倡江右。

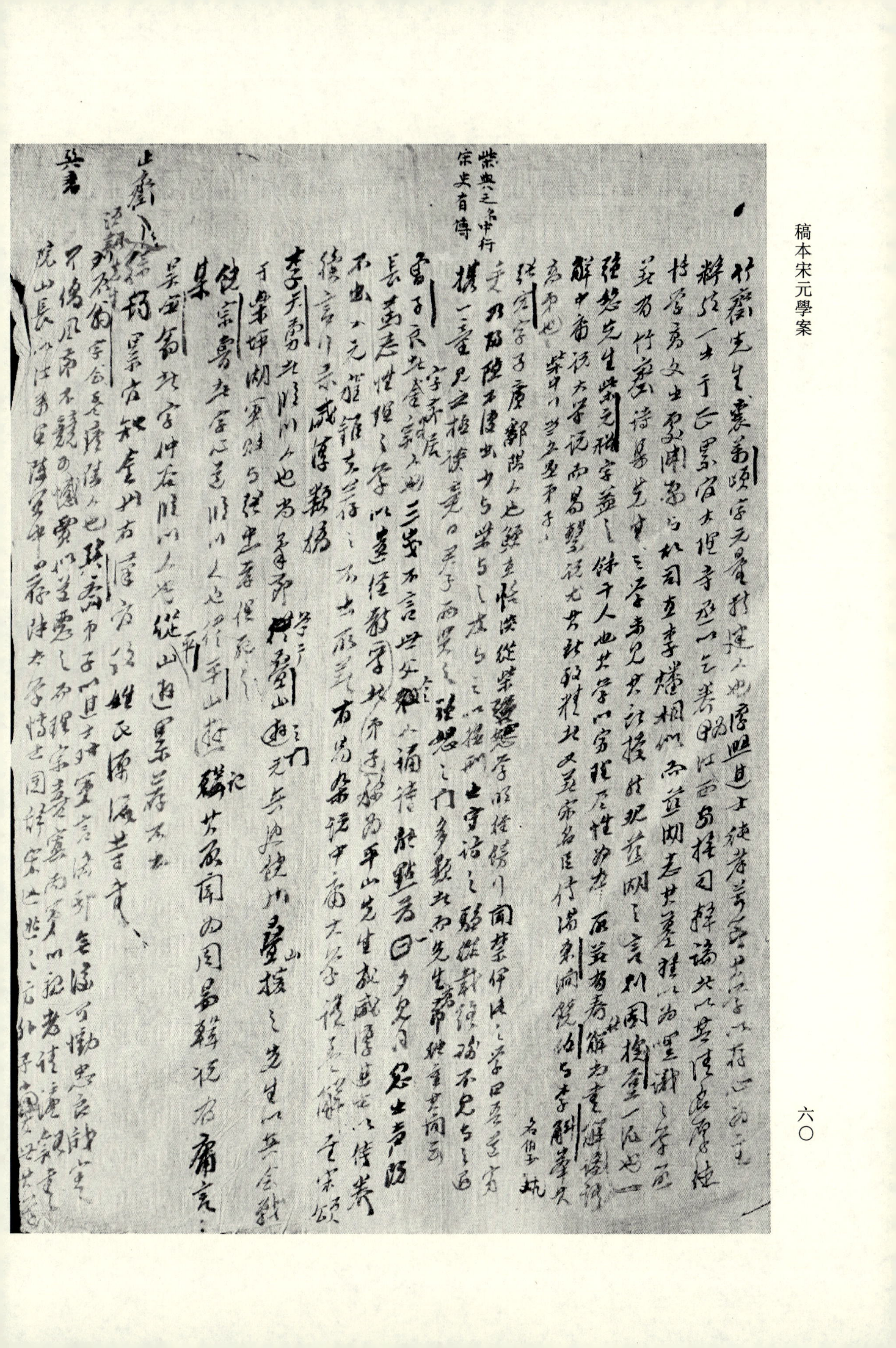

第十二册 東發學案

黄梨洲宋元學案 元孫稚圭校補稿

第十二本

黃夢幹 附正孫玠

黃夢幹字祖勉文潔長子也沉潛汲古天性潛靜文潔天性峻肅于人少可而先生濟以和平同年文人陳本堂見而謂文潔曰君家叔度之流也屈行輩與為親家宋亡無仕進意文潔倅地寶幢其山北精舍就荒先生重葺之欲奉其父歸講學未竟而病亟還寶幢卒子正孫字長孺有學行孫玠字孟成志尚卓然以講學寓居弁山著有弁山小隱集知非稿

黃叔英 附黃珏

黃叔英字彥實文潔之子一以躬行為本嘗為晉陵宣城蕪湖三學教諭又為和靖來石兩院長山以家學教授閩越間與韓性

相友善受業其门者皆卓然有立學者稱戇菴先山生有戇菴雜
著二十卷下筆戇菴三卷黃珏字玉合號菊東餘姚人從戇菴受蔡氏
尚書尤喜玩皇極經世書

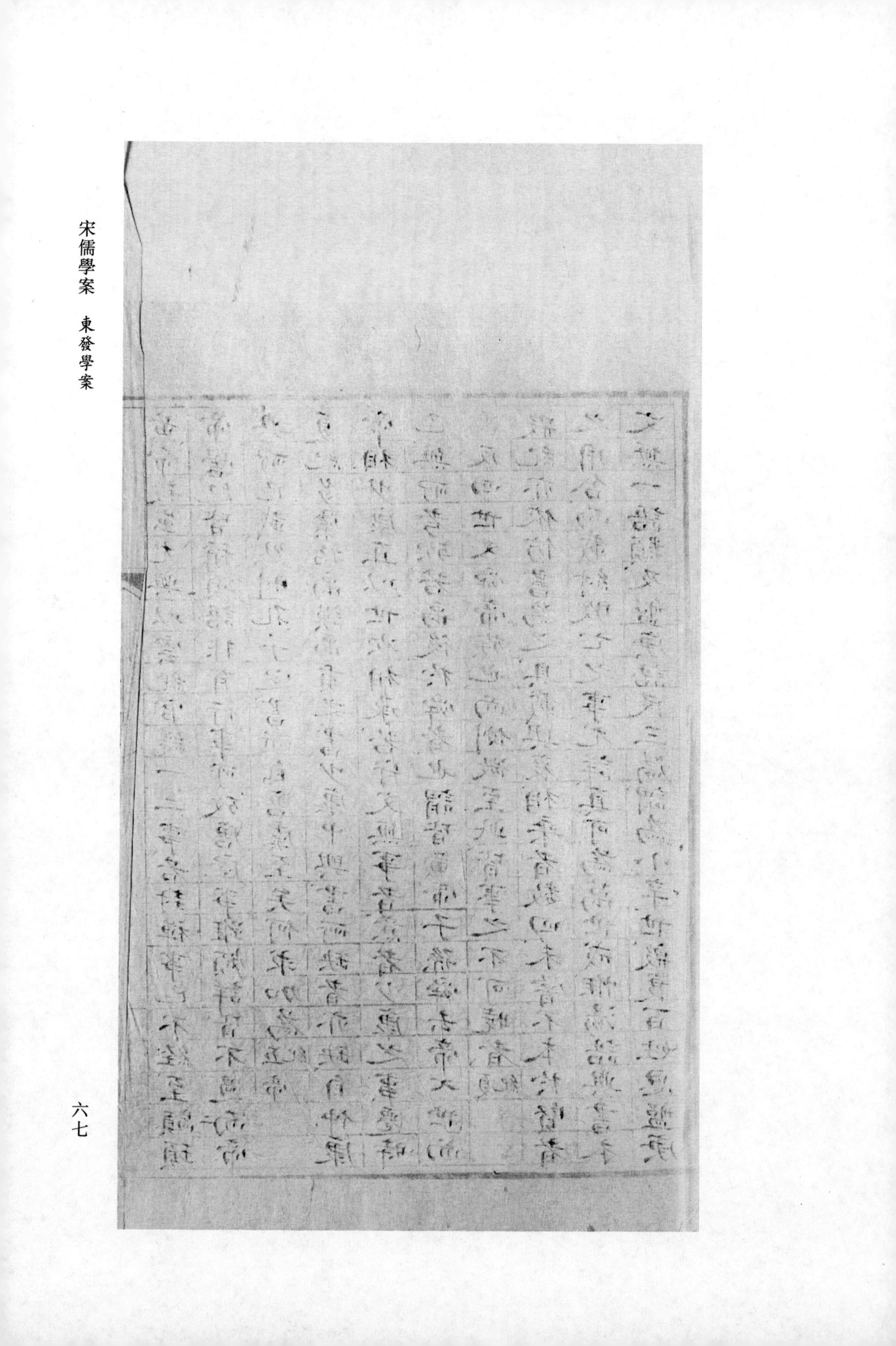

[illegible]

黃帝殺蚩尤、與以雲紀官、繞一二事、若封禪事已不經、至顓頊、帝嚳紀皆稱頌語、非有行事可攷、唐虞事雖頗詳、皆不過而二帝典所已載、然則孔子定書斷自唐虞至矣、何求加為。五帝紀

夏紀多藁括禹謨禹貢之書、少康中興、書所缺者亦缺、自仲康帝相少康直以世次相承、若守文無事者、意者少康之事、遷時已無所考歟、若禹後於舜者也、謂皆黃帝子孫、舜去帝七世而禹反四世、又舜帝族也、而側微至此、皆事之不可曉者。夏紀

殷紀亦依仿書為之、具載興衰相乘者數四、未嘗不本於賢者之用舍、而載紂敗亡之事尤詳、真可為萬世戒、惟湯誥與書本文無一語類、及盤庚誥民三篇、謂為小辛世、殷衰百姓思盤庚

而後作、難考耳、殷紀

公劉遷豳、據紀謂其子慶節之事、載武王伐紂事、其迹頗繆、視所謂湯既勝夏、諸侯必服、乃踐天子位、難易輕重不似矣、祭公謀父諫穆王征犬戎、書甚悉、芮良夫諫厲王好利、召穆公諫監謗、皆盡言無隱、三代之直猶有存者歟、宣王爲太子時、流彘之難、穆公匿之家、以子代其死、忠勞難於丙吉之護宣帝矣、幽王溺褒氏、周之存亡遂決、東遷以後、無復足云、周紀

愚觀秦事、不忍言矣、然穆公以善用人而始興、二世以信讒諛而遂亡、雖以無道劫天下、而國之興亡、係乎人、亦斷斷乎不可易也、太史公援賈誼言、責子嬰不能守全秦、余始讀之、疑焉、及

觀班固永平之對果闢其爲誤然固謂始皇得聖人之威恐亦身不免于誤耳始皇果得聖人之威則何全秦之難守哉秦紀遷以羽嘗宰制天下而紀之秦漢之間疑已過矣然既君之而又字之抑揚之義豈有在哉以下項羽紀并見漢抄

世爲羽與漢爭天下非也羽曷嘗有爭天下之志羽見秦滅諸侯而兼有之故欲滅秦復立諸侯如曩時而身爲盟主耳故既分王即都彭城既和漢即東歸羽皆以爲按甲休兵爲天下盟主之時不知漢之心不盡得天下不止也身死東城不過欲以善戰自于世略無功業不就之悲而漢之心羽終其身不知羽曷嘗有爭天下之志哉

世罪項羽不用范增而謂增人傑增豈人傑也哉增勸項氏第一事惟立楚懷王心孫冒懷王舊號稱懷王耳然不知此項之所以滅也陳涉當秦方全盛荃草不驚時以適戍亡命一時倉皇舉事慮無以號召人心謂秦欺懷王而滅之人心所共不平故不得已託楚自名若梁籍時豪傑已蝟起惟有道者是從万民爭起而拚其命要惟不嗜殺者是歸豈必楚也哉而乃舉牧羊之豎縲謂已死可悲之主設虛偽以愚天下不惟天下不待此而後從項而項氏之滅反由此始矣何則項世楚將也懷王立則項當終其身為馳驅增謂梁與羽能堪之否乎必不能堪則將置懷王何地乎利乎今而不便于後智者又將徐審而不

敢為况于今本無賴而于後無以處者乎使增當是時稍知仁
義之說隨宜正救以殺項氏嗜殺之勢則一時畏懾已服之心
必將轉而為悅服之心豪傑必不以次引去何以置楚為今乃
不然無故以弁髦視楚心而無故遺項氏以殺(弑)逆之機使高帝
定三秦則曰如懷王之約三秦既定東嚮百戰爭天下以至垓
下之圍則皆曰為義帝復讎漢之滅項終始以懷王為說是增
之偽立懷王者不足為楚也適足為漢地蓋懷王立則羽不能
(不)弑逆羽弑逆則羽不容不滅自增此誤雖有智者不能為羽計
矣至若明知天命在漢而猶日夜勸羽殺漢王則尤愚夫婦人
之見尚足與之圖大事乎且增終始項王之側不聞嘗諫一語

而項王嘗違之羽欲抗外黃因十三歲兒一語即止羽豈不可諫者增不諫嗜殺而反勸之殺增外黃小兒不若而謂增人傑可乎然世謂增人傑者蓋由高帝自謂能用三傑而謂羽有一范增不能用故亦(因)以人傑歸增愚謂高帝此言特指鴻門逃虎口一事增豈人傑也哉

湯武身致大業自餘小〻成立未由不已出而可受成于人者身不能有為而他人借之以立名身之見殺必矣嬰母之止嬰豈獨以世未嘗貴以非出于嬰之身致也楚懷之孫曰心者一旦安受義帝之名曾婦人之見不若還沛公入關以諸老將(之)言而得之擢宋義爲卿子冠軍以高陵君顯之言而失之隨贅迂

訛何足論懷王賢否

高祖初以寬大得還入關然攻戰始猶齟齬自宛之舍人陳説以約降不殺遂引兵而西無不下者及還定三秦已如懷王約無辞可以復東用董公仁義説為義帝發喪復讎卒併天下高祖紀

惠帝立七年名惠帝子者踐阼復二人史遷皆係之呂后意者示女后專制之變也然呂氏盡殺高帝子孫在内者欲奪天下而歸之呂大逆無道漢之賊也豈制止專制而已而可紀之哉遷為漢臣子特微辞見意爾以下呂后紀

呂后欲王諸呂王陵力争可謂社稷臣矣平勃阿意王之勃雖

卒誅諸呂安劉氏然已功不贖罪若平又何以贖之而反受賞
邑三千戶金二千斤耶平〻生數帝詐無益成敗之數天下既
定誤帝偽遊叛者九起卒死於兵令復負帝于身后如此平真
漢之罪人哉
留侯子張辟彊年十五揣知呂后意勸丞相拜諸呂將南北軍
入宮居中用事雖曰早慧寔留侯不肖子使非漢方興未艾責
漢天下者尔
漢氏已絕而復續少王子弟功也不然而盡聚之京師殲於呂
氏婦人之手無噍類矣
呂后殺其子孫而欲帝母家使母家無少長皆斬而身亦死于

崇福史遷備著之為萬世女后戒、

文帝紀所載皆恭儉愛民之事一具制詔必具以其皆由惻怛之言也景帝特載其政事之常災異之變制詔不録之矣武帝始終備具著方士欺謾他不及焉

文帝遺詔短喪議禮者識焉然觀文帝惻怛為民惟恐妨之至死弥篤在帝不失其為厚為景帝者所宜如禮不可苟徇其言自流于薄尔后世不以為譏而反譏文帝何哉以上二条文帝紀景帝紀武帝紀

封禪之書起于求神仙狂侈之心遷作封禪書反覆纖悉皆以著求神仙之妄善矣而猶牽合郊祀巡狩古帝王行事之常以證封禪何耶封禪書

存

方士之說，惟以黃帝乘龍上天爲誇，武帝巡行黃帝冢而祭之，方士尚何辭，而從者復道其說爲葬衣冠，主暗臣諛，一至此甚，悲夫！若衣冠不必葬，葬衣冠無此理，則衛嘗有辨論。以上封禪書

河決瓠子而南，田蚡食邑鄃，居河北，利之，進說其君不復事塞者二十年，其后天子親臨，郡臣從官自將軍以下，皆負薪寘之，而水復舊迹，無後災，近臣之敎君與君臣之卒作興事成敗之相反類如此，豈獨水利哉。河渠書

平準者，桑宏羊籠天下貨官自爲商賈，買賣于京師之名也。蓋漢更文景恭儉，至武帝初，公私之富極矣，自開西南夷，滅朝鮮，至置初郡，自設謀馬邑，挑匈奴，至大將軍驃騎將軍連年出塞，

東發學案

大農耗竭、猶不足以奉戰士、乃賣爵、乃更錢、弊乃筭舟車而事
益煩、財益屈、宜天下無可枝梧之術矣、未幾孔僅東郭咸陽桑傳
行天下、鹽鐵榷可告緡徧天下、得民財物以億計、而縣官之用
反以饒、而宮室之修、于是日麗鑿無為有、逢君之惡、小人之術
何怪也、然漢自連兵三歲、費皆仰給大農、宜無復可繼之術矣、
又未幾桑宏羊領大農、置平準、于是天子北至朔方、至太山巡
海上並北邊以歸、用帛百餘萬匹、錢金以巨萬計、皆取足大農、又
一歲之中、太倉甘泉倉皆滿、而邊餘穀、其始愈取而愈不足、于
用及、今愈用而反愈有餘、小人之術、展轉無窮、又何怪之甚也
嗚呼、武帝五十年間、因兵革而財用耗、因財用而刑法酷、沸四

海而為鼎、生民無所措手足、迨至末年平準之置、則海內蕭然、戶口減半、陰奪于民之禍、于斯為極、遷循著始終相因之變、特以平準名書、而終之曰烹弘羊天乃雨、嗚呼旨哉、平準書

太伯逃吳、弟仲雍繼立、十九世至壽夢、始大通中國、勇子季札賢、欲立之、不可、長諸樊立、讓之、又不可、以次傳餘祭餘昧、必欲致國季札、終不可、餘昧之子僚乃立、諸樊子闔廬與越戰死、其子夫差報越、越又報之、卒滅吳、皆始于札之終讓也、嗚呼太伯以三讓而周興、季札以三讓而吳亡、讓一也、可與權之義亦難哉、以下吳太伯世家

（諸樊子闔廬以其非當立、共弑僚自立、而吳之禍始萌其後）

伍子胥以父見誅於楚、而奔吳、知闔廬之將殺（弑）僚也、進專諸成

其事以事闔廬得政既乃自滅其宗國之楚而鞭所平王之尸，是既弑吳之君復弑楚之君于身後報之仇者如是乎天下豈有無君而有父者哉，古人不共戴天之義恐非所施于所天之君父也，且胥所當怨者費無忌也，然楚誅之矣何甚。越敗吳于檇李今嘉興也，吳敗越于夫椒今太湖中椒山也，皆云越地，然則越之境至浙水以西歟。太公之始封，威公之霸諸侯，天下莫強焉，田氏卒奪而有之，悲夫。慶封崔杼之禍，晏子仰天不肯盟，可謂疾風勁草者矣，齊太史書崔杼弑莊公，兄死弟繼者三，至今凜凜生氣猶足寒亂臣賊子之膽。齊世家史載周公作鴟鴞於東土既定已作嘉禾之後載成王泣反周公事以謂人或譖周公周公奔楚成王發府見周公揃蚤禱成王病之策而然且謂啟金縢書又周公卒後之事皆與詩書不合以下魯世家

魯斃子三桓三桓皆桓公子莊公弟也長曰慶父次曰叔牙次曰季友莊公無嗣欲立庶子班叔牙欲立慶父季友鴆叔牙而立班慶父殺班立閔公既又弒之季友殺慶父立僖公而相之故三桓季氏尤強文公薨襄公仲又殺適（惡及視）立庶倭是為宣公魯君由此失國政歷文至襄而三桓分魯為三軍昭公見逐卒于乾侯孔子相定公嘗毀三桓城收其甲兵及季桓子受齊女樂

孔子去魯，其後哀公立，復見逐，悼公而後益卑，九世至頃公卒，
為楚所滅。

季文子相三君，宣、成、襄，家無衣帛之妾，廄無食粟之馬，君子謂其忠。
然私室日強，公室日卑，自若也。愚謂行父能自勑城郭，去兵甲，
退安臣子之分，如孔子之所以謀魯，則身為卿相，雖妾衣帛，馬食
粟，未害也。

洙泗之間，齗齗相讓，夫子嘆魯道之衰，蓋非安行自然之俗，則
人心漓矣。

燕王昭王之世，蘇秦謀燕，蘇代誤子噲讓國子之，而燕亂，昭王用
樂毅中興，雖極矣，惠王忌賢，不念厥昭王，喜方自救不暇，反用

栗腹敗致趙以自敗其後豈必丹軻之謀而後燕滅哉（燕世家）

管蔡之誅死無後蔡叔之子仲率德改行而復封且為周卿士然其子孫微甚哀侯不敬息夫人而死于楚繆侯嫁已嫁齊威之女弟而奪于齊靈公弑君自立而滅于楚國不競亦凌甚矣猶未甚害也昭公耀美裘于楚取禍子常自是離楚而附吳遷於州來臣下不附閱四世楚滅之矣（以下蔡世家）

曹叔鐸之後共公成公奪于晉悼公囚于宋隱靖二公更弑逆近立已無以為國矣伯陽復好獵周公孫彊背晉于宋而宋滅之使國人之夢遂符叔鐸無所致力于冥冥中矣悲夫

陳舜後也國微甚然敬仲奔齊子孫卒代齊有國強于天下果

符周太史之占、而晉太史趙亦謂甚盛德之後必百世祀、豈不異哉、近世朱文公則謂太史之占、陳氏子孫設為之辭、以欺世、蓋符命之類也、（陳杞世家）

杞微小不足稱述、史遷以禹之後錄之、又言楚惠王滅杞、而越王句踐興、蓋越亦禹之苗裔、

衛獻公亡在外十二年、而入稱後元年、出公亡在外四年復入、亦稱後元年、漢文之稱後元、其殆昉于此歟、（以下衛康叔世家）

衛君多亂、文公處國家覆亡之後、獨能輕賦平　身自勞與百姓同苦、卒以治稱、一國以一人興、信夫、

衛靈公之生、其母夢其為康叔、

秦置東郡、徙衛野王縣、二世始廢君角為庶人、而衛祀絕、然則衛雖微、其亡獨後于諸國、且子孫保首領、愈于戮辱者多矣、世家之首、併叔三仁、明微子歸周之本心者善矣、宣公舍子與夷而立弟穆公、穆公不敢忘德、將死復立與夷為殤公、殤公立十年、十一戰而宋始亂、是穆賢而殤不肖甚明、宣之讓賢也、甚公亂、不始于宣之讓也、史譏宣公廢太子而立弟、國以不寧者十世、春秋之世無寧國、豈皆讓使之然歟、其後襄公讓弟目夷、不果、襄公卒以不用目夷之言而敗、向使目夷為之君、宋未可量也、讓豈階亂之舉哉、當是時、人君溺私愛、廢嫡立庶、或以弟弑兄而攘其國、子孫干戈相尋者總總也、史不之譏、而譏宋宣

之謀何也且襄公初欲讓國目夷不果則相之知其賢于己也
而卒不用知賢而不能用襄蓋妄人史反多其禮讓又何歟熒
惑守心景公憂之司星子韋勸其移于相不可移于民不可移
于歲又不可子韋稱天高聽卑君有君人之言三熒惑宜有動
候果徙三度感應之机何速耶王充論衡嘗斥其妄殆正論也

以下宋世家

太史公稱襄公修仁義行其大夫正考父美之追道契湯高宗殷
所以興作商頌注謂韓詩商頌亦美襄公殆有據之言歟然與
今詩序不合而詩序作于衛宏在太史公後蓋毛韓之傳不同耳
史載宋昭公四年敗長翟緣斯于長卯而魯世家稱當宋武公

之世武公實為昭公九世祖、是史自為矛盾也、今考魯世家文公十一年、獲長翟喬如、追載宋武獲長翟緣斯之事、緣斯者、喬如之祖也、宋昭公之四年、正當魯文公之十一年、是獲喬如之歲、非獲緣斯之歲也、緣斯于喬如為祖、則獲緣斯者為宋武公、非宋昭公也、二事參考、則魯世家所載近是、宋世家所載非是也、注者以為未詳、或者世次尚差、當缺疑歟、長翟之國名鄋瞞、喬如敗於魯、焚如敗于晉、榮如敗于齊、簡如敗于衛、鄋瞞由是遂亡、其敗于齊當惠公二年、穀梁殺長翟、身横九畝、斷其首而載之、眉見于軾云、

穆侯名太子曰仇、少子曰成師、仇為文侯、傳子昭侯、封成師于

曲沃強大，亂晉六世而卒併之，爲武公，生獻公，嬖驪姬，復乱三世，而文公入晉始霸，襄公有殽之師，靈公無道，趙氏弑之，歷成至景，作六卿，厲公見弑，悼公復興，昭公以後，政歸六卿矣。晉文侯當周東遷有功，平王錫文侯，有文侯之命，此一時也。其後晉文公入周襄王，及獻楚俘，天子使王子虎命晉侯爲伯，賜大路弓矢秬鬯，此又一時也。史遷乃取文侯命屬之文公之下，義和者，文侯字也，注者又云能以義和我諸侯，誤益誤矣。漢時恐此書未出。○晉世家

黃池之會，吳晉爭長，而史于吳世家曰長晉，於晉世家曰長吳，自相矛盾，未知孰是。趙世家亦曰長吳

獻公嬖驪姬，殺適立庶，而荀息乃以身狥之，長君之惡以成其

亂陷吳齊卓子于死地皆息之罪也史乃許息不負其言息不[固]
負其言矣如負國何夫等死耳使息能以死諫豈不忠且偉歟
悼公十四歲得國一旦轉危為安功業赫然漢昭帝流亞也太
史公例言悼公以後日衰語焉不詳悼公稱屈九原矣（以上晉世家）
楚之先世出自顓頊有鬻熊者事周文王成王封其後熊繹于
楚至熊通自稱武王子文王自丹陽徙郡郢國始強傳成王益
疆子商臣弑之商臣立穆王及莊王立淫樂三年不聽政且曰
諫者死伍舉蘇從冒死以諫幡然而改凜凜如太阿出匣所嚮
莫敵而能折節服義嘗闚鼎以王孫滿之對而歸嘗縣陳以申
孫時之言而服之鄭伯袒以迎則退華元告以情則釋宋較之

荊楚諸君，此善於彼多矣。共王敗于晉，射中目。康王没，公子圍弑郟敖自立，曰靈王，盟諸侯，因慶封，戮章華臺，而國人怨叛，卒飢死申亥之家。平王以詐弑，而王竟續楚祀，而乃信費無忌之讒，亡太子，殺伍奢。昭王之世，奢子胥挾吴以報，國幾亡。自是吴日侵，徙都郡。至惠王，而太子建之子白公勝復為亂，賴葉公，國并安然。是時吴為越所滅，楚已廣地至泗上。歷五世至威王，滅越，地益廣矣。懷王乃受張儀之欺，而死于秦。五傳至負芻，秦卒滅之。以下楚世家

靈王之族慶封也，以封狥曰：無效齊慶封弑其君而弱其孤，以盟諸大夫。封反曰：莫如楚共王庶子圍弑其兄之子員而代之

立、軍人粲然、皆笑、嗚呼、君子無諸己而後非諸人、可不謹歟、勾踐勤苦踰二十年、一旦沼吴、以雪會稽之耻、其志何如哉、范蠡功成身退、徙齊徙楚、復皆顯名于天下、材識卓卓乎春秋戰國之上矣、向使不以致産自見、而退逸山林、豈不䏻誠有道之士耶、越世家

鄭小國、介於晉楚、服晉則楚伐、服楚則晉伐至簡公世而親晉楚、及子産為卿、國安静者數十年、賢之有益于人國如此夫、此鄭人其哭死如親戚、而孔子亦泣其為古之遺愛也、鄭世家

蜚廉二子、長曰悪来、其後為秦、次曰季勝、其後為趙、造城始得氏、叔帶當幽王時、去周如晉、凡事獻公、襄公、文公、甬事靈公、至

景公世趙朔益專，晉滅趙氏孤兒趙武後為正卿，生趙簡子，滅范中行氏，子無恤為襄子，平代地，滅智伯，趙視韓魏最強，六世至武靈王，變胡服，滅中山，攘地北至燕代，西至雲中九原，欲南襲秦，強于天下，天受吳娃其子何，長子章作亂，餓死沙邱，自是無能君，當孝成王時，秦伐魏上黨，趙受上黨，守馮亭之獻，故有長平之禍，趙可拒敵者惟頗牧耳，樂乘用而頗亡，郭開讒而牧誅，趙自趣其滅於秦，何有史載晉滅趙之族，朔妻成公姊有遺腹，匿公宮，生武，公孫杵臼與程嬰以死保，脫趙越十五年，因韓厥得復田邑，而左傳稱武從姬氏畜于宮，以其田邑與祁奚，韓厥言于晉侯曰成季之勳、宣孟之忠而無後，為善者懼矣。

乃立武而反其田馬，是無程嬰杵臼之事也，未知孰是。然恐育於公宮者近之，若謂搜及公宮，何甚耶。趙世家

中山者西周桓公子，趙獻侯十年初立，魏文侯嘗立之，後滅於趙

烈侯好音，欲賜歌者田，各万畝，得牛畜荀欣徐越三子而止歌者田。然則中主寧有常，好而賢者之能变化人主氣質，功亦大矣。顧恐戰國之言多詐耳○左師觸龍之說太后俾入長安君質于齊，其幾諫之類歟○簡子夢至帝所，襄子得霍太山朱書，將興之禎祥也；孝成王夢乘龍上而墜，將亡之妖孽也。恐憐于怪耳

畢万本周同姓、事晉獻公、封魏、〻武子從重耳反國、絳事悼公、九合諸侯、戎狄以和、獻子身為國政、桓子共滅智伯、文侯尊賢重士、得譽諸侯、秦不敢加兵、武侯之世、國尚強、惠王好戰而國危、子孫日弊于晉秦、賴公子無忌合從五國、〻粗立、然不能盡用其說、無忌卒、國不支、以至于亡、魏世家

韓亦姬姓、本無大功于晉、厥以鞍之役、勝齊、得預六卿、子孫無聞人、惟昭侯相申不害、國以治、諸侯不侵伐、不害死、秦拔宜陽、早作高門、功業不終、其後日弊于秦矣、韓世家

陳佗之子完奔齊、為田氏、乞及常皆以大斗予小斗收、愚齊民、以結其心、再世弒逆、專其國政、而陰奪之、蓋不待田和遷康公自

立而太公之齊已為田氏有久矣然威王烹阿封即墨國治強於天下湣王驕卒破于燕亦伐宋割楚侵三晉泗上諸侯稱臣齊襄王破燕復齊王建四十餘年不受兵五國既滅秦方一旦談笑而取之攷論始終戰國諸君其強皆無齊比彼以區區智數擾竊人國而子孫之盛若此何耶豈有媯盛德之後宜然耶周太史之占齊懿仲之卜豈或有之耶抑人衆而勝天者耶田敬仲世家

史記世家為有社稷人民者作也孔子布衣史遷以附諸侯王之後且贊之曰天下君王至于賢人衆矣當時則榮歿則已焉孔子布衣至今學者宗之其意尤抑彼而揚此嗚呼吾夫子天

而人者也、能模寫其盛者惟子思中庸數語、及本朝伊洛考亭諸儒、若史遷之贊蓋世俗之見猶唐人尊以王爵耳、豈知夫子哉、者、然、漢世重道家學而輕儒、遷之家庭授受本亦知有道家耳而猶尊慕之若此、〻孔子之所以為大耳世家載盈子期夫子為達者、而又述其先世正考甫之鼎銘、曰一命而僂再命而傴、三命而俯、循墻而走、亦莫敢余侮、饘于是粥於是以餬余口、又載老子送夫子之言曰、聰明深察而近于　者好議之人者也、博辯廣大危其身者、發人之惡者也、嗚呼然則士君子之涉世當如何其自處耶、孔子世家

勝自王六月而亡、然其所置遣侯王將相竟亡秦、陳勝世家

史于呂氏譏以非天命孰能當之於薄氏稱仁善于竇氏稱退讓至王信好酒田蚡勝王后異父弟貪污則武帝母王太后之戚衛青號大將軍霍去病衛后姊之弟號驃騎將軍則武帝妃衛皇后之戚勸戒照然而外戚之斂亦係時君矣以下外戚世家衛青本平陽公主使令者一旦富貴振天下卒尚公主然謂非公主失身不可也為武帝生子者其母無不譴死褚先生贊其為聖賢事雖曰有感之言亦豈人情也哉

余以家貧厄少時以外侮告先入輒令勤學云丈夫當時富貧貴百惡滅除蓋常常而然言犹在耳也而不知所出今閱

褚先生衛皇后贊見其語為之感愴哽咽云

楚王戊趙王遂皆以不用諫謀反伏誅漢復立劉禮王楚元王祀趙以竇太后不許絕（楚元王世家弁見漢抄）

漢分王同姓惟荊王賈以功封其後擊黥布死（以下荊燕世家）

田生以畫干營陵侯劉澤澤予生二百金生歸齊明年澤使人謂生曰弗與矣生如長安不見澤而以計謁高后之所幸張子卿使王諸呂以張本而王劉澤于燕然則田生所干劉澤之畫即明年所施張子卿之計曰弗與云者弗與我施行所畫促之之辭爾澤劉氏也而王諸呂乃出其計其罪大矣故太史公之贊曰劉澤之王權激呂氏而釋之者弗察謂畫為工畫謂與為黨

與、夫於千劉澤不言其所畫、而於千張子卿言之、文法之相為先後如此、而釋之者弗能察、故夫史遷之文深遠矣、（荊燕世家）

高帝長庶男劉肥封齊、朱虛侯章誅諸呂者、其次子、齊最大、其後分爲國云、（以下齊悼王世家）

吴楚反時、齊路中大夫既許三國而終達漢天子命、俾齊堅守、與鮮揚之事同、

主父偃求徐甲欲入其女齊後宮、不遂則談齊王殺之、亦卒以此坐誅、偃真小人哉、

高帝起布衣得天下、非有分義素服人心、故所與同起者、帝無不疑之、至如關中天下根本、何每留守、而帝自將、帝所任者莫

如何也方帝距京索閒非用能生計遣子孫詣軍何幾族及自
將邯鄲非用召平計悉家財佐軍何幾族其後自將擊黥布非
用説客計多買田宅自汚何又幾族然則何雖相帝定天下嘗
懷救死之不暇緩何非刀筆吏又何暇經綸之事乎其後為民
請苑稍欲展布而械繫已及帝之赦何也言我不過為桀紂而
相國為明相是正怒其掠主譽以得民心也嗚呼其亦異于古
人所以推識共治之道哉（蕭相國世家）
參自高帝起兵無一戰不預雖非赫〻功而未嘗以敗聞天下
既平猶從擊黥陳豨黥布蓋參終始兵間而不見疑相齊〻治
相漢〻治參有大過人者矣而史論戰功則謂之當信之滅論

治功則謂之、其當秦之後、若有抑揚之意焉、愚謂參明哲保其身、
雖信不能及、而立法易守、法雖參以人豪、一遵何約束、除吏皆
木訥而深刻者、輒斥去、所以養成漢家寬厚之風、雖何無以尚
之、參其可少哉、書称斷斷兮無他技、參之謂謂矣、傳稱惟仁人能
好人、能惡人、參庶幾焉、曹參世家再見漢抄
剎啗秦將、旋破嶢關、漢以是先入關、勸還霸上、固要項伯、漢以
是脫鴻門、燒絕棧道、激項攻齊、漢以是得還定三秦、敗於彭城、
則勸連布越、將立六國、則借後箸銷印、韓信自王、則躡足就封、此
漢所以卒取天下、勸封雍齒、銷變未形、勸都關中、垂安後世、勸
迎四皓、卒定太子、又所以維持漢室于天下、既得天之後下、凡良謀

一畫無不擊漢得失安危良又三傑之冠也哉然董公仁義正大之説則良不及之使以良之智兼董公之識而為漢謀伊周何尚焉留侯世家

陳平智有餘惜皆於小人之術耳方楚漢爭雄時平惟有反間楚一事然是時楚勢已促縱增不去亦俱死垓下耳反間何等語而可污龍興之漢使單于閼氏此城儀愚鄭袖故智也何奇之云使平早計而帝毋窘平城雖不奇亦奇矣從攻陳豨黥布凡六出奇計然使豨布反者平勸偽遊雲夢之失也平與太尉勃合謀卒諸呂然使諸呂逆者平阿意太后之過也縱火人之家而隨以撲滅言功功耶罪耶代右相勃決獄錢穀之對徒以大

盎

言勝勃平無其實也董晉有言天下安危宰相之能與可否見謀議於上者不足道乎一時欺君之言後世猶或稱之誤矣始平以多陰謀懼多陰禍以此足見覗其本心云 陳丞相世家

周勃從高帝終始兵間晚尤多戰功高后殁手誅諸呂迎立文帝功孰大焉厚德文帝疑謗一聞微太后幾族甚矣功名之難居而嫌隙之徵當戒也亞夫厚尤厚事守正平吳楚有大功其爭廢太子爭侯王信爭侯降匈奴徐盧等五人又皆宰相之職也反以怏怏疑之卒置死地景地尤少恩哉 絳侯世家

孝王既僭侈矣景復失言千秋萬歲後傳於王入則同輦出則同車卒之梁王賊殺袁盎等大臣既至變逆者景帝之失也梁

王車服擬天子、珠寶踰京師、卒以憂死、五子分王皆國絕富貴者可以觀矣、梁孝王世家

景帝子十三王惟河間王德被服造次必于儒者、餘皆驕庸然吳楚反後亦皆奪之權、而國遂貧矣、五宗世家

三王者武帝子齊王閎燕王旦廣陵王胥也、太史公備述郡君臣奏請皇帝恭讓、始終啓復之辞、以及三王封策之辞、爛然可觀也、而不載其行事、褚先生條釋其後、謂齊王之國、左右維持以禮義、不幸早夭、謂廣陵王果作威福、謀反自殺、謂燕王謀為叛亦自殺、皆如其策指云、愚按齊王策曰允執其中、天祿永終、者、堯戒舜之辞、反云四海困窮則天絕其祿、不執中者也、今乃

用爲期望之辭，屬之執中之下，誤矣。豈亦王早夭國絶之先兆耶。三王世家

太史公疑許由非夫子所稱，不述而首述伯夷，且悲其餓死，爲舉顔子盜跖反覆嗟嘆，卒歸之各從其志，幸伯夷得夫子而名益彰，其趣遠，其文逸，意在言外，詠味無窮，然豈知其心之無怨耶。以下伯夷。此後漢抄無之

堯議許由，蓋莊周寓言，聊天下不爲足道耳，太史公疑箕山上有許由冢，愚意雖無其事，嘗有其人歟。

載伯夷父死不葬之語，與武王十一年代紂之事背馳，然漢人舊説，以武王上繼文王受命之九年爲十一年，故云爾。

世之人見賢而稱其賢、見智而称其智、未足言知人、惟其人方困窮時、其迹有甚於不賢不智者、而已獨有以察其心、若鮑叔之于管仲、千古一人耳、然愚謂此管仲之為管仲也、君子固窮、窮視其所不為、貧視其所不取、何至蒙不賢不智之迹耶、其全論卑而易行、其政善因禍為福、太史公此論、固切中其相齊之要領、實則苟於濟事、不暇顧在我之正守、已占于貧賤之時矣、晏平仲功業不及管仲氏、而相三君、晏不衣帛、則薦節過之、越石父稱詘于不知己而信于知己、蓋名言也、宜晏子之敬待、然景公相孔子、晏實沮之、石父豈賢于孔子哉、管晏

老子與韓非同傳、論者非之、然余觀太史公之旨意、豈苟然哉、

於老子曰無為自化，于莊子曰其要本歸于老子之言，于申不害曰本于黃老而主刑名，于韓非曰喜刑名法術之學，而其歸本于黃老無為自化，去刑名固霄壤也，然聖人所以納天下于善政者也，世非太古矣，無為安能自化，政教不施，則其弊不得不出于刑名，此太史自源徂流，詳著之為後世戒也。以下老子韓非

老子孔子皆布衣也，太史公列孔子世家，贊其為至聖，至老子則傳之管晏之次，而窮其弊于申韓，豈不以申韓刑名之學，又在管晏功利之下，而老子則申韓之發源，馭班固謂遷論大道則先黃老而後六經，或者未之深察也。

穰苴之斬莊賈，孫子之斬二姬，蓋號令嚴肅，雖素卑賤者可將，

雖素不知兵者可使也太史公譏孫臏策龐涓明矣然不能早救患于被刑吳起說吳伐武侯以形勢不如德然行于楚卒以殘刻亡其軀嗚呼不仁而善用兵亦烏有自全者哉司馬穰苴孫子吳起

子胥諫吳伐越齊而勸伐越吳不用國遂亡然諫之至再三弗聽矣讒人太宰嚭在王側又與之有隙矣不能去而之他反私託其子於齊之鮑氏而歸以取屬鏤之誅何謀吳之明者是而乃謀身之闇耶初子胥鞭平王尸申包胥責其已甚否以日暮途遠故倒行而逆施君子是以知其不終也伍子胥

受業身通六藝者七十七人有年名見書傳者三十五人餘四十二人止存名氏以下仲尼弟子

子貢一出存魯乱齊破吴彊晋而霸越雖曰存魯不幾已甚歟其札辨儀秦不及也將太史之言未必盡然歟結駟連騎謝原憲于蔾藿間而終身耻其言之過於是名教之樂為不可尚已

公晳哀字季次子曰天下無行多為家臣仕于都惟季次未嘗仕

商君之術能強秦亦秦之所以亡能顯其身亦身之所以滅然則何益矣商君

秦約從六國忠于六國者也齊魏首敗從約伐趙秦以利害忠告齊魏不可而去之則身名始終矣乃請使燕以報齊負齊之禄而反誤之不忠孰甚焉又豈約從之初意哉嗚呼蘇其所以

及欬蘇代私于子之誤燕已甚復欲為燕約諸侯宜其終不逮秦也蘇秦

蘇秦之説六國為六國也張儀之説六國非為六國為秦也欺詐諸侯如侮嬰兒雖均之捭闔而儀又秦之罪人矣然儀之入秦蘇秦實使之雖欲止秦兵于一時而卒以伐從約於異日智者不為也夫儀秦友也儀始謁秦以故入求益也秦不以情告儀使共謀六國以緩秦兵而直以權詭激之入秦自貽後悪何耶將儀之多詐不可告以情抑秦自以不及儀與之共謀六國慮軋已耶夫縱横之士固不可以常情槩之也張儀

陳軫公孫衍皆悪于儀軫奔楚復從容于秦儀死而衍入相秦

嘗佩五國相印為盟約長皆權變無窮之士也

樗里子秦惠王弟名疾滑稽多智號曰智囊（鼂錯之名恐本于此）為惠王將多戰功為武王相使周ㄟ敬之其後為昭王伐蒲（衛邑）胡衍受蒲金說之而去豈智有時而窮歟然其言曰後百歲當有天子宮夾我墓至漢興長樂宮在其東未央宮在其西此豈智料之所能及或者攻數學歟否者傳者妄也（以下 子甘茂 樗里）

甘茂相秦拔韓之宜陽其後勸秦予韓武遂懼向壽公孫奭之譖奔齊使楚于魏其孫甘羅年十二為秦使趙廣河間之地秦封甘羅為上卿復以甘茂田宅賜之

穰侯魏冉者秦昭王舅也立昭王誅昭王兄弟之不善者滅之

威震秦國握將相之權三十年歲伐三晉以廣地天下皆西鄉稽首其後越三晉以攻齊范雎訊其非遂以遠交近攻之策說昭王奪之位而穰侯斥矣穰侯

白起以穰侯薦為秦將其斬殺之數多而載于史者凡百万不以數載者不預焉長平之後秦民年十五以上皆詣之而死者過半以此類推秦之死于兵者又不可以數計也蘇代說應侯聞之起不復為秦用而死賜之死自秦而言雖殺之非其罪自公理而言一死何以盡其罪哉以下白起王翦

王翦為始皇伐楚面請美宅田宅既行使〻請美田者五輩後勸首蕭何田宅自污者其計毋乃出于此歟王翦諸人之輔秦蓋以

德之參會古今之極變、不可以常事論也、太史公譏翦不能輔秦建德、而偷合取容、嗚呼、是何異責虎狼之不仁耶、太史之傳孟子、首舉不言利、對之嘆息、以先之、然後為之傳、而傳自受業子思之外、復無他語、惟詳述一時富國強兵之流、與騶衍迂怪不可究詰、以取重當世之說、形孟子之守道不變、與仲尼菜色陳蔡同科、奇哉遷之文、識歟卓哉遷之、蓋傳申韓於老莊之後者、所以訊老莊、而傳淳於髡諸子于孟荀之間者、所以長孟荀也、荀卿年五十、始自趙學于齊、三為齊祭酒、後為楚蘭陵令、春申君死而卿廢、卒死于蘭陵、葬焉、嫉世之濁、而鄙儒小拘如莊周等、又滑稽亂俗、于是著書万數言、此亦能守道不變者、故太史

公進之與孟子等、以下孟子荀卿
堅白異同者、注汝云、汝南龍淵（淵）水可淬劍、故有堅白之論、云黃
所以為堅、白所以為利、或辨之曰、白所以為不堅、黃所以為不
利、此其為異（异）同、嗚呼士論之無稽至此、世道如之何而不壞、
墨翟之智、注稱公輸子將為政（攻）具、將攻宋、墨子至郢、設拒攻之、
具、凡九屈之、
田文謂其父田嬰相齊三王、齊不加廣、而家富累萬金、不見一
賢者、徒厚積貽（以）子孫、而不謀齊、文既得政、故招至致食客常數
千人、宜齊之加廣矣、然卒以此見异（忌）于（其）君、而不能安其身、乃貽
秦穰侯書以自伐其齊、又相魏、西連秦趙與燕合兵、而幾至于

滅齊、卒之齊趙亦共滅文封邑、而子孫遂絶、豈惟不能庸齊、且削齊矣、豈惟不以遺子孫、亦無子孫之可遺矣、豈惟辱國而亡家、且聚天下任俠奸人六万家于薛、壞薛之俗、為暴桀矣、譬之千金之家、銖積寸累而致、一旦有黠慧者出、揮金如土、聚鬬雞走狗樗博無賴之人、以索其家、乃號于人曰吾好客、其真好客者耶、其不肖者耶、周公一飯三吐哺、一沐三握髮、好客宜無以加之矣、不聞其如孟嘗之好也、然則孟嘗非能好客也、田嬰家不幸生不肖子耳吁、以下孟嘗君

平原君好客、僅得一毛遂、孟嘗好客、僅得一馮驩、而二君者、其始皆不知之、尚何以好客為哉、愚謂二君者、不足以知二子、而

二子歸之者、以貧無聊、如祿仕于亂世、免死而已、其後因事而顯、殆非二子初心所期也、二君其亦幸而得此二子歟、去讒而遠色、固尊賢之道也、平原君以賓客稍引去、乃斬笑躄者美人頭、雖曰人情所難、然已甚矣、邯鄲之急、得毛遂以合楚之從、得李同募死士以須楚魏之救、邯鄲之獲全、固平原君力也、然向使不受上黨之嫁禍、則趙必無長平之敗、亦必無邯鄲之圍、平原之功、於是不足贖誤國之罪矣、太史公謂使趙陷長平兵四十万餘、邯鄲幾亡、非歟、而譙周乃稱長平之陷爲將之咎、何怨平原、吁何惑也、（以下平原君虞卿）

秦攻長平、虞卿勸趙附楚魏以和秦、而後秦可和、趙不聽、致秦卒

不和而趙大敗而後將割六城事虞卿使于齊以謀秦反和趙
及魏欲與趙約從則卿亟勸成之卿無言不效無謀不忠大要
歸於結和隣國以自重而使秦反輕此至當不易之說也與一
時東西捭闔之士異矣棄趙卿相而與故交魏齊俱困大梁以
著虞氏春秋其必有決烈之見而豈其愚也哉
無忌用侯嬴朱亥之力竊符矯命以赴平原之急其後在趙用
毛公薛公之諫趣駕歸魏以郤強秦之圍此四人者皆隱于屠
沽博徒無忌獨能察而用之五國賓從威振天下雖非正道而
能為國家之重過平原孟嘗遠矣然侯生朱亥之詐力及非毛公
薛公之正論比也矣釐王受命秦反間用無忌反不終十八歲

而魏亡、悲夫、〔魏公子無忌〕

說秦昭王不伐楚、而出身脫楚太子于秦、可謂智能之士矣、一策不謹、而卒死李園之手、與嫪〔勞〕毐〔毅〕同歸、惜夫、有朱英之謀、而不能用、何必珠履其客為也、〔春申君〕

范雎辱于魏齊、賴鄭安平王稽竊載入秦、離昭王母子兄弟舅甥之親、而居相位、以快一己之恩讎、蓋已亦勞矣、然卒以任鄭安〔平〕王稽二人敗事而罷、夫爵祿非酬恩之具也、顧〔頗〕材所堪耳、况竊君〔之〕以私所恩耶、范雎以口舌攘穰侯之位、而蔡澤復以口舌攘之、雎所謂螳螂捕蟬、黃雀在後也、然穰侯以君臣骨肉之親、則雎攘之也難、范雎當君臣疑阻之際、則澤攘之也易、雎遠

近攻之策真有益於秦。澤特羈困之餘竊富貴耳。澤始非睢以離間昭王母子兄弟而得之，澤勸睢功成身退，心雖私而論則正矣。范睢蔡澤

樂毅為燕報齊，誠師有出名矣，而盡取寶物祭器輸之燕，仁義之師不為也。狗齊五歲，下七十餘城，而莒、即墨猶未下者，齊王保於莒，有困獸還車之勢，齊方憤發，而燕師已老，強弩之末不能穿魯縞，其勢然也。夏侯元許以湯武之事，何甚耶！然毅以讒去適趙，趙父母國也。報燕惠王書稱忠臣去國不潔其名，不效戰國反覆，復為趙而離燕，去就無慊。傳之子樂間亦然，故高帝過趙，復故封其孫樂叔者于樂鄉，信義之手入于人深矣。然則樂毅非

戰國之士也。樂毅

藺相如庭辱強秦之君，而引車避廉頗，以勇氣聞諸侯；而肉袒謝相如，先公後私，分棄前憾，皆烈丈夫也，勇怯各得其所矣。然先之者相如也。趙奢治賦，不少貸平原君之家，而平原君因荐之王而用之，君子不多奢之行法自近，而多平原君之公滅私也。括輕易取敗，無足道，括母言父子異心之狀，可謂得人之法。李牧養威持重，戰無不勝，與頗齊名，而頗、牧皆廢于讒人郭開之口，趙之亡忽焉，悲夫。廉頗藺相如

田單守即墨，使妻妾編于行伍閒，此李同教平原君之故智也。田單

魯仲連闢新垣衍帝秦之說，引鄒魯不肯納齊湣王之事爲證，可謂深切著明矣。然解邯鄲之圍者，平原君力也，非仲連口舌之所能介也。射書聊城，使其將自殺，而城見屠，此不過爲田單謀耳。縱當時無仲連書，聊城無拔勢，亦必亡，亦非甚有功于田單也。射書何爲哉？使連能說單無屠聊城，而射書於城，約其將善降；或說燕無殺其將，而使其將歸燕，以拔聊城之命，皆可也。連釋此不爲，射書何爲哉？彼不預吾事而預之，是爲出位。惟不以爵祿自累，而輕世肆志焉得，故優游天下，如飛鳥翔空〻（然）直以爲天下士則未也。以下魯仲連鄒陽

鄒陽自陷縲絏，謂〻求哀，不其羞哉！

張儀既欺楚，原勸楚殺張儀。秦昭王欲與懷王會，原諫無行，懷王皆不能用，遂至兵挫地削，亡其八郡，客死於秦，為天下笑，原之忠謀亦白矣。上官大夫、令尹子蘭反譖之楚，而遷原江南。原悲憤作懷沙之賦，自投汨羅以死。屈原

賈生年二十餘仕漢，諸律令所更定及列侯悉就國，其說皆自賈生發之。絳灌等嫉其紛亂，出為長沙王太傅，意不自得，弔湘賦。復召見宣室，文帝嘗側席馬頭之拜，梁懷王太傅。數歲，梁王墮馬死，賈生自傷為傅無狀，哭泣歲餘亦死，年三十三。賈誼

初秦子楚為質于趙，不當立，呂不韋傾貲說華陽夫人立之，是為莊襄王。先嘗獻其姬于子楚，生子政，是為始皇帝，遂得相秦

專其權而亦卒以此見侵飲酖死呂不韋

太史公傳曹沫專諸豫讓聶政荆軻五人謂介然不欺其志愚謂惟豫攘為君報父之志為可悲餘皆存〔以〕愚殺身非人情也荆軻所交田光高漸離之流多慷慨輕生至今讀易水之歌使人悲惋軻視諸子材氣殆優焉雖然果何哉其所謂志而足稱道哉荆軻

斯以無道殺天下趙高亦以無道殺斯此天也而自謂以忠死不已愚乎李斯

恬自蒙驁世為秦將殺天下而并之秦天下既一恬復暴師十餘年城塹万餘里塹山堙谷以除直道同惡相濟凶德參會死

有餘罪，臨刑不自悟，乃歸罪于絕地脈，然則山人吉其凶，彼固安行之，不知罪之莫大于殺也。蒙恬

耳、餘少為刎頸交，起從武臣北畧趙地，武臣敗，立趙王歇。秦攻趙，張耳與歇保鉅鹿，陳餘軍其北不救，後張耳責讓陳餘，陳餘解軍郤去，張耳將之，同入關，羽封耳常山王，而封陳餘三縣，餘反楚，歸襲常山，耳歸漢，漢遣耳同韓侯下趙，斬餘，而耳為楚王。張耳陳餘再見漢抄

彭越有大功，無反意，既以疑間掩捕論罪，遷蜀青衣矣，呂氏又詐使人告其反，族之何忍。魏豹彭越

布起驪山之徒，以兵屬項氏，嘗為軍鋒，得國九江，南面稱孤矣，

漢使隨何說之歸漢遂滅楚垓下王淮南及信越誅而布大恐韋姬啟釁竟以反誅愚謂布非反漢〻非少恩勢使然耳夫越於漢非蕭曹素臣者比也羣起逐鹿成者帝敗者族方雌雄未決不得已資之以濟吾事〻濟矣同起事者猶在則此心不能一日安故其勢不盡族之不止也故夫乘時徼倖者未有不滅其身惟嬰母之賢為不可及也已 黥布

信虜魏破代夏說平趙下燕定齊南摧楚兵二十万殺龍且而楚隨滅漢并天下皆信力也武涉蒯通說信背漢而信終不忍自以功多漢終不奪我齊也不知功之多者忌之尤今日破楚明日奪齊王軍方信為漢取天下漢之心已未嘗一日不在取信

也高帝平生親信無過蕭何者矣而且疑之況信耶信有必誅之勢而無人教之以蕭何避禍之策張良為帝謀臣使其為之畫善後計猶庶幾焉而躡足之謀召信會兵垓下之策皆所以甚帝之疑而置信于死者也失職怏怏謀及見誅雖信之罪而夷三族嗚呼甚矣淮陰侯

信以韓王庶孽從漢復封韓既而漢疑之徙王太原數被匈奴兵遣使求和解漢又責讓之遂走匈奴高帝是以有白登之圍疑之為患如此盧綰與帝同居里生同日學同師平生至相得非有大功而王之燕帝之於綰厚矣亦以貳心自成疑懼而走匈奴此則綰之罪也然信稱旦暮乞代蠻夷僕之綰亦為蠻夷

所侵嘗思復歸二人者皆非有大惡而跡遠取疑失身至此不亦悲夫此信之子頹當信之孫嬰與綰之孫他日皆脫身匈奴而復列侯漢庭也陳豨慕魏公子之為人監趙代邊兵而賓客千餘乘卒以見疑而以反誅此庸妄尤可以為戒矣韓王信盧綰

田儋自立為齊王秦殺之而儋之弟田榮逐田假立田市怨楚之不殺田假不從入關不得王榮乃并楚所立之田都田安及田市而自王兵敗見殺榮之弟田橫又立田廣為王為漢所滅橫走保彭越〻歸漢橫走海島天下既定高帝召之未至三十里自殺其客二人亦自殺從留海島者五百人聞之皆自殺田氏兄弟之有人及得人如此異哉然死傷勇矣田儋

樊噲起自屠狗，從高帝多戰功，諫止秦宮，脫難鴻門，功尤隽焉。然人有惡其黨呂氏，高帝立命斬之軍中，斯亦烈矣。以下樊酈滕灌

酈商聚兵四千從高帝于沛，積戰功為曲周侯，其子酈寄紿呂祿而太尉遂得入北軍安劉氏，頗有力焉。

夏侯嬰脫高祖於亭長時，脫孝惠、魯元於彭城大敗時，間關兵間，已立戰功，自高帝初起歷孝惠、高后、文帝，嘗為太僕，終其身，蓋謹信可親之人歟。

灌嬰起自販繒，從高祖騎射，戰功居多，其後不為諸呂擊齊，而共立文帝，遂致位宰相，蓋武健而有定識云。

傳為張蒼作也。至漢末，位丞相者皆附之，蓋漢初丞相皆功臣

自灌嬰死而張蒼繼始以文學好律呂至、以下張丞相申屠嘉又自御史大夫敘遷然剛毅守正至景帝之世丞相備位僅存名氏太史不復為傳而褚先生直取韋賢以下繼之於魏相稱好武於邴吉稱有大智於黃霸稱以禮義為治其後韋元成父子相繼匡衡十年至丞相皆歸之命有慨歎不滿之意矣、

酈生為高帝下陳留高帝賴其兵食遂以入關所係大矣然以善其令而夜半賊殺之與之善者不亦難乎此戰國傾危之餘習宜其卒窮于辨也陸賈兩使尉佗使漢越無兵爭天下陰受其賜多矣時時稱說詩書新高帝馬上之習社稷靈長終必賴

之矣其後知太后將王諸呂不可爭迺病免家居及諸呂將危劉氏則出為陳平畫策誅之動靜合時措之宜而功烈泯無形之表漢初儒生未必賈比也而太史公屈與酈生同傳豈以其辯說欤朱建以母死無以為喪而受　陽侯金所謂行不苟合者安在嗚呼此其所以惡也 酈生陸賈

傅寬靳歙從高帝兵間始終無困辱蒯成侯周緤軍乍〻不利祭無離上心高帝憐其愛我云 傅靳蒯成

婁敬脫輓輅羊裘見天子曰衣帛衣帛見衣褐衣褐見此其質直不狥流俗已可覘其胸中之所挾持者矣勸都長安逆覘虜情皆磊落出人意表惟結和親約雖能寬一時之患未免遺万

世之弊耳。叔孫通所事且十王，皆面諛取親貴。起既起朝儀，得高帝心，然後出直言諫易太子。然向使高帝未老，呂后不強，度如意可攝太子位，又安知其不反其說以阿意耶？隨時上下，委曲取容，名雖為儒，非婁敬比矣。叔孫通　劉敬

季布廷斥樊噲橫行之說，使高帝不復事兵，然則孝惠、高后之世海内無事，衣食滋殖，季布力也。布故勇將，不為技癢，而有老成安靜之言，斯可尚矣。欒布挺身就烹，以雪彭王之冤，所以警悍高帝何如哉！嗚呼，非烈丈夫，其孰能與于此？季布　欒布

絳侯，元勳也；淮南王，帝親弟也。盎晚出為郎，皆斥其失。既而明絳侯無罪，諫止淮南王遷蜀，以盎也。盎以故名重朝廷，下趙同

之參乘郤夫人之同申屠生相稍不爲禮則折脇之盎殆以强直自矜者歟沮梁王之謀雖以忠見賊迹其平昔亦非自全之道矣晁錯峭刻紛更與盎素相疾輕挑六國之禍盎卒得以計誅之死有以其公也　袁盎不絶劇孟云緩急人所有此言可以厲世

袁盎晁錯

張釋之論長者及其守法不阿馮唐之論將有古大臣之風焉袁盎晁錯

張釋之馮唐

万石君家謹厚而已而父子皆致二千石已過矣慶偹位丞相于孝武多事之世何哉衛綰車戰士天資偶亦謹厚而景帝相之且謂其可輔幼主矣夫帝謂亞夫非少主臣宜綰之見取歟張釋之馮唐

以下萬石張叔

張叔學刑名而能慈愛君子蓋節取焉直不疑償金已非人情之正況周文溺誇行詐彼何為者而皆致位通顯夫万石家以誠得之而竊慕者亦僥倖殆流弊歟（以下万石張叔）

田叔以死事趙王敖既仕漢孟舒案梁王燒其籍使景帝母子相安相魯能格其君心之非叔蓋堅忍有用之才非万石君徒曰長者而已（以下田叔）

褚先生附載田仁安事衛將軍不見知而趙禹遴選于一臨問之頃兩人立名天下夫衛青始戚家徒以衣裳裝取士而以將百万衆何哉

扁鵲姓秦名越人得長桑君禁方能洞視五藏期趙簡子之寤

起虢太子之死，齊桓侯無疾望而退走，果不可藥，又能隨俗為变，斯亦奇且巧矣，乃為李所忌而見殺。太倉公淳于意，即女子緹縈父也，得東陽慶禁方，倉公既以緹縈免刑，召問醫治，纖悉如款案。吁！士亦何以術為。虢太子事注云：時虢已滅百二十餘年，其字誤歟？抑傳聞誤歟？扁鵲倉公

封國不過百里，名山大川不以封，濞王吳五十三城，且擅山海之利，是置之死地也。漢承秦滅六國之後，徒見六國之昔為諸侯王者無不地廣民衆，而不知古制不其然也，宜無以善其後歟。吳王濞

魏其侯竇嬰，竇太后從兄子也。方景帝酒酣，失言千秋万歲後傳梁王，嬰獨引高帝約折之，太后憎嬰，輒病免。傅栗太子而太

子孱数争不能得復病免嘗為大將賜金千斤金盡予軍吏而首進名將賢士之在家者蓋亦賢于人多矣卒以失勢怏怏交使酒不遜之灌夫以觸貴好權之田蚡淪胥以滅雖死不悔可不悲哉與時消息之機勞謙終吉之義士大夫不可一日不拳拳服膺也 魏其武安侯

韓安國之仕梁也言于漢雖為梁飾非言于梁亦能為梁免禍賂田蚡得仕漢其進雖不正以其辨王恢諫擊匈奴藥石武帝可皆可謂切中事情越明年王恢挑禍匈奴安國默默為之護軍雖坯不以戰歸而兵端自此大開安國亦卒困兵間死矣志在富貴不可知不可則止惜哉 韓長孺 以下再見漢抄

李廣才氣天下無雙死之日天下知與不知皆流涕亦可想見其人矣方武帝有事匈奴諸校尉才能不及中人以功取侯者數十獨廣結髮與匈奴大小七十餘戰卒不得侯且死非其罪廣自恨殺降所致然則豈非為將者明戒耶

陵降匈奴隴西之士皆用為恥亦可見其俗之風節矣李將軍

傳之敘匈奴詳矣大抵以其視中國為強弱夏道衰而狄始大及周之興惟命之曰荒服周道衰戎狄又世世為患秦并天下築長城頭曼單于遂為之北徙既而中國兵爭冒頓復興雖高帝不免有白登之圍非其視中國為強弱哉然嘗論之秦漢之待夷狄不可復以三代比也三代以天下為公諸侯各自為守、

說不幸有警方伯連帥以諸侯兵驅之而已然不常有也秦漢以天下為私自京師去匈奴塞上皆天子所自制邊塵稍驚勞民萬里雖鞭之便（長）不及馬腹故秦之備胡不得不出（手）長城然此毒民之事悖謬之舉適以自斃不可為也故漢之求安不得不出於結約雖妻敬還公子主之說不可用若孝文皇高帝賜之書有曰天不頗覆地不偏載使兩國之民若一家下及魚鱉上及飛鳥跂行喙息蠕動之類莫不就安利而辟危殆嗚呼大言（哉）乎文帝之心天地之心也特之堅行之久至孝景世終無大寇武帝即位之初匈奴信漢自單于以下往來長城下無忌矣乃一旦無故自為狙詐於匈奴兵連禍結使天下生靈肝腦塗地

然匈奴益驕六終不我服回視文景之世得失何如哉我太祖時不過因李漢超輩使自為之守而邊烽之警自不接于廟堂愚故嘗謂守在四夷三代公天下之事也兼愛南北文帝得處之之道也內兼制諸侯夏如漢而外因強國之臣以禦邊如三代其待夷狄之得自有天地以來未有如我太祖者也不使守封疆者久任世襲而欲身置（制）百（方）里如在目睫天下無是理也武帝窮追且不能得其要領夷狄之患如之何不日接于中國耶

匈奴

衛青者奴隸鄭季之遺孽而霍去病其甥也漢武帝以青之姊曰子夫者為后因生事夷狄而官青曰大將軍官去病曰驃騎

將軍公孫敖嘗脫衛青于難亦官之至將軍青之姊長嫁公孫賀賀為將軍且至宰相其餘侯者非兩將軍親戚則其門下人也他日貳師將軍亦以後宮故生事大宛而使之貴帝平生窮兵黷武使海內蕭然觀其所由往往為榮宮妾地耳而曰春秋大復讎之義其誰欺欺天乎且受匱與嫚書未可以讎言也文景和親相安已久否而嚴守備則置一李將軍匈奴不敢入塞矣何紛紛為衛將軍霍驃騎

平津侯公孫宏見讀漢書抄以下平津侯主父

主父偃姦險無賴小人其致身青雲特自速滅族之禍耳何足污齒頰哉惟諫伐匈奴一書不當以一人廢言然耳他日勸築

朔方俾襲蒙恬故步者即今日舉秦事以諫伐匈奴之偃也何耶其勸分王諸侯則掇拾賈生之緒餘也其勸徙豪民實茂陵則剽竊妻敬之陳言也何能為漢庭決一策耶而取大臣金取諸侯金自謂日暮途遠自分倒行暴施以至于齊而刼齊王殺之以游于燕而陷燕王殺之台平自昆弟賓客戒其母入偃門以一切疎絕之何哉偃之為人也其自取覆滅也固宜為偃之族者可悲耳

南越稱帝文德（帝）以德懷之而稱臣南越既稱臣武帝以詐台之而輒反越雖夷狄人情亦槩可知矣用樓船十万師一旦夷以為郡豈不大快然使五帝三王處此亦有文帝之懷柔而已夷

狄在万里外而必貪之何哉（南越尉佗）（自此漢抄無之）

漢初稱越者凡三南越既今二廣之地尉佗居之閩越王無諸居閩今為福建中越東海王名搖居東甌今為永嘉則皆越句踐後也閩越圍東甌以（漢救之）反誅漢盡徙其（東甌）民于江淮間而閩越遂為東越東越以反誅漢盡徙其民江淮間而東越之地遂虛又有繇王者以東越苗裔以斬東越王降漢封東城侯万里戶太史公謂禹之餘烈云（東越）

朝鮮王右渠者其祖名滿本燕人出塞居秦故空地本無預中國事也涉何為武帝生事其國漢卒盛兵以滅之為真番（普寒反）臨屯樂浪元菟四郡漢固貪矣右渠負固自取滅亡亦何愚也（朝鮮）

詈詆太甚

唐蒙食枸醬於南越知其蜀物道西北牂牁江而來也遂使夜郎以為犍為郡而治道指牂牁江北通南夷也司馬相如又言西夷邛莋音昨可置都自是通西夷道數歲道不通西南夷又數反上用公孫宏之言罷西夷獨置南夷夜郎兩縣矣張騫見蜀布邛竹杖于大夏知其從東南身毒國來而邛之西二千里可到也自是天子注意誅滅西南夷諸國為七郡惟滇王者楚苗裔也以首善不誅與夜郎皆受王印云西南夷

相如文人無行不與吏事以賦得幸與倡女等無足汙簡冊者亦無足多責惟封禪書禍漢天下于身後且禍後世罪不勝誅藺相如信威敵國名重泰山天子何人亦冒其名嗚呼為聖神人也

而有張禹之禹湯興王也而有張湯之湯藺相如命世人豪也而有司馬相如之相如故曰人能美名〻不能美人彼聖〻賢之名〻有時不幸而辱於小人也以下司馬相如

相如之賦果何為者耶景帝之不好此人情之正也而武帝溺馬嗚呼於身則求藥長生於兵則窮威万里於宮室則千門万户而千文則好相如之賦飄〻有凌雲之氣皆類也於是武帝之志荒矣司馬相如

讀史記踰月其文往〻暢達隔千歲如覿面斯亦奇矣至相如傳游獵賦殆不勝悶〻蓋文所以載理安有不関義理而可以言文者哉往歲嘗過村學堂見為之師者授村童書名小

雜字句必四字、皆器物名而字多隱僻、義理無關、余竊鄙之

然本其所由作特以識器物之名於世尚為有用游獵所賦草木禽獸句亦四字排比積疊皆世所希有怪誕不切、世安用此又不得与小雜字比也、世或珍異之何哉此傳去手復復讀他傳如脫荆棘而履康莊欣快可知、然世之好賦者肖知不笑予不識古文奇字頑余之所言理者理耳他非所知、

淮南王母本趙王張敖美人事高祖有娠而留趙貫謀反美人逮繫既生厲王恚即自殺其後厲王謀反自殺子安謀反自殺、子衡山王賜亦謀反自殺恚氣之所鍾如此然厲王推辟陽侯殺之辟陽侯死有餘罪非過也晉孫恩以逆死妖黨謂其水仙、

淮南王安亦逆死，方士謂其為仙而上升，小人羞諱文飾之言類如此。而淮南雞犬之事至今為口實，然則黃帝烏嗥鼎湖之事又可信耶。

自三代選舉之法廢，士無教養，溢出為縱橫之說，戰國四豪復淵藪之，餘風到漢未泯。而天下為一，無所復售其奸，往往諸侯之好事者，若陳豨，若梁王，若吳楚王，若淮南衡山王，無不以游士敗者。士習之所趨可畏哉。學校既興，科目繼之，士心始有所底。然則為人上者，其不可不以人才為意，而輕議學校科學、鄙天下士者，蓋未之思也。淮南衡山

孫叔敖使高[其]車，得諸民之術也。公儀休不受魚，謹律身之常也。石奢以父殺人，李離以過聽殺人，皆自殺，皆難能之節也。循吏

汲黯論帝多欲，勸帝無起兵，諫帝迎渾邪王，切責張湯苛法，而拳拳頗顧出入禁闥，補過拾遺，切直忠蓋漢廷第一，帝稍聽之，何至下輪臺之詔耶？以下汲鄭并見漢抄。

鄭莊委曲礼下，雖少鯁諒之風，然內行修潔，沒無餘財，與汲黯等，此太史公以之同傳歟。

太史公於武帝征伐事，先之以文景和親，匈奴信漢，然後論兩將軍連年出塞，又必隨之以匈奴入塞，殺略若干。於今酷吏傳，先之以吏治蒸蒸，民朴畏罪，然後論十酷吏更迭用事，又必隨之以民益犯法，盜賊滋起。然則匈奴酷盜賊之變，皆帝窮兵酷罰致之，咸刑豈徒無益而已哉。至于禱祠百出，則各隨之以若

有符應之言於求仙無方則各隨之以終不可得之言遷之微
文見意往々如此而無武帝之無道昭々矣若其禍殺民命不
知幾万々桀紂之罪遠不至此蓋與秦皇同歸惟其輪臺有悔
顧命得人高文之澤在人尚新漢之天下賴以不絕耳若夫万
世公議亦終不謂帝無道者秦滅儒術武帝興之天地民生之
所恃以立者在是也然則先立乎其大者可不務乎酷吏。自此漢抄無之
甚矣小人逢君之惡何甚也漢欲西通西南夷費多道不通嘗
嚴之矣張騫言可通大夏天子復欣然為之是窮民西南之禍
不在漢武而在張騫然騫從月氏至大夏竟不得月氏要領其
後復使烏孫々々不得其要領間関万里困苦終身騫果何利於

此自是棄骨肉于万里外以妻烏孫自是棄士馬於万里外以取宛馬天下騷動耗費鉅万〻又果何利于漢嗚呼甚矣小人逢君之惡不可曉也以下大宛

太史公曰禹本紀言河出崑崙其高二千五百餘里日月所相避隱以為光明其上有醴泉瑤池今自張騫使大夏窮河源惡睹本紀所謂崑崙者乎嗚呼太史公之論善矣然後世履展轉沿襲之衣妄又豈止太史公所闢而已哉蓋自是有譯西域書為中國語者又因崑崙之說附會之為須弥山亦謂日月相避隱為光明而更加張大謂周須弥之山為世界者凡四日所至為晝而去之則為夜然天下安有是理哉若果如崑崙須弥之說

則日月之隱避常相等齊安從而有晝夜長短之分日月之避隱常不相見安從而有晦望交蝕之異日常滿月亦常滿安從而日有虧盈進退之不同出沿山之東入循山之西其地皆遠當僅見日輪之隱約日之方中居山之腹其地獨近當尤見日輪之顯大今日之出沒皆見其紅而大日之方中獨見其淡而小何也豈近反見其小而遠反見其大耶日東循山而天下曉當以地理之遠近漸次而曉日西轉山而天下昏當以地理之遠近漸次而昏營之東日出以寅則幽之西當以午幽之西日沒以酉則營之東當在晝今地理不問遠近出皆以酉寅何也豈避隱不以漸行或晝夜不係日月耶夫日月東浮而西沉日

行速而月行遲朔望有定寒暑無差交會剥蝕皆可預計吾儒歷法盡之矣易曰明出地上晉又曰明入地中明夷天體包地日月出没其間行黄道赤道而有長至短至此有目者所共睹皆可稽而信故日月之説無出於吾儒所置歷象之法矣彼為崑崙須弥之説者何所稽以為信也運行之遲速交蝕之度數彼亦可得而言之否耶彼亦果見日月之隱〻遠從空中來又隱〻遠從空中滅而于東海西崦果不相着否耶蓋異説雖從西域来實皆譯之者附會中國非聖之書以張大之而不復計其事之實也禹别九州固非能際天所覆然天地之中氣所聚而人物生焉者大抵亦不出此過此以往則天地四垂之論荒

忽不治聖人所不言也騶衍所謬為大言九之又九九之又九謂禹之九州不過天地間八十一分之一而譯者十万億國土之說緣以興矣不思周天三百六十五度四分度之一、日月星辰之所経紀皆可紀見陰山之雪以夏而日南之郡北戶、天地間豈無紀極哉嗚呼出世之譽異端而甘自小者謂吾儒不過知造化內事而彼所言者造化外事也、自今觀之彼所言造化內且妄矣、況外乎造化果有外瞿曇氏當來往空虛中、不假父母陽陰氣以生又老於寒暑而死矣、然則佛亦厭世俗煩苦而求所謂寂滅耳說本不若是其誕也說之誕者譯者附會之過也、皆中國奸人之言也、故因太史公序崑崙之說而併及之、朱家周人之急家無餘財而終身不以自為德太史公慕焉郭解折節賑人〻為解殺人解不知而公孫宏族解太史公尤為痛惜愚謂朱家誠賢矣為人妄己墨氏之弊而解之見殺則亦其平昔嗜殺所致孔子有言古之學者為己孟子亦謂窮則獨善其身士亦何必務名譽出于尋常之外也哉　解之甥彊人飲酒見殺灌夫亦以彊田蚡酒忿亂族誅夫酒者所以行礼而其弊至此世之好彊人飲者可以監矣（游俠）

傒章辱國族亦誅僇（佞幸）

三年不蜚不鳴之語楚世家以為伍舉說莊王令滑稽傳又以為淳于髡說齊威果孰是孰非耶楚莊王時三晉未分今載孟

優孟諷諫莊王，預有齊、趙陪位，韓、魏翼衛之語，而扁鵲傳載扁鵲起虢太子於已死，考其時，虢已亡百一十餘年，又其可信耶？自古可怪可笑，人情樂聞之說，往往轉相附會，未必盡有其實。我朝東坡蘇公，一世人豪，惟其善於笑談，喜納浮屠，故至今謂浪俚談類必託之東坡、佛印，且曰東坡之見辱於佛印者如此，而本無其實也。嗚呼！其殆此類歟？西門豹為鄴令，除河伯娶婦，曲盡其術，蓋愚民久已成俗，若徒論之以理，制之以威，雖暫止，必復作，殺人將終不已，故使巫姥、三老先自赴水問河伯，為之首者，自畏死而不敢為，後無為之首，自不待禁而絕，此仁者之術而智之事也。褚先生以附滑稽，何哉？

傳為楚之卜人司馬季主作也謂宋忠賈誼問卜於市而季主歷詆士大夫之為非自陳卜者之為貴殆有取其譏世之言而載之歟然未必皆其實也果其實則亦小道致泥放誕不孫人也士大夫雖未必皆賢然必士大夫布列中外上自朝廷下達郡縣上綱下紀共為扶植而後庶民得以生息于其下所謂代天工者也若卜之為技不在農工商賈之列浮浪竊食又不得與庶民之良者比頑乃算計利害自逞得計反譏士大夫之不肖何异衣食于祖父而反笑祖父之無聞知而宋忠賈誼反屈于其說哉愚故謂曰未必皆其實也而乃傳之者不得志于當世之忿心不者日

另卷四 前試

三代之興各以卜筮決疑漢興因秦太卜之官歷孝惠文景未嘗講試武帝延百端之學太卜大集然倚以卜兵事賞賜至或数千万而誅滅者不可勝数則卜非其卜矣褚先生附載著龜之説頗詳若宋元王以神龜強國之事則伎藝之言非有識之論也 策龜

談生遷能以文章世其家揚名後世亦可謂善繼人之志者矣然談垂死涕泣之囑惟以不得太從封太山為恨而遷述之豈遷亦不知封禪之為非耶 太史公自序

讀漢書

自孟子没後學聖人之學者惟仲舒其天資粹美用意純篤漢

唐諸儒鮮其比者、使幸而及門於孔子氏親承聖訓庶幾四科之流亞矣若其正（謂其）誼不謀其利明其道不計其功如許玄論前無古人其後能見之發揮者惟伊洛諸儒嘗見之行事者惟諸葛孔明所謂漢賊不兩立成敗利鈍不暇計者也嗚呼至矣（董仲舒）

天資甚高議論甚偉惜不聞孔孟之學然一時無與比者其後經畫漢世變故皆誼遺策（賈誼）

黯以純剛至正之氣卓出漢庭之右自天子以下皆嚴憚之黯言雖不用漢爲之增重亦多矣子曰棖也慾焉得剛黯庶幾無慾者歟後世士大夫一爲利祿所汩雖飾以（仁）義累千萬言豈復

有是痛令人心開目明者哉、嗚呼黶所謂人中龍也、[黶況]

賈以詩書說高帝一時郡[群]臣無有也、賈以呂氏欲王諸呂而病免、豈忍一日苟祿於君側、既病免復傳會將相以[誅]諸呂、又豈忍一日苟忘其君、此一時郡臣無有也、嗚呼庶幾以道事君者歟、

陸賈

史以酈陸朱劉叔孫同傳、朱建叔孫通不足道也、食其庶幾知擇君、婁敬庶幾能自奮、然豈賈儔伍哉、

蒯通口給不在儀秦下、會真主出、興故無所售其姦、伍被歷二與淮王辨、初若通于漢者、故史氏謂忠不忠終而詐、雖然伍被豈能忠者哉、九傳中所述皆漢庭對吏之言、歸過于君、以冀免

死，被豈能者哉。江充以巫蠱太子，息夫躬以巫蠱東平，以踈陷親，固之論當矣。愚謂邪説之陥人，皆由乗閒而入，故君人者不可不以明理為務。禍福各以其類至，天下安有巫蠱之理。（蒯伍江息夫）

石慶、衛綰皆所謂忠信之人，特未學耳。以之為三老，助教化，厲薄俗可也，䍐相非其任矣。直不疑償之金，周仁之尿袴，類不近於人情，而仁以容見狎，出入宮禁，殆閹宦之靡，又非不疑比也。若張歐雖利名學，而有仁心，其庶乎。（萬石衛直周張）

三王者，梁孝王、代孝王、梁懷王也。大抵漢於諸王不教以禮義，而乃大其封邑，適所以禍之。（文三王）

諫趙談驂乗，正論也，實則恐其害已成。申屠嘉禮士，善言也，實

則愧其輕，已盗平生狡詐，率此類也。袁盎

孟子所謂盆成括之流。且其兵事、徙民實塞等議，蔚有文華。至賢良策，則絕無義理。蓋君子喻於義，小人喻於利，言小小計数則可，奉大對非所長也。文帝賜民田租，却自入粟一事始，不為無補於漢。鼂錯

釋之守法識大體，為漢廷尉第一，于定國非其比也。張釋之

馮唐論將數語，我朝藝祖嘗用之，西北諸將可為萬世法。鄭莊推轂，本朝第一事。然四郊置驛，則戰國四豪之餘風，非孔子舉爾所知之意矣。莊事君無所臧否，而所引又皆興利之人，故莊盗名者也，非為國者也，不足以玷張、馮、汲黯諸賢之後。馮唐鄭當時

竇嬰田蚡灌夫三人、班贊所謂山德參會者也、愚按嬰為將賜金不入門、蚡為相驕橫、占田宅、嬰以景帝欲傳梁王、竇力争、蚡迎淮南王覇上、私納交、成其悪、嬰雖他未見過人者、其賢於蚡則萬々矣、蚡驕敖以召禍、夫狠資以成釁、嬰不幸與夫交、亦淪胥以敗耳、初嬰以栗太子之廢、屏居南山下、一聞高遂之說、幡然而改、使嬰失勢之後、早得賢士大夫交、聞之知幾遠害之論其庶乎、竇嬰田蚡灌夫

山以文帝賢君、不免田獵之故、勸以親賢講學為務、所以致君之極善、傳言不能為醇儒、蓋謂其守一經耳、非以其行已不醇也、賈山

本末戰國游士之餘習，能持正論，可嘉。乘諫吳王書尤明切。鄒陽

枚乘

溫舒一疏，切中時弊。蓋自武帝後益煩苛，宣帝初即位，溫舒奠一掃除之。論者謂其切中宣帝病，則非也。時帝未有施行。以下路溫

舒

溫舒以言尚德緩刑見喜，不責以獄事，而遷爲廣陽私府長。正猶仲舒以言修德更化見喜，不使之立朝，而遠爲江都易王相。敷奏以言，明試以功，循名責實之意，果如是乎？要之，武帝本心實不在修德，宣帝本心定尚德，雖曰喜之，非能心誠好。建明宣帝終身之所行，已占于此時矣。

建明宣帝之世王吉之外惟温舒耳其説皆萬世君臣當服膺者

王吉所言者大體温舒所言者一事王吉儒者温舒忠信之人

安國長厚好靖武帝好大喜功故帝雖喜之而卒困焉韓安国

景十三王惟河間王最賢其學甚正雖當時士大夫亦鮮及之餘率驕恣自滅大率漢之封建非特城邑過制亦失雖有周親不如仁人之意故適足以禍之耳景十三王

廣之材盡出一時之上廣之功盡出一時之下或者謂其有悔而廣亦自悔其殺降廣之不遇其以是歟若我朝曹武惠提兵百万不妄殺一人富貴與宋無極嗚呼盛哉李廣

廣邊將材於守右北平見之、使武帝志在息民、專任李廣足矣、武帝區〻欲侯貳師、故借陵以成其功、陵不屑、卒以無救而敗、悲夫、有天下之天者、奈何以人材之良、民命之重、為追悅嬖妾計哉、李陵

子卿之節千古一人、蘇建 蘇武

衛霍皆以戚畹用、霍能大言阿意、故尤見寵任、要之武帝之兵、從欲之兵也、則亦何往而非私哉、以下衛青 霍去病

二人皆孟子所謂民賊、班氏之傳、每一出兵、即以繼匈奴寇邊殺略多、以明二人非能禦寇、乃寇之招、非徒無益、而又害之、二人之罪尤著、

看衛霍傳須合李廣看衛霍深入二千里聲震夷夏今看其傳不直一錢李廣每戰輒北困躓終身今看其傳英風如在史氏抑揚予奪之妙豈常手可望哉

秦之噴勞天下可監也已陳勝吳廣

項王非特暴虐人心不歸亦從來無一天下之心既滅咸陽而都彭城既復彭城而割滎陽既割鴻溝而東歸皆是羽按甲称伯之秋不知高帝志不在小天下不歸于一不止也項籍

耳餘號刎頸交其為交可知矣後如其說云張耳陳餘

以故國之後乍起乍滅無足多論者魏豹田儋韓王信

班史以此同傳者謂韓彭城英以大功盧以舊恩皆不克終惟吳

芮傳國五世者、得人心有道也、垂訓之意深矣、韓彭英盧吳

賈以燒楚積聚有功封、澤以田生權激呂氏封、濞以親近藉其鎮撫封、濞獨以叛誅者、以有山海之利、班贊謂山海不以封是矣、荊燕吳

慶以好學禮賢開國、故戊雖以叛誅、而辟疆德向皆世濟其美、漢之宗英、於斯為盛歟、不念厥紹而附賊莽、以自覆其宗、豈復有人心也哉、楚元王傳中山陵一事、可為万世戒

季布俠士、欒布田叔義士、叔尤長者、季布欒布田叔

趙隱王以鴆死、趙幽王以幽死、趙共王以憤死、燕王建有子亡、見殺、惟齊王肥獻城呂氏之女、幸脫虎口、甚矣呂氏之不仁也、

肥子朱虛侯竟能手誅諸呂復安社稷嗚呼真高皇帝子孫哉

高五王

曹參天下甫定遠相侯國此所以獨不見疑於高帝也然又安知非帝有心於遠之耶（曹參）

良善謀漢亦善自謀陳平詐謀功不補過王陵守正周勃則重厚盡之亞夫重厚而守正惜景帝之不知也（張陳王周）

噲勇士商亦戰功居多世謂寄賣友非也古者大義滅親况呂氏依憑城社小人耳無事與之相援義當去則去之何友之足云耳夏侯嬰四朝驂乘忠（信可）何知灌嬰為呂氏將兵而與絳侯謀可謂知義傅寬靳歙皆戰士周緤才不逮之而有忠君愛上之

心亦功名自終宜矣（樊酈滕灌傅靳周）張蒼福人周昌直諒趙堯以術傾周昌之任任敖特以舊恩用申屠所謂好剛不好學者乎然亦乎賢乎人多矣（張周趙任申屠）相如素行不謹立朝專是逢君之惡或者猶以其文墨取之不知大人等賦封禪等書正逢君之具也吁尚是置齒類間哉（司馬相如）言西南夷事不聽自是不復廷爭難以置朔方之便即謝以不知其便若是弘家之曲學阿世大率類之是其從董仲舒膠西遷汲長孺內史皆欲置之死地此後世權姦薦顏真卿使李希烈之陰謀也凶慘若此又不止阿世而已秦誓曰人之有技媢嫉

以惡之人之彥聖而違之俾不通寔不能容以不保能我子孫黎民亦曰殆哉大學曰唯仁人能放流之迸諸四夷不與同中國嗚呼非斯人之謂而誰謂歟公孫弘

買臣難以置朔方之便發十策宏不得一弘非不能得也希旨而偽屈耳宏亦姦哉

式輸財以進君而富民莫應於是乎告緡之令有式願父子死邊以進君而諸侯莫應於是乎坐酎金失侯者百餘人牧豎無知禍人乃爾吁卜式

寬為內史勸農桑緩刑罰殆循吏也而曲說傅會以贊封禪之決卒與相如同科惜夫兒寬

張湯杜周皆以人主意為獄，而湯子安世匿名迹、遠權勢，周之子延年輔霍光，以寬厚復孝文之舊政，皆能擁昭立宣，功在社稷，子孫世守，與漢無窮。賢者蓋前人之愆，其効乃如此。張湯杜周

行險僥倖，為國生事。張騫

武帝以聲色故，欲侯廣利；以犬馬故，欲兵貳師，而廣利為貳師將軍。烏呼！其凶德之參會歟。李廣利

遷以邁往不群之氣，無辜受辱，激為文章，雄視千古，亦壯矣。惜嗚呼乎其未聞道也。蓋吾夫子病紛紛者之誣民也，討論墳典，斷自唐虞以下，訖于周。周衰不足以訓，復約史記以修春秋，百王之大法盡在是矣。今遷之所取，皆吾夫子所已棄，而遷文足以詔

世遂使里巷不経之説間々得為万世不刊之信史斯説也聞之故師席王宗論文貫（司馬遷）

觀戾太子事盖知教太子不可不謹（武五子）

守會稽数年不聞問其才可知徒以捭闔取寵亦以捭闔誅（嚴助）

皆武帝私人折難大臣者壽王難禁弓矢視難築朔方者優焉然賈鹄非周鼎之説則排（俳）優取寵尔（朱買臣 吾丘壽王）

反覆傾危之士（主父偃）

士傾瓦解一書大要可觀惜其駁處多（徐樂）

嚴安一書言武帝靡敝中國結怨夷狄而其後則歸（謂）郡守之權非特六卿豈慮根本既耗或有乘時而起者耶（嚴安）

終重少年能文章，不幸白麟奇木之對，又不幸言而中，皆所以盛其氣而趣其顛也。嗚呼！安得以白露蒹葭之詩而告之。終軍

帝所幸宮館，褒輒為歌頌，太子體不安，褒以誦讀虞（娛）侍，然則褒以文為優戲者歟。王褒

罷朱厓一議，豈特有益當時，亦可垂範萬世，惜其交楊興以躁進，自罹石顯之譖鋒也。然君子不以人廢言。賈捐之

朔固滑稽之雄也，然未嘗有一語導人主於非。至其却董偃、諫起上林、對化民有道三事，忠言讜論，如矢斯直，一時文墨議論之士，孰有髣髴其萬一者乎。東方朔

賀以戚畹父子並位公卿，無德而祿，其及固宜，若其悲泣不受

宰相印綬，則漢事從可知矣。公孫賀

戾太子之變，使宰相得入明太子之無他，察江充之傾危，抗章

武帝，身任安危之託，猶庶幾也。而使屈氂當之，悲夫。劉屈氂

二人為相於愽陸侯輔幼主之日，尸位而已，無足論者。世率以

是議光不選任賢能，而徒取其易制，不知漢自武帝來，宰相之

具位久矣。受遺詔者，太司馬，則宰相之實蓋在此不在彼也。張

安世、杜延年皆一時之選，而光皆以之自副，光豈棄賢者哉？特

其不學，不知宰相為重，終以具位者充之耳。車千秋、王訢

敞具臣耳，惲有行能，而以自代取禍，惜乎。楊敞、楊惲

王訢之徒也。蔡義

萬年以善柔取顯達其子咸以便訐憂患皆非中道陳萬年

弘昌兄弟皆能吏而弘為優鄭弘

王孫平生厚自奉養死遂嬴葬非矯世也矯過以自文也何傳

為楊王孫

建小有才斬御史以立名自作不靖之一端圍捕蓋主之廬以

取死非大節所繫死傷勇矣胡建

雲狂直未得進退之中道願斬張禹一語萬世而下讀元城史

書悶悶者至此未嘗不心開目明若執熱之濯清風也嗚呼雲

亦一時英傑也哉朱雲

福畎畝不忘君賊莽僭竊則一旦飄然遠去賢于揚子雲諸人

遠矣。梅福

敞奮不顧身以救其師，而為賊莽用，胡不充其所以事師者事

君耶。敞云

霍光不學無術，三尺孺子亦聞其說，而忽之。愚觀漢自武帝五

十餘年騷動疲極之餘，海內蕭然，幾無所措手足，光以宏毅開

濟之資，託六尺之孤，身四海之寄，說三十年，百姓充實，四夷賓

服，復廢昏立明，舉金甌無缺之天下以畀之，是中興漢室者，非

宣帝，實霍光也。彼其出入禁闥二十餘年，小心畏謹，未嘗有過，

每出入下殿門，進止不失尺寸，屹然天人也。故成就之大若此，

雖曰未學，吾必謂之學矣。豈後世泛泛文墨議論若私意小智

以為術者能與此哉故嘗謂三代以後身佩安危若博陸侯若諸葛武侯若郭汾陽人品雖各不同皆百世不可及若霍氏所少獨盛滿之戒耳不然以功論之雖伊周亦何尚兹

日磾自在左右目不忤視者數十年天資篤謹與博陸侯相上下而又不敢以夷人先中國似帝少不遺詔之時其器識皆遠過于光使日磾為光當其歸政宣帝謙讓不受時必能奉身而去之矣日磾之後世名忠孝七世內侍亦宜哉以上霍光金日磾

趙充國老成持重為國家計為民生計而功名之念不入其心漢世諸將孰能與比其謂明主可與忠言謂老臣不以餘命重為陛下明言誰當復言之者篤信力行不還孰不回撓凜然古

大臣之風烈又非特小智而已也嗚呼使充國得任天下當如此兵矣柰何獨使之參兵謀而已耶（趙充國）

慶忌為吏所在著名而居處恭儉可謂賢矣王莽秉政辛氏遂縻其子孫又皆無負于漢云（辛慶忌）

介子賫金帛誘樓蘭而刺之使堂堂大漢無故行賊之行於夷狄惜哉彼小人兮又何翅蠛蠓之靡而已（傅介子）

漢萬制西域以力不以德古帝王不為也故奉使西域者類無足道彼善於此則常惠優焉蓋其合諸國兵攻龜茲尚能聲罪致討王歸罪姑翼即斬姑翼一人而還庶幾王師之體不生事夷狄也況惠與蘇武使匈奴俱有不降之節耶（常惠）

攻破車師遂獲鄯善以西南道迎日逐王并護車師以西北道西域都護之置自吉始鄭吉

郅支叛漢斬其使驕慢而暴湯發諸國兵與延壽伐之未為生事但驕制成功不可以訓甘延壽陳湯

會宗之為都護生而西域敬其威信死而諸國為之立祠孰謂夷狄不可化誨懷服也哉段會宗

不疑剛而能斷其引蒯聵以戾太子特一時應卒之機耳於經義則未合蓋昭帝親受先帝天下太子久廢君臣之分久定使戾園在亦不過退就藩邸奉朝請耳與衛輒不受命而自立以子拒父者非類也雋不疑

存

二疏知足千古清風不欲以多財益子孫過尤人當服膺者廣疏

定國身為九卿猶迎師身執弟子禮今無是矣為廷尉十八歲不遷今亦無是矣于定國

廣德見小而沾激薛廣德

當辭封宣乞骸皆小廉自矯非大臣進退之義平當彭宣

四皓自潔之士以下王貢兩龔鮑

鄭子真狷介之士不為王鳳詘知人

嚴君平僻學其不忘與人為善之意則美

王吉事昌邑甚得輔弼之義上宣帝一疏可謂通達世務不合即歸不為祿仕漢儒學識正大出處無媿董生而下子陽一人

而已班孟堅以次逸民之後未為知言四晧鄭巖誠逸矣王陽逸乎哉、〔以下王貢數則〕

貢禹所告元帝皆太上質素之說亦萬世人君所當知但當時政在恭顯不言而言此所謂放飯流歠而問無齒決此其為腐儒、

龔勝言董賢忤哀帝意莽秉政乞骸骨莽僭竊不以一身事二姓清矣舍每拜輒病免亦知大勢所趨而不辱其身者乎、

哀帝時丁傅並進董賢貴幸鮑宣反覆切諫雖昏如哀帝亦為感動、不誠而能若是乎莽雖不以其不附己誅之宣蓋死有餘榮矣

郭欽蔣詡栗融禽慶蘇章曹竟皆不仕莽世辟方僅以知免邴

越亦病去官、

邴相紀逡唐林唐尊皆仕於莽大節已虧清于何有、

元成失爵作詩自劾復爵作詩自著蓋知有富貴而已耳、韋元成

奏行便宜自白四方盜賊水旱等事皆有益國家獨其持刑太嚴

復霍氏之怨太過未可謂真賢相、魏相

相有纖怨於霍氏必報吉有大恩於宣帝不言相以嚴毅稱意

言以寬大輔政丙魏之不可同日而語明矣丙吉

孟言災異至使漢帝擅天下其以妖言死宜矣眭弘

勝樸直無他腸若下人謀上告之亦章中耳、夏侯勝

宴見元帝指謂石顯一事自足傳世餘説未然京房

皆夫子所謂小道可觀君子不為者也翼奉李尋

守頴川郡中震栗守京兆發姦如神非不一時大快人意而元氣索然矣況其善用鉤距率先以詐令相怨咎告訐成風若繩以古聖王之法其在所賞乎抑在所誅乎此猶其操切之過耳光在事光〻死迎向微指斬其閑謂非傾危徼利可乎疑蘇賢許其容罪賢疑榮畜教賢父上書殺畜事下丞相案驗復上書告丞相謂非姦私縱横可乎然則殊死之刑雖漢法嚴慘非廣漢自取之而誰哉趙廣漢

守東海東海大治守扶風扶風大治溫良讓退家無餘財翁歸

其能吏之賢者乎。伊翁歸

延壽為吏，上禮義，好古教化，所至聘賢，以禮待之，用廣謀議，納諫爭，表孝弟有行，修治學官，春秋鄉射，陳鍾鼓管絃，盛升降揖讓，煥然三代之遺風。其守馮翊也，傷昆弟之訟田，移病自責，訟者悔謝，轉相勸勉，周徧二十四縣，莫敢以辭訟言者。孔子所謂為政以德，有耻且格，非歟？而以僭上不道，竟坐棄市。斯人也而有斯罪也，是耶非耶？或有之，議賢議能議功，猶有可言者，而卒不得免焉。望之傷然善忌能之罪，於是大矣。其後望之亦身以無罪誅，君子謂出乎爾者反乎爾。韓延壽

敞能吏也，而以經術自輔，不醇用刑罰。其守京兆也，惟廣漢與

敞為久任職，班氏称其治畧循廣漢，而發姦擿伏不如，嗚呼！而愚以為此其所以勝於廣漢歟。張敞

尊能吏，所至卓有可觀。王尊

章直臣，雖王鳳所舉而不附鳳。王章

寬饒訐以為直，不孫以為勇，無忠言讜論可益人國者，而以不得遷失意不快，至發為憤激之論，稱五帝官天下，三王家天下，若四時之運，功成者去，嗚呼！是何言歟？闕下之誅，非不幸也。蓋寬饒

易曰：君子見幾而作，不俟終日。豐以司隷劾許章而去節，豐於是乎可以去矣，何待詔御史之及哉！諸葛豐

輔以諫立飛燕罷崇以諫寵董賢誅漢事去矣、劉輔鄭崇

孫寶能吏大節不撓、當孔光等誣頌賊莽功德時、從容折難可

謂歲寒之松栢、孫寶

隆劾董賢奏傅太后賤賣官婢不附王莽、毋將隆

並為吏尚嚴而清潔無私、何並

班孟堅称望之堂〻、折而不撓、近古社稷之臣、愚謂望之視恭

顯、邪正判然、以忠受誅、誠可悲矣、迹其平日天資忌刻亦有取禍

之道也、丙吉賢相也、而軽之得無代之為御史大夫而見其寛

大勝己乎、不然、吉為三公望之何以過之而軽之軽耶、韓延壽

二千石也而劾之得無以其代為馮翊而見其聲名軋己乎、不

然延壽在東郡時已事、更大赦、於望之何與、而劾之耶、論霍氏一姓、擅勢寔本於獨不除用之私、沮張敞不可為三公、寔原於入粟爭論之私、古者乘田委吏為之、而望之不屑郡國、古者上大夫下大夫一毫不相越、而望之與宰相鈞禮、古者祿以養廉、周急不繼富、而望之使守吏買賣、私所附益凡十萬三千、曾是而可謂社稷臣乎、當宣帝時、吏治雖明、而高帝立國之意已失、恭顯用事、而帝元蠱壞之萌已形、使望之為社稷臣、正當愛護善類、同心輔佐、以絕人小心之根、否則亦有王子陽之去而已矣、何排賢去智、共為操切、坐視小人之橫而不問、俟其羽翼既成、處優游不斷之世、方與分明植黨、以爭勝負、嗚呼、事勢至此、雖伊呂

未知之何矣，況望之乎。蕭望之

莎車叛漢，奉世矯制攻之，大率與陳湯事相似，而無其跌蕩之過。馮奉世

元帝賜東平思王璽書，及賜王太后璽書，義理精純，文辭惻怛，殊有益風教。宣元六王

史高方與望之有隙，而衡為史高用，已失進身之道矣。及身為大臣，坐視石顯之橫，而不敢言，則將焉用彼相哉。匡衡

禹貪汚淫黨，賣國為姦，漢氏之亡，於斯決矣。張禹

光不至如禹之賣國，觀其忤傅太后事，其心亦尚知有是非，鄙夫患失，喋無一語，遂成王氏之羽翼，與張禹同罪，嗚呼甚矣。失

之為禍慘也、孔光
鄙夫馬宮
王商剛毅、不平王鳳史冊忠懇、卒全太子、傅喜嘆、虛有識不順
傅太后皆戚畹之端也、商遭難而納女冊功成而燕樂、惟喜也
守正不阿、至再益堅、不肯一日苟安其富貴、嗚呼喜其尤喜賢
貴者乎、王商史冊傅喜
宣吏才有餘而仁恕多愛、可謂賢矣、為相雖屬吏譏其無大體、
終亦無罪可言、薛宣
慱游俠耳、平生為吏所到輒出奇譎以逆折其人、以操持其下
真小人之才也、傅太后非禮求称尊號、攬權縱橫、傅喜以骨肉

之親猶不肯苟順而去之。博乃投機貢諂，竊取相權，御藥宜哉。

朱博

方進為司直旬歲而遷司隸，為相九歲，冲傷尤多，蓋無一而非
私意為之。大抵志於嗜殺者，未有不還以自殺也。方進之死，何
必責麗言星而後見哉。翟方進

訐儒為姦，為王氏羽翼，罪不勝誅。谷永

為王氏腹心，可悲。罪言丁傅於哀帝之世，郜是正論。杜鄴

悖心仁厚，立朝正直，賊莽惡其害己而殺之，哀哉。何武

嘉之事哀帝也，剛方不撓，開陳婉切，可謂大臣矣。方帝欲侯董
賢，嘉上封事為止。既而下詔封賢，詔語侵及股肱，嘉如是可以

去矣，失此不為後數月因日食又言，其後益封賢二千戶。彼言又彼漢何等法，彼哀帝何等主，而嘉可免乎哉。王嘉班氏稱武嘉區區以一簣障江河，毋與董宏吏受賞罰，愚未敢以為信然也。武嘉本以剛正之資，居大臣之位，苟得中主而事之，去董賢者，流然如殺狐兔耳。何江河之足云，而武嘉豈一簣之資而已哉。適不幸遇哀帝，武嘉所當明行藏之幾，亦毋以師傅居三公官，封帝舅，諫封后父，諫傅太后求尊號，又諫傅引經義，開陳婉切，惟不敢言乞骸骨一語，未免失言。彼董宏何人斯，而以之參較勝負，立賞罰，又何足計哉。士君子惟論是非耳。武嘉師丹雄淡泊而柔弱，富貴既非所好，節義又非所能，故唯欲以文字名世也方其年少氣銳識慮未定歆艷相如之為又賦甘泉賦河東賦校獵賦長楊吻然不啻便足及乎年至慮易昭若發蒙幡然自悔前日之為也復擬論語竟以顏諸儒之列矣嗚呼雄為滛辭曼語中其殆技足風埃脫身塵泥者乎不然西蜀又相如矣然儒非徒文之可名也必道德深醇而後可以言儒必出處無媿而後可以言儒漢世之儒唯董生其次王陽可耳雄美新投閣大節已虧儒於何有揚雄

按傳中皆楊雄自序類多文飾之辭非信史也

文翁之在蜀庶幾為生民立極之類矣黃霸之教化朱邑之慈祥龔遂召信臣之感厲勸率民心服從捷於影響非所謂至誠

而動者乎後世從事於一切以御其民而曰古今異時教化不可復行於今也嗚呼亦弗思甚哉循吏

郅都公廉而敢諫守北邊匈奴遠卻為治雖尚嚴首惡之外未嘗濫誅班氏顧以之首酷吏何哉愚嘗反覆之終篇而後知古人用意之深未可輕議也大抵刑法之酷未必足以禁姦而適足激以民民之姦漢自高皇帝以寬大立國其將相大臣又相繼以清淨為治涵養休息至於文景其民無不樸畏自重而都乃獨先之以嚴行法不避貴戚其意若曰不畏強禦而已而斬斬無餘味風俗遂為一變未幾寧成以陰劾之資而効之自寧成趙由之後乘多事之衝而甚之於是張湯之徒足律令王溫舒尹

齊之屬復以事湯得志一時、相帥皆務于酷而吏民益輕犯法、
盜賊滋起、繡衣直指斷斬郡國、亦且無可奈何推所自來誰寔昉
之夫貴戚犯法而避之固不可、然天下獨無中道乎、凡治道去
泰甚者且矯枉一過其正其流弊乃爾愚故謂郅都非酷吏也、
而酷吏寔自郅都始也傳之酷吏之首庸何辭古人所謂作俑
之戒於斯信矣、後世有天資剛正而疾惡太甚者盍亦少思哉、

酷吏

傳首所叙、備極古今之變、可謂本〻原〻之論矣、讀之令人三
歎、所傳自計然、以來固以紀事變之始而以子贛參其間、則不
可之大者也、夫子所称貨殖云者、若曰富貴在天有志于道者

所不必問而賜乃未能忘情焉則於進學有妨未至於顔子之庶焉耳豈若後世生產作業孜孜於利者哉且以子贛孔門高弟而下與區區瀕拾卬取者同科以纖瑕而污拱璧又豈所以為賢者諱耶雖然以贛之賢而微有貨殖之心已為班氏所辱如此為吾徒者亦可以戒矣。貨殖

此傳議論極正大可垂訓萬世。游俠

此傳立名極佳為佞倖而見幸也贊稱爰之、適足以害之一語尤切。

萬世而下幸之與見幸者皆足以戒矣、佞幸

五帝三王無富天下之心已所自治者不過千里以待諸侯而又卿大夫食采在焉自侯服以至要荒以至要荒之外皆使各

臣其民各賦其土而已不過以德為天下之共主凡有血氣莫不尊親用是道也何夷狄之足患哉書所稱猾夏云者謂苗頑不即功化思所以治之使無一夫不被其澤焉耳自秦去封建而郡縣之必使尺地寸天悉為己私斗粟尺租皆入王府并吞包舉無有厭極而已耳自為夷狄於夷狄嗚呼其何繼以此然則論夷狄於漢世者豈可復以古人之事為此曰甫田者莠驕驕以一人之智力而欲兼制四海九州之廣雖使五帝三王復生於封建既壞之後亦未知所以為計矣愚嘗因是而論漢世綏御之方竊謂於不得已之中而曲為之處惟文帝為得而仲舒之論未可謂也其迂闊也蓋漢之于夷狄非復五帝三王有

綏服要荒漸次、而至風土之遞易分限之等差也塞之内皆耕
田鑿井安土重遷之民塞之外即逐水草而居遷徙無常之夷、
狄時〻抄畧勢所必至遠在萬里何以制之帝初即位使告諸侯
四夷從代来意諭盛德馬且曰高惠之舊量時度宜與匈奴復
脩和親一切與之相安雖尉佗自帝亦温辭以感服之德至渥矣
匈奴或背約入寇逐之出塞即止曲常在彼而不在我烽火萬
里之樂由此基之使終漢之世待夷狄皆如帝何不可者武帝
一信聶翁狙詐之說反以匈奴之擾漢者擾匈奴尤而效之罪
殆已甚遠其兵連禍結海南蕭然其害烈于匈奴之抄寇何啻
萬〻董生之論似過于弱而寔足以藥武帝之膏肓固乃歷〻

排闢之峻何歟不然、文帝之富庶、武帝之虛耗、一和一戰成効竟何如哉世或論宣帝以後款塞入朝皆武帝窮追所致不一勞者不永佚、帝之居功多、此又不思之甚也盛極必衰理有固然、五單于爭立離自內作不得已而求救在漢何力之有而哆然自謂不世之盛烈且位之諸侯王之上飢則給之粟困則佐之兵勞師費財賞賜鉅萬回視文帝不得已之費幾倍焉是亦不得而已乎、飾虛名而隆美觀亦何足論是挈其巢穴固弊中國納其內附亦弊中國嗚呼誤矣匈奴

班氏之論贊善矣、文帝賜尉陀書惻怛懇到情見乎辭、有人心者、孰不為之感動乎、西南夷兩粵朝鮮

班氏之論贊是也武帝通西域其説謂絶匈奴之援西域諸國皆小〻邑聚或不滿百户窶不能與匈奴相進退西域

班氏以外戚列匈奴之後非以漢世外戚之禍慘於匈奴歟既復以孝元王后别為之傳即繼之以王莽而漢事終烏吁亦可悲矣外戚

吕氏則天皆身為禍首王后則愚弱為賊莽所狂耳事情雖有不同要亦同歸于覆其族吁可懼哉孝元王后

莽初折節為恭儉人未知其偽也哀帝立丁傅用事莽罷就國人多宛之南陽太守以莽貴重選門下掾孔休為新都相莽進其玉貝寶劍為好休不受莽因曰誠見君面有瘢美玉可滅瘢欲獻

其瑑耳即解其瑑休復辞讓莽曰君嫌其價耶遂椎碎之自裹
進以進休〻乃受元壽元年賢良以日食對策深頌莽功德莽徵還
京師欲見休〻称疾不見愚可謂休可謂見於衆人之所未見
者矣惜班氏不以之冠清節之士也莽平生影借五帝三王之
陳迹及六経孔孟之言隨聲遷就飾詐自欺一舉一動無非兒
戲至死亦然可怪也夫可嘆也夫莽王
班彪王命論所以破姦雄覬幸之心深切著明猶不見聽則納
履而去之當天靡下沸之時從容無媿可謂賢矣固之賦幽通將
以致命遂志也然氣懾而辞戚固之不得其死已占于此経曰
禍福將至有開必先又曰善不善必先知之其類此矣雖曰致

命吾不信也叙傳

東漢人才類過西漢。西漢如董生、王陽以道出處者不過一二人，其他類皆才智之士。東漢則忠信篤厚之士十居八九。自光武初興，一時驅馳介胄者已莫不然。才智者可與集當世之功，忠信者可與語古人之道。然東漢卒不古若者，世祖鑒新莽之弊，終東漢之世，士大夫未嘗得一日之權也。以是事歸臺閣，又歸外戚，又歸外宦官，而道義之士卒殲於黨錮。嗚呼悲夫！天子之職在論一相，而可因咽廢食也哉。東漢書

讀三國志

漢室既衰，曹氏爲賊，昭烈以宗室之英，信義聞於天下。帝即改授

罳斥太甚去之

之容詔俾之際之使照烈之計行則漢室之鼎安操特似狐鼠耳不幸天不助祚漢照烈不得已起兵於外曹既篡漢照烈又大不得已既即位于益照烈之心何心哉誠不忍四百年之宗社一旦為他人竊耳然照烈之漢在則高帝之漢猶未亡江東孫氏不過以載[戴]漢為名而曹氏之篡漢則罪不容於天地間矣何物鬼魅彼竊弄史筆謂賊為帝而謂帝為賊（三國志書蜀入冦）且黜漢之號而蜀其名嗚呼不知蜀之名其何據[所]乎蜀者地之名非國名也照烈以漢名未嘗以蜀名也不特照烈未嘗以蜀名雖孫氏之盟亦曰漢吳既盟同討魏賊是天下未嘗以蜀名之也彼小人兮獨何所據而以漢蜀名之乎且國之有稱號猶人之有

姓氏也自古及今未有改人之姓氏而筆之書則亦未有改人之國號而筆之史者也謂其偏據歟劉淵自謂漢人猶謂之漢謂其未能中興歟元帝纍纍南渡世亦謂之晉矣未聞以其居吴而謂之吴也然則蜀之號其何所始毋乃漢賊不兩立而盜憎其主人老瞞氏始改其所謂漢而私謂之蜀乎誠以漢之名尚存則天下豈容有魏魏苟明謂漢為漢則是以臣而敵君不特惕焉無以自容而人亦孰為之用故不得不謬以蜀名之始以自欺且以欺人也史氏寔録將以示信萬世亦從而蜀之何歟史氏不得其人無責也儒生學士至今亦習聞其稱而蜀之又可歟故欲觀三國之志載者他未暇責也必先正蜀漢之称

而後可

蓋嘗反覆三國之書論次三國之事竊謂漢吳皆有取天下之勢而魏未嘗有也渭濱之屯星不告變則巾幗婦人之門豈容久閉中原歸漢則江東特建武之河西耳魏漢賊也方其不敵吳猶臣之曾謂漢室中興而吳不臣之乎此漢有恢天下之勢然也方赤壁之勝照烈未有着足之地而魏則膽落于公瑾矣公瑾之策曰毋借劉氏以荊而亟取劉璋之益以及張魯之漢中誠使吳蜀盡為孫氏有則有由漢中以出中原老瞞之成擒矣矣且漢吳皆名正而言順地險而兵勇卒難於取魏有彼此之勢分也曾謂以公瑾之才先照烈以併荊益而魏將焉往乎

此吴有呑天下之勢然也若魏則身為盜賊之行已難于於堂堂之陣況謀臣不過荀彧一二輩非有正大之見勇將不過張遼三數子非有開濟之資周瑜出赤壁則狼狽奔走関羽在樊地則日議移避武侯屯渭濱則甘受耻辱而不敢出下至曹丕掃國再出唯有望長江而浩歎耳寔未嘗有取天下之勢猶幸漢吴之相攻終得鼎足而居爾

世言照烈之漢卒為魏所滅愚謂魏豈能滅漢魏為晉所滅耳何則三國之君賢否雖不同要皆命世之豪未可旦夕併也司馬氏本碌碌無他長託身曹氏陰為螳螂黃雀之勢徐伺三國之既弱然後取漢以取魏取魏以取吴故司馬氏之取漢者為

取魏張本也漢滅而魏隨之矣魏亦焉能取漢者哉嗚呼方三國之強也能争先戰彼此不能得尺寸土及其衰也一妄庸人談笑而盡有之世運之離合固亦有時也哉

讀晉書

三代之得天下也以仁固皆享國長久若漢唐若若我本朝蓋亦其然余觀晉事悲矣豈非其効尤曹操欺人孤兒寡婦狐媚以盜天下而然歟六朝之禍於許烈矣而開之者操也嗚呼悲夫向使渭濱之帥不死豈至是乎嗚呼悲夫豈天未之欲平治天下乎嗚呼悲夫三綱淪九法斁其禍之烈乃爾儒者之論君臣之大義其可一日不明于天下乎

士大夫風俗自東漢以激烈取禍一轉而為虛曠宅心事外自謂纖塵不我及矣然王夷甫諸人卒以此取排墻之難至於事窮勢極方惕然悔曰向若不祖尚虛無戮力以正天下可不至此嗚呼可監也夫愚是以知天下惟中行之道無弊苟不得中道而與之過與不及其弊則均若夷甫之如暗身曰視東漢之見危授命又何啻霄壤耶孟子稱尚論古之人是以論其世也若論人於晉世其當何所取乎蓋晉有所謂竹林等號病風喪心人也而王謝之賢亦或漸漬焉祖士雅之忠勇於是乎尼其行矣不然孔孟之學明而老莊之說息則臣子不共載天之讎此步豈容少退而可掣英雄之肘也哉善乎卞壼厲色於朝曰

悖禮傷教罪莫斯甚中朝傾覆寔由於此善乎陶侃參[取]佐酒器蒱博之具投之於江曰衆人當惜分陰豈可遊逸荒醉君子是以知壺也侃也其迷途之疾呼善乎范甯之説曰王弼何晏罪浮桀紂善乎虞預之説曰阮籍之祼袒猶伊川之被髮君子是以知甯也預也其衆醉之獨醒彼有昏〻入骨髓人皆謂其清我獨陋其濁

讀南史

宋武之征伐宋文之政治視六朝皆優焉然急於奪晉長安既得而復失檀道濟功大見戮而用王元謨元嘉之治衰矣私心之為害若是惜夫

宋世無王佐之才，若劉穆之、檀道濟亦一時之傑，至齊梁以下鮮矣。以上宋

齊人才無足道，梁之韋叡，其臨陣勇，其執事敬，其律己廉，其與人惠，其居官明，功成身退，日課諸兒以學，而力慕萬石、陸賈之為人。愚謂以叡視賈，進退雖畧相當，而功烈過之多矣。若萬石特一謹厚其人，宅無寸長，以望叡之一二，而叡顧拳拳於慕之者，明哲保身之道，而君子長者之心也。嗚呼！孰謂齊梁之世而乃有若而人耶？況當是時，武帝方銳意釋氏，天下從風而化，獨叡不獨與俗俯仰，所謂中流砥柱，不其然乎？嗚呼！叡亦豪傑之士也。以下齊梁

六朝乍起乍滅，生民塗炭，推所自來，寔原於三綱淪，九法斁，而君臣上下之義不明也。南史分國以傳其臣，似矣。然仕于齊者往〻嘗仕于宋，今日之仕於梁者，他日未必不仕於陳也，亦何取於分國也哉。愚謂六朝唯陶淵明不事二姓，其次則褚炤之議褚彥回，王琳之伐陳霸先，君臣上下之義章〻明甚。其餘紛紛若沈約之流，皆當歐陽公五代雜臣之法處之可也。至於柳元景之事宋，功成退不與百姓爭利，馮根道之在梁，戰勝[illegible]攻取口不言功，傅縡之在陳，忠言讜論，死而不悔，皆六朝之景星鳳凰，可以廉頑立懦者也。有十論：建之善一，政事之修雖秦皇惝侈，務誇誕，創為封禪，遂為後世治平之禍，兵革甫息，皇

瘡痍甫瘳則東封西祀之事輙興民生無復見古昔之盛皆秦
皇之事禍之也梁有許懋獨能辞而闢之掃秦漢之陋習蔟萬
古之光明卓〻乎天人也哉
南史文章往〻陋弱至其條畫布置尤更可笑若其先循吏而
後儒林先文學而後孝義雖粗有識者不然況其所所謂循吏
所謂文學者又皆瑣〻無足云爾耶
讀北史
蘇瓊誠心愛民西漢龔黃之儔所宜特傳餘似不必盖西漢書
於此甚不軽予雖韓延壽亦不以入循吏循吏
烈女傳僅二人房愛親之妻鄭善果之母皆姓崔氏言論舉動

皆合聖賢之道非北史諸男兒可及讀之三歎烈女

萬寶常亦非三代以下樂工藝術

讀隋書

高熲之才之美隨室之巨擘也然富貴既極其母常切戒之文

帝時以譖而免亦幸矣彼煬帝何如主也而又事之其及也宜

哉以下隋書烈傳

蘇威小有才從叛者屢矣而獨不從唐太宗可笑也哉

牛弘終始無累

梁毗抑或庶幾直諒

所載大抵匹夫匹婦之為諒若奮死遼東者又皆長君之惡病風

喪心之為唯堯君素當易姓之際守死一節其志為可哀然財死其妻亦甚矣其好忠而不學者歟誠節

隨史循吏類多賢者非隨文留情吏治而致之歟夫以漢宣之核隨文之碎而吏治彬彬乃率可觀甚矣守令民之師帥為人上者不可不深究其心也使二君者內能本之以仁義而行之其効更又當何如哉循吏

劉炫劉焯之外碌碌無足數雖二劉亦文墨章句者耳輕薄無行何儒之有儒林

此傳所載尤皆粃糠可笑不知所說者何事而可名文學哉愚謂隨室無儒二劉可入文學傳耳餘雖刪之可也王通在隨庶

幾儒者矣而史反不録何歟世稱魏證王通門人而隋史乃魏證筆也此尤可疑 文學

讀唐書

造唐者太宗也天下既定雖高祖且當退為天子之父柰何又欲授無賴之建成乎使開創之初人彝泯絶終唐之世乱臣賊子接踵而不可救者雖太宗慚德居多在高祖亦有當審處者 太宗

蕭銑之起兵最正獨天命在唐耳史臣謂斬銑為聖不亦異乎 蕭銑

温造勁烈士也然定興元之乱斬人八百濫刑甚矣 温造

姜確磨班超碑而自刻其功有德者不為也姜皎殆漢所謂佞
幸之流歟姜確
李靖為將材氣遠過衛霍而志識則無以異也其孟子所謂我
能為君戰必克者歟李靖
陳平王諸吕李勣立武氏其罪則均而陛下家事一語遂為後
世佞臣之口寔為庸君肆無忌憚之故智罪尤不勝誅嗚呼太
宗平生之治功盡壞於託李勣李勣平生之戰功盡壞於立武
氏惜哉李勣
侯君集張亮薛萬均兄弟盛彥師盧師尚劉世讓李君羨皆乘
時奮起無一令終盖行軍用兵而不知有仁義之説以將之未

庿諱

有不適以自禍者也侯君集

房元齡謀臣而守正死不忘忠諫然所以為社稷長計者未聞也房元齡

世稱封倫裴矩詐足以亡隋而智足以興唐愚謂裴矩入唐粗知革面倫長惡不悛於興唐何功觀其於太宗父子兄弟之間可見矣向使其言一售又安知其不又亡唐耶封倫裴矩

李義琰既諫高宗以武氏攝國旋又慕蹈廣之為當諫而諫之知其終不可救而去之非賢智而能之乎李義琰

裴行儉才敏之士知武氏之立為憂之始乃不諫不去而生事夷狄以為功陋矣裴行儉

婁師德立賊后之朝而能以功名始終後世稱其賢夫子所謂其愚不可及矣婁師德

徐有功志士仁人何施不可世每以張釋之較優劣徒見其司刑故耳徐有功

狄仁傑社稷臣狄仁傑

裴炎受高祖宗顧命而以一語之失廢中宗自李勣至炎有唐再失託孤之任矣國欲治得乎嗚呼甚矣伊霍孔明之不出世而事莫難於託孤也哉裴炎

王慶之請立武承嗣為後李昭德立笞殺之凜凜乎古大臣也哉王慶之

張東之言諸葛亮御遠夷法三代遺意也之張東

姚崇之才宋璟之賢人孰不知其為有唐之名相若盧懷謹獨非名相乎而以伴食稱此當時奴僕小人論公之語而史載之過矣夫姚崇機智足以應變而懷謹盛德足以成人休休有容不啻已出而崇之才即懷謹之才矣此固人情之所甚難古人之所最貴大臣之道莫賢於此而謂之伴食何哉夫謂之伴食必其依阿無恥懷祿苟安則可爾懷謹身位上相家無儋石孜孜體國至死益堅屬疾則念明皇倦勤將有憸人乘間之患遺言則薦宋璟諸賢以為社稷無窮之謀豈區區材智之士平日私意雜揉矜聪目前功必已出者能爾耶然則懷謹之為唐計真

當於古人中求之而姚崇亦後世之才耳柰何反譏其伴食哉

姚崇宋璟盧懷謹

嚴挺之寧不作相不見李林甫崔隱甫不作相不見牛仙客天理人慾之辨照然如此豈不誠大丈夫哉嚴挺之

裴諝不對榷酤之問懷利以事君者能之乎裴諝

唐世宗室相者九人惟失之林甫耳劉知幾吳兢號唐史之巨擘然後世無述焉豈文承八代之陋歟李林甫

王忠嗣名將然石堡城之不可取又強勉以助其役唐監公論之精矣史臣謂其拙於謀身何等法語耶王忠嗣

宇文融以材智之士而為聚歛之首甚矣材智之足以誤身而

擇術之不可以不謹也宇文融

李光弼古之名將而魚朝恩程元振忌娼之史臣不恨時君偏聽之過而亦責其拙于謀身何哉李光弼

李晟之收京師李愬之平淮蔡皆兵不血刃而成功三代仁義之將寥寥千百載無聞矣而西平王之父子有焉嗚呼是豈特戡定禍難而已哉其為唐室祈天永命固結人心之助於斯為大矣李晟

陸宣公王佐才也東坡之說盡之陸宣公

德裕以其君中興天下而鄭肅與之同心輔佐牛李之黨翻覆如輪而肅又不與焉以肅視德裕才雖不逮而德似過之矣豈

不誠賢宰相哉鄭綮不恃自知之明不敢忝相位迹其平日守廬州而盜不入境留緡錢而盜不敢犯亦自大有過人者不謂之賢相不可也

論大臣未觀其事業先觀其進退未有進退之迹不明而可以成事業者也唐末諸相率略權寵以求之綮之初相獨驚怪而固辭甚其進甚明也唐末諸相率植黨與以持之綮之既相獨致仕而速去其退甚明也進退之迹如此不賢而能之乎此愚讀史至綮傳未嘗不遐想而三歎也以上李裕至韓偓傳

鄭畋出將有破賊之功入相有運籌之益功成身退始終俊偉唐末諸相惟畋優焉蓋自餘慶以下鄭氏之相唐者八人嗚呼不其盛歟鄭畋

不刪

忠義傳張睢提疲卒数千抗強虜十萬四百餘戰無挫衂天下奇才也保睢陽以保江淮保江淮以保四海有唐籍以中興焉天下奇功也一死睢陽餘事耳不當徒以其死節言張睢陽

許敬宗之祖而有許遠之孫人可以門戶論哉以上馬植至王潮傳

唐史以隱逸先循吏是何重介僻之士而輕為民父母者哉載天地生材國家養士正為何事孔子歷聘孟子游説果謂為何説而惑於莊生寓言之許由哉且隱逸者獨善其身之名也唐隱逸惟孫思邈志行修潔言論可法無愧於隱逸之名其餘不為清談則為沈湎又否則為道士異端之學敗禮傷教於斯為盛甚使唐之大体不正又一而晉矣曾是而謂之獨善其可乎孰使其

能獨善是其志不伸於時澤不加於民德雖未必與達者異而功則不得於與達者伍隱逸之不先循吏亦昭昭矣況其不能獨善而可先之乎不可先而先之得無傷政教之寔而長行怪之風乎愚故疑而識之以諗同志者隱逸傳

排二氏以續孔孟之統約六經以起八代之衰唐之儒學孰有加於文公乎若訓詁之學則陸德明顔師古孔穎達用意亦良著若如漢馬鄭之流矣今唐史凡議一制度之沿革一俎豆之隆殺者皆謂之儒甚至修姓氏之學者亦預焉嗚呼是何儒學之褻哉儒學傳元鴻至許康佐終焉

論者謂李杜氣節高偉其自負不止文辭間不當沈與宋諂諛者

伍愚亦謂李翰表上張巡之功狀使巡大節白於世邪說不得行而朝廷之賞其功蓋義士也有閑於風教者也當傳之巡遠之後而不當傳之文藝之列若駱賓王從徐敬業亂而亦不失文藝之名或者以其一抔之土未乾六尺之孤安在此二語有足以聲賊后之罪與文藝傳

楊烈婦厲其夫以死守陳州而身執爨以享士士大夫為王官而佐其長者當何如也鄒保英妻奚氏率家童女丁乘平州不下賊然則謂士卒罷脆不足用者天下安有此理也唐史自高叡妻秦氏以下七人或死不降賊或嬰城死守或歃血赴難磊磊落落與海岱爭雄與雪霜爭嚴與日月爭明何物女子迺亦

壯健人生七尺男子軀盡自激昂哉（列女傳）
按三者之名雖殊為唐之姦則一然亦無獲自全者彼小人兮
何利為此（以下外戚傳宦者傳酷吏傳）
漢世酷吏往往多黠特之才足以使盜賊屏息夷狄畏憚其後
有以修虐助推剝濟武帝之私欲者蓋流弊耳若唐之酷吏則
以威唐之宗廟社稷使天不生張柬之唐且一絕而不復續故
愚嘗妄論來俊臣之流當称賊臣傳不止酷吏而已
李昭德榜殺侯思立與笞殺王慶之皆發於一念忠憤其事之
難其功之大視漢申屠嘉百倍
仇士良戒其徒毋令天子暇暇則觀書親儒生莫若殖財貨盛

鷹馬日以游獵聲色蠹其心嗚呼是誠何心哉然愚嘗謂士良陰用其術雖有損於一時史臣明記其言寔有益於萬世使有天下者常書士良傳一通揭之座隅朝夕觀省馬彼挾士良之術者又安得而售乎傅寅者

讀五代史

歐陽公之為五代史既分國為之傳又傳死節又傳死事又傳一行其汲汲於賢人君子如陶金於沙披擇無所不至其存心亦甚厚其用意亦甚勤矣然觀一行傳惟石昂之去孰李自倫之孝友足以當之若鄭遨張薦明一道士耳謂其過於石門荷蓧殆未知其所安程福贇以忠被罪至死不言可以為難矣今

以為古之義士則恐其未免陷於過舉於義尚有當審處者一行傳

昔唐臣於五代以見空國無君子而後國隨之欲空人之國者必先為朋黨之説以空其君子也其垂戒之意深矣嗚呼其亦有感之言歟唐六臣傳

按張承業大唐之忠臣非五代臣也義兒傳伶官傳宦者傳

按王師範飾治以儒謀殺朱全忠雖不遂其忠于唐可知至全忠既帝天下而族之則置酒行禮少長以次就戮其與結纓之勇何異惟其力屈降梁歐公併亦辱之雜傳惜哉何不以其死於臨刑者為唐守節而死耶雜傳

按下抄

御名諱避空一格

㨿李愚為相識非經濟材愍帝謂之粥飯僧亦宜矣然貧至無以居又欲依古以創理則其清儉好古何如哉後世欺君誤國惟知土木兼并之是務者滔滔又皆粥飯僧罪也吁李愚至延義雜傳

按十國除劉旻為漢氏子孫餘多僭亂以有其國吳越獨平亂而有之餘或拒命以有其國吳越獨奉命而有之安靜百年以歸真主三世四王靡聞失德故方是時天下皆靡爛於爭戰惟而浙豈偶然不知為五代可不謂有大功於民也識然則牛斗之祥天豈偶然而歐公於十國乃獨譏吳越之虐嗚呼不猶愈於吳蜀荊閩日夜驅民於鋒鏑者乎十國世家

文潔弟子

第十三冊

新安
木鍾
雲峯學案
定宇
鶴山

黃梨洲宋元學案 元孫稚圭 校補稿

第十三本

新安學案　鶴山

木鍾學案　陳潛室無傳

元儒 雲峯學案　元史有胡一桂附

元儒 定宇學案　俱見元史

寉山案

新安學案須照目次另抄一通

# 宋儒學案

## 新安學案

百家謹按新安爲朱子之學者不乏人而以程端蒙爲首

端蒙之後山屋以節義[illegible]項其後文獻蒸蒸

矣

通查目次及案內並無傳

蒙齋程先生端蒙

○程端蒙　朱子門人　已見

程氏門人　朱子再傳

○董夢程字萬里鄱陽人盤澗董銖之從子也登開禧進士官

朝奉大夫知欽州著書訓釋別號介軒

[illegible]

董氏門人

沈貴瑤號毅齋董夢程高弟

許月卿字太空歙之婺源人初從董夢程遊已受學於魏寉山登淳祐甲辰進士授濠州司户叅軍歷本州教授臨安府學教授幹辦江西提舉常平事召試館職罷歸未幾復召而元軍已下錢塘先生深居一室但書范粲寢所乘車數字五年不言而卒盖至元二十三年也年七十謝疊山嘗書其門云要看今日謝枋得便是當年許月卿先生在朝當事育戒以和平勿過剛者先生曰大臣宰相以此取士特未之思耳夫和平以從我豈不能和平以從人勿過剛以順我豈不能勿過剛以順人靖

康士大夫率由此道許某只是一許某決不能枉道以事人也

時人稱之曰山屋先生　此後應入遺猷語見下

未入

沈氏門人　朱子四傳

○胡方平號玉齋婺源人早受易於董夢程繼師沈貴瑤精研易旨沈潛反覆二十餘年而後著書發明朱子之意其言曰朱子言易開卷之初先有一重象數而後易可讀啟蒙四篇其殆明象數以為讀本義而設者與象出於圖書而形於卦畫則上足以識太極之理而易非淪于無體數衍於蓍策而達於變占則下足以濟生人之事而易非荒於無用於是本義一書如指諸掌也子一桂

○胡一桂字庭芳生而頴悟好讀書尤精於易景定甲子年十八

領鄉薦試禮部不第退而講學得朱氏源委之正嘗入閩博訪

諸名士建安熊禾去非方讀書武夷山中與之上下議論歸而

著書遠近師之號雙湖先生

許氏門人　朱子四傳

○江凱字伯幾婺源人為許月卿之壻不求仕進所居號雪矼

有澗泉林木之勝與其友汪炎昶賦詩飲酒上下古今以相娛

樂蓋有宋之遺民也

○程榮秀字孟敷休寧人少游方回之門回以睦州内附將致

之仕版力辭而去乃從山屋許月卿受周易學成而以講授為

事非程朱之書蓋不之好也延祐中起為明道書院山長歷平江學録嘉興教授以浙江儒學副提舉致仕

（在入山屋先生後）

先遺獻曰新安之學自山屋一變而為風節蓋朱子平日剛毅之氣凜不可犯則知斯之為嫡傳也彼以為風節者意氣之未融而以屈曲隨俗為得真邪說之誣民者也先師嘗言東海之風節一變至道其有見於此乎

胡炳文字仲虎婺源人也[illegible]學上遡伊洛凡諸子百氏陰陽醫卜星歷術數靡不推究[illegible]一書院山長再調蘭谿州學正不赴[illegible]

祖述按雲峰[illegible]

[illegible]

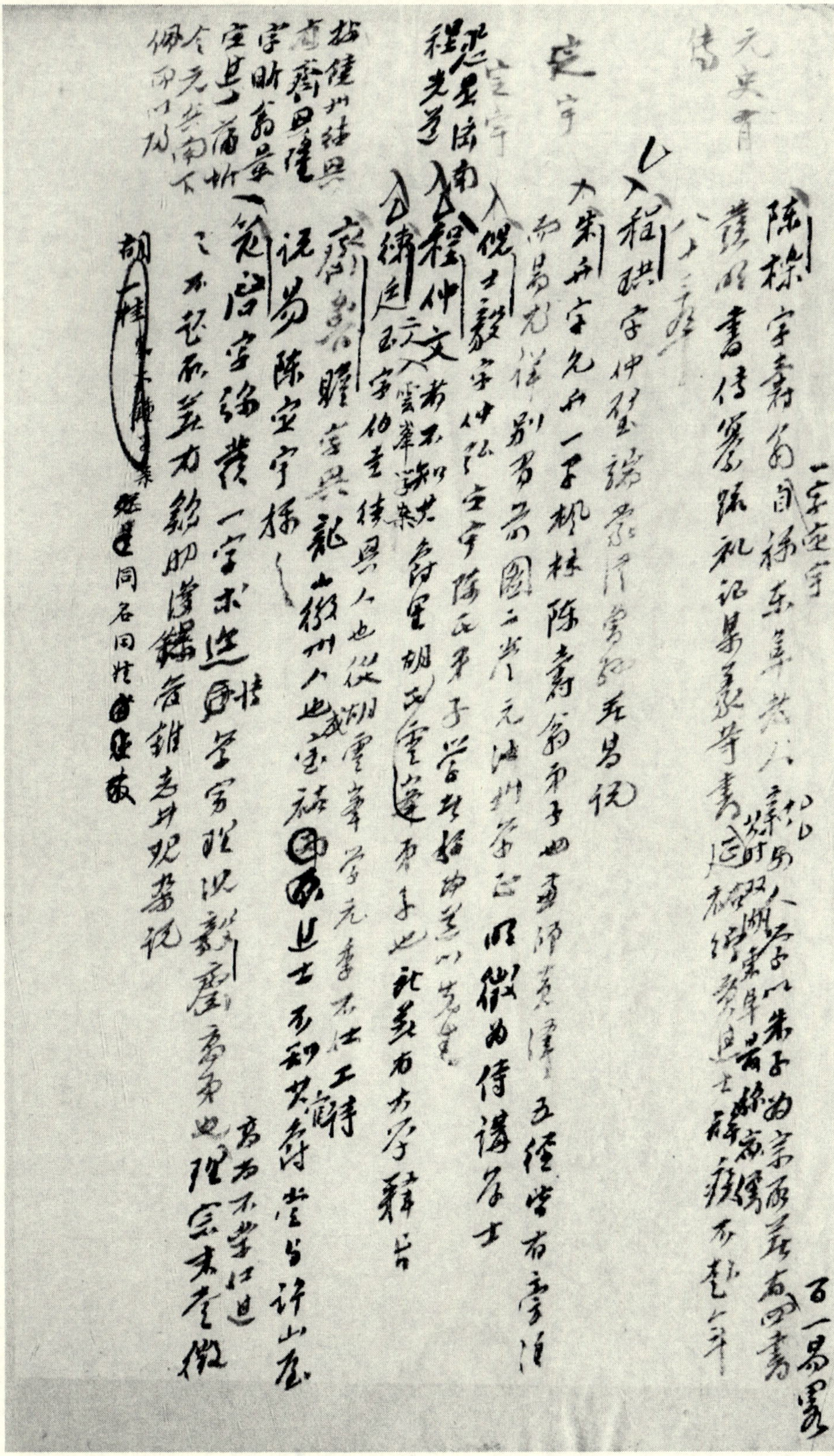

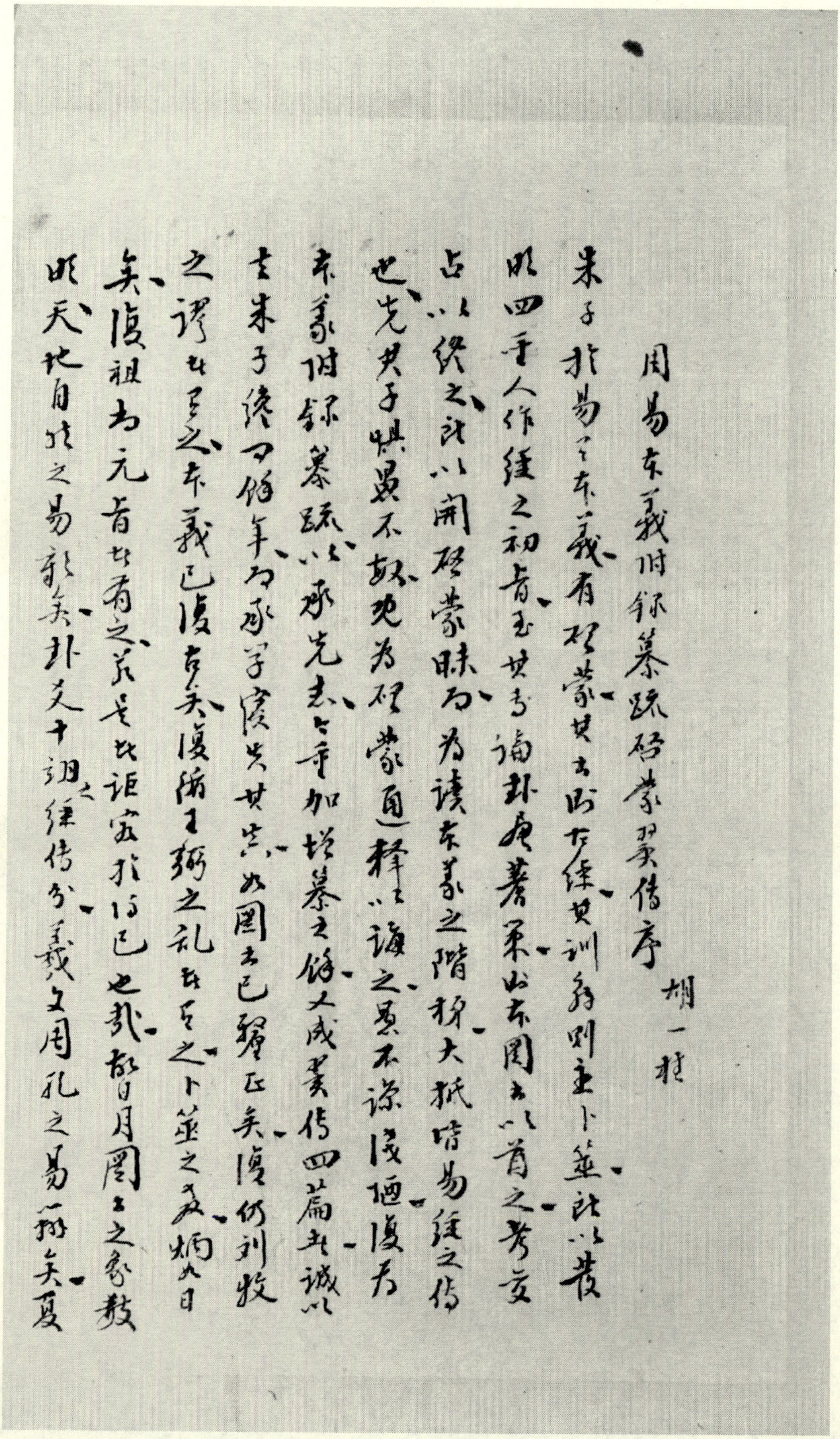

周易本義附錄纂疏啟蒙翼傳序　胡一桂

朱子於易有本義，有啟蒙，其書出於程傳，其訓詁則主卜筮，既以發明四聖人作經之初意，至其書論卦爻蓍策出本圖書，以著之考變占，以終之，既以開啟蒙昧，而為讀本義之階梯，大抵皆易經之傳也。先君子惧異不敢也，為啟蒙通釋以論之，異不諒，淺陋復為本義附錄纂疏，以承先志，今又加增纂之餘，又成翼傳四篇，亦識以去朱子後百餘年，而承學寖失其宗，如圖書已翻正矣，復何刻數之謂乎？至之本義已復古矣，復循王弼之亂；至之卜筮之義炳如日矣，復祖為元亨利貞之占，是非詎安於訂正也哉！故日月圖書之參數，此天地自然之易存矣；卦爻十翼之經傳分，羲文周孔之易一辨矣。夏商周之易雖殊，而所主同于卜筮。古易之變復雖殊，而終不可廢。於古傳授，傳注雖紛紛不一，而皆主於義。焉以卜筮上推於義之爲實。是於傳本所以發其義爲辭變象占，尤諸家謂明筮以稽其法而左傳諸書皆論之備。有邵子以審其是爲河圖洛書諸物爲象。然凡此，固將以羽翊朱子之易。由朱子之易以泝羲文周孔之易也。若夫易緯，且京房、元包以至經世皇極、內篇等，作自邵子者用先天卦以附會易之變，流傳爲商，苟知其非，以其列諸於篇，固宜而未子也。易卑於不可及者，又可見矣。抑又是說朱子言曰：易只是卜筮之書，亦祇以設教於人。凡讀一卦一爻，使人筮得以觀象玩辭，觀變玩占，而又求其理之所以然，施之身以家國天下，皆可所用。方為

為某讀者，既於乾坤者識君臣父子之分，於咸恆者識夫婦之別，於
震坎艮巽兌者識長幼之序，於離兌者識朋友之講習，以至讀
節飲食者有得於頤，懲忿窒慾、遷善改過者有得於損益，不論
不讀，以譔上下之文，每其多所發動，易其所發者，讀宜其文可以求，以為
全身之道者有得於大傳，則此為非徒讀而受用焉者，皆明其乎依者
依朱子之說意也，能曰端一策而並其於應前在，又何以為此。

十七史纂首篇

三皇之號昉于周禮外史掌三皇五帝之書，而不指其名，其次則見于
秦博士有天皇地皇人皇之議，秦去古未遠，三皇之稱比或有哉。
至漢孔安國序書，乃始以伏羲神農黃帝為三皇，少昊顓頊高

辛乃五帝不言來何所本蓋孔子家語自伏羲以下皆稱帝易大
傳春秋內外傳有黃帝炎帝之稱月令有帝太皞帝炎帝黃帝
然定以來先秦未嘗以伏羲神農黃帝為三皇也至宋五峯胡氏
直斷以孔子易大傳以伏羲神農黃帝堯舜為五帝不復傳為
信經世論始定

木鐘學案

以下附

翁岩壽字如山初名夔永嘉人師事陳埴最久盡得其奧從遊日衆常令人讀近思録曰此讀書梯級也又令觀言行録曰此為人標準也其學以脩身勵行為務不專在語言文字之末登淳祐第授寧國軍書記除太常博士遷國子丞知興化軍卒學者稱為康善先生祠像於家學

潛室二

車安行字正路號韶溪景山弟遊陳潛室之門得車藝宗旨嘗曰聖賢窮達自閱世道於人何與過京師見吳丞相憐其不遇問曰欲往揚州乎曰不能欲史館乎曰不能退而告人曰天不

與我丞相安能與我尤工於詩所著有鏤氷集

蔡夢説字起岩嘗從車敬齋遊究心濂洛之傳閉門授徒黃超然高志伊方儀皆其高弟所著書多散亡獨籛詩八卷藏于家

二人皆見蔡氏

潘希宗字景昭一名熢從蔡春山車玉峰遊宋景定二年領漕薦文丞相罷重之有往來書札宋亡隱居不仕號栢峯居士有文集

車惟賢

車瑢　雙峰子

董楷字正翁臨海人御史亨復之子戶部侍郎樸之弟也登文

一作正叔

潛室天祥榜進士初為續溪簿直寃獄賑饑鐽修城捍水擢守洪州有惠政終吏部郎揩從潛室陳氏之學得朱子再傳之學所著有克齋集種朱易行於世

[illegible]保字延宗長孫永嘉人也潛室先生之甥仍其學[illegible]之傳出[illegible]著[illegible]幕中[illegible]平[illegible]官至[illegible]

守漢陽軍 潛室

潛室 翁敏之字功甫崇清人也少受知于葉水心後師潛室（以詩祐進士）官至閣門祗候

二人[illegible]

[illegible]

熊[illegible]高志同方議皆其高弟所著書多散亡潛室諸人[illegible]

蔡[illegible]號[illegible]字[illegible]嘗從事[illegible]齋[illegible]之[illegible]

按黄廣志[illegible]

[illegible]與[illegible]近相[illegible]能與[illegible]所著有鑑水集

按雪林宗派張宣公門人有周奭字允升　徐椿年字壽卿永寧人謝用賓號白雲和陽人

吳必大興國人焉之德字師魯東陽人黃抗矩字才用高要人呂清字升卿零陵人

李義山嘉魚　呂勝己字季克南武人知臨安府蘇枘字元　仙遊人知辰州同

袁州　醴陵人潘畤字德鄜金華人鍾炤之字彥昭　果平宿松　介傲字益恭　休寧人

延年案　子佺甫監察御史門人有張孝清字安登浦城人知處允男

橫浦案　[illegible]字穆之浦城人通判太平

上蔡案　[illegible]　[illegible]　[illegible]字天[illegible]人[illegible]　徐椿年字壽卿永丰人[illegible]

武夷案　[illegible]　胡憲字原仲[illegible]人提[illegible]　[illegible]字[illegible]建安人知[illegible]

政和案　[illegible]字[illegible]　[illegible]字卿清江人知盱眙軍　[illegible]字[illegible]臨桂人知貴陽軍

五峯案　[illegible]師立字彥[illegible]　五峯案　[illegible]

紫微案　林[illegible]　[illegible]山[illegible]

橫渠案　劉[illegible]　胡憲[illegible]

# 雲峯學案

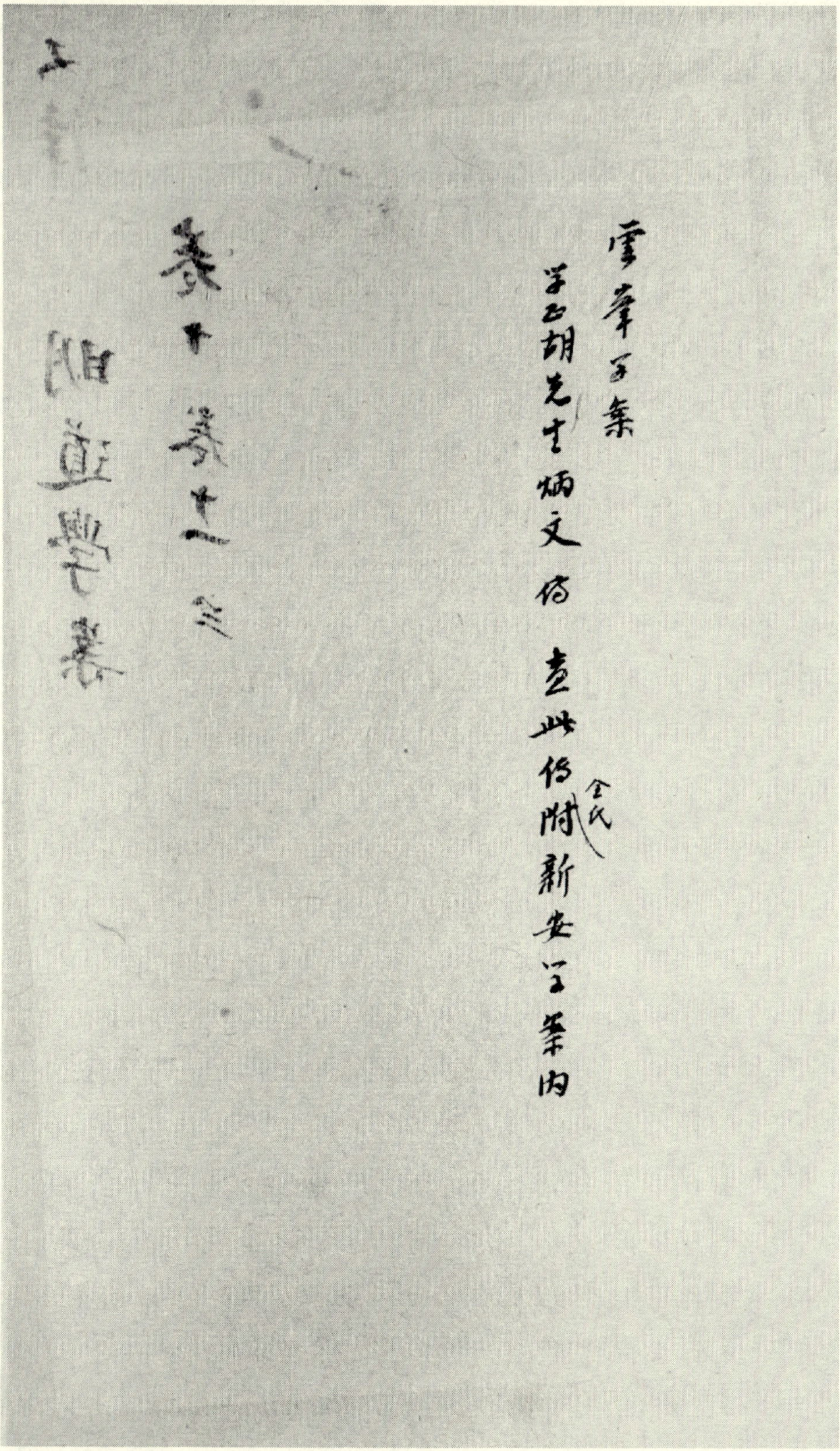
雲峯學案
雲峯胡先生炳文傳　查此傳全氏附新安學案內
卷廿　卷七十一　之
明道學案
上

周易本義通釋序　　胡炳文

宇宙間皆自然之易，易皆自然之天，天不能畫，倚伏羲以畫；天不能言，倚文王周孔以言。然伏羲文周孔之畫之言，皆天也。易之言於象數，而天者具焉。易作于卜筮，而天者寓焉。善乎朱子之言曰：伏羲易自是伏羲易，文王周公易自是文王周公易，孔子易自是孔子易。嗚呼，此其所以為羲文周孔之天也。必欲強而同之，非天矣。易自孔氏以象爻辭文言(?)足之，明今取象者尤失之。其凡言易者皆謂之象，其或巧或拙或密或疏，皆天也。易之取象者，其巧且密者非天矣。惟邵子於先天而明其畫，程子於後天而演其辭，朱子本義又合程邵而一之，其於羲文周孔之易，乃合其天者也。竊謂有統之，又有傳通其傳，羲文周孔之易，非朱子不能明，要其統而折衷，諸家所易為，非其義不能一。要其統其傳，而人之所能為也，亦天也。予此書非敢與諸家之說爭，釋朱子之奧旨，使學者或由之而有得於朱子，由此亦將有得於羲文周孔之天矣。

四書通何為而作也？懼夫讀者之得其辭，未通其意也。六經天地也，四書行天之日月也。子朱子平生精力之所萃，而先賢所以發明文武周孔顏曾思孟之所寄也。其書非一，推天地萬物之奧而求之諸書，備用之熟也，合之極於至大，而析之極於至細也。亦若至近而遠，至淡而味，諸至實而該至粗之理，學者於其曲暢而旁通之，未易謂之知味也。非用力之久而一旦豁然貫通焉，未易謂之窮理也。余之為學於此，殆五十年，謂之通矣，亦未也。獨惜夫諸家下者或悖或拘，將使學者何所折衷於朱子之學也。此余所以不得不會同而疏其要也。四書通叙

# 定宇學案

缺陳壽翁先生及门人

程珙朱升兩人倶見新安學案

倪士左見後

元儒學案

新安學案

隱居倪道川先生士毅　原稿

倪士毅，字仲弘，隱居歙祁門山中。事親至孝，接物以誠。與胡仁齋
道傳之說，素論定於先郡師朱夫子也，不以告人。故與人倍世而為學
其川與趙東山汸、環谷汪克寬、夕講學，時稱新安三有道。學者宗朱子四書
集註既行，嘗時儒者惧陳學諸材之非，因各為注解。於是勉齋黃氏
通釋，而采語錄附於大學章句之下，自西山真氏名曰集義。祝氏宗
道四書附錄，徵而成之。於鄱陽趙氏有纂疏，克齋吳氏有集成，定宇陳
氏有發明，云峯胡氏有四書通，仁山金氏有指義。由宋迄元不下數十家

而象程朱為昭備、並四書輯釋三十六卷。（既承平間諸儒白纂傳大全實本其文獻後大全小字皆各有輯釋矣）

凡例序

朱子綱目之作，權度精切，而章削謹嚴，先輩論之詳矣，無待贅。

惟凡例之為書，學者於本傳有未窺其為者。至元後戊寅春，友人劉

子仲勗得自泗濱，昭年甚士其形錄之本，謂自於趙（?）之繼清貧（?）翁之

子義續攜（?），投獲披閱，並即錄之，既而詳叹（?）因精校傳錄，而不能無小誤。

惜未有他本可以參校，乃隨訂可知正其錯簡三條（先年門一條，即位門一條）、漏誤

衍文共三十餘字，以寄眉（?）安劉叔簡，錦文刊之坊中，與四方學者共

之。又記昔受學於先師陳定宇先生時，於李氏綱目論一篇，實能

發朱子此書之大旨，而見之者少，今併錄以附於後，並凡例書而綱目

並行，而李氏綱目論未與尹氏綱目發明並行，故綱目及尹氏之書皆

缺行矣。故願以是二書備傳之，者能手與諸刻版，與朱子綱目書並之事，嗟哉

以明其於世教，豈曰小補。

環谷汪德輔先生克寬

汪克寬，字德輔，中泰定三年江浙鄉試，著春秋經傳附錄纂疏、經

禮補逸二十卷，又有周易傳義音考、詩傳音義會通，藏于家。

（附錄）

四書、五經之階梯，東魯聖師以及顏、曾、思、孟傳心之要，余是以

由來也。孟子殁，聖經湮晦，千五百年，逮濂、洛諸儒先抽關發蒙，以

啓不傳之秘，而我紫陽子朱子且復集諸儒之大成，擴往聖之遺蘊

作爲集註章句或問，以惠後學，昭如日星，嗚乎至矣，不可尚已。
爲其詞意渾然，非經師友門之士且或未能究其精微，而其傳寫翻刻，初
學之昧昧乎，近之傳者，懼誦習之難乎，其取于朱子平生之所以語學
者，并其弟子訓釋之詞，疏于朱子語文之左，並取精粹爲統一之。但翻
論去取之際頗欠精詳，覽者病焉。友人道川倪氏，實（道川）定宇之門
有得於諸劇授受者，蓋總且詳，乃會萃二家之說（陳櫟定宇、胡炳文雲峰），
其訓句，採其旨，鳩摭精要，考訂外訛，名曰四書輯釋，學者由是而于
朱子之意則思過半矣。至正元年辛巳，建安劉叔簡得其本而刻之。
後二年，爰印四本，重加正定，是以益加精審云。

隺山學案表

魏了翁
- 吴泳
- 游似
- 牟子才
- 程掌
- 史守道
- 蔣公順
  - 徐禹圭
- 税与權
- 滕
- 蒋重珍

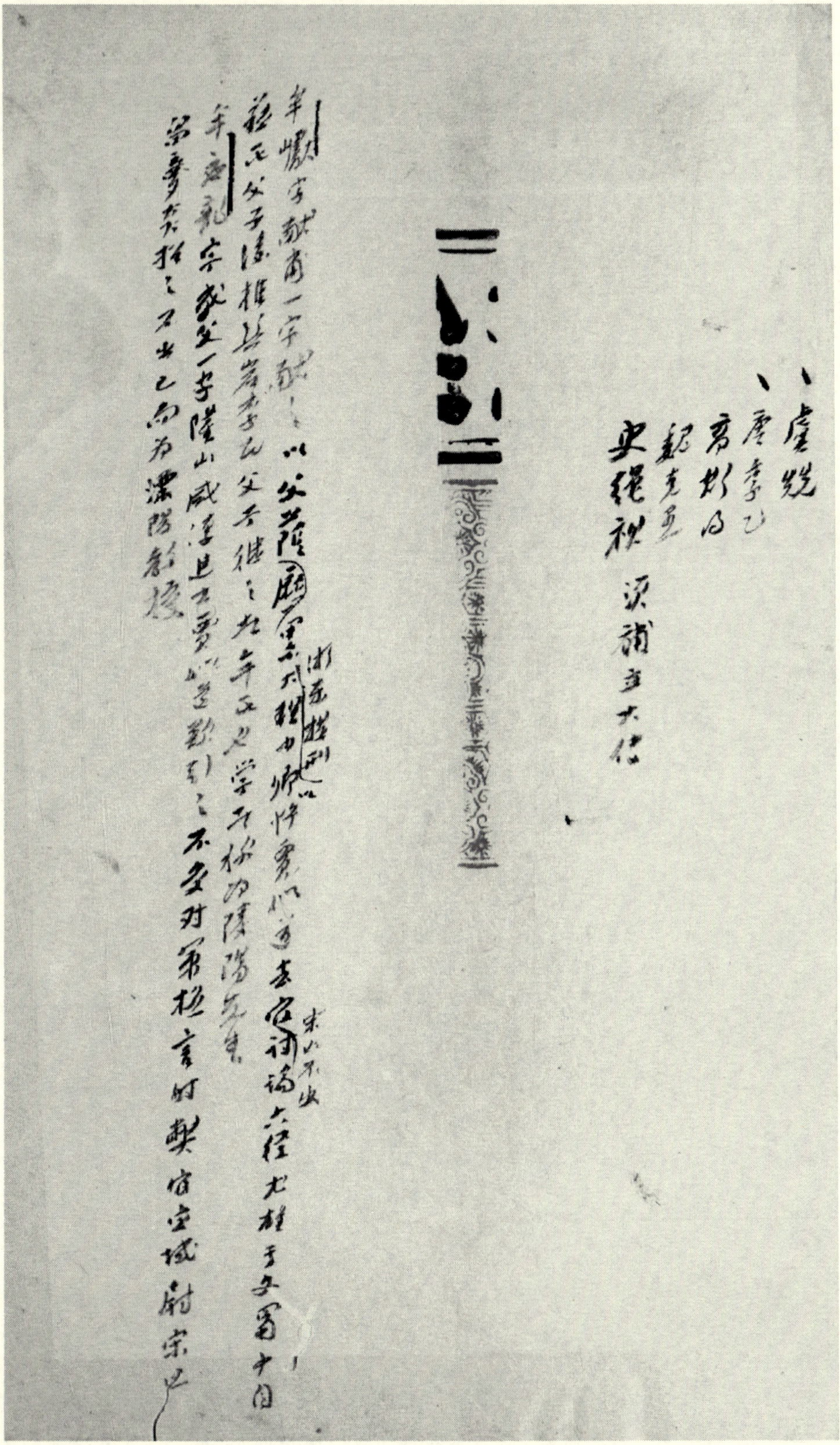

# 宋儒學案

## 隺山學案

百家謹按宋史言隺山築室白隺山下以所聞於輔廣李燔者開門授徒士爭負笈從之由是蜀人盡知義理之學於是嘉興志輔漢卿傳遂謂隺山是漢卿之門人然考隺山集言開禧中余始識漢卿於都城漢卿從朱文公最久盡得公平生言語文字每過余相與熟復講味輙移晷勿去余既補外漢卿悉舉以相畀又言亡友輔漢卿端方而沈碩文公深所許與乃知友而非師也敍以漢卿隺山並次以見源流之所自云

○文靖魏隺山先生了翁

魏了翁字華父邛州蒲江人慶元五年登進士第授僉書劍南

西川節度判官召為國子正以校書郎出知嘉定府在蜀十七年而後入進兵部郎中累官　權工部侍郎降三官靖州居住史彌遠死以權禮部尚書還朝六閱月以端明殿學士同僉樞密院事督視京湖兵馬尋復召還知紹興府安撫使而出嘉熙元年卒贈太師謚文靖

寉山師友雅言　另有增入抄本見後

以下五條已另抄見後

上初即位三從官輪日上殿曹簡父陳正父喬壽朋皆說天子之學與士大夫不同不謀而合為此說張忠恕行父對劉却云天子之學正與士庶人一同大學云自天子至於庶人壹是皆以脩身為本蓋自致知格物誠意正心為脩身之本齊家治國

平天下為脩身之用天子至於庶人一也必竟有家學淵源云在嘉定府學講書說愽愛之謂仁云：四語者游憲問歸此語說得如何答曰說得未盡又問舊說愛不足以盡仁是否答云韓此四語極好游怪前說以為未盡後以為甚好何也答云第十句說愽愛謂仁似未盡次言行而宜之卽是行而合宜則愽愛中非愛無差等矣由是而之焉之謂道則由愽愛之仁而之也足乎已無待於外之謂德亦仁之足乎已而無待於外也此愽愛之謂仁亦兼四言而備但定名虛位之語學者不能貫而通之耳

胡五峰答曾吉甫論心性二字乃道義淵源當明辨不失毫釐

然後有所持循未發只可言性已發乃可言心故伊川云中者所以狀性之体段而不言狀心之體段則難言無思也無為也寂然不動感而遂通天下之故是也未發之時聖人與衆同一性已發則無思無為寂然不動感而遂通天下之故聖人之所獨若楊尹二先生以未發為寂然不動是聖人感物亦動與衆人何異至尹先生又以未發為真心然則聖人立天下之大業成絶俗之至行舉非真心耶故其嘗謂喜怒哀樂未發沖漠無朕同此大本雖庸與聖無以異而無思無為寂然不動乃是指易而言易則發矣故無思無為寂然不動聖人之所獨喜怒哀樂未發句下還下得感而遂通一句否若下不得則知立意自

不同伊川指性指心蓋有深意崔山云胡五峰此等語直是廣、大而精微其亦嘗謂人生而静天之性也此語好継云感于物而動性之欲也此語差蓋漢儒之論多然、

曾荅周子云某向來多作易與三禮工夫意欲以讀詩記之類為一書比來山間温尋舊讀益覺今是昨非安知数年後不又非今也以此多懼未暇軽有著述又見得向來多看先儒解説不如一、從聖經看來蓋不到地頭親自涉歷一番終是見得不真來書乃謂只須祖述朱文公朱文公諸書讀之久矣正緣不欲於賣花擔上看桃李須樹頭枝底方見活精神也

某向來曾與李微之説六經語孟發多少義理不曾有體用二

字逮後世方有此字先儒不以人廢言取之以明理而二百年來才說性理便欠此二字不得亦要別尋一字換卻終不得似此精密

周禮以法掌會同祭祀朝覲客賓之戒具法字是有準則的道理本是好字舜爲法於天下何嘗不好後世卻用鞅斯之法看向在試院見諸公稱古者之治天下者純任法以爲好不知道法二字原不可離有不可易之道方是法〻不出於道成甚法道如何行有法以行之三百六十官邦國都鄙祭祀賓客截然有條未嘗無道在其中若是無法則紀綱制度都無故有法即有道〻寓於法也古今治天下皆無唐虞三代之法周官許多

法所以教忠教孝仁義禮樂便行乎其間後世謂出乎禮則入法渾錯看法字作刑法之法：字無一不是道

此處應補入石泉公案見後

魏氏門人

添名氏一行下同前後照目次

○吳泳字叔永潼川人嘉定二年進士累官權刑部尚書知寧國溫州泉州而罷輪對嘗言澄源正本使君身之所自立者先有其地夫然後移所留之聰明以經世務移所舍之精神以強國政移所力：用之心力以恤罷民移所省之浮費以養兵卒

○游似字景文南充人嘉定十四年進士累官吏部尚書入侍經幄帝問貞觀治效何速如是對曰人主一念之烈足以旋乾轉坤或謂霸圖速而王道遲不知一日歸仁期月而可王道曷嘗

不逮淳祐中爲右丞相兼樞密使自南充伯進爵國公卒贈少

師 汶字魯瞻蜀人徙寓居德清累官江東江西提刑賈似道當國罷官家居又元召爲福建提舉以病不就壽八十卒祀之皆曰爲宋遺民全實[illegible]

○牟子才字存叟井研人學於魏了翁又從李方子嘉定十六年

進士累官權禮部尚書以資政殿學士致仕宋史了翁傳言游

似與沭牟子才皆蜀名士造門受業

○程掌字叔運眉之丹稜人紹定二年進士授楊州觀察推官

再調巴州教授而卒嘗徒步杖策訪魏了翁於山中曰掌見洪

咨夔於潛謂眞德秀於浦聿求當今名數宗主觀善而歸今

見先生志願畢矣

拙逸其後 和逸者劑浩之嘉尤精畫鐵平生為人負氣不肯少屈鶴山嘗目之

子劉大之氣而加之直要其無害之功則小之之言其可為重門之高平矣 ○

同模曰和底橫秋頭史時中復境書韶晚寒有納鶴山嘗曰和逸

○史守道字孟傳丹稜人讀書一覽不忘發之爲文援據詳博

不書(?)

卑平(?)

後半見隔頁

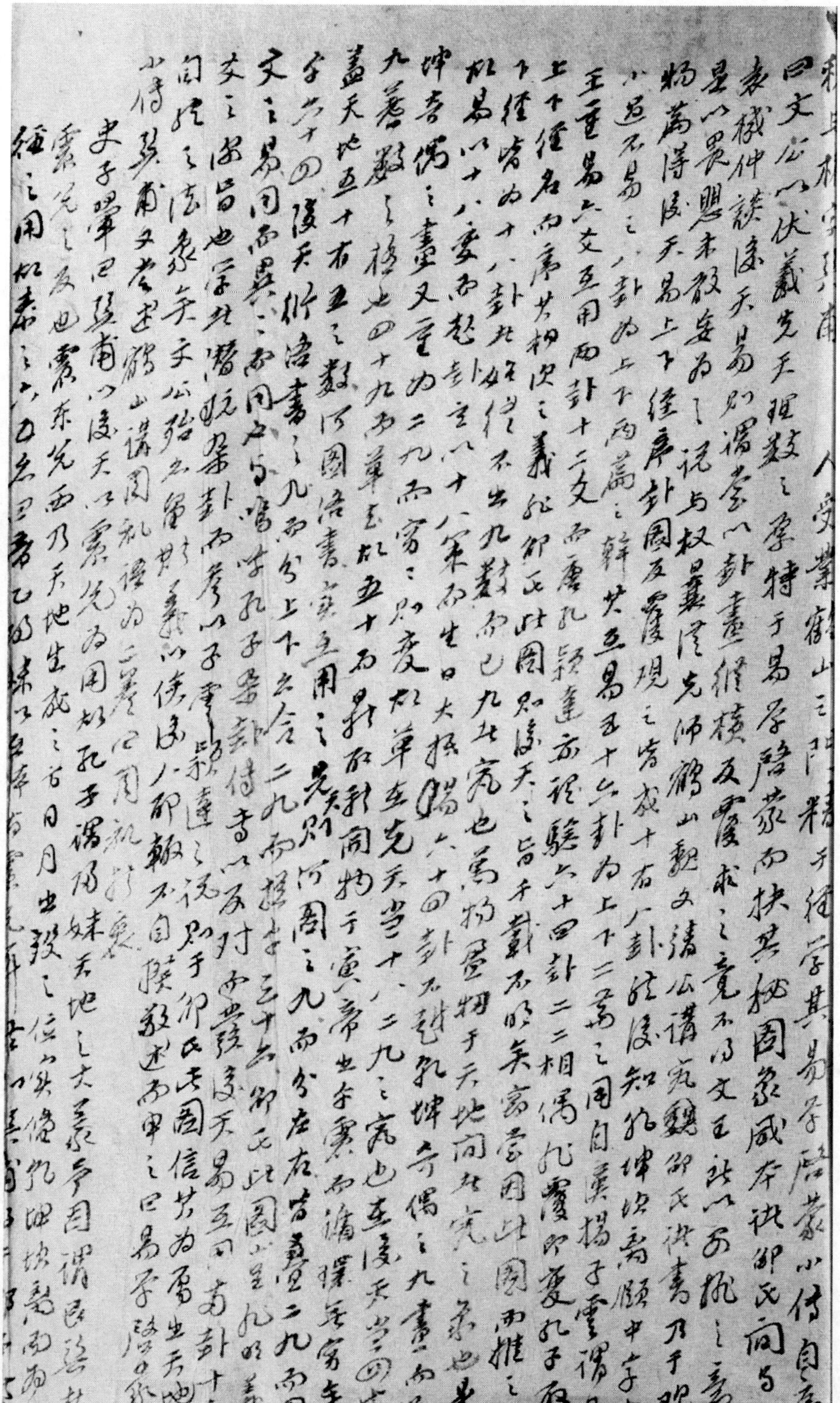

圖除錯皆異甫謂九九〔…〕坤不能包九亦謂六之中有一三五〔…〕
九數圖藏于六也　異甫以爲九何

李覺山房師日抑御數

馮大受〔…〕

此葉似应入寉山集後

[illegible]

詞辨雄放，異時學者託周程諸儒先語以自標榜。守道爲詩曰：「但使躬行爲孔聖，何憂吾道不周程。」嘉定十三年，將入對，忽以疾卒。詔附劉渭榜，賜同進士出身，授迪功郎致仕。

蔣公順，清湘人。研精義之學，從魏鶴山遊者七年，築室湘源，命之曰一鶴。別之傑帥兩浙，攜公順與俱，以解安豐之圍，補官監施州、靜江稅，再調沅州黔陽尉，辟桃源令，未赴而卒。

百家謹按：從來西山、鶴山並稱，如鳥之雙翼，車之雙輪，不獨舉也。鶴山之誌西山，亦以司馬文正、范忠文之生同志，死同傳相比，後世亦無敢優劣之者。然百家嘗聞先遺獻之言曰：兩家學術雖同出於考亭，而鶴山識力橫絕，眞所謂卓犖觀群書者；西山則依門傍戶，不敢自出一頭地，蓋墨守之士而已。

[illegible]

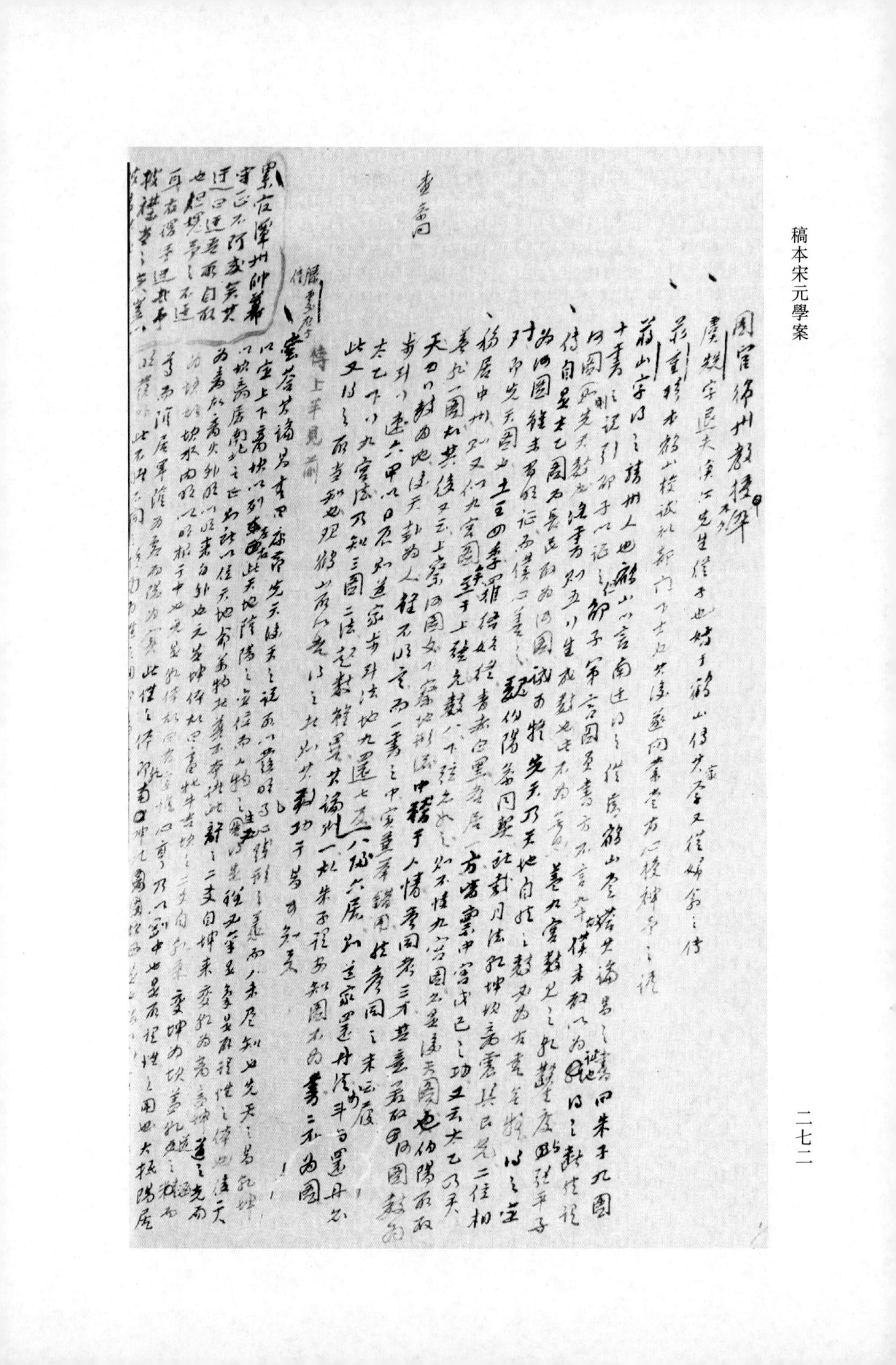

[illegible]官[illegible]州教授

[illegible]字[illegible]夫，[illegible]先生[illegible]也。[illegible]鶴山[illegible]

[illegible]鶴山[illegible]

[illegible]山字[illegible]之，[illegible]州人也。鶴山以言南遷[illegible]從[illegible]鶴山[illegible]其論易[illegible]朱子九圖

十書[illegible]引邵子以證之。[illegible]邵子[illegible]言圖[illegible]書[illegible]

以圖[illegible]先天數[illegible]洛書[illegible]五行生成數也[illegible]九宮數[illegible]

傳自[illegible]太乙圖[illegible]以為河圖[illegible]先天乃天地自然之數[illegible]

為河圖[illegible]參同契[illegible]

對乎先天圖[illegible]四季[illegible]一方[illegible]中宮戊己之功[illegible]

[illegible]居中[illegible]九宮圖[illegible]

[illegible]

鶴山大全集

洪範傳義明白正大使學之者有所據依以求端用力私淑之功茂矣其間所謂由元妙而至親切由虛無而趨實用由沖漠而至明察區〻者未能深曉尚俟面請所教聖人言語蓋欲使人事〻理會步〻踏實只在君臣父子夫婦日用飲食間作去

答李侍郎臺

孔門說仁處大抵多有敬意四勿二如之類是也左傳敬德之聚此義極精聖學不傳人多以擎跽曲拳正坐拱嘿之類為敬周程所謂主一無適之謂敬方得聖賢本指来教所謂敬而未仁似以世俗之謬為恭謹者為敬蓋敬則仁矣敬而未仁亦未

得為敬答張大監忠恕

古人所志所學戰國以後無傳騖于高遠者惟欲直指徑造以
步々而行字々而講者為卑近而安于卑近者又以區々記誦
小々詞章為學問之極功所謂合内外貫精粗者百數十年間
始有人講尋以發漢唐之所未及又苦于實未有所見者勦説
雷同以為斯道之病方欲通古今為一書使後之有志正道者
猶可以推原尋流而學未能信不敢輕易下筆也答袁衢州甫
師席易被人推許便少講磨須從勝己者交更從諸經字々看
過思所以自得不可只從前賢言語上做（作）工夫答嚴植
周程諸先生祠堂老未衰介之駸々六十胡不深自收歛以趣

于實而多求題識序引為是無益介之偹以為然涵泳而體習焉其得也不多乎答許玠

周程諸先生祠堂近世太泛古無此典先聖先師之說祀只是漢儒之說先師之廟原不出闕里封謚之類尤不經不知何謂朱張諸先生皆謂當然益知讀書窮理工夫無窮此不是矜奇衒博義理所係世變所関不容草草答吴寺丞

古人格君事業全在觀摩麗澤習左右前後出入起居無非學也貫生所謂習與知長故切而不媿化與性心成故中道若性教于未濫禁于未叕薰陶漸漬非一朝夕之功用能愈治愈明愈明愈警雖以九十之武王功成治盛台公猶有一簣之戒後世

之君非無天資之美血氣之勇一旦發于憤悱如漢武宣如唐憲武赫然剛斷立底成績然而正本澂原之道未深終有作輟蒲除之憂與鄭丞相

吾儒只說正心養心不說明心故于離不言心而于坎言心答大著重珍

古来禱禳之典于郊于宫于方于社若久雨則有禜祭國門之禮後世乃舍所當事而奔走于浮屠老子之宫乞行禜祭禮

宇宙之間氣之至而申者為神反而歸者為鬼在人則陽魂為神陰魄為鬼二氣合則魂聚魄凝而生離則魂升為神魄降為鬼易所謂精氣游魂記所謂禮樂鬼神夫子所謂物之精神之

著而子思所謂德之盛誠之不可揜者其義蓋若此古之聖賢知之故一死生通微顯昭昭于天地之間生為賢知没為明神安有今昔存亡之間自義理不競于是鬼神之說不眩于怯則怵于畏禮壞樂廢浮偽日滋而人心之去本愈遠中江縣感應神廟墓記

古者自入小學學幼儀既有以固其肌膚之會筋骸之束而養其良知良能之本其入大學也所以為教之具非強其所無也凡以上帝所降之衷生民所秉之彝萬物備具而作之君師者特因其固有而為之品節以導迪之使明其仁義禮智之性以行諸父子夫婦兄弟朋友之倫而無不盡其分耳今之為教者何如哉利祿之誘務記覽為詞章求合于有司之程為規取利

祿計自始童習以階成人耳目之所濡心志之所之隨之娓娓往而不返以是干澤不得不已幸而得之又以教人盖不佚入政而固可前知之石泉軍學記

老聃為周柱下史著書以自明其説亦不過恬養虛應以自淵其身者之所為世無得于其約而徒有慕乎其高直欲垢濁斯世妄意于六合之外求其所謂道者于是神仙荒誕之説乘間抵巇蕩揺人心主之侈心歷世窮年其説未已開元觀者實始于唐之元宗其始初清明耆俊在服二氏之書數加擯抑河南叅軍鄭詵朱陽丞郭仙舟投匭獻詩語涉道法以為不切事情免所居官廢為道士承平既久怠忽荒政乃始外事物棄倫理

以委其心而方士之說入今日表莊列明日祠玄元崇信方術繕修宮庭若繩以老氏清虛淡泊之旨則此又習訛踵陋愈求而愈失之者而天下靡然向風以訖于今雖然有一于此異端之教換之吾道皆弗合也而老氏緜緜若存之說蓋有近于大易生生之旨其所謂壽氣致柔歸根復命視夫窮大而失居者則又有間誠能守淡泊去健羨瀹神滌慮如潔其庭宇修身謹行如固其垣墉則不惟可進于汝師之道而存體明道用吾猶將有望焉尚庶幾歸儒之意（漢州開元觀記　泉州全粟觀記略同）

太祖嘗議武成廟之配享所退黜二十有二人陶侃李光弼且不得與嘗跡其事陶特緩于討賊李特稽于赴援一有瑕纇在

所不録節之難于始終也如此 節齋記

房公三王並封之議謂足以褫禄山之氣然既為之前必慮其後三王之封珙琦未出閤惟璘赴鎮而後五月以江淮叛然則分封之策其然耶當時如高適且盛言其不可賀蘭之譛固有所入

帝王盛時其交鬼神有道自顓至舜咸命重黎絕地天通俾高卑小大各有分限毋相侵瀆以昭天地之度儀生物之則正人心防世變周官文吏星歷卜筮之職領于春官者皆以士大夫為之三巫之屬凡以神仕者亦皆精爽不貳之民夫如是鬼神之與人分殊而情通先事而禱以六祝之詞有事則禳以六祈

之禮下逮鄉遂亦各有制水旱之不時則于黨鄙乎禜之而涖之以正師疾癘之不明則酺于族乎酺之而涖之以師長交神塞明蓋若有洋々在上在左右者此惟上之人深知鬼神之精狀故能委曲綢繆于幽明之變雖巫覡之人亦皆不謟不誣為神所依此帝王所以為民立命立心者也自王政不修聖賢之學不講于是禳禱之事方社不舉而謟非其鬼雖經生學士往往安見聞之陋以擬陰陽之化休利害之私以悖典則之經敬不以遠々不必敬况泯々棼々之民乎天慶觀記

古之人任大責重則心愈畏年高德卲則禮滋恭畢公弼亮四世而罔不惟師言之祇衛武公年過九十惟懼交戒之不聞下

逮秦穆困而後知其言尤為深切曰責人斯無難惟受責俾如流是惟艱哉此非以身體之不能及此蓋責人甚易受人之責則苟有一毫未克之私橫于其中縱變色受之然未能全無捍格如順流然則猶不受也穆公閱變既久故言之有味敘州𨺚後記

地險則已明指其為山川邱陵矣而獨不名其險為何物王公所設之險為何事愚謂盈天地間截然有等級之辨不城而不可踰不兵而不可犯此天險也昔人以大師為垣以得道為助以在德為險以禮義廉恥為城皆王公所設之險也盛服以禦盜憤坐以受使長嘯以却胡單騎以見鹵則是物之効也夫苟不明乎是而專以城郭兵粟為山川邱陵之守則寧恠夫離合

去来之無常也海州太守題名壁記

近世士各挾其所以溺于人者溺入記問學之末也今又非聖賢之書而虞初稗官矣虛無道之害也今又非佛老之初而梵唄土木矣權利誼之蠹也今又非管晏之遺而錐刀毫末矣詞章伎之小也今又非騷選之文而淫哇淺陋矣此憂世之士所以慨然也周元公祠堂記

古者不以繪象事鬼神不以非族享鬼神記曰釋奠于其先師釋者曰如禮有高堂樂有制氏書有伏生詩有毛公記謂釋奠者必有合釋者曰如唐虞有夔周有周公魯有孔子各得奠之若國無人則與鄰國合夫三代之樂有專經授徒如漢儒者

乎若有功烈如夷夔周公則祭于大烝又豈學者所得祠乎審如傳者之說此必為秦漢以後之制而況古所謂庠序皆謂為鄉民行射飲讀教法之所事已則返于閭塾事親從兄親師取友亦未有越鄉違家羣居聚食如漢中世以來之學校者故予于今之郡國祠先賢于學謂事雖甚美而古未有考惟是世亂民散猶有聖賢在下聚而教之孔孟既歿猶賴專門名家之儒聚而教之故生則職教于里閭歿則釋奠于學校習是經則祀是師居是邦則祀是賢記禮之士習見其事而筆之于書而有國有家者相承不廢事雖不純于古猶愈于日降日下師廢而民散者 六先生祠堂記

古者自天子至于士皆有廟〻之子姓以昭穆為序祭非正主則不歆不嘏不旅不酢非同姓同宗同族則不得與於祭大蒸嘗宗雖有他姓之祀而不立同氣之尸與廟祀異自鯀祀于晋相祀于衛周公祀于鄭董安于祀于趙大非先王之舊展禽謂先王制祀有法施于民以勞定國禦灾捍患之目然六經無文漢諸葛公之卒巷祭野祀朝論猶能以禮止之即墓之近立廟而斷其私祀其後所至郡國為他人之親立廟不知始于何年非鬼之祭無所無之姑即夫禮之變而言則有功有德于其國而祠之尚人心之不可已也諸葛武侯廟碑

人物之生有剛柔于是乎有善惡剛之善也其言直以暢惡也

其言粗以厲柔之善也其言和以舒惡也其言闇以弱是則言也者命于氣之剛柔剛柔既分厚薄斷矣雖他日事業之廣狹時位之窮通亦未有不由之此誠非人力可以升沉者然則為士者果無所用其力乎曰不然也志有所守而大本先立則氣得其養而生生不窮夫如是可以變化氣質愚明柔强雖引為聖賢可也省元樓記

聖賢言寡欲矣未嘗言無欲也所謂欲仁欲立欲達欲善莫非使人即欲以求諸道歲積月累必至于從心所欲而自不踰矩至于富貴所欲也有不可處已所不欲有不可施則又使人即其不欲以求諸非道歲積月累必至于從心所欲而自不踰矩然

後爲至曾子得之明六欲之目孟子傳之開六等之科今曰自寡欲以至無欲不其戾乎曰性不能無感性之欲也知誘物化則爲私欲故聖人雖使人即欲以求道而于季康子于由求于申棖曷嘗以其欲爲可乎胡仁仲之言曰天理人欲同行異情以此求之則養心之説備矣

濂溪先生祠堂記

古者祀祭享之別不相僭瀆未有非鬼非族而可以言廟不尸不厭不嘏不綏不旅不繹而可以言享也魯哀公十七年立孔廟于故宅閱千餘載未嘗出闕里也漢儒所謂立學釋奠未知先聖先師爲誰自戴記之外無聞焉迨魏齊王晉武帝釋奠于學雖昉見史冊而未有原廟也唐武德二年廟周孔于胄監迨

貞觀定孔子為先聖而黜周公于是牲牢器幣日增月益無異廟祧之祀古者弟子之于師子孫之于父祖尊之而無以加也則稱字以别之字之至貴也新莽不知仲尼之為尊忘為作謚然宣尼之云未敢削其字也至其典代增則以累謚為重王封為貴古者惟功臣與享大烝未聞弟子從祀于師也自建武祠七十二子于孔廟然不出闕里也貞觀末加以左卜諸儒祀大學而武成王祠亦倣之總章開元以來又加諸儒以三等之爵而州縣學宮咸有從祀夫是數者孰非致隆極美之事然則古禮非與大抵先王之時其人則四民也其居則六鄉三采五比四閭也其田則一井二牧三屋九夫也其食則九穀六畜也其

服則九文六采五色五章也其官則三吏六聯五侯九伯也其教則五事五典也其學則六德六行五禮六樂五御六射六事也民少而習焉長而安焉不奪于奇器異物不撓于淫詞詖行不蕩于姦聲亂色族閭所講學師友所講無適而非堯舜禹湯文武周孔之道雖以周之叔季而車軌書文行倫莫之或異也自壞田制燔詩書道失民散至漢而不能復詖淫邪遁之言乘虛竊入始也孔老離立久之而釋氏參焉蓋自天地山川日月星辰雨風雷電下至蟲豸草木皆為宮室衣冠以肖人類府史胥徒以象官府以至民之日用飲食車服器皿亦無一而不改先王之舊舉世由之不以為疑也于是時又不為之建學立師

則生民之類幾何不胥為夷然則學盛而員廣廟隆而祀煩其起于異端曰熾大道寖微之時乎曰生斯世也而必古制之是不其迂乎曰吾固知是古之無益而不可以未之聞也以郡縣之制視邦國以塔廟之儀同庠序以羌胡之教釋聖言今曰無益而竟弗之聞也是孰為有益乎

**瀘州學記**

善之與慶不善之與殃蓋同出而異名非善惡之外復有所謂慶與殃而亦非有所覬而後為善有所懼而後不為惡也夫使行善于家聲孚氣感父父子子兄兄弟弟夫夫婦婦無不各盡其分焉則吾閨門之內固已日由乎吉祥之中何慶如之是心之傳流及苗裔國其所也而一家所感一國化之仁遜禮義皆

由此始則是慶所被又不知其幾矣董子謂人之所為其善悪之極乃至與天地流通往來無間然則雖天地間吉凶妖祥亦一氣之感耳積善堂記

自科舉取士讀聖賢之書者曷嘗不知詞華之喪志記問之溺心權利之倍誼姦邪之病正淫哇之亂雅慘刻之傷恩聚斂之妨民虛無之害道妖妄之疑衆相與辭而闢之而吏考其朝夕之所孜孜者則不惟實有以事乎此而又出是數者之下焉于是小有才則溺益深居近利則壞適速蓋其說曰正學以言則有司之所必棄直道而行則斯世之所不容故雖心述言行顯然不相顧而人不以為怪以此胥告固已可鄙又有諱其名而

踐其實者豈知乎逢得喪有義有命況正學而言安知其不合直道而行安知其不容　黟陽縣學記

多識前言往行所以畜其心之德蓋蓄故乃所以養新而新非自外至也貽貽之多止于所不見是以愈畜而愈新今學士大夫師傅友習晝誦夜講夫孰非前言往行然而實未能以止健之義蓄德于其中是以聽其言則若以有事乎此見諸事則亦知所以尚乎此方其才壯氣新席天資之美挾口耳之知往往可以名乎人歲月悠邁志隨氣索則前日誦說之功浸非我有或反假其一二以飾辯言以濟於欲則反不若有未嘗有口耳之知也　四先生祠堂記

子思于中庸撮易之要而言之乾坤性之體離坎性之用坤之正位變乾為離明見乎外者也而曰畜牝牛吉則順以養之乾之正位變坤為坎明根于中者也而有孚惟心亨則剛以行之此盡心知性之極功也率性堂記

古之學者始乎禮樂射御書數蓋比物知類求仁入德皆本諸此今禮壞樂淫射御數有其名無其義六書之法惟小篆僅存而莫知好之為士者十名九舛不暇問也六經所傳如仁義中誠[性命]天道鬼神變化此致知格物之學也今性々善柔為仁果敢為義依違以為中鈍魯以為誠氣質以為性六物以為命元虛以為天道冥漠以為鬼神虛無以為變化甚則以察為知以蕩

為情以貪為欲以反經為權以捷給為才以譎詐為術流弊乃爾若夫先王之制文在所當講而風氣既降名稱亦訛一事而數說一物而數名去籍于周末大壞于秦缺望于漢盡覆于五季之亂帝號官儀承秦舛矣郊祧廟室踵漢誤矣衣冠樂律雜今制矣學校養不賓之士科舉取授牒之人資格用自陳之吏剌平人以為軍而聽其坐食競農夫以規利而縱其自奉授田無限而豪奪武斷以相尚出泉輸租而重科履折以相蒙生斯世也為斯民也讀聖賢之書以求帝王之法始以春秋戰國之壞制衷以秦漢晉魏之雜儀終以鄭王諸儒之臆說于是有口六經而心佛老篤信而實踐者有轄為文詞隨世以就功名者

天目山房記

聖人之心如天之運純亦不已如川之逝不舍晝夜雖血氣盛衰所不能免而才壯志堅純終勿貳曷嘗以老少為銳惰窮達為榮悴文詞之士有虛驕恃氣之習方其年盛氣亨猛作亨志得往〻以所能眩世歲慆月邁血氣隨之則不惟文詞衰颯不振雖建功立事蓄縮頋畏亦非盛年之比此無他非有志以基之有學以成之徒以天資之美口耳之知才驅氣駕而為之耳夫才命于氣〻稟于志〻立于學彥筆山房記

有國故而祀之此禮之經人情之常也合他國之聖賢而祀之此禮之變而人情之義起者也出于義起固不必皆禮之所有

然人心世變亦于是有發焉 比干祠記
天地不可量也古今不可度也人以七尺之軀方寸之心立乎
兩間形氣所拘僅百年耳然而由百世之上以考諸太古久遠
二帝三王之事隨其心之所之如生乎其時立乎其位與之相
周旋也蓍龜不可方物也而是心之動見乎卜筮鬼神不可見
聞也而是心之誠行乎祭享萬世之後不可藝極而是心之靈
著乎方册舟車所至不可限除也而是心之明光乎日月然則
心者神明之舍所以範圍天地出入古今錯綜人物貫通幽明
其遠若此彼溺于文藝涅于佛老沉于功利者尚為知所以用
其心乎況又文藝之末如纂緝駢麗佛老之敝如梵唄土木功

利之末如聲色貨寶抑在所不足言矣胡公康侯嘗爲學者言或尚友古人或志在天下或慮及後世或不求人知而求天知皆所謂心遠也心遠堂記

詞章雖末伎然根于性命于氣發于情止于道非無本者能之楊少逸不欺集序

書日多而説日明儁慧者剿説浮道可以欺世不必深體篤踐也故予不以喜而以憂朱文公五書序

南軒先生受學五峰久而後得見猶未與之言泣涕而請僅令思忠清未得爲仁之理往返數四而後予之前輩所以成就後學不肯易其言如此故得其説者啓發于憤悱之餘知則真知

行則篤行有非俗儒四寸口耳之比今帖所謂無急于成乃先生以其所以教于人者教人跋南軒帖

人子不必踰禮軼義而後為虧且辱也甘于中書安于小成忘于為人此皆自薄其身以忝所受跋史峴母墓誌

古所謂七十而致仕蓋約言之豈比七十仕止久速皆惟其時何謂時止其所而不忘憔于中而無餒則時也跋江宗博致仕帖

常夷甫晚節鄙賤可惡笑其欲追帝孔子何但知聖人汙也跋李清臣疏

古人自格物致知以至平治天下初無二本自本身徵民以至考建質俟初無二理今曰不通政事卻深于經術又曰其人節

行過人甚多審如其說是能格致誠正而不能行之天下國家本諸身矣而庶民且不合他可知也此理曉然易知而能惑世誣民于十九年間以養成亂本又能使紹聖以後守其說而莫之改嗚呼 跋了齋日録辨

言貴于有物無物非言也 跋蘇文忠啓

心之神明則天也此心之所不安則天理之所不可天豈屑屑然與人商校是非耶詩云敬天之怒無敢戲豫違心所安是戲豫也 跋師厚卿致仕詩

魏天祐曰才智有餘者其陷溺深 天祐墓誌

世多言學行之士詞章必迂吏事必疏故文士能吏雖不學無

術無害也不知今之為學寔與古異今之文古所謂詞今之政古所為事今之才則古所謂佞人壬人也夫使學而真知實踐則非今之所謂詞與政者魏嘉父墓誌

易中光明多為艮發蓋人心還于物則蔽闇止其所則光明是以大象申之曰君子思不出其位止非其所思出其位則志為氣役物欲外遷光明内蝕送左肇

師友雅言

上初即位三從官輪日上殿曹簡父陳正父喬壽朋皆說天子之學與士大夫不同不謀而合為此說張忠恕行父對劉却云天子之學正與士庶人一同大學云自天子至于庶人壹是皆

以修身為本蓋自致知格物誠意正心為修身之本齊家治國平天下為修身之用天子至于庶人一也畢竟有家學淵源云在嘉定府學講書說博愛之謂仁云々四語者游憲問歸此語說得如何答曰說得未盡又問舊說愛不足以盡仁是否答云韓此四語極好游恠前說以為未盡後以為甚好何也答云第一句說博愛謂仁似未盡次言行而宜之即是行而合宜則博愛中非愛無差等矣由是而之焉之謂道則由博愛之仁而之也足乎己無待于外之謂德亦仁之足乎己而無待于外也此博愛之謂仁亦兼四言而備但定名虛位之語學者不能貫而通之耳

胡五峯答曾吉甫論心性二字乃道義淵源當明辯不失毫釐然後有所持循未發只可言性已發乃可言心故伊川云中者所以狀性之體段而不言狀心之體段則難言無思也無為也寂然不動感而遂通天下之故是也未發之時聖人與衆同一性已發則無思無為寂然不動感而遂通天下之故聖人之所獨若楊尹二先生以未發為寂然不動是聖人感物亦動與衆人何異至尹先生又以未發為真心然則聖人立天下之大業成絕俗之至行舉非真心耶故某嘗謂喜怒哀樂未發沖漠無朕同此大本雖庸與聖無以異而無思無為寂然不動乃是指易而言易則發矣故無思無為寂然不動聖人之所獨喜怒哀樂

未發句下還下得感而遂通一句否若下不得則知立意自不同伊川指性指心蓋有深意崔山云胡五峰此等語直是廣大而精微某亦嘗謂人生而靜天之性也此語好繼云感于物而動性之欲也此語差蓋漢儒之論多然

魯齋周子云某向来多作易與三禮工夫意欲以讀詩記之類為一書比来山間温尋舊讀益覺今是昨非安知數年後不又非今也以此多懼未暇輕有著述又見得向来多看先儒解説不如一一從聖經看来蓋不到地頭親自涉歷一番終是見得不真来書乃謂只須祖述朱文公文公諸書讀之久矣正緣不欲于賣花擔上看桃李須樹頭枝底方見活精神也

某向來曾與李徽之說六經語孟發多少義理不曾有體用二字逮後世方有此字先儒不以人廢言取之以明理而二百年來才說性理便欠此二字不得亦要別尋一字換却終不得似此精密

周禮以法掌會同祭祀朝覲賓客之戒具法字是有準則的道理本是好字舜爲法于天下何嘗不好後世却用鞅斯之法看向在試院見諸公稱古者之治天下者純任法以爲好不知道法二字原不可離有不可易之道方是法〻不出于道成甚法道如何行有法以行之三百六十官邦國都鄙祭祀賓客截然有條未嘗無道在其中若是無法則紀綱制度都無故有法即

有道〻寓于法也古今治天下皆無唐虞三代之法周官許多法所以教忠教孝仁義禮樂便行乎其間後世謂出乎禮則入乎法錯看法字作刑法之法〻字無一不是道

湯以前未言仁與信字孔子以前未言恕字

鼂愛項平甫孚齋詩云乳穀中函天渾沌浮筠破處玉嶙峋

應懋之問鬼神曰風雨霜露無非教也此天之神風霆流形庶物露生此地之神維嶽降神生甫及申此山川之神清明在躬志氣如神此人之神極其至以為文武之德按鶴山鼂喜禮記此一段以為善言天人之道

後山詩仰看一鳥過虛負百年身甚深意

乾坤後屯伏剥蒙伏復所謂雜物撰德

周禮女男巫職須如國語楚昭王問觀射父謂民之精爽齊肅衷正其智能上下以義其聖能光遠宣朗其明能光照其聰能聽徹如是則明神降之在男曰覡在女曰巫又曰使先王之後有光烈忠信而敬恭者為祝使名信之後心率舊典者為宗巫亦皆抱道懷德之人故孔子曰人而無恒不可作巫醫

周禮與左氏兩部字字謹嚴首尾如一更無滲漏處疑秦漢人所作曰聖賢遺言足成之

祧字以廟神之兆域為義非謂祧其親盡之廟也康成以超然訓祧後世承誤不知冠于先君之祧而成公之廟止四世豈祧

廟乎
周時天下諸侯無史及衰而齊晉有之故太史公謂史記獨藏
周室
明堂無屋只以方明為壇
離騷作而文辭興蓋聖賢詩書皆實有之事雖比興亦無不實
自莊周寓言而屈原始託卜者漁父等為虛詞相如又託之亾
是公等為賦自是以來多謾語
獻田宅者操右契古者鄉井受田有定法安得有獻田宅之理
吾嘗欲著禮記一部專破漢儒曲説
學規以謗訕朝政為第一此規自蔡京所為之專以禁太學諸

公議政此覘當斁

柏舟是傷宗國不容去之義

周禮國服之法鄭康成直以王莽二分之息鮮之此自誤引致得荊公堅守以為成周之法當時諸老雖攻康荊公但無敢自鄭康成處說破推原其罪者

黃帝書云地在太虛之中大氣舉之又云天在地外水在天外表裡皆水兩儀運轉乘氣而浮載水而行又云地乘氣載水氣無涯水亦無涯水亦氣也二程與康成節論及六合之外以為惟聞之周茂叔者恐是此

朱漢上云古者衣裳相連乾坤相依君臣上下同體也至秦始

取衣裳離之今瀘叙猿俗多衣統襮猶是古法

晦翁譎蓮劉子貼黄引中庸人一己百人取己千愚明柔强節註謂以鹵莽滅裂之學或作或輟果于自棄為不仁其因此言惜陰愛日義理愈探索而愈無窮歲月逾邁令人慨然以思

井田一變于宣王之料民再變于齊桓之内政大壞于渠梁商鞅之決裂阡陌周人以屬宣幽平並稱其有以夫

迂叟有言今人所謂文古人所謂辭也古之所謂文觀乎天文以察時變觀乎人文以化成天下豈詞章之謂哉堯之文思文王之所以為文此聖人之文也下此則敏而好學不恥下問為孔子文之文

嘗與真西山云某循環讀經亦以自明此心未敢便有著述來諭拈出禮注中太乙鬼神等說乃下與鄙見合中庸疏中已有氣稟之說亦與先儒相表裡惟所疑其誤以水屬信蓋古來原有二說師傳各異如乾鑿度與緯中皆謂水為信土為知故王制禮運等注疏皆有水主信之說而五行傳許叔重說文之類又有肺火心土等說然亦皆有理蓋水土相包火土同位各有所據以天文察之以一身驗之亦有合處惟以坎為腎離為火心則聖賢書中未見明文特見之岐黃之說

左傳所載固未能全粹而格言精義賴此得存者居六七如劉子受中一節曉然為聖賢相傳之要

講學須一字一義不放過則兩前何限合理會處如先王禮樂刑政始變于厲宣幽平浸微于春秋戰國大壞于秦不能復于漢而盡壞于五胡之亂今從殘編中搜討于孔孟王鄭伏杜諸儒訓注中參求諸儒已是臆度懸料至于音訓聲韻偏旁點畫往往諸儒所未及今驟然理會人亦驚怪不知要作窮理格物工夫無三代以前規模在胷中只在漢晉諸儒脚跡下盤旋終不濟事程邵張諸公皆由此而充者

某自遷渠陽山深日永易詩三禮語孟重下鈍工名物度數音訓偏旁字字看過益知義理無窮而歲月易失使非假以暇日將虛此生今未敢便有著述且温舊讀以發新知

曾答夔漕趙師恕云讀書雖不可無注然有不可盡從者只如鄭注三禮已各隨時為義不能盡同禮與詩異詩與書异書與易異一事而自為兩說三說者極多其改字處十有八九不可從最害義者以緯証經以葬制証周公之法

古者明王祭祀親行禮不曾差人東漢有不行禮羣臣爭之論讀是蚤間到晚要人主不敢自暇逸後世直是以位為樂天子統天下而君之諸侯統一國而君之皆有君道上下相維相親相敬故天子有迎送諸侯之禮有大饗于廟之禮有故使人致享致幣自秦罷侯置守尊君畀臣無復古意其亡宜矣

王介甫錯看膳夫一義以為王者受天下之奉後王黼等置應

奉司以成政宣之禍至于亾國不知他經原無此義古人只說
恭儉釋經不可不嚴哉

嘗疑人不獨親其親不獨子其子近乎兼愛之意朱文公亦云
然及見橫渠說惟不獨親其親子其子故知能親親而子子與
孟子老幼及人同意不費詞而義足

凡為人子之義冬溫而夏凊昏定而晨省在醜夷不爭此二句
全在醜夷不爭方是孝子之實妻子好合兄弟和樂而父母其
順然則在醜夷而爭者父母心所不樂也

人而無禮不亦禽獸之心乎聖人不曾有此等語東萊于皐陶
朕言惠下說孟子既云三自反乃有禽獸之語孟子有鋒稜孔

子口中無之

禮失則求諸野向見靖州祭鬼皆以人為尸塊桴土鼓皆有存

者袁戴片白不茹葷腥二年

教不可長四句非孔氏語教不可有豈止不可長哉王肅本教

遊也此義勝鄭

口率出泉康成以漢制解經三代安有口賦又如國服為息二

字凡物之生歌處康成引莽法以注息字古人原不取民以錢

土地所出原無錢介甫錯處盡是康成錯處歐蘇以前未嘗有

人罵古注承其誤以至此

周禮不可信王畿之外甸稍縣都各五百里王畿湊合豈洛之

地方千里甸稍縣都如何安排先儒只去僻處說不曾從大處看惟胡五峯斷然以為起于劉歆蓋起于劉歆而成于鄭玄附離者大半然紀綱制度纖悉處亦多看周禮須只用三代法度看義理方精鄭注引後世之法便不是

古人位天地育萬物把做己職事天地是我去做五行五氣都在我一念間節宣之後世人自人天自天人失其人之職說修德只在于粹負因等做去天當刑之人却存之以是感格雨暘偏頗莫盛又甚則從事祈禱而已

陰不與陽等對地不與天等對

魯見彌遠論諸賢士彌遠對曰恐相激成朋黨鶴山荅曰朋黨

有若子有小人彌遠曰然鶴山曰不知誰認作小人鶴山（弥遠）沉吟

據荀悅紀漢田租行百一之稅雖武帝窮兵四夷征榷鹽鐵筭舟車無所不至有司欲加賦帝不從末年輪臺悔悟下詔而根本不搖皆民力不竭止拾工商之貲耳

禮記祭先脾許氏異義曰今尚書歐陽說肝木也心火也脾土也肺金也腎水也古尚書說脾木也肺火也心土也肝金也腎水也許氏又謹案月令四時之祭與古尚書同鄭駁曰月令祭四時之物及其五臟之上下次之耳愚按以心為土蓋漢以前大抵皆然考于五行傳以貌言視聽思于五行為木火金水土于五常為仁義禮知信思即心也論鎮星亦曰中央季夏土信

也思也仁義禮智以信為主貌言視聽以思為主故四星皆失填星為之動徐鍇云人心土藏在身之中象形博士說以為大藏鍇云心星為大火然則屬火也按此則漢以來原有二說但以水火為心腎未見所出禮記季夏民驚則心動是害土神之氣

素問人以為黃帝書但其中云醉後入房決非黃帝時語今以六經考之有門有廬唐有階有陳有督有垂有塾有圯有扂其中為堂為室堂室各半大率堂之向北一半為室〻之兩夾為房乃祭祀享賓之所非入燕休之地謂房為婦人所在後世語也

坎中一畫郢心體故八卦惟習坎有孚惟心亨心居中虛于坎可見然則心腎皆屬坎水火未嘗離非深于易自得者不及此荊公嘗以道揆自居而不曉道與法不可離如舜為法于天下可傳于後世以其有道也法不本于道何足以為法道而不施于法亦不見其為道荊公以法不豫道故其新法皆商君之法而非帝王之法道所見一偏為害不小永嘉二陳所作唐制度紀綱論云得古人為天下法不若得之于其法之外彼謂仁義道德為法外事皆因荊公判道法為二後學從而為此說豈知周禮一部教忠教孝道正寓于法中後世以刑法為法故流于申商

以漢制沒入家財為奪以馭貧尤害理三代安得有沒入人臣
家財之法古者臣下去國待放于郊然猶爵禄有詔于朝出入
有詔于國三年然後收其田里此所謂馭表以上二條見周禮折

宜一行接
写

臣聞心者人之太極而人心又為天地之太極以主兩儀以命萬物不越諸此故天之神明為春秋冬夏風雨霜雹地載神氣為風霆流形庶物露生其于人也則清明在躬志氣如神盖貫通上下表裡民物自繼善以及于成性皆一本而分也而人心之靈則所以冀人極人極立而天地位焉孔子曰事父孝故事天明事母孝故事地察子思曰君子之道造端乎夫婦及其至也察乎天地夫天高地下人位乎其中判然三才若不相接也而五行二氣自一而分故上下同流彼動此應行乎宫庭屋漏之間爛然清明無少媿怍則仰觀俯察光潔昭著前參後倚流布充塞無非此心之發見一有不慊則視上帝而夢夢顧四方

而蹙蹙雖日星草木亦若隨人意而不舒者陛下謂此心之外別有所謂天地神明者乎抑天地神明不越乎此也心也正月之翔風来自乾丁丑既望月蝕于翼占者以謂兵戈之應迫近之象而雷電先時而發雨雪繼雷而應劉向亦以謂陽不閉陰陰見閒而勝陽之應然此必有感而後為應既應則復為感不可以其變在外而忽之其事已應而幸爲側聞陛下謂講讀之臣夜来雪作朕終夜為之不安當益恐懼修德大哉聖言此正求端用力之要也且陛下居深宫之中十手十目所不覩聞也而惕然終夜若有臨乎其前者以此見天非蒼蒼之謂也陛下之心與億兆人之心義理所安是之謂天不媿于人是不愧于

天也不畏于人是不畏于天也臣願陛下卽此不安之心而益加推廣共見天地也毋專以禱祠為事常使此心兢兢惕惕如與天陟降如在帝左右可以對越而無愧宗廟也無專以備物為享常使此心油油翼翼如見其聲（容）如聞其聲可以受終而無怍事太母也毋專以儀恪為恭常使此心洞洞屬屬如執玉捧盈如將弗勝可以感通而無間對公卿百執事毋徒以尊嚴為儀也常使此心平虛寬衷盡下而無所伏對經生學士毋徒以誦說為功也常使此心緝熙光明日新而不可已播告于萬方有衆毋徒以言語為化也常使此心明白洞達觀感而無所惑心有未喻必反覆問辨以求之毋歉煩以自畫也心有未可必

熟復思念以圖之毋恥過以成非也夫如是息養瞬存朝習暮益無頃刻之間則大本既立何事不可為以証諸庶民以考諸三王以建諸天地以質諸鬼神以施諸後世何往而不可不然庶民且弗信況其他乎乙酉上殿劄子

今日風俗之弊莫不議其尚同也而臣則未嘗議其有同進焉而柔良退焉而剛方面焉而唯唯否否背焉而戚戚嗟嗟成焉挾其所嘗言以夸于人不成焉而託于所嘗料以議其工省曹之勘當椽屬之書擬有司之按事長吏之舉賢恳則斂而歸已悲則委之曰此安能以自由天象之妖祥時政之得失除授之當否疆埸之緩急言而得則矜以為功否則詆之曰此徒言而

無益龍斷而望可左可右踦閭而語可出可入蓋嗜利無恥之人貪前慮後者之所為其心豈復以國事為飢渴休戚者哉踪跡詭秘朋友有不相知情態橫生父子有不相悉使此習也而日長月益見利則逝見便則奪陛下又何賴于此也封章奏疏率應故事曰惡訐以成名忌激以敗事其號為讜直者亦不過先為稱贊之詞而後微致規切如論治道則曰大綱已舉而節目小有未備論邊事則曰處置得宜而奉行稍若未至夫齊以人無以仁義與王言而孟子謂其不敬莫大乎是今之為此說者是敬朝廷乎慢朝廷乎今之建言非如漢唐有騈頸刑戮之甚而知莫敢言〻莫敢盡是謂吾君吾相不能行不能受也亦

順而裡蔵面從而腹誹人見其同而臣見其未嘗同也至無禮也大不敬也然士習至此亦有由然者老師宿儒零替殆盡正人端士散漫不合習諛踵陋久不知覺臣為此懼深願陛下與二三大臣察人心邪正之實推世變倚伏之機拓開規模收拾人物苟挺特自守者雖無順適之可喜而決知其無反覆難信之憂必假借而納用之雷同相隨者雖無觸忤之可憎而決知其有包蔵不測之患必踈遠而芟夷之若是則意嚮所形人心齊奮平居有規警之益緩急無乏樹之憂論士大夫風俗疏

孽韓柄國學禁既密士習日浮嘉定以来雖曰更轍然後生晚學小慧纔能僅于經解語錄揣摹剽竊以應時用文詞剽淺名

節堕頽蓋自始學父師所開導弟子所課習不過以譁衆取寵惟官資宮室妻妾是計及其從仕則上所以軒輊下所以喜悅亦不出諸此古人所謂為己之學誠物之本固不及知也一旦臨小〻利害周章錯愕已昧所擇不幸而死生臨乎其前則全軀保妻子之是務雖亂常干紀有不皇恤平居無直諒多聞之友臨難無仗義死節之臣雖利在盜賊利在夷狄亦委已聽命而已竊陛下毋以書生為迂腐毋以正論為濶踈敦求碩學開闡正學使人〻知其禮義廉恥之實知其有君臣父子之親知此身之靈于物而異于禽獸也則見得必思義見危必授〔致〕命固悖曠曰師道立則善人多善人多則朝廷正而天下治此斷〻

然如穀之可療饑也論敎求碩儒闡明正學疏

闡之道路陛下聽政之暇時以詞翰自娛非聖賢之學也必知聖賢相傳者何事朝夕所講者何學自修身齊家治朝設官分土授田建學制賦其規模制度視秦漢以來率意更張之事精粗詳略為何如既有所見必須審問明辨篤行如生子其立乎其位以與聖賢相周旋則持之不怠堯舜不難至也應詔封事貼黃

第十四冊

西山
滎陽
紫薇
東萊
學案

黃梨洲宋元學案 元孫稚圭校補稿

校 黃廿

西山學案

滎陽學案

紫薇學案

東萊學案

第十四本

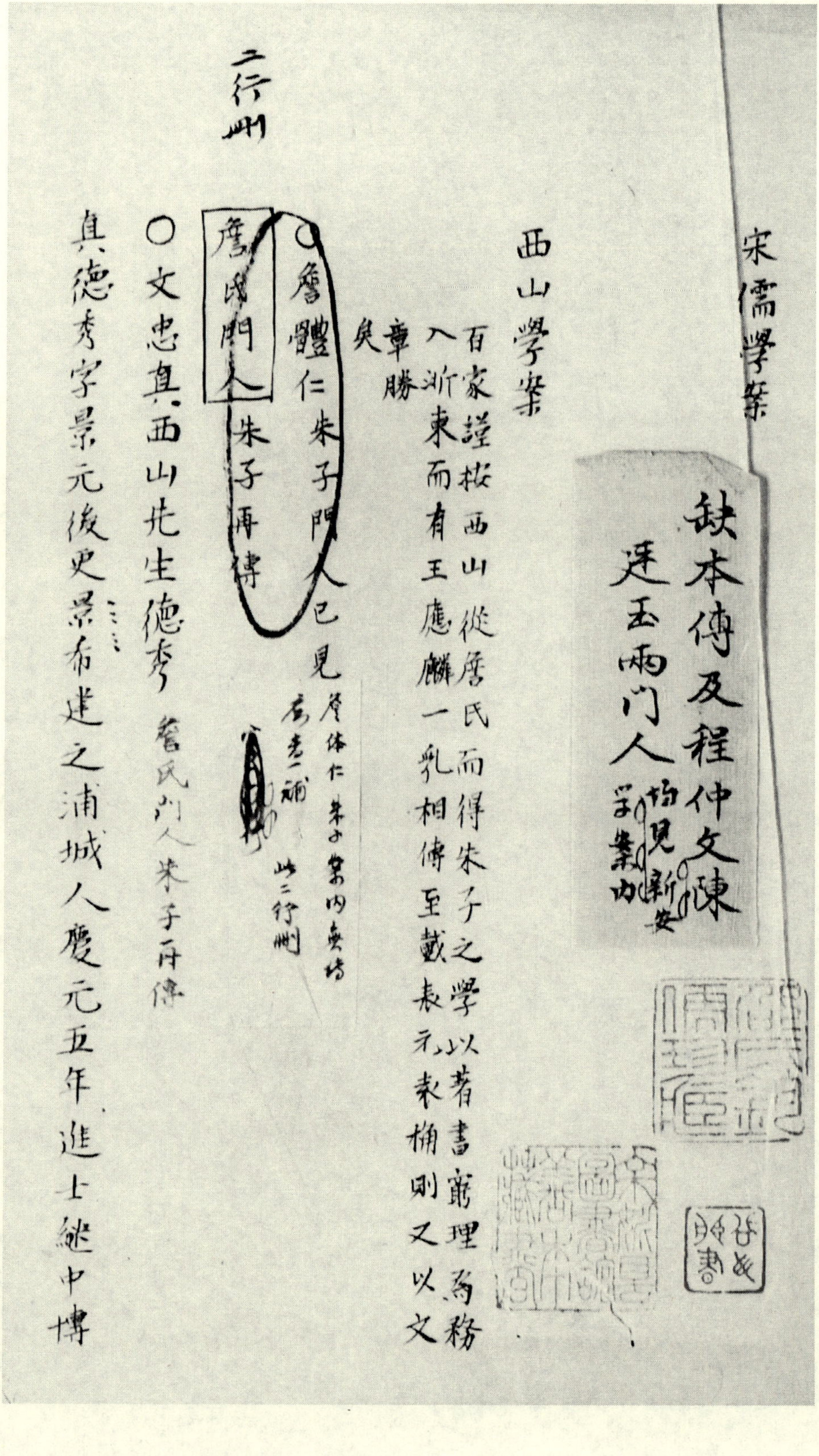

宋儒學案

缺本傳及程仲文陳廷玉兩門人 均見新安學案內

西山學案

百家謹按西山從詹氏而得朱子之學以著書窮理爲務入浙東而有王應麟一乳相傳至戴表元袁桷則又以文章勝矣

○詹體仁朱子門人已見

詹体仁 朱子案内無增 應者一補 此二行删

詹氏門人　朱子再傳

二行删

○文忠真西山先生德秀　詹氏门人朱子再傳

真德秀字景元後更景希建之浦城人慶元五年進士繼中博

學究詞科累官起居舍人兼太常少卿出為江東轉運副使歷
知泉州隆興州理宗即位召為中書舍人擢禮部侍郎史彌
遠憚之落職紹定五年起知泉州福州召為户部尚書時去國
已十年矣改翰林學士尋得疾拜參政事而卒端平二年也年
五十八謚文忠學者稱西山先生先生立朝不滿十年奏疏凡
慮數十萬言直聲震朝廷四方文士誦其文想見其采及遊宦
所至惠政深洽由是中外交頌都城人時驚傳傾動奔擁出閧
曰真直院至矣果至則又填塞聚觀不置時相益以此忌之輙
擯不用而名愈彰自韓侂胄立偽學之名以錮善類凡近時大
儒之書皆顯禁以絕之真德秀晚出獨慨然以斯文自任講習

而服行之黨禁既開而正學遂明於天下後世多其力也詹体仁傳言郡人真德秀早從其遊嘗問居官涖民之法体仁曰盡心平心而已盡心則無愧平心則無偏先生能守而行之

○○西山問答

問收其放心養其德性○德性謂得之於天者仁義禮智信是也收放心養德性雖云二事其實一事蓋德性在人本皆全備緣放縱其心不知操存是致賊害其性若能收其放心即是養其德性非有二事也

問端莊靜一乃存養工夫○端莊主容貌而言靜一主心而言蓋表裏交正之義合而言之

則敬而已矣

問學問思辨乃窮理工夫

程子曰涵養須用敬進學在致知蓋窮理以此心為主必須以敬自持使心有主宰無私意邪念之紛擾然後有以為窮理之基本心既有所主宰矣又須事、物、各窮其理然後能致盡心之功欲窮理而不知持敬以養心則思慮紛紜精神昏亂於義理必無所得知以養心矣而不知窮理則此心雖清明虛靜又只是個空蕩、的物事而無許多義理以為之主其於應事接物必不能皆當釋氏禪學正是如此故必以敬涵養而又講學審問謹思明辨以致其知則於清明虛靜之中而眾理悉備其靜則湛然寂然而有未發之中其動則泛應曲當而爲中節之和天下義理學者工夫無以加於此者自伊川發出而文公又從而闡明之中庸尊德性道問學章與大學此章皆同此意也

問零零碎碎湊合將來不知不覺自然省悟○正如曾子平日學問皆是逐一用功如三省如問禮逐些逐小小做將去積累之久一旦通悟夫子遂以吾道一以貫告之至此方知從前所為百行萬善只是一理方其積累之時件件著力到此如炊之已熟釀之已就更不須著分毫之力

問大學只說格物不說窮理○器者有形之物也道者無形之理也明道先生曰道即器器即道

兩者未嘗相離蓋凡天下之物有形有象者皆器也其理便在其中大而天地亦形而下者乾坤乃形而上者日月星辰風雨霜露亦形而下者其理即形而上者以身言之身之形體皆形而下者曰性曰心之理乃形而上者至於一物一器莫不皆然且如燈燭者器也其所以能照物形而上之理也且如床桌器也而其用理也天下未嘗有無理之器無器之理即器以求之而理在其中如即天地則有健順之理即形體則有性情之理精粗本末初不相離若舍器而求理未有不蹈於虛空之見非吾儒之實學也所以大學教人以格物致知蓋即物而理在焉庶幾學者有著實用力之地不致馳心于虛無之境也

問致知一段是夢覺關誠意一段是善惡關

言格物致知必窮得盡知得至則如夢之覺若窮理未盡見善未明則如夢之未覺故曰夢覺關好善必寔然好之如饑之必食如渴之必飲惡惡必實然惡之如水之不可入火之不可蹈如此方能盡人之道以充人之形若名為好善而好之不出於寔名為惡惡而惡之不出於寔則是為欺而已欺心一萌無往而非惡矣亦何以異於禽獸哉故曰善惡關大學雖有八條緊要全在兩節若知已至意已誠則大本已立其他以序而進有用力之地矣若知不至意不誠既無其本無往而可矣故朱文公以子二關喻之言如行軍然必須道此二重關隘方可進兵故

也

問主忠信章○

論語止言主忠信不言誠至子思孟子然後言誠蓋誠指全體而言忠信指用功處而言忠是盡於中者信是形於外者有忠方有信不信則非所以為忠二者表裏體用之謂如形之與影也心無不盡之謂忠言與行無不寔之謂信盡得忠與信即是誠故孔子雖不言誠但欲人於忠信上著力忠信無不盡則誠在其中矣孔子教人大抵只就行處說行到盡處自知誠〔之為〕則本源子思孟子則併本源發出以示人其義一也

問非鬼而祭章○

鬼神之理雖非始學者所易窮然亦須識其名義若以神示（示）鬼

三字言之則天之神曰神地之神曰示人之神曰鬼若以鬼神
字言之則神者氣之伸鬼者氣之屈氣之方伸者屬陽故為神
氣之屈者屬陰故為鬼神者伸也鬼者歸也且以人之身論之
生則曰人死則曰鬼此生死之大分也然自其生言之則自幼
而壯此氣之伸也自壯而老自老而死此又伸而屈也自其死
而言之則魂遊魄降寂無形兆此氣之屈也及子孫享祀以誠
感之則又能來格此又屈而伸也姑舉人鬼一端如此至若造
化之鬼神則山澤水火雷風是也日與電皆火也月與雨亦水
也此數者合而言之又只是陰陽二氣而已陰陽二氣流行於
天地之間萬物賴之以生賴之以成此即所謂鬼神也今人只

塑像畫像為鬼神及以幽暗不可見者為鬼神殊不知山峙川流日照雨潤雷動風散乃分明有迹之鬼神伊川曰鬼神者造化之迹又曰鬼神天地之功用橫渠曰鬼神二氣之良能凡此皆指陰陽而言天地之氣即人身之氣人身之氣即天地之氣易繫辭曰精氣為物遊魂為變人之生也精與氣合而已精者血之類是滋養一身者故屬陰氣是能知覺運動者故屬陽二者合而為人精即魄也目之所以明耳之所以聰者即精之為也此之為魄氣充乎體凡人心之能思慮有知識身之能舉動與夫勇決敢為者即氣之所為也此之為魂人之少壯也血氣强血氣强故魂魄盛此所謂伸及其老也血氣既耗魂魄亦衰

此所謂屈也既死則魂升於天以從陽魄降於地以從陰所謂各從其類也魂魄合則生離則死故先王制祭祀之禮使為人子孫者盡誠致敬以焫蕭之屬求之於陽灌鬯之屬求之於陰求之既至則魂魄雖離而可以復合故禮記曰合鬼與神教之至也神指魂而言鬼指魄而言此所謂屈而伸也

問仁字○

凡天下至微之物皆有個心發生皆從此出緣是稟受之初皆得天地發生之心以為心故其心無不能發生者一物有一心自心中發出生意又成無限物且如蓮實之中有所謂么荷者便儼然如一根之荷他物亦莫不如是故上蔡先生論仁以桃

仁者仁此之謂其中有生意才種便生故也惟人受中以生全具天地之理故其為心又最靈於物故其所蘊生意總發出便則近而親、推而仁民又推而愛物無所不可以至於覆冒四海惠利百世亦自此而推之爾此仁心之大所以與天地同量也然一為利欲所汩則私意橫生遂流而為殘忍為刻薄則生意消亡頑如鐵石便與禽獸相去不遠豈不可畏也哉今為學之要須要常存此心平居省察覺得胸中盎然有慈祥惻怛之意無忮忍刻害之私此即所謂本心即所謂仁也便當存之養之使之不失則萬善皆從此而生

問敬字○

伊川先生言主一之謂敬又恐人未曉一字之義又曰無適之
謂一適往也主於此事則不移於他事是之謂無適也主者存
主之義伊川又云主一之謂敬一者之謂誠主則有意在學者
用功須當主於一主者念念守此而不離之意也及其涵養既
熟此心湛然自然無二無　雜則不待主而自一矣不待主而
自一即所謂誠也敬是人事之本學者用功之要至於誠則達
乎天道矣此又誠敬之分也　所謂主一者靜時要一動時亦
要一平居暇日未有作為此心亦要主於一此是動時敬靜時
能敬則無思慮之患動時能敬則無舉措煩擾之患如此則本
心常存而不失為學之要莫先於此更當以胡致堂一段參觀

問顔樂○

集註所引程子三説其一曰不以貧窶改其樂二曰蓋其自有樂三曰所樂何事皆不説出顔子之樂是如何樂其末却令學者博文約禮止用功博文約礼亦有何樂程朱二先生似若有所隱而不告人者其實無所隱而告人之深也又程氏遺書有人謂顔子所樂者道程先生以為非由今觀之〔其言〕豈不有理先生非之何也蓋道只是當然之理而已非有一物可以玩弄而娱悦也若云所樂者道則吾身與道各為一物未到渾融無間之地豈足以語聖賢之樂哉顔子工夫乃從博文約禮上用力博文者言於天下之理無不窮究而用功之廣也約禮者言以禮

檢束其身而用功之要也博文者格物致知之事也約禮者克己復禮之事也內外精粗二者並進則此身此心皆與理為一從容游泳於天理之中雖簞瓢陋巷不知其為貧萬鍾九鼎不知其為富此乃顏子之樂也程朱二先生恐人只想像顏子之樂而不知實用其功雖日談顏子之樂何益於我故程子全然不露只使人自思而得之朱文公又恐人無下手處特說出博文約禮四字令學者從此用力真積既久自然有得至于欲罷不能之地則顏子之樂可以庶幾矣二先生之拳拳於學者可謂甚至不可不深玩其旨也

問語上語下

此章南軒先生之説至爲精密所當玩味所謂聖人之道精粗雖無二致者蓋道德性命者理之精也事親事長洒掃應對之屬事之粗也然道德性命只在事親事長之中苟能盡其事親事長之道則道德性命不外乎此矣但中人以下之資質若驟然告之以道德性命彼將何所從入想像億度反所以害道不若且從分明易知處告之如事親事長洒掃應對之屬皆人所易知也如此則可以循序而用力不期而至於高遠之地此聖人教人之要法也

問不由戶章○

舊説謂人之不能不由道如出之不能不由戶朱文公非之以

為世人之行不由道者多矣若如舊説則凡人所行不問是非善惡皆可以為道矣且如事親事長人〻所同也然必事親孝事長弟然後謂之道不然則非道矣此章蓋嘆世人但知出由戶而不知行必由道欲人知行不可以不由道也

又中庸道不可須臾離章龜山先生謂寒而衣饑而食出而作晦而息耳目之視聽乎〔手〕足之舉履無非道也此百姓所以日用而不知伊尹耕有莘之野而樂堯舜之道所謂堯舜之道即舉於有莘之野是已朱文公辯之曰衣食作息視聽舉履皆物也其所以如此之義理準則乃道也若便指物為道不惟昧於形而上下之別而墮於釋氏作用是性之失且使學者誤謂道無

不在雖猖狂妄行亦無適而不為道矣其害可勝言哉蓋龜山
先生以物即是道而文公以為物之則方是道正與出不由户
章意同○
（又告子曰生之謂性蓋言人之能知覺運動者即性也孟子不
然之朱文公發其義云能知覺運動者只是氣知覺運動之理
方是性告子誤認氣為性又引龜山舉釋氏語云神通并妙用
運水與搬柴以此徐行後長不知徐行後長方謂之弟疾行先
長則為不弟若謂運水搬柴便是妙用則徐行疾行皆是弟矣
此亦與前章意同大抵皆謂人於日用事物間處處當理然後
為道不可以日用事物便為道文公此説最有益於學者當參

而味之

問太極中庸之義○

下問太極中庸二條自顧淺陋何足以辱姑郎平日所讀朱文
公先生之書及嘗見所窺者略陳一二夫所謂無極而太極者
豈太極之上别有所謂無極哉特不過謂無形無象而至理存
焉耳蓋極者至極之理也窮天下之物可尊可貴孰有加於此
者故曰太極也世之人以北辰爲天極屋脊爲屋極此皆有形
而可見者周子恐人亦以太極爲一物故以無極二字加於其
上猶言本無一物只有此理也自陰陽以下則麗乎形氣矣陰
陽未動之前只是此理豈有物之可名耶郎吾一心而觀之方

喜怒哀樂之未發也渾然一性而已無形無象之中萬理畢具豈非所謂無極而太極乎以是而言則思過半矣喜怒哀樂之未發即寂然不動之時思慮一萌則已動矣故程子以思為已發此至論也朱論謂思是已發則致知格物亦是已發此則未然蓋格物致知自屬窮理工夫大凡講論義理最忌交襍今方論喜怒哀樂之發未發而以格物致知雜之則愈渾雜而不明矣來諭又恐懸空無致力處此亦未然蓋未發之時則當戒謹恐懼其將發之時則當謹其獨逐時逐節皆有用功之地惟其未發也戒懼而不敢忘將發也謹獨而不敢肆則其發自然中節矣聖賢之學所以無弊者正緣句句著實未嘗說懸空道理

且如中庸始言天命之性終是無聲無臭宜若高妙矣然曰戒謹曰恐懼曰篤恭則皆示人以用力之方蓋必戒懼謹獨而後能全天性之善必篤恭而後能造無聲無臭之境未嘗使人馳心於窈冥而不踐其實也太極圖説亦然首言無極太極次言陰陽五行亦可謂高且遠矣要其歸宿只在中正仁義而主靜之一語其於中庸戒懼謹獨之云若合符節總而言之惟敬之一字可以該也蓋戒懼謹獨者敬也主靜亦敬也學者倘能居敬以立其本而又窮理以致其知則學問之道無餘蘊矣大率此理自文公盡發其秘已洞然無疑所慮學者欲自立一等新奇之論而於文公之言反致疑焉不知此老先生是用幾年之功

另添一行　下均同　傳均頂格　舊本必○

沈潛反覆參貫融液然後發出以示人今讀其書未能究竟底蘊已先疑其說之未盡所以愈惑亂而無所明也故區區常勸朋友間且將文公四書朝夕涵泳既深造其指矣然後以次及於太極西銘解近思錄諸書如此作數年工夫則於義理之精微不患其無所見矣又必合所知所行為一致講貫乎此則必踐履乎此而不墮於空談無實之病庶乎其可矣此平生拙論如此故因垂問及之更望詳加鐫曉以補昏愚之所不逮幸甚

## 真氏門人

朱子三傳

○王埜字子文金華人嘉定十二年進士仕為潭屬真西山一見奇之延致幕下遂執弟子禮西山授以詞學先生曰所為學

於先生者義理之奧也西山益奇之累官樞密院編修官兼檢討淳祐初為兩浙轉運判官又以訪察使出視江防寶祐二年拜端明殿學士僉書樞密院事與宰相不合罷提舉洞霄宮卒贈特進

○馬光祖字華父東陽人寶慶二年進士主新喻簿見真德秀講學悅之遂執弟子禮從焉積升右曹郎官歷知處州建康臨安咸淳三年拜參知政事五年進知樞密院事以光祿大夫致仕卒謚莊敏

○金文剛字子潛休寧人用遺恩補將仕郎調潭州司戶時真西山帥潭得先生喜其端厚由是受知遂為真氏門人歷知奉新

縣通判興國軍監左藏及封椿庫出知臨江軍常德府遷太府

丞浙江提舉將作監進直龍圖閣寶祐間真魏得罪去國門

人或更名他師文剛獨音問不絶舉步出言一以西山為準

○詹淵字景憲崇安人調臨江戶曹椽江西俗尚嚚訟有數年

不決者淵一閱之皆得其情於是環十一郡之民有求質於有司

者皆請屬先生曰寧為戶曹非不願他官直

○孔元龍字季凱衢州人尚志篤學從西山遊主餘干簿後為

柯山精舍山長以宣教郎致仕年至九十手不釋卷贈太子少

師

○呂良才字賢甫從西山遊舉淳祐進士任潭州善化尉改京

秩辭歸

○呂敬伯從學於西山西山稱其有求道之志因示以入道之要佩服仁誠敬三字終身不忘

○江塤字叔文崇安縣人嘉定元年進士尉古田縣歷武剛軍司法叅軍提點刑獄檢法官知永平通判靖州知南平軍而卒先生從西山遊最久貌肅而氣和孜孜然惟講學是崇

○劉炎字子宣括蒼人真西山序其邇言曰予讀劉子邇言屢廢而嘆有問者曰劉子之言常言也子何嘆之數乎予曰子以予為玩其文詞也耶若惟文辭之玩而已則劉子固常言也夫孰知其有功於學者耶

陳均

○陳均字平甫莆田人安貧力學以累舉當奉大對不就端平初時宰言於朝下福州取其所著書賜迪功郎不受

王氏門人　朱子四傳

○王應麟字伯厚慶元府人淳祐元年舉進士從王埜受學又中博學宏詞科累官禮部尚書兼給事中入元不出學者稱為厚齋先生

百家謹按清江貝瓊言自厚齋尚書倡學者以考亭朱子之說一時從之而變故今粹然皆出於正無陸氏偏駁之弊然則四明之學以朱而變陸者同時凡三人矣史畏齋也黃東發也王伯厚也三人者學術既同矣而其倡和之言不可得聞何也厚齋著書之法則在西山真為肖子矣

附末

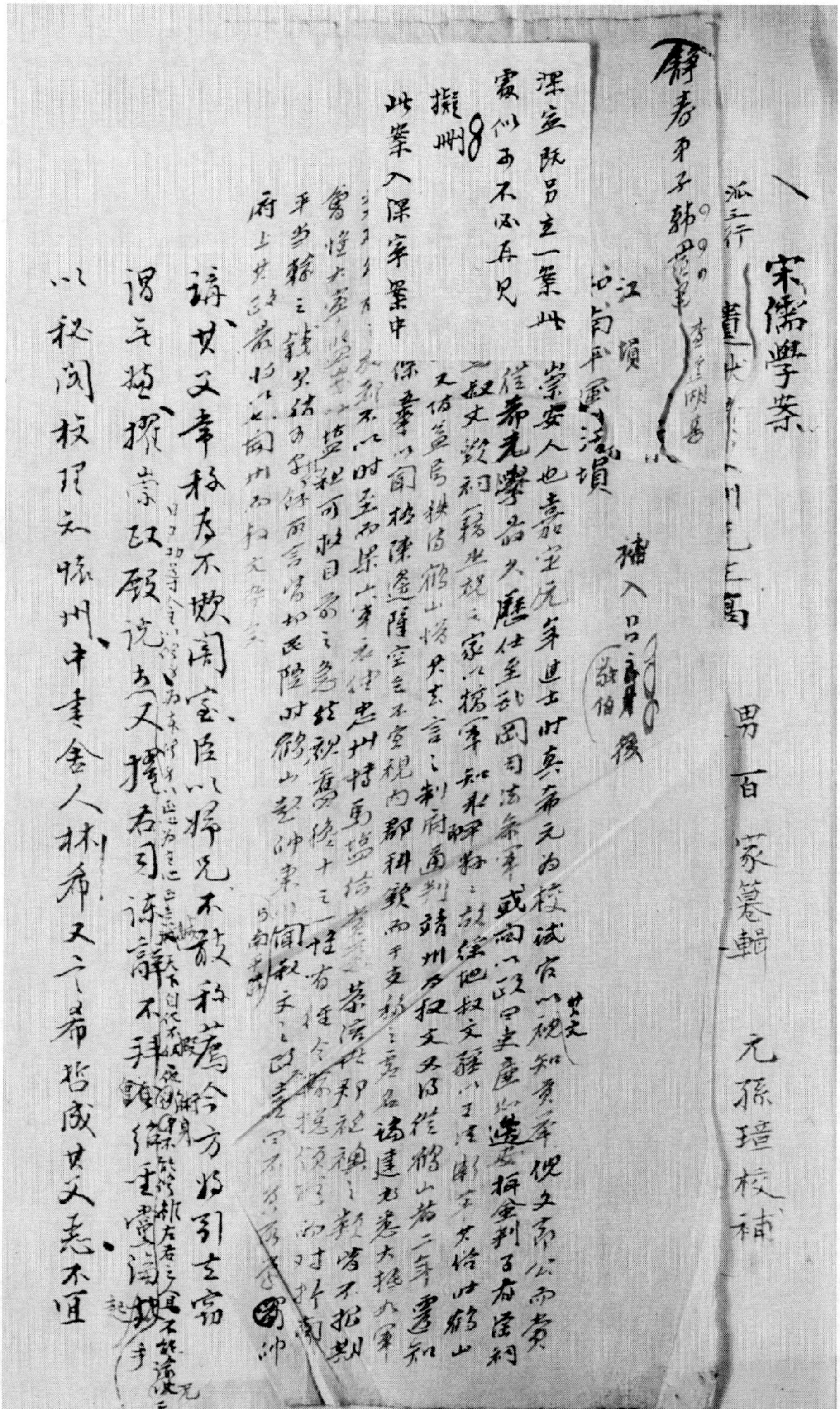
宋儒學案
男 百家纂輯

汙革職，於是但守宋秩，俄分司南京，居和州。徽宗初，召用，先生力請

外，以直秘閣知曹州，旋遭崇寧黨禍，奪職，知相州，徙邢州，罷為

宮祠，羈寓淮泗間十餘年卒。初，正獻公家居簡重寡默，不以

事物經心，而申國夫人性嚴有法度，雖甚愛先生，事事循蹈規矩。甫十歲，

祁寒暑雨，侍立終日，不命之坐，不敢坐也。日必冠帶以見長者，平居雖天

甚熱，在父母長者之側，不得去巾襪縛袴，衣服唯謹。行步出入，無得入茶肆

酒肆。市井里巷之語，鄭衛之音，未嘗一經于耳。不正之書，非禮之色，未

嘗一接於目。正獻公通判潁州，歐陽文忠公適知州，焦先生千之伯強客文

忠所，嚴毅方正，正獻招之使教諸子。時先生方十餘歲，內則正獻

與申〻 教訓如此之嚴，外則焦先生化導如此之篤，故先生德

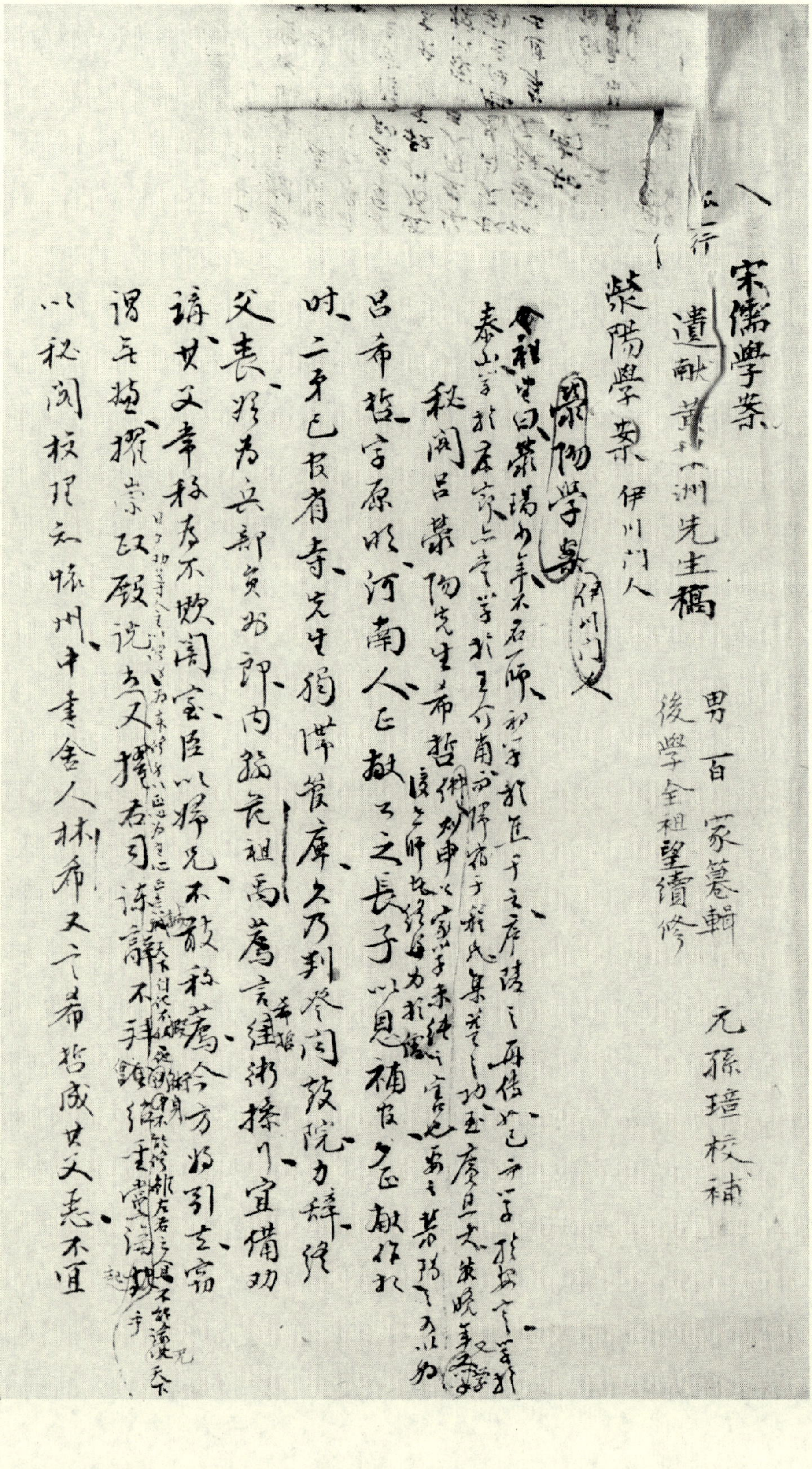

宋儒學案

遺獻黃梨洲先生稿　男百家纂輯　元孫璋校補

後學全祖望續修

滎陽學案　伊川門人

祖望謹案：滎陽少年不名一師，初學於焦千之，廬陵之再傳也；已而學於安定，學於泰山，學於康節，亦嘗學於王介甫，而歸宿於程氏。集益之功，至廣且大。然晚年又學佛，則申公家學未醇之害也。

秘閣呂滎陽先生希哲

呂希哲，字原明，河南人，正獻公之長子。以恩補官，正獻在朝時，二弟已貴顯，先生獨滯筦庫，久乃判登聞鼓院，力辭，從父表為兵部員外郎。內翰范祖禹薦言：希哲經術操行，宜備勸講，其父平生務不欺闇室，臣以歸見不敢稱薦，今方將引去，當謂年德，擢崇政殿說書，又擢右司諫，辭不拜。以秘閣校理知懷州。中書舍人林希又言希哲成其父惡，不宜汗華職，於是但守本秩，俄分司南京，居和州。徽宗初，召用，先生力請外，以直秘閣知曹州，旋遷，崇寧黨禍，奪職，知相州，徙邢州，罷為宮祠，寓淮泗間十餘年，卒。初正獻公家居，簡重寡默，不以事物經心，而申國夫人性嚴有法度，教先生事事循蹈規矩。甫十歲，祁寒暑雨，侍立終日，不命之坐，不敢坐也。日必冠帶以見長者，平居雖甚熱，在父母長者之側，不得去巾襪縛袴，衣服唯謹。行步出入，無得入茶肆酒肆。市井里巷之語，鄭衛之音，未嘗一經于耳；不正之書，非禮之色，未嘗一接於目。正獻公通判潁州，歐陽文忠公適知州，焦先生千之伯強客文忠所，嚴毅方正，正獻招之，使教諸子。時先生方十餘歲，內則正獻與申國夫人訓教如此之嚴，外則焦先生化導如此之篤，故先生德

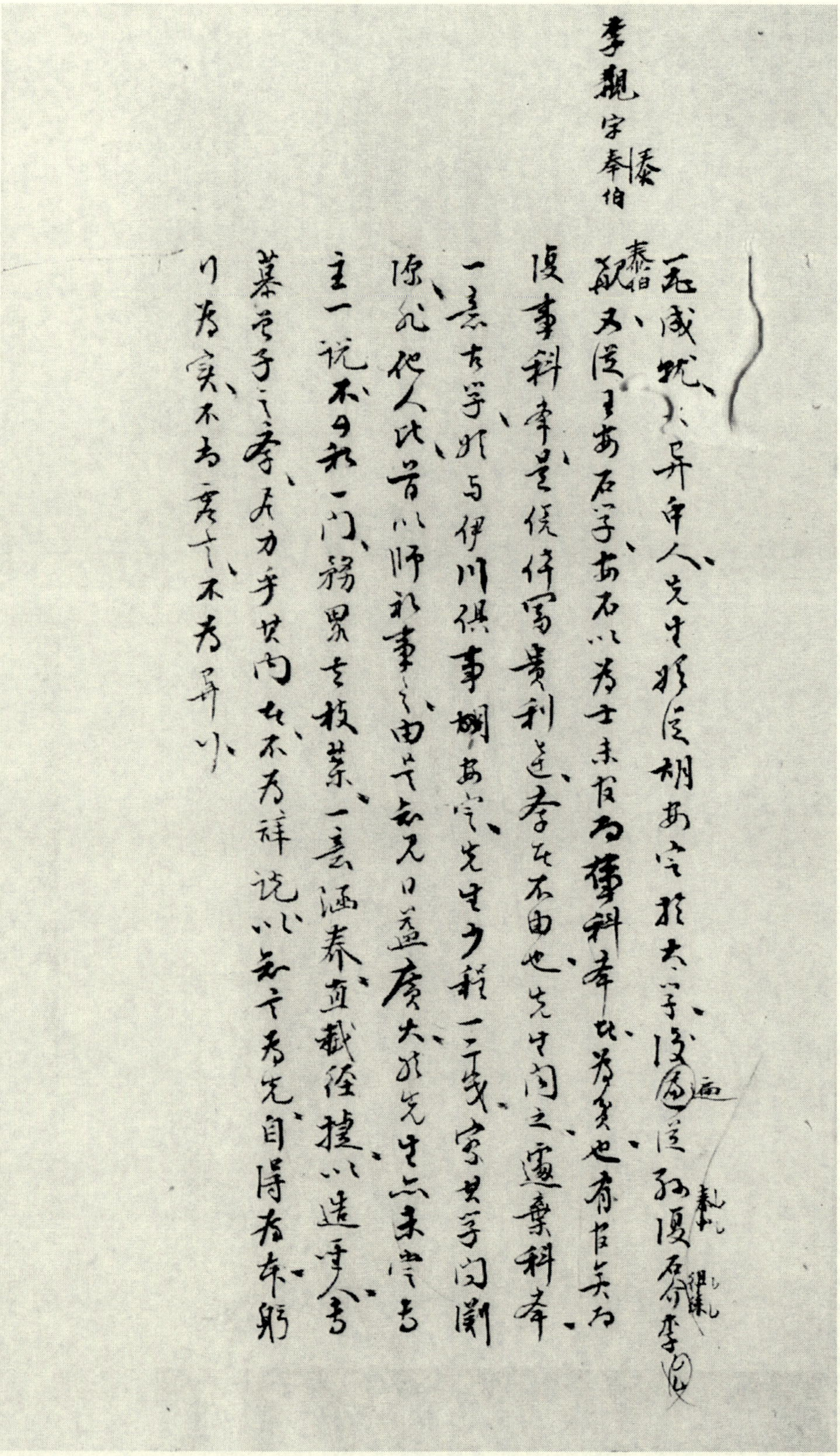

李覯　字泰伯

元成婉、小異中人、先生嘗從胡安定於太學、復從孫復、石介、李
覯泰伯、又從王安石學、安石以為士未官而事科舉、為貧也、有官矣而
復事科舉、是僥倖富貴利達、學者不由也、先生聞之、遂棄科舉、
一意古學、且與伊川俱事胡安定、先生少程一二歲、察其學問淵
源、非他人比、首以師禮事之、由是知見日益廣大、於先生亦未嘗專
主一說、不私一門、務略去枝葉、一意涵養、直截徑捷、以造聖人、嘗
言孟子之學、盡力乎其內、而不為辭說、以示天下者、先自得者本躬
行為實、不為虛文、不為異小

依二格

附錄

正獻薦用當世之士，人人有一善無不用也。嘗以數幅紙書當世之名士姓名，及可以充之官，隨便見時則以書人盡用之矣。嘗親書遺公之書云

曰：當世之善士無不用也，獨爾以是故不得用，亦命也。

陳諫議累辭未獲，薦子瞻在途，英哉謂之曰：待以就家，當以第一義，其以笑而不答。適謂范淳父曰：若辭不獲命，必以楊畏為首，時畏方在言路，以陰詐自任，頗為子瞻所厚，故及之。

晚居宿州、真、揚間十餘年，衣食不給，有至絕糧數日者，處之晏然。靜坐一室，家事一切不問，不以毫髮事託州縣。在和州嘗作詩云：除卻借書沽酒外，更無一事擾公私。閒居日讀易一爻

遇孝友之話，傳之說，與之書，隨事解釋，夜則與子孫評論古今，商確得失，久之方罷。

晚年習靜，雖驚恐顛沛，未嘗少動。自歷陽赴單守，過山陽渡橋，橋壞，轎人俱墜，浮于水，而公安坐轎上，神色不動。從者有溺死者。徐仲車先生時年幾七十矣，作我敬詩贈之，曰：我敬呂公，以其忠孝；敬之愛之，何時已之；美哉呂公，文在其中，見乎外者，古人之風。惟其忠信，神明其祉，何以祝公，多有壽者。

為郡，令不掃，齋餞魚酒犯物，及節乳蕈乳以待賓客，以減耗

贈寫先生命也

為人要識得長久之計，求方便之道。且如病中風，人口不能言

刪之

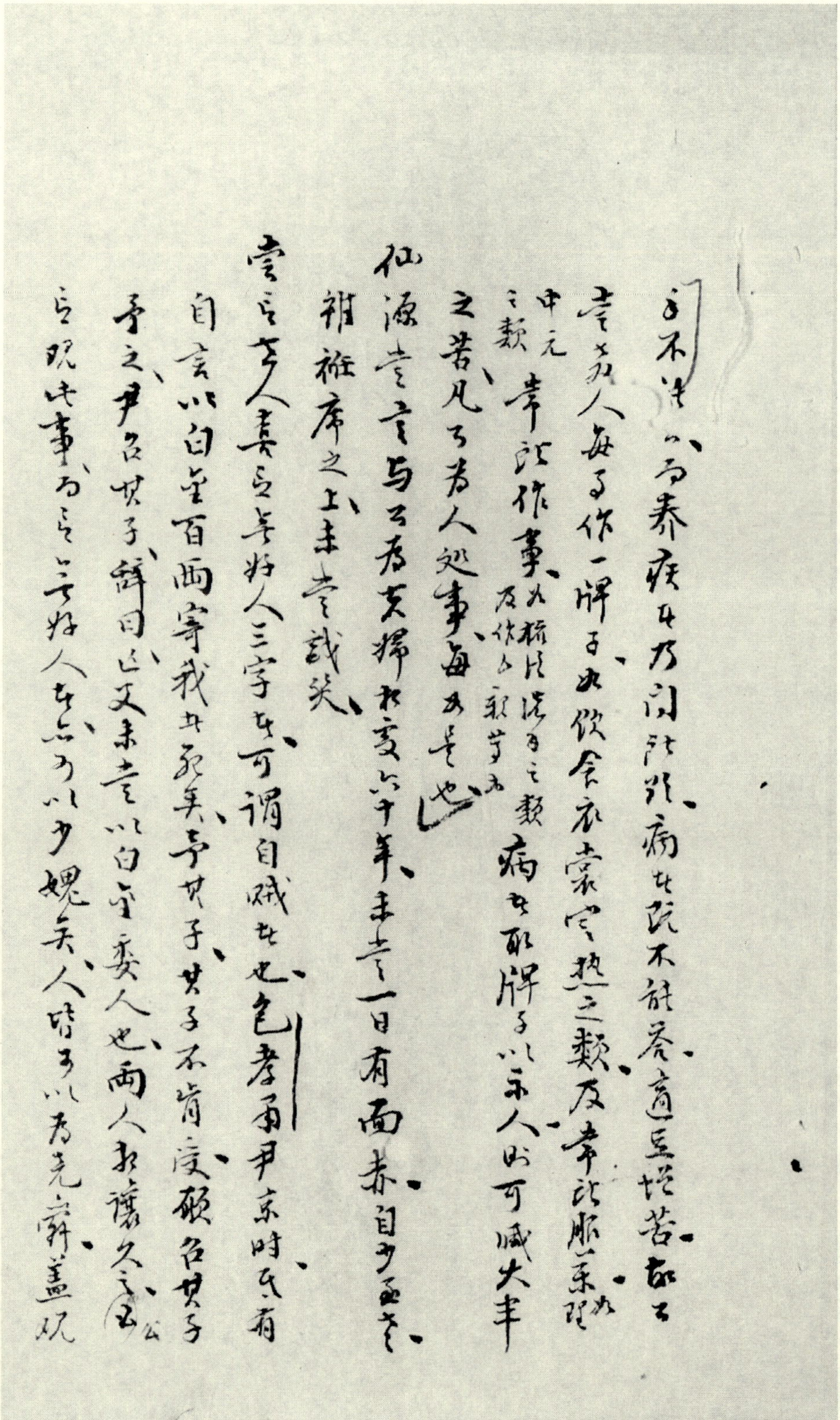

有不佳，以而養疾，久乃問語外，病甚既不能奉適，且極苦，故不

言某人每日作一牌子，如飲食衣裳寒熱之數，及常說脈一來說如
中元之數，常說作事，如稍快，或作如[illegible]之數，病甚取牌子以示人，此可減大半

之苦，凡與若人處事每如是也。

仙源言之，與之交游六十年，未嘗一日有面赤，自少至老，

雖衽席之上，未嘗戲笑。

嘗言世人喜言無好人三字者，可謂自賊者也。包孝肅尹京時，民有

自言以白金百兩寄我者死矣，其子不肯受，願召其子

予之。尹召其子，辭曰：亡父未嘗以白金委人也。兩人相讓久之。公

言：觀此事，而言無好人者，亦可以少愧矣。人皆可以為堯舜，蓋觀

於此可見矣。

又云後生初學且須理會氣象，氣象好時百事自當。氣象是辭令容止輕重疾徐足以見之矣。不惟君子小人於此焉分，亦貴賤壽夭之所由定也。

又記攻其惡無攻人之惡，蓋自攻其惡，日夜自點檢，絲毫不盡即不慊于心矣，豈有工夫點他人邪。

又云凡與交游書問，其父祖知名於世者，須避其名諱。凡作書須緩思及，書之於几，務令心不亂，子與故舊款接，一生未嘗犯其祖父諱。

或問子云小人於罪辱，當何以處之，曰上焉者知人與己本

一、何者為學？何者為道？自然無怨心也。下手處且自思曰：我是何等人？彼是何等人？莫是替他卻與之人等也。如此，自覺無心，亦自消也。

朱子曰：呂氏家傳，深有警悟人處，前輩涵養深厚乃如此。但其論學殊有病。如云不主一門，不私一說，則博而雜矣。直截徑捷，以造聖人，則約而陋矣。舉此二端，可見其本末之皆病。此所以流於異學而不自知其非耶。而作此傳者，又自有不可曉者。如云雖萬物之理，本末一致，而必於有為此類者，亦不知其何等語。又義例不明，雖或同時論人，或名或字，所褒所貶，皆不可考。至如莊子則前字後名，尤無所據。其手與同傾，故文字亦多

之而發，所罕及論佛老，尤而駁歟，程門弟子方許只而尺
儒者與釋氏不同處，而呂子于程氏意外直造聖人，其
平生之力，乃反以佛與聖人合，豈不惜哉！夫以其資
質之粹美、涵養之深厚如此，猶且不叛于道，而為寂滅所轉錯誤
如此，流傳于世，使其志於道而未知所擇者，坐為所誤，豈非
莠之亂苗，紫之亂朱而已。

另一頁照抄
第二行低二格
双行入祖望謹
案云云見董
蒙訓本O

# 紫微學案

內翰呂紫微先生本中　原稿之傳

呂本中，初名大中，字居仁，其先東萊人，自文靖公始家京師。父好問以資政殿學士封東萊郡侯

正獻公之曾孫，以補假承務郎，紹聖間，黨事起，追貶正獻，先生亦坐焉。

元符中復官，政和五年調真仁濟陰簿，繼為泰州士曹，丁母憂，

吉除大名路帥辟，宣和六年除樞密院編修官，靖康初遷職方

員外郎，紹興六年自直祕閣主管崇道觀召赴行在，特賜進士出身，

擢起居舍人，兼權中書舍人，七年上幸建康，先生奏曰：當今之計

必先為恢復事業，求人才，恤民隱，寬刑政，開言路，以後練兵謀

帥，增師上流，固守淮甸，伺彼之釁，一舉可克，若邦本未強，恐生

他患。引疾乞祠，直龍圖閣，知台州，不就，主管太平觀，召為太常少

邪。八年，遷中書舍人，又兼權直學士院。初，先生與秦檜同為郎，意驕甚，秦又先生之所薦御史也。趙忠簡罷相，然先生名亦大歛。先生之出，將由擬也。趙秦交惡，為右者換論議，多不諧，秦于是專擅之意，乃援不附己者，先生為陳同人于野之象，秦不於之又力攻不可復用。欽定，除目下，先生即奏還之，於是秦益忌，卒不從。會實錄成，忠簡除特進，先生草制有曰：合晉楚之成，不若尊王而賤霸；散牛李之黨，未如明是而去非。檜大怒，言於上曰：本中受鼎風旨，伺和議不成，為脫身之計。風御史蕭振劾罷與祠。卒于上饒，年六十二。學者稱為東萊先生。所著有春秋集解、童蒙訓、師友淵源錄行于世。子祖謙、祖儉。

章山洲

## 呂本中

### 童蒙訓

祖望按紫微所作莫切要于童蒙訓一書其所述諸大儒言行多已采入諸學案其未盡者列于此卷而官箴見于成公集者亦備引之

學問當以孝經論語中庸大學孟子為本熟味詳究然後通求之詩書易春秋必有得也既自做得主張則諸子百家長處皆為吾用

叔父舜從既與東萊公從當世賢士大夫游嘗訓子弟曰某幸從賢士大夫游遇相推重然某自省所為才免禽獸之行而已未能使合人之理也何得遇相與耶前輩自警如此

李公擇尚書嘗與滎陽公講論行己須先誠實只如書帖言語

之類不情謬敬盡須削去如未嘗瞻仰而言瞻仰未嘗懷渴而言懷渴須盡去之以立其誠

伊川嘗言今僧家讀一卷經便要一卷經中道理受用儒者讀書却只閑讀了都無用處

近世晁故家惟晁氏因以道申戒子弟皆有法度羣居相處呼外姓尊長未有敢舉其字者其餘皆不能如是

此條已見元城案
去之

劉公器之嘗為予言馮當世宣徽稱呂寶臣樞密善稱停事每事之來必稱停輕重莫使有偏事經其處畫者無不允當稱停二字最吾輩當今所宜致力寶臣惠穆公也

後生學問且須理會曲禮少儀儀禮等學洒掃應對進退之事

有存之

及夜先理會爾雅訓詁等文字、然後可以語上下學而上達、自此脫
然有得、自然度越諸子也、不如此則是躐等、犯分陵節、終不能
成
滎陽公嘗言少時與叔祖同見歐陽公、至客次、與叔祖商議見
歐陽公叙分訂交之語及見歐陽公既叙氣分即端立受拜
如當子姪之禮公退謂叔祖曰觀歐陽公禮數乃知吾輩不如
前輩遠矣
仲父舜從守官會稽或譏其不求知者仲父對曰勤于職事其
他不敢不慎乃所以求知也此語甚好
本中往年每侍前輩先生長者論當世邪正善惡是〻非〻無

不精盡至于前輩行事得失文字工拙及漢唐先儒解釋經義後生敢略議疵之者必作色痛裁所之曰先儒得失前輩是非豈後生所知蓋前輩專以風節為己經其于褒貶取予甚嚴故其所立實有過人者近年以来風節不立士大夫節據一日不如一日

夏庚文旌字節夫京師人年長本中以倍稱及與之文崇寧初台任諸州教授學制既盼即日尋醫去後任西京幕官罷任當改官以舉將安惇也卒不改官浮沉京師至死不屈唐文恕字處厚崇寧初知荊南縣新法既行即致仕不出者幾三十年范正平字子夷忠宣公當國子夷是時官當入遠不肯用父思

例非移近授遠地後為祥符尉當紹興初與中貴人爭打量
地界不合得罪去劉丈跂字斯立其弟蹈皆莘老子以文學知
名自處約甚人不知其為宰相子也汪革信民政和間諸公薦
聞其名除國博欲漸用之竟辭不受謝逸無逸以八行薦聖却
之諸公皆卓然自立不愧古人尔来流俗不復以此為貴矣
崇寧初本中始问楊中立見生于關止叔治正炸稱先生學有
自得有力量常言人所以畏死者以世皆畏死習以成風耳如
皆不畏則亦不畏也凡此皆講學未明知之未至而然
李公擇每令子婦諸女侍側為説孟子大義一
唐充之廣仁每稱前輩説後生不能忍詬不足為人

陳公瑩中閩人也而專主非人以北人可有為南人輕險易變必不可以有為

待制林祖都不說變云既妄也何用說為

龔彥和夬僉判瀛州與第大壯同行大壯尤特立不群曾子宣帥瀛欲見不可得一日經過彥和邀其出不可辭也遂相見即為置酒從容終日子宣詩云自慙太守非何武得向河間見兩龔近日貴人如子宣之下士亦難及也彥和為御史力勸其蚤求罷彥和遂去大壯不幸早卒

張才叔庭堅專務以直道進退不求苟得

滎陽公嘗言侯叔獻可比趙清獻正獻公曰清獻自守一世方

成就如此後生有多少事豈可比前輩既而叔獻果建水事求進正獻公為樞副年六十餘矣嘗問太僕寺丞吳傳正安詩已之所宜修傳正曰無敝精神于塞淺滎陽公以為傳正之對不中正獻之病正獻清淨不作為病于太簡本中思之傳正公所獎進年財三十餘而公猶相講究切磋後來所無也不必問其答之當否

正獻公每時節必問諸生有作進益

明道先生言人心不同如其面不同者皆私心也至于公則不然

滎陽公嘗大書治人事天莫若嗇此養生家言然事事保慎常

令有餘持身保家安邦之道不越于此不止養生也

元祐末叔祖待制坐元祐黨人貶道州未至先遣人僦屋兩間時公挈家往既至屋陋窄甚更葺一間以公狀申郡守不敢往見時上皇即位已議褒用韓原伯川先貶道州公以俱在謫籍不敢相見已而俱復官而從原伯先受命來見公亦不敢與先見以為未受復官命也前輩慎事如此

崇寧間張公芸叟既貶復歸閑門自守不交人物時時獨遊山寺芸稚輕道服躡一羸羸馬盱至從容飲食一甌淡麪更無他物人皆服其清惪

張湛者宋東京畿人官衢州陳公瑩中為守禮遇獨異衆人

琪感之而不曉獨所以獨异之意崇寧中琪官宿州諸貴人招致之琪感悟公意終不肯蓋琪之為人賢而差弱陳公異待之者欲以堅其節而琪終能自守前輩成就人委曲如此教亦多術矣

國語公父文伯之母分別沃土瘠土之民以為聖王勞其民而用之左傳亦言民生在勤以此知勤勞者立身為善之本不然萬事不舉細民能勤勞者必無凍餒之患嬾惰者必有饑寒之憂然則後生處身居業可不以勤勞為先乎

張才叔庭堅貶象州所居屋才一間以箔隔之家人處箔内才叔處箔外上漏下濕躡履端坐了無猒色卻志完嘗稱曰是天地

門和氣薰蒸所成欲往相近先覺和氣蒸人才料盖師法豊相

之也○龔彥和夬貶化州徒步逕往以扇乞錢

滎陽公嘗榜文中子數語于家中壁上曰子之室酒不絶注曰

用有節禮不缺也

范子夷能世其家嘗言其家學不卑小官居一官便思盡心治

一官之事只此便是學聖人也若以為州縣之職徒勞人耳非

所以學聖人也

萬物皆備于我反身而誠富有之大業至誠無息日新之盛德

也

徐仲車嘗教門人多于空中書一正字且云于安定處得此一

龔另行

字用不盡

范辨炑說太學長貳博士居此任此者皆利于養資者求外進也為之學者生皆利于歲月應舉也上下以利相聚其能長育人材乎此于本亦已錯更不須言也

范子夷說其祖作外任官時與京中人書戒其慎勿竊論曲直取小名受大禍不比任言官也相見正當論行己立身之事

仲尼聖人也才作陪臣顏子大賢也簞食瓢飲後之人不逮孔顏遠矣而常嘆仕宦不達何愚之甚

為事須由衷若矯飾為之不免有變任誠雖時有失亦不覆藏使人不知但改之而已二條皆子夷說

宿州高朝奉述伊川先生嘗說義者宜也知者知此者也禮者節文此者也皆訓詁得盡惟仁字古今訓詁不盡或以為仁者愛也愛雖仁之一端然喜怒哀懼愛惡欲情也非性也故孟子云仁者人也

吳牀揚曰字說詩字從言從寺謂法度之言也詩本不可以法度拘若必以法度言然則侍者法度之人峙者法度之山痔者法度之病也不知此乃諧聲

陳端誠曰易須是說到可行處方可

立節非一朝一夕所能為蓋在平日之所養也李自明云此事關時說甚要在臨時要執得定嘉祐以前以言事被責為榮一

諫官以言被責時兼判國子監乃與諸生往賀烏既見顏色慘沮殆不能語昔人尚如此

莊子曰道之真以治身其緒餘土苴以治天下國家曰是不然禮記曰誠者非獨成己也將以成物獨善一身之道乃兼善天下之道但行之有先後耳若以莊子為我之說爲在其學聖人也

世之學者忘近而趨遠忽卑而升高虛詞大言行不違實雖始就學則先云言不必信行不必果達節行權由仁義行而不知言必信行必果守節共學行仁義之為先務也故修其身者荒唐謬悠之說施于事者顛倒雜亂而卒無所正也　以下見成公文集

紫薇子下六是紫說

以下方停宗紫

一郭紫

王輔嗣云安身莫若無競修己莫若自保守道則福至求祿則
辱至實法言也
劉文器之與顏夷仲石子植韓攜則及予相約暮年同城而居以
便講習之益
當官之法惟有三事曰清曰慎曰勤知此三者可以保祿位可
以遠恥辱可以得上之知可以得下之援然世之仕者臨財當事
不能自克常自以為不必敗持不必敗之意則無所不為矣然
事常至於敗而不能自已故設心處事戒之在初不可不察借
使役用權智百端補治幸而得免所損已多不若初不為之為
愈也司馬子微坐忘論云與其巧持于未窮若拙戒于初此天

下之要言當官處事之大法用力簡而見功多者無如此言者
人能思之豈復有悔吝耶
事君如事親事官長如事兄與同僚如家人待羣吏如奴僕愛
百姓如妻子處官事如家事然後為能盡吾之心如有毫末不
皆吾心有所未盡也故事親孝故忠可移于君事兄弟故順
可移于長居家理故事可移于官豈有二理哉
當官處事常思有以及人如科率之行既不能免便就其間求
其所以使民便就其間求其所以使民省力不使重為民害其
益多矣
不與人爭者常得利多退一步者常進百步取之廉者得之常

此条并案俱存
○者已入東萊学案　以下俱合入官箴
存
紫語另抄行紙
二格

過其初約于今者必有重報于後不可不思也惟不能少自忍者必敗此實未知利害之分賢愚之別也

存

予嘗為泰州獄掾顏夷仲以書勸予治獄次第每一事寫一幅相戒如夏月問罪人早間在西郡晚間在東廊以避日色之類又如獄中遣人勾遣之類必使之畢此事不可更遣別人恐其受賄已足不肯畢事也又如監司郡守嚴刻過當者須平心定氣與之委曲詳盡使之相從而後已如未肯從再當如此詳盡其不聽者少矣

存

當官之法直道為先其有未可一向直前或直前反敗大事者須用馮宣徽惠穆公秤停之說此非特小官然也為天下國家當

存

紫語另以行低二格

下之要害當官處事之大法用力簡而見功多者無如此言人能思之豈復有悔吝耶

事君如事親事官長如事兄與同僚如家人持羣吏如奴僕愛百姓如妻子處官事如家事然後為能盡吾之心如有豪末不至皆吾心有所未盡也故事親孝故忠可移于君事兄弟故順可移于長居家理故事可移于官豈有二理哉

當官處事常思有以及人如科率之所既不能免便就其間求其所以使民便就其間求其所以使民省力不使重為民害其益多矣

不與人爭者常得利多退一步者常進百步取之廉者得之常

存

過其初約于今者必有重報于後不可不思也惟不能少自忍者必敗此實未知利害之分賢愚之別也

存

予嘗為泰州獄掾[椽]顏夷仲以書勸予治獄次第每一事寫一幅相戒如夏月間罪人早間在西廊[西府]晚間在東廊以避日色之類又如獄中遣人勾遣之類必使之畢此事不可更遣別人恐其受賄已足不肯畢事也又如監司郡守嚴刻過當者須平心定氣與之委曲詳盡使之相從而後已如未肯從再當如此詳盡其不聽者少矣

當官之法直道為先其有未可一向直前或直前反敗大事者須用馮宣徽惠穆[公]秤停之說此非特小官然也為天下國家當

知之

范侍郎育作庫務官隨人箱籠只置廳上以防疑謗凡若此類皆守己所宜詳知也

當官既自廉潔又須關防小人如文字曆引之類皆須明白以防中傷不可不至慎不可不詳知也

當官者難事勿辭而深避嫌疑以至誠遇人而深避文法如此則可以免禍

存

前輩嘗言小人之性專務苟且明日有事今日得休且休當官不可徇其私意忽而不治

徐丞相擇之嘗言前輩盡心職事仁廟朝有為京西轉運

使者一日見監竈官問曰所燒柴凡幾竈曰十八九竈曰吾所見者十一竈何也竈官愕然蓋轉運使者晨起望竈中所出煙幾道知之其盡心如之此

存

當官者詳讀公案則情偽自見

當官者凡異色人不宜與之相接巫祝尼媼之類尤宜踈絕要以清心省事為本

存

後生少年乍到官守多為猾吏所餌不自省察所得毫末而一任之間（闌）不復敢舉動大抵作官者（嗜）利所得甚少而吏人所盜不貲矣以此被重譴良可惜也

存

當官者先以暴怒為戒事有不可當詳處之必無不中若先暴

存

怒只能自害豈能害人前輩嘗言凡事只怕待〻者詳處之謂也蓋詳處之則思慮自出處不能中傷也

嘗見前輩作州縣或獄官每一公事難決者必沉思靜慮累日忽然若有得者則是非判矣是道也唯不苟者能之

處事者不以聰明為先而以盡心為急不以集事為急而以方便為上

孫思邈嘗言憂于身者不拘于人畏于己者不制于彼慎于小者不懼于大戒于近者不侮于遠如此則人事畢矣實當官之要也

同僚之契交承之分有兄弟之義至其子孫亦世講之前輩嘗

以此為務令人知之者蓋少矣又如舊舉將及舊嘗為舊任按察官者後官雖在上前輩皆避坐下坐風俗如此安得不厚乎

叔曾祖尚書當官至為廉潔蓋嘗市縑帛欲製造衣服召當行者取縑帛使縫匠就坐裁取之即還所直錢與所剩帛就坐中還之

滎陽公為單州凡每月所用雜物悉書之庫門買民間未嘗過此數民皆悅服

閔絀正以獲盜法當改官曰不以人命易官終不就官可謂精矣然恐非通道或當時所獲盜有情輕法重者止叔不忍以此被賞也

當官取傭錢船家錢之類多為之程而過受其直所得至微而所喪多矣亦殊不知此數亦吾分外物也

當官者前輩多不敢就上位求薦章但盡心職事所以求知也心誠盡職求之雖不中不遠矣未有學養子而後嫁者也當官遇事以此為心鮮不濟矣

當官趋事務合人情忠恕違道不遠觀于己而得之未有舍此二字而能有濟者也嘗有人作郡守延一術士同處書室後術士以公事干之大怒叱下竟致之理杖背編置招延此人已是犯義既與之稔熟而干以公事亦人常情也不從之足矣而治之如此之峻似絕滅人理

所

嘗謂仁人所處能變虎狼如人類如虎不入境不害物蝗不傷稼之類是也如其不然則變人類如虎狼凡若此類及告訐中傷謗人欲置於死地是也

唐充之廣仁賢者也深為陳鄒二公所知大觀政和間守官蘇州朱氏方盛充之數刺譏之朱氏深以為怨傳致之罪劃器之以為充之為善欲人之見知故不免自異以致禍患非明哲保身之謂

當官大要直不犯禍和不害義在人消詳斟酌之爾然求合于道理本非私心專為己也

當官處事但務着實如塗擦文書追改日月重易押字萬一敗

露得罪及重亦非所以養誠心事君不欺之道也百種姦僞不如一實反覆變詐不如慎始防人疑衆不如自慎智數周密不如省事不易之道事有當死不死其詬有甚于死後亦未免死當去不去其禍有甚于去者後亦未必得安世人至此多惑亂失常皆不知輕重義之分也此理非平居孰講臨事必不能自立不可不預思古之欲委質事人其父兄日夜以此教之矣中材以下豈臨事一朝一夕所能至哉教之有素其心安焉所謂有所養也

忍之一字衆妙之門當官處事尤是先務若能清慎勤之外便行一忍何事不濟書曰必有忍其乃有濟此處事之本也諺曰

存

案乃行低二格

忍字事敵災星少陵詩曰忍過事堪喜此皆切於事理為世大法非空言也王沂公嘗說喫得三斗醋方做得宰相蓋言忍受得事也

劉器之建中崇寧府初知潞州部使者觀望治郡中事無巨細皆詳考然竟不得毫髮過雖過往驛券亦無違法予者部使者亦歎伏之後居南京有府尹取兵官白直點磨他寓居無有府不借禁軍者獨器之未嘗借一人其廉慎如此

故人龔節亨彥承嘗為予言後生當官其使令人無乞丐錢物處即此職事可為有乞丐錢物處則此職事不可為蓋言有乞丐錢物處多陷主人以利或致嫌疑也

范忠宣公鎮西京日嘗戒屬官受納租税不要令兩頭探謂不要令人户探官員來否以致等候受納官員不要探納者多少然後入場此謂兩頭探但自絶早入場等人則自無人户稽留之弊

祖望謹案先生歷從楊游尹諸大儒之門而在尹氏為最久故黎州先生歸之尹氏學案愚則以為先生之家學在多識前言往行以畜德蓋自正獻以來所傳如此原明再傳而為先生雖歷登楊游尹之門而所守者世傳也先生再傳而為伯恭其所守者亦此傳也故中原文獻之傳獨歸呂氏其餘大儒弗及也尹氏之跡履寧有間然但先生終自傳其家學耳故愚別為先生列一學案以上紹原明下啓伯恭焉

低二格

8

## 附錄

自少講學，即聞父祖之論，又與諸君子居，多所接，葉、陶、李之言云：崇師、主善為師，其論家要。又謂學者當先究孝悌論語中庸大學，然後遍求諸書，必有得矣。從游楊、尹、游、劉安世、陳瓘之門，講益多之，學問端緒深遠，蓋以此。

六年，吳郡請遷駐建康，其論自古創業中興，必有根本之地，以制四方之地，必有根本之兵，以制四方之兵。今欲仰以為根本之地者，不過兩浙江東福建而已，然而諸路凋殘，民力已困。欲仰以為根本之兵者，禁衛是也，而單弱不可用。今令大臣廣選才略兼長二三之要，可分力以之

當直監階州食草場，以贓獲罪，監之。奏曰：近歲長吏犯贓，多
抵極罪，且既名士人，行法之際，宜可計通。況四方之遠，或有枉
濫，何由辨之。若遽施此刑，異時察其非辜，雖欲悔之，亦無及矣。
又此刑既用，臣恐後世不幸奸臣弄權，必且借之以及士大夫，使
國家此刑不絶，則紹聖以來，險人竊柄，搢紳遭此殆無遺類矣。
願酌處常罰，以稱陛下仁厚之意。疏再上，從之。
紹興年建康府上疏言：當今之計，必先為根本之業，乃可規恢為動。
蓋但有其志而無其業，恐益能惠。今江南二浙科須實繁，閭
里告病，尤當戒謹，仍有水旱五德之災，姦宄竊發，未審何
以待之。

復請于九江、鄂渚、荆南諸處，各宿師旅，臨以重臣，亟如孫氏
以來名將，皆以西陵建平爲國之藩表。今二處正在荆峽間，
當精擇守臣，假之權柄，以待緩急，則江南自守之計差
爲備矣。

論任人當別邪正，邇來建言用事之臣，稍稍有私見不主正
說，元祐紹聖，混爲一途，其意皆有所在，若不早察，必害
政体。

王以切直忤柄臣，一斥不得復用，當在人多爲之戚，而王方且深居
讀書之安，其視拂抑擯棄，爲士之常，初不以介意也。
王范蘊閣學，以謂其篤誠意充積，表裏無間，與人出付不易。

所之蘊非莫見其奧慍乎日學問以窮理為本卓然高遠不可企及

紫薇門人

## 宗正林拙齋先生之奇 原稿有傳

林之奇字少穎侯官人甫冠從學於呂本中登紹興進士調莆田尉除長汀尉召為秘書正字轉校書郎時欲用三經義先生亟請罷斥王氏之三經謂之王氏之罪係於學術正孔孟所謂邪說詖行淫詞之不可訓者也或作舍人甫促先生作書抵當路言久未畏戢人情日常在眾殆為之氣宜亟懲乎戢則其權常在我矣以痺疾乞外由大宗正丞提舉閩舶奉祠家居呂祖謙同之受學卒年六十有五有書春秋周禮說論孟楊子講義道山記聞行世

○林之奇字少頴福之候官人吕居仁本中入
閩先生甫冠從之受業中紹興二十一年進士
第調莆田主簿改長汀尉召為秘書省正字校
書郎朝廷欲令學者參用王氏經義先王上言
王氏三經率為新法地昔人以王何清談之罪

深於桀紂靖康禍亂王氏實負王何之責邪說

淫亂不可爲

拙齋紀聞

嘗問尹和靖日用下工夫處和靖曰須求喜怒

哀樂未發以前底心少蓬曰如今才舉便是發

了如何求得未發之心和靖曰只如吉甫未發

意來相見時豈有許多事才舉意來路中乘轎

來相見喫茶喫湯如此類求之

司馬牛問仁問君子兩次未達此非能領解者

然亦可謂善問蓋世亦有一種不言不語的人豈可一槩謂之仁亦有一種愚戇直行之人豈可一槩謂之君子故孔子遂告以為之難内省不疚

論語一部聖人之心體在是須是不釋手看始得

雖欲從之末由也已全體是自已更有什麼從

无妄卦曰无妄之往何之矣无妄矣更有什麼往

易理無非自然三百八十四爻此是一年日数

盖連閏也

陳魯山云應二十八宿所直日遇月宿多作雨

心月狐危月燕畢月烏張月鹿予因悟月離於

畢俾滂沱矣之意

革巳日乃孚言其卦兑上離下離為日在兑下

日已西矣故為巳日之象

謝夫人謂安石曰何不教兒安石曰我常自教

兒此語甚好然未必能行朞喪不輟音樂携妓

遊東山此豈可以教兒
覬幾道云天乃錫予洪範九疇彝倫攸叙禹之
所以能叙彝倫者由其治水能順天地生數之
順爲觀其冀州既載蓋始於此北方乃始及兖
青徐又次及荆揚乃及豫然後梁雍終焉蓋自
北而東自東而南乃及于中而終以西北其順
如此所以爲叙彝倫
胡文定嘗言讀繫辭須是都將做易看不可汎
說且如寂然不動感而遂通天下之故才說性

本寂然感之斯通便氾濫須於易中求之四十九筮蓍當其未揲時固寂然矣問焉以言其受命也如響豈非感通乎無有師保如臨父母讀易時其心自然肅敬非有以使之也其餘皆然互體亦豈可不信如歸妹互體為泰而泰五爻有帝乙歸妹之語歸妹之義有天地不交之語此類可見

漢上叢說云反觀吾身乾坤安在哉善端初起者乾也身行之而作成其事者坤也人皆有善

端不亦易知乎行其所知不亦簡能乎飢而食渴而飲晝作而夜息豈不簡且易哉以此推之天下未有不知而作者也

張安國言其父嘗教之云世間如貪鄙刻薄等事須常常把做一大罪過看不可有分毫放過處才慣了便只把做常事看

前輩云疑字悔字皆進學門户學者須是疑是悔於道方有所入

學者到得臨利害處放倒做是他原不曾有立

若定有所立如何放得倒

前輩所立規摹不可輕雖細事變之亦有其害

凡觀人之術無他但作事神氣足者不富貴即

壽考

伯充問學道緊要處於和靖和靖曰只要閑邪

存誠他日又問亦曰閑邪存誠而已他日又問

和靖正色責之曰以要許多言語做甚只待要

資談柄若只恁做將去自然有所入

喻居中云詩尚不愧於屋漏室西南隅謂之奥

尊者所居也東北隅謂之屋漏去尊者最遠人之常情去尊者遠則必有實，此不愧屋漏所以謂戒謹之至

易先甲三日後甲三日先庚三日後庚三日蓋十干除戊己不在四時循環之列惟以甲乙丙丁庚申壬癸爲四時之序甲陽之始庚陰之始先甲後甲三日皆庚也先庚後庚三日皆甲也甲後乙丙丁爲庚庚後辛壬癸爲甲皆隔三日俗云久雨不成但看甲庚蓋此二日陰陽之始

故必有變易

伯允嘗作小詩道其欲學問之意貼壁間舍人

見之曰莫只做説話了

○○李樗（李樗 樗林）字若林閩縣人與兄楠俱有盛名自號

迂仲並以鄉貢不第早卒臨終謂林少頴曰空

still一遭勉齋嘗稱之曰吾鄉之士以文辭行義

為學者宗師李若林其傑然者也所著有毛詩

詳博引諸説而以己意斷之學者亦稱為三山

先生于少頴為外兄林李出也

呂大器

○呂大器字治先弸中子累官尚書倉部郎東萊之父也兄弟四人曰大倫字時叙大猷字允升大問字逢吉築豹隱堂以講學汪文定公稱之嘗謂呂奉議時叙貧甚閑廢日久可惜而尤愛逢吉謂其所講釋者莫非前言往行之要蓋皆有得於家學者也治先為曾文清公壻兼得其傳兄弟中惟逢吉夭

黄櫄

黄櫄字實夫官南劍州教授三山講學之侶二李與林其眉目而先生亦翹楚也迂仲鮮毛詩

先生足之兼傳龜山了齋之學

照前式抄
第四行寫 東萊學案 頂格

# 東萊學案

林少穎之奇、汪玉山應辰、胡籍溪憲游

著作呂成公祖謙

呂祖謙，字伯恭，先河東人，後徙壽春。六世祖申國文靖公從（自壽春）開封，祖好問始居婺州。先生學本家庭，得中原文獻之傳。少時性極褊，後因病中讀《論語》至"躬自厚而薄責於人"，有省，遂終身無暴怒。以祖致仕恩補將仕郎，登隆興元年進士第，又中博學宏詞科。歷太學博士，兼史職，輪對勉孝宗以聖學，且言恢復規模，當定方畧，當審，召試館職，先是試[illegible]

昔朋臣學士院來問曰，得先生不能爲文將典美，嘗讀陸九淵文
書之，而求儀其人，考試禮部，得一卷曰，此必江西小陸之文也，揭示
果九淵。人服其精鑒。父喪，除喪，除知祠，越三年，除秘書郎、國史院
編修官、實錄院檢討官，重修徽宗實錄，書成，進秩。先生嘗
面對六同，願陛下虛心以求天下之士，執要以總萬事之機，勿以
圖任或誤而謂人不可信，勿以聰明獨高而謂智足遍察，勿詳於
小而忘遠大之計，勿忽於近而忘壅蔽之禍，又言國家治體有
遠過前代者，有視前代爲未備者。夫以寬大忠厚建立規模，以禮遜
節義成就風俗，此所謂遠過前代者也。至於俯接群臣之際，駐蹕東
南踰五十年，無纖毫之實，則根本之虛可知矣，能文治而取武備

未振、名勝相望、而猶若未優、故雖當熾盛之時、其病已見、老以元
昊之難、范韓諸公一時之選、而莫能平殄、則為功之不競、從可知矣、
臣謂之曰法條紀前代未備也、因而做厥而推衍之、遂至前代其尤
當憂護而扶持、遷著作郎、以疾請祠歸、旋除直閣、主管武夷冲
祐觀、病間、除著作郎、不就、除著郎東帥議、亦不就、主管明道宮、淳
熙八年七月卒、年四十五、先生所輯有書曰宋文海、歷北宋大家之
著諸臣銘誌錄擇、孝宗以命先生、遂斷自中興以前、崇雅黜浮、
類為百五十卷、上之、賜名皇朝文鑑、先生文字術業本于天資、習于
家庭、稽諸中原文獻之所傳、博諸四方師友之所講、融洽無所偏滯、
晚歲卧疾、其任重道遠之意不衰、達于家政、纖悉委曲、皆可為後法、

又修諸語記、大易說、皆未成書、著有古周易、古說、閒氣、日識、箚志錄、
欲向下來者、皆付手云、

抄寫

宗法條目

按與朱晦菴書云宗法春夏間嘗令諸弟讀大傳頗欲畧見之行事其條目未堪傳家向與叔位同居向来先人以先叔久病之故書推祖業畀之後来看得兩位茲却無條屬今年商量兩位隨力多少捐一項錢共祭祀賓客等用令子弟一人主之辦方行得數月俟數年行得有次序條目始可定也

此乃辛丑年所定條目

祭祀

日

晨先詣家廟燒香然後於尊長處問安

朔望

長少晨詣家廟瞻拜設酒三盃茶三盞隔夜別研茶

時果三品遇新麥出則設湯餅三分新米出設飯三分備以時味唯正月朔薦

繭及湯餅

薦新及節物

薦新以朔望

節物

正月立春日薦春餅　元宵薦圓子鹽豉湯焦䭔

二月社薦社飯秋社同　三月寒食薦稠餳冷粥

蒸菜以四晒　五月端午薦團粽　七月七夕薦果

食　九月重陽薦萸菊糕

時祭

祭用春分夏至秋分冬至

前期五日修補屋宇檢視祭料祭具

前期一日灑埽祭所滌濯陳設祭具具祭饌果六品醢

醬蔬共六品麪食米食魚肉羹飯共六品豐儉以家

之有無歲之豐歉爲之節今歲每祭以六貫足爲率

是日與祭者並沐浴致齋男子會於書室

祭日質明行事禮〻具祭儀

忌日

曾祖以下設位於堂祭食從家之舊俗用素饌前期

一日治食料灑掃鋪設子弟已娶者並出書院致齋

忌日早張影貌事具而祭祭料称家之有無物之貴

賤

高祖以上遇忌日張影貌於堂設茶酒瞻拜

省墳

用寒食十月旦檢校牆圍享亭如有損闕随事修整

婚嫁

嫁壹伯貫文省

婚伍拾貫文省

其餘随本位之有無遇宅計不足則取之諸位

生子

每生子給羊酒之費男九貫省女六貫省

租稅

每遇夏秋稅起催日先期輸納請到朱抄排年分架閣

家塾

居處

屋宇損漏戶牖破缺（如門無關或紙窗破之類）與凡日用之未備者（謂面盆浴湯及灑掃之類）在塾諸生告於掌事者以時修整掌事亦時一檢校

飲食

尊長月一具食延塾之師在塾諸生佐掌事者檢校

每日二膳冷煖失節在塾諸生告於掌事者隨輕重

行遣掌事者之時一檢校藥物準此（師疾諸生侍粥藥）

衣服

以家之有無諸生之衆寡爲之節

束脩

以家之有無諸生之衆寡爲之節

合族

四仲時祭後飲福

宗族内外姻遠至具酒三行

兩位旦望會飯謀家事

賓客

慶弔

今逐旋樁料

送終

以家之有無喪之大小為節

諸項錢除祭祀所樁外皆許移用

會計

内之收支不留底

謂兩位関到錢物及撥錢物付兩位並不用干照文

字

外之收支並留底

謂買物成項目者並要客人領錢文字零碎食料並要市買支破單子就舖買物並要舖單子以上並依

月日排號粘成案底

歲終宅計具收支都帳及科撥來歲錢物

歲終兩位用度之餘以十之一歸宅計

歲終簿書案底排年月號别櫃架閣

規矩

子弟不奉家廟未冠報事很慢已冠頽廢先業並行模

楚

莅事很慢謂祭祀時醉酒高聲喧笑鬭爭久待不至

之類之類

頹廢先業謂不孝不忠不廉不潔之類凡可以破壞

門戶者皆為不孝凡出仕不問官職大小蠹國害

民者皆為不忠凡法令所載贓罪皆為不廉凡法

令所載濫罪皆為不潔

中庭小牌約束

晨興長幼詣　家廟瞻敬十歲以下免

果脯鮓醬先儲以共　時祭

子弟出入婢僕增減並稟尊長

非院子小童不許入中門小童用十三以下者事須家力者子弟監視

進退婢僕約束

凡進退婢僕並先書于籍進者書鄉貫姓名年月及牙保退者或年滿或遣去各書其由稟

尊長請書押如未經書押而擅行者子弟稟楚婢僕改正成契者毀抹已去者復歸

學規

乾道四年九月規約

凡預此集者以孝弟忠信為本其不順於父母不友於兄

弟不睦於宗族不誠於朋友言行相反文過飾非者不在此位既預集而或犯同志者規之規之不可責之責之不可告於衆而共勉之終不悛者除其籍

凡預此集者聞善相告聞過相警患難相恤游居必以齒相呼不以丈不以爵不以爾汝

會講之容端而肅羣居之容和而莊箕踞跛倚諠譁擁併謂之不肅狎侮戲謾謂之不莊

舊所從師歲時往來道路相遇無廢舊禮

毋得品藻長上優劣訾毁外人文字

郡邑政事鄉閭人物稱善不稱惡

毋得干謁投獻請托

毋得互相品題高自標置妄分清

語毋褻毋謔毋妄毋雜妄語非特以虛為實如期約不信出言不情增加張大之類皆是雜語凡無益之談皆是

毋狎非類親戚故舊或非士類情禮自不可廢但不當狎昵

毋親鄙事如賭博鬬毆蹴踘籠養撲淳酣飲酒肆赴試代筆及自投兩副卷閱非僻文字之類其餘自可類推

乾道五年規約

凡與此學者以講求经旨明理躬行為本

肄業當有常日紀所習于簿多寡隨意如遇有幹輟業之

書於簿一歲無過百日過百日者同志共擯之

凡有所疑專置册記錄同志異時相會各出所習及所疑

互相商碓摧仍手書名于册後

怠惰苟且雖漫應課程而全踈畧無叙者同志共擯之

不修士檢鄉論不齒者同志共擯之

同志遷居移書相報

乾道五年十月關諸州在籍人

一在籍人將來通書止用一幅不許用冗禮（謂如學究天人及即盾名）（用台候神相百拜過呼官職之類）

一通書不許用劄目不許改名

一通書只許商推所疑自敘實事謂自敘出入行止之類

一通書不許以幣帛玩物為信物謂圖畫及几案玩具硯扇几什物之類

一在籍人將來相見不用名紙门狀

一在籍人不幸有喪仰同州同縣在籍人依規矩弔慰仍具書尋便報知堂上道路雖遠無過半年

一在籍人如有不遵士檢玷辱齋舍同籍人規責不悛者仰連名具書報知堂上當行除籍如共為隱蔽異時惡敎彰聞或冒犯刑法同州同縣人並受隱蔽之罰

右閲訖〈州〉在籍人各仰遞相傳報遵守

年　月　日掌儀位閲

乾道六年規約

親在別居

親没不葬謂服除不葬火焚者同

因喪婚娶身犯及主家者

宗族訟財

侵擾公私謂告訐脅持邀索之類

諠譟場屋詐冒同

游蕩不檢

並除籍仍關報諸州在籍人

諸齋私録謅説之類並多訛舛不可傳習

乾道九年直日須知

凡遇諸齋申到合弔慰人直日即點檢如條令年預課人
丁父母憂預課滿百日者據人數均斂錢拾伍貫文省
未滿百日者均斂錢拾貫文省城居人向受慰日分隨
斂錢告報令諸齋某日早各備名紙並集麗澤堂并禀
堂上差掌儀二人至受慰日早集衆會麗澤堂分兩序
立直日備箱收名紙次掌儀請齒長人率衆以齒序行
其在道笑語諠譁仰總直日及諸齋直日申舉至所弔
慰家〃直日通名紙訖齒長人率衆入門序立立定掌儀
賛云在位者皆再拜既拜掌儀引齒長人詣靈位前三

上香請齒長人跪三奠酒（掌儀並執尊酌酒）俯伏興（後項致祭者掌儀跪）讀祭文畢復位立掌儀贊云在位者皆再拜既拜贊云移位少東再拜慰拜訖齒長者一人前致慰辭畢衆皆揖以序序出郊居人即錄慰書格式同斂錢告報令諸齋各具慰書同弔祭人限某日納（仍量弔慰遠近道里差人往回之費併算均斂）候書足差人專往如係在籍今年不預課人城居者問受慰日分告報諸齋各差齒長一人往慰郊居錄慰書格式告報諸齋限某日納慰書類聚令本齋尋便附往兩項並弔而不賻其身故者如係今年預課人並如丁父母憂例仍別斂祭錢壹貫文足差人作祭文一通如係在

籍籍今年不預課人弔而不賻止斂祭錢壹貫文足亦差人
人作祭文一通城居齋長並往弔慰如前式郊居者別
具慰書格式慰其父兄告報限某日各寫慰書同祭賻
納今年預課者專差人往不預課者令本齋附往其遭
祖父母親兄弟喪今年預課人城居者諸齋各差齒長
一人往慰郊居人告報本齋一面發書往慰

官箴

覔舉
求權（以）書保庇
投獻上官文書

法外受俸
多量俸米
通家往還
置造什物
陪備雇人當直
容尼媪之類入家
非長官輙受狀自斷人
與監當巡檢坐不依官序
不依實數請般家送還錢
非的休赴妓樂酒會

託外官買物
刑責過數
以私事差人出界
不經由縣道輒送人寄禁
接伎術人及薦導往它處
薦人於管下賣物茶墨筆之類
上司委追人斷人及點檢倉庫不先與長官商量
親知雇船脚用官錢或令吏人陪備須令自出錢催促令速足矣
遇事亦可從不當時明說誤人指擬以致生怨
不尊縣道

謂尋常丞簿尉視長官為等輩差定驗之類往往多玩習慢易殊不知此事乃國事非長官事

買非日用物

日用謂逐日飲食及合用衣服其他如出產收藏以待它日之用及為相識置買之類皆當深戒

受所部送饋及赴會

謂部民或進納人如士大夫送饋果食之類則受仍當廳對衆開合子廳子置簿抄上隨即答之餘物不可受

凡治事有涉權貴須平心看理之所在若其有理固不可避嫌故使之無理（直須平心看若有一毫畏禍自恕之心則五分有理便看作十分有理）

若其無理之不可畏禍曲使之有理改使見得無理只須作尋常公事看斷過後不須拈出說尋常犯權貴取禍者多是張大其事邀不畏彊禦之名所以彼不能平若處得平穩妥帖彼雖不樂視前則有間矣然所以不欲拈出者本非以避禍蓋此乃職分之常若特然看做一件事則發處已自不是矣已上曰门人戴衍初仕請教書此遺之後以義未備

復附益之如后

滎陽公家塾廣記

文靖公尹京時梁丞相適為掾屬公語諸子曰梁君異日必為輔相問何以知之曰府掾皆京官他人方拜於庭下

已入滎陽學案
似可刪

皆有自恥之色獨遑容貌自若是以知之尚書公為閩領監司自北地市建茶以往其請謹類皆如此故所至未嘗擾人其自毗陵郡歸門人宋道隆獻詩曰一芥絕無淮甸物滿船唯載惠山泉

正獻公每事持重近厚然去就之際極于介潔其在朝廷小不合便脫然無留意故歷事四朝無一年不自列求去

舍人官箴

當官處事常思有以及人如科率之行既不能免便就其間求所以使民省力不使重為民患其益多矣予嘗為泰出（州）獄掾顏岐夷仲以書勸予治獄次第每一事每一幅相

戒如夏月取罪人早閒在西廊晚閒在東廊以避日色之類又如獄中遣人勾追之類必使之畢此事不可更別遣人恐其受賂已足不肯畢事也又如監司郡守嚴刻過當者與之（須平）心定氣與之委曲詳盡使之相從而後已如未肯從再當如此詳之其不聽者少矣

●當官之法直道為先其有未可一向直前或直前反敗大事者須用馮宣徽所私恵模稜之說此非特小官然也為天下國家當知之

●前輩嘗言小人之性專務苟且明日有事今日得休且休當官者不可徇其私意忽而不治諺有之曰勞心不如勞

力此實要言也

● 當官既自廉潔又須關防小人如文字麻引之類皆須明白以防中傷不可不至謹不可不詳知也

● 前輩嘗言吏人不怕嚴只怕讀盖當官者詳讀公案則情偽自見不待嚴明也

● 後生少年乍到官守多為猾吏所餌不自省察所得豪末而一任之間不復敢舉動大抵作官嗜利所得甚少而吏人所益不貲矣以此被重譴良可惜也

當官者先以暴怒為戒事有不可當詳處之必無不中若者先暴怒只能自害豈能害人前輩嘗言凡事只怕待待者

詳審之謂也蓋詳審之則思慮自出人不能中傷也嘗見前輩作州縣或獄官每一公事難決者必沉思靜慮累日忽然若有得者則是非判矣是道也唯不苟者能之

同僚之契交承之分有兄弟之義至其子孫亦世講之前輩皆以此為務今人知之者蓋少矣又如舊舉將及舊嘗為舊任按察官者後已官雖在上前輩皆辭避席下坐風俗如此安得不厚乎

叔曾祖尚書當官至潔為廣潔嘗繒帛欲製造衣服召當行者繒帛使縫匠就坐裁取之并還所直錢與所剩帛就坐中還之滎陽公為單州凡每月所用雜物悉書之庫

門買民間未嘗過此數民皆悦服

唐充之廣仁賢者也深為陳鄒二公所知大觀政和間守

官舊州朱氏方盛充之數刺譏之朱氏深以為怨傅致之

罪劉器之以為充之為善欲人之見知故不免自異以致

禍患非明哲保身之謂

當官處事但務著實如塗擦文書追改日月重易押字萬

一敗露得罪反重亦非所以養誠心事君不欺之道也百

種姦偽不如一實反覆詐變不如慎始防人疑衆不如自

慎智數周密不如省事不易之道

忍之一字衆妙之門當官處事尤是先務若能清慎勤之

外更行一忍何事不辨書曰必有忍其乃有濟此處事之
本也諺有之曰忍事敵災星少陵詩云忍過事堪喜此皆
切於事理為世大法非空言也王沂公嘗說喫得三斗釅
醋方做得宰相蓋言忍受得事也

○、劉羆之建中崇寧初知潞州部使者觀望治郡中事無巨
細皆詳考然竟不得毫髮過雖過往驛劵必無違法子者
部使者必歎服[伏]之後居南京有府尹取兵官白直麻 點磨
他寓居無有不借禁軍者獨羆之未嘗借一人其廉[謹]禁如
此

書

與朱侍講元晦

某官下，粗淺學淺力薄視職業日增愧負雖不敢苟簡自恕然殊未能大有所釐正耳至於區區課試之事則固未嘗深較也張丈隣墻日夕相過講論士子有志與此者亦有一二輩切摩工夫粗不斁滅斷續又時閱來晦策勵警省者殊多但書不盡意終不若侍坐隅難疑答問為親切耳邪說詖行辭而闢之誠今日任此道者之責竊嘗謂異端之不息由正學之不明此盛彼衰互相消長莫若盡力於此此道光明盛大則彼之消鑠無日矣孟子所謂吾為此懼閑先聖之道舊說以閑為閑習意味甚長楊墨肆行政以吾道之衰且孟子所以不求之它而以閑習吾先聖之道為急先務而淫辭詖行之放則固自有次第也不知吾丈以為如何所以為此說者非欲含餬縱釋黑白不辨但恐專意外攘而內修處工夫或少且向來所論智仁勇終恐難分輕重蓋三者天下之達德通聖賢常人而言之也在聖人則智也仁也勇也皆生知安行也在賢人則智也仁也勇也皆學知利行也在常人則智也仁也勇也皆困知勉行也恐難指定智為學知利行仁為困知勉行遍山之説終不免有疑也周子仁義中正主靜之説前書所言仁義中正皆主乎此非謂中正仁義皆靜之用而別有

塊然之靜也人生而靜天之性也乃中正仁義之体而萬物之一源也中則無不正矣必並言之曰中正仁則無不義矣必並言之曰仁義亦猶元可以包四德而與亨利貞俱列仁可以包四端而與義禮智同稱此所謂合之不渾分（離）之不散者也昨所云文理密察蓋亦如來諭初非以爲秘密之密觀察之察也謂如易傳中以形体謂之天以主宰謂之帝以功用謂之鬼神以妙用謂之神以性情謂之乾等語銖分粒剖各有攸當而未嘗有割裂杌隉之病析理精微如此乃可謂之文理密察耳陰陽仁義之說鄙意未達終覺未安當更沉潛玩味續得求教也中庸不可能

道不遠人兩章反覆思之龜山之説誠為奇險非子思本指向日不覺其非者正緣為程文時考觀新説餘習時有在者故且所與諸生講説左氏語意傷巧病源亦在是自此當力掃除也婺本易傳納三本去不敢加裝治誤字揩已改但卦畫麤細行數疎密之類不能如人意悉釐正耳遺書建本未到之前已用去冬所寄刊本板故其間一兩段更易次序處姑仍其舊餘皆以建本為正閒旦夕亦畢工矣二程先生集疑曲亦當令婺人刊之然新添伊川二子所為序引殊無家風恐適足為先生之累欲削去之更望一報見所寄張丈所論時事一一精當不勝歎服此間

所共講者亦十八九同也知言往在嚴陵時與張丈講論
亦嘗疏出可疑者數十條今觀來示其半亦相類見與張
丈參閱續當咨請也其餘已見于張丈書者更不重出相
去之遠惟祈因便時賜教督不惜語言痛加攻治乃所願
望 與朱侍講元晦

又

某官次粗遣為學固不敢荒廢第微言淵奧世故崢嶸益
知進步之難偶蒙時賜方藥不勝幸願曾子答孟敬子一
章竊謂上蔡所解與二先生之意不異其曰人之應事不過
過顏色容貌辭氣三事特繫所養如何耳此可見其平日

涵養之功矣其曰動也正也出也君子自牧處此可見其臨事持守之力矣語意頗似完備恐以難臨事作主張斷之惟是遠自遠也一語不若二先生之言工夫細密耳知言疑義比與張文訂正者既已附去今復有欲商搉者謹疏于後來喻以道生一為太極太極動而生陽〻恐不可指為一既曰陽則有對矣安得謂之一乎好惡一也一章識如來喻所云若前章天理人欲同体而異用者却似未失蓋降衷秉彝固純乎天理也及為物所誘人欲滋熾天理若泯滅而實未嘗相離也同体異用同行異情在人識之爾首章成性固可疑然今所改定乃兼性情而言則與

本文設問不相應来喻以盡心為集大成者之始條理則非不可以為聖人事但胡子下者也兩字却似斷定耳若云六君子由盡其心而能立天下之大本如何釋氏直曰吾見是性此述釋氏之辭耳非許釋氏為見性也若後章釋氏見性而不盡性之類則誠有病夫婦之道一章雖指釋氏之病然讀者或不察當刪孔子曰吾未見好德如好色者也蓋世之病在彼不在此氣感于物一章来喻謂不見平日涵養之意竊謂涵養致知為學者固當並進然昔昔人立言〻各有所指如中庸不明乎善一章不可謂不涵養之意也孟子拱把桐梓一章不可謂不見致知之意

也若此類不可縣舉知言本文却似無病大抵性乎一章所謂類指一理而言者猶曰一端云耳非理一而已之一也但理字下得未穩若謂一理之外別求天命之全却恐此章無此意也欲為仁必先識仁之体仁體誠不可遺語至于苔放心求心之問却自是一說蓋所謂心操存舍亡間不容息至于其放而求之則心在是矣平居持養之功也所謂良心之苗裔利欲之間而一見焉操而功之者隨事體察之功也二者要不可偏廢茍以此章欠說涵養一段未見之間此心遂成間斷無復用功處是矣若曰於已放之心置不復向乃俟其發於它處而後從而操之語却似

太過蓋見牛而不忍殺乃此心之發見非發見於它處也
又謂所操者亦發用之一端胡子固曰此良心之苗裔固
欲人因苗裔而識本根非徒認此發用之一端而已漢丈
頤命章說得太重恐須删改凡此未知中否望一一指教
又竊觀所諭諸章有云淺迫不安汗漫無守有云一何輕
詆世儒之過而不自知其非有云蓋不由涵養先要知識
故須至此〔如〕强探力取方始窺見彷彿若此類恐氣未和而
而語傷易孟子說楊墨許行陳相輩皆直截道斷至於論
孟施舍北宮黝則曰二子之勇未知其孰賢然而孟施舍
守約也所以委曲如此者以其似曾子子夏而已若使它

言聖門先達其敢輕剖判爭析理當極精微雖毫釐不可放過至於尊讓前輩之意亦似不可不存也近事頗似有陽復之漸但出入無疾朋來無咎兩句大索致意耳仝上

又

某衰苦日深奄奄待盡它無足言者自罹閔變以來困心衡慮始知前此雖名為嗜學而工夫汎濶殊未精切追味往年喜合惡離之誨誠中其病推原病根蓋在徒恃資禀觀書粗得味即坐在此病處不復精研故看義理則汗漫而不別白遇事接物則頹弛而少精神今乃覺氣質粗厚思慮粗少元非主敬工夫而聖賢之言本末完具意味無

窮尤不可望洋向若而不進也但恨無由親承誨語的實下手要因便告詳指示自度今必稍能信受奉行非如疇昔草草領略也尹和靖錄見令抄冬深當遣人往求教也所欲言者非此能究它祈爲斯文葆衛　仝上

又

知致力行本交相發工夫初不可偏學者若有實心則講論貫玩索固爲進德之要其間亦有一等後生推求言句工夫常多點檢工夫常少雖便畧見彷彿然終非實有諸已也默而成之不言而信存乎德行訓誘之際頗常存此意夫子教人亦有可以語上不可以語上之別如堅確有志

實下工夫者自當使之剖析毫芒精詣細論不可留疑如初基乍入者似未可遽示之所見未到之理卻恐其輕看了也然久之非謂使之但力行而以致知之為緩但示之者當循(循)循有序耳(並見朱侍講元晦)

與張荊州 敬夫

平時徒恃資質工夫悠悠殊不精切兩年承教可謂浹洽然於要的處或鹵莽領略於疑滯處或遮護覆藏為學不進咎實由此

又

從前病痛良以嗜慾(欲)粗薄故卻欠克治經歷之功思慮稍

少故却欠操存澄定之力積蓄未厚而發用太遽涵泳不足而談說有餘 並与時荊州敬夫

與陳君舉

近思為學必須於平日氣禀資質上驗之如滯固者疏通頎慮者坦蕩智巧者易直苟未如此轉變要是未得力耳

又

在我者果無徇外之心其發必有力而不可禦至於周旋調護宛轉入細政是意篤見明於本分條理畧無虧欠若有避就回互籠絡之心乃是私意彼此以私意相角一口豈能勝衆舌乎此毫釐之際不可不精察也

又

要須公平觀理而撤户牖之小嚴敬持身而戒防範之踰周密而非發於避就精察而不安于小成凡此病痛皆吾儕彼此所素共點檢者耳義理無窮才智有限非全放下終難湊泊然放下政自非易事也

又

培養克治殊不可緩私意之根若尚有眇忽未去異日遇事接物助發滋養便張王不可剪截其害非特一身也要須著實省察令毫髮不留乃善並与陳君舉

答周允升

深居里中日必有新益所謂散漫歇滅蓋學者同病而操存之（体）驗之要近歲師友間講之亦甚詳往往病猶自若者正是實下手處欠工夫耳嘗記胡文定有語云但持敬十年自别此言殊有味大抵目前學者用工甫及旬月未見涯涘則已逡巡退却不復自信久大德業何自而成經訓所載若曰念終始典于學厥德修罔覺若曰晨升利于不息之貞若曰仁者先難而後獲正謂學者多端顧慮者衆一意勇往者少故每惓惓於此也答周允升

答潘叔度

日用間不須着意要坐即坐要立即立凡事如常便是完

養若有意完養則是添一重公案矣覺有忿戾始須稍平覺有凝滯始須開豁病至則服藥不必預安排也涵泳義理本所以完養思慮改恐舊疾易作自涵泳而入於研索自研索而入於執著或反為累耳陶靖節不求甚解雖其淺深未可知要是不尋枝摘葉也答潘叔度

與學者及諸弟

大凡親戚或有未中節正當盡誠規勸不可萌責望心若胷中有一毫責望則聲色之間必有不可揜而忤人之疾此尤是緊切用工處

又

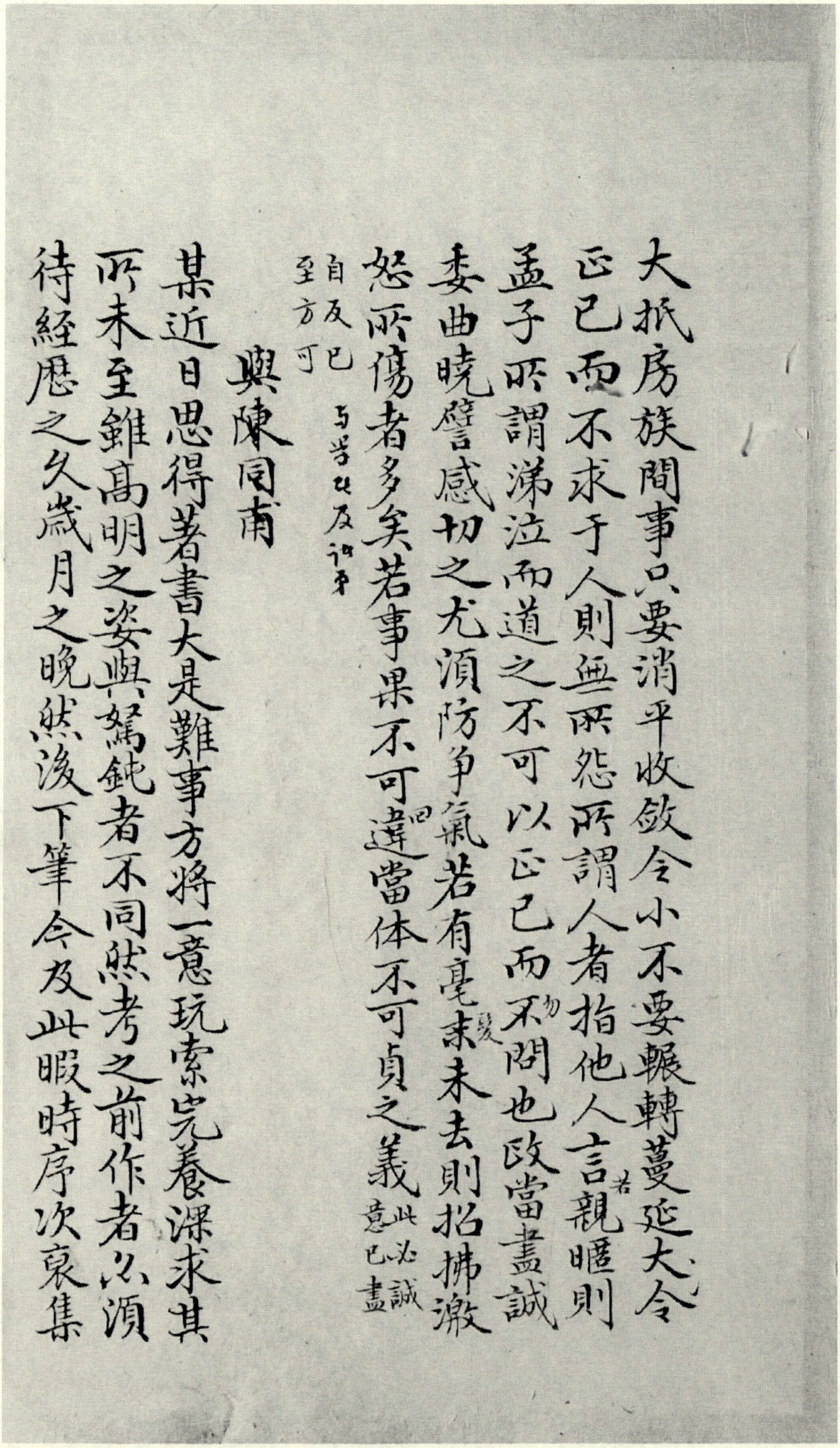

大抵房族間事只要消平收斂令小不要輾轉蔓延大令正己而不求于人則無所怨所謂人者指他人言親暱（若）則孟子所謂涕泣而道之不可以正己而不問（勿）也政當盡誠委曲曉譬感切之尤須防爭氣若有毫（髮）末未去則招拂激怒所傷者多矣若事果不可違（回）當体不可貞之義此必誠意已盡自反已至方可与吾比及詳乎

與陳同甫

某近日思得著書大是難事方將一意玩索完養深求其所未至雖高明之姿與駑鈍者不同然考之前作者亦須待經歷之久歲月之晚然後下筆今及此暇時序次裒集

固亦無害然亦不可不思有餘不盡之語也　与陳同甫

與葉侍郎正則

靜多於動踐履多於發用涵養多於講說讀經多於讀史工夫如此然後能可久可大　与葉正則

雜說

常以書驗之妻子以觀其行之篤與否也夜考之夢寐以卜其志之定與未也須於此等處常常体察唯此最可驗學力

令人讀書全不作有用看且如人二三十年讀聖人書及一旦遇事便與閭巷人無異或有一聽老成人之語便

能終身服行豈老成之言過於六經哉只緣讀書不作有用看故也

做事須是著實做暴戾者必用力於和順吝鄙者必用力於寬裕而後可以言學

或問人為學多為事廢奈何曰正當幹事時占時節本不多只為事未到時心先忙事已過後心不定所以占時節多

張荊州之教人也必使人体察良心以聖賢語言而見之行事因行事而復求聖賢之語言

今人須是就治家上理會這裏不治如何是為學堯欽舜

讓以天下如何止說刑于二女四岳舉舜不及其他止言克諧以孝若是今人須說舜有經綸大業濟世安民之事欽哉兩字最要看〻得這個便見得天命易

士大夫喜言風俗不好風俗是誰做個來身便是風俗不自去做如何得會好

觀書不可徒玩文采要當如藥方酒法求其君臣佐使互相剋制有以益吾身可也

與人際交須是通情若直以言語牢籠人情豈能感人須是如與家人婦子說話則情自通

處家之道導之以禮義示之以禮法養之以恩意雖肅遜

悌之風可以維持百年而不息苟或未然則聚族既衆羣居終日當慮者豈止一事哉

南軒曰心在焉則謂之敬且如方對賓客談論而他有所思雖思之善亦不敬也纔有間斷便是不敬

處家之道須是量度人之根器固是繩紀不可不正且肅恐有人坐不得時却是敗壞譬如水满平堤便須量其勢放一二板水以泄其盛不然崩潰四出不可救矣處家平時不放一分他日却用放五分不得

或問教小兒以何為先曰先教以恭謹不輕忽不躐等讀書乃餘事令之有科質者父兄便教以科舉之文不容

不躐等皆緣父兄無識見至有以得一第便爲成材者

抄寫

附錄

史說曰：史有二体：編年之体，始于左氏；紀傳之体，始于司馬遷。其後如班氏、陳壽之徒，紀傳之体，常不絕；至於編年之体，則未有能續之者。溫公作通鑑，正欲續左氏。左氏之傳，終於智伯貪而愎，故韓魏起而亡之。左氏終于此，故通鑑始於此。編年與紀傳，互有得失：論一時之事，紀傳不如編年；論一人之終始，編年不如紀傳。要之二者皆不可廢。韓魏之事，溫公論之詳矣。今當論看通鑑之法。昔陳瑩中嘗謂通鑑如藥山，隨取隨得。然雖是藥山，又須會採，若不能採，則不過博聞強記而已。

壺丘子問于列子曰：子好遊乎？列子曰：人之所遊，觀其所見；我之所趣觀其所處之事取以為監史之法大抵看史見治則以為治見亂則以為亂見一事則止知一事何取觀史如身在其中見事之利害時之禍患必掩卷自思使我遇此等事當作何處之如此觀史學問亦可以進智識亦可以高方為有益

讀史先看統体合一代綱紀風俗消長治亂觀之如秦之暴虐漢之寬大皆其統体也其偏勝及流弊處皆當考復須識一君之統体如文帝之寬宣帝之嚴之類統体蓋為大綱如一代統体在寬雖有一兩君稍嚴不害其為寬一君統体在嚴雖有一兩事稍寬不害其為嚴讀史自以意會之可也至于戰國三分之時既有天下之統体復有一國之統体觀之亦如前例大要先識一代統体就其中看一國之統体二世帝相關

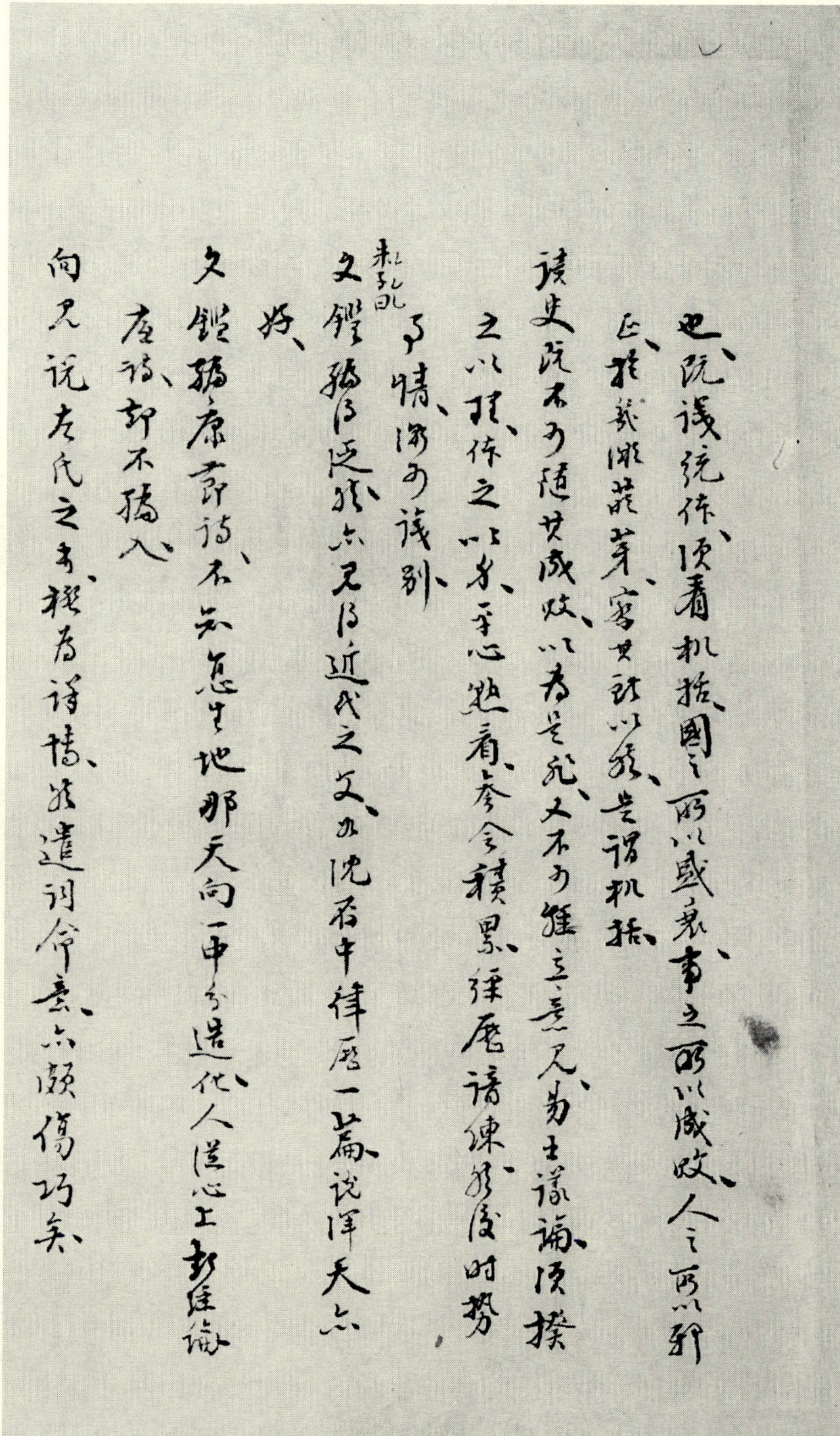

也、既識統体、須看机括、國之所以盛衰、事之所以成敗、人之所以邪
正、於幾微萌芽、察其所以然、是謂机括、
讀史既不可隨其成敗以為是非、又不可輕立意見、易出議論、須揆
之以理、体之以身、平心熟看、參会積累、經歷諳練、然後時勢
事情、略可識別、
文鑑編得近於亦只得近代之文、如沈存中律歷一篇、說渾天亦
好、
又鑑編康節詩、不出怎生地那天向一中分造化、人從心上起經綸
左詩、却不編入、
向來說左氏之書、極為詳悉、於遣詞命意、亦頗傷巧矣、

博雜極害事。伯恭日前只向雜博處用工，却于要約處不曾仔細研究。如閫範之作，皆是雜碎。

問東萊之學。曰：伯恭于史分外仔細，于經却不甚理會。有人問他忠恕，楊氏侯氏之説孰是。他却説：公如何恁地不會看文字，這个都好。看來他要説為人謀而不盡心為忠，傷人害物為恕，恁地時方説不是。門人曰：他是和戲。浙間一種史學，故恁地。曰：史也學，易只是見淺。

伯恭之學大概尊史記，不然則與陳同父説不合。同父之學正是如此。

其學合陳君舉陳同父二人之學問而一之。永嘉之學，理會制

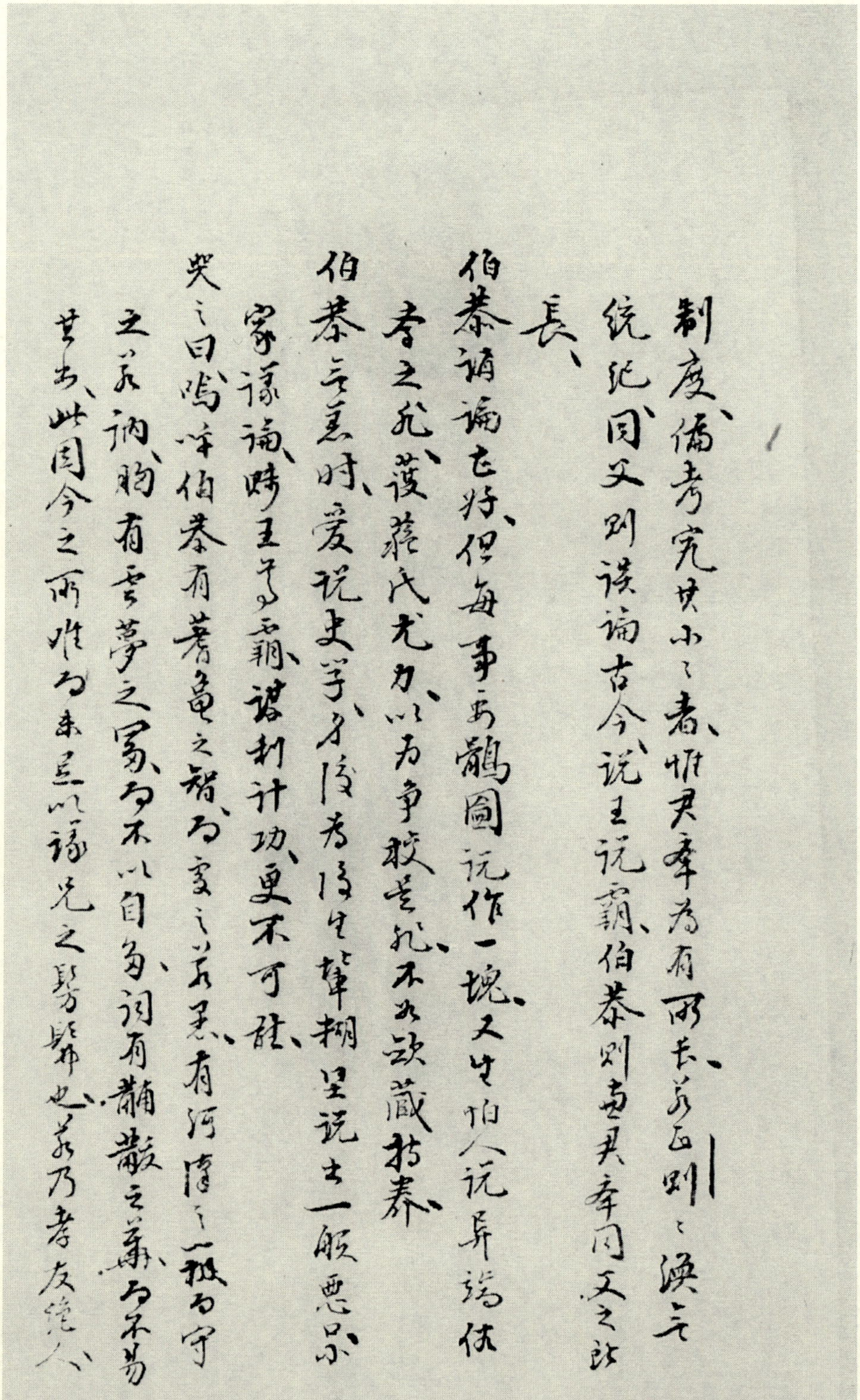

制度、備考究其小小者、惟其本為有所去、蓋正則則渙之
統紀、同父則談論古今、說王說霸、伯恭則要其本同父之所
長、
伯恭誦論甚好、但每事要鶻圇說作一塊、又生怕人說異端俗
學之非、護蘇氏尤力、以為爭較是非不如斂藏持養、
伯恭去年時、愛說史學、到後來後生輩糊塗說出一般惡口
家議論、時王說霸、諜利計功、更不可聽、
哭之曰、嗚呼伯恭有蓍龜之智、而密密其思、有河海之雅而守
之以約、胸有雲夢之富、而不以自多、詞有黼黻之華、而不易
其出、此固今之所推而未足以議先之學所歸也、蓋乃孝友絕人、

而勉勵其弗及，悟洪寡昧而持守不精，悔其言以納忠而
著為評，秉彝以飭躬而恥為介，則古之君子而或難之，而吾
伯恭猶欲歛而未肯以自大也。蓋其德宇寬洪，識量閎廓，既
海納而川停，豈澄清而撓濁，矧涵濡于先訓，紹文獻于故家，
又隆師而親友，極探討之幽遐，既以身之既學而養之深，取之功
積而成之粹，宜其立之高，以之未為不備，故其講者于家則時
雨之化，進位于朝則鴻羽之儀，造膝陳謨則宣公獨御之對，承詔
奏篇則右尹祈招之詩，上方虛心而聽納，衆亦注目其敷施，何
遭時之不遇，遽寢疾而言歸，悵一卧以三年，為左圖而右書，問道
遂以曳杖，悵沂上之風雩，衆咸喜其有瘳，冀卒攬其素蘊

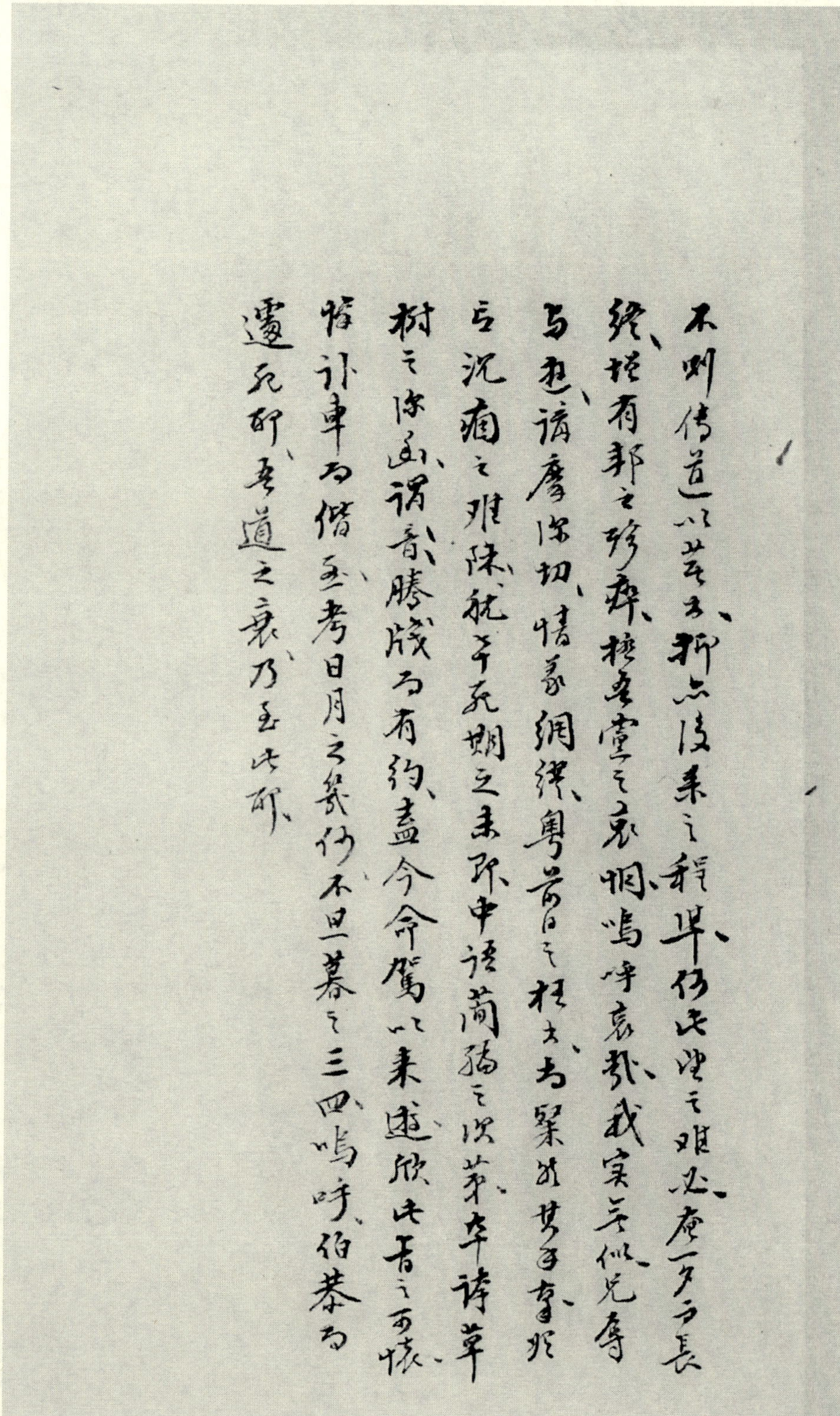
不幸傳道以若夫、抑亦後來之程準、何此理之難必、庶一夕之長
終、接有邦之殄瘁、[illegible]堂之哀惘、嗚呼哀哉、我實無似、兄弟
與逝、講磨深切、情義綢繆、粤前日之[illegible]、方聚[illegible]
之沉痼之非殊、[illegible]死期之未[illegible]中語簡編之次第、[illegible]詩草
樹之深幽、謂我勝我而有約、盡今命駕以來遊、欣此者之所懷
[illegible]訃車而偕至、考日月之幾何、不旦暮之三四、嗚呼伯恭為
還死耶、吾道之衰乃至此耶